한 번에 합격!
해커스 감정평가사
합격 시스템

KB194066

강사력
업계 최고수준
교수진

교재
해커스=교재
절대공식

관리시스템
해커스만의
1:1 관리

취약 부분 즉시 해결!
교수님 질문게시판

언제 어디서나 공부!
PC&모바일 수강 서비스

해커스만의
단기합격 커리큘럼

초밀착 학습관리
& 1:1 성적관리

합격생들이 소개하는 생생한 합격 후기!

해커스 선생님들 다 너무 좋으시네요.
꼼꼼하고 친절하게 잘 설명해 주셔서
수업이 즐거워요.
암기코드 감사히 보고 있습니다.

- 권*빈 합격생 -

문제풀이 하면서 고득점 팁까지
알려주셔서 듣길 잘했다는 생각이 들어요.
수업 분위기도 밝고 재미있어서 시간이
금방 가네요!

- 오*은 합격생 -

해커스 감정평가사

이성준
감정평가실무 2차 기본서

해커스

서문

감정평가실무의 시작과 합격의 영광을 함께 하겠습니다.

'감정평가실무'는 대상물건의 가치산정 과정 중 현업에서 적용하는 실무적 내용을 논술형 답안에 현출하는 과목이며, 감정평가와 관련된 일반적 이론과 관련 판례, 관계 법령 등 다양한 해석들을 주어진 조건에 맞게 풀이해야 하는 시험으로 수험생들의 접근이 상당히 어렵습니다.

또한, 국토교통부 질의회신, 법제처 법령해석, 토지수용위원회 재결례, 감정평가사협회 사실조회 및 기준, 공문 등 폭넓은 규정과 사례 등이 복합적으로 결부된 과목입니다.

따라서, 수험생들이 감정평가실무 관련 쟁점을 하나씩 모두 찾아 학습하는 것은 실제 불가능에 가깝습니다. 이러한 수험생들의 수고를 덜고 학습 능률성을 최대화하기 위해 본 교재는 앞서 밝힌 감정평가 이론, 관련 판례 등을 한곳에 모아 단권화를 목표로 수험생들의 현실적인 요구사항을 반영해 집필하였습니다.

본 교재 '2026 해커스 감정평가사 이성준 감정평가실무 2차 기본서」는 다음과 같은 특징을 가지고 있습니다.

첫째, 앞서 밝힌 바와 같이 해당 논점에 대해 수험생이 시험장에 가지고 가야 할 모든 실무 이론, 판례 등을 동시에 수록하였습니다. 이를 위해 각 이론 및 판례의 해석과 문제점들은 수험생 관점에서 이해가 쉽도록 설명형 글로 제시하였습니다.

둘째, 핵심적으로 암기해야 할 단어 및 쟁점 사항 등을 별도로 표기하였습니다. 우선 설명형 글을 통해 논점에 대한 이해를 높이고, 학습 효율화를 위한 핵심 키워드 제시를 통해 실제 시험에서 적용할 수 있는 단어를 연습할 수 있도록 하였습니다.

셋째, 감정평가사협회, 판례 등 공식적인 의견을 기준으로 집필하였습니다. 사회경제학인 감정평가실무는 논점별 상충되는 견해와 하급심 판례 등이 존재해 수험생들의 혼란이 가중될 우려가 높습니다. 따라서 공식적인 의견을 기준으로 삼아 혼란을 최소화하였고, 사견을 수록하는 경우 이를 명시하였습니다.

넷째, 감정평가 관련 법령과의 상호 연계성을 높였습니다. 감정평가 실무기준, 토지보상평가지침 등 실무문제 풀이에 있어 필수적인 규정들을 함께 수록해 기본서를 읽고 다시 법전을 암기해야 하는 번거로움을 줄였습니다.

다섯째, 출제 가능한 모든 범위의 내용을 수록하였습니다. 감정평가실무와 관련된 기초적인 내용부터 현업에서 쟁점화되고 있는 논점까지 모두 기재해 기본서 한 권으로 모든 걸 '마스터'할 수 있도록 만들었습니다.

여섯째, 수험생의 실력과 난이도에 따라 목차를 구성하였습니다. 기초적인 감정평가실무 이해를 시작으로 난이도를 차츰 높여가는 기술 방식을 통해 수험생의 부담감은 줄이는 한편 기본 수업과 잘 연동되도록 하였습니다.

본 교재는 앞선 특징에 따라 수험생에게 가장 적합한 교재로 집필하였습니다.

감정평가사 시험은 결국 합격이라는 결과가 나와야 그 빛을 발합니다. 아무리 논리적 이론이 익숙하고 법령적 이해도가 높다 하더라도 결국 합격으로 그 노력의 성과가 나와야 끝이 나는 시험입니다. 험난한 시험 통과를 위한 길에 [2026 해커스 감정평가사 이성준 감정평가실무 2차 기본서]가 여러분의 노력과 함께 하겠습니다.

끝으로 본 교재 출간을 위한 고충의 시간을 지난 2년 동안 묵묵히 함께 해준 저희 가족과 긴 학부 생활과 수험생활을 지도해주신 교수님들, 물심양면으로 지원을 아끼지 않은 해커스 출판사 관계자 분들께 마음 속 고마움을 이 지면으로나마 전합니다.

모든 감정평가사 시험에 지원하신 수험생들의 최종합격을 진심으로 기원합니다. 감사합니다.

2025년 3월
이성준 저

목차

목차

제12장 「도시 및 주거환경정비법」 감정평가

제13장 보상평가

제 1 장

감정평가의 기초사항

제1절 토지 관련 기초사항
제2절 화폐의 시간가치

제1장 감정평가의 기초사항

제1절 토지 관련 기초사항

1 개념

토지특성조사란 토지가격형성에 중요한 요인으로 작용하고 토지 관련 자료의 정보요인으로 가치가 있는 것 중 토지특성조사표에 기재된 항목을 조사하는 것을 말한다.

(공시기준일: 매년 1월 1일)

일련번호	소재지	면적 (㎡)	지목	지리적 위치	이용 상황	용도 지역	주위 환경	도로 교통	형상 지세	2025년 공시지가 (원/㎡)	비고
1	강남구 ○○동 601	493.9 (일단지)	대	○○역 남측 인근	상업용	일반상업/ 3종일주	노선 상가 지대	광대 소각	가장형 평지	9,800,000	도로 저촉

2 토지특성(「표준지공시지가 조사·평가 업무요령」)

1. 소재지

- 토지(임야)대장에 표시된 소재 및 지번을 기재한다.
- 일단지 중 대표성이 있는 1필지가 표준지로 선정된 때에는 해당 표준지의 소재지를 기재한다.
- 확정예정지번이 부여된 지역의 토지는 시·군·구의 지적담당 부서 또는 조세담당 부서에서 확정예정지번 (블록·롯트)을 확인하여 기재하고, 확정예정지번이 세부필지(롯트)로 구분되어 있지 아니한 경우에는 사업 시행자로부터 분양계획도면, 면적 등을 제공받아 블록·롯트번호를 기재하되, 롯트번호가 확정되지 아니한 경우에는 블록단위를 기재한다.

2. 지번

- 북서기번법
- 본번과 부번으로 구성
- 지번은 아라비아 숫자로 기재하며, 임야의 경우에는 '산'을 부가한다.

3. 지목

지목은 공시기준일 현재의 토지(임야)대장에 표시된 지목을 기재하되, 일단지 중에서 대표성이 있는 1필지가 표준지로 선정된 때에는 해당 표준지의 지목을 기재한다.

전산코드	지목	약자	전산코드	지목	약자
01	전	전	15	철도용지	철
02	답	답	16	제방	제
03	과수원	과	17	하천	천
04	목장용지	목	18	구거	구
05	임야	임	19	유지	유
06	광천지	광	20	양어장	양
07	염전	염	21	수도용지	수
08	대	대	22	공원	공
09	공장용지	장	23	체육용지	체
10	학교용지	학	24	유원지	원
11	주차장	차	25	종교용지	종
12	주유소용지	주	26	사적지	사
13	창고용지	창	27	묘지	묘
14	도로	도	28	잡종지	잡

4. 면적

(1) 조사요령

- 면적은 토지(임야)대장에 표시된 면적을 조사하여 기재한다.
- 환지예정지의 경우에는 환지(예정)면적을 기재한다.
- 일단지 중에서 대표성이 있는 1필지가 표준지로 선정된 때에는 해당 표준지의 면적을 기재하되, 일단지로 조사·평가된 사항을 표시한다.

면적 (m²)
(일단지) 100.0

(2) 면적 환산방법

핵심체크 | 면적 환산방법

1평 ≒ 400/121㎡ ≒ 3.3058㎡, 1㎡ ≒ 121/400평 ≒ 0.3025평

ha				a		
100a(10,000㎡)				100㎡		
임야				임야 외 토지		
정(町)	단(段)	무(畝)	보(步)	평(坪)	홉(合)	작(勺)
3,000평	300평	30평	1평	1평	0.1평	0.01평

예시

1정3무 ≒ (3,000평 + 3 × 30평) × 400/121 ≒ 10,214.876㎡

5. 용도지역

「국토의 계획 및 이용에 관한 법률」 제36조 · 제79조 및 같은 법 시행령 제30조의 규정에 의한 용도지역을 2개까지 기재한다.

(1) 한 필지에 둘 이상의 용도지역이 구분 · 지정되어 있는 토지가 불가피하게 표준지로 선정된 경우,

- 둘 이상의 용도지역간 가격이 유사할 때에는 면적이 넓은 용도지역순으로 기재하며,
- 둘 이상의 용도지역간 가격 격차가 클 때에는 각각의 용도지역별 토지가격을 비교(각 용도지역별 면적 × 각 용도지역별 단가)하여 토지가격이 높은 순으로 기재하되, 각각의 용도지역별 면적 및 단가를 기재한다.

(2) 일단지 중에서 대표성이 있는 1필지가 표준지로 선정된 때에는 그 일단지 전체를 1필지로 보고 용도지역을 조사하여 기재한다.

- 일단지 내 필지가 둘 이상의 용도지역으로 구분 · 지정되어 있는 경우에는 일단지 전체 기준 각 용도지역별 지정 면적의 비율로 표준지 용도지역별 면적을 계산하여 기재한다.
- 다만, 특수토지 일단지의 경우 그 일단지 전체를 대표하는 용도지역의 필지를 선정하고, 선정된 해당 필지의 용도지역별 면적으로 조사 · 기재할 수 있다.

(3) 용도지역은 지형도면고시 등이 된 날을 기준으로 판단하여야 한다.

(4) 개발제한구역은 용도지역은 아니나 그 규제내용이 엄격하므로 용도지역으로 분류하되, 한 필지에 개발제한구역과 용도지역이 중복되어 지정된 경우에는 개발제한구역만 기재하고 중복되는 용도지역은 별도 기재한다.

사례	기재방법
「국토의 계획 및 이용에 관한 법률 시행령」 제30조의 규정에 의한 자연녹지지역이 개발제한구역으로 지정되어 있는 경우	개발제한 (자연녹지)

사례	기재방법	
	용도지역 1	용도지역 2
1필지가 구분 지정된 경우	개발제한구역 (자연녹지)	제2종 일반주거지역

(5) 「국토의 계획 및 이용에 관한 법률」 제36조에 의한 도시지역 · 관리지역 · 농림지역 · 자연환경보전지역으로 용도가 지정되지 아니한 지역과 도시지역 중 주거지역 · 상업지역 · 공업지역 · 녹지지역으로 용도가 세분되지 아니한 지역은 용도미지정으로 기재한다.

[용도지역 구분]

구분	용도지역	용도지역	약자	기재방법
도시지역	주거지역	제1종전용주거지역	1전	1종전주
		제2종전용주거지역	2전	2종전주
		제1종일반주거지역	1주	1종일주
		제2종일반주거지역	2주	2종일주
		제3종일반주거지역	3주	3종일주
		준주거지역	준주	준 주 거
	상업지역	중심상업지역	중상	중심상업
		일반상업지역	일상	일반상업
		근린상업지역	근상	근린상업
		유통상업지역	유상	유통상업
	공업지역	전용공업지역	전공	전용공업
		일반공업지역	일공	일반공업
		준공업지역	준공	준 공 업
	녹지지역	보전녹지지역	보전	보전녹지
		생산녹지지역	생산	생산녹지
		자연녹지지역	자연	자연녹지
	개발제한구역	개발제한구역	개제	개발제한
용도미지정		용도미지정지역	미정	미 지 정
관리지역		관리지역	관리	관리지역
		보전관리지역	보관	보전관리
		생산관리지역	생관	생산관리
		계획관리지역	계관	계획관리
농림지역		농림지역	농림	농림지역
자연환경보전지역		자연환경보전지역	자보	자연환경

(6) 다른 법률에 의하여 지정된 지역의 용도지역지정 의제

관리지역에서 「농지법」에 따른 농업진흥지역으로 지정·고시된 지역은 이 법에 따른 농림지역으로, 관리지역의 산림 중 「산지관리법」에 따라 보전산지로 지정·고시된 지역은 그 고시에서 구분하는 바에 따라 이 법에 따른 농림지역 또는 자연환경보전지역으로 결정·고시된 것으로 본다(「국토의 계획 및 이용에 관한 법률」 제42조 제2항).

(7) 용도지역의 환원

「국토의 계획 및 이용에 관한 법률」 제42조 제1항에 의한 항만구역, 어항구역, 국가산업단지 및 일반산업단지 및 도시첨단산업단지, 택지개발지구, 전원개발사업구역 및 예정구역(수력발전소 또는 송·변전설비만을 설치하기 위한 전원개발사업구역 및 예정구역을 제외)이 해제되는 경우(개발사업의 완료로 해제되는 경우를 제외한다) 이 법 또는 다른 법률에서 그 구역 등이 어떤 용도지역에 해당되는지를 따로 정하고 있지 아니한 경우에는 이를 지정하기 이전의 용도지역으로 환원된 것으로 본다. 이 경우 지정권자는 용도지역이 환원된 사실을 대통령령으로 정하는 바에 따라 고시하고, 그 지역을 관할하는 특별시장·광역시장·특별자치시장·특별자치도지사·시장 또는 군수에게 통보하여야 한다(「국토의 계획 및 이용에 관한 법률」 제42조 제4항).

(8) 용도지역 미지정 또는 미세분지역에서의 행위제한 등

도시지역, 관리지역, 농림지역, 자연환경보전지역 또는 도시지역 내 세부 용도지역 등 용도지역이 미지정되거나 용도지역 내 미세분지역으로 지정되지 아니한 경우의 건축제한, 건폐율, 용적률은 「국토의 계획 및 이용에 관한 법률」상 동일 용도지역 내 행위제한이 가장 큰 경우를 적용한다.

6. 용도지구

- 「국토의 계획 및 이용에 관한 법률」 제37조의 규정에 의한 용도지구가 지정되어 있는 경우에는 그 용도지구를 2개까지 기재한다.
- 한 필지에 둘 이상의 용도지구가 구분(중복) 지정되어 있는 경우 일반 필지와 격차율이 큰 순서대로 2개까지 기재한다.
- 한 필지의 일부에 용도지구가 지정되어 있는 경우에 지구의 면적이나 형상이 잔여 토지의 이용·개발에 미치는 영향이 극히 미미할 경우에는 지구지정이 없는 것으로 본다.
- 일단지로 조사된 토지는 그 일단지 전체를 1필지로 보고 용도지구를 조사하여 기재한다.

7. 기타제한(구역 등): 기타

(1) 「국토의 계획 및 이용에 관한 법률」, 「도로법」, 「문화재보호법」 등 개별법에 의한 구역(지역)이 지정된 경우에는 2개까지 기재한다.
- 다만, 한 필지의 일부에 구역 및 지역이 지정되어 있을 경우에 그 지정된 면적이나 형상이 잔여토지의 이용·개발에 미치는 영향이 미미할 때에는 구역 및 지역의 지정이 없는 것으로 간주한다.
- 「자연공원법」에 의한 자연공원은 "공원구역 등(020~024)"으로 기재하고 "⑭토지이용상황"란에 실제 이용상황을 기재한다.

(2) 한 필지에 '도시자연공원구역', '일시적 규제지역' 또는 '비오톱'이 지정되었으며 기타제한1에 해당 제한을 기재하는 경우 그 지정면적의 비율을 기재한다. 다만, 지정면적비율이 해당 토지면적의 10% 이하인 경우에는 비율은 기재하되, 이에 따른 감가는 반영하지 않는다.

- 한 필지 일부 또는 전부에 '도시자연공원구역', '일시적 규제지역' 또는 '비오톱'이 함께 지정되어 있는 경우는 그 지정면적을 합하여 비율을 기재한다.
- 이 경우 일반필지와 상기 기타제한(도시자연공원구역, 일시적 규제지역 또는 비오톱) 간 격차율이 동일하다면 「면적」이 큰 구역(지역)을 기타제한1에 기재하며, 면적까지도 동일한 경우에는 「번호」가 빠른 구역(지역)을 기타제한1에 기재한다.
- 「도시공원 및 녹지 등에 관한 법률」 제17조 및 「국토의 계획 및 이용에 관한 법률」 제48조에 의거 지정 효력이 상실된 도시·군계획시설(공원)이 일정기간 규제지역으로 지정되는 경우(예 개발행위허가 제한지역 등) '일시적 규제지역'으로 조사한다.
- 2020년 7월에 지정 효력이 상실된 경우가 대다수이나, 효력이 상실되기 전 지정권자 직권으로 해제된 경우도 포함하여 조사한다.
- 일단지의 경우에는 일단지 전체면적에 대한 지정면적의 비율을 기재한다.

(3) 일단지로 조사된 토지는 그 일단지 전체를 1필지로 보고 기타제한(구역 등)을 조사하여 기재한다.

핵심체크 | 접도구역 「접도구역 관리지침」

도로구조에 대한 손궤의 방지, 미관 보존 또는 교통에 대한 위험을 방지하기 위하여 도로경계선으로부터 일정거리를 초과하지 아니하는 범위에서 「고속국도법」 또는 「도로법」에 따라 지정 고시된 구역을 말한다. 접도구역에서는 토지의 형질을 변경하는 행위, 건축물이나 그 밖의 공작물을 신축 개축(改築) 또는 증축하는 행위가 원칙적으로 금지된다.

도로의 종류	지정폭(양측 각각)
고속국도	10m
일반국도	5m
지방도	5m

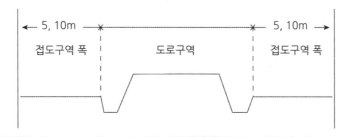

8. 기타제한(구역 등): 도시 · 군계획시설

(1) 「국토의 계획 및 이용에 관한 법률」 제2조 제6호 및 같은 법 시행령 제2조에 의한 도시기반시설 중 같은 법 제30조의 규정에 의하여 도시 · 군관리계획으로 결정된 시설(「도로법」 제25조의 도로구역을 포함)과 기타 관계 법령의 규정에 의하여 계획시설로 결정 · 고시된 토지에 대하여 이를 조사하여 기재한다.

(2) 공시기준일 현재 도시 · 군계획시설사업 등이 착공 내지 완료된 경우에는 "14)토지이용상황"란에 해당 공공용지 등의 실제이용상황(예 도로, 하천, 유원지 등)을 기재하고 "(9)도시 · 군계획시설"란에는 기재하지 아니한다. 다만, 지하철도 · 터널 등, 도축장의 경우에는 예외로 한다.

(3) 1필지의 일부 또는 전부가 도시 · 군계획시설에 저촉된 경우에는 그 저촉면적의 비율을 기재한다.

※ 저촉률 (   ) %

(4) 2필지 이상의 일단지 토지 중 일부 필지만이 도시 · 군계획시설에 저촉되는 경우에는 일단지 전체면적에 대한 저촉면적의 비율을 기재한다.

핵심체크 | 도시 · 군계획시설 구분

구분	기재방법
지상도로	지상도로
지하도로	지하도로
공원	공원
지상철도, 지상궤도	지상철도
지하철도, 지하궤도	지하철도
녹지, 공공공지	녹지 등
폐기물처리시설 및 수질오염방지시설	폐기물 · 수질
열공급설비, 가스공급설비, 유류저장 및 송유설비	열공급설비 등
전기공급설비	전기공급설비
도축장	도축장
공동묘지, 화장시설, 봉안시설	공동묘지 등
시장, 유통업무설비	시장 등
유원지	유원지
주차장	주차장
자동차정류장	정류장
광장	광장
운동장, 체육시설	운동장 등
수도공급설비, 공동구, 하수도	수도공급설비 등
공공청사, 학교, 도서관	공공청사 등
하천, 유수지, 저수지, 저류지	하천
방송, 통신시설	방송 · 통신시설
문화시설, 연구시설, 사회복지시설, 공공직업훈련시설 및 청소년수련시설	문화시설 등
기타시설	기타시설

9. 토지이용상황

(1) 토지의 실제 이용상황 및 주위의 주된 토지이용상황을 기준으로 다음과 같이 구분하여 기재하되, 일시적 인 이용상황은 고려하지 아니한다.

(2) 일시적인 이용상황이란 관계법령에 따라 국가나 지방자치단체의 계획이나 명령 등으로 해당 토지를 본래 의 용도로 이용하는 것이 일시적으로 금지되거나 제한되어 다른 용도로 이용하고 있거나 해당 토지의 주위 환경 등으로 보아 현재의 이용이 임시적인 것으로 인정되는 이용을 말한다.

(3) 한 필지가 둘 이상의 용도로 이용되는 토지가 불가피하게 표준지로 선정된 경우에는 용도별 면적과 토지 의 효용가치를 고려하여 주된 용도를 기재하되, 주된 용도와 부수적인 용도를 구분하기 어려운 경우에는 지가가 더 높게 형성되는 용도를 주된 용도로 본다.

(4) 각 용도지역(주거지역, 상업지역, 공업지역, 녹지지역, 용도미지정지역, 관리지역, 농림지역, 자연환경보전 지역) 내 농경지 또는 임야 등의 경우에는 개발가능성·주위환경 등을 고려하여 주거나지(상업나지, 공업 나지) 또는 전, 답, 임야 등으로 기재한다.

> 예 1) 각 용도지역 내 농경지를 둘러싸고 있는 인근지역의 주된 용도토지의 이용상황이 주거지(상업지, 공업지)인 전, 답, 임야 등의 경우에는 주거나지(상업나지, 공업나지)로 기재하고, 인근지역의 주된 용도토지의 이용상 황이 농경지 또는 임야인 경우에는 전, 답, 임야 등으로 구분하여 기재한다.
> 예 2) 용도지역만 지정되고 장기간 이행되지 못하여 가까운 장래에 주택지·상업지·공업지 등으로 이용개발될 가 능성이 희박한 전·답·임야 등의 경우에는 전·답·임야 등으로 기재한다.

(5) 토지이용상황은 관계법령에 의하여 건축허가를 받고 실공사(착공신고 등 적법한 절차에 따른 실공사를 의미)를 착공한 시점 또는 개발행위허가 등을 받고 실공사를 착공한 시점을 기준으로 건축용도 또는 부지 조성의 용도에 맞추어 조사한다.

(6) 개발사업지의 경우 아래와 같이 조사한다.

핵심체크 | 토지수용 및 환지방식의 개발사업지

확정예정지번(블록·롯트 포함)의 부여 시점을 기준으로 그 시점 이전에는 종전의 이용상황을 기준으로 기재하고, 그 시점 이후에는 개발사업지 내 용도구획별 획지(또는 필지)를 기준으로 조사하며, 해당 용도목적의 나지로 기재하 고, 기타 토지 특성은 확정예정지번이 부여된 도면에 의해 조사·기재한다.

다만, 확정예정지번(블록·롯트 포함) 부여 시점을 기준으로 조사하는 것이 불합리한 때에는 해당 시·군·구와 협의 하여 종전의 지번을 기준으로 필지별 종전 토지이용상황으로 조사할 수 있다.

개발사업지를 개발사업 후의 용도별 획지(또는 필지)로 조사한 이후에 환지방식의 사업지는 **환지처분 공고 시점**을 기준으로 개별필지별 이용상황을 건축용도에 맞추어 조사하며, 수용방식의 사업지는 실공사 착공(착공신고 등 적법 한 절차에 따른 실공사를 의미)과 확정예정지번이 부여된 시점을 기준으로 개별 필지별 토지이용상황을 건축용도에 맞추어 조사한다.

[수용방식의 개발사업지]

실공사를 착공하였음에도 불구하고, 확정예정지번이 부여되지 않은 경우 해당 시·군·구에 확정예정지번 부여 여부 를 확인하여야 한다.

[관리처분방식의 개발사업지]

실공사(착공신고 등 적법한 절차에 따른 실공사를 의미함)를 <u>착공한 시점</u>을 기준으로, 그 시점 이전에는 종전의 이용 상황을 기준으로 기재하고, 그 시점 이후에는 개발사업 후의 용도별 획지를 기준으로 조사하며, 해당 용도목적의 나지로 기재하고, 기타 토지특성은 관리처분계획 등에 의해 조사·기재한다.

다만, 실공사를 착공한 시점을 기준으로 조사하는 것이 불합리한 때에는 해당 시·군·구와 협의하여 종전의 지번을 기준으로 필지별 종전 토지이용상황으로 조사할 수 있다(개발사업지 내 유보지의 경우 용도확정 이전까지는 해당 사업목적의 나지로 조사하되, 해당 시·군·구와 협의하여 종전의 지번을 기준으로 필지별 종전 토지이용상황으로 조사할 수 있다.).

개발사업지를 개발사업 후의 용도별 획지(또는 필지)로 조사한 이후에 관리처분방식의 사업지는 <u>소유권 이전고시 시점</u>을 기준으로 개별필지별 이용상황을 건축용도에 맞추어 조사한다.

[「빈집 및 소규모주택 정비에 관한 특례법」(「소규모주택정비법」)]

상기 법령에 의한 사업이 시행되는 빈집정비사업, 자율주택정비사업, 가로주택정비사업, 소규모재개발사업, 소규모재건축사업 등은 **개발사업지로 조사하지 아니함.** 다만, 「소규모주택정비법」으로 시행되는 사업들이 하나의 구역계를 이루어 합동개발하는 경우에는 개발사업지로 조사할 수 있으며, 이는 해당 시·군·구에서 결정함

핵심체크 | 개발사업지의 토지이용상황 조사 방식(원칙)

사업방식	시점	조사 및 기재 방식
토지수용 방식	확정예정지번 부여 전 (블록, 롯트포함)	종전 이용상황 기준 기재
	확정예정지번 부여 후 (블록, 롯트포함)	- 개발사업지 내 용도구획별 획지(또는 필지) 기준 - 해당 용도 목적 나지로 기재 ※ 기타 특성은 확정예정지번이 부여된 도면 기준으로 기재
	실공사착공과 확정예정지번 부여	건축 용도에 맞추어 조사
환지방식	확정예정지번 부여 전 (블록, 롯트포함)	종전 이용상황 기준 기재
	확정예정지번 부여 후 (블록, 롯트포함)	- 개발사업지 내 용도구획별 획지(또는 필지) 기준 - 해당 용도 목적 나지로 기재 ※ 기타 특성은 확정예정지번이 부여된 도면 기준으로 기재
	환지처분 공고 후	건축 용도에 맞추어 조사
관리처분 방식	실공사 착공 전	종전 이용상황 기준 기재
	실공사 착공 후	- 개발사업 후의 용도별 획지 기준 - 해당 용도 목적 나지 ※ 기타 특성은 관리처분계획 기준 기재
	소유권 이전 고시 시점	건축 용도에 맞추어 조사

- 토지이용상황 판단 시 지상 건축물의 규모와 용도는 「건축법 시행령」 별표1 및 「주택법 시행령」을 참조하여 결정한다.
- 지적공부상 철도용지로 등록된 필지의 경우라도 토지이용상황은 실제 이용상황에 맞는 현황을 조사한다.
- 지목 "하천", 기타제한(구역 등) "하천구역"은 점용허가 여부, 인근토지의 이용상황, 일시적 이용상황 여부 등을 감안하여 실제 이용상황에 맞는 현황을 조사하여야 한다.
- 일단지로 조사된 토지는 그 일단지 전체를 1필지로 보고 토지이용상황을 조사하여 기재한다.

핵심체크 | 일단지

일단지란 "용도상 불가분의 관계"에 있는 2필지 이상의 일단의 토지를 의미하며, "용도상 불가분의 관계"란 일단지로 이용되고 있는 상황이 사회적·경제적·행정적 측면에서 합리적이고 해당 토지의 가치형성측면에서도 타당하다고 인정되는 관계에 있는 경우를 말한다.

[토지이용상황 구분]

구분	범위	기재방법
	주거용	
단독주택용지 (단독주택의 형태를 갖춘 가정어린이집·공동생활가정·지역아동센터·공동육아 나눔터·작은도서관 및 노인복지시설을 포함)	- 단독주택: 주택용지로서 연립·다세대·아파트 또는 기숙사 부지가 아닌 토지, 주택지 안의 소규모점포가 있는 주택(점포주택)용지 - 다중주택(다음의 요건을 모두 갖춘 주택을 말함) 　• 학생 또는 직장인 등 여러 사람이 장기간 거주할 수 있는 구조로 되어 있는 것 　• 독립된 주거의 형태를 갖추지 않은 것(각 실별로 욕실은 설치할 수 있으나, 취사시설은 설치하지 않은 것을 말한다) 　• 1개 동의 주택으로 쓰이는 바닥면적(부설 주차장 면적은 제외. 이하 같음)의 합계가 660제곱미터 이하이고 주택으로 쓰는 층수(지하층은 제외)가 3개 층 이하일 것. 다만, 1층의 전부 또는 일부를 필로티 구조로 하여 주차장으로 사용하고 나머지 부분을 주택(주거목적으로 한정) 외의 용도로 쓰는 경우에는 해당 층을 주택의 층수에서 제외 　• 적정한 주거환경을 조성하기 위하여 건축조례로 정하는 실별 최소 면적, 창문의 설치 및 크기 등의 기준에 적합할 것 - 다가구주택(다음의 요건을 모두 갖춘 주택으로서 공동주택에 해당하지 아니하는 것을 말함) 　• 주택으로 쓰이는 층수(지하층은 제외함)가 3개층 이하일 것. 다만, 1층의 전부 또는 일부를 필로티 구조로 하여 주차장으로 사용하고 나머지 부분을 주택(주거목적으로 한정)외의 용도로 사용하는 경우에는 해당 층을 주택의 층수에서 제외 　• 개동의 주택으로 쓰이는 바닥면적의 합계가 660㎡ 이하일 것 　• 9세대(대지 내 동별 세대수를 합한 세대를 말함) 이하가 거주할 수 있을 것 - 공관	단독
연립주택용지	주택으로 쓰는 1개 동의 바닥면적(2개 이상의 동을 지하주차장으로 연결하는 경우에는 각각의 동으로 봄)의 합계가 660㎡를 초과하고, 층수가 4개층 이하인 공동주택용지(4층 이하의 기숙사용지 및 「주택법 시행령」 제10조 제1항 제2호의 단지형 연립주택용지 포함) ※ 기숙사: 학교 또는 공장 등의 학생 또는 종업원 등을 위하여 사용되는 것으로서 공동취사 등을 할 수 있는 구조이되, 독립된 주거의 형태를 갖추지 아니한 것	연립
다세대주택용지	동당 바닥면적 합계가 660㎡ 이하인 4층 이하의 공동주택용지(2개 이상의 동을 지하주차장으로 연결하는 경우 각각의 동으로 봄, 「주택법 시행령」 제10조 제1항 제3호의 단지형 다세대주택용지와 「주택법 시행령」 제10조 제1항 제1호의 원룸형 주택용지 포함	다세대
아파트용지	주택으로 쓰이는 층수가 5개층 이상인 공동주택용지 (5층 이상의 기숙사용지 포함)	아파트

주거용 나지	주변의 토지이용상황이 주택지대로서 그 토지에 건축물이 없거나 일시적으로 타용 도로 이용되고 있으나, 가까운 장래에 주택용지로 이용·개발될 가능성이 높은 토지 예 전, 답, 조경수목재배지, 벽돌공장 등	주거나지
주거용 기타	주변의 토지이용상황이 주택지대로서 관공서, 교육시설(학교, 공공도서관, 전시관 등), 종교시설 또는 창고 등으로 이용되고 있는 토지 ※ 기타로 조사된 경우에는 "※기타( )"란에 구체적인 토지이용상황을 한글 4자 이내로 기재한다. 예 기타(관공서, 학교, 교회, 창고 등)	주거기타
상업·업무용		
상업용지	상가나 시장, 서비스업 등의 영업을 목적으로 하고 있는 건물부지 예 시장, 상가, 호텔, 휴게소, 목욕탕, 수영장, 극장, 병원, 주유소 등	상업용
업무용지	은행, 사무실 등 업무용으로 이용하고 있는 건물부지. 다만, 상업용과 업무용이 복합 되어 있는 경우에는 그 사용면적을 기준으로 판단하여 기재한다.	업무용
상업·업무용 나지	주변의 토지이용상황이 상업·업무지대로서 그 토지에 건축물이 없거나 일시적으 로 타용도로 이용되고 있으나, 가까운 장래에 상업용 또는 업무용으로 이용·개발될 가능성이 높은 토지 예 전, 답, 조경수목재배지, 야적장 등	상업나지
상업·업무용 기타	주변의 토지이용상황이 상업·업무지대로서 관공서, 교육시설(학교·공공도서관· 전시관 등), 종교시설 또는 주거용건물, 주상용건물, 창고 등으로 이용되고 있는 토지 ※ 기타로 조사된 경우는 "※기타( )"란에 구체적인 토지이용상황을 한글 4자 이내로 기 재한다. 예 기타(관공서, 학교, 교회, 창고, 주거건물 등)	상업기타
주·상복합용		
주·상 복합용지	단일 건물이 주거용과 상업용으로 이용되고 주·부용도의 구분이 용이하지 않은 건 물부지(다만, 주택지안의 소규모 점포주택은 단독주택으로 본다)	주상용
주·상 복합용 나지	주변의 토지이용상황이 주택 및 상가혼용지대로서 그 토지에 건축물이 없거나 일시 적으로 타용도로 이용되고 있으나, 가까운 장래에 주상복합용으로 이용·개발될 가 능성이 높은 토지 예 전, 답, 조경수목재배지, 야적장 등	주상나지
주·상 복합용 기타	주변의 토지이용상황이 주택 및 상가혼용지대로서 관공서, 교육시설(학교, 공공도 서관, 전시관 등), 종교시설 또는 주거용 건물, 창고 등으로 이용되고 있는 토지 ※ 기타로 조사된 경우에는 "※기타( )"란에 구체적인 토지이용상황을 한글 4자 이내로 기재한다. 예 기타(관공서, 학교, 교회, 창고, 주거건물 등)	주상기타
공업용		
공업용지	제조업에 이용되고 있는 토지. 다만, 상업용과 공업용의 구분이 어려운 경우에는 상 업용으로 한다.	공업용
공업용 나지	주변의 토지이용상황이 공업지대로서 그 토지에 건축물이 없거나 일시적으로 타용 도로 이용되고 있으나, 가까운 장래에 공업용으로 이용·개발될 가능성이 높은 토지 예 전, 답, 조경수목재배지, 야적장 등	공업나지

공업용 기타	주변의 토지이용상황이 공업지대로서 관공서, 교육시설(학교, 공공도서관, 전시관 등), 종교시설 또는 창고 등으로 이용되고 있는 토지 ※ 기타로 조사된 경우에는 "※기타( )"란에 구체적인 토지이용상황을 한글 4자 이내로 기재한다. 예 기타(관공서, 학교, 교회, 창고 등)	공업기타
태양광 발전소 부지	「신에너지 및 재생에너지 개발 · 이용 · 보급 촉진법」 등에 따른 태양광설비를 설치하여 발전사업 허가를 받은 토지로서, 태양전지로 구성된 모듈과 주변장치 등으로 구성된 일체의 토지 ※ 공장 등 건물 위에 태양광발전설비를 설치한 경우는 조사 대상에서 제외한다.	태양광
전		
전	물을 상시적으로 이용하지 아니하고 곡물 · 원예작물(과수류를 제외한다) · 약초 · 뽕나무 · 닥나무 · 묘목 · 관상수 등의 식물을 주로 재배하는 토지와 식용을 목적으로 죽순을 재배하는 토지	전
과수원	사과 · 배 · 밤 · 호도 · 귤나무 등 과수류를 집단적으로 재배하는 토지와 이에 접속된 저장고 등 부속시설물 부지. 다만, 주거용 건축물의 부지는 "주거용"으로 한다.	과수원
전 기타	주변의 토지이용상황이 "전"으로서 관공서, 교육시설(학교, 공공도서관, 전시관 등), 종교시설 등으로 이용되고 있는 토지 ※ 기타로 조사된 경우에는 "※기타( )"란에 구체적인 토지이용상황을 한글 4자 이내로 기재한다.	전기타
농업용 창고	주변의 토지이용상황이 "전"으로서 농업 · 축산업 · 수산업용 창고 등으로 이용되고 있는 토지	전창고
축사	주변의 토지이용상황이 "전"으로서 돈사 · 계사 · 우사 등으로 이용되고 있는 토지	전축사
답		
답	물을 상시적으로 직접 이용하여 벼 · 연 · 미나리 · 왕골 등의 식물을 주로 재배하는 토지	답
답 기타	주변의 토지이용상황이 "답"으로서 관공서, 교육시설(학교, 공공도서관, 전시관 등), 종교시설 등으로 이용되고 있는 토지 ※ 기타로 조사된 경우에는 "※기타( )"란에 구체적인 토지이용상황을 한글 4자 이내로 기재한다.	답기타
농업용 창고	주변의 토지이용상황이 "답"으로서 농업 · 축산업 · 수산업용 창고 등으로 이용되고 있는 토지	답창고
축사	주변의 토지이용상황이 "답"으로서 돈사 · 계사 · 우사 등으로 이용되고 있는 토지	답축사
임야		
조림	계획조림지로 조성된 임야	조림
자연림	자연상태의 임야	자연림
토지임야 (토림)	주변의 토지이용상황으로 보아 순수임야와 구분되며, 주로 경작지또는 도시(마을) 주변에 위치해 있는 구릉지와 같은 임	토지임야

목장용지	축산업 및 낙농업을 하기 위하여 초지를 조성한 토지, 「축산법」에 의한 가축을 사육하는 축사 등의 부지와 그 부속시설물의 부지. 다만, 주거용 건축물의 부지는 "주거용"으로 한다. ※ 지적공부상 목장용지(지적공부상 전·답인 토지를 포함)일지라도 주변의 토지이용상황이 전·답인 축사부지(돈사, 계사, 우사 등)는 목장용지로 조사하지 아니하고 전축사 또는 답축사로 조사한다.	목장용지
임야기타	주변의 토지이용상황이 임야로서 관공서, 교육시설(학교, 공공도서관, 전시관 등), 종교시설 또는 창고 등으로 이용되고 있는 토지 ※ 기타로 조사된 경우에는 "※기타( )"란에 구체적인 토지이용상황을 한글 4자 이내로 기재한다.	임야기타
특수토지	비교적 대규모 필지의 토지로서 토지용도가 특수하거나 거래사례가 희소하여 시장가치의 측정이 어려운 토지	
광천지	지하에서 온수·약수·석유류 등이 용출되는 용출구 및 그 유지에 사용되는 부지. 다만, 온수·약수·석유류 등을 일정한 장소로 운송하는 송수관·송유관 및 저장시설의 부지는 제외한다.	광천지
광업용지	광산, 특수채석장(오석, 대리석 등 채석지)용지	광업용지
염전	바닷물을 끌어 들여 소금을 채취하기 위하여 조성된 토지와 이에 접속된 제염장 등 부속시설물의 부지. 다만, 천일제염방식에 의하지 아니하고 동력에 의하여 바닷물을 끌어 들여 소금을 제조하는 공장시설물의 부지를 제외한다.	염전
양어장	육상에 인공으로 조성된 수산생물의 번식 또는 양식을 위한 시설을 갖춘 부지와 이에 접속된 부속시설물의 부지	양어·양식
양식장	일정한 설비를 갖추어 놓고 물고기나 해조, 버섯 따위를 인공적으로 길러서 번식시키는 곳	
유원지	일반공중의 위락·휴양 등에 적합한 시설물을 종합적으로 갖춘 수영장·유선장·낚시터·어린이놀이터·동물원·식물원·민속촌 등의 토지와 그 부속토지. 단, 일정 규모(10,000㎡) 이하이거나, 개별 공시지가 산정에 지장이 없는 경우는 유원지로 선정하지 아니 할 수 있다.	유원지
공원묘지	분묘를 설치하는 구역으로, 사설공원묘지(「도시공원 및 녹지 등에 관한 법률」상의 사설묘지공원 포함)에 한한다.	공원묘지
골프장	3홀 이상의 골프코스를 갖추고 경영하는 골프장 부지	골프장
스키장	스키를 위하여 조성된 용지와 그에 부속된 시설물의 부지	스키장
경마장	경마를 위하여 조성된 용지와 그에 부속된 시설물의 부지	경마장
승마장	승마를 위하여 조성된 용지와 그에 부속된 시설물의 부지	승마장
여객 자동차 터미널	「여객자동차 운수사업법」에 의해 여객자동차터미널사업 면허를 받아 시외버스운송사업에 제공되고 있는 공영터미널 또는 공용터미널의 부지. 다만, 해당 여객자동차터미널사업이 지역여건 및 도로교통의 변경 등으로 인해 당초 고유 목적을 달성할 수 없거나 가격균형 제고를 위한 특수토지로서의 선정 필요성이 없다고 판단되는 경우에는 제외 가능	여객

콘도미니엄		관광객의 숙박과 취사에 적합한 시설을 갖추어 이를 그 시설의 회원 등에게 제공하거나 숙박에 딸리는 음식 · 운동 · 휴양 또는 연수에 적합한 시설 등을 함께 갖추어 이를 이용하게 하는 업을 위해 조성된 용지와 그에 부속된 시설물의 부지		콘도
공항		항공기의 이륙 · 착륙 및 여객, 화물의 운송을 위한 시설과 그 부대시설 및 지원시설을 갖춘 공공용 비행장 부지		공항
고속도로 휴게소		자동차교통망의 중요한 축을 이루며 중요 도시를 연결하는 자동차 전용의 고속교통에 사용되는 도로 주변에 승객과 운전자의 휴식, 차량의 정비 등을 위한 편의시설 부지		휴게소
발전소	수력	물이 갖는 위치에너지를 수차의 기계에너지로 바꾸어 그것을 발전기로 전기에너지로 변환하는 발전방식을 사용하는 발전소		발전소
	화력	석탄 또는 석유 등을 연료로 사용하는 열기관에 의하여 발전기를 회전시켜 전기를 생성하는 발전소		
	원자력	원자핵이 붕괴할 때 생기는 열에너지를 동력으로 하여 전기를 얻는 발전소		
물류터미널		「물류시설의 개발 및 운영에 관한 법률」 제2조 제2호에 따른 물류터미널로서 물류터미널사업자가 「화물자동차 운수사업법」 제3조 제1항 제1호에 따른 일반화물자동차운송사업 또는 「해운법」 제2조 제3호에 따른 해상화물운송사업에 제공하기 위하여 설치하는 터미널(「도시 · 군계획시설의 결정 · 구조 및 설치기준에 관한 규칙」 제31조 제2호)		물류
특수토지기타		기타 특수용도로 이용되고 있거나 조성된 용지로서, 토지이용상황 등을 세분화, 특정하기 곤란하여 개별공시지가 산정시 비준표에 의할 경우 그 가격이 적정하지 않은 토지		특수기타
공공용지 등		(도시)계획시설로 고시된 토지로서 사업이 착공 내지 완료된 경우나 영리목적이 아닌 공공성격이 강한 토지		
도로 등		도로(사도 포함), 철도, 녹지, 수도, 공동구		도로 등
하천 등		하천 및 부속토지, 제방, 구거, 유지(댐, 저수지, 소류지, 호수, 연못 등)		하천 등
공원 등		공원(묘지공원 및 도시자연공원을 제외한 도시공원), 사적지		공원 등
운동장 등		운동장, 체육시설, 광장		운동장 등
주차장 등		주차장, 자동차정류장		주차장 등
위험시설		위험시설(변전시설, 송전탑, 유류저장 및 송유설비 등) ※ 일반주유소(가스충전소를 포함한다)는 제외한다.		위험시설
유해 및 혐오시설		화장장, 공동묘지(「도시공원 및 녹지 등에 관한 법률」상의 공설묘지공원 포함), 납골시설, 쓰레기처리장, 폐기물처리시설, 도축장 등		유해 · 혐오시설
기타		'일반토지(주거, 상업, 주상, 공업, 전, 답, 임야)', '특수토지', '공공용지 등'으로 분류하기 곤란한 미분류 토지		기타

10. 지형지세(고저)

토지의 고저는 간선도로 또는 주위의 지형지세를 기준으로 조사하되, 해당 토지가 속한 지대의 경사도(측량자료 또는 수치지형도 등 기준)를 고려할 수 있다.

구분	내용
저지	간선도로 또는 주위의 지형지세보다 현저히 낮은 지대의 토지
평지	간선도로 또는 주위의 지형지세와 높이가 비슷하거나 경사도가 미미한 토지
완경사지	간선도로 또는 주위의 지형지세보다 높고 경사도가 15° 이하인 지대의 토지
급경사지	간선도로 또는 주위의 지형지세보다 높고 경사도가 15°를 초과하는 지대의 토지
고지	간선도로 또는 주위의 지형지세보다 현저히 높은 지대의 토지

11. 지형지세(형상)

토지의 형상은 다음의 유형 중에서 가장 비슷한 형상을 택하여 기재한다.

구분	내용
정방형	정사각형 모양의 토지로서 양변의 길이 비율이 1:1.1 내외인 토지
가장형	장방형의 토지로 넓은 면이 도로에 접하거나 도로를 향하고 있는 토지
세장형	장방형의 토지로 좁은 면이 도로에 접하거나 도로를 향하고 있는 토지
사다리형	사다리꼴(변형사다리꼴 포함) 모양의 토지
부정형	불규칙한 형상의 토지 또는 삼각형 모양의 토지 중 최소외접직사각형 기준 1/3 이상의 면적손실이 발생한 토지
자루형	출입구가 자루처럼 좁게 생겼거나 역삼각형의 토지(역사다리형을 포함)로 꼭지점 부분이 도로에 접하거나 도로를 향하고 있는 토지

- 일단지 중에서 대표성이 있는 1필지가 표준지로 선정된 때에는 그 일단지 전체를 1필지의 토지로 보고 토지특성을 조사하여 기재한다.
- 도로에 접하지 아니한 토지(맹지)의 형상은 인근 도로방향을 기준으로 조사하여 기재한다. 다만 둘 이상의 도로가 인접한 경우에는 주된 도로의 방향을 기준으로 판단한다.

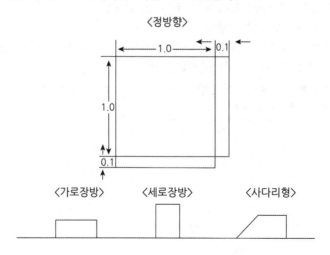

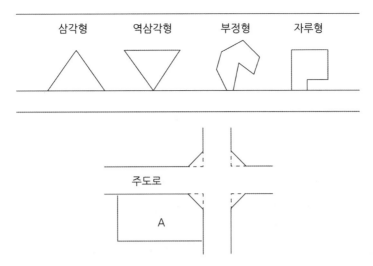

- 특히 각지인 토지의 가각 정리된 부분이 있을 경우에는 가각이 정리되지 않은 것으로 보고 판단한다. 따라서, A 토지의 형상은 주된 도로의 방향을 기준으로 판단하여 가로장방형으로 조사한다.

12. 방위

- 방위는 8방위로 표시하되, 토지이용상황이 주거용 또는 임야(목장용지 포함)인 경우에만 조사하여 기재한다.
- 주거용은 주된 접면도로를 기준으로 하되 판단이 어려운 경우에는 진입로를 기준으로 조사하여 기재한다.
- 임야는 경사방향을 기준으로 조사하되, 인근 임야의 경사도를 고려하여 주된 경사 방향이라고 판단되는 방위를 조사하여 기재한다.
- 일단지 내 토지는 일단지 전체의 방위를 기준으로 토지특성을 조사하여 기재한다.

〈접면도로 및 경사방향〉

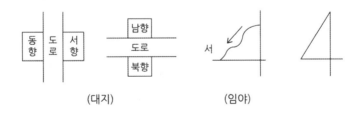

(대지)　　　　　　　　(임야)

13. 축척 및 등고선

(1) 축척

> **핵심체크 | 길이와 면적 환산**
>
> **길이**
> 축척 1:600일 경우 1cm 실제 거리: 1 × 600 = 600cm = 60m
>
> **면적**
> 축척 1:600일 경우 1㎡의 실제 면적: 1 × 600 × 600 = 360,000㎠ ≒ 3,600㎡

(2) 등고선

구분	내용
계곡선	1:50,000일 경우 실제 거리 100m 간격
주곡선	계곡선과 계곡선 사이의 선, 1:50,000일 경우 실제 거리 20m 간격
간곡선	주곡선 간격이 좁은 경우, 1:50,000일 경우 실제 거리 10m 간격

14. 접면도로

(1) 표준지가 접한 도로를 다음과 같이 구분하여 기재하되 표준지가 각지 또는 2면 이상에 접한 경우에는 넓은 도로를 기준으로 기재함을 원칙으로 한다. 다만 넓은 도로가 주된 역할을 하지 못하는 경우에는 주된 역할을 하는 도로를 기준으로 기재한다.

(2) 일단지 중에서 대표성이 있는 1필지가 표준지로 선정된 때에는 그 일단지 전체를 1필지의 토지로 보고 토지특성을 조사하여 기재한다.

(3) 도로의 분류기준

1) 도로의 분류는 인도를 포함한 도로의 폭을 기준으로 하되 비탈면(법면) 부분은 제외한다.

2) 도로는 관계법령의 규정에 불구하고 사실상 이용되는 도로와 건설공사 중인 도로(조사시점 현재 공사가 진행 중인 구간을 말한다)만을 "도로"로 간주하고, 고속국도와 자동차전용도로 등 차량 진출입이 불가능한 도로와 이용되지 않는 폐도는 "도로"로 보지 아니한다. 다만, 개발행위허가(건축물의 건축, 공작물의 설치, 토지의 형질변경)를 받고 건축물의 부지 등으로 이용 중인 표준지와 접한 고속국도와 자동차전용도로의 경우는 "도로"로 간주한다.

3) 도로는 현황도로를 기준으로 하되, 개발사업지의 경우 토지수용 및 환지방식의 개발사업지는 확정예정지번(블록·롯트 포함)의 부여 시점과 관리처분방식의 개발사업지는 실공사(착공신고 등 적법한 절차에 따른 실공사를 의미함)를 착공한 시점을 기준으로 그 이후에는 도면상의 도로를 기준으로 조사한다.

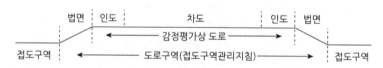

구분	기재방법	내용
광대로한면	광대한면	폭 25m 이상의 도로에 한면이 접하고 있는 토지
광대로 - 광대로 광대로 - 중로 광대로 - 소로	광대소각	광대로에 한면이 접하고 소로(폭 8m 이상 12m 미만) 이상의 도로에 한면 이상 접하고 있는 토지
광대로 - 세로(가)	광대세각	광대로에 한면이 접하면서 자동차 통행이 가능한 세로(가)에 한면 이상 접하고 있는 토지
중로한면	중로한면	폭 12m 이상 25m 미만 도로에 한면이 접하고 있는 토지

중로 - 중로 중로 - 소로 중로 - 세로(가)	중로각지	중로에 한면이 접하면서 중로, 소로, 자동차 통행이 가능한 세로(가)에 한면 이상 접하고 있는 토지
소로한면	소로한면	폭 8m 이상 12m 미만의 도로에 한면이 접하고 있는 토지
소로 - 소로 소로 - 세로(가)	소로각지	소로에 한면이 접하면서 소로, 자동차통행이 가능한 세로(가)에 한면 이상 접하고 있는 토지
세로한면(가)	세로(가)	자동차 통행이 가능한 폭 8m 미만의 도로에 한면이 접하고 있는 토지
세로(가) - 세로(가)	세각(가)	자동차 통행이 가능한 세로에 두면 이상이 접하고 있는 토지
세로한면(불)	세로(불)	자동차 통행이 불가능하나 이륜자동차의 통행이 가능한 세로에 한면이 접하고 있는 토지
세로(불) - 세로(불)	세각(불)	자동차 통행이 불가능하나 이륜자동차의 통행이 가능한 세로에 두면 이상 접하고 있는 토지
맹지	맹지	이륜자동차의 통행이 불가능한 도로에 접한 토지와 도로에 접하지 아니한 토지

① 광대로에 한면이 접하면서 세로한면(불)에 접하는 토지는 광대로한면으로 판단한다.

② 중로에 한면이 접하면서 세로한면(불)에 접하는 토지는 중로한면으로 판단한다.

③ 소로에 한면이 접하면서 세로한면(불)에 접하는 토지는 소로한면으로 판단한다.

④ 세로한면(가)에 한면이 접하면서 세로한면(불)에 접하는 토지는 세로한면(가)로 조사한다.

⑤ 계단도로는 통상적인 도로에 비해 그 기능이 저하됨을 감안하여 해당 도로보다 한 단계 낮은 도로로 조사한다.

  ※ 세로(가)인 계단도로는 세로(불)로, 소로인 계단도로는 세로(가)로 조사

  ※ 계단도로: 전반적인 계통으로 보아 차량의 통행이 가능하나, 구간 중 일부가 계단으로 되어 있어 차량의 자유로운 통행에 지장이 있는 도로

⑥ 동일노선의 도로폭이 일정하지 않는 경우에는 그 도로의 많은 부분을 차지하는 도로폭을 기준으로 판단한다.

⑦ 이면(二面)가로획지는 각지로 판단한다.

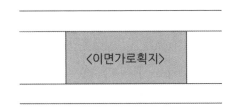

⑧ 준각지(準角地)는 각지로 보지 아니하고 한면으로 판단한다. 다만, 접면도로폭이 승용차가 원활하게 교차할 수 있는 정도인 경우에는 각지로 판단한다.

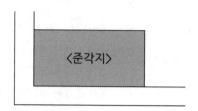

〈준각지〉

⑨ 보행자도로가 차량통행의 제한 등으로 통상적인 도로에 비해 그 기능이 저하되는 경우에는 계단도로에 준하여 조사한다.

    ※ 보행자도로: 보행자의 통행을 위하여 차량의 자유로운 진출입이 제한되는 도로

⑩ 해당 지역의 일반적인 면적으로 형성된 획지에 다양한 도로가 접하고 있는 경우에는 접한 도로 중 가장 넓은 도로를 기준(도로의 폭 기준)으로 조사함을 원칙으로 한다.

⑪ 지방도나 군도의 경우에는 지역에 따라 왕복 2차선의 아스팔트포장도로가 현실적으로 폭 8m 미만인 경우가 있다. 단순히 도로 폭만을 기준으로 세로로 분류하는 경우에는 지가균형상 불균형을 초래할 수 있으므로 이 경우에는 조사 · 평가자와 시 · 군 · 구간에 협의하여 지방도나 군도에 접한 토지 전체를 "소로"로 구분할 수 있다.

⑫ 세로에 대한 구분기준은 자동차 통행의 여부이며, 이 경우 승용차를 기준으로 구분한다.

핵심체크 | 각지와 개별요인 비교

각지는 도로의 접면이 2개 이상을 의미하는 용어로, 개별요인 비교 시 가로조건(접면도로의 폭 등)으로 판단하기 쉬우나, 각지는 가로 폭 등의 가로요인보다는 각지라는 형태 덕분에 해당 부지의 가치가 높은 전면부 대신 **측면부를 추가적으로 활용할 수 있는 개념으로 획지조건에서 고려한다.** 예를 들면 각지가 아니라면 해당 건물의 지하주차장 출진입부는 전면부의 상당 부분을 차지할 수 밖에 없으나, 각지인 경우에는 측면부로 주차장 진입부를 조성할 수 있기 때문에 토지의 가치측면에서 높은 요인을 갖게 된다.

핵심체크 | 막다른 도로에 대한 택지의 특성조사(도로접면과 형상의 구분)

〈사례도면〉

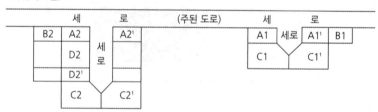

〈일반적인 사례〉   〈특수한 사례〉

- 사례도면의 경우에 도로에 직접 접한 토지는 가격수준이 동일하거나 가격차가 미세하며(A1 · A1¹과 B1, A2 · A2¹과 B2), 막다른 골목에 접한 토지(C1, C1¹, C2, C2¹)는 도로에 직접 접한 토지보다 후면지로서 가격이 열세로 산정됨
- 막다른 도로는 통상적인 도로에 비해 양쪽 방향의 교차통행에 제한을 받게 됨

<일반적인 사례>의 경우

- 위 사례의 경우에 막다른 도로의 도로폭이 "세로"에 해당하더라도 도로폭이 4m 미만이라면 통상적으로 차량이 진입하여 U턴하는 것이 곤란하게 되므로 통상적인 도로에 비해 기능이 저하되며, 따라서 "세로"보다 한단계 낮은 "세로(불)"로 구분하게 됨

  ∴ 도로접면의 조사: A2는 세로(가), C2 · D2 · D2¹는 세로(불)로 구분

- 위 사례의 경우에 막다른 도로의 도로폭이 「통상적으로 차량이 진입하여 U턴이 가능한 일반적인 도로폭」이라면 (예 5m) "세로"로 구분하게 됨

  ∴ 도로접면의 조사: A2는 세각(가), C2 · D2 · D2¹는 세로(가)로 구분

<특수한 사례>의 경우(비준표에 의한 지가산정 목적상 다음과 같이 구분)

- 사례도면의 경우에서 막다른 소규모 필지의 출입만을 위해 사용되는 "특수한 사례"의 경우에는 공공의 통행에 사용되기 보다는 일부 필지만의 출입을 위하여 사용됨. 따라서 지가산정 목적상 주된 도로를 기준으로 도로접면과 토지형상을 예외적으로 구분함

  ∴ 도로접면: A1 · A1¹은 세로(가), C1 · C1¹은 세로(가)

  ∴ C1 · C1¹의 토지형상: 자루형

- 토지가 도로에 접하는 형태와 관련지어 토지형상을 구분하게 되므로 위의 경우 좁은 출입로를 통해 주된 도로에 접하므로 자루형으로 구분함

- 단, 인접토지와 지가 균형을 위해서 C1 · C1¹의 도로접면을 세로(불), 토지형상을 대상토지의 형상을 기준으로 조사할 수 있음

「도시 · 군계획시설의 결정 · 구조 및 설치기준에 관한 규칙」 제9조(도로의 구분)

도로는 다음 각호와 같이 구분한다.

1. 사용 및 형태별 구분

   가. 일반도로: 폭 4미터 이상의 도로로서 통상의 교통소통을 위하여 설치되는 도로

   나. 자동차전용도로: 특별시 · 광역시 · 특별자치시 · 시 또는 군(이하 "시 · 군"이라 한다)내 주요지역간이나 시 · 군 상호간에 발생하는 대량교통량을 처리하기 위한 도로로서 자동차만 통행할 수 있도록 하기 위하여 설치하는 도로

   다. 보행자전용도로: 폭 1.5미터 이상의 도로로서 보행자의 안전하고 편리한 통행을 위하여 설치하는 도로

   라. 보행자우선도로: 폭 20미터 미만의 도로로서 보행자와 차량이 혼합하여 이용하되 보행자의 안전과 편의를 우선적으로 고려하여 설치하는 도로

   마. 자전거전용도로: 하나의 차로를 기준으로 폭 1.5미터(지역 상황 등에 따라 부득이하다고 인정되는 경우에는 1.2미터) 이상의 도로로서 자전거의 통행을 위하여 설치하는 도로

   바. 고가도로: 시 · 군내 주요지역을 연결하거나 시 · 군 상호간을 연결하는 도로로서 지상교통의 원활한 소통을 위하여 공중에 설치하는 도로

   사. 지하도로: 시 · 군내 주요지역을 연결하거나 시 · 군 상호간을 연결하는 도로로서 지상교통의 원활한 소통을 위하여 지하에 설치하는 도로(도로 · 광장 등의 지하에 설치된 지하공공보도시설을 포함한다). 다만, 입체교차를 목적으로 지하에 도로를 설치하는 경우를 제외한다.

2. 규모별 구분

   가. 광로

      (1) 1류: 폭 70미터 이상인 도로

      (2) 2류: 폭 50미터 이상 70미터 미만인 도로

      (3) 3류: 폭 40미터 이상 50미터 미만인 도로

나. 대로
   (1) 1류: 폭 35미터 이상 40미터 미만인 도로
   (2) 2류: 폭 30미터 이상 35미터 미만인 도로
   (3) 3류: 폭 25미터 이상 30미터 미만인 도로
다. 중로
   (1) 1류: 폭 20미터 이상 25미터 미만인 도로
   (2) 2류: 폭 15미터 이상 20미터 미만인 도로
   (3) 3류: 폭 12미터 이상 15미터 미만인 도로
라. 소로
   (1) 1류: 폭 10미터 이상 12미터 미만인 도로
   (2) 2류: 폭 8미터 이상 10미터 미만인 도로
   (3) **3류: 폭 8미터 미만인 도로**

3. 기능별 구분
   가. **주간선도로**: 시·군내 주요지역을 연결하거나 시·군 상호간을 연결하여 대량통과교통을 처리하는 도로로서 시·군의 골격을 형성하는 도로
   나. **보조간선도로**: 주간선도로를 집산도로 또는 주요 교통발생원과 연결하여 시·군 교통이 모였다 흩어지도록 하는 도로로서 근린주거구역의 외곽을 형성하는 도로
   다. 집산도로(集散道路): 근린주거구역의 교통을 보조간선도로에 연결하여 근린주거구역내 교통이 모였다 흩어지도록 하는 도로로서 근린주거구역의 내부를 구획하는 도로
   라. 국지도로: 가구(街區: 도로로 둘러싸인 일단의 지역을 말한다. 이하 같다)를 구획하는 도로
   마. 특수도로: 보행자전용도로·자전거전용도로 등 자동차 외의 교통에 전용되는 도로

15. <u>도로조건</u>(간선도로거리)

(1) 간선도로의 경계로부터 표준지까지의 도면상의 최단직선거리를 조사하여 기재한다. 다만, 최단직선거리로 조사함이 불합리한 경우(지가왜곡 등)에는 인근지형을 감안한 실제 접근 가능한 직선거리로 조사한다.

(2) 간선도로라 함은 「도로법」에 의한 국도·지방도·시도·군도를 말한다. 단, 대중교통수단이 1일 1~2회 통과하는 도로는 제외한다.

(3) 조사필지 주변에 간선도로가 여러 개 있을 경우에는 진입이 가장 용이하고 가까운 거리에 있는 간선도로를 기준으로 기재한다.

(4) 고속국도 및 자동차전용도로는 간선도로로 보지 아니한다.

(5) 간선도로거리는 관리지역, 농림지역, 자연환경보전지역, 도시지역외 용도미지정지역에 대해서만 조사를 실시한다.

(6) 일단지 내 토지는 간선도로의 경계로부터 일단지 전체를 기준으로 한 도면상 최단직선거리 또는 실제 접근 가능한 직선거리를 조사하여 기재한다.

16. 개발사업(사업방식)

(1) 개발사업이라 함은 「택지개발촉진법」, 「도시 및 주거환경정비법」, 「산업입지 및 개발에 관한 법률」 등의 규정에 의하여 시행되는 택지개발사업, 정비사업, 산업단지개발사업 등을 말한다.

- 단, 「도시재정비 촉진을 위한 특별법」에 의해 지정된 재정비촉진지구 내의 존치지역은 개발사업지로 보지 아니할 수 있다.
- 「빈집 및 소규모주택 정비에 관한 특례법」(「소규모주택정비법」)으로 사업이 시행되는 빈집정비사업, 자율주택정비사업, 가로주택정비사업, 소규모재개발사업, 소규모재건축사업 등은 개발사업지로 조사하지 아니한다.

(2) 개발사업지 내의 토지는 개발사업의 사업방식을 조사하여 다음과 같이 구분 기재한다.

개발사업방식	약어
토지수용방식	수용
환지방식	환지
관리처분방식	관리
기타	기타

17. 개발사업(사업단계)

(1) 개발사업지 내의 토지는 개발사업의 방식에 따라 각 사업단계를 조사하여 다음과 같이 구분·기재한다.

(2) 토지수용 및 환지방식으로 개발되는 개발사업지 내의 토지는 확정예정지번(블록·롯트 포함)이 부여된 시점을 기준으로 확정예정지번 부여 이전과 이후로 구분하여 기재한다.

(3) 관리처분방식으로 개발되는 개발사업지 내의 토지는 실공사(착공신고 등 적법한 절차에 따른 실공사를 의미함)를 착수한 시점을 기준으로 실공사를 착수한 시점 이전과 이후로 구분하여 기재한다.

(4) 개발사업지 내 표준지의 경우 토지수용 및 환지방식의 개발사업지 내에서 "확정예정지번(블록·롯트 포함)이 부여되기 이전"과 관리처분방식의 개발사업지 내에서 "실공사 착공(착공신고 등 적법한 절차에 따른 실공사를 의미함) 이전"에는 도시·군계획시설에 의한 감가요인을 반영하지 않는다.

(5) 개발사업방식에 관계없이 「도시 및 주거환경정비법」의 '정비구역', 「국토의계획 및 이용에 관한 법률」의 '지구단위계획구역' 등 사업구역 지정으로 인해 전체사업지 내 신·증·개축 등의 행위가 제한되어 도시·군계획시설 저촉에 따른 개별토지가격의 감가요인 반영이 불합리한 경우에는 이를 반영하지 않는다.

개발사업방식	개발사업단계	약어
토지수용방식, 환지방식	확정예정지번 부여 이전	확정 이전
	확정예정지번 부여 이후	확정 이후
관리처분방식	실공사 착수 이전	실공사 이전
	실공사 착수 이후	실공사 이후
그 외 기타 개발사업방식	기타	기타

※ 착공신고 등 적법한 절차에 따른 실공사를 의미함

18. 지리적 위치

(1) 표준지의 지리적 위치는 소재를 명확히 알 수 있도록 목표물(지리적 위치1)을 정한 후 목표물과의 방향 및 거리(지리적 위치2)를 기재한다.

(2) 목표물은 지명·지형지물·공공청사 및 공공시설 등 위치확인이 가능하고 이동이 가급적 적은 것으로 한다(예 시청, 도청, 읍·면사무소, 은행, 학교, 다리, 역 등).

(3) 방향은 8방위를 기준으로 하여 기재한다(동측, 서측, 남측, 북측, 남동측, 남서측, 북동측, 북서측).

(4) 거리는 목표물의 경계로부터 표준지까지의 도면상의 최단 직선거리를 조사하여 기재한다.

※ 인근(500m 내), 근거리(500m 이상 1km 이내), 원거리(1km 초과)

19. 주위환경

(1) 표준지의 주위환경은 다음 구분 중에서 선정하여 기재한다.

상가지대	기존 상가지대, 일반 상가지대, 중심 상가지대, 번화한 상가지대, 고밀도 상가지대, 도심 상가지대, 후면 상가지대, 역주변 상가지대, 노선 상가지대, 성숙 중인 상가지대, 미성숙 상가지대, 정비된 상가지대, 시장주변 상가지대, 주택 및 상가혼용지대, 시장지대, 아파트단지주변 상가지대, 국도변 상가지대, 지방도변 상가지대, 해안 상가지대
주택지대	기존 주택지대, 신흥 주택지대, 일반 주택지대, 고급 주택지대, 성숙 중인 주택지대, 미성숙 주택지대, 정비된 주택지대, 연립 주택지대, 공동 주택지대, 전원 주택지대, 고속국도주변 주택지대, 한옥지대, 아파트지대, 신구옥 혼성지대, 주택재개발 예정지대, 도심재개발 예정지대, 미개발지대, 개발 예정지대, 읍소재지 내 주택지대, 면소재지 내 주택지대, 읍소재지 내 농촌지대, 면소재지 내 농촌지대, 근교 농촌지대, 국도주변 농촌지대, 지방도변 농촌지대, 순수 농촌지대, 산간 농촌지대, 해안 농촌지대, 농어촌지대, 해안 어촌지대, 농촌 취락지대, 산간 취락지대, 해안 취락지대, 취락구조 개선마을, 해안 주택지대, 관광단지
공장지대	산업단지, 기존 공장지대, 농공단지, 시가지주변 공장지대, 소규모 공장지대
업무지대	도심 업무지대, 일반 업무지대, 상가 및 업무지대, 공장 및 업무지대
농경지대	자연농경지대(순수 농경지대, 산간 농경지대, 국도주변 농경지대 등), 경지정리지대(순수 경지정리지대, 국도주변 경지정리지대 등)
임야지대	야산지대(마을주변 야산지대, 순수 야산지대, 국도주변 야산지대 등), 산림지대(순수 산림지대, 국도주변 산림지대 등)

(2) 적절한 주위환경을 주위환경구분에서 선정할 수 없는 경우에는 기타란에 12자 이내로 주위환경을 기재한다.

(3) 주택지대의 주위환경 선정은 도시지역 및 농어촌 지역에 관계없이 선정할 수 있다.

핵심체크 | 용어의 정리

1. 건폐율: 대지면적에 대한 건축면적(대지에 건축물이 둘 이상 있는 경우에는 이들 건축면적의 합계로 한다)의 비율을 말한다.
2. 용적률: 대지면적에 대한 연면적(대지에 건축물이 둘 이상 있는 경우에는 이들 연면적의 합계로 한다)의 비율을 말한다.
3. 대지면적: 「건축법」상 건축할 수 있는 대지의 넓이로, 대지면적은 그 대지의 수평투영면적으로 한다. 대지 안에 도로의 소요폭에 미달(4m 이하)하여 건축선이 지정되거나, 도로 모퉁이에 건축선이 지정되어있는 경우에는 그 건축선과 도로와의 사이 면적은 포함되지 않는다.
4. 바닥면적: 바닥면적이란 건축물의 각 층 또는 그 일부로서 벽, 기둥, 그 밖에 이와 비슷한 구획의 중심선으로 둘러싸인 부분의 수평투영면적을 말한다.
5. 건축면적: 대지에서 건축물이 차지하고 있는 면적으로, 건축물의 외벽의 중심선으로 둘러싸인 부분의 수평투영면적을 말한다. 단, 외벽이 없는 경우에는 외곽 부분의 기둥을 말한다.
6. 연면적: 하나의 건축물 각 층의 바닥면적의 합계로 한다.
7. 용적률 산정 연면적: 연면적에서 지하층의 면적과 지상층의 주차용 면적(필로티 구조 등), 피난안전구역의 면적, 대피공간의 면적으로 쓰는 면적은 제외하여 산정한다.
8. 층수: 층의 구분이 명확하지 아니한 건축물은 그 건축물의 높이 4m마다 하나의 층으로 보고 그 층수를 산정하며, 건축물이 부분에 따라 그 층수가 다른 경우에는 그 중 가장 많은 층수를 그 건축물의 층수로 본다.

「건축법」 제46조(건축선의 지정)

① 도로와 접한 부분에 건축물을 건축할 수 있는 선[이하 "건축선(建築線)"이라 한다]은 대지와 도로의 경계선으로 한다. 다만, 제2조 제1항 제11호에 따른 소요 너비에 못 미치는 너비의 도로인 경우에는 그 중심선으로부터 그 소요 너비의 2분의 1의 수평거리만큼 물러난 선을 건축선으로 하되, 그 도로의 반대쪽에 경사지, 하천, 철도, 선로부지, 그 밖에 이와 유사한 것이 있는 경우에는 그 경사지 등이 있는 쪽의 도로경계선에서 소요 너비에 해당하는 수평거리의 선을 건축선으로 하며, 도로의 모퉁이에서는 대통령령으로 정하는 선을 건축선으로 한다.
② 특별자치시장·특별자치도지사 또는 시장·군수·구청장은 시가지 안에서 건축물의 위치나 환경을 정비하기 위하여 필요하다고 인정하면 제1항에도 불구하고 대통령령으로 정하는 범위에서 건축선을 따로 지정할 수 있다.

핵심체크 | 「건축법」상 "대지"와 「지적법」상 "대"

「건축법」상 "대지"란 「공간정보의 구축 및 관리 등에 관한 법률」에 따라 각 필지로 나눈 토지로, 건축물이 소재하거나 건축물을 신축할 수 있는 토지를 의미하며, 건축물의 용도, 건폐율, 용적률 등 산정 시 기준이 되는 개념이다. 「공간정보의 구축 및 관리 등에 관한 법률 제67조」 (구) 지적법상 "대"란 토지의 건축물 소재 여부와 관계없이 각 필지의 이용목적에 따라 분류한 것으로 토지의 관리를 위한 개념이다.

"대지"와 "대"는 일치하는 것이 통상적이나 2필지 이상의 토지를 하나의 토지로 보는 일단지의 경우 지목은 두 개로 지정되나 "대지"는 전체로 부여될 수 있으며, 한 필지 일부에 대해서도 "대지"로 볼 수 있음에 유의한다.

핵심체크 | 용적률 산정 연면적

1. 연면적

건축물 전체 규모를 기준할 때의 연면적은 항상 지하층을 포함한다.

연면적 = 지상층 면적 + 지하층 바닥면적(필로티 구조가 아닌 주차장 면적도 포함)

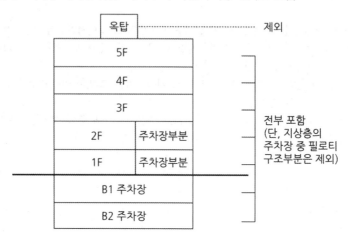

2. 용적률 산정 연면적

용적률 산정시 연면적은 지하층 부분의 면적과 지상층 주차장 면적은 제외한다.

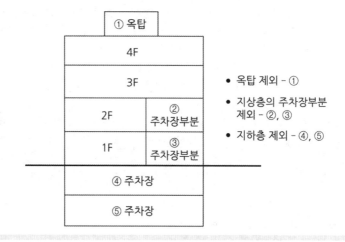

핵심체크 | 대지면적 산정 시 유의 사항

1. 건축지정선 [대지면적 포함]

지구단위계획에서 그 선이 지정된 위치에 면한 건축물의 특정층까지의 외벽면이 그 선의 수직면을 넘어서 건축물의 지상부분이 돌출되어서는 아니 되며, 건축지정선 길이의 일정 비율 이상이 그 선의 수직면에 접하여야 하는 선을 말한다. 가로경관이 연속적인 형태를 유지하거나 상업지역에서 중요 가로변의 건물을 가지런하게 할 필요가 있는 경우에 사용한다.

2. 건축한계선 [대지면적 불포함]

지구단위계획에서 그 선의 수직면을 넘어서 건축물 지상부의 외벽면이 돌출되어서는 아니 되는 선을 말한다. 도로에 있는 사람이 개방감을 가질 수 있도록 건축물을 도로에서 일정 거리 후퇴시켜 건축하게 할 필요가 있는 곳에 지정하는 선을 말한다. ①「건축법」에서 규정하는 소요너비 못 미치는 도로 부분, ② 도로의 개방감 및 안정성 확보를 위하여 도로의 모퉁이에 해당하는 후퇴선을 의미한다.

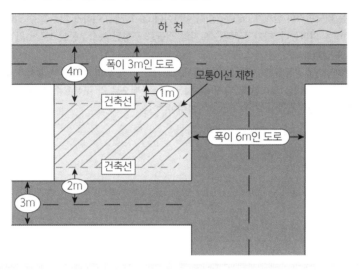

핵심체크 | 도로 모퉁이 건축선 제한

8m 미만인 도로의 모퉁이에 위치한 대지의 도로 모퉁이 부분의 건축선은 그 대지에 접한 도로 경계선의 교차점으로부터 도로경계선에 따라 다음 표에 따른 거리를 각각 후퇴한 두점을 연결한 선으로 한다.

도로 교차각	해당 도로의 너비		교차되는 도로의 너비
	6m 이상 8m 미만	4m 이상 6m 미만	
90° 미만	4m	3m	6m 이상 8m 미만
	3m	2m	4m 이상 6m 미만
90° 이상 120° 미만	3m	2m	6m 이상 8m 미만
	2m	2m	4m 이상 6m 미만

핵심체크 | 구분건물의 면적 구분

구분			내용
계약면적	공급면적	전용면적	독립적 사용공간으로 방, 거실, 화장실 등으로 사용하는 면적
		주거 공용면적	전용면적 사용에 필수적인 공용면적으로 계단, 복도, 벽체 공용면적 등의 면적
	기타 공용면적		관리사무소, 경비실 등 주거 공용면적 이외의 면적

※ 서비스 면적: 발코니 확장 면적 등을 말하며, 계약면적에는 포함되지 않으나 건축면적에는 포함됨

핵심체크 | 다가구주택과 다세대주택의 감정평가방법

다가구주택이란 「주택법」상 단독주택의 하나로 ① 주택으로 쓰는 층수(지하층은 제외한다)가 3개 층 이하로 ② 1개 동의 주택으로 쓰이는 바닥면적의 합계가 660제곱미터 이하이며 ③ 19세대 이하가 거주할 수 있는 주택으로 공동주택에 해당하지 아니한 주택을 의미한다. 다가구주택은 토지와 건물로 구성된 복합부동산으로써 감정평가시 복합부동산을 기준으로 평가하여야 한다.

다세대주택이란 「주택법」상 공동주택의 하나로 ① 주택으로 쓰는 1개 동의 바닥면적 합계가 660제곱미터 이하이고 ② 층수가 4개 층 이하인 주택을 의미한다. 다세대주택은 공동주택으로 각 구분호수별 등기가 독립적으로 등재되며 소유권의 객체가 되므로 구분건물을 기준으로 평가하여야 한다.

각종 계수	목적	수식
일시불의 내가계수 (FVF)	"현재의 1원"이 n년 동안 복리로 증식한 미래가치	$(1+r)^n$
일시불의 현가계수 (PVF)	"n년 후의 1원"이 갖는 현재의 가치	$\dfrac{1}{(1+r)^n}$
연금의 내가계수 (FVAF)	매년 1원씩 n년 동안 적립할 경우 n년 후의 미래가치	$\dfrac{(1+r)^n - 1}{r}$
감채기금계수 (SFF)	"n년 후의 1원"을 만들기 위해 n년 동안 매년 적립해야 할 금액	$\dfrac{r}{(1+r)^n - 1}$
연금의 현가계수 (PVAF)	매년 1원씩 n년 동안 적립할 경우 그 합계의 현재가치	$\dfrac{(1+r)^n - 1}{r \times (1+r)^n} = \dfrac{1 - (1+r)^{-n}}{r}$
저당상수(MC)	"현재의 1원"을 n년 동안 상환하기 위해 매년 불입해야 할 금액	$\dfrac{r \times (1+r)^n}{(1+r)^n - 1} = \dfrac{r}{1 - (1+r)^{-n}}$
상환비율(P)	기초에 1원을 대출하여 상환하던 중 특정시점(f)까지의 상환액	$\dfrac{(1+r)^n - 1}{(1+r)^N - 1} = \dfrac{MC_{(r,N)} - r}{MC_{(r,n)} - r}$
등비수열	초항 a, 등비 r인 경우의 합	$a \times \dfrac{(1 - r^n)}{(1 - r)}$
K계수	1기 말 기준으로 2기부터 증가	$\dfrac{1 - \dfrac{(1+a)^n}{(1+r)^n}}{(r-g) \times PVAF}$
J계수	매년 일정액씩 감채기금형식으로 누적적 변화하는 경우 (1기부터)	$SFF \times \left[\dfrac{t}{1 - (1+y)^{-t}} - \dfrac{1}{y} \right]$

제1장 감정평가의 기초사항 예상문제

[문제 1] 아래와 같은 본건 토지인 1번지의 건물신축을 위한 '대지면적'과 '형상'을 결정하시오.

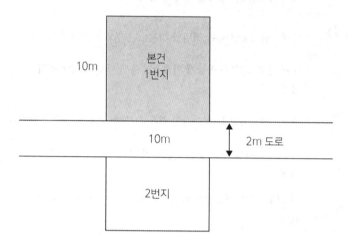

예시답안

1. 대지면적
   건물신축을 위한 최소 도로너비 4m 확보 ∴ 1m 후퇴함
   9m × 10m ≒ 90㎡

2. 형상
   1m 후퇴 기준하여 '가로:세로' 비율이 '1:1.1' 이상이므로, 가장형임

[문제 2] 아래와 같은 본건 토지인 1번지의 건물신축을 위한 '대지면적'과 '형상'을 결정하시오.

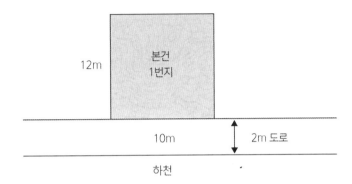

예시답안

1. 대지면적
   건물신축을 위한 최소 도로너비 4m 확보 ∴ 2m 후퇴함
   10m × 10m ≒ 100㎡

2. 형상
   2m 후퇴 기준, 정방형임

[문제 3] 평을 ㎡로 환산하는 방법을 기재하고, 등기부등본상 지목이 임야인 2정 4단 5무 10보의 토지가 감정평가 의뢰되었을 때 이를 ㎡로 환산하시오. (단, 임야도의 축척은 1:6,000임)

예시답안

1. 평에서 ㎡ 면적 환산
   $1평(보) \times \dfrac{400}{121} ≒ 1㎡$

2. 면적환산
   $\{2정 \times 3,000평 + 4단 \times 300평 + 5무 \times 30평 + 10보 \times 1평\} \times \dfrac{400}{121} ≒ 24,331㎡$

[문제 4]

다음의 물음에 답하시오.

(물음 1) 등고선의 성질을 설명하시오.

(물음 2) 도면에서의 삼각형 abc가 실제 몇 ㎡인지 계산하시오.

(물음 3) 도면에서 b ~ d간의 지세(경사도)가 완경사지인지 급경사지인지 판단하시오. (단, 간선도로 또는 주위의 지형지세보다 높고 경사도가 15° 이하인 지대의 토지는 경사지, 경사도가 15°를 초과하는 지대의 토지는 급경사지로 하고, tan 15° =0.267임)

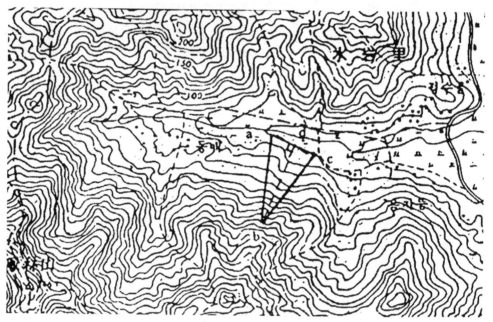

축적: 1/25,000
도면상 a ~ c간 거리는 0.8cm, b ~ d간 거리는 1.45cm임

Ⅰ. 등고선의 성질

등고선이란 표준 해면을 기준으로 동일한 높이에 있는 지점을 연결한 지도상의 선을 의미한다. 등고선은 다음과 같은 특징을 가진다.

- 동일한 등고선은 동일한 높이이다.
- 등고선 간 간격 좁을수록 경사가 심하고, 넓을수록 완만하다.
- U자형 등고선은 계곡을 나타낸다
- 등경사지에서는 등간격이며, 등경사평면인 지표에서는 등간격의 평행선으로 된다.

Ⅱ. 도면에서의 삼각형 abc의 면적

1. 밑변 실제 길이(a ~ c)

   0.8cm × 25,000 = 20,000cm(200m)

2. 높이 실제 길이(b ~ d)

   1.45cm × 25,000 = 36,250cm(362.5m)

3. 실제면적

   밑변 × 높이 × $\frac{1}{2}$ = 200m × 362.5m × $\frac{1}{2}$ = 36,250㎡

Ⅲ. b ~ d간의 지세 판단

1. 경사도

   완경사 ≦ tan 15°(0.267)(급경사)

2. b ~ d 실제 거리: 362.5m

3. b ~ d 실제 높이: 10 × 10m = 100m

4. 지세판단

   $0.267 < \tan x = \frac{100}{362.5} ≒ 0.276$인바, 15° 이상의 급경사이다.

[문제 5] 할인율이 연 10%, 기준시점 현재 2,000만원의 5년 후 가액은?

예시답안

$2,000 × 1.10^5 ≒ 3,221.02$만원

[문제 6] 시장이자율이 10%일 때 매년 납입한 화재보험료 중 일부인 1,000만원을 계약 만료일인 5년 후 환급받는 경우 환급금의 현재가치를 산정하시오.

예시답안

$$1,000 \times \frac{1}{1.10^5} ≒ 620.92만원$$

[문제 7] 시장이자율이 5%일 때 甲 소유 상가 임차인으로부터 10년간 매년 말 3,000만원의 임대료를 수취하는 경우 임대기간 말 임대료의 총 미래가치를 산정하시오. 동일조건으로 매년 초 임대료를 수취하는 경우 미래가치를 산정하시오.

예시답안

1. $3,000 \times \frac{1.05^{10} - 1}{0.05} ≒ 37,733.67만원$

2. $3,000 \times 1.05 \times \frac{1.05^{10} - 1}{0.05} ≒ 39,620.36만원$

[문제 8] 매년 말 향후 10년간 2,000만원씩 지급 받는 연금복권의 현재가치를 산정하시오. 이를 일시에 받는 경우의 현재가치를 산정하시오. (단, 시장이자율은 10%임)

예시답안

$$2,000 \times \frac{1.10^{10} - 1}{1.10 \times 1.10^{10}} ≒ 12,289.13만원$$

[문제 9]

10년 후 시가 10억원의 아파트를 매입하기 위해 매년 말 저축해야 할 적금액을 산정하시오.
(단, 시장이자율은 5%임)

예시답안

$$1,000,000,000 \times \frac{0.05}{1.05^{10} - 1} \fallingdotseq 79,504,575원$$

[문제 10]

10억원의 아파트를 매입하기 위해 대부비율 50%, 대출기간 20년, 대출이자율 5%, 매년 말 원리금균등상환방식으로 대출을 받는 경우 매년 말 지급해야 할 원리금을 산정하시오. 동일조건으로 매월 말 지급해야 할 원리금을 산정하시오.

예시답안

1. $1,000,000,000 \times 0.5 \times \dfrac{0.05 \times 1.05^{20}}{1.05^{20} - 1} \fallingdotseq 40,121,293원$

2. $1,000,000,000 \times 0.5 \times \dfrac{0.05 / 12 \times (1 + 0.05 / 12)^{240}}{(1 + 0.05 / 12)^{240} - 1} \fallingdotseq 3,299,778원$

[문제 11]

5년 전 매매가액 10억원의 부동산을 대부비율 40%, 대출기간 20년, 대출이자율 7%, 매년 원리금균등상환방식으로 매입한 경우 기준시점 현재 원금상환액 및 저당잔금을 산정하시오.

예시답안

1. 상환금액

    $1,000,000,000 \times 0.4 \times \dfrac{1.07^5 - 1}{1.07^{20} - 1} \fallingdotseq 56,110,940원$

2. 저당잔금

    $1,000,000,000 \times 0.4 \times (1 - \dfrac{1.07^5 - 1}{1.07^{20} - 1}) \fallingdotseq 343,889,060원$

제 2 장

감정평가의 기초개념

제1절 감정평가 개념
제2절 감정평가 원칙과 조건

제2장 감정평가의 기초개념

제1절 감정평가 개념

1 감정평가의 정의

「감정평가 및 감정평가사에 관한 법률」(이하 '감정평가법') 제2조(정의)
2. "감정평가"란 토지등의 경제적 가치를 판정하여 그 결과를 가액(價額)으로 표시하는 것을 말한다.

1. 토지 등

"토지 등"이란 감정평가의 대상으로 토지, 건물, 자동차, 임대료, 무형재산 등 경제적 가치를 지닌 모든 유·무형재산을 의미한다.

2. 경제적 가치

일반인들이 인식하는 자산의 효용을 가치의 형태로 표출하는 것으로, 감정평가 대상이 갖는 객관적 가치를 의미한다.

3. 가액으로 표시

자산이 갖는 경제적 가치를 사회에서 통용되는 단위(가격)로 표시하는 것으로, 범위 및 하나의 값으로 표시할 수 있다.

4. 감정평가 정의의 확대화 경향

유·무형 자산 형태가 다양해지고, 자산의 투자 및 운영에 따른 사회적 관심이 증대됨에 따라 대상물건의 가치 추계업무 이외에 사업의 타당성 검토, 컨설팅 업무 등으로 영역이 확대되었고 이에 감정평가의 개념 또한 확대화되고 있다. 따라서 감정평가의 정의 또한 "토지 등의 경제적 가치를 판정하여 그 결과를 가액으로 표시하는 것과 그와 관련된 전문가의 의견제시 및 판단과 활동"으로 확대화하는 경향이 있다.

2 감정평가의 대상

「감정평가법」제2조(정의)
1. "토지등"이란 토지 및 그 정착물, 동산, 그 밖에 대통령령으로 정하는 재산과 이들에 관한 소유권 외의 권리를 말한다.

「감정평가법 시행령」 제2조(기타 재산)

「감정평가 및 감정평가사에 관한 법률」(이하 "법"이라 한다) 제2조 제1호에서 "대통령령으로 정하는 재산"이란 다음 각 호의 재산을 말한다.

1. 저작권·산업재산권·어업권·양식업권·광업권 및 그 밖의 물권에 준하는 권리
2. 「공장 및 광업재단 저당법」에 따른 공장재단과 광업재단
3. 「입목에 관한 법률」에 따른 입목
4. 자동차·건설기계·선박·항공기 등 관계 법령에 따라 등기하거나 등록하는 재산
5. 유가증권

「상속세 및 증여세법 시행령」 제75조의5(물납에 충당할 문화재등의 수납가액의 결정)

법 제73조의2에 따라 물납에 충당할 문화재등의 수납가액은 다음 각 호의 가액으로 한다.

1. 제75조의2 제3항에 따라 준용되는 제70조 제2항에 따라 연부연납기간 중 분납세액에 대하여 물납에 충당하는 문화재등의 경우: 제75조 제1항 제2호를 준용하여 결정한 가액. 이 경우 "부동산 및 유가증권"은 "문화재등"으로 본다.

감정평가 대상은 전통적으로 토지, 건물인 부동산이 주 대상이었으나, 최근 유·무형 자산의 확대화 및 관련 법령 개정을 통해 감정평가 대상이 확대화되고 있다. 2023년 3월 시행한 「상속세 및 증여세법」에서는 문화재 및 미술품에 대한 물납 신청이 가능해졌으며, 물납이 허용되는 경우 그 가액을 감정평가액으로 할 수 있게 되었다.

3 감정평가의 업무

「감정평가법」 제2조(정의)

3. "감정평가업"이란 타인의 의뢰에 따라 일정한 보수를 받고 토지등의 감정평가를 업(業)으로 행하는 것을 말한다.
4. "감정평가법인등"이란 제21조에 따라 사무소를 개설한 감정평가사와 제29조에 따라 인가를 받은 감정평가법인을 말한다.

「감정평가법」 제10조(감정평가법인등의 업무)

감정평가법인등은 다음 각 호의 업무를 행한다.

1. 「부동산 가격공시에 관한 법률」에 따라 감정평가법인등이 수행하는 업무
2. 「부동산 가격공시에 관한 법률」 제8조 제2호에 따른 목적을 위한 토지등의 감정평가
3. 「자산재평가법」에 따른 토지등의 감정평가
4. 법원에 계속 중인 소송 또는 경매를 위한 토지등의 감정평가
5. 금융기관·보험회사·신탁회사 등 타인의 의뢰에 따른 토지등의 감정평가
6. 감정평가와 관련된 상담 및 자문
7. 토지등의 이용 및 개발 등에 대한 조언이나 정보 등의 제공
8. 다른 법령에 따라 감정평가법인등이 할 수 있는 토지등의 감정평가
9. 제1호부터 제8호까지의 업무에 부수되는 업무

전통적인 감정평가업무는 크게 공적인 부분과 사적(일반)인 부분으로 구분할 수 있으며, 이를 더 세부적으로 분류하면 담보평가, 경매평가, 소송평가, 국·공유재산의 평가, 보상평가, 표준지공시지가평가, 일반거래목적 평가로 구분할 수 있다.

4 감정평가의 목적

대분류	감정평가 목적		내용
국·공유재산 감정평가	매수		국·공유재산의 매입 또는 매수를 위한 감정평가
	처분	(매각) (교환) (양여) (신탁) (현물출자)	「국유재산법」 및 「공유재산 및 물품관리법」에 따라 국·공유재산을 처분(매각 또는 교환, 양여, 신탁, 현물출자)하기 위한 감정평가
	대부료 또는 사용료		국·공유재산의 대부료 또는 사용료 산정을 위한 감정평가
담보 감정평가	담보		채권기관에서 채권설정을 위해 의뢰하는 평가
	동산담보		「동산채권 등의 담보에 관한 법률」에 의한 기계기구, 재고자산, 농축수산물 등에 대한 담보 목적의 감정평가
법원 감정평가	경매		경매 목적으로 법원에서 의뢰하는 감정평가
	소송		소송 목적으로 수행하는 감정평가
도시정비 관련 감정평가	관리처분계획수립 (종전자산)		「도시 및 주거환경정비법」 및 같은 법이 준용되는 사업의 관리처분계획 수립을 위한 종전자산평가
	관리처분계획수립 (종후자산)		「도시 및 주거환경정비법」 및 같은 법이 준용되는 사업의 관리처분계획 수립을 위한 종후자산평가
	무상귀속(신설)		
	무상양도 (용도폐지)		「도시 및 주거환경정비법」 등에 따른 정비기반시설 관련 감정평가
기업 관련 감정평가	유형재산재평가		「자산재평가법」 또는 「주식회사 등의 외부감사에 관한 법률」에 따른 K - IFRS 등에 의한 자산재평가
일반거래 목적 감정평가	일반거래 (세무서제출용 또는 관할 지자체 제출용)		국세, 지방세 산정 부과 및 이의신청 관련 등을 위한 감정평가(상속세, 증여세, 부가세 등)
	일반거래 (시가참고용)		시가참고가액 산정 목적의 감정평가
	임대료		임대료 산정을 위한 감정평가
그 밖의 감정평가	공매		공매 목적으로 한국자산관리공사 등에서 의뢰하는 감정평가
	임대주택 분양전환		「공공주택 특별법」 및 「민간임대주택에 관한 특별법」에 따른 임대주택 분양전환가액 산정을 위한 감정평가
	개발부담금		「개발이익 환수에 관한 법률」에 따라 개발부담금 산정 및 부과를 목적으로 개시시점 또는 종료시점 지가를 산정하기 위한 감정평가
	택지비(공공)		「택지개발촉진법」 등에 따른 공공택지비 산정을 위한 감정평가
	택지비(민간)		「주택법」에 따라 분양가상한제 적용주택의 분양가격 산정을 위한 택지의 감정평가

5 감정평가 근거 법령

구분	일반평가	보상평가
법 시행령 시행규칙	「감정평가 및 감정평가사에 관한 법률」 「부동산 가격공시에 관한 법률」 「감정평가에 관한 규칙」	「공익사업을 위한 토지 등의 취득 및 보상에 관한 법률」
행정규칙 등 (훈령, 고시, 지침)	감정평가실무기준 표준지조사 · 평가기준	토지보상평가지침 철도건설을 위한 지하부분 토지사용 보상기준 송전선로부지 등 보상평가지침 영업손실보상평가지침 수산업법 시행령 [별표 4]
참고자료	감정평가실무기준해설서 토지보상평가지침, 감정평가 실무매뉴얼(담보평가편)	

구분	도시정비사업	표준지공시지가 평가
법 시행령 시행규칙	「도시 및 주거환경정비법」 「공익사업을 위한 토지 등의 취득 및 보상에 관한 법률」	「부동산 가격공시에 관한 법률」
행정규칙 등 (훈령, 고시, 지침)	재개발 · 재건축사업 등에 관한 평가지침	표준지의 선정 및 관리지침 표준지공시지가 조사 · 평가기준 표준지공시지가조사 · 평가업무요령
참고자료	감정평가실무기준해설서 토지보상평가지침, 감정평가 실무매뉴얼(담보평가편, 도시정비평가편)	

제2절 감정평가 원칙과 조건

1 감정평가의 원칙

1. 감정평가 원칙

현행 「감정평가에 관한 규칙」(이하 "감칙")에서는 감정평가의 원칙으로 시장가치기준, 현황기준, 개별물건기준 원칙 등을 규정하고 있다.

> **「감칙」 제5조(시장가치기준 원칙)**
> ① 대상물건에 대한 감정평가액은 시장가치를 기준으로 결정한다.
> ② 감정평가법인등은 제1항에도 불구하고 다음 각 호의 어느 하나에 해당하는 경우에는 대상물건의 감정평가액을 시장가치 외의 가치를 기준으로 결정할 수 있다.
>   1. 법령에 다른 규정이 있는 경우

2. 감정평가 의뢰인(이하 "의뢰인"이라 한다)이 요청하는 경우

3. 감정평가의 목적이나 대상물건의 특성에 비추어 사회통념상 필요하다고 인정되는 경우

③ 감정평가법인등은 제2항에 따라 시장가치 외의 가치를 기준으로 감정평가할 때에는 다음 각 호의 사항을 검토해야 한다. 다만, 제2항 제1호의 경우에는 그렇지 않다.

1. 해당 시장가치 외의 가치의 성격과 특징

2. 시장가치 외의 가치를 기준으로 하는 감정평가의 합리성 및 적법성

④ 감정평가법인등은 시장가치 외의 가치를 기준으로 하는 감정평가의 합리성 및 적법성이 결여(缺如)되었다고 판단할 때에는 의뢰를 거부하거나 수임(受任)을 철회할 수 있다.

「감칙」 제6조(현황기준 원칙)

① 감정평가는 기준시점에서의 대상물건의 이용상황(불법적이거나 일시적인 이용은 제외한다) 및 공법상 제한을 받는 상태를 기준으로 한다.

② 감정평가법인등은 제1항에도 불구하고 다음 각 호의 어느 하나에 해당하는 경우에는 기준시점의 가치형성요인 등을 실제와 다르게 가정하거나 특수한 경우로 한정하는 조건(이하 "감정평가조건"이라 한다)을 붙여 감정평가할 수 있다.

1. 법령에 다른 규정이 있는 경우

2. 의뢰인이 요청하는 경우

3. 감정평가의 목적이나 대상물건의 특성에 비추어 사회통념상 필요하다고 인정되는 경우

③ 감정평가법인등은 제2항에 따라 감정평가조건을 붙일 때에는 감정평가조건의 합리성, 적법성 및 실현가능성을 검토해야 한다. 다만, 제2항 제1호의 경우에는 그렇지 않다.

④ 감정평가법인등은 감정평가조건의 합리성, 적법성이 결여되거나 사실상 실현 불가능하다고 판단할 때에는 의뢰를 거부하거나 수임을 철회할 수 있다.

「감칙」 제7조(개별물건기준 원칙 등)

① 감정평가는 대상물건마다 개별로 하여야 한다.

② 둘 이상의 대상물건이 일체로 거래되거나 대상물건 상호 간에 용도상 불가분의 관계가 있는 경우에는 일괄하여 감정평가할 수 있다.

③ 하나의 대상물건이라도 가치를 달리하는 부분은 이를 구분하여 감정평가할 수 있다.

④ 일체로 이용되고 있는 대상물건의 일부분에 대하여 감정평가하여야 할 특수한 목적이나 합리적인 이유가 있는 경우에는 그 부분에 대하여 감정평가할 수 있다.

2. 시장가치기준 원칙

(1) 시장가치기준 원칙

"시장가치기준 원칙"이란 토지등의 감정평가액은 시장가치를 기준으로 결정하여야 한다는 원칙이다. 여기서 시장가치란 「감칙」 제2조 제1호에 의거 시장가치란 감정평가의 대상이 되는 토지등이 통상적인 시장에서 충분한 기간 동안 거래를 위하여 공개된 후 그 대상물건의 내용에 정통한 당사자 사이에 신중하고 자발적인 거래가 있을 경우 성립될 가능성이 가장 높다고 인정되는 대상물건의 가액(價額)을 말한다. 구 「감칙」에서는 "정상가격"이라는 용어를 사용하였으나, 현행 「감칙」에서는 시장가치로 개정하였으며 이는 「부동산 가격공시에 관한 법률」(이하 "부동산공시법") 제2조 제5호에서 정하고 있는 "적정가격"의 개념과 동일성에 대한 논란이 존재한다.

(2) 시장가치 외 가치

감정평가액은 시장가치를 기준으로 평가하여야 하나, 법령에 따른 규정이 있는 경우, 감정평가 의뢰인(의뢰인)이 요청하는 경우 및 감정평가의 목적이나 대상물건의 특성에 비추어 사회통념상 필요하다고 인정되는 경우에는 시장가치 외의 가치를 기준으로 하되, 감정평가의 합리성 및 적법성을 검토하여야 한다. 이렇게 감정평가조건을 붙인 경우에는 그 이유 및 검토사항을 감정평가서에 의뢰인과 이해관계자가 이해할 수 있도록 명확하고 일관성 있게 작성하여야 한다. 그러나 시장가치외의 가치를 기준으로 하는 감정평가의 합리성 및 적법성이 결여되었다고 판단할 때에는 의뢰를 거부하거나 수임을 철회할 수 있다.

(3) 관련 문제점

현행 「감칙」에서는 시장가치기준 원칙을 규정하여 감정평가액의 성격을 시장가치로 명확히 규정하고 있으면서 시장가치 외 가치에 대한 정의를 규정하지 않아 현업에서는 시장가치 외 가치를 적용하지 않거나 시장가치와 혼동하여 사용하고 있어 문제점이 발생하고 있다. 감정평가의 개념 및 대상의 확대, 가치 기준에 따른 감정평가의 전문화 및 세분화의 요구에 힘입어 시장가치 외 가치의 개념 확립과 규정 제정이 요구되며, 더불어 감정평가 시 기준가치가 무엇인지에 대한 명시 규정을 신설하여 다양한 시장가치 외 가치에 대한 가치 기준을 활용하여야 한다.

> **핵심체크 | 시장가치 외 가치 [국제감정평가기준(IVS)] 등**
>
> 1. **투자가치**는 개별적인 투자나 운용 목적에 따라 특정 소유자 또는 예정 소유자가 갖는 자산의 가치를 의미한다.
> 2. **청산가치**는 자산 또는 일단의 자산이 해체 후 매각되어 실현되는 가액을 의미한다. 청산가치는 자산을 매각 가능한 상태로 만드는 비용과 처분에 소요되는 비용을 모두 고려한다.
> 3. IFRS는 **공정가치**란 측정일에 시장 참가자 사이의 정상거래에서 자산을 매도할 때 받거나 부채를 이전할 때 지급하게 될 가격으로 정의하며, OECD는 공정시장가치란 공개된 시장의 거래에서 자발적인 매수인이 자발적인 매도인에게 지불하는 가격으로 정의한다.
> 4. **시장가치**는 물건에 대해 잘 아는 신중하고 강박 없는 상태의 자발적인 매도인과 자발적인 매수인이 적절한 마케팅 후 사정이 개입되지 않은 정상적인 거래로 감정평가 기준시점에 교환하는 자산이나 부채의 추정가액을 의미한다.

3. 현황기준 원칙

(1) 현황기준 원칙

"현황기준 원칙"이란 감정평가는 기준시점에서의 대상물건의 이용상황(불법적이거나 일시적인 이용은 제외한다) 및 공법상 제한을 받는 상태를 기준으로 한다는 원칙이다. 여기서 "불법적인 이용"이란 관련 법령에서 정하고 있는 이용을 위반하여 이용하고 있는 경우를 의미하고 "일시적인 이용"이란 관계법령에 의한 국가 또는 지방자치단체의 계획이나 명령 등에 의하여 당해 토지를 본래의 용도로 이용하는 것이 일시적으로 금지 또는 제한되어 그 본래의 용도외의 다른 용도로 이용되고 있거나 당해 토지의 주위환경의 사정으로 보아 현재의 이용방법이 임시적인 것을 말한다.

(2) 감정평가조건

감정평가는 현황을 기준으로 평가하여야 하나, 법령에 다른 규정이 있는 경우, 감정평가 의뢰인(의뢰인)
이 요청하는 경우 및 감정평가의 목적이나 대상물건의 특성에 비추어 사회통념상 필요하다고 인정되는
경우에는 기준시점의 가치형성요인 등을 실제와 다르게 가정하거나 특수한 경우로 한정하는 조건("감정
평가조건")을 붙여 감정평가할 수 있으며 이를 "조건부 평가"라 한다. 감정평가업자가 감정평가조건을
붙일 때에는 법령에 다른 규정이 있는 경우를 제외하고는 감정평가조건의 합리성, 적법성 및 실현가능성
을 반드시 검토하여야 하며 감정평가업자는 감정평가조건의 합리성, 적법성이 결여되거나 사실상 실현
불가능하다고 판단할 때에는 의뢰를 거부하거나 수임을 철회할 수 있다.

(3) 관련 문제점

대상이 기준시점 당시 불법적으로 이용되거나 일시적으로 이용되는 경우에는 다음과 같이 감정평가한다.
대상물건이 기준시점 당시 불법적인 이용인 경우에는 합법적인 이용을 기준으로 감정평가하되 합법적인
이용으로 전환하기 위해 수반되는 비용을 고려하여 평가한다. 다만, 토지이용 등 공법상 규제가 변경되어
비적법적 이용인 경우에는 비적법적 이용에 따른 가치 증가분을 고려하여 평가한다.
대상의 이용상황이 최유효이용에 미달되는 일시적인 이용일 경우에는 최유효이용을 기준하여 감정평가
하되, 최유효이용으로 전환하는 비용을 고려하여 평가한다.

핵심체크 | 금융기관의 건물 완공 조건 감정평가 가능성 여부

건물 신축 개발사업의 경우 토지의 소유권을 담보 목적물로 제공한 뒤 지상 건물의 완공 조건을 기준으로 감정평가
가 의뢰되는 경우가 있으나, 금융기관은 채권의 회수 목적이 전제되므로 건축 중인 건물의 경우에는 완공 조건을
보수적으로 판단함이 타당하다. 다만, 건축물의 객관적인 원가 등을 기준하여 공정률을 고려하여 감정평가(기성고
감정평가)할 수 있음에 유의한다.

---

4. 개별물건기준 원칙 등

(1) 개별물건기준 원칙과 일괄감정평가

"개별물건기준 원칙"이란 감정평가는 대상물건마다 개별로 하여야 한다는 원칙이다. 예를 들어 토지와
건물로 구성된 부동산의 경우 감정평가는 토지와 건물을 개별로 하여야 한다는 것이다. 다만, 둘 이상의
대상물건이 일체로 거래되거나 대상물건 상호 간에 용도상 불가분의 관계가 있는 경우에는 일괄하여 감
정평가할 수 있는데 여기서 "용도상 불가분의 관계"란 일단으로 이용되고 있는 상황이 사회적·경제적·
행정적 측면에서 합리적이고 당해 대상물건의 가치형성측면에서도 타당하다고 인정되는 관계에 있는 경
우를 말한다. 예를 들어 2필지 이상의 토지가 일단지로 이용되고 있는 경우, 구분소유건물에서 대지와
건물을 일괄하여 평가하는 경우, 입목과 임지가 동시 거래되는 경우가 일괄감정평가에 해당된다.

「감칙」 제16조(토지와 건물의 일괄감정평가)

감정평가법인등은 「집합건물의 소유 및 관리에 관한 법률」에 따른 구분소유권의 대상이 되는 건물부분과 그 대
지사용권을 일괄하여 감정평가하는 경우 등 제7조 제2항에 따라 토지와 건물을 일괄하여 감정평가할 때에는
거래사례비교법을 적용해야 한다. 이 경우 감정평가액은 합리적인 기준에 따라 토지가액과 건물가액으로 구분하
여 표시할 수 있다.

---

(2) 구분감정평가

하나의 대상물건이라도 가치를 달리하는 부분은 이를 구분하여 감정평가할 수 있으며 이를 구분감정평가라 한다. 예를 들어 한 필지의 토지가 둘 이상의 용도지역으로 구분되어 있거나, 한 필지의 토지가 둘 이상의 용도로 이용되는 경우에 실제 용도별로 구분하여 평가하는 경우, 광평수 토지의 전면부와 후면부의 평가, 도시·군계획시설에 저촉되는 부분과 비접촉 부분의 평가, 기존 및 증축 건물의 평가가 구분감정평가에 해당된다.

(3) 부분감정평가

일체로 이용되고 있는 대상물건의 일부분에 대하여 감정평가하여야 할 특수한 목적이나 합리적인 이유가 있는 경우에는 그 부분에 대하여 감정평가할 수 있으며 이를 부분감정평가라 한다. 한 필지 토지의 일부만이 공익사업에 편입되는 경우에는 편입 당시 토지전체의 상황을 기준으로 편입부분만을 평가하는 경우나, 토지와 건물 중 건물 현황을 전제로 한 토지만의 평가가 부분평가가 적용되는 대표적인 경우라고 할 수 있다. 다만, 한 필지의 토지에 있어 공익사업에 편입되는 부분의 가치와 잔여부분의 가치가 다르다면, 당연히 편입부분의 가치를 기준으로 평가할 수 있을 것이며 이는 부분감정평가와 구분감정평가가 모두 적용되는 경우가 된다. 부분감정평가는 조건에 의해 하나의 대상물건 중 일부분만 평가하는 것이라면 구분감정평가는 하나의 대상물건 전체를 평가하되, 가치를 달리하는 부분이 있다면 이를 구분하여 별도로 평가하는 것이다.

핵심체크ㅣ

1. **최유효이용이란?**

   최유효이용이란 객관적으로 보아 양식과 통상의 이용능력을 가진 사람이 부동산을 합법적이고 합리적이며 최고 최선의 방법으로 이용하는 것을 말한다.

2. **최고최선의 이용이란?**

   최고최선의 이용(최유효이용, Highest and best use)이란 공지나 개량 부동산에 대해서 합리적으로 이용가능한 대안 중에서, 물리적으로 채택이 가능하고 경험적인 자료에 의해서 지지될 수 있고 경제적으로도 타당성이 있다고 판명된 것으로서(Best use) 최고의 가치를 창출하는 이용(Highest use)을 의미한다.

---

2 감정평가의 절차

1. 감정평가의 절차

「감칙」 제8조(감정평가의 절차)

감정평가법인등은 다음 각 호의 순서에 따라 감정평가를 해야 한다. 다만, 합리적이고 능률적인 감정평가를 위하여 필요할 때에는 순서를 조정할 수 있다.

1. 기본적 사항의 확정
2. 처리계획 수립
3. 대상물건 확인
4. 자료수집 및 정리
5. 자료검토 및 가치형성요인의 분석

---

6. 감정평가방법의 선정 및 적용
7. 감정평가액의 결정 및 표시

감정평가절차란 감정평가를 합리적·객관적·능률적으로 수행하기 위한 일련의 단계적 절차를 말하며, 보다 합리적이고 능률적인 감정평가를 위해서는 그 순서를 조정하여 적용할 수 있다.

2. 기본적 사항의 확정

「감칙」 제9조(기본적 사항의 확정)
① 감정평가법인등은 감정평가를 의뢰받았을 때에는 의뢰인과 협의하여 다음 각 호의 사항을 확정해야 한다.
  1. 의뢰인
  2. 대상물건
  3. 감정평가 목적
  4. 기준시점
  5. 감정평가조건
  6. 기준가치
  7. 관련 전문가에 대한 자문 또는 용역(이하 "자문등"이라 한다)에 관한 사항
  8. 수수료 및 실비에 관한 사항
② 기준시점은 대상물건의 가격조사를 완료한 날짜로 한다. 다만, 기준시점을 미리 정하였을 때에는 그 날짜에 가격조사가 가능한 경우에만 기준시점으로 할 수 있다.
③ 감정평가법인등은 필요한 경우 관련 전문가에 대한 자문등을 거쳐 감정평가할 수 있다.

(1) 개요

기본적 사항의 확정이란 감정평가법인등이 감정평가를 의뢰받았을 때에 의뢰인과 협의하여 「감칙」 제9조 제1항 각 호의 사항(대상물건, 기준시점, 기준가치 등)을 구체적으로 확정하는 절차를 말한다.

(2) 기본적 사항의 확정

1) 대상물건 확정

"대상물건의 확정"이란 물적(토지, 건물 등), 법적 사실관계(소유권, 전세권 등) 및 사실적 제관계(이용상황, 임대차상황 등)(부가적 조건)를 확정하는 것을 말한다.

2) 감정평가 목적

"감정평가 목적"이란 대상물건의 기준가치가 어떤 가치인지(시장가치인지, 시장가치외의 가치인지)를 명시하는 것을 말한다. 이와 관련하여 다른 표현으로 "평가서 용도"가 있는데 평가의뢰인이 평가보고서를 사용하고자 하는 목적(평가서의 사용용도: 일반거래, 담보, 조세, 법원, 기업관련, 보상 등)이라 할 수 있다. 이와 관련하여 우리나라에서는 "감정평가 목적"과 "평가서 용도"를 특별히 구분하지 않고 사용하고 있어 혼란이 발생하고 있는데 "감정평가 목적"은 기준가치에 관한 것이지 "평가서 용도"가 아니므로 이러한 혼란이 발생하지 않도록 이의 구분이 필요하다고 판단된다.

3) 기준시점 확정

"기준시점(가격시점)"이란 평가가액 결정의 기준이 되는 날로 대상물건의 가격조사를 완료한 날짜로 한다. 다만, 기준시점(가격시점)을 미리 정하였을 때에는 그 날짜에 가격조사가 가능한 경우에만 기준시점(가격시점)으로 할 수 있다. 이와 구분하여야 할 개념으로 평가시점이 있는데 평가시점이란 평가대상물건의 사실상 조사일자를 의미한다. 기준시점(가격시점)과 평가시점은 일치하는 것이 일반적이나, 소급감정평가나 미래감정평가 등에 있어서는 차이가 발생한다. 이와 관련하여 현행 「감칙」에서는 평가가액 결정의 기준일을 "가격시점"에서 "기준시점"으로 개정하였으나, 「토지보상법」 제67조 "보상액의 기준시점등"에서 협의에 의한 경우에는 협의 성립 당시의 가격을, 재결에 의한 경우에는 수용 또는 사용의 재결 당시의 가격을 기준으로 한다."고 규정하고 있어 보상평가에서는 평가가액의 결정 기준일을 "가격시점"으로 정하고 있는바, 평가목적에 따라 구분을 요한다.

핵심체크 | 「감칙」 및 「공익사업을 위한 토지 등의 취득 및 보상에 관한 법률」(이하 '토지보상법')**상 용어의 차이**

구분	「감칙」상 감정평가	「토지보상법」상 보상평가
기준가치	시장가치	적정가격
	「감칙」 제2조 제1호, 제5조	「토지보상법」 제70조 제1항, 「부동산가격공시법」 제2조 제5호
기준시점 (가격시점)	기준시점	가격시점
	「감칙」 제2조 제2호, 제9조 제2항	「토지보상법」 제2조 제6호, 제67조 제1항
건물 · 건축물	건물	건축물
	「감칙」 제15조	「토지보상법」 제75조, 「토지보상법 시행규칙」 제33조

4) 감정평가조건

감정평가는 기준시점 당시 이용상황 및 공법상 제한 상태를 기준으로 평가(현황평가 원칙)하여야 하나, 조건이 합리적 · 적법적, 실현가능성이 있는 경우에는 조건을 붙여 감정평가할 수 있다.

5) 기준가치의 확정

대상물건의 평가목적, 의뢰조건에 따라 평가하는 가치(또는 임대료)의 종류를 확정하는 단계로 시장가치기준 원칙으로 평가하되 합리적 · 적법적인 경우에는 시장가치 외 가치를 기준으로 감정평가할 수 있다.

6) 자문 등에 관한 사항

감정평가법인등은 필요한 경우, 특별한 용역이 필요한 때에는 의뢰인의 승낙을 받고 그 용역을 의뢰하게 되며, 용역에 소요된 경비는 미리 의뢰인과 협의하여 감정평가 진행 여부를 결정하여야 한다.

7) 수수료 및 실비에 관한 사항

감정평가보수는 「감정평가법」 제23조 및 「감정평가법인등의 보수에 관한 기준」에 따라 감정평가수수료와 실비를 합산하여 산출한다.

3. 처리계획 수립

(1) 의의

처리계획 수립이란 대상물건의 확인에서 감정평가액의 결정 및 표시에 이르기까지 일련의 작업과정에 대한 계획을 수립하는 절차를 말한다.

(2) 주요내용

처리계획 수립은 사전조사, 실지조사, 가치조사, 감정평가서 기재사항 조사 등의 철자로 구분될 수 있다.

4. 대상물건 확인

(1) 실지조사의 원칙

대상물건을 감정평가할 때에는 실지조사를 하기 전에 사전조사를 통해 필요한 사항을 조사한다. 다만, 천재지변, 전시·사변, 법령에 따른 제한 및 물리적인 접근 곤란 등으로 실지조사가 불가능하거나 매우 곤란한 경우나 유가증권 등 대상물건의 특성상 실지조사가 불가능하거나 불필요한 경우로서 실지조사를 하지 아니하고도 객관적이고 신뢰할 수 있는 자료를 충분히 확보할 수 있는 경우에는 실지조사를 하지 아니할 수 있다. 이러한 경우에는 감정평가서에 의뢰인과 이해관계자가 이해할 수 있도록 명확하게 기재 하여야 한다.

(2) 사전조사

실지조사 전에 감정평가 관련 구비서류의 완비 여부 등을 확인하고, 대상물건의 공부 등을 통해 토지등의 물리적 조건, 권리상태, 위치, 면적 및 공법상의 제한내용과 그 제한정도 등을 조사하는 절차

(3) 실지조사

대상물건이 있는 곳에서 대상물건의 현황 등을 직접 확인하는 절차

(4) 유의사항

대상물건의 확인에서 물적사항의 확인은 의뢰된 대상물건과 실제의 동일성을 확인하는 것을 말한다. 토지의 경우에는 소재지, 지번, 지목, 이용상황, 면적, 도로접면, 지형, 지세, 공법상 제한사항 등을 확인해야 하고 건물의 경우에는 소재지, 지번, 면적, 구조, 이용상황, 사용승인일자, 부합물 및 종물의 여부 등을 확인하여야 한다.

권리상태의 확인은 소유권 및 소유권이외의 권리관계를 조사하는 것을 말한다. 소유권의 경우에는 단독소유인지, 공동소유인지, 구분소유인지 등을, 소유권이외의 권리에 있어서는 지상권, 지역권, 전세권, 저당권, 임차권 등을 조사·확인하여야 한다.

감정평가는 대상물건의 진정한 가치산정을 위한 작업으로 대상물건의 동일성과 공부와의 차이점, 감정평가 적부 등의 조사 및 결정이 선행되어야 한다. 따라서 사전조사 및 실지조사를 통해 대상물건의 내용 등을 정확하게 확정하여야 하는바, 감정평가의 가장 중요한 절차라 할 수 있다.

(5) 감정평가 관련 서류

물건	필수서류	필요시 받는 서류
토지	토지이용계획확인서, 지적도, 등기사항전부증명서, 토지(임야)대장	공유지분토지위치확인서, 환지계획 · 환지처분, 환지예정지증명서, 토지형질변경허가서, 농지(산지)전용허가서 임대차계약서(임대차확인서) 등
건물	등기사항전부증명서, 일반(총괄)건축물대장(도면 포함)	건축허가(신고)서
공장	토지 및 건물의 평가에 필요한 서류, 기계기구 및 구축물 목록	공장등록증, 사업자등록증, 공장재단목록, 기계 · 기구 · 구축물 · 구입계약서 및 세금계산서, 수입기계 수입신고서, 기계기구 배치도 등
구분소유권 (구분상가, 아파트, 연립주택 등)	토지이용계획확인서, 집합건물등기사항전부증명서, 집합건축물대장(표제부, 전유부, 배치도 등 도면 포함)	-
자동차	자동차등록원부, 자동차등록증	-
건설기계	건설기계등록원부, 건설기계등록증	-
선박	선박등기사항전부증명서	-
입목(등기등재)	입목등록원부, 입목등기부, 임야대장	-
임목(등기미등재)	임야대장, 입목자료	-

(6) 공부 확인방법

1) 토지이용계획확인서

2) 지적도

3) 토지대장

4) 일반건축물대장

5) 집합건축물대장

6) 등기사항전부증명서

핵심체크 | 등기사항전부증명서와 대장의 불일치 경우

구분	권리 존부 및 진정성	물적사항 불일치
기준	등기사항전부증명서	대장

(7) 공부와 현황의 물적 불일치

1) 의미

"대상물건의 물적 불일치"란 기준시점 현재 감정평가의 대상이 되는 물건의 현황이 공부와 불일치하는 것으로, 동일성 판단 및 감정평가 가능성 여부에 있어서 중요한 의미를 가진다. 물적 불일치가 경미하거나 공부 및 현황의 정정이 가능한 경우에는 그 내용을 감정평가서에 기재하고 감정평가할 수 있으나, 물적 불일치가 동일성을 인정할 수 없을 정도로 큰 경우에는 감정평가를 거절하거나 반려하여야 한다.

2) 물적 불일치의 해결방법

물적 불일치는 감정평가 목적 등에 따라 그 처리방법이 다소 차이가 있으나, 일반적으로 아래와 같이 해결한다.

(가) 토지의 경우

- 형상 불일치의 경우 통상 공부 작성에 있어 주관적 견해가 포함되므로 현황을 기준으로 판단하고 경계 불일치 또는 면적 불일치의 경우 경계측량 등을 통해 타인점유부분 및 실제점유부분을 확인하여 감정평가외 또는 타인점유에 따른 불리한 정도를 감안하여 평가한다.
- 지목 불일치의 경우 현황평가 원칙에 따라 실제 지목을 기준하되, 토지의 경우 산지전용허가, 농지전용허가 등을 참조하여 불법형질변경에 따른 판단 후 평가한다.
- 위치 또는 지번 불일치의 경우 대상물건의 동일성에 큰 문제가 되므로 의뢰인과 협의하여 위치 또는 지번이 변경가능한 경우 이를 확정받아 평가할 수 있으나, 통상 감정평가를 거절하거나 반려하여야 한다.

(나) 건물의 경우

- 구조 및 면적 불일치의 경우 그 정도가 경미하다면 정정가능성을 고려하여 감정평가할 수 있으나, 동일성을 인정할 수 없는 정도인 경우에는 감정평가를 거절하거나 반려하여야 한다.
- 제시외건물(의뢰되지 않은 물건)은 경매평가의 경우 일반적으로 평가액을 산정(법원 평가명령서 내용)하며, 담보평가의 경우에는 그 소유자 여부에 따라 평가 가능성이 구분되고, 통상 그 가치의 정도와 주물 상용에 이바지 여부, 이동 가능성 등을 고려하여 감정평가한다.

3) 제시외건물

(가) 개념

제시외건물이란 사전적으로 감정평가 의뢰인이 제시하지 않은 건물을 의미하나 실무적으로는 등기사항전부증명서 또는 건축물대장에 등재되어 있지 않는 건물로써, 기준시점 현재 실지조사 당시 존재하는 건물을 말한다.

(나) 무허가건물

무허가건물이란 관계법령(「건축법」)에 의해 허가 또는 신고를 받지 아니하고 건축된 건물을 의미하며, 건축물대장 및 등기사항전부증명서상 등재되지 않은 건물이다. 다만, 시·군·구에서 조사·작성한 무허가건축물대장에 등재된 경우가 있다.

(다) 사용승인 미필 건물

사용승인 미필 건물이란 관계법령(「건축법」)에 의해 허가 또는 신고는 받았으나 사용승인을 받지 못한 건물을 의미하며, 건물 공사 중 감정평가 의뢰된 경우, 건축주의 부도 및 건축 위법사유 등에 따라 사용승인을 받지 못한 경우 등을 말한다. 따라서 사용승인 미필의 원인에 따라 그 평가가 달라질 수 있으며, 공정률을 고려하여 평가하는 경우와 철거가 합리적인 경우 철거비로 평가될 수 있다는 점에 유의하여야 한다.

(라) 단순 미등기 건물

건물이 완공되어 사용승인까지 득하였으나, 건축주가 개인적인 사정에 따라(조회 회피 등) 등기 등재를 아니한 건물로, 의뢰인과 협의하여 등기 등재 후 감정평가할 수 있다.

(마) 등기 등재, 사용승인 미필 건물(채권자 대위권 행사)

채권자 대위권 행사에 따른 등기된 건물이란 건축 중 건축주 및 시공사의 부도 등으로 인해 공사가 중단되거나 완공 후 사용승인을 득하지 못한 건물로. 채권자의 경매 진행 등을 위해 집행력 있는 공증서 또는 확정 판결문에 의거 등기가 완료된 건물을 말한다. 해당 건물의 등기사항전부증명서에는 건축허가 당시 건물 내역(구조, 층수, 용도 등) 등이 등재되므로 현황과 등기상의 등재 내역을 검토하여 동일성이 인정되는 경우 현황 등을 고려하여 다소 보수적으로 감정평가한다.

(바) 종물 및 부합물

「민법」 제100조에서는 종물이란 물건의 소유자가 그 물건의 사용에 공하기 위하여 자기소유인 다른 물건을 이에 부속하게 한 때에 그 부속물을 말하며, 종물은 주물의 처분에 따른다. <판례>는 통상적으로 보일러실, 창고, 외부 화장실 등 주물인 본 건물에 떨어져서 축조된 건물을 종물로 보고 있으며 이는 경제적 가치와 기능 여부에 따라 감정평가 대상 여부가 결정되나, 통상적으로 감정평가외 처리된다.

부합물이란 통상 주된 건물에 부착되어 건물 상용에 이바지하는 미등기 건물, 보통 사용승인 미필 및 미등기 증축 부분, 수목 등을 말한다. 이는 독립된 물건으로서 가치와 기능을 가지고 있는지와 소유권의 권원 여부에 따라 감정평가 여부가 결정된다. 즉, 독립한 건물로서의 가치와 기능을 가진다면 별개의 건물로 보아 감정평가하되, 소유권 여부에 따라 감정평가 대상 등에서 차이가 있다.

⚖ 판례 | 종물 및 부합물 [대법원 1975.4.8. 선고 74다1743 판결]

[판시사항]
부합물에 관한 소유권 귀속의 예외를 규정한 「민법」 제256조 단서 규정의 취지

[판결요지]
부합물에 관한 소유권귀속의 예외를 규정한 「민법」 제256조 단서의 규정은 타인이 그 권원에 의하여 부속시킨 물건이라 할지라도 그 부속된 물건이 분리하여 경제적 가치가 있는 경우에 한하여 부속시킨 타인의 권리에 영향이 없다는 취지이지 분리하여도 경제적 가치가 없는 경우에는 원래의 부동산소유자의 소유에 귀속되는 것이고 경제적 가치의 판단은 부속시킨 물건에 대한 일반 사회통념상의 경제적 효용의 독립성 유무를 그 기준으로 하여야 한다.

> **⚖ 판례 | 종물 및 부합물** [대법원 2013.8.27. 선고 87다카600 판결]
>
> **[판시사항]**
> 1. 증축된 건물부분의 기존건물에 부합여부의 판단기준
> 2. 어느 건물이 주된 건물의 종물이 되기 위한 요건
>
> **[판결요지]**
> 1. 건물이 증축된 경우에 증축부분의 기존건물에 부합여부는 증축부분이 기존건물에 부착된 물리적 구조뿐만 아니라 그 용도와 기능의 면에서 기존건물과 독립한 경제적 효용을 가지고 거래상 별개의 소유권의 객체가 될 수 있는지의 여부 및 증축하여 이를 소유하는 자의 의사 등을 종합하여 판단하여야 한다.
> 2. 어느 건물이 주된 건물의 종물이기 위하여는 주된 건물의 경제적 효용을 보조하기 위하여 계속적으로 이바지 되어야 하는 관계가 있어야 한다.

> **⚖ 판례 | 종물 및 부합물** [대법원 2012.1.26. 선고 2009다76546 판결]
>
> **[판시사항]**
> 갑이 토지소유자 을에게서 토지를 임차한 후 주유소 영업을 위하여 지하에 유류저장조를 설치한 사안에서, 유류저장조는 「민법」 제256조 단서에 의하여 갑의 소유에 속한다고 한 사례
>
> **[판결요지]**
> 갑이 토지소유자 을에게서 토지를 임차한 후 주유소 영업을 위하여 지하에 유류저장조를 설치한 사안에서, 유류저장조의 매설 위치와 물리적 구조, 용도 등을 감안할 때 이를 토지로부터 분리하는 데에 과다한 비용을 요하거나 분리하게 되면 경제적 가치가 현저히 감소되므로 토지에 부합된 것으로 볼 수 있으나, 사실상 분리복구가 불가능하여 거래상 독립한 권리의 객체성을 상실하고 토지와 일체를 이루는 구성 부분이 되었다고는 보기 어렵고, 또한 갑이 임차권에 기초하여 유류저장조를 매설한 것이므로, 위 유류저장조는 「민법」 제256조 단서에 의하여 설치자인 갑의 소유에 속한다고 한 사례

4) 기타 개념

- 소재불명이란 의뢰인에 의해 의뢰된 목록이나 실지조사 당시 그 소재가 파악되지 않는 경우를 말한다. 대상물건의 멸실 등이 이 경우에 해당한다.
- 확인불능이란 의뢰인에 의해 의뢰된 목록으로 실지조사 당시 물건 자체는 소재하나 의뢰목록과의 동일성을 인정할 수 없는 경우를 말한다. 기계기구의 교체에 따라 의뢰목록과 실제 기계기구가 동일하지 않은 경우에 해당한다.

5. 자료수집 및 정리

(1) 의의

이는 대상물건의 물적사항·권리관계·이용상황에 대한 분석 및 감정평가액 산정을 위해 필요한 확인자료·요인자료·사례자료 등을 수집하고 정리하는 절차를 말한다.

(2) 자료의 종류

자료에는 확인자료(등기사항전부증명서, 대장, 토지이용확인계획서 등), 요인자료(가치형성요인자료), 사례자료(거래사례, 임대사례, 분양사례, 수익사례, 조성사례, 평가사례 등)가 있다.

(3) 자료의 수집방법

자료의 수집방법으로는 징구법(의뢰자 또는 소유자로부터 직접징구), 실사법, 열람법, 탐문법 등이 있다.

6. 자료검토 및 가치형성요인의 분석

(1) 의의

이는 자료의 신뢰성·충실성 등을 검증하기 위해 일반적·지역적·개별적 가치형성요인을 분석하는 절차를 말한다. 수집된 자료가 대상물건의 평가상 대표성이 있는 자료인지 검토하고 일반적·지역적·개별적 요인을 분석하여 대상물건의 위치를 명확히 하는 단계이다.

(2) 요인의 종류

- 일반요인: 대상물건이 속한 전체 사회에서 대상물건의 이용과 가격수준 형성에 전반적으로 영향을 미치는 일반적인 요인
- 지역요인: 대상물건이 속한 지역의 가격수준 형성에 영향을 미치는 자연적·사회적·경제적·행정적 요인
- 개별요인: 대상물건의 구체적 가치에 영향을 미치는 대상물건의 고유한 개별적 요인

7. 감정평가방법의 선정 및 적용

이는 대상물건의 특성이나 감정평가 목적 등에 따라 적절한 하나 이상의 감정평가방법을 선정하고, 그 방법에 따라 가치형성요인 분석 결과 등을 토대로 시산가액을 산정하는 절차를 말한다.

감정평가는 대상물건의 성격, 평가목적 또는 평가조건에 따라 원가방식(원가법 및 적산법 등 비용성의 원리에 기초한 감정평가방식), 비교방식(거래사례비교법, 임대사례비교법 등 시장성 원리에 기초한 감정평가방식 및 공시지가기준법), 수익방식(수익환원법 및 수익분석법 등 수익성의 원리에 기초한 감정평가방식)을 기준으로 「감칙」제14조부터 제26조까지의 규정에서 대상물건별로 정한 감정평가방법(이하 "주된방법"이라 한다)을 적용하여 감정평가하여야 한다. 다만, 주된 방법을 적용하는 것이 곤란하거나 부적절한 경우에는 다른 감정평가방법을 적용할 수 있다.

8. 감정평가액의 결정 및 표시

이는 감정평가방법의 적용을 통하여 산정된 시산가액을 합리적으로 조정하여 대상물건이 갖는 구체적인 가치를 최종적으로 결정하고 감정평가서에 그 가액을 표시하는 절차를 말한다.

대상물건의 감정평가액을 결정하기 위하여 상기와 같은 감정평가방법을 적용하여 산정된 시산가액을 대상물건 소재지의 지역적 특성, 일반경기현황, 대상물건의 개별성, 지역 내 시장상황, 감정평가목적 및 기준가치 등을 고려하여 감정평가액을 결정하되 다른 감정평가방식에 속하는 하나 이상의 시산가액과 비교하여 합리성을 검토한 후 감정평가액을 결정하고 표시한다.

3 감정평가의 작성

1. 감정평가서의 의의

감정평가서란 감정평가사가 작성하고 감정평가법인등이 감정평가의뢰인에게 교부하는 감정평가에 관한 문서를 말한다. 감정평가법인등은 감정평가서를 의뢰인과 이해관계자가 이해할 수 있도록 명확하고 일관성 있게 작성하여야 한다.

2. 감정평가서 기재사항

「감칙」 제13조(감정평가서 작성)

① 감정평가법인등은 법 제6조에 따른 감정평가서(「전자문서 및 전자거래기본법」에 따른 전자문서로 된 감정평가서를 포함한다. 이하 같다)를 의뢰인과 이해관계자가 이해할 수 있도록 명확하고 일관성 있게 작성해야 한다.

② 감정평가서에는 다음 각 호의 사항이 포함돼야 한다.
  1. 감정평가법인등의 명칭
  2. 의뢰인의 성명 또는 명칭
  3. 대상물건(소재지, 종류, 수량, 그 밖에 필요한 사항)
  4. 대상물건 목록의 표시근거
  5. 감정평가 목적
  6. 기준시점, 조사기간 및 감정평가서 작성일
  7. 실지조사를 하지 않은 경우에는 그 이유
  8. 시장가치 외의 가치를 기준으로 감정평가한 경우에는 제5조 제3항 각 호의 사항. 다만, 같은 조 제2항 제1호의 경우에는 해당 법령을 적는 것으로 갈음할 수 있다.
  9. 감정평가조건을 붙인 경우에는 그 이유 및 제6조 제3항의 검토사항. 다만, 같은 조 제2항 제1호의 경우에는 해당 법령을 적는 것으로 갈음할 수 있다.
  10. 감정평가액
  11. 감정평가액의 산출근거 및 결정 의견
  12. 전문가의 자문등을 거쳐 감정평가한 경우 그 자문등의 내용
  13. 그 밖에 이 규칙이나 다른 법령에 따른 기재사항

③ 제2항 제11호의 내용에는 다음 각 호의 사항을 포함해야 한다. 다만, 부득이한 경우에는 그 이유를 적고 일부를 포함하지 아니할 수 있다.
  1. 적용한 감정평가방법 및 시산가액 조정 등 감정평가액 결정 과정(제12조 제1항 단서 또는 제2항 단서에 해당하는 경우 그 이유를 포함한다)
  1의2. 거래사례비교법으로 감정평가한 경우 비교 거래사례의 선정 내용, 사정보정한 경우 그 내용 및 가치형성요인을 비교한 경우 그 내용
  2. 공시지가기준법으로 토지를 감정평가한 경우 비교표준지의 선정 내용, 비교표준지와 대상토지를 비교한 내용 및 제14조 제2항 제5호에 따라 그 밖의 요인을 보정한 경우 그 내용
  3. 재조달원가 산정 및 감가수정 등의 내용
  4. 적산법이나 수익환원법으로 감정평가한 경우 기대이율 또는 환원율(할인율)의 산출근거
  5. 제7조 제2항부터 제4항까지의 규정에 따라 일괄감정평가, 구분감정평가 또는 부분감정평가를 한 경우 그 이유
  6. 감정평가액 결정에 참고한 자료가 있는 경우 그 자료의 명칭, 출처와 내용
  7. 대상물건 중 일부를 감정평가에서 제외한 경우 그 이유

④ 감정평가법인등은 법 제6조에 따라 감정평가서를 발급하는 경우 그 표지에 감정평가서라는 제목을 명확하게 적어야 한다.

⑤ 감정평가법인등은 감정평가서를 작성하는 경우 법 제33조 제1항에 따른 한국감정평가사협회가 정하는 감정평가서 표준 서식을 사용할 수 있다.

「감칙」 제13조의2(전자문서로 된 감정평가서의 발급 등)

① 감정평가법인등이 법 제6조 제1항에 따라 전자문서로 된 감정평가서를 발급하는 경우 같은 조 제2항에 따른 감정평가사의 서명과 날인은 「전자서명법」에 따른 전자서명의 방법으로 해야 한다.

② 감정평가법인등은 전자문서로 된 감정평가서의 위조·변조·훼손 등을 방지하기 위하여 감정평가 정보에 대한 접근 권한자 지정, 방화벽의 설치·운영 등의 조치를 해야 한다.

③ 감정평가법인등은 의뢰인이나 이해관계자가 전자문서로 된 감정평가서의 진본성(眞本性)에 대한 확인을 요청한 경우에는 이를 확인해 줘야 한다.

④ 제2항 및 제3항에 따른 전자문서로 된 감정평가서의 위조·변조·훼손 등의 방지조치와 진본성 확인에 필요한 세부사항은 국토교통부장관이 정하여 고시한다.

3. 감정평가서 표준서식 [한국감정평가사협회, 2022년 기준]

(1) 표지

감 정 평 가 서

APPRAISAL REPORT

건   명:

의 뢰 인:

감정평가서 번호:

이 감정평가서는 감정평가 의뢰목적 외의 목적에 사용하거나 타인(의뢰인 또는 제출처가 아닌 자)이 사용할 수 없을 뿐 아니라 복사, 개작(改作), 전재(轉載)할 수 없으며 이로 인한 결과에 대하여 감정평가법인등은 책임을 지지 않습니다.

감정평가법인등의 명칭

(2) (　　)감정평가표(감정평가법인용)

본인은 감정평가에 관한 법규를 준수하고 감정평가이론에 따라 성실하고 공정하게 이 감정평가서를 작성하였기에 서명날인합니다.

감 정 평 가 사　　　　　　　　　　　　（인）

㈜ ○○감정평가법인
대 표 이 사　　　　　　　　　　　　（인）

감정평가액					
의 뢰 인		감정평가 목적			
제 출 처		기준가치			
소 유 자 (대상업체명)		감정평가조건			
목록표시 근거		기준시점	조사기간	작성일	
(기타 참고사항)					

감 정 평 가 내 용	공부(公簿)(의뢰)		사 정		감정평가액	
	종별	면적 또는 수량	종별	면적 또는 수량	단가	금액(원)
	합계					

심 사 확 인	본인은 이 감정평가서에 제시된 자료를 기준으로 성실하고 공정하게 심사한 결과 이 감정평가 내용이 타당하다고 인정하므로 이에 서명날인합니다. 　　　　　　　　　심 사 자: 감 정 평 가 사　　　　　　　（인）

64　해커스 감정평가사 ca.Hackers.com

(3) (   )감정평가표(감정평가사사무소용)

본인은 감정평가에 관한 법규를 준수하고 감정평가이론에 따라 성실하고 공정하게 이 감정평가서를 작성하였기에 서명날인합니다.

감 정 평 가 사   (인)

감정평가액					
의 뢰 인		감정평가 목적			
제 출 처		기준가치			
소 유 자 (대상업체명)		감정평가조건			
목록표시 근거		기준시점	조사기간		작성일
(기타 참고사항)					

	공부(公簿)(의뢰)		사 정		감정평가액	
	종별	면적 또는 수량	종별	면적 또는 수량	단가	금액(원)
감 정 평 가 내 용						
	합계					

심 사 확 인	본인은 이 감정평가서에 제시된 자료를 기준으로 성실하고 공정하게 심사한 결과 이 감정평가 내용이 타당하다고 인정하므로 이에 서명날인합니다. 심 사 자: 감 정 평 가 사 (인)

(4) 감정평가액의 산출근거 및 결정 의견

가. 대상물건 개요
  • 대상물건의 형상, 이용상황, 공법상 제한사항 등

나. 감정평가 개요
  • 감정평가 목적
  • 감정평가 기준 및 근거
  • 감정평가 기준시점
  • 기준가치 및 감정평가조건
  • 실지조사 여부 등

다. 감정평가액 산출근거
  (1) 감정평가방법의 적용

  (2) 감정평가액 산출과정

  (3) 그 밖의 사항

라. 감정평가액 결정 의견

(5) (　　　)감정평가 명세표

　1) 부동산

(제4쪽)

| 일련
번호 | 소재지 | 지 번 | 지 목
또는
용 도 | 용도지역
또는
구 조 | 면적(㎡) | | 감정평가액 | | 비 고 |
					공 부	사 정	단 가 (원/㎡)	금 액 (원)	

2) 기계기구(공작물)

(제4쪽)

일련 번호	명칭(종류) 구조, 규격, 형식, 용량	제작자 제작번호 제작(취득)일자 수입신고일자	수량	감정평가액(원)		비 고
				단 가	금 액	

3) 의제부동산

(가) 자동차, 건설기계 등

(제4쪽)

일련 번호	차종과 차적	등록 번호	차체	년식/ 형식	적재량 (정원)	차대 번호	제작자	감정평가액 (원)	비 고
			기관	출력	연료기 통수	원동기 형식	제작일자		

(나) 선박

선박명칭			선박번호		선적항	

구분	적재용량 및 수량	감정평가액(원)		산출근거	
		단가	금액		
선체	G/T				
기관	HP				
의장품	점				
합 계					

선 박 의 내 용

선체	종 류		선 형		척도		
	용 도		총 톤 수	G/T	길이		M
	등 급		순 톤 수	N/T	폭		M
	선 질		적 화 톤 수	DWT	높이		M
	선 창		조 선 소		비고		
	객 실		건조년월일				
	승 무 원 실		진수년월일				
	조 선 지						
기관	종 류		기 통 수	CYL	제작소		
	실 마 력	HP	회 전 수	RPM			
	공 칭 마 력	HP	기 통 경		제조일자 및 번호		
	형 식		행 정	m/m			
	속 력	Knots	보조기계 및 기관의 종류와 수량		비고		
	추진기의 종류 및 수량						

(다) 선박의장품

(제5쪽)

일련 번호	명칭(종류) 구조, 규격, 형식, 용량	제작자 제작번호 제작(취득)일자	수 량	감정평가액(원)		비 고
				단 가	금 액	

4) 권리 등

일련 번호	명칭	종류	수량	감정평가액(원)		비 고
				단 가	금 액	

5) 동산

(제4쪽)

일련 번호	명칭(종류) 구조, 규격, 형식, 용량	제작자 제작일자	수량		감정평가액(원)		비 고
			공 부	사 정	단 가	금 액	

4. 구체적인 감정평가 작성방법

감정평가서 표준서식 작성 업무처리 요령 [감정평가기준센터 2022-00132]

1. 표지
   가. 건명
   1) 담보 목적의 감정평가는 "○○○(채무자명) 담보물"이라 적는다.
   2) 법원의뢰 감정평가는 "○○○(소유자명) 소유물건"이라 적고, 괄호를 사용하여 사건번호를 아래쪽에 적는다.
      ⟪예⟫ 홍길동 소유물건
         (2020타경1111)
   3) 그 외의 경우에는 대상물건의 대표소재지를 적고, 그 끝부분에 「감정평가 실무기준」에서 규정한 물건의 종류를 기준으로 적는다. 다만, 「감정평가 실무기준」에서 물건의 종류를 규정하고 있지 않은 경우 법령상의 명칭 또는 통상적인 물건의 명칭을 기재하며, 재단 또는 사업체인 경우에는 재단 또는 사업체의 명칭을 적을 수 있다. 또한, 물건의 종류가 둘 이상인 경우 "○○(대표물건명) 등"이라 적을 수 있다.
   4) 자동차, 동산과 같이 이동이 가능한 물건이나 권리에 대한 감정평가와 같이 특정 소재지를 적는 것이 곤란하거나 불합리한 경우에는 이를 생략하고 물건의 종류 또는 업체의 명칭을 적을 수 있다.
   나. 의뢰인: 감정평가의뢰서상의 의뢰인을 적는다.
   다. 감정평가서 번호: 접수번호를 적는다.
   라. 감정평가법인등의 명칭: 감정평가사사무소 또는 감정평가법인의 명칭을 적고 대표전화번호, 팩스번호 등을 적는다.

2. 감정평가표
   가. ( ) 감정평가표: 괄호 안에는 「감정평가 실무기준」에서 규정한 물건의 종류를 기준으로 적는다. 다만, 「감정평가 실무기준」에서 물건의 종류를 규정하고 있지 않은 경우 법령상의 명칭 또는 통상적인 물건의 명칭을 기재한다.
   나. 감정평가사: 감정평가에 참여한 감정평가사가 그 자격을 표시한 후 서명과 날인을 한다. 「전자문서 및 전자거래 기본법」 제2조에 따른 전자문서로 된 감정평가서를 작성하는 경우 서명과 날인은 「전자서명법」에 따른 전자서명으로 대신할 수 있다.
   다. 감정평가법인: 감정평가법인의 명칭(법인의 분사무소의 경우 분사무소 명칭)을 적고, 그 대표사원 또는 대표이사(법인의 분사무소는 상법상 대리인도 가능)가 서명이나 날인을 한다. 감정평가사사무소인 경우에는 생략하되, 합동사무소로서 대표 감정평가사를 두고 있는 경우 이를 준용하여 서명이나 날인을 한다.
   라. 감정평가액: 감정평가액은 한글로 적고, 괄호 안에 아라비아 숫자를 함께 적는다.
   마. 의뢰인: 감정평가의뢰서상의 의뢰인을 적는다.
   바. 감정평가 목적: 감정평가서의 사용목적을 적는다. 아래를 참고하여 기재하되 이는 대표적인 목적을 기재한 것이므로 아래 표에 제시되지 않은 목적의 경우에는 해당 감정평가의 사용목적에 맞게 별도로 기재한다.

대분류	감정평가 목적		내용
국·공유재산 감정평가	매수		국·공유재산의 매입 또는 매수를 위한 감정평가
	처분	(매각) (교환) (양여) (신탁) (현물출자)	「국유재산법」 및 「공유재산 및 물품관리법」에 따라 국·공유재산을 처분(매각 또는 교환, 양여, 신탁, 현물출자)하기 위한 감정평가
	대부료 또는 사용료		국·공유재산의 대부료 또는 사용료 산정을 위한 감정평가
담보 감정평가	담보		채권기관에서 채권설정을 위해 의뢰하는 평가
	동산담보		「동산채권 등의 담보에 관한 법률」에 의한 기계기구, 재고자산, 농축수산물 등에 대한 담보 목적의 감정평가
법원 감정평가	경매		경매 목적으로 법원에서 의뢰하는 감정평가
	소송		소송 목적으로 수행하는 감정평가

도시정비 관련 감정평가	관리처분계획수립 (종전자산)	「도시 및 주거환경정비법」 및 같은 법이 준용되는 사업의 관리처분계획 수립을 위한 종전자산평가
	관리처분계획수립 (종후자산)	「도시 및 주거환경정비법」 및 같은 법이 준용되는 사업의 관리처분계획 수립을 위한 종후자산평가
	무상귀속(신설)	「도시 및 주거환경정비법」 등에 따른 정비기반시설 관련 감정평가
	무상양도 (용도폐지)	
기업 관련 감정평가	유형자산재평가	「자산재평가법」 또는 「주식회사 등의 외부감사에 관한 법률」에 따른 K - IFRS 등에 의한 자산재평가
일반거래 목적 감정평가	일반거래 (세무서제출용 또는 관할 지자체 제출용)	국세, 지방세 산정 부과 및 이의신청 관련 등을 위한 감정평가(상속세, 증여세, 부가세 등)
	일반거래 (시가참고용)	시가참고가액 산정 목적의 감정평가
	임대료	임대료 산정을 위한 감정평가
그 밖의 감정평가	공매	공매 목적으로 한국자산관리공사 등에서 의뢰하는 감정평가
	임대주택 분양전환	「공공주택 특별법」 및 「민간임대주택에 관한 특별법」에 따른 임대주택 분양전환가액 산정을 위한 감정평가
	개발부담금	「개발이익 환수에 관한 법률」에 따라 개발부담금 산정 및 부과를 목적으로 개시시점 또는 종료시점 지가를 산정하기 위한 감정평가
	택지비(공공)	「택지개발촉진법」 등에 따른 공공택지비 산정을 위한 감정평가
	택지비(민간)	「주택법」에 따라 분양가상한제 적용주택의 분양가격 산정을 위한 택지의 감정평가

사. 제출처: 감정평가서의 구체적인 사용처(담보감정평가인 경우는 채권기관명, 소송감정평가 또는 경매감정평가인 경우는 법원명 등)를 적는다.

아. 기준가치: 시장가치를 기준으로 감정평가한 경우 "시장가치"라고 적고, 시장가치 외의 가치로 감정평가한 경우에는 해당 가치의 명칭이 있는 경우 그 명칭을 적고, 명칭이 없는 경우에는 "시장가치 외의 가치"라고 적는다.

자. 소유자(대상업체명): 해당 물건의 소유자명 또는 업체명을 적는다.

차. 감정평가조건: 감정평가조건이 있는 경우 "감정평가액의 산출근거 및 결정 의견"을 참조할 것을 적고, 감정평가조건이 없는 경우 횡선(-)을 긋는다.

카. 목록표시 근거: 감정평가명세표의 목록표시 근거 자료명을 적는다.

타. 기준시점: 대상물건의 가격조사를 완료한 날짜를 적는다. 다만, 소급감정평가 등 기준시점이 미리 정해져 있을 때는 그 날짜를 적는다.

파. 조사기간: 가격조사 착수일부터 완료일까지의 기간을 적는다.

하. 작성일: 감정평가서 작성 완료일을 적는다.

거. (기타 참고사항): 감정평가의뢰인이 요청한 사항 또는 해당 서식에서 정한 사항 외에 필요한 사항을 기재한다(예 담보 목적의 감정평가 시 채무자명). 기재 시 "(기타 참고사항)"은 삭제한 뒤 필요한 제목을 기재하고, 우측 공란에는 관련 내용을 적는다. 만일 별도의 요청사항 또는 삽입사항이 없는 경우 해당란은 삭제한다.

예 담보 목적 감정평가의 경우

목록표시 근거	등기사항전부증명서	기준시점	조사기간	작성일
채무자	홍길동	2022.1.20	2022.1.18. ~ 20	2022.1.20

너. 감정평가내용: 감정평가명세표상의 감정평가 내용을 종류로 분류하여 합산해서 적되, 다음 요령에 따른다.

1) 토지: 종류란에 "토지"라 적고, 면적란에 공부 또는 사정 총면적을 적는다. 다만, 사정면적은 제곱미터(㎡)로 적는다.

2) 건물: 종류란에 "건물"이라 적고, 면적란에 공부 또는 사정 총면적을 적는다. 다만, 미등기건물 또는 제시외건물은 종류란에 "미등기건물(또는 제시외건물)"이라 적고, 면적란에 사정 총면적을 적는다. 사정면적은 제곱미터(㎡)로 적는다.

3) 구분소유부동산: 종류란에 "구분건물"이라 적고, 수량란에 주거용의 경우 "○세대", 비주거용의 경우 "○개"라 적는다.

4) 그 밖의 물건: 기계기구, 의제부동산, 권리, 동산 등은 종류란에 해당 종류명칭을 적고, 수량란에 "○개" 또는 "○식"이라 적는다.

5) 단가: 유효숫자 둘째 자리까지 표시함을 원칙으로 하되, 제곱미터(㎡)당 가격이 100,000원 이상인 경우에는 유효숫자 셋째 자리까지 표시할 수 있다. 다만, 의뢰인으로부터 다른 요청이 있거나 적정한 감정평가가액 산정을 위하여 필요하다고 인정하는 경우에는 유효숫자를 늘릴 수 있다. 적용 단가가 산출되지 않은 경우와 대상물건이 멸실 또는 소재불명인 경우 등에는 횡선(-)을 긋는다.

6) 기계기구 및 공작물 등 단가를 적는 것이 불합리한 종류는 단가란에 횡선(-)을 긋는다.

더. 심사확인

1) 감정평가법인의 경우에는 같은 법인 소속의 다른 감정평가사가 감정평가서의 적정성을 심사하고, 심사자는 그 심사사실을 표시하고 서명과 날인을 한다.

2) 감정평가사사무소의 경우에는 다른 감정평가사가 감정평가서의 적정성을 심사할 수 있고, 심사자는 그 심사사실을 표시하고 서명과 날인을 하되, 심사를 생략한 경우 해당란을 삭제하여 사용한다.

3. 감정평가액의 산출근거 및 결정 의견

가. 대상물건의 개요

1) 대상물건의 형상, 이용상황 또는 용도, 공법상 제한사항 및 감정평가 시 고려할 필요가 있는 주변 상황 등을 적는다.

2) 사업체에 대한 감정평가의 경우 대상업체의 명칭 및 업종명, 규모, 연혁, 재무 및 손익현황 등을 적는다.

3) 공부와 실제가 상이한 경우 및 그 내용, 대상물건이 멸실 또는 소재불명이거나 대상물건을 감정평가에서 제외하는 경우 및 그 내용 등을 적는다.

나. 감정평가 개요

1) 감정평가의 목적을 적는다.

2) 감정평가 기준 및 근거가 되는 관계 법령 또는 관련 규정을 적는다.

3) 대상물건의 감정평가 기준시점과 해당 시점을 결정한 이유를 적는다.

4) 실지조사를 실시한 기간과 내용을 적고, 실지조사를 하지 않은 경우에는 그 이유를 적는다.

5) 시장가치를 기준으로 감정평가액을 결정한 경우 기준가치를 "시장가치"라고 적고, 시장가치 외의 가치를 기준으로 감정평가액을 결정한 경우 해당 시장가치 외의 가치의 명칭, 성격과 특징, 시장가치 외의 가치로 감정평가를 하는 이유를 적는다.

6) 「감정평가에 관한 규칙」 제6조 제2항 제2호 및 제3호에 따라 의뢰인이 요청하는 경우 및 감정평가의 목적이나 대상물건의 특성에 비추어 사회통념상 필요하다고 인정되어 감정평가조건을 붙인 경우 그 이유와 감정평가조건의 합리성, 적법성 및 실현가능성에 대한 검토사항을 적는다.

7) 전문가의 자문등을 거쳐 감정평가한 경우 자문등을 했다는 내용 등을 적는다.

8) 그 밖의 「감정평가에 관한 규칙」이나 다른 법령에 따른 기재사항 및 추가로 필요한 사항을 적는다.

다. 감정평가액 산출근거

1) 감정평가방법의 적용

① 대상물건의 감정평가를 위해 적용한 감정평가방법의 관련 규정을 적는다.

② 대상물건을 감정평가하는 주된 방법의 내용과 채택이유를 기재하고, 주된 방법을 적용하는 것이 곤란하거나 부적절하여 다른 방법을 적용한 경우 그 이유와 내용을 적는다.

③ 감정평가 시 하나의 대상물건에 대하여 하나의 감정평가액을 산출하는 것을 원칙으로 하되, 예외적으로 일괄감정평가, 구분감정평가 또는 부분감정평가를 하는 경우에는 그 이유와 내용을 적는다.

2) 감정평가액 산출과정

① 대상물건을 감정평가하는 주된 방법으로 감정평가액을 산출하는 과정을 적는다. 「감정평가에 관한 규칙」 제13조 제3항에서 열거한 사항 외에도 감정평가액 결정에 영향을 미치는 중요한 내용은 모두 적는다.

② 대상물건을 감정평가하는 주된 방법 이외에 다른 방법으로 감정평가액을 산출하는 과정을 적는다.

③ 시산가액을 조정하는 방법 및 산출과정을 기재하고, 대상물건의 특성 등으로 인하여 다른 감정평가방법에 의한 시산가액으로 합리성 검토를 할 수 없는 경우 그 이유와 내용을 적는다.

3) 그 밖의 사항

① 감정평가액 산출내역에 포함되지 않았으나 산출과정에 참고한 각종 부동산통계지표, 부동산 시황자료 및 그 밖에 대상물건의 감정평가에 미치는 사항 등을 적는다.

② 「감정평가에 관한 규칙」 제13조 제3항에서 열거한 사항 외에 감정평가액 결정에 영향을 미치는 중요한 내용을 적는다.

라. 감정평가액 결정 의견: 감정평가액 산출과정에 대한 종합적인 의견과 최종 감정평가액의 결정에 관한 감정평가사의 의견을 적는다.

4. 감정평가 명세표

가. (   )감정평가 명세표: 괄호에는 토지와 건물, 구분건물, 기계기구 및 공작물 등으로 구분하여 작성한다. 물건의 종류에 따라 양식을 구분하여 작성하되, 해당 감정평가대상에 적합한 양식이 없는 경우 유사 양식을 수정ㆍ보완하여 적용할 수 있다.

나. 일련번호: 토지는 1, 2, 3, … 등으로 표시하고, 등기건물은 가, 나, 다, … 등으로 표시하며, 미등기건물은 ㄱ, ㄴ, ㄷ, … 등으로 표시하되, 건물을 감정평가에서 제외하였을 경우에는 괄호를 사용하여 해당 번호를 표시한다. 기계기구 및 공작물, 의제부동산, 권리, 동산 등의 경우 1, 2, 3, … 등으로 표시한다.

다. 부동산 감정평가 명세표는 다음 요령에 따라 적는다.

1) 소재지: 공부(의뢰목록) 내용대로 적는다. 다만, 행정구역이 변경되었음에도 공부에 정리되지 않았을 경우에는 변경된 행정구역 소재지를 적을 수 있다.

2) 지번: 공부(의뢰목록) 내용대로 적되, 구분건물의 경우에는 다음 요령에 따른다.

① 공부 내용대로 적되, 건물의 명칭과 동수가 표시되어 있는 경우에는 이를 함께 적는다.

② 건물등기사항증명서상 1동의 건물의 표제부(이하 "공통표제부"라 한다.)에서 "대지권의 목적인 토지의 표시"란에 기록할 토지가 10필지 이상인 경우에는 "(대표필지의 지번) 외 ○○필지"라고 적고, 그 밖의 필지 지번은 적지 않을 수 있다.

3) 지목 또는 용도, 용도지역 또는 구조: 공부(의뢰물건) 내용대로 적되, 구분건물의 경우에는 다음 요령에 따른다.

① 건물등기사항증명서의 공통표제부 내용을 적은 다음 전유부분 표제부 내용을 적는다. 다만, 아파트의 경우에는 공통표제부의 내용 중 각 층별 표시 및 부속 건축물의 용도, 구조, 층별 표시는 적지 않을 수 있다.

② 1동의 건물 중 구분소유권의 목적이 되는 여러 개의 물건을 감정평가하는 경우에는 최초의 구분건물에만 공통표제부의 지목, 용도 및 구조를 적고, 그 밖의 구분건물에 대하여는 적지 않을 수 있다.

③ 건물등기사항증명서상 공통표제부에서 "대지권의 목적인 토지의 표시"란에 적을 토지가 10필지 이상인 경우에는 "(대표필지의 지목) 외"라 적고, 그 밖의 필지의 지목에 대하여는 적지 않을 수 있다.

4) 면적(공부면적 및 사정면적):

① 공부란에는 공부(의뢰목록) 내용대로 적고, 사정란에는 사정 면적을 제곱미터(㎡)로 적는다. 이 경우 면적은 아라비아 숫자로 표시한다.

② 면적사정 시 사정단위는 축척이 500분의 1 또는 600분의 1인 지역과 경계점좌표등록부 시행지역의 토지는 소수점 이하 첫째 자리까지 사정하고, 이외 지역의 토지는 1㎡까지 사정한다. 건물의 경우 소수점 이하 첫째 자리까지 사정한다.

③ 멸실 또는 소재불명의 경우 면적의 사정란에 횡선(-)을 긋는다. 일괄감정평가하는 경우 사정면적에 일괄 계산된 면적을 기재하고, 구분감정평가하는 경우 사정면적에 구분한 면적을 기재한다.

라. 부동산 외 감정평가명세표는 다음 요령에 따라 적는다.

    1) 기계기구(공작물) 및 동산의 경우 공부(의뢰목록, 수입신고필증 등) 내용대로 적되, 현장조사 시 대상물건의 명판·사양과 관련된 표식에서 확인된 사항으로 의뢰인 또는 관계자의 확인이 있는 경우 이를 기재할 수 있다.

    2) 의제부동산의 경우 공부 또는 자동차(건설기계)등록원부에 표기되어있는 내용대로 적는다. 선박의 경우 물건의 특수성을 고려하여 별도의 서식을 적용한다.

    3) 권리의 경우 명칭에는 사업체 등의 명칭을 기재하고, 종류에는 권리의 종류(어업권, 광업권, 영업권 등)를 적는다.

마. 단가 및 금액: 다음 요령에 따라 적는다.

    1) 단가: 감정평가 시 적용할 단가를 산출한 경우 그 적용 단가를 적는다. 적용 단가는 유효숫자 둘째 자리까지 표시함을 원칙으로 하되, 제곱미터(㎡)당 가격이 100,000원 이상인 경우에는 유효숫자 셋째 자리까지 표시할 수 있다. 다만, 의뢰인으로부터 다른 요청이 있거나 적정한 감정평가가액 산정을 위하여 필요하다고 인정하는 경우에는 유효숫자를 늘릴 수 있다. 적용 단가가 산출되지 않은 경우와 대상물건이 멸실 또는 소재불명인 경우 등에는 횡선(-)을 긋는다.

    2) 금액: 감정평가에서 제외한 경우는 "감정평가외"라 적고, 대상물건이 멸실 또는 소재불명인 경우 등에는 횡선(-)을 긋는다.

바. 비고: 다음 사항이 있는 경우 그 내용을 적는다.

    1) 공부 내용과 실제가 다른 경우 그 내용

    2) 도시·군계획시설에 저촉되는 경우 그 내용

    3) 환지(換地) 및 환권(換權)에 관한 사항

    4) 구분감정평가한 경우 구분기호 또는 구분별 현황

    5) 일괄감정평가한 경우 그 이유

    6) 부분감정평가한 경우 부분기호 또는 부분별 현황

    7) 일단지로 감정평가한 경우 일단지 기호 또는 일단지 현황

    8) 적산가격으로 감정평가한 경우 감가수정 내용. 다만, 부합물(附合物) 또는 종물(從物)로서 그 가치가 미미한 것은 생략할 수 있다.

    9) 멸실 또는 소재불명, 감정평가 제외 여부 및 그 이유

    10) 그 밖의 참고사항

5. 부동산 감정평가 관련 공부 서류

(1) 등기사항전부증명서(토지, 건물, 집합건물)

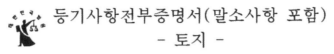

등기사항전부증명서(말소사항 포함)
- 토지 -

고유번호 1103-1996-076926

[토지] 서울특별시 중구 태평로1가 31

【 표 제 부 】 (토지의 표시)					
표시번호	접 수	소 재 지 번	지 목	면 적	등기원인 및 기타사항
~~1~~ ~~(전 2)~~	~~195 년3월21일~~	~~서울특별시 중구 을지로1가 1-1~~	~~대~~	~~9평7홉~~	
					부동산등기법 제177조의 6 제1항의 규정에 의하여 2000년 05월 30일 전산이기
~~2~~	~~2003년4월16일~~	~~서울특별시 중구 을지로1가 1-1~~	~~대~~	~~32.1㎡~~	~~면적단위환산~~
~~3~~	~~2003년5월7일~~	~~서울특별시 중구 을지로1가 1-1~~	~~대~~	~~1580.8㎡~~	~~합병으로 인하여 대 429㎡를 서울특별시 중구 을지로1가 10-1, 대 69.4㎡를 동소 11, 대 56.2㎡를 동소 12, 대 19.8㎡를 동소 12-1, 대 754.9㎡를 동소 12-3, 대 51.2㎡를 동소 28-1, 대 109.4㎡를 동소 3-1, 대 35.7㎡를 동소 4-1, 대 23.1㎡를 동소 5-1에서 이가~~
~~4~~	~~2003년5월7일~~	~~서울특별시 중구 을지로1가 1-1~~	~~대~~	~~1589.7㎡~~	~~합병으로 인하여 대 8.9㎡를 서울특별시 중구 을지로1가 9-2에서 이가~~
~~5~~	~~2005년10월4일~~	~~서울특별시 중구 태평로1가 31~~	~~대~~	~~1589.7㎡~~	~~행정구역및지번변경~~
6	2005년11월1일	서울특별시 중구 태평로1가 31	대	12709.4㎡	합병으로 인하여 대 11092.1㎡를 서울특별시 중구 태평로1가 31-14, 대 27.6㎡를 동소 31-45에서 이기

【 갑 　 구 】	(소유권에 관한 사항)			
순위번호	등 기 목 적	접 　 수	등 기 원 인	권리자 및 기타사항
1 (전 1)	대법원규칙제527호 에의한전사이전	1959년3월3일 제5948호	1959년2월18일 매매	소유자 　 서울특별시
				부동산등기법 제177조의 6 제1항의 규정에 의하여 2000년 05월 30일 전산이기
2 (전 1)	합병한 대109.4㎡에 대한 이기 대법원규칙제527호 에의한전사이전	1956년4월18일 제6996호	1956년3월5일 매매	소유자 　 서울특별시
				합병으로 인하여 순위 제2번을 서울특별시 중구 을지로1가 3-1에서 이기 접수 2003년5월7일 제24925호
3 (전 1)	합병한 대35.7㎡에 대한 이기 대법원규칙제527호 에의한전사이전	1956년4월18일 제6996호	1956년3월5일 매매	소유자 　 서울특별시
				합병으로 인하여 순위 제3번을 서울특별시 중구 을지로1가 4-1에서 이기 접수 2003년5월7일 제24925호
4 (전 1)	합병한 대23.1㎡에 대한 이기 대법원규칙제527호 에의한전사보존	1956년4월18일 제6997호		소유자 　 서울특별시
				합병으로 인하여 순위 제4번을 서울특별시 중구 을지로1가 5-1에서 이기 접수 2003년5월7일 제24925호
5 (전 1)	합병한 대429㎡에 대한 이기 소유권이전	1956년4월14일 제6686호	1955년12월11일 매매	소유자 　 서울특별시
				합병으로 인하여 순위 제5번을 서울특별시 중구

등기사항전부증명서(말소사항 포함)
- 건물 -

고유번호 1103-2012-003000

[건물] 서울특별시 중구 태평로1가 31 서울특별시 청사 신관 제1호

【 표 제 부 】	(건물의 표시)			
표시번호	접 수	소재지번 및 건물번호	건 물 내 역	등기원인 및 기타사항
1	2012년11월30일	서울특별시 중구 태평로1가 31 서울특별시 청사 신관 제1호 [도로명주소] 서울특별시 중구 세종대로 110	철골철근콘크리트구조 경사곡면지붕(철근콘크리트조) 13층 공공업무시설 지하5층 7,060.29㎡ 지하4층 9,491.72㎡ 지하3층 9,517.70㎡ 지하2층 9,128.91㎡ 지하1층 8,376.69㎡ 1층 3,942.72㎡ 2층 3,870.75㎡ 3층 3,755.77㎡ 4층 3,393.29㎡ 5층 3,514.47㎡ 6층 3,465.37㎡ 7층 2,847.47㎡ 8층 3,748.91㎡ 9층 3,736.12㎡ 10층 2,861.22㎡ 11층 2,365.52㎡ 12층 2,240.50㎡ 13층 233.62㎡	

【 갑 구 】	(소유권에 관한 사항)			
순위번호	등 기 목 적	접 수	등 기 원 인	권리자 및 기타사항
1	소유권보존	2012년11월30일 제61475호		소유자 서울특별시

고유번호 1149-1996-167629

[집합건물] 서울특별시 양천구 신정동 312외 1필지 목동신시가지아파트

【 표 제 부 】 (1동의 건물의 표시)				
표시번호	접 수	소재지번,건물명칭 및 번호	건 물 내 역	등기원인 및 기타사항
~~1~~ ~~(전 1)~~	~~1988년1월1일~~	~~서울특별시 양천구 신정동~~ ~~312, 313~~ ~~목동신시가지아파트 제926동~~	~~철근콘크리트조 슬래브지붕~~ ~~15층아파트~~ ~~1층 759.97㎡~~ ~~2층 709.68㎡~~ ~~3층 709.68㎡~~ ~~4층 709.68㎡~~ ~~5층 709.68㎡~~ ~~6층 709.68㎡~~ ~~7층 709.68㎡~~ ~~8층 709.68㎡~~ ~~9층 709.68㎡~~ ~~10층 709.68㎡~~ ~~11층 709.68㎡~~ ~~12층 709.68㎡~~ ~~13층 709.68㎡~~ ~~14층 709.68㎡~~ ~~15층 709.68㎡~~ ~~지하층 690.00㎡~~	~~도면편철장 제5책제194장~~
				부동산등기법 제177조의 6 제1항의 규정에 의하여 1999년 06월 02일 전산이기
2		서울특별시 양천구 신정동 312, 313 목동신시가지아파트 제926동 [도로명주소] 서울특별시 양천구 목동서로 340	철근콘크리트조 슬래브지붕 15층아파트 1층 759.97㎡ 2층 709.68㎡ 3층 709.68㎡ 4층 709.68㎡ 5층 709.68㎡ 6층 709.68㎡ 7층 709.68㎡ 8층 709.68㎡ 9층 709.68㎡	도로명주소 2011년12월20일 등기

[집합건물] 서울특별시 양천구 신정동 312외 1필지 목동신시가지아파트

표시번호	접 수	소재지번,건물명칭 및 번호	건 물 내 역	등기원인 및 기타사항
			10층 709.68㎡ 11층 709.68㎡ 12층 709.68㎡ 13층 709.68㎡ 14층 709.68㎡ 15층 709.68㎡ 지하층 690.00㎡	

(대지권의 목적인 토지의 표시)

표시번호	소 재 지 번	지 목	면 적	등기원인 및 기타사항
1 (전 1)	1. 서울특별시 양천구 신정동 312 2. 서울특별시 양천구 신정동 313	대 대	99278.3㎡ 67895.8㎡	1990년5월18일 부동산등기법 제177조의 6 제1항의 규정에 의하여 1999년 06월 02일 전산이기

【 표 제 부 】 (전유부분의 건물의 표시)				
표시번호	접 수	건 물 번 호	건 물 내 역	등기원인 및 기타사항
1 (전 1)	1987년7월31일	제15층 제1502호	철근콩크리트조 71.37㎡	도면편철장 제5책제194호 부동산등기법 제177조의 6 제1항의 규정에 의하여 1999년 06월 02일 전산이기

(대지권의 표시)

표시번호	대지권종류	대지권비율	등기원인 및 기타사항
1 (전 1)	1, 2 소유권대지권	167174.1분의 59.14	1987년8월3일 대지권 1990년5월18일 부동산등기법 제177조의 6 제1항의 규정에 의하여 1999년 06월 02일 전산이기

(2) 건축물대장(일반건축물대장, 집합건물건축물대장)

문서확인번호:1716-7747-3726-4149

건축물대장 총괄표제부 (갑)

■ 건축물대장의 기재 및 관리 등에 관한 규칙 [별지 제7호서식] <개정 2023. 8. 1.>

(2쪽 중 제1쪽)

건물ID	2020041160000115	고유번호	1147010100-3-03120000	명칭	목동신시가지아파트	특이사항	
대지위치	서울특별시 양천구 신정동		지번		도로명주소	서울특별시 양천구 목동서로	

대지면적	0 ㎡	연면적	250,049.65㎡	지역		지구		구역	
건축면적	22,787.71 ㎡	용적률 산정용 연면적	229,914.34㎡	건축물 수	35	주용도		아파트, 근린생활시설	
건폐율	0 %	용적률	0%	총 호수/가구수/세대수	104호/0가구/2030세대	총 주차 대 수	1,466	부속건축물	2동 1,849.53㎡
조경면적	㎡	공개 공지/공간 면적	㎡	건축선 후퇴면적	㎡	건축선 후퇴거리			m

건축물 현황

구분	명칭	도로명주소	건축물 주구조	건축물 지붕	층수	용도	연면적(㎡)	변동일	변동원인
주1	901동		철근콘크리트조	스라브	1/15	아파트	12,225.91		
주2	902동		철근콘크리트조	스라브	1/15	아파트	12,225.91		
주3	903동		철근콘크리트조	스라브	1/15	아파트	12,225.91		
주4	904동		철근콘크리트조	스라브	1/15	아파트	12,225.91		
주5	905동		철근콘크리트조	스라브	1/15	아파트	8,923.91		
주6	906동		철근콘크리트조	스라브	1/15	아파트	11,385.49		

이 등(초)본은 건축물대장의 원본내용과 틀림없음을 증명합니다.

발급일 : 2024년 05월 27일

담당자: 부동산정보과
전 화: 02-2620-3482

양천구청장

297mm X 210mm[백상지(80g/㎡)]

◆ 본 증명서는 인터넷으로 발급되었으며, 정부24(gov.kr)의 인터넷발급문서진위확인 메뉴를 통해 위·변조 여부를 확인할 수 있습니다.(발급일로부터 90일까지) 또한 문서하단의 바코드로도 진위확인(정부24 앱 또는 스캐너용 문서확인프로그램)을 하실 수 있습니다.

문서확인번호:1716-7747-3726-4149

■ 건축물대장의 기재 및 관리 등에 관한 규칙 [별지 제7호서식]

(2쪽 중 제2쪽)

대지위치	서울특별시 양천구 신정동	명칭	목동신시가지아파트	특이사항	
지번	지번 관련 주소 312	도로명주소	서울특별시 양천구 목동서로		
		도로명주소 관련 주소			

구분	성명 또는 명칭	면허(등록)번호	※주차장				승강기		인허가 시기
			구분	옥내	옥외	인근	면제	승용 대 비상용 대	허가일
건축주			자주식	대 ㎡	1,466대 ㎡	대 ㎡	대	※ 하수처리시설	
설계자								형식	착공일
공사감리자			기계식	대 ㎡	대 ㎡	대 ㎡		용량	사용승인일
공사시공자 (현장관리인)			전기차	대 ㎡	대 ㎡	대 ㎡			

※건축물 인증 현황			건축물 구조 현황		건축물 관리 현황	
인증명	유효기간	성능	내진설계 적용 여부 비적용	내진능력	관리계획 수립 여부	
			특수구조 건축물 미해당	지하수위 G.L m	건축물 관리점검 현황	
			기초형식 [ ] 지내력기초 (t/㎡) [ ] 파일기초	구조설계해석법 [ ] 등가정적해석법 [ ] 동적해석법	종류	점검유효기간

변동사항

변동일	변동내용 및 원인	변동일	변동내용 및 원인	그 밖의 기재사항
1987.7.30	신규작성(신축)	2011.10.4	건축물대장 기초자료 정비에 의거 (총괄표제부(건축면적 :'0' -> '22787.71', 용적율 산정용 연면적:'0' -> '2299 14.34')) 직권변경 - 이하여백 -	- 이하여백 -
2009.4.21	주택과-7349(2009.04.20)호에 의거 옥외주차장 자주식 1 ,466대 추가기재			
2011.2.18	세대수 직권정정(2,131세대 → 2,030세대 104호), 및 연 면적수정(248,200.12㎡ →250,049.65㎡)			

※※ 표시 항목은 동별 내용이 같은 경우에만 적고, 동별 내용이 다른 경우에는 일반건축물대장(갑) 및 집합건축물(표제부, 갑)에 적습니다.

297mm X 210mm[백상지(80g/㎡)]

◆ 본 증명서는 인터넷으로 발급되었으며, 정부24(gov.kr)의 인터넷발급문서진위확인 메뉴를 통해 위·변조 여부를 확인할 수 있습니다.(발급일로부터 90일까지) 또한 문서하단의 바코드로도 진위확인(정부24 앱 또는 스캐너용 문서확인프로그램)을 하실 수 있습니다.

집합건축물대장 (표제부 , 갑)

■ 건축물대장의 기재 및 관리 등에 관한 규칙 [별지 제3호서식] <개정 2025. 8. 1.>

| 건물ID | 2120041160005845 | 고유번호 | 1147010100-3-03120000 | 명칭 | 목동신시가지아파트 상가비동 | 호수/가구수/세대수 | 55호/0가구/0세대 |

| 대지위치 | 서울특별시 양천구 신정동 | 지번 | | 도로명주소 | 서울특별시 양천구 목동서로 |

※ 대지면적	0 ㎡	연면적	2,255.3 ㎡	※ 지역		※ 지구		※ 구역	
건축면적	771 ㎡	용적율 산정용 연면적	1,538 ㎡	주구조	철근콘크리트조	주용도	상가	층수	지하: 1층, 지상: 2층
※ 건폐율	0 %	용적율	0 %	높이	m	지붕	스라브위기와	부속건축물	동 ㎡
※ 조경면적	㎡	※ 공개 공지/공간 면적	㎡	※ 건축선 후퇴면적	㎡	※ 건축선 후퇴거리	m

건축물 현황

구분	층별	구조	용도	면적(㎡)	구분	층별	구조	용도	면적(㎡)
주34	지층	철근콘크리트조	상가,전기기계실,대피소,상가관리실	717.3					
주34	1층	철근콘크리트조	상가	771					
주34	2층	철근콘크리트조	상가	767					
		- 이하여백 -							

이 등(초)본은 건축물대장의 원본내용과 틀림없음을 증명합니다.

발급일 : 2024년 05월 27일

담당자 : 부동산정보과
전 화 : 02-2620-3482

양천구청장

■ 건축물대장의 기재 및 관리 등에 관한규칙[별지 제3호서식]

대지위치	서울특별시 양천구 신정동	명칭	목동신시가지아파트 상가비동	호수/가구수/세대수	55호/0가구/0세대
지번		지번 관련 주소		도로명주소	서울특별시 양천구 목동서로
				도로명주소 관련 주소	

구분	성명 또는 명칭	연허(등록)번호	※주차장					승강기		인허가 시기
			구분	옥내	옥외	인근	면제	승용	비상용	허가일 1985.12.10.
건축주			자주식	대 ㎡	대 ㎡	대 ㎡		※하수처리시설	※급수설비(저수조)	
설계자									구분 수량 및 총 용량	
공사감리자			기계식	대 ㎡	대 ㎡	대 ㎡	대	형식	지상 ㎡	착공일
공사시공자 (현장관리인)			전기차	대 ㎡	대 ㎡	대 ㎡		용량	지하 ㎡ 대	사용승인일 1987.7.30.

※건축물 인증 현황			건축물 구조 현황		건축물 관리 현황	
인증명	유효기간	성능	내진설계 적용 여부	내진능력	관리계획 수립 여부	
				비적용		
			특수구조 건축물	지하수위	건축물 관리점검 현황	
			미해당	G.L m		
			기초형식 [ ] 지내력기초(t/㎡)	구조설계해석법 [ ] 등가정적해석법	종류	점검유효기간
			[ ] 파일기초	[ ] 동적해석법		

변동사항				그 밖의 기재사항
변동일	변동내용 및 원인	변동일	변동내용 및 원인	
1987.7.30.	신규작성(신축)	2008.7.28	주택과-14175(2008.07.28)호에 의거 106호 판매시설 16㎡를 제2종근린생활시설(일반음식점)으로 표시변경	- 이하여백 -
2007.7.25	부동산정보과-18011(2007.07.24)호에 의거 근린생활시설을 제2종근린생활시설(학원)으로 표시변경 (203호)	2009.3.31	주택과-5834(2009.03.30)호에 의거 218호, 219호, 각각 판매시설 17.01㎡를 제2종근린생활시설(학원)으로 표시변경	
2007.11.16	주택과-2705(2007.11.15)호에 의거 판매시설을 제2종근린생활시설(학원)으로 표시변경(120호)			

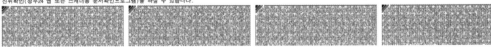

집합건축물대장(전유부, 갑)

■ 건축물대장의 기재 및 관리 등에 관한 규칙 [별지 제6호서식] <개정 2023. 8. 1.>

건물ID	2220041160007676	고유번호	1147010100-3-03120000	명칭	목동신시가지아파트	호명칭	
대지위치	서울특별시 양천구 신정동		지번		도로명주소	서울특별시 양천구 목동서로	

전 유 부 분					소 유 자 현 황			
구분	층별	※구조	용도	면적(㎡)	성명(명칭) 주민(법인)등록번호 (부동산등기용등록번호)	주소	소유권 지분	변동일자 변동원인
주	15층	철근콘크리트조	아파트	71.37				1990.4.30.
		- 이하여백 -						소유권이전

공 용 부 분								
구분	층별	구조	용도	면적(㎡)		- 이하여백 -		
주	지층	철근콘크리트조	아파트	6.16				
부	지층	철근콘크리트조	관리동(전기기계실 및 대피소)	0.34				
부	1층	철근콘크리트조	관리동(관리실 및 노인정)	0.25				
부	1층	철근콘크리트조	경비실	0.04				

이 등(초)본은 건축물대장의 원본내용과 틀림없음을 증명합니다.

발급일 : 2024년 05월 27일

담 당 자 : 부동산정보과
전   화 : 02-2620-3482

양천구청장

※경계벽이 없는 구분점포의 경우에는 전유부분 구조란에 경계벽이 없음을 기재합니다.
◆본 증명서는 인터넷으로 발급되었으며, 정부24(gov.kr)의 인터넷발급문서진위확인 메뉴를 통해 위·변조 여부를 확인할 수 있습니다.(발급일로부터 90일까지) 또한 문서하단의 바코드로도
진위확인(정부24 앱 또는 스캐너용 문서확인프로그램)을 하실 수 있습니다.

297mm X 210mm[백상지(80g/㎡)]

문서확인번호 : 1716-7747-9389-4807

(2쪽 중 제2쪽)

■ 건축물대장의 기재 및 관리 등에 관한 규칙 [별지 제6호서식]

건물ID	2220041160007676	고유번호	1147010100-3-03120000	명칭	목동신시가지아파트	호명칭	
대지위치	서울특별시 양천구 신정동		지번		도로명주소	서울특별시 양천구 목동서로	

공 용 부 분					공동주택 (아파트) 가격 (단위 : 원)	
구분	층별	※구조	용도	면적(㎡)	기 준 일	공동주택 (아파트) 공시가격
부	2층	철근콘크리트조	관리동(독서실)	0.26		
주	15층	철근콘크리트조	계단실	17.34		
		- 이하여백 -			2022.1.1.	1,061,000,000
					2021.1.1.	966,000,000
					2020.1.1.	757,000,000
					2019.1.1.	617,000,000
					2018.1.1.	512,000,000
					2017.1.1.	444,000,000
					2016.1.1.	404,000,000
					2015.1.1.	355,000,000
					2014.1.1.	346,000,000

* 「부동산 가격공시에 관한 법률」 제18조에 따른 공동주택가격만 표시됩니다.

변 동 사 항					
변동일	변동내용 및 원인		변동일	변동내용 및 원인	그 밖의 기재사항
1987.7.30	신규작성(신축) - 이하여백 -				- 이하여백 -

◆본 증명서는 인터넷으로 발급되었으며, 정부24(gov.kr)의 인터넷발급문서진위확인 메뉴를 통해 위·변조 여부를 확인할 수 있습니다.(발급일로부터 90일까지) 또한 문서하단의 바코드로도
진위확인(정부24 앱 또는 스캐너용 문서확인프로그램)을 하실 수 있습니다.

297mm X 210mm[백상지(80g/㎡)]

(3) 토지대장

1/1

고유번호	1111011600-10095-0001		토 지 대 장			도면번호	6	발급번호	202411110-00317-3412
토지소재	서울특별시 종로구 도렴동					장 번 호	1-1	처리시각	10시 54분 34초
지 번	95-1	축 척 1:600				비 고		발 급 자	인터넷민원

토 지 표 시				소 유 자			
지 목	면 적(㎡)	사 유		변 동 일 자	주 소		
				변 동 원 인	성 명 또는 명 칭		등 록 번 호
(08) 대	*6592.4*	(30) 2010년 03월 10일		2018년 08월 20일			
		11-2, 12-2, 14-2, 14-3번과 합병		(05)성명(명칭)변경	국 (행정안전부)		223
		--- 이하 여백 ---		--- 이하 여백 ---			

등 급 수 정 년 월 일	1985. 07. 01. 수정	1989. 01. 01. 수정	1990. 01. 01. 수정	1994. 09. 26. 수정					
토 지 등 급 (기준수확량등급)	240	243	251	261					
개별공시지가기준일	2018년 01월 01일	2019년 01월 01일	2020년 01월 01일	2021년 01월 01일	2022년 01월 01일	2023년 01월 01일	2024년 01월 01일		용도지역 등
개별공시지가(원/㎡)	18720000	24250000	24340000	26650000	28800000	26650000	26850000		

토지대장에 의하여 작성한 등본입니다.
2024년 5월 27일

서울특별시 종로구청장

(4) 토지이용계획확인서

문서확인번호: 1716-7845-1526-3136

발급번호 : 202411650003890800   발행매수 : 1/2   발급일 : 2024/ 05/ 27

토지이용계획확인서

					처리기간
					1 일

신청인	성명		주소	서울특별시 용산구		
			전화번호			

신청토지		소재지		지 번	지 목	면적(㎡)
		서울특별시 서초구 서초동			대	871.6

지역·지구등 지정여부	「국토의 계획 및 이용에 관한 법률」에 따른 지역·지구등	도시지역, 일반상업지역, 지구단위계획구역, 도로(접합) [이하공란]
	다른 법령 등에 따른 지역·지구등	가로구역별 최고높이 제한지역<건축법>, 상대보호구역(토지전산망의 내용은 참고사항일뿐 교육청에 반드시 확인요망)<교육환경 보호에 관한 법률>, 대공방어협조구역(위탁고도:77~257m)<군사기지 및 군사시설 보호법>, 과밀억제권역<수도권정비계획법>, (한강)폐기물매립시설 설치제한지역<한강수계 상수원 수질개선 및 주민지원 등에 관한 법률> [이하공란]

「토지이용규제 기본법 시행령」 제9조제4항 각 호에 해당되는 사항	[해당없음]

확인도면	(지도)

초등학교
1310-6 학
제2종일반주거지역
지구단위계획구역

1417도

1316-31대

절대보호구역
제3종일반주거지역
1379도

가로구역별 최고높이 제한지역

1316-17대

1316-15대 위계획구역

1316-30대

1316-1대

1316대

1316-14대

1316-16 도

1316-29도

토지거래허가구역
3315대

1316-2대

1316-33대

1316-18대

1316-3대

1316-13대

1316-3도

범례
- 가로구역별 최고높이 제한지역
- 지구단위계획구역
- 토지거래계약에관한허가구역
- 아파트지구
- 대공방어협조구역
- 절대보호구역
- 상대보호구역
- 도시지역
- 제2종일반주거지역
- 제3종일반주거지역
- 일반상업지역
- 도로
- 초등학교
- 법정동

축척   1/1200

	수입증지 붙이는곳
	수 수 료 전자결제 민 원

「토지이용규제 기본법」 제10조제1항에 따라 귀하의 신청토지에 대한 현재의 토지이용계획을 위와 같이 확인합니다.

2024/ 05/ 27

서울특별시 서초구청

서초구청장인

(5) 지적도

 문서확인번호 : 1716-7842-4897-6119

지적도 등본

발급번호	202411170002745881	처리시각	13시 28분 25초	발급자	정부24
토지소재	서울특별시 용산구	지 번		축 척	등록:1/600 출력:1/1100

지적도등본에 의하여 작성한 등본입니다.
이 도면등본으로는 지적측량에 사용할 수 없습니다.

2024년 05월 27일

서울특별시 용산구청

◆ 본 증명서는 인터넷으로 발급되었으며, 정부24(gov.kr)의 인터넷발급문서진위확인 메뉴를 통해 위·변조 여부를 확인할 수 있습니다.
(발급일로부터 90일까지) 또한 문서 하단의 바코드로도 진위확인(정부24 앱 또는 스캐너용 문서확인 프로그램)을 하실 수 있습니다.

제2장

감정평가의 기초개념 | 해커스 감정평가사 이상준 감정평가실무 2차 기본서

제2장 감정평가의 기초개념 예상문제

[문제 1]

다음은 감정평가실무에서 일반적으로 사용되는 용어이다. 다음 용어에 대하여 약술하시오.

(물음 1) 「건축법」상의 "대지"와 「지적법」상의 "대(垈)"

(물음 2) 다가구주택과 다세대주택

(물음 3) 소재불명, 확인불능

| 예시답안

1. **건축법상 "대지"와 지적법상 "대"**

   「건축법」상 "대지"란 「공간정보의 구축 및 관리 등에 관한 법률」에 따라 각 필지로 나눈 토지로, 건축물이 소재하거나 건축물을 신축할 수 있는 토지를 의미하며, 건축물의 용도, 건폐율, 용적률 등 산정 시 기준이 되는 개념이다. 「공간정보의 구축 및 관리 등에 관한 법률 제67조」 (구) 지적법상 "대"란 토지의 건축물 소재 여부와 관계없이 각 필지의 이용목적에 따라 분류한 것으로 토지의 관리를 위한 개념이다.

   "대지"와 "대"는 일치하는 것이 통상적이나 2필지 이상의 토지를 하나의 토지로 보는 일단지의 경우 지목은 두 개로 지정되나 "대지"는 전체로 부여될 수 있으며, 한 필지 일부에 대해서도 "대지"로 볼 수 있음에 유의한다.

2. **다가구주택과 다세대주택**

   다가구주택이란 「주택법」상 단독주택의 하나로 ① 주택으로 쓰는 층수(지하층은 제외한다)가 3개 층 이하로 ② 1개 동의 주택으로 쓰이는 바닥면적의 합계가 660제곱미터 이하이며 ③ 19세대 이하가 거주할 수 있는 주택으로 공동주택에 해당하지 아니한 주택을 의미한다. 다가구주택은 토지와 건물로 구성된 복합부동산으로써 감정평가시 복합부동산을 기준으로 평가하여야 한다.

   다세대주택이란 「주택법」상 공동주택의 하나로 ① 주택으로 쓰는 1개 동의 바닥면적 합계가 660제곱미터 이하이고 ② 층수가 4개 층 이하인 주택을 의미한다. 다세대주택은 공동주택으로 각 구분호수별 등기가 독립적으로 등재되며 소유권의 객체가 되므로 구분건물을 기준으로 평가하여야 한다.

3. **소재불명, 확인불능**

   소재불명이란 실지조사시 대상물건의 소재를 확인할 수 없는 경우를 의미하고, 확인불능이란 대상물건과 동일·유사한 물건이 소재하나 공부 등과 비교하여 그 동일성 여부를 명확하게 판단하기 어려운 경우를 의미한다. 통상 기계·기구 감정평가시 발생하는 개념이다.

[문제 2] 이성준 소유 부동산에 대해 감정평가가 의뢰되었다. 다음 공부를 검토하여 대상물건을 확정하시오.

<자료 1> **토지 등기사항전부증명서**

기호	소재지	지목	면적(㎡)	소유자
1	甲구 乙동 54	전	500	공유자지분 2분의 1 이성준 공유자지분 2분의 1 대한민국
2	甲구 乙동 산75	임야	2,550	공유자지분 2분의 1 이성준 공유자지분 2분의 1 대한민국

<자료 2> **건물 등기사항전부증명서**

기호	소재지	물건의 종류	구조, 규격	면적(㎡)	소유자
가	甲구 乙동 54	주택	블록조 기와지붕 단층	90	이성준
나	甲구 乙동 54	주택	시멘트벽돌조 슬래브지붕 단층	70	대한민국

<자료 3> **토지대장**

기호	소재지	지목	면적(㎡)	소유자
1	甲구 乙동 54	대	500	공유자지분 2분의 1 이성준 공유자지분 2분의 1 대한민국
2	甲구 乙동 산75	임야	2,800	공유자지분 2분의 1 이성준 공유자지분 2분의 1 대한민국

<자료 4> **일반건축물대장**

기호	소재지	물건의 종류	구조, 규격	면적(㎡)	소유자
가	甲구 乙동 54	점포	철근콘크리트조 슬래브지붕 2층	182	이성준
나	甲구 乙동 54	주택	시멘트벽돌조 슬래브지붕 단층	70	대한민국

<자료 5>   토지이용계획확인서

    1. 甲구 乙동 54

      도시지역, 제2종일반주거지역, 소류3류(폭 8m 미만)(접함), 중로2류(폭 15m ~ 20m)(저촉)

    2. 甲구 乙동 산75

      도시지역, 자연녹지지역, 소류2류(폭 8m ~ 10m)(저촉)

<자료 6>   실지조사 사항

    1. 甲구 乙동 54

      현황 접면도로는 토지이용계획확인서 내용과 동일하며, 가장형, 경사도 1° 미만의 토지임

    2. 甲구 乙동 산75

      현황 폭 2m 이하 임도를 통해 진입가능하며, 부정형, 경사도는 16°임

예시답안

I. 甲구 乙동 54번지

1. 처리방침

권리관계는 등기사항전부증명서 기준, 지목, 면적 등 물적상태는 대장 및 실지조사 기준, 공법상 제한은 토지이용계획확인서 기준함(이하 동일)

2. 토지

- 지목: 대
- 면적: 500㎡
- 용도지역: 제2종일반주거지역
- 접면도로: 세로(가)
- 형상: 가장형
- 지세: 평지
- 소유권: 이성준 지분 2분의 1(500㎡ ÷ 2 = 250㎡)

3. 건물

- 용도: 점포
- 면적: 182㎡
- 구조: 철근콘크리트조 슬래브지붕
- 층: 2층

II. 甲구 乙동 산75번지

- 지목: 임야
- 면적: 2,800㎡
- 용도지역: 자연녹지지역
- 접면도로: 세로(불)
- 형상: 부정형
- 지세: 급경사지
- 소유권: 이성준 지분 2분의 1(2,800㎡ ÷ 2 = 1,400㎡)

[문제 3]

다음과 같은 자료를 활용하여, 대상토지의 이용상황을 결정하시오.

<자료 1> 토지대장

기호	소재지	지목	면적(㎡)
1	경기도 수원시 권선구 D동 1	전	200

<자료 2> 실지조사 사항

실지조사 당시 대상토지인 D동 1번지 지상에는 일반건축물대장에 등재되어 있지 않은 근린생활시설(상업용), 경량철골조, 단층, 50㎡이 소재함

예시답안

토지대장상 지목 '전'인 본건 토지상의 건물은 불법건축물로 현황기준원칙의 예외로 지목 기준하여 이용상황을 '전'으로 결정함

[문제 4]

다음과 같은 자료를 활용하여, 대상토지의 이용상황을 결정하시오.

<자료 1> 토지대장

기호	소재지	지목	면적(㎡)
1	서울특별시 강남구 H동 12 - 1	전	500

<자료 2> 실지조사 사항

실지조사 당시 대상 토지인 H동 12 - 1번지 지상에는 최근 사용승인된 업무시설, 철근콘크리트구조 슬래브지붕, 지하 2층 지상 15층, 연면적 3,750㎡이 소재함

예시답안

토지대장상 지목은 '전'이나 본건 토지상의 건물은 사용승인된 적법한 건물로 건물준공 및 사용승인 고려하여 현황기준원칙에 의거하여 '업무용'으로 결정함

[문제 5] 아래와 같이 주어진 자료와 도면을 참고하여 당해 건축물의 ① 대지면적, ② 건축면적, ③ 연면적, ④ 건폐율(%), ⑤ 용적률(%)을 산출하시오(단, 건폐율·용적률은 소수점 이하 둘째자리 %까지 산출하되, 이하는 반올림할 것).

대장 번호	–		일반건축물 대장			사용 승인일자	89.9.9	번호	89-0341

대장 번호	–	일반건축물 대장				사용 승인일자	89.9.9	번호	89-0341
소재지	서울특별시 ○○구 ○○동		지번	123-45	명칭 및 번호		–		
지역 지구	일반상업지역, 주차장정비지구				용도		근린생활시설, 업무시설		
대지 면적	?	연면적	?	층수	지상4층/지하1층	구조	철근콘크리트조 /지붕 : 슬라브		
	건축물현황						소유자현황		
층별	면적	용도	층별	면적	용도	일자	성명	주민등록번호	주소	지분

층별	면적	용도	층별	면적	용도	일자	성명	주민등록번호	주소	지분
지층	145.50	다 방				890909	홍길동	–	–	–
1층	145.50	소매점								
2층	160.50	사무실								
3층	160.50	사무실								
4층	160.50	사무실								
계	772.50	사무실								

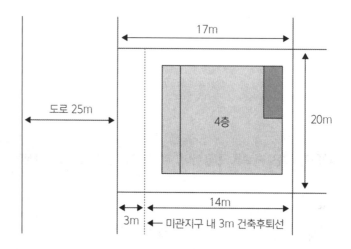

(자료 3) 정면도

옥탑(15.0m²)
4층 (160.50m²)
3층 (160.50m²)
2층 (160.50m²)
1층 (145.50m²)
지층 (145.50m²)

(자료 4) 측면도

옥탑
4층
3층
2층
1층
지층

예시답안

1. 대지면적

   대지면적은 그 대지의 수평투영면적으로 하되 대지 안에 건축선이 정하여진 경우에는 그 건축선과 도로사이의 면적은 대지면적에서 제외함. 또한, 미관지구 내 건축후퇴선 부분은 대지면적에 포함됨

   ∴ 대지면적: 17m × 20m = 340m²

2. 건축면적

   건축면적은 건축물의 외벽중심선으로 둘러싸인 부분의 수평투영면적임

   ∴ 건축면적: 160.5m²

3. 연면적

   연면적은 건축물의 각층 바닥면적의 합계로 옥상에 설치한 물탱크 등의 설치를 위한 구조물은 바닥면적에서 제외됨

   ∴ 연면적: 772.5m²

4. 건폐율

   건폐율이란 건축면적과 대지면적에 대한 비율임

   ∴ $\dfrac{160.5}{340} \times 100 ≒ 47.21\%$

5. 용적률

   용적률이란 연면적과 대지면적에 대한 비율로 지하층 면적과 지상층 중 주차용으로 사용되는 면적은 제외됨

   ∴ $\dfrac{772.5 - 145.5}{340} \times 100 ≒ 184.41\%$

제 3 장

감정평가 3방식 개관

제1절 감정평가 3방식 6방법

감정평가라함은 토지 등의 경제적 가치를 판정하여 그 결과를 가액으로 표시하는 것과 그와 관련된 전문가의 활동이자 의견을 의미한다. 이는 재화에 대한 교환의 대가인 교환가치(가격)와 용익으로 최근에 그 재화와 동일·유사한 물건이 시장에서 어느 정도로 거래되고 있는지(시장성), 그 재화를 현재 재조달하는 데는 어느 정도의 비용이 드는지(비용성), 그리고 그 재화를 이용하면 얼마의 수익 또는 편익(쾌적성이나 생산성)을 얻을 수 있는지(수익성)의 3가지 측면으로 접근한다. 이들을 가치(가격)의 3면성이라 한다. 부동산에 있어서도 이러한 사고는 동일하게 적용되며 감정평가는 바로 이러한 3가지 측면에서 부동산의 교환가치(가격)와과 사용가치(임대료)를 판정하게 된다. 이러한 3가지 접근법을 요약해보면 아래의 표와 같으며 이를 통상 3방식 6방법(공시지가기준법 제외)이라 부른다.

3방식		6방법 (시산가액)	유형	산식	근거	성격
비교방식 (시장접근법)	교환 가치 (가치)	거래사례 비교법 (비준가액)	토지	사례선정(사·시·위·물) 비준(토지배분법): 사례토지가격 × 사정보정 × 시점수정 × 지역요인 × 개별요인 × 면적 ≒ 비준가액	시장성	균형 성격
			건물	사례선정(사·시·위·물) 비준(건물배분법): 사례건물가격 × 사정보정 × 시점수정 × 잔가율 × 개별요인 × 면적 ≒ 비준가액		
		공시지가 기준법	토지	비교표준지선정(용·이·주·지) 비준: 공시지가 × 시점수정 × 지역요인 × 개별요인 × 그밖의 요인 보정 ≒ 공시지가기준가액)		
	사용 가치 (임대료)	임대사례 비교법 (비준임료)	복합 부동산 기준	임대사례선택(사·시·위·물 + 신규 + 유사) 비준: 사례임료 × 사정보정 × 시점수정 × 지역요인 × 개별요인(토지, 건물)비교 × 면적 ≒ 비준임료		

원가방식
(비용접근법)
	교환
	가치
	(가치)
		원가법
		(적산가액)
			토지	1. 가산방식
				2. 공제방식
				  1) 전통적공제방식
				  2) 개발법
					비용성	공급
						성격

			건물	1. 재조달원가산정
				2. 감가수정
				  1) 정액법, 정률법, 상환기금법
				  2) 관찰감가법
				  3) 분해법 등
				3. 적산가액		

	사용
	가치
	(임대료)
		적산법
		(적산임료)
			복합
			부동산
			기준
				1. 기초가액산정
				  1) 토지(거래사례비교법, 원가법, 공시지
				    가기준법)
				  2) 건물(거래사례비교법, 원가법)
				2. 기대이율산정
				3. 필요제경비산정(감·유·공·손·대·
				  공·정)
				4. 적산임료(1 × 2 + 3)		

수익방식
(소득접근법)
	교환
	가치
	(가치)
		수익환원법
		(수익가액)
			복합
			부동산
			기준
				1. 순수익(순영업소득, NOI) 산정
				2. 환원율산정
				  1) 시장추출법(직접시장비교법, 투자시장
				    질적평점비교법, 조소득승수법)
				  2) 요소구성법(무위험률 + 위험률(위·
				    비·관·자)
				  3) 투자결합법[물리적, 금융적(Ross, Kazdin)]
				  4) 투자자조사법, 유효총수익승수, 시장발
				    표환원율
				  5) Ellwood법(y - L/V · C ± △SFF)
				  6) 부채감당법
				3. 환원방법
				  1) 직접환원법(직선, 감채기금, 연금법)
				  2) 잔여법(토지/건물/부동산, 저당/지분)
				  3) 저당지분환원법
				  4) DCF(세전모형/세후모형)
					수익성	수요
						성격

	사용 가치 (임대료)	수익 분석법 (수익임료)	복합 부동산 기준	1. 순임료 산정(노동, 자본, 경영, 부동산 중 부동산 부분의 수익만 산정) 2. 필요제경비산정 3. 수익임료산정(1 + 2)		

제2절 원가방식

1 의의

원가방식이란 원가법 및 적산법 등 비용성 원리와 대체의 원칙을 기초한 감정평가방식을 말한다. 원가방식을 비용접근법이라고도 한다.

2 원가법

1. 의의

① 원가법이란 대상물건의 재조달원가에 감가수정을 하여 대상물건의 가액을 산정하는 감정평가방법을 말한다.
② 적산가액이란 원가법에 따라 산정된 가액을 말한다.

2. 재조달원가

① 재조달원가란 대상물건을 기준시점에 재생산하거나 재취득하는 데 필요한 적정원가의 총액을 말한다.
② 재조달원가는 대상물건을 일반적인 방법으로 생산하거나 취득하는 데 드는 비용으로 하되, 제세공과금 등과 같은 일반적인 부대비용을 포함한다.

3. 감가수정

① 감가수정은 대상물건에 대한 재조달원가를 감액하여야 할 요인이 있는 경우에 다음의 가치 하락요인 등을 고려하여 그에 해당하는 금액을 재조달원가에서 공제하여 기준시점에 대상물건의 가액을 적정화하는 작업을 말한다.
   - 물리적 감가요인: 대상물건의 물리적 상태 변화에 따른 감가요인
   - 기능적 감가요인: 대상물건의 기능적 효용 변화에 따른 감가요인
   - 경제적 감가요인: 인근지역의 경제적 상태, 주위환경, 시장상황 등 대상물건의 가치에 영향을 미치는 경제적 요소들의 변화에 따른 감가요인
② 감가수정을 할 때에는 경제적 내용연수를 기준으로 한 정액법, 정률법 또는 상환기금법 중에서 대상물건에 가장 적합한 방법을 적용하여야 한다.
③ ②에 따른 감가수정이 적절하지 아니한 경우에는 물리적·기능적·경제적 감가요인을 고려하여 관찰감가 등으로 조정하거나 다른 방법에 따라 감가수정할 수 있다.

3 적산법

1. 의의

① 적산법이란 대상물건의 기초가액에 기대이율을 곱하여 산정된 기대수익에 대상물건을 계속하여 임대하는 데 필요한 경비를 더하여 대상물건의 임대료(사용료를 포함한다)를 산정하는 감정평가방법을 말한다.
② 적산임료란 적산법에 따라 산정한 임대료를 말한다.

2. 기초가액

① 기초가액이란 적산법으로 감정평가하는 데 기초가 되는 대상물건의 가치를 말한다.

② 기초가액은 비교방식이나 원가방식으로 감정평가한다. 이 경우 사용 조건·방법·범위 등을 고려할 수 있다.

3. 기대이율

① 기대이율이란 기초가액에 대하여 기대되는 임대수익의 비율을 말한다.

② 기대이율은 시장추출법, 요소구성법, 투자결합법, CAPM을 활용한 방법, 그 밖의 대체·경쟁 자산의 수익률 등을 고려한 방법 등으로 산정한다.

③ 기초가액을 시장가치로 감정평가한 경우에는 해당 지역 및 대상물건의 특성을 반영하는 이율로 정하되, 한국감정평가사협회에서 발표한 '기대이율 적용기준율표', 「국유재산법 시행령」·「공유재산 및 물품관리법 시행령」에 따른 국·공유재산의 사용료율(대부료율) 등을 참고하여 실현가능한 율로 정할 수 있다.

4. 필요제경비 [감·유·공·손·공·정]

① 필요제경비란 임차인이 사용·수익할 수 있도록 임대인이 대상물건을 적절하게 유지·관리하는 데에 필요한 비용을 말한다.

② 필요제경비에는 감가상각비, 유지관리비, 조세공과금, 손해보험료, 대손준비금, 공실손실상당액, 정상운영자금이자 등이 포함된다.

4 원가방식의 장·단점

1. 원가방식의 장점

원가방식은 ① 비용성 및 공급자 성격의 감정평가방식으로 시장상황의 변화 큰 경우 그 객관성 측면에서 논리적이며 가액에 대한 설득력이 강하고 ② 시장사례 및 시장성이 없거나 부족한 특수 부동산(대형 부동산, 종교시설, 군부대시설, 매립지 등)의 경우 활용이 용이하며 ③ 최근 산정된 비용이 합리적이라면 재생산이 가능한 모든 물건에 대한 적용이 가능하다. ④ 또한 다른 방식에 의한 가액 산정이 불가능한 경우 활용도가 크며 ⑤ 시산가액 조정 및 합리성 검토 시 기초자료로 제공될 수 있는 장점이 있다.

2. 원가방식의 단점

원가방식은 ① 시장성이 부여된 물건의 경우 시장참여자의 기대를 반영하기 어렵고 ② 감가상각 시 감정평가사의 주간개입 우려가 있으며 ③ 특수 부동산(전통 한옥, 특수 설비 등)의 경우 재조달원가의 산정이 곤란하다. ④ 수익성 부동산의 경우 원가와의 괴리가 발생할 수 있으며 ⑤ 과거의 값으로 장래 기대되는 수익의 현재 가치라는 감정평가의 개념과 괴리가 발생할 수 있으며 ⑥ 재생산이 불가능한 물건의 경우 적용이 불가능하다.

제3절 비교방식

1 의의

비교방식이란 거래사례비교법, 임대사례비교법 등 시장성 원리와 대체의 원칙을 기초한 감정평가방식 및 「감정평가법」 제3조 제1항 본문에 따른 공시지가기준법을 의미한다.

2 거래사례비교법

1. 의의

① 거래사례비교법이란 대상물건과 가치형성요인이 같거나 비슷한 물건의 거래사례와 비교하여 대상물건의 현황에 맞게 사정보정, 시점수정, 가치형성요인 비교 등의 과정을 거쳐 대상물건의 가액을 산정하는 감정평가방법을 말한다.
② 비준가액이란 거래사례비교법에 따라 산정된 가액을 말한다.

2. 거래사례의 수집 및 선택 [위·물·시·사]

거래사례비교법으로 감정평가할 때에는 거래사례를 수집하여 적정성 여부를 검토한 후 다음의 요건을 모두 갖춘 하나 또는 둘 이상의 적절한 사례를 선택하여야 한다.
- 거래사정이 정상이라고 인정되는 사례나 정상적인 것으로 보정이 가능한 사례
- 기준시점으로 시점수정이 가능한 사례
- 대상물건과 위치적 유사성이나 물적 유사성이 있어 지역요인·개별요인 등 가치형성요인의 비교가 가능한 사례

3. 사정보정

거래사례에 특수한 사정이나 개별적 동기가 반영되어 있거나 거래 당사자가 시장에 정통하지 않은 등 수집된 거래사례의 가격이 적절하지 못한 경우에는 사정보정을 통해 그러한 사정이 없었을 경우의 적절한 가격수준으로 정상화하여야 한다.

4. 시점수정

① 거래사례의 거래시점과 대상물건의 기준시점이 불일치하여 가격수준의 변동이 있을 경우에는 거래사례의 가격을 기준시점의 가격수준으로 시점수정하여야 한다.
② 시점수정은 사례물건의 가격 변동률로 한다. 다만, 사례물건의 가격 변동률을 구할 수 없거나 사례물건의 가격 변동률로 시점수정하는 것이 적절하지 않은 경우에는 지가변동률·건축비지수·임대료지수·생산자물가지수·주택가격동향지수 등을 고려하여 가격 변동률을 구할 수 있다.

5. 가치형성요인의 비교

거래사례와 대상물건 간에 종별·유형별 특성에 따라 지역요인이나 개별요인 등 가치형성요인에 차이가 있는 경우에는 이를 각각 비교하여 대상물건의 가치를 개별화·구체화하여야 한다.

3 임대사례비교법

1. 의의

① 임대사례비교법이란 대상물건과 가치형성요인이 같거나 비슷한 물건의 임대사례와 비교하여 대상물건의 현황에 맞게 사정보정, 시점수정, 가치형성요인 비교 등의 과정을 거쳐 대상물건의 임대료를 산정하는 감정평가방법을 말한다.

② 비준임료란 임대사례비교법에 따라 산정된 임대료를 말한다.

2. 임대사례의 수집 및 선택 [위·물·시·사·계]

임대사례비교법으로 감정평가할 때에는 임대사례를 수집하여 적정성 여부를 검토한 후 다음의 요건을 모두 갖춘 하나 또는 둘 이상의 적절한 임대사례를 선택하여야 한다.

- 임대차 등의 계약내용이 같거나 비슷한 사례
- 임대차 사정이 정상이라고 인정되는 사례나 정상적인 것으로 보정이 가능한 사례
- 기준시점으로 시점수정이 가능한 사례
- 대상물건과 위치적 유사성이나 물적 유사성이 있어 지역요인·개별요인 등 가치형성요인의 비교가 가능한 사례

3. 사정보정

임대사례에 특수한 사정이나 개별적 동기가 반영되어 있거나 임대차 당사자가 시장에 정통하지 않은 등 수집된 임대사례의 임대료가 적절하지 못한 경우에는 사정보정을 통해 그러한 사정이 없었을 경우의 적절한 임대료 수준으로 정상화하여야 한다.

4. 시점수정

① 임대사례의 임대시점과 대상물건의 기준시점이 불일치하여 임대료 수준의 변동이 있을 경우에는 임대사례의 임대료를 기준시점의 임대료 수준으로 시점수정하여야 한다.

② 시점수정은 사례물건의 임대료 변동률로 한다. 다만, 사례물건의 임대료 변동률을 구할 수 없거나 사례물건의 임대료 변동률로 시점수정하는 것이 적절하지 않은 경우에는 사례물건의 가격 변동률·임대료지수·생산자물가지수 등을 고려하여 임대료 변동률을 구할 수 있다.

5. 가치형성요인의 비교

임대사례와 대상물건 간에 종별·유형별 특성에 따라 지역요인이나 개별요인 등 임대료의 형성에 영향을 미치는 여러 요인에 차이가 있는 경우에는 이를 각각 비교하여 대상물건의 임대료를 개별화·구체화하여야 한다.

4 공시지가기준법

공시지가기준법이란 「감정평가법」 제3조 제1항 본문에 따라 감정평가의 대상이 된 토지와 가치형성요인이 같거나 비슷하여 유사한 이용가치를 지닌다고 인정되는 표준지의 공시지가를 기준으로 대상토지의 현황에 맞게 시점수정, 지역요인 및 개별요인 비교, 그 밖의 요인의 보정을 거쳐 대상토지의 가액을 산정하는 감정평가방법을 말한다.

5 비교방식의 장 · 단점

1. 비교방식의 장점

비교방식은 ① 시장성 및 시장참여자의 균형적 성격의 감정평가방식으로 시장상황의 변화에 따른 가치의 변화분을 빠르게 반영할 수 있으며 ② 시장사례 및 시장성이 풍부한 경우 그 가액에 대한 설득력과 객관성이 강하고 ③ 재개발 · 재건축 구역 등 감가상각이 심한 부동산의 경우 장래 기대이익에 따른 시장성을 반영할 수 있는 장점을 가지며 ④ 토지와 같이 재생산이 불가능한 물건의 경우에도 적용이 가능하다. 또한, ⑤ 의뢰인 및 관계인들의 가액 산정에 대한 이해를 쉽게 설명할 수 있는 장점을 가진다.

2. 비교방식의 단점

비교방식은 ① 시장성이 부여되지 않는 특수부동산이나 시장의 거래사례가 희박한 경우 적용이 불가능하며 ② 거래 당사자 간 사정이 개입된 사례(거래동기, 금융조건 등)의 경우 사정개입 판단 여부가 곤란하고 ③ 사정개입에 따른 수정치 산정 및 가치형성요인 비교시 평가사의 주관적 개입이 용이하다. 또한, ④ 시장변화가 큰 시장일수록 그 사례의 신뢰성과 객관성이 떨어지고 ⑤ 과거의 사례 가격으로 장래 기대되는 수익의 현재가치라는 감정평가의 개념과 괴리가 발생할 수 있는 단점을 가진다.

제4절 수익방식

1 의의

수익방식이란 수익환원법 수익분석법 등 수익성 원리와 대체의 원칙을 기초한 감정평가방식을 말한다. 수익방식을 소득접근법이라고도 한다.

2 수익환원법

1. 의의

① 수익환원법이란 대상물건이 장래 산출할 것으로 기대되는 순수익이나 미래의 현금흐름을 환원하거나 할인하여 대상물건의 가액을 산정하는 감정평가방법을 말한다.
② 수익가액이란 수익환원법에 따라 산정된 가액을 말한다.

2. 환원방법

① 직접환원법은 단일기간의 순수익을 적절한 환원율로 환원하여 대상물건의 가액을 산정하는 방법을 말한다.

② 할인현금흐름분석법은 대상물건의 보유기간에 발생하는 복수기간의 순수익(이하 "현금흐름"이라 한다)과 보유기간 말의 복귀가액에 적절한 할인율을 적용하여 현재가치로 할인한 후 더하여 대상물건의 가액을 산정하는 방법을 말한다.

③ 수익환원법으로 감정평가할 때에는 직접환원법이나 할인현금흐름분석법 중에서 감정평가 목적이나 대상물건에 적절한 방법을 선택하여 적용한다. 다만, 부동산의 증권화와 관련한 감정평가 등 매기의 순수익을 예상해야 하는 경우에는 할인현금흐름분석법을 원칙으로 하고 직접환원법으로 합리성을 검토한다.

3. 순수익 등의 산정

① 순수익이란 대상물건에 귀속하는 적절한 수익으로서 유효총수익에서 운영경비를 공제하여 산정한다.

② ①의 유효총수익은 다음의 사항을 합산한 가능총수익에 공실손실상당액 및 대손충당금을 공제하여 산정한다.
  - 보증금(전세금) 운용수익
  - 연간 임대료
  - 연간 관리비 수입
  - 주차수입, 광고수입, 그 밖에 대상물건의 운용에 따른 주된 수입

③ ①의 운영경비는 다음의 사항을 더하여 산정한다. [광·유·공·보·대·세·인·정]
  - 용역인건비·직영인건비
  - 수도광열비
  - 수선유지비
  - 세금·공과금
  - 보험료
  - 대체충당금
  - 광고선전비 등 그 밖의 경비

④ 할인현금흐름분석법의 적용에 따른 복귀가액은 보유기간 경과 후 초년도의 순수익을 추정하여 최종환원율로 환원한 후 매도비용을 공제하여 산정한다.

4. 환원율과 할인율의 산정

① 직접환원법에서 사용할 환원율은 시장추출법으로 구하는 것을 원칙으로 한다. 다만, 시장추출법의 적용이 적절하지 않은 때에는 요소구성법, 투자결합법, 유효총수익승수에 의한 결정방법, 시장에서 발표된 환원율 등을 고려하여 적절한 방법으로 구할 수 있다.

② 할인현금흐름분석법에서 사용할 할인율은 투자자조사법(지분할인율), 투자결합법(종합할인율), 시장에서 발표된 할인율 등을 고려하여 대상물건의 위험이 적절히 반영되도록 결정하되 추정된 현금흐름에 맞는 할인율을 적용한다.

③ 복귀가액 산정을 위한 최종환원율은 환원율에 장기위험프리미엄·성장률·소비자물가상승률 등을 고려하여 결정한다.

❸ 수익분석법

1. 의의

① 수익분석법은 일반기업 경영에 의하여 산출된 총수익을 분석하여 대상물건이 일정한 기간에 산출할 것으로 기대되는 순수익에 대상물건을 계속하여 임대하는 데 필요한 경비를 더하여 대상물건의 임대료를 산정하는 감정평가방법을 말한다.

② 수익임료란 수익분석법에 따라 산정된 임대료를 말한다.

2. 순수익과 필요제경비

① 순수익은 대상물건의 총수익에서 그 수익을 발생시키는 데 드는 경비(매출원가, 판매비 및 일반관리비, 정상운전자금이자, 그 밖에 생산요소귀속 수익 등을 포함한다)를 공제하여 산정한 금액을 말한다.

② 필요제경비에는 대상물건에 귀속될 감가상각비, 유지관리비, 조세공과금, 손해보험료, 대손준비금 등이 포함된다.

❹ 수익방식의 장·단점

1. 수익방식의 장점

수익방식은 ① 수익성 및 수요자 성격의 감정평가방식으로 수익이 있는 모든 물건에 적용이 가능하며 ② 수익형 물건(부동산)의 경우 가치산정에 있어 설득력이 가장 강하고 ③ 부동산의 개발계획 등과 같은 비가치추계 영역에서 소비자 의뢰에 부응할 수 있는 감정평가 방이다. ④ 또한, 감정평가의 개념에 가장 부합하는 방식으로 ⑤ 유사 수익사례 등을 통해 수익 산정시 평가사 주관을 다소 배제시킬 수 있는 장점을 가진다.

2. 수익방식의 단점

수익방식은 ① 수익성이 없는 물건(교육용, 주거용, 종교용 등)의 경우에는 적용이 불가능하며 ② 환원율, 할인율 산정시 평가사 주관의 개입이 크고 ③ 대상물건이 최유효이용상황이 아닌 경우 순수익 적용에 있어 과소평가될 우려가 있다. 또한, ④ 시장변화가 큰 시장일수록 순수익 산정에 객관성(예측 오류)이 떨어지고 ⑤ 기존 임차인의 계속임료와 신규임료와의 괴리에 따라 가액 차이 있을 수 있는 단점을 가진다.

감정평가 3방식의 적용 및 시산가액 조정

> 「감칙」 제12조(감정평가방법의 적용 및 시산가액 조정)
> ① 감정평가법인등은 제14조부터 제26조까지의 규정에서 대상물건별로 정한 감정평가방법(이하 "주된 방법"이라 한다)을 적용하여 감정평가해야 한다. 다만, 주된 방법을 적용하는 것이 곤란하거나 부적절한 경우에는 다른 감정평가방법을 적용할 수 있다.
> ② 감정평가법인등은 대상물건의 감정평가액을 결정하기 위하여 제1항에 따라 어느 하나의 감정평가방법을 적용하여 산정(算定)한 가액[이하 "시산가액(試算價額)"이라 한다]을 제11조 각 호의 감정평가방식 중 다른 감정평가방식에 속하는 하나 이상의 감정평가방법(이 경우 공시지가기준법과 그 밖의 비교방식에 속한 감정평가방법은 서로 다른 감정평가방식에 속한 것으로 본다)으로 산출한 시산가액과 비교하여 합리성을 검토해야 한다. 다만, 대상물건의 특성 등으로 인하여 다른 감정평가방법을 적용하는 것이 곤란하거나 불필요한 경우에는 그렇지 않다.
> ③ 감정평가법인등은 제2항에 따른 검토 결과 제1항에 따라 산출한 시산가액의 합리성이 없다고 판단되는 경우에는 주된 방법 및 다른 감정평가방법으로 산출한 시산가액을 조정하여 감정평가액을 결정할 수 있다.

1 3방식의 병용

감정평가방식으로는 시장성과 비용성 그리고 수익성에 근거하는 3가지의 접근방법이 있으나 이를 Marshall의 3면 등가성의 원칙을 동적 시장인 부동산에 적용함에 있어 다소 적용에 문제가 있다. 상기 감정평가 3방식은 각 방식의 논리적 구성에 따라 일면의 타당성을 가지나 앞선 3방식의 장·단점 등 논의에 따라 각 방식의 문제점도 내재되어 있다는 점을 고려할 때 각각의 평가방식을 통하여 평가된 가치를 상호·비교함으로써 보다 적정한 가치를 도출할 수 있다는 점 등에서 3방식을 병용해야 한다는 주장이 일반적이며, 현행 「감칙」 제12조에서도 3방식의 병용을 규정하고 있다.

2 시산가액 조정

1. 개요

시산가액이란 감정평가방식 중 하나의 감정평가방법을 적용하여 산정한 가액을 말하고, 시산가액 조정이란 감정평가방법을 적용하여 산정한 가액인 시산가액을 상호 비교·대조하여 각 방법에 따른 시산가액 사이에 차이가 있는 경우에는 이들을 시장성 및 대상물건의 특성 등을 고려하여 조화 있는 상태로 조정하는 것을 말한다. 시산가액 조정은 감정평가 3방식에 의한 시산가액이 완전경쟁시장인 경우에는 3면등가의 원칙에 따라 동일해질 수 있겠으나, 현실시장은 불완전시장이므로 이 원칙이 성립되기 어렵다는 이론적 근거를 갖고 있다.

2. 시산가액 조정방법과 유의사항

(1) 시산가액 조정방법

시산가액 조정법으로는 평가방법의 적절성, 자료 및 계산 등의 정확성과 증거자료의 양 등을 기준하여 각각의 시산가액을 단순산술평균하는 방법, 가중산술평균하는 방법, 타 시산가액으로 검토하여 조정하는 방법, 각 방법에 따른 시산가액에 비중을 두는 방법 등이 있다.

(2) 시산가액 조정시 유의사항 [적·정·특·양·시·목]

시산가액을 조정하는 경우에는 자료의 선택·검토 및 활용의 적부, 부동산 가치의 제원칙활용의 적부, 가치형성요인분석(일반적요인, 지역요인, 개별요인)의 적부, 단가와 총액과의 관계, 재조달원가와 순수익 산정의 정확성, 중요사항의 누락 여부 등을 재검토하여 감정평가에 의해 산출된 시산가액의 차이를 축소시켜야 한다. 이와 관련하여 「실무기준」에서도 시산가액을 조정할 때에는 감정평가 목적, 대상물건의 특성, 수집한 자료의 신뢰성, 시장상황 등을 종합적으로 고려하여 각 시산가액에 적절한 가중치를 부여하여 감정평가액을 결정하여야 한다고 규정하고 있다.

> 「실무기준」[400-4] 감정평가방법의 적용 및 시산가액 조정
> ④ 시산가액을 조정할 때에는 감정평가 목적, 대상물건의 특성, 수집한 자료의 신뢰성, 시장상황 등을 종합적으로 고려하여 각 시산가액에 적절한 가중치를 부여하여 감정평가액을 결정(주된 방법이 아닌 다른 감정평가방법으로 산정한 가액 등으로 감정평가액을 결정하는 경우를 포함한다)하여야 한다.

ca.Hackers.com

제 4 장

비교방식

제4장 비교방식

제1절 토지 비교방식

1 관련 규정

「감정평가법」 제3조(기준)

① 감정평가법인등이 토지를 감정평가하는 경우에는 그 토지와 이용가치가 비슷하다고 인정되는 「부동산 가격공시에 관한 법률」에 따른 표준지공시지가를 기준으로 하여야 한다. 다만, 적정한 실거래가가 있는 경우에는 이를 기준으로 할 수 있다.

② 제1항에도 불구하고 감정평가법인등이 「주식회사 등의 외부감사에 관한 법률」에 따른 재무제표 작성 등 기업의 재무제표 작성에 필요한 감정평가와 담보권의 설정·경매 등 대통령령으로 정하는 감정평가를 할 때에는 해당 토지의 임대료, 조성비용 등을 고려하여 감정평가를 할 수 있다.

③ 감정평가의 공정성과 합리성을 보장하기 위하여 감정평가법인등(소속 감정평가사를 포함한다. 이하 이 조에서 같다)이 준수하여야 할 원칙과 기준은 국토교통부령으로 정한다.

④ 국토교통부장관은 감정평가법인등이 감정평가를 할 때 필요한 세부적인 기준(이하 "실무기준"이라 한다)의 제정 등에 관한 업무를 수행하기 위하여 대통령령으로 정하는 바에 따라 전문성을 갖춘 민간법인 또는 단체(이하 "기준제정기관"이라 한다)를 지정할 수 있다.

「감칙」 제14조(토지의 감정평가)

① 감정평가법인등은 법 제3조 제1항 본문에 따라 토지를 감정평가할 때에는 공시지가기준법을 적용해야 한다.

② 감정평가법인등은 공시지가기준법에 따라 토지를 감정평가할 때에 다음 각 호의 순서에 따라야 한다.

　　1. 비교표준지 선정: 인근지역에 있는 표준지 중에서 대상토지와 용도지역·이용상황·주변환경 등이 같거나 비슷한 표준지를 선정할 것. 다만, 인근지역에 적절한 표준지가 없는 경우에는 인근지역과 유사한 지역적 특성을 갖는 동일수급권 안의 유사지역에 있는 표준지를 선정할 수 있다.

　　2. 시점수정: 「부동산 거래신고 등에 관한 법률」 제19조에 따라 국토교통부장관이 조사·발표하는 비교표준지가 있는 시·군·구의 같은 용도지역 지가변동률을 적용할 것. 다만, 다음 각 목의 경우에는 그러하지 아니하다.

　　　　가. 같은 용도지역의 지가변동률을 적용하는 것이 불가능하거나 적절하지 아니하다고 판단되는 경우에는 공법상 제한이 같거나 비슷한 용도지역의 지가변동률, 이용상황별 지가변동률 또는 해당 시·군·구의 평균지가변동률을 적용할 것

　　　　나. 지가변동률을 적용하는 것이 불가능하거나 적절하지 아니한 경우에는 「한국은행법」 제86조에 따라 한국은행이 조사·발표하는 생산자물가지수에 따라 산정된 생산자물가상승률을 적용할 것

　　3. 지역요인 비교

　　4. 개별요인 비교

　　5. 그 밖의 요인 보정: 대상토지의 인근지역 또는 동일수급권내 유사지역의 가치형성요인이 유사한 정상적인 거래사례 또는 평가사례 등을 고려할 것

③ 감정평가법인등은 법 제3조 제1항 단서에 따라 적정한 실거래가를 기준으로 토지를 감정평가할 때에는 거래사례 비교법을 적용해야 한다.

④ 감정평가법인등은 법 제3조 제2항에 따라 토지를 감정평가할 때에는 제1항부터 제3항까지의 규정을 적용하되, 해당 토지의 임대료, 조성비용 등을 고려하여 감정평가할 수 있다.

공시지가기준법이란 감정평가의 대상이 된 토지와 가치형성요인이 같거나 비슷하여 유사한 이용가치를 지닌다고 인정되는 표준지의 공시지가를 기준으로 대상토지의 현황에 맞게 시점수정, 지역요인 및 개별요인 비교, 그 밖의 요인의 보정을 거쳐 대상토지의 가액을 산정하는 감정평가방법을 말하며, 토지의 감정평가에 있어 원칙이 되는 감정평가방법이다.

거래사례비교법이란 대상물건과 가치형성요인이 같거나 비슷한 물건의 거래사례와 비교하여 대상물건의 현황에 맞게 사정보정, 시점수정, 가치형성요인 비교 등의 과정을 거쳐 대상물건의 가액을 산정하는 감정평가방법을 말한다. 거래사례비교법은 시장성에 근거를 두고 있어 감정평가방법 중 가장 많이 활용되는 방법으로 유용성이 크지만 사례 선정과 가치형성요인 비교 등에 있어 유의하여야 한다.

2 토지의 비교방식 산식

1. 공시지가기준법

비교표준지공시지가(원/㎡) × 시점수정 × 지역요인비교 × 개별요인비교 × 그 밖의 요인 보정

2. 거래사례비교법

사례 토지가액 × 사정보정 × 시점수정 × 지역요인비교 × 개별요인비교 × 면적비교

※ '지역요인비교 × 개별요인비교'를 '가치형성요인비교'라 함

3. 공시지가기준법과 거래사례비교법의 차이점

(1) 공통점

양 감정평가방법은 대상과 비교 가능성이 높거나 유사한 사례(표준지 또는 거래사례)를 기준으로 가치형성요인 비교를 통해 대상토지의 가액을 산정하는 방법으로, 종전 규정의 개정을 통해 양 방법의 비교 논리를 동일화시켰다.

(2) 차이점

공시지가기준법은 ① 감정평가를 통해 평가된 적정가격을 기준으로 사정보정이 필요 없으며 ② 토지단가를 기준하므로 거래사례비교법과 같이 사례가액을 배분할 필요가 없고 ③ 나지상정 기준으로 별도의 건부감가 등의 보정이 필요 없다. ④ 또한, 현행 「감칙」 규정 등에 따라 그 밖의 요인을 통해 시장성을 반영하며 ⑤ 표준지공시지가는 거래사례를 기준으로 평가되므로 인근지역의 지가 수준의 변동분(개발이익 등) 중 일부를 포함한다.

거래사례비교법은 ① 시장참여자 개별의 사정이 개입될 수 있으므로 사정보정이 필요하고 ② 철거비와 같이 거래가액에 건부감가가 반영될 수 있으며 ③ 복합부동산 사례인 경우 토지가액으로 배분하여야 한다.

(3) 양자의 관계

표준지공시지가는 비교 가능성이 높거나 유사한 거래사례를 기준으로 거래사례비교법을 통해 평가되며, 부동산 거래시 시장참여자들은 표준지공시지가 및 개별공시지가 등과 같은 공적 가액을 지표로 삼아 거래금액을 결정한다는 점에서 양자는 상호 피드백 및 보완관계에 있다.

③ 사례 선정

1. 비교표준지 선정

(1) 비교표준지 선정 기준 [용·이·주·지]

> **「감칙」제14조(토지의 감정평가)**
> ② 감정평가법인등은 공시지가기준법에 따라 토지를 감정평가할 때에 다음 각 호의 순서에 따라야 한다.
> 1. 비교표준지 선정: 인근지역에 있는 표준지 중에서 대상토지와 **용**도지역·**이**용상황·**주**변환경 등이 같거나 비슷한 표준지를 선정할 것. 다만, 인근지역에 적절한 표준지가 없는 경우에는 인근지역과 유사한 지역적 특성을 갖는 동일수급권 안의 유사지역에 있는 표준지를 선정할 수 있다.
>
> **「실무기준」[610-1.5.2.1] 비교표준지 선정**
> ① 비교표준지는 다음 각 호의 선정기준을 충족하는 표준지 중에서 대상토지의 감정평가에 가장 적절하다고 인정되는 표준지를 선정한다. 다만, 한 필지의 토지가 둘 이상의 용도로 이용되고 있거나 적절한 감정평가액의 산정을 위하여 필요하다고 인정되는 경우에는 둘 이상의 비교표준지를 선정할 수 있다.
> 1. 「국토의 계획 및 이용에 관한 법률」상의 **용**도지역·지구·구역 등(이하 "용도지역등"이라 한다) 공법상 제한사항이 같거나 비슷할 것
> 2. **이**용상황이 같거나 비슷할 것
> 3. **주**변환경 등이 같거나 비슷할 것
> 4. 인근지역에 위치하여 **지**리적으로 가능한 한 가까이 있을 것
> ② 제1항 각 호의 선정기준을 충족하는 표준지가 없는 경우에는 인근지역과 유사한 지역적 특성을 갖는 동일수급권 안의 유사지역에 위치하고 제1항 제1호부터 제3호까지를 충족하는 표준지 중 가장 적절하다고 인정되는 표준지를 비교표준지로 선정할 수 있다.
> ③ 도로·구거 등 특수용도의 토지에 관한 감정평가로서 선정기준에 적합한 표준지가 인근지역에 없는 경우에는 인근지역의 표준적인 이용상황의 표준지를 비교표준지로 선정할 수 있다.

비교표준지 선정은 공시지가기준법의 첫 단추로 표준지 선정의 기준을 준수하여야 하나 절대적인 기준이 아님에 유의하여야 한다. 토지의 가액은 통상 공법상 제한(용도지역 등)과 접면도로(동일 노선)에 따라 형성되는바, 선정기준 중 공법상 제한과 접면도로는 일치시키는 것은 통상적이다. 다만, 실제 표준이 분포에 따라 평가대상토지와 선정기준 완벽하게 동일한 표준지가 없을 수 있다는 점을 숙지하고 대상과 비교 가능성이 가장 높은 표준지를 선정한다는 점에 유의하여야 한다. 용도지역, 이용상황, 주위환경, 지리적 접근성을 고려하여 비교표준지를 선정하되, 해당 토지가격에 가장 큰 영향을 미치는 용도지역 등의 공법상 제한이 동일·유사한 표준지를 선정한다.

판례 | 비교표준지 선정 시 용도지역 동일 여부 [대법원 2000.12.8. 선고 99두9957 판결]

수용대상토지가 도시계획구역 내에 있는 경우에는 그 용도지역이 토지의 가격형성에 미치는 영향을 고려하여 볼 때, 당해 토지와 같은 용도지역의 표준지가 있으면 **다른 특별한 사정이 없는 한 용도지역이 같은 토지를 당해 토지에 적용할 표준지로 선정함이 상당**하고, 가사 그 표준지와 당해 토지의 이용상황이나 주변환경 등에 다소 상이한 점이 있다 하더라도 이러한 점은 지역요인이나 개별요인의 분석 등 품등비교에서 참작하면 된다.

판례 | 실제이용상황의 의미 [대법원 1993.5.25. 선고 92누15215 판결]

당해 토지와 유사한 이용가치를 지닌다고 인정되는 표준지라 함은 **공부상 지목과는 관계없이 현실적 이용상황이 같거나 유사한 표준지**를 의미한다.

(2) 적용공시지가

공시지가기준법으로 토지를 감정평가할 때 적용할 공시지가는 기준시점에 공시되어 있는 표준지공시지가 중에서 기준시점에 가장 가까운 시점의 것을 선택한다. 다만, 감정평가시점이 공시지가 공고일 이후이고 기준시점이 공시기준일과 공시지가 공고일 사이인 경우에는 기준시점 해당 연도의 공시지가를 기준으로 한다.

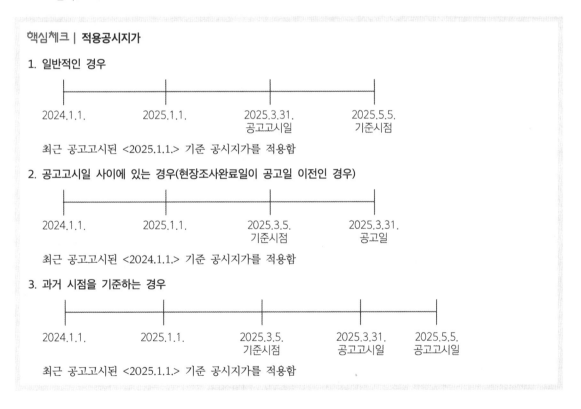

핵심체크 | 적용공시지가

1. 일반적인 경우

| 2024.1.1. | 2025.1.1. | 2025.3.31. 공고고시일 | 2025.5.5. 기준시점 |

최근 공고고시된 <2025.1.1.> 기준 공시지가를 적용함

2. 공고고시일 사이에 있는 경우(현장조사완료일이 공고일 이전인 경우)

| 2024.1.1. | 2025.1.1. | 2025.3.5. 기준시점 | 2025.3.31. 공고일 |

최근 공고고시된 <2024.1.1.> 기준 공시지가를 적용함

3. 과거 시점을 기준하는 경우

| 2024.1.1. | 2025.1.1. | 2025.3.5. 기준시점 | 2025.3.31. 공고고시일 | 2025.5.5. 공고고시일 |

최근 공고고시된 <2025.1.1.> 기준 공시지가를 적용함

(3) 표준지공시지가의 성격 [적 · 실 · 나 · 공 · 개 · 일]

적정가격기준	통상적인 시장에서 정상적인 거래가 이루어지는 경우 성립될 가능성이 가장 높다고 인정되는 가격으로 객관적인 시장가치를 기준한다.
실제용도기준	공부상의 지목에 불구하고 공시기준일 현실적인 이용상황을 기준으로 하되, 일시적인 이용상황은 고려하지 않는다.
나지상정기준	토지에 건물 기타의 정착물이 있거나 지상권 등 토지의 사용 · 수익을 제한하는 사법상의 권리가 설정되어 있는 경우에는 그 정착물 등이 없는 토지의 나지 상태를 기준한다.
공법상 제한상태 반영	일반적 계획제한과 개별적인 계획제한 모두 고려하여 공법상 제한을 받는 상태를 기준한다.
개발이익 반영	개발이익은 반영하여 하되, 공시기준일 현재 현실화 · 구체화 되지 아니한 개발이익은 미반영한다.
일단지 기준	용도상 불가분 관계에 있는 토지는 일단지를 기준한다.

2. 거래사례 선정 [신 · 사 · 3 · 배 · 용 · 이 · 주 · 지]

「실무기준」 [610-1.5.3.1] 거래사례의 선정

① 거래사례는 다음 각 호의 **선정기준을 모두 충족**하는 거래가격 중에서 대상토지의 감정평가에 가장 적절하다고 인정되는 거래가격을 선정한다. 다만, 한 필지의 토지가 둘 이상의 용도로 이용되고 있거나 적절한 감정평가액의 산정을 위하여 필요하다고 인정되는 경우에는 둘 이상의 거래사례를 선정할 수 있다.
  1. 「부동산 거래신고에 관한 법률」에 따라 **신고된** 실제 거래가격일 것
  2. 거래사정이 정상적이라고 인정되는 사례나 정상적인 것으로 보정이 가능한 사례일 것
  3. 기준시점으로부터 도시지역(「국토의 계획 및 이용에 관한 법률」 제36조 제1항 제1호에 따른 도시지역을 말한다)은 **3년 이내**, 그 밖의 지역은 **5년 이내**에 거래된 사례일 것. 다만, 특별한 사유가 있는 경우에는 그 기간을 초과할 수 있다.
  4. 토지 및 그 지상건물이 일체로 거래된 경우에는 **배분법**의 적용이 합리적으로 가능한 사례일 것
  5. [610 - 1.5.2.1]에 따른 비교표준지의 선정기준에 적합할 것 [**용이주지**]
② 제1항 제3호 단서의 경우에는 그 이유를 감정평가서에 기재하여야 한다.

거래사례는 장소적 접근성 측면에서 인근지역 및 동일수급권 내에 소재하는 사례로, 평가대상 과 '지목 · 이용 상황 · 형상 · 지세' 등이 동일 또는 유사한 사례로 선정한다. 이는 가치형성요인 비교항목 중 지역요인(위치적 유사성)과 개별요인(물적 유사성)의 의미를 갖는다.

핵심체크 | 비교표준지 및 거래사례 선정 기준

1. 공시지가기준법: 용(도지역) · 이(용상황) · 주(위환경) · 지(리적 접근성)
2. 거래사례비교법: 신 · 사 · 3 · 배 + 용 · 이 · 주 · 지
2. 임대료: 위치적 · 물적 유사성, 계약의 유사성, 신규실질임료
3. 표준지평가: 이(용상황) · 사(정보정) · 지(역요인) · 개(별요인) · 위(법사례 아닐 것) · 배(분법 가능)
4. 보상평가: 용 · 이 · 주 · 지 · (구역)안

4 사정보정

1. 사정보정의 개념

> **「표준지공시지가 조사·평가기준」 제8조(사정보정 및 시점수정)**
>
> ① 수집된 거래사례 등에 거래당사자의 특수한 사정 또는 개별적인 동기가 개재되어 있거나 평가선례 등에 특수한 평가조건 등이 반영되어 있는 경우에는 그러한 사정이나 조건 등이 없는 상태로 이를 적정하게 보정(이하 "사정보정"이라 한다)한다.
>
> **「실무기준」[400-3.3.1.3] 거래사례의 선정**
>
> 거래사례에 특수한 사정이나 개별적 동기가 반영되어 있거나 거래 당사자가 시장에 정통하지 않은 등 수집된 거래사례의 가격이 적절하지 못한 경우에는 사정보정을 통해 그러한 사정이 없었을 경우의 적절한 가격수준으로 정상화하여야 한다.

사정보정이란 거래사례에 특수한 사정이나 개별적 동기가 반영되어 있거나 거래 당사자가 시장에 정통하지 않은 등 수집된 거래사례의 가격이 적절하지 못한 경우에 그러한 사정이 없었을 경우의 적절한 가격수준으로 정상화하는 작업을 말한다.

2. 사정보정의 종류

(1) 철거비

1) 개념

거래에 있어 적정한 거래가격이란 거래시점 당시에 예상되는 가치형성요인을 기준으로 거래되는 가격이므로 철거비에 있어서도 거래 당시의 정상적인 철거예상비용을 기준으로 산정하여야 한다. 따라서 철거비는 실제철거비용이 아닌 거래 당시에 추정한 정상적인 철거예상비용을 사정보정자료로 활용하여야 한다.

2) 매수자가 철거를 전제로 하여 거래가격을 결정하는 경우

매수자가 철거를 전제로 거래가 이루어진 경우에는 일반적으로 정상적인 거래가격에서 철거에 따르는 제반비용을 공제하고 거래하는 것이 합리적이므로 사례가격을 아래와 같이 보정하여 적용하여야 한다.

> 사정보정가액 = 매매가격 + 철거(예상)비용 - 예상잔재(폐자재)가격

3) 매도자가 철거비를 부담하는 경우

매도자가 철거비를 부담하고 거래한 사례의 경우에 있어서는 매도자가 철거를 하고 나지와 같은 상태로 만들어 매각하는 것이므로 특별한 보정을 요하지 않는다.

(2) 금융조건보정

부동산을 거래함에 있어 대출기관으로부터 일정부분 대출을 받거나 기존의 대출을 인수하는 조건으로 거래하는 경우가 일반적이다. 따라서, 동일 부동산에 대해서도 대출비율, 대출이자율 등에 따라 실제로 거래된 거래가격의 현가액이 달라지게 되는바, 금융조건에 따른 화폐가치 차이를 조정하여야 한다.

(3) 기타

이외에도계열사 또는 지인과의 거래, 자금사정 등으로 급매하는 경우, 대상을 바라보는 참여자의 시각 차이로 인해 가치의 차이가 발생할 수 있는바, 사정이 개입될 것으로 볼 수 있다.

3. 사정보정방법

(1) 사정보정률

$$\text{사정보정률}[\pm a\%(\text{고가, 저가})] = \frac{\text{매매가격} - \text{시장가치}}{\text{시장가치}} \times 100$$

(2) 사정보정치

$$\text{사정보정치} = \frac{\text{시장가치}}{\text{시장가치} + \text{사정보정률}} = \frac{100\%}{100\% + a\%} = \frac{\text{시장가치}}{\text{사례가격}}$$

사정이 개입된 사례를 수정하기 위해서는 사정보정시 분자(대상)는 시장가치를 산정하기 위해 항상 기준 값(100)이 되고 사정보정은 분모(사례)에 반영하여 조정한다. 사정보정치 자릿수에 대한 규정은 없으면 통상 소숫점 이하 둘째 자리까지 표기한다.

4. 사정보정 문제점

(1) 사정보정 순서 [금·사·철·배]

사정보정은 그 순서에 따라 ① '금융조건 ⇨ 철거비보정 ⇨ 사정보정 ⇨ 배분법적용', ② '금융조건 ⇨ 사정보정 ⇨ 철거비보정 ⇨ 배분법적용'이 있으나, ②의 방식이 일반적이다.

(2) 전세금 처리에 관한 논란

전세금이나 보증금을 인수하는 조건으로 거래하는 경우 거래 당시 매도인에게 매수인이 지불하는 금액은 미래의 일정시점에 임차인에게 지불할 전세금이나 보증금을 제외한 금액이 된다. 따라서 이러한 경우 ① 사례의 적정한 거래가격은 보증금을 제외한 매매가격과 전세금 반환액의 현가액으로 보는 견해와 ② 임차기간동안 매수인이 임차부분에 대한 사용이 불가능하므로 전세금의 현가액과 상계된다고 보는 견해가 있다. ②의 견해가 일반적이다.

5. 한정가치와 사정보정

(1) 병합(합필)토지의 개념

여러 필지를 병합하거나 전면부 토지를 인접 토지와 병합하는 경우 병합 후 토지의 시장가치는 개별 필지 의 시장가치 합보다 큰 경우가 일반적이다. 이와 같이 병합으로 인해 가치가 증가될 경우 개별 필지에 어느 정도 가치 증가분을 배분할 것인지 문제가 발생한다.

(2) 한정가치

한정가치란 토지의 병합 또는 분할의 경우와 같이 시장이 상대적으로 한정되어 부동산의 가치가 시장가치와 달라지게 될 때 시장 한정에 따른 가치를 말한다. 일본 부동산감정평가기준에서는 한정가격이란 시장성을 갖는 부동산에 부동산과 취득한 타 부동산과의 병합 또는 부동산의 일부를 취득할 때, 분할 등으로 인하여 합리적인 시장에서 형성될 수 있는 시장가치와 괴리됨으로써 시장이 상대적으로 한정되는 경우, 취득부분이 당해 시장에 한정되는 데 근거하여 시장가치를 정적하게 표시하는 가격으로 정의한다. 합병가치란 복수 부동산의 합병에 따른 시너지효과를 발생시키는 가치를 말한다.

(3) 가치증가분의 배분방법

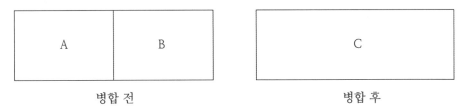

1. 사정보정치
   (1) 증분가치: 병합 후 가치(C) - 병합 전(A + B) 가치
   (2) 증분가치 배분: 총액비, 면적비, 단가비, 구익한도액비 등 기준 배분
   (3) 사정보정치 산정: 정상가격 ÷ (정상가격 + 배분된 증분가치)
2. 비준가액
   사례토지가격 × 사정보정치 × 시점수정 × 지역요인비교 × 개별요인비교 × 면적비교

구입한도액비 기준(증분가치 배분액, B토지)

$$\text{B토지증분가치 배분액} = \text{증분가치} \times \frac{\text{병합 후 전체가치(C) - 병합 전 가치(A)}}{2 \times \text{병합 후 가치(C) - 병합 전 가치(A + B)}}$$

- 병합 전 A획지: 면적 a㎡, 단가 p원/㎡
- 병합 전 B획지: 면적 b㎡, 단가 g원/㎡
- 병합 후 C획지: 면적 c(a + b)㎡, 단가 i원/㎡
- 병합에 의한 증분가치: (c㎡ × i원/㎡) - (a㎡ × p원/㎡ + b㎡ × g원/㎡)
- 병합 후 토지가치(C)와 병합 전 토지가치(A + B)의 차액인 가치증가분의 배분방법은 면적비, 단가비, 총액비에 의한 배분방법과 구입한도액비 등의 방법이 있다.

배분방법	내용	B토지 기여도 산정
면적비	병합 전 획지의 양적요인만 고려	$\dfrac{\text{B토지면적}}{\text{A토지면적 + B토지면적}}$
단가비	병합 전 획지의 단가요인만 고려	$\dfrac{\text{B토지단가}}{\text{A토지단가 + B토지단가}}$
총액비	병전 획지의 총액요인만 고려	$\dfrac{\text{B토지총액}}{\text{A토지총액 + B토지총액}}$
구입한도액비	병합 후 토지의 매입한도액을 고려	$\dfrac{\text{병합 후 전체가치(C) - 병합 전 전체가치(A)}}{2 \times \text{병합 후 가치(C) - 병합 전 가치(A + B)}}$

5 시점수정

1. 시점수정의 개념

시점수정이란 거래사례의 거래시점과 대상물건의 기준시점이 불일치하여 가격수준의 변동이 있을 경우에 거래사례의 가격을 기준시점의 가격수준으로 정상화하는 작업을 말한다. 시점수정에 있어서 거래사례가격을 기준시점 현재의 가격으로 정상화하는데 활용되는 율을 일반적으로 가격변동률이라 한다. 따라서 시점수정은 사례물건의 가격변동률로 한다. 다만, 사례물건의 가격변동률을 구할 수 없거나 사례물건의 가격변동률로 시점수정하는 것이 적절하지 않은 경우에는 지가변동률·건축비지수 등이 활용된다. 그러나 현행 「토지보상법」, 「감칙」에서는 지가변동률과 생산자물가상승률만을 규정하고 있으며 기타 물건에 대한 시점수정은 [한국감정평가사협회]에서 다양한 지표를 기준으로 산정하도록 권고하고 있다.

> **「감칙」 제14조(토지의 감정평가) 제2항**
>
> 2. 시점수정: 「부동산 거래신고 등에 관한 법률」 제19조에 따라 국토교통부장관이 조사·발표하는 비교표준지가 있는 시·군·구의 같은 용도지역 지가변동률을 적용할 것. 다만, 다음 각 목의 경우에는 그러하지 아니하다.
>   가. 같은 용도지역의 지가변동률을 적용하는 것이 불가능하거나 적절하지 아니하다고 판단되는 경우에는 공법상 제한이 같거나 비슷한 용도지역의 지가변동률, 이용상황별 지가변동률 또는 해당 시·군·구의 평균지가변동률을 적용할 것
>   나. 지가변동률을 적용하는 것이 불가능하거나 적절하지 아니한 경우에는 「한국은행법」 제86조에 따라 한국은행이 조사·발표하는 생산자물가지수에 따라 산정된 생산자물가상승률을 적용할 것
>
> **「토지보상법 시행령」 제37조(지가변동률)**
>
> ① 법 제70조 제1항에서 "대통령령으로 정하는 지가변동률"이란 「부동산 거래신고 등에 관한 법률 시행령」 제17조에 따라 국토교통부장관이 조사·발표하는 지가변동률로서 평가대상토지와 가치형성요인이 같거나 비슷하여 해당 평가대상토지와 유사한 이용가치를 지닌다고 인정되는 표준지(이하 "비교표준지"라 한다)가 소재하는 시(행정시를 포함한다. 이하 이 조에서 같다)·군 또는 구(자치구가 아닌 구를 포함한다. 이하 이 조에서 같다)의 용도지역별 지가변동률을 말한다. 다만, 비교표준지와 같은 용도지역의 지가변동률이 조사·발표되지 아니한 경우에는 비교표준지와 유사한 용도지역의 지가변동률, 비교표준지와 이용상황이 같은 토지의 지가변동률 또는 해당 시·군 또는 구의 평균지가변동률 중 어느 하나의 지가변동률을 말한다.
> ② 제1항을 적용할 때 비교표준지가 소재하는 시·군 또는 구의 지가가 해당 공익사업으로 인하여 변동된 경우에는 해당 공익사업과 관계없는 인근 시·군 또는 구의 지가변동률을 적용한다. 다만, 비교표준지가 소재하는 시·군 또는 구의 지가변동률이 인근 시·군 또는 구의 지가변동률보다 작은 경우에는 그러하지 아니하다.

대분류	종류	적용
가액	주거용 (아파트, 연립, 다세대)	유형별 매매가격지수
	오피스텔 (주거용)	(오피스텔) 매매가격지수
	오피스텔 (비주거용)	
	비주거용 (구분상가/업무시설/지식산업센터/특수부동산)	상권별 자본수익률 (오피스/중대형상가/소규모상가/집합상가)
임대료	주거용	유형별 전월세 통합지수
	오피스텔	전세가격지수, 월세가격지수
	비주거용	상권별 임대가격지수 (오피스/중대형상가/소규모상가/집합상가)
건물	유형별	건설유형별 건설공사비지수
도입기계	유형별	도입기계가격보정지수

핵심체크 | **구체적인 시점수정방법**

1. **오피스텔 가액 평가 시**

   지역별 매매가격 지수 활용, 서울의 경우에는 아래와 같은 권역별 지수를 활용

구분		해당 지역
서울 생활 권역	도심권	종로구, 중구, 용산구
	동남권	서초구, 강남구, 송파구, 강동구
	동북권	강북구, 도봉구, 노원구, 성북구, 중랑구, 동대문구, 성동구, 광진구
	서남권	강서구, 양천구, 영등포구, 구로구, 금천구, 동작구, 관악구
	서북권	은평구, 서대문구, 마포구

2. **비주거용 부동산 가액 평가 시**

   물건 유형별 하위상권의 자본수익률 적용 원칙, 하위상권 확인 불가능한 경우 등은 시·도별 자본수익률 적용 가능

3. **건물과 도입기계 지수 적용**

   건물과 도입기계는 시점수정치 산정 시 미발표 기간에는 연장 사정을 하지 않음

2. 시점수정 산정방법

(1) 지수법

지수란 어떤 대상물건의 가치변화를 기준시점의 가치에 대한 비교시점 가치의 비율로 산출한 수치를 말한다. 이것은 일정한 시점을 기준(= 100)으로 하여 대상물건의 시점에 따른 가치변동을 지수화한 것이다. 그리고 지수법이란 거래시점과 기준시점간의 지수를 비교하여 그 가치변동을 반영하는 방법이다.

$$\text{기준시점 대상 시장가치} = \text{거래시점(공시기준일) 거래사례가격} \times \frac{\text{기준시점지수}}{\text{거래시점지수}}$$

(2) 변동률법

변동률이란 어떤 대상물건의 가치변화를 비율로 산출한 수치인 지수를 이용하여 일정기간동안의 가치변동을 비율로 나타난 것을 말하고 이러한 변동률을 적용하여 가치변동을 반영하는 방법이 변동률법이다.

> 기준시점 대상 시장가치 = 거래시점 거래사례가격 × 거래시점부터 기준시점까지의 변동률

3. 지가변동률의 적용

(1) 원칙

시점수정은 「부동산 거래신고 등에 관한 법률」 제19조에 따라 국토교통부장관이 월별로 조사·발표한 지가변동률로서 비교표준지가 있는 시·군·구의 같은 용도지역의 지가변동률을 적용한다.

(2) 예외

비교표준지와 같은 용도지역의 지가변동률이 조사·발표되지 아니한 경우에는 공법상 제한이 비슷한 용도지역의 지가변동률, 이용상황별 지가변동률(지가변동률의 조사·평가기준일이 1998년 1월 1일 이전인 경우에는 지목별 지가변동률을 말한다. 이하 같다)이나 해당 시·군·구의 평균지가변동률을 적용할 수 있다.

비교표준지가 도시지역의 개발제한구역 안에 있는 경우 또는 도시지역 안에서 용도지역이 미지정된 경우에는 녹지지역의 지가변동률을 적용한다. 다만, 녹지지역의 지가변동률이 조사·발표되지 아니한 경우에는 비교표준지와 비슷한 이용상황의 지가변동률이나 해당 시·군·구의 평균지가변동률을 적용할 수 있다. 표준지공시지가의 공시기준일이 1997년 1월 1일 이전인 경우로서 비교표준지가 도시지역 밖에 있는 경우, 도시지역의 개발제한구역 안에 있는 경우나 도시지역 안의 용도지역이 미지정된 경우에는 이용상황별 지가변동률을 적용한다. 다만, 비교표준지와 같은 이용상황의 지가변동률이 조사·발표되지 아니한 경우에는 비교표준지와 비슷한 이용상황의 지가변동률 또는 해당 시·군·구의 평균지가변동률을 적용할 수 있다.

(3) 지가변동률 일괄 추정방식

감정평가를 할 때 조사·발표되지 아니한 월의 지가변동률 추정은 조사·발표된 월별 지가변동률 중 기준시점에 가장 가까운 월의 지가변동률을 기준으로 하되, 월 단위로 구분하지 아니하고 일괄 추정방식에 따른다. 다만, 지가변동 추이로 보아 조사·발표된 월별 지가변동률 중 기준시점에 가장 가까운 월의 지가변동률로 추정하는 것이 적절하지 않다고 인정되는 경우에는 조사·발표된 최근 3개월의 지가변동률을 기준으로 추정하거나 조사·발표되지 아니한 월의 지가변동 추이를 분석·검토한 후 지가변동률을 따로 추정할 수 있다.

(4) 지가변동률 산정 및 양편산입

지가변동률의 산정은 기준시점 직전 월까지의 지가변동률 누계에 기준시점 해당 월의 경과일수(해당 월의 첫날과 기준시점일을 포함한다. 이하 같다) 상당의 지가변동률을 곱하는 방법으로 구하되, 백분율로서 소수점 이하 셋째 자리까지 표시하고 넷째 자리 이하는 반올림한다.

해당 월의 경과일수 상당의 지가변동률 산정은 해당 월의 지가변동률이 조사·발표된 경우에는 해당 월의 총 일수를 기준으로 하고, 해당 월의 지가변동률이 조사·발표되지 아니하여 지가변동률을 추정하는 경우에는 추정의 기준이 되는 월의 총 일수를 기준으로 한다.

지가변동률을 이용하여 시점수정시 양편산입한다. 양편산입이란 거래시점과 기준시점 해당일 모두를 일할 계산 시 산입하여 지가변동률을 산정하는 방법을 말한다.

구분	1/4분기			2/4분기			3/4분기			4/4분기			총 일수	비고
	1	2	3	4	5	6	7	8	9	10	11	12		
평년	31	28	31	30	31	30	31	31	30	31	30	31	365일	윤년을 제외한 연도
	90일			91일			92일			92일				
윤년	31	29	31	30	31	30	31	31	30	31	30	31	366일	윤년
	91일			91일			92일			92일				

핵심체크 | 용도미지정 및 용도미세분

1. **용도미지정과 용도미세분**

   「국토계획법」제79조에 따르면 "**용도미지정**"이란 도시지역, 관리지역, 농림지역 또는 자연환경보전지역으로 용도가 지정되지 아니한 지역을 의미하고 "**용도미세분**" 이란 도시지역 또는 관리지역이 세부 용도지역으로 지정되지 아니한 경우를 의미한다. 그러나 표준지공시지가를 조사·평가하는 경우에는 「국토계획법」제36조에 의한 도시지역, 관리지역, 농림지역 또는 자연환경보전지역으로 용도가 지정되지 아니한 지역과 도시지역 중 주거지역, 상업지역, 공업지역, 녹지지역으로 용도가 세분되지 아니한 지역 **모두를 용도미지정(미지정)**으로 기재하도록 규정하고 있다는 것을 유의해야 한다.

2. **용도미지정 및 용도미세분의 경우 용도지역별 지가변동률 적용**

   ① 용도지역 미지정: 자연환경보전지역
   ② 도시지역, 관리지역 내 용도미세분의 경우: 녹지지역
   　표준지공시지가 및 개별공시지가는 [용도미지정]으로 표기되어 있으나 실무적으로는 [용도미세분]이다.

4. 생산자물가상승률의 적용

(1) 적용

① 조성비용 등을 기준으로 감정평가하는 경우, ② 그 밖에 특별한 이유가 있다고 인정되는 경우에는 지가변동률을 적용하는 대신 「한국은행법」제86조에 따라 한국은행이 조사·발표하는 생산자물가지수에 따라 산정된 생산자물가상승률을 적용하여 시점수정할 수 있다.

(2) 생산자물가상승률 산정

생산자물가상승률은 공시기준일과 기준시점의 각 직전 달의 생산자물가지수를 비교하여 산정한다. 다만, 기준시점이 그 달의 15일 이후이고, 감정평가시점 당시에 기준시점이 속한 달의 생산자물가지수가 조사·발표된 경우에는 기준시점이 속한 달의 지수로 비교한다.

생산자물가상승률은 지가변동률과 달리 추정하여 연장하여 산정하지 않는다.

6 지역요인 비교

1. 개념

지역요인이란 대상물건이 속한 지역의 가격수준 형성에 영향을 미치는 자연적 · 사회적 · 경제적 · 행정적 요인을 말한다. 지역요인 비교란 평가대상토지가 속한 지역의 표준적인 획지의 최유효이용과 사례(표준지)가 속한 지역의 표준적인 획지의 최유효이용을 판정하여 비교하는 것으로, 지역요인 비교는 용도지대를 기준하여 격차율을 산정하게 되며 용도지대에 따라 항목 및 세항목이 상이하므로 이에 대한 유의가 필요하다.

「실무기준」 [610-1.5.2.4] 지역요인과 개별요인의 비교

[610-1.5.2.4.1] 지역요인의 비교

지역요인 비교는 비교표준지가 있는 지역의 표준적인 획지의 최유효이용과 대상토지가 있는 지역의 표준적인 획지의 최유효이용을 판정 · 비교하여 산정한 격차율을 적용하되, 비교표준지가 있는 지역과 대상토지가 있는 지역 모두 기준시점을 기준으로 한다.

[610-1.5.2.4.2] 개별요인의 비교

개별요인 비교는 비교표준지의 최유효이용과 대상토지의 최유효이용을 판정 · 비교하여 산정한 격차율을 적용하되, 비교표준지의 개별요인은 공시기준일을 기준으로 하고 대상토지의 개별요인은 기준시점을 기준으로 한다.

「토지보상평가지침」 제15조(지역요인 및 개별요인의 비교)

① 인근지역에 적정한 비교표준지가 없어서 동일수급권 안의 유사지역에서 비교표준지를 선정한 경우에는 대상토지와 지역요인 및 개별요인을 비교하고, 인근지역에서 비교표준지를 선정한 경우에는 개별요인만을 비교하되, 이 경우에도 지역요인이 같다는 것을 감정평가서에 기재한다.

② 지역요인 및 개별요인의 비교는 대상토지의 용도지역등과 현실적인 이용상황 등을 기준으로 그 용도적 특성에 따라 다음 각 호와 같이 용도지대를 분류하고 가로조건 · 접근조건 · 환경조건 · 획지조건 · 행정적조건 · 기타조건 등에 관한 사항을 비교한다.
  1. 상업지대: 고밀도상업지대 · 중밀도상업지대 · 저밀도상업지대
  2. 주택지대: 고급주택지대 · 보통주택지대 · 농어촌주택지대
  3. 공업지대: 전용공업지대 · 일반공업지대
  4. 농경지대: 전작농경지대 · 답작농경지대
  5. 임야지대: 도시근교임야지대 · 농촌임야지대 · 산간임야지대
  6. 후보지지대: 택지후보지지대 · 농경지후보지지대

③ 각 용도지대별 지역요인 및 개별요인의 비교항목(조건 · 항목 · 세항목)의 내용은 별표1부터 별표7까지에서 정하는 바에 따른다.

④ 지역요인 및 개별요인의 비교에서 지역요인의 비교는 비교표준지가 있는 지역의 표준적인 획지의 최유효이용과 대상토지가 있는 지역의 표준적인 획지의 최유효이용을 판정하여 비교하고, 개별요인의 비교는 비교표준지의 최유효이용과 대상토지의 최유효이용을 판정하여 비교한다. 이 경우 지역요인의 비교는 비교표준지가 있는 지역과 대상토지가 있는 지역 모두 가격시점을 기준으로 하고, 개별요인의 비교는 비교표준지는 공시기준일을 기준으로 하고 대상토지는 가격시점을 기준으로 한다.

⑤ 지역요인 및 개별요인의 비교를 위한 인근지역의 판단은 토지의 용도적 관점에서의 동질성을 기준으로 하되, 일반적으로 지형 · 지물 등 다음 각 호의 사항을 확인하여 인근지역의 범위를 정한다.
  1. 지반 · 지세 · 지질
  2. 하천 · 수로 · 철도 · 공원 · 도로 · 광장 · 구릉 등
  3. 토지의 이용상황
  4. 용도지역등 공법상 제한
  5. 역세권 · 통학권 · 통작권역

---

① 비교표준지와 대상토지의 지역요인 및 개별요인의 비교치 결정을 위한 격차율은 별표1부터 별표7까지에서 정한 용도지대별 비교항목(조건·항목·세항목)을 기준으로 지역요인과 개별요인별로 구분하여 다음 각 호와 같이 산정하되, 소수점 이하 셋째 자리까지 표시하고 반올림한다.
  1. 지역요인 및 개별요인별 격차율은 제2호에 따라 산정된 각 "조건"단위의 격차율을 곱한 것으로 한다.
  2. 각 "조건"단위의 격차율은 비교가 필요한 "항목·세항목"만을 추출하여 산정하되 각 "항목·세항목"단위의 우세·열세 등 격차율을 더한 것으로 한다.
② 제1항에도 불구하고 "조건"단위의 격차율을 "항목·세항목"단위로 세분하여 산정하는 것이 곤란하거나 합리적이고 능률적인 감정평가를 위하여 필요하다고 인정되는 경우에는 "조건"단위로 종합적으로 비교하여 산정할 수 있으며, 대상토지가 속한 지역의 여건 등에 맞게 용도지대별 비교항목(조건·항목·세항목)을 증감 설정하여 산정할 수 있다.
③ 제1항 및 제2항의 격차율은 개별필지별로 산정함을 원칙으로 하되, 산정된 격차율의 내용을 감정평가서에 기재한다.

2. 비교시점

지역요인비교는 사례가 속한 지역과 대상토지가 속한 지역 모두 기준시점을 기준으로 비교한다.

$$\text{지역요인} = \frac{\text{대상이 속한 지역의 표준적 획지의 최유효이용(기준시점)}}{\text{사례가 속한 지역의 표준적 획지의 최유효이용(기준시점)}}$$

3. 격차율 산정방법[개별요인 비교 동일]

① 사례와 대상토지의 지역요인 및 개별요인의 비교치 결정을 위한 격차율은 용도지대별 비교항목(조건·항목·세항목)을 기준으로 지역요인과 개별요인별로 구분하여 산정하되, 소수점 이하 셋째 자리까지 표시하고 반올림한다. ② 지역요인 및 개별요인별 격차율은 제2호에 따라 산정된 각 "조건"단위의 격차율을 곱한 것으로 한다. ③ 각 "조건"단위의 격차율은 비교가 필요한 "항목·세항목"만을 추출하여 산정하되 각 "항목·세항목"단위의 우세·열세 등 격차율을 더한 것으로 한다.

핵심체크 | 격차율 산정방법 종류

평가대상토지와 사례(표준지)와 지역요인 및 개별요인을 비교하는 방법은 ① 사례와 대상의 지역요인을 분석하여 종합적으로 비교하여 얻은 비율을 적용하는 **종합적 비교법** ② 평가대상토지와 사례의 비교항목을 설정하고 각 비교항목별로 비교하여 얻은 비율을 적용하는 방법으로 **평점법**이 있다. 평점법은 ③ 조건별 격차율을 서로 곱하여 산정하는 **상승식**과 ④ 격차율을 모두 합하여 산정하는 **총화식**이 있다.

7 개별요인 비교

1. 개념

개별요인이란 대상물건의 구체적 가치에 영향을 미치는 대상물건의 고유한 개별적 요인을 말하며, 개별요인 비교란 대상토지와 사례(표준지)의 최유효이용을 판정·비교하는 것으로 개별요인 또한 지역요인과 마찬가지로 용도지대에 따라 그 항목 및 세항목이 상이함에 유의하여야 한다.

2. 비교시점

개별요인비교는 사례의 거래시점(공시기준일), 대상토지가 속한 지역은 기준시점을 기준으로 비교한다.

$$개별요인 = \frac{대상토지의\ 최유효이용기준(기준시점)}{사례의\ 최유효이용기준(거래시점\ 또는\ 공시기준일)}$$

핵심체크 | 「표준지 조사·평가기준」 용도지대별 지역요인 및 개별요인

- 상업지대

지역요인			개별요인		
조건	항목	세항목	조건	항목	세항목
가로 조건	가로의 폭, 구조 등의 상태	폭	가로 조건	가로의 폭, 구조 등의 상태	폭
		포장			포장
		보도			보도
		계통 및 연속성			계통 및 연속성
	가구(block)의 상태	가구의 정연성			
		가구시설의 상태			
접근 조건	교통수단 및 공공시설과의 접근성	인근교통시설의 편의성	접근 조건	상업지역중심 및 교통시설과의 편의성	상업지역중심과의 접근성
		인근교통시설의 이용 승객수			
		주차시설의 정비			
		교통규제의 정도 (일방통행, 주정차 금지 등)			인근교통시설과의 거리 및 편의성
		관공서 등 공공시설과의 접근성			
환경 조건	상업 및 업무시설의 배치상태	백화점, 대형상가의 수와 연면적	환경 조건	고객의 유동성과의 적합성	고객의 유동성과의 적합성
		전국규모의 상가 및 사무소의 수와 연면적		인근환경	인근토지의 이용상황
		관람집회시설의 상태			인근토지의 이용상황과의 적합성
		부적합한 시설의 상태 (공장, 창고, 주택 등)		자연환경	지반, 지질 등
		기타 고객유인시설 등	획지 조건	면적, 접면너비, 너비, 깊이, 형상 등	면적
		배후지의 인구			접면너비
		배후지의 범위			깊이
		고객의 구매력 등			부정형지
	경쟁의 정도 및 경영자의 능력	상가의 전문화와 집단화			삼각지
		고층화 이용정도			자루형 획지
					<삭제>
	번화성 정도	고객의 통행량		방위, 고저 등	방위
		상가의 연립성			고저
		영업시간의 장단			경사지
		범죄의 발생정도		접면도로 상태	각지
	자연환경	지반, 지질 등			2면획지
					3면획지

- 주택지대

지역요인			개별요인		
조건	항목	세항목	조건	항목	세항목
가로 조건	가로의 폭, 구조 등의 상태	폭	가로 조건	가로의 폭, 구조 등의 상태	폭
		포장			포장
		보도			보도
		계통 및 연속성			계통 및 연속성
접근 조건	도심과의 거리 및 교통시설의 상태	인근교통시설의 편익성	접근 조건	교통시설과의 접근성	인근대중교통시설과의 거리 및 편의성
		인근교통시설의 도시중심 접근성			
	상가의 배치상태	인근상가의 편익성		상가와의 접근성	인근상가와의 거리 및 편의성
		인근상가의 품격			
	공공 및 편익시설의 배치상태	관공서 등 공공시설과의 접근성		공공 및 편익시설과의 접근성	유치원, 초등학교, 공원, 병원, 관공서 등과의 거리 및 편의성
환경 조건	기상조건	일조, 습도, 온도, 통풍 등	환경 조건	일조 등	일조, 통풍 등
	자연환경	조망, 경관, 지반, 지질 등		자연환경	조망, 경관, 지반, 지질 등
	사회환경	거주자의 직업, 연령 등		인근환경	인근토지의 이용상황
		학군 등			인근토지의 이용상황과의 적합성
	획지의 상태	획지의 표준적인 면적		공급 및 처리시설의 상태	상수도
		획지의 정연성			하수도
		건물의 소밀도			도시가스 등
		주변의 이용상태		위험 및 혐오시설 등	변전소, 가스탱크, 오수처리장 등의 유무
	공급 및 처리시설의 상태	상수도			
		하수도			특별고압선 등과의 거리
		도시가스 등			
	위험 및 혐오시설	변전소, 가스탱크, 오수처리장 등의 유무	획지 조건	면적, 접면너비, 깊이, 형상 등	면적
					접면너비
					깊이
					부정형지
		특별고압선 등의 통과 여부			삼각지
					자루형 획지
					<삭제>
	재해발생의 위험성	홍수, 사태, 절벽붕괴 등		방위, 고저 등	방위
					고저
					경사지
	공해발생의 정도	소음, 진동, 대기오염 등		접면도로 상태	각지
					2면획지
					3면획지
행정적 조건	행정상의 규제정도	용도지역, 지구, 구역	행정적 조건	행정상의 규제정도	용도지역, 지구, 구역
		기타규제			기타규제(입체이용제한 등)
기타 조건	기타	장래의 동향	기타 조건	기타	장래의 동향
		기타			기타

- 공업지대

지역요인			개별요인		
조건	항목	세항목	조건	항목	세항목
가로 조건	가로의 폭, 구조 등의 상태	폭	가로 조건	가로의 폭, 구조 등의 상태	폭
		포장			포장
		계통 및 연속성			계통 및 연속성
접근 조건	판매 및 원료구입 시장과의 위치관계	도심과의 접근성	접근 조건	교통시설과의 거리	인근교통시설과의 거리 및 편의성
		항만, 공항, 철도, 고속도로, 산업도로 등과의 접근성			철도전용인입선
	노동력확보의 난이	인근교통시설과의 접근성			
	관련 산업과의 관계	관련 산업 및 협력업체간의 위치관계			전용부두
환경 조건	공급 및 처리시설의 상태	동력자원	환경 조건	공급 및 처리시설의 상태	동력자원
		공업용수			공업용수
		공장배수			공장배수
	공해발생의 위험성	수질, 대기오염 등		자연환경	지반, 지질 등
	자연환경	지반, 지질 등	획지 조건	면적, 형상 등	면적
					형상
					고저
행정적 조건	행정상의 조장 및 규제정도	조장의 정도	행정적 조건	행정상의 조장 및 규제정도	조장의 정도
		규제의 정도			규제의 정도
		기타규제			기타규제
기타 조건	기타	공장진출의 동향	기타 조건	기타	장래의 동향
		장래의 동향			
		기타			기타

- 농경지대(전지대)

지역요인			개별요인		
조건	항목	세항목	조건	항목	세항목
접근 조건	교통의 편부	취락과의 접근성	접근 조건	교통의 편부	취락과의 접근성
		출하집적지와의 접근성			농로의 상태
		농로의 상태			
자연 조건	기상조건	일조, 습도, 온도, 통풍, 강우량 등	자연 조건	일조 등	일조, 통풍 등
	지세	경사의 방향		토양, 토질	토양, 토질의 양부
		경사도		관개, 배부	관개의 양부
	토양, 토질	토양, 토질의 양부			배수의 양부
	관개, 배수	관개의 양부	획지 조건	면적, 경사 등	면적
		배수의 양부			경사도
	재해의 위험성	수해의 위험성			경사의 방향
		기타 재해의 위험성		경작의 편부	형상부정 및 장애물에 의한 장애의 정도
행정적 조건	행정상의 조장 및 규제정도	보조금, 융자금 등 조장의 정도	행정적 조건	행정상의 조장 및 규제정도	보조금, 융자금 등 조장의 정도
		규제의 정도			규제의 정도
기타 조건	기타	장래의 동향	기타 조건	기타	장래의 동향
		기타			기타

- 농경지대(답지대)

지역요인			개별요인		
조건	항목	세항목	조건	항목	세항목
접근 조건	교통의 편부	취락과의 접근성	접근 조건	교통의 편부	취락과의 접근성
		출하집적지와의 접근성			
		농로의 상태			농로의 상태
자연 조건	기상조건	일조, 습도, 온도, 통풍, 강우량 등	자연 조건	일조 등	일조, 통풍 등
	지세	경사의 방향		토양, 토질	토양, 토질의 양부
		경사도		관개, 배수	관개의 양부
	토양, 토질	토양, 토질의 양부			배수의 양부
	관개, 배수	관개의 양부		재해의 위험성	수해의 위험성
		배수의 양부			기타 재해의 위험성
	재해의 위험성	수해의 위험성	획지 조건	면적, 경사 등	면적
					경사
		기타 재해의 위험성		경작의 편부	형상부정 및 장애물에 의한 장애의 정도
행정적 조건	행정상의 조장 및 규제정도	보조금, 융자금 등 조장의 정도	행정적 조건	행정상의 조장 및 규제정도	보조금, 융자금 등 조장의 정도
		규제의 정도			규제의 정도
기타 조건	기타	장래의 동향	기타 조건	기타	장래의 동향
		기타			기타

- 임야지대(답지대)

지역요인			개별요인		
조건	항목	세항목	조건	항목	세항목
접근 조건	교통의 편부 등	인근역과의 접근성	접근 조건	교통의 편부 등	인근역과의 접근성
		인근취락과의 접근성			인근취락과의 접근성
		임도의 배치, 폭, 구조 등			임도의 배치, 폭, 구조 등
		인근시장과의 접근성			반출지점까지의 거리
					반출지점에서 시장까지의 거리
자연 조건	기상조건	일조, 기온, 강우량, 안개, 적설량 등	자연 조건	일조 등	일조, 통풍 등
	지세 등	표고		지세, 방위 등	표고
		경사도			방위
		경사의 굴곡			경사
					경사면의 위치
					경사의 굴곡
	토양, 토질	토양, 토질의 양부		토양, 토질	토양, 토질의 양부
행정적 조건	행정상의 조장 및 규제정도	행정상의 조장의 정도	행정적 조건	행정상의 조장 및 규제정도	조장의 정도
		국·도립공원, 보안림 사방지 지정 등의 규제			국·도립공원, 보안림 사방지 지정 등의 규제
		기타규제			기타규제
기타 조건	기타	장래의 동향	기타 조건	기타	장래의 동향
		기타			기타

– 택지후보지지대

지역요인			개별요인		
조건	항목	세항목	조건	항목	세항목
접근 조건	도심과의 거리 및 교통시설의 상태	인근교통시설과의 접근성	접근 조건	교통시설과의 접근성	인근상가와의 거리 및 편의성
		인근교통시설의 성격			인근교통시설과의 거리 및 편의성
		인근교통시설의 도시중심 접근성		공공 및 편의시설과의 접근성	유치원, 초등학교, 공원, 병원, 관공서 등과의 거리 및 편의성
	상가의 배치상태	인근시장과의 접근성			
		인근상가의 품격			
	공공 및 편익시설의 배치상태	유치원, 초등학교, 공원, 병원, 관공서 등			
	주변가로의 상태	주변간선도로와의 접근성 및 가로의 종류 등		주변가로의 상태	주변간선도로와의 거리 및 가로의 종류 등
환경 조건	기상조건	일조, 습도, 온도, 통풍 등	환경 조건	일조 등	일조, 통풍 등
	자연환경	조망, 경관, 지반, 지질 등		자연환경	조망, 경관, 지반, 지질 등
	공급 및 처리시설의 상태	상하수도, 가스, 전기 등 설치의 난이		공급 및 처리시설의 상태	상하수도, 가스, 전기 등 설치의 난이
	인근환경	주변기존지역의 성격 및 규모		위험 및 혐오시설	변전소, 가스탱크, 오수처리장 등의 유무
	시가화 정도	시가화 진행의 정도			특별고압선 등과의 거리
	도시의 규모 및 성격 등	도시의 인구, 재정, 사회, 복지, 문화, 교육시설 등	획지 조건	면적, 형상 등	면적
	위험 및 혐오시설	변전소, 가스탱크, 오수처리장 등의 유무			형상
		특별고압선 등의 통과유무			접면도로상태
	재해발생의 위험성	홍수, 사태, 절벽붕괴 등		방위, 고저 등	방위
	공해발생의 정도	소음, 진동, 대기오염 등			경사
					고저
택지 조성 조건	택지조성의 난이 및 유용성	택지조성의 난이 및 필요정도	택지 조성 조건	택지조성의 난이 및 유용성	택지조성의 난이도 및 필요정도
		택지로서의 유효 이용도			택지로서의 유효 이용도
행정적 조건	행정상의 조장 및 규제정도	조장의 정도	행정적 조건	행정상의 조장 및 규제정도	조장의 정도
		용도지역, 지구, 구역 등			용도지역, 지구, 구역 등
		기타규제			기타규제
기타 조건	기타	장래의 동향	기타 조건	기타	장래의 동향
		기타			기타

8 그 밖의 요인 보정

1. 관련 규정

「실무기준」[610-1.5.2.5] 그 밖의 요인 보정 <일반평가>

① 시점수정, 지역요인 및 개별요인의 비교 외에 대상토지의 가치에 영향을 미치는 사항이 있는 경우에는 그 밖의 요인 보정을 할 수 있다.

② 그 밖의 요인을 보정하는 경우에는 대상토지의 인근지역 또는 동일수급권 안의 유사지역의 정상적인 거래사례나 평가사례 등을 참작할 수 있다.

③ 제2항의 거래사례 등은 다음 각 호의 선정기준을 모두 충족하는 사례 중에서 대상토지의 감정평가에 가장 적절하다고 인정되는 사례를 선정한다. 다만, 제1호, 제2호 및 제5호는 거래사례를 선정하는 경우에 적용하고, 제3호는 평가사례를 선정하는 경우에 적용한다.

   1. 「부동산 거래신고 등에 관한 법률」에 따라 신고된 실제 거래가격일 것

   2. 거래사정이 정상적이라고 인정되는 사례나 정상적인 것으로 보정이 가능한 사례일 것

   3. 감정평가 목적, 감정평가조건 또는 기준가치 등이 해당 감정평가와 유사한 사례일 것

   4. 기준시점으로부터 도시지역(「국토의 계획 및 이용에 관한 법률」제36조 제1항 제1호에 따른 도시지역을 말한다)은 3년 이내, 그 밖의 지역은 5년 이내에 거래 또는 감정평가된 사례일 것. 다만, 특별한 사유가 있는 경우에는 그 기간을 초과할 수 있다.

   5. 토지 및 그 지상건물이 일체로 거래된 경우에는 배분법의 적용이 합리적으로 가능한 사례일 것

   6. [610 - 1.5.2.1]에 따른 비교표준지의 선정기준에 적합할 것

④ 제3항 제4호 단서의 경우에는 그 근거를 감정평가서에 기재하여야 한다.

⑤ 그 밖의 요인 보정을 한 경우에는 그 근거를 감정평가서(감정평가액의 산출근거 및 결정 의견)에 구체적이고 명확하게 기재하여야 한다.

「실무기준」[810-5.6.6] 그 밖의 요인 보정 <보상평가>

① 그 밖의 요인 보정은 [610 - 1.5.2.5]에 따른다.

② 그 밖의 요인 보정을 할 때에는 해당 공익사업의 시행에 따른 가격의 변동은 보정하여서는 아니 된다.

③ 그 밖의 요인을 보정하는 경우에는 대상토지의 인근지역 또는 동일수급권 안의 유사지역(이하 "인근지역등"이라 한다)의 정상적인 거래사례나 보상사례(이하 이 조에서 "거래사례등"이라 한다)를 참작할 수 있다. 다만, 이 경우에도 **그 밖의 요인 보정에 대한 적정성을 검토하여야 한다.**

④ 제3항의 거래사례등(보상사례의 경우 해당 공익사업에 관한 것은 제외한다.)은 다음 각 호의 요건을 갖추어야 한다. 다만, 제4호는 해당 공익사업의 시행에 따른 가격의 변동이 반영되어 있지 아니하다고 인정되는 사례의 경우에는 적용하지 아니한다.

   1. 용도지역등 공법상 제한사항이 같거나 비슷할 것

   2. 실제 이용상황 등이 같거나 비슷할 것

   3. 주위환경 등이 같거나 비슷할 것

   4. [810 - 5.6.3]에 따른 적용공시지가의 선택기준에 적합할 것

⑤ 제4항의 "해당 공익사업의 시행에 따른 가격의 변동이 반영되어 있지 아니하다고 인정되는 사례의 경우"에는 그 사유를 감정평가서에 기재하여야 한다.

「토지보상평가지침」제16조(그 밖의 요인 보정)

① 토지 보상평가에 있어서 시점수정·지역요인 및 개별요인의 비교 외에 대상토지의 가치에 영향을 미치는 사항이 있는 경우에는 그 밖의 요인 보정을 할 수 있다.

② 그 밖의 요인 보정을 하는 경우에는 해당 공익사업의 시행에 따른 가치의 변동은 고려하지 아니한다.

③ 그 밖의 요인 보정을 하는 경우에는 대상토지의 인근지역 또는 동일수급권 안의 유사지역(이하 "인근지역등"이라
   한다)의 정상적인 거래사례나 보상사례(이하 "거래사례등"이라 한다)를 참작할 수 있다.
④ 그 밖의 요인 보정은 **다음 각 호의 순서에** 따라 행한다.
   1. 그 밖의 요인 보정의 필요성 및 근거
   2. 거래사례등 기준 격차율 산정
   3. 실거래가 분석 등을 통한 검증
   4. 그 밖의 요인 보정치의 결정
⑤ 제4항 제4호의 그 밖의 요인 보정치는 거래사례등을 기준으로 산정한 격차율과 **실거래가 분석 등을 통한 검증**
   결과 등을 종합적으로 고려하여 적정한 수치로 결정하되, 소수점 이하 둘째 자리까지 표시함을 원칙으로 한다.
⑥ 그 밖의 요인 보정을 한 경우에는 그 산출근거를 감정평가서에 구체적이고 명확하게 기재한다.

2. 그 밖의 요인 보정

그 밖의 요인이란 시점수정, 지역요인 및 개별요인의 비교 외에 대상토지의 가치에 영향을 미치는 요인을 말하며, 공시지가기준법을 적용하여 토지의 가액을 산정하는 경우 가치형성요인 비교를 거쳤음에도 불구하고 기준가치에 도달하지 못하는 경우 이러한 격차를 보완하기 위하여 행하는 절차를 그 밖의 요인 보정이라 말한다.

3. 그 밖의 요인 사례 선정기준 [신·사·3·배·목·조·기·표]

(1) 거래사례를 선정하는 경우

① 「부동산 거래신고 등에 관한 법률」에 따라 신고된 실제 거래가격일 것
② 거래사정이 정상적이라고 인정되는 사례나 정상적인 것으로 보정이 가능한 사례일 것
③ 토지 및 그 지상건물이 일체로 거래된 경우에는 배분법의 적용이 합리적으로 가능한 사례일 것

(2) 평가사례를 선정하는 경우

감정평가 목적, 감정평가조건 또는 기준가치 등이 해당 감정평가와 유사한 사례일 것

(3) 공통적인 선정 기준

① 기준시점으로부터 도시지역은 3년 이내, 그 밖의 지역은 5년 이내에 거래 또는 감정평가된 사례일 것. 다만, 특별한 사유가 있는 경우에는 그 기간을 초과할 수 있다.
② 비교표준지의 선정기준에 적합할 것

4. 그 밖의 요인 격차율 산정방법

(1) 대상토지 기준 방식

$$\frac{\text{사례토지단가} \times \text{지가변동률} \times \text{지역요인(대상/사례)} \times \text{개별요인(대상/사례)}}{\text{표준지공시지가} \times \text{지가변동률} \times \text{지역요인(대상/표준지)} \times \text{개별요인(대상/표준지)}}$$

(2) 표준지 기준 방식

$$\frac{\text{사례토지단가} \times \text{지가변동률} \times \text{지역요인(표준지/사례)} \times \text{개별요인(표준지/사례)}}{\text{표준지공시지가} \times \text{지가변동률}}$$

그 밖의 요인 격차율 산정 방법은 상기와 같은 2가지 방식이 존재하나 이론적으로 양 방식에 따른 결과치가 동일하게 산정되므로 어떠한 방식을 적용할지는 평가사의 선택의 문제이다. 현업에서는 표준지 기준 방식을 주로 채택하고 있으며 수험생 입장에서도 산식의 편의성 측면에서도 표준지 기준 방식을 추천한다. 다만, 2개 이상의 그 밖의 요인을 산정하는 경우에는 대상토지 기준 방식이 보다 편의성이 높다.

일반평가 부분에서는 그 밖의 요인 근거를 「감칙」에 규정하고 있으나 보상평가 부분에서는 「토지보상법」상 별도의 규정을 두고 있지 않아 그 적용의 논란이 있었으나 아래와 같은 대법원 판례 및 「실무기준」을 통해 그 근거를 마련하게 되었다.

또한, 최근 개정된 실무기준(2023년 개정)에서 그 밖의 요인 적용 사례 요건을 보완하게 규정하였는바, 문제 풀이시 이에 대한 유의가 필요하다.

⚖ 판례 | [대법원 2001.3.27 선고 99두7968 판결]

관계 규정이 인근유사토지의 정상거래가격 또는 보상선례 등을 특정하여 보상액산정의 참작요인으로 들고 있지는 아니하므로 이를 반드시 조사하여 참작하여야 하는 것은 아니지만, 인근유사토지가 거래된 사례나 보상이 된 사례가 있고 그 가격이 정상적인 것으로서 적정한 보상액평가에 영향을 미칠 수 있는 것임이 입증된 경우에는 인근유사토지의 정상거래가격을 참작할 수 있고, 보상선례가 인근유사토지에 관한 것으로서 당해 수용대상토지의 적정가격을 평가하는 데 있어 중요한 자료가 되는 경우에는 이를 **참작하는 것이 상당**하다.

핵심체크 | [보상평가시] 그 밖의 요인 격차율 목차

1. 그 밖의 요인 필요성 및 근거
   정책적 목적에 따른 표준지공시지가의 현실화율 적용 문제점, 적정 지가수준 반영, 보상액의 적정성 및 균형성을 위해 그 밖의 요인 보정이 요구되며, [대법원] 99두7968, 「감칙」 제14조 제2항 제5호, [국토교통부 유권해석] 등이 근거가 됨
2. 격차율 산정
3. 실거래가 분석 등을 통한 검증("실거래가 ÷ 개별공시지가" 방법 등)
4. 그 밖의 요인 격차율 결정

---

9 면적 비교

1. 일반적 기준

① 토지의 면적사정은 토지대장상의 면적을 기준으로 하되, 다음의 경우에는 실제면적을 기준으로 할 수 있다.
   - 현장조사 결과 실제면적과 토지대장상 면적이 현저하게 차이가 나는 경우
   - 의뢰인이 실제면적을 제시하여 그 면적을 기준으로 감정평가할 것을 요청한 경우
② 실제면적을 기준하는 경우에는 의뢰인에게 그 사실을 알려야 하며, 의뢰인이 요청한 면적을 기준으로 감정평가할 수 있다.
③ 등기사항전부증명서상 면적과 토지대장상 면적이 상이한 경우에는 물적상태에 대한 문제로 토지대장을 기준하여 평가한다.

2. 환지지역 내 면적 산정 기준

(1) 환지예정지 지정 전

환지예정지 지정 전인 경우에는 종전 토지의 위치, 지목, 면적, 형상, 이용상황 등을 기준으로 감정평가한다.

(2) 환지처분 이전(환지예정지 지정 후)

환지처분 이전 환지예정지로 지정된 경우에는 환지예정지의 위치, 확정예정지번(블록롯트), 면적, 형상, 도로접면상태와 그 성숙도 등을 고려하여 감정평가한다. 다만, 환지면적이 권리면적보다 큰 경우로서 청산금이 납부되지 않은 경우에는 권리면적을 기준으로 한다.

1) 일반평가(담보평가 포함)의 경우: MIN[환지예정면적, 권리면적]

2) 표준지평가의 경우: 환지예정면적

종전 토지				환지예정지				
소재지	지번	지목	면적 (㎡)	구분	권리 면적(㎡)	환지 면적(㎡)	징수	교부
목동	1	전	300	A - 1	200	180	-	20㎡
목동	2	전	300	B - 1	200	220	20㎡	-
목동	3	전	300	C - 1	200	200		-

(3) 환지처분 이후

청산금의 징수 및 교부가 완료된 상태로 환지면적을 기준하여 평가한다.

제2절 건물의 비교방식

❶ 관련 규정

「감칙」 제15조(건물의 감정평가)
① 감정평가법인등은 건물을 감정평가할 때에 원가법을 적용해야 한다.

「감칙」 제12조(감정평가방법의 적용 및 시산가액 조정)
① 감정평가법인등은 제14조부터 제26조까지의 규정에서 대상물건별로 정한 감정평가방법(이하 "주된 방법"이라 한다)을 적용하여 감정평가해야 한다. 다만, 주된 방법을 적용하는 것이 곤란하거나 부적절한 경우에는 다른 감정평가방법을 적용할 수 있다.
② 감정평가법인등은 대상물건의 감정평가액을 결정하기 위하여 제1항에 따라 어느 하나의 감정평가방법을 적용하여 산정(算定)한 가액[이하 "시산가액(試算價額)"이라 한다]을 제11조 각 호의 감정평가방식 중 다른 감정평가방식에 속하는 하나 이상의 감정평가방법(이 경우 공시지가기준법과 그 밖의 비교방식에 속한 감정평가방법은 서로 다른 감정평가방식에 속한 것으로 본다)으로 산출한 시산가액과 비교하여 합리성을 검토해야 한다. 다만, 대상물건의 특성 등으로 인하여 다른 감정평가방법을 적용하는 것이 곤란하거나 불필요한 경우에는 그렇지 않다.

건물을 감정평가할 때에는 원가법을 적용하여 평가한다. 다만, 원가법을 적용하기 곤란하거나 부적절한 경우에는 거래사례비교법 및 수익환원법 등을 적용할 수 있다.

2 건물의 비교방식

1. 건물의 개념

건물이란 토지에 정착하는 공작물 중 지붕과 기둥 또는 벽이 있는 것과 이에 부수되는 시설물, 지하 또는 고가(高架)의 공작물에 설치하는 사무소, 공연장, 점포, 차고, 창고, 그 밖에 「건축법 시행령」으로 정하는 것을 말한다.

2. 산식

사례건물가격 × 사정보정 × 시점수정 × 개별요인비교 × 잔가율비교 × 면적비교

3. 산정방법

(1) 사례선정 및 사정보정

사례는 토지의 거래사례비교법상 사례선정을 기준하되, 물적유사성인 건물의 구조, 규모, 형태, 용도, 시공의 질·양, 설비내역 등이 유사한 사례를 선정한다. 다만, 건물만의 거래사례가 희박하므로 복합부동산의 거래사례를 적용하는 경우 사례의 토지건물 배분가액(거래시점 건물가치구성비)을 기준으로 배분 후 적용한다. 다만, 지역요인비교가 불가능한 복합부동산의 거래사례가 제시된 경우 건물의 거래사례비교법 적용 가능한 사례인지 반드시 검토하여야 하며, 이는 지역적 거리가 시·도를 넘지 않는 경우 건물의 재조달원가 차이가 없다고 보아도 무방하기 때문이다.

(2) 시점수정

건물의 시점수정에 관한 규정은 명확히 없으나 2024.2.경 감정평가사협회에서 제시하는 권장지수인 [건물 유형별 건설공사비 지수(한국건설기술연구원 제공)] 통해 산정하되, 월할 계산한다.

(3) 잔존가치율(잔가율) 비교

잔가율이란 일정시점에서 건물가치가 재조달원가에서 차지하는 가치비율을 의미하며, 개별요인 중 하나이나 잔가율이 미치는 영향이 크므로 수험생 입장에서는 별도로 구분하여 비교한다.

$$잔가율 = \frac{건물가치}{재조달원가} = \frac{잔존연수}{전내용연수}$$

$$격차율 = \frac{대상건물의\ 기준시점\ 잔가율}{사례건물의\ 기준시점\ 잔가율}$$

잔가율을 고려하여 기준시점의 건물개별요인을 파악하는 경우에는 잔가율이 개별요인에 포함된 것이므로 별도의 잔가율 비교를 하여서는 아니 된다.

(4) 면적 비교

건물의 개별요인 중 면적은 토지와 마찬가지로 영향이 크므로 별도로 비교한다.

1 관련 규정

> **「감칙」 제7조(개별물건기준 원칙 등)**
> ① 감정평가는 대상물건마다 개별로 하여야 한다.
> ② 둘 이상의 대상물건이 일체로 거래되거나 대상물건 상호 간에 용도상 불가분의 관계가 있는 경우에는 일괄하여 감정평가할 수 있다.
>
> **「감칙」 제12조(감정평가방법의 적용 및 시산가액 조정)**
> ① 감정평가법인등은 제14조부터 제26조까지의 규정에서 대상물건별로 정한 감정평가방법(이하 "주된 방법"이라 한다)을 적용하여 감정평가해야 한다. 다만, 주된 방법을 적용하는 것이 곤란하거나 부적절한 경우에는 다른 감정평가방법을 적용할 수 있다.
> ② 감정평가법인등은 대상물건의 감정평가액을 결정하기 위하여 제1항에 따라 어느 하나의 감정평가방법을 적용하여 산정(算定)한 가액[이하 "시산가액(試算價額)"이라 한다]을 제11조 각 호의 감정평가방식 중 다른 감정평가방식에 속하는 하나 이상의 감정평가방법(이 경우 공시지가기준법과 그 밖의 비교방식에 속한 감정평가방법은 서로 다른 감정평가방식에 속한 것으로 본다)으로 산출한 시산가액과 비교하여 합리성을 검토해야 한다. 다만, 대상물건의 특성 등으로 인하여 다른 감정평가방법을 적용하는 것이 곤란하거나 불필요한 경우에는 그렇지 않다.
>
> **「감칙」 제16조(토지와 건물의 일괄감정평가)**
> 감정평가법인등은 「집합건물의 소유 및 관리에 관한 법률」에 따른 구분소유권의 대상이 되는 건물부분과 그 대지사용권을 일괄하여 감정평가하는 경우 등 제7조 제2항에 따라 토지와 건물을 일괄하여 감정평가할 때에는 거래사례비교법을 적용해야 한다. 이 경우 감정평가액은 합리적인 기준에 따라 토지가액과 건물가액으로 구분하여 표시할 수 있다.

2 복합부동산의 비교방식

1. 개요

우리나라는 현행 법령상 부동산 소유권을 토지·건물(복합부동산) 또는 구분건물로 등재하고 있으며, 이에 따라 토지와 건물로 구성된 부동산의 경우에는 각각 개별로 평가하는 것을 원칙으로 하고 구분소유권 및 용도상 불가분 관례에 있는 복합부동산의 경우 일괄하여 평가한다. 또한, 「집합건물의 소유 및 관리에 관한 법률」에서도 대지권의 대상이 되는 토지 소유권을 분리하여 거래할 수 없도록 규정하고 있다.

2. 산식

(1) 가치비율로 비교하는 방법

> 사례복합부동산가격 × 사정보정 [(거래시점)사례토지가격구성비 × 토지시점수정 × 지역요인 × 개별요인 × 토지면적비교 + (거래시점)사례건물가격구성비 × 건물시점수정 × 개별요인 × 잔가율 × 건물면적비교] × 일체품등비교

(2) 배분하지 않고 비교하는 방법

사례복합부동산가격 × 사정보정 × 시점수정 × 지역요인 × 토지개별요인 × 건물개별요인 × 건물연면적

상기 방법은 실무상 건물의 규모가 과대하여 건물가격구성비가 큰 경우에 활용된다.

3. 산정방법

(1) 시점수정

일체를 기준하여 시점수정하는 경우 토지 및 건물의 가격구성비를 고려하여 적정한 물건별 시점수정기준을 적용한다(물건별 자본수익률).

(2) 일체품등비교

일체품등비교란 토지·건물의 이용상황에 따른 최유효이용 여부를 평정화 하는 요인으로 최유효이용인 경우에는 양자가 동일하여 별도의 격차율 비교를 하지 않는다.

(3) 면적비교

상기 산식 중 "(1)" 방식의 경우 토지 및 건물 면적으로 비교하나 "(2)" 방식의 경우 통상적으로 건물연면적을 기준으로 평가한다. 이는 건물이 가치에 차지하는 비중이 커서 건물의 연면적이 전체 부동산 가치에 영향을 많이 미치기 때문이다. 다만, 면적 기준은 시장의 관행에 따라 변동될 수 있으므로 이에 유의하여야 한다.

제4절 구분건물의 비교방식

1 관련 규정

> 「감칙」 제16조(토지와 건물의 일괄감정평가)
> 감정평가법인등은 「집합건물의 소유 및 관리에 관한 법률」에 따른 구분소유권의 대상이 되는 건물부분과 그 대지사용권을 일괄하여 감정평가하는 경우 등 제7조 제2항에 따라 토지와 건물을 일괄하여 감정평가할 때에는 거래사례비교법을 적용해야 한다. 이 경우 감정평가액은 합리적인 기준에 따라 토지가액과 건물가액으로 구분하여 표시할 수 있다.

구분건물의 감정평가는 원칙적으로 건물의 전유부분 및 공유부분과 토지의 대지사용권(소유권 대지권)을 포함하여 일체로 한 거래사례비교법을 적용하여야 한다. 이 경우 대상과 구분건물거래사례 간 원칙적으로 전유부분이 갖는 층별·위치별효용(효용비)에 따른 차이를 고려하여야 한다.

2 개요

1. 구분건물의 개념

집합건물이란 구분소유권의 목적이 될 수 있는 구조상·이용상 독립성 요건을 갖추어 집합건축물대장에 등록된 등기된 건물을 말하며, 「집합건물의 소유 및 관리에 관한 법률」에서 명시적으로 규정하고 있지 않지만 실무적으로 집합건물과 구분건물이랑 명칭을 혼용하여 사용하고 있다.

2. 처분의 일체성

전유부분은 구분소유자가 독립적으로 사용하는 부분을 말하며, 공유부분(공용부분) 전체 공유자가 공유하여 사용·수익하는 부분을 의미한다. 구분건물은 전유부분을 처분할 때에는 그 공용부분에 대하여 가지고 있는 공유지분에 미쳐 양자를 구분하여 처분할 수 없고, 대지사용권 또한 전유부분과 일체성 원칙에 따라 양자를 분리하여 처분할 수 없다.

3 구분건물 비교방식

1. 산식

> 구분건물거래가격 × 사정보정 × 시점수정 × 지역요인비교 × 개별요인비교 ×
> 층별효용비 × 위치별효용비 × 전유면적비교

2. 산정방법

(1) 사례 선정

구분건물은 용도, 전용면적, 층, 전용률, 대지권지분. 사용승인, 전체 건물의 규모, 단지의 구성, 대중교통 및 시설과의 접근성 등을 고려하여 대상 구분건물과 동일·유사한 사례를 선정한다.

(2) 시점수정

구분건물의 시점수정에 관한 규정은 명확히 없으나 2024.2.경 감정평가사협회에서 제시하는 권장지수인 아래와 같은 지수를 적용하여 산정한다.

대분류	종류	권장지수
가액	주거용 (아파트, 연립, 다세대)	(주택)유형별 매매가격지수
	오피스텔	오피스텔 매매가격지수
		오피스텔 통계 미발표지역의 경우 주거용오피스텔은 주거용권장지수를 비주거용오피스텔은 비주거용권장지수를 준용
	비주거용 (구분상가, 업무시설, 지식산업센터, 특수부동산)	상권별 자본수익률 (오피스/중대형상가/소규모상가/집합상가)

※ 건축물대장 등 공부서류에 오피스텔(업무시설)로 기재된 구분건물로서, 주거용·비주거용을 모두 포함

(3) 구분건물의 개별요인 비교

1) 주거용

요인구분	세부항목	격차율
단지외부요인	대중교통의 편의성, 교육시설 등의 배치, 도심지 및 상업, 업무시설과의 접근성, 차량이용의 편리성, 공공시설 및 편익시설과의 배치, 자연환경(조망, 풍치, 경관 등) 등	
단지내부요인	시공업체의 브랜드, 단지 내 총세대수 및 최고층수, 건물의 구조 및 마감상태, 경과연수에 따른 노후도, 단지 내 면적구성(대형, 중형, 소형), 단지 내 통로구조(복도식/계단식) 등	
호별 요인	층별 효용, 향별 효용, 위치별 효용(동별 및 라인별), 전유부분의 면적 및 대지사용권의 크기, 내부 평면방식(베이), 간선도로 및 철도 등에 의한 소음 등	
기타 요인	기타 가치에 영향을 미치는 요인	

2) 상업용

요인구분	세부항목	격차율
단지외부요인	고객 유동성과의 적합성, 도심지 및 상업, 업무시설과의 접근성, 대중교통의 편의성(지하철, 버스정류장), 배후지의 크기, 상가의 성숙도, 차량이용의 편의성(가로의 폭, 구조 등) 등	
단지내부요인	단지 내 주차의 편리성, 건물전체의 공실률, 건물 관리상태 및 각종 설비의 유무, 건물전체의 임대료 수준 및 임대비율, 건물의 구조 및 마감상태, 건물의 규모 및 최고층수 등	
호별 요인	층별 효용, 위치별 효용(동별 및 라인별), 주출입구와의 거리, 에스컬레이터 및 엘리베이터와의 거리, 향별 효용, 전유부분의 면적 및 대지권의 크기 등	
기타 요인	기타 가치에 영향을 미치는 요인	

3) 업무용

요인구분	세부항목	격차율
단지외부요인	도심지 및 상업·업무시설과의 접근성, 대중교통의 편의성, 차량이용의 편리성, 생산자서비스 종사자 밀도, 공공시설 및 편익시설 등의 배치, 공급 및 처리시설의 상태 등	
단지내부요인	건물의 상태 및 각종설비의 유무, 경과연수에 따른 노후도, 단지 내 주차의 편리성 정도, 건물의 구조 및 마감상태, 건물의 규모 및 최고층수, 건물전체의 임대료 수준 및 임대비율 등	
호별 요인	층별 효용, 위치별 효용(동별 및 라인별), 향별 효용, 전유부분의 면적 및 대지권의 크기, 내부 평면방식, 주출입구와의 거리 등	
기타 요인	기타 가치에 영향을 미치는 요인	

4) 공업용

요인구분	세부항목	격차율
단지외부요인	외부진출이 용이성, 차량이용의 편리성(가로의 폭, 구조 등), 동력자원 및 노동력확보의 용이성, 대중교통의 편의성, 도심지 및 상업, 업무시설과의 접근성, 공급 및 처리시설의 상태 등	
단지내부요인	건물의 관리상태 및 각종설비의 유무, 입주업체의 용도 및 지원시설의 규모, 단지 내 화물용 및 승객용 승강기의 편의성, 단지 내 주차의 편리성 유무, 건물의 구조 및 마감상태, 경과연수에 따른 노후도 등	
호별 요인	층별 효용, 위치별 효용(동별 및 라인별), 전유부분의 면적 및 대지권의 크기, 내부 평면방식, 전유면적의 비율, 향별 효용 등	
기타 요인	기타 가치에 영향을 미치는 요인	

(4) 층별효용비, 위치별효용비

효용비란 대상 구분건물 또는 건물 내부에 개별화된 층이 갖는 고유의 효용을 비교하기 위해 계량화하여 수치화한 효용의 상대화 정도를 의미한다. 이러한 개별화된 효용은 특정한 위치에 의해 결정되므로 전유면적을 기준으로 산정하는 것이 일반적(건물 특성에 따라 공유면적을 포함한 계약면적을 기준하는 경우도 있음)이며, 수직적 효용의 차이를 층별효용비, 수평적 효용의 차이를 위치별효용비라 한다. 구분건물은 면적비교를 별도로 하기 때문에 후술하는 층별·위치별효용비율과 혼동하여 사용해서는 아니 된다.

핵심체크 | 구분소유적 공유(상호명의신탁)

1동의 건물 중 위치 및 면적이 특정되고 구조상 및 이용상 독립성이 있는 일부분씩을 2인 이상이 구분소유하기로 하는 약정을 하고 등기만은 편의상 각 구분소유의 면적에 해당하는 비율로 공유지분등기를 하여 놓은 경우

⚖ 판례 | 낙찰허가 [대법원 2001.6.15. 선고 2000마2633 결정]

낙찰에 의한 소유권취득은 성질상 승계취득이어서 1동의 건물 중 특정부분에 대한 구분소유적 공유관계를 표상하는 공유지분을 목적으로 하는 근저당권이 설정된 후 그 근저당권의 실행에 의하여 위 공유지분을 취득한 낙찰자는 구분소유적 공유지분을 그대로 취득하는 것이다.

⚖ 판례 | 구분소유권의 구조상 독립성 상실 여부 [대법원 2022.12.29. 선고 2019머5500 판결]

1. 집합건축물대장의 신규 또는 변경등록이 이루어지고 그에 따라 **구분등기가 마쳐진 구분점포**에 대하여는 특별한 사정이 없는 한 집합건물법 소정의 절차에 따라 적법하게 대장이 등록되고 이에 기하여 구분등기가 마쳐진 것으로서 그 등록 및 등기가 마쳐질 당시 「집합건물법」 제1조의2에서 정한 구분소유권의 요건을 갖추고 있었다고 추정되고, 그와 다른 사실은 이를 다투는 측에서 주장 증명하여야 한다.
2. 인접한 구분건물 사이에 설치된 경계벽이 제거됨으로써 각 구분건물이 구분건물로서의 구조상 및 이용상 독립성을 상실하게 되었다고 하더라도, 각 구분건물의 위치와 면적 등을 특정할 수 있고 사회통념상 그것이 **구분건물로서의 복원을 전제로 한 일시적인 것일 뿐만 아니라 그 복원이 용이한 것**이라면, 각 구분건물이 구분건물로서의 실체를 상실한다고 쉽게 단정할 수는 없고, 아직도 그 등기는 구분건물을 표상하는 **등기로서 유효**하다고 해석해야 한다.

핵심체크 | 구분건물(공동주택)의 면적 구분

구분			내용
계약 면적	공급면적 또는 분양면적	전유면적	각 세대의 독립적 사용 공간
		주거 공용면적	주거용 전유면적 부분에 직접적으로 사용·수익되는 공용면적 (계단, 복도, 출입문, 벽체공용면적 등)
	기타 공용면적		주거용 전유면적 부분에 간접적으로 사용·수익되는 공용면적 (경비실, 관리사무실, 노인정, 전기실, 탱크실 등)
서비스면적			발코니 등 법령상 전유면적에 포함되지 않는 면적

(5) 면적 비교

구분건물의 경우 면적 비교는 원칙적으로 전유면적을 기준하되, 공용면적이 차지하는 비율 등은 개별요인에서 비교한다. 다만, 전용률 등이 거래가격에 포함되어 거래되는 경우에는 별도의 개별요인을 고려하지 않으며, 시장관행상 공급면적(분양면적)으로 거래되는 경우에는 공급면적을 기준하여 평가할 수 있음에 유의하여야 한다.

제4장 비교방식 예상문제

[문제 1]

공시지가기준법에 적용할 비교표준지를 선정하시오.

<자료 1> 평가대상

구분	소재지	지목	용도 지역	이용 상황	도로 교통	형상 지세
1	서울특별시 양천구 목동 1	대	2종 일주	상업용	광대 한면	정방형 평지
2	서울특별시 양천구 목동 2	대	2종 일주	단독 주택	세로 (가)	가장형 평지
3	경기도 용인시 상동 3	전	계획 관리	전	세로 (가)	부정형 완경사

<자료 2> 표준지공시지가

[공시기준일: 2020○년 1월 1일]

기호	소재지	용도 지역	이용 상황	도로 교통	형상 지세	공시지가 (원/㎡)
A	양천구 목동 100	2종 일주	상업용	세로 (가)	정방형 평지	5,420,000
B	양천구 목동 200	2종 일주	상업용	광대 한면	부정형 평지	13,700,000
C	양천구 목동 300	2종 일주	단독 주택	세로 (가)	정방형 평지	4,550,000
D	양천구 목동 400	2종 일주	단독 주택	세로 (가)	자루형 평지	3,960,000
E	용인시 상동 500	계획 관리	답	세로 (가)	가장형 평지	420,000
F	용인시 상용 600	보전 관리	답	세로 (가)	부정형 완경사	330,000

예시답안

1. 기호 1

   2종일주, 상업용, 광대한면 기준 표준지 <#B> 선정

2. 기호 2

   2종일주, 단독주택, 세로(가), 가장형 기준 표준지 <#C> 선정

3. 기호 3

   계획관리, 전 기준 표준지 <#E> 선정

[문제 2]

거래사례의 적정 시장가치는 10억원이나 매도자의 개인적 사정으로 인해 급매로 9억 5천만원에 거래된 경우 사정보정치를 산정하시오.

예시답안

1. 사정보정률

   $$\text{사정보정률} = \frac{\text{매매가격} - \text{시장가치}}{\text{시장가치}}$$

   $$\frac{950,000,000 - 1,000,000,000}{1,000,000,000} ≒ -0.05(∴ -5\%)$$

2. 사정보정치

   $$\text{사정보정치} = \frac{100}{100 + \text{사정보정률}}$$

   $$\frac{100}{100 - 5} ≒ 1.053 \quad ∴ <1.05>로 결정함$$

[문제 3]

적정 시장가치가 5억원, 면적 200㎡인 토지를 매수인의 개발계획 실행을 위해 3,000,000원/㎡에 매입하였다. 이 경우 사례 토지의 사정보정치를 산정하시오.

예시답안

1. 사정보정률

$$\frac{3,000,000 - 500,000,000/200}{500,000,000/200} \times 100(\%) = +20\%$$

2. 사정보정치

$$\frac{100}{100 + 20} ≒ 0.833 \quad \therefore \ <0.83>으로\ 결정함$$

[문제 4]

아래와 같은 자료를 활용하여 시점수정치를 산정하시오. 기준시점은 2025년 7월 12일임.

<자료 1>   선정된 표준지

[공시기준일: 2025년 1월 1일]

구분	소재지	지목	용도 지역	이용 상황	도로 교통	형상 지세
1	서울특별시 양천구 목동 1	대	일반상업	주거용	세로(가)	가방형 평지

<자료 2>   서울특별시 양천구 지가변동률(%)

기간	상업지역	주거지역	대(상업용)	대(주거용)
2024년 누계	2.330	3.250	4.482	3.954
2025년 6월 누계	1.654	1.264	1.553	1.562
2025년 6월	0.380	0.554	0.503	0.759

※ 7월 지가변동률은 미고시됨

예시답안

표준지 소재 시·군·구 용도지역별 지가변동률 적용

2025.1.1. ~ 2025.7.12. 상업지역

$1.01654 \times (1 + 0.00380 \times 12/30) ≒ 1.01809$

[문제 5] 아래와 같은 자료를 활용하여 시점수정치를 산정하시오. 기준시점은 2025년 7월 12일, 표준지 공시기준일은 2025년 1월 1일임.

기간	생산자물가지수	기간	생산자물가지수
2024년 12월	121.6		
2025년 1월	122.1	2025년 4월	123.5
2025년 2월	122.8	2025년 5월	124.0
2025년 3월	123.1	2025년 6월	미고시

예시답안

생산자물가지수 월말 기준, 생산자물가상승률은 연장 사정하지 아니함

2025년 6월 지수 ÷ 2024년 12월 지수 ≒ 124.0 ÷ 121.6 ≒ 1.01974

[문제 6] 아래와 같은 자료를 활용하여 재조달원가에 적용할 시점수정치를 산정하시오. 기준시점은 2025년 7월 12일, 재조달원가 기준일은 2024년 6월 1일임.

구분	건설공사비 지수
2024년 5월	120.9
2024년 6월	121.4
2025년 1월	122.2
2025년 6월	123.8
2025년 7월	124.5

예시답안

건설공사비 지수 매월 말 기준, 15일 이전인 경우 전월 지수 적용, 건설공사비 지수는 일할로 연장 사정하지 아니함

123.8 ÷ 120.9 ≒ 1.02399

[문제 7] 아래와 같은 자료를 활용하여 재조달원가에 적용할 시점수정치를 산정하시오. 기준시점은 2025년 7월 12일, 재조달원가 기준일은 2024년 6월 1일임. 단, 시점수정치는 월할계산방식을 적용할 것.

구분	건설공사비 지수	구분	건설공사비 지수
2024년 5월	120.9	2025년 1월	122.2
2024년 6월	121.4	2025년 2월	123.5
2024년 7월	121.8	2025년 3월	미고시

예시답안

건설공사비 지수는 월할계산방식 적용함

$$\frac{123.5 + (123.5 - 122.2) \times 4}{120.9} ≒ 1.06452$$

[문제 8] 대상토지가 소재하는 경기도 양주시 덕계동의 표준적 획지는 주거용 토지로써 공시가액은 550,000원/㎡, 비교표준지가 소재하는 경기도 양주시 화정동의 표준적 획지는 주거용 토지로써 공시가액은 530,000원/㎡인 경우 지역요인 비교치를 산정하시오.

예시답안

550,000 ÷ 530,000 ≒ 1.037

[문제 9] 대상토지가 소재하는 경기도 양주시 덕계동의 표준적 획지는 주거용, 정방형 토지로써 공시가액은 550,000원/㎡, 비교표준지가 소재하는 경기도 양주시 화정동의 표준적 획지는 주거용, 가장형 토지로써 공시가액은 500,000원/㎡인 경우 지역요인 비교치를 산정하시오. (단, 정방형과 가장형의 경우 가장형이 5% 우세함)

예시답안

$$\frac{550,000}{5000,000 \times 1.05} \fallingdotseq 1.048$$

[문제 10] 아래와 같은 자료를 활용하여 개별요인 비교치를 산정하시오.

구분	형상 지세	
	공시기준일	기준시점
표준지	부정형 평지	가장형 평지
대상토지	가장형 평지	가장형 평지

※ 평점 - 가장형: 1.00, 정방형: 0.98, 부정형: 0.95

예시답안

1.00 ÷ 0.95 ≒ 1.053

[문제 11]

대상토지에 대해 아래와 같은 자료를 활용하여 공시지가기준법에 적용할 개별요인 비교치를 상승식으로 산정하시오.

<자료 1>   본건 물적사항

주거용, 대, 중로각지, 가장형, 평지

<자료 2>   표준지 물적사항

주거용, 대, 소로한면, 정방형, 평지

<자료 3>   요인비교치

1. 중로는 소로 대비 15% 우세
2. 소로는 세로(가) 대비 10% 우세
3. 각지는 한면 대비 5% 우세
4. 가장형은 정방형 대비 3% 우세
5. 본건은 비교표준지 대비 접근조건(교통시설과의 접근성)에서 3% 우세, 환경조건(주위환경)에서 3% 열세

예시답안

1.15(가로) × 1.03(접근) × 0.97(환경) × [1.05(각지) × 1.03(형상)](획지) × 1.00(행정) × 1.00(기타) ≒ 1.243

[문제 12]

아래와 같은 자료를 활용하여 그 밖의 요인 비교치에 활용할 격차율을 대상 기준방법과 표준지공시지가 기준방법으로 각각 산정하시오.

구분	시점	가액(원/㎡)	시점수정치	개별요인평점
본건	2025.7.12.	-	-	100
비교표준지	2025.1.1.	13,250,000	1.05443	105
평가선례	2024.6.1.	16,800,000	1.08691	103

예시답안

1. 대상 기준

$$\frac{16,800,000 \times 1.08691 \times 1.000 \times 100/103}{13,250,000 \times 1.05443 \times 1.000 \times 100/105} ≒ 1.332$$

2. 표준지 기준

$$\frac{16,800,000 \times 1.08691 \times 1.000 \times 105/103}{13,250,000 \times 1.05443} ≒ 1.332$$

[문제 13]

아래와 같은 자료를 활용하여 2025년 7월 12일을 기준시점으로 하는 일반거래목적의 대상 부동산의 감정평가액을 공시지가기준법을 적용하여 산정하시오.

<자료 1> 대상토지 내역

1. 소재지: 서울특별시 양천구 신정동 312
2. 지목·면적: 대, 420㎡, 가장형, 평지
3. 용도지역: 일반상업지역

본건 토지는 현황 나지상태로 주위는 대상토지 접면 도로인 소로한면을 따라 노선상가지대를 형성하고 있음

<자료 2> 비교표준지공시지가

[공시기준일: 2025.1.1.]

기호	소재지	지목	면적 (㎡)	이용 상황	용도 지역	도로 교통	형상 지세	공시지가 (원/㎡)
1	신정동 346	대	415	주상용	일반 상업	소로 한면	가장형 평지	6,830,000
2	신정동 445-3	대	400	상업용	일반 상업	소로 각지	가장형 평지	6,970,000
3	신정동 554	대	620	상업용	일반 상업	소로 한면	정방형 평지	6,130,000
4	목동 448	대	422	상업용	일반 상업	소로 한면	가장형 평지	5,670,000

※ 동일 동은 인근지역으로 판단됨

<자료 3> 지가변동률(서울특별시 양천구, 상업지역, %)

2023년 12월 누계	2024년 12월 누계	2025년 5월 누계	2024년 5월
4.226	5.237	1.736	0.887

<자료 4> 개별요인 평점

1. 중로한면(110), 소로한면(100), 세로(가)(90), 세로(불)(80), 맹지(65)
2. 각지는 한면 대비 3% 우세
3. 가장형(105), 정방형(100), 세장형(95), 사다리(85), 부정형(90), 삼각형(70)
4. 평지(100), 완경사(95)

<자료 5> 그 밖의 요인 보정을 위한 거래사례(공시지가 기준 방식 적용, 사례 적정)

기호	소재지	거래시점	지목	면적 (㎡)	이용 상황	용도 지역	도로 교통	형상 지세	거래금액 (원)
1	신정동 310-9	2025.1.1	대	400	상업 나지	일반 상업	소로 한면	정방형 평지	3,900,000,000

Ⅰ. 평가개요

- 평가대상: 토지
- 평가목적: 일반거래
- 기준시점: 2025년 7월 12일
- 기준가치: 시장가치

Ⅱ. 공시지가기준법에 의한 토지 감정평가액 결정

1. 비교표준지 선정

일반상업지역, 노선상가지대, 상업용 기준 표준지 <#2> 선정
(#1: 이용상황 상이, #3: 면적 상이, #4: 소재지 상이)

2. 시점수정치 (2025.1.1. ~ 2025.7.12. 양천구, 상업)

$1.01736 \times (1 + 0.00887 \times 42/31) ≒ 1.02959$

3. 지역요인 비교치: 인근지역(1.000)

4. 개별요인 비교치

$1.00 \times 1.00 \times 1.00 \times 100/103 \times 1.00 \times 1.00 ≒ 0.971$

5. 그 밖의 요인 비교치

(1) 격차율 결정

$$\frac{3,900,000,000 \times 1.02959^* \times 1.000 \times 1.082^{**} \div 400}{6,970,000 \times 1.02959} ≒ 1.514$$

* 시점(2025.1.1. ~ 2025.7.12. 상업)

** 개별요인 비교치(표준지/거래사례)

$1.00 \times 1.00 \times 1.00 \times 1.00 \times 103/100 \times 105/100 ≒ 1.082$

(2) 그 밖의 요인 비교치

상기와 같이 산정된바, <1.51>로 결정

6. 공시지가기준법에 의한 시산가액

$6,970,000 \times 1.02959 \times 1.000 \times 0.971 \times 1.51 ≒ 10,500,000$원/㎡($\times 420$㎡ ≒ 4,410,000,000원)

대상토지에 대한 거래사례비교법 적용시 선정할 수 있는 사례를 선정하되, 배제된 사례는 배제사유를 기재하시오. 기준시점은 2025년 7월 12일임

<자료 1> **대상토지 내역**

1. 소재지: 서울특별시 영등포구 여의도동 448 - 7
2. 지목 · 면적: 대, 1,230㎡
3. 용도지역: 일반상업지역
4. 이용상황 등
   업무용 나지, 중로한면, 가장형, 평지

<자료 2> **토지 · 건물(복합부동산) 거래사례**

1. 거래사례 1
   (1) 소재지: 여의도동 445 - 9
   (2) 거래시점: 2024.12.28.
   (3) 지목 · 면적: 대, 1,530㎡
   (4) 용도지역: 일반상업지역
   (5) 이용상황: 업무용 빌딩, 중로한면, 정빙형, 평지
   (6) 기타사항: 친인척간의 거래로 5% 저가 수준에 거래됨, 토지건물 배분비율은 4:6임

2. 거래사례 2
   (1) 소재지: 여의도동 598 - 33
   (2) 거래시점: 2025.1.26.
   (3) 지목 · 면적: 대, 530㎡
   (4) 용도지역: 일반상업지역
   (5) 이용상황: 업무용 나지, 중로각지, 가장형, 평지
   (6) 기타사항: 토지건물 배분비율은 7:3임

3. 거래사례 3
   (1) 소재지: 여의도동 885 - 113
   (2) 거래시점: 2022.2.24.
   (3) 지목 · 면적: 대, 1,620㎡
   (4) 용도지역: 일반상업지역
   (5) 이용상황: 업무용 빌딩, 중로한면, 정방형, 평지
   (6) 기타사항: 토지건물 배분비율은 5:5임

4. 거래사례 4
   (1) 소재지: 여의도동 1263 - 85
   (2) 거래시점: 2024.8.26.
   (3) 지목 · 면적: 대, 1,590㎡
   (4) 용도지역: 일반상업지역
   (5) 이용상황: 상업용 빌딩, 중로각지, 부정형, 평지
   (6) 기타사항: 토지건물 배분비율은 4:6임

5. 거래사례 5

    (1) 소재지: 여의도동 1263 - 85

    (2) 거래시점: 2025.6.15.

    (3) 지목 · 면적: 대, 1,220㎡

    (4) 용도지역: 일반상업지역

    (5) 이용상황: 업무용 빌딩, 중로한면, 가장형, 평지

    (6) 기타사항: -

예시답안

일반상업지역, 업무용(상업용), 중로한면, 면적, 최근 3년 이내 거래사례, 정상거래, 배분법 적용 가능한 <거래사례 4> 선정

(1: 사정개입, 2: 면적 상이, 3: 3년 이후 거래사례, 5: 배분법 적용 불가)

[문제 15]
아래와 같은 복합부동산의 거래사례를 기준으로 대상토지의 감정평가액을 산정하고자 한다. 주어진 각 조건에 따라 거래사례 가액을 보정하시오. 대상토지의 시장가치를 산정하시오.

<자료 1> 복합부동산 거래사례 자료

1. 전체 거래가격: 1,000,000,000원
2. 건물: 연면적 250㎡, 사용승인일 1972.3.2.(경제적 내용연수는 40년으로 기준시점 당시 만료됨)
3. 철거 시 철거비용은 100,000원/㎡, 폐자재 잔존가치는 1,000,000원 정도로 예상됨. 단, 실제 철거비용은 70,000원/㎡으로 조사되었음

<자료 2> 거래사례 조건

1. 거래당사자의 합의에 의해 매수자가 철거비를 지불하는 경우
2. 거래당사자의 합의에 의해 매도자가 철거비를 지불하는 경우
3. 매수자가 철거비 및 매도자의 양도소득세 10,000,000원을 부담하기로 한 경우

│ 예시답안

1. 조건 1
   1,000,000,000 + (250 × 100,000 – 1,000,000) ≒ 1,024,000,000원

2. 조건 2
   매도자 철거비 부담으로 조정 내역 없음 ∴ 1,000,000,000원

3. 조건 3
   1,024,000,000 + 10,000,000 ≒ 1,034,000,000원

[문제 16]
1번지 토지 소유자는 후면지인 2번지 토지를 매입하여 일단지로써 업무용 빌딩을 신축하려고 한다. 2번지 토지의 한정가액을 구입한도액비를 적용하여 산정하시오.

<자료 1> 대상토지 지적도

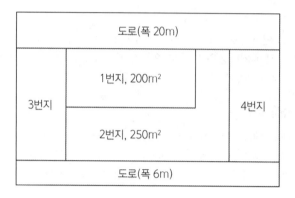

<자료 2> 각 토지 정상 단가(시장가치)

1번지	2번지	1, 2번지 일단지의 경우 (병합 후)
2,000,000원/㎡	1,400,000원/㎡	2,400,000원/㎡

예시답안

Ⅰ. 증분가치

1. 병합 후(일단지)
2,400,000 × 450 ≒ 1,080,000,000원

2. 병합 전
(1) 1번지: 2,000,000 × 200 ≒ 400,000,000원
(2) 2번지: 1,400,000 × 250 ≒ 350,000,000원

3. 증분가치
병합 후 - 병합 전 ≒ 330,000,000원

Ⅱ. 증분가치 배분(구입한도액비)

1. 구입한도액비: $\dfrac{1,080 - 400}{2 \times 1,080 - (400 + 350)} \times 100\% ≒ 48.2\%$

2. 배분액: 330,000,000 × 48.2% ≒ 159,060,000원

Ⅲ. 2번지 한정가액
정상토지가액 + 배분액 ≒ 509,060,000원

[문제 17] 아래와 같은 자료를 활용하여 대상토지의 비준가액 산정시 적용할 사례토지가액을 산정하시오. (기준시점: 2025.7.12.)

1. 소재지: 서울특별시 마포구 염창동 11 - 3
2. 지목 등: 대, 250㎡, 준주거지역, 주상용, 세로(가), 부정형, 평지
3. 건물
   철근콘크리트 슬라브지붕, 주상용, 지상 2층, 연면적 200㎡, 사용승인일 2002.5.25.
5. 거래시점: 2025.4.28.
6. 거래가액: 5억원
6. 재조달원가 자료
   철근콘크리트 슬라브지붕: 1,200,000원/㎡, 내용년수 50년

예시답안

1. 거래시점 사례 건물가액
   $1,200,000 \times 28/50 \times 200 ≒ 134,400,000$원

2. 거래시점 사례 토지가액
   $(500,000,000 - 134,400,000) \div 250 ≒ 1,462,000$원/㎡

[문제 18] 대상토지 인근지역 내 단독주택의 적정 거래사례의 매매가액은 12억원, 인근지역 내 단독주택의 거래시점 당시 사례의 토지·건물가격구성비는 3:1, 기준시점 당시 대상의 토지·건물가격구성비는 4:1일 경우 거래사례의 토지 가액을 산정하시오.

예시답안

$1,200,000,000 \times \dfrac{3}{4}$ (거래 당시 사례 토지가격구성비) ≒ 900,000,000원

해커스감정평가법인은 아래와 같은 토지에 대해 담보목적의 감정평가를 의뢰받았다. 제시된 자료를 활용하여 거래사례비교법을 적용한 시산가액을 산정하시오.

<자료 1>   대상토지

1. 소재지: 서울특별시 A구 C동 350번지
2. 지목 · 면적: 대, 300㎡
3. 이용상황: 주거나지
4. 용도지역: 제2종일반주거지역
5. 도로 · 형상 · 지세: 세로(가), 정방형, 평지
6. 기준시점: 2025.7.1.

<자료 2>   거래사례

1. 소재지: 서울특별시 A구 C동 258 - 12번지
2. 지목 등: 대, 250㎡, 제2종일반주거지역, 주거용, 세로(가), 부정형, 평지
3. 건물
   조적조 기와지붕, 주거용, 단층, 연면적 120㎡, 사용승인일 1972.9.28.
4. 거래시점: 2024.12.28.
5. 거래가액: 10억원
6. 기타사항
   매수인은 매수 즉시 건물 신축을 위해 철거를 조건으로 매수하였고 예상 철거비는 40,000원/㎡ (실제 철거비 35,000원/㎡)으로 매수인이 철거하되 예상폐재가치는 1백만원임(폐재가치는 철거인이 수취). 거래금액은 거래시점 당시 10% 잔금일인 두달 후 90%를 지급하기로 함

<자료 3>   기타사항

1. 개별요인 평정: 대상토지(100), 사례토지(98), 사례복합부동산(92)
2. 지가변동률(서울특별시 A구)

2024년 12월 누계	2025년 5월 누계	2024년 5월
3.584	1.978	0.192

3. 할인율은 연 12%

Ⅰ. 평가개요

- 평가대상: 토지
- 평가목적: 담보목적
- 기준시점: 2025.7.1.

Ⅱ. 거래사례비교법

1. 사례 토지가액 보정

$$1,000,000,000 \times (0.1 + 0.9 \times \frac{1}{1.01^2}) + 40,000 \times 120 - 1,000,000 ≒ 986,066,000원$$

2. 시점수정(2024.12.28. ~ 2025.7.1.)

$(1 + 0.03584 \times 4/366) \times 1.01978 \times (1 + 0.00192 \times 31/31) ≒ 1.02214$

3. 지역요인: 인근지역(1,000)

4. 개별요인(토지기준)

$100 ÷ 98 ≒ 1.020$

5. 대상토지 비준가액

$986,066,000 \times 1.000 \times 1.02214 \times 1.000 \times 1.020 ÷ 250 ≒ 4,110,000원/㎡$

$(\times 300㎡ ≒ 1,233,000,000원)$

2025년 4월 5일을 기준시점으로 대상토지의 비준가액을 산정하시오.

<자료 1> 대상토지

1. 소재지: 서울특별시 양천구 신정동 448 - 5
2. 지목·면적: 대, 340㎡
3. 이용상황: 나지
4. 용도지역: 일반상업지역
5. 형상·지세: 세장형, 평지
6. 기타사항

   본건 남측으로 차도 기준 8m, 인도 포함 12m 도로에 접하며, 서측으로 2m 막다른 도로에 접함.

<자료 2> 거래사례 자료

1. 거래사례

일련 번호	소재지	용도지역 이용상황	도로조건 형상	토지면적(㎡) 건물면적(㎡)	거래가액	매매시점	건물사용 승인일
가	신정동 245 - 5	일반상업 상업용	중로각지 정방형	400 845	40억원	2025.2.8.	2016.5.31.
나	신정동 447 - 4	일반상업 업무용	소로각지 세장형	350 737	28억원	2025.2.1.	2016.4.1.

2 거래사례 적용 재조달원가 자료

   철근콘크리트조 1,500,000원/㎡, 내용연수 50년, 잔가율 0%

<자료 3> 지가변동률(서울특별시 양천구, %)

기간	상업지역	주거지역
2025.1.1. ~ 2025.3.31.	0.954	1.051
2025.3.1. ~ 2025.3.31.	0.242	0.359

<자료 4> 기타사항

1. 중로한면(110), 소로한면(100), 세로(가)(90)
2. 각지 가산율 5%
3. 가장형(100), 정방형(98), 세장형(95), 부정형(90), 자루형(80)

Ⅰ. 거래사례 선정

대상 접면도로 인도 포함 12m 기준, 중로한면(막다른 골목 미고려), 세장형, 평지
일반상업, 중로한면 기준 <거래사례 A> 선정

Ⅱ. 거래사례 토지가액

1. 거래 당시 사례 건물가액

$1,500,000 \times 42/50 ≒ 1,260,000$원/㎡($\times 845$㎡ ≒ $1,064,700,000$원)

2. 사례 토지가격

$4,000,000,000 - 1,064,700,000 ≒ 2,935,300,000$원

3. 시점수정치(2025.2.8. ~ 2025.4.5. 양천구, 상업지역)

$(1 + 0.00954 \times 52/90) \times (1 + 0.00242 \times 5/31) ≒ 1.00590$

4. 개별요인 비교치

$1.00 \times 1.00 \times 1.00 \times 1.00 \times (100/105 \times 95/98) \times 1.00 ≒ 0.923$

5. 비준가액

$2,935,300,000 \times 1.000 \times 1.00590 \times 1.000 \times 0.923 \div 400 ≒ 6,810,000$원/㎡
($\times 340$㎡ ≒ $2,315,400,000$원)

[문제 21]

해커스감정평가법인 소속평가사인 이씨는 아래와 같은 부동산에 대해 일반거래(시가참조용) 목적의 감정평가를 의뢰받았다. 주어진 자료를 활용하여 기준시점 당시 대상부동산의 시장가치를 산정하시오. (그 밖의 요인보정은 대상 기준으로 산정할 것)

<자료 1> 대상부동산

1. 소재지: 서울특별시 성동구 홍익동 12 - 85, 대. 341.5㎡
2. 용도지역 등: 준주거지역, 주상나지
3. 본건 동측으로 노폭 약 6m 아스팔트 포장도로에 접하며, 가장형, 평지임
4. 기타사항
   (1) 감정평가의뢰일: 2025.5.25.
   (2) 현장조사일 완료일: 2025.5.27.
   (3) 감정평가서 작성 완료일: 2025.5.31.

<자료 2> 인근지역 비교표준지공시지가

(공시기준일: 2025.1.1.)

기호	소재지	면적(㎡)	지목	이용상황	용도지역	도로교통	형상 및 지세	공시지가(원/㎡)
가	홍익동 5 - 8	298.4	대	상업용	준주거	세로(가)	세장형 평지	8,240,000
나	혹익동 44 - 8	328.6	대	주상용	준주거	세로(가)	부정형 평지	8,180,000

<자료 3> 지가변동률(%)

기간	성동구 주거지역	성동구 평균	서울특별시 평균
2024.1.1. ~ 2024.12.31.	4.522	4.448	5.042
2025.1.1. ~ 2025.3.31.	1.053	1.852	2.055
2025.3.1. ~ 2025.3.31.	0.394	0.431	0.899

<자료 4> 인근지역 평가사례

기호	소재지	지목	면적	용도지역 이용상황	사례단가(원/㎡)	기준시점	평가목적
1	홍익동 1 - 52	대	321.2	준주거 주상용	12,500,000	2025.1.1.	일반거래
2	홍익동 4 - 2	대	342.5	준주거 주상용	13,700,000	2025.1.1.	담보

<자료 5>　인근지역 거래사례

기호	소재지	지목	면적(㎡)		거래가액	거래일자
		용도지역	토지	건물		사용승인일
A	흑일동 44 - 24	대	329.0	745.0 (철근코크리트조)	48억원	2025.1.1.
		2종일주				2005.3.3.
B	흑일동 14 - 95	대	360.0	940.0 (철근콘크리트조)	56억원	2025.1.1.
		준주거				2015.2.4.

※ 철근콘크리트조 1,200,000원/㎡, 내용연수 50년, 잔가율 0%

<자료 6>　개별요인 평점

구분	가로조건	접근조건	환경조건	획지조건	행정적조건	기타조건
본건	1.00	1.00	1.00	1.00	1.00	1.00
표준지 가	1.00	1.02	1.00	1.02	1.00	1.00
표준지 나	1.00	0.98	1.00	1.05	1.00	1.00
평가사례 1	1.00	0.97	1.02	0.98	1.00	1.00
평가사례 2	1.00	0.95	1.03	0.95	1.00	1.00
거래사례 A	1.02	1.01	1.03	0.98	1.00	1.00
거래사례 B	1.00	1.00	1.02	1.03	1.00	1.00

예시답안

Ⅰ. 평가개요

- 평가대상: 토지
- 평가목적: 일반거래(시가참조용)
- 기준시점: 2025.5.27.(가격조사 완료일, 통상 현장조사완료일을 가격조사완료일로 보는 경우가 있음)
- 기준가치: 시장가치

Ⅱ. 공시지가기준법

1. 비교표준지 선정

   준주거지역, 주상나지 기준 <#나> 선정

2. 시점수정치(2025.5.27. ~ 2025.1.1. 서울특별시 성동구 주거지역)

   $1.01053 \times (1 + 0.00394 \times 57/31) ≒ 1.01785$

3. 지역요인: 인근지역(1.000)

4. 개별요인

   $1.00 \times 0.98 \times 1.00 \times 1.05 \times 1.00 \times 1.00 ≒ 1.029$

5. 그 밖의 요인 비교치

   (1) 평가선례 선정

      일반거래 목적, 준주거, 주상용 기준 <평가사례 1> 선정

   (2) 격차율 산정 (대상 기준 방식)

      ① 시점수정치(2025.1.1. ~ 2025.5.27. 서울특별시 성동구 주거지역)

      ② 개별요인 비교치(표준지 / 평가사례)

      ③ $1.00 \times 0.97 \times 1.02 \times 0.98 \times 1.00 \times 1.00 ≒ 0.970$

      ④ 격차율: $\dfrac{12,500,000 \times 1.01785 \times 1.000 \times 1.029}{8,180,000 \times 1.01785 \times 1.000 \times 0.970} ≒ 1.621$

      ⑤ 그 밖의 요인 비교치 결정

      ⑥ 상기와 같이 산정된바, <1.62>로 결정

6. 공시지가기준액

   $8,180,000 \times 1.01785 \times 1.000 \times 1.029 \times 1.62 ≒ 13,900,000원/㎡$

Ⅲ. 거래사례비교법

1. 거래사례 선정

   준주거, 배분법 적용 가능한 <거래사례 B> 선정

2. 거래사례 토지가액

   (1) 사례 건물가액

      $1,200,000 \times 41/50 \times 940 ≒ 924,960,000원$

   (2) 사례 토지가액

      $5,600,000,000 - 924,960,000 ≒ 4,675,040,000원$

3. 시점수정치(2025.1.1. ~ 2025.5.27. 서울특별시 성동두 주거지역)

4. 지역요인: 인근지역(1.000)

5. 개별요인 비교치

   $1.00 \times 1.00 \times 1.02 \times 1.03 \times 1.00 \times 1.00 ≒ 1.051$

6. 비준가액

   $4,675,040,000 \times 1.000 \times 1.01785 \times 1.000 \times 1.051 \div 360 ≒ 13,900,000원/㎡$

Ⅳ. 감정평가액 결정

공시지가기준액과 비준가액 동일한바, 「감칙」 제12조 제2항 의거 합리성 인정됨. 「감칙」 제14조 제1항 의거 공시지가기준액으로 결정함

$13,900,000원/㎡ \times 341.5㎡ ≒ 4,746,850,000원$

[문제 22] 아래와 같은 대상 건물의 시산가액을 거래사례비교법을 적용하여 산정하시오. 기준시점은 2025년 7월 1일임.

<자료 1> 거래사례

1. 거래금액: 10,000,000,000원
2. 거래시점: 2024.8.1.
3. 사례 토지 · 건물가격구성비 1:1, 대상토지 · 건물가격구성비 2:1

<자료 2> 건물 비교요인

구분	구조	용도	연면적(㎡)	사용승인일	건물평점 (잔가율제외)
본건	철골철근콘크리트조	물류센터	8,000	2015.4.1.	100
거래사례	철골철근콘크리트조	물류센터	7,500	2017.5.1.	103

※ 철골철근콘크리트조 내용연수 50년, 잔가율 0%

<자료 3> 건물공사비 지수

구분	2024년 7월	2024년 12월	2025년 1월	2025년 4월
지수	113.50	115.44	115.74	117.56

1. 사례의 적부
   구조, 용도, 연면적, 사용승인일 등 물적 유사성 인정, 배분법 적용 가능하여 적정함

2. 사례 건물가액
   10,000,000,000 × 1/2 ≒ 5,000,000,000원

3. 시점수정치(건물공사비 지수, 2025.4./2024.7)
   117.56/113.50 ≒ 1.03577

4. 개별요인 비교치
   $$\frac{100}{103} \times \frac{40/50}{42/50} ≒ 0.925$$

5. 비준가액
   5,000,000,000 × 1.000 × 1.03577 × 0.925 ÷ 7,500 ≒ 639,000원/㎡
   (× 8,000㎡ ≒ 5,112,000,000원)

ca.Hackers.com

제 5 장

원가방식

제5장 원가방식

제1절 토지의 원가방식

1 관련 규정

> 「표준지조사평가기준」 제27조(후보지)
>
> ① 택지후보지는 토지의 일반적인 조사사항 이외에 다음 각 호의 사항 등을 고려하여 평가하되, 인근지역 또는 동일수급권 안의 유사지역에 있는 토지의 거래사례 등 가격자료를 활용하여 거래사례비교법으로 평가한다. 다만, 인근지역 및 동일수급권 안의 유사지역에서 유사용도 토지의 거래사례 등 가격자료를 구하기가 현저히 곤란한 경우에는 택지조성 후의 토지가격에서 택지조성에 필요한 통상의 비용 상당액 및 적정이윤 등을 뺀 가격에 성숙도 등을 고려한 가격으로 평가할 수 있다.
>   1. 택지화 등을 조장하거나 저해하는 행정상의 조치 및 규제정도
>   2. 인근지역의 공공시설의 정비동향
>   3. 인근에 있어서의 주택·점포·공장 등의 건설동향
>   4. 조성의 난이 및 그 정도
>   5. 조성 후 택지로서의 유효이용도
> ② 제1항의 규정은 농경지후보지의 평가시에 이를 준용한다.
>
> 「실무기준」 [610-1.7.14] 택지 등 조성공사 중에 있는 토지
>
> ① 건물 등의 건축을 목적으로 농지전용허가나 산지전용허가를 받거나 토지의 형질변경허가를 받아 택지 등으로 조성 중에 있는 토지는 다음 각 호에 따라 감정평가한다.
>   1. 조성 중인 상태대로의 가격이 형성되어 있는 경우에는 그 가격을 기준으로 감정평가한다.
>   2. 조성 중인 상태대로의 가격이 형성되어 있지 아니한 경우에는 조성 전 토지의 소지가액, 기준시점까지 조성공사에 실제 든 비용상당액, 공사진행정도, 택지조성에 걸리는 예상기간 등을 종합적으로 고려하여 감정평가한다.

토지의 원가방식은 가산방식과 공제방식(전통적 공제방식, 개발법)이 있으며, 원칙적으로 토지는 건물과 달리 비용성에 근거하는 원가방식의 적용이 곤란하나 용도전환(예정지, 이행지)의 경우 소지에 비용을 투입하는 개념에 착안하여 원가방식을 적용할 수 있다.

2 토지의 원가방식 개념도

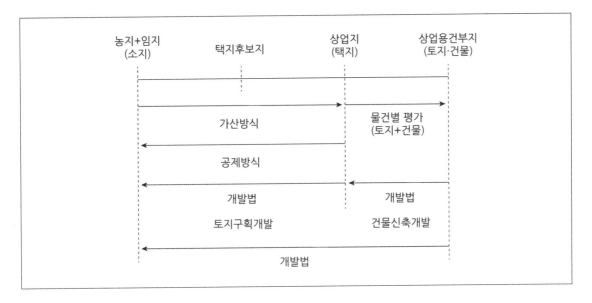

3 용어의 개념

1. 소지

소지란 대상토지의 용도적 측면의 성숙과정에서 개발이 이루어지지 않은 자연상태의 토지를 의미하며, 시기 및 개발 형태에 따라 임야 또는 전, 답 토지가 될 수 있다.

2. 택지

택지란 주택, 점포, 공장 기타 여러 가지 건물 및 구축물의 부지로 쓰이고 있거나 쓰일 것이 사회적·경제적·행정적으로 합리적이라고 인정되는 토지를 말한다. 택지는 그 용도에 따라 주거용지, 상업·업무용지, 공용용지 등으로 구분된다.

3. 농지

농지란 법적 지목 여하에 불구하고 실제의 토지현황이 농경지 또는 다년생식물 재배지로 이용되는 토지와 그 개량시설의 부지를 말하며, 농경지라 함은 농작물을 경작하는 토지를 말한다.

4. 임지

임지란 입목 등이 집단적으로 생육되고 있는 토지를 말한다.

5. 예정지(후보지)

예정지(후보지)는 인근지역의 주위환경 등의 사정으로 보아 현재의 용도에서 장래 택지 등 다른 용도로의 전환이 객관적으로 예상되는 토지로서 상기 용도별 분류에 따른 유형 간의 변화가 일어나고 있는 토지를 말한다. 예를 들어 농지나 임지가 택지로 전환되는 경우에는 택지예정지(후보지), 농지 이외의 종류가 농지로 전환되고 있는 경우에는 농지예정지(후보지)라 할 수 있다.

6. 이행지

이행지란 대분류 내의 세분된 종류에서 다른 세분된 종류 바뀌는 토지를 말하며, 택지 내에서 주택지가 상업지로, 농지 내에서 답이 전으로 바뀌는 것을 이행지라 말한다.

7. 성숙도

성숙도란 토지의 용도가 기존 용도에서 다른 용도로 변화하고 있는 과정에 있는 경우 그 다른 용도로의 변화의 정도를 나타내는 것으로 이행 또는 전환의 정도를 말하며, 용도전환의 정도를 가치화 하는 격차율 수정을 성숙도 수정이라 말한다. 이와 달리 택지후보지에서의 성숙도 수정은 택지화되기 이전 미성숙상태의 토지이므로 이는 미성숙도 수정이라 말한다.

8. 감보율

감보율이란 토지구획 정리사업에서 공용지(도로 · 공원 · 학교 부지 등)를 확보하고 공사비를 충당하기 위하여 토지를 공출(供出)받는 비율로, 그 값은 개개의 소유지의 위치에 따라 다른데, 최고 50%를 초과할 수 없다.

소재지		환지(개발) 전 면적	감보율	권리면적	환지처분면적	비고
목동	1	500㎡	20%	400㎡	400㎡	적응환지처분
목동	2	500㎡	30%	350㎡	300㎡	감환지처분
목동	3	500㎡	50%	250㎡	300㎡	증환지처분

※ 적응환지처분이란 환지처분의 한 유형으로 환지면적과 권리면적이 동일하기 때문에 별도의 청산문제를 요하지 않는 가장 전형적인 형태의 환지처분을 말한다.

4 가산방식(조성원가법)

1. 개념

가산방식이란 소지를 소유하고 있거나 소지를 취득한 후 조성비용을 투입하여 택지를 조성하는 경우 개발 전 소지가치에 용도전환에 필요한 조성비용을 가산하여 평가하는 방법으로, 대규모 토지구획 정리사업이나 토지가치의 합리성 검토에서 유용성이 크다.

2. 산식

기준시점 토지가액 = [준공시점 소지가액 + (토지)조성비용] × 시점수정

3. 산정방법

(1) 준공시점 소지가액

개발 대상이 되는 소지의 가액은 원칙적으로 취득가액으로 취득가액의 지가변동률 및 투하자본이자율을 통해 준공시점의 가액으로 수정하게 된다. 다만, 취득 후 상당기간이 경과된 경우, 취득가액의 사정이 개입된 경우에는 공시지가기준법 등을 통해 객관적 가치로 산정하게 된다. 아래는 준공시점 기준 시점수정에 대한 적용방식을 나타내는 것으로 각 방식들은 토지를 원가로 보는 시점에 대하여 각각 일면 타당성이 있는 방식인바, 문제에서 제시된 방식에 따라 가액을 산정한다.

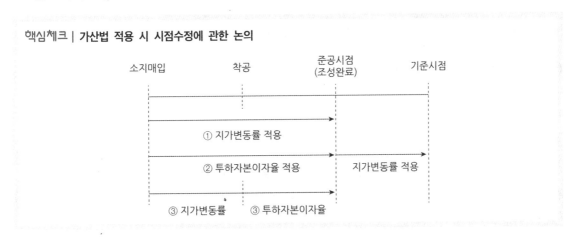

핵심체크 | 가산법 적용 시 시점수정에 관한 논의

(2) 조성비용

조성비용은 조성공사비(도급인 기준), 각종 시설부담금, 개발부담금, 판매비 및 일반관리비, 개발업자의 적정이윤(투하자본이자율 + 적정기업이윤)을 포함한다. 다만, 조성공사비 중 일부 기부채납 면적이 있는 경우에는 조성 후 기부채납인지 조성 전 기부채납인지 여부를 파악하여 전체 조성비용을 산정하여야 한다.

구분	적정이윤
소유자	미포함
도급인	포함
수급인	포함

(3) 기준시점 가치 및 면적

조성 완료된 토지의 준공시점부터 기준시점까지의 시간 경과에 따른 성숙도 증가분은 통상적으로 지가변동률을 기준으로 산정한다.

준공시점 당시 토지의 면적은 기부채납 등 도로개설과 같이 소유권이 이전되는 경우에는 이를 제외한 면적을 기준하되, 소지매입 당시 면적은 개발 전 면적을 기준함에 유의하여야 한다.

소재지		개발 전 면적	기부채납 면적(도로 등)	개발 후 면적
목동	1	500㎡	20㎡	480㎡
		소지 면적	조성 여부에 따라 조성비용 산정시 포함	조성지 면적 (유효택지면적)

5 공제방식(전통적 공제방식)

1. 개념

전통적인 공제방식은 준공시점 택지가액에 택지조성비용을 차감한 후 기준시점의 소지가액을 평가하는 방법으로, 개발이 완료된 택지의 소지가액(원가)을 산정하는 경우 활용된다.

2. 산식

(1) 토지구획개발의 경우(나지의 경우)

> 기준시점 토지가액 = [준공시점 토지가액(분양가액) - 준공시점 (토지)조성비용] × 미성숙도수정(시점수정 역산)

(2) 건물신축개발의 경우(건부지의 경우)

> 기준시점 토지가액 = 개발 후 복합부동산가액(분양가액) - 개발비용(건축비 등)

3. 유의점

상기와 같은 공제방식 적용 시 토지개발의 형태에 따라 적용이 달라지므로, 성숙도 과정 중 현재 토지의 용도적 위치가 어느 정도인지를 검토하여야 하며, 조성비용 산정 시 구입시점부터 준공시점까지의 투하자본이자분(금융비용)을 비용으로 인식하여야 한다.

6 개발법(Development method)

1. 개념

개발법이란 대상토지를 개발하였을 경우 기준시점 당시 예상되는 총 매매(분양)가액의 현재가치에서 개발비용의 현재가치를 차감하여 대상토지의 가치를 산정하는 방법으로, 할인현금흐름분석법의 절차를 이용하는 방법을 의미한다.

2. 산식

> 기준시점 토지가액 = [매매(분양)수입의 현가 - 조성비용 등의 현가] (× 미성숙도 수정)

3. 유의점

① 개발법은 전통적인 공제방식과 달리 현가화하는 과정에서 토지구입액 등의 금리가 분양가액에서 고려되므로 대출에 따른 금리를 별도로 고려하지 않는다.
② 개발법은 소지의 가액을 산정하는 방법으로 소개되고 있으나, 개념상 다양한 시기 및 토지에 적용될 수 있다는 점에 유의하여야 한다. 따라서 소지가액 산정 시 적용면적은 소지면적으로, 택지가액 산정 시에는 유효택지면적을 기준하여야 한다.
③ 개발법은 그 개념이 수익방식의 하나인 할인현금흐름분석의 절차를 이용한다는 점에서 일부는 수익방식 또는 새로운 방식으로 정의하고 있으나, 현행 「감정평가 실무기준」 해설서상에서는 원가방식에서 이를 규정하고 있다.

4. 개발법의 유용성

① 표준지공시지가 및 거래사례가 없거나 적은 지역 내 새롭게 개발하는 조성 토지 및 건축 완공된 건부지 등 가액 산정 시 활용될 수 있으며 ② 광평수토지, 특수토지, 단일이용 등과 같이 다른 감정평가방법을 적용하기 곤란한 경우와 ③ 토지의 후보지·이행지 상태 등 다양한 성숙도 과정에서 활용될 수 있다.

5. 각 방법 비교

① 가산법은 통산 조성 완료 된 토지의 매입 타당성 및 토지구획개발 등 사업의 타당성을 검토하기 위해 활용되며, ② 전통적 공제방식은 조성 완료된 토지의 기존 소지 원가를 산정하거나 토지개발사업의 타당성을 검토하기 위해 소지 매입 가액을 산정하기 위해 활용될 수 있다. ③ 개발법은 다양한 성숙도 과정에서 토지의 수익성과 원가성을 고려하여 기준시점 당시 적정토지 가액 산정 및 개발사업의 타당성을 검토하기 위해 활용된다. 따라서, 대상토지의 현황과 개발사업의 진행 등을 고려하여 적정한 방법을 선정하여 적용하여야 한다. ④ 전통적 공제방식은 개발가능성 즉 토지의 이행 정도가 다소 낮은 토지에 활용되는 반면, 개발법에 적용되는 토지는 이행 정도(성숙도)가 커 인근 지역 내 해당 토지의 유효수요가 풍부한 상태에서 활용된다. ⑤ 또한, 전통적 공제방식은 개발업자의 이윤과 금리를 비용으로 인식하는 반면, 개발법은 할인율에 이윤 등을 고려하여 별도의 인식을 하지 않는다는 점에서 차이가 있다.

핵심체크 | 개발법 목차(대상토지 개발의 경우)

[토지구획개발의 경우]

1. 개발계획 검토
   (1) 대지면적: 전체 소지 면적 - 기부채납 면적 등
   (2) 유효택지 수 산정: 대지면적 ÷ 적정 대지면적
2. 분양수입의 현가
   토지 분양수입의 타당성 검토
3. 개발(토지조성)비용의 현가
4. 대상토지가액
   [분양수입의 현가 - 개발비용의 현가] ÷ 소지 면적

[건물신축개발의 경우]

1. 개발계획 검토
   (1) 대지면적: 전체 토지 면적 - 기부채납 면적·가각획지·건축한계선 등
   (2) 건축면적: 대지면적 × 건폐율
   (3) 연면적: 대지면적 × 용적률 + 지하면적 + 용적률 제외 면적(예 옥탑 등)
   (4) 분양면적: 분양 가능한 연면적 × 분양률
2. 분양수입의 현가
   건물 분양수입의 타당성 검토
3. 개발(건축)비용의 현가
4. 대상토지가액
   [분양수입의 현가 - 개발비용의 현가] ÷ 토지(택지 또는 소지)면적

1 관련 규정

「감칙」 제2조(정의)

5. "원가법"이란 대상물건의 재조달원가에 감가수정(減價修正)을 하여 대상물건의 가액을 산정하는 감정평가방법을 말한다.

6. "적산법(積算法)"이란 대상물건의 기초가액에 기대이율을 곱하여 산정된 기대수익에 대상물건을 계속하여 임대하는 데에 필요한 경비를 더하여 대상물건의 임대료[(賃貸料), 사용료를 포함한다. 이하 같다]를 산정하는 감정평가방법을 말한다.

「감칙」 제15조(건물의 감정평가)

① 감정평가법인등은 건물을 감정평가할 때에 원가법을 적용해야 한다. <2016.8.31.> 삭제 조항

② 감정평가업자는 원가법에 따라 건물을 감정평가할 때에 다음 각 호의 순서에 따라야 한다.

    1. 재조달원가 산정: 감정평가의 대상이 된 건물(이하 "대상건물"이라 한다)을 일반적인 방법으로 건축하는 데에 드는 비용을 기준으로 산정하는 것을 원칙으로 할 것

    2. 감가수정: 경제적 내용연수(耐用年數)를 기준으로 한 정액법·정률법 또는 상환기금법 중에서 대상건물에 가장 적합한 방법을 적용할 것. 이 경우 물리적·기능적·경제적 감가요인을 고려하여 관찰감가(觀察減價) 등으로 조정하거나 다른 방법에 따라 감가수정할 수 있다.

「감정평가실무기준」 400 감정평가의 절차와 방법

3.2 원가방식의 주요 감정평가방법

3.2.1 원가법

3.2.1.1 정의

① 원가법이란 대상물건의 재조달원가에 감가수정(減價修正)을 하여 대상물건의 가액을 산정하는 감정평가방법을 말한다.

② 적산가액이란 원가법에 따라 산정된 가액을 말한다.

3.2.1.2 재조달원가

① 재조달원가란 대상물건을 기준시점에 재생산하거나 재취득하는 데 필요한 적정원가의 총액을 말한다.

② 재조달원가는 대상물건을 일반적인 방법으로 생산하거나 취득하는 데 드는 비용으로 하되, 제세공과금 등과 같은 일반적인 부대비용을 포함한다.

3.2.1.3 감가수정

① 감가수정은 대상물건에 대한 재조달원가를 감액하여야 할 요인이 있는 경우에 다음 각 호의 가치 하락요인 등(이하 "감가요인"이라 한다)을 고려하여 그에 해당하는 금액을 재조달원가에서 공제하여 기준시점에 대상물건의 가액을 적정화하는 작업을 말한다.

    1. 물리적 감가요인: 대상물건의 물리적 상태 변화에 따른 감가요인

    2. 기능적 감가요인: 대상물건의 기능적 효용 변화에 따른 감가요인

    3. 경제적 감가요인: 인근지역의 경제적 상태, 주위환경, 시장상황 등 대상물건의 가치에 영향을 미치는 경제적 요소들의 변화에 따른 감가요인

구) 「담보평가지침」 제4장 건물의 평가

제22조 [평가가격 결정]

① 건물의 평가가격은 「감정평가에 관한 규칙」 제18조의 규정에 따라 적산가격으로 결정한다. 다만, 적산가격으로 결정하는 것이 적정하지 아니한 경우에는 비준가격 또는 수익가격으로 결정할 수 있다.

② 「집합건물의 소유 및 관리에 관한 법률」 제2조의 규정에 의한 구분소유권의 대상이 되는 공동주택, 상가, 업무용 빌딩 등은 대지권과 건물의 구분소유권을 일체로 한 거래사례 등에 의하여 비준가격으로 결정한다. 다만, 비준가격으로 결정하는 것이 적정하지 아니한 경우에는 적산가격 또는 수익가격으로 결정할 수 있다.

③ 적산가격에 의한 건물의 평가가격 결정은 다음의 산식에 의하되 재조달원가 및 내용연수 등의 산정은 다음 각 호의 기준에 따른다. 다만, 다음 각 호의 기준에 의한 내용연수 등의 산정이 적정하지 아니한 경우에는 대상물건의 유지관리상태, 보수정도 등 그 현상을 고려하여 내용연수 또는 잔존연수 등을 조정할 수 있다.

$$\text{평가가격} ≒ \text{재조달원가} \times \frac{\text{잔존연수}}{\text{내용연수}}$$

1. 재조달원가는 가격시점에 있어서 대상물건을 재생산 또는 재취득하는데 소요되는 적정원가의 총액으로 결정하되 대상물건에 대한 **건축허가도서 등에 의하여 재조달원가를 산정**할 수 있는 등 특별한 경우를 제외하고는 한국감정평가협회장이 발행하는 표준주택가격 평가를 위한 주택신축단가표(이하 "주택신축단가표"라 한다) 또는 한국감정원장이 발행한 **건물신축단가표**(이하 "건물신축단가표"라 한다)를 참고로 하여 정한다.

2. 내용연수는 한국감정평가협회장이 발행하는 표준주택가격 평가를 위한 주택신축단가표(이하 "주택신축단가표"라 한다) 또는 한국감정원장이 발행한 **고정자산내용연수표**(이하 "고정자산내용연수표"라 한다)에서 정하는 기준을 참고로 하여 정하되 **경제적 내용연수**로 한다.

3. 잔존연수는 대상물건의 내용연수에서 경과연수를 차감하여 구하되, 사용 및 수리의 정도, 관리상태 등을 고려한 장래 **효용유지가능한 연수**로 한다.

4. 잔존연수의 산정을 위한 경과연수의 기산시점은 **준공시점**(사용승인일)을 기준으로 하되 준공시점과 완공시점의 시차가 **1년 이상**인 경우에는 **완공시점**을 기준으로 하며, 연수의 산정은 만년을 기준으로 한다.

④ 건물은 각 동별로 평가가격을 결정한다. 다만, 1동의 건물이라 하더라도 그 구조, 경과연수, 용도 등이 달라 가치를 달리하는 경우에는 이를 구분하여 평가가격을 결정할 수 있다.

⑤ 전기설비, 냉·난방설비, 승강기설비, 소화전설비 등 건축물의 **부대설비**는 따로 구분하여 평가하지 아니하고 **건축물에 포함**하여 평가가격을 결정하되, 부대설비에 대한 보정은 주택신축단가표 또는 건물신축단가표에서 정하는 기준을 참고로 하여 정한다.

2 적산가액 산식

적산가액 = 재조달원가 - 감가수정액(누계액)

3 재조달원가 산정

1. 개념

① 재조달원가란 대상물건을 기준시점에 재생산하거나 재취득하는 데 필요한 적정원가의 총액을 말한다. ② 재조달원가는 대상물건을 일반적인 방법으로 생산하거나 취득하는 데 드는 비용으로 하되, 제세공과금 등과 같은 일반적인 부대비용을 포함한다. ③ 재조달원가는 기준시점 당시 대상물건을 재생산 또는 재취득하는 경우 필요한 객관적이고 실질적인 부대비용을 모두 포함하며, 도급업자의 개발이윤 또한 포함되어야 한다.

2. 재조달원가 구분

(1) 재생산비용(Reproduction cost, 복제원가)

재생산비용이란 기준시점 당시 대상물건을 물리적으로 동일하게 생산하는 비용으로, 구조·설계·부대설비 등을 동일하게 새롭게 건설하는데 필요한 비용을 말한다. 주로, 신축 건물의 평가에서 활용된다.

(2) 대체원가(Replacement cost, 대치원가)

대체원가란 기준시점 당시 대상물건의 유용성(효용)이 동일한 물건으로 생산하는 비용으로, 기준시점 당시의 원자재 등을 고려하여 새롭게 건설하는데 필요한 비용을 말한다. 주로 경과연수가 지난 건물의 평가에서 활용된다.

핵심체크 | 재조달원가 구성요소(도급형태 기준)

재조달원가	표준적인 건설비	공사비	직접비
			간접비
	도급인이 직접 부담하는 통상의 부대비용	수급인의 적정이윤	
		건설이자, 설계 감리비	
		허가비용, 세금 및 공과금 등	
		기타 도급인 부담비용	
	도급인의 정상적인 이윤		

---

3. 재조달원가 산정방법

(1) 직접법

직접법이란 대상물건의 직접 투입된 비용을 기준으로 재조달원가를 산정하는 방법을 말한다. 대상물건의 개별적 특성을 반영하기 때문에 구체적인 재조달원가 산정이 가능하나, 비용 제시자의 가공으로 인한 객관성의 문제점이 발생할 수 있다.

(2) 간접법

간접법이란 공인된 기관에서 발표되는 비용 추산액(예) 건축물신축단가표, 한국부동산원 등)을 기준으로 재조달원가를 산정하는 방법을 말한다. 객관적 자료에 의한 비용으로 재조달원가의 객관성·합리성이 지지될 수 있으나, 대상물건이 갖는 개별성을 반영하지 못한다는 문제점이 발생할 수 있다.

핵심체크 | 재조달원가 산정방법

방법	내용
총량조사법	대상부동산에 대한 건설비, 노무비, 부대비용 등을 산정하여 재조달원가를 구하는 방법으로, 건설비, 노무비, 경비 등을 합산하여 산정
구성단위법	벽, 바닥, 지붕 등과 같은 건물의 구성요소 중 중요부분을 기준으로 구성요소별 단위당 단가를 기준으로 산정
단위비교법	m² 또는 m³ 같은 총량적 단위를 기준으로 비용을 산정 (기본비용, 둘레에 따른 수정, 입방미터 적용에 따른 단위당 전체비용 변화, 단위당 단가와 전체비용과의 관계 등 유의)
비용지수법	대상부동산의 최초 건축신축비용을 기준으로 시간경과에 따른 지수보정의 방법으로 산정

분류번호	용도	구조	급수	표준단가(㎡)	내용연수
1 - 1 - 5 - 8	일반주택	철근콘크리트조 슬래브위 아스팔트쉬글	2	1,852,000	50 (45 ~ 55)

[주요재료 및 실내마감표]

	바닥	내벽	천장	창호	주요재료
화장실	액체방수위 바닥타일	액체방수위 벽타일	무석면보드위 수성페인트	목재후러쉬문	외벽: 비닐사이딩
주방	모르타르위 비닐쉬트	벽타일	석고보드위 천장지	목재창	지붕: 아스팔트쉬글
안방	모르타르위 장판지위바니스	모르타르위 양단벽지	양단천장지	알루미늄창호	
거실	모르타르위 비닐쉬트	모르타르위 양단벽지	석보보드위 양단천장지		

[㎡당 공사비 적산표]

구분	주요공사내역	공사비	구성비	재료비:노무비
01. 가설공사	공통가설, 일반가설	195,316	15.12	42:58

4. 재조달원가 산정 시 유의사항

(1) 도급형태의 이해

① 소유자(발주자) ⇨ 건설사(도급인) ⇨ 하청업체(하도급, 수급인)

② 소유자(발주자 및 도급인) ⇨ 하청업체(하도급, 수급인)

(2) 비용의 구분

① 직접비: 물건 생산 시 발생하는 직접적인 비용으로 자재비, 인건비, 경비 등이 있으며, 수급인의 이윤이 포함되어 있음

② 간접비: 물건 생산시 직접지에 상응하여 발생하는 간접적인 비용으로, 건설사 관리비용 등이 있음

③ 도급인의 적정이윤

(3) 배분비용

울타리, 마당콘크리트, 담장, 조경, 대문, 축대 등은 토지와 건물의 효용을 동시에 상승시키는 비용으로 토지 · 건물에 소요되는 비용에 비율에 따라 안분배분하여야 한다. 다만, 토목공사비의 경우 건물 신축을 위한 공사이므로 건물 재조달원가에 포함하여야 한다. 옹벽에 경우 건물 신축을 위해 설치되는 것으로 보아 건물 재조달원가에 포함시켜야 한다는 견해도 있으나 토지 · 건물의 복합 효용을 동시에 상승시키는 비용으로 봄이 타당하다.

(4) 설비와 시설의 개념

설비란 건축물의 기능 · 효용을 원활히 발휘하기 위해 건축물에 설치하는 제반 부대설비로 위생설비 · 급배수설비 · 냉난방설비 · 전기 · 전화 · 가스 · 급수 · 배수 · 환기 · 승강기 등 유사한 제반 설비를 말한다.

즉, 건물의 원가를 구성하는 부대설비로 재조달원가에 포함한다.

시설이란 토지 및 건축물 양자의 기능·효용을 원활히 발휘하기 위해 설치하는 시설로 오폐수시설, 상하수도시설 등 유사한 시설을 말한다. 즉, 토지 및 건물 양자 모두의 원가를 구성하므로 안분배분하여야 한다.

4 감가수정

1. 관련 규정

> 「감칙」제2조(정의)
>
> 12. "감가수정"이란 대상물건에 대한 재조달원가를 감액하여야 할 요인이 있는 경우에 물리적 감가, 기능적 감가 또는 경제적 감가 등을 고려하여 그에 해당하는 금액을 재조달원가에서 공제하여 기준시점에 있어서의 대상물건의 가액을 적정화하는 작업을 말한다.
>
> 구) 「감칙」제15조(건물의 감정평가)
>
> ① 감정평가업자는 건물을 감정평가할 때에 원가법을 적용하여야 한다.
> ② 감정평가업자는 원가법에 따라 건물을 감정평가할 때에 다음 각 호의 순서에 따라야 한다.
>   1. 재조달원가 산정: 감정평가의 대상이 된 건물(이하 "대상건물"이라 한다)을 일반적인 방법으로 건축하는 데에 드는 비용을 기준으로 산정하는 것을 원칙으로 할 것
>   2. 감가수정: 경제적 내용연수(耐用年數)를 기준으로 한 정액법·정률법 또는 상환기금법 중에서 대상건물에 가장 적합한 방법을 적용할 것. 이 경우 물리적·기능적·경제적 감가요인을 고려하여 관찰감가(觀察減價) 등으로 조정하거나 다른 방법에 따라 감가수정할 수 있다.
>
> 구) 「감칙」제11조(감가수정방법)
>
> ① 감가수정을 할 때에는 내용연수를 표준으로 한 정액법·정률법 또는 상환기금법중에서 대상물건에 적정한 방법에 따라 하여야 한다.
> ② 제1항의 방법에 의하여 산출된 대상물건의 감가누계액이 적정하지 아니할 때에는 관찰감가법 등 다른 방법을 적용할 수 있다.
> ③ 제1항의 내용연수는 경제적 내용연수로 한다.

2. 개요

감가란 신규 또는 최유효이용 상태에서 실현되는 원가의 감소분을 말하며, 감가수정이란 대상물건에 대한 재조달원가를 감액하여야 할 요인이 있는 경우에 물리적·기능적·경제적 감가 등을 고려하여 그에 해당하는 금액을 재조달원가에서 공제하여 기준시점에서의 대상물건의 가액을 적정화하는 작업을 말한다. 이는 유형자산의 취득가액을 수익·비용 대응의 원칙에 따라 사용기간 동안 비용으로 처리하는 회계 측면의 감가상각과 가치와 비용 측면에서 실제 감가를 반영하는 감정평가 측면의 감가수정이 있다.

핵심체크 | 감가수정과 감가상각의 비교

구분	감가수정	감가상각
적용	감정평가	기업회계
기준	재조달원가	취득원가(장부가액)
목적	적산가액	기간손익 배분

3. 감가요인의 구분

(1) 물리적 감가요인

물리적 감가요인은 시간의 경과ㆍ사용으로 인한 마모 또는 파손, 재해 등 우발적 사고로 인한 손상, 기타 물리적인 하자 등을 말한다. 즉, 대상물건의 물리적 상태 변화에 따른 감가요인을 의미한다.

(2) 기능적 감가요인

기능적 감가요인은 부동산 설비의 구식화ㆍ부족ㆍ불량ㆍ기능 저하 등에 의한 감가요인을 말한다. 즉, 대상물건의 기능적 효용 변화에 따른 감가요인을 의미한다.

(3) 경제적 감가요인

경제적 감가요인은 지리적 위치의 고정성에 따른 주위환경과의 부적합, 인근지역의 쇠퇴, 시장성의 감퇴 등에 의한 감가요인을 말한다. 즉, 인근지역의 경제적 상태, 주위환경, 시장상황 등 대상물건의 가치에 영향을 미치는 경제적 요소들의 변화에 따른 감가요인을 의미한다.

4. 용어의 정리

(1) 내용연수

내용연수는 물리적으로 존속 가능한 기간인 물리적 내용연수와 물리적 내용연수 범위 내에서 기능적ㆍ경제적 가치가 지속 가능한 연수인 경제적 내용연수로 구분된다.

(2) 경과연수

경과연수는 실제 경과된 연수를 기준하되 실제 경과연수의 적용이 불합리한 경우에는 대상의 성능ㆍ상태ㆍ사용정도ㆍ장래 사용 가능 기간 등을 판단하여 조정할 수 있다. 경과연수의 기산시점은 사용승인일을 기준하되, 준공시점과 완공시점의 차이가 1년 이상인 경우에는 완공시점을 기준함이 통상적이다.

(3) 잔존내용연수

경제적 내용연수에서 경과연수를 차감한 부분을 잔존내용연수라 하며 대상의 성능ㆍ상태ㆍ사용정도 등을 고려하여 이를 조정할 수 있다.

5. 감가수정의 방법

(1) 개요

감가수정은 자료의 출처에 따라 직접법과 간접법으로 구분되며, 직접법에는 내용연수법, 관찰감가법, 분해법이 있으며 간접법에는 시장추출법, 임대료손실환원법으로 구분된다. 내용연수법은 정액법, 정률법, 상환기금법으로 다시 세분된다.

핵심체크 | 감가수정의 방법 정리

자료출처 구분	감가수정방법	
직접법	내용연수법	정액법, 정률법, 상환기금법
	관찰감가법	
간접법	분해법, 시장추출법, 임대료손실환원법	

(2) 내용연수법

1) 정액법

대상물건의 감가수정 총액을 경제적 내용연수로 균등하게 배분하여 매년의 감가액을 산정하는 방법으로 주로 건물 및 구축물 평가에서 활용된다.

- 매년의 감가액$(D) = \dfrac{C-S}{N} = \dfrac{C \times (1-R)}{N}$

- 감가누계액$(D_n) = C \times (1-R) \times \dfrac{n}{N}$

- 적산가액$(P_n) = C - Dn = C \times \left[1 - (1-R) \times \dfrac{n}{N} \right]$

(C: 재조달원가, S: 잔존가치, R: 잔가율, N: 내용연수, n: 경과연수)

2) 정률법

자산의 가치가 매년 일정한 비율로 감가 된다는 가정하여 감가수정액을 산정하는 방법으로 초년도에 감가수정액이 가장 크고 점차 줄어드는 형태이다. 주로 기계·기구 평가에서 활용된다.

- 매년의 감가율$(k) = 1 - r$
- 감가누계액$(D_n) = C \times (1 - r^n)$
- 적산가액$(P_n) = C - r^n = C \times (1-k)^n$

(r: 전년대비 잔가율, k: 매년 감가율)

3) 상환기금법

대상물건의 내용연수 만료 시 감가누계액과 그에 따른 복리 이자상당액의 합계액이 전체 감가 총액과 같아지도록 매년 일정액을 감가하는 방법이다.

- 매년의 감가액$(D) = (C-S) \times \dfrac{i}{(1+i)^N - 1} = C \times (1-R) \times \dfrac{i}{(1+i)^N - 1}$

- 감가누계액$(D_n) = C \times (1-R) \times \dfrac{i}{(1+i)^N - 1} \times n$

- 적산가액$(P_n) = C - Dn = C - C \times (1-R) \times \dfrac{i}{(1+i)^N - 1} \times n$

(i: 안전이율)

4) 내용연수의 조정

대상건물의 신축 후 보수관리·리모델링·증축 등과 같은 감가의 개별성을 반영하기 위해 감정평가사가 객관적으로 판단하여 내용연수를 조정하는 방법으로 유효경과연수로 조정하는 방법(유효연수법)과 잔존내용연수(미래수명법)를 조정하는 방법이 있다.

핵심체크 | 내용연수 조정

1. 유효연수법

유효연수법은 대상부동산의 증·개축을 고려한 유효연수를 기준으로 감가수정을 하는 방법으로 전내용연수는 고정하고 경제적 잔존내용연수(장래보존연수)를에 따라 경과연수를 조정하는 방법이다.

> - 수정경과연수 = 전내용연수 - 장래보존연수
> - 감가율 = $\dfrac{\text{수정경과연수}}{\text{전내용연수}}$
> - 잔존가치율 = $\dfrac{\text{장래보존연수}}{\text{전내용연수}}$

2. 미래수명법

미래수명법은 경제적 잔존내용연수(장래보존연수)를 보다 더 정확하게 알 수 있을 때 잔존 경제적 수명에 건물의 경과연수를 가산하여 전체 내용연수를 조정하는 방법이다.

> - 수정내용연수 = 실제경과연수 + 장래보존연수
> - 감가율 = $\dfrac{\text{실제경과연수}}{\text{수정내용연수}}$
> - 잔존가치율 = $\dfrac{\text{장래보존연수}}{\text{수정내용연수}}$

핵심체크 | 증축시 내용연수 조정

1. 증축의 경우 내용연수 조정

> - 증축부분의 전내용연수 = 기존부분의 잔존내용연수 + 증축부분의 경과연수
> - 잔존가치율 = $\dfrac{\text{기존부분의 잔존내용연수}}{\text{증축부분의 전내용연수}}$

2. 부대부분의 증축의 경우

건물의 부대부분이 증축된 경우 부대부분은 주체부분 대비 경제적 내용연수가 짧기 때문에 별도의 내용연수를 조정하지 않는 경우도 있으나, 기능적 측면에서 부대부분도 조정하는 경우도 있으므로 유의하여야 한다.

(3) 관찰감가법

관찰감가법이란 감정평가사가 실지조사 등을 통해 평가주체의 폭넓은 지식을 기준으로 대상물건의 물리적·기능적·경제적 감가요인을 분석하여 감가액을 산정하는 방법으로, 경과연수 등을 기준하지 않고 감가요인을 전체적으로 고려하여 결정한다. 이 경우 대상물건의 각 구성부분별 또는 전체적인 사용자재·설계의 양부·규모·이용상태·보수 및 관리상태 등을 조사·분석하여 물리적·기능적·경제적 감가액을 결정하여야 한다.

(4) 분해법(Breakdown Method)

1) 개설

(가) 개념

분해법이란 대상부동산에 대한 감가요인을 물리적·기능적·경제적 요인으로 세분한 후 각 감가요인별로 경제적 타당성을 기초로 치유가능, 치유불가능으로 항목화하여 이에 대한 감가수정액을 별도로 평가하고, 전체의 발생감가액을 결정하는 방법이다.

(나) 단기 내용연수 항목과 장기 내용연수 항목

① 단기 내용연수 항목(단기항목, 부대부분)이란 건물 구성부분의 경제적 내용연수의 장·단기에 따른 분류로서 주체부분의 경우 도장 및 타일 등이 있으며, 부대부분의 경우 전기·급수·배수·위생·냉난방·승강기설비 등이 있다. ② 장기 내용연수 항목(장기항목, 주체부분)이란 건물 전체와 동일한 경제적 내용연수를 갖는 구성부분으로 내력벽·기둥·보·지붕틀 등이 있다.

(다) 치유가능감가와 치유불가능감가의 구분

치유가능성의 판단은 일반적으로 경제적 타당성을 기준으로 판단하며 치유하는데 필요한 치유비용과 감가가 발생하는 구성항목의 가치증가분의 비교를 통해 결정한다. 즉, "가치증분 > 치유비용"의 경우 치유가능감가로 판단한다.

2) 물리적 감가(Physical depreciation)

(가) 치유가능 물리적 감가(가치증분 > 치유비용)

기준시점 당시 정상적인 사용·수익을 위해 수리 또는 교체가 필요한 항목으로 타일, 출입문, 냉난방설비 등이 이에 해당한다. 이는 설치비용과 더불어 제거비용까지도 지불하여야 하기 때문에 치유비용이 재조달원가를 초과하더라도 제거비용까지 포함하여 치유비용으로 인식하여야 한다. 또한, 이중감가 문제점을 해결하기 위해 재조달원가 범위 내에서 치유비용을 치유불가능 감가액 산정 시 차감하여야 한다.

> 치유가능 물리적 감가액 = 설치비용 + 제거비용(실제, 한도 없음)

(나) 치유불가능 물리적 감가(가치증분 < 치유비용)

① 장기항목

장기항목들은 모두 동일한 경과연수와 잔존내용연수를 가지는 것으로 지하배관, 건물 기초공사 등이 있다.

> 치유불가능 장기항목 감가수정액 = [장기(주체)항목 재조달원가 - 장기항목 치유가능
> 물리적 감가액(재조달원가 한도)] × 경과연수 ÷ 전내용연수

② 단기항목

기준시점 당시 교체될 항목은 아니나 가까운 장래에 교체되어야 하는 항목으로 지붕, 내부바닥마감 등이 이에 해당한다. 단기항목은 유효수명에는 이르지 않았지만 건물의 정상적인 사용·수익을 위해 대체가 필요한 항목이다. 또한, 이중감가의 문제점을 해결하기 위해 재조달원가 범위 내에서 치유가능한 단기항목비용을 차감하여야 한다.

$$\boxed{\text{치유불능 단기항목 감가수정액} = [\text{단기(부대)항목 재조달원가} - \text{단기항목 치유가능}}$$
$$\boxed{\text{물리적 감가액(재조달원가 한도)}] \times \text{경과연수} \div \text{전내용연수}}$$

③ 손상 또는 반달리즘

건물 외부의 의도되지 않은 낙서 등과 같은 손상이나 반달리즘의 치유비용은 물리적 감가가 아니며 건축비용에 미포함되어 있어 치유한다고 하더라도 이전 상태로의 회복일뿐 그 수명이 연장되지 않는다. 따라서, 비용을 별도로 측정하여 물리적 감가에 합산하되, 장기항목 중 치유가능 물리적 감가액에서 차감하여서도 안 된다.

3) 기능적 감가(Functional depreciation)

(가) 개념

기능적 감가는 기준시점 당시 인근지역 내 최유효이용 건물과 기능적 측면에서 비교할 때 내부적인 결함, 과잉에 의해 발생하는 감가로, 치유비용과 가치손실을 고려하여 판단한다.

(나) 설비의 구분

① 과소(부족)설비

인근지역 내 최유효이용 대비 대상부동산의 부족한 설비를 의미한다.

② 대체설비

최유효이용 대비 대상부동산이 기준에 미치지 못하기 때문에 대체설비로 변경하는 것을 말한다.

③ 과대(과잉)설비

최유효이용 대비 대상부동산이 기존 재조달원가를 초과하여 지출한 설비를 의미한다.

(다) 경제적 타당성 검토 방법(치유가능 vs 치유불능)

기능적 감가 있는 경우 아래와 같은 방법으로 경제적 타당성을 분석한다.

구분	구체적인 방법
단기항목	증가된(or 감소된) 순수익 × PVAF(잔존, 시장이자율) vs 치유비용(or 신규설치비용 - 폐재가치)
장기항목	증가된(or 감소된) 순수익 ÷ 건물 환원율(or 총수익 × 승수) vs 치유비용(or 신규설치비용 - 폐재가치)

(라) 치유가능 · 치유불능 기능적 감가수정액 산정 정리(재생산원가 기준) [기 · 발 · 치 · 신]

구분	치유가능 기능적 감가			치유불능 기능적 감가		
	과소 (부족)	대체	과대 (과잉)	과소 (부족)	부조화 (대체)	과대 (과잉)
+ 기존 재조달원가(비용)	×	○	○	×	○	○
- 발생 감가액	×	○	○	×	○	○
+ 치유비용(제거비용 - 폐재가치 + 설치비용) or 가치손실액 또는 추가비용 환원액	○	○	○	○	○	○
- 신축 시 설치비용	○	○	×	○	○	×

$$\boxed{\text{기존 재조달원가} - \text{발생 감가액} = \text{적산가액} = \text{재조달원가} \times \text{잔존내용연수} \div \text{전내용연수}}$$

대치원가를 기준으로 재조달원가를 산정하는 경우 최유효이용을 기준하므로 과대설비 자체를 고려하지 않는다. 따라서, 분해법 적용 시 과대설비에 따른 기능적 감가액을 산정할 필요가 없다.

4) 경제적 감가(External depreciation)

(가) 개념

경제적 감가는 대상부동산 자체에서 발생하는 감가가 아닌 외부적 요인에 의해 대상의 가치가 영향을 받게 되는 것으로 부동산의 위치의 고정성에 기인하며, 치유불가능 감가만 존재한다. 인근지역 내 혐오시설의 설치, 지역지구제 변경 등이 그 예가 될 수 있다.

(나) 경제적 감가수정액 산정

구분	산정
단기의 경우	수익감소액 × PVAF × 건물가치구성비
장기인 경우	수익감소액 ÷ (종합)환원율 × 건물가치구성비 or 건물 귀속 수익감소액 ÷ 건물환원율
기타	대쌍비교법, 시장추출법

5) 감가(수정)누계액

감가(수정)누계액 = 물리적 감가액 + 기능적 감가액 + 경제적 감가액

(5) 시장추출법(Market extraction method)

시장참여자의 거래에 기초하여 감가를 구하는 방법으로 시장성이 반영되므로 신뢰성이 높은 방법이다. 시장추출법은 대상부동산의 감가수정을 시장에서 수집한 유사부동산의 거래사례와 비교하되, 토지에는 감가가 없고 건물에만 감가수정이 발생한다는 전제하에 최유효이용상태에서의 사례 복합부동산의 가치에서 현황 시례 복합부동산의 가치를 차감하여 산정하는 금액을 발생감가액으로 인식한다.

- 사례 건물가액 = 유사 사례 복합 부동산가액 - 유사 사례 토지가액
- 사례 발생 감가액 = 기준시점 당시 재조달원가 - 사례 건물가액
- 평균 연간 감가율 = 사례 발생 감가액 ÷ 경과연수 ÷ 재조달원가
- 대상 감가수정액 = 대상 재조달원가 × 평균 연간 감가율 × 경과연수

(6) 임대료손실환원법(Capitalization of rent loss method)

감가요인으로 순수익 감소분을 자본환원하여 감가액을 추출하는 방법으로 시장추출법과 마찬가지로 시장자료의 신뢰성이 높아야 감가수정의 신뢰도가 높아진다.

- 순수익 감소분 = 사례 단위당 순수익 - 대상 단위당 순수익
- 발생 감가액 총액 = 순수익 감소분 ÷ 환원율
- 대상 감가수정액 = 발생 감가액 총액 × 건물가치구성비

(7) 총임대료승수법(GRM)

감가요인으로 순수익 감소분을 총임대료승수를 적용하여 감가수정액을 산정하는 방법이다.

- 대상 감가수정액 = 순수익 감소분 × 총임대료승수 × 건물가치구성비
- 총임대료승수 = 사례 부동산 가치 ÷ 사례 총임대료

핵심체크 | 감가수정의 장·단점

구분		장점	단점
직접법	내용연수법	객관성, 신뢰성, 통일성 ↑	개별성 반영 ↓
	관찰감가법	개별성 반영 ↑	주관개입성 ↑
	분해법	객관성, 신뢰성, 개별성 ↑	산정 난이도 ↑ 감가요인 복합성 미반영
간접법	시장추출법	객관성, 시장성 ↑	개별성 반영 ↓
	임대료손실 환원법	객관성, 시장성, 수익성 ↑	손실 배분 문제점

제3절   복합부동산의 원가방식

1 관련 규정

「감칙」 제7조(개별물건기준 원칙 등)
① 감정평가는 대상물건마다 개별로 하여야 한다.

「감칙」 제14조(토지의 감정평가)
① 감정평가법인등은 법 제3조 제1항 본문에 따라 토지를 감정평가할 때에는 공시지가기준법을 적용해야 한다.

「감칙」 제15조(건물의 감정평가)
① 감정평가법인등은 건물을 감정평가할 때에 원가법을 적용해야 한다.

「감칙」 제12조(감정평가방법의 적용 및 시산가액 조정)
① 감정평가법인등은 제14조부터 제26조까지의 규정에서 대상물건별로 정한 감정평가방법(이하 "주된 방법"이라 한다)을 적용하여 감정평가해야 한다. 다만, 주된 방법을 적용하는 것이 곤란하거나 부적절한 경우에는 다른 감정평가방법을 적용할 수 있다.
② 감정평가법인등은 대상물건의 감정평가액을 결정하기 위하여 제1항에 따라 어느 하나의 감정평가방법을 적용하여 산정(算定)한 가액[이하 "시산가액(試算價額)"이라 한다]을 제11조 각 호의 감정평가방식 중 다른 감정평가방식에 속하는 하나 이상의 감정평가방법(이 경우 공시지가기준법과 그 밖의 비교방식에 속한 감정평가방법은 서로 다른 감정평가방식에 속한 것으로 본다)으로 산출한 시산가액과 비교하여 합리성을 검토해야 한다. 다만, 대상물건의 특성 등으로 인하여 다른 감정평가방법을 적용하는 것이 곤란하거나 불필요한 경우에는 그렇지 않다.

2 산식

복합부동산 적산가액 = 토지가액 + 건물가액

3 산정방법

① 토지가액은 「감칙」 제14조 제1항 및 「감칙」 제12조 제1항, 제2항에 의거 공시지가기준법 및 후술하는 토지의 감정평가방법에 따라 산정한 시산가액을 조정하여 결정한다. ② 건물가액은 「감칙」 제15조 제1항에 의거 원가법 및 후술하는 건물의 감정평가방법에 따라 산정한 시산가액을 조정하여 결장한다.

> **핵심체크 | 개별물건기준 원칙과 원가법**
>
> 현행 「감칙」 규정상 원가법은 재조달원가에서 감가수정을 하여 대상물건의 가액을 산정하는 감정평가방법이라 정의하는 반면 **기출문제 등에서 개별물건기준 원칙과 원가법을 혼용**하고 있다. 따라서, 양자 개념에 대한 논의가 있으나 사견으로는 「감칙」 제7조 제1항에서 개별물건기준 원칙을 규정하고 있다는 점을 고려할 때, 양자를 구분하는 것이 타당하다. 다만, 기출문제 등을 고려하여 출제자가 원가방식으로 복합부동산을 평가하도록 제시하는 경우 양자의 개념을 동일하게 보아 목차를 구성하는 전략이 필요할 것이다.

제4절 구분건물의 원가방식

1 관련 규정

> **「감칙」 제7조(개별물건기준 원칙 등)**
> ① 감정평가는 대상물건마다 개별로 하여야 한다.
>
> **「감칙」 제16조(토지와 건물의 일괄감정평가)**
> 감정평가법인등은 「집합건물의 소유 및 관리에 관한 법률」에 따른 구분소유권의 대상이 되는 건물부분과 그 대지사용권을 일괄하여 감정평가하는 경우 등 제7조 제2항에 따라 토지와 건물을 일괄하여 감정평가할 때에는 거래사례비교법을 적용해야 한다. 이 경우 감정평가액은 합리적인 기준에 따라 토지가액과 건물가액으로 구분하여 표시할 수 있다.
>
> **구)「감칙」 제19조(건물과 토지의 일괄평가 등)**
> ① 제15조 제1항 단서의 규정에 의하여 건물과 토지를 일괄하여 평가하는 경우에는 거래사례비교법 또는 수익환원법에 의한다. 이 경우 그 평가가격은 합리적인 기준에 따라 건물가격과 토지가격으로 구분하여 표시할 수 있다.
> ② 제15조 제1항 단서의 규정에 의하여 집합건물의 소유 및 관리에 관한 법률에 의한 구분소유권의 대상이 되는 건물부분과 그 대지사용권을 일괄하여 평가하는 경우에는 거래사례비교법에 의한다. 다만, 거래사례비교법에 의한 평가가 적정하지 아니한 경우에는 원가법 또는 수익환원법에 의할 수 있다.

2 산식

적산가액 = 1동 전체 토지 · 건물 가액 × 층별 효용비율 × 위치별 효용비율

토지의 경우 공시지가기준법 및 거래사례비교법과 동일한 사례선정 기준을 적용하되, 토지의 면적과 용도에 유의하여 사례를 선정한다.

3 층별 효용비율과 지가배분율

1. 효용비와 효용비율의 차이

효용비는 건물의 특정 부분이 갖는 상대적 효용의 차이로 특정 부분의 면적이 고려되지 않는 반면, 효용비율은 특정 부분의 면적과 전체 건물의 면적을 적용한 적수를 기준하여 산정함으로써 면적이 고려된 효용의 상대적 차이를 나타낸다. 따라서, 거래사례비교법과 원가법을 적용하는 경우 각각의 면적 적용에 있어 차이가 있음에 유의하여야 한다.

2. 층별 · 위치별효용비율

층별효용비율은 건물이 갖는 수직적 효용 차이에 전유면적(공급면적 기준도 가능)을 고려하여 전체 건물에서 특정 부분이 갖는 가치에 대한 비율을 나타낸다. 위치별효용비율은 해당 층 내 각 전유부분이 갖는 가치에 대한 비율을 나타낸다.

[위치별효용비율 산정 예시]

층	임대료단가 또는 분양단가(원/㎡)	층별 효용비	전유 면적(㎡)	효용 적수	효용 비율
1층	50,000	100	30	3,000	0.7143
2층	30,000	60	20	1,200	0.2857
계	-	-	-	4,200	1.0000

① 층별효용비는 1층 기준하되, 결국 효용비는 상대적 차이이기 때문에 단가 차체를 써도 무방하지만 답안 형식을 고려할 때 효용비 목록을 적시하는 것이 유리하다.
② 효용적수 = 층별효용비 × 전유면적
③ 층별효용비율 = 해당 층 효용적수 ÷ 총 효용적수

3. 지가배분율

(1) 의미

건물의 가액은 전체 면적을 기준 한 평균단가를 통해 산정되거나 특정 부분에 실제 투입된 비용에 의해 산정되므로, 특정 부분이 갖는 위치에 따른 효용의 차이는 지가에 귀속되어야 한다는 견해에 따라 산정되는 가치의 배분율을 말한다.

(2) 지가배분율 산정

층	임대료단가 또는 분양단가(원/㎡)	층별 효용비	전유 면적 (㎡)	효용 적수	효용 비율	건물 귀속분	토지 귀속분	지가 배분율
1층	50,000	100	30	3,000	0.7143	0.18	0.5343	0.7633
2층	30,000	60	20	1,200	0.2857	0.12	0.1657	0.2367
계	-	-	50	4,200	-	-	0.7000	1.0000

① 건물귀속분 = 건물가격구성비(30%) × 해당 층 전유면적 ÷ 전체 총 전유면적
② 토지귀속분 = 효용비율 - 건물귀속분
③ 지가배분율 = 해당 층 토지귀속분 ÷ 전체 토지귀속분

(3) 지가배분율의 문제점

지가배분율은 특정 위치에 따른 효용의 차이가 지가에 귀속되어야 한다는 견해이나 구분건물의 경우 건물의 특정 부분과 토지지분 형태의 복합적 결합에 따라 효용이 발생하며 관련 법령 등에 의해 이를 구분하여 거래할 수 없다는 점 등을 고려할 때 층별·위치별효용비율에 따른 가치의 배분이 보다 합리적이라는 비판이 있다.

4 층별효용비 사례

1. 「토지보상평가지침」[별표 9]

층별	고층 및 중층 시가지		저층시가지				주택지
	A형	B형	A형	B형	A형	B형	
20	35	43					
19	35	43					
18	35	43					
17	35	43					
16	35	43					
15	35	43					
14	35	43					
13	35	43					
12	35	43					
11	35	43					
10	35	43					
9	35	43	42	51			
8	35	43	42	51			
7	35	43	42	51			
6	35	43	42	51			
5	35	43	42	51	36	100	
4	40	43	45	51	38	100	
3	46	43	50	51	42	100	
2	58	43	60	51	54	100	100
지상1	100	100	100	100	100	100	100
지하1	44	43	44	44	46	48	-
2	35	35	-	-	-	-	-

주:
1. 이 표의 지수는 건물가격의 입체분포와 토지가격의 입체분포가 같은 것을 전제로 한 것이다.
2. 이 표에 없는 층의 지수는 이 표의 경향과 주위환경 등을 고려하여 결정한다.
3. 이 표의 지수는 각 용도지역별 유형의 개략적인 표준을 표시한 것이므로 여건에 따라 보정할 수 있다.
4. A형은 상층부 일정층까지 임료수준에 차이를 보이는 유형이며, B형은 2층 이상이 동일한 임료수준을 나타내는 유형이다.

2. 「하수도 설치를 위한 지하부분 토지사용 보상기준」(환경부고시) [별표 2]

층별효용비율 기준표							
용도지대 지상층수	고층지대		중층지대		저층지대		
	상업지대	주거지대	상업지대	주거지대	상업지대	주거지대	공업지대
36 이상	45~55	110~112	-	-	-	-	-
31~35	45~55	110~112	-	-	-	-	-
26~30	45~55	110~112	40~50	108~111	-	-	-
21~25	45~55	110~112	40~50	108~111	-	-	-
20	45~55	110~112	40~50	108~111	-	-	-
19	45~55	110~112	40~50	108~111	-	-	-
18	45~55	110~112	40~50	108~111	-	-	-
17	45~55	110~112	40~50	108~111	-	-	-
16	45~55	109~112	40~50	108~111	-	-	-
15	45~55	109~112	40~50	108~111	-	-	-
14	45~55	109~112	40~50	108~111	-	-	-
13	45~55	108~111	40~50	108~111	-	-	-
12	45~55	108~111	40~50	108~111	-	-	-
11	45~55	108~111	40~50	108~111	-	-	-
10	45~55	107~109	40~50	108~111	-	-	-
9	45~55	107~109	40~50	108~111	-	-	-
8	45~55	106~108	40~50	108~111	-	-	-
7	45~55	106~108	40~50	108~111	-	-	-
6	45~55	105~107	40~50	108~111	-	-	-
5	47~57	105~107	42~52	107~109	-	-	-
4	49~59	104~106	44~54	106~108	32~42	85~102	42~52
3	52~62	103~105	47~57	105~107	35~45	90~105	45~55
2	55~65	102~104	50~60	103~105	40~50	95~105	50~60
1	100	100	100	100	100	100	100

비고
1. 이 표는 통상적인 기준을 표시한 것으로 당해 용도지대의 특성에 따라 조정하여 적용하되, 층별로 하나의 수치를 결정하여 적용한다.
2. 이 표에서 제시되지 않은 용도지대나 층수의 경우 당해 용도지대의 특성 등을 고려하여 조정하여 적용한다.

상기 규정에서는 층별효용비율이라 명칭하고 있으나 그 개념은 층별효용비라는 것에 유의하여야 한다.

ca.Hackers.com

제5장 원가방식 예상문제

[문제 1] 대상토지에 대해 원가법(가산법)을 적용하여 감정평가액을 산정하시오. 기준시점은 2025년 7월 12일임

<자료 1> 대상토지

1. 경기도 용인시 기흥구 하갈동 44 - 211, 계획관리지역
2. 조성 전: 전, 420㎡, 세로(불), 부정형, 완경사
3. 조성 후: 대, 400㎡, 세로(가), 가장형, 평지(20㎡ 도로 개설 후 기부 채납)

<자료 2> 대상토지 조성자료

1. 조성 전 토지 매입가격: 400,000원/㎡(매입일: 2023.5.1.)
2. 조성공사비: 100,000,000원
3. 조성공사 스케줄
   매입 즉시 착공하여, 1년 후 완공, 조성공사비는 착공시, 착공 후 6개월 시점, 완공시 균등하게 지급
4. 수급인의 이윤은 조성공사비의 10%(공사비와 동일시기 지급)
5. 투하자본수익률: 12%
6. 소지는 매입 시점부터 원가로 전제함

<자료 3> 기타사항

경기도 용인시 기흥구 계획관리지역 지가변동률은 연간 5%를 기준함

예시답안

Ⅰ. 평가개요

- 평가대상: (조성 후) 토지
- 평가목적: 일반거래
- 기준시점: 2025.7.12.
- 기준가치: 시장가치
- 대상토지의 가액을 가산법을 적용하여 산정하되, 성숙도 수정은 지가변동률을 적용함

Ⅱ. 조성 완료 시점 토지가액(2024.5.1.)

1. 소지매입비

$400,000 \times 420 \times 1.12 ≒ 188,160,000$원

2. 조성공사비, 수급인의 이윤

$100,000,000 \times 1.1 \times \dfrac{1}{3} \times (1.12 + 1.016 + 1) ≒ 116,655,000$원

3. 조성 완료 시점 토지가액

소지매입비 + 조성공사비 등 ≒ 304,815,000원(÷ 400㎡ ≒ 762,038원/㎡)

Ⅲ. 기준시점 대상 적산가액(2025.7.12.)

$762,038 \times {}^{*}1.06050 ≒ 808,000$원/㎡(× 400㎡ ≒ 323,200,000원)

* 성숙도 수정(지가변동률, 2024.5.1. ~ 2025.7.12.): $1.05 \times (1 + 0.05 \times 73/365)$

[문제 2]

개발업자 甲씨는 아래와 같은 토지를 매입한 후 주거용 건물을 신축하려고 한다. 이에 해커스 감정평가법인으로 대상토지의 시장가치 산정을 의뢰하였는바, 대상토지의 가치를 원가법(개발법)을 적용하여 산정하시오. 기준시점 현재, 시장이자율은 연 12%임

<자료 1> 대상토지

경기도 용인시 기흥구 중동 111 - 98, 대, 1,000㎡, 준주거지역, 세로(가), 세장형, 평지

<자료 2> 개발계획

1. 건축계획

   위 지상 철근콘크리트조 슬라브지붕, 지상 5층, 연면적 2,500㎡, 각 층 건축면적 동일, 전용률 80%, 각 층 8개호 주거용 오피스텔 신축

2. 건축공사비: 1,500,000원/㎡

3. 공사기간: 1년, 기준시점 현재 즉시 착공

4. 공사비 스케줄

   착공 시, 착공 6개월 후, 준공 시 각 1/3씩 균등 지급

5. 판관비는 분양가액의 1%, 준공 시 일괄 발생

6. 정상이윤은 분양가액의 10%, 준공 시 일괄 발생

<자료 3> 분양계획

1. 분양수입 전용면적 ㎡당 5,000,000원

2. 분양스케줄: 준공 시 50%, 준공 6개월 후 50%

예시답안

Ⅰ. 분양수입의 현가

$5,000,000 \times 2,500 \times 0.8 \times 1/2 \times (1/1.01^{12} + 1/1.01^{18}) ≒ 8,617,333,000$원

Ⅱ. 공사비 등의 현가

1. 공사비

   $1,500,000 \times 2,500 \times 1/3 \times (1 + 1/1.01^6 + 1/1.01^{12}) ≒ 3,536,868,000$원

2. 판매관리비 및 이윤

   $5,000,000 \times 2,500 \times 0.8 \times (0.01 + 0.1) \times 1/1.01^{12} ≒ 976,194,000$원

3. 합계: 4,513,062,000원

Ⅲ. 토지가격 산정

$(8,617,333,000 - 4,513,062,000) \div 1,000 ≒ 4,100,000$원/㎡

[문제 3] 아래와 같은 자료를 활용하여 대상 건물의 재조달원가를 직접법에 의해 산정하시오.

1. 설계감리비: 25,000,000원
2. 공사비 내역
   (1) 직접공사비: 1.500,000.000원
   (2) 간접비: 550,000,000원
   (3) 기타: 공사비 중 150,000,000원은 판촉비 지출
3. 기타경비: 제비용의 15%
4. 부가가치세: 10%

예시답안

재조달원가에 미포함되는 판촉비 제외함

[25,000,000 + (1,500,000,000 − 150,000,000) + 550,000,000 × *0.9] × 1.15 ≒ 2,150,500,000원

* 간접비는 직접비에 대응되는 비용으로 비율 차감

[문제 4]

아래와 같은 자료를 활용하여 2025년 5월 20일 기준 대상건물의 재조달원가를 산정하시오.

<자료 1>   대상건물 내역

1. 철골철근콘크리트조 슬래브지붕 10층 업무용 빌딩(3급), 연면적 4,500㎡
2. 사용승인일: 2021.6.1.
3. 대상건물 도급 당시 최저입찰경쟁으로 표준건축비 대비 5% 저가인 1,140,000원/㎡에 낙찰된 것으로 조사되었음

<자료 2>   건축물의 신축단가표 및 부대설비 보정단가

1. 건축물의 신축단가표(2024.5.1. 기준)

일련번호	용도	급수	재조달원가(원/㎡)
1 - 2 - 3 - 4	업무시설	2	1,550,000
1 - 2 - 3 - 4	업무시설	3	1,300,000

2. 부대설비 보정단가(2024.5.1. 기준): ㎡당 150,000원
3. 본건 건물은 전체 공사비 기준 신축단가표 대비 3% 우세

<자료 3>   건설공사비 지수

시점	지수
2020년 4월	95.40
2021년 5월	96.20
2021년 6월	96.50
2024년 4월	110.60
2024년 5월	111.00
2025년 1월	118.10
2025년 2월	112.00

1. 직접법

   $1,140,000 \times 100/95 \times {}^{*}1.16424 ≒ 1,397,000$원/㎡

   * 건설공사비 지수: $\dfrac{2025.5(2월지수)}{2021.6(5월지수)} = \dfrac{112.00}{96.20}$

2. 간접법(신축단가표 기준)

   업무시설, 3급 기준

   $(1,300,000 + 150,000) \times {}^{*}1.01266 \times 1.03 ≒ 1,510,000$원/㎡

   * 건설공사비지수: $\dfrac{2025.5(2월지수)}{2024.5(4월지수)} = \dfrac{112.00}{110.60}$

3. 재조달원가 결정

   직접법에 의한 재조달원가는 사정개입 및 시적 차이가 크므로, 객관적인 건축공사비가 반영된 간접법에 의한 재조달원가로 결정함

[문제 5]

2025년 6월 20일 기준 대상 건물의 시장가치를 원가법을 적용하여 산정하시오.

<자료 1> 일반건축물대장(일부 발췌)

건축물 현황			
층별	구조	용도	면적(㎡)
지1층	철근콘크리트조	주차장, 기계실	300
1층	철근콘크리트조	근린생활시설	200
2층	철근콘크리트조	업무용	200
3층	철근콘크리트조	업무용	200
4층	철근콘크리트조	업무용	200
5층	철근콘크리트조	업무용	200

허가일	2018.10.1.
착공일	2018.12.1.
완공일	2020.6.9.
사용승인일	2021.1.9.

<자료 2> 건축물의 신축단가표

1. 신축단가표

	철골조(내용연수 40년)		철근콘크리트조(내용연수 50년)	
	근린생활시설	업무용	근린생활시설	업무용
표준단가(원/㎡)	850,000	1,000,000	1,000,000	1,200,000

2. 부대설비 보정단가(원/㎡)

구분	기계 및 전기설비	위생설비	냉난방설비
보정단가	50,000	50,000	200,000
지하층	○	○	×
근린생활시설	○	○	○
업무용	○	○	○

3. 지하부분은 지상 1층 부분 재조달원가의 80%를 적용한다.

Ⅰ. 재조달원가 산정

1. 지1층(철근콘크리트조)
$(1,000,000 + 50,000 + 50,000) \times 0.8 = 880,000$원/㎡

2. 근린생활시설 부분
$1,000,000 + 50,000 + 50,000 + 200,000 = 1,300,000$원/㎡

3. 업무용 부분
$1,200,000 + 50,000 + 50,000 + 200,000 = 1,500,000$원/㎡

Ⅱ. 적산가액(사용승인일 기준)

1. 지1층: $880,000 \times \dfrac{46}{50} = 810,00$원/㎡(× 300㎡ = 243,000,000원)

2. 근린생활시설: $1,300,000 \times \dfrac{46}{50} = 1,200,000$원/㎡(× 200㎡ = 240,000,000원)

3. 업무용 부분: $1,500,000 \times \dfrac{46}{50} = 1,380,000$원/㎡(× 200㎡ × 4층 = 1,104,000,000원)

4. 합계: 1,587,000,000원

[문제 6] 아래와 같은 대상 건물의 층별 조정 내용연수, 잔존내용연수, 경과연수 및 잔존가치율을 산정하시오. 기준시점은 2025년 7월 12일임

1. 소재지: 인천광역시 남동구 고잔동 151 - 12
2. 구조: 일반철골조 판넬지붕 2층
3. 이용상황: 1층(공장), 2층(사무실)
4. 사용승인일: 1층 2015.5.1. 2층(증축) 2018.4.1.
5. 일반철골조 내용연수 35년, 잔가율 0%

예시답안

Ⅰ. 1층(공장)

1. 내용연수: 35년

2. 경과연수(만년감가): 10년

3. 잔존내용연수: 25년

4. 잔존가치율: 25/35 ≒ 0.714

Ⅱ. 2층(사무실)

1. 내용연수

2. 주체부분 잔존내용연수 + 경과연수 = 25 + 7 = 32년

3. 경과연수: 7년

4. 잔존내용연수: 25년

5. 잔존가치율: 25/32 ≒ 0.781

[문제 7] 아래와 같은 거래사례 자료를 활용하여 건물의 경제적 내용연수를 산정하시오. 기준시점은 2025년 6월 15일임

1. 거래사례 재조달원가(철근콘크리트조, 내용연수 50년)
   (1) 거래시점: 1,000,000원/㎡
   (2) 기준시점: 1,200,000원/㎡
   (3) 연면적: 1,200㎡

2. 사용승인일: 2013.7.5.

3. 거래사례
   (1) 거래금액: 25억원
   (2) 거래시점: 2024.6.8.
   (3) 토지면적: 200㎡
   (4) 토지단가
      1) 거래시점: 8,000,000원/㎡
      2) 기준시점: 9,000,000원/㎡

예시답안

Ⅰ. 사례 건물의 연감 감가율

1. 사례 거래시점 건물가액

   2,500,000,000 - 8,000,000 × 200 ≒ 900,000,000원

2. 사례 거래시점 건물 재조달원가

   1,000,000 × 1,200 ≒ 1,200,000,000원

3. 연감감가율(경과연수 10년)

   $(1 - \dfrac{900,000,000}{1,200,000,000}) \div 10 ≒ 2.5\%$

   [별해]

   $1,200,000,000 \times \dfrac{N - 10}{N} ≒ 900,000,000$일 때, ∴ N ≒ 40년

Ⅱ. 경제적 내용연수 산정

$\dfrac{1}{0.025} ≒ 40$년

[문제 8]

해커스 감정평가법인은 아래와 같은 대상건물에 대해 감정평가를 의뢰받았다. 감가수정액을 임대료손실환원법으로 적용하여 산정하고 대상건물의 적산가액을 산정하시오. 기준시점은 2025년 7월 2일임

<자료 1>   대상건물

1. 소재지: 서울특별시 용산구 이촌동 13 - 88
2. 구조: 철근콘크리트조 슬래브지붕, 지하 1층/지상 3층
3. 이용상황: 상업용
4. 연면적: 650㎡
5. 사용승인일: 2014.12.3.

<자료 2>   인근 유사 건물 수익자료

1. 소재지: 서울 용산구 이촌동 58 - 336
2. 구조: 철근콘크리트조 슬래브지붕, 지상 3층
3. 이용상황
4. 연면적: 상업용, 700㎡
5. 사용승인일: 2014.5.4.
6. 수익자료: 최근 1년 순수익 70,000,000원
7. 대상건물은 사례 대비 노후도 열세하나 지하 주차장 확보 등에 따른 이점으로 전체적으로 5%로 우세함

<자료 3>   기타사항

1. 인근 유사 신축 상업용 건물의 경우 400,000원/평 순수익이 발생하는 것으로 조사됨
2. 건물 노후에 따른 감가수정액은 내용연수법에 의하며, 감가수정액은 매년 일정함
3. 유사 신축 건물 재조달원가: 1,200,000원/㎡
4. 신축 대비 물리적 · 기능적 감가된 순수익에 적용되는 환원율은 5%임

I. 매년 임대료손실액 산정

1. 신축건물 순수익
400,000 × 121/400 ≒ 121,000원/㎡

2. 감가상각된 사례의 순수익
70,000,000 ÷ 700 ≒ 100,000원/㎡

3. 대상건물 임대료손실
(120,000 − 100,000 × 1.05) ÷ 10 ≒ 1,500원/㎡

II. 매년의 감가액 산정

$\dfrac{1,500}{0.05}$ ≒ 30,000원/㎡

III. 건물 적산가액 산정

1. 재조달원가
1,200,000원 × 650㎡ ≒ 780,000,000원

2. 감가누계액
30,000원/㎡ × 10년 × 650㎡ ≒ 195,000,000원

3. 적산가액
780,000,000원 − 195,000,000원 ≒ 585,000,000원

제 6 장

수익방식

제6장 수익방식

제1절 수익방식의 개념

1 수익방식의 개념

수익환원법이란 대상물건이 장래 산출할 것으로 기대되는 순수익이나 미래의 현금흐름을 환원하거나 할인하여 대상물건의 가액을 산정하는 방법으로 1년간의 예상 순수익을 환원율로 환원하는 직접환원법과 매기 현금흐름과 보유기간 말 복귀가액을 고려한 할인현금흐름분석법이 있다.

2 수익방식의 정의(수익환원법 중심)

1. 관련 규정

「감칙」 제2조(정의)

10. "수익환원법(收益還元法)"이란 대상물건이 장래 산출할 것으로 기대되는 순수익이나 미래의 현금흐름을 환원하거나 할인하여 대상물건의 가액을 산정하는 감정평가방법을 말한다.
11. "수익분석법"이란 일반기업 경영에 의하여 산출된 총수익을 분석하여 대상물건이 일정한 기간에 산출할 것으로 기대되는 순수익에 대상물건을 계속하여 임대하는 데에 필요한 경비를 더하여 대상물건의 임대료를 산정하는 감정평가방법을 말한다.

「감정평가실무기준」 3.4.1 수익환원법

3.4.1.1 정의
① 수익환원법이란 대상물건이 장래 산출할 것으로 기대되는 순수익이나 미래의 현금흐름을 환원하거나 할인하여 대상물건의 가액을 산정하는 감정평가방법을 말한다.
② 수익가액이란 수익환원법에 따라 산정된 가액을 말한다.

2. 개념

수익환원법이란 대상물건이 장래 산출한 것으로 기대되는 순수익 또는 미래의 현금흐름을 환원율 또는 할인율로 환원하거나 할인하여 기준시점 당시의 대상물건의 가액을 산정하는 감정평가방법으로 이 방법에 의하여 산정된 시산가액을 수익가액이라 한다. 수익환원법은 1년(1기)간의 수익 기대치를 시장에서 산정한 자본환원율(소득수익률 또는 Cap.rate)로 환원하는 직접환원법과 보유 기간의 미래현금흐름과 기말복귀액을 할인율(투자수익률)로 할인하는 할인현금흐름분석법(Discounted Cash Flow Method)이 있다. 대상물건의 종류, 성격, 감정평가 목적 등을 고려하여 직접환원법 및 할인현금흐름분석법을 적용 여부를 결정하며 이하에서는 대상물건을 "부동산"으로 보아 논의를 진행하도록 한다.

3. 수익방식의 장·단점

① 수익방식은 수익용·임대용 등 수익용 부동산의 경우 유용하게 활용될 수 있으며, 미래 기대 현금흐름을 반영한다는 점에서 감정평가의 이론적 측면에서 적합하고 ② 시장에서의 객관적 자료가 확보되는 경우 객관적 가치 산정이 가능하다는 장점을 지닌다. ③ 반면, 교육용·공공용 부동산의 경우 수익이 산출되지 않아 이론적 측면에서 적용이 불가능하고, ④ 수익의 안정성이 확보되지 않는 신규 시장 및 개발 가능지역에서는 순수익 및 환원율 산정에 어려움이 있다는 단점을 지닌다.

③ 수익방식의 환원방법에 따른 구분(수익환원법)

1. 관련 규정

> **「감정평가실무기준」 400-3.4.1 수익환원법**
>
> **3.4.1.2 환원방법**
> ① 직접환원법은 단일기간의 순수익을 적절한 환원율로 환원하여 대상물건의 가액을 산정하는 방법을 말한다.
> ② 할인현금흐름분석법은 대상물건의 보유기간에 발생하는 복수기간의 순수익(이하 "현금흐름"이라 한다)과 보유기간 말의 복귀가액에 적절한 할인율을 적용하여 현재가치로 할인한 후 더하여 대상물건의 가액을 산정하는 방법을 말한다.
> ③ 수익환원법으로 감정평가할 때에는 직접환원법이나 할인현금흐름분석법 중에서 감정평가 목적이나 대상물건에 적절한 방법을 선택하여 적용한다. 다만, 부동산의 증권화와 관련한 감정평가 등 매기의 순수익을 예상해야 하는 경우에는 할인현금흐름분석법을 원칙으로 하고 직접환원법으로 합리성을 검토한다.

수익환원법은 대상물건 전체에서 인식되는 안정화된 순수익을 환원율로 환원하는 직접환원법과 각 물건 간 순수익을 구분하여 물건 간 환원율로 환원하는 잔여환원법 등이 있으며, 잔여환원법은 물리적 측면에서 토지 및 건물일 경우와 자본조달형식 측면에서 지분과 저당일 경우로 크게 구분될 수 있다.

또한, 복수기간 동안 인식되는 매기의 현금흐름과 보유기간 말 예상되는 복귀가액을 적절한 할인율로 할인하여 시산가액을 산정하는 할인현금흐름분석법이 있으며, 대상물건의 성격 및 자료의 수집 범위 등에 따라 현금흐름을 순수익·세전현금흐름·세후현금흐름을 기준하여 감정평가 목적 및 기준가치 성격에 따라 시장이자율, 요구수익률, 기대수익률 등 다양한 할인율이 적용될 수 있다.

2. 직접환원법(Direct Capitalization Method)

(1) 개념

한 기의 안정화된 순수익을 적정한 환원율로 환원하여 기준시점 당시의 가액을 산정하는 (전통적) 직접환원법과 물리적 또는 자본적 측면에서 수익 발생에 기여한 물건 또는 자본형태별 순수익에 각각에 대응되는 환원율로 환원하는 합산하는 잔여환원법 등이 있다.

(2) 기본가정

① 대상에서 산출되는 순수익은 매년 동일하거나 안정화된 순수익으로 ② 영속적이고 ③ 환원율 또한 불변이며 ④ 자본회수도 고려하지 않는다.

(3) 산식

$$수익가액 = \frac{NOI_1}{(1+r)^1} + \frac{NOI_2}{(1+r)^2} + \frac{NOI_3}{(1+r)^3} + \cdots \text{ 이므로,}$$

$$초항이 \frac{NOI_1}{1+r}, \text{ 등비가 } \frac{1}{(1+r)} \text{인 무한등비급수인바,}$$

$$따라서, 수익가액 = \frac{NOI(순수익)}{R(환원율)}$$

> **핵심체크 | 직접환원법과 영구환원법의 구분**
>
> 직접환원법은 순수익과 환원율의 관계에서 시장참여자의 투자형태를 반영하는 방법으로 순수익 및 환원율의 변동분을 고려하는 방법인 반면, 영구환원법은 순수익 및 환원율의 변동이 없으며 순수익의 영구적 발생을 가정하므로 개념적으로 다른 평가방법이다.

3. 할인현금흐름분석법

(1) 개념

대상물건이 매기 산출할 것으로 기대되는 현금흐름(순수익 또는 세전·세후현금흐름) 및 기말복귀가액을 적정한 할인율로 할인하여 기준시점 당시의 가액을 산정하는 방법으로, 현금흐름의 유형 및 감정평가의 목적 등에 따라 할인율을 적정하게 결정한다. 또한, 부동산잔여법도 광의의 개념상 할인현금흐름분석법의 포함될 수 있다.

(2) 기본가정

① 대상에서 산출되는 현금흐름은 매기 동일 또는 변동되고 ② 일정 보유기간 후 매각을 전제하여 ③ 별도의 기말복귀액(자본회수)를 고려하며, ④ 할인율도 변동될 수 있음을 가정한다. 대상물건의 취득 및 매각까지의 일반적인 소유 및 투자형태를 반영하는 방법으로 대상물건의 변동성을 고려하여 직접환원법 대비보다 정확한 대상물건의 가치를 추계할 수 있다.

(3) 산식

$$수익가액 = \sum_{t=1}^{n} \frac{매기현금흐름_t}{(1+r)^t} + \frac{기말복귀액_n}{(1+r)^n}$$

4 직접환원법과 할인현금흐름분석법의 관계

1. 양자의 관계

상기 산식의 유도과정을 살펴보면 직접환원법과 할인현금흐름분석법은 결국 동일한 이론적 원리에서 도출된다는 점을 알 수 있다. 양자는 수익가액 산정의 정확도 측면에서 직접환원법을 시작으로 할인현금흐름분석법으로 발달하게 되었으며, 기본가정 측면에서도 현실성을 반영하여 복잡한 가치 추계 방식을 적용하게 되었다. 수익방식은 ① 현금흐름 종류, ② 환원율 또는 할인율, ③ 환원방법, ④ 수익가액의 정확도 측면 등을 고려하여 양자 중 하나 이상의 방식을 결정하여 적용하게 된다. 구체적인 환원방법은 후술한다.

2. 환원방법 및 산식 정리

현금흐름	환원방법 및 산식
가능총수익(PGI)	가능총수익승수법
- 공실손실상당액 및 대손충당금(V&LA)	$V = PGI \times PGIM$
유효총수익(EGI)	유효총수익승수법
- 운영경비(OE)	$V = EGI \times EGIM$
순수익(NOI)	직접환원법, 할인현금흐름분석법
- 부채서비스액(DS)	$V = \dfrac{NOI}{R}, \ V = \sum_{t=1}^{n} \dfrac{NOI_t}{(1+r)^t} + \dfrac{V_n}{(1+r)^n}$
세전현금흐름(BTCF)	잔여환원법, 저당지분환원법
- 관련 세금(TAX)	$V = \dfrac{BTCF}{R_E} + L, \ V = \left[\sum_{t=1}^{n} \dfrac{BTCF_t}{(1+r)^t} + \dfrac{E_n}{(1+r)^n} \right] + L$
세후현금흐름(ATCF)	할인현금흐름분석법 $V = \left[\sum_{t=1}^{n} \dfrac{ATCF_t}{(1+r)^t} + \dfrac{E_n}{(1+r)^n} \right] + L$

※ PGIM = P ÷ PGI, EGIM = P ÷ EGI

제2절 순수익 또는 미래현금흐름

1 순수익(수익환원법)

1. 관련 규정

「감정평가실무기준」 3.4.1 수익환원법

3.4.1.3 순수익 등의 산정
① 순수익이란 대상물건에 귀속하는 적절한 수익으로서 유효총수익에서 운영경비를 공제하여 산정한다.
② 제1항의 유효총수익은 다음 각 호의 사항을 합산한 가능총수익에 공실손실상당액 및 대손충당금을 공제하여 산정한다.
   1. 보증금(전세금) 운용수익
   2. 연간 임대료
   3. 연간 관리비 수입
   4. 주차수입, 광고수입, 그 밖에 대상물건의 운용에 따른 주된 수입
③ 제1항의 운영경비는 다음 각 호의 사항을 더하여 산정한다.
   1. 용역인건비 · 직영인건비
   2. 수도광열비
   3. 수선유지비

순수익이란 대상물건을 통해 산출할 수 있는 수익에서 대상물건을 정상적으로 운영하는데 소요되는 경비 등을 공제하여 산정된 것으로, 부동산의 경우 최유효이용을 기준으로 산출되는 수익이며, 수익 산출에 기여하는 기타 물건에 귀속되는 수익을 제외한 대상물건만의 귀속 순수익을 의미한다.

순수익(NOI) = 유효총수익(EGI) - 운영경비(OE)

2. 순수익 구분 및 유의사항

(1) 순수익 구분

① 감정평가실무기준상 순수익은 유효총수익에서 운영경비를 제외한 수익을 말하며, 기출문제에서는 다양한 수익의 개념으로 표현되고 있다. 다만, 원칙은 감정평가실무기준을 기준하며, 물건별 귀속 수익에 따라 토지귀속 또는 건물귀속 순수익 등으로 구분될 수 있다.

② 또한, 유효총수익에서 운영경비를 공제하는 과정상 감가상각비를 운영경비에 포함하여 공제할 것이냐의 여부에 따라 (감가)상각 전 순수익과 (감가)상각 후 순수익으로 구분되며, 이는 환원율과의 관계에서 동일한 성격의 환원율을 적용해야 한다는 점을 유의하여야 한다. 다만, 감가상각비는 실제 비용이 아니라는 점 등에서 상각 전 순수익과 상각 전 환원율을 적용하는 것이 일반적이다.

(2) 유의사항

① 순수익은 감정평가의 대상에 따라 평가대상에 귀속되는 순수익만을 기준해야 한다. 예를 들어 대형호텔에서 산출되는 수익에서 비용을 공제한 순수익은 대상 호텔이 갖는 부동산 요소의 귀속이익뿐만 아니라 해당 호텔의 브랜드 · 인적자원 · 운영노하우 · 동산 등 다양한 유 · 무형 재화의 복합적 귀속이익까지 포함되어 있으므로 전체 순수익을 기준 할 경우 부동산의 가치추계가 아닌 호텔 전체의 기업가치를 추계하게 됨에 유의하여야 한다.

② 또한, 최유효이용기준의 원칙에 따라 수익가액의 기초가 되는 순수익은 비최유효이용일 경우 현황 임대료가 아닌 최유효이용을 전제로 한 장래 발생 될 임대료를 기준하여 산정하여야 하고 ③ 시장가치 개념상 특수 임차관계인 경우라도 시장에서의 전형적이고 표준적인 임대차를 기준하며 ④ 임대료의 지급시기 및 간접법에 의한 순수익 산정 시 비교과정의 객관화에 유의하여야 한다. ⑤ 대상의 수익이 시장상황에 따라 변동될 가능성이 있는 경우에는 불확실성을 순수익 또는 환원율에 고려하여 안정화된 순수익을 기준하여야 한다.

3. 순수익의 요건 [통계안합표]

① 통상의 이용능력과 이용방법 ② 계속적·규칙적 ③ 안전한·확실한 ④ 합리적·합법적 ⑤ 표준적·객관적 수익이어야 한다.

4. 순수익 산정방법

(1) 직접법과 간접법

1) 직접법

(가) 개념

직접법은 대상물건에서 발생하는 실제 수익(지급임대료 등)을 기준으로 산정하여 대상의 개별적 특성을 반영할 수 있으나 표준적 수익(임대료)과의 괴리 및 계약당사자 간 특수관계 등 주관개입 사유로 순수익이 왜곡될 수 있다.

(나) 토지잔여법 적용 시 토지귀속순수익 산식

> 대상 총 순수익 - 건물가치 × 건물환원율 = 대상토지귀속순수익

(다) 건물잔여법 적용 시 건물귀속순수익 산식

> 대상 총 순수익 - 토지가치 × 토지환원율 = 대상 건물귀속순수익

2) 간접법

(가) 개념

간접법은 ① 대상물건의 속한 시장 내에 표준적 수익(임대료)을 기준으로 대상과의 가치형성요인 비교를 통해 수익을 산정하여 시장가치기준원칙에 부합되며 실제 수익이 발생 되지 않는 시점에 수익을 인식할 수 있는 장점이 있으나, ② 대상물건의 임대 특성(비율임대차 등) 등 개별성을 반영할 수 없는 단점을 지닌다.

(나) 임대사례의 운영경비 자료가 파악되는 경우

> - 사례 가능총수익 - 공실 등 - 사례 운영경비 = 사례 순수익
> - 사례 순수익 × 사정보정 × 시점수정 × 지역요인 × 개별요인 × 면적

※ 시장가치 산정의 경우 "공실 등"은 시장의 전형적인 공실률을 적용함
※ 순수익은 상기 잔여법에 의한 귀속순수익으로 적용 가능함

(다) 대상물건의 운영경비 자료가 제시된 경우

> - 사례 가능총수익 × 사정보정 × 시점수정 × 지역요인 × 개별요인 × 면적
> - 대상 가능총수익 - 공실 등 - 대상 운영경비 = 대상 순수익

(라) 토지·건물 일괄 수익환원법의 경우

> - 사례 토지건물순수익 × 사정보정 × (토지비교 + 건물비교) = 대상토지건물순수익
> - 토지비교 = 사례 임대시점 토지귀속순수익구성비 × 시점 × 지역 × 개별 × 면적
> - 건물비교 = 사례 임대시점 건물귀속순수익구성비 × 시점 × [*]잔가율 × 개별 × 면적

※ 잔가율 = 기준시점 대상 잔가율 ÷ 임대시점 사례 잔가율

(2) 공제방식과 비율방식

유효총수익에서 운영경비를 공제한 순수익을 물건별 귀속 순수익으로 배분하는 과정에 고려되는 방법으로 전체 물건에 발생하는 순수익을 기타 물건에 귀속되는 순수익을 공제하여 대상물건의 귀속 순수익을 산정하는 방식과 순수익 구성비율 또는 물건별 가격구성비율에 따라 배분하는 방식이 있으며, (토지 · 건물)잔여법의 적용 시 활용된다.

(3) 통계적 산정방식

과거 대상물건에서 산출되었던 순수익 자료를 기초로 해당 시장의 장래 기대치를 고려하여 산정하는 방식으로 확률분석 등을 통해 산정하나, 과거 자료상 괴리 문제점과 장래 불확실한 순수익을 결정하는 방식으로 주관개입 여지가 있다는 점에서 한계를 지닌다.

(4) 순수익의 결정

최근 기출문제에서는 대상의 수익과 임대사례의 수익을 제시하여 ① 대상에서 산출하는 수익의 타당성을 검토하여 대상의 특성을 고려한 시장가치(최유효이용기준원칙)를 산정하거나 ② 시장가치 개념에 따라 대상의 계약 임대료가 임료의 지행성을 반영하기 때문에 시장의 신규 임대사례를 적용하는 것이 시장가치에 부합한다는 논리를 통해 산정하도록 문제가 구성되어 출제되었다. 따라서 양자 수익의 적용의 정답의 문제가 아닌 순수익 결정에 대한 수험생의 논리적 근거를 기술하는 것이 핵심이라 판단된다.

2 가능총수익(Potential Gross Income)

1. 개념

임대기간 동안 대상물건에서 산출되어 임대인에게 귀속되는 모든 경제적 대가를 의미하며, 통상 1년, 기말기준으로 인식하게 된다.

2. 산식

(1) 가능총수익

> - 보증금(전세금) 운용수익 = 보증금 × 보증금운용이율
> - 연간 임대료 = 지불임대료(월) × 12(개월)
> - 연간 관리비 수입
> - 주차수입, 광고수입, 그 밖에 대상물건의 운용에 따른 주된 수입

(2) 관리비 수입 및 기타 수입 인식의 차이점

① 기존 일본 「부동산감정평가기준」에서는 임차에게 수취하는 관리비와 실제 지출되는 관리비와의 차이인 "공익비 · 실비초과액"을 총수익으로 인식하는 반면, 감정평가실무기준은 가능총수익에서 임차인에게 수취하는 전체 관리비를 인식하고 후술하는 실제 지출 관리비를 운영경비로 인식하게 된다.

② 또한, 미국식 가능조소득은 주차수입 및 기타 수입 등을 가능조소득 항목에서 분리하여 순수 임대료만을 기준 한 "임대소득(PGI)"에서 공실률을 차감한 후 기타소득으로 인식하는 차이점을 갖는다.
다만, 상기와 같이 가능총수익 항목에 차이가 있으나 "공실손실상당액 및 대손충당금"은 기타소득을 제외한 임대소득에 한하여 일정비율 또는 일정가액으로 산정되므로 결과적으로 순수익 산정 시 차이점은 없다.

(3) 권리금 상각액 및 미상각액의 운용이익

권리금은 임차시설물에 대한 유형·무형재산의 이전 대가로 기존 임차인이 신규 임차인에게 지급 받는 것이 일반적이므로 가능총수익 산정 시 고려하지 않는다. 다만, 신규 건물의 경우 상가건물의 위치적 이점 등에 의해 임대에게 귀속되는 권리금이 있는 경우 가능총수익으로 인식되어야 한다.

$$권리금\ 상각액\ 및\ 미상각액의\ 운용이익 = 권리금 \times MC$$

상기 MC 산정의 경우 할인율 적용에 있어 통상적인 시장이자율과 보증금운용이율 중 결정의 논란이 있으나, 일반적인 권리금은 보증금과 달리 반환의무가 없고 귀속된 권리금은 임대인의 통상적인 방법에 따라 운영되므로 시장이자율을 적용하는 것이 타당하다.

3. 전환이율 관련 문제점

「공동주택가격 조사·산정기준」 제2조(정의)

4. **"전환율"**이란 임대형태에 있어서 월세조건을 전세조건으로 변경하는 경우에 적용되는 이율을 말한다.

「공동주택가격 조사·산정기준」 제22조(임대주택가격의 산정)

① 임대주택가격은 인근 시·군·구에 소재하는 유사 공동주택의 거래가격을 기준으로 산정한 가격에 거래제한의 상태 등을 고려한 가격으로 산정하거나 임대료 및 유사 공동주택의 전세금 대비 거래가격의 비율 등을 종합적으로 참작하여 산정한다.
② 제1항에 따라 임대주택가격을 임대료 및 유사 공동주택의 전세금 대비 거래가격의 비율을 참작하여 산정하는 경우에는 다음의 산식에 따른다.

  - 임대주택가격 산정금액 = 임대주택의 전세금 환산액 × (유사공동주택의 거래가격 ÷ 전세금)
  - 전세금 환산액 = 보증금 + 월세 × 12 ÷ 전환율

「부동산 가격공시에 관한 법률」에 따라 공동주택가격을 조사·산정하는 경우 전세금 환산액에 인근지역 내 유사 공동주택의 거래가격 대비 전세금 배율을 적용하여 공동주택가격을 산정하게 된다. 현실적인 부동산 임대차 시장은 전세금 계약, 보증부월세 계약, 월세 계약 등 다양한 형태의 임대차 시장이 형성되어 있으나, 이를 일률적으로 정리하여 공동주택가격을 산정해야 할 필요성 있다. 따라서, 전세금 환산액 산식을 적용하여 통일된 임대주택가격 산정기준을 제시하고 있으나, 전환율은 상기 산식 상 보증금에 대한 **수익률(환원율)**로 인식될 수 있어 실질임료 산정 시 적용되는 **보증금운용이율**과의 적용 문제점이 발생할 수 있다. 다만, 전환율은 시장보증금 대비 낮은 보증금을 지급 받음에 따른 위험을 임대료를 통해 추가 수취하겠다는 개념으로 **반환의무가 있는 보증금의 운용이율과는 다소 개념적 차이가 있으므로**, 그 적용에 있어 임대차 계약의 성격 등을 고려하여 적정하게 적용하여야 한다.

3 공실손실상당액

임대부동산의 경우 기준시점 현재 공실 없이 전체 100% 임대된 상태라 하더라도, 시장에서 조사되는 통상적인 공실률은 고려하여야 한다. 현재 100% 임대된 상태라는 것은 시장에서 초과수요가 발생하고 있다는 것이며, 장래 경쟁 부동산에 대한 공급이 유발된다는 가능성이 크다는 것을 의미하고 있다. 따라서, 수익방식의 기초 개념이 장래 발생한 미래 현금흐름의 개념과 시장가치의 이론적 개념에 따라서도 적정한 시장 공실률을 고려함이 타당하다.

다만, 장기 임대계약에 따라 공실 없이 100% 임대되는 경우에도 통상적인 공실률을 고려해야 하는지가 문제될 수 있으나 임대계약의 불안정성과 시장가치 개념을 고려할 때, 적정 공실률을 적용함이 타당하다 생각된다.

4 유효총수익(Effective Gross Income)

가능총수익에서 공실손실상당액 및 대손충당금을 공제하여 산정한다.

> 유효총수익 = 가능총수익 - 공실손실상당액 & 대손충당금

5 운영경비(Operating Expenses)

1. 개념

대상 임대부동산의 운영과 직접적인 관계가 있는 지출만을 경비로 인정하여 산출하되, 임대 여부와 관련 없이 회계장부상 인정되는 항목 등을 조정하여야 한다.

2. 감정평가실무기준 운영경비 항목 [광·유·공·보·대·세·인·정]

> 용역인건비 · 직영인건비, 수도광열비, 수선유지비, 세금 · 공과금, 보험료, 대체충당금, 광고선전비 등 그 밖의 경비

※ 정상운전자금 이자는 포함함

3. 용역인건비 · 직영인건비

대상 임대부동산의 정상적인 사용과 임대를 위해 지출되는 인건비를 말하며, 인건비의 명칭을 기준 하지 않는다. 예를 들어 대상부동산의 관리를 소유자가 직접 관리하고 있는 경우 회계상 용역인건비 · 직영인건비가 지출되지 않는다 하더라도 대상부동산의 통상적인 유지관리를 위한 정상적인 인건비는 운영경비로 인식하여야 한다.

4. 수도광열비

정상적 건물 유지 · 관리에 필요한 수도요금, 전기요금, 가스요금, 난방용 유류 및 가스요금 등을 인식하는 항목을 말한다.

5. 수선유지비

대상 임대부동산의 정상적인 사용과 임대를 위해 필요한 유지관리비를 말하며, 실질적인 수선유지비만을 인식한다. 임차인이 개별적으로 사용하는 부가사용료인 전기, 가스 , 냉 · 난방요금 등의 경우 공급자에게 직접 지불하며, 공용부분에 지출되는 수도요금, 전기요금 등의 공익비는 임대인에게 귀속되는 경제적 대가가 아니므로 수선유지비 항목이 아님에 유의하여야 한다.

6. 세금과 공과금

대상 임대부동산의 소유에 따라 부과되는 세금 및 공과금으로 대상부동산에 직접 부관된 부분만을 인식하며 보유와 관련된 세금을 의미한다. 즉, 종합부동산세와 같이 전체 부동산 가액을 기준으로 산정되는 세금의 경우 대상부동산만의 귀속 보유세만을 구분하여 운영경비 항목에 포함한다.
- 포함될 세금 항목: 재산세, 도시계획세, 종합부동산세(대상분)
- 제외될 세금 항목: 소득세, 법인세, 종합부동산세(대상분 외)

7. 보험료

대상 임대부동산을 계속 임대차하는데 필요한 통상적인 화재보험료, 기계·설비에 대한 보험료 등을 말하며, 임대차에 제공되는 부분에 해당되는 적정액만을 산정하여야 하고 보험료의 성격상 소멸성과 비소멸성을 구분하여 인식하여야 한다.

구분	산식

기초에 일시불 지급	- 전액 소멸성
	  보험료 × MC(시장이자율)
	
	- 계약만료 시 일정액 환급
	  보험료 × MC(시장) - 환급액 × SFF(시장)
	
	- 약관이자율에 의해 일정액 환급
	  보험료 × MC(시장) - 환급액 × FV(약관) × SFF(시장)

매기 일정액 지급	- 전액 소멸성
	  보험료
	
	- 계약만료 시 일정액 환급
	  보험료 - 환급액 × SFF(시장)
	
	- 약관이자율에 의해 일정액 환급
	  보험료 - 보험료 × FVAF(약관) × SFF(시장)

※ 보험료는 기초에 일시금을 지급 하더라도 그 성격상 기초보정을 하지 않음

8. 대체충당금

이는 해당 임대건물의 경제적 내용연수 동안 정기적으로 교체해야 하는 수명이 짧은 항목에 대한 준비금을 의미하며 E/V, 보일러, 소모성 설비, 임차공간의 내부 개량물 등이 이에 포함된다. 다만, 대상부동산의 효용이나 가치를 증진 시키는 부가물 또는 증치물을 설치하기 위한 자본적 지출은 운영경비에 포함되지 아니함에 유의하여야 한다.

9. 광고선전비 등

대상 임대부동산을 광고하기 위한 비용으로 인터넷 게시비용, 임대차계약을 위한 중개수수료 등이 이에 포함된다.

10. 기타 항목에 대한 논의

(1) 감가상각비

대상 임대건물은 상각 자산으로 시간 경과에 따라 물리적 · 기능적 · 경제적 가치 감소가 발생하며, 이를 감가상각이라 한다. 감가상각비는 실제 현금 지출이 발생하지 않으나 임대기간 동안 발생한 가치감소를 임대료에 반영하여야 한다는 관점에서 운영경비에 포함할 수 있으나 환원율과의 관계를 고려하여 "상각 전 순수익"과 "상각 후 순수익"을 구분하여 감가상각비의 포함 여부를 결정하여야 한다.

감가상각비 산식은 아래와 같다.

> - 기준시점 현재 건물의 적산가액 ÷ 잔존 내용연수
> - 기준시점 현재 재조달원가 ÷ 전내용연수

잔가율이 동일한 경우 양 산식에 의한 감가상각비는 동일하나, 잔가율이 다른 경우 결과가 다르게 산정되며, 감정평가의 원가법 개념상 대체원가를 반영하는 후자의 방식이 좀 더 타당하다.

(2) 정상운전자금이자

대상 임대부동산을 정상적으로 운영하기 위하여 일정액 이상의 적정 운영자금이 확보되어야 하므로 이에 대한 이자비용을 운영경비에 포함하여야 한다. 다만, 자기자본이자, 장기차입금이자 등은 그 성격상 대상 임대부동산의 정상적 운영에 필요한 경비항목이 아니므로 고려하지 아니한다.

(3) 운영경비 항목 관련 문제점(회계항목의 조정)

① 대상부동산에서 인식한 회계상 경비항목에 감정평가실무기준상 운영경비 항목이 빠져 있는 경우 각 항목별 정상적인 경비를 산정하여 운영경비에 가산하여야 하며, ② 감정평가상 인식되지 않아야 하는 항목이 있는 경우에는 이를 운영경비에서 차감하여 부동산만의 귀속 순수익을 산정하여야 한다.

> - 가산항목: 수선비, 유지비, 관리비, 대체충당금 등
> - 차감항목: 개인적 업무비, 부가물 및 증치물, 소득세, 소유자 급여, 저당지불액, 자기자금이자, 장기차입이자, 법인세, 종부세

다만, 부동산 운영과 관련된 개인적 업무비, 소유자가 직접 관리하는 경우의 소유자 급여, 종부세 중 대상부동산에 귀속도는 세금은 운영경비에 포함되어야 하며, 부동산의 가치를 증진시키는 증치물의 경우 자본적 지출로 실제 가치가 증가 되었음에도 불가하고 비용으로 인식하게 되면 순수익의 감소로 수익가치가 작아지는 괴리가 발생할 수 있다는 점에 유의하여야 한다. 장기차입이자 및 법인세의 경우 대상부동산의 정상적 운영을 위한 비용으로 볼 수 없다는 점에서 차감항목에 포함된다.

(4) 기타 항목

부동산 사용 · 수익과 직접적 관련이 없는 소득세, 법인세, 자기자금이자상당액, 장가차입금이자, 소유자 급여, 종합부동산세(대상분만 고려) 등은 운영경비 항목에 포함하지 않는다.

6 순수익(Net Operating Income)

> 순수익 = 유효총수익 - 운영경비

7 순수익의 안정화

1. 개념

장래 기대되는 1기의 순수익을 환원하는 직접환원법에 있어 순수익의 변동이 예상되는 경우 이를 반영할 필요가 있고 이러한 수익의 변화를 조정하는 것을 순수익의 안정화라 말한다. 이는 대표적으로 K계수와 J계수를 활용하며 순수익을 안정화하나, 환원율을 조정하는 방법도 가능하다.

2. K계수

K계수란 1기 말을 기준으로 2기부터 매기 일정비율(복리)로 수익이 변동되는 경우 그 변동분을 조정하는 계수를 의미한다.

$$K계수 = \frac{1-(\frac{1+g}{1+y})^t}{(y-g)\times\frac{(1+y)^t-1}{y\times(1+y)^t}}$$

g: 매기 g% 증가율
y: 지분수익률
조정 후 순수익 = 조정 전 순수익 × K계수
조정 후 환원율 = 조정 전 환원율 ÷ K계수

3. J계수

J계수란 수익이 감채기금형식으로 매기간마다 일정액씩 누적적으로 증감하는 경우에 적용되는 계수를 의미하며, J계수는 K계수와 달리 2기가 아닌 1기부터 수익이 증감하는 경우에 적용한다.

$$J계수 = SFF\times\left[\frac{t}{1-(1+y)^{-t}}-\frac{1}{y}\right]$$

y: 지분수익률
조정 후 순수익 = 조정 전 순수익 × (1 + △ × J계수)
조정 후 환원율 = 조정 전 환원율 ÷ (1 + △ × J계수)

4. 장기 임대차의 경우 순수익의 결정 문제

감정평가는 「감칙」 제5조 제1항에 의거 시장가치기준 원칙인바, 통상적으로 대상부동산이 소재하는 인근지역 내 표준적인 임대료를 기준으로 대상의 개별성을 반영하여 산정한다. 다만, 은행·병원·대형 프랜차이즈 등의 장기 임대차인 경우 대상 임대차계약의 특수성 고려하여야 하는지 논란이 있을 수 있다. 장기임대차계약의 경우 계약임대료 및 임대료 상승률이 인근지역 내 유사·동일 부동산의 표준적 임대료 대비 다소 낮을 수 있으나 장기 계약임대료 또한 대상의 개별성을 반영하고 있으며, 임대료의 안정성에 따라 이에 적용되는 할인율에서 이를 반영될 수 있다는 점에서 계약조건을 고려하여 평가할 수 있다.

8 기업용 부동산의 순수익 산정(수익분석법)

1. 관련 규정

「감정평가실무기준」 3.4.2 수익분석법

3.4.2 수익분석법

3.4.2.1 정의

① 수익분석법은 일반기업 경영에 의하여 산출된 총수익을 분석하여 대상물건이 일정한 기간에 산출할 것으로 기대되는 순수익에 대상물건을 계속하여 임대하는 데 필요한 경비를 더하여 대상물건의 임대료를 산정하는 감정평가 방법을 말한다.

② 수익임료란 수익분석법에 따라 산정된 임대료를 말한다.

3.4.2.2 순수익과 필요제경비

① 순수익은 대상물건의 총수익에서 그 수익을 발생시키는 데 드는 경비(매출원가, 판매비 및 일반관리비, 정상운전 자금이자, 그 밖에 생산요소귀속 수익 등을 포함한다)를 공제하여 산정한 금액을 말한다.

② 필요제경비에는 대상물건에 귀속될 감가상각비, 유지관리비, 조세공과금, 손해보험료, 대손준비금 등이 포함된다.

기업용 부동산의 경우 기업의 구성요소인 부동산, 자본, 노동, 경영 등의 결합으로 인해 총수익(매출)이 발생하게 되며, 각 구성요소의 총수익에 대한 기여도에 따라 수익은 배분되게 된다. 수익배분의 원칙에 따라 자본의 경우에는 배당금으로, 노동의 경우에는 일반급여, 경영의 경우에는 임원급여로 배분되고 각 요소의 기여도에 따라 배분되고 남은 잔여 수익이 토지의 대가로 볼 수 있으며, 이러한 수익배분의 원칙에 기초한 임대료의 감정평가방법을 수익분석법이라 한다. 다만, 각 구성요소의 귀속 수익을 적정하게 배분하는데 있어 배분비율의 객관화 등이 문제가 될 수 있다.

2. 산식

수익임료 = 순수익 + 필요제경비

부동산 귀속 순수익 = 총수익(매출) - (매출원가 + 판매관리비 + 정상운정자금이자 + 기타 구성요소의 귀속 수익 등)

3. 필요제경비

(1) 개념

필요제경비란 임대차계약에 따라 임차인이 임대 목적 부동산을 사용 · 수익할 수 있도록 임대인이 대상물건을 적정하게 유지 · 관리하는 데 필요로 하는 제경비를 말한다.

(2) 필요제경비 산정 시 유의사항

필요제경비는 부담주체(임대인 또는 임차인)에 관계없이 합리적이고 적정한 수준의 경비인바, 중복계상되거나 누락되는 경우가 없어야 하며 통상적이지 못한 항목은 배제하여야 한다. 또한 당사자간 계약에 따라 임대인이 부담하여야 할 필요제경비를 임차인이 부담하고 있다면 이에 대한 배분을 고려하여야 한다.

1 관련 규정

> 「감정평가실무기준」 3.4.1.4 환원율과 할인율의 산정
> ① 직접환원법에서 사용할 환원율은 시장추출법으로 구하는 것을 원칙으로 한다. 다만, 시장추출법의 적용이 적절하지 않은 때에는 요소구성법, 투자결합법, 유효총수익승수에 의한 결정방법, 시장에서 발표된 환원율 등을 검토하여 조정할 수 있다.
> ② 할인현금흐름분석법에서 사용할 할인율은 투자자조사법(지분할인율), 투자결합법(종합할인율), 시장에서 발표된 할인율 등을 고려하여 대상물건의 위험이 적절히 반영되도록 결정하되 추정된 현금흐름에 맞는 할인율을 적용한다.
> ③ 복귀가액 산정을 위한 최종환원율은 환원율에 장기위험프리미엄 · 성장률 · 소비자물가상승률 등을 고려하여 결정한다.

2 환원율의 개념

1. 의의

환원율이란 대상부동산이 장래 산출할 것으로 기대되는 순수익과 부동산의 가치에 대한 비율로써, 대상부동산의 최유효이용을 전제로 한 활동에 대한 수익을 기준한다. 환원율은 투자자본에 대한 수익의 개념으로 수익률(受益率, rate of return) 또는 소득률(所得率, income rate)로 표현할 수 있으며, 수익률(收益率, yield rate)과 구분에 유의하여야 한다. 또한, 투자자본에 대한 전체적인 수익에 성격으로 투자자본 수익과 투자자본의 회수로 구성된다.

2. 환원율의 구조

전통적인 수익환원법은 ① 대상부동산을 경제적 내용연수 동안 계속 보유하는 것을 가정하며, ② 토지는 영속성에 의해 가치에 변화가 없는 반면, ③ 건물은 시간 경과에 따른 가치하락을 가정한다. 이에 따라 환원율은 자본수익률 이외에 감가상각에 따른 가치하락분을 고려한 자본회수율까지 포함하는 구조를 가진다. 다만, 토지 · 건물 가치 변화분을 고려하는 환원율은 후술한다.

> - 자본환원율 = 자본수익률 + 자본회수율
> - 환원율 = 이자율(할인율) + 자본회수율

3. 환원율의 성격

환원율은 투자자본에 대한 수익률의 개념으로 사전적 수익률로 투자대상의 종류, 지역, 시점별로 차이를 가지게 된다. 또한, 투자 대안적 관점에서 대체 · 경쟁 투자안의 수익률에 영향을 받으며, 최유효이용을 기준으로 산정되는 특징을 가진다.

4. 환원율의 종류

(1) 개별환원율과 종합환원율

토지와 건물로 구성된 복합부동산의 경우 개별물건에 따른 물리적 측면에서 토지환원율과 건물환원율로 구분할 수 있고, 부동산시장이 완전경쟁시장일 경우 개별환원율을 가중평균한 환원율이 종합환원율이 된다. 또한, 지분투자액 및 저당대출액인 투자자본의 구성 측면에서 지분환원율(지분배당률)과 저당환원율(저당상수)로 구분할 수 있다.

구분	개별환원율	종합환원율
물리적 측면	토지환원율, 건물환원율	토지가격구성비 × 토지환원율 + 건물가격구성비 × 건물환원율
투자자본 구성 측면	지분환원율(지분배당률) 저당환원율(저당상수)	지분비율 × 지분환원율 + 저당비율 × 저당환원율

(2) 상각 전 환원율과 상각 후 환원율

환원율은 건물의 비영속성에 의해 매기 감가상각 되는 가치하락 부분을 고려하여야 하므로 이를 고려한 환원율을 상각 후 환원율, 고려하지 않은 환원율을 상각 전 환원율로 구분할 수 있다.

> 상각 전 환원율 = 상각 후 환원율 + 상각률(회수율)

(3) 세공제 전 환원율과 세공제 후 환원율

부동산 수익에 대한 세금 공제 여부에 따라 세공제 전 환원율과 세공제 후 환원율로 구분할 수 있다.

> 세공제 전 환원율 = 세공제 후 환원율 + 세율

3 할인율의 개념

1. 의의

할인율이란 미래시점의 일정한 화폐단위와 동일한 가치를 가지는 현재시점의 화폐단위를 계산하기 위해 적용되는 비율을 의미하며, 대상부동산이 보유기간 동안 장래 산출한 것으로 기대되는 수익과 보유기간 말 예상되는 복귀가액의 현재가치를 산정하는 경우 활용된다. 즉, 수익률(收益率, yield rate)의 개념으로 매기 예상 수익의 현재가치를 산정하기 위해 적용되는 비율을 의미한다.

2. 할인율(수익률)의 성격

할인율은 현재 시점에서 투자된 자본과 매기 예상 수익의 현재가치를 같게 만드는 수익률로 환원율과 달리 감가상각에 따른 가치하락분 등 보유기간 말 복귀가액의 가치변동분을 통상 고려하지 않는다. 다만, 감정평가의 목적 및 가치기준에 따라 할인율 산정시 보유기간 말 복귀가액의 가치변화분을 실질적으로 고려할 수 있다는 점을 유의하여야 한다.

3. 할인율의 종류

(1) 할인율과 이자율

앞선 설명과 같이 할인율은 현재가치를 산정하는 경우 적용되는 비율인 반면, 이자율은 미래가치를 산정하는 경우에 적용되는 비율을 의미한다.

(2) 내부수익률

대상 투자안에 소요되는 투자자본과 투자안에서 산출되는 수익의 현재가치를 동일하게 만드는 할인율로, 투자자본 구성에 따라 아래와 같이 구분할 수도 있다.

(3) 지분수익률과 저당수익률

지분수익률이란 대상 투자안에 소요되는 지분투자액과 투자안에서 산출되는 지분수익 및 지분복귀액을 같게 만드는 내부수익률을 말하며, 저당수익률은 저당대부액과 차주가 지급하는 부채서비스액 및 저당복귀액을 같게 만드는 내부수익률을 의미한다.

(4) 종합할인율

대상 투자안에 소요되는 총투자자본과 투자안에서 산출되는 총수익을 동일하게 만드는 내부수익률로 지분수익률과 저당수익률의 가중평균값이 된다.

(5) 실현수익률

실현수익률이란 대상 투자안에 실제 지출하는 투자자본과 수취되는 수익 간에 달성되는 현실적이고 역사적인 사후적 수익률을 의미한다.

(6) 기대수익률(expected rate of return)

기대수익률이란 대상 투자안이 장래 산출한 것으로 기대되는 예상수익과 투자자본을 기준으로 산정되는 수익률을 의미하며, 통상적인 시장에서 실현할 수 투자자의 객관적인 수익률로 시장가치 산정시 일반적으로 적용된다.

(7) 요구수익률(required rate of return)

요구수익률이란 대상 투자안에 투자자본을 지출하기 위해 요구되는 최소한의 수익률을 의미한다. 요구수익률은 객관적인 시간에 대한 비용과 대상 투자안에 대한 개별 투자자가 가지는 위험에 대한 비용 및 동일 범주의 시장위험 등을 가산하여 산정되며, 이는 주관적인 수익률로 투자가치 산정시 일반적으로 적용된다.

(8) 기대수익률과 요구수익률의 관계

대상 투자안의 객관적인 자료에 의해 산정된 기대수익률이 투자자가 갖는 주관적 수익률에 비해 클 경우 투자자는 대상 투자안에 투자를 결정하게 되나, 반대의 경우 투자를 유보하게 된다. 즉, 기대수익률과 요구수익률을 비교하여 대상 투자안에 투자의사를 결정하게 된다.

- 기대수익률 > 요구수익률: 투자 결정
- 기대수익률 < 요구수익률: 투자 유보
- 기대수익률 = 요구수익률: 투자자 성격에 따라 결정

"기대수익률 > 요구수익률"인 경우 초과 투자 수요가 발생하여 대상 투자안의 가치가 상승하게 되고, 따라서 대체·경쟁 투자안의 공급이 예상된다. 이에 실제 유사 투자안의 공급이 있게 되면 기대수익률은 점차 하락하게 되어 대상 투자안의 가치는 하락하게 되고 투자안에 대한 수요와 공급이 동일하게 되는 시점에 "기대수익률 = 요구수익률"인 균형을 이루게 된다.

4 환원율과 할인율의 관계

부동산의 일반적인 투자행태는 해당 투자 부동산의 영구 보유가 아닌 일정 투자기간 이후 매각함으로써 자본수익 및 자본회수를 실현하게 된다. 직접환원법 적용 시 활용되는 환원율의 경우 해당 투자 부동산의 영구 보유를 가정함으로써 시장에서의 일반적인 투자행태와 다소 불일치하는 문제점을 가지며, 이를 보완하기 위해 자본회수 변화분을 할인율에 가감 고려하여 환원율을 산정하게 있다. 다만, 초기 투자자본과 기간 말 자본회수가 동일할 경우 환원율과 할인율은 동일하게 된다.

> 환원율 = 할인율 + 회수율

5 자본수익과 자본회수

투자대상으로써의 부동산은 투자 기간에 발생하는 투자자본에 대한 수익인 "자본수익(return on capital)"과 투자 기간 말 발생하는 투자자본의 회수 성격의 "자본회수(return of capital)"를 기대할 수 있으며, 자본수익 및 자본회수는 대상부동산의 성격, 보유 기간, 지역적 차원의 경기변동, 일반경기변동 등에 따라 변동될 수 있고 이는 부동산 감정평가방법에 영향을 미치게 된다. 직접환원법에서는 부동산을 영구히 보유하고 토지 가치는 불변, 건물 가치는 매 기간 하락함을 기본 가정하며, 순수익에서 자본회수를 반영하거나 환원율에서 자본회수에 고려하는 방법이 있다. 통상적으로 기간 말 자본회수 변화분은 환원율에서 반영하며 이에 대한 구체적인 처리 방법에 따라 평가방법(직선법, 상환기금법, 연금법)이 달라진다.

6 환원율 산정방법

1. 관련 규정 [시·요·투·승·시·엘·부]

> 「감정평가실무기준」 3.4.1.4 환원율과 할인율의 산정
> ① 직접환원법에서 사용할 환원율은 시장추출법으로 구하는 것을 원칙으로 한다. 다만, 시장추출법의 적용이 적절하지 않은 때에는 요소구성법, 투자결합법, 유효총수익승수에 의한 결정방법, 시장에서 발표된 환원율 등을 검토하여 조정할 수 있다.

현행 「감칙」은 별도의 환원율 및 할인율 산정방법에 대하여 규정하고 있지 않으며, 「감정평가 실무기준」에서만 이를 규정하고 있다. 이는 급변하는 시장상황 및 대상부동산의 다양한 개별성을 반영할 수 있도록 배려하려는 규정 취지로 판단된다.

2. 시장추출법(Market extraction method)

(1) 의의

대상부동산과 유사한 부동산의 시장 매매사례와 사례 순수익 간의 관계를 통해 환원율을 산정하고, 대상부동산과의 비교를 통해 대상에 적용할 환원율을 결정하는 방법으로 직접시장비교법과 투자시장질적(평점)비교법이 있다.

> 사례 추출 환원율 = 사례부동산 순수익 ÷ 사례부동산 매매가격

(2) 직접시장비교법

유사 부동산의 다수 매매사례로부터 추출된 환원율의 산술평균으로 대상부동산의 환원율을 결정하는 방법으로 ① 다수 사례추출에 따른 시장의 객관성을 갖고 인근지역 내 유사 부동산의 지역적 특성을 반영할수 있다는 장점을 가지는 반면, ② 산술평균의 한계점인 대상부동산의 개별적 특성을 반영하지 못한다는 단점을 가진다.

(3) 투자시장질적(평점)비교법

유사 부동산의 다수 매매사례로부터 추출된 환원율을 대상과 사례의 비교항목간 평점을 부여하고 평점합계를 비교함으로써 대상부동산의 환원율을 결정하는 방법으로, ① 직접시장비교법 대비 대상의 개별적특성을 반영할 수 있으나 ② 평점 부여에 있어 주관개입의 문제점이 발생할 수 있다.

> 대상 환원율 = 사례 추출 환원율 × 사례 평점 합계 / 대상 평점 합계

3. 요소구성법(built - up method)

(1) 의의

대상부동산이 갖는 위험을 다양한 구성요소별로 구분하고, 구성요소별 위험의 성격에 따라 시장에서 추출 가능한 위험률과 대상의 개별적 위험률을 합산하여 환원율을 결정하는 방법이다.

> 환원율 = 무위험률 + 위험률

(2) 무위험률(안전율)

가장 안정한 투자이율을 의미하며, 국·공채이자율, 정기예금금리 등을 적용한다.

(3) 위험률

위험률은 그 성격에 따라 다음과 같이 구분하여 가감조정한다.

1) 위험성

투자 부동산이 수취할 수 있는 장래 수익의 위험성을 말하며, 대상 개별이 갖는 위험성과 시장성 하락에 따른 위험성을 포함하며, 환원율을 "증가(+)"시키는 요인이다.

2) 비유동성

부동산시장의 비공개성과 고가의 특성으로 인해 현금화가 어려운 부동산의 특성을 반영하는 위험률로 환원율을 "증가(+)"시키는 요인이다.

3) 관리의 난이성

대체 투자상품 대비 비용과 시간적 측면에서 부동산 관리 자체의 어려움을 반영하는 위험률로 환원율을 "증가(+)"시키는 요인이다.

4) 자금의 안정성

부동산의 고정성과 영속성으로 도난과 멸실의 위험이 적고, 이자율 및 화폐가치 변화에 따른 원본가치 변화가 적은 특성을 반영하는 위험률로 환원율을 "감소(-)"시키는 요인이다.

4. 투자결합법(Band - up - investment method)

(1) 의의

대상부동산의 구성요소를 기준으로 각 구성요소 비율에 따라 가중평균하여 환원율을 산정하는 방법으로, 물리적 투자결합법과 금융적 투자결합법으로 구분된다.

(2) 물리적 투자결합법

순수익을 창출하는 물리적 구성요소를 토지와 건물로 구분하고 물리적 요소별 환원율(토지환원율, 건물환원율)을 가중평균하여 (종합)환원율을 결정하는 방법이다. 복합부동산의 경우 토지·건물의 복합적 이용에 따라 효용 및 수익이 발생한다는 관점에서 각 요소별 환원율을 구분하는 것은 수익 발생과의 관계에서 모순된다는 비판을 갖는다.

> 환원율 = 토지가격구성비율 × 토지환원율 + 건물가격구성비율 × 건물환원율

(3) 금융적 투자결합법

순수익을 창출하는 금융적 구성요소를 자기자본과 타인자본으로 구분하고 금융적 요소별 수익률을 가중평균하여 환원율을 결정하는 방법이다. 타인자본에 수익률에 따라 2가지 방법으로 구분된다.

1) Ross에 의한 방법

Ross에 의한 방법은 매기 원금상환분이 고려되지 않는 방법으로 원금만기상환의 저당자본 이용의 경우 유용하다.

> 환원율 = 지분비율(E/V) × 지분배당률(RE) + 저당비율(L/V) × 저당이자율(i)

2) Kazdin에 의한 방법

Kazdin에 의한 방법은 매기 원금상환분이 고려되는 방법으로 원리금균등상환의 저당자본 이용의 경우 유용하다.

> 환원율 = 지분비율(E/V) × 지분배당률(RE) + 저당비율(E/V) × 저당상수(MC)

5. 유효총수익승수에 의한 결정방법(조소득승수법, Gross income multiplier)

유사 부동산의 다수 매매사례로부터 추출된 조소득승수(유효총수익승수, 매매가격/유효총수익)를 이용하여 대상의 환원율을 결정하는 방법으로, 매매가격에 대비되는 총수익의 종류(가능총수익 또는 유효총수익)에 따라 구분된다. 운영경비는 개별 부동산 임대차계약에 따른 특성이 반영되므로 유효총수익승수법은 이를 조정하기 어려운 단점을 가지나, 투자분석시 신속하고 개략적인 타당성을 검증할 때 유익하게 사용될 수 있다.

$$R = \frac{1 - OER}{EGIM} = \frac{1 - (OE/EGI)}{V/EGI} = \frac{\dfrac{(EGI - OE)}{EGI}}{V/EGI} = \frac{NOI}{V}$$

6. 시장에서 발표되는 환원율

한국부동산원에서 발표하는 "상업용부동산 임대동향조사" 및 "수익률 통계"와 사기업 등에서 발표하는 분기별 "소득수익률" 등을 기준으로 대상 소재 지역의 지역적 특성 및 개별 부동산의 개별적 특성 등을 고려하여 환원율을 결정한다. 시장에서의 매매사례 및 감정평가사례를 기준으로 산정된 자료를 사용하므로 시장변화 및 지역별 · 유형별 특성을 반영할 수 있다는 점에서 유용하다. 다만, 발표된 환원율은 대부분 과거시점으로부터 작성시점까지의 자료를 기반한 것으로 장래 기대되는 편익을 현재가치화 하는 감정평가 개념상 부합하지 않는다는 점을 고려하여 적절한 보정이 필요함에 유의하여야 한다.

7. Ellwood법

(1) 의의 및 가정

Ellwood는 기존 수익환원법에서 전제하는 가정과 시장행태와의 괴리를 인지하고 일반적인 시장 투자자의 투자행태를 반영하여 환원율을 산정하는 방법을 제시하였다. 투자자는 ① 지분수익률 극대화를 위해 타인자본을 이용(Leverage effect)하고 ② 영구 보유가 아닌 일정 투자기간 동안만 보유하며 ③ 투자기간 동안 형성되는 지분형성분 및 세전현금흐름에 관심을 갖는다. 또한, ④ 투자기간 말 투자부동산의 가치변화 및 원금상환분을 제외한 지분형성분을 고려하여 투자한다.

(2) Ellwood식

R = y - L/V × [y + P × SFF(y%, n) - MC(i, N)] ± △ × SFF(y%, n)

y: 지분수익률, P: 상환비율, n: 전형적인 보유기간, i: 이자율 N: 저당기간
△: 부동산가치변화분
C(저당계수): [y + P × SFF(y%, n) - MC(i, N)]

※ 원금일시상환의 경우: P = 0, MC = i
※ 월 상환일 경우: MC × 12
※ 기본환원율 ± 토지 또는 건물 변화율로 산정 가능

① 부동산의 가치가 1이라고 가정하면, 종합원율은 순수익이 된다.

　[1 = a ÷ R 이므로, a = R]이 된다.

② 지분수익은 [지분수익 = 순수익 - 저당지불액 + 매 기간 지분형성분]

　[지분수익 = a(= R) - L/V × MC + L/V × p × SFF]가 된다.

③ 따라서 지분수익률은 아래와 같다

$$\left[\text{지분수익률 = 지분수익 ÷ 지분투자액} = \frac{\text{순수익 - 저당지불액 + 매기간의 지분형성}}{1-L/V} \right]$$

$$y = \frac{R(= a) - L/V \times MC + L/V \times P \times SFF}{1 - L/V}$$

④ 상기식을 R로 정리하면 Ellwood식의 R(환원율)이 된다.

⑤ 만약, 보유기간 말 대상부동산의 가치가 변화한다면 아래와 같이 조정한다. 다만, 부동산의 가치가 증가하는 경우에는 (-)값을, 감소하는 경우에는 (+)값을 대응한다.

[± △ × SFF(y%, n)]을 고려하여 조정하게 된다.

⑥ 추가 저당이 있는 경우에는 C(저당계수)를 가중평균하여 산정한다.

(3) Akerson식

Akerson은 Ellwood식을 단순화하였으나 그 결과치는 동일하다.

$$R = \underset{\text{지분환원율}}{E/V \times y} + \underset{\text{저당환원율}}{L/V \times MC} - \underset{\text{지분형성분}}{L/V \times P \times SFF} \pm \underset{\text{부동산가치변화분}}{\triangle \times SFF}$$

8. 부채감당법(DCR법)

1970년대 후반 Gettel에 의해 저당투자자의 입장에서 고안된 방법으로 금융적 투자결합법과 동일한 논리를 가지고 단순하게 환원율을 산정하는 방법이나 저당투자자의 관점을 과도하게 중시한다는 점, 보유기간 말 가치변화분을 고려하지 않는다는 점에서 비판이 있다.

- $R = DCR \times L/V \times MC$

- $DCR = \dfrac{NOI}{DS} = \dfrac{NOI}{V \times L/V \times MC}$

- $DCR \times L/V \times MC = \dfrac{NOI}{V \times L/V \times MC} \times L/V \times MC = \dfrac{NOI}{V}$

7 할인율의 산정방법

1. 관련 규정

「감정평가실무기준」 3.4.1.4 환원율과 할인율의 산정
② 할인현금흐름분석법에서 사용할 할인율은 투자자조사법(지분할인율), 투자결합법(종합할인율), 시장에서 발표된 할인율 등을 고려하여 대상물건의 위험이 적절히 반영되도록 결정하되 추정된 현금흐름에 맞는 할인율을 적용한다.

할인율은 ① 대상부동산의 인근지역 내 투자자나 금융기관 등 주요 시장참여자등을 대상으로 면담 또는 설문조사, 공시된 이율 등을 조사하여 결정하는 방법인 투자자조사법이 있으며, ② 투자자조사법 등에 의해 산정된 이율을 대상부동산의 투자자본과 대부비율 등을 고려하여 결정하는 금융적투자결합법과 토지·건물의 물리적 가치비율을 고려하여 결정하는 물리적투자결합법으로 나뉜다. ③ 또한, 한국부동산원 또는 시중 투자기관 등에서 발표하는 할인율 등과 같이 시장에서 발표된 할인율이 있으나 이는 환원율의 유의사항과 같이 대상부동산의 특성 및 과거자료임을 고려하여 결정하여야 한다.

2. 시장에서 발표되는 할인율 및 환원율의 관계

투자측면에서 (투자)수익률(할인율)은 매기 획득하는 순수익에 대한 소득수익(소득수익률)과 기말 보유자산 매각에 따른 자산가치 변화분(자본수익률)으로 구성된다. 한국부동산원에서 분기별로 조사·발표하는 지역별 수익률을 활용하여 할인율과 환원율을 검토한다.

> 투자수익률(할인율) = 소득수익률(환원율) + 자본수익률(가치변동분, 시점수정)

8 환원율과 할인율 관계

1. 환원율의 구조

(1) 물리적 측면

> 상각 전 환원율 = 상각 후 환원율 + 상각율(회수율, $1/n$)

(2) 물리적 측면 및 자본적 측면 반영

> 환원율(자본환원율) = 할인율(자본수익률) + 회수율(자본회수율, 기말복귀변화분)

(3) 금융적 측면

> 투자수익률(할인율) = 소득수익률(환원율) + 자본수익률(가치변동분, 시점수정)

상기 3가지 방법은 각각 그 전제를 달리하며 요소간 관계를 설명하고 있는바, 동일한 표현을 사용하고 있다 하더라도 개념상 차이가 있으므로 혼용하여 사용하여서는 아니 된다.

2. 현금흐름 기준 구분

환원율	할인율(수익률)
종합환원율(자본환원율)	종합수익률(자본수익률)
지분환원율(지분배당률)	지분수익률(자기자본수익률)
저당환원율(MC = DS/L)	저당수익률(i)

> 지분환원율(지분배당률) = 배당가능총액(NOI - 타인자본이자) ÷ 지분투자액(주식 액면가)

- 배당수익률 = 배당금 ÷ 지분투자액(주식 액면가)
- 배당금 = 배당가능총액 - 기타 배당공제액(자본 전환 등)

3. 소득수익률과 Cap.Rate

① 소득수익률은 한국부동산원이 매 분기별 및 지역별 샘플의 NOI와 가액(감정평가액 등)을 기준으로 정기적으로 조사·발표하는 결과치로 분기별 자료를 연간 수익률로 변환시켜야 하며, 지속적 결과치로 안정적이나 통계치의 성격상 시장상황과 다소 시간 격차가 발생할 수 있다. ② Cap.Rate는 시장 통계기관 등이 실제 거래된 가격과 사례의 NOI를 기준으로 조사·발표하는 결과치로 연간 수익률의 개념으로 사례의 개별성에 따라 안정성이 다소 낮을 수 있으나 시장상황을 보다 빠르게 반영할 수 있다.

1 관련 규정

> **「감정평가실무기준」 400-3.4.1.2 환원방법**
> ① 직접환원법은 단일기간의 순수익을 적절한 환원율로 환원하여 대상물건의 가액을 산정하는 방법을 말한다.
> ② 할인현금흐름분석법은 대상물건의 보유기간에 발생하는 복수기간의 순수익(이하 "현금흐름"이라 한다)과 보유기간 말의 복귀가액에 적절한 할인율을 적용하여 현재가치로 할인한 후 더하여 대상물건의 가액을 산정하는 방법을 말한다.
> ③ 수익환원법으로 감정평가할 때에는 직접환원법이나 할인현금흐름분석법 중에서 감정평가 목적이나 대상물건에 적절한 방법을 선택하여 적용한다. 다만, 부동산의 증권화와 관련한 감정평가 등 매기의 순수익을 예상해야 하는 경우에는 할인현금흐름분석법을 원칙으로 하고 직접환원법으로 합리성을 검토한다.

2 개요

「실무기준」에서는 환원방법의 일반적인 형태인 직접환원법과 할인현금흐름분석법의 개념을 정의하고 구체적인 적용 방향을 제시함으로써 수익환원법의 적극적인 활용을 유도하고 있다. 특히 부동산의 증권화와 관련한 감정평가 등에는 원칙적으로 할인현금흐름분석법을 적용하도록 함으로써 의뢰인의 수요에 맞는 방법을 제시하고 있다.

3 직접환원법

1. 직접환원법의 세분

직접환원법은 단일기간의 순수익을 적절한 환원율로 환원하는 방법으로 전통적인 직접환원법과 잔여환원법으로 구분한다. 전통적인 직접환원법은 건물 등 감가수정분을 순수익이 아닌 자본환원율을 조정하여 투하자본회수를 고려하며, 자본회수 형태에 따라 다시 ① 직접법, ② 직선법, ③ 상환기금법, ④ 연금법으로 세분된다. 잔여환원법은 순수익을 토지와 건물수익으로 구분하여 각각의 개별환원율로 환원하여 토지 및 건물 가치를 산정하는 방법으로 ① 토지잔여법, ② 건물잔여법으로 세분되며, 개별수익으로 구분하지 않고 전체 순수익을 환원하는 ③ 부동산잔여법 등이 있다. 다만, 잔여환원법은 토지·건물의 복합적 이용에 따른 수익 창출에 대한 개념을 개별적으로 인식한다는 비판이 있다.

2. 전통적 직접환원법(자본회수방법에 따른 구체적 분류)

(1) 직접법

직접법은 시간의 흐름에도 변하지 않는 순수익을 환원율로 환원하여 수익가액을 구하는 방법으로 직접환원법에서 가장 기본적인 방법이다. 직접법은 ① 일정한 순수익이 영구적으로 발생하여 ② 투하자본에 대한 회수가 불필요하다고 가정한다.

$$R(\text{환원율}) = r(\text{수익률}), \quad V = \frac{a}{R}$$

$$a: \text{순수익}$$

(2) 직선법(straight line method)

직선법은 상각 후 환원율에 상각률을 가산한 상각 전 환원율로 환원하는 방법이다. ① 순수익과 상각자산의 가치가 동일한 비율로 일정액씩 감소하고 ② 투자자는 내용연수 말까지 자산을 보유하며 ③ 회수자본은 재투자하지 않는다고 가정한다.

$$R(\text{환원율}) = r(\text{수익률}) + \frac{1}{n}(\text{회수율}), \quad V = \frac{a}{r + \frac{1}{n}}$$

직선법은 ① 상각자산인 건물 및 구축물 등 경과연수에 따라 수익이 감소하는 부동산 ② 장기임대차에 의해 고정임대료가 지급되는 경우에 적용된다.

(3) 상환기금법(Hoskold method)

상환기금법은 상각 전 순수익을 상각 후 환원율과 축척이율 및 내용연수를 기초로 한 감채기금계수를 더한 상각전 환원율로 환원하는 방법이다. ① 매기 순수익은 일정하며 ② 자본회수분은 위험이 없는 안전자산에 재투자한다고 가정한다.

$$R = r + \frac{i}{(1+i)^n - 1}, \quad V = \frac{a}{r + \frac{r}{(1+r)^n - 1}}$$

상환기금법은 ① 광산, ② 산림 등 소모성 자산이나 ③ 건물을 고정임대료로 장기임대차에 공여하고 있는 경우에 적용된다.

(4) 연금법(Inwood method)

연금법은 상각 전 순수익을 상각 후 환원율과 상각 후 환원율 및 내용연수를 기초로 한 감채기금계수를 더한 상각 전 환원율로 환원하는 방법으로 상환기금법과 동일한 논리이나 재투자 이율에서 차이가 있다. ① 매기 순수익은 일정하며 ② 자본회수분은 동일 또는 유사사업에 재투자한다고 가정한다.

$$R = r + \frac{r}{(1+r)^n - 1}, \quad V = \frac{a}{r + \frac{i}{(1+i)^n - 1}}$$

연금법은 ① 어업권 등 당해 사업에 자본이 재투자되는 경우와 ② 장기임대차에 공여하고 있는 경우에 적용된다.

3. 잔여환원법(Residual Capitalization Method)

(1) 토지잔여법(land residual technique)

토지잔여법은 복합부동산의 순수익에서 건물에 귀속되는 순수익을 공제한 후 토지에 귀속되는 순수익을 토지환원율로 환원하는 방법이다.

$$토지수익가액 = \frac{대상부동산의\ 전체\ 순수익 - 건물가액 \times 건물\ 환원율}{토지\ 환원율}$$

① 건축비용을 정확하게 산정할 수 있는 신축 건물, ② 감가상각이 거의 없는 부동산, ③ 토지가치를 독립적으로 산정할 수 없는 부동산, ④ 건물이 최유효이용상태에 있는 경우, ⑤ 건물가치 비율이 상대적으로 적은 부동산인 주차장, 자동차 운전면허장, 건물이 작은 공장부지에 적용된다.

(2) 건물잔여법(building residual technique)

건물잔여법은 복합부동산의 순수익에서 토지에 귀속되는 순수익을 공제한 후 건물에 귀속되는 순수익을 건물환원율로 환원하는 방법이다.

$$건물수익가액 = \frac{대상부동산의\ 전체\ 순수익 - 토지가액 \times 토지\ 환원율}{건물\ 환원율}$$

① 건물 등 감가가 심한 부동산, ② 토지가치를 정확하게 산정할 수 있는 부동산, ③ 토지가치 비율이 상대적으로 적은 부동산, ④ 추가투자의 적정성 판단의 경우 적용된다.

(3) 부동산잔여법

부동산잔여법은 토지 및 건물잔여법의 수익 배분에 따른 문제점을 극복하기 위해 고안되었으며, 수익은 토지 및 건물의 복합적인 이용에 따라 창출되는 것으로 보는 방법이다. ① 수익은 건물의 경제적 내용연수 동안 전체 부동산의 사용으로 인해 일정하게 발생하며 ② 기간 말 건물가치는 "0", ③ 토지가치는 일정하다고 가정한다. 다만, K, J 계수를 적용을 통해 순수익 변화분을 반영할 수 있고 기말 토지가치를 예측할 수 있는 경우 이를 고려하여 변형된 부동산잔여법을 적용할 수 있다.

$$대상부동산수익가액 = 전체순수익 \times \frac{(1+r)^n - 1}{r \times (1+r)^n} + \frac{기간\ 말\ 토지가치}{(1+r)^n}$$

① 토지가치를 비교적 정확하게 산정할 수 있는 부동산 ② 토지가치 비율이 상대적으로 높은 부동산 ③ 건물가치만을 주로 평가하는 경우 ④ 순수익이 연금 성격을 많이 갖는 부동산에 적용된다.

(4) 금융적 잔여법(지분잔여법 및 저당잔여법)(equity residual technique 및 mortgage residual technique)

물리적 측면에서의 상기 잔여법 이외에 금융적 측면에서의 지분잔여법과 저당잔여법의 적용도 가능하다.

$$대상부동산수익가액 = \frac{NOI - L \times MC}{Re} + L(저당가치)$$

$$대상부동산수익가액 = \frac{NOI - E \times Re}{MC} + E(지분가치)$$

4 할인현금흐름분석법(DCF법; Discounted Cash Flow analysis method)

1. 개요

할인현금흐름분석법은 대상물건의 미래 기대되는 현금흐름의 현재가치와 보유기간 말 복귀가치의 현가액을 합산하여 대상물건의 수익가액을 산정하는 방법이다. 앞선 직접환원법의 문제점을 해결하고자 현실에 부합하는 투자자의 행태를 고려하면서 발전해왔다. 할인현금흐름분석법은 ① 세전현금흐름모형과 ② 세후현금흐름모형으로 구분되며, 세전현금흐름모형은 NOI 기준모형과 BTCF 기준 모형으로 세분될 수 있다.

2. 기본가정

① 투자자는 타인자본을 활용하여 지렛대 효과(Leverage Effect)를 향유하며 ② 경제적 내용연수가 아닌 전형적인 보유기간 동안 투자대상을 보유하고 ③ 보유기간 말 가치증감을 예상하며 ④ 전체 수익이 아닌 지분수익에 관심이 있고 ⑤ 투자자는 매기 지분수익 및 기말 지분복귀액, 원금상환분을 수익으로 향유하며 ⑥ 세금영향을 고려하여 세후현금흐름에 더 관심이 많다고 가정한다.

3. 세전현금흐름 모형

(1) NOI 기준모형

$$\text{대상부동산수익가액} = \sum_{n=1}^{t} \frac{\text{순수익}}{(1+r)^n} + \frac{\text{기말복귀액}}{(1+r)^n}$$

(2) BTCF 기준모형

$$\text{대상부동산수익가액} = \sum_{n=1}^{t} \frac{\text{BTCF}}{(1+r)^n} + \frac{\text{기말지분복귀액}}{(1+r)^n} + \text{저당가치}$$

4. 세후현금흐름 모형

(1) 개요

세후현금흐름 모형은 세전현금흐름 모형과 기본적인 논리적 흐름은 동일하나, 투자자는 통상적으로 세후현금흐름과 지분형성분에 관심이 있다는 점에서 관련 세금을 고려하는 방법이다.

(2) 산식

$$\text{대상부동산수익가액} = \sum_{n=1}^{t} \frac{\text{ATCF}}{(1+r)^n} + \frac{\text{기말지분복귀액}}{(1+r)^n} + \text{저당가치}$$

(3) 관련 세금 산정

현금흐름	관련 세금 산정	
가능총수익(PGI)	1 방법	2 방법
- 공실손실상당액 및 대손충당금(V&LA)	순수익	BTCF
유효총수익(EGI)	+ 대체충당금	+ 대체충당금
- 운영경비(OE)	- 이자지급액	+ 원금상환분
순수익(NOI)	- 감가상각비	- 감가상각비
- 부채서비스액(DS)	과세표준	과세표준
세전현금흐름(BTCF)	× 세율	× 세율
- 관련 세금(TAX)	관련 세금	관련 세금
세후현금흐름(ATCF)	[순대이감]	[세대원감]

※ 대체충당금 및 원금상환액(DS상 원금상환액 포함되어 차감)은 세공제 대상 아님
※ 이자지급액 및 감가상각비는 세공제 대상임

(4) 지분복귀액 산정

1) 산식

재매도가치
- 매도경비
복귀가액(순매도액)
- 미상환저당잔금
세전지분복귀액
- 자본이득세(양도소득세)
세후지분복귀액

2) 재매도가치 산정

재매도가치는 ① 기간 말 또는 기간 말 다음 해의 순수익을 적정한 환원율(기간 말 환원율, 기출환원율, 최종환원율)로 환원하여 산정하는 내부추계법이 있으며 최종환원율은 통상적인 환원율에 비해 미래에 대한 불안정성에 따라 높게 형성되는 경우가 많다. ② 반면 가치와 여러 변수의 관계, 과거 가치 성장률, 시장자료 등을 토대로 재매도가치 산정하는 외부추계법이 있으며 이는 과거의 성장추세로부터 복귀가액을 산정할 경우 성장률과 인플레이션의 관계 등에 유의하여야 한다.

3) 자본이득세(양도소득세)

순매도액

\- 순장부가치

매도차익

\- 세제상 공제액

과세표준

× 세율

자본이득세(양도소득세)

5. 할인현금흐름분석법의 유용성 및 한계

할인현금흐름분석법은 ① 감정평가의 이론적 측면과 가장 부합하는 수익방식으로 ② 시장에서의 투자자의 행태를 반영하고 ③ 통계치를 활용하여 객관성 및 신뢰성을 부여할 수 있으며 ④ 불규칙한 현금흐름과 경기변동 시에도 적용이 가능하고 ⑤ 부동산이외에 다양한 분야에서 활용될 수 있는 방법이다. 다만, ⑥ 매기 현금흐름은 장래에 대한 예측으로 평가 주체의 주관성 개입의 여지가 높고 부채서비스액과 세율은 투자자의 신용도 및 관련 규정의 변화에 따라 정확한 가액 산정이 곤란하다.

5 저당지분환원법(Mortgage equity capitalization method)

1. 개요

저당지분환원법은 기존 직접환원법의 현실적인 적용 문제점에 착안하여 Leon W. Ellwood에 의해 1959년에 투자자의 행태를 고려하여 개발된 평가기법이다. 부동산의 가치는 저당가치와 지분가치의 합으로 생각하며, 투자자의 관심은 전체 수익보다 투자자 자신에게 귀속되는 지분수익에 보다 관심이 있다고 보았다.

2. 기본가정

금융환경이 발달된 시장에서 ① 투자자는 타인자본을 활용하며 투자하며 ② 경제적 내용연수가 아닌 전형적인 보유기간 동안 투자대상을 보유하고 ③ 보유기간 말 가치증감을 예상하며 ④ 전체 수익이 아닌 지분수익에 관심이 있고 ⑤ 투자자는 매기 지분수익 및 기말 지분복귀액, 원금상환분을 수익으로 향유한다고 가정한다.

3. 산식

---

① Ellwood식

$R = y - L/V \times [y + P \times SFF(y\%, n) - MC(i, N)] \pm \triangle \times SFF(y\%, n)$

② Akerson식

$R = E/V \times y + L/V \times MC - L/V \times P \times SFF \pm \triangle \times SFF$

③ 수익가액 = 순수익(a) ÷ 환원율(R)

---

4. 저당지분환원법의 장·단점

① 시장투자자의 행태에 부합하고 ② 환원율 산정 시 각 요소들은 객관적인 통계치를 통해 수집이 가능하나, ③ 투자자의 신용도에 따른 대출이자율 등의 변화를 알기 힘들고 ④ 부동산가치변화 예측에 있어 평가사의 주관개입 가능성이 크며 ⑤ 관련 세금을 고려하지 못한다는 단점이 있다. 다만, 투자분석 목적으로 사용 시 주어진 조건하에서 변수에 따른 결과치를 쉽게 예상할 수 있어 그 유용성이 크다.

핵심체크 | 물건별 수익방식 정리

물건별		수익방식
토지	잔여환원법	토지귀속순수익 ÷ 토지환원율
	복합부동산 기준	(복합부동산 전체 순수익 ÷ 종환원율) - 건물가치
		복합부동산 전체 매기 현금흐름 기준 수익가액 - 건물가치
건물	잔여환원법	건물귀속순수익 ÷ 건물환원율
	복합부동산 기준	(복합부동산 전체 순수익 ÷ 종환원율) - 토지가치
		복합부동산 전체 매기 현금흐름 기준 수익가액 - 토지가치
복합부동산	직접환원법	복합부동산 전체 순수익 ÷ 종환원율
	DCF법	복합부동산 전체 매기 현금흐름 기준 수익가액
구분건물	직접환원법	구분건물 전체 순수익 ÷ 종환원율
	DCF법	구분건물 전체 매기 현금흐름 기준 수익가액

1 소득모델(Income Model, 소득모형)

1. 개념

소득흐름의 현재가치를 산정하고 별도의 복귀가액을 산정하여 합산하여 부동산의 가치를 산정하는 방법을 말하며, 소득흐름에 중점을 두어 불규칙연금, 규칙연금, 정액증감연금, 정률증감연금으로 세분하고 있다. 복귀가액 및 기타 편입, 비용 등은 별도로 산정하여 가산한다.

2. 불규칙연금

할인현금흐름분석법을 적용하여 산정한다.

3. 규칙연금

(1) 균등연금

1) 영구환원법(소득모델이면서 재산모델)

영구환원법은 소득흐름이 영구적으로 일정액으로 지속되며, 일정기간 동안 소득흐름이 일정하고 초기 투자가액과 복귀가액이 동일할 때 적용된다.

$$P = \frac{a}{r}$$

2) 인우드법(연금법)

인우드법은 소득모델이므로 소득흐름의 가치를 구하며, 자본수익과 자본회수에 대한 할인율이 동일하다고 전제한다.

$$P = a \times PVAF(r\%, t) + t\text{시점 복귀가액의 현가}$$

3) 호스콜드법(상환기금법)

호스콜드법은 두 종류의 수익률을 사용한다. 자본수익률로는 대상부동산의 위험에 상응하는 할인율을 사용하고 자본회수율로는 무위험률을 사용한다.

$$P = \frac{a}{r + SFF(i\%, t)} + t\text{시점 복귀가액의 현가}$$

4. 정액증감연금

소득이 매기 일정액씩 증가 또는 감소되는 경우 적용된다.

$$P = (a \pm h \times t) \times PVAF(r\%, t) \mp \frac{h \times (t - PVAF(r\%, t))}{r} + t\text{시점 복귀가액의 현가}$$

여기서 t는 기간, h는 매년의 소득증감액으로 정액증가인 경우는 (+)가 되고, 정액감소인 경우는 (-)가 된다.

5. 정률증감연금

소득이 매기 일정 비율씩 증가 또는 감소되는 경우 적용된다.

$$P = a \times \frac{1 - (\frac{1+g}{1+r})^n}{r-g} + t\text{시점 복귀가액의 현가}$$

2 재산모델(Property model, 부동산모형)

1. 개념

재산모델은 소득모델과 달리 대상부동산의 가치상승 또는 하락을 소득흐름과 함께 고려하여 자본환원율을 산정하되 투자수익률과 자본회수율을 고려한다. 균등연금, 소득 및 부동산가치의 정액증감, 소득 및 부동산가치의 정률증감 모형으로 세분된다.

2. 균등연금

(1) 기말복귀가액의 증감이 없는 균등연금

매기 순수익이 일정하고 보유기간 말 부동산 가치의 변화가 없는 경우에는 영구환원법을 적용할 수 있다.

$$R = y \pm \Delta \times SFF(y\%, t)\text{에서 } \Delta\text{가 0이므로 '}R = y\text{'가 된다.}$$

(2) 기말복귀가액의 증감이 있는 균등연금

$$R = y \pm \Delta \times SFF(y\%, t)$$

3. 소득 및 부동산가치의 정액증감

(1) 직선법

투자자본을 대상부동산의 경제적 잔존수명 동안 매기 균등액으로 회수한다. 따라서 순수익은 매년 일정률로 감소하게 된다.

$$R = y + \frac{1}{n}$$

(2) 직선법의 확장

직선법에서 소득이 일정액씩 증가하는 경우를 전제한다.

$$R = y \pm \triangle \times \frac{1}{t}$$

4. 소득 및 부동산가치의 정률증감

소득과 기말복귀가액이 매기 정률로 증감하는 경우를 전제한다.

$$R = y - g$$

제6장 수익방식 예상문제

[문제 1]
아래와 같은 자료를 활용하여 대상부동산의 순수익을 산정하시오.

<자료 1> 본건 부동산

1. 소재지: 서울특별시 서대문구 남가좌동 328 - 11, 대, 2종일주, 중로한면, 세장형, 평지
2. 건물: 위 지상 철근콘크리트 슬라브지붕, 지상 3층, 근린생활시설, 각 층 200㎡
3. 이용상황: 1층 ~ 3층 전체 근린생활시설(해커스 음식점)

<자료 2> 본건 임대차계약서

구분	내용
임대차 물건	남가좌동 328 - 11, 1층 ~ 3층 전부
보증금	임대면적 기준 월 30,000원/㎡
월임대료	임대면적 기준 월 15,000원/㎡
관리비	관리비는 임차인이 직접 지불
임대차기간	기준시점부터 2년

<자료 3> 기타사항

1. 임대면적과 건축면적은 동일함
2. 인근지역 내 유사 근린생활시설의 표준적인 공실률은 5%이며, 영업경비비율은 가능총수익 대비 30%이다.
3. 보증금 운용이율은 연 3%
4. 기준시점은 현재임

예시답안

Ⅰ. 가능총수익(PGI)

1. 보증금운영이익

   $200 \times 3 \times 30,000 \times 12 \times 0.03 ≒ 6,480,000$원

2. 연간 임대료

   $200 \times 3 \times 15,000 \times 12 ≒ 108,000,000$원

3. 가능총수익: 114,480,000원

   (관리비는 임차인 직접 지불로 제외함)

Ⅱ. 공실손실상당액(표준적 공실률 5% 기준)

$114,480,000 \times 0.05 ≒ 5,724,000$원

Ⅲ. 운영경비

$114,480,000 \times 0.3 ≒ 34,344,000$원

Ⅳ. 순수익

가능총수익 - 공실손실상당액 - 운영경비 ≒ 74,412,000원

[문제 2] 아래와 같은 조건에 따라 매 기간 운영경비에 계상할 보험료 가액을 각각 산정하시오.

<자료 1> 공통사항

1. 보험계약기간: 5년
2. 할인율: 12%/연

<자료 2> 조건

1. 화재보험료가 총액 10,000,000원이며 전액 소멸성일 경우
2. 화재보험료가 연간 5,000,000원이고 전액 소멸성일 경우
3. 화재보험료가 총액 10,000,000원이며 만기 시에 연 5%의 이자를 가산해서 환급될 경우
4. 연간 보험료가 5,000,000원이며 만기 시에 연간 5%의 이자를 가산해서 환급될 경우
5. 연간 보험료가 5,000,000원이며 만기 시 5,000,000원을 환급할 경우
6. 보험료 총액이 10,000,000원이며 만기 시 1,000,000원을 환급할 경우

예시답안

1. $10,000,000 \times \dfrac{0.12 \times 1.12^5}{1.12^5 - 1} ≒ 2,774,000$원

2. $5,000,000$원

3. $10,000,000 \times \dfrac{0.12 \times 1.12^5}{1.12^5 - 1} - 10,000,000 \times 1.055 \times \dfrac{0.12}{1.12^5 - 1} ≒ 765,000$원

4. $5,000,000 - 5,000,000 \times 1.05^5 \times \dfrac{0.12}{1.12^5 - 1} ≒ 651,000$원

5. $5,000,000 - 5,000,000 \times \dfrac{0.12}{1.12^5 - 1} ≒ 4,213,000$원

6. $10,000,000 \times \dfrac{0.12 \times 1.12^5}{1.12^5 - 1} - 1,000,000 \times \dfrac{0.12}{1.12^5 - 1} ≒ 2,617,000$원

[문제 3]

대상부동산의 시장가치 평가를 위한 순수익을 산정하시오.

<자료 1> 대상 임대내역

1. 임대기간: 3년
2. 임대내역(대상 임대내역은 2년전 계약 내용 기준함)

구분	대상 임대내역		
	보증금	월임대료	월관리비
지하 1층	-	-	-
지상 1층	100,000,000	10,000,000	500,000
지상 2층	50,000,000	5,000,000	250,000
지상 3층		공실	
지상 4층		공실	
소계	150,000,000	15,000,000	750,000

※ 지하 1층은 주차장 및 기계실임

3. 필요제경비
   (1) 대상 공실률은 40%, 인근의 표준적 공실률은 가능총수익 대비 5% 수준임
   (2) 관리비 수입 중 50%는 실제 비용으로 지급
4. 보증금 운용이율은 연 2%이다.

<자료 2> 인근지역 내 유사 부동산의 표준적인 임대내역

구분	표준적 임대내역		
	보증금	월임대료	월관리비
지하 1층	-	-	-
지상 1층	150,000,000	15,000,000	800,000
지상 2층	80,000,000	8,000,000	400,000
지상 3층	80,000,000	8,000,000	400,000
지상 4층	80,000,000	8,000,000	400,000
소계	390,000,000	39,000,000	2,000,000

Ⅰ. **가능총수익**

   1. 보증금 운용이익: $390,000,000 \times 0.02 ≒ 7,800,000$원

   2. 임대료 및 관리비 수입

     $(39,000,000 + 2,000,000) \times 12$개월 ≒ $492,000,000$원

   3. 가능총수익: $499,800,000$원

Ⅱ. **유효총수익**

   $499,800,000 \times 0.95 ≒ 474,810,000$원

Ⅲ. **운영경비**

   $2,000,000 \times 0.5 \times 12 ≒ 12,000,000$원

Ⅳ. **순수익**

   $474,810,000 - 12,000,000 ≒ 462,810,000$원

[문제 4] 대상의 가능총수익을 비교방식을 적용하여 산정하시오,

<자료 1> 대상 내역

1. 소재지: 서울특별시 은평구 녹번동 331번지 녹번아파트 상가동 104호
2. 위치 등: 상가 외부 전면부 위치, 전유면적 35㎡, 임대면적: 70㎡

<자료 2> 임대사례

1. 소재지: 서울특별시 은평구 녹번동 22 - 2번지 은평아파트 상가동 105호
2. 위치 등: 상가 외부 전면부 위치, 전유면적: 40㎡, 임대면적: 85㎡
3. 사례 임대내역(기준시점 당시 계약체결)
    보증금 50,000,000원, 월차임 5,000,000원
4. 보증금운용이율 2%

<자료 3> 기타사항

임대사례 대비 대상 상가는 전용률 및 위치적 효용에 의해 5% 우세함

예시답안

1. 사례 가능총수익
   50,000,000 × 0.02 + 5,000,000 × 12 ≒ 61,000,000원

2. 대상 가능총수익(임대면적 기준)
   61,000,000 × 1.00 × 1.00000 × 1.050 ÷ 85 ≒ 753,530원/㎡
   (× 70㎡ ≒ 52,747,060원)

[문제 5]   대상부동산 A, B의 순수익을 각각 산정하시오.

<자료 1>   대상부동산 A

    1. 보증금 100,000,000원

    2. 월임대료 5,000,000원

    3. 관리비는 임차인 실비정산

    4. 운영경비는 유효총수익의 20%

<자료 2>   대상부동산 B

    1. 보증금 60,000,000원

    2. 월임대료 3,000,000원

    3. 월관리비 1,000,000원

    4. 운영경비는 관리비 수입 대비 60%

<자료 3>   기타사항

    1. 인근지역의 표준적 공실률(근린생활시설 및 업무시설 동일)은 5%임

    2. 보증금운용이율은 3%임

| 예시답안

  1. 대상부동산 A

    $(100,000,000 \times 0.03 + 5,000,000 \times 12) \times (1 - 0.05) \times (1 - 0.2) ≒ 47,880,000$원

  2. 대상부동산 B

    $[(60,000,000 \times 0.03 + 3,000,000 \times 12) + 1,000,000 \times (1 - 0.6) \times 12)] \times (1 - 0.05) ≒ 40,470,000$원

[문제 6] 대상부동산의 수익가치를 각 조건에 따라 산정하시오.

<자료 1> 대상부동산 수익자료

1. 대상 순수익 내역
   1기 순수익은 월 5,000,000원이지만, 매년 3%씩 임대기간 동안 상승한다.
2. 시장환원율: 8%
3. 할인율: 6%
4. 임대기간: 5년

<자료 2> 조건

1. 임대료 상승률을 환원율에 반영하는 경우
2. 임대료 상승률을 순수익에 반영하는 경우

예시답안

I. K계수 산정

$$K계수 ≒ \frac{1 - \left(\dfrac{1+g}{1+y}\right)^t}{(y-g) \times {}^*PVAF_{y,t}} ≒ \frac{1 - (1.03 / 1.06)^5}{(0.06 - 0.03) \times {}^*4.2123} ≒ 1.05818$$

$$^* PVAF ≒ \frac{1.06^5 - 1}{0.06 \times 1.06^5} ≒ 4.2123$$

II. 환원율에 반영하는 경우

1. 조정 후 환원율
   $0.08 ÷ 1.05818 ≒ 0.0756$

2. 대상 수익가액
   $5,000,000 \times 12 ÷ 0.0756 ≒ 793,650,000$원

III. 순수익에 반영하는 경우

1. 조정 후 순수익
   $5,000,000 \times 12 \times 1.05818 ≒ 63,490,000$원

2. 대상 수익가액
   $63,490,000 ÷ 0.08 ≒ 793,635,000$원

제6장 수익방식 **245**

제6장

수익방식 | 해커스 감정평가사 이성준 감정평가실무 2차 기본서

[문제 7]

대상부동산의 수익가치를 할인현금흐름분석법을 적용하여 산정하시오.

1. 대상 순수익

   1기 연 20,000,000원, 매년 2%씩 상승

2. 보유기간: 5년

3. 5년 후 대상부동산의 가치: 500,000,000원

4. 할인율: 6%

예시답안

1. 5년 동안 순수익의 현재가치 합

$$20,000,000 \times \frac{1 - (1.02 / 1.06)^5}{(0.06\text{-}0.02) \times PVAF} \times PVAF ≒ 87,483,000원$$

2. 기말 복귀가액의 현재가치

$$500,000,000 \times \frac{1}{1.06^5} ≒ 373,629,000원$$

3. 대상부동산 수익가치

   87,483,000 + 373,629,000 ≒ 461,112,000원

[문제 8]

대상부동산의 수익가치를 각 조건에 따라 산정하시오.

<자료 1> 대상부동산 수익자료

    1. 0기의 순수익은 30,000,000원이며, 5년 후 순수인은 36,000,000원으로 예측됨
    2. 시장환원율: 8%
    3. 대상부동산의 객관적인 지분수익률: 10%
    4. 임대기간: 5년

<자료 2> 조건(순수익은 감채기금형식으로 증가 전제)

    1. 임대료 상승분을 환원율에 반영하는 경우
    2. 임대료 상승분을 순수익에 반영하는 경우

예시답안

Ⅰ. J계수

$$\frac{0.1}{1.1^5 - 1} \times \left(\frac{5}{1 - 1.1^{-5}} - \frac{1}{0.1} \right) \fallingdotseq 0.5225$$

Ⅱ. 환원율에 반영하는 경우

  1. 조정 후 환원이율

$$\frac{0.08}{(1 + {}^*0.2 \times 0.5225)} \fallingdotseq 0.0724$$

    $* \triangle(가치변화분) \fallingdotseq \dfrac{36,000,000 - 30,000,000}{30,000,000} \fallingdotseq 0.2$

  2. 대상 수익가치

    30,000,000 ÷ 0.0724 ≒ 414,364,000원

Ⅲ. 순수익에 반영하는 경우

  1. 조정 후 순수익

    30,000,000 × (1 + 0.2 × 0.5225) ≒ 33,135,000원

  2. 대상 수익가액

    33,135,000 ÷ 0.08 ≒ 414,188,000원

[문제 9]

대상부동산에 적용할 환원율을 시장추출법(투자시장질적비교법)에 의해 산정하되, 사례별 평균치로 산정하시오.

<자료 1> 유사 부동산 사례 수익자료

구분	사례 1(원)	사례 2(원)
상각 전 순수익	250,000,000	285,000,000
가능총수익	312,000,000	350,000,000
거래가격	2,500,000,000	3,000,000,000

<자료 2> 대상 및 사례 부동산의 수익성 비교치

투자성 판단요인	요인구성비	요인별 상대적 백분율		
		사례 1	사례 2	대상물건
환가성	20%	100	95	100
수입성	20%	95	90	100
안정성	10%	90	90	100
상승률	30%	90	90	100
운영경비지출	20%	100	100	100
계	100%			

예시답안

Ⅰ. 사례 환원율 산정

1. 사례 1

250,000,000 ÷ 2,500,000,000 ≒ 0.100

2. 사례 2

285,000,000 ÷ 3,000,000,000 ≒ 0.095

Ⅱ. 투자시장질적비교법에 의한 개별요인 비교치 산정

1. 사례 1

0.2 × 100/100 + 0.2 × 100/95 + 0.1 × 100/90 + 0.3 × 100/90 + 0.2 × 100/100 ≒ 1.055

2. 사례 2

0.2 × 100/95 + 0.2 × 100/90 + 0.1 × 100/90 + 0.3 × 100/90 + 0.2 × 100/100 ≒ 1.077

Ⅲ. 환원율 산정

(0.1000 ÷ 1.055 + 0.095 ÷ 1.077) ÷ 2 ≒ 0.0915

[문제 10] 아래와 같은 자료를 활용하여 대상부동산에 적용할 환원율을 조소득승수법(EGIM 기준)을 적용하여 산정하시오. 매매사례는 적정하며 산술평균치로 결정함

매매사례	가능총수익(원)	공실률	가능총수익 대비 영업경비비율	거래가격
1	35,000,000	5%	20%	250,000,000
2	30,000,000	3%	25%	230,000,000
대상	-	7%	25%	

예시답안

Ⅰ. 조소득승수(EGIM) 산정

1. 사례 1

$$\frac{250,000,000}{35,000,000 \times (1 - 0.05)} \fallingdotseq 7.519$$

2. 사례 2

$$\frac{230,000,000}{30,000,000 \times (1 - 0.03)} \fallingdotseq 7.904$$

3. 평균: 7.7115

Ⅱ. 환원율 산정

1. OER 산정

$$\frac{0.25}{1 - 0.07} \fallingdotseq 0.2688$$

2. 환원율 산정

$$R \fallingdotseq \frac{1 - OER}{(E)GIM} \fallingdotseq \frac{1 - 0.2688}{7.7115} \fallingdotseq 0.0948$$

[문제 11] 대상부동산에 적용할 환원율을 요소구성법을 적용하여 산정하시오. 단, 3년 만기 국고채 이자율은 2%이며 이는 무위험률에 가깝다.

구분	위험성	비유동성	관리의 난이성	자금의 안정성
가산율(%)	2	1	2.5	1

예시답안

$0.02 + (0.02 + 0.01 + 0.025 - 0.01) ≒ 0.065$

[문제 12] 대상부동산에 적용할 환원율을 (물리적)투자결합법 적용하여 산정하시오. (단, 건물환원율은 상각 전을 기준할 것)

인근지역의 표준적 사례 내역

1. 토지가격: 800,000,000원
2. 건물가격: 500,000,000원(최근 신축)
3. 토지의 환원율: 8%
4. 건물의 상각 후 환원율: 10%
5. 건물의 내용연수: 50

예시답안

$$\frac{800,000,000}{800,000,000 + 500,000,000} \times 0.08 + \frac{500,000,000}{800,000,000 + 500,000,000} \times (0.10 + \frac{1}{50}) ≒ 0.0954$$

[문제 13]
대상부동산에 적용할 환원율을 (금융적)투자결합법을 적용하여 산정하시오. (단, Ross 에 의한 방법으로 산정할 것)

대출 내역

1. 대부비율: 40%
2. 대출이자율: 8%
3. 대출기간: 10년
4. 지분환원율: 10%

예시답안

$0.6 \times 0.10 + 0.4 \times 0.08 ≒ 0.092$

[문제 14]
대상부동산에 적용할 환원율을 (금융적)투자결합법을 적용하여 산정하시오. (단, Kazdin 에 의한 방법으로 산정할 것)

대출 조건

1. 대부비율: 30%
2. 대출이자율: 10%
3. 대출기간: 20년
4. 상환조건: 매월 원리금균등상환
5. 지분배당율: 12%

예시답안

$$0.7 \times 0.12 + 0.3 \times \frac{0.10 / 12 \times (1 + 0.10 / 12)^{240}}{(1 + 0.10 / 12)^{240} - 1} \times 12(개월) ≒ 0.1187$$

[문제 15] 대상부동산에 적용할 환원율을 Ellwood법을 적용하여 산정하시오.

<자료 1> 이자율

    1. 지분수익률: 8%

    2. 저당의 대출이율: 10%

<자료 2> 대부조건

    1. 대부비율: 40%

    2. 대부기간: 20년

    3. 상환조건: 매년 원리금균등상환

<자료 3> 기타자료

    1. 예상보유기간: 5년

    2. 보유기간 말 부동산 가격변동: 보유기간 동안 매년 2% 상승

    3. 시장이자율: 7%

예시답안

1. 저당상수(MC)

$$\frac{0.1 \times 1.1^{20}}{1.1^{20} - 1} \fallingdotseq 0.1175$$

2. 감채기금계수(SFF)

$$\frac{0.08}{1.08^5 - 1} \fallingdotseq 0.1705$$

3. 상환비율(P)

$$\frac{1.1^5 - 1}{1.1^{20} - 1} \fallingdotseq 0.1066$$

4. 자산가치 변화율

$$1.02^5 - 1 \fallingdotseq 0.1041$$

5. 환원율 산정

$$0.08 - 0.4 \times (0.08 + 0.1066 \times 0.1705 - 0.1175) - 0.1041 \times 0.1705 \fallingdotseq 0.0700$$

[문제 16]
대상부동산에 적용할 환원율을 부채감당법(대출자 입장)에 의해 산정하시오.

대출 조건

1. 대부비율: 45%
2. 대출이자율: 8%
3. 대출기간: 25년
4. 상환조건: 매년 원리금균등상환
5. 순수익은 매년 8천만원, 부채서비스액은 6천5백만원임

예시답안

1. DCR
   $80,000,000 \div 65,000,000 \fallingdotseq 1.23$

2. 환원율
   $$1.23 \times 0.45 \times \frac{0.08 \times 1.08^{25}}{1.08^{25} - 1} \fallingdotseq 0.052$$

[문제 17]
아래와 같은 자료를 활용하여 대상부동산에 적용할 환원율을 결정하시오. 단, 가산식과 상승식을 각각 적용하여 산정하시오.

구분	1분기	2분기	3분기	4분기
소득수익률	1.02%	1.32%	1.01%	0.89%
자본수익률	0.54%	0.42%	0.37%	0.48%
투자수익률	1.56%	1.74%	1.38%	1.37%

예시답안

연간 소득수익률 기준

1. 가산식
   $1.02 + 1.32 + 1.01 + 0.89 \fallingdotseq 4.24\%$

2. 상승식
   $1.0102 \times 1.0132 \times 1.0101 \times 1.0089 - 1 \fallingdotseq 4.30\%$

[문제 18] 아래와 같은 자료를 활용하여 대상부동산에 적용할 할인율을 결정하시오. 단, 가산식과 상승식 모두 산정하시오.

구분	1분기	2분기	3분기	4분기
소득수익률	1.52%	1.25%	1.47%	1.08%
자본수익률	0.44%	0.72%	0.48%	0.44%
투자수익률	1.96%	1.99%	1.95%	1.52%

| 예시답안

연간 투자수익률 기준

1. 가산식

   1.96 + 1.99 + 1.95 + 1.52 ≒ 7.42%

2. 상승식

   1.0196 × 1.0199 × 1.0195 × 1.0152 − 1 ≒ 7.63%

[문제 19] 아래와 같은 대상부동산의 가액을 수익가액으로 산정하는 경우 보유기간 말 대상부동산의 매각가액을 각 조건에 따라 산정하시오.

<자료 1> 대상부동산 내역

1. 소재지: K구 D동 234번지
2. 기준시점 당시 시장가치: 2,500,000,000원
   (토지: 1,500,000,000원, 건물: 1,000,000,000원, 건물 기준시점 당시 신축, 내용연수: 50년)
3. 1차 연도 순수익: 80,000,000원
4. 임대료 상승률: 연 4%
5. 가격 변동률
   (1) 토지: 연 1% 상승
   (2) 건물: 변화 없음
6. 기출환원율: 기초환원율에 기말 가격변동에 따른 위험률 1%p를 가산함

<자료 2> 조건

내부추계법과 외부추계법으로 산정

| 예시답안

I. 내부추계법

1. 6차 연도 순수익: $80,000,000 \times 1.04^5 ≒ 97,332,000$원

2. 기출환원율: $\dfrac{80,000,000}{2,500,000,000} + 0.01 ≒ 4.2\%$

3. 기말매각가액: $\dfrac{97,332,000}{0.042} ≒ 2,317,428,000$원

II. 외부추계법

1. 보유기간 말 토지가치: $1,500,000,000 \times 1.01^5 ≒ 1,576,515,000$원

2. 보유기간 말 건물가치: $1,000,000,000 \times \dfrac{45}{50} ≒ 900,000,000$원

3. 기말매각가액 ≒ $1,576,515,000 + 900,000,000 ≒ 2,476,515,000$원

[문제 20]

아래와 같은 대상부동산의 수익가액을 할인현금흐름분석법을 적용하여 산정하시오. 단, 순수익을 기준할 것

<자료 1> 대상부동산 개요

1. 소재지: K시 D구 A동 1 - 3번지
2. 지목 등: 대, 1,592㎡, 일반상업지역, 중로한면, 부정형, 평지
3. 건물: 업무용, 철근콘크리트조 경사지붕, 연면적 15,000㎡, 사용승인일 2012.1.8.

<자료 2> 1기 임대료(층별 효용 배분된 조정 임대료, 연면적과 임대면적 동일)

1. 보증금: 120,000원/㎡
2. 월임대료: 12,000원/㎡
3. 월관리비: 6,000원/㎡

<자료 3> 연간 상승률 등

1. 임대료, 보증금, 관리비 상승률: 3%
2. 보증금운용이율: 2%
3. 표준적 공실률: 5%
4. 운영경비: 관리비의 70%
5. 재매도환원율: 10%(재매도 경비는 매각예상액의 3%)
6. 할인율: 8%
7. 보유기간: 5년

Ⅰ. 평가개요

본건은 D구 A동에 소재하는 업무용 복합부동산에 대한 일반거래목적의 감정평가로서, 할인현금흐름분석법을 적용하여 감정평가함. 기준시점은 현재임

Ⅱ. 1기 순수익 산정

1. 유효총수익

(1) 가능총수익

$(120,000 \times 0.02 + 12,000 \times 12 + 6,000 \times 12) \times 15,000 ≒ 3,276,000,000$원

(2) 유효총수익

가능총수익 $\times (1 - 0.05) ≒ 3,112,200,000$원

2. 운영경비

$6,000 \times 12 \times (1 - 0.05) \times 0.7 \times 15,000㎡ ≒ 718,200,000$원

3. 순수익

가능총수익 - 운영경비 ≒ 2,557,800,000원

Ⅲ. 현금흐름표(단위: 천원)

1기	2기	3기	4기	5기
2,557.8	2,634.5	2,713.5	2,794.9	2,878.8

Ⅳ. 기말복귀액

내부추계법, 6기 순수익 기준

$(2,878,800,000 \times 1.03) \div 0.1 \times (1 - 0.03) ≒ 28,762,090,000$원

Ⅴ. 수익가액

할인율 8% 적용

$$수익가액 ≒ \sum_{t=1}^{n} \frac{NOI_t}{1.08^t} + \frac{기말복귀액}{1.08^n} ≒ 30,369,649,000원$$

해커스감정평가법인은 아래와 같은 부동산에 대한 매입 타당성을 의뢰받았다. 주어진 자료를 활용하여 기준시점 당시 시장가치를 할인현금흐름분석법을 적용하여 산정하시오.

<자료 1> 대상부동산 내역

1. 소재지: H구 B동 45번지
2. 지목 등: 대, 850㎡, 일반상업지역, 소로각지, 장방형, 평지
3. 건물: 상업용, 철근콘크리트조 슬라브지붕

<자료 2> 수익 관련 자료

1. 1기 가능총수익: 500,000,000원, 연 5% 상승
2. 공실 및 대손충당금: 가능총수익 대비 5%
3. 영업경비: 유효총수익 대비 25%

<자료 3> 대출 관련 자료

1. 대부비율: 매수 제안액의 40%
2. 이자율: 10%
3. 대출기간: 20년
4. 상환방식: 매년 원리금균등상환조건

<자료 4> 기타 사항

1. 영업소득세: 20%
2. 양도소득세: 25%
3. 기대수익률(할인율): 12%
4. 건물 경제적 잔존연수: 40년(기준시점 당시 시장가치 15억원)
5. 예상보유기간: 5년
6. 기출환원율은 시장 위험 고려 기대수익률에 1%p 가산할 것
7. 매수 제안액 30억원

▌예시답안

Ⅰ. 평가개요

본건은 수익용 복합부동산으로서, DCF법을 적용하여 시장가치를 산정함. 기준시점은 현재임

Ⅱ. 현금흐름 등

1. 1기 ATCF

(1) NOI

500,000,000 × (1 - 0.05) × (1 - 0.25) ≒ 356,250,000원

(2) DS

$$3,000,000,000 \times 0.4 \times \frac{0.10 - \times 1.10^{20}}{1.10^{20} - 1} ≒ 140,951,000원$$

(3) 감가상각비

1,500,000,000 × 1/40 ≒ 37,500,000원

(4) 원금상환분

140,951,000 - 3,000,000,000 × 0.4 × 0.1 ≒ 110,951,000원

2. 현금흐름표(단위: 천원)

구분	1	2	3	4	5
NOI	356,250	374,062	392,765	412,403	433,024
DS	140,951		좌동		
BTCF	215,299	233,111	251,814	271,452	292,073
(감가상각비)	37,500		좌동		
원금상환분	110,951	112,060	113,181	114,312	115,456
*Tax(20%)	57,750	61,534	65,499	69,653	74,005
ATCF	157,549	171,577	186,315	201,799	218,067

* Tax ≒ (BTCF - 감가상각비 + 원금상환분) × 0.20

3. 기말지분복귀액

(1) 재매도가치

433,024,000 × 1.05 ÷ 0.13 ≒ 3,497,501,000원

(2) 미상환저당잔금

$$3,000,000,000 \times 0.4 \times \left(1 - \frac{1.10^5 - 1}{1.10^{20} - 1}\right) ≒ 1,072,088,000원$$

(3) 양도소득세

[3,497,501,000 - (3,000,000,000 - 37,500,000 × 5)] × 0.25 ≒ 171,250,000원

(4) 기말지분복귀액

3,497,501,000 - (1,072,088,000 + 171,250,000) ≒ 2,254,163,000원

Ⅲ. 대상부동산 시장가치 결정

1. 지분가치

$$\frac{157,549}{1.12} + \frac{171,577}{1.12^2} + \frac{186,315}{1.12^3} + \frac{201,799}{1.12^4} + \frac{(218,067 + 2,254,163)}{1.12^5} ≒ 1,941,121,000원$$

2. 저당가치

3,000,000,000 × 0.4 ≒ 1,200,000,000원

3. 시장가치

지분가치 + 저당가치 ≒ 3,141,121,000원

[문제 22]

대상부동산의 상각 전 순수익인 연간 50,000,000원일 경우 자본회수 부분을 직선법, 연금법, 상환기금법을 적용하여 대상부동산의 시장가치를 각각 산정하시오. 단, 경제적 내용연수는 10년, 상각 후 환원율 10%, 축척이율은 5%임

예시답안

I. 직선법

1. 산식

$$V \fallingdotseq \frac{a}{r + \frac{1}{n}}$$

2. 수익가액

$$\frac{50,000,000}{0.1 + 1/10} \fallingdotseq 250,000,000원$$

II. 연금법(Inwood 방식)

1. 산식

$$V \fallingdotseq \frac{a}{r + \frac{r}{(1+r)^n - 1}}$$

2. 수익가액

$$50,000,000 \div \left(0.1 + \frac{0.1}{1.1^{10} - 1} \right) \fallingdotseq 189,537,000원$$

III. 상환기금법(Hoskold 방식)

1. 산식

$$V \fallingdotseq \frac{a}{r + \frac{i}{(1+i)^n - 1}}$$

2. 산정

$$50,000,000 \div \left(0.1 + \frac{0.05}{1.01^{10} - 1} \right) \fallingdotseq 177,951,000원$$

IV. 각 방법 비교

연금법은 당해 (수익)사업에 대한 재투자, 상환기금법 안전율인 축척이율에 재투자한다는 가정인 반면, 직선법은 재투자를 가정하지 않기 때문에 수익가액의 차이가 있다.

[문제 23] 아래와 같은 자료를 활용하여 대상토지의 수익가액을 토지잔여법을 적용하여 산정하시오.

<자료 1> **대상부동산**

1. 건물: 상가, 철근콘크리트 슬라브지붕, 신축 당시 건축비 2억원(1년 전 신축)
2. 건축비 상승률: 연간 5%

<자료 2> **대상 수익 관련 자료**

1. 대상부동산 (상각 전) 순수익: 연 80,000,000원
2. 건물 상각 전 환원율: 10%
3. 토지 환원율: 8%.
4. 감가수정은 정액법, 내용연수는 50년이며, 건물 내용연수 만료 시 잔가율은 10%임

▌예시답안

I. 건물귀속순수익

1. 건물가액
   $200,000,000 \times 1.05 \times (1 - 0.9 \times 1/50) ≒ 206,220,000$원

2. 건물귀속순수익
   $206,220,000 \times 0.1 ≒ 20,622,000$원

II. 토지귀속순수익

$80,000,000 - 20,622,000 ≒ 59,378,000$원

III. 토지의 수익가액

$59,378,000 \div 0.08 ≒ 742,225,000$원

[문제 24]

아래와 같은 자료를 활용하여 대상건물의 수익가액을 건물잔여법을 적용하여 산정하시오.

<자료 1> 대상부동산

1. 토지: 시장가치 8억원
2. 건물: 상가, 철근콘크리트 슬라브지붕, 30년 전 신축

<자료 2> 대상 수익 관련 자료

1. 대상부동산 (상각 전) 순수익: 연 80,000,000원
2. 건물 상각 후 환원율: 10%.
3. 토지 환원율: 8%.
4. 감가수정은 정액법, 내용연수는 40년

예시답안

1. 토지귀속순수익

    800,000,000 × 0.08 ≒ 64,000,000원

2. 건물귀속순수익(상각 전)

    80,000,000 - 64,000,000 ≒ 16,000,000원

3. 건물의 수익가액

    $$\frac{16,000,000}{0.1 + 1/10} ≒ 80,000,000원$$

[문제 25]

아래와 같은 자료를 활용하여 대상부동산의 수익가액을 부동산잔여법을 적용하여 산정하시오.

<자료 1>   대상부동산

1. 토지: 서울시 B구 D동 54번지, 대, 150㎡
2. 건물: 위 지상 상가, 단층, 100㎡, 블럭조 경사지붕, 30년 전 신축

<자료 2>   대상 수익 관련 자료

1. 임대료: 월 30,000원/㎡
2. 공실률: 5%
3. 운영경비비율: 가능총수익의 20%
4. 기준시점 현재 토지의 적정 시장가치는 2억원으로 토지가치는 불변 전제함
5. 할인율: 12%.
6. 임대면적은 연면적의 90%
7. 감가수정은 정액법, 내용연수는 40년, 기말 건물 잔존가치는 없음

| 예시답안

Ⅰ. 평가개요

- 평가대상: 복합부동산
- 평가목적: 일반거래
- 기준시점: 현재

Ⅱ. 수익가액

1. 순수익

   $30,000 \times 12 \times 100 \times 0.9 \times (1 - 0.05 - 0.2) ≒ 24,300,000$원

2. 수익가액

   내용연수 40년, 경과연수 30년, 잔존연수 10년 기준

   $$24,300,000 \times \frac{1.12^{10} - 1}{0.12 \times 1.12^{10}} + \frac{2000,000,000}{1.12^{10}} ≒ 201,695,000$$원

제 7 장

기타 감정평가방식

제1절 노선가식평가법

1 개요

노선가란 가로에 연접한 표준획지의 단가를 말하는 것으로 인접도로의 폭, 구조, 각지와 같은 가로의 상황(가로계수), 상가, 역, 공공시설 등에 대한 접근정도(접근계수), 지반, 급배수, 주변환경 등 획지자체의 현황(획지계수)등을 참작하여 결정하게 된다.

노선가식평가법이란 접근성이 유사한 가로별로 노선가를 설정하고 이에 깊이가격체감률 및 토지형상 등의 획지조건에 따른 각종 보정률을 적용하여 개별획지의 가치를 구하는 방법으로, 노선 가는 전문가에 의해 일괄적으로 결정하는 Delpi법(달관식)과 지역전체를 토대로 분석한 노선가의 구성요소(가치형성요인)별로 분류채점한 합계로서 설정하는 채점법이 있다.

2 노선가식평가법의 장·단점

① 노선가식평가법은 과학적이고 설득력이 있으며 ② 감정평가사의 주관이 개입될 여지가 적어 가치 편차가 적게 될 뿐 아니라 ③ 단기간에 대량으로 평가할 수 있다는 장점이 있다.

④ 반면 각 토지는 지형이 각양각색이므로 토지의 형태에 따른 보정률이나 깊이가격체감률 등의 적정한 파악이 어렵고 ⑤ 나지와 전부지 등과 같이 이용상황이 다른 경우에는 정상적인 비교가 어려운 점이 있으며 ⑥ 시장성 및 개발이익의 반영이 어렵다는 단점이 있다.

3 산식

$$노선가 = (가로계수 + 접근계수 + 택지계수) \times 표준지 단가$$

4 용어의 개념

1. 가로계수

택지가 접하는 가로에 따른 이용가치를 표시한 계수로 가로의 계통, 연속성, 폭, 구조, 곡선, 가로의 경관 등에 의해 변화한다.

2. 접근계수

택지와 교통, 위락, 공공시설 등과의 상대적 거리관계에 의한 수익 또는 이로 인하여 받게 될 손실에 대한 가치를 나타내는 계수로, 택지와 시설과의 상대적 거리관계 및 시설의 종류, 성질에 따라 다르다.

3. 택지계수

택지자신이 가지는 이용상황, 문화성, 안전성 등에 의한 계수로 택지가 주거 · 상업용에 이용되는 상태, 방화 등 안전상태의 양부, 상 · 하수도 등의 문화시설의 보급정도 및 일조 등에 따라 달라진다.

5 구체적인 감정평가방법

1. 획지의 보정

(1) 깊이가격체감율

깊이가격체감율이란 토지가 접면도로에서 적정 이상의 깊이로 깊어질수록 가치는 하락한다는 의미로 가치에 영향을 주는 깊이에 대한 가격체감률을 의미한다.

(2) 각지가산율

각지가산율이란 전면도로 이외에 다른 가로에 접할 경우 각지에 따른 토지이용률이 증가하므로 각지에 대한 가치증가분을 고려하는 가격체감률을 의미한다.

(3) 접면너비협소보정률(예 자루형 획지)

접면너비협소보정률이란 획지 접면너비의 크기에 따라 토지의 이용률이 일반적으로 증가하므로 획지가 가로 대비 너비가 과소한 경우의 이용가치 가격체감률을 의미한다. 이는 인근지역의 이용상황 및 용도지역 등에 따라 다르게 나타난다.

(4) 깊이장대보정률

깊이장대보정률이란 토지의 형상이 접면너비에 비하여 깊이가 깊은 경우 그 효용가치가 깊이가 짧은 토지에 비해 낮아지게 되므로 접면너비와 깊이와의 관계를 보정하는 것을 의미한다.

(5) 삼각획지보정률

삼각획지보정률이란 삼각지는 정형 토지에 비해 상대적인 토지이용률이 불리하고 최소각과 면적에 따라 가치에 영향을 크게 받는 정도를 나타낸다. 삼각획지보정률은 각도보정률(최소각과 대각, 저각), 면적보정률(최소각과 면적) 중 큰 보정률로 결정하며, 역삼각지는 항상 대각을 기준으로 한다.

2. 정형 획지 평가방법

(1) 한 개의 가로(도로)와 접한 획지

노선가 = 주노선가 × 깊이가격체감률

(2) 여러 개의 가로(도로)와 접한 획지

> 노선가 = 주노선가 + 각지노선가 × (각지)깊이가격체감률 × 각지가산율

3. 자루형 획지 평가방법

> 노선가 = 주노선가 × 깊이가격체감률 × 접면너비협소보정률 × 깊이장대보정률

4. 삼각형 획지 평가방법

(1) 삼각지보정률 산정방법

1) 각도보정률은 최소각과 저각 또는 대각인지 검토
- 저각: 도로면에 접한 각(도로와 평행인 획지면에서 생성되는 각)
- 대각: 도로면의 반대편에 있는 각(역삼각지는 모두 대각)
- 역삼각지는 삼각지와 달리 최소각을 대각으로 보아 각도보정률을 결정한다. 즉, 각도보정률 산정시 대각만 활용한다.

2) 면적보정률은 최소각의 크기와 면적에 대한 수치를 적용

3) 삼각지보정률은 MAX[각도보정률, 면적보정률]

(2) 삼각형 획지 산식

> 노선가 = 주노선가 × 깊이가격체감률 × 삼각지보정률

(3) 역삼각형 획지 산식

> 노선가 = 주노선가 × 깊이가격체감률 × 삼각지보정률 × 접면너비협소보정률

각도보정률은 먼저 최소각이 저각인지 대각인지 파악한 후 해당 수치를 결정하며, 면적보정률은 해당 면적 범위를 보고 수치를 결정한다.

5. 주노선가 결정시 유의사항

노선가식 평가방법은 토지의 가치가 접면도로에 의해 결정된다는 기본 전제로 결국 주노선가의 결정이 핵심이다. 따라서 주노선가는 접면도로의 물리적 상태인 너비를 기준하는 것이 아니라 가치 측면을 기준하여야 하므로 노선가가 큰 접면도로의 노선가를 주노선가로 결정하여야 한다.

1 개요

1. 개념(헤도닉 모형, 특성가격접근법, Hedonic price model)

회귀분석법은 통계적 방법을 사용하여 여러 가지 변수들 사이의 관련성을 알아내는데 유용한 계량적 평가기법으로서 토지나 부동산가치를 종속변수로 하고 이 종속변수에 영향을 미치는 토지나 부동산의 면적, 도심지와의 거리, 용도지역, 이용상황, 통행 인구 수 등을 독립변수로 하여 이러한 변수들 사이의 관계를 분석하는 방법이다. 회귀분석법에는 하나의 독립변수와 종속변수의 관계를 분석하는 선형회귀분석과 여러 개의 독립변수와 종속변수와의 관계를 분석하는 다중회귀분석법이 있다.

2. 장 · 단점

① 회귀분석법은 객관적이고 ② 대량물건에 대해 균형성 있게 평가할 수 있으며 ③ 평가사의 주관개입이 적다는 장점이 있으나 ④ 정규분포 내 많은 자료가 필요하고 ⑤ 자료선정 시 오차 가능성이 있으며 ⑥ 자료가 부족하거나 없는 신규 시장에서는 적용이 불가능하며 ⑦ 감정평가의 가치개념과 동떨어진다는 단점이 있다.

2 선형회귀분석(단순회귀분석)

1. 개념

선형회귀분석(단순회귀분석)은 종속변수와 하나의 독립변수 간의 선형관계를 분석하는 것으로 회귀모형은 실측된 종속변수의 값이 독립변수에 의하여 설명되는 이론적인 값과 설명되지 않는 오차부분이 있어 $y = a + bx + t$(오차)로 표시된다. 따라서 오차가 없는 결과가 이론치가 되므로 이는 다음과 같이 표시할 수 있다.

2. 선형회귀분석 모형

$$y = ax + b$$

y: 종속변수, x: 독립변수, a: 회귀계수, b: 회귀상수

3. 독립변수

독립변수(설명변수)란 상기 식에서 결과 값인 종속변수 영향을 끼치는 요소를 말하며, 종속변수 (반응변수)란 독립변수에 의해서 영향을 받는 결과 값을 의미한다. 예를 들어 접면도로의 너비에 따라 토지가치가 변동된다고 가정한다면, 접면도로 너비는 영향을 미치는 독립변수가 되고 토지가치는 영향을 받는 종속변수가 된다.

4. 회귀상수

부동산 평가에 있어 회귀상수는 부동산가치에 영향을 미치는 요인을 고려하지 않은 상태의 부동산 본래의 가치를 의미한다.

$$b = \bar{y} - a\bar{x} \ \text{또는} \ a = \frac{\sum y \cdot \sum x^2 - \sum x \cdot \sum xy}{n \sum x^2 - (\sum x)^2}$$

a: 회귀계수, b: 회귀상수, $\bar{y}$: y(종속변수)의 평균값, $\bar{x}$: x(독립변수)의 평균값, n: 표본의 수

5. 회귀계수

독립변수가 부동산가치에 영향을 미치는 정도를 회귀계수라 하며, 유리한 영향을 미치는 경우는 (+), 불리한 영향을 미치는 경우는 (-)가 된다.

$$a = \frac{n \sum xy - \sum x \cdot \sum y}{n \cdot \sum x^2 - (\sum x)^2} = \frac{\sum (x - \bar{x})(y - \bar{y})}{\sum (x - \bar{x})^2}$$

6. 검증

분석된 회귀식이 독립변수와 종속변수와의 관계를 어느 정도 신뢰성 있게 반영하고 있다는 검증이 요구되며, 이는 결정계수로 활용한다. "결정계수"란 표본관측으로 추정한 회귀선이 실제로 관측된 표본을 어느 정도 설명해 주고 있는가, 즉 회귀선이 실제 관측치를 어느 정도 대표하여 그 적합성을 보여주고 있는가를 측정하는 계수로 나타낸 것으로, 0과 1 사이의 값을 가진다. 이러한 결정계수는 두 변수 사이의 상관관계의 정도를 나타내는 상관계수(일반적으로 r로 나타냄)를 제곱한 것과 같으며, 따라서 R^2(R - Squared)으로 표시한다. "$R^2 = 1$"일 경우에는 추정된 회귀선이 독립변수(예 면적)와 종속 변수의 관계를 완전하게 설명한다는 것이며, "$R^2 = 0$"일 경우 회귀식이 두 변수 사이의 관계를 전혀 설명해 주지 못함을 의미한다.

$$\text{결정계수}(R^2) = \frac{\text{회귀모형에 의해 설명되는 변량(SSR)}}{\text{총변량(SST = SSR + SSE)}} = \frac{\sum (y' - \bar{y})^2}{\sum (y - \bar{y})^2}$$

$$= \frac{\sum (y' - \bar{y})^2}{\sum (y' - \bar{y})^2 + \sum (y - y')^2}$$

y': 회귀모형으로 산정된 종속변수의 값

❸ 다중회귀분석

1. 개념

결과값(예 토지가치)은 하나의 요인이 아닌 다양한 요인의 복합적 영향에 따라 변동되므로 이에 각각의 요인에 따른 결과값에 대한 분석을 다중귀분석이라 한다. 다중회귀분석법은 토지가치 추계 시 다양한 조건(가로, 접근, 획지, 행정조건 등)을 반영할 수 있다는 점에서 유용하게 쓰일 수 있다.

2. 다중회귀분석 모형

$$Y = b + a_1x_1 + a_2x_2 \cdots + a_nx_n + \varepsilon$$

Y: 종속변수(토지 또는 부동산가치), x: 독립변수, a: 회귀계수, b: 회귀상수, ε: 오차

3. 독립변수

다중회귀분석에 의한 부동산의 가치를 산정하는데 사용되는 독립변수로는 다음과 같은 것들이 있다.
- 지하철 등 대중교통시설까지의 거리
- 초등학교, 중학교 등의 교육시설과의 거리
- 공원 및 여가시설 까지의 거리
- 접면도로의 폭, 포장상태, 성격(간선도로)
- 간선도로와의 거리 및 계통의 연속성
- 접면도로의 너비, 방위 및 일조의 양
- 인근지역 내 표준적인 획지의 규모
- 혐오시설까지의 거리, 소음, 진동, 악취 등
- 형상·지세 등

핵심체크 | 분산과 표준편차

투자위험 또는 가치변동을 측정하는 합리적인 방법으로 많이 활용되는 것이 분산 또는 표준편차이다. 분산은 각각의 변량인 종속변수와 평균과의 차이를 제곱한 값들을 평균한 것이다. 분산은 평균을 기준으로 변량들이 얼마나 퍼져있는가를 나타내며, 단순히 각각의 변량과 평균의 차이인 편차의 평균으로 구하지 않고 편차들의 제곱의 합을 평균하여 구하는 이유는 편차가 (-)값을 갖는 경우 편차의 (+)값과 (-)값이 서로 상쇄되어 분산이 왜곡되기 때문이다. 이러한 분산의 양의 제곱근이 표준편차이다.

$$편차 = (y - \bar{y})$$

$$분산 = \frac{\sum(y - \bar{y})^2}{n}$$

$$표준편차(\sqrt{분산}) = \sqrt{\frac{\sum(y - \bar{y})^2}{n}}$$

y: 변량(종속변수), $\bar{y}$: 변량(종속변수)의 평균, n: 변량의 수(종속변수의 수)

제3절 조소득승수법

1 개요

1. 개념(PGIM법, EGIM법)

대상부동산이 산출할 것으로 기대되는 임료에 승수를 곱하여 대상부동산의 가치를 산정하는 방법을 조소득승수법이라 하며, 대응되는 임료에 따라 아래와 같이 구분된다. 승수란 가격을 소득으로 나눈 것을 의미한다. 다만, 승수법은 시장사례로부터 승수를 추출한다는 점에서 수익방식이 아닌 비교방식으로 분류하기도 하나 양 방식을 모두 혼용하고 있다는 특징을 가진다. PGIM법은 대상부동산으로부터 산출되는 임대료를 기준하므로 일반적으로 주거용부동산에서 활용되며 EGIM법은 총임료 이외의 기타수익을 포함한 수익이므로 수익용 부동산에서 활용될 수 있다.

2. 장·단점

① 조소득승수법은 거래사례나 임대사례가 풍부한 경우 설득력이 있으며 ② 임대료 수익의 직접적인 반영을 할 수 있으며 ③ 비교적 간단한 방법으로 가치를 산정할 수 있는 장점이 있으나 ④ 부동산계약의 특수성 및 개별성으로 인해 승수의 왜곡이 있을 수 있고 ⑤ 대상의 개별적 가치를 반영하기 어려우며 ⑥ 시장성 또는 수익성이 없는 부동산에는 적용할 수 없는 단점이 있다.

2 산식

구분	산식
PGIM법	대상부동산 가치 = PGI(가능총수익) × PGIM(가격 ÷ PGI, 승수)
EGIM법	대상부동산 가치 = EGI(유효총수익) × EGIM(가격 ÷ EGI, 승수)

3 조소득승수법의 유의사항 등

1. 유의사항

① 대상물건의 종류 및 특성에 따라 대응되는 임료가 달라지며 ② 공실률, 거래시점, 부동산의 유형이나 금융조건, 수익의 질, 임차자의 서비스 등 개별성이 가치에 충분히 고려되어야 하며 ③ 다수의 적정사례를 통해 산출한 승수를 적용하여야 그 신뢰성을 확보할 수 있다.

2. 승수와 환원율과의 관계

$$R(\text{환원율}) = \frac{NOI}{P} = \frac{EGI \times (1 - OER)}{EGI \times EGIM} = \frac{(1 - OER)}{EGIM}$$

272 해커스 감정평가사 ca.Hackers.com

제4절 대쌍비교법

1 개요

대쌍비교법이란 특정요소의 유·무에 따라 가치의 차이가 있다는 전제를 기준으로 특정요소 유·무에 따른 가치를 가액화하여 대상부동산의 가치를 판정하는 방법으로 개별적인 특정요소의 가치를 산정하는 방법으로도 활용가능하다.

2 장·단점

① 대쌍비교법은 비교거래사례 간 차이를 가액으로 환원하여 가치 차액을 통해 대량평가에서 활용될 수 있고 ② 비교요인의 수정량을 시장사례에서 추출한다는 점에서 시장성을 반영할 수 있으며 ③ 통계적 방법으로 객관적이며 설득력이 있는 반면, ④ 대상부동산과 동일·유사한 특정요소를 수집하기 곤란하고 ⑤ 거래가격에 반영되는 특정요소 중 개별요소만을 분리하여 가치화하기 때문에 종합적 효용증대를 반영할 수 없고 ⑥ 이론적 문제점 등 오류가능성이 높다는 한계를 갖고 있다.

제7장 기타 감정평가방식 예상문제

[문제 1] 아래와 같은 도면을 참조하여 대상토지의 가액을 노선가식 평가방법을 적용하여 산정하시오. 단, 본건 북측 및 남측 노선가는 적정함을 전제함.

<자료 1> 대상토지(삼성동 1번지) 지적도 및 노선가

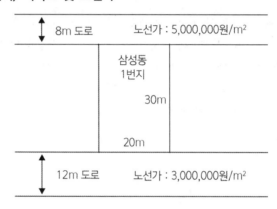

<자료 2> 노선가 관련 자료

    1. 10m의 깊이 가격체감률: 0.98
    2. 20m의 깊이 가격체감률: 0.95
    3. 30m의 깊이 가격체감률: 0.90
    4. 40m의 깊이 가격체감률: 0.85
    5. 이면 각지 가산율: 0.10
    6. 각지 가산율: 0.05

예시답안

Ⅰ. 평가개요

대상토지의 감정평가액을 노선가식 평가방법을 적용하여 산정함. 기준시점은 현재임

Ⅱ. 대상토지 감정평가액 산정

1. 주노선가 결정

주노선가는 '도로의 폭' 기준이 아닌 '노선가의 크기'에 따라 결정됨. 따라서, 북측 노선가를 주노선가로 결정함

2. 토지단가 산정

$$\underbrace{5,000,000}_{\text{주노선}} \times 0.90 + \underbrace{3,000,000}_{\text{이면 각지}} \times 0.90 \times 0.10 ≒ 4,770,000원/㎡$$

3. 대상토지 감정평가액

$4,770,000 \times (30 \times 20) ≒ 2,862,000,000원$

[문제 2]

아래와 같은 도면을 참조하여 대상토지의 가액을 노선가식 평가방법을 적용하여 산정하시오.

<자료 1>   대상토지 현황

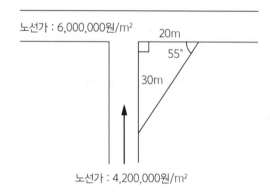

노선가 : 6,000,000원/m²

20m

55°

30m

노선가 : 4,200,000원/m²

<자료 2>   노선가 관련 자료

1. 20m의 깊이 가격체감률: 1.00
2. 30m의 깊이 가격체감률: 0.95
3. 측면 각지 가산율: 0.10

<자료 3>   각도 및 면적보정률

1. 각도보정률

최소각	10° 미만	10° 이상 15° 미만	15° 이상 20° 미만	20° 이상 30° 미만	30° 이상 45° 미만	45° 이상 70° 미만
저각	0.8	0.85	0.89	0.92	0.95	0.97
대각	0.75	0.81	0.86	0.90	0.93	0.95

2. 면적보정률

면적(m²) 최소각	100m² 미만	100 ~ 130 미만	130 ~ 170 미만	170 ~ 300 미만	300 ~ 1,000 미만	1,000 ~ 3,000 미만	3,000 이상
30° 미만	0.75	0.75	0.80	0.85	0.90	0.95	0.98
30° 이상	0.80	0.85	0.85	0.90	0.95	0.98	0.98

Ⅰ. 평가개요

대상토지의 감정평가액을 노선가식 평가방법을 적용하여 산정함. 기준시점은 현재임

Ⅱ. 대상토지 감정평가액 산정

1. 주노선가

$6,000,000 \times \underset{\text{깊}}{0.95} \times \underset{\text{삼}}{*0.95} ≒ 5,415,000$원/㎡

* 삼각지보정률: 최소각이 대각인 35° 각도보정률(0.93)과 최소각이 30° 이상 면적보정률(0.95) 중 큰 면적보정률을 기준함

2. 각지 가산

$4,200,000 \times \underset{\text{깊}}{1.00} \times \underset{\text{삼}}{*0.95} \times \underset{\text{측}}{0.10} ≒ 399,000$원/㎡

* 삼각지보정률: 최소각이 저각인 35°의 각도보정률(0.95)과 최소각이 30° 이상 면적보정률(0.95)이 동일하므로 '0.95'를 기준함

3. 대상토지단가

$5,415,000 + 399,000 ≒ 5,810,000$원/㎡

4. 대상토지 감정평가액

$5,810,000 \times 300㎡ ≒ 1,743,000,000$원

[문제 3]

해커스감정평가법인은 대상이 소재하는 인근지역 내 건물의 거래사례를 수집하여 경과연수에 따른 가격변동을 검토한 후 대상건물의 시산가액을 산정하고자 한다. 아래와 같은 자료를 기초로 회귀분석법을 적용하여 인근지역 내 철근콘크리트조 재조달원가, 경제적 내용연수, 연간 감가상각률을 산정한 후 대상건물가액을 산정하시오. 기준시점은 2025년 5월 14일임

<자료 1> 대상 건물

1. 소재지: 서울특별시 용산구 원효로1가 42
2. 구조: 철근콘크리트조 평슬라브지붕, 5층, 연면적 1,240㎡, 사용승인일 2015.7.20.

<자료 2> 거래사례

거래사례	경과연수	㎡당 건물 거래가액(원)	구조
1	5	1,000,000	철근콘크리트조
2	15	780,000	철근콘크리트조
3	8	925,000	철근콘크리트조
4	16	748,000	철근콘크리트조
5	1	1,050,000	철근콘크리트조
6	5	1,008,000	철골철근콘크리트조
7	25	520,000	철근콘크리트조
8	38	215,000	철근콘크리트조
9	7	930,000	철근콘크리트조
10	10	885,000	철골철근콘크리트조

※ 거래사례의 시점은 기준시점으로 보정된 상태임

<자료 3> 기타사항

1. 감가수정방법: 정액법
2. 잔가율: 0%

Ⅰ. 평가개요

본건은 서울특별시 용산구 원효로에 소재하는 건물의 일반거래목적의 감정평가로, 기준시점은 2025년 5월 14일임. 대상건물은 원가법을 적용하되, 재조달원가는 회귀분석법에 의한 간접법을 적용하여 산정함

Ⅱ. 회귀분석법

1. 사례의 선정

대상건물 구조인 철근콘크리트조 기준하여 사례 6, 10을 제외한 모든 사례를 선정함

2. 회귀모형, y = ax + b

(1) 독립변수: 건물의 경과연수

(2) 종속변수: ㎡당 건물가액

(3) 회귀모형 결정

$$y = 1,102,000 - 23,040x(R^2 ≒ 99.62\%, 95\% \text{ 이상 유의})$$

3. ㎡당 재조달원가

독립변수(경과연수)인 x가 0일 때, 종속변수(건물가액, 재조달원가)인 y는

y ≒ 1,102,000원/㎡

4. 경제적 내용연수

종속변수(건물가액)인 y가 0일 때, 독립변수(경과연수)인 x는

0 ≒ 1,102,000 - 23,040x일 때,

$$x ≒ \frac{1,102,000}{23,040} ≒ 47.8$$

∴ 48년으로 결정함

5. 연간 감가상각률

$$\frac{1}{48} ≒ 0.0208$$

∴ 2.1%로 결정함

Ⅲ. 대상건물 적산가액

경과연수 9년 적용

1,102,000 × (1 - 0.021 × 9) ≒ 896,000원/㎡(× 1,240㎡ ≒ 1,111,040,000원)

[문제 4]

대상부동산의 수익가액을 조소득승수법 적용하여 산정하시오. (조소득승수는 사례 평균으로 산정할 것)

<자료 1> 대상부동산

1. 소재지: 서울특별시 양천구 신정동 558 - 2 1층 101호, 근린생활시설
2. 임대내역: 보증금 없이 월세 200만원

<자료 2> 인근 유사 근린생활시설 거래사례

1. 사례 1

   보증금 없이 월세 250만원, 매매가액, 6억원

2. 사례 2

   보증금 없이 월세 320만원, 매매가액, 8억원

예시답안

I. 조소득승수 산정(인근 유사 사례로 적정함)

1. 사례 1: $\dfrac{600,000,000}{2,500,000 \times 12} ≒ 20.00$

2. 사례 2: $\dfrac{800,000,000}{3,200,000 \times 12} ≒ 20.83$

3. 결정(평균값): 20.415

II. 대상 수익가액

$2,000,000 \times 12 \times 20.415 ≒ 489,960,000$원

[문제 5] 아래와 같은 거래사례를 활용하여 발코니 확장이 미치는 개별요인 보정치를 산정하시오.

1. 거래사례 A

   최근 거래사례, 발코니 미확장, 거래가액 10억원

2. 거래사례 B

   최근 거래사례, 발코니 확장, 거래가액 10.5억원

예시답안

1,050,000,000 ÷ 1,000,000,000 ≒ 1.05

발코니 확장에 따른 개별요인 보정치는 1.05(5% 상승요인)임

제7장

기타 감정평가방식 | 해커스 감정평가사 이성준 감정평가실무 2차 기본서

[문제 6]

아래와 같은 실거래가 자료를 토대로 대쌍비교법을 적용하여 대상 아파트의 시장가치를 산정하시오.

<자료 1>   대상 아파트 내역

서울특별시 양천구 신정동 ○○○번지 소재 102동 10층 1003호, 전유면적 85㎡, 남향, 발코니 확장, 복도식 아파트임

<자료 2>   동일 단지 내 실거래가 자료

구분	향	발코니 확장	형태	실거래 단가 (원/㎡)
1	남	○	계단식	18,537,750
2	북	×	복도식	15,000,000
3	남	×	복도식	15,750,000
4	남	○	계단식	18,537,750
5	북	○	계단식	17,655,000
6	남	×	계단식	17,325,000
7	북	×	계단식	16,500,000

※ 상기 실거래 단가는 동별, 층별효용 및 기준시점 현재 시적 격차를 조정한 사례임
※ 격차율을 소숫점 셋째 자리에서 반올림하여 소숫점 둘째 자리까지 산정함

<자료 3>   동일 단지 내 거래사례

최근 본건이 소재한 아파트 단지 내 101동 908호(북향, 발코니 미확장, 계단식 아파트)가 16,500,000원/㎡에 매도되었으며, 이는 정상적인 거래사례로 판단됨

Ⅰ. 평가개요

대상 구분건물 시장가치를 대쌍비교법을 적용하여 산정함. 기준시점은 현재임

Ⅱ. 개별요인 비교치 산정

1. 남향/북향 격차율
거래사례 1과 거래사례 5를 적용하여 산정함
18,537,750 ÷ 17,655,000 ≒ 1.05

2. 발코니 확장/미확장 격차율
거래사례 4와 거래사례 6을 적용하여 산정함
18,537,750 ÷ 17,3250,000 ≒ 1.07

3. 복도식/계단식 격차율
거래사례 2와 거래사례 7을 적용하여 산정함
15,000,000 ÷ 16,500,000 ≒ 0.91

Ⅲ. 대상 구분건물 시장가치

16,500,000원/㎡ × 1.05 × 1.07 × 0.91 ≒ 16,869,000원/㎡(× 85㎡ ≒ 1,433,865,000원)

제 8 장

물건별 감정평가방식

제8장 물건별 감정평가방식

제1절 개설

감정평가는 앞서 설명한 바와 같이 시장성, 원가성, 수익성에 근거한 3방식에 의해 평가되며, 각 감정평가대상 물건별로 적용방식의 유용성과 중요성이 달라질 수 있다. 따라서, 「감정평가에 관한 규칙」에서는 각 감정평가 대상물건별로 감정평가방법에 대해 규정하고 있으며 이는 시대적 요구와 대상물건의 특성에 따라 변화되기도 하고, 신설·폐지되기도 한다.

대상물건	「감정평가에 관한 규칙」	
	규정	주된 방법
토지	제14조	공시지가기준법
건물	제15조	원가법
토지와 건물의 일괄감정평가	제16조	거래사례비교법
산림	제17조 제1항(산지)	공시지가기준법
	제17조 제1항(입목)	거래사례비교법(소경목림: 원가법 가능)
	제17조 제2항(일괄)	거래사례비교법
과수원	제18조	거래사례비교법
공장재단	제19조 제1항	개별물건의 감정평가액을 합산 (계속적인 수익이 예상되는 경우: 수익환원법 가능)
광업재단	제19조 제2항	수익환원법
자동차	제20조 제1항	거래사례비교법 (효용가치가 없는 물건: 해체처분가액)
건설기계	제20조 제2항	원가법 (효용가치가 없는 물건: 해체처분가액)
선박	제20조 제3항	선체·기관·의장별로 구분하여 원가법 (효용가치가 없는 물건: 해체처분가액)
항공기	제20조 제4항	원가법 (효용가치가 없는 물건: 해체처분가액)
동산	제21조 제1항	거래례비교법
기계·기구	제21조 제2항	원가법
임대료	제22조	임대사례비교법

무형자산	제23조 제1항 (광업권)	광업재단감정평가액 - 광산의 현존시설가액
	제23조 제2항 (어업권)	어장전체수익환원법 - 어장의 현존시설가액
	제23조 제3항 (영업권, 특허권, 실용신원권, 디자인권, 상표권, 저작권, 전용측선이용권, 그 밖의 무형자산)	수익환원법
유가증권등	제24조 제1항 제1호 (세세가 형성된 상장주식)	거래사례비교법
	제24조 제1항 제2호 (비상장주식)	(기업가치 - 부채가치) ÷ 발행주식수 (기업가치: 수익환원법)
	제24조 제2항 제1호 (시세가 형성된 상장채권)	거래사례비교법
	제24조 제2항 제2호 (비상장채권)	수익환원법
	제24조 제3항 (기업가치)	수익환원법
소음 등으로 인한 토지 등의 가치하락분	제25조	소음 등이 발생하기 전의 대상물건의 가액 및 원상회복비용 등을 고려
그 밖의 물건	제26조	이와 비슷한 물건이나 권리 등의 경우에 준하여 감정평가
조언·정보 등의 제공	제27조	모든 분석은 합리적이고 객관적인 자료에 근거

제2절 토지

1 개요

토지란 땅인 지표를 의미하며 소유권의 대상이 되는 지하·공중 등 정당한 이익이 있는 범위 내에서 그 상하를 포함한다. 이러한 토지는 지표면 상에 무한히 연속하고 있어 편의상 인위적으로 구분하여 한 필지마다 소재지·지번·지목·경계·면적 등을 정하여 지적공부에 등록하고 거래단위로 사용한다. 따라서 토지의 평가에 있어서는 소재지·지번·지목·경계·면적 등의 확인과 일치 여부 등이 중요시 된다.

2 토지 관련 개념

1. 택지

택지란 주택, 근린생활시설, 공장 기타 여러 용도의 건부지로 이용되거나 이용되는 것이 사회적·경제적·행정적으로 합리적이라 인정되는 토지를 말하며 그 용도에 따라 주거지, 상업지, 공업지 등으로 구분된다.

2. 필지

필지란 지번이 부여된 구획된 토지의 등록단위를 말한다. 토지 개수의 기준이 되며, 지적도상 구분된 토지를 필지라 한다.

3. 획지

획지란 법적, 인위적, 자연적 조건 등에 의하여 다른 토지와 구별되는 토지를 획지라 하며 특별한 조건이 따르지 않는 한 통상 필지와 획지는 동일하다. 다만, 토지의 용도 및 소유권의 동일 여부 등에 따라서 여러 개의 필지가 하나의 획지로 구성될 수 있으며 감정평가의 기준이 되는 경제적 개념이 적용되는 일단의 토지를 의미한다.

4. 「건축법」상 "대지"와 「공간정보의 구축 및 관리에 관한 법률」상 "대"의 구분

「건축법」의 대지는 건축물의 용도 등을 규제하기 위한 개념으로 「공간정보의 구축 및 관리에 관한 법률」(이하 "공간정보관리법")은 토지의 관리와 소유권의 보호를 목적으로 한다. "대"는 필지의 지목을 설정한 것이고, "대지"는 건축물이 들어서 있거나 법적으로 들어설 수 있는 토지의 범위를 말한다. 지목이 "대"가 아니더라도 학교용지, 공장용지, 유원지 등은 대지가 될 수 있다.

핵심체크 | 도로경계선과 건축선의 구분

1. **건축한계선과 건축지정선**

   도로경계선이란 현황도로와 대지와의 경계선을 의미하고 건축선이란 도로의 기준 폭을 확보한 경계선인 **건축한계선**과 교차도로의 모퉁이에 지정된 경계선, 시장 등이 경관 등의 목적을 위해 지정한 건축지정선을 의미하여 **도로경계선과 건축선은 반드시 일치하지 않음에 유의**하여야 한다.

2. **토지면적과 대지면적**

   토지면적은 소유권이 인정되는 도로경계선과 인접토지경계선으로 구획된 면적을 의미하며, 「건축법」상 건축행위가 인정될 수 있는 건축선과 인접토지경계선으로 구획된 면적을 의미한다. 따라서 토지면적과 대지면적이 반드시 일치하지 않음에 유의하여야 한다. 즉 토지면적은 **토지대장상의 면적으로 건축 여부와 관계없이** 지적도상 1필지로 구획된 부분의 전체면적을 말하며, **대지면적**이란 건축물대장상의 면적으로 「건축법」에 의한 **건축을 위한 면적**으로서 형질변경한 부분만을 말하거나 **건축선후퇴선 부분을 제외한 건폐율의 산정을 위한 면적**만을 말한다.

---

3 토지 감정평가 시 자료의 수집 및 정리

1. 사전조사

토지평가를 위하여는 등기사항전부증명서, 토지대장등본, 토지이용계획확인서, 지적도 등에 의거하여 다음과 같은 사항을 조사한다.
- 소재지, 지번, 지목, 면적
- 공법상 제한 상태, 소유권 및 소유권 이외 권리의 관계
- 공시지가, 지가변동률, 생산자물가상승률

2. 실지조사

사전조사 후 실지조사에서는 토지에 대하여 다음과 같은 사항을 조사하여야 한다.
- 소재지, 지번, 지목, 면적
- 위치 및 주위환경
- 토지의 이용상태 및 공법상 제한사항과의 부합 여부
- 제시외건물 여부 및 공부와의 차이
- 임대관계 등
- 대중교통과의 거리 및 도로조건
- 형상, 지세, 지반, 지질 등의 상태
- 편익시설의 접근성 및 편의 정도
- 유해시설과의 거리 및 재해, 소음 등 유해 정도
- 그 밖의 가치 영향을 미치는 요인

3. 가격자료

(1) 가격자료의 종류

토지의 가액결정에 참고가 되는 자료 가격자료에는 거래사례, 조성사례, 임대사례, 수익자료, 시장자료 등이 있으며, 대상토지의 특성에 맞는 적절한 자료를 수집하고 정리한다.
- 거래사례: 거래가격, 분양가격, 매각가격 등
- 조성사례: 조성공사비, 부대비용, 기부채납면적, 유효택지비율 등
- 임대사례: 임대료, 보증금, 공실률, 관리비, 경비비율 등
- 수익자료: 수익률, 성장률 등
- 시장자료: 지가변동률, 물가상승률, 경제성장률, 금리, 환율 등

(2) 사례자료는 다음 각 호의 요건을 갖추어야 한다(토지가 아닌 다른 물건의 감정평가에 준용한다).
1. 인근지역에 존재하는 사례일 것. 다만, 인근지역에 적절한 사례가 없는 경우에는 동일수급권 안의 유사지역에 존재하는 사례를 사용할 수 있다.
2. 정상적이거나 정상적인 것으로 보정할 수 있는 사례일 것
3. 시점수정이 가능한 사례일 것
4. 대상토지와 지역요인 · 개별요인 비교가 가능한 사례일 것
5. 토지 및 그 지상 건물이 일체로 거래된 경우에는 합리적으로 가액을 배분할 수 있을 것

4. 가치형성요인의 분석

대상토지에 대한 감정평가를 하기 위해 토지 이용의 동질성을 기준으로 인근지역의 범위를 확정하고 일반요인·지역요인·개별요인 등 가치형성요인을 분석한다.

5. 면적사정

① 토지의 면적사정은 토지대장상의 면적을 기준으로 하되, 다음 각 호의 경우에는 실제면적을 기준으로 할 수 있다.

    1. 현장조사 결과 실제면적과 토지대장상 면적이 현저하게 차이가 나는 경우

    2. 의뢰인이 실제면적을 제시하여 그 면적을 기준으로 감정평가할 것을 요청한 경우

② 제1항 제1호의 경우에는 의뢰인에게 그 사실을 알려야 하며, 의뢰인이 요청한 면적을 기준으로 감정평가할 수 있다.

4 토지의 감정평가

1. 관련 규정

> **「감칙」 제14조(토지의 감정평가)**
> ① 감정평가법인등은 법 제3조 제1항 본문에 따라 토지를 감정평가할 때에는 공시지가기준법을 적용해야 한다.
> ③ 감정평가법인등은 법 제3조 제1항 단서에 따라 적정한 실거래가를 기준으로 토지를 감정평가할 때에는 거래사례비교법을 적용해야 한다.
> ④ 감정평가법인등은 법 제3조 제2항에 따라 토지를 감정평가할 때에는 제1항부터 제3항까지의 규정을 적용하되, 해당 토지의 임대료, 조성비용 등을 고려하여 감정평가할 수 있다.
>
> **「실무기준」 610-1.5.1 감정평가방법**
> ① 법 제3조 제1항 본문에 따라 토지를 감정평가할 때에는 공시지가기준법을 적용하여야 한다.
> ② 법 제3조 제1항 단서에 따라 적정한 실거래가를 기준으로 감정평가할 때에는 거래사례비교법을 적용하여야 한다.
> ③ 법 제3조 제2항에 따라 다음 각 호의 어느 하나에 해당하는 경우에는 제1항 및 제2항을 적용하되, 해당 토지의 임대료, 조성비용 등을 고려하여 감정평가할 수 있다.
>   1. 「주식회사의 외부감사에 관한 법률」에 따른 재무제표 작성에 필요한 토지의 감정평가
>   2. 「자산재평가법」에 따른 토지의 감정평가
>   3. 법원에 계속 중인 소송(보상과 관련된 감정평가를 제외한다)이나 경매를 위한 토지의 감정평가
>   4. 담보권의 설정 등을 위한 금융기관·보험회사·신탁회사 등 타인의 의뢰에 따른 토지의 감정평가

2. 감정평가방법

(1) 공시지가기준법

> 비교표준지공시지가 × 시점수정 × 지역요인비교 × 개별요인비교 × 그 밖의 요인 보정

(2) 거래사례비교법

> 사례 토지가액 × 사정보정 × 시점수정 × 지역요인비교 × 개별요인비교 × 면적비교

(3) 원가법

> 가산법(조성원가법), 개발법, 전통적 공제방식

(4) 수익환원법

> 전통적 직접환원법, 토지잔여법, 할인현금흐름분석법

(5) 기타 감정평가방식

> 노선가식평가법, 회귀분석법, 대쌍비교법

5 용도별 토지의 감정평가

1. 주거용지

> 「실무기준」 610-1.6.1
>
> 주거용지(주상복합용지를 포함한다)는 **주거의 쾌적성 및 편의성**에 중점을 두어 다음 각 호의 사항 등을 고려하여 감정평가한다.
> 1. 도심과의 거리 및 교통시설의 상태
> 2. 상가와의 거리 및 배치상태
> 3. 학교 · 공원 · 병원 등의 배치상태
> 4. 조망 · 풍치 · 경관 등 지역의 자연적 환경
> 5. 변전소 · 폐수처리장 등 위험 · 혐오시설 등의 유무
> 6. 소음 · 대기오염 등 공해발생의 상태
> 7. 홍수 · 사태 등 재해발생의 위험성
> 8. 각 획지의 면적과 배치 및 이용 등의 상태

2. 상업 · 업무용지

> 「실무기준」 610-1.6.2
>
> 상업 · 업무용지는 **수익성 및 업무의 효율성** 등에 중점을 두고 다음 각 호의 사항 등을 고려하여 감정평가한다.
> 1. 배후지의 상태 및 고객의 질과 양
> 2. 영업의 종류 및 경쟁의 상태
> 3. 고객의 교통수단 상태 및 통행 패턴
> 4. 번영의 정도 및 성쇠의 상태
> 5. 번화가에의 접근성

3. 공업용지

「실무기준」 610-1.6.3
공업용지는 **제품생산 및 수송·판매에 관한 경제성**에 중점을 두고 다음 각 호의 사항 등을 고려하여 감정평가한다.
1. 제품의 판매시장 및 원재료 구입시장과의 위치관계
2. 항만, 철도, 간선도로 등 수송시설의 정비상태
3. 동력자원, 용수·배수 등 공급처리시설의 상태
4. 노동력 확보의 용이성
5. 관련 산업과의 위치관계
6. 수질오염, 대기오염 등 공해발생의 위험성
7. 온도, 습도, 강우 등 기상의 상태

4. 농경지

「실무기준」 610-1.6.4
농경지는 **농산물의 생산성**에 중점을 두고 다음 각 호의 사항 등을 고려하여 감정평가한다.
1. 토질의 종류
2. 관개·배수의 설비상태
3. 가뭄 피해나 홍수 피해의 유무와 그 정도
4. 관리의 편리성이나 경작의 편리성
5. 마을 및 출하지에의 접근성

5. 임야지

「실무기준」 610-1.6.5
임야지는 **자연환경**에 중점을 두고 다음 각 호의 사항 등을 고려하여 감정평가한다.
1. 표고, 지세 등의 자연상태
2. 지층의 상태
3. 일조, 온도, 습도 등의 상태
4. 임도 등의 상태

6. 광천지

「실무기준」 610-1.7.1
지하에서 온수·약수·석유류 등이 솟아 나오는 용출구와 그 유지에 사용되는 부지(운송시설 부지를 제외한다. 이하 "광천지"라 한다)는 그 광천의 종류, 광천의 질과 양, 부근의 개발상태 및 편익시설의 종류와 규모, 사회적 명성, 그 밖에 수익성 등을 고려하여 감정평가하되, 토지에 화체되지 아니한 건물, 구축물, 기계·기구 등의 가액은 포함하지 아니 한다.

7. 골프장용지 등

① 골프장용지는 해당 골프장의 등록된 면적 전체를 일단지로 보고 감정평가하되, 토지에 화체되지 아니한 건물, 구축물, 기계·기구 등(골프장 안의 클럽하우스·창고·오수처리시설 등을 포함한다)의 가액은 포함하지 아니한다. 이 경우 하나의 골프장이 회원제골프장과 대중골프장으로 구분되어 있을 때에는 각각 일단지로 구분하여 감정평가한다.

② 제1항은 경마장 및 스키장시설, 그 밖에 이와 비슷한 체육시설용지나 유원지의 감정평가에 준용한다.

「표준지조사·평가기준」 제41조(골프장용지등)

① 골프장용지는 원가법에 따라 평가하되, 조성공사비 및 그 부대비용은 토지에 화체되지 아니한 골프장 안의 관리시설(클럽하우스·창고·오수처리시설 등 골프장 안의 모든 건축물을 말한다. 이하 이 조에서 같다)의 설치에 소요되는 금액 상당액을 뺀 것으로 하고, 골프장의 면적은「체육시설의 설치·이용에 관한 법률 시행령」제20조 제1항에 따라 등록된 면적(조성공사 중에 있는 골프장용지는 같은 법 제12조에 따라 사업계획의 승인을 얻은 면적을 말한다. 이하 이 조에서 같다)으로 한다. 다만, 특수한 공법을 사용하여 토지를 조성한 경우 등 해당 토지의 조성공사비가 평가가격 산출시 적용하기에 적정하지 아니한 경우에는 인근 유사토지의 조성공사비를 참작하여 적용할 수 있다.

② 골프장용지는 골프장의 등록된 면적 전체를 일단지로 보고 평가한다. 다만, 하나의 골프장이 회원제골프장과 대중골프장 등으로 구분되어 있어 둘 이상의 표준지가 선정된 때에는 그 구분된 부분을 각각 일단지로 보고 평가한다.

③ 제1항에 따라 원가법으로 평가한 가격이 인근지역 및 동일수급권의 유사지역에 있는 유사규모 골프장용지의 표준지공시지가 수준과 현저한 차이가 있는 경우에는 수익환원법 또는 거래사례비교법으로 평가한 가격과 비교하여 그 적정 여부를 확인하되, 필요한 경우에는 평가가격을 조정하여 유사용도 표준지의 평가가격과 균형이 유지되도록 할 수 있다.

④ 제1항부터 제3항까지의 규정은 경마장 및 스키장시설 등 이와 유사한 체육시설용지의 평가시에 준용한다.

(1) 골프장의 분류

이용형태에 따라 회원제(Membership) 골프장, 대중(Public) 골프장으로 구분된다.

(2) 골프장은 수익성에 중점을 두고 다음 사항 등을 고려하여 감정평가한다.

- 위치(Location)
- 접근성(Accessibility)
- 토양, 배수, 식생
- 지형(Topography)
- 역사와 전통
- Fairway 등 시설관리상태
- 코스설계(Course Design) 등

(3) 골프장용지의 구분

골프장용지의 등록면적 전체가 용도상 불가분의 관계에 있는 일단지이므로 세부적으로 용도를 구분하지는 않으나, 개발지와 원형보전지로 구분한다. 골프장의 체육시설업 등록증상에는 골프장 부지면적, 코스시설면적, 건축시설 연면적, 녹지 및 기타면적(조경지, 원형보전지), 단지 내 도로 면적 등이 기재된다. 개발이란 골프코스, 주차장, 도로, 조정지(골프코스 밖에 설치된 연못 등), 조경지(산림 훼손·농지전용 등에 의하여 토지의 형질을 변경한 후 경관을 조성한 토지), 관리시설의 부지를 의미한다.
원형보존지란 개발지 이외의 토지로서 당해 골프장의 사업계획승인시부터 현재까지 원형상태 그대로 보전이 된 임야 등의 토지를 말한다.

(4) 평가방법

1) 평가기준

골프장용지는 해당 골프장의 등록된 면적 전체를 일단지로 보고 감정평가하되, 토지에 화체되지 아니한 건물, 구축물, 기계·기구 등(골프장 안의 클럽하우스·창고·오수처리시설 등을 포함한다)의 가액은 포함하지 아니한다. 이 경우 하나의 골프장이 회원제 골프장과 대중 골프장으로 구분되어 있을 때에는 각각 일단지로 구분하여 감정평가한다.

2) 공시지가기준법

> 비교표준지공시지가 × 시점수정 × 지역요인비교 × 개별요인비교 × 그 밖의 요인 보정

골프장은 특수토지로 분류되어 매년 표준지공시지가로 공시되고 있음으로 상기의 수익성을 고려한 가치형성요인 비교에 유의하여 감정평가한다.

3) 원가법

> 골프장 가치 = [조성 전 토지의 소지가치 + 조성공사비(홀 당 조성비용) 및 그 부대비용 + 취득세 등 제세공과금
> + 적정이윤] × 시점수정

골프장의 면적은 「체육시설이 설치·이용에 관한 법률 시행령」 제20조 제1항에 따라 등록된 면적(조성공사 중에 있는 골프장용지는 사업계획의 승인을 얻은 면적을 말한다) 전체를 일단지로 보고 평가한다.

4) 거래사례비교법

인근 또는 동일수급권 내 유사지역 내에 소재하는 동종 골프장을 기준하여 거래사례비교법으로 평가가 가능하나 단순한 등록면적 및 규모뿐만 아니라 접근성 및 골프장의 전통, 코스의 구성·난이도·선호도 및 명성 등을 고려하여 감정평가하여야 한다.

5) 수익환원법

골프장부지의 가치를 평가함에 있어서는 골프장의 전체 순수익에서 토지 이외의 건물, 구축물에 귀속되는 수익을 제외한 토지만의 잔여수익을 산정한 후 이를 토지의 환원율로 환원하는 토지잔여법으로 평가할 수 있다.

> - 전체 순수익 = 회원권 판매금액의 운영이익 + 골프장 운영이익
> - 토지 귀속순이익 = 전체 순이익 - 토지외 귀속순이익

(5) 유의사항

감정평가 목적 및 기준시점에 따라 대상물건의 목록이 달라짐에 유의하여야 한다. ① 담보평가 시에는 대상 골프장의 조성 정도를 고려하여 소지인지 조성 완료된 상태인지를 확인하여 담보목록을 확정하여야 하며, ② 경매평가 시에는 소유권 여부를 확인하여 제외지가 포함되는지를 유의하여야 한다.

핵심체크 | 골프장 감정평가 목차 예시

Ⅱ. 개별물건기준
  1. 처리방침
  2. 회원제골프
    (1) 공시지가기준법
    (2) 원가법
    (3) 수익환원법(기업가치와 유의할 것)
  3. 대중제골프장

  4. 클럽하우스, 기숙사 부지, 건물, 구축물 등
  5. 제외지
  6. 골프장 감정평가액
Ⅲ. 일괄거래 사례비교법
Ⅳ. 일괄수익환원법
Ⅴ. 감정평가액 결정

---

8. 공공용지

「실무기준」 610-1.7.3

① 도로·공원·운동장·체육시설·철도·하천의 부지, 그 밖의 공공용지는 **용도의 제한이나 거래제한 등을 고려**하여 감정평가한다.
② 공공용지가 다른 용도로 전환하는 것을 전제로 의뢰된 경우에는 **전환 이후의 상황을 고려**하여 감정평가한다.

9. 사도

「실무기준」 610-1.7.4

① 사도가 인근 관련 토지와 함께 의뢰된 경우에는 인근 관련 토지와 사도부분의 감정평가액 총액을 **전면적에 균등 배분**하여 감정평가할 수 있으며 이 경우에는 그 내용을 감정평가서에 기재하여야 한다.
② 사도만 의뢰된 경우에는 다음 각 호의 사항을 고려하여 감정평가할 수 있다.
  1. 해당 토지로 인하여 효용이 증진되는 인접 토지와의 관계
  2. 용도의 제한이나 거래제한 등에 따른 적절한 감가율
  3. 「공익사업을 위한 토지 등의 취득 및 보상에 관한 법률 시행규칙」 **제26조에 따른 도로의 감정평가방법**

10. 공법상 제한을 받는 토지

「실무기준」 610-1.7.5

① 도시·군계획시설 저촉 등 공법상 제한을 받는 토지를 감정평가할 때(보상평가는 제외한다)에는 **비슷한 공법상 제한상태의 표준지공시지가를 기준**으로 감정평가한다. 다만, 그러한 표준지가 없는 경우에는 [610 - 1.5.2.1]의 선정기준을 충족하는 다른 표준지공시지가를 기준으로 한 가액에서 공법상 제한의 정도를 고려하여 감정평가할 수 있다.
② 토지의 일부가 도시·군계획시설 저촉 등 공법상 제한을 받아 **잔여부분의 단독이용가치가 희박한 경우**에는 해당 토지 전부가 그 공법상 제한을 받는 것으로 감정평가할 수 있다.

② 토지의 일부가 도시·군계획시설 저촉 등 공법상 제한을 받아 **잔여부분의 단독이용가치가 희박한 경우**에는 해당 토지 전부가 그 공법상 제한을 받는 것으로 감정평가할 수 있다.

③ 둘 이상의 용도지역에 걸쳐있는 토지는 각 용도지역 부분의 위치, 형상, 이용상황, 그 밖에 다른 용도지역 부분에 미치는 영향 등을 고려하여 **면적 비율에 따른 평균가액**으로 감정평가한다. 다만, 용도지역을 달리하는 부분의 면적비율이 현저하게 낮아 가치형성에 미치는 영향이 미미하거나 관련 법령에 따라 **주된 용도지역을 기준**으로 이용할 수 있는 경우에는 주된 용도지역의 가액을 기준으로 감정평가할 수 있다.

대상토지가 공법상 제한을 받는 토지인 경우에는 「감칙」 제6조 제1항에 의거 공법상 제한을 받는 상태를 기준으로 감정평가하되, 공법상 제한이 유사·동일한 표준지공시지가를 선정하여 비교한다.

11. 일단(一團)으로 이용 중인 토지

「실무기준」 610-1.7.6

2필지 이상의 토지가 일단으로 이용 중이고 그 이용 상황이 사회적·경제적·행정적 측면에서 합리적이고 대상토지의 가치형성 측면에서 타당하다고 인정되는 등 **용도상 불가분의 관계**에 있는 경우에는 일괄감정평가를 할 수 있다.

12. 지상 정착물과 소유자가 다른 토지

「실무기준」 610-1.7.7

토지 소유자와 지상의 건물 등 정착물의 소유자가 다른 토지는 그 **정착물이 토지에 미치는 영향을 고려**하여 감정평가한다.

토지 소유자와 지상의 건물 등 정착물의 소유자가 다른 경우에는 그 정착물이 토지에 미치는 영향을 고려하여 감정평가하되, 철거가 용이하거나 확실시 되는 경우에는 철거비 등을 감안(차감)하여 평가할 수 있다.

> **핵심체크 | 건부증가와 건부감가**
>
> **1. 건부감가**
>
> 건부감가란 건부지가 최유효이용의 상태가 아닌 경우 지상건물이 소재함으로 인해 발생하는 감가의 정도를 말하며, 이는 나지가치를 기준으로 측정된다. 건부감가는 가치의 제원칙 중 균형의 원칙 및 적합의 원칙이 크게 관련되며 일반적으로 지상건물이 견고하거나 면적이 클수록 건부감가가 커진다. 다만, 철거가 용이할 경우에는 철거비가 곧 건부감가액이 될 수 있다.
>
> **2. 건부증가**
>
> 건부증가란 건물이 소재함으로 인해 토지의 가치가 증가되는 경우로 개발제한구역 등 건축이 제한되는 지역에서 건부지가 나지에 비해 높은 가치를 갖는 경우를 말하며, 이축권의 소유 여부에 따라 건부증가가 될 수 있다.

13. 제시외건물 등이 있는 토지

「실무기준」 610-1.7.8

의뢰인이 제시하지 않은 지상 정착물(종물과 부합물을 제외한다)이 있는 토지의 경우에는 소유자의 동일성 여부에 관계없이 [610 - 1.7.7]을 준용하여 감정평가한다. 다만, 타인의 정착물이 있는 국·공유지의 처분을 위한 감정평가의 경우에는 지상 정착물이 있는 것에 따른 영향을 고려하지 않고 감정평가한다.

제시외건물 등이 있는 토지는 제시외건물 등에 대응하는 적정한 토지면적을 고려하여 그 제시외건물이 토지에 미치는 영향을 고려하여 감정평가한다.

14. 공유지분 토지

> 「실무기준」 610-1.7.9
> ① 1필지의 토지를 2인 이상이 공동으로 소유하고 있는 토지의 지분을 감정평가할 때에는 **대상토지 전체의 가액에 지분비율을 적용**하여 감정평가한다. 다만, 대상지분의 위치가 확인되는 경우에는 그 위치에 따라 감정평가할 수 있다.
> ② 공유지분 토지의 위치는 공유지분자 전원 또는 인근 공유자 2인 이상의 **위치확인동의서**를 받아 확인한다. 다만, 공유지분 토지가 건물이 있는 토지(이하 "건부지"라 한다)인 경우에는 다음 각 호의 방법에 따라 위치확인을 할 수 있으며 감정평가서에 그 내용을 기재한다.
> 1. 합법적인 건축허가도면이나 합법적으로 건축된 건물로 확인하는 방법
> 2. 상가·빌딩 관리사무소나 상가번영회 등에 비치된 위치도면으로 확인하는 방법

15. 지상권이 설정된 토지

> 「실무기준」 610-1.7.10
> ① 지상권이 설정된 토지는 지상권이 설정되지 않은 상태의 **토지가액에서 해당 지상권에 따른 제한정도 등을 고려**하여 감정평가한다.
> ② 저당권자가 채권확보를 위하여 설정한 지상권의 경우에는 이에 따른 제한 등을 고려하지 않고 감정평가한다.

지상권을 감정평가는 방법은 ① 지상권은 정상시장임료와 지상권 설정에 따른 계약임료의 차이에 관한 이익으로 볼 수 있으므로 임대료의 초과이익을 지상권 설정기간 동안 적정한 할인율로 할인하는 방법 ② 시장에서 지상권만을 거래하는 경우 거래사례를 비교하여 산정하는 방법 ③ 후술하는 입체이용저해율을 고려하여 산정하는 방법 ④ 등기사항전부증명서의 확인 등으로 기 설정된 지상권 설정가액을 시점수정하여 산정하는 방법으로 구분될 수 있다.

상기 ①의 방법으로 지상권을 산정하는 방법은 아래와 같다.

> **핵심체크 | 지상권 평가방식**
>
> - 지상권 가치 = $[(P \times R) + C) - L] \times PVAF(n, r)$
> - 지상권이 설정된 토지 가치 = P - 지상권가치
>
> P: 지상권 미설정 상태의 토지 가치, R: 적정기대이율, C: 필요제경비
> L: 실제지불임료(또는 지상권의 지료, 계약임료)
> n: 지상권의 존속기간

16. 규모가 과대하거나 과소한 토지

> **「실무기준」 610-1.7.11**
>
> 토지의 면적이 최유효이용 규모에 초과하거나 미달하는 토지는 대상물건의 면적과 비슷한 규모의 표준지공시지가를 기준으로 감정평가한다. 다만, 그러한 표준지공시지가가 없는 경우에는 **규모가 과대하거나 과소한 것에 따른 불리한 정도**를 개별요인 비교 시 고려하여 감정평가한다.

규모가 과대하거나 과소한 토지의 경우 반드시 불리한 정도만을 가지는 것이 아니라 인근지역 내 해당 토지에 대한 유효수요와 시장의 경쟁력을 기준으로 판단하여야 한다. 즉, 표준적 획지에 비해 유리한 요인을 가지는 경우에는 가치형성요인 비교시 증가요인을 고려하여 감정평가하여야 한다.

17. 맹지

> **「실무기준」 610-1.7.12**
>
> 지적도상 도로에 접한 부분이 없는 토지(이하 "맹지"라 한다)는 「민법」 제219조에 따라 공로에 출입하기 위한 **통로를 개설하기 위해 비용**이 발생하는 경우에는 그 **비용을 고려**하여 감정평가한다. 다만, 다음 각 호의 어느 하나에 해당하는 경우에는 해당 도로에 접한 것으로 보고 감정평가할 수 있다.
> 1. 토지소유자가 그 의사에 의하여 타인의 통행을 제한할 수 없는 경우 등 관습상 도로가 있는 경우
> 2. 지역권(도로로 사용하기 위한 경우) 등이 설정되어 있는 경우

18. 고압선 등 통과 토지

> **「실무기준」 610-1.7.13**
>
> ① 송전선 또는 고압선(이하 "고압선등"이라 한다)이 통과하는 토지는 통과전압의 종별, 고압선등의 높이, 고압선등 통과부분의 면적 및 획지 안에서의 위치, 철탑 및 전선로의 이전 가능성, **지상권설정 여부 등에 따른 제한의 정도를 고려**하여 감정평가할 수 있다.
> ② 고압선등 통과부분의 직접적인 이용저해율과 잔여부분에서의 심리적·환경적인 요인의 감가율을 파악할 수 있는 경우에는 이로 인한 감가율을 각각 정하고 고압선등이 통과하지 아니한 것을 상정한 토지가액에서 각각의 감가율에 의한 **가치감소액을 공제하는 방식**으로 감정평가한다.

송전선로 또는 고압선이 설치된 토지는 송전선로 등이 설치되지 아니한 정상 토지가액에서 후술하는 송전선로 또는 고압선이 설정에 따른 지상권 감정평가액을 차감하여 평가한다.

19. 택지 등 조성공사 중에 있는 토지

> **「실무기준」 610-1.7.14**
>
> ① 건물 등의 건축을 목적으로 농지전용허가나 산지전용허가를 받거나 토지의 형질변경허가를 받아 택지 등으로 조성 중에 있는 토지는 다음 각 호에 따라 감정평가한다.
> 1. 조성 중인 상태대로의 가격이 형성되어 있는 경우에는 그 가격을 기준으로 감정평가한다.
> 2. 조성 중인 상태대로의 가격이 형성되어 있지 아니한 경우에는 **조성 전 토지**의 소지가액, 기준시점까지 조성공사에 실제 든 **비용상당액, 공사진행정도, 택지조성에 걸리는 예상기간** 등을 종합적으로 고려하여 감정평가한다.

② 「도시개발법」에서 규정하는 **환지방식**에 따른 사업시행지구 안에 있는 토지는 다음과 같이 감정평가한다.

　1. 환지처분 이전에 환지예정지로 지정된 경우에는 환지예정지의 위치, 확정예정지번(블록·롯트), 면적, 형상, 도로접면상태와 그 **성숙도** 등을 고려하여 감정평가한다. 다만, 환지면적이 권리면적보다 큰 경우로서 청산금이 납부되지 않은 경우에는 **권리면적**을 기준으로 한다.

　2. 환지예정지로 지정 전인 경우에는 종전 토지의 위치, 지목, 면적, 형상, 이용상황 등을 기준으로 감정평가한다.

③ 「택지개발촉진법」에 따른 택지개발사업시행지구 안에 있는 토지는 그 공법상 제한사항 등을 고려하여 다음과 같이 감정평가한다.

　1. 택지개발사업실시계획의 승인고시일 이후에 택지로서의 확정예정지번이 부여된 경우에는 제2항 제1호 본문을 준용하되, 해당 **택지의 지정용도** 등을 고려하여 감정평가한다.

　2. 택지로서의 확정예정지번이 부여되기 전인 경우에는 종전 토지의 이용상황 등을 기준으로 그 공사의 시행정도 등을 고려하여 감정평가하되, 「택지개발촉진법」 제11조 제1항에 따라 용도지역이 변경된 경우에는 **변경된 용도지역**을 기준으로 한다.

합동환지나 환지예정지로서 환지 전 수 필지 중 1필지가 평가의뢰 된 경우에는 공유지분토지의 평가방법과 동일하다. 공유지분의 토지가 토지구획정리사업에 의하여 환지가 된 때에는 환지면적에 지분비율을 곱하여 평가대상 면적으로 사정한다.

핵심체크 | 환지사업

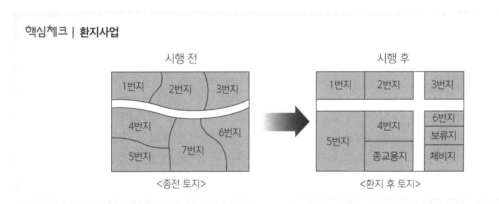

20. 석산

「실무기준」 610-1.7.15

① 「산지관리법」에 따른 토석채취허가를 받거나 채석단지의 지정을 받은 토지, 「국토의 계획 및 이용에 관한 법률」에 따른 토석채취 개발행위허가를 받은 토지 또는 「골재채취법」에 따른 골재채취허가(육상골재에 한함)를 받은 토지(이하 "석산"이라 한다)를 감정평가할 때에는 **수익환원법**을 적용하여야 한다. 다만, 수익환원법으로 감정평가하는 것이 곤란하거나 적절하지 아니한 경우에는 토석의 시장성, 유사 석산의 거래사례, 평가사례 등을 고려하여 **공시지가기준법** 또는 **거래사례비교법**으로 감정평가할 수 있다.

② 수익환원법을 적용할 때에는 **허가기간동안의 순수익을 환원**한 금액에서 **장래 소요될 기업비를 현가화한 총액과 현존 시설의 가액**을 공제하고 **토석채취 완료시점의 토지가액을 현가화한 금액**을 더하여 감정평가한다.

③ 제2항에서의 토석채취 완료시점의 토지가액을 현가화한 금액은 허가기간 말의 토지현황(관련 법령 또는 허가의 내용에 원상회복·원상복구 등이 포함되어 있는 경우는 그 내용을 고려한 것을 말한다)을 상정한 기준시점 당시의 토지 감정평가액으로 한다. 이 경우 [610 - 1.5.1]을 따른다.

④ 석산의 감정평가액은 합리적인 배분기준에 따라 **토석(석재와 골재)의 가액과 토지가액으로 구분**하여 표시할 수 있다.

6 산림의 감정평가

1. 정의

산림이란 ① 집단적으로 자라고 있는 입목·죽과 그 토지 ② 집단적으로 자라고 있던 입목·죽이 일시적으로 없어지게 된 토지 ③ 입목·죽을 집단적으로 키우는 데에 사용하게 된 토지 등을 말하며, 통상 수목이 집단적으로 생육하고 있는 토지로서 임업을 위해 제공된 토지를 말한다. 산림은 소유형태에 따라 국유림·공유림·사유림, 조성형태에 따라 원시림·천연림·인공림, 수고에 따라 교림·왜림·중림, 경영목적에 따라 경제림·보안림·다용림 등으로 구분된다.

「산림자원의 조성 및 관리에 관한 법률」 제2조(정의)
이 법에서 사용하는 용어의 뜻은 다음과 같다.
1. "산림"이란 다음 각 목의 어느 하나에 해당하는 것을 말한다. 다만, 농지, 초지(草地), 주택지, 도로, 그 밖의 대통령령으로 정하는 토지에 있는 입목(立木)·대나무와 그 토지는 제외한다.
   가. 집단적으로 자라고 있는 입목·대나무와 그 토지
   나. 집단적으로 자라고 있던 입목·대나무가 일시적으로 없어지게 된 토지
   다. 입목·대나무를 집단적으로 키우는 데에 사용하게 된 토지
   라. 산림의 경영 및 관리를 위하여 설치한 도로[이하 "임도(林道)"라 한다]
   마. 가목부터 다목까지의 토지에 있는 암석지(巖石地)와 소택지(沼澤地: 늪과 연못으로 둘러싸인 습한 땅)

2. 산림과 임야의 차이

산림의 경우 집단적으로 생육되는 입목과 그 토지를 말하는 반면, 임야는 「측량 수로조사 및 지적에 관한 법」에 따른 지목의 종류 중 하나로 산림과 들판을 이루고 있는 숲, 습지, 황무지 등의 토지를 말한다. 즉, 산림은 토지와 입목 전체를 지칭하나 임야는 산림과 들판 등의 토지만을 의미한다는 점에서 차이가 있다.

3. 자료의 수집 및 정리

(1) 사전조사

산림을 감정평가하기 위하여는 등기사항전부증명서, 임야대장, 임야도, 토지이용계획확인서, 입목등록원부, 입목등기사항전부증명서, 분수계약서 등에 의거 다음과 같은 사항을 조사한다.
- 소재지, 지번, 지목, 면적, 임목도, 경사도
- 분수계약 여부, 지상권·지역권·임대차 계약 등 소유권이외 권리의 관계
- 보전산지 등과 같은 사용·처분 등의 제한 여부

(2) 실지조사

사전조사 후 대상산림이 위치한 곳에서 실지조사를 하여 다음과 같은 사항을 조사하여야 한다.
- 지황조사: 기후, 지형, 지세, 지리, 토양, 지위 등
- 임황조사: 임종, 수종, 임상, 혼효율, 수령, 수고, 경급, 입목도, 소밀도, 재적, 생장률 및 하층식생 등
- 영림실태: 산림연혁 및 경영관리상태, 조림 및 수확관계, 피해상황, 인근산림의 상황 및 입지조건 등

(3) 가격자료

산림의 가격자료는 거래사례, 조성사례, 수익자료, 시장자료 등이 있으며, 대상 산림 특성에 맞는 적절한
자료를 수집하고 정리한다.

- 거래사례: 산림 전체 거래가격, 임야 거래가격
- 조성사례: 산지의 표준적 구입비용, 조림비용, 임도설치비용 등
- 시장자료: 수종·품질 등에 따른 묘목 및 원목 가격 수준 등

4. 산림의 감정평가원칙

(1) 원칙

산림을 감정평가할 때에 산지와 입목을 구분하여 감정평가해야 한다. 다만, 입목의 경제적 가치가 없다고
판단되는 경우에는 입목을 감정평가에서 제외할 수 있다.

> 「감칙」 제17조(산림의 감정평가)
> ① 감정평가법인등은 산림을 감정평가할 때에 산지와 입목(立木)을 구분하여 감정평가해야 한다. 이 경우 입목은 거
> 래사례비교법을 적용하되, 소경목림(小徑木林: 지름이 작은 나무·숲)인 경우에는 원가법을 적용할 수 있다.
> ② 감정평가법인등은 제7조 제2항에 따라 산지와 입목을 일괄하여 감정평가할 때에 거래사례비교법을 적용해야 한다.

(2) 예외

① 산지와 입목을 일체로 한 거래관행이 있는 경우나 ② 입목가액이 산지가액에 비해 경미한 산림은 일괄
하여 평가할 수 있다. ③ 유실수 단지의 경우에는 후술하는 [과수원 감정평가]를 준용한다.

5. 구체적인 감정평가방법

(1) 산지의 감정평가

산지의 감정평가는 전술한 [토지의 감정평가]의 방법에 따른다. 다만, 산지로서 산지개량사업이 실시되었
거나 산지보호시설이 되어 있는 경우에는 원가성을 고려하여 감정평가 할 수 있다. 다만, 자생하는 수목
등이 있는 산지는 이를 포함하여 평가하는 것이 통상적인 거래관행에 부합한다.

(2) 입목의 감정평가

1) 거래사례비교법

입목을 감정평가할 때에는 거래사례비교법을 적용하여야 한다.

2) 다른 감정평가방법

(가) 조림비용가법(유령림, 원가방식)

기준시점까지 성장하기 위하여 투하된 육성비(지대·조림비·관리비 등)를 합계한 비용 현가에
서 간벌 등에 의한 수익 현가액을 공제한 가액을 말한다.

> [비용의 복리현가합 - 수익의 복리현가합] × 확착률
> 확착률: 식재목의 생존율로 표준입목과 비교하여 확착률을 결정

(나) 입목기망가법(장경림, 수익방식)

벌채기에 예상되는 수익의 현가합에서 벌채기까지의 소요비용의 현가합을 공제한 가액을 말한다.

$$[\text{수익의 복리현가합} - \text{비용의 복리현가합}] \times \text{확착률}$$

(다) 글라저법(유령림과 성숙림 사이, 원가수익 절출방식)

비용가법과 기망가법의 중간적인 방법으로 중간 임령의 입목가액을 산정하는데 유용하며, 투입비용은 통상 조림 초기 10년간에 편재되어 있는 특징을 고려한 방법이다.

1. 수령 10년의 가액이 없는 경우

$$(\text{적정 벌기령의 벌기수입} - \text{초년도 조림비}) \times \frac{\text{현재수령}^2}{\text{적정벌기령}^2} + \text{초년도 조림비}$$

2. 수령 10년의 가액이 있는 경우

$$(\text{벌기의 추정 입목가액} - \text{조림비 현가합}) \times \frac{(\text{현재수령} - 10)^2}{(\text{적정벌기령} - 10)^2} + \text{조림비 현가합}$$

(라) 시장가역산법

원목의 시장가액에 이자율 등을 역산하고 생산비용 등을 공제한 가액으로 벌기령에 달한 입목의 가액을 산정하는 방법이다.

$$\left[\frac{\text{원목의 시장가액}}{1 + \text{자본회수기간} \times \text{이자율} + \text{기업자 이윤 및 투자위험률}} - \text{생산비용} \right] \times \text{조재율}$$

(마) 입목 감정평가 시 유의사항

① 입목의 단가를 산정할 때 전체 재적이 상이하면 수종 등이 동일하더라도 수급관계와 반출비의 관계 때문에 그 단가 차이가 생기며 ② 입목은 수종 및 형질에 따라 거래되는 가격차이가 크므로 입목의 형질조사에 유의하여야 한다.

(3) 임업부대시설의 감정평가

임업부대시설의 감정평가는 다음 방법에 따른다

- 임도 및 방화선을 감정평가할 때에는 원가법을 적용하여야 한다. 다만, 산지의 감정평가액에 임도가액을 포함시킨 경우에는 따로 감정평가를 하지 아니한다.
- 건물 및 소방망대를 감정평가할 때에는 원가법을 적용하여야 한다.
- 임간묘포를 감정평가할 때에는 거래사례비교법을 적용하여야 한다. 다만, 거래사례비교법의 적용이 곤란하거나 적절하지 않은 경우에는 원가법을 적용할 수 있다.

(4) 산지와 입목의 일괄평가

산지와 입목을 일괄하여 감정평가할 때에는 거래사례비교법을 적용하여야 한다.

핵심체크 | **입목(수목)의 규격**

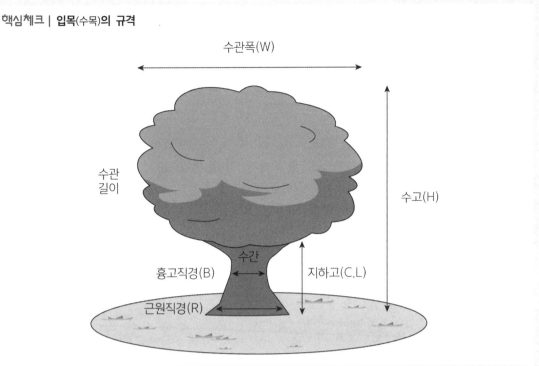

구분	단위	정의
수고	m	근원으로부터 수관의 정상까지의 수직거리(옷자람가지 제외)
수관폭	m	수관의 너비를 의미하며, 수관이 타원형인 경우는 최대폭과 최소폭의 평균치
흉고직경	cm	지표면에서 1.2m 부위의 수간직경
근원직경	cm	지표면 부위의 수간직경
수관길이	m	수관이 수평으로 성장하는 특정을 가진 조형된 수관의 최대길이
지하고	m	수관을 구성하고 있는 가지 중 가장 아래에 있는 가지의 분기점으로부터 지표까지의 수직고

7 과수원의 감정평가

1. 정의

과수원이란 집단적으로 재배하는 사과·배·밤·호두·귤나무 등 과수류 및 그 토지와 이에 접속된 저장고 등 부속시설물의 부지를 말하며, 주거용 건물이 있는 부지는 제외한다.

2. 자료의 수집 및 정리

(1) 사전조사

과수원을 감정평가할 때에는 등기사항전부증명서, 토지대장, 지적도, 토지이용확인계획서 등에 등에 의거 다음과 같은 사항 등을 조사한다.
- 소재지, 지번, 지목, 면적, 지세
- 토지의 사용·처분 등의 제한 또는 그 밖의 참고사항

(2) 실지조사

사전조사 후 대상 과수원이 위치한 곳에서 실지조사를 하여 다음 같은 사항을 조사하여야 한다.
- 과수의 수종, 품종, 수령, 주수 및 면적
- 재배관리상황인 관개, 배수, 병충해 정도 및 구제 예방
- 과거의 수확량 및 품등정도, 생산물의 판로, 판매가격, 판매방법
- 토양 및 입지조건, 수지 예상 및 장래성 등

(3) 가격조사

- 거래사례: 유사 수종이 식재된 인근 과수원의 거래가격 및 가격수준
- 조성사례: 과수원 조성비용 및 과수 식재 비용
- 임대사례: 과수원 임대료 및 보증금, 운영비용
- 수익자료: 과수 판매가격, 생산비용, 평균순수익

3. 과수원의 감정평가방법

「감칙」제18조(과수원의 감정평가)
감정평가법인등은 과수원을 감정평가할 때에 거래사례비교법을 적용해야 한다.

과수원을 감정평가할 때에는 거래사례비교법을 적용하여야 한다. 다만, 거래사례비교법으로 감정평가하는 것이 곤란하거나 적정하지 아니한 경우에는 원가법이나 수익환원법을 적용할 수 있다.

4. 과수원 감정평가 시 유의사항

① 동일한 수종이라도 품종 등에 따라 식재 및 경영 방식과 이에 따라 발생하는 수익의 차이가 있음으로 거래사례 선정의 검토가 필요하며 ② 정상식재나 적정한 무육관리가 되어 있지 않은 경우 이를 가감조정하여야 한다. ③ 또한, 임대차계약 등에 따라 과수와 토지의 소유자가 다른 경우 그 소유권원에 따라 양자를 구분하여 감정평가하여야 한다.

8 염전의 감정평가

1. 정의

염전이란 소금을 생산·제조하기 위하여 바닷물을 저장하는 저수지, 바닷물을 농축하는 자연증발지, 소금을 결정시키는 결정지 등을 지닌 지면을 말하며, 해주·소금창고, 용수로 및 배수로를 말한다.

2. 자료의 수집 및 정리

(1) 사전조사

염전을 감정평가할 때에는 등기사항전부증명서, 토지대장, 지적도, 토지이용확인계획서 등에 등에 의거 다음과 같은 사항 등을 조사한다.
- 소재지, 지번, 지목, 면적, 지세
- 토지의 사용·처분 등의 제한 또는 그 밖의 참고사항
- 면세 여부 및 허가내용

(2) 실지조사

사전조사 후 대상 염전이 위치한 곳에서 실지조사를 하여 다음과 같은 사항을 조사하여야 한다.
- 시설상황, 염 생산가능면적 및 부대시설면적의 비율
- 생산량, 판매시설 및 수거상황 등

(3) 가격조사

- 거래사례: 인근 염전의 거래가격 및 가격수준
- 조성사례: 염전 조성비용 등
- 임대사례: 염전 임대료 및 보증금, 운영비용
- 수익자료: 소금 판매가격, 생산비용, 평균순수익

3. 염전의 감정평가방법

염전을 감정평가할 때에는 거래사례비교법을 적용하여야 한다. 다만, 거래사례비교법으로 감정평가하는 것이 곤란하거나 적정하지 아니한 경우에는 원가법이나 수익환원법을 적용할 수 있다.

9 기타 토지 등의 감정평가

1. 병합(합필) 토지의 평가

(1) 개념

여러 필지를 병합(합필)하여 하나의 필지로 만들 경우 개별필지의 가치를 전부 합한 것보다 합필 후 가치가 보다 큰 것이 일반적인데, 이러한 병합(합필)로 인해 가치가 증분된 경우 증분된 가치를 배분하여 토지를 평가하는 것을 의미한다.

(2) 한정가치

한정가치란 토지의 병합 또는 분할의 경우와 같이 시장이 상대적으로 한정되어 부동산의 가치가 시장가치와 달라지게 될 때 시장 한정에 따른 가치를 말한다.

(3) 증분가치의 배분(A가 B를 병합하는 경우 p.119 참조)

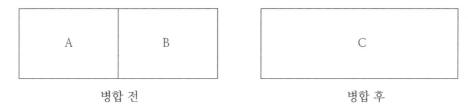

2. 예정지와 이행지의 평가

(1) 개념

예정지(후보지)란, 어떤 종별의 지역에서 다른 종별의 지역으로 전환하고 있는 지역 내의 토지를 말하며, 이행지는 종별지역 내의 세분된 용도지역 상호간에 이행하고 있는 지역 내의 토지를 말한다. 예정지나 이행지는 성숙도에 따라 가치에 미치는 영향이 특히 크므로 평가에 있어 성숙도에 유의하여야 한다.

(2) 평가방법

1) 공시지가기준법

대상토지와 비교가능성이 높은 표준지의 공시지가를 기준으로 성숙도를 고려하여 감정평가한다.

2) 공제방식(개발법 적용)

기준시점 당시 성숙도가 완성된 상태인 최유효이용을 기준 한 토지 가치에서 대지조성비, 통상부대비용 등의 경비를 공제한 가치에 성숙도를 고려하여 감정평가한다.

3) 가산방식

기준시점 당시 소지가액(성숙도가 보다 낮은 예정지)의 가액에서 택지화에 따른 기대성을 고려하여 감정평가한다.

핵심체크 | 물적 불일치

1. 위치 불일치

경계측량도면이나 위치확인자료가 실지조사시 현지에서 의뢰인 또는 관계인으로부터 제시되는 경우에는 실지조사를 계속할 수 있으나, 그렇지 못할 경우에는 자료보완을 요청해야한다. 또한 대상부동산의 위치가 공부상의 위치와 불일치하는 경우에는 그 정도가 심하면 등기가 무효로 될 수도 있고 평가액의 차이가 발생할 수도 있으므로 유의해야 한다. 불일치의 정도가 경미할 경우에는 해당부분만을 평가에서 제외하든지 아니면 현상을 토대로 평가해야 할 것이며, 그 내용을 감정평가서에 기재해야 한다. 그러나 토지의 대부분을 타인건물이 점유하는 경우에는 평가를 중지하는 것이 좋다.

2. 지적 불일치

지적을 측량한 결과 감량이 있으면 측량면적에 의하여 평가하는 것이 당연하나, 측량의 결과 증량이 있는 경우에는 어떠한 법적요인에 의하여 이루어졌는가를 추적해야 하는 권언 문제가 발생한다. 따라서 증량이 된 경우에는 즉시 증량 처리하여서는 안 되고 그 합법적인 권리관계를 먼저 파악하고 평가하되 권원이 확실치 아니하면 공부재로 평가하며 그러한 내용을 감정평가서에 기재하여야 한다.

3. 지목 불일치

현황의 지목이 공부상 지목과 일치하지 않는 경우에는 현황의 지목에 따라 평가하되 그 내용을 감정평가서에 기재하여야 한다. 현황지목으로 평가하여야 하는 이유는 부동산의 가치가 공부상 지목보다는 현실적인 지목에 따라 형성되기 때문이다. 다만, 법률상 또는 기타의 이유에 의하여 지목의 변경이 불가능한 토지를 타용도의 지목으로 이용하는 경우는 원상회복시킬 수 있는지의 여부를 확인하여 그것이 가능하다면 원상회복에 필요한 비용을 감액하여 평가한다.

1 개요

건물의 평가는 제2장에서 살펴본 바와 같이 시장성, 비용성, 수익성의 3가지 측면에서 접근하는 비교방식, 원가방식, 수익방식이 있다. 다만, 「감칙」 제15조 제1항에서는 원가법 적용을 규정하여 비용성에 원칙을 두고 있다. 건물평가에 있어서 실지조사 시 특히 유의하여야 하는 것은 공부와의 부합 여부와 임대차관계의 조사이다.

2 건물의 정의

건물이란 토지에 정착하는 공작물 중 지붕과 기둥 또는 벽이 있는 것과 이에 부수되는 시설물, 지하 또는 고가(高架)의 공작물에 설치하는 사무소, 공연장, 점포, 차고, 창고, 그 밖에 「건축법 시행령」으로 정하는 것을 말한다.

3 자료의 수집 및 정리

1. 사전조사

건물을 감정평가하기 위하여는 건물등기사항전부증명서, 건축물대장 등에 의거 다음과 같은 사항을 조사한다.
- 소재지, 지번, 기타주소, 구조, 용도, 면적
- 구역 및 지구 등 공법상 제한 상태, 소유권 및 소유권 이외 권리의 관계
- 건폐율 및 용적률
- 착공일자, 허가일자, 사용승인일자

2. 실지조사

사전조사 후 실지조사에서 다음과 같은 사항을 조사하여야 한다.
- 소재지, 지번 등 위치의 동일성 여부
- 구조, 용도, 면적 등 물적 동일성 여부
- 임대관계 등
- 불법증축 및 개축 등 불법적 이용 상황
- 건물 내·외관 등의 감가 여부

3. 가격자료

- 원가자료: 공사비 지급 내역, 건물신축단가표
- 거래사례: 거래가격, 분양가격, 매각가격 등
- 임대사례: 임대료, 보증금, 공실률, 관리비, 경비비율 등
- 수익자료: 수익률, 성장률 등
- 시장자료: 건축비지수, 물가상승률, 경제성장률, 금리, 환율 등

4. 면적사정

① 건물의 면적사정은 건축물대장상의 면적을 기준으로 하되, 다음 각 호의 경우에는 실제면적을 기준으로 할 수 있다.

    1. 현장조사 결과 실제면적과 건축물대장상 면적이 현저하게 차이가 나는 경우

    2. 의뢰인이 실제면적을 제시하여 그 면적을 기준으로 감정평가할 것을 요청한 경우

② 제1항 제1호의 경우에는 의뢰인에게 그 사실을 알려야 하며, 의뢰인이 요청한 면적을 기준으로 감정평가할 수 있다.

③ 제1항의 실제면적은 바닥면적으로 하되 「건축법 시행령」 제119조 제1항 제3호에 따라 건축물의 각 층 또는 그 일부로서 벽, 기둥, 그 밖에 이와 비슷한 구획의 중심선으로 둘러싸인 부분의 수평투영면적을 실측에 의하여 산정한다.

4 건물의 감정평가

1. 관련 규정

> **「감칙」 제15조(건물의 감정평가)**
> ① 감정평가법인등은 건물을 감정평가할 때에 원가법을 적용해야 한다.

2. 원가법

원가법으로 감정평가할 때 건물의 재조달원가는 직접법이나 간접법으로 산정하되, 직접법으로 구하는 경우에는 대상건물의 건축비를 기준으로 하고, 간접법으로 구하는 경우에는 건물신축단가표와 비교하거나 비슷한 건물의 신축원가 사례를 조사한 후 사정보정 및 시점수정 등을 하여 대상 건물의 재조달원가를 산정할 수 있다. 다만, 건물의 재조달원가를 직접법으로 산정하는 경우 대상건물의 건축비 내역의 적정성을 검토하여야 한다.

3. 거래사례비교법

대상건물와 구조 · 규모 · 용도 등이 동일 · 유사한 적절한 건물의 거래사례를 선정하여 사정보정, 시점수정, 개별요인비교를 하여 비준가액을 산정한다. 다만, 적절한 건물만의 거래사례가 없는 경우에는 토지와 건물을 일체로 한 거래사례를 선정하여 토지가액을 빼는 공제방식이나 토지와 건물의 가액구성비율을 적용하는 비율방식 등을 적용하여 건물가액을 배분할 수 있다. 건물의 거래사례의 경우 그 특징상 용도지역 등 토지에 적용되는 공법상 제한이 다른 경우에도 사례로 선정할 수 있음에 유의하여야 한다.

> **핵심체크 | 대상건물 비준가액**
> 사례복합부동산가액 × 사례건물가격구성비 × 사정보정 × 시점수정 × 잔가율비교 × 개별요인 비교 × 면적비교

> 건물의 시점수정 [감정평가기준센터 물건별 시점수정방법 권고사항]
> 한국건설기술연구원이 조사·발표하는 **건물공사비지수**를 적용하되, **월할 계산**한다.

4. 수익환원법

전체 순수익 중에서 공제방식이나 비율방식 등으로 건물귀속순수익을 산정한 후 이를 건물의 환원율로 환원하여 건물의 수익가액을 산정한다.

5. 부대설비의 처리

건물의 일반적인 효용을 위한 전기설비, 냉·난방설비, 승강기설비, 소화전설비 등 부대설비는 건물에 포함하여 감정평가한다. 다만, 특수한 목적 및 독립적인 재산적 가치를 부여하는 경우에는 구분하여 감정평가할 수 있다.

5 특수한 건물의 감정평가

1. 공법상 제한받는 건물

> 「실무기준」 610-2.5.1
> ① 공법상 제한을 받는 건물이 **제한을 받는 상태**대로의 가격이 형성되어 있을 경우에는 그 가격을 기초로 하여 감정평가하여야 한다. 다만, 제한을 받는 상태대로의 가격이 형성되어 있지 아니한 경우에는 **제한을 받지 않는 상태를 기준으로 하되 그 제한의 정도를 고려**하여 감정평가한다.
> ② 건물의 일부가 도시·군계획시설에 저촉되어 저촉되지 않은 잔여부분이 건물로서 효용가치가 없는 경우에는 건물 전체가 저촉되는 것으로 감정평가하고, 잔여부분만으로도 독립건물로서의 가치가 있다고 인정되는 경우에는 그 잔여부분의 벽체나 기둥 등의 보수에 드는 비용 등을 고려하여 감정평가한다.
> ③ 공법상 제한을 받는 건물로서 현재의 용도로 계속 사용할 수 있는 경우에는 이에 따른 제한 등을 고려하지 않고 감정평가한다.

2. 기존 건물 상층부 등에 증축한 건물

> 「실무기준」 610-2.5.2
> **증축부분의 경과연수는 기존 건물의 경과연수에 관계없이 증축부분의 실제경과연수를 기준하며 장래보존연수는 기존 건물의 장래보존연수 범위에서 적용하여 감가수정한다.**

3. 토지와 그 지상 건물의 소유자가 다른 건물

> 「실무기준」 610-2.5.3
> 건물의 소유자와 그 건물이 소재하는 토지의 소유자가 다른 건물은 정상적인 사용·수익이 **곤란할 경우에는 그 정도를 고려**하여 감정평가한다. 다만, 다음 각 호의 경우에는 이에 따른 제한 등을 고려하지 않고 감정평가할 수 있다.
> 1. 건물의 사용·수익에 지장이 없다고 인정되는 경우
> 2. 사용·수익의 제한이 없는 상태로 감정평가할 것을 요청한 경우

4. 공부상 미등재 건물

> **「실무기준」 610-2.5.4**
>
> 실지조사 시 의뢰되지 않은 공부상 미등재 건물이 있는 경우에는 의뢰인에게 감정평가 포함 여부를 확인하여 실측면적을 기준으로 감정평가할 수 있다.

5. 건물 일부가 인접 토지상에 있는 건물

> **「실무기준」 610-2.5.5**
>
> 건물의 일부가 인접 토지상에 있는 건물은 그 **건물의 사용·수익의 제한을 고려**하여 감정평가한다. 다만, 그 건물의 사용·수익에 지장이 없다고 인정되는 경우에는 이에 따른 제한 등을 고려하지 않고 감정평가할 수 있다.

6. 공부상 지번과 다른 건물

> **「실무기준」 610-2.5.6**
>
> 건물의 실제 지번이 건축물대장상이나 제시목록상의 지번과 다를 때에는 감정평가하지 않는 것을 원칙으로 한다. 다만, 다음 각 호의 경우로서 해당 건물의 구조·용도·면적 등을 확인하여 건축물대장과의 동일성이 인정되면 감정평가할 수 있다.
> 1. 분할·합병 등으로 인하여 건물이 있는 토지의 지번이 변경되었으나 건축물대장상 지번이 변경되지 아니한 경우
> 2. 건물이 있는 토지가 같은 소유자에 속하는 여러 필지로 구성된 일단지로 이용되고 있는 경우
> 3. 건축물대장상의 지번을 실제 지번으로 수정이 가능한 경우

7. 녹색건축물

> **「실무기준」 610-2.5.7**
>
> 「녹색건축물 조성 지원법」 제2조 제1호에 따른 녹색건축물은 온실가스 배출량 감축설비, 신·재생에너지 활용설비 등 친환경 설비 및 에너지효율화 설비에 따른 **가치증가분을 포함**하여 감정평가한다.

6 공사중단된 건물의 감정평가

1. 정의
"**공사중단 건축물**"이란 「건축법」 제21조에 따른 착공신고 후 건축 또는 대수선 중인 건축물이나 「주택법」 제16조 제2항에 따라 공사착수 후 건축 또는 대수선 중인 건축물로서 공사의 중단이 **2년 이상**으로 확인된 건축물을 말한다.
"**공사중단 건축물등**"이란 공사중단 건축물 및 이에 관한 소유권 외의 권리와 공사중단 건축물의 대지, 대지에 정착된 입목, 건물, 그 밖의 물건 및 이에 관한 소유권 외의 권리를 말한다.

2. 자료의 수집 및 정리
공사중단 건축물등의 가격자료에는 거래사례, 해당 건물의 착공시점의 공사비용, 시장자료 등이 있으며, 대상 공사중단 건축물등의 특성에 맞는 적절한 자료를 수집하고 정리한다.

3. 공사중단된 건물의 감정평가방법

(1) 감정평가 원칙

공사중단 건축물등의 감정평가는 **기준시점의 현황을 기준**으로 감정평가하되, 의뢰인과 협의하여 다음 각 호의 사항을 제시받아 감정평가하는 것을 원칙으로 한다.

1. 공사중단 건축물등의 목록, 내역 및 관련 자료
2. 공사중단 건축물의 철거, 용도변경, 공사 재개 및 완공 계획 여부
3. 기준시점에서의 공사중단 건축물의 공정률

(2) 공사중단 건축물등의 감정평가방법

① 공사중단 건축물을 감정평가할 때에는 건물의 감정평가방법을 따르되, 다음 각 호의 사항 등을 고려하여 감정평가할 수 있다.

1. **공사중단 건축물의 물리적 감가, 기능적 감가 또는 경제적 감가**
2. **공사중단 건축물의 구조, 규모, 공정률, 방치기간**
3. **공사중단 건축물의 용도 또는 거래 조건에 따른 제한**

② 공사중단 건축물의 대지를 감정평가할 때에는 토지의 감정평가방법을 따르되, 다음 각 호의 사항 등을 고려하여 감정평가할 수 있다.

1. **공사중단 건축물의 대지 위치 · 형상 · 환경 및 이용 상황**
2. **공사중단 건축물의 구조, 규모, 공정률, 방치기간**
3. **공사중단 건축물의 용도 또는 거래 조건에 따른 제한**

4. 「공사중단 장기방치 건축물의 정비 등에 관한 특별조치법」에 따른 감정평가방법

1. 정의

"정비사업"이란 미관개선 · 안전관리 · 범죄예방 등의 목적으로 특별자치시장 · 특별자치도지사 · 시장 · 군수 또는 구청장이 공사중단 건축물 정비계획에 따라 공사중단 위험건축물 및 장기공사중단 위험건축물의 철거 등 정비방법을 통하여 공사중단 건축물을 철거하거나 완공하여 활용하는 일련의 사업을 말한다.

2. 공사중단 건축물등의 취득

시장 · 군수 · 구청장 및 위탁사업자는 정비사업을 위하여 필요한 경우 정비계획으로 정하는 바에 따라 공사중단 건축물등을 그 소유자와 개별 합의에 의한 가격으로 매수하거나, 「토지보상법」에 따른 협의 또는 수용, 「민사집행법」에 따른 경매 및 「국세징수법」에 따른 공매를 통하여 취득할 수 있다.

3. 감정평가방법

(1) 합의에 의한 매수가격

개별 합의에 의한 매수가격은 매수대상 공사중단 건축물등의 위치 · 형상 · 환경 및 이용 상황 등을 고려하여 평가한 금액을 기준으로 당사자의 합의에 따라 결정한다. 구체적인 감정평가방법은 아래와 같다.

1. 공사중단 건축물: 해당 건축물의 착공 시점의 공사비용을 기준으로 하되, 물리적 감가, 기능적 감가 또는 경제적 감가 등을 고려하여 산정
2. 공사중단 건축물의 대지: 「부동산 가격공시에 관한 법률」 제3조에 따른 표준지공시지가를 기준으로 하되, 공사중단 건축물로 인한 대지의 사용제한 사항 등을 고려하여 산정
3. 제1호 및 제2호에 해당하지 아니하는 공사중단 건축물등: 「공익사업을 위한 토지 등의 취득 및 보상에 관한 법률」 제70조, 제73조부터 제75조까지, 제75조의2 및 제76조를 준용하여 산정

(2) 「토지보상법」에 의한 협의 또는 수용의 방법

「토지보상법」을 준용한다. 이에 대한 명확한 감정평가방법은 규정되어 있지 않으나, 공사중단된 건축물의 경우 이전이 불가한 것이 통상적이므로 물건가격을 기준으로 가액을 산정하게 된다. 이때 물건가격은 전술한 공사중단된 건물의 감정평가방법을 적용하여 산정하되, 정비계획의 고시가 있는 경우 「동법 제22조」 사업인정의 고시가 있는 것으로 본다.

핵심체크 | 「건축법 시행규칙」 제11조(건축 관계자 변경신고)

① 법 제11조 및 제14조에 따라 건축 또는 대수선에 관한 허가를 받거나 신고를 한 자가 다음 각 호의 어느 하나에 해당하게 된 경우에는 그 양수인·상속인 또는 합병후 존속하거나 합병에 의하여 설립되는 법인은 그 사실이 발생한 날부터 7일 이내에 별지 제4호서식의 **건축관계자변경신고서에 변경 전 건축주의 명의변경동의서 또는 권리관계의 변경사실을 증명할 수 있는 서류를 첨부하여 허가권자에게 제출**(전자문서로 제출하는 것을 포함한다) 하여야 한다.
  1. 허가를 받거나 신고를 한 건축주가 허가 또는 신고 대상 건축물을 양도한 경우
  2. 허가를 받거나 신고를 한 건축주가 사망한 경우
  3. 허가를 받거나 신고를 한 법인이 다른 법인과 합병을 한 경우

공사중단된 건물을 매입·경매낙찰·양수·상속 등과 같은 방법으로 취득하는 경우 변경된 소유자에 의해 미공사 부분에 건축이 가능한지가 실무적으로 문제되었다. 즉, 건축허가는 인적기준이므로 변경된 소유자는 기존 건축허가에 의한 완공이 용이하지 않았으나, 최근 개정된 법령에 따라 변경된 소유자도 기존 건축주의 명의변경을 통해 완공이 가능하게 되었다.

제4절 토지와 건물의 일괄감정평가

1 개요

1. 개념

토지와 건물을 각각의 부동산으로 보는 현행 법제도하에서 실체 토지와 건물이 일체로 거래됨에도 토지와 건물을 별개의 부동산으로 각각 평가하는 것이 일반적이다. 이와 관련하여 「감칙」 제7조 제1항에서도 개별물건기준 원칙을 규정하되, 「감칙」 제7조 제2항에서는 둘 이상의 대상물건이 일체로 거래되거나 대상물건 상호 간에 용도상 불가분의 관계가 있는 경우에는 일괄하여 감정평가할 수 있다고 규정하고 있어 토지와 건물이 일체로 거래되는 관행이 있는 경우 일체효용발생의 개념에서 일괄하여 감정평가한다.

2. 일괄평가의 장·단점

① 일괄평가는 개별평가에 비해 대상부동산의 시장가치를 잘 반영하고 ② 부동산시장 거래관행과 일치하는 방법이며 ③ 수익방식의 적용이 용이하며 ④ 일체효용 발생의 개념에 보다 부합하는 장점을 가진다. 다만, ⑤ 토지와 건물의 개별적 효용을 구분하기 어렵고 ⑥ 실제로 건물만의 거래사례가 부족하여 시장성을 단독 시장성을 반영하기 곤란하다는 단점을 가진다.

2 구분소유 부동산(구분소유권, 집합건물)의 감정평가

1. 정의

구분소유 부동산이란 「집합건물의 소유 및 관리에 관한 법률」에 따라 구분소유권의 대상이 되는 건물부분과 그 대지사용권(대지 지분소유권을 의미한다. 이하 같다)을 말한다.

2. 자료의 수집 및 정리

(1) 사전조사

구분건물을 감정평가하기 위하여는 집합건물등기사항전부증명서, 집합건축물대장 등에 의거 다음과 같은 사항을 조사한다.
- 소재지, 지번, 기타주소, 구조, 용도, 면적
- 용도지역 및 지구 등 공법상 제한 상태, 소유권 및 소유권 이외 권리의 관계
- 건폐율 및 용적률
- 착공일자, 허가일자, 사용승인일자

(2) 실지조사

사전조사 후 실지조사에서 다음과 같은 사항을 조사하여야 한다.
- 구분건물의 독립적 사용 가능성
- 구조, 용도, 면적 등 물적 동일성 여부
- 임대관계 등
- 불법확장 등 불법적 이용 상황
- 건물 내·외관 등의 감가 여부

(3) 가격자료

- 거래사례: 거래가격, 분양가격, 매각가격 등
- 원가자료: 공사비 지급 내역, 건물신축단가표
- 임대사례: 임대료, 보증금, 공실률, 관리비, 경비비율 등
- 수익자료: 수익률, 성장률 등
- 시장자료: 구분건물변동지수(아파트 매매가격지수 등), 물가상승률, 경제성장률, 금리, 환율 등

3. 구분건물 감정평가방법

(1) 관련 규정

> **「감칙」 제16조(토지와 건물의 일괄감정평가)**
> 감정평가법인등은 「집합건물의 소유 및 관리에 관한 법률」에 따른 구분소유권의 대상이 되는 건물부분과 그 대지사용권을 일괄하여 감정평가하는 경우 등 제7조 제2항에 따라 **토지와 건물을 일괄하여 감정평가할 때에는 거래사례비교법**을 적용해야 한다. 이 경우 감정평가액은 합리적인 기준에 따라 토지가액과 건물가액으로 구분하여 표시할 수 있다.

(2) 거래사례비교법

$$\text{대상구분건물 비준가액} = \text{구분건물사례거래가액} \times \text{사정보정} \times \text{시점수정} \times \text{지역요인비교} \times \text{개별요인 비교}$$
$$\times \text{층별·위치별효용비 비교} \times \text{면적비교}$$

구분건물은 독립된 공간인 전유부분의 위치 등에 의해 그 효용이 발생하므로 면적비교의 경우 원칙적으로 전유면적을 기준하나, 인근지역 내 동일·유사 부동산의 거래 관행 등에 비추어 공급면적을 기준하는 경우 면적비교는 공급면적을 기준할 수 있다는 점에 유의하여야 한다.

구분건물의 시장가치를 토지와 건물의 가치로 구분하여 표시하는 문제가 자주 발생하게 되는데 일괄평가된 가치를 구분표시하는 합리적인 방법으로는 ① 시장에서의 표준적인 토지·건물가치구성비를 추출하여 배분하는 방법과 ② 토지가치는 공시지가를 기준으로 산정하고 일괄가치에서 공시지가를 기준으로 산정된 토지가치를 제한 차액을 건물가치로 보는 방법 등이 활용될 수 있다. 통상 토지가액과 건물가액으로 구분 표시하는 경우는 법원경매 시 토지와 건물 각각의 후순위자 배당참여에 결정적인 영향을 미치기 때문에 법적인 권리관계를 명확히 하기 위해서이다.

(3) 원가법

$$\text{대상구분건물 적산가액} = \text{1동 전체 토지·건물 가액} \times \text{층별 효용비율} \times \text{위치별 효용비율}$$

(4) 수익환원법

$$\text{대상구분건물 수익가액} = \text{구분건물 순이익} \div \text{환원율}$$

4. 대지사용권을 수반하지 않은 구분건물의 감정평가

대지권을 수반하지 않은 구분건물은 ① 국·공유지 상의 건축된 구분건물(아파트 등)의 경우가 일반적이며, ② 대규모 택지개발사업 등에 의해 구분건물이 신축되어 토지의 지번이 확정되지 않는 등의 사유로 인해 대지사용권을 수반하지 않는 경우에는 통상적으로 적정지분이 정리될 것으로 객관적으로 입증되므로 양자를 구분하여 감정평가하여야 한다.

유권해석 「집합건물법」 시행 이전 신축되어 사용승인된 건물 내 감정평가대상 위치가 특정되지 않은 경우 감정평가 가능 여부 [감정평가기준팀-2024-00321]

[질의사항]
각 점포 위치별로 가격차이가 상당하며, 201호 전체가 내부적으로 독립적·배타적으로 각 점포별로 구분소유·사용하고 있는 점포임에도 불구하고 제대로 관리가 되지 않아 당해 지분의 위치가 특정되지 아니한 즉 대상물건의 확정이 불가한 경우에는 평가가 가능한지 회신하여 주시기 바람

[질의회신]
본건은 「집합건물법」 시행 이전에 신축되어 사용승인된 건물로서, 「집합건물법」 시행 이후 건축물대장 등 공적장부의 개제행위를 누락한 것으로 추정됩니다. 만약 법 시행 이전부터 구분소유로 위치를 특정하여 사용하고 있고 이를 유지하고 있다는 것을 확인하는 등 구조상·이용상의 독립성이 인정된다고 판단된다면 「집합건물법」상 구분소유권의 객체로 볼 수 있으며, 「집합건물법」 제20조 및 같은 법 부칙 제4조에 따라 각 구분점포의 전유부분과 그 대지사용권이 일체성을 가진다고 볼 수 있을 것입니다.
또한 「감정평가에 관한 규칙」 제7조 제1항에서는 "감정평가는 대상물건마다 개별로 하여야 한다."고 규정하고 있으며, 같은 규칙 제10조 제1항에서는 "감정평가법인등이 감정평가를 할 때에는 실지조사를 하여 대상물건을 확인해야 한다."라고 규정하고 있으므로 질의하신 건물이 구분소유권의 객체로 볼 수 있는 경우로서 해당 물건의 위치확인이 불가능한 경우라면 감정평가의 대상으로 보기는 어려울 것입니다.

판례 | 구분소유권의 요건의 판단 [대법원 2022.12.29. 자 2019마5500 결정]

[판시사항]
[1] 「집합건물법」 제1조의2가 신설·시행된 이후 집합건축물대장의 신규 또는 변경등록이 이루어지고 그에 따라 구분등기가 마쳐진 구분점포에 대하여는 그 등록 및 등기가 마쳐질 당시 위 조항에서 정한 구분소유권의 요건을 갖추고 있었다고 추정되는지 여부(원칙적 적극) 및 그와 다른 사실은 이를 다투는 측에서 주장·증명하여야 하는지 여부(적극)
[2] 인접한 구분건물 사이에 설치된 경계벽이 제거되어 각 구분건물이 구조상 및 이용상 독립성을 상실하였으나, 각 구분건물의 위치와 면적 등을 특정할 수 있고 사회통념상 그것이 복원을 전제로 한 일시적인 것으로서 복원이 용이한 경우, 그 구분건물에 관한 등기의 효력(유효)

[판결요지]
[1] 「집합건물법」 제1조의2에서 정하는 구분점포에 관하여는 반드시 소관청의 현황조사를 거쳐 위 조항에서 규정한 요건을 충족하는지와 건축물의 실제 현황과 건축물대장의 신청 내용이 일치하는지를 확인한 다음 그 규정에 들어맞는다고 인정될 때에만 집합건축물대장에 등록하도록 정하고 있고, 이러한 절차를 거쳐 작성된 집합건축물대장이 제출되어야 비로소 구분점포에 관한 소유권보존등기 및 표시변경등기가 마쳐질 수 있다. 그렇다면 「집합건물법」 제1조의2가 시행된 2004.1.19. 이후 집합건축물대장의 신규 또는 변경등록이 이루어지고 그에 따라 구분등기가 마쳐진 구분점포에 대하여는, 특별한 사정이 없는 한 「집합건물법」 소정의 절차에 따라 적법하게 대장이 등록되고 이에 기하여 구분등기가 마쳐진 것으로서 그 등록 및 등기가 마쳐질 당시 「집합건물법」 제1조의2에서 정한 구분소유권의 요건을 갖추고 있었다고 추정되고, 그와 다른 사실은 이를 다투는 측에서 주장·증명하여야 한다.
[2] 인접한 구분건물 사이에 설치된 경계벽이 제거됨으로써 각 구분건물이 구분건물로서의 구조상 및 이용상 독립성을 상실하게 되었다고 하더라도, 각 구분건물의 위치와 면적 등을 특정할 수 있고 사회통념상 그것이 구분건물로서의 복원을 전제로 한 일시적인 것일 뿐만 아니라 복원이 용이한 것이라면, 각 구분건물이 구분건물로서의 실체를 상실한다고 쉽게 단정할 수는 없고, 아직도 그 등기는 구분건물을 표상하는 등기로서 유효하다고 해석해야 한다.

3 복합부동산의 감정평가

1. 정의

복합부동산이란 토지와 건물이 결합되어 구성된 부동산을 말한다.

2. 복합부동산의 감정평가방법

(1) 관련 규정

> 「감칙」 제7조(개별물건기준 원칙 등)
> ① 감정평가는 대상물건마다 개별로 하여야 한다.
> ② 둘 이상의 대상물건이 일체로 거래되거나 대상물건 상호 간에 용도상 불가분의 관계가 있는 경우에는 **일괄하여 감정평가**할 수 있다.
>
> 「감칙」 제16조(토지와 건물의 일괄감정평가)
> 감정평가법인등은 「집합건물의 소유 및 관리에 관한 법률」에 따른 구분소유권의 대상이 되는 건물부분과 그 대지사용권을 일괄하여 감정평가하는 경우 등 제7조 제2항에 따라 토지와 건물을 일괄하여 감정평가할 때에는 **거래사례비교법**을 적용해야 한다. 이 경우 감정평가액은 합리적인 기준에 따라 토지가액과 건물가액으로 구분하여 표시할 수 있다.

(2) 개별물건기준 감정평가(원가법)

복합부동산은 토지와 건물을 개별로 감정평가하는 것을 원칙으로 한다. 다만, 토지와 건물이 일체로 거래되는 경우에는 일괄하여 감정평가할 수 있다.

> 대상복합부동산 적산가액 = 토지가액 + 건물가액

기존 기출문제에서는 토지가액 및 건물가액을 대상복합부동산의 원가의 개념으로 보아 원가법으로 표현하였으나 「감칙」 개정에 따라 개별물건기준 원칙으로 규정하였는바, 이에 따른 표현이 보다 적정하다 판단된다.

(3) (일괄)거래사례비교법

토지와 건물을 일괄하여 감정평가할 때에는 거래사례비교법을 적용하여야 한다. 일괄거래사례비교법은 아래와 같이 2가지 방법으로 산정할 수 있다. 토지와 건물을 일괄하여 감정평가한 경우의 감정평가액은 합리적인 배분기준에 따라 토지가액과 건물가액으로 구분하여 표시할 수 있다.

1) 복합부동산의 가격구성비를 고려하는 방법

> 사례복합부동산가격 × 사정보정[(거래시점)사례토지가격구성비 × 토지시점수정 × 지역요인 × 개별요인 × 토지면적비교 + (거래시점)사례건물가격구성비 × 건물시점수정 × 개별요인 × 잔가율 × 건물면적비교] × 일체품등비교

2) 가격구성비를 고려하지 않는 방법

> 사례복합부동산가격 × 사정보정 × 시점수정 × 지역요인 × 토지개별요인 × 건물개별요인 × 건물연면적

2가지 방법 중 어느 방법을 적용하는지는 대상부동산이 속한 지역의 거래 관행 및 대상부동산의 특성에 따라 결정된다.

(4) (일괄)수익환원법

1) 대상 순수익을 기준하는 방법

$$대상복합부동산 수익가액 = 대상 순수익 \div 환원율$$

2) 사례 순수익을 비교하는 방법

$$[사례 순수익 \times 사정보정 \times 시점수정 \times (사례토지순수익구성비 \times 토지비교요인 +$$
$$사례건물순수익 구성비 \times 건물비교요인)] \div 환원율$$

3) 사례 가능총수익을 비교하는 방법

- 대상 가능총수익 = 사례 가능총수익 × 사정보정 × 시점수정 × 토지비교요인 × 건물비교요인 × 건물면적비교
- 대상 순수익 = 대상 가능총수익 - 공실 및 대손충당금 - 운영경비
- 대상 수익가액 = 대상 순수익 ÷ 환원율

4) 대상부동산의 매기 현금흐름 기준하는 방법

할인현금흐름분석법을 적용하여 대상부동산의 수익가액을 산정한다.

4 대형 복합부동산의 감정평가

1. 개요

대형 복합부동산의 경우 그 규모의 특성상 토지와 건물이 일체되어 거래되는 관행을 가지므로 토지와 건물을 일괄하여 감정평가하는 것이 일반적이다. 대형 복합부동산은 오피스빌딩, 물류창고, 호텔, 대형 판매시설, 골프장 등이 있으며 개별성이 강한 임대계약을 체결하므로 이를 고려하되, 부동산 리츠 및 브릿지 금융을 통한 자금조달 특성에 유의가 필요하다.

2. 오피스빌딩

(1) 권역의 구분

오피스빌딩은 일반적인 토지·건물의 형태의 인근지역 개념과 달리 각 지역 내 하나의 집단을 이루면서 권역을 형성하고 있고 권역에 따른 지역적 격차가 있으므로 이에 대한 유의가 필요하다. 오피스빌딩의 지역적 권역은 통상 CBD, YBD, KBD, BBD 등으로 구분된다.

(2) 규모의 구분

오피스빌딩은 빌딩 내 업무시설, 상업시설, 휴게시설, 쇼핑몰 및 기타 업무지원시설 등이 복합적으로 구성되어 있고 규모에 따라 구조 및 설계 등의 차이가 있으므로 그 규모에 따라 개별적 격차가 있으므로 이에 대한 유의가 필요하다. 오피스빌딩의 규모는 통상 프라임급, S급, A급, B급, C급 등으로 구분된다.

(3) 오피스빌딩의 감정평가방법

> 1. 원가방식: 토지가액(3방식, 공시지가기준법) + 건물가액(원가방식, 비교방식)
> 2. 비교방식: 유사 오피스빌딩 비교(연면적 비교)
> 3. 수익방식: 직접환원법 또는 할인현금흐름분석법

(4) 오피스빌딩 감정평가 시 유의사항

① 오피스빌딩과 같은 대형부동산의 경우 소유와 관리가 일반적으로 구분되며 인근지역 내 통상의 임대료와는 다소 차이가 있는 계약임대료로 임대차계약을 체결하는 것이 통상적이다. 오피스빌딩의 소유자는 전문적인 부동산 임대차 사업자와의 장기적인 임대차를 통해 안정적인 임대수익을 누릴 수 있고 임차인은 재임대의 다각화를 통해 큰 자본 없이 임대사업의 구성과 재임대에 따른 수익을 누릴 수 있다. 이러한 건물 통 임대의 형태를 마스터리스(Master Lease)라 하며, 통상 마스터리스의 경우 시장임대료 보다 낮은 임대료로 계약을 체결하게 된다. 따라서 마스터리스에 따른 계약임대료의 성격을 이해하고 대상 오피스빌딩의 임대차계약을 조사하여 감정평가 시 이를 고려하여야 한다.

② 또한, 시장임대료가 하락하는 경우 또는 공급과잉에 따른 공실률이 상승하는 경우에 오피스빌딩의 대외적 인지도에 영향을 최소화하기 위해 임대차계약상 무상사용 기간을 부여하는 경우가 있으며, 이러한 무상사용 기간을 렌트프리(Rent Free)라 한다. 렌트프리는 공실률과 유사한 개념이나 양자를 동시에 고려하여 이중으로 수익을 과소 계상하는 실수를 범하지 말아야 하며 렌트프리 기간동안에도 통상적으로 임차인의 관리비 지급의무가 있는지를 계약서를 통해 확인하여야 한다.

③ 상기 이외에도 임대공간에 각종 시설물(새로운 실내 외관 및 배치, 배관 및 HVAC 개선, 보안 시스템 설치, 새로운 외관 창 및 간판 설치 등) 등을 제공하는 임차인 공사지원(TI, Tenant Improvement)과 ④ 임차인의 인테리어 설치 기간동안의 임대료를 면제해 주는 핏아웃(Fit - Out) 등의 계약 내용(동 기간동안 관리비 지급의무 확인 요)을 조사하여야 한다.

⑤ 또한 상기와 같은 주요 조사사항은 오피스빌딩의 권역별, 규모에 따라 달라질 수 있으므로 이에 대한 고려가 필요하고 ⑥ 장기임대차 및 임대료의 상승률 적시에 따른 임대차계약의 특수성으로 인해 임대시장 변화에 비탄력적이며 비교적 안정적인 임대료 수준을 유지한다는 특징에 유의하여야 한다.

핵심체크 | 마스터리스(Master Lease) 임대료 특징 및 운영경비 인식

마스터리스의 경우 (원)임차료(소유자와 관리업체 간 계약임대료)가 낮은 반면, 재임대료(전대차, 오피스빌딩 내 소규모 매장)는 매출 비율에 따른 비율임대료로 계약하는 경우가 통상적이므로 시장임대료와의 괴리를 적정하게 보정하여야 한다. 또한, 임차인이 해당 건물 관리에 필요한 통상의 전체 비용을 부담하는 것이 일반적인바, 순수익 산정 시 운영경비를 미인식하는 경우가 있으나 대상 오피스빌딩을 소유함으로써 지출되는 비용(재산세 등)이 있다는 점에서 운영경비 "0"이 아님에 유의하여야 한다.

렌트프리(Rent Free)의 인식방법

[예시] 임대기간 5년, 렌트프리 기간 5개월인 경우 순수익 산정

1. 첫 해 렌트프리를 모두 인식하는 방법

실제 현금흐름에 부합하며, 현가화에 따른 가치차액을 최소화할 수 있음

> 월임대료 × 7개월 + 관리비 × 12개월 - 운영경비 × 12개월

2. 매기(5년) 렌트프리를 인식하는 방법

임대기간 동안 렌트프리를 인식하여 임대수익 개념에 부합함

$$월임대료 \times 11개월 + 관리비 \times 12개월 - 운영경비 \times 12개월$$

3. 대형 판매시설(대형몰, 대형마트, 백화점)

(1) 대형 판매시설의 임대차 특징

대형 판매시설의 경우 운영 주체가 개별 상가(브랜드)가 갖는 시장전략과 상품재고에 따른 위험을 회피하고자 개별 상가와의 비율임대차를 체결하는 시장관행이 있으므로 상가 매출액에 따른 영향을 많이 받게 되고 따라서 적정한 임대료의 조정이 필요하다. 이러한 임대료 조정은 평효율(상가 매출 ÷ 영업면적)을 통해 반영한다.

(2) 대형 판매시설의 감정평가방법

1. 원가방식: 토지가액(3방식, 공시지가기준법) + 건물가액(원가방식, 비교방식)
2. 비교방식: 유사 대형 판매시설과의 비준가액
3. 수익방식: 직접환원법 또는 할인현금흐름분석법

(3) 대형 판매시설 감정평가 시 유의사항

① 대형 판매시설의 경우 임대차 특징에 따라 건물 내 임차하고 있는 상가(브랜드)의 매출에 의해 임대수익의 차이가 크므로 입점해 있는 브랜드의 이미지를 고려하여야 하며, ② 특히 백화점의 경우 면세점 입점 여부에 따라 큰 차이를 보인다.
③ 또한, 대형 판매시설의 경우 주차대수가 직접적인 수요에 영향을 미치며, ④ 대상 판매시설 규모에 따른 외부 지역에서의 유입가능소비자(지역 인구 등) 등을 고려하여야 하고 ⑤ 판매시설의 지리적 입지와 교통망의 편의성, 대중교통시설과의 접근성, ⑥ 인근지역 내 기타시설의 유인 인자(관광지 및 호텔 등 숙박시설) 등을 조사하여야 한다. ⑦ 다만, 대형 판매시설의 경우 인근지역 내 유사 시설이 소재하고 있지 않다는 점에서 유사 대형 판매시설과 비교하는 경우 지역분석(지역요인 비교)이 필요하다는 점에 유의하여야 한다.

4. 물류 부동산(물류창고, 물류센터)

(1) 특징

물류 소비 증가와 배송시스템의 전자화에 따라 물류센터 및 물류창고에 대한 수요가 증가함에 따라 시간과 비용에 따른 공학적 측면의 입지적 요충지에 물류 부동산이 소재하게 된다. 주거용·상업용 부동산과 같이 입지적 결정요소인 주거의 안정성, 상권 및 배후지의 크기와 달리 물류 부동산의 경우 전국적인 물류 비용의 최소화를 기준으로 입지를 형성하기 때문에 원재료·상품의 이동비용, 상·하차비용, 포장비용, 위탁제품의 보관 및 이동비용 등을 고려하여 입지가 결정되게 된다.

(2) 물류 부동산의 감정평가방법

> 1. 원가방식: 토지가액(3방식, 공시지가기준법) + 건물가액(원가방식, 비교방식)
> 2. 비교방식: 유사 물류 부동산의 비준가액
> 3. 수익방식: 직접환원법 또는 할인현금흐름분석법

(3) 물류 부동산 감정평가 시 유의사항

① 물류 부동산은 물류 비용 최소화가 핵심이므로 교통시설의 편의성 및 접근성이 최우선적으로 고려된다. 따라서 고속도로 및 자동차전용도로의 진출입과의 거리, 접면도로 너비에 따른 화물용 자동차의 접근 가능성, 상·하차의 용이성 등을 조사하여야 하며 이는 곧 지역분석의 고려를 필요로 한다. ② 물류 부동산의 기능적 측면에서 규모·물류 부동산의 종류(냉동·냉장 또는 상온 저장), 건물 내 부착된 각종 설비의 편의성 등을 유사 물류 부동산과 비교하여 적정 규모 여부를 판단하여야 한다.

5. 호텔 및 숙박시설 감정평가

(1) 특징

① 호텔은 브랜드 인지도에 따라 매출액의 차이가 크며 ② 부대시설의 규모와 시설 등에 영향을 많이 받는다. ③ 호텔은 초기에 많은 투자가 유입되며 ④ 경쟁력 유지을 위한 정기적인 개·보수 비용 또한 크므로 진입장벽이 높은 편이고 ⑤ 사치재 성격으로 국·내외 경기와 환율 등 외생변수에 따라 수익성이 다소 민감하게 반영된다. ⑥ 또한, 호텔 매출액은 호텔이 갖는 고정자산의 기여분과 호텔 브랜드 인지도 및 호텔 종사자들의 무형적 가치 등이 반영되고 있으므로, 본건의 목적물에 대한 유의가 필요하다.

(2) 호텔의 감정평가방법

> 1. 원가방식: 토지가액(3방식, 공시지가기준법) + 건물가액(원가방식, 비교방식)
> 2. 비교방식: 유사 호텔의 비준가액
> 3. 수익방식: 직접환원법 또는 할인현금흐름분석법

(3) 호텔 감정평가 시 유의사항

① 호텔은 직영운영방식과 마스터리스(Master Lease)와 같은 임대방식으로 구분되며, 각 방식에 따른 부동산 귀속 순수익의 산정방법을 달리하여야 하며 임대방식의 경우 임대기간동안의 최소보장 임대료의 적정성을 검토하여야 한다. ② 호텔의 매출 추정 시 객실 타입별 숙박비, 호텔 성과지표인 객실 점유율(Occupancy), 평균객실단가(ADR, Average Daily Rate), 객실당 매출(RevPAR, Revenue per Available Room), 경쟁 호텔의 객실비 및 신규 공급현황, 호텔 타입별(비지니스형, 패밀리형 등) 수입 내역, 외국인 등 관광객 통계 분석, 호텔 내 상가 임대차 유형, 호텔 내 면세점 입점 현황, 부대시설의 매출 비중 및 성장률.등을 조사하여야 한다. ③ 또한, 호텔 내 설치된 미술품, 조형물 등 브랜드 이미지 제고에 이용되는 동산 내역도 조사하되, 대상 평가목록에 포함되는지 여부를 유의하여야 한다.

> 1. 객실 점유율(Occupancy)
>   판매 객실 수 ÷ 전체 판매 가능 객실 수 × 100
> 2. 평균객실단가(ADR, Average Daily Rate)
>   총 객실 수입 ÷ 판매 객실 수

3. 객실당 매출(RevPAR, Revenue per Available Room)

　　총 객실 수입 ÷ 전체 판매 가능 객실 수

　　객실 점유율 × 평균객실단가

핵심체크 | 호텔 매출액 산정 예시

1. 직영운영방식

구분			비고
객실 매출액	전체 객실 수	500개	-
	판매 가능 객실 수	182,500개	500개 × 365일
	객실 점유율	60%	-
	ADR	200,000원	-
	객실 매출액	21,900,000,000원	-
부대시설 매출액		25,000,000,000원	제시액
전체 매출액		46,900,000,000원	

구분			비고
객실 매출액	A 타입 전체 객실 수	250개	-
	B 타입 전체 객실 수	250개	-
	A 타입 숙박비	150,000원	영업일 300일 기준
	B 타입 숙박비	200,000원	영업일 300일 기준
	객실 매출액	26,250,000,000원	객실 수 × 숙박비
부대시설 매출액		28,875,000,000원	객실 매출액 × 110%
전체 매출액		55,125,000,000원	

> 호텔 부동산 귀속 순수익 = 전체 매출액 × (1 - 영업경비 - 무형적재산의 귀속이익)

2. 임대운영방식

> 호텔 부동산 귀속 순수익 = 전체 매출액 × 임대료율(리스료율)

제5절　공장재단과 광업재단

1 공장재단의 감정평가

1. 정의

공장재단이란 영업을 하기 위하여 물품 제조·가공 등의 목적에 사용하는 일단의 기업용 재산으로서, 「공장 및 광업재단 저당법」에 따라 소유권과 저당권의 목적이 되는 것을 말한다.

공장이란 영업을 하기 위하여 물품의 제조·가공, 인쇄, 촬영, 방송 또는 전기나 가스의 공급 목적에 사용되는 장소를 말한다.

2. 자료의 수집 및 정리

(1) 사전조사

공장재단을 감정평가하기 위하여는 등기사항전부증명서, 건축물대장, 토지이용계획확인서 등에 의거 다음과 같은 사항을 조사한다.
- 소재지, 지번, 지목, 면적, 구조, 용도 등
- 용도지역 및 지구 등 공법상 제한 상태, 소유권 및 소유권 이외 권리의 관계
- 건폐율 및 용적률, 허가내용
- 착공일자, 허가일자, 사용승인일자

(2) 실지조사

사전조사 후 실지조사에서 다음과 같은 사항을 조사하여야 한다.
- 사업체의 개요, 원료의 수급관계, 제품의 시장성
- 생산능력 및 규모의 적정성, 생산공정의 적부, 생산실적
- 입지조건, 경영 및 기술능력

(3) 가격자료
- 거래사례: 유사 공자의 거래가격, 분양가격, 매각가격 등
- 원가자료: 토지매입비, 조성공사비, 건물신축단가표
- 수익자료: 공장 재무제표, 수익률, 성장률, 현금흐름추정자료
- 기타자료: 기계기구 구입단가, 해체처분가격, 부대비용 등

3. 공장의 감정평가방법

(1) 관련 규정

「감칙」제19조(공장재단 및 광업재단의 감정평가)
① 감정평가법인등은 공장재단을 감정평가할 때에 공장재단을 구성하는 **개별 물건의 감정평가액을 합산**하여 감정평가해야 한다. 다만, 계속적인 수익이 예상되는 경우 등 제7조 제2항에 따라 일괄하여 감정평가하는 경우에는 **수익환원법**을 적용할 수 있다.
② 감정평가법인등은 광업재단을 감정평가할 때에 **수익환원법**을 적용해야 한다.

(2) 개별물건평가 원칙

1) 유형자산

(가) 토지 및 건물

전술한 토지 및 건물의 감정평가방법에 의한다.

(나) 기계 · 기구

「감칙」 제21조(동산의 감정평가)
② 제1항 본문에도 불구하고 기계 · 기구류를 감정평가할 때에는 원가법을 적용해야 한다.

2023년 「감칙」 개정에 따라 기계·기구의 감정평가방법을 원가법으로 규정하였다. 기계·기구의 자세한 감정평가방법은 후술하는 [기계·기구의 감정평가]를 참조하기 바란다.

(다) 구축물

구축물을 감정평가할 때에는 원가법을 적용하여야 한다. 다만, 구축물이 주된 물건의 부속물로 이용 중인 경우에는 주된 물건에 대한 기여도 및 상관관계 등을 고려하여 주된 물건에 포함하여 감정평가할 수 있다.

핵심체크 | Improvement로써의 구축물

구축물 중 별도로 자체의 효용을 지니지 않고 토지의 Improvement(옹벽, 석축, 배수로 등) 또는 건물의 부속설비로 이루어진 경우 이를 별도로 감정평가하지 않고 토지 또는 건물에 포함하여 감정평가하여야 한다.

구축물은 경우에 따라 지하에 매립되어 있는 등 실지조사가 불가능한 경우가 많으므로, 허가 및 사용승인 도면 등을 기준으로 평가한다.

(라) 과잉유휴시설

과잉유휴시설이란 적정 공장의 가동 범위를 넘어서 공장 수익활동에 이바지되지 않는 시설로 그 용도전환 가능성에 따라 감정평가방법이 구분된다.
① 다른 사업으로 전용이 가능한 과잉유휴시설은 정상적으로 감정평가하되 전환 후 용도와 전환에 드는 비용 및 시차 등을 고려하여야 한다. ② 다른 사업으로 전용이 불가능하여 해체처분하여야 하는 과잉유휴시설은 해체·철거에 드는 비용 및 운반비 등을 고려하여 처분이 가능한 금액으로 감정평가한다.

핵심체크 | 과잉유휴토지

1. 초과토지: 분리가능, 별도의 최유효이용 할당 가능, 가치부여 가능
2. 잉여토지: 분리불가능, 정상적 가치부여 불가능

---

2) 무형자산

무형자산은 후술하는 [무형자산의 감정평가]을 참조하기 바란다.

(3) 일괄 수익환원법

1) 직접환원법

공장 일괄 수익가액 = 상각 전 순수익 ÷ 상각 전 환원율

2) 유의사항

① 공장 순수익 산정 시 유사·동종 공장이 갖는 통상적·객관적·평균적인 순수익을 기준하여야 한다. 이는 해당 공장이 갖는 생산력 등의 우월성에 의한 초과이익을 배제하기 위함이고 ② 초과이익은 영업권 등 무형자산의 가치로 봄이 타당하다. ③ 또한 직접환원법 적용 시 초과이익을 미배제하는 경우 영구적 초과이익이 발생한다고 전제하게 되므로 과대평가될 우려가 있다. ④ 일괄 수익가액은 과잉유휴시설 및 과잉유휴토지 등 수익 산출에 기여가 없는 물건 등이 포함되지 않은 가격이므로 개별물건평가액과 비교 시 이에 유의하여야 한다.

핵심체크 | [공장] 감정평가 목차 예시

I. 평가개요

II. 처리방침
   개별물건기준, 일괄 수익환원법 적용, 과잉유휴시설 및 과잉유휴토지 처리

III. 개별물건기준
   1. 토지 (과잉유휴토지 유의)
   2. 건물
   3. 국산기계 및 도입기계(과잉유휴시설 유의) 및 구축물 등
   4. 무형자산(영업권 등)
   5. 개별물건기준 합

IV. 일괄 수익환원법
   1. 대상 상각 전 순수익(초과이익 배제) ⇨ 영업권 배제상태
   2. 상각 전 환원율
   3. 일괄 수익가액

V. 대상 공장 감정평가액 결정
   1. 과잉유휴시설 또는 과잉유휴토지 포함 여부 고려
   2. 수익가액 영업권 등 초과이익 배제된 가액
   3. 시산가액 결정 시 상기 내용 유의

핵심체크 | 공장의 시산가액의 의미

적정시설 부분			과잉부분 및 비영업용 자산
개별물건기준	일괄 수익환원법	시산가액조정 (공장감정평가액)	

---

2 광업재단의 감정평가

1. 정의

광업재단이란 광업권과 광업권을 바탕으로 광물을 채굴·취득하기 위한 각종 설비 및 이에 부속하는 사업의 설비로 구성되는 일단의 기업재산(이하 "광산")으로서, 「공장 및 광업재단 저당법」에 따라 소유권과 저당권의 목적이 되는 것을 말한다.

광산이란 광업권을 기본으로 하여 광업경영을 목적으로 하는 일체의 기본재산으로서 재단을 조성한 것 또는 조성할 수 있는 것을 말한다. 따라서 광산은 광업권을 기반으로 전개되는 사업이고 그 가치는 광업권의 가치가 중심이 된다.

2. 자료의 수집 및 정리

(1) 사전조사

광업재단을 감정평가하기 위하여는 광업원부, 광업재단등기사항전부증명서, 광구도, 갱내도 및 배치도 등에 의거 다음과 같은 사항을 조사한다.
- 소재지, 등록번호, 면적, 위치, 기계·기구, 차량 등 부속물
- 광종, 광구면적, 등록번호, 등록연월일, 광업권 존속기간 및 부대조건 지상권 등
- 교통, 광산 부근의 지질·지형, 광산의 상황, 갱내외의 설비
- 수도시설, 동력관계 등
- 종업원 수, 평균임금 등

(2) 실지조사

사전조사 후 실지조사에서 다음과 같은 사항을 조사하여야 한다.
- 입지조건: 광산의 위치, 교통상황, 공업용수, 동력 및 노동력 확보 사항
- 지질 및 광상: 암층, 구조, 노두, 광상의 형태, 광물품위 및 매장량 등
- 채광 및 선광: 채굴방법, 선광방법, 지주, 배수, 통지, 운반방법 및 갱도현황 등
- 설비: 채광, 선광, 제련, 운반, 배수, 통기 등

(3) 가격자료

- 거래사례: 유사 광산의 거래가격,
- 원가자료: 토지매입비, 조성공사비, 건물신축단가표, 기계·기구 구입단가, 부대비용 등
- 수익자료: 재무제표, 최근 생산판매실적표, 자금계획서, 연간순수익예상표
- 시장자료: 매광조건, 수요관계, 가격추세, 운임, 하역비, 시장상황 등

3. 광산의 감정평가방법

(1) 관련 규정

「감칙」 제19조(공장재단 및 광업재단의 감정평가)
② 감정평가법인등은 광업재단을 감정평가할 때에 수익환원법을 적용해야 한다.

(2) 수익환원법 원칙

1) 산식

$$\text{광산감정평가액} = a \times \cfrac{1}{S + \cfrac{i}{(1+i)^n - 1}} - E$$

a: 상각 전 순수익, S: 배당이율, i: 축척이율(안전율), n: 가행연수
E: 장래소요기업비의 현가화 총액

2) 상각 전 순수익

$$상각 전 순수익 = 월간생산량 \times 연간가행월수 \times 광물가격 - 소요경비$$

순수익은 3년 이상의 수익자료를 기초로 산정하며, 광물가격은 최근 1년 이상의 가격추세를 고려하며 소요경비는 채광비, 선광비, 체련비, 판관비, 운영자금이자 등을 고려한다.

3) 배당이율 및 축척이율(안정률)

$$비당이율(S) = \frac{s}{1-x}$$

x: 세율(법인서, 방위세, 주민세 등)

① 자본수익률에 해당하는 배당이율은 광업관련 산업부분의 상정법인 시가배당률 등을 고려하여 산정하되 통상적으로 은행 1년 만기 정기예금이자율 이상으로 결정한다. ② 축척이율은 매년 상각되는 상각액을 잔존내용연수 만료 시까지 안정적으로 재투자하는 것이므로 무위험률에 성격을 가지며 1년 만기 정기예금금리를 적용함이 통상적이다.

4) 가행연수

$$가행연수(n) = \frac{추정 및 확정 가채 매장량}{연간 채광량} = \frac{확정광량 \times 확정가채율 + 추정광량 \times 추정가채율}{월간생산량 \times 가행월수}$$

확정광량은 적당한 광획(광량계산에 있어 단위계산 구획이 되는 광산 중의 특정 부분)에 따라 부피 및 품위가 확인된 광량을 말하며 추정광량은 적당한 광획에 따라 확정되어 있지는 않지만 탐광의 결과 및 광상의 성질에 따라 부피 및 품위가 추정되는 부분의 광량을 말한다.

5) 장래소요기업비

장래소요기업비현가액은 적정생산량을 가행년수 말까지 유지하기 위하여 장차 소요될 광산설비 투자소요액(기계장치, 차량 및 운반구, 건물 및 구축물 등 갱도포함) 현가액을 합산하여 산정한다.

4. 광업권의 감정평가방법

1. 일반평가
   광업권 = 광산 감정평가액 - 현존 시설물 감정평가액(과잉유휴시설 제외)
2. 보상평가
   광업권 = 광산 감정평가액 - 이전·전용가능한 시설물 감정평가액 + 이전비

수익 발생 주체로서의 광산은 광업권과 그 광업권에 따라 광물을 채굴·취득하기 위한 제반 시설로 구성되므로 광업권의 감정평가액은 광산의 감정평가액에서 제반 시설의 감정평가액을 공제하여 결정한다. 다만, 광업권은 토지소유권과 별개의 권리이므로 광업권이 설정된 토지는 시설에 포함되지 않는다.

제6절 자동차 등 의제부동산

1 관련 규정

> 「감칙」 제20조(자동차 등의 감정평가)
> ① 감정평가법인등은 **자동차**를 감정평가할 때에 거래사례비교법을 적용해야 한다.
> ② 감정평가법인등은 **건설기계**를 감정평가할 때에 원가법을 적용해야 한다.
> ③ 감정평가법인등은 **선박**을 감정평가할 때에 선체·기관·의장(艤裝)별로 구분하여 감정평가하되, 각각 원가법을 적용해야 한다.
> ④ 감정평가법인등은 **항공기**를 감정평가할 때에 원가법을 적용해야 한다.
> ⑤ 감정평가법인등은 제1항부터 제4항까지에도 불구하고 **본래 용도의 효용가치가 없는 물건**은 **해체처분가액**으로 감정평가할 수 있다.

2 자동차 감정평가

1. 정의

자동차란 「자동차관리법」 제2조 제1호에 따라 원동기에 의하여 육상에서 이동할 목적으로 제작한 용구 또는 이에 견인되어 육상을 이동할 목적으로 제작한 용구(이하 "피견인자동차"라 한다)를 말한다.

2. 자료의 수집 및 정리

(1) 사전조사

자동차를 감정평가할 때에는 자동차등록원부, 자동차등록증), 자동차검사증, 사업면허증 등에 의하여 차종과 견적. 등록일자와 번호 및 용도, 검사의 조건, 면허사항 등을 조사한다.

(2) 실지조사

사전조사 후 실지조사에서 등록번호와 자동차등록원부 상의 동일성 여부, 등록번호, 차종과 차적, 제작자, 제작연월일, 사용연료의 종류, 마력수 및 기통수, 정원 또는 적재량, 차대 및 기관번호, 연식 및 형식, 주행거래 또는 운행시간, 성능 및 현황, 용도 및 사용장소, 부대시설 부착여부 등을 조사한다

(3) 가격자료

자동차는 신차 출고가 및 판매가, 중고거래가격, 부품가격 등을 조사한다.

3. 자동차 감정평가방법

자동차를 감정평가할 때에 거래사례비교법을 적용하여야 한다. 다만, 본래 용도의 효용가치가 없는 물건은 해체처분가액으로 감정평가할 수 있다. 이는 자동차는 일반기계나 건설기계 등과 달리 시장에서의 중고상태의 거래가 활발하고 시장경제 변화에 따라 가치 변동이 커 적산가액과 비준가액의 괴리가 클 수 있다. 다만, 원가법으로 감정평가할 때에는 정률법으로 감가수정하되 내용연수가 비교적 단기이므로 사용개월 또는 운행기간, 주행거리 등을 기준으로 조정한다.

3 건설기계 감정평가

1. 정의

건설기계란 건설공사에 사용할 수 있는 기계로서 불도저·굴착기·로더·지게차·스크레이퍼 등 「건설기계 관리법 시행령」 별표 1에 해당하는 기계를 말하며, 등록을 그 요건으로 하고 있다.

2. 자료의 수집 및 정리

(1) 사전조사

건설기계를 감정평가할 때에는 건설기계등록원부, 건설기계등록증, 건설기계운행상황기록부) 검사증 등을 통하여 건설기계의 종류와 형식, 등록번호와 등록일자, 검사의 조건 등을 조사한다.

(2) 실지조사

사전조사 후 실지조사에서는 건설기계의 종류, 등록번호 및 등록일자. 사용본거지. 사용장소 및 방법 등을 조사하여야 하며 본체와 원동기의 구체적인 조사사항은 다음과 같다.
- 본체: 구조, 규격, 형식, 용량, 제작자 및 제작일자, 사용정도, 본체의 일련번호 등
- 원동기: 구조, 규격, 형식과 용량, 제작자 및 제작일자, 사용정도, 원동기 일련번호, 보링여부 등

(3) 가격자료

건설기계는 신규 출고가 및 판매가, 중고거래가격, 부품가격, 물가자료 등을 조사한다.

3. 건설기계 감정평가방법

건설기계를 감정평가할 때에 원가법을 적용하여야 한다. 다만, 본래 용도의 효용가치가 없는 물건은 해체처분가액으로 감정평가할 수 있다. 다만 건설기계는 중고시장이 활발하게 형성되어 있어 중고거래사례를 쉽게 포착할 수 있기 때문에 실무상으로는 비준가액의 비중이 크다. 원가법으로 감정평가할 때에는 건설기계 특성을 고려하여 정률법으로 감가수정한다.

4. 도입 건설기계의 평가방법

외국에서 도입된 건설기계를 감정평가할 때에는 후술하는 도입기계의 감정평가방법과 동일하게 적용하되, 「건설기계관리법」 제3조에 의거 등록일자를 기준으로 건설기계의 효력이 발생하므로 등록일자를 기준으로 감가수정한다.

4 선박 감정평가

1. 정의

선박이란 「선박법」 제1조의2 제1항에 의거 수상 또는 수중에서 항행용으로 사용하거나 사용할 수 있는 배 종류를 말하며 그 구분은 다음과 같다.
- 기선: 기관(機關)을 사용하여 추진하는 선박[선체(船體) 밖에 기관을 붙인 선박으로서 그 기관을 선체로부터 분리할 수 있는 선박 및 기관과 돛을 모두 사용하는 경우로서 주로 기관을 사용하는 선박을 포함한다]과 수면비행선박(표면효과 작용을 이용하여 수면에 근접하여 비행하는 선박을 말한다)

- 범선: 돛을 사용하여 추진하는 선박(기관과 돛을 모두 사용하는 경우로서 주로 돛을 사용하는 것을 포함한다)
- 부선: 자력항행능력(自力航行能力)이 없어 다른 선박에 의하여 끌리거나 밀려서 항행되는 선박

2. 선박의 구성부분

(1) 선체

선체란 선박의 몸체로서 배의 주요부분 및 상부 구조물의 총칭으로 기관과 의장품을 제외한 부분으로 "ton"으로 표시된다.

(2) 기관

기관은 선체를 운항시키는 동력기계로써 일반적으로는 석유 등의 열에너지를 기계적 에너지로 바꾸는 열기관(원동기)을 말하며 증기기관, 증기터빈, 내연기관, 가스터빈 등이 있고 "마력"으로 표시된다.

(3) 의장품

의장품이란 항행 및 정박 등 선박의 성능을 발휘하기 위해 설치된 모든 장치를 말하며, GPS 등과 같은 항법보조장치, 하역장치, 구명설비, 소방설비, 난방설비 등을 말한다.

3. 자료의 수집 및 정리

(1) 사전조사

선박을 감정평가할 때에는 선적증서, 어선원부, 검사증, 면허 및 신고증 등을 조사한다.

(2) 실지조사

사전조사 후 실지조사에서는 선체 · 기관 · 의장별 규격, 형식, 제작자, 제작연월일, 선종, 선적량, 선박 관리상태 및 운영상태 등을 조사한다.

(3) 가격자료

선박은 신규 건조가, 선체 · 기관 · 의장물 별 중고거래가격, 부품가격, 물가자료 등을 조사한다.

4. 선박의 감정평가방법

선박을 감정평가할 때에 선체 · 기관 · 의장별로 구분하여 감정평가하되, 각각 원가법을 적용하여야 한다. 다만, 본래 용도의 효용가치가 없는 물건은 해체처분가액으로 감정평가할 수 있다.

선체는 총 톤수당, 기관은 마력 및 기종당, 의장품은 대상물건별로 재조달원가를 조사 후 정률법과 관찰감가법을 활용하여 감가수정을 하되, 「수산업법 시행령」 별표 10에 의한 평가를 원칙으로 한다.

5 항공기 감정평가

1. 정의

항공기란 「항공안전법」 제2조에 따라 공기의 반작용(지표면 또는 수면에 대한 공기의 반작용은 제외한다. 이하 같다)으로 뜰 수 있는 기기로서 최대이륙중량, 좌석 수 등 국토교통부령으로 정하는 기준에 해당하는 비행기, 헬리콥터, 비행선, 활공기 등을 말한다. 항공기는 기체, 원동기, 계기 등으로 구성된다.

2. 자료의 수집 및 정리

(1) 사전조사

항공기를 감정평가할 때에는 항공기 국적 및 등록기, 등록번호, 제작일련번호, 운용분류, 감항분류, 감항증명 유효기간 등을 조사한다.

(2) 실지조사

사전조사 후 실지조사에서는 다음과 같은 사항을 조사한다.
- 항공기의 연혁 및 현황, 항공기의 내용
- 기체의 종류, 형식, 제조자, 제작연월일, 제조후 기준시점까지의 비행시간, 최종 오버홀한 시점부터 기준시점까지의 비행시간
- 원동기의 형식, 규격, 제조자, 제조연월일, 일련번호, TSO
- 프로펠러의 형식, 규격, 제조자, 제조연월일, TSO
- 부대설비의 무선시설, 객석, 조종장치, 계기비행 가능여부
- 항공기의 수리현황, 최대이륙중량, 항공기의 속도, 원동기의 출력, 기종별로 정해진 기체, 원동기, 프로펠라 등의 오버홀 한계시간 및 오버홀 비용 등

(3) 가격자료

항공기는 신규 생산원가, 실제 거래가격, 기체 · 원동기 · 프로펠러의 생산원가 및 오버홀비용, 중고거래가격, 부품가격 등을 조사한다.

3. 항공기 감정평가방법

(1) 원칙

항공기를 감정평가할 때에 원가법을 적용하여야 한다. 다만, 본래 용도의 효용가치가 없는 물건은 해체처분가액으로 감정평가할 수 있다. 원가법을 적용하는 경우의 감가수정은 정률법을 적용하는 것이 원칙이며 제반감가요인을 분석 관찰감가법을 적절히 활용할 수 있다. 또한 항공기의 정확한 비행시간 및 오버홀 비용을 확인할 수 있는 경우에는 다음의 산식에 의한 주요 부분별 감정평가액의 합계액을 항공기의 감정평가액으로 결정할 수 있다.

(2) 오버홀 비용 고려 방식

또한 항공기의 정확한 비행시간 및 오버홀 비용을 확인할 수 있는 경우에는 다음의 산식에 의한 주요 부분별 감정평가액의 합계액을 항공기의 감정평가액으로 결정할 수 있다.

> - 기체의 감정평가액 $= (A - C) \times (1 - r) + C \times \dfrac{T - t}{T}$
>
> - 원동기의 감정평가액 $= (A - C) + C \times \dfrac{T - t}{T} = A - C \times \dfrac{t}{T}$
>
> A: 재조달원가, C: 오버홀 비용 T: 오버홀 한계시간
> t: 오버홀 이후 기준시점까지의 비행시간, r: 감가율(정률법)

제7절 동산

❶ 동산 감정평가

1. 정의

동산이란 상품 원재료, 반제품, 재공품, 제품, 생산품 등 부동산 이외의 물건을 말한다.

2. 자료의 수집 및 정리

동산을 감정평가할 때에는 각 동산별 신규 구입가액, 중고가격, 부품가격, 사용가능 여부, 처분가능 여부, 불용품 발생원인, 해체처분 시 구성별 단가 및 해체처분 비용 등을 조사한다.

3. 동산 감정평가방법

> 「감칙」 제21조(동산의 감정평가)
> ① 감정평가법인등은 동산을 감정평가할 때에는 **거래사례비교법**을 적용해야 한다. 다만, 본래 용도의 효용가치가 없는 물건은 해체처분가액으로 감정평가할 수 있다.

❷ 동산 담보 감정평가

1. 개념

동산 담보란 「동산·채권 등의 담보에 관한 법률」에 의거 담보로 제공되는 동산을 말하며, 동산담보권이란 동산을 담보물로 하여 등기하거나 등기하려고 하는 담보권을 말한다.

2. 담보의 요건

- 양도가 가능한 물건이어야 한다.
- 담보물에 대한 경제적 가치가 존재하여야 하며 이를 지속적으로 측정할 수 있어야 한다.
- 담보권 설정 기간 동안 담보가치를 유지할 것이라고 합리적으로 예측되어야 하며, 필요한 경우 담보가치를 조정할 수 있어야 한다.
- 담보를 처분하였을 때 금전적으로 교환·회수할 수 있는지 여부를 합리적으로 예측할 수 있어야 한다.

3. 담보권 설정이 당연히 제한되는 물건

- 법으로 소유·양도를 금지하거나 제한한 물건
- 경제적 가치가 존재하지 않거나 측정하기 어렵거나 경제적 가치를 객관적으로 입증하기 어려운 물건, 용도가 제한되거나 특정 업체만을 위해 제작된 물건, 샘플·전시용 물건 등이 이에 해당한다.
- 동산담보권 설정 기간 동안 물건의 존재·가치·효용이 사라지거나 급격히 감소할 것으로 추정되는 물건·불량품·손상품·폐기 예정 물건 등이 이에 해당한다.
- 이동·은닉·반출이 지나치게 용이하여 담보물의 확인·관리가 사실상 어려운 물건

4. 담보권의 성질상 제한되는 물건

- 특정할 수 없는 물건
- 선수위 담보권의 내용에 따라 담보권 설정이 제한되는 물건

제8절 기계기구

1 개요

① 기계란 동력을 받아 외부의 대상물에 작용을 하는 설비 및 수동식 구조물로 일정한 구속운행에 의하여 작용을 하는 설비를 말한다. ② 기구란 인력 또는 기계에 의하여 이루어지는 모든 노동을 보조하는 것 또는 작업에 간접적으로 사용되는 물건을 말한다. ③ 장치란 내부에 원료 등을 수용하여 이를 분해, 변형, 운동시키는 설비를 말한다.

2 관련 규정

> 「감칙」 제21조(동산의 감정평가)
> ② 제1항 본문에도 불구하고 기계·기구류를 감정평가할 때에는 원가법을 적용해야 한다.
>
> 「실무기준」 [630-1.3] 기계기구류의 감정평가방법
> ① 기계기구류를 감정평가할 때에는 원가법을 적용하여야 한다.
> ② 제1항에도 불구하고 대상물건과 현상·성능 등이 비슷한 동종물건의 적절한 거래사례를 통해 시중시가를 파악할 수 있는 경우(외국으로부터의 도입기계기구류를 포함한다)에는 거래사례비교법으로 감정평가할 수 있다.

기계기구류는 기준시점 당시 대상 기계기구와 같거나 비슷한 기계기구를 취득하는 데 필요한 비용을 기준으로한 원가법을 적용하되, 중고시장이 형성되어 있는 경우 시중시가를 기준으로 거래사례비교법을 적용할 수 있다.

3 자료의 수집 및 정리

1. 사전조사

기계기구를 감정평가할 때에는 등기 유무, 견적서, 계약서, 세금계산서 및 기계설치도면 등을 조사한다. 도입기계의 경우 수입신고서, Invoice, Packing List 등을 조사한다.

2. 실지조사

사전조사 후 실지조사에서는 기계기구 설치 및 배치현황, 명판 및 표지판 내용 등을 조사하여 의뢰목록과 실제 기계기구의 동일성 여부 등을 조사한다.

3. 가격자료

기계기구는 견적가격, 매매계약서상 가격, 실제 거래가격, 중고거래가격, 부품가격 등을 조사한다.

④ 국내제작기계 감정평가

1. 재조달원가

국산기계기구류의 재조달원가는 기준시점 당시 같거나 비슷한 물건을 재취득하는 데에 드는 비용으로 하되, 명칭 및 규격이 같은 물건인 경우에도 제조기술, 제작자, 성능, 부대시설의 유무 등에 따른 가격의 차이가 있는 경우에는 이를 고려한다.

2. 감가수정

- 기계기구류는 정률법으로 감가수정하는 것을 원칙으로 한다. 다만, 정률법으로 감가수정하는 것이 적정하지 않은 경우에는 정액법 또는 다른 방법에 따라 감가수정할 수 있다.
- 내용연수는 경제적 내용연수로 한다.
- 장래보존연수는 대상물건의 내용연수 범위에서 사용·수리의 정도, 관리상태 등을 고려한 장래 사용가능한 기간으로 한다.

3. 감정평가방법

$$P = C \times r^n = C \times (1-k)^n \ or \ C \times 최종잔가율^{\frac{경과연수}{전내용연수}} = C \times 최종잔가율^{\frac{n}{N}}$$

P: 적산가액, C: 제조달원가, r: 전년대비잔가율, k: 매년감가율, n: 경과연수, N: 전내용연수

⑤ 도입기계 감정평가

1. 재조달원가

(1) 재조달원가 산정방법

① 도입기계기구류의 재조달원가는 수입가격에 적정한 부대비용을 포함한 금액으로 한다. 다만, 수입시차가 상당하여 이 방법에 따라 산정된 재조달원가가 부적정하다고 판단될 때에는 대상물건과 제작자·형식·성능 등이 같거나 비슷한 물건의 최근 수입가격에 적정한 부대비용을 더한 금액으로 한다.

② 제1항의 방법에 따라 재조달원가를 산정하는 것이 불합리하거나 불가능한 경우에는 같은 제작국의 동종기계기구류로서 가치형성요인이 비슷한 물건의 최근 수입가격 또는 해당 기계기구류의 도입 당시 수입가격등을 기준으로 추정한 수입가격에 적정한 부대비용을 더하여 산정할 수 있다.

(2) 도입기계 수입가격

1) CIF 기준가격(Cost Insurance and Freight)

도착지가격이라고도 하며 FOB가격에 운임, 보험료를 포함하는 가격으로 FOB가격에 비해 과세가격이 커서 관세부담(관세수입)이 크다. 따라서 FOB가격에 비해 근거리 수입을 촉진하는 효과가 있으며 CIF가격은 기준시점 현행운임 및 현행보험료의 파악이 곤란하거나 불합리한 경우에 주로 활용된다.

> - CIF = FOB + 보험료(기준시점) + 운송료(기준시점)
> - C = CIF × Mr × R × A
>
> C: 재조달원가, Mr: 원산지의 기계가격 보정지수, R: 기준시점 외화의 원화 환산율
> A: 기준시점 부대비용

2) FOB 기준가격(Free On Board)

발송지가격이라고도 하며 과세가격에 운임, 보험료를 포함하지 아니하는 가격으로 CIF가격에 비해 과세가격이 적어 관세부담이 적고 관세평가가 용이하며 기준시점 현행운임과 현행보험료의 파악이 가능한 경우에 주로 활용된다.

> $$C = Pf \times Mr \times R + F + I + A$$
>
> C: 재조달원가, Pf: 원산지의 외화가격, Mr: 원산지의 기계가격 보정지수
> R: 기준시점 외화의 원화 환산율, F: 기준시점 현행운임, I: 기준시점 현행보험료
> A: 기준시점 부대비용

3) 도입기계 수입가격 결정

FOB 가격과 CIF가격 중 재조달원가의 개념상 이론적으로는 기준시점의 현행운임과 현행보험료를 반영하는 FOB가격이 타당하나, 관세의 기준이 되는 과세가격을 결정할 때 운임 및 보험료, 부대비용을 기준으로 산정하므로 실무적으로 CIF 가격을 통상적으로 사용하고 있다.

4) 대미화 환산율

대미화 환산율이란 수입신고서상 평가대상 기계의 도입가격이 원산지(제조국) 외화로 표기되지 않은 경우 도입가격을 원산지 외화로 환산하는 경우에 적용된다. 예를 들어 수입신고서상 원산지는 일본(¥)인데 CIF가격은 미국달러($)로 표시된 경우 미국달러를 다시 일본엔화로 환산하는 절차를 거쳐야 한다. 신고일자를 기준한 외환은행 월평균 기준 대미환산율을 주로 적용한다.

> 원산지 기준 CIF가격 = CIF가격($) × 대미화 환산율(원산지 화폐 ¥ / 미국달러 $)

5) 기계가격보정지수(Mr)

기계가격보정지수는 도입당시부터 기준시점까지의 기계가격변동률을 의미한다. 기계가격보정지수는 한국부동산연구원에서 제공하는 "기계가격보정지수"를 활용(2023년 한국감정평가사협회 업무열람 기준) 하며, 일반기계 보정지수와 전기기계 보정지수로 구분하고 있다.

> 기계가격보정지수 = 기준시점 원산지기계가격지수 ÷ 도입시점 원산지 기계가격지수

6) 외화환산율(R)

"외화환산율"이란 기준시점 당시의 원산지 CIF 가격을 기준시점 당시의 원화(₩)로 환산하는 비율을 말한다. 예를들어 원산지가 일본이면(¥)서 수입가격(CIF)이 미국($)로 표시되어 있는 경우 기준시점 도입가격산정은 아래와 같다.

> 도입가격 = [$ ⇨ ¥](도입 당시 기준) × Mr(원산지, 일본 기준) × [¥ ⇨ ₩](기준시점) + A

7) 부대비용

부대비용은 L/C개설비(신용장 개설비용, 통상 3% 이내)등과 설치비, 소요자금이자, 감독비, 관세, 농어촌특별세, 기타부대비용(통관비, 창고료, 육상수송비 등) 등을 고려한다.

8) 관세

관세는 통상적으로 가장 낮은 현행 관세율을 적용한다.

$$관세 = 가격시점CIF \times 현행관세율 \times (1 - 현행감면율)$$

$$농어촌특별세 = 가격시점CIF \times 관세율 \times 감면율 \times 20\%$$

9) 설치비

① 자주식기계와 같이 설치비를 필요로 하지 않는 기계기구와 ② 기계만의 담보평가시(양도담보)에는 동산으로 평가되어 설치비를 반영하지 않으나, ③ 기계기구가 사업체의 일부로 평가의뢰된 경우(공장재단으로 평가)에는 설치비를 반영한다. 통상 CIF가격의 1~2%를 구성한다.

2. 감가수정

기계기구류는 정률법으로 감가수정 하되, 경과연수 고려시 입항일자, 도입일자가 아닌 수입신고일을 기준한다.

3. 감정평가방법

$$P = C \times r^n = C \times (1 - k)^n = C \times 최종잔가율^{\frac{n}{N}}$$

P: 적산가액, C: 제조달원가, r: 전년대비잔가율, k: 매년감가율, n: 경과연수

6 과잉유휴시설(기계기구)의 감정평가

① 다른 사업으로 전용이 가능한 과잉유휴시설은 정상적으로 감정평가하되, 전환 후의 용도와 전환에 드는 비용 및 시차 등을 고려하여야 한다. ② 다른 사업으로 전용이 불가능한 과잉유휴시설은 해체·철거 및 운반에 드는 비용 등을 고려하여 처분이 가능한 금액으로 감정평가할 수 있다.

핵심체크 | 기계기구 감정평가시 유의사항

1. 신품인지 중고기계기구 인지
2. 국내제작기계인지 도입기계인지
3. 적정규모인지 과잉유휴시설인지
4. 부가가치세는 미고려

(USD)1,177.5200

수 입 신 고 서 (보관용)

(갑지)

①신고번호 11797-06-3000149	②신고일 2019/08/01	③세관.과 020-11	⑥입항일 2019/07/26	※ 처리기간 : 3일

④B/L(AWB)번호 EURFLH06803INC	⑤화물관리번호 06KMTCHN094-0021-008	⑦반입일 2019/07/28	⑧징수형태 11

⑨신 고 자 D관세사무소	⑭통관계획 D 보세구역장치후
⑩수 입 자 (주) ABC { A].	⑮신고구분 A 일반P/L신고
⑪납세의무자 (DPDLQLtL-1-01-1-01-1 / 220-04-75312)	⑯거래구분 11 일반형태수입
(주소) 서울 양천구 목동	
(상호) (주)K공장	⑰종류 K 일반수입(내수용)
(성명) 이성준	
⑫무역대리점	
⑬공 급 자 AGEHRA VELVET (CO LTD) JPAGE0002A(JP)	㉖MASTER B/L 번호

⑱원산지증명서 유무 X
⑲가격신고서 유무 Y
⑳총중량 5,487.0kg
㉑총포장갯수 1 GT
㉒국내도착항 INC 인천항
㉓운송형태 10-FC
㉔적출국 JP(JAPAN)
㉕선기명 LONG HE(CN)
㉗운수기관부호

⑱검사(반입)장소 02011123-060039603A (대한통운국제물류)

● 품명·규격 (란번호/총란수 : 1/1)

㉙품 명 LATHE FOR REMOVING METAL	㉛상 표 NO
㉚거래품명 LATHE	

㉜모델·규격	㉝성분	㉞수량	㉟단가	㊱금액
LATHE (NUMERICALLY CONTTROLLED)		1U	100,000	100.000

㊲세번 부호	8458.11-0000	㊳순 중 량		5,000.0kg	㊷C/S 검사		㊹사후확인기관
㊳과세가격(CIF)	$100,000	㊵수 량		1U	㊸검사변경		
	₩117,752,250	㊶환급물량		1,000GT	㊺원산지표시	JP-Y-Z-N	㊻특수세액

㊼수입요건확인 (발급서류명)	

㊽세종	㊾세율(구분)	㊿감면율	51세액	52감면분납부호	감면액	* 내국세종부호
관 농 부	8.00(A 기가) 20.00(A) 10.00(A)	50.000	4,710,080 942,016 12,340,409	A09500010401	4,710,080	

53결제금액(인도조건-통화종류-금액-결제방법)	CIF-USD	100,000-LS	55환 율	1,177.5200

54총과세가격	$100,000	56운임	942,016	58가산금액		63납부번호	————
	₩117,752,250	57보험료	17,662	59공제금액		64부가가치세과표	123,404,096

60세 종	61세 액	※관세사기재란	65세관기재란
관 세	4,710,080		
특 소 세			
교 통 세			
주 세			
교 육 세			
농 특 세	942,010		
부 가 세	12,340,400		
신고지연가산세			
62총세액합계	17,992,490	66담당자	67접수일시	68수리일자

업태: 　　종목: 　　세관·과: 020-11 　　신고번호: 11797-06-3000149 　　page 1 / 1

1 정의

① 임대료(사용료를 포함한다)란 임대차 계약에 기초한 대상물건의 사용대가로서 지급하는 금액을 말한다.
② 임대차란 토지나 건물 등 임대차 대상물건을 일정한 기간 동안 점유하거나 사용 및 수익할 수 있는 권리를 일정한 대가에 의해 임대인으로부터 임차인에게 이전하는 것을 말한다.
③ 기초가액이란 적산법을 적용하여 적산임료를 구하는 데 기초가 되는 대상물건의 원본가치를 의미한다.
④ 기대이율이란 임대차에 제공되는 대상물건을 취득하는 데에 투입된 자본에 대하여 기대되는 임대수익의 비율을 말한다.

2 임대료의 개념

1. 임대료의 구성 및 실질임대료

(1) 임대료 구성

실질임대료		A	① 예금적 성격의 일시금 운용이익(보증금운용이익) ② 선불적 성격의 일시금(권리금) 상각액 ③ 선불적 성격의 일시금 미상각액 운용이익		
	지불임대료	B	① 지불임대료 중 순임대료 ② 공익비 및 부가사용료 중 실비 초과액	C	① 감가상각비 ② 유지관리비 ③ 조세공과금 ④ 손해보험료 ⑤ 대손준비금 ⑥ 공실손실상당액 ⑦ 정상운전자금이자
	순임대료(상각 후)			필요제경비	

(2) 실질임대료 산정방법

1) 적산법 및 수익분석법 적용

   순임대료(A + B) + 필요제경비(C)

2) 임대사례비교법 또는 본건 임대료 산정

   지불임대료(B + C) + 보증금운영이익 등(A)

2. 임대료의 기준시점 및 실현시점

(1) 기준시점

임대료의 기준시점은 임대료 산정기간의 초일인 임대개시시점으로 한다.

(2) 임대료의 실현시점

임대료의 실현시점은 대상부동산의 사용·수익의 대가가 실현되는 시점으로 일반적으로 임대료산정 기간말이 된다.

(3) 임대료 산정기간

임대료 산정기간은 원칙적으로 1년을 기준으로 한다. 통상적으로 매년 말을 기준하되, 계약내역을 고려하여 조정한다.

3. 임대료의 종류

(1) 임대시점에 따른 분류

1) 신규임대료

신규임대료란 첫 임대차계약의 개시시점에서 신규로 부동산을 사용·수익하는데 따른 대가로서의 적정임대료를 말한다.

2) 계속임대료

계속임대료란 기존 임대차계약 내역에 따라 계속적으로 부동산을 사용·수익하는데 따른 대가로서의 임대료를 말한다.

(2) 임대료 구성에 따른 분류

1) 실질임대료

실질임대료란 임대차기간에 임대인에게 지불되는 모든 경제적 대가로서의 임대료를 말한다.

2) 지불임대료

지불임대료란 임대차기간에 임대인에게 예금적 또는 선불적 성격을 갖는 일시금 등의 지급조건을 감안한 실제 지불되는 임대료를 말한다.

(3) 평가조건에 따른 분류

1) 시장임대료(정상임대료)

시장임대료(정상임대료)란 시장가치의 개념과 더불어 대상부동산의 사용·수익하는데 따른 대가로서의 임대료를 말한다. 대상물건의 시장가치 산정의 경우 시장임대료를 기준으로 가능총수익을 산정하되, 투자가치 산정시에는 지불임대료를 기준으로 산정한다.

2) 한정임대료

한정임대료란 한정가치의 개념과 더불어 특정 당사자로서 한정되어 대상부동산의 사용·수익하는데 따른 대가로서의 임대료를 말한다.

3) 특정임대료

특정임대료란 대상부동산의 성격이나 평가목적·조건에 부응하는 임대료를 말한다.

3 임대료 감정평가의 절차

1. 대상물건의 확인

(1) 물적사항에 대한 확인

① 감정평가업자는 사전조사와 실지조사를 거쳐 대상물건의 물적사항과 관련한 다음 각 호의 사항을 확인한다.
- 1. 실지조사에서 확인한 대상물건의 현황이 의뢰내용이나 공부(公簿)의 내용과 부합하는지 여부
- 2. 대상물건의 개별적인 상황
- 3. 대상물건의 임대차 계약에 따르는 범위와 계약조건

② 감정평가업자는 제1항의 조사 결과, 대상물건에 대하여 실지조사에서 확인한 현황이 의뢰내용이나 공부(公簿)의 내용과 부합하지 않는다고 판단하는 경우에는 그 내용을 의뢰인에게 알리고 감정평가 진행 여부를 협의해야 한다.

③ 물적사항과 관련하여 임대차 목적물의 범위 및 임대면적, 배타적 사용·수익 여부 등은 임대료에 직접적인 영향을 미치므로 명확한 판단기준과 의뢰인의 제시자료 및 공부 등을 바탕으로 확정지어야 한다.

(2) 권리관계에 대한 확인

① 감정평가업자는 사전조사와 실지조사를 거쳐 대상물건에 대한 소유권 및 그 밖의 소유권 이외의 권리의 존부·내용을 확인한다.

② 권리관계 확정과 관련하여 임차인이 임대인과 맺은 임대차계약내용을 검토하여야 하며, 사용·수익 등에 따르는 제약 또는 유리한 점 등 통상적인 임대차계약내용과 다른 사항이 있는 경우 이를 감정평가시 반영해야 한다

2. 자료의 수집 및 정리

- 확인자료: 대상물건의 확인 및 권리관계의 확인에 필요한 공부(公簿) 및 임대차계약서 등의 자료로서 대상물건의 물리적·법적·권리적 상황 등을 확인하는 데 필요한 자료
- 요인자료: 대상물건의 가치형성요인 분석의 근거가 되는 자료로서, 대상물건의 가치형성에 영향을 주는 자연적·사회적·경제적·행정적 제 요인의 분석에 필요한 일반자료, 대상물건이 속해 있는 지역의 분석에 필요한 지역자료, 대상물건의 개별요인 분석에 필요한 개별자료
- 사례자료: 감정평가방법의 적용에 필요한 매매사례, 임대차사례, 건설사례, 수익사례 등의 자료

대상물건의 현황이 주요 기재내용이나 표시사항과 다른 경우에는 다음과 같은 사항을 고려하여 감정평가 여부를 판단한다.
- 현황이 기재내용이나 표시사항과 다른 원인
- 기재내용이나 표시사항의 수정 가능성 및 방법
- 물적 불일치에 해당하는지 여부
- 임대차계약서의 진위 또는 사정개입 여부

4 임대료 감정평가 원칙 및 기준

1. 임대료 감정평가 원칙

임대료 감정평가시 감정평가에 관한 일반원칙인 시장가치기준 원칙, 현황기준 원칙, 개별물건기준 원칙을 따르되 세부적인 사항은 「실무기준」 및 실무기준 해설서 내용을 준용한다.

2. 임대료 감정평가 기준

① 임대료 감정평가시 실질임대료 기준, 임대사례비교법 기준, 신규임대료 기준, 임대료 산정기간 기준이 있다.

감정평가 기준	내용	근거
실질임대료 기준	실질임대료 원칙, 지급임대료 산정 가능	「실무기준」 [670 - 3.3 - ④]
임대사례비교법 기준	임대사례비교법 원칙	「감칙」 제22조 「실무기준」 [670 - 3 - 3 - ①]
신규임대료 기준	신규임대료 원칙, 특별한 조건 시 조건에 부합하는 임대료 평가 가능	감정평가이론
임대료 산정기간	1월, 1년 단위 원칙, 의뢰인 요청 시 특정기간 산정 가능	「실무기준」 [670 - 3 - 3 - ②]

② 「실무기준」상 실질임대료를 기준하는 것을 원칙으로 하되, 의뢰인이 보증금 등을 포함한 계약내용에 따라 지급임대료를 산정하도록 요청한 경우에는 해당 계약내용을 고려한 지급임대료를 구하고 감정평가서에 그 내용을 기재하도록 규정하고 있다.

핵심체크 | 지급임대료 감정평가시 유의사항

1. 지급임대료 감정평가시 구성항목 중 부가사용료 · 공익비 중 실비초과액에 해당하는 부분도 임대료에 포함됨에 유의해야 한다.
2. 지급임대료는 실질임대료의 구성항목이며, 실질임대료 중 보증금은 지급임대료와 밀접한 관계가 있어 보증금이 많아지면 지급임대료는 적어지는 관계를 보이므로, 실질임대료 산정 시 보증금 비중에 유의해야 한다.
3. 지급임대료를 구하는 감정평가시 실질임대료 중 보증금에 따라 지급임대료가 달라지므로 시장의 통상적인 보증금 - 월세비율, 해당 물건의 특수성 등을 고려하여 평가대상물건에 적용할 보증금 - 월세비율 및 전환율을 결정해야 한다.

---

③ 임대료 감정평가시 「감칙」 제22조에 따라 임대사례비교법을 주된 방법으로 하되, 「감칙」 제12조에 따라 적산법 또는 수익분석법 등을 적용할 수 있다.
④ 국내의 경우 임대차 기간이 비교적 짧고, 임대차기간 만료 후 재계약시 특별한 경우를 제외하고는 신규임대료에 상응하는 임대료수준을 요구하며, 「감칙」상 시장가치에 상응하는 임대료를 기준하는 점 등을 고려할 때 신규임대료를 기준하여 감정평가한다.
⑤ 임대료 산정기간은 1월 또는 1년 단위를 기준하나, 감정평가 목적별로 의뢰인이 특정 기간을 요청하는 경우 그에 따라 감정평가할 수 있으며 감정평가서에 그 기간을 명시해야 한다.

5 임대료 감정평가

1. 관련 규정

2. 임대사례비교법

(1) 산식

> 비준임료 = 임대사례 임대료 × 사정보정 × 시점수정 × 가치형성요인 비교

(2) 임대사례비교법의 적용

① 임대사례의 수집 및 선택 시 임대료 감정평가의 특성상 임대차 계약내용의 유사성 또한 중요한 선택 기준이 되며, 선정된 사례를 실질임대료로 전환 시 대상물건의 특성 등에 맞는 전월세전환율을 적용할 수 있다.

② 사정보정은 계약당사자간의 특수한 사정이나 개별적인 사정이 없는 정상적인 사례를 선정하거나 정상적인 것으로 보정이 가능한 사례를 선정해야 한다.

③ 시점수정은 임대사례가 대상물건의 임료 기준시점과 일치하지 않을 경우 기준시점의 임료수준으로 사례를 정상화하는 작업을 의미하며 임대사례 물건의 임대료 변동률 등을 반영하여 보정할 수 있다. 다만 사례물건의 임대료 변동률을 구할 수 없거나 사례물건의 임대료 변동률로 시점수정하는 것이 적절하지 않은 경우에는 사례물건의 가격 변동률, 임대료지수, 생산자물가지수 등을 고려하여 임대료 변동률을 구할 수 있다.

④ 가치형성요인 비교는 「실무기준」[400 - 3.3.2.5]에 따라 임대사례와 대상물건 간에 종별·유형별 특성에 따라 지역요인이나 개별요인 등 임대료의 형성에 영향을 미치는 여러 요인에 차이가 있는 경우에는 이를 각각 비교하여 대상물건의 임대료를 개별화·구체화하여야 한다

(3) 임대사례 선정 [위·물·시·사·계]

① 임대사례 선정시 대상물건과 동일 또는 유사성 있는 인근지역 또는 동일수급권내 유사지역의 임대사례를 선정하되 ① 위치적·물적 유사성, ② 시점수정·사정보정의 가능성 및 ③ 임대차계약 내용의 유사성 등을 고려해야 한다.

② 임대차계약내용의 유사성과 관련하여 임대면적 및 위치, 임대료 지급형태(보증금, 월세), 관리비 납부형태, 계약서상 연간 임대료 상승률, 지불시기 및 임대차 조건 등을 면밀히 분석해서 판단해야 한다.

핵심체크 | 임대사례 선정 시 임대차계약내용의 유사성에 대한 검토와 관련하여

1. 임대차계약서상 임차인의 임대면적 및 해당 위치에 대한 확인이 필요하며, 임대차계약서상 임대차물건이 합법적인 건물인지, 공부상 미등재된 서비스면적이 포함되어 있는지 등에 대한 검토가 필요하다.
2. **임대료의 지급형태**와 관련하여 보증금만으로 구성된 전세시장 또는 보증부 월세시장 등은 세부시장별로 개별 임대시장의 특징을 가지고 있어 시장에서 수요와 공급의 원리에 의해 개별 시장간 시장참여주체의 변화가 발생(예 전세의 월세화 현상 등)하기도 한다. 따라서 가급적 유사한 임대료 지급형태를 가지는 임대사례를 선정해야 감정평가의 객관성을 높일 수 있다
   1. 임대차계약내용이 보증금의 비율이 높은 경우는 보증금이 높은 사례를 기준으로, 월세의 비중이 높은 경우는 월세 비중이 높은 사례를 가급적 선정할 필요성이 있다.
   2. 특히 상업용건물로 비율임대차계약에 따른 임대차계약서의 경우 감정평가시 해당 비율임대차 계약의 적정성 여부 및 해당 자료의 사용가능 여부 등에 대한 사전 검토가 반드시 필요하다
3. **관리비의 납부형태**와 관련하여 임대료에 포함하여 납부하는지 별도로 납부하는지 여부를 확인해야 하며, **별도로 납부**하는 경우에도 임차인이 실비를 지급하는 형태인지 아니면 임대인에게 **일정금액을 선납하는 형태**인지 등 관리비 납부와 관련된 사항을 검토해야 한다.
4. 임대차 계약서상 특별한 임대조건이 수반되는 경우 임대차계약에 따른 계약감가가 발생할 여지가 있으므로 계약서를 면밀히 검토해야 한다. 예를 들어 이용상황을 일정용도로 제한하는 조건, 이용시간을 제약하는 조건 등이 있는 경우에는 이를 감안하여 감정평가하여야 한다.
5. 이외에도 계약서상 연간 임대료 상승률, 지불시기 및 지불방법 등도 검토해야 한다.

핵심체크 | 전대차의 경우 유의사항

1. 전대차의 경우에는 전대인에게 전대차를 할 수 있는 권한이 있는지 여부, 해당 전대차를 위한 제반 법률상 절차 등을 하자 없이 이행했는지 여부 등을 면밀히 검토해야 한다.
2. 전대차 기간 동안 해당 물건을 계약대로 사용·수익하는데 장애요인이 없는지 여부 등을 검토해야 한다.

---

(4) 시점수정

① 임대료 감정평가시 시간경과에 따른 임대료 변동이 있을 경우 임대사례의 임대료를 기준시점의 임대료수준으로 시점수정하여야 하며, 적용시 부동산 형태 및 유형별로 해당 물건의 임대료 변화를 잘 반영해 줄 수 있는 자료를 적용해야 한다.

② 시점수정은 임대사례물건의 임대료 변동률을 기준으로 하되, 임대사례물건의 임대료 변동률을 구할 수 없거나 임대사례물건의 임대료 변동률로 시점수정하는 것이 적절하지 않을 경우에는 동일 또는 유사물건의 가격변동률, 생산자물가지수, 건축비지수 등을 활용할 수 있다

핵심체크 | 임대료평가 시 권장지수 [2023년 감정평가사협회]

1. 주거용 부동산: 유형별·지역별 전월세통합지수
2. 오피스텔: 전세가격지수 또는 월세가격지수
3. 비주거용 부동산: 상권별 임대가격지수

핵심체크 | 임대사례의 임대시점

1. 비교가능한 임대사례 선정시 임대시점은 **특별한 사정이 없는 한 임대차 계약서상 임대개시시점을 기준**하되, 임대개시시점을 확인할 수 없는 경우에는 해당 **임대차계약일을 기준한다.**
2. 임대계약상태가 유지되는 한 임대료 조사시점 또는 감정평가 기준시점 등을 기준하여 활용할 수 있다. 이는 임대시점을 명확히 알 수 없는 경우라도 특정시점을 기준하여 조사된 임대료가 정상적인 상황이라면 해당시점 임대차계약이 유효하다고 봄이 타당하기 때문이다. 다만, 임대종료기간을 알 수 없으므로 임대료의 지행성 등을 고려해 인근의 유사 임대료 자료를 비교·분석하여 임대료의 적정성 여부에 대한 검토가 필요할 것이다.

(5) 가치형성요인 비교

임대사례와 대상부동산의 ① 지역·개별요인 비교, ② 층별·위치별 효용비 비교, ③ 임대면적을 비교한다. 임대료 감정평가시 대상과 사례의 기준면적(전유면적, 분양면적 등)을 비교 검토하여야 한다. 토지 및 건물형태의 부동산 임대료 감정평가시 한 층의 일부분인 경우가 많으므로 정확한 임대면적과 위치를 도면상에서 반드시 확인하여 임대사례비교법 적용 시 반영하여야 한다.

핵심체크 | 임대면적 및 위치의 확정 검토

1. 토지 및 건물 형태의 부동산 임대차계약서의 경우 임대면적에 대한 기준을 명확히 파악하여야 한다. 특히 상업용 건물의 경우 지하주차장 부분이 제시받은 **임대면적에 포함되어 있는지 여부에 유의**해야 한다.
2. 임대사례의 임대면적 확인시 본 건물에 대한 임대면적 이외에 간이창고나 가설건축물 등을 사용할 수 있는 권리 등이 임대차계약에 포함된 경우에는 그 효용정도를 고려하여 감정평가하여야 한다.
3. 선정된 임대사례의 경우 임대차계약서상 임대부분에 대한 **위치확인**이 반드시 필요하며, 출입구 및 계단, 이동동선 등에 대한 확인이 필요하다.

핵심체크 | 비율임대차의 경우

1. 임대차계약내용이 보증금과 월세형태가 아닌 비율임대차로 형성된 경우 매출과 연계된 추정임대료에는 **임차인의 노력에 의한 영업 성과가 포함**되어 있으므로 임대료 감정평가시 비율임대차에 의한 임대료를 적용할지 또는 인근의 표준적인 수준의 임대료를 반영할 것인지 검토가 필요하다.
2. 비율임대차의 경우 감정평가대상물건 이외에 운용주체의 경험, 노하우 등도 반영되어 있어 순수한 대상물건의 임대료라고 볼 수는 없으나, 비율임대차에 의해 형성된 임대료가 인근의 대상물건의 적정한 임대료 수준을 반영하는 등 특수한 경우에는 사용가능할 수 있다.

3. 비율임대차에 의한 임대료금액이 인근의 표준적 수준의 임대료를 반영하고 있는 것이라면 해당 금액 또는 표준적인 금액을 기준으로 사용할 수 있으나 임대차계약의 형태가 상이하여 가치형성요인 비교가 어렵고 사정개입 발생 가능성이 존재하므로 주의가 필요하다.
4. 또한 감정평가 목적 등에 따라 비율임대차와 관련된 일정 조건이 부여되는 경우에는 조건의 합리성 등을 검토한 후 조건부 감정평가를 할 수 있다.

3. 적산법

(1) 산식

$$\text{적산임료} = \text{기초가액} \times \text{기대이율} + \text{필요제경비}$$

(2) 용어의 정리

1) 기초가액

기초가액이란 적산법을 적용하여 적산임료를 구하는 데 기초가 되는 대상물건의 원본가치를 말한다. 기초가액은 비교방식이나 원가방식으로 산정한다.

2) 기대이율

기대이율이란 임대차에 제공되는 대상물건을 취득하는 데에 투입된 자본에 대하여 기대되는 임대수익의 비율을 말한다.

3) 필요제경비 [감·유·공·손·대·공·정]

필요제경비란 임차인이 사용·수익할 수 있도록 임대인이 대상물건을 적절하게 유지·관리하는 데에 필요한 비용을 말한다. 필요제경비에는 감가상각비, 유지관리비, 조세공과금, 손해보험료, 대손준비금, 공실손실상당액, 정상운영자금이자 등이 포함된다.

(3) 기초가액 산정

1) 기초가액의 결정

기초가액이란 적산법을 적용하여 적산임료를 구하는 데 기초가 되는 대상물건의 원본가치를 말한다. 기초가액은 비교방식이나 원가방식으로 산정한다. 수익방식은 순환논리 수순에 따라 적용하지 않는다.

> **핵심체크 | 기초가액의 성격에 대한 논의**
>
> 1. 교환의 대가인 협의의 가치와 용역의 대가인 임대료 사이에는 원본과 과실의 관계가 있기 때문에 적산임료를 구하기 위해서는 원본가치로서의 기초가액을 구할 필요가 있으나, 현행 「감정평가 실무기준」에서 기초가액을 대상물건의 원본가치라고 규정하는 것 이외에 별도의 규정을 두고 있지 않아 그 성격에 대해서 다툼이 있다.
> 2. 기초가액의 성격을 <u>시장가치로 보는 견해</u>와 임대차조건 등에 대응하는 <u>용익가치(또는 사용가치)로 보는 견해</u> 등이 있으며 이는 기대이율의 성격과 밀접한 연관성을 가진다.

대상물건의 가치는 자산가치(Capital gain)와 용익가치(Income gain)가 복합되어 형성되는 소유권 가격의 개념으로 본다.

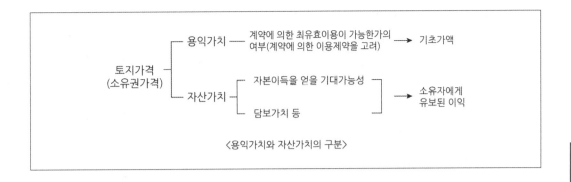

〈용익가치와 자산가치의 구분〉

핵심체크 | 용익가치와 자산가치 개념

시장가치		
용익가치		자산가치
계약감가 반영된 용익가치	계약감가	자산가치
임차인 향유	임대인(소유자 향유)	
A	B	C

1. 대상물건의 시장가치는 A~C의 영역에 해당되는 것이고, 임대료 감정평가시 시장가치는 크게 용익가치와 자산가치로 나뉘며, 임대차 계약에 따른 계약감가가 존재하는 경우에는 계약감가가 반영된 용익가치가 나타난다.
2. 용익가치는 대상물건을 임대차함에 따른 임대차 기간 동안의 사용가치 개념으로 볼 수 있으며 임대차 계약에 따른 계약감가가 발생하는 경우에는 계약감가가 반영된 용익가치를 기초가액으로 볼 수 있다.
3. 자산가치는 대상물건의 사용·수익·처분 권능 중 처분권능에 기초한 가치개념으로 볼 수 있으며, 이는 처분할 수 있는 권리와 그에 따른 처분손익을 향유할 수 있는 권리, 소유권에 기해 담보물권 등의 제공에 따른 자산유동화에 따른 이익 등을 포함한다.
4. 통상적인 용익가치 중 계약감가가 발생하는 경우에 형성되는 '계약감가' 가치는 임차인이 아닌 임대인(소유자에 한함)에게 유보된 가치로서 '계약감가를 가산한 자산가치'가 소유자에게 유보된 자산가치이다.

기초가액은 임차인이 향유할 수 있는 대상물건의 원본가치이므로 용익가치에 부합한다는 의견이 이론상 타당하다. 다만 감정평가 실무상 기초가액을 임대차 계약에 의한 계약감가를 반영한 용익가치로 산정하기 어려운 경우 기초가액은 시장가치를 기준으로 결정하되, 기대이율은 그에 상응하는 기대이율을 적용하여 적산임료를 산정한다. 기초가액으로 용익가치를 객관적이고 신뢰성 있게 추정할 수 있는 경우에는 용익가치 기준으로 기초가액을 결정할 수 있고, 그렇지 못한 경우에는 시장가치를 기초가액으로 볼 수 있다.

2) 기초가액과 기대이율의 적용기준

기초가액	기대이율	비고
용익가치	- 대체투자수익률 등을 고려 - 지역별, 이용상황별, 품등별 미고려	대법원 판례 기준
시장가치	지역별, 이용상황별, 품등별 및 대체투자수익률 등을 참작하여 차등 적용	감정평가 실무상 적용 기준

3) 기초가액 결정시 유의사항

① 대상물건의 용익가치를 구할 수 있는 경우에는 용익가치를 기초가액으로 결정하고, 객관적이고 신뢰성 있게 용익가치를 구할 수 없는 경우에는 시장가치를 기준하여 기초가액을 구한다.

② 기초가액이 해당 토지의 지상 또는 지하 일부의 경우만을 대상으로 하는 경우(구분지상권 등)에는 입체이용률(또는 입체이용저해율) 또는 감정평가 일반이론 등에 의해 결정한다.

③ 지상권 설정 등 법률적 제한이 있는 경우에는 그 제한상태를 반영하여 감정평가하여야 하나, 부당이득반환청구소송 등 부당이득의 법리에 따라 기초가액을 산정하는 경우 그 제한정도를 반영하지 않은 상태를 기준으로 감정평가할 수 있으므로 유의하여야 한다.

④ 집합건물의 대지사용권(또는 대지지분권)에 대한 기초가액은 층별·위치별 효용이 반영된 상태의 해당 대지사용권(또는 지분권)의 가격을 구하는 것이 감정평가 이론 및 시장논리에 부합된다.

(4) 기대이율

1) 기대이율 산정방법

기대이율은 시장추출법, 요소구성법, 투자결합법, CAPM을 활용한 방법, 기타 대체경쟁 자산의 수익률 등을 고려한 방법 등으로 구할 수 있으며, 국공채이율, 은행의 장기대출금리, 일반시중금리, 정상적인 부동산거래이윤율, 국유재산법과 지방재정법이 정하는 대부료율 및 부동산의 용도별, 지역별, 실제이용상황별 격차 및 지역 부동산시장의 특성 등을 종합 고려하여 결정할 수 있다.

기대이율 결정요인은 전체 부동산의 시장가치 대비 용익가치가 차지하는 비율에 따라 달라지며 자본시장의 이자율과 관련성이 있다.

2) 산식

- 기대이율 = 순임대료 ÷ 기초가액
- 순임대료 = (실질)임대료 - 필요제경비

핵심체크 | 기대이율 성격에 대한 논의

1. 기대이율은 임대차에 제공되는 대상물건을 취득하는 데에 투입된 자본에 대하여 기대되는 임대수익의 비율로 요구수익률, 자본수익률의 성격을 갖는 수익률이다.
   - 즉, 임대차기간동안 계약내용에 따라 대상물건을 사용·수익함으로써 기대되는 수익의 그 물건가격에 대한 비율로 투자자의 요구수익률 성격을 갖는 경우에는 최소한의 투자수익률인 **금융시장의 시장이자율과도 밀접한 관계**를 가진다.
   - 기대이율은 임대인이 현재의 유동성을 포기하고 이를 임대함으로써 얻고자 하는 임대수익에 대한 투하자본의 비율, 즉 **자본수익률**이라고 볼 수도 있다.
   - 또한 일정기간동안 일정 계약내용에 의거하여 사용·수익함에 따라 기대되는 수익률 개념으로 부동산의 용도별, 지역별, 실제이용상황별 및 부동산 시장 및 시장참여자의 **속성과 행태 등에 따라 달리 나타날 수도** 있다.
2. 이와 같이 기대이율은 수익환원법의 환원이율과 비슷하고 그 구하는 방법도 유사성이 있으나 양자는 동일한 개념은 아님에 유의하여야 한다.

---

3) 기대이율 결정시 유의사항

① 기대이율은 적용된 기초가액에 상응하는 개념으로 기초가액을 시장가치 또는 용익가치로 구한 경우 각각의 의미에 맞는 기대이율을 적용하여야 한다.

② 기대이율이란 임대차에 제공되는 대상물건을 취득하는 데에 투입된 자본에 대하여 기대되는 임대수익의 비율을 의미하고 시장에서 일체 이용되는 상황을 고려할 때, 토지와 건물의 소유자가 동일하다면 투하된 자본에 대한 일정비율로서 토지와 건물의 기대이율(상각 후)은 동일하다고 볼 수 있을 것이다. 다만, 상각자산인 건물 등은 시간 경과에 따른 감가상각비를 필요제경비의 항목에서 가산해 주어야 한다.

③ IMF 등 시장상황 등의 급격한 변동 등에 따라 정상적인 시장메커니즘이 작동하지 않을 수 있는 상황이라고 판단될 경우 시장이자율과의 상관성이 불규칙 또는 불균형하게 나타날 수 있으므로 감정평가시점의 시장상황에 맞는 적절한 방법을 적용하여 기대이율을 결정하여야 하며, 이 경우는 감정평가서에 그에 대한 사유를 기재해야 한다.

핵심체크 | 기대이율과 환원율의 비교

구분	기대이율	환원이율
적용	적산법 적용	수익환원법 적용
개념	투하자본에 대한 수익의 비율	가격에 대한 수익의 비율
시간	임대차기간에 적용되는 단기적 이용	내용연수 만료시까지 적용되는 장기적 이용
전제	계약조건 전제, 물건 종별에 따른 차이가 없음	최유효이용 전제, 물건 종별가 차이가 있음
산정기준	정기예금이자율 등이 산정에 기초가 됨	무위험에 위험할증률을 가산한 이율
상각/세공제	항상 상각 후 세공제전	상각 전/후, 세공제 전/후
종합이율	종합기대이율의 개념 약함	2개 이상의 물건의 경우 종합환원이율 적용

핵심체크 | 「감정평가 실무메뉴얼 임대료편」 기대이율 (2016년 기준)

대분류	소분류		실제이용상황	
			표준적 이용	임시적 이용
I	주거용	아파트	수도권 및 광역시 1.5% ~ 3.5%	0.5% ~ 2.5%
			기타 시도 2.0% ~ 5.0%	1.0% ~ 3.0%
		연립·다세대	수도권 및 광역시 1.5% ~ 5.0%	0.5% ~ 3.0%
			기타 시도 2.5% ~ 6.5%	1.0% ~ 4.0%
		다가구	수도권 및 광역시 2.0% ~ 6.0%	1.0% ~ 3.0%
			기타 시도 3.0% ~ 7.0%	1.0% ~ 4.0%
		단독주택	수도권 및 광역시 1.0% ~ 4.0%	0.5% ~ 2.0%
			기타 시도 1.0% ~ 5.0%	0.5% ~ 3.0%
	상업용	업무용	1.5% ~ 5.0%	0.5% ~ 3.0%
		매장용	3.0% ~ 6.0%	1.0% ~ 4.0%
	공업용	산업단지	2.5% ~ 5.5%	1.0% ~ 3.0%
		기타 공업용	1.5% ~ 4.5%	0.5% ~ 2.5%
II	농지	도시근교농지	1.00% 이내	
		기타농지	1.00% ~ 3.00% 이내	
	임지	유실수단지 등 수익성이 있는 임지	1.50% 이내	
		자연임지	1.00% 이내	

1. 상기 기대이율은 부동산 유형별 및 실제이용상황에 따른 일반적인 기대이율의 범위를 정한 것이므로 실제 적용 시에는 지역 여건이나 해당 토지의 상황 등을 고려하여 그 율을 증감조정할 수 있다.
2. 제시된 기대이율 기준율표는 상각 후 기대이율을 제시한 것으로, 건물 등이 소재하는 경우에는 감가상각비의 처리에 유의해야 한다.
3. 표준적 이용은 인근지역 내 일반적이고 평균적인 이용을 의미하고, 임시적 이용은 인근지역 내 표준적인 이용에 비해 그 이용이 임시적인 것을 의미하며, 해당 토지에 모델하우스, 가설건축물등 일시적 이용, 상업용지의 주차장이용, 주거용지의 텃밭이용 및 건축물이 없는 상태의 이용(주거용, 상업용, 공업용에 한정)을 포함하는 이용이다.

핵심체크 | CD금리 기준 기대이율 (2016년 기준)

대분류	소분류		실제이용상황	
			표준적 이용	임시적 이용
I	주거용	아파트 / 수도권 및 광역시	CD금리 + - 1.5% ~ 0.5%	CD금리 + - 2.5% ~ - 0.5%
		아파트 / 기타	CD금리 + - 1.0% ~ 2.0%	CD금리 + - 2.0% ~ 0.0%
		연립 · 다세대 / 수도권 및 광역시	CD금리 + - 1.5% ~ 2.0%	CD금리 + - 2.5% ~ 0.0%
		연립 · 다세대 / 기타	CD금리 + - 0.5% ~ 3.5%	CD금리 + - 2.0% ~ 1.0%
		다가구 / 수도권 및 광역시	CD금리 + - 1.0% ~ 3.0%	CD금리 + - 2.0% ~ 0.0%
		다가구 / 기타	CD금리 + - 0.0% ~ 4.0%	CD금리 + - 2.0% ~ 1.0%
		단독 주택 / 수도권 및 광역시	CD금리 + - 2.0% ~ 1.0%	CD금리 + - 2.5% ~ - 1.0%
		단독 주택 / 기타	CD금리 + - 2.0% ~ 2.0%	CD금리 + - 2.5% ~ 0.0%
	상업용	업무용	CD금리 + - 2.0% ~ 2.0%	CD금리 + - 2.5% ~ 0.0%
		매장용	CD금리 + 0.0% ~ 3.0%	CD금리 + - 2.0% ~ 1.0%
	공업용	산업단지	CD금리 + - 0.5% ~ 2.5%	CD금리 + - 2.0% ~ 0.0%
		기타 공업용	CD금리 + - 1.0% ~ 2.0%	CD금리 + - 2.5% ~ - 0.5%
II	농지	도시근교농지	1.00% 이내	
		기타농지	1.00% ~ 3.00%	
	임지	유실수단지 등 수익성이 있는 임지	1.50% 이내	
		자연임지	1.00% 이내	

1. 상기 기대이율은 부동산 유형별 및 실제이용상황에 따른 일반적인 기대이율의 범위를 정한 것이므로 실제 적용 시에는 지역 여건이나 해당 토지의 상황 등을 고려하여 그 율을 증감조정할 수 있다.
2. CD금리 금리 적용 시 부동산시장의 임대차 관행 및 파급속도 등을 고려하여 과거 2년간 평균금리를 적용하되. 경기동향, 지역여건 등에 따라 2년 평균금리를 적용하는 것이 부적절하거나 더 적절한 방법이 있는 경우에는 객관적이고 신뢰성 있는 기간을 적용할 수 있다.
3. 제시된 기대이율 기준율표는 상각 후 기대이율을 제시한 것으로, 건물 등이 소재하는 경우에는 감가상각비의 처리에 유의해야 한다.
4. 표준적 이용은 인근지역 내 일반적이고 평균적인 이용을 의미하며 임시적 이용은 인근지역 내 표준적인 이용에 비해 그 이용이 임시적인 것을 의미하며, 해당 토지에 모델하우스. 가설건축물 등 일시적 이용, 상업용지의 주차장이용, 주거용지의 텃밭이용 및 건축물이 없는 상태의 이용(주거용, 상업용, 공업용에 한정)을 포함하는 이용이다.

(5) 필요제경비

1) 필요제경비 구성항목

필요제경비는 상기 항목들이 모두 계상되는 것은 아니며 용도별, 임대차계약 내용별로 상이하게 적용 항목이 다르게 나타나므로 대상물건의 용도 및 임대차계약내용, 시장관행 등에 따라 적절하게 처리해야 하며 세부항목은 다음과 같다.

2) 필요제경비

항목	내용
감가상각비	대상물건이 상각자산인 경우 시간경과에 따라 발생하는 물리적·기능적·경제적 가치 감소분인 감가상각액을 의미함
유지관리비	대상물건의 유용성을 유지·관리하기 위해 필요한 수익적 지출로 수선비, 유지비, 관리비 등을 의미함
조세공과금	대상물건에 직접 부과되는 세금 및 공과금으로 법인세와 소득세 등은 포함되지 않음
손해보험료	화재보험료, 대상물건의 손해보험료 등으로 소멸성 보험료를 의미함
대손준비금	임차인의 임료지불 불이행에 따른 준비금으로 임대차계약내용 및 시장관행 등을 고려하여 판단함 다만, 보증금 등 일시금을 받는 경우에는 계상하지 아니하여도 됨
공실손실상당액	임대기간의 공백 또는 일부 미입주 등으로 인한 공실발생에 대비한 손실상당액을 의미함
정상운영자금이자	임대영업을 하기 위하여 소요되는 정상적인 운영자금에 대한 이자를 의미함

핵심체크 | 감가상각비 산정방법

1방법	기준시점 재조달월가 ÷ 전내용연수	감정평가 이론상 우수
2방법	기준시점 대상 건물가액 ÷ 잔존내용연수	가액 산정의 편의성 우수

3) 필요제경비 결정시 유의사항

① 임대차계약의 내용 및 대상물건의 종류에 따라 필요제경비 항목의 세부적인 내용은 달라질 수 있다는 점에 유의하여야 한다.

② 필요제경비는 임대인이 대상물건을 임대차하는데 필요한 비용을 의미하는 것으로 임차인의 사용으로 인해 발생하는 수도광열비 등 부가사용료 및 공익비는 제외되어야 한다.

③ 공실손실상당액의 경우 임차인의 인테리어 기간 등에 대한 반영을 의미하는 것이지 수익환원법 적용시 반영하는 인근의 표준적인 공실 정도를 반영한 금액은 아니므로 적용시 유의해야 한다.

④ 실무상 적산법 적용시 필요제경비에 대한 세부기준 및 추정의 어려움으로 필요제경비를 기대이율에 포함하여 감정평가하는 경우가 많으나 감정평가시 부정확한 결론이 도출될 개연성이 있으므로, 별도로 필요제경비를 산출할 필요가 있다

⑤ 적산법에 의한 기초가액 산정 시 수익환원법은 순환논리 모순에 따라 제외한다.

4. 수익분석법

(1) 산식

- 수익임료 = 순수익 + 필요제경비
- 순수익 = 기업전체의 순수익 - 부동산 이외의 경영·노동·자본의 귀속순수익

(2) 수익분석법의 적용방법

① 순수익을 산정하기 위해서는 일반기업 경영에 기초한 표준적인 연간 순수익을 기준한다. 순수익은 총 수익에서 그 수익을 발생시키는데 드는 경비(매출원가, 판매비 및 일반관리비, 정상운전자금이자 상당 액, 부동산을 제외한 그 밖에 생산요소 귀속수익, 기타경비)를 차감한 금액이며, 해당 항목은 대상부동 산에 귀속하는 수익 및 비용을 산정하기 위한 것이어야 하며 상각 후 세공제 전 순수익을 의미한다.

② 필요제경비는 적산법에서 기술한 내용과 같다.

(3) 수익분석법 적용시 유의사항

① 수익분석법은 그 적용과 관련하여 일반기업경영에 기초한 것으로 수익성에 기반한 물건 중에서 수익 의 대부분이 부동산과 관련된 것인 경우에 적용 가능하다.

② 다만 수익분석법은 총수익과 총비용에 대한 추정이 가능하다면 타 감정평가방법에 의해 산정된 임대 료에 대하여 수익성에 기반한 적정성 검토 측면에서 유용하게도 활용될 수 있다.

③ 수익분석법은 일반기업경영에 기초한 순수익을 기준하여 수익임대료를 산정하는 것으로 해당 기업수 익의 대부분이 부동산에서 발생하는 수익으로 이루어진 경우에 유효한 평가방법이고, 국·공유재산 중 수익성 부동산(공용주차장의 임대료 평가 등)을 임대함에 따른 적정임대료를 구할 경우에도 이용 되기도 한다.

④ 일반 기업용 부동산의 총수익 자체가 부동산 이외에 우수한 조직, 인력, 시스템, 브랜드, 자본력 등에 따라 창출되고 있다면 이를 공제한 부동산의 귀속 순수익을 기준한다.

⑤ 생산구성요소 중 부동산 이외에 경영, 노동, 자본에의 귀속이익으로 부동산 이외의 요인이 수익에 기 여하는 부분을 공제하여 감정평가대상인 부동산만의 순수익을 산정하게 되나, 부동산 이외의 타 생산 구성요소에 귀속되는 이익을 공제하는데 평가자의 자의성이 개입될 여지가 있으므로 유의해야 한다.

> 수익분석법 적용 예
> 예로 공유재산인 공용주차장의 임대료산정을 위한 평가의 경우 예상되는 총수입에서 예상총비용(운영업자의 적정이윤 포함)을 차감하여 수익임대료를 결정하기도 한다.

5. 임대료 감정평가 관련 주요 쟁점

(1) 기대이율과 기초가액의 문제

> **⚖ 판례 | 기대이율 결정** [대법원 2000.6.23. 선고 2000다12020 판결]
>
> 대법원은 당해 부동산의 기초가액에다 그 기대이율을 곱하는 이른바 적산법에 의한 방식으로 임료를 산정함에 있어 **기대이율**이란 임대할 부동산을 취득함에 있어 소요되는 비용에 대한 기대되는 이익의 비율을 뜻하는 것으로서 원칙 적으로 개개 토지의 소재지, 종류, 품등 등에 따라 달라지는 것이 아니고, 국공채이율, 은행의 장기대출금리, 일반시 중금리, 정상적인 부동산거래이윤율, 국유재산법과 지방재정법이 정하는 대부료율 등을 참작하여 결정되어지는 것이 며, 따라서 위와 같은 방식에 의한 임료 산정시 이미 기초가액이 구체적인 개개의 부동산의 실제 이용상황이 참작되 어 평가·결정된 이상 그 기대이율을 산정함에 있어서 다시 위 **실제 이용상황을 참작할 필요는 없다**고 판시하였다.

대법원 판례의 주요 쟁점은 기대이율의 성격에 대한 논의와 실제이용상황의 이중 참작 여부로 나타난다.

① 기대이율의 성격과 관련하여 "임대할 부동산을 취득함에 있어 소요되는 비용에 대한 기대되는 이익의 비율을 뜻하는 것으로 원칙적으로 개개 토지의 소재지, 종류, 품등 등에 따라 달라지는 것은 아니다"라고 판시하여 당시 「토지보상평가지침」 [별표 7의2]의 기대이율적용기준율표의 토지의 종류, 품등 및 지역 차이에 따라 차등을 둔 것과 다른 견해를 보이고 있다.

② 판례는 기초가액을 용익가치로 산정하는 것이 타당하다고 보았으나 기초가액을 용익가치로 산정하는 것은 현실적으로 곤란하여 시장가치로 산정한 후 개개의 토지의 소재지, 종류, 품등 등에 따라 기대이율을 적용하는 것이 업계의 현실이며, 타당한 방법으로 사료된다.

(2) 실제이용상황의 이중참작 여부와 관련된 문제

① 실제이용상황의 이중참작 여부와 관련하여 판례는 사실상 "도로"로 이용한 경우 이미 기초가액에 실제이용상황을 반영하였다면 기대이율 산정 시 다시 위 실제이용상황을 참작할 필요가 없다고 하여 '도로'의 실제이용상황에 대한 고려를 이중으로 할 필요가 없다는 취지로 해석된다.

② 이와 관련하여 기초가액은 실제이용상황인 "도로"의 가치를 반영하여 평가함이 타당하며, 기대이율은 "도로"로서의 투입된 자본(즉, 기초가액)에 대해 기대되는 임대수익의 비율을 의미하는 것이므로 감정평가대상인 "도로"에 상응하는 기대이율을 반영하여야 한다.

③ 특히 '도로' 이용에 따른 기대이율을 결정하는 것은 실제이용상황인 "도로"로서의 이용에 따른 기대이율을 반영한 것이지 "도로"의 이용상황을 기초가액뿐만 아니라 기대이율에 반영하여 이중으로 고려하였다고 볼 수 없다. 실무상 "도로"의 기대이율을 인근의 표준적인 토지이용상황을 기준하여 적용할 경우 화체이론에 의거 과대평가의 우려가 있다.

6 계속임료 감정평가

1. 개요

계속임료란 기존 임대차계약을 바탕으로 임대기간 말 이후 계속적으로 부동산을 사용·수익하는데 따른 대가로서의 임료를 의미하며, 「상가건물 임대차보호법」 등에서 규정하고 있는 임대료 상승률 제한 및 계약 연장의 특징을 반영한다는 점에서 한정임대료의 성격을 가지고 있다.

2. 차액배분법

계속임료 = 전기실질임료 + (기준시점 정상실질임료 - 전기실질임료) × 배분율

배분율은 기준시점 당시 시장상황 등을 고려하여 합리적으로 배분한다.

3. 이율법

- 계속임료 = 기준시점 기초가액 × 계속임료이율 + 기준시점 필요제경비

- 계속임료이율 $= \dfrac{전기순임료}{전기기초가액} = \dfrac{전기실질임료 - 전기필요제경비}{전기기초가액}$

4. 슬라이브법(Slide법)

> - 계속임료 = 전기순임료 × 슬라이드지수(변동률) + 기준시점 필요제경비
> - 계속임료 = 전기실질임료 × 슬라이드지수(변동률)

슬라이드지수는 부동산가치 및 임대료수준 변동 등을 고려하여 결정한다.

5. (계속)임대사례비교법

> 계속임료 = 계속임대사례 실질임료 × 사정보정 × 지역요인비교 × 개별요인비교(토지 · 건물 요인)
> × 층별 · 위치별 효용비교 × 면적비교

계속임대사례는 임대사례 선정 기준에 부합하여야 한다.

7 특수 임대차 감정평가

1. 특수 임대차의 유형

① 임대권 가치: 임대차계약임대료 기준으로 임차권 등의 가치의 합과 동일하지 않음
② 임차권 가치: 전대권과 전차권의 가치 합의 성격이나 동일하지 않음
③ 전대권 가치: 임대차계약임대료와 전대차계약임대료의 차이의 성격
④ 전차권 가치: 전대차계약임대료와 시장임대료의 차이의 성격

2. 임대권 가치 산식

> 임대권 가치 = 계약임대료(순임료) × PVAF + 대상복귀가치의 현가

임대인 기준 할인율 적용

3. 임차권 가치 산식

> 임차권 가치 = (시장임대료 - 계약임대료) × PVAF + 임차인 개량물의 잔존가치의 현가

임차인 기준 할인율 적용

4. 전대차 가치 산식

> 전대차 가치 = (전대차임대료 - 계약임대료) × PVAF + 임차인 개량물의 잔존가치의 현가

전대인 기준 할인율 적용

5. 전차권 가치 산식

> 전차권 가치 = (시장임대료 - 전대차임대료) × PVAF + 전차인 개량물의 잔존가치의 현가

전차인 기준 할인율 적용

6. 임대차 감정평가시 유의사항

① 상기 임대차 유형에 따라 특수 임대차 주체가 상이하므로 그에 상응하는 할인율 등을 기준하여야 한다.
② 또한, 소유권의 가치는 임대권의 가치와 임차권의 가치의 합이 아니라는 점에 유의하여야 하며, 이는 소유권의 가치는 완전소유권의 성격으로 최유효이용을 기준하고 주체에 따른 할인과 임차자의 질적 등에서 차이가 나기 때문이다.

7. 월세 및 보증금으로 배분하여 의뢰하는 경우

의뢰인의 요청에 따라 최종 임대료를 월세 및 보증금으로 배분하여 제시하는 경우에는 실질임대료를 기준으로 임대료를 산정한 후 전월세전환율을 활용하여 이를 배분하게 된다.

핵심체크 | 월세 및 보증금 배분

실질임대료: 151,200,000원
전월세전환율: 5%
보증금: 지불임대료의 12개월분
$X \times (12 + 12 \times 0.05) = 151{,}2000{,}00$원일 때,
∴ $X = 12{,}000{,}000$원/월

제10절 무형자산

1 관련 규정

> **「감칙」 제23조(무형자산의 감정평가)**
> ① 감정평가법인등은 광업권을 감정평가할 때에 제19조 제2항에 따른 광업재단의 감정평가액에서 해당 광산의 현존시설 가액을 빼고 감정평가해야 한다. 이 경우 광산의 현존시설 가액은 적정 생산규모와 가행조건(稼行條件) 등을 고려하여 산정하되 과잉유휴시설을 포함하여 산정하지 않는다.
> ② 감정평가법인등은 어업권을 감정평가할 때에 어장 전체를 수익환원법에 따라 감정평가한 가액에서 해당 어장의 현존시설 가액을 빼고 감정평가해야 한다. 이 경우 어장의 현존시설 가액은 적정 생산규모와 어업권 존속기간 등을 고려하여 산정하되 과잉유휴시설을 포함하여 산정하지 않는다.
> ③ 감정평가법인등은 영업권, 특허권, 실용신안권, 디자인권, 상표권, 저작권, 전용측선이용권(專用側線利用權), 그 밖의 무형자산을 감정평가할 때에 수익환원법을 적용해야 한다.

2 개설

1. 개념

무형자산이란 장래 상당기간에 걸쳐 기업의 수익 창출에 기여하는 자산으로 그 물리적 형태가 없는 자산을 말하며, 무형자산으로써 인식되기 위해서는 법률에 의해 규정되어 일정기간 독점적·배타적으로 이용할 수 있는 권리이어야 한다.

2. 무형자산의 종류

무형자산은 경제적 권리인 영업권과 법률에 의하여 인정되는 광업권, 어업권, 산업재산권, 저작권 등이 있으며 산업재산권은 특허권, 디자인권, 실용신안권, 상표권으로 구분된다.

3 광업권 감정평가

1. 정의

광업권이란 「광업법」 제3조 제3호에 따른 등록을 한 일정한 토지의 구역(이하 "광구"라 한다)에서 등록을 한 광물과 이와 같은 광상에 묻혀 있는 다른 광물을 탐사·채굴 및 취득하는 권리를 말한다.

2. 자료의 수집 및 정리

전술한 광업재단의 자료의 수집 및 정리를 준용한다.

3. 광업권의 감정평가방법

1. 일반평가
   광업권 = 광산 감정평가액 - 현존 시설물 감정평가액(과잉유휴시설 제외)
2. 보상평가
   광업권 = 광산 감정평가액 - 이전·전용가능한 시설물 감정평가액 + 이전비

① 광산의 감정평가액은 전술한 "광산의 감정평가"를 준용한다.
② 현존 시설물 감정평가액은 건물 등의 감정평가방법 등 해당 물건에 관한 규정을 준용한다.

4. 광업권 감정평가시 유의사항

상기의 광업권의 감정평가방법은 광산의 가치를 감정평가할 수 있는 경우를 전제하고 있다는 점에서 유의하여야 하며, 광산 가치를 감정평가할 수 없는 경우에는 광업권만의 가치를 직접 감정평가할 수 있는 다른 방법을 적용하여야 한다.

4 어업권 감정평가

1. 정의

어업권이란 「수산업법」 및 「내수면어업법」에 따라 면허를 받아 배타적으로 어업을 경영할 수 있는 권리를 말한다.

2. 자료의 수집 및 정리

(1) 사전조사

어업권을 감정평가할 때에는 어업원부, 면허증 및 허가증, 선적증서 등에 따라 소유자 성명, 면허 및 허가 번호와 존속기간, 어업의 종류 등을 조사한다.

(2) 실지조사

사전조사 후 실지조사에서는 다음과 같은 사항을 조사한다.
- 당해 사업의 개요, 어장의 입지, 어업실태, 어장 시설현황
- 공부와 어선의 동일성 여부
- 어획량, 어획 판로, 판매단가
- 원동기의 형식, 규격, 제조자등

(3) 가격자료

어업권은 각 지방자치단체 및 해양수산관련 부서 등을 통해 기존 거래사례, 보상사례를 조사할 수 있으며 동종 및 유사 업종의 어종실태, 평년수익액, 평년어업경비 등을 조사한다.

3. 어업권의 감정평가방법

(1) 어업권 감정평가 원칙

어업권을 감정평가할 때에는 수익환원법을 적용하여야 한다. 다만, 수익환원법으로 감정평가하는 것이 곤란하거나 적절하지 아니한 경우에는 거래사례비교법으로 감정평가할 수 있다.

(2) 수익환원법의 적용

$$\text{어업권 감정평가액} = a \times \cfrac{1}{r + \cfrac{r}{(1+r)^n - 1}} - (E + E^1)$$

a: 상각 전 순수익, r: 상각 후 · 세공제 전 환원율, n: 어업권 존속기간
E: 장래소요기업비의 현가액, $E1$: 현존 적정 시설가액

① 어업권을 수익환원법으로 감정평가할 때에는 어장 전체를 수익환원법으로 감정평가한 가액에서 해당 어장의 적정 시설가액을 뺀 금액으로 감정평가한다.
② 어장의 순수익을 산정하는 경우에는 장기간의 자료에 근거한 순수익을 산정하여야 한다.
③ 어업권의 존속기간은 어장의 상황, 어업권의 잔여기간 등을 고려하여 어업이 가능한 연한으로 결정한다.
④ 현존시설의 가액은 생산규모와 어업권 존속기간 등을 고려하여 감정평가하되, 과잉유휴시설은 제외한다.
⑤ 어업권의 존속기간은 10년 이내로 규정하고 있으나 10년의 범위 내에서 연장이 가능하고 유효기간이 만료된 경우에는 특별한 사정이 없는 한 우선순위에 의하여 기존의 어업권자가 다시 재면허를 받을 수 있으므로, 면허의 연장 가능성 등을 고려하여 평가하여야 한다.

(3) 거래사례비교법

어업권을 거래사례비교법으로 감정평가할 때에는 어종, 어장의 규모, 존속기간 등이 비슷한 인근의 어업권 거래사례를 기준으로 어업권의 가치에 영향을 미치는 개별요인을 비교하여 감정평가한다.

5 영업권 감정평가

1. 정의

영업권이란 대상 기업이 경영상의 유리한 관계 등 배타적 영리기회를 보유하여 같은 업종의 다른 기업들에 비하여 초과수익을 확보할 수 있는 능력으로서 경제적 가치가 있다고 인정되는 권리를 말한다. 영업권은 특정 기업이 동종 산업에 종사하는 타 기업과 비교하여 정상적인 투자수익률 이상의 이윤을 획득할 수 있는 초과이윤창출능력, 즉 초과이익을 화폐가치로 표시한 것으로 사회적 실질가치를 가지는 자산을 의미한다. 영업권을 발생시키는 요인은 타 업체 대비 차별적인 우수한 경영능력, 효율적 인적 구성, 대외적 신인도, 입지적 우위, 고정 단골고객의 확보, 안정된 자금조달원, 독과점의 지위 등 여러 가지가 있을 수 있다.

2. 자료의 수집 및 정리

(1) 사전조사

영업권을 감정평가할 때에는 재무제표 등에 의거 해당 기업의 개요, 매출, 영업이익, 자산 및 부채 내역, 동종 업종의 현황 해당 기업의 장래성, 초과이익 및 지속가능성·법적이전성 등을 조사한다.

(2) 실지조사

사전조사 후 실지조사에서는 다음과 같은 사항을 조사한다.
- 당해 기업의 입지적 우위
- 장부상 매출과 실제 매출과의 차이
- 적정 시설 및 인적 구성
- 동종 및 유사 업종과의 경쟁관계 여부 및 지속성 등

(3) 가격자료

영업권을 감정평가할 때에는 기업전체 거래가격 및 영업권만의 거래사례, 재무제표 및 현금흐름표, 동종·유사기업의 수익자료 등을 조사한다.

3. 영업권의 감정평가방법

(1) 영업권 감정평가 원칙

영업권을 감정평가할 때에는 수익환원법을 적용하여야 한다. 다만, 수익환원법으로 감정평가하는 것이 곤란하거나 적절하지 아니한 경우에는 거래사례비교법이나 원가법으로 감정평가할 수 있다.

(2) 수익환원법 적용

영업권을 수익환원법으로 감정평가할 때에는 다음 어느 각 호 하나에 해당하는 방법으로 감정평가한다. 다만, 대상 영업권의 수익에 근거하여 합리적으로 감정평가할 수 있는 다른 방법이 있는 경우에는 그에 따라 감정평가할 수 있다.
1. 대상기업의 영업관련 기업가치에서 영업투하자본을 차감하는 방법
2. 대상기업이 달성할 것으로 예상되는 지속가능기간의 초과수익을 현재가치로 할인하거나 환원하는 방법

1) 대상기업의 영업 관련 기업가치에서 영업투하자본을 차감하는 방법

> - 영업권 가치 = 영업 관련 기업가치 - 영업투하자본
> - 영업투하자본 = 영업자산 - 영업부채

영업 관련 기업가치는 후술하는 [기업가치] 감정평가 참조한다.

핵심체크 | 영업투하자본 산정방법

[예시] 영업 관련 기업가치 1,600억원, 투자유가증권외 자산항목 모두 영업용 자산임

[단위: 억원]

유동자산	현금예금	400	유동부채	외상매입금	400
	외상매출금	200		단기차입금	300
	재고자산	100	비유동부채	장기차입금	200
비유동자산	건물	400			
	기계기구	200	자본	자본	600
	투자유가증권	200			
자산총액		1,500	부채 및 자본 총액		1,500

[영업투하자본]

1. 자산접근방식

   영업자산총액 - 영업부채 = (1,500 - 200) - 400 = 900

   비영업용자산인 투자유가증권 제외

2. 자금조달방식

   자본 + 차입금 = (600 - 200) + 500 = 900

   비영업용자산인 투자유가증권은 자본에서 제외한다.

[영업권 가치]

영업 관련 기업가치 - 영업투하자본 = 1,600 - 900 = 700억원

2) 초과수익 할인 또는 환원방법

> - 영업권 가치 = 초과수익 ÷ 환원율
> - 영업권 가치 = 초과수익 × PVAF
> - 초과수익 = 대상평균순수익 - 대상순자산가치 × 정상순수익률

(3) 거래사례비교법 적용

영업권을 거래사례비교법으로 감정평가할 때에는 다음 각 호의 어느 하나에 해당하는 방법으로 감정평가한다. 다만, 영업권의 거래사례에 근거하여 합리적으로 감정평가할 수 있는 다른 방법이 있는 경우에는 그에 따라 감정평가할 수 있다.

1. 영업권이 다른 자산과 독립하여 거래되는 관행이 있는 경우에는 같거나 비슷한 업종의 영업권만의 거래사례를 이용하여 대상 영업권과 비교하는 방법
2. 같거나 비슷한 업종의 기업 전체 거래가격에서 영업권을 제외한 순자산 가치를 차감한 가치를 영업권의 거래사례 가격으로 보아 대상 영업권과 비교하는 방법

3. 대상기업이 유가증권시장이나 코스닥시장에 상장되어 있는 경우에는 발행주식수에 발행주식의 주당가격을 곱한 가치에서 영업권을 제외한 순자산가치를 차감하는 방법

(4) 원가법 적용

영업권을 원가법으로 감정평가할 때에는 다음 각 호의 방법으로 감정평가할 수 있다. 다만, 대상 영업권의 원가에 근거하여 합리적으로 감정평가할 수 있는 다른 방법이 있는 경우에는 그에 따라 감정평가할 수 있다.

1. 기준시점에서 새로 취득하기 위해 필요한 예상비용에서 감가요인을 파악하고 그에 해당하는 금액을 공제하는 방법
2. 대상 무형자산의 취득에 든 비용을 물가변동률 등에 따라 기준시점으로 수정하는 방법

(5) 영업권 감정평가 시 유의사항

수정전 재무제표를 제공 받는 경우 기말정리를 통해 매출원가, 판매비 및 관리비 내역을 수정한 후 수정후 재무제표를 기준한 영업이익을 산정하여야 한다. 자산 및 부채 계정 또한 수정 사항을 반영하여 조정하여야 하며 고정자산의 경우 기준시점 당시 경제적 가치를 반영하고 있는 감정평가액으로 결정하여야 한다.

4. 영업투하자본의 판단

① 영업 투하자본의 산정방법에는 자산접근방식과 자금조달방식이 있으나 감정평가의 개념상 자산접근방식이 보다 우월하다 판단된다. ② 감정평가시 적용되어야 할 투하자본은 기업이 제시하는 재무상태표상의 계정합계액이 아닌 기준시점 당시의 현재가치이어야 한다. 유형자산의 가치를 장부가액으로 기준하면 지가 상승기에 영업투하자산이 과소평가되어 영업권가액이 과대평가 된다. 또한, 비유동자산의 현재가치가 적정하게 반영되지 않으면 유형자산의 가치변동분이 영업권 가액으로 이전되는 결과가 발생하게 된다. ③ 영업부채의 경우 계정과목으로 분류하기 보다 부채의 발생 원인을 기준으로 구분한다.

6 지식재산권 감정평가

1. 정의

① 지식재산권이란 특허권 · 실용신안권 · 디자인권 · 상표권 등 산업재산권 또는 저작권 등 지적창작물에 부여된 재산권에 준하는 권리를 말한다.
② 특허권이란 「특허법」에 따라 발명 등에 관하여 독점적으로 이용할 수 있는 권리를 말한다.
③ 실용신안권이란 「실용신안법」에 따라 실용적인 고안 등에 관하여 독점적으로 이용할 수 있는 권리를 말한다.
④ 디자인권이란 「디자인보호법」에 따라 디자인 등에 관하여 독점적으로 이용할 수 있는 권리를 말한다.
⑤ 상표권이란 「상표법」에 따라 지정상품에 등록된 상표를 독점적으로 사용할 수 있는 권리를 말한다.
⑥ 저작권이란 「저작권법」 제4조의 저작물에 대하여 저작자가 가지는 권리를 말한다.

2. 자료의 수집 및 정리

(1) 조사·확인 사항

1) 특허권

특허권을 감정평가할 때에는 다음 사항을 조사·확인한다.
- 등록특허공보를 통한 특허권의 내용
- 특허의 기술적 유효성와 경제적 유효성
- 특허권자, 특허권의 존속기간, 존속기간 연장 여부
- 특허권의 효력 및 계약관계
- 특허권의 수용여부 및 질권설정 여부
- 특허권에 관한 심판·소송 여부
- 재무상태표상 특허권의 장부가치

2) 상표권

상표권을 감정평가할 때에는 다음 사항을 조사·확인한다.
- 상표등록증을 통한 상표권의 내용
- 상표권자, 출원인, 상표권의 존속기간, 존속기간 갱신 여부
- 상표권의 효력, 계약관계 및 등록상표 등의 보호범위
- 상표권의 소송 여부 및 질권설정 여부
- 재무상태표상 상표권의 장부가치

3) 저작권

저작권을 감정평가할 때에는 다음 사항을 조사·확인한다.
- 저작자의 실명·이명·국적·주소·거소
- 저작물의 제호·종류·창작연월일
- 저작물 공표 여부·공표연월일·공표된 국가
- 저작인격권(공표권·성명표시권·동일성유지권)
- 저작재산권(복제권·공연권·공중송신권·전시권·배포권·대여권)
- 실연자의 권리(복제권·배포권·대여권·공연권·방송권·전송권 등)
- 음반제작자의 권리(복제권·배포권·대여권·전송권 등)
- 방송사업자의 권리(복제권·동시중계방송권)
- 저작재산권의 양도, 질권의 행사, 권리변동

(2) 가격자료

1) 특허권

특허권의 가격자료는 특허권 거래가격, 취득 소요 비용, 수익력 추정자료, 수익률, 라이센스계약에 따른 수익 및 실시료율, 재무제표, 경제성장률, 물가상승률, 금리, 환율 등이 있다.

2) 상표권

상표권의 가격자료는 상표권의 거래가격, 취득 소요 비용, 상표권 사용수익, 수익률, 라이센스계약에 따른 수익 및 실시료율, 재무제표, 경제성장률, 물가상승률, 금리, 환율 등이 있다.

3) 저작권

저작권의 가격자료는 저작권의 거래가격, 취득 소요 비용, 저작권 사용수익, 수익률, 라이센스계약에 따른 수익 및 실시료율, 재무제표, 경제성장률, 물가상승률, 금리, 환율 등이 있다.

3. 지식재산권 감정평가방법

(1) 지식재산권 감정평가 원칙

지식재산권을 감정평가할 때에는 수익환원법을 적용하여야 한다. 다만, 수익환원법으로 감정평가하는 것이 곤란하거나 적절하지 아니한 경우에는 거래사례비교법이나 원가법으로 감정평가할 수 있다.

(2) 수익환원법 적용

지식재산권을 수익환원법으로 감정평가할 때에는 다음 각 호에 따른 방법으로 감정평가할 수 있다. 다만, 대상 지식재산권이 창출할 것으로 기대되는 적정 수익에 근거하여 합리적으로 감정평가할 수 있는 다른 방법이 있는 경우에는 그에 따라 감정평가할 수 있다.

1. 해당 지식재산권으로 인한 현금흐름을 현재가치로 할인하거나 환원하여 산정하는 방법
2. 기업 전체에 대한 영업가치에 해당 지식재산권의 기술기여도를 곱하여 산정하는 방법

1) 해당 지식재산권으로 인한 현금흐름을 현재가치로 할인하거나 환원하여 산정하는 방법(로열티 공제법)

> 1. 해당 지식재산권으로 인해 절감 가능한 사용료를 기준으로 산정하는 방법
> 2. 해당 지식재산권으로 인해 증가된 현금흐름을 기준으로 산정하는 방법
> 3. 기업의 총이익 중에서 해당 지식재산권에 일정비율을 배분하여 현금흐름을 산정하는 방법

2) 기업 전체에 대한 영업가치에 해당 지식재산권의 기술기여도를 곱하여 산정하는 방법

> 지식재산권 = 영업 관련 기업가치 × 기술기여도

> 기술기여도 산정방법
> ① 비슷한 지식재산권의 기술기여도를 해당 지식재산권에 적용하는 방법
> ② 산업기술요소 · 개별기술강도 · 기술비중 등을 고려한 기술요소법

(3) 거래사례비교법 적용

지식재산권을 거래사례비교법으로 감정평가할 때에는 다음 각 호의 방법으로 감정평가한다. 다만, 지식재산권의 거래사례에 근거하여 합리적으로 감정평가할 수 있는 다른 방법이 있는 경우에는 그에 따라 감정평가할 수 있다.

1. 비슷한 지식재산권의 거래사례와 비교하는 방법
2. 매출액이나 영업이익 등에 시장에서 형성되고 있는 실시료율을 곱하여 산정된 현금흐름을 할인하거나 환원하여 산정하는 방법

실시료율은 지식재산권을 배타적으로 사용하기 위해 제공하는 기술사용료의 산정을 위한 것으로, 사용기업의 매출 액이나 영업이익 등에 대한 비율을 말한다. 이 경우 실시료율을 산정할 때에는 다음 각 호의 사항을 고려하여야 한다.
1. 지식재산권의 개발비
2. 지식재산권의 특성
3. 지식재산권의 예상수익에 대한 기여도
4. 실시의 난이도
5. 지식재산권의 사용기간
6. 그 밖에 실시료율에 영향을 미치는 요인

실시요율을 기준으로 산정된 현금흐름을 할인하거나 환원하는 방법을 거래사례비교법으로 분류하는 견해도 있다.

(4) 원가법 적용

지식재산권을 원가법으로 감정평가할 때에는 다음 각 호의 방법으로 감정평가할 수 있다. 다만, 대상 지식재산권의 원가에 근거하여 합리적으로 감정평가할 수 있는 다른 방법이 있는 경우에는 그에 따라 감정평가할 수 있다.
1. 기준시점에서 새로 취득하기 위해 필요한 예상비용에서 감가요인을 파악하고 그에 해당하는 금액을 공제하는 방법
2. 대상 지식재산권을 제작하거나 취득하는 데 들어간 비용을 물가변동률 등에 따라 기준시점으로 수정하는 방법

제11절 유가증권(주식, 채권) 및 기업가치 감정평가

1 관련 규정

「감칙」제24조(유가증권 등의 감정평가)
① 감정평가법인등은 주식을 감정평가할 때에 다음 각 호의 구분에 따라야 한다.
　1. 상장주식[「자본시장과 금융투자업에 관한 법률」제373조의2에 따라 허가를 받은 거래소(이하 "거래소"라 한다)에서 거래가 이루어지는 등 시세가 형성된 주식으로 한정한다]: 거래사례비교법을 적용할 것
　2. 비상장주식(상장주식으로서 거래소에서 거래가 이루어지지 아니하는 등 형성된 시세가 없는 주식을 포함한다): 해당 회사의 자산·부채 및 자본 항목을 평가하여 수정재무상태표를 작성한 후 기업체의 유·무형의 자산가치(이하 "기업가치"라 한다)에서 부채의 가치를 빼고 산정한 자기자본의 가치를 발행주식 수로 나눌 것
② 감정평가법인등은 채권을 감정평가할 때에 다음 각 호의 구분에 따라야 한다.
　1. 상장채권(거래소에서 거래가 이루어지는 등 시세가 형성된 채권을 말한다): 거래사례비교법을 적용할 것
　2. 비상장채권(거래소에서 거래가 이루어지지 아니하는 등 형성된 시세가 없는 채권을 말한다): 수익환원법을 적용할 것
③ 감정평가법인등은 기업가치를 감정평가할 때에 수익환원법을 적용해야 한다.

② 상장주식 감정평가

1. 정의

상장주식이란 「자본시장과 금융투자업에 관한 법률」에서 정하는 증권상장 규정에 따라 증권시장에 상장된 증권 중 주권을 말한다.

2. 자료의 수집 및 정리

상장주식의 가격자료에는 거래사례 등의 자료가 있으며, 대상 상장주식의 특성에 맞는 적절한 자료를 수집하고 정리한다.

3. 상장주식의 감정평가방법

① 상장주식을 감정평가할 때에는 거래사례비교법을 적용하여야 한다.

② 제1항에 따라 거래사례비교법을 적용할 때에는 대상 상장주식의 기준시점 이전 30일간 실제거래가액의 합계액을 30일간 실제 총 거래량으로 나누어 감정평가한다.

③ 기준시점 이전 30일간의 기간 중 증자·합병 또는 이익이나 이자의 배당 및 잔여재산의 분배청구권 또는 신주인수권에 관하여 「상법」에 따른 기준일의 경과 등의 이유가 발생한 상장주식은 그 이유가 발생한 다음 날부터 기준시점까지의 실제거래가액의 합계액을 해당 기간의 실제 총 거래량으로 나누어 감정평가한다.

④ 상장주식으로서 「자본시장과 금융투자업에 관한 법률」 제373조의2에 따라 허가를 받은 거래소(이하 "거래소"라 한다) 등의 시세가 없는 경우에는 비상장주식의 감정평가방법을 준용한다.

$$\text{상장주식 감정평가액} = \frac{\text{기준시점 이전 30일간 실제거래가액의 합계액}}{\text{30일간 실체 총거래량}}$$

③ 비상장주식 감정평가

1. 정의

비상장주식이란 주권비상장법인의 주권을 말한다.

2. 자료의 수집 및 정리

(1) 조사·확인 사항

- 계속기업의 전제 확인
- 기업 재무제표의 활용 및 분석
- 소유지분의 비중에 따른 지배력
- 해당 기업의 개요, 영업권과 지식재산권 등에 대한 검토
- 주식양도방법, 대상 주식의 의결권 여부
- 해당 기업의 신용등급, 보통주식의 소유관계 등

(2) 가격자료

- 거래사례: 해당 기업과 과거 지분 거래가격, 유사기업의 인수 및 합병 시 거래가격 등
- 수익자료: 재무제표 · 현금흐름추정자료 등
- 시장자료: 경제성장률, 물가상승률, 금리, 환율, 유사 기업의 주식가격 등

(3) 경제분석자료

가격자료 외에 비상장주식을 감정평가할 때에는 해당 기업의 관련 산업이나 기업활동에 영향을 미칠 수 있는 다음 자료를 수집하여 경제분석을 실시한다.

- 경제성장 및 고용 · 임금자료: 경제성장률, 국내총투자율, 제조업평균가동률, 명목임금증감률, 실업률 등
- 물가자료: 생산자물가상승률, 수입물가등락률, 유가등락률 등
- 통화와 금융 · 증권자료: 어음부도율, 이자율과 할인율, 종합주가지수 등
- 국제수지와 무역 · 외환자료: 경상수지, 환율, 외환보유액, 수출증감률 등

(4) 산업분석자료

산업분석자료는 해당 기업이 속하는 산업환경에 영향을 미칠 수 있는 자료를 의미하며, 비상장주식을 감정평가할 때에는 다음의 산업분석자료를 수집하여 산업분석을 수행한다.

- 관련 산업의 기술이나 유통과정 또는 재무구조적 특성
- 해당 산업의 시장전망과 규모 및 경제적 지위
- 제품 및 원재료의 수요 · 공급에의 영향요인
- 경기변동이나 산업수명주기상의 추정단계
- 해당 산업에서의 시장진입의 난이도
- 예상되는 행정규제 및 지원 등

(5) 내부현황분석자료

비상장주식을 감정평가할 때에는 무엇보다 중요한 것은 해당 기업의 외부 환경보다도 해당 기업 자체에 대한 분석이다. 다음의 사항은 해당 기업의 현황에 관한 자료들로서, 비상장주식을 감정평가할 때에는 이들을 수집하여 내부현황분석을 수행한다.

- 기업개요사항: 조직형태, 기업연혁, 계열관계, 주요주주 및 경영진의 약력, 사업개요, 주요시장 및 고객과 경쟁사현황 등
- 생산 · 제조활동사항: 주요제품과 서비스, 생산설비와 생산능력 및 가동률, 생산라인의 기술인력, 시설의 리스와 노후화 및 유지보수 정도 등
- 영업활동사항: 주요 원재료 및 구입처와 구입현황, 주요 제품별 생산공정 및 매출 현황, 주요 거래처별 매출실적과 채권 회수 및 부실현황, 제품개발 및 영업신장계획 등
- 재무 · 회계 관련사항: 과거 일정기간의 감사보고서, 결산서, 세무신고납부서류, 운영계획 및 예산서, 영업보고서 및 주요 비용분석자료, 차입금 및 담보제공현황, 소송 및 지급보증현황 등

3. 비상장주식의 감정평가방법

비상장주식은 기업가치에서 부채의 가치를 차감하고 산정한 자기자본의 가치를 발행주식수로 나누어 감정평가한다. 다만, 비슷한 주식의 거래가격이나 시세 또는 시장배수 등을 기준으로 감정평가할 때에는 비상장주식의 주당가치를 직접 산정할 수 있다. 기업가치를 감정평가할 때에는 후술하는 [기업가치 감정평가방법]을 준용한다.

$$비상장주식 = \frac{전체기업가치 - 부채가치}{발행주식수}$$

4 채권 감정평가

1. 정의

채권이란 국채증권, 지방채증권, 특수채증권, 사채권, 기업어음증권 그 밖에 이와 비슷한 것으로서 지급청구권이 표시된 것을 말한다.

2. 자료의 수집 및 정리

(1) 조사 · 확인 사항

- 발행인, 상장 여부 및 상장일자, 거래상황
- 매출일자, 발행일자, 상환일자
- 상환조건, 이율, 이자율, 지급방법
- 채권의 양도방법과 그 제한
- 미도래의 이표 부착여부
- 실효 · 위조 · 변조의 유무
- 채권의 만기까지의 잔존기간, 표면금리, 채권의 신용등급, 유동성, 채권에 첨부된 옵션 및 발행조건
- 경기, 물가, 채권의 수급상황

(2) 가격자료

- 거래사례: 채권의 거래가격 등
- 수익자료: 이율, 이자율 등
- 시장자료: 거래량, 동종채권 및 유사채권의 평균수익률 등

3. 채권의 감정평가방법

(1) 채권의 감정평가 원칙

1) 상장채권

상장채권을 감정평가할 때에는 거래사례비교법을 적용하여야 한다. 다만, 거래사례를 수집할 수 없거나 시세를 알 수 없는 경우에는 수익환원법으로 감정평가할 수 있다.

2) 비상장채권

비상장채권을 감정평가할 때에는 수익환원법을 적용하여야 한다. 다만, 수익환원법을 적용하는 것이 곤란하거나 부적절한 경우에는 거래사례비교법으로 감정평가할 수 있다.

(2) 거래사례비교법 적용

채권을 거래사례비교법으로 감정평가할 때에는 동종 채권의 기준시점 이전 30일간 실제거래가액의 합계액을 30일간 실제 총 거래량으로 나누어 감정평가한다.

$$채권비준가액 = \frac{기준시점\ 이전\ 30일간\ 실제거래가액의\ 합계액}{30일간\ 실체\ 총\ 거래량}$$

(3) 수익환원법 적용

① 채권을 수익환원법으로 감정평가할 때에는 지급받을 원금과 이자를 기간에 따라 적정수익률로 할인하는 방법으로 감정평가한다.

② 적정수익률은 거래소에서 공표하는 동종채권(동종채권이 없을 경우에는 유사종류 채권)의 기준시점 이전 30일간 당일 결제거래 평균수익률의 산술평균치로 한다. 다만, 같은 기간에 당일 결제거래 평균수익률이 없는 경우에는 보통거래 평균수익률 등 다른 수익률을 적용할 수 있다.

$$채권수익가액 = \sum_{t=1}^{n} \frac{CF_t}{(1+r)^t}$$

t: 채권 보유 기간, n: 채권 만기일, r: 적정수익률
CF_t: t시점에서의 현금흐름(이자 또는 배당금, 원금)

5 기업가치 감정평가

1. 정의

기업가치란 해당 기업체가 보유하고 있는 유·무형의 자산 가치를 말하며, 자기자본가치와 타인자본가치로 구성된다. 기업체의 유·무형의 자산가치는 영업 관련 기업가치와 비영업용 자산의 가치로 구분할 수 있다. 기업가치평가는 개별자산 평가액의 단순한 합계가 해당 기업의 가치가 아니므로, 대상업체가 가지고 있는 유·무형의 가치를 포함하는 기업 전체의 일괄가치를 구하는 일련의 감정평가 과정이다.

- 기업가치 = **영업 관련 기업가치** + 비영업용 자산의 가치
- 기업가치 = 자기자본가치 + 타인자본가치

2. 기업가치 감정평가 관련 논의

(1) 기준가치 확정의 문제

기업가치 감정평가에서도 계속기업 및 청산기업 전제 또는 의뢰 주체와 감정평가 목적에 따라 기준가치가 달리 적용될 수 있다. 기업가치 감정평가는 비상장 기업의 상장목적으로 의뢰되는 경우가 일반적으로 이는 계속기업을 전제로 한 공정가치를 기준으로 감정평가를 하게 된다.

국제회계기준(IFRS)는 공정가치(Fair Value)란 측정일에 시장참가자 사이의 정상거래에서 자산을 매각할 때 받거나 부채를 이전할 때 지급하게 될 가격으로 정의하고 있다.

(2) 할인율의 적용 문제

앞서 살펴온 할인율은 부동산 수익에 대응하는 할인율로 부동산의 사용·수익에 대응하는 대체수익률을 기준으로 조사·결정하였으나, 기업가치 평가에서는 기업체의 영업이익을 기준으로 한 현금흐름에 대응하는 적정한 할인율을 적용하여야 한다. 이는 자기자본에 대한 기회비용의 개념과 타인자본비용을 고려한 할인율이다.

3. 기업가치 감정평가방법(영업 관련 기업가치)

(1) 기업가치 감정평가 원칙

기업가치를 감정평가할 때에는 수익환원법을 적용하여야 한다. 다만, 기업가치를 감정평가할 때에 수익환원법을 적용하는 것이 곤란하거나 적절하지 아니한 경우에는 원가법·거래사례비교법 등 다른 방법으로 감정평가할 수 있다.

(2) 수익환원법

1) 개요

기업가치를 수익환원법으로 평가할 경우에는 할인현금흐름분석법, 직접환원법, 옵션평가모형 등으로 감정평가 한다.

2) 할인현금흐름분석법

(가) 산식

1. 예측기간의 영업관련 기업가치 $= \sum_{t=1}^{n} \dfrac{FCF_t}{(1+WACC)^t}$

2. 예측기간 후의 영업관련 영구기업가치 $= \dfrac{FCF_{t+1}}{(WACC-g) \times (1+WACC)^t}$

3. 영업 관련 기업가치 = 1 + 2

n: 예측기간

FCF_t: 예측기간의 현금흐름

FCF_{t+1}: 예측기간 후 다음 기간의 현금흐름

$WACC$: 기업의 가중평균자본비용

g: 영구성장률

(나) 현금흐름의 산정

현금흐름은 기업의 영업활동으로 인하여 발생하는 영업이익을 기준으로 추정재무제표에 의한 실질적인 영업이익에서 법인세를 차감하여 세후영업이익을 산정한 후 다음의 사항을 가감하여 산정한다.

① 감가상각비 등 비현금항목

② 영업부문 순운전자본증감액 및 순투자금액

핵심체크 | FCFF(free cash flow to firm, 기업잉여현금흐름) [영·세·감·자·추]

기업잉여현금흐름(Unlevered free cash flow)은 부채 미반영 현금흐름으로 기업에 귀속되는 잉여현금흐름을 의미한다. FEFE는 주주에게 귀속되는 금액인 반면, FCFF는 모든 투자자(자기자본, 타인자본)에게 귀속되는 현금흐름으로 양자를 구분하여야 한다.

EBITDA
(감가상각비)
EBIT
EBIT × (1 − tax)
감가상각비
(자본적 지출)
(추가운전자본)
FCFF

※ EBITDA(earning before interest, taxes, depreciation ans amortization) 법인세, 이자, 감가상각비 차감 전 영업이익으로 재무제표상 영업이익에 금융비용(타인자본비용)과 감가상각비를 가산하여 산정한다. 금융비용이 영업비용에서 미계상되고 감각상각비가 계산된 경우 영업이익으로 적용가능하다.
※ 법인세는 실제 현금유출이 발생하는 비용으로 기업 고유의 가치로 볼 수 없으므로 차감하여 산정한다.
※ 감가상각비는 실제 현금유출이 발생하지 않는 비용으로 가산한다.
※ 자본적 지출은 기업의 경영상 지속·성장을 위해 투입된 지출의 성격이므로 영업활동으로 보아 차감한다.
※ 추가운전자본은 기업의 정상적인 영업활동을 위해 투입된 지출의 성격이므로 차감한다.

FCFE(Free Cash Flow to Equity, 주주잉여현금흐름) 산정

FCFE = FCFF − 이자 × (1 − t) − 우선주배당금 + 신규부채 − 원금상환분

FCFE 현금흐름을 기준할 경우 **할인율은 자기자본비용**임에 유의하여야 한다.

(다) 할인율의 산정(WACC, Weighted Average Cost of Capital)

(라) 할인율 산식

할인율은 타인자본과 자기자본에 대한 자본비용을 각 자본의 시장가치를 기준으로 한 가중평균자본비용(WACC)을 적용하는 것을 원칙으로 하되, 필요하면 적절한 다른 방식으로 구하여 적용할 수 있다. 현금흐름인 FCFF 산정 시 타인자본비용을 이자에서 고려할 수 있으나 할인율인 WACC에서 타인자본비용을 감안하므로 현금흐름은 이자비용 및 배당 등을 차감하지 않은 영업이익을 기준하여야 한다.

$$WACC = K_e \times \frac{S}{S+B} + K_d \times \frac{B}{S+B}$$

K_e: 자기자본비용, K_d: 타인자본비용, S: 자기자본총액
B: 이자지급부채총액

대상 기업이 속한 산업군에서 모든 기업에 동일하게 적용되는 산업군 시장의 위험프리미엄이 존재한다면 WACC에 가산하여 산정한다. 자기자본비율과 타인자본비율은 시장가치 기준으로 비율을 산정한다.

(마) 자기자본비용(Cost of Equity) 산정

자기자본비용은 자본자산가격결정모형(CAPM, capital asset pricing model)에 의하여 산정한다. 다만, 자본자산가격결정모형에 의하여 산정하는 것이 적절하지 아니한 경우에는 자본자산가격결정모형에 별도의 위험을 반영하거나 다른 방법으로 산정할 수 있다.

$$K_e = R_f + [E(R_m) - R_t] \times \beta_{해당\ 기업} + 해당\ 기업\ 위험프리미엄$$

$$K_e: 자기자본비용,\ R_f: 무위험이자율,\ E(R_m): 시장기대수익률$$

$$\beta_{해당\ 기업}: 해당\ 기업의\ 체계적\ 위험$$

여기서 무위험이자율은 국고채의 수익률을 고려하여 산정하고, 시장기대수익률은 주식시장의 수익률을 고려하여 산정할 수 있으며, 자기자본비용의 산정을 위한 $\beta_{해당기업}$은 시장수익률의 변화에 대한 해당기업의 민감도로서 상장기업 중 유사기업의 β를 사용하되, 유사기업이 없는 경우에는 산업별 β를 사용할 수 있다. 이 경우 해당 기업의 성격에 따라 KOSPI지수나 KODAQ지수를 고려하여 β를 산정할 수 있다.

R_f: 국고채 수익률
$E(R_m)$: 주식시장 수익률
$\beta_{해당\ 기업}$: KOSPI지수나 KODAQ지수

대상 기업이 동종 또는 유사업종 기업 대비 가지는 해당 기업의 위험이 있는 경우에는 자기자본비용에서 해당 기업의 위험프리미엄을 고려한다.

(바) 타인자본비용(Cost of Debt) 산정

타인자본비용은 해당 사업에 투자하기 위하여 조달된 부채에 대한 비용이다.

$$K_d = I \times (1 - t)$$

$$K_d: 세후타인자본비용,\ i: 이자율,\ t: 법인세율$$

3) 직접환원법

직접환원법은 대상 기업의 단일 연도의 예상이익 추정액이나 몇 년간의 예상이익의 연평균액을 환원율로 환원하여 기업가치를 감정평가하는 방법이다. 그러나 실무적으로 단일연도의 예상이익을 추정하기 어렵고, 급변하는 기업의 경영활동에서 몇 년간의 예약이익을 평균화 한다는 것은 적정한 기업가치의 평가방법으로 보기 힘들다

영업 관련 기업가치 = 영업 관련 평균이익 ÷ 환원율(기초환원율 - 영구성장률)

4) 옵션평가모형

옵션평가모형을 적용할 때에는 환경변화에 의한 경영자의 의사결정에 따라 변동하는 미래현금흐름과 투자비용을 감안하여 대상 기업의 가치를 감정평가한다.

옵션평가모형은 경영 또는 관리상의 의사결정에 따른 유연성을 평가에 반영한다는 논리로서 현실적 불확실성을 감정평가 시 고려하고 이를 기초로 실질적인 기업의 의사결정에 따른 미래의 현금흐름과 투자비용을 감안하게 된다. 이때 각 의사결정 방법의 합리성, 합법성 등에 대한 고려가 이루어져야 한다. 그러나 이 경우 기업의 경영주체 또는 의사결정의 방법에 따라 감정평가 금액이 달라지는 문제가 발생하며 경우에 따라 수 개의 감정평가 금액이 존재할 수 있다.

5) 수익환원법 적용시 유의사항

① 대상 기업의 영업활동에 의한 현금흐름인 [FCFF]는 타인자본비용을 현금흐름에서 고려하지 않으며 이에 대용하는 WACC에 타인자본비용이 반영되나, [FCFE]는 타인자본비용을 현금흐름에서 감안하는 방법이므로 이에 적용되는 할인율은 자기자본비용이어야 한다.

② 현금흐름을 추정할 때는 과거의 추세분석 등을 바탕으로 예측기간이 5년 이상으로 충분한 기간을 반영하여야 하며 기업의 위험요소, 성장성 등을 고려하여 결정하여야 한다.

③ FCFF는 기업의 영업활동에 인한 현금흐름으로 해당 연도에 자본적 지출이 과다하게 실행된 경우 자산접근 개념상 수익환원법에 의한 시장가치가 "0" 또는 "(-)"로 산정될 수 있는 반면, 자본접근 개념상 기업가치는 자본금에 의한 가액으로 판단할 수 있으므로 양자의 오류가 발생할 수 있다. 해당 기업체의 매각가액 산정 즉 공정가치 산정 시 [FCFF] 기준에 의한 수익환원법에 의한 가액은 부채를 포함한 가액의 개념이나(유형자산 및 기타 영업활동은 부채 조달에 따른 부분이 포함되어 있음) 실제 매각가액은 부채를 제외한 가액으로 결정되는 문제점이 있다.

④ 미국식 기업가치 평가(ASA; American Society of Appraisers, 미국감정평가사협회) 시 영업비용에는 부채에 따른 이자비용이 고려된다는 점에서 한국식 영업비용 항목과 차이점이 있으므로 이에 대한 고려가 필요하다.

(3) 거래사례비교법

1) 개요

기업가치를 거래사례비교법으로 평가할 경우에는 유사기업이용법, 유사거래이용법, 과거거래이용법 등으로 감정평가한다.

2) 유사기업이용법

(가) 평가방법

유사기업이용법은 대상 기업과 비슷한 상장기업들의 주가를 기초로 산정된 시장배수를 이용하여 대상기업의 가치를 감정평가하는 방법을 말한다.

(나) 비교기업의 요건

유사기업이용법으로 감정평가할 때에는 비교기업으로 다음의 요건을 갖춘 기업을 선정하여야 한다.

① 사업의 유형이 비슷할 것

② 규모 및 성장률이 비슷할 것

③ 자료의 양이 풍부하고 검증 가능할 것

④ 시장점유율, 경쟁관계, 판매처 및 구매처와의 관계 등 영업환경이 비슷할 것

⑤ 영업이익률 · 부채비율 등 재무지표가 비슷할 것

(다) 시장배수

시장배수는 시장배수별 특성 등을 고려하여 다음의 비율 중 가장 적절한 둘 이상의 것을 선정하여 산정하되, 기간별로 시장배수의 차이가 클 경우에는 기간별 시장배수에 적절한 가중치를 부여하여 산정할 수 있다.

① 현재의 주식가격이 주당이익의 몇 배로 형성되어 있는지를 나타내는 주가이익비율(PER)

② 현재의 주식가격이 주당순자산가치의 몇 배로 형성되어 있는지를 나타내는 주가순자산비율 (PBR)

③ 현재의 주식가격을 주당매출액으로 나눈 주가매출액비율(PSR)

④ 현재의 주식가격이 기업의 주당 영업활동 현금흐름의 몇 배로 형성되어 있는가를 나타내는 주가현금흐름비율(PCR)

⑤ 주식의 시가총액과 순차입금의 합계에서 비영업용 자산을 차감한 기업전체의 사업가치(Enterprise Value)가 이자비용·법인세·감가상각비·무형자산상각비 차감전이익의 몇 배인가를 나타내는 사업가치에 대한 이자비용등 차감전이익비율(EV/EBITDA)

핵심체크 | 주요 재무비율

1. 주가이익비율(PER · Price Earning Ratio)

$$PER = \frac{P_0}{EPS_0} = \frac{배당성향}{r - g_n}$$

P_0: 주식의 가치, EPS_0: 다음기(1년 후)의 기대배당금
r: 자기자본의 요구수익률(자기자본비용), g_n: 배당금의 영구적 기대성장률

2. 주가순자산비율(PBR · Price Book value Ratio)

$$PBR = \frac{P_O}{BV_O} = \frac{ROE \times 배당성향 \times (1 + g_n)}{r - g_n} = \frac{ROE - g_n}{r - g_n}$$

P_0: 주식의 가치, BV_0: 주식 1주의 장부가치
ROE: 자기자본순이익률

3. 주가매출액비율(PSR · Price Sales Ratio)

$$PSR = \frac{P_O}{Sales_O} = \frac{ROS \times 배당성향(1 + g_n)}{r - g_n} = \frac{ROS \times 배당성향}{r - g_n}$$

$Sales_0$: 주식 1주당 매출액, ROS: 매출액순이익률

(라) 대상기업과 비교기업 간의 조정

시장배수를 산정하는 경우에는 대상 기업과 비교 기업 간에 다음의 차이 등을 분석하여 적절한 검토와 조정을 하여야 한다.

① 비영업용 순자산의 포함 여부

② 비경상적 항목의 포함 여부

③ 재고자산·감가상각·리스 등에 관한 회계처리방식의 차이

④ 비교대상 해외기업을 선정한 경우 국가간 회계기준의 차이

(마) 최종가치의 산출

유사기업이용법으로 기업가치를 감정평가할 때에는 둘 이상의 시장배수를 각각 적용하 여 산정된 결과를 단순평균하거나 가중평균하여 결정한다. 다만, 시장배수 산정 시 비교 대상 기업의 비영업용 순자산을 제거한 후 적용한 경우에는 대상 기업에 시장배수를 적용 한 후 대상 기업의 비영업용 순자산을 더하여야 한다.

3) 유사거래이용법

유사거래이용법은 대상기업과 비슷한 기업들의 지분이 기업인수 및 합병거래시장에서 거래된 가격을 기초로 시장배수를 산정하여 대상 기업의 가치를 감정평가하는 방법을 말 한다. 따라서 이 경우 비교가 된 기업의 배경과 매매금액을 문서로 확인하고, 이를 보정하여 대상기업에 적용을 하여 감정평가하게 되는데, 인수 및 합병의 거래구조와 배경, 거래 조건 등에 대한 검토와 조정을 하여야 한다.

4) 과거거래이용법

과거거래이용법은 대상기업 지분의 과거 거래가격을 기초로 시장배수를 산정하여 대상 기업의 가치를 감정평가하는 방법을 말한다. 과거거래이용법으로 감정평가할 때에는 해당 거래가 이루어진 이후 기간에 발생한 상황 변화에 대한 검토와 조정을 하여야 한다.

과거거래이용법은 대상기업의 과거 매매사례를 적용하는 것이므로, 가정 안정적이고 편리한 방법으로 볼 수가 있다. 그러나 과거의 매매환경과 가격시점현재의 매매환경은 유사할 수가 없는데, 이를 보정하는 지수와 과거의 가치를 현재가치로 변형하는 것에 어려움이 있다.

5) 거래사례비교법 적용시 유의사항

거래사례비교법을 적용할 경우 감정평가 과정에서 비교기준의 역할을 충실히 할 수 있는 비교대상의 선정이 가장 핵심이다. 거래사례비교법을 적용할 때 사용되는 유사기업은 대상기업과 동일한 산업에 속하거나, 동일한 경제 요인에 의해 영향을 받는 산업에 속해야 한다. 유사기업의 선정을 위해서는 합리적인 기준이 설정되어야 하며, 선정과정에서 고려해야 할 요소들은 다음과 같다.

① 사업 특성상의 정성적 · 정량적 유사성
② 유사기업에 대하여 입수 가능한 자료의 양과 검증가능성
③ 유사기업의 가격이 독립적인 거래를 반영하는지 여부

(4) 원가법

원가법을 적용할 때에는 대상 기업의 유 · 무형의 개별자산의 가치를 합산하여 감정평가한다. 계속기업을 전제로 하여 감정평가를 할 때에는 원가법만을 적용하여 감정평가해서는 아니 된다. 다만, 원가법 이외의 방법을 적용하기 곤란한 경우에 한정하여 원가법만으로 감정평가할 수 있으며, 이 경우 정당한 근거를 감정평가서에 기재하여야 한다.

핵심체크 | 영업권 및 기업가치 감정평가기준상 문제점 [한국감정평가사협회]

1. 이전성

이전성이 현저히 낮거나 실질적으로 이전이 불가능한 경우임에도 이에 대한 분석 및 판단 없이 과거 영업이익 등을 그대도 인용하여 영업권 가치를 산정하는 경우

2. 대표자 급여

대표자 급여, 개인사업자의 법인전환용 감정평가의 경우로서 제시받은 손익계산서에 대표자의 급여성 비용이 반영되지 않은 경우 이에 대하여 기업가치 측정 측면에서 적정한 비용을 계상하여야 하나 이러한 경우에 해당함에도 불구하고 대표자의 급여성 비용을 반영하지 않거나 과소하게 반영하여 영업권 가액을 과대평가하는 경우

3. 세금

① 개인사업자의 경우 소득세를 적용하여야 하나, 법인전환 목적이라 하여 법인세를 적용하는 경우, ② 주민세를 포함하지 않거나 ③ 현행 세율이 아닌 과거 세율을 적용하는 경우

4. 할인율 관련

가중평균자본비용 산정시 자기자본 타인자본 비율을 "부채/자기자본"이 아닌 회계상 부채비율인 "부채/자산"으로 산정하는 경우

제12절 소음 등으로 인한 대상물건의 가치하락분

1 관련 규정

「감칙」제25조(소음 등으로 인한 대상물건의 가치하락분에 대한 감정평가)

감정평가법인등은 소음·진동·일조침해 또는 환경오염 등(이하 "소음 등"이라 한다)으로 대상물건에 직접적 또는 간접적인 피해가 발생하여 대상물건의 가치가 하락한 경우 그 가치하락분을 감정평가할 때에 소음 등이 발생하기 전의 대상물건의 가액 및 원상회복비용 등을 고려해야 한다.

2 소음 등으로 인한 대상물건의 가치하락분 감정평가

1. 정의

소음 등으로 인한 물건의 가치하락분이란 장기간 지속적으로 발생하는 소음 등으로 인하여 소음 등의 발생 전과 비교하여 토지 등의 객관적 가치가 하락한 부분을 말하며, 일시적인 소음 등으로 인한 정신적인 피해 등 주관적 가치 하락은 제외한다. 다만, 공사기간 중에 발생하는 소음 등으로 인한 가축 등 생명체에 대한 피해는 포함할 수 있다.

2. 자료의 수집 및 정리

소음 등으로 인한 가치하락분에 대한 감정평가를 할 때에는 다음의 사항을 조사·확인한다.
- 소음 등의 실태(가치하락을 유발한 원인의 종류·특성 등)
- 소음 등의 관련 법령상 허용기준
- 소음 등이 대상물건에 미치는 물리적 영향과 그 정도
- 소음 등의 복구시 책임관계
- 가치하락을 유발한 원인으로부터의 복구 가능성 및 복구에 걸리는 기간
- 소음 등의 복구방법과 소요비용
- 소음 등의 발생 전·후 대상물건의 물리적·경제적 상황
- 소음 등의 발생 후 대상물건에 대한 시장의 인식
- 소음 등을 관련 전문가(전문 연구기관을 포함한다)에 의해 측정한 경우 그 자문이나 용역의 결과
- 소음 등으로 인한 가치하락분에 관련된 자료는 소음 등으로 인해 가치가 하락된 대상물건이 무엇인지에 따라 해당 대상물건 관련 자료를 수집한다. 이때 가치하락분을 산정해야 하므로, 소음 등이 발생하기 전·후의 자료를 모두 수집하여 준비할 필요가 있다.

3. 대상물건의 가치하락분 감정평가방법

① 소음 등으로 인한 대상물건의 가치하락분을 감정평가할 때에는 소음 등이 발생하기 전의 대상물건의 가액과 소음 등이 발생한 후의 대상물건의 가액 및 원상회복비용 등을 고려하여야 한다.

② 가치하락분에는 관련 법령에 따른 소음 등의 허용기준, 원상회복비용 및 스티그마(STIGMA) 등을 고려하되, 일시적인 소음 등으로 인한 가치하락 및 정신적인 피해 등 주관적 가치 하락은 제외한다. 다만, 가축 등 생명체에 대한 피해는 가치하락분에 포함할 수 있다.

③ 제1항에서 소음 등의 발생 전과 발생 후의 대상물건의 가액은 거래사례비교법에 의한 비준가액이나 수익환원법에 의한 수익가액으로 산정하되 소음 등이 발생한 후의 대상물건의 가액은 다음 각 호와 같이 산정한다.

　　1. 비준가액: 대상물건에 영향을 미치고 있는 소음 등과 같거나 비슷한 형태의 소음 등에 의해 가치가 하락한 상태로 거래된 사례를 선정하여 시점수정을 하고 가치형성요인을 비교하여 산정

　　2. 수익가액: 소음 등이 발생한 후의 순수익을 소음 등으로 인한 위험이 반영된 환원율로 환원하여 산정

④ 가치하락분을 원가법에 의하여 직접 산정하는 경우에는 소음 등을 복구하거나 관리하는 데 드는 비용 외에 원상회복 불가능한 가치하락분을 고려하여 감정평가한다.

4. 감정평가방법 주요 내용

(1) 가치하락분 산정의 일반적인 원리

가치하락분은 결국 소음 등이 발생하기 이전과 이후의 차이를 의미하므로, 소음 등이 발생하기 전 대상물건의 가치에서 소음 등이 발생한 후 대상물건의 가치를 차감하여 산정한다.

> 소음 등으로 인한 토지등의 가치하락분 = 소음 등이 발생하기 전 대상물건의 가치 - 소음 등이 발생한 후 대상물건의 가치

(2) 가치하락분의 제외요인 및 포함요인

가치하락분은 객관적인 가치하락분을 대상으로 한다. 즉, 관련법령 등에 따른 허용사항 및 원상회복에 소요되는 비용과 스티그마 효과가 해당된다. 다만, 일시적이거나 정신적인 피해 등 주관적인 가치하락은 가치하락분에 포함되지 않는다. 그러나 소음 등으로 인하여 가축이나 생명체에 발생한 피해는 가치하락분에 포함할 수 있다. 이때에도 소음 등 발생 전과 후의 차이에 대한 객관적인 근거는 필요하다 할 것이다.

(3) 거래사례비교법 또는 수익환원법

소음 등의 발생 전과 발생 후의 대상물건의 가액은 거래사례비교법에 의한 비준가액이나 수익환원법에 의한 수익가액으로 산정한다. 즉, 소음 등의 발생 전·후에 대한 가치 산정은 거래사례비교법과 수익환원법이 적용된다.

다만, 소음 등이 발생한 후의 대상물건의 가액의 경우 비준가액은 대상물건에 영향을 미치고 있는 소음 등과 같거나 비슷한 형태의 소음 등에 의해 가치가 하락한 상태로 거래된 사례를 선정하여 시점수정을 하고 가치형성요인을 비교하여 산정하게 되고, 수익가액은 소음 등이 발생한 후의 순수익을 소음 등으로 인한 위험이 반영된 환원율로 환원하여 산정하게 된다.

(4) 원가법

가치하락분을 원가법으로 감정평가할 경우에는 소음 등을 복구하거나 관리하는 비용의 산정과 함께 원상회복이 불가능한 가치하락분을 고려하여 감정평가한다.

핵심체크 | 가치하락분 감정평가방법 정리

1. **토지가액 차액으로 산정하는 방법**

$$가치하락분 = 정상토지가액 - 가치하락 후 토지가액$$

2. **원가방식**

$$가치하락분 = 복구비용 + 관리비용 + 원상회복불가능한 가치하락분 + 스티그마$$

3. **수익방식**

$$가치하락분 = (정상 순수익 - 가치하락 후 순수익) \times PVAF \ or \div 환원율$$

4. 특성가격모형접근법(헤도닉가격모형, HPM) 또는 조건부가치평가법

핵심체크 | 스티그마 효과의 개념 및 특징

일반적으로 스티그마는 환경오염의 영향을 받는 부동산에 대해 일반인들이 갖는 '무형의 또는 양을 잴 수 없는 불리한 인식'을 말한다. 즉, 스티그마는 환경오염으로 인해 증가 되는 위험(risk)을 시장참여자들이 인식함으로 인하여 부동산의 가치가 하락되게 되는 부정적인 효과를 의미한다.

환경오염의 영향을 받는 부동산은 시장참여자들에게 '오염부동산'이란 부정적 낙인이 붙여지고, 이 낙인으로 인해 오염정화가 관련 기준에 부합되게 완료된 후에도 그 가치가 하락된다. 이와 같이 스티그마는 불확실성과 위험할지도 모른다는 인식의 결과로 인해 **평가 대상부동산에 부정적인 영향을 미치는 외부적 감가요인**을 말한다.

스티그마는 무형적이고, **심리적 측면**이 강하며, 언제 나타날지 모르는 건강상의 부가적인 위험요소에 대한 대중의 염려 공포에서부터 현재로서는 기술적 한계 등으로 인하여 알 려지지 않은 오염피해에 대한 우려까지 부동산의 가치에 영향을 주는 모든 무형의 요인들 을 포함한다.

스티그마를 정성적으로 간주하여 감가의 정도를 검토한 연구결과에 따르면, 스티그마는 **다음과 같은 특징**이 있다.
① 오염 정화 전의 스티그마 감가는 정화 후의 스티그마보다 크다.
② 주거 · 상업 · 공업용지의 스티그마 감가는 주거용지에서 가장 크고, 공업용지에서 가장 작다.
③ 스티그마 감가는 오염원으로부터 멀어짐에 따라 감소한다.
④ 오염 정화 후 남게 되는 스티그마는 시간이 경과함에 따라 감소하고 소멸한다.

---

❸ 일조 및 조망 침해에 따른 가치하락분 감정평가

1. 정의

일조란 태양관선에 의한 빛, 열량 등의 총칭으로 자외선에 의한 살균, 소독, 복사열에 의한 난방, 방습, 채광, 통충 등을 통해 토지 등의 객관적 가치에 영향을 미치며, 일조권이란 태양관선을 차단 당해 받는 불이익을 제거시킬 수 있는 권리를 말한다. 조망권이란 일정 지점에서 멀리까지 넓게 바라보는 전망 또는 경치에 대한 권리로 정의될 수 있다.

2. 일조 및 조망 침해의 인정 요건

(1) 수인한도의 판단 기준 [대법원 2000다72213]

일조방해 행위가 사회통념상 수인한도를 넘었는지 여부는 ① 피해의 정도 ② 피해이익의 성질 및 그에 대한 사회적 평가 ③ 가해 건물의 용도, 지역성, 토지이용의 선후관계, 가해 방지 및 피해 회피의 가능성, 공법적 규제의 위반 여부, 교섭 경과 등 모든 사정을 종합적으로 고려하여 판단하여야 하고, ④ 건축 후에 신설된 일조권에 관한 새로운 공법적 규제 역시 이러한 위법성의 평가에 있어서 중요한 자료가 될 수 있다.

(2) 일조 침해에 따른 수인한도의 구체적 판단

일조량이 가장 적은 동지일 기준으로 9시부터 15시 사이 연속 2시간 이상 확보 또는 8시에서 16시 사이에 최소 4시간을 확보하는 경우에는 일조 및 조망 침해는 수인한도 내에 있다고 판단하였다.

4 오염으로 인한 가치하락분 감정평가

1. 토지가액 차액으로 산정하는 방법

$$가치하락분 = 정상토지가액 - 오염 후 토지가액$$

2. 원가방식

$$가치하락분 = 복구비용 + 관리비용 + 원상회복불가능한 가치하락분 + 스티그마$$

3. 수익방식

$$가치하락분 = (정상 순수익 - 오염 후 순수익) \times PVAF \ or \div 환원율$$

4. 특성가격모형접근법(헤도닉가격모형, HPM) 또는 조건부가치평가법

특성가격모형접근법은 대상물건에 종속변수에 영향 미치는 독립변수를 결정하고 독립변수 변화에 따른 종속변수의 결과치를 화폐적 가치로 표현하는 통계적 방법으로 객관적이나 실증적 자료의 부족에 따른 적용의 문제점이 있다.

조건부가치평가법이란 가상적인 상황에 대한 개인의 지불의사 금액을 설문조사 방법 등으로 조사하여 대상물건의 화폐적 가치를 측정하는 방법을 말한다. 다만, 설문자의 심리 상태나 집단이익이 반영될 우려가 있음으로 이에 유의하여야 한다.

제13절 그 밖의 물건의 감정평가

1 관련 규정

> **「감칙」제26조(그 밖의 물건의 감정평가)**
> 감정평가법인등은 제14조부터 제25조까지에서 규정되지 아니한 대상물건을 감정평가할 때에 이와 비슷한 물건이나 권리 등의 경우에 준하여 감정평가해야 한다.

2 지상권

1. 정의

지상권이란 타인의 토지에 건물, 기타의 공작물이나 수목을 소유하기 위하여 그 토지를 사용할 수 있는 물권으로 그 토지소유권 상·하 전부를 객체로 하며, 지상권 설정 기간 동안 토지의 전부를 사용·수익하게 된다.

2. 지상권의 감정평가방법

> **구)「담보평가지침」제15조【지상권이 설정된 토지】**
> 지상권이 설정되어 있는 토지의 평가는 다음 각 호의 기준에 따라 평가한다. 다만, 저당권자가 채권확보를 위하여 지상권을 설정한 경우에는 정상평가할 수 있다.
> 1. 지상권이 설정되어 있는 상태대로 거래되는 토지가격을 알 수 있는 경우에는 그 가격을 기준으로 평가한다.
> 2. 실제지불임료(또는 지상권의 지료)와 필요제경비 등의 파악이 가능하고 적정 기대이율 및 복리연금현가율을 산정할 수 있는 경우에는 다음 산식에 의한다.
>
>> 토지평가가격 = 토지 적정가격 - [{(토지의 적정가격 × 적정기대이율) + 필요제경비} - 실제지불임료] × PVAF
>
> 3. 제1호 및 제2호의 규정에 의한 평가가 사실상 곤란한 경우에는 지상권이 설정되어 있지 아니한 상태의 당해 토지에 대한 적정가격의 70퍼센트 이내 수준으로 평가한다.

> **핵심체크 | 지상권 감정평가방법**
> 1. [{(토지의 적정가격 × 적정기대이율) + 필요제경비} - 실제지불임료] × PVAF
> 2. 정상 토지가액 - 지상권 설정된 토지의 거래가액
> 3. 정상 토지가액 × 30%

다만, 지상권 설정에 따른 정상임료를 지급하는 경우에는 경제적 이익이 없는 반사적 이익으로 보는 견해가 있음.

③ 구분지상권

1. 개념

구분지상권이란 건물 기타 공작물을 소유하기 위하여 다른 사람이 소유한 토지의 지상권이나 지하의 공간에 대하여 상하의 범위를 통해 그 공간을 사용하는 지상권을 의미한다. 구분지상권은 건물 기타 공작물을 소유하기 위해서만 설정될 수 있으므로 수목의 소유를 위해서는 설정할 수 없다. 여기서 공작물에는 건물 · 담동상 · 다리와 같은 지상물 이외에 제방 · 터널 · 개천 등도 포함된다.

2. 지상권과의 차이

일반적인 지상권은 토지의 상 · 하 전부를 객체로 하며 지상권일 설정되면 토지소유권의 토지이용이 전면적으로 배제되나 구분지상권은 토지의 상 · 하 어떤 일부만을 객체로 한정함으로써 그 목적이 되는 이외의 범위는 토지소유자가 종전대로 이용할 수 있는 특징이 있다.

3. 토지의 입체이용

(1) 토지의 입체이용률

토지의 입체이용률이란 토지의 평면 · 지중 · 공중부분의 이용가치를 비율화 한 것으로 이 가치는 이용가치가 가장 큰 지표면부분이 기준이 되어 지중 · 공중부분으로 연장되면서 체감되는 특징을 갖는다. 따라서 입체이용률이란 이용률이 가장 높은 지표면부분과 지중 및 공중부분의 공간을 평행으로 하여 적당한 높이와 깊이로 구분하여 얻은 각 부분의 이용가치비율을 의미하며, 이 모든 입체이용율의 합은 1이 된다. 이러한 입체이용률은 크게 임대료가 발생하는 건물부분인 건물등이용률, 임대료가 발생하지 않는 공용부분이라 할 수 있는 지하이용률 그리고 건물의 공중부분과 지중부분과 해당하는 기타이용률로 구분된다.

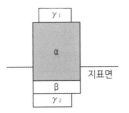

[입체이용률의 구성]
- 건물의 이용률(α): 임대 가능한 건물부분
  (지하부분도 임대 가능한 경우 포함)
- 지하부분의 이용률(β): 임대가 불가능한 주차장, 기계실 등
- 그 밖의 이용률(γ_1): 지상부분 그 밖의 이용률(통신시설, 광고탑 등)
- 그 밖의 이용률(γ_2): 지하부분 그 밖의 이용률(지하매설물, 지하터널 등)

(2) 입체이용저해율

1) 의의

구분지상권 등의 설정에 의해 획지의 입체이용가치의 이 부분에 저해를 주는 경우에 있어서 획지의 입체이용률에 대한 저해부분의 이용률의 비율을 획지에 대한 입체이용저해율 또는 단순히 저해율이라 하며, 이용률의 역방향에 개념이다.

2) 나지 또는 기존 건물이 최유효상태에 현저히 미달되거나 노후정도 및 관리상태 등으로 보아 관행상 토지부분의 가치로 거래가 예상되는 경우

입체이용저해율 = 건물 등 이용저해율 + 지하이용저해율 + 그 밖의 이용저해율

3) 최유효이용이거나 이와 유사한 이용상태의 기존건물이 있는 경우

> - 입체이용저해율 = 최유효상태 건물 등 및 지하이용저해율 × 노후율 + 그 밖의 이용저해율
> - 노후율 = 당해건물의 유효경과년수 ÷ 당해건물의 경제적내용년수

노후율은 고려하는 이유는 최유효이용상태 및 그와 유사한 상태인 경우 잔존내용연수 동안 그 이용이 지속될 수 있으므로 그 범위 내에서는 건축물 및 지하 이용저해율이 없다고 보기 때문이다. 따라서, 노후율은 신축건물일수록 낮고(최근 지어졌기 때문에 최유효이용에 가깝다) 오래된 건물일수록 높다. 일반적으로 건물은 내용연수만큼 구분지상권 설정기간이 지속되며, 지하이용의 경우 영구적 사용이기 때문에 건물의 전 내용연수 중 경과연수만큼만 최유효이용이 저해되었다고 본다.

4) 입체이용저해율 산정

	입체이용저해율 건물 등 이용저해율 + 지하이용저해율 + 그 밖의 이용저해율
건물 등 이용저해율	최유효 층수 판정 ⇨ 건축 가능 층수 판정 ⇨ 저해 층수 결정 ⇨ 건물 등 이용저해율 산정
	건물의 이용률(α) × $\dfrac{\text{저해층수의 층별효용비율 합}}{\text{최유효 건물층수의 층별효용비율 합}}$
지하이용저해율	지하이용률(β) × 심도별지하이용률(ρ)
그 밖의 이용저해율	지상 · 지하부분 쌍방의 기타이용을 저해하는 경우: 기타이용률(γ) 지상의 기타이용을 저해하는 경우: γ × 지상배분비율 지하의 기타이용을 저해하는 경우: γ × 지하배분비율 * 이용저해심도가 높은 터널토피 20m 이하의 경우 적용하는 기타이용률의 상 · 하배분비율의 최고치는 1:1임

4. 구분지상권의 평가방법 [설 · 비 · 잔 · 입]

(1) 구분지상권 설정 사례 등에 기초한 비준가액

> 구분지상권 가치 = 구분지상권 설정 사례 × 사정보정 × 시점수정 × 지역요인 × 개별요인 × 면적

구분지상권의 가치는 당해 구분지상권에 관계된 공작물을 보전하기 위하여 다른 공간의 사용을 제한하는 데 상응하는 가치가 포함된 경우가 많으므로 설정 사례를 수집하고 적용할 때 유의하여야 한다.

(2) 구분지상권 설정 사례에 기초하여 구분지상권비율로 구하는 방법

> - 구분지상권 가치 = 나지상정 토지가치 × 구분지상권비율
> - 구분지상권비율 = 사례 구분지상권 가치 / 사례 나지상정 가치

(3) 토지잔여법에 준하여 구하는 수익가액

> - 구분지상권 가치 = 차액 순이익 ÷ 환원율 × 구분지상권 계약 내용 등에 따른 수정률
> - 차액 순이익 = 구분지상권 설정치 않은 상태의 최유효이용 상정 순이익 - 구분지상권 설정 상태의 최유효이용 상정 순이익

(4) 구분지상권의 입체이용저해율로 구하는 방법

1) 영구사용의 경우

> 구분지상권 가치 = 나지상정 토지가치 × 입체이용저해율 × 구분지상권계약내용 등에 따른 수정률

2) 기간이 설정된 경우

> 구분지상권 가치 = 나지상정 토지가치 × 기대이율 × 입체이용저해율 × PVAF × 구분지상권계약내용 등에 따른 수정률

5. 관련 용어 정리(「토지보상평가지침」)

(1) 층별 시가지(각 층 이상이 최유효이용)

구분	층수
고층시가지	16층 이상
중층시가지	11층 ~ 15층
저층시가지	4층 ~ 10층
주택지	3층 이하
농지·임지	-

(2) 토피

지하시설물 최상단에서 지표까지의 수직거리를 말한다. 즉 보호층을 포함하는 개념이다.

(3) 최소여유폭

천공 기타 행위로부터 지하시설물의 손상을 방지하기 위하여 필요한 시설물과 수평 방향으로 최소한 여유를 말한다.

(4) 보호층

굴착 등 타행위로부터 지하시설물을 보호하기 위하여 필요한 구조물 상·하의 범위를 말한다.

(5) 한계심도

토지소유자의 통상적 이용행위가 예상되지 않으며 지하시설물설치로 인하여 일반적인 토지이용에 지장이 없는 것으로 판단되는 깊이를 말하며 고층시가지는 40m, 중층시가지는 35m, 저층시가지 및 주택지는 30m, 농지·임지는 20m로 한다.

(6) 최유효층수

최유효층수란 건물을 건축하여 가장 효율적으로 이용할 경우의 층수를 말한다. 최유효건물층수 산정시 유의사항은 다음과 같다.

- 인근토지의 이용상황, 토지가치수준, 성숙도, 잠재력 등을 고려할 때의 경제적인 층수의 규모
- 토지가 갖는 입지조건, 형태, 지질 등을 고려할 때 건축 가능한 층수
- 경제적인 층수의 규모 및 건축 가능한 층수는 당해 지역 내에서 「건축법」이나 「국토계획법」 등에서 규제하고 있는 범위 내의 층수

핵심체크 | 「토지보상평가지침」 입체이용률배분표

해당 지역 용적률 이용률구분	고층시가지 800% 이상	중층시가지 550~750%	저층시가지 200~500%	주택지 100% 내외	농지·임지 100% 이하
건물의 이용률(α)	0.8	0.75	0.75	0.7	0.8
지하부분의 이용률(β)	0.15	0.10	0.10	0.15	0.10
그 밖의 이용률(γ)	0.05	0.15	0.15	0.15	0.10
(γ)의 상하 배분비율	1:1 ~ 2:1	1:1 ~ 3:1	1:1 ~ 3:1	1:1 ~ 3:1	1:1 ~ 4:1

1. 이 표의 이용률 및 배분비율은 통상적인 기준을 표시한 것이므로 여건에 따라 약간의 보정을 할 수 있다.
2. 이용저해심도가 높은 터널 토피 20m 이하의 경우에는(γ)의 상하배분비율을 최고치를 적용한다.

핵심체크 | 「토지보상평가지침」 층별효용비율표

층별	고층 및 중층 시가지		저층시가지				주택지
	A형	B형	A형	B형	A형	B형	
20	35	43					
19	35	43					
18	35	43					
17	35	43					
16	35	43					
15	35	43					
14	35	43					
13	35	43					
12	35	43					
11	35	43					
10	35	43					
9	35	43	42	51			
8	35	43	42	51			
7	35	43	42	51			
6	35	43	42	51			
5	35	43	42	51	36	100	
4	40	43	45	51	38	100	
3	46	43	50	51	42	100	
2	58	43	60	51	54	100	100
지상1	100	100	100	100	100	100	100
지하1	44	43	44	44	46	48	-
2	35	35	-	-	-	-	-

1. 이 표의 지수는 건물가격의 입체분포와 토지가격의 입체분포가 같은 것을 전제로 한 것이다.
2. 이 표에 없는 층의 지수는 이 표의 경향과 주위환경 등을 고려하여 결정한다.
3. 이 표의 지수는 각 용도지역별 유형의 개략적인 표준을 표시한 것이므로 여건에 따라 보정할 수 있다.
4. A형은 상층부 일정층까지 임료수준에 차이를 보이는 유형이며, B형은 2층 이상이 동일한 임료수준을 나타내는 유형이다.

핵심체크 | 건축가능층수기준표

1. 터널: 패턴별 구분 판단

가. 풍화토(PD-2) 패턴
(단위: 층)

건축구분 \ 토피(m)	10	15	20	25
지상	12	15	18	22
지하	1	2	2	3

나. 풍화암(PD-3) 패턴
(단위: 층)

건축구분 \ 토피(m)	10	15	20	25	30
지상	17	19	21	23	25
지하	1	2	2	3	4

다. 연암(PD-4) 패턴
(단위: 층)

건축구분 \ 토피(m)	10	15	20	25	30	35
지상	19	24	28	30	30	30
지하	1	2	3	3	4	4

라. 경암(PD-5) 패턴
(단위: 층)

건축구분 \ 토피(m)	10	15	20	25	30	35	40
지상	30	30	30	30	30	30	30
지하	1	2	3	4	5	6	7

2. 개착
(단위: 층)

건축구분 \ 토피(m)	5	10	15	20
지상	7	12	19	19
지하	1	2	2	2

한계심도(M)	40m		35m		30m			20m	
체감율 (%) 토피심도 (m)	P	β×P 0.15×P	P	β×P 0.10×P	P	β×P 0.10×P	β×P 0.15×P	P	β×P 0.10×P
0 ~ 5 미만	1.000	0.150	1.000	0.100	1.000	0.100	0.150	1.000	0.100
5 ~ 10 미만	0.875	0.131	0.857	0.086	0.833	0.083	0.125	0.750	0.075
10 ~ 15 미만	0.750	0.113	0.714	0.071	0.667	0.067	0.100	0.500	0.050
15 ~ 20 미만	0.625	0.094	0.571	0.057	0.500	0.050	0.075	0.250	0.025
20 ~ 25 미만	0.500	0.075	0.429	0.043	0.333	0.033	0.050		
25 ~ 30 미만	0.375	0.056	0.286	0.029	0.167	0.017	0.025		
30 ~ 35 미만	0.250	0.038	0.143	0.014					
35 ~ 40 미만	0.125	0.019							

1. 지가형성에 잠재적 영향을 미치는 토지이용의 한계심도는 토지이용의 상황, 지질, 지표면하중의 영향 등을 고려하여 40m, 35m, 30m, 20m로 구분한다.
2. 토피심도의 구분은 5m로 하고, 심도별지하이용효율은 일정한 것으로 본다.
3. 지하이용저해율 = 지하이용율(β) × 심도별지하이용효율(P)

제14절 권리금의 감정평가

❶ 관련 규정

「감정평가실무기준」 4.3 권리금의 감정평가

4.3.1 권리금의 감정평가 원칙
① 권리금을 감정평가할 때에는 유형·무형의 재산마다 개별로 감정평가하는 것을 원칙으로 한다.
② 제1항에도 불구하고 권리금을 개별로 감정평가하는 것이 곤란하거나 적절하지 아니한 경우에는 일괄하여 감정평가할 수 있다. 이 경우 감정평가액은 합리적인 배분기준에 따라 유형재산가액과 무형재산가액으로 구분하여 표시할 수 있다.
4.3.2 유형재산의 감정평가
① 유형재산을 감정평가할 때에는 원가법을 적용하여야 한다.
② 제1항에도 불구하고 원가법을 적용하는 것이 곤란하거나 부적절한 경우에는 거래사례비교법 등으로 감정평가할 수 있다.
4.3.3 무형재산의 감정평가
4.3.3.1 무형재산의 감정평가방법
① 무형재산을 감정평가할 때에는 수익환원법을 적용하여야 한다.
② 제1항에도 불구하고 수익환원법을 적용하는 것이 곤란하거나 부적절한 경우에는 거래사례비교법이나 원가법 등으로 감정평가할 수 있다.

4.3.3.2 수익환원법의 적용

무형재산을 수익환원법으로 감정평가할 때에는 무형재산으로 인하여 발생할 것으로 예상되는 영업이익이나 현금흐름을 현재가치로 할인하거나 환원하는 방법으로 감정평가한다. 다만, 무형재산의 수익성에 근거하여 합리적으로 감정평가할 수 있는 다른 방법이 있는 경우에는 그에 따라 감정평가할 수 있다.

4.3.3.3 거래사례비교법의 적용

무형재산을 거래사례비교법으로 감정평가할 때에는 다음 각 호의 어느 하나에 해당하는 방법으로 감정평가한다. 다만, 무형재산의 거래사례에 근거하여 합리적으로 감정평가할 수 있는 다른 방법이 있는 경우에는 그에 따라 감정평가할 수 있다.

1. 동일 또는 유사 업종의 무형재산만의 거래사례와 대상의 무형재산을 비교하는 방법
2. 동일 또는 유사 업종의 권리금 일체 거래사례에서 유형의 재산적 가치를 차감한 가액을 대상의 무형재산과 비교하는 방법

4.3.3.4 원가법의 적용

무형재산을 원가법으로 감정평가할 때에는 대상 상가의 임대차 계약 당시 무형재산의 취득가액을 기준으로 취득 당시와 기준시점 당시의 수익 변화 등을 고려하여 감정평가한다. 다만, 무형재산의 원가에 근거하여 합리적으로 감정평가할 수 있는 다른 방법이 있는 경우에는 그에 따라 감정평가할 수 있다.

4.3.4 유형재산과 무형재산의 일괄감정평가

① 유형재산과 무형재산을 일괄하여 감정평가할 때에는 수익환원법을 적용하여야 한다.
② 제1항에도 불구하고 수익환원법을 적용하는 것이 곤란하거나 부적절한 경우에는 거래사례비교법 등으로 감정평가할 수 있다.

2 정의

1. 권리금

권리금이란 임대차 목적물인 상가건물에서 영업을 하는 자 또는 영업을 하려는 자가 영업시설·비품, 거래서, 신용, 영업상의 노하우, 상가건물의 위치에 따른 영업상의 이점 등 유형·무형의 재산적 가치의 양도 또는 이용대가로서 임대인, 임차인에게 보증금과 차임 이외에 지급하는 금전 등의 대가를 말한다.

2. 유형재산

영업을 하는 자 또는 영업을 하려고 하는 자가 영업활동에 사용하는 영업시설, 비품, 재고자산 등 물리적·구체적 형태를 갖춘 재산을 말한다.

3. 무형재산

영업을 하는 자 또는 영업을 하려고 하는 자가 영업활동에 사용하는 거래처, 신용, 영업상의 노하우, 건물의 위치에 따른 영업상의 이점 등 물리적·구체적 형태를 갖추지 않은 재산을 말한다.

3 권리금의 유형

1. 유형재산

시설권리금이라고 하며 영업을 위하여 건물의 구조변경, 영업장 내부에 고착시킨 인테리어, 집기 및 비품 등 유형물에 대한 대가를 의미한다.

2. 무형재산

(1) 지역권리금

지역권리금이란 영업장소가 위치한 장소적 이점에 대한 대가를 말한다.

(2) 영업권리금

영업권리금이란 영업을 영위하며 발생하는 영업상의 이점에 대한 대가로서 장기간 영업을 하면서 확보된 고객수, 광고나 평판 등으로 쌓은 명성, 신용, 영업상의 노하우의 이전에 대한 대가를 말한다. 통상 영업권리금에는 기타권리금을 포함하고 있다.

(3) 기타권리금

기타권리금이란 허가권리금과 임차권보장권리금 등을 말하며, 허가권리금이란 법률이나 행정규제, 대리점권 등으로 새로운 영업자가 진입하지 못하게 됨으로 인하여 기존의 임차인이 향유하는 초과이익에 대한 대가가 금전으로 수수되는 경우를 말하며, 주로 유흥주점 등 신규 인·허가가 어려운 업종에서 나타난다. 임차권보장권리금이랑 상당한 임차권 존속기간 보장 약정 및 이를 전제로 한 양도계약에서 발생하는 특별한 사정으로 인하여 발생하는 권리금으로 임차인이 임대인에게 지급하는 권리금을 말한다.

⚖ 판례 | 권리금의 구성 [대법원 2000.9.22. 선고 2000다26326 판결]

[판시사항]
영업용 건물의 임대차에 있어 권리금의 성질 및 임대인의 권리금 반환의무의 부담 여부(한정 소극)

[판결요지]
영업용 건물의 임대차에 수반되어 행하여지는 권리금의 지급은 임대차계약의 내용을 이루는 것은 아니고 권리금 자체는 거기의 영업시설·비품 등 유형물이나 거래처, 신용, 영업상의 노우하우(know-how) 또는 점포 위치에 따른 영업상의 이점 등 무형의 재산적 가치의 양도 또는 일정 기간 동안의 이용대가라고 볼 것이어서, 그 유형·무형의 재산적 가치의 양수 또는 약정기간 동안의 이용이 유효하게 이루어진 이상 임대인은 그 권리금의 반환의무를 지지 아니하며, 다만 임차인은 당초의 임대차에서 반대되는 약정이 없는 한 임차권의 양도 또는 전대차의 기회에 부수하여 자신도 그 재산적 가치를 다른 사람에게 양도 또는 이용케 함으로써 권리금을 지급받을 수 있을 것이고, 따라서 임대인이 그 임대차의 종료에 즈음하여 그 재산적 가치를 도로 양수한다든지 권리금 수수 후 일정한 기간 이상으로 그 임대차를 존속시켜 그 가치를 이용케 하기로 약정하였음에도 임대인의 사정으로 중도 해지됨으로써 약정기간 동안의 그 재산적 가치를 이용케 해주지 못하였다는 등의 특별한 사정이 있을 때에만 임대인은 그 권리금 전부 또는 일부의 반환의무를 진다.

「상가건물 임대차보호법」 제10조의3(권리금의 정의 등)
① 권리금이란 임대차 목적물인 상가건물에서 영업을 하는 자 또는 영업을 하려는 자가 영업시설·비품, 거래처, 신용, 영업상의 노하우, 상가건물의 위치에 따른 영업상의 이점 등 유형·무형의 재산적 가치의 양도 또는 이용대가로서 임대인, 임차인에게 보증금과 차임 이외에 지급하는 금전 등의 대가를 말한다.
② 권리금 계약이란 신규임차인이 되려는 자가 임차인에게 권리금을 지급하기로 하는 계약을 말한다.

3. 유의사항

권리금 정의상 권리금의 감정평가 대상은 영업활동에 사용하거나 장래 사용할 의도가 있는 경우이므로 타인에게 이전되지 않는 무형재산이나 영업활동과 관련 없는 유형재산(유휴시설 등)은 감정평가 대상에서 제외하여야 한다. 또한, "영업을 하는 자 또는 영업을 하려고 하는 자" 중 누구의 업종을 기준으로 감정평가 할 것인지 문제가 있을 수 있으나 이는 의뢰인, 감정평가 목적, 평가조건 등을 고려하여 결정하여야 한다.

4 자료의 수집 및 정리

1. 확인자료

확인자료에는 사업자등록증, 임대차계약서, 각종 공부, 영업시설 등 유형재산 구입내역서, 공사비내역서, 기지불된 권리금 자료, 신규지불예정인 권리금자료 등이 있다.

2. 요인자료

요인자료는 상가 매출액 및 영업이익, 신용도, 노하우, 거래처관계, 시설상태 및 규모 관련 자료, 상가위치, 상권, 배후지, 업종특성, 경기 동향 및 수요자특성자료 등이 있다.

3. 사례자료

동일 또는 유사업종 상가의 권리금 거래사례, 방매사례, 임대사례, 수익자료 및 지역, 상권, 업종별 시장자료 등이 있다.

4. 자료수집 시 유의사항

권리금 거래자료 수집 시 거래내역, 동종 또는 이종 업종으로의 변경 여부, 기존영업시설의 활용정도, 추가영업시설의 필요 여부, 수익정도 등을 확인하여야 하며, 거래자료가 없는 경우에는 인근의 비교가능성 있는 방매자료를 수집하여 감정평가에 활용할 수 있다. 다만, 방매자료를 이용하는 경우에는 동일로변의 방매가격수준을 확인할 수 있어야 한다.

5 권리금의 감정평가방법

1. 권리금 감정평가 원칙(「감칙」 제7조 개별물건기준 원칙)

권리금을 감정평가할 때에는 유형·무형재산마다 개별로 감정평가하는 것을 원칙으로 한다. 다만, 권리금을 개별로 감정평가하는 것이 곤란하거나 적절하지 아니한 경우에는 일괄하여 감정평가할 수 있다. 이 경우 감정평가액은 합리적인 배분기준에 따라 유형재산가액과 무형재산가액으로 구분하여 표시할 수 있다.

2. 유형재산의 감정평가

유형재산은 통산 시간 경과에 따라 그 가치가 일정 정도 하락하는 물건이고 상가의 개별성에 따라 맞춤형으로 제작, 설치하는 경우가 많으며, 신품가격조사가 용이한 점을 고려하여 원가법 적용을 원칙으로 규정하고 있다. 다만, 업종전환 등으로 재사용이 불가능한 경우, 유형재산 또는 업종 특성 등에 비추어 원가법을 적용하는 것이 곤란하거나 부적절한 경우 등에는 거래사례비교법 등 다른 방식으로 감정평가할 수 있도록 한 것이다.

또한, 거래사례비교법 이외에 동일 또는 유사 중고품의 가격수준 등을 참작하여 감정평가할 수 있으며, 효용 가치가 없는 시설의 경우에는 해체처분가격으로 감정평가할 수 있다. 권리금의 이전이 이종업종인 경우에는 유형재산은 매각가격을 기준으로 하되, 동종업종인 경우에는 잔존가치를 기준한다는 점에 유의하여야 한다. 유형재산은 공적 장부에 등기 또는 등록되지 않는 점에서 소유자를 객관적으로 확인하기 어렵고, 임대차계약 기간 만료 시 원상회복의무를 갖는다는 점에서 반드시 감정평가대상을 의뢰인 등으로부터 확인하여 결정하여야 한다. 또한, 권리금 계약상 재고자산의 포함 여부를 확인하여야 한다.

3. 무형재산의 감정평가

(1) 원칙

1) 수익환원법

무형재산은 수익성 원리에 근거한 무형재산의 가치형성과정과 유사성이 있고, 무형재산은 「감칙」 제 23조에서 수익환원법을 주된 방법으로 규정하고 있으므로 수익환원법을 주된 감정평가방법으로 규정하고 있다. 다만, 인근 동종 또는 유사업종 상가의 평균 영업이익 등을 산정할 수 없어 수익환원법을 적용하는 것이 곤란하거나 부적절한 경우에는 거래사례비교법 또는 원가법 등으로 감정평가할 수 있다. 또한, 임대료승수환원법을 적용하여 산정한 금액에서 유형재산가액을 차감하는 방법을 적용할 수도 있다.

무형재산 귀속영업이익 산정을 위한 과거 영업이익 자료 분석은 과거 3년간의 자료를 분석하는 것을 원칙으로 한다.

수익환원법 모형 (무형재산 권리금 수익가액)	
정상 영업의 경우	$\displaystyle\sum_{n=1}^{t} \frac{\text{매기 무형자산귀속영업이익 또는 현금흐름}}{(1+r)^n}$
영업이 중단된 경우 등	$\displaystyle\sum_{n=1}^{t} \frac{\text{조정된 매기 무형자산귀속영업이익 또는 현금흐름}}{(1+r)^n}$

2) 무형재산 귀속 영업이익 산정

영업이익은 재무제표상의 상가 전체 영업이익에서 무형재산에 귀속하는 영업이익을 환원 또는 할인 대상으로 하는 방법이다. 전체 영업이익 산정 시 주의할 점은 유형재산에 대한 감가상각비는 영업이익에 대응되는 비용이고, 자가 인건비 상당액은 임차인의 투하된 노동력에 대한 대가로 지불되어야 하는 비용이므로 양자 모두 비용처리 하여야 한다.

영업을 하지 않거나 영업이익이 (-)인 경우에는 인근의 평균 영업이익을 고려하여 조정된 영업이익을 기준하여 무형재산 귀속 영업이익을 산정할 수 있으며, 자가 인건비 상당액은 통계청 등이 발표하는 표준인건비 통계자료 등을 활용하여 결정하여야 한다.

3) 현금흐름

현금흐름은 재무상태표(손익계산서)상 영업이익에 세금 등을 가감한 순현금흐름을 기준한다.

매출 - 매출원가 - 판관비 - 세금 + 비현금흐름(감가상각비) - 자본적 지출 + 순운전자본증감

기업형 상가의 경우에는 세금 및 추가적인 자본적지출 등의 영향을 많이 받으므로 상기 현금흐름을 적용할 수 있으나, 소규모 상가의 경우 영업이익을 적용할 수 있다. 다만, 기업형 상가와 소규모 상가의 구분기준은 소유자 기준이 아닌 영업형태, 업종, 브랜드 등을 종합 고려하여 결정하여야 한다.

4) 무형재산 귀속 영업이익 등의 산정방법

(가) 비율추출방식

이 방식은 감정평가대상 상가가 속한 지역의 거래관행 등을 조사하여 전체 영업이익 중 무형재산 귀속 영업이익을 일정 비율로 추출하는 방법으로 지역별, 상권별, 업종별로 나타날 수 있다. 시장의 거래관행을 반영하는 방식으로 합리적이나 통계적 방법(시장탐문)으로 영업이익의 규모·임대료 등의 범위가 정규분포를 벗어나는 경우 결정이 어렵고, 시장의 거래관행이 없는 신규 상권에서는 적용하기 어려운 문제점이 있다.

자가인건비 상당액 공제 후	무형재산귀속영업이익 = 전체 영업이익 × 무형재산 영업이익 비율
	시장탐문조사 시 감정평가대상이 속한 상권의 권리금이 영업이익의 12개월 수준으로 조사되었다면「상가건물 임대차보호법」상 보장기간 120개월의 10% 수준으로 추정됨
자가인건비 상당액 공제 전	무형재산귀속영업이익 = 전체 영업이익 × 무형재산 영업이익 비율
	무형재산 영업이익이 전체 영업이익의 12개월, 해당 상가의 영업이익이 300만원/월, 자가 인건비 상당액 162만원(통계처 자료사용)으로 조사된다면 이는「상가건물 임대차보호법」상 보장기간 120개월의 22% 수준으로 추정됨 3,000,000원 × 12개월 = (3,000,000원 - 1,620,000원) × X개월일 때, X개월 ≒ 26개월

(나) 비교사례추출방식

이 방식은 감정평가대상 상가가 속한 노변 혹은 동일수급권 내 유사지역의 권리금이 수수되지 않은 상가와 권리금이 수수되고 있는 상가의 영업이익의 차이로 추출해 내는 방법이다. ① 권리금 산정의 이론적 측면에 가장 부합하는 방법이나, ② 대부분의 상가영업의 경우 권리금(영업노하우 등)을 수취하고 있어 현실적으로 권리금이 '0' 사례의 영업이익을 포착하기 어렵거나 ③ 권리금이 '0'인 상태의 영업이익을 실무상 측정하기 어려운 문제점이 있다. 그러나 권리금 감정평가와 관련된 데이터 축적 및 상가의 영업자료 축적 등에 따라 장래에는 적용 가능한 유용한 방법이 될 수 있다.

전체 영업이익 - 권리금 '0'인 사례의 영업이익

(다) 공제방식

이 방식은 전체 영업이익 중에서 영업이익 형성에 기여하는 권리금 외의 생산요소별 기여분을 공제하고 남은 부분(매출액 - 매출원가 - 판관비 - 투하자산 기여이익 - 임차인 경영이익)을 무형재산귀속영업이익으로 추정하는 방법이다. 이 방법은 ① 투하자산 및 임차인의 경영이익에 대한 적정이익을 산정하기 어렵고 ② 무형재산에 상응하는 영업이익이 없거나 높은 영업이익이 산출되는 경우에는 현실적인 권리금 거래관행과의 괴리를 가져올 수 있다는 한계점이 있다.

5) 할인율

할인율은 적용되는 영업이익 등의 종류와 위험 정도, 할인기간 및 특성 등에 따라 상이하게 나타나는데 요소구성법과 가중평균자본비용(WACC) 등을 적용하여 산정할 수 있으며, 다른 무형재산 감정평가 시 사용하는 할인율 등을 참고하여 결정할 수 있다.

6) 할인기간

현행 「상가건물 임대차보호법」상 보호기간을 10년으로 규정하고 있는 점을 고려하고 실제 영업기간을 지역별, 업종별, 상가별로 조사하여 대상 상가의 특성에 맞게 조정하여야 할 것이다.

7) 할인기간 결정 시 유의사항

「감정평가 실무기준」 상 무형재산 감정평가 시 해당 영업이익 등을 환원 또는 할인하는 기간을 명시적으로 규정하지 않은 것은 적정 할인기간의 조정을 통해서도 무형재산을 감정평가할 수 있도록 하며, 감정평가 실무기준 추록 당시 「상가건물 임대차보호법」상 보호기간인 5년을 규정하고 있는 반면 실제 상가의 평균영업기간은 5년 이상이었기 때문에 「상가건물 임대차보호법」에서 규정한 보호기간을 고려하여 규정한 것이다.

따라서, 현행 「상가건물 임대차보호법」상 보호기간인 10년과 인근지역 내 동종 및 유사업종의 실제 영업기간을 조사하고 영업특성 등을 고려하여 결정하여야 한다. 또한, 권리금에 상응하는 적정한 영업이익 등 비율을 구할 수 없거나, 그 비율에 객관성 및 신뢰성이 없다고 판단되는 경우에는 감정평가 대상상가의 전체 영업이익을 기준으로 하되, 적정 할인기간을 조정하여 감정평가할 수 있다.

(2) 거래사례비교법

1) 사례선정

무형재산 감정평가액 = 무형재산사례금액 × 사정보정 × 시점수정 × 지역요인 × 개별요인(면적 등 비교 포함)

거래사례는 동일 또는 유사 업종의 무형재산만의 거래사례(또는 동일 또는 유사 업종의 권리금 일체 거래사례에서 유형재산을 차감한 가액)로서 「실무기준」 [400 - 3.3.1.2]에 부합하는 거래사례를 선정한다. 실무상 절대적인 것은 아니지만 「건축법 시행령」상 규정된 시설군 분류체계 내의 업종일 경우 유사업종으로 볼 수 있다.

권리금은 지역특성, 영업특성, 시설특성 및 업종특성 등에 따라 개별적으로 형성되므로 동일 또는 유사업종의 거래사례를 선정함으로써 평가주체의 자의성 개입을 최소화하고 감정평가의 객관성을 높일 수 있다.

2) 유의사항

① 권리금 거래사례는 시장의 폐쇄성 등으로 인하여 그 포착이 매우 어렵고, 탐문에 의해 거래사례를 구두상 조사한다 하더라도 증빙자료인 권리금 계약서를 확보하기 매우 곤란하며, 포착된 거래사례도 유사 상가의 권리금 수준, 다수의 유사 사례 등을 통하여 합리성을 재검토하여야 한다.

② 거래사례의 시점수정과 관련하여 논란이 있으나 개시시점을 정확히 파악하기 어렵고 기준시점 당시 시장에 출품된 상태이므로 별도의 시점수정이 불필요하다 판단된다.

③ 표준적인 상가 면적은 업종 및 지역, 상권에 따라 다르게 나타나며 표준적 상가 면적 이상의 경우에는 단위 면적당 권리금이 다소 낮아지는 경향을 보이므로 개별요인 비교 시 면적에 따른 요인 비교치를 고려하여야 한다. 다만, 권리금에 대한 계약은 무형적 가치에서 비롯된 것으로 상가 면적과 연관성이 없는 경우도 있다.

④ 또한, 동일 건물 내 상가의 경우라도 층별·위치별 효용에 따라 권리금에 차이가 있을 수 있음에 유의하여야 한다.

[무형재산의 가치형성요인 비교]

지역요인			개별요인		
조건	항목	세항목	조건	항목	세항목
입지 조건	위치	교통 접근성	입지 조건	위치	지하철 역세권, 버스노선
		유동인구			유동인구, 접면도로 상태 등
		편의시설 정도			편의시설정도
	상권	경제기반도		상권	크기
		영업수준			주요고객 유형
		소비성향도			유효구매력 수요
					상가적합성
	배후지	배후지의 성격, 규모 등		배후지	위치, 종류, 크기
					세대수, 구성원 등
영업 조건	영업 형태	영업의 전문화	영업 조건	신용도	고객인지도 (브랜드 등)
					신용도
				노하우	영업노하우
				거래처 관계	업종간 경쟁관계
					고객 수준, 영업(업종) 난이도
		상권의 집단화		상가면적 및 건물관리 상태 등	건물규모, 관리상태, 임차자 혼합정도, 주차상태 등
					상가면적, 층/위치 등
				임대차 계약정도 등	초기 권리금 수준
					임대차계약내용(계약기간, 보증금과 월임료, 특약 등)
		명성 및 트렌드	시설 조건	시설 상태, 규모 등	인테리어 정도
					영업시설의 형식 및 상태
					시설규모 등
					경쟁업체와의 시설수준
기타 조건	기타	허가난이도 및 동향 등 그 밖의 사항	기타 조건	기타	그 밖의 사항

(3) 원가법

> 무형재산 감정평가액 = 기지급한 무형재산 권리금 × 시점수정 × 수정률

1) 임차인이 기지급한 권리금은 선불적 투자비용 중 하나로서 영업개시시점에 투입된 비용의 성격이고 평가대상은 이 중 무형재산에 상응하는 권리금만 해당된다. 따라서 기지급한 권리금 중 유형재산에 해당하는 권리금을 차감한 후 적용하여야 한다.

2) 종전 임차인은 기지급한 권리금 수준 또는 그보다 다소 높은 수준의 권리금을 원하기 때문에 원가법은 검증 방법으로 유용할 수 있다. 다만, 권리금이 거래되는 시장의 불완전성이 크고 당사자 간의 협상력 차이에 의해 결정되는 경우가 많으므로 기지급한 권리금이 적정한 금액인지 여부는 인근의 권리금수준 등과의 비교·검토하여야 한다.

4. 유형재산과 무형재산의 일괄감정평가

(1) 거래사례비교법, 원가법

권리금을 유·무형재산 일체로 한 거래사례비교법 또는 원가법 등으로 감정평가할 수 있다. 거래사례비교법 적용 시 거래사례와 감정평가 대상 상가와의 유·무형재산의 구성비율 비교 및 지역요인·개별요인비교항목에 대한 비교 등을 하여야 하며, 원가법 적용 시에도 유·무형재산의 특성을 반영하여야 한다.

(2) 기타 감정평가방법

1) 회귀분석법

권리금을 종속변수로 하고 권리금에 영향을 미치는 변수를 독립변수로 한 다중회귀분석을 이용하여권리금을 감정평가하는 방법이다.

2) 월임대료승수법(Monthly Rent Multiplier Method: MRM법)

> 상가권리금 = 동일 또는 유사업종 상가의 임대료와 권리금 간 승수 × 감정평가대상 상가 임대료 × 수정률

상기 방법은 대상과 동일 또는 유사업종 상가의 임대료와 권리금 간 표준적인 승수에 감정평가대상상가의 임대료를 곱하여 상가권리금을 감정평가하는 방법으로 영업 특성 등에 따라 형성되는 개별적권리금 특성을 반영하기 어려우나, 인근지역의 유사 또는 동종 상가의 권리금 수준 등을 파악하는데유용한 방법이다. 감정평가대상의 상가임대료는 실질임대료로, 과거 임대차계약상 임대료가 아닌 기준시점 현재의 임대료를 의미한다.

5. 관련 문제

(1) 권리금과 생산요소와의 관계

권리 구성	영업이익의 구성	생산요소	이익의 귀속
영업권리금 (기타시설권리금 포함)	초과 영업이익 (해당 상가)	임대료 투하자본 노동 임차인 경영대가	임차인 이익
지역권리금	평균 영업이익 (인근지역)		권리금 귀속이익
		시설비 (상각부분)	권리금 귀속이익
시설권리금 (시설물의 잔존가치		시설비 (비상각부분)	임차인 이익

(2) 권리금 구성에 따른 문제점

감정평가 대상인 상가의 영업이익이 '0' 또는 '(-), 부의 영업이익'으로 산정되는 경우에도 대상 상가의 무형재산 권리금이 평가될 수 있는지 논란이 있으나 권리금의 구성상 초과 영업이익이 없는 경우에도 '지역권리금'이 발생할 수 있기 때문에 무형재산 권리금을 '0'으로 평가하는 것이 타당한지 검토하여야 한다. 이 경우 지역별 권리금 수준을 한국부동산원 통계자료를 활용하여 검토할 수 있다.

(3) 할인율과 영업기간의 관계

할인율은 권리금 무형재산의 가치를 결정하는 중요한 요소이므로 대상 상가의 영업의 특성에 부합되는 할인율을 사용하여야 하며 동일 장소에서 영업기간의 차이에 따른 위험도 역시 적절하게 조정하여야 한다. 즉, 할인율과 영업기간은 반비례관계에 있는바, 영업기간이 짧을수록 권리금 회수위험은 더 높아져 할인율은 커져야 한다.

(4) 직접환원법 적용 불가

권리금은 그 성격상 대상 영업에 따른 영업이익을 한정된 기간으로 할인하는 것으로 영구적으로 수익이 발생한다는 가정하에 가액을 산정하는 직접환원법은 이론상 적용이 불가하며 직접환원법을 적용하는 경우 영구환원에 따른 과대평가의 문제점이 발생한다.

(5) 영업이익비율, 할인기간, 할인율의 관계

무형재산의 수익환원법 적용시 핵심적인 구성요소는 권리금 귀속이익, 할인율, 할인기간이다. 상가의 영업기간이 길어질수록 권리금 귀속이익률(비율추출법 적용, 귀속이익율 = 권리금 회수기간 ÷ 전체 영업기간)은 낮아지게 되고 이와 반대로 할인기간이 길어짐에 따라 위험할증률이 작아지므로 할인율은 낮아지게 된다. 즉, 영업기간은 할인기간과는 비례관계, 권리금 귀속이익률 및 할인율과는 반비례관계에 있다.

6 권리금 평가의 기준시점

1. 일반평가

가격조사완료일을 기준시점으로 한다.

2. 소송평가

「상가건물 임대차보호법」상 임대차 종료 당시를 기준시점으로 한다.

7 권리금 소송평가 시 손해배상액

Min[신규임차인 제시액 vs 권리금]

제8장 물건별 감정평가방식 예상문제

[문제 1]   아래와 같은 부동산에 대한 물적 특성을 판단하시오.

1. 소재지: 서울특별시 성동구 성수동 482 - 1, 482 - 2
2. 건물: 성수동 482 - 1외 1필지 지상(관련 지번: 482 - 2), 철근콘크리트조, 1층
3. 관련 도면

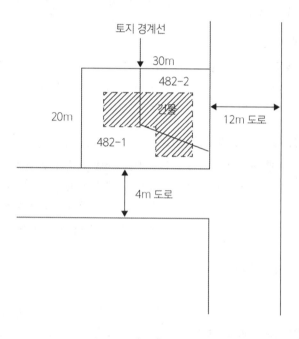

예시답안

2필지 이상에 하나의 건물이 소재하여 용도상 불가분관계인 일단지로 판단됨
물리적 특성: 중로각지, 세장형, 평지

[문제 2]

해커스 감정평가법인은 D은행으로부터 아래와 같은 토지에 대해 담보목적의 감정평가를 의뢰받았다. 각 소유자별 토지의 감정평가액을 산정하시오.

<자료 1> 대상부동산 현황

1. 소재지: 인천광역시 부평구 십정동 558 - 33, 일반공업지역, 대, 600㎡
2. 토지 소유 관계

구분	甲	乙
토지 지분	300/600	300/600
건물 소유(지분)	A동(1/1)	B동(1/1)

3. 관련 도면(십정동 558 - 33 공유자인 甲, 乙의 위치확인 동의서를 통해 각 위치 확인)

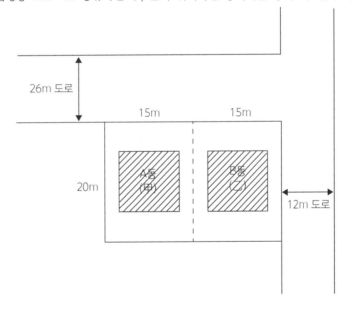

<자료 2> 가격자료

1. 광대로변 토지 시장가치: 2,700,000원/㎡
2. 중로변 토지 시장가치: 2,200,000원/㎡
3. 소로변 토지 시장가치: 1,500,000원/㎡

<자료 3>　　기타사항

　　　　1. 10m의 깊이 가격체감률: 0.98
　　　　2. 15m의 깊이 가격체감률: 0.96
　　　　3. 20m의 깊이 가격체감률: 0.94
　　　　4. 25m의 깊이 가격체감률: 0.92
　　　　5. 이면 각지 가산율: 0.10
　　　　6. 각지 가산율: 0.05

예시답안

Ⅰ. 평가개요

본건은 (공유지분)토지의 담보목적 감정평가로, 각 소유건물에 따른 토지의 위치확인 동의서에 의한 위치를 확인하였는바, 위치에 따른 가액으로 노선가식평가법을 적용하여 평가함. 가격시점은 현재임

Ⅱ. 감정평가액

1. 甲 소유 토지 부분

광대한면, 세장형 기준

$2,700,000 \times 0.94 ≒ 2,540,000$원/㎡

$(\times 300㎡ ≒ 762,000,000$원$)$

2. 乙 소유 토지부분

광대중각, 세장형 기준

$2,700,000 \times 0.94 + 2,200,000 \times 0.96 \times 0.05 ≒ 2,640,000$원/㎡

$(\times 300㎡ ≒ 792,000,000$원$)$

[문제 3]

다음과 같은 자료를 활용하여 대상토지의 일반거래 목적의 감정평가액을 산정하시오. 기준시점은 당해 연도 1월 1일임

<자료 1> 대상부동산 내역

1. 소재지: 경기도 화성시 반송동 190 - 8
2. 지목 등: 대, 주상나지, 561.5㎡, 준주거지역, 성장관리권역, 가축제한구역, 중로(접함), 소로(저촉, 10m 이하, 15%)

<자료 2> 인근지역 내 비교표준지공시지가(기준일: 당해 연도 1월 1일)

기호	소재지	면적 (㎡)	용도 지역	이용 상황	도로 교통	형상 지세	공시지가 (원/㎡)	비고
가	화성시 반송동 184 - 77	425.2	준주거	주상 나지	소로 한면	세장형 평지	3,860,000	도로저촉 15%
나	화성시 반송동 192 - 2	542.5	준주거	주상용	중로 한면	가장형 평지	4,270,000	-

※ 당해연도 표준지의 현실화율은 75%임

<자료 3> 개별요인 평점(주어진 평점 이외는 개별요인 동일)

구분	일반	도로
일반	1.00	0.70

예시답안

I. 평가개요

본건은 토지에 대한 일반거래목적의 감정평가로, 공법상 제한에 유의하여 평가함. 기준시점은 당해 연도 1월 1일임

II. 감정평가액 결정

1. 표준지 선정

    준주거지역, 주상나지, 중로한면 기준 <표준지 #나> 선정
    (#가: 접면도로 노선 상이)

2. 개별요인(공법상 제한) 비교치

    $$\frac{0.85 + 0.15 \times 0.70}{1} ≒ 0.955$$

3. 대상토지 공시지가기준액

    4,270,000 × 1.00000 × 1.000 × 0.955 × 1/0.75 ≒ 5,440,000원/㎡
    (× 561.5㎡ ≒ 3,054,560,000원)

[문제 4]

다음과 같은 자료를 활용하여 대상토지의 감정평가액을 각 조건별로 산정하시오. 기준시점은 당해 연도 1월 1일임

<자료 1> 대상부동산 내역

1. 소재지: 경기도 성남시 수정구 양지동 445 - 88
2. 지목 등: 대, 상업용, 180.0㎡, 도시지역, 일반상업지역, 시가지경관지구, 광로2류(폭 50m ~ 70m)(주간선도로)(저촉), 대로3류(접함)

<자료 2> 인근지역 내 비교표준지공시지가(기준일: 당해 연도 1월 1일)

기호	소재지	면적 (㎡)	용도지역	이용상황	도로교통	형상지세	공시지가 (원/㎡)	비고
가	양지동 549	198.4	일반상업	상업용	광대한면	가장형평지	10,460,000	도로저촉 15%
나	양지동 667	203.6	일반상업	상업용	광대한면	가장형평지	11,010,000	-

※ 그 밖의 요인은 표준지공시지가에 30% 증액 보정함

<자료 3> 개별요인 평점(주어진 평점 이외는 개별요인 동일)

구분	일반	도로
일반	1.00	0.70

※ 본건 토지의 도로 저촉 면적은 36㎡임.

<자료 4> 각 조건

1. 도로 저촉부분을 개별요인 평점에서 비교할 것
2. 도로 저촉부분을 구분평가할 것

Ⅰ. 평가개요

본건은 토지에 대한 일반거래목적의 감정평가로, 공법상 제한에 유의하여 평가함. 기준시점은 당해 연도 1월 1일임

Ⅱ. 조건 1, 개별요인 평점에서 비교

1. 표준지 선정

일반상업, 상업용, 광대로한면, 공법상 제한 유사한 <표준지 #가> 선정
(#나: 공법상 제한 상이)

2. 개별요인(공법상 제한) 비교치

대상토지 도로저촉 부분은 20%(36/180 ≒ 20%)임

$$\frac{0.80 + 0.20 \times 0.70}{0.85 + 0.15 \times 0.70} ≒ 0.984$$

3. 대상토지 공시지가기준액

10,460,000 × 1.00000 × 1.000 × 0.984 × 1.30 ≒ 13,400,000원/㎡

(× 180㎡ ≒ 2,412,000,000원)

Ⅲ. 조건 2, 구분평가

1. 미저촉부분

(1) 개별요인(공법상 제한) 비교치

$$\frac{1}{0.85 + 0.15 \times 0.70} ≒ 1.047$$

(2) 미저촉부분 공시지가기준액

10,460,000 × 1.00000 × 1.000 × 1.047 × 1.30 ≒ 14,200,000원/㎡

(× 144㎡ ≒ 2,044,800,000원)

2. 저촉부분

(1) 개별요인(공법상 제한) 비교치

$$\frac{0.7}{0.85 + 0.15 \times 0.70} ≒ 0.733$$

(2) 미저촉부분 공시지가기준액

10,460,000 × 1.00000 × 1.000 × 0.733 × 1.30 ≒ 9,970,000원/㎡

(× 36㎡ ≒ 358,920,000원)

3. 토지 감정평가액

저촉부분 + 미저촉부분 ≒ 2,403,720,000원

[문제 5]

다음과 같은 자료를 활용하여 일반거래 목적의 대상토지 감정평가액을 산정하시오. 기준시점은 2025년 7월 12일임

<자료 1> 대상부동산 내역

1. 소재지: 경기도 양평군 양평읍 공흥리 533 - 4
2. 지목 등: 대, 상업용, 636.0㎡, 도시지역, 자연녹지지역, 자연보전권역, 상수도보호구역, 대로3류 (폭 25m ~ 30m)(접함)

<자료 2> 인근지역 내 비교표준지공시지가

(기준일: 2025년 1월 1일)

기호	소재지	면적 (㎡)	용도 지역	이용 상황	도로 교통	형상 지세	공시지가 (원/㎡)	비고
가	공흥리 447 - 5	542.5	자연 녹지	상업용	광대 한면	가장형 평지	1,520,000	도로저촉 15%
나	공흥리 589 - 2	603.2	자연 녹지	상업용	광대 한면	가장형 평지	2,170,000	도로저촉 20%

※ 표준지 기호 가는 상수도보호구역에 전체 저촉됨

<자료 3> 인근지역 내 감정평가사례

기호	소재지	면적 (㎡)	용도 지역	이용 상황	도로 교통	형상 지세	평가 목적	기준 시점	평가가액 (원/㎡)	비고
A	공흥리 158 - 7	594.7	자연 녹지	상업용	광대 한면	세장형 평지	일반 거래	2025. 4.1.	1,980,000	상수도 보호구역 도로저촉 20%
B	공흥리 1148 - 2	547.6	자연 녹지	상업용	광대 한면	부정형 평지	일반 거래	2025. 3.17.	2,810,000	도로저촉 20%

<자료 4> 기타사항

1. 지가변동률(경기도 양평군, %)

기간	녹지지역	주거지역	대
2025.1.1. ~ 2025.5.31.	1.002	1.785	1.587
2025.5.1. ~ 2025.5.31.	0.147	0.157	0.762

2. 행정적 조건(평점, 기타 개별요인은 대등한 것으로 본다)

구분	일반	도로	상수도보호구역
일반	1.00	0.85	0.70

Ⅰ. 평가개요

본건은 토지에 대한 일반거래목적의 감정평가로, 공법상 제한에 유의하여 평가함. 기준시점은 2025년 7월 12일임

Ⅱ. 감정평가액

1. 표준지 선정

자연녹지, 상업용, 광대한면, 상수도보호구역 내 소재한 <표준지 #가> 선정
(#나: 공법상 제한 상이)

2. 시점수정치

2025.1.1. ~ 2025.7.12. 경기도 양평군, 녹지
$1.01002 \times (1 + 0.00147 \times 42/31) ≒ 1.01203$

3. 지역요인 비교치: 인근지역(1.000)

4. 개별요인 비교치

$$\frac{1}{0.85 + 0.15 \times 0.85} ≒ 1.023$$

5. 그 밖의 요인 비교치

(1) 사례 선정

자연녹지, 상업용, 광대한면, 일반거래 목적, 상수도보호구역 내 소재한 <평가사례 A> 선정
(B: 공법상 제한 상이)

(2) 격차율 산정

$$\frac{1,980,000 \times {}^*1.00605 \times 1.000 \times {}^{**}1.008}{1,520,000 \times 1.01203} ≒ 1.305$$

* 2025.4.1. ~ 2025.7.12. 녹지
$(1 + 0.01002 \times 61/151) \times (1 + 0.00147 \times 42/31)$

** 공법상 제한
$$\frac{0.85 + 0.15 \times 0.85}{0.80 + 0.20 \times 0.85}$$

(3) 그 밖의 요인 비교치 결정

상기와 같이 산정된바, <1.30>으로 결정함

6. 대상 기호 1 토지 공시지가기준액

$1,520,000 \times 1.01203 \times 1.000 \times 1.023 \times 1.30 ≒ 2,050,000$원/㎡
(× 636.0㎡ ≒ 1,303,800,000원)

[문제 6]

다음과 자료를 활용하여 대상토지에 대한 경매목적의 감정평가액을 산정하시오. 단, 기준시점은 2025년 7월 5일임

<자료 1>   대상토지 현황

기호	소재지	지목	면적 (㎡)	용도 지역	이용상황
1	성동구 도선동 289	대	335.4	일반상업 준주거	상업용

<자료 2>   인근지역 비교표준지공시지가

(공시기준일: 2025년 1월 1일)

기호	소재지	지목	면적 (㎡)	용도 지역	이용상황	도로 교통	형상 지세	공시지가 (원/㎡)
가	성동구 도선동 248-2	대	150.5	일반상업	상업용	광대 한면	가장형 평지	10,480,000
나	성동구 도선동 318-2	대	200.4	준주거	상업용	소로 한면	세장형 평지	7,150,000

<자료 3>   가치형성요인 비교치 등

1. 지가변동률 (성동구, %)
   (1) 상업지역: 1.484%(6월 당월 0.307)
   (2) 주거지역: 1.167%(6월 당월 0.224)
2. 개별요인 평점
   (1) 도로(각지는 소로일 경우 5% 가산, 세로일 경우 3% 가산함)

광대한면	중로한면	소로한면	세로(가)
130	120	110	100

   (2) 형상

정방형	가장형	세장형	부정형
100	102	98	95

3. 그 밖의 요인 격차율
   (1) 상업지역: 현실화율 80%
   (2) 주거지역: 30% 상향 보정

<자료 4>   기타사항

1. 기호 1 토지는 일반상업지역 40%, 준주거지역이 60%에 속함
2. 기호 1 토지의 일반상업지역의 토지 특성은 광대한면, 가장형, 평지임
3. 기호 1 토지의 준주거지역의 토지 특성은 소로한면, 정방형, 평지임
4. 기호 토지의 전체 기준 토지 특성은 광대소각, 세장형, 평지임

I. 평가개요

본건은 둘 이상 용도지역에 속한 토지에 대한 경매 목적의 감정평가로 기준시점은 2025년 7월 5일임
각 용도지역별 토지단가를 산정한 후 면적비율에 의한 평균단가로 대상토지의 감정평가액을 결정함

II. 일반상업지역 부분

1. 대상토지 특성 결정

대상토지는 둘 이상의 용도지역에 속한 토지로, 토지 특성을 소유권 및 지번 등을 종합적으로 고려하여 전체 기준
함 ∴ 광대소각, 세장형, 평지(이하 동일)

2. 표준지 선정

일반상업, 상업용, 광대소각 기준 표준지 <#가> 선정

3. 시점수정치

성동구, 상업지역, 2025.1.1. ~ 2025.7.5.
$1.01484 \times (1 + 0.00307 \times 5/30) ≒ 1.01536$

4. 일반상업지역 부분 공시지가기준액

$10,480,000 \times 1.01536 \times 1.000 \times (1.00 \times 98/102 \times 1.05) \times 1/0.80 ≒ 13,419,000원/㎡$

III. 준주거지역 부분

1. 표준지 선정

준주거지역, 상업용, 광대소각 기준 표준지 <#나> 선정

2. 시점수정치

성동구, 주거지역, 2025.1.1. ~ 2025.7.5.
$1.01167 \times (1 + 0.00224 \times 5/30) ≒ 1.01205$

3. 준주거지역 부분 공시지가기준액

$7,150,000 \times 1.01205 \times 1.000 \times (130/110 \times 1.00 \times 1.05) \times 1.30 ≒ 11,673,000원/㎡$

IV. 대상토지 감정평가액

$13,419,000 \times 0.4 + 11,673,000 \times 0.6 ≒ 12,400,000원/㎡$
$(\times 335.4㎡ ≒ 4,158,960,000원)$

[문제 7]

「도시개발법」상 ◇◇도시개발사업(환지방식) 구역 내 있는 토지에 대한 담보 목적의 감정평가액을 산정하시오.

<자료 1> 대상토지(종전) 내역

1. 소재지: 경기도 H구 B동 310 - 1
2. 지목 등: 전(현실적인 이용상황 묵전), 600㎡, 계획관리지역, 세로(불), 부정형, 평지

<자료 2> 환지예정지증명서

| 구분 | 종전토지 | | | | | | 환지예정지 | | | |
기호	소재지	지번	지목	면적 (㎡)	블록	롯트	권리 면적 (㎡)	환지 면적 (㎡)	과도 면적 (㎡)	부족 면적 (㎡)
1	H구 B동	310 - 1	전	600	35	13	420	460	-	-

※ 환지예정지는 제1종일반주거지역, 단독주택용지, 세로(가), 정방형, 평지임

<자료 3> 인근지역 비교표준지공시지가

(2025년 1월 1일)

구분	소재지 지번	지목	면적(㎡)	용도지역	이용상황	도로 교통	형상 및 지세	공시지가(원/㎡)
가	H구B동 1 - 82	전	600	계획 관리	전	세로 (불)	부정형 평지	1,480,000
나	BL34 - 2	대	410	1종 일주	단독 주택	세로 (가)	정방형 평지	3,520,000

※ 당해 연도 표준지공시지가의 현실화율은 70%임

<자료 4> 지가변동률(H구, 2025.1.1. ~ 2025.5.31.)

1. 계획관리지역(누계): 1.591%(당월 0.293%)
2. 주거지역(누계): 1.782%(당월 0.384%)

<자료 5> 개별요인 평점

중로한면(110), 소로한면(100), 세로(가)(90), 세로(불)(80), 맹지(70)
정방형(100), 장방형(105), 부정형(95), 자루형(85), 삼각지(70)

<자료 6> 기타사항

1. 기준시점은 2025.7.21.임
2. 본건 토지의 청산금은 미납 상태임

Ⅰ. 평가개요
- 평가대상: 토지
- 평가목적: 담보
- 기준시점: 2025.7.21.

Ⅱ. 대상토지 감정평가액 결정

1. 처리방침
대상토지는 환지예정지로, 환지 후 상태인 "제1종일반주거지역, 단독주택용지, 세로(가), 정방형, 평지"를 기준하되, 청산금이 납부되지 않은 상태 및 담보목적 등을 종합적으로 고려하여, "권리면적"을 기준으로 감정평가액을 결정함

2. 표준지 선정
1종일주, 단독주택, 세로(가) 기준 표준지 기호 <#나> 선정
(#1: 용도지역 상이)

3. 시점수정치
H구, 주거지역, 2025.1.1. ~ 2025.7.21.
$1.01782 \times (1 + 0.00384 \times 51/31) \fallingdotseq 1.02425$

4. 감정평가액 결정
권리면적 기준
$3,520,000 \times 1.02425 \times 1.000 \times 1.000 \times 1/0.70 \fallingdotseq 5,150,000$원/㎡
($\times 420$㎡ $\fallingdotseq 2,163,000,000$원)

[문제 8]

아래와 같은 자료를 활용하여 지상권 가액 및 지상권이 설정된 토지의 가치를 산정하시오.

<자료 1> 대상토지 임대계약서

1. 소재지: S시 H구 J동 143번지, 준주거지역, 대, 상업나지, 780㎡
2. 임대기간: 현 시점으로부터 20년
3. 보증금: 월 임대료의 12개월분(보증금운용이율: 2%)
4. 임대료: 월 4,200,000원/㎡(고정 임대료)

<자료 2> 인근지역 내 표준적인 토지 임대료

인근지역인 준주거지역 내 상업용 토지에 대한 임대료는 월 5,000,000원/㎡이며, 보증금은 월 임대료의 12개월분으로 조사됨

<자료 3> 기타사항

1. 기준시점 당시 나지 상태 토지 시장가치: 30억원
2. 지상권 적용 이자율: 12%

예시답안

Ⅰ. 지상권 가액

1. 정상지불임료

   5,000,000 × (12 + 12 × 0.02) ≒ 61,200,000원

2. 실제지불임료

   4,200,000 × (12 + 12 × 0.02) ≒ 51,408,000원

3. 지상권가액

   $(61,200,000 - 51,408,000) \times \dfrac{1.12^{20} - 1}{0.12 \times 1.12^{20}} ≒ 73,141,000원$

Ⅱ. 지상권이 설정된 대상토지가액

나지 상태 시장가치 - 지상권 가액

3,000,000,000 - 73,141,000 ≒ 2,926,859,000원

[문제 9]

감정평가사 김씨는 아래와 같은 대상부동산의 일반거래 목적의 감정평가를 의뢰받았다. 주어진 자료를 활용하여 대상부동산의 감정평가액을 산정하시오. 기준시점은 2025년 7월 12일임

<자료 1> 대상부동산

구분	소재지	용도지역 이용상황	면적 (m²)	토지 물적 상황 사용승인일
토지	용산구 남영동 1	3종일주	500	소로한면, 세장형, 평지
건물	위 지상	상업용 철근콘크리트조	1,600	2020.5.2.

※ 대상토지·건물가격구성비는 7:3임

<자료 2> 인근지역 거래사례

구분	토지 면적 (m²)	건물 연면적 (m²)	이용 상황	사용승인일	거래 금액	거래 시점	토지:건물 가격구성비
사례 1	400	1,200	상업용	2008.7.30.	60억	2025.3.1.	8:2
사례 2	600	1,800	업무용	2018.8.30.	110억	2025.2.1.	6:4
사례 3	500	-	상업 나지	-	65억	2025.7.1.	-

※ 철근콘크리트조 내용연수 50년, 잔가율 0%

<자료 3> 가치형성요인 비교자료

1. 지가변동률(용산구, %)

기간	주거지역	상업지역	대
2025.1.1. ~ 2025.5.31.	1.305	1.666	1.594
2025.5.1. ~ 2025.5.31.	0.584	0.871	0.792

2. 건물공사비 지수

구분	2024년 6월	2024년 12월	2025년 1월	2025년 4월
지수	100.52	101.33	101.52	103.01

3. 개별요인 비교자료

구분	본건	사례 1	사례 2	사례 3
토지	100	95	105	105
건물	100	85	102	-

※ 건물 개별요인에는 잔가율 미포함

Ⅰ. 평가개요

- 평가대상: 토지·건물 복합부동산
- 평가목적: 일반거래
- 기준시점: 2025.7.12.
- 기준가치: 시장가치

Ⅱ. 비준가액(일괄거래사례비교법)

1. 일괄거래사례 선정
대상 복합부동산, 위치적·물적 유사성, 사용승인일, 규모 등 기준 <거래사례 2> 선정

2. 시점수정치(2025.1.1. ~ 2025.7.12.)
(1) 토지 시점수정치(지가변동률, 주거지역)

$1.01305 × (1 + 0.00584 × 42/31) ≒ 1.02107$

(2) 건물 시점수정치(건물공사비 지수)

$103.01 ÷ 101.52 ≒ 1.01468$

3. 복합부동산 가치형성요인 비교치
(1) 토지요인

$0.6 × 1.02107 × 100/105 × 500/600 ≒ 0.486$

(1) 건물요인

$0.4 × 1.01468 × 100/102 × 45/44 × 1,600/1,800 ≒ 0.362$

4. 복합부동산 일괄비준가액

$11,000,000,000 × 1.00 × (0.486 + 0.362) × 1.00 ≒ 9,328,000,000원$

[문제 10]

해커스감정평가법인은 아래와 같은 부동산에 대해 수석회계법인으로부터 세무서 제출을 위한 감정평가를 의뢰받았다. 주어진 자료를 활용하여 대상부동산에 대한 시장가치를 거래사례비교법을 적용하여 산정하시오. 기준시점은 2025년 6월 21일임

<자료 1>　대상부동산

1. 소재지: 서울특별시 마포구 도화동 169 - 1
2. 지목 등: 대, 4,079.0㎡, 일반상업지역, 광대한면, 가장형, 평지
3. 구조 등: 철근콘크리트조, 상업용, 26,310.01㎡
4. 사용승인일: 2009년 5월 1일
5. 지하철역까지 거리: 40m

<자료 2>　인근지역 거래사례

구분	거래사례 1	거래사례 2
소재지	마포구 도화동 128 - 87	마포구 도화동 445 - 1
대지면적(㎡)	4,568.45	4,006.92
연면적(㎡)	20,215.10	25,153.16
구조	철근콘크리트조 슬라브 지붕	철근콘크리트조 슬라브 지붕
거래시점	2024.12.11.	2025.2.30.
거래가격	2,000억원	2,500억원
도로조건	광대로각지	광대로한면
사용승인일	2012.8.1.	2009.11.20.
지하철역과의 거리(m)	50	120

<자료 3>　오피스 자본수익률(서울특별시 여의도마포, %)

구분	2024년 1분기	2024년 2분기	2024년 3분기	2024년 4분기	2025년 1분기
단위(%)	1.23	0.98	1.03	0.52	0.42

<자료 4>　개별요인 평점

구분	본건	거래사례 1	거래사례 2
토지 · 건물 복합	100	98	110

<자료 5>　기타사항

본건 인근지역 내 대형 상업용 부동산의 경우 토지 · 건물을 일체로하여 거래되며, 건물의 전체 연면적을 기준으로 거래하는 관행이 있음

Ⅰ. 평가개요

본건은 서울특별시 마포구 도화동에 소재하는 복합부동산에 대한 일반거래(세무서제출용) 목적의 감정평가로, 기준시점은 2025년 6월 21일임

대상부동산은 복합부동산으로 토지·건물 일체로 거래되는 관행 및 용도상불가분 관계 등을 고려하여 토지·건물 일체로 한 거래사례비교법을 적용하여 시산가액을 산정함

Ⅱ. 일괄거래사례비교법

1. 사례 선정

복합부동산의 위치적·물적 유사성 고려, 구조·연면적·사용승인일 기준하되, 상업용 부동산의 경우 지하철과의 거리가 가치형성요인상 중요한 요소로 영향을 미치므로 지하철역과의 거리가 유사한 <거래사례 1>을 선정함

2. 시점수정치(2024.12.11. ~ 2025.6.21. 오피스 자본수익률, %)

$(1 + 0.0052 \times 21/92) \times 1.0042 \times (1 + 0.0042 \times 82/90) \fallingdotseq 1.00924$

3. 토지·건물 일괄비준가액

$200,000,000,000 \times 1.00 \times 1.00924 \times 1.000 \times 100/98 \div 20,215.10 \fallingdotseq 10,189,000$원/㎡

$(\times 26,310.01㎡ \fallingdotseq 268,072,000,000$원$)$

[문제 11]

대상부동산의 비준가액을 산정하는 경우 다음 사례 중 적정 거래사례를 선정하시오. 기준시점은 2025년 7월 15일임

<자료 1> 대상부동산

소재지	층/호수	용도	면적(㎡)		신축연도
			전유	공용	
상계동 50 - 9	2층 103호	근린생활시설	84.25	70.8	2015.5.24.

※ 본건 근린생활시설은 접면도로에서 직접 출입이 가능함

<자료 2> 거래사례

기호	소재지	층/호수	용도	면적(㎡)		신축연도 거래시점	거래가격 (원/전유㎡)
				전유	공용		
1	상계동 44 - 84	2층 204호	근린생활 시설	120.55	105.55	2015.2.24. 2024.12.8.	360,000,000
2	상계동 62 - 9	1층 112호	근린생활 시설 (내부상가)	60.76	48.24	2014.8.2. 2025.4.5.	230,000,000
3	상계동 72	1층 1호	근린생활 시설 (외부상가)	91.44	82.51	2014.11.5. 2025.4.16.	475,000,000
4	상계동 811 - 2	1층 1 - 3호	근린생활 시설 (외부상가)	80.42	68.34	2010.12.5. 2025.7.6.	400,000,000

예시답안

1. 사례 선정

   대상과 위치적, 물적 유사성 높은 <거래사례 3>을 선정함

2. 배제 사유

   1: 2층 사례, 2: 내부 상가, 4: 신축연도 차이

[문제 12] 아파트 거래사례의 시점수정치를 산정하시오.

<자료 1> 거래사례

1. 거래사례: H구 G동 해커스아파트 제102동 제1502호
2. 거래금액: 2,150,000,000원
3. 거래시점: 2025.3.5.
4. 기준시점: 2025.7.12.

<자료 2> 아파트 매매가격지수(월말 기준)

구분	2025.2.	2025.3.	2025.6.	2025.7.
서울시	92.2	92.5	93.4	93.6
H구	93.4	93.7	94.8	95.0

│ 예시답안

시·군·구. 직전 달 아파트매매가격지수 기준
2025년 6월 지수 ÷ 2025년 2월 지수: 94.8/93.4 ≒ 1.01499

[문제 13] 근린생활시설 거래사례의 시점수정치를 산정하시오.

<자료 1>   거래사례

1. 거래사례: H구 G동 해커스아파트 상가동 1층 106호(집합건물), 전유면적 50.2㎡
2. 거래금액: 800,000,000원
3. 거래시점: 2023.3.21.
4. 기준시점: 2025.7.5.

<자료 2>   집합(매장용) 자본수익률(%)

2022년 4분기	2023년 1분기	2023년 2분기	2023년 3분기	2023년 4분기
0.52	0.42	0.62	0.65	0.52
2024년 1분기	2024년 2분기	2024년 3분기	2024년 4분기	2025년 1분기
0.33	0.21	0.22	0.23	0.27

▌예시답안

지가변동률 계산방식과 동일

∴ 시점수정치(2023.3.21. ~ 2025.7.5.)

$(1 + 0.0042 \times 11/90) \times 1.0062 \times 1.0065 \times 1.0052 \times 1.0033 \times 1.0021 \times 1.0022 \times 1.0023 \times 1.0027 \times (1 + 0.0027 \times 96/91) ≒ 1.03436$

[문제 14]

아래와 같은 대상부동산의 감정평가액을 거래사례비교법을 적용하여 산정하시오.

<자료 1>   집합건축물대장 일부 발췌

대지위치	거여동 5 - 65	명칭	해커스빌	호명칭	2층 201호
전유부분					
층별	구조		용도		면적(㎡)
2층	철근콘크리트조		다세대주택		50.24
공용부분					
주	철근콘크리트조		주차장, 전기실, 기계실		22.62
주	철근콘크리트조		엘리베이터실		8.24
허가일자			2014.2.19.		
착공일자			2014.4.24.		
사용승인			2015.3.5.		

<자료 2>   거래사례

연번	소재지	호	전유면적(㎡)	용도	사용승인일	거래금액(원)	거래시점
1	거여동 11 - 8	302	51.53	다세대주택	2009.11.24.	164,000,000	2024.5.13.
2	거여동 12 - 69	201	47.27	다세대주택	2014.8.18.	195,000,000	2024.7.21.

<자료 3>   가치형성요인

1. 다세대주택 매매가격지수

2024년 4월	2024년 5월	2024년 7월	2024년 8월	2025년 4월	2025년 5월
102.55	102.67	103.98	103.44	105.42	미고시

2. 본건은 사례 대비 위치별 효용에서 3%로 우세함

<자료 4>   기타사항

1. 현장조사일: 2025.6.5.
2. 가격조사완료일: 2025.6.8.
3. 감정평가서 작성완료일: 2025.6.10.

Ⅰ. 평가개요

- 평가대상: 구분건물
- 평가목적: 일반거래
- 기준시점: 2025.6.8.(가격조사완료일)
- 기준가치: 시장가치

Ⅱ. 대상부동산 비준가액

1. 사례 선정

대상 다세대주택과 위치적, 물적 유사성, 사용승인일 유사한 <거래사례 2>를 선정

2. 시점수정

다세대주택 매매가격지수, 연장사정 아니함

2025년 4월 지수 ÷ 2024년 7월 지수 ≒ 105.42 ÷ 103.98 ≒ 1.01385

3. 가치형성요인 비교치

1.00(외부) × 1.00(내부) × 1.03(호별) × 1.00(기타) ≒ 1.030

4. 비준가액

195,000,000 × 1.00(사정) × 1.01385 × 1.000 × 1.030 × 1/47.27 ≒ 4,817,000원/㎡

(× 50.24㎡ ≒ 242,006,000원)

[문제 15] 아래와 같은 자료를 활용하여 층별효용비와 층별효용비율을 산정하시오.

<자료 1> 대상 건물 전유면적

층	B1	1	2	3	4
전유면적(㎡)	350	300	300	250	250

<자료 2> 인근 지역 내 최근 임대사례

층	전유면적(㎡)	월 임대료(원/㎡)	비고
B1	220	7,200	적정
1	185	18,000	적정
2	185	10,800	적정
3	150	9,000	자가사용
4	150	9,900	적정

<자료 3> 기타자료

1. 인근지역 내 최근 수익사례는 인근지역 내 표준적인 층별효용비 및 대상의 층별효용비를 반영하고 있음
2. 자가사용 부분은 적정 임대료 대비 10% 저가임

1. 층별 효용비 산정
   - 1층 기준, 자가사용 3층 부분 조정함
   - 1층: 100
   - 2층: $10,800/18,000 \times 100 \fallingdotseq 60$
   - 3층: $9,000/18,000 \times 100/90 \times 100 \fallingdotseq 55$
   - 4층: $9,900/18,000 \times 100 \fallingdotseq 55$
   - B1층: $7,200/18,000 \times 100 \fallingdotseq 40$

2. 층별효용비 및 층별효용비율 산정

층	층별효용비	대상전유면적 (㎡)	*층별효용적수	**층별효용 비율(%)
B1	40	350	14,000	15.64
1	100	300	30,000	33.52
2	60	300	18,000	***20.12
3	55	250	13,750	15.36
4	55	250	13,750	15.36
계			89,500	100

* 효용적수: 층별효용비 × 대상전유면적

** 층별효용비율: 대상층효용적수/전체층효용적수

*** 단수조정

[문제 16]

아래와 같은 자료를 활용하여 대상 아파트의 일반거래 목적의 감정평가액을 거래사례비교법, 원가법으로 산정하시오. 단, 기준시점은 2025년 7월 15일임

<자료 1> 대상부동산

1. 토지: 서울특별시 양천구 신정동 3211 - 1번지, 대, 소유권대지권 50.2㎡
2. 건물: 위 지상 철근콘크리트조 슬래브지붕 15층 목동아파트 제955동 제14층 제1401호, 전유면적: 72.05㎡, 공용면적: 34.07㎡, 사용승인일: 1989.3.2.
3. 건물의 층별 전유면적(단위: ㎡)

층	1층	2층 ~ 14층	15층
면적	251.06	462	251.06

4. 14층 호별 전유면적(단위: ㎡)

1401호	1402호	1403호	1404호
72.05	83.22	83.22	72.05

<자료 2> 거래사례 자료

1. 소재지: 서울특별시 양천구 신정동 4217 - 1번지, 대, 소유권대지권 48.3㎡
2. 건물: 위 지상 철근콘크리트조 슬래브지붕 15층 목동아파트 제1064동 제1층 제102호 전유면적: 71.03㎡, 공용면적: 34.06㎡, 사용승인일: 1989.9.24.
3. 거래시점: 2025.2.13.
4. 거래가액: 15억 8천만원

<자료 3> 가치형성요인 비교 자료

1. 본건 및 거래사례 개별요인 평점

구분	외부요인	건물요인	호별 요인	기타요인
대상	102	105	개별 산정	100
거래사례	100	100		100

※ 호별 요인은 층별·위치별 효용 차이로 본건 및 거래사례 모두 아래 <자료 5>를 활용하여 산정함
2. 인근지역 내 목동아파트 거래가액 수준은 보합세를 유지함.

<자료 4> 목동아파트 제955동 전체 기준시점 당시 감정평가액

1. 토지: 75,0000,000,000원(전체 소유권대지권 가액)
2. 건물: 32,000,000,000원(955동 전체 건물 가액)

<자료 5> 인근 최근 분양사례(대상부동산 적용 가능)

1. 층별 분양가격(단위: 천원)

층별	1층	2층 ~ 14층	15층
거래가격(원/㎡)	30,000	31,500	30,900

2. 호별 분양가격(단위, 천원, 모든 층에 적용 가능)

호별	1호	2호	3호	4호
거래가격(원/㎡)	30,000	30,600	30,600	30,000

\<자료 6\> 기타사항

구분건물 단가는 천원 단위 반올림, 감정평가액은 백만원 단위 반올림하여 결정함

예시답안

Ⅰ. 평가개요

본건은 아파트에 대한 일반거래목적의 감정평가로, 기준시점은 2025년 7월 15일임

Ⅱ. 거래사례비교법

1. 층별 · 호별 효용비(인근의 분양사례를 기준으로 판단한다)

   (1) 층별 효용비(1층 기준)

1층	2층 ~ 14층	15층
100	105	103

   ※ 층별 효용비 = 각 층 분양가 ÷ 1층 분양가

   (2) 호별 효용비(1호 기준)

1호	2호	3호	4호
100	102	102	100

   ※ 호별 효용비 = 각 호 분양가 ÷ 1호 분양가

2. 시점수정치(아파트 매매가격지수): 보합세 ≒ 1.00000

3. 가치형성요인 비교치

   $102/100 \times 105/100 \times (105/100 \times 100/102) \times 1.00 ≒ 1.103$

4. 비준가액

   $1,580,000,000 \times 1.00 \times 1.00000 \times 1.000 \times 1.103 \times 1/71.03 ≒ 24,886,000$원/㎡

   ($\times 72.05$㎡ ≒ 1,793,000,000원)

Ⅲ. 원가법

1. 전체 토지, 건물의 가격(1동 전체)

   $75,000,000,000 + 32,000,000,000 ≒ 107,000,000,000$원

2. 대상 14층 1401호 효용비율

   (1) 14층의 층별 효용비율

   $$\frac{105 \times 462}{100 \times 251.06 + 105 \times 462 \times 13개층 + 103 \times 251.06} ≒ 0.07117$$

   (2) 1호의 호별 효용비율

   $$\frac{100 \times 72.05}{100 \times 72.05 + 2개호 + 102 \times 83.22 \times 2개호} ≒ 0.22955$$

3. 대상부동산의 적산가액

   $107,000,000,000 \times 0.07117 \times 0.22955 ≒ 1,758,000,000$원

   ($\div 72.05 ≒ 24,400,000$원/㎡)

Ⅳ. 감정평가액 결정

양 시산가액 유사하여 합리성 인정되므로, 일반거래 목적을 고려하여 시장성을 반영하는 비준가액으로 결정함

∴ 1,793,000,000원

[문제 17] 기준시점 현재 재조달원가 3억원인 CNC 선반에 대한 감정평가액을 산정하시오. (내용연수 10년, 잔가율 10%, 경과연수 7년)

1. 잔가율
   $0.1^{7/10} ≒ 0.19953$

2. 적산가액
   $300,000,000 × 0.19953 ≒ 59,859,000$원

[문제 18] 다음 기계기구의 감정평가액을 구하시오. 단, 기준시점은 2025.7.1.임

<자료 1> 평가대상 기계기구 목록

기호	수량	취득가액	최종 잔가율	매입일자	비고
1	1대	100,000,000	10%	2020.4.1.	신품
3	1대	$500,000 (CIF 기준)	15%	신고일: 2022.5.1. 입항일: 2022.3.1	원산지: 일본

※ 기호 1 ~ 3 기계기구의 경제적 내용연수는 15년임

<자료 2> 기타사항

1. 기계가격보정지수

(1) 국산기계

2020.4.1.	2025.7.1.
94	112

(2) 기계가격보정지수(일본)

2022.3.1.	2022.5.1.	2025.7.1.
97	99	115

2. 외화환산율

적용시점	국명	해당통화당 미$	미 $당 해당통화	해당통화당 한국₩
2022년 3월	미국	1	1	1,102
	일본	0.9415(100엔당)	107.4081	1,001.54(100엔당)
2022년 5월	미국	1	1	1,105
	일본	0.9422(100엔당)	104.721	1,002.14(100엔당)
2025년 7월	미국	1	1	1,215
	일본	0.8420(100엔당)	125.73	1,020,79(100엔당)

3. 도입기계의 관세 및 부대비용 등: 도입가격의 15%

예시답안

Ⅰ. 평가개요

본건은 국산기계 및 도입기계에 대한 감정평가로, 기준시점은 2025년 7월 1일임

Ⅱ. 기호 1(국산기계)

$100{,}000{,}000 \times 112/94 \times 0.1^{5/15} \fallingdotseq 55{,}304{,}000$원

Ⅲ. 기호 2(도입기계, CIF 기준)

1. 재조달원가

신고일자 2022.5.1. 기준

$500{,}000(\$) \times 104.721(\$ \Rightarrow ¥) \times 115/99 \times 1{,}020.79/100(¥ \Rightarrow 원) \times (1 + 0.15) \fallingdotseq 714{,}004{,}000$원

2. 기계기구 적산가액

$714{,}004{,}000 \times 0.15^{3/15} \fallingdotseq 488{,}561{,}000$원

[문제 19]

아래와 같은 대상부동산의 임대료 감정평가 시 적용할 시점수정치를 산정하시오. 단, 임대료의 기준시점은 2025년 7월 2일임

<자료 1> 아파트 임대사례(서울특별시 강북지역)

임대차기간: 2024.11.5. ~ 2026.11.4.(2년)

<자료 2> 근린생활시설(집합건물, 서울특별시) 임대사례

임대차기간: 2024.6.23. ~ 2026.6.22.(2년)

<자료 3> 임대료 지수

1. 아파트 전월세통합지수(월말 기준)

지역	2024.10.	2024.11.	2025.6.	2025.7.
서울특별시	101.4	99.3	94.2	미고시
강북지역	100.2	97.9	91.1	미고시

2. 상업용부동산 상권별 임대가격 변동률(집합상가, 지수 환산)

지역	2024.2Q	2024.3Q	2024.4Q	2025.1Q	2025.1Q
서울특별시	- 0.15	0.08	0.45	0.73	미고시

│ 예시답안

1. 아파트(주거용) 시점수정치

임대차 계약시점을 기준하되, 연장 사정하지 아니함. 지수는 월말 기준임. 강북지역 기준

$$\frac{2025.7.2}{2024.11.5} ≒ \frac{91.1}{100.2} ≒ 0.90918$$

2. 집합상가 시정수정치

상업용 부동산의 변동률은 연장 사정함

$(1 - 0.0015 × 8/91) × 1.0008 × 1.0045 × 1.0073 × (1 + 0.0073 × 2/91) ≒ 1.01267$

[문제 20]

다음과 같은 부동산에 대해 시장임대료를 임대사례비교법을 적용하여 산정하시오. 단, 기준 시점은 2025년 7월 1일임

<자료 1> 대상부동산

1. 소재지: 서울특별시 용산구 청파동 120 - 45번지, 제3층 제301호
2. 건물 내역
   (1) 용도: 업무용
   (2) 전유면적: 145.07㎡
   (3) 임대면적: 297.32㎡
   (4) 사용승인일: 2007.5.2.

<자료 2> 적정 임대사례

1. 소재지: 서울특별시 용산구 효창동 4 - 18번지, 제5층 제502호
2. 건물 내역
   (1) 용도: 업무용
   (2) 전유면적: 124.54㎡
   (3) 임대면적: 251.57㎡
   (4) 사용승인일: 2011.2.18.
3. 임대기간: 2024년 11월 14일 ~ 2026년 11월 13일
4. 임대내역
   (1) 임대보증금: 30,000,000원
   (2) 월지불임료: 월 3,200,000원
   (3) 필요제경비: 월 200,000원

<자료 3> 상권별(서울특별시) 임대가격지수

시점	2024.10.	2024.11.	2025.4.	2025.5.
지수	114.1	114.3	115.8	미고시

<자료 4> 인근지역 업무용 층별 효용비

층별	지하층	1층	2층	3층	4층	5층
효용지수	40	100	110	105	100	100

<자료 5> 지역요인 및 개별요인 등

1. 청파동은 효창동보다 접근성 등에서 3% 우세함
2. 대상은 사례 대비 건물의 노후도에서 2% 열세하나, 그 외 요인은 대등함
3. 전월세 전환율은 연 8%임

Ⅰ. 평가개요

본건은 업무용 구분건물의 임대료에 대한 감정평가로, 기준시점은 2025년 7월 1일임

Ⅱ. 대상부동산 실질임료

1. 사례 실질임료

$30,000,000 \times 0.08 + 3,200,000 \times 12 ≒ 48,000,000$원

2. 대상 실질임료

(1) 시점수정치

비주거용 임대가격지수, 2024.11.14. ~ 2025.7.1.

$115.8 ÷ 114.1 ≒ 1.01490$

(2) 지역요인 비교치

$103 ÷ 100 ≒ 1.030$

(3) 개별요인 비교치

$100/100 \times 100/100 \times 98/100 \times 105/100 \times 100/100 ≒ 1.029$

(4) 대상 실질임대료

$48,000,000 \times 1.00 \times 1.01490 \times 1.030 \times 1.029 \times 1/251.57 ≒ 205,240$원/㎡

$(\times 297.32㎡ ≒ 61,022,000$원)

[문제 21] 다음과 같은 부동산에 대해 공개입찰을 위한 시장임대료를 적산법을 적용하여 산정하시오.

<자료 1> 대상부동산

1. 소재지: 서울특별시 양천구 신정동 128 - 99(공유지)
2. 토지: 일반상업지역, 대, 1,520㎡, 소로한면, 가장형, 평지
3. 건물: 현황 나지이나, 공유지로 모델하우스 신축(가설건축물) 예정임
4. 임대기간: 2025.7.1. ~ 2028.6.30.
5. 기타사항
   해당 토지는 양천구 소유의 공유지로, 공개입찰을 통해 가설건축물 신축만이 가능함

<자료 2> 기타자료

1. 해당 토지의 전체 시장가치는 3,500,000원/㎡임
2. 기대이율 적용기준율표(감정평가 실무매뉴얼 임대료편 발췌)

구분	표준적 이용	임시적 이용
업무용(상업용)	1.5% ~ 5.0%	0.5% ~ 3.0%
매장용	3.0% ~ 6.0%	1.0% ~ 4.0%

※ 대상토지 현황은 상업용, 임시적 이용으로 중위값으로 결정함
3. 필요제경비는 순임대료의 5.0% 수준임

예시답안

Ⅰ. 평가개요

본건은 토지의 임대료 감정평가로 적산법을 적용하여 산정함. 기준시점은 임대개시시점인 2025.7.1.임

Ⅱ. 대상 적산임료

1. 기초가액 산정
   3,500,000 × 1,520 ≒ 5,320,000,000원

2. 기대이율 결정
   상업용, 임시적 이용, 중위값 기준 2.5%

3. 적산임대료 산정
   5,320,000,000 × 0.025 × (1 + 0.05) ≒ 139,650,000원

[문제 22]

해커스 감정평가법인은 공유지인 주차장부지에 대한 임대료 감정평가를 의뢰받고 아래와 같은 자료를 수집하였다. 수익분석법을 적용하여 임대료를 산정하시오.

<자료 1>   대상부동산

서울특별시 양천구 신정동 114 - 25 공영주차장(40면)

<자료 2>   대상 주차장 수익·비용 자료

1. 1면당 연간 총수익: 1,500,000원
2. 운영경비
   (1) 주중 관리원 인건비: 연 20,000,000원
   (2) 유지관리비: 연 1,000,000원
   (3) 제세공과: 연 500,000원
   (4) 운영자 적정이윤: 총수익의 10%
3. 주차장 부지 귀속 수익 이외의 기타 귀속 순수익은 없는 것으로 가정함

┃ 예시답안

1. 총수익
   1,500,000 × 40 ≒ 60,000,000원

2. 운영경비 등
   20,000,000 + 1,000,000 + 500,000 + 60,000,000 × 0.1 ≒ 30,500,000원

3. 대상 수익임료 결정
   주차장 부지로 필요제경비 중 감가상각비 미계상
   60,000,000 - 30,500,000 ≒ 29,500,000원

[문제 23] 아래와 같은 자료를 활용하여 각 물음에 답하시오.

(물음 1) 임대권 가치를 평가하시오.

(물음 2) 임차권 가치를 평가하시오.

<자료 1> **대상부동산 임대차계약서**

1. 소재지: 서울특별시 강남구 청담동 56 - 91 제1층 제103호
2. 용도: 근린생활시설(해커스 공인중개사사무소)
3. 임대료: 월 3,000,000원, 보증금은 월 임대료의 12개월분, 관리비는 임차인 직접 부담
4. 임대기간: 2025.7.1. ~ 2030.6.30.(임대기간 중 임대료 변동은 없음)

<자료 2> **인근지역 내 임대료 자료**

1. 대상부동산에 적용될 표준적 임대료는 월 3,500,000원, 보증금은 월 임대료의 12개월분으로 판단됨
2. 기준시점 당시 대상부동산의 시장가치는 12억원이며, 매기 2%의 가격상승이 예상됨

<자료 3> **기타사항**

1. 보증금운용이율: 연 2.0%
2. 임대권 귀속할인율 6%, 임차인 귀속할인율 7%
3. 각 물음에 따른 가치산정은 년 기준함

예시답안

1. 임대권 가치
   계약임대료 × PVAF + 기말부동산복귀액

   $$3,000,000 \times (12 + 12 \times 0.02) \times \frac{1.06^5 - 1}{0.06 \times 1.06^5} + \frac{1,200,000,000 \times 1.02^5}{1.06^5} ≒ 1,144,718,000원$$

2. 임차권 가치
   (시장임대료 - 계약임대료) × PVAF

   $$(3,500,000 - 3,000,000) \times (12 + 12 \times 0.02) \times \frac{1.07^5 - 1}{0.07 \times 1.07^5} ≒ 264,963,000원$$

[문제 24]

해커스감정평가법인은 아래와 같은 토지소유자로부터 토지의 시장가치 산정을 의뢰받았다. 다음 자료를 활용하여 구분지상권이 설정된 토지의 시장가치를 산정하시오. 단, 기준시점은 현재임

<자료 1> 대상토지

1. 소재지: 서울특별시 K구 U동 1 - 1번지
2. 물적특성: 대, 300㎡, 일반상업지역, 상업나지, 소로한면, 세장형, 평지
3. 나지상정 토지 시장가치: 10,440,000원/㎡

<자료 2> 구분지상권 내용

1. 목적: 송전선 건설 등
2. 범위: 30㎡
3. 존속기간: 계약체결일(2001.3.1.)부터 송전선로가 존속하는 기간까지
4. 지료: 일금 35,000,000원
5. 지급시기: 일시지급
6. 지상권자: 한국전력공사

<자료 3> 지역요인 분석 등

1. 서울특별시 K구 U동 일대는 접면도로를 따라 저층의 상업지대(시가지)를 이루고 있음
2. 본건이 소재한 인근지역은 지하 1층 및 지상 8층의 상업용 및 업무용 빌딩의 이용이 최유효이용으로 판단됨
3. 대상토지는 지상 송전선 구조물로 인하여 지하 1층에서 지상 6층으로 신축이 가능함

<자료 4> 기타사항

1. 인근지역 층별효용비(저층 시가지)

구분 \ 층	B1	1	2	3	4	5	6	7	8
층별 효용비	40	100	60	50	40	35	35	35	35

2. 입체이용률 배분표

해당 지역	저층 시가지
건물 이용률(α)	0.75
지하이용률(β)	0.10
그 밖의 이용률(γ)	0.15
(γ)의 상하배분비율	1:1 ~ 3:1

※ (γ)의 상하배분율은 최고치를 적용함

3. 구분지상권의 가액은 입체이용저해율을 적용하여 산정할 것

Ⅰ. 평가개요

본건은 구분지상권이 설정된 토지에 대한 감정평가로 기준시점은 현재임

Ⅱ. 구분지상권 가액(입체이용저해율 기준)

1. 저해층수 산정: 지상 7, 8층

2. 입체이용저해율 산정(저층 시가지 기준)

    (1) 건물 등 이용저해율: $0.75 \times \dfrac{35 \times 2(층)}{40 + 100 + 60 + 50 + 40 + 35 \times 4} \fallingdotseq 0.1221$

    (2) 지하 이용저해율
       공중 부분 지상권 설정으로, 지하 이용저해율 미고려

    (3) 그 밖의 이용저해율(최고치): $0.15 \times \dfrac{3}{4} \fallingdotseq 0.1125$

    (4) 입체이용저해율: $0.1221 + 0.1125 \fallingdotseq 0.2346$

3. 구분지상권 가격
    $10,440,000 \times 0.2346 \times 30㎡ \fallingdotseq 73,477,000원$

Ⅲ. 구분지상권이 설정된 토지의 가액

"정상(나지) 토지 가액 - 구분지상권 가액"으로 산정함
$10,440,000 \times 300㎡ - 73,477,000 \fallingdotseq 3,058,523,000원(\div 300㎡ \fallingdotseq 10,195,000원/㎡)$

제8장 물건별 감정평가방식 심화문제

[문제 1]

K감정평가법인은 2025년도 1월 1일 기준 표준지공시지가 감정평가를 의뢰받았다. 주어진 자료를 활용하여 대상토지(골프장)의 적정가치를 산정하시오.

<자료 1> 대상부동산 내역

1. 소재지: 강원도 원주시 ○○면 ◇◇동 산1 - 1번지 J컨트리클럽(대중제, 정규 18홀)
2. 등록면적 등: 개발지 45,000㎡, 원형보존지 205,000㎡, 체육용지, 소로각지, 부정형, 완경사
3. 수도권과의 거리: 115km
4. 건물: 클럽하우스 2개동, 창고 1개동

<자료 2> 골프장 거래사례

1. 거래사례 1
   (1) 소재지: 강원도 원주시 □□면 ▽▽동 산5번지 K컨트리클럽(회원제, 정규 18홀)
   (2) 등록면적 등: 개발지 42,000㎡, 원형보존지 235,000㎡, 체육용지, 소로한면, 부정형, 완경사
   (3) 수도권과의 거리: 95km
   (4) 건물: 클럽하우스 2개동, 창고 1개동
   (5) 거래금액: 55,000,000,000원
   (6) 거래일자: 2024.1.5.
2. 거래사례 2
   (1) 소재지: 강원도 홍천군 △△면 ○△리 산4-1번지 Y컨트리클럽(대중제, 정규 18홀)
   (2) 등록면적 등: 개발지 60,000㎡, 원형보존지 340,000㎡, 체육용지, 중로한면, 부정형, 완경사
   (3) 수도권과의 거리: 160km
   (4) 건물: 클럽하우스 2개동, 창고 2개동
   (5) 거래금액: 36,000,000,000원
   (6) 거래일자: 2024.5.1.

<자료 3> 대상 골프장 조성비 자료

1. 조성 전 매입가액: 2023.1.1. 부지 전체 기준 100억원
2. 조성공사비
   홀 당 10억원으로 10%는 클럽하우스 등 건물 건설에 투입된 비용임. 공사기간은 1년, 공사비는 분기별로 균등하게 지급됨(기대수익률 12% 적용)

<자료 4> **대상 골프장 수익자료**

1. 2024년도 대상 골프장 전체 순수익은 50억원임
2. 골프장 코스 및 선호도, 운영 노하우 등에 따른 무형적 자산의 귀속순수익 비율은 30%이며, 그 이외는 골프장(토지 및 건물)에 귀속되는 순수익임
3. 골프장부지 환원율: 10%
4. 클럽하우스 및 창고 환원율: 15%
5. 건물의 시장가치는 용도와 상관없이 1개동 기준 가액은 동일하며, 내용연수는 40년임

<자료 5> **기타사항**

1. 골프장 부지에 대한 개별요인 평점

대상	거래사례 1	거래사례 2
100	125	105

2. 지가변동률은 지역 및 용도지역에 상관없이 연 기준 3%임
3. 건설공사비지수는 보합세임
4. 골프장은 수도권과의 거리가 멀어질수록 수익이 줄어드는 경향이 있음
5. 시장이자율은 6%임
6. 산정가액은 백만원 단위 이하 절사함

예시답안

Ⅰ. 평가개요
- 평가대상: 토지
- 평가목적: 표준지공시지가 산정
- 기준시점: 2025.1.1.
- 기준가치: 적정가치
- 대상 골프장 등록면적 기준 전체 일단지 기준하여 평가함

Ⅱ. 거래사례비교법

1. 사례 선정
   대중제, 정규 18홀 기준, <거래사례 2> 선정(사례 1: 회원제 골프장)

2. 비준가액
   지역요인은 수도권과의 거리 고려 역수 비교함
   $36,000,000,000 \times 1.00 \times {}^*1.02016 \times 160/115 \times 100/105 \times 1/400,000 ≒ 122,000$원/㎡

   * 2024.5.1. ~ 2025.1.1. 지가변동률
   $(1 + 0.03 \times 246/366)$

Ⅲ. 원가법(가산법)

1. 준공 당시 가액(2024.1.1.)

    (1) 소지가액의 현가

    $10,000,000,000,000 \times 1.12 ≒ 11,200,000,000$원

    (2) 조성비용의 현가

    클럽하우스 등 토지에 화체되지 아니한 건물 가액은 미포함

    $1,000,000,000 \times 18 \times 0.90 \times 1/4 \times FVAF(3\%, 4) ≒ 16,944,000,000$원

    (3) 준공 당시 가액

    소지가액 + 조성비용 ≒ 28,144,000,000원

2. 기준시점 당시 적산가액

    $28,144,000,000 \times 1.03 ≒ 28,988,000,000$원($\div 250,000㎡ ≒ 116,000$원/㎡)

Ⅳ. 수익환원법

1. 골프장 부지 귀속순수익

    (1) 건물 및 기타 무형자산 귀속순수익

    $$\underbrace{1,000,000,000 \times 18 \times 0.10 \times 1/4 \times FVAF(3\%, 4) \times 39/40 \times 0.15}_{\text{건물 귀속순수익}} + \underbrace{5,000,000,000 \times 0.3}_{\text{기타 무형자산 귀속순수익}}$$

    ≒ 1,775,335,000원

    (2) 골프장 부지 귀속순수익

    5,000,000,000 - 건물 등 귀속순수익 ≒ 3,225,665,000원

2. 대상 골프장 부지 수익가액

    순수익 $\div 0.1 ≒ 32,247,000,000$원($\div 250,000㎡ ≒ 129,000$원/㎡)

Ⅴ. 대상 부지 표준지공시지가 가액 결정

비준가액: 122,000원/㎡

적산가액: 116,000원/㎡

수익가액: 129,000원/㎡

상기 시산가액 모두 유사한바, 「감칙」 제12조 제2항 의거 합리성 인정됨. 감정평가 목적 및 관련 규정 기준하여 비준가액으로 대상토지의 2025년 1월 1일 기준 표준지공시지가로 결정함

∴ 122,000원/㎡

[문제 2]

G감정평가법인은 아래와 같은 물류창고 예정부지에 대한 감정평가를 의뢰받았다. 주어진 자료를 활용하여 다음 물음에 답하시오. 단, 기준시점은 2025년 8월 31일임

(물음 1) 공시지가기준법을 적용하여 토지가치를 산정하시오.

(물음 2) 원가법을 적용하여 토지가치를 산정하시오.

(물음 3) 수익환원법을 적용하여 토지가치를 산정하시오.

(물음 4) 대상토지의 시산가액을 결정하시오.

<자료 1>   대상부동산 내역

1. 소재지: 경기도 이천시 ○○면 □□리 1 - 3외 3필지

구분	지번	지목	면적(㎡)
1	1 - 3	전	12,000
2	1 - 4	전	5,000
3	1 - 5	전	32,000
4	1 - 6	전	4,000
	합계		53,000

2. 공법상 제한

계획관리지역, 성장관리계획구역, 가축사육제한구역(일부제한지역)「가축분뇨의 관리 및 이용에 관한 법률」, 가축사육제한구역(전부제한지역)「가축분뇨의 관리 및 이용에 관한 법률」, 고속국도법상의 접도구역(영동선)「고속국도법」, 배출시설설치제한지역「물환경보전법」임

<자료 2>   △△커피 물류창고 허가 내역

1. 허가서

위치	경기도 이천시 ○○면 □□리 1 - 3외 3필지	
허가면적	50,000㎡	허가용도	창고시설
구분	A동	B동
용도	상온 창고	냉장/냉동 창고
규모	지상 2층	지상 2층
건축면적	7,600㎡	2,400㎡
연면적	15,200㎡	4,800㎡
구조	프리케스트콘크리트구조, 공업화박판강구조(PEB)	

2. 기타사항

대상토지 전체 면적 중 일부는 창고 진입도로 개설하여 이천시에 기부채납 조건으로 당해 허가를 득함

<자료 3>   실지조사 등

1. 본건은 경기도 이천시 소재 영동고속도로 덕평 IC 동측 부근에 소재하며, 상기 물류창고 허가 내역과 동일하게 기준시점 당시 토지 조성공사 완료 후 해당 물류창고 건물을 건축하고 있음. 본건 평가는 건축비용의 자금 조달을 위해 H은행으로부터 담보평가 의뢰를 받음

2. 창고부지 개발 전 토지 특성은 세로(가), 부정형, 평지이며, 개발 후 토지 특성은 창고용지, 소로 각지, 부정형, 평지임

<자료 4>   인근 표준지공시지가

기호	소재지	면적 (㎡)	용도 지역	이용 상황	도로 교통	형상 지세	공시지가 (원/㎡)		비고
							2024년	2025년	
가	□□리 447-5	4,542.5	계획 관리	전	세로 (가)	부정형 평지	154,800	159,200	-
나	□□리 589-2	83.2	계획 관리	도로	-	-	51,000	53,800	-
다	△△리 14-1	5,420	계획 관리	공업용	소로 한면	부정형 평지	231,700	235,800	-

※ 그 밖의 요인 보정치는 20% 증액 보정함

<자료 5>   대상토지 조성공사비용, 건물 건축비용

1. 대상토지 조성공사비는 50,000원/㎡이며, 도로 부분은 도로 개설 후 기부채납함
2. 소지 매입시기는 2024.1.1.이며, 구입 즉시 착공함
3. 토지 조성공사 기간은 1년 6개월이며, 착공 후 6개월, 1년, 준공 시 각각 균등하게 지급됨. 관련 시장이자율은 6%이며 소지 매입시기부터 이를 고려함
4. 해당 건물 조성공사비는 상온 창고는 800,000원/㎡, 냉장/냉동 창고는 1,200,000원/㎡이며, 기준시점에 착공함. 공사기간은 1년, 공사비는 준공 시 전액 발생함. 관련 시장이자율은 12%임

<자료 6>   대상 물류창고 임대 예상 내역

1. 1기 월 임대료 등(임대면적은 연면적과 동일함)
   (1) 상온 창고: 15,000원/㎡
   (2) 냉장/냉동 창고: 40,000원/㎡
   (3) 보증금은 월 임대료의 12개월분임
2. 전형적 공실률은 5%, 운영경비비율은 가능총수익 기준 15%임
3. 보유기간은 5년, 임대료 상승률은 연 3%임
4. 기출환원율은 할인율에 위험률 6%를 가산하여 산정함
5. 시장이자율: 12%
6. 보증금운영이율: 3%
7. 대상 물류창고는 완공 즉시 전체 임대됨

<자료 7>　기타사항

1. 지가변동률(경기도 이천시, %)

기간	녹지지역	보전관리지역	계획관리지역
2024.1.1. ~ 2024.12.31.	2.002	2.785	2.587
2025.1.1. ~ 2025.6.30.	1.547	1.157	1.762
2025.6.1. ~ 2025.6.30	0.075	0.078	0.910

2. 개별요인 평점(모든 연도 적용 가능)

조성 전	조성 후	표준지 가	표준지 나	표준지 다
80	105	75	60	104

예시답안

Ⅰ. 평가개요

- 평가대상: 토지
- 평가목적: 담보평가
- 기준시점: 2025.8.31. 「감칙」 제9조 제2항
- 본건 토지는 창고용지로 허가 득한 후 기준시점 현재 건축 상태인바, 이를 고려하여 창고용지, 소로각지, 부정형, 평지 기준하여 평가함

Ⅱ. 공시지가기준법 「감칙」 제14조 제1항

1. 표준지 선정

계획관리지역, 창고용지, 소로각지, 부정형, 평지 기준 표준지 <#다> 선정
(#가, 나: 이용상황 상이)

2. 시점수정

2025.1.1. ~ 2025.8.31. 이천시 계획관리
$1.01762 \times (1 + 0.00910 \times 62/30) ≒ 1.03676$

3. 공시지가기준액

$235,800 \times 1.03676 \times 1.000 \times 105/104 \times 1.20 ≒ 296,000$원/㎡

Ⅲ. 원가법(가산법) 「감칙」 제12조 제2항

1. 준공 당시 가액(2025.6.30.)

(1) 소지가액(공시지가기준액)

① 표준지 선정

계획관리지역, 세로(가), 부정형, 평지 기준 표준지 <#가> 선정

② 공시지가기준액(2024년 공시지가 적용)

154,800 × *1.09163 × 1.000 × 80/75 × 1.20 ≒ 216,000원/㎡

(× 53,000㎡ ≒ 11,448,000,000원)

* 시장이자율 6% 적용

1.06 × (1 + 0.06 × 182/366)

(2) 조성비용 등의 현가

50,000 × 53,000 × 1/3 × ($1.06 + 1.005^6 + 1$) ≒ 2,729,833,000원

(3) 조성 당시 토지가액

(11,448,000,000 + 2,729,833,000) ÷ 50,000 ≒ 284,000원/㎡

2. 기준시점 당시 가액

284,000 × *1.01911 ≒ 289,000원/㎡

* 2025.6.30. ~ 2025.8.31. 이천시 계획관리

(1 + 0.00910 × 63/30)

Ⅳ. 수익환원법

1. 처리방침

"(완공 후) 전체 부동산 가액 - 건축 비용의 현가 ≒ 토지 가액"으로 결정함. 완공 후 전체 부동산 가액은 할인현금흐름분석법을 적용함

2. (완공 후) 전체 부동산 수익가액

(1) 1기의 현금흐름

① PGI

(15,000 × 15,200 + 40,000 × 4,800) × (12 + 12 × 0.03) ≒ 5,191,200,000원

② NOI

PGI × (1 - 0.05 - 0.15) ≒ 4,152,960,000원

(2) 기말복귀액

NOI1기 × 1.03^5 ÷ (0.12 + 0.06) ≒ 26,746,771,000원

(3) (완공 후) 전체 부동산 가액

$$\left[NOI기 \times \frac{1 - \left(\frac{1.03}{1.12}\right)^5}{0.12 - 0.03} + \frac{기말복귀액}{1.12^5} \right] \div {}^*1.12 \;≒\; 30,967,164,000원$$

* 건물공사기간 고려

3. 건물 가액(신축 비용의 현가)

(800,000 × 15,200 + 1,200,000 × 4,800) ÷ 1.12 ≒ 16,000,000,000원

4. 대상토지 수익가액

(전체 부동산 가액 - 건축 가액) ÷ 50,000 ≒ 299,000원/㎡

Ⅴ. 대상토지가액 결정

공시지가기준액: 296,000원/㎡

적산가액: 289,000원/㎡

수익가액: 299,000원/㎡

상기 시산가액 모두 유사한바, 「감칙」 제12조 제2항 의거 합리성 인정됨. 「감칙」 제14조 제1항 의거 공시지가기준액으로 결정함

∴ 296,000원/㎡ × 50,000㎡ ≒ 14,800,000,000원

[문제 3]

㈜H감정평가법인은 ㈜K자산운용으로부터 아래와 같은 호텔에 대한 일반거래목적의 감정평가를 의뢰받았다. 주어진 자료를 활용하여 각 물음에 답하시오. 단, 기준시점은 2025년 7월 10일임

(물음 1) 대상 호텔의 가치를 원가법을 적용하여 산정하시오.

(물음 2) 대상 호텔의 가치를 거래사례비교법을 적용하여 산정하시오.

(물음 3) 대상 호텔의 가치를 수익환원법을 적용하여 산정하시오.

<자료 1> 대상부동산 개요

1. 토지(서울특별시 중구)

구분	소재지	지번	지목	면적(㎡)	용도지역	점면도로	형상지세	개별지가 (원/㎡)
1	◇◇동	458 - 7	대	1,324	중심상업	광대한면	가장형 평지	31,800,000
2	◇◇동	489 - 2	대	300	중심상업	세로 (가)	부정형 평지	31,800,000
3	◇◇동	501 - 2	도로	25	중심상업	-	-	-
4	□□동	2 - 7	잡	102	중심상업	세로 (가)	정방형 평지	31,800,000

※ 기호 3 토지는 기호 2 토지 진입로 일부임

2. 건물(그랜드 스타 호텔, 비즈니스호텔, 특4성급)

구조	철근콘크리트조 철근콘크리트 지붕		
용도	숙박시설, 근린생활시설, 업무시설, 위락시설		
연면적	17,035.5㎡	사용승인일	1998.2.5.
층수	지하 1층 ~ 지상 16층		
객실 타입	일반	250개	
	특실	60개	
	합계	310개	

<자료 2> 인근지역 표준지공시지가

(공시기준일: 매년 1월 1일)

기호	소재지	면적 (㎡)	이용상황	용도지역	도로교통	형상지세	공시지가 (원/㎡)	비고
1	◇◇동 155 - 7	245	상업용	중심상업	소로각지	부정형 평지	18,300,000	-
2	◇◇동 514 - 2	1,824	상업용	중심상업	광대한면	부정형 평지	30,700,000	-
3	◇◇동 458 - 7	1,726 (일단지)	상업용	중심상업	광대세각	부정형 평지	31,800,000	-

※ 해당 연도 공시지가는 인근지역 내 적정시세 대비 20% 낮음

<자료 3>   건물 등 관련 자료

1. 재조달원가(건물신축단가, 2025년)

구분	용도	구조	급수	단가 (원/㎡)	내용연수
7 - 5 - 3 - 1	호텔	철근콘크리트조 철근콘크리트지붕	1	2,500,000	50 (45 ~ 55)

※ 대상 호텔 적용 부대시설 보정단가는 500,000원/㎡임

2. 대상 호텔 내 전시되어 있는 공작물 및 미술품 등 가액: 20억원

<자료 4>   호텔 거래사례

구분	거래사례 1	거래사례 2	거래사례 3
등급	특4성급	특5성급	특4성급
구분(유형)	관광호텔	비즈니스 호텔	비즈니스 호텔
연면적	20,782㎡	30,472㎡	18,452㎡
규모	지하 2층/ 지상 13층	지하 4층/ 지상 10층	지하 3층/지상 15층
사용승인일	1997.6.24.	2005.8.17.	2001.4.15.
거래일자	2025.1.27.	2025.2.23.	2024.12.5.
거래금액	1,050억원	2,200억원	1,200억원
개별요인 (대상 100)	104	115	105

※ 개별요인 평점은 호텔 내 모든 구성(토지 및 건물 등)요소에 대한 비교치를 포함함
※ 호텔의 경우 호텔 연면적에 따라 거래되는 관행이 있음

<자료 5>   대상 호텔 수익자료

1. 서울특별시 호텔별 객실당 평균 단가(ADR, 기준시점 현재, 단위: 원)

구분	특5성급	특4성급	특3성급	특2성급
일반	300,000	210,000	140,000	100,000
특실	550,000	380,000	300,000	220,000

※ 대상 호텔은 동급 호텔 대비 위치적 강점에 있어 5% 우세함

2. 서울특별시 호텔별 부대시설 수입 비율

특5성급	특4성급	특3성급	특2성급
42.5%	32.0%	25.4%	20.8%

※ 대상 호텔은 동급 호텔 대비 부대시설의 명성에 따라 10%P의 강점을 가짐

3. 서울특별시 호텔별 객실이용률(OCC, 1년 365일 기준)

특5성급	특4성급	특3성급	특2성급
80.5%	75.0%	65.0%	80.5%

※ 대상 호텔은 동급 호텔 대비 동일한 객실이용률을 가짐

4. 대상 호텔 영업경비비율: 총 매출 대비 60%
5. 대상 호텔 무형(명성, 노하우, 직원 수준 등)자산 귀속순수익비율: 10%
6. 대상 호텔 매출 상승률: 매년 3%
7. 대상 호텔 가능총수익 = 객실 매출 + 부대시설 매출

8. 대상 호텔에 적용할 WACC는 10%이며, 기출환원율은 15%를 적용함

9. 대상 호텔의 보유기간은 5년으로 하며, 기말복귀액은 6기 순수익을 기준함

10. 대상 호텔 매각 시 매도비용은 2%임

11. 대상 호텔 수익가액은 영업이익을 기준하여 산정함

<자료 6> 각종 요인자료 등

1. 지가변동률: 연 4%

2. 자본수익률: 연 6%

3. 건설공사비 변동률: 보합세

4. 접면도로 평점

광대한면(125), 중로한면(110), 소로한면(100), 세로(90)

5. 도로의 경우 화체이론의 의거 해당 도로 가치가 편익 받는 토지로 전부가 이전되었다고 전제함

6. 시산가액은 백만원 단위 이하는 반올림함

예시답안

I. 평가개요

- 평가대상: 호텔
- 평가목적: 일반거래(시가참조용)
- 기준시점: 2025.7.10.
- 기준가치: 시장가치 「감칙」 제5조 제1항

II. 물음 1, 원가법(개별물건기준 합, 「감칙」 제7조 제1항)

1. 처리방침

① 대상 호텔의 구성요소인 토지, 건물, 공작물 등 가액을 합산하여 산정함

② 토지의 경우 용도상 불가분의 관계로 일단지 평가함

2. 토지(공시지가기준법, 「감칙」 제14조 제1항)

① 표준지 선정

본건이 표준지 인바, 표준지 <#다> 선정함

② 시점수정

2025.1.1. ~ 2025.7.10. 지가변동률

$(1 + 0.04 \times 191/365) ≒ 1.02093$

③ 공시지가기준액

도로부분 평가외 처리

$31,800,000 \times 1.02093 \times 1.000 \times 1.000 \times 1/80 ≒ 40,600,000$원/㎡

$(\times 1,726㎡ ≒ 70,076,000,000$원)

3. 건물(원가법, 「감칙」 제15조 제1항)

(250,000,000 + 500,000) × 23/50 ≒ 1,380,000원/㎡

(× 17,035.56㎡ ≒ 23,509,000,000원)

4. 공작물 등: 2,000,000,000원

5. 적산가액(개별물건기준 합)

토지 + 건물 + 공작물 ≒ 95,585,000,000원

Ⅲ. 물음 2, 거래사례비교법 「감칙 제7조 제2항」

1. 사례 선정

특4성급, 비즈니스 호텔 사례로 <거래사례 3>을 선정함

(사례 1: 호텔 유형 상이, 사례 2: 호텔 등급 상이)

2. 일체비준가액

$120,000,000,000 × 1.00 × {}^*1.03584 × 1.000 × 100/105 × 17,035.5/18,452 ≒ 109,294,000,000$원

* 2024.12.5. ~ 2025.7.10. 자본수익률

$(1 + 0.06 × 218/365)$

Ⅳ. 물음 3, 수익환원법

1. 처리방침

대상 호텔 가치산정으로 호텔 내 영업이익을 기준으로 할인현금흐름분석법을 적용하여 산정함

2. 현금흐름

(1) 총 매출(서울특별시 특4성급 객실당 평균 단가 기준)

$(210,000 × 250 + 380,000 × 60) × 1.05 × 365일 × 0.75 × \underbrace{(1 + 0.42)}_{\text{부대시설수입}} ≒ 30,734,542,000$원

(2) 영업이익(무형자산 귀속순수익 포함)

$PGI × (1 - 0.6) ≒ 12,293,817,000$원

3. 기말복귀액

영업이익$_{1기} × 1.03^5 ÷ 0.15 × (1 - 0.02) ≒ 93,112,000,000$원

4. 대상 호텔 수익가액

$$\text{영업이익}_{1기} × \underbrace{\frac{1 - \left(\dfrac{1.10}{1.03}\right)^5}{1.10 - 0.03}}_{\text{K계수 × PVAF}} + \frac{\text{기말복귀액}}{1.10^5} ≒ 107,023,000,000원$$

Ⅴ. 물음 4, 대상 호텔 감정평가액 결정

적산가액: 95,585,000,000원

비준가액: 109,294,000,000원

수익가액: 107,023,000,000원

비준가액 및 수익가액이 유사한바, 「감칙 제12조 제2항」 의거 합리성 인정됨. 적산가액은 호텔 내 수익 창출에 대한 요소의 기대치를 반영하지 못하는 문제점이 있으므로 호텔의 시장성을 반영하며 호텔 구성요소에 대한 기여도를 모두 반영한 비준가액으로 결정함

∴ 109,294,000,000원

[문제 4] 감정평가사 K는 A기업으로부터 적정시설을 보유하고 정상적으로 가동 중인 석탄광산에 대한 일반거래 목적의 감정평가를 의뢰받고 사전조사 및 현장조사를 한 후 다음과 같이 자료를 정리하였다. 주어진 자료를 활용하여 다음 물음에 답하시오. 기준시점은 현재임

(물음 1) 광산의 감정평가액을 산정하시오.

(물음 2) 광업권의 감정평가액을 산정하시오.

<자료 1> 연간 수지 상황

사업수익		소요경비	
정광판매수입		채광비	500,000,000원
		선광제련비	350,000,000원
월간생산량	50,000t	일반관리비, 경비 및 판매비	총매출액의 10%
판매단가	5,000원/t	운영자금이자	150,000,000원
		감가상각비	-
		건물	30,000,000원
		기계기구	70,000,000원

※ 감정평가대상 광산의 연간수지는 장래에도 지속될 것이 예상됨

<자료 2> 자산명세서(기준시점 당시 감정평가액)

자산항목	자산별 가격
토지	1,000,000,000원
건물	750,000,000원
기계장치	1,200,000,000원
차량운반구	150,000,000원
기타 상각자산	200,000,000원
합계	3,300,000,000원

<자료 3> 광산 관련 자료

1. 매장광량: 확정광량 5,500,000t, 추정광량 8,000,000t

2. 가채율

구분	일반광산	석탄광산
확정광량	90%	70%
추정광량	70%	42%

3. 투자비(장래소요기업비): 적정생산량을 가행최종연도까지 유지하기 위한 제반 광산 설비에 대한 장래총투자소요액의 현가로서 장래소요기업비의 현가 총액은 1,450,000,000원임

4. 각종 이율: (상각 후)환원율 16%, 축적이율 10%

5. 기타자료

   (1) 가격산정 시 백만원 미만은 반올림함

   (2) 생산량은 전량 판매됨

   (3) 가행연수(n) 산정시 연 미만은 절사함

Ⅰ. 평가개요

- 평가대상: 광산, 광업권
- 평가목적: 일반거래(시가참조용)
- 기준시점: 현재
- 기준가치: 시장가치 「감칙」 제5조 제1항

Ⅱ. 물음 1, 광산 평가액 「감칙 제19조」

1. (상각 전) 순수익 산정

(1) 대상 광산 매출액

$50,000 \times 12 \times 5,000 ≒ 3,000,000,000$원

(2) 소요경비(감가상각비 제외)

$500,000,000 + 350,000,000 + 3,000,000,000 \times 0.1 + 150,000,000 ≒ 1,300,000,000$원

(3) 상각 전 순수익

$3,000,000,000 - 1,300,000,000 ≒ 1,700,000,000$원

2. 가행연수 산정

$$\frac{5,500,000 \times 0.7 + 8,000,000 \times 0.42}{50,000 \times 12} ≒ 12년$$

3. (상각 전)환원율 산정

$$0.16 + \frac{0.1}{1.1^{12} - 1} ≒ 0.2068$$

4. 광산 평가액

[전체 수익가액 - 장래소요기업비]로 산정함

$$\frac{1,700,000,000}{0.2068} - 1,450,000,000 ≒ 6,771,000,000$$원

Ⅲ. 물음 2, 광업권 평가액 「감칙 제23조」

[광산 평가액 - 광산의 현존시설 가액]으로 산정함

현존시설 가액은 기준시점 당시 감정평가액으로 결정

$6,771,000,000 - 3,300,000,000 ≒ 3,471,000,000$원

[문제 5]

H감정평가법인은 아래와 같은 ㈜해커스의 자산평가를 위해 다음과 같은 자료를 수집하였다. 기준시점 현재의 ㈜해커스의 영업권을 감정평가하시오.

<자료 1>   ㈜해커스의 매출자료

1. 최근 5년간 연평균 순수익: 450,000,000원
2. 무형자산을 제외한 자산총계: 5,000,000,000원
3. 부채총계: 2,500,000,000원

<자료 2>   기타자료

1. ㈜해커스 동종업종의 정상 순수익률: 15%
2. 초과수익 적용 할인율: 25%
3. 초과수익 총 예상 연도: 10년

예시답안

1. 처리방침
   대상 기업의 영업권을 초과수익을 할인하는 방법으로 산정함

2. 초과수익
   450,000,000 - (5,000,000,000 - 2,500,000,000) × 0.15 ≒ 75,000,000원

3. 영업권 가치
   잔존 초과수익 발생 연도 기준
   75,000,000 × PVAF(25%, 5년) ≒ 201,696,000원

[문제 6]

㈜해커스감정평가법인은 아래와 같은 ㈜독도의 재무제표 등을 제시받고 일반거래(시가참조용)목적의 영업권 감정평가를 의뢰받았다. ㈜독도의 영업권을 감정평가하시오.

<자료 1>   기준시점 현재 ㈜독도의 재무제표 등

1. 재무구조(단위: 천원)

항목	금액	항목	금액
당좌자산	1,000,000	유동부채	1,000,000
투자자산	300,000	비유동부채	400,000
		자본금	1,000,000
유형자산	1,700,000	자본잉여금	300,000
		이익잉여금	300,000
합계	3,000,000	합계	3,000,000

2. 연간 순수익(단위: 천원)

연도	1차 연도(과거)	2차 연도(과거)	3차 연도(기준시점 현재)
당좌자산	385,000	400,000	430,000

<자료 2>   기타자료

1. 대상 동종업계의 정상순수익률은 25%이며, 시장할인율은 15%임
2. 향후 영업권의 존속기간은 2년을 적용함
3. 해당 영업권 이외의 기타 무형자산 귀속분은 순수익의 10%임

Ⅰ. 평가개요

- 평가대상: 영업권 「감칙 제23조 제3항」
- 평가목적: 일반거래(시가참조용)
- 기준시점: 현재

Ⅱ. ㈜독도의 영업권 관련 초과수익

1. 연평균 순수익

$(385,000,000 + 400,000,000 + 430,000,000) \div 3 ≒ 405,000,000$원

2. 정상수익

"(영업용 자산가치 - 부채가치) × 정상순수익률"로 산정함(투자자산 제외)

$[(3,000,000,000 - 300,000,000) - (1,000,000,000 + 400,000,000)] × 0.25 ≒ 325,000,000$원

3. 영업권 관련 초과수익

$(405,000,000 - 325,000,000) × \underbrace{(1 - 0.1)}_{\text{기타무형자산귀속분}} ≒ 72,000,000$원

Ⅲ. ㈜독도 영업권 가치

향후 2년 기준

$72,000,000 × \dfrac{1.15^2 - 1}{0.15 × 1.15^2} ≒ 117,051,000$원

[문제 7]

감정평가사 李씨는 아래와 같은 기업에 대해 영업권 가치 평가를 의뢰받았다. 일반거래(시가 참조용) 목적의 감정평가액은 산정하시오. 단, 기준시점은 현재임

<자료 1> ㈜해커스 수정 후 재무상태표(단위: 천원)

구분		금액	구분		금액
유동자산	현금 및 현금성자산	800,000	유동부채	매입채무	800,000
	재고자산	1,000,000		단기차입금	200,000
	선급비용	700,000	비유동부채	장기차입금	500,000
비유동자산	유형자산	2,500,000	자본	자본금	4,000,000
	투자자산	1,000,000		이익잉여금	500,000
합계		6,000,000	합계		6,000,000

※ 장기차입금은 영업외 항목에 대한 부채임.

<자료 2> ㈜해커스 기준시점 현재 수정전 손익계산서(단위: 천원)

구분	금액
매출액	4,350,000
매출원가	-
기초	1,000,000
매입	2,000,000
기말	1,000,000
판매비·관리비	1,600,000

※ 매출 및 판관비 변동사항 없음

<자료 3> 기타사항

1. ㈜해커스 동종업계 정상 순수익률은 15%임
2. ㈜해커스의 초과수익은 향후 5년간 지속되며, 매기 영업이익은 3% 증가함
3. ㈜해커스 동종업계의 할인율은 10%를 적용함
4. 투자자산을 제외한 모든 자산항목은 해당 영업활동에 기여함
5. 단기차입금 재고자산 매입을 위한 차입금임

Ⅰ. 평가개요

- 평가대상: 영업권
- 평가목적: 일반거래(시가참조용)
- 기준시점: 현재

Ⅱ. ㈜해커스 영업권 가치

1. 기준시점 현재 초과이익

(1) 기준시점 현재 영업이익

① 매출액: 4,350,000,000원

② 매출원가

1,000,000,000 + 2,000,000,000 - 1,000,000,000 ≒ 2,000,000,000원

③ 영업이익

매출액 - 매출원가 - 판관비 ≒ 750,000,000원

(2) 정상 순수익

① 대상 순자산의 공정가치

영업관련 자산 기준, 투자자산 제외, 장기차입금 제외

(6,000,000,000 - 1,000,000,000) - (800,000,000 + 200,000,000) ≒ 4,000,000,000원

② 정상 순수익

4,000,000,000 × 0.15 ≒ 600,000,000원

(3) 초과이익

대상 순수익 - 정상 순수익 ≒ 150,000,000원

2. 영업권 가치

매기 3% 상승률 고려

$$150,000,000 \times \frac{1 - \left(\frac{1.03}{1.10}\right)^5}{1.10 - 0.03} ≒ 600,390,000원$$

[문제 8]

㈜R감정평가법인은 ㈜해커스물류로부터 아래와 같은 영업권 가치 평가를 의뢰받았다. 다음 자료를 활용하여 영업권을 감정평가하시오.

<자료 1> ㈜해커스물류 기업가치

1. 영업 관련 기업가치: 1,800,000,000원
2. 비영업 자산의 가치: 500,000,000원
3. 전체 기업가치: 2,300,000,000원

<자료 2> 자산 내역

1. 유동자산: 500,000,000원
2. 비유동자산
   (1) 토지: 1,000,000,000원
   (2) 건물: 200,000,000원
   (3) 기계기구: 150,000,000원
   (4) 투자자산: 500,000,000원

<자료 3> 부채 내역

1. 유동부채: 300,000,000원
2. 비유동부채: 50,000,000원

<자료 4> 기타사항

1. 상기 자산 내역 중 투자자산을 제외한 자산항목은 영업 관련 항목임
2. 상지 부채 내역 중 비유동부채는 투자자산에 대한 부채 항목이며 그 외는 영업 관련 항목임

Ⅰ. 평가개요

본건은 ㈜해커스물류의 영업권 평가로 기준시점은 현재임

대상 영업권은 영업 관련 기업가치에서 영업투하자본을 차감하여 산점함

Ⅱ. 영업권의 평가

1. 영업 관련 기업가치: 1,800,000,000원

2. 영업투하자본

    ① 영업자산(비영업용 자산 제외)

    500,000,000 + 1,000,000,000 + 200,000,000 + 150,000,000 ≒ 1,850,000,000원

    ② 영업부채(영업 관련 부채)

    300,000,000원

    ③ 영업투하자본

    영업자산 - 영업부채 ≒ 1,550,000,000원

3. 영업권 가치

    영업 관련 기업가치 - 영업투하자본 ≒ 250,000,000원

[문제 9]

J감정평가법인은 아래와 조건의 로열티가 발생하는 경우 지식재산권 감정평가를 의뢰받았다. ㈜스마트의 지식재산권 가치를 산정하시오. 단, 기준시점은 현재임

<자료 1> ㈜스마트의 예상 매출액(단위: 천원)

구분	1기	2기	3기	4기	5기
매출액	1,000,000	1,200,000	1,300,000	1,450,000	1,600,000

<자료 2> 동종 유사 지식재산권의 로열티 조건

1. 로열티 계약기간: 5년
2. 로열티율: 전체 매출액의 2%
3. 지급방식: 연간 로열티 사용료 지급
4. 세율: 25%
5. 할인율: 15%

<자료 3> 기타사항

1. 기술 비교 평점

구분	기술성	시장성	권리성
동종	1.00	1.00	1.00
대상	0.85	0.90	1.00

2. 대상 기술 조정계수(가산식) = 대상 평점/동종 유사 지식재산권 평점

예시답안

I. 평가개요

㈜스마트의 지식재산권 감정평가로, 로열티 공제법에 의함. 기준시점은 현재임
(해당 지식재산권으로 인해 절감 가능한 사용료를 기준하여 산정하는 방법)

II. 지식재산권 평가

1. 현금흐름표(단위: 천원)

구분	1기	2기	3기	4기	5기
매출액	1,000,000	1,200,000	1,300,000	1,450,000	1,600,000
*세후 로열티액	15,000	18,000	19,500	21,750	24,000

* 매출액 × 0.02 × (1 - 0.25)

2. 절감되는 로열티(사용료)의 현재가치

$$\sum_{n=1}^{5} \frac{\text{세후 로열티액}}{1.15^n} ≒ 69,248,000원$$

3. 대상 지식재산권 가치

69,247,000 × (0.85 × 0.90 × 1.00) ≒ 52,975,000원

[문제 10]   P감정평가법인은 아래와 같은 기업에 대한 특허권 감정평가가 의뢰되었다. 주어진 자료를 활용하여 대상 기업의 특허권을 평가하시오.

<자료 1>   기준시점 현재 ㈜독립 영업 관련 기업가치

구분		금액
영업 관련	1년 차 ~ 5년 차	5,000,000,000원
	6년 차 ~ 계속 기업	6,000,000,000원
비영업 자산		2,000,000,000원
전체 기업가치		13,000,000,000원

<자료 2>   특허권 관련 자료

1. 특허권 법적 존속기간: 20년
2. 특허권 출원일: 기준시점 5년 전
3. 특허권 경제적 존속기간: 출원일로부터 10년
4. 기술기여도
   (1) 산식
       기술기여도 = 산업기술요소 × 개별기술강도
   (2) 산업기술요소: 0.515
   (3) 개별기술강도: 0.700

│ 예시답안

Ⅰ. **평가개요**

본건은 ㈜독립의 특허권 가치 평가로, 기준시점은 현재임
(영업 관련 기업가치에서 기술기여도를 곱하여 산정하는 방법)

Ⅱ. **대상 특허권 가치**

1. **특허권 유효 잔존수명 결정**
   가치산정은 경제적 이익을 기준하므로, 경제적 존속기간 기준하되 경과수명 5년 제외한 향후 <5년>을 유효 잔존수명으로 결정함

2. **특허권 가치**
   특허권의 경제적 유효 잔존수명 기간의 영업 관련 기업가치를 기준함
   5,000,000,000 × (0.515 × 0.700) ≒ 1,802,500,000원

[문제 11]
아래와 같은 자료를 활용하여 ㈜대한민국의 특허권을 평가하시오. 단, 기준시점은 2025년 12월 31일임

<자료 1> ㈜대한민국 영업 관련 현금흐름

1. 1기 FCFF: 1,500,000,000원
2. 가중평균자본비용(WACC): 20%
3. 영업이익 증가율
   1기부터 5기까지 매기 5% 성장하되, 6기부터는 2% 영구성장함

<자료 2> 특허권 관련 자료

1. 특허권 법적 존속기간: 20년
2. 특허권 출원일: 2018.12.31.
3. 특허권 경제적 존속기간: 출원일로부터 10년
4. 기술기여도
   (1) 산식
      기술기여도 = 산업기술요소 × 개별기술강도
   (2) 산업기술요소: 0.500
   (3) 개별기술강도: 0.650

예시답안

Ⅰ. 평가개요
본건은 ㈜대한민국의 특허권 가치 평가로, 기준시점은 현재임
(영업 관련 기업가치에서 기술기여도를 곱하여 산정하는 방법)

Ⅱ. 대상 특허권 가치

1. **특허권 유효 잔존수명 결정**
   가치산정은 경제적 이익을 기준하므로, 경제적 존속기간 기준하되 경과수명 7년 제외한 향후 <3년>을 유효 잔존수명으로 결정함

2. **특허권 가치**
   특허권의 경제적 유효 잔존수명 기간의 영업 관련 기업가치를 기준함

   $$\underbrace{1{,}500{,}000{,}000 \times \frac{1 - \left(\dfrac{1.05}{1.20}\right)^3}{0.20 - 0.05}}_{\text{영업 관련 기업가치}} \times (0.500 \times 0.650) \fallingdotseq 1{,}072{,}753{,}000\text{원}$$

[문제 12]

H감정평가법인은 투자자 李씨가 소유하고 있는 ㈜홀인원의 비상장주식의 감정평가를 의뢰받았다. 다음 자료를 활용하여 대상 의뢰 주식의 감정평가액을 결정하시오. 단, 기준시점은 현재임

<자료 1> 평가의뢰 주식

구분	李씨 소유 주식수	발행 주식수	1주당 액면가
㈜홀인원	50,000주	1,200,000주	5,000원

<자료 2> ㈜홀인원 수정 후 재무상태표(단위: 천원)

구분		금액	구분		금액
유동자산	현금 및 현금성자산	2,000,000	유동부채	매입채무	1,500,000
	재고자산	3,000,000		단기차입금	500,000
	외상매출금	1,000,000	비유동부채	장기차입금	1,500,000
비유동자산	유형자산	3,500,000	자본	자본금	6,000,000
	투자자산	1,500,000		이익잉여금	1,500,000
합계		11,000,000	합계		11,000,000

예시답안

I. 평가개요

본건은 비상장주식의 감정평가로, 기준시점은 현재임

II. 비상장주식 가치

1. 전체 기업가치

   순자산의 공정가치로 평가함

   "순자산 가치 = 자산가치 – 부채가치"

   11,000,000,000 - (1,500,000,000 + 500,000,000 + 1,500,000,000) ≒ 7,500,000,000원

2. 비상장주식 가치

   7,500,000,000 ÷ 1,200,000 ≒ 6,250원/주(× 50,000주 ≒ 312,500,000원)

[문제 13]

아래와 같은 자료를 활용하여 ㈜고구려의 일반거래(시가참조) 목적의 비상장주식을 평가하시오. 기준시점은 현재임

<자료 1> 평가의뢰 주식

구분	발행 주식수	1주당 액면가	평가 의뢰 주식
㈜고구려	1,000,000주	5,000원	40,000주

<자료 2> 기준시점 현재 수정 전 재무상태표(단위: 천원)

과목	금액	과목	금액
현금 및 현금성 자산	1,000,000	매입채무	500,000
투자자산	600,000	미지급금	100,000
매출채권	1,000,000	단기차입금	500,000
미수금	50,000	장기차입금	1,000,000
재고자산	650,000	자본금	5,000,000
토지	3,000,000	이익준비금	500,000
건물	1,500,000	미처분이익이영금	200,000
합계	7,800,000	합계	7,800,000

※ 투자자산은 ㈜고구려의 영업 관련 자산이 아님
※ 장기차입금은 영업 관련 차입금이 아님

<자료 3> ㈜고구려 기말수정사항

1. 투자자산은 최근 부동산경기 악화로 기준시점 당시 5억원으로 평가됨
2. 매출채권 중 10%가 채무자의 부도로 회수 불능 채권으로 분류됨
3. 재고자산은 7억원으로 조정됨
4. 토지의 기준시점 당시 감정평가액은 35억원, 건물은 13억원임
5. 미지급금은 전액 지급함
6. 회사 내규 변경으로 인해 당해 퇴직급여충담금으로 2억원을 계상함
7. 단기차입금은 4억원으로 조정됨

Ⅰ. 평가개요

본건은 비상장주식의 일반거래 목적의 감정평가로, 기말수정사항을 유의하여 순자산가치 산정 후 발행 주식수로 나누어 평가함. 기준시점은 현재임

Ⅱ. 기말수정사항 정리(단위: 천원)

과목	금액	수정 후	과목	금액	수정 후
현금 및 현금성 자산	1,000,000	1.000.000	매입채무	500,000	500,000
투자자산	600,000	500.000	미지급금	100,000	-
매출채권	1,000,000	900.000	단기차입금	500,000	400,000
미수금	50,000	50,000	장기차입금	1,000,000	1,000,000
재고자산	650,000	700,000	퇴직급여 충당부채	-	200,000
토지	3,000,000	3,500,000			
건물	1,500,000	1,300,000			
합계	7,800,000	7,950,000	합계		2,100,000

Ⅲ. 비상장주식 가액

1. 순자산가치

   비상장주식 평가로 비영업용 자산의 가치 모두 포함

   7,950,000,000 - 2,100,000,000 ≒ 5,850,000,000원

2. ㈜고구려 비상장주식 가액

   5,750,000,000 ÷ 1,000,000주 ≒ 5,850원/주(× 40,000주 ≒ 234,000,000원)

J감정평가법인은 아래와 같은 채권의 시장가치의 감정평가를 의뢰받았다. 채권의 시장가치를 산정하시오.

<자료 1> 채권 내역

1. 액면가: 2,000,000,000원
2. 발행일: 2024.3.1.
3. 약정이자율: 12%
4. 시장이자율: 15%
5. 상환조건
   5년 거치(월말 기준 이자 지급) 10년간 매월 원리금균등상환 조건
6. 기준시점: 2025.5.1.

▌예시답안

1. 거치기간 이자
   2025.5.1. ~ 2029.2.28.
   $2,000,000,000 \times 0.12/12 \times PVAF(15/12\%, 46회) ≒ 696,458,000원$

2. 원리금상환분
   $2,000,000,000 \times MC(1\%, 120개월) \times PVAF(1.25\%, 120개월) \times 1/1.0146 ≒ 1,778,548,000원$

3. 채권가액
   거치기간 이자 + 원리금상환분 ≒ 2,475,006,000원

[문제 15] G감정평가법인은 아래와 같은 재무상태표를 가진 ㈜백제의 기업가치 감정평가를 의뢰받았다. 대상 기업에 적용할 가중평균자본비용을 산정하시오.

<자료 1> ㈜백제 재무상태표(단위: 억원)

유동자산	현금예금	1,000	유동부채	외상매입금	500
	외상매출금	200		단기차입금	100
	재고자산	300	비유동부채	장기차입금	500
비유동자산	토지	500	자본	자본	1,000
	건물	100			
자산소계		2,100	부채 및 자본 합계		2,100

<자료 2> 자본비용

1. 자기자본비용: 12.0%
2. 타인자본비용(세전): 10.0%
3. 세율: 25%

예시답안

1. 자기자본비율(재무상태표 기준)

$$\frac{자본}{차입부채 + 자본} = \frac{1,000}{100 + 500 + 1,000} ≒ 62.5\%$$

2. 가중평균자본비용

$0.625 \times 12.0 + 0.375 \times 0.10 \times (1 - 0.25) ≒ 10.31\%$

[문제 16]
감정평가사인 이씨는 ㈜신라의 기업가치 감정평가를 의뢰받았다. 주어진 자료를 활용하여 대상 기업에 적용할 가중평균자본비용을 산정하시오.

<자료 1> ㈜신라의 부채 내역

구분	내역
부채비율	30%
보통주 베타	1.30
타인자본비용(세전)	15%

<자료 2> 수익률 등 기타사항

1. 국고채이자율: 5%
2. 시장 기대수익률: 12%
3. 법인세율: 30%
4. 대상 기업의 위험프리미엄: 3%

예시답안

1. 자기자본비용(K_E)
   $0.05 + 1.3 \times (0.12 - 0.05) + 0.03 ≒ 0.1710$

2. 타인자본비용(K_d)
   $0.15 \times (1 - 0.3) ≒ 0.1050$

3. 가중평균자본비용(WACC)
   $0.7 \times 0.1710 + 0.3 \times 0.1050 ≒ 0.1512$

[문제 17] 감정평가사 H씨는 아래와 같은 ㈜발해의 기업가치 산정을 의뢰받았다. 주어진 자료를 활용하여 대상 기업의 공정가치를 산정하시오. 단, 기준시점은 2025.12.31.임

<자료 1> ㈜발해 현금흐름 내역

1. 2025년 매출액: 10,000,000,000원
2. 매출원가율: 50%
3. 판매비와 관리비(감가상각비 포함): 30%
4. 감가상각비: 매기 50,000,000원
5. 자본적지출: 매기 70,000,000원
6. 순운전자본: 매출액 대비 1%

<자료 2> 환원율 관련 자료

1. 무위험률: 2.5%
2. KOSPI 장기수익률: 7%
3. KOSPI 베타계수: 1.30
4. 유사·동종업계 위험프리미엄: 1%
5. 해당 기업 고유의 위험프리미엄: 2%
6. 평균 대출이자율: 6%

<자료 3> 기타사항

1. ㈜발해의 부채비율은 40%임
2. ㈜발해의 법인세율은 25%임
3. ㈜발해의 매출액은 생산자물가 상승률 및 기업의 영업력을 기준하여 매년 4%씩 영구 성장을 전제함
4. ㈜발해의 영업활동은 영구적이며, 계속적인 상태를 전제함

I. 1기 FCFF

1. EBIT
10,000,000,000 × 1.04 × (1 - 0.5 - 0.3) ≒ 2,080,000,000원

2. 1기 FCFF
2,080,000,000 × (1 - 0.25) + 50,000,000 - 70,000,000 - 10,000,000,000 × 0.01 × 0.04
≒ 1,536,000,000원

II. 가중평균자본비용(WACC)

1. 자기자본비용
0.025 + 1.30 × (0.07 - 0.025) + 0.02 ≒ 0.1035

2. 타인자본비용
0.06 × (1 - 0.25) ≒ 0.0450

3. 가중평균자본비용
0.6 × 0.1035 + 0.4 × 0.0450 ≒ 0.0801

III. ㈜발해 계속기업가치
1,536,000,000 ÷ (0.0801 - 0.04) ≒ 38,304,239,000원

[문제 18] ㈜해커스감정평법인 서울중앙지방법원으로부터 아래와 같은 부동산에 대한 소송평가를 의뢰받았다. 주어진 자료를 활용하여 일조침해에 따른 가치하락액 산정하시오. 단, 기준시점은 현재임

<자료 1> **사건 개요**

사건 대상인 서울특별시 양천구 신정동 ○○번지 소재 ◇◇오피스텔 301호는 기존 주거용 오피스텔로 사용 중이었으나, 남측 인근에 상업용 건물(10층)이 신축됨으로써, 법정 일조량의 침해가 있어 이에 따른 가치하락분에 대한 손해액을 청구하였음

<자료 2> **대상부동산 내역**

1. 기준시점 현재 시장가치: 500,000,000원
2. 기존 일조량: 360분(동지일 기준, 연속 일조량)
3. 건물 신축 후 일조량: 60분(동지일 기준, 연속 일조량)

<자료 3> **가치하락률 산정**

1. 가치하락률 = 일조의 가치비율 × (1 - 총 일조시간 ÷ 240)
2. 일조가 차지하는 가치비율: 5%

예시답안

1. 대상 가치하락률 산정

   0.05 × (1 - 60/240) ≒ 0.0375

2. 대상 일조침해에 따른 가치하락분

   500,000,000 × 0.0375 ≒ 18,750,000원

[문제 19] 감정평가사 박씨는 서울중앙지방법원으로부터 아래 사건과 같은 사유로 대상토지의 가치하락분 감정평가를 의뢰받았다. 주어진 자료를 활용하여 대상토지의 가치하락분을 원가법을 적용하여 산정하시오. 단, 기준시점은 현재임

<자료 1> **사건 개요**

대상토지는 개발업자 甲이 매도인 乙로부터 상업용 건물을 신축하기 위해 매입하였으나, 착공 당시 대상토지의 기름 유출 등의 오염이 있음을 확인하고 甲이 이에 대한 손해액을 乙청에게 구하였음

<자료 2> **대상부동산**

1. 소재지: 서울특별시 양천구 신정동 100
2. 지목 등: 대, 532.4㎡, 일반상업지역, 소로각지, 정방형, 평지

<자료 3> **복구비용 등 자료**

1. 복구비용: 향후 5년간 매년 50,000,000원 발생
2. 관리비용: 향후 5년간 매년 10,000,000원 발생
3. 스티그마: 정상 토지 가액의 1%
4. 원상회복 불가능한 가치하락분: 정상 토지 가액의 2%
5. 기준시점 당시 오염 전 대상토지 시장가치: 15,000,000,000원
6. 시장이자율: 6%

예시답안

1. 복구비용 등의 현가
   (50,000,000 + 10,000,000) × PVAF(6%, 5년) ≒ 252,742,000원

2. 스티그마 등
   15,000,000,000 × (0.01 + 0.02) ≒ 450,000,000원

3. 오염 등에 의한 대상토지 가치하락분
   702,742,000원

[문제 20]

Y감정평가법인은 서울중앙지방법원으로부터 아래와 같은 ㈜도배(영업소)의 권리금 소송평가를 의뢰받았다. 주어진 자료를 활용하여 권리금의 가액을 산정하시오. 단, 기준시점은 2025.6.30.임

<자료 1> **대상부동산 관련 자료**

1. 소재지: 서울특별시 중구 주교동 ○○○번지 1층 103호
2. 토지: 일반상업지역, 대, 84.75㎡, 세로(가), 부정형, 평지
3. 건물: 상업용, 전유면적 20㎡, 공용면적 15㎡, 사용승인일 1997.11.21.
4. 임대내역
5. 보증금: 40,000,000원
6. 월세: 2,000,000원
7. 임대개시일: 2020.7.1.(5년 계약)

<자료 2> **㈜도배 영업 관련 자료**

1. 영업이익(최근 3년, 판매비 및 관리비에 감가상각비 포함)

구분	2023년	2024년	2025년
영업이익	100,000,000원	105,000,000원	110,250,000원

※ 상기 영업이익 증가율은 지속될 것으로 판단됨

2. ㈜도배는 소유자 및 직원 3명이 운영하는 소규모 사업장으로 직원 3명에 대한 인건비는 판관비에 계상되었으나 소유자 인건비는 미계상됨. 해당 연도 통계청 표준인건비는 월 2,500,000원(향후 변동 없음을 전제)으로 조사됨
3. Y감정평가법인 소속평가사인 이씨는 유사·동종업계의 영업이익률 및 통계청 자료를 통해 ㈜도배의 무형자산 귀속이익률을 20%로 결정함
4. 유형자산 목록
   (1) 영업시설(인테리어 등): 임대개시일 취득원가 50,000,000원(내용연수 10년, 정액법)
   (2) 책상 및 비품 등: 20set

<자료 3> **기타사항**

1. 권리금 산정 기간은 상가건물임대차보호법상 최장기간인 10년을 기준함
2. 대상에 적용할 할인율은 위험률 등을 고려하여 15%로 결정함
3. 영업시설의 가격변동은 보합세임
4. 기준시점 중고시장에서의 해당 책상 및 비품 등은 set당 100,000원에 거래됨

Ⅰ. 평가개요

본건은 상가 권리금에 대한 소송평가로 기준시점은 임대차 종료일인 2025.6.30.임
해당 권리금 가액은 무형자산 평가액과 유형자산 평가액의 합으로 결정함

Ⅱ. 무형자산 평가액

1. 권리금 귀속 이익

① 2026년 영업이익

최근 3개 연도 매출 증가율 5%를 적용함

110,250,000 × 1.05 ≒ 115,763,000원

② 수정 영업이익

소유자 자가노력비 상당액 차감

115,763,000 - 2,500,000 × 12 ≒ 85,763,000원

③ 권리금 귀속 이익

85,763,000 × 0.2 ≒ 17,153,000원

2. 추정기간 결정

기준시점 당시 5년 경과, 「상가건물 임대차보호법」 고려 향후 5년을 추정 기간으로 결정함

3. 무형자산 평가액

5년간 연 5% 증가 고려

17,153,000 × K계수 × PVAF(15%, 5년) ≒ 62,686,000원

Ⅲ. 유형자산 평가액

50,000,000 × 5/10 + 100,000 × 20 ≒ 27,000,000원

Ⅳ. 권리금 평가액

무형자산 + 유형자산 ≒ 89,686,000원

ca.Hackers.com

제 9 장

투자의사 결정

제9장 투자의사 결정

제1절 부동산 투자타당성 분석

1 개요

투자타당성 분석이란 개발사업에 대한 매년의 현금수입과 지출을 비교하여, 투자자의 요구수익률을 충족 여부를 분석하는 것을 의미한다. 타당성 분석방법으로는 시간가치를 고려하지 않는 회수기간법, 회계적이익률법의 전통적 분석방법 등과 시간가치를 고려하는 NPV법(순현재가치법), IRR법(내부수익률법), PI법(수익성지수법) 등이 있다. 또한, 위험을 반영하여 분석하는 불확실성하의 분석으로 감응도(민감도)분석과 확률분석 등이 있다.

> 「감칙」 제27조(조언·정보 등의 제공)
> 감정평가법인등이 법 제10조 제7호에 따른 토지등의 이용 및 개발 등에 대한 조언이나 정보 등의 제공에 관한 업무를 수행할 때에 이와 관련한 모든 분석은 합리적이어야 하며 객관적인 자료에 근거해야 한다.

2 부동산 투자

1. 투자의 개념

투자란 미래 예상되는 더 큰 구매력을 얻기 위해 현재의 구매력을 일부 포기하는 모든 행위를 말한다. 투자는 투자안 운영을 통해 획득하는 운용이익과 투자기간 말 투자안 매각에 따른 차익인 자본이득으로 구성된다.

2. 투자가치와 시장가치

투자가치란 개별 투자안에 부여되는 주관적인 가치로서 객관적 가치인 시장가치와 반대되는 개념이다. 개별 투자안의 투자가치가 시장가치보다 큰 경우 투자를 진행하고 투자가치가 시장가치보다 낮은 경우에는 투자를 보류하게 된다.

3 부동산 투자 위험

1. 위험(Risk)의 개념

위험이란 부동산 투자 안에서 획득하는 경제적 가치에 대한 불확실성이 존재하여 발생하는 변동성을 의미하며, 투자수익에 대한 투자자의 기대치를 벗어날 가능성을 말한다.

2. 부동산의 투자위험의 종류

(1) 체계적 위험과 비체계적 위험

체계적 위험이란 분산 불가능한 위험으로 개별 부동산 투자사업의 조건에도 불구하고 경제상태나 이자율, 경기 등의 변동에 따라 발생하는 위험을 말하며, 비체계적 위험이란 분상 가능한 위험으로 개별 부동산 투자사업의 물리적 특성, 관리능력, 재무조건 등의 변동에 따라 나타날 수 있는 위험을 말한다.

(2) 개별적 위험의 종류

1) 사업 위험

부동산 투자사업 자체의 수익성에 관한 위험으로 부동산시장의 수급 변동에 따른 시장위험, 부동산 관리·운영으로 인한 운영위험, 위치적 고정성에 따른 위치적 위험이 있다.

2) 금융적 위험(이자율 위험)

부동산도 투자대상으로써 활용됨에 따라 자기자본 투입에 따른 수익률과 타인자본 이자율이 존재하며, 수익률 및 이자율이 변동됨으로써 채무불이행에 따른 위험 높아지게 되므로 금융적 위험이 처해질 수 있다.

3) 법적 위험

부동산은 부동산 정책, 지역지구제 등의 다양한 공법상 제한을 받고 있으며 이러한 제한에 따라 투자의 수익률이 변동되므로 법적 제한에 따른 투자의 위험이 존재한다.

4) 인플레이션 위험

이자율 및 물가가 상승하게 되는 경우 상대적으로 실물자산의 실질적 가치가 하락하게 된다. 따라서, 투자자는 실질적 가치하락에 따른 위험을 요구수익률에 반영하게 되는 이러한 위험의 전가를 인플레이션 위험이라 한다.

5) 유동성 위험

특정시점에 부동산을 현금화하는 경우 정보의 비대칭성 및 유효수요 부족에 따라 유동화(매매 등)가 어렵거나 유동화시 발생하는 비용 발생 및 매각가액 하락에 따른 위험을 의미한다.

(3) 위험의 조정 및 처리방법

① 위험한 투자는 가능한 경우 투자대상에서 제외하는 '투자제외방법', ② 투자 예측시 투자수익을 가능한 낮게 예측하여 조정하는 '보수적예측방법', ③ 장래 기대되는 소득을 현재가치로 환원할 때 사용하는 할인율에 위험의 정도를 가산하는 '위험조정할인율 조정방법', ④ 주요 독립변수와 종속변수와의 영향을 파악하는 '민감도분석방법' 등이 있다.

3. 위험과 수익의 관계

(1) 위험에 대한 투자자의 태도

투자자는 투자안에 따른 기대수익률과 위험의 관계에서 기대수익률의 최대치를 선호하는 ① 위험선호형, 안정성을 우선하는 ② 위험회피형과 ③ 위험중립형이 있으며, 기대수익률이 동일한 경우에는 위험이 낮은 투자안을, 위험이 동일한 경우에는 기대수익률이 높은 투자안을 선택하게 된다.

(2) 위험과 수익의 상쇄관계(Risk return trade – off)

일반적으로 위험이 높은 사업일수록 수익은 높고 위험이 낮은 투자사업일수록 수익은 낮게 되는 이러한 위험과 수익의 비례관계를 '위험과 수익의 상쇄관계'라 한다.

(3) 위험과 가치의 균형

가치란 장래 기대되는 수익을 현재가치로 환원한 값이며, 요구수익률은 환원율로 적용할 수 있다. 요구수익률은 위험과 비례관계에 있으므로 위험이 크면 클수록 요구수익률도 커지므로 수익이 일정할 때 투자에 대한 위험이 높아지면 요구수익률이 높아지고 부동산의 가치는 하락하게 돈다.

$$부동산투자가치 = \frac{순수익}{요구수익률}$$

4 일반적인 투자 분석방법

1. 평균 – 분산 결정법(Mean – Variance Decision Rule)

평균(수익률)과 분산(위험)을 이용하여 투자안을 선택하는 방법으로 산출된 평균과 분산을 이용하여 각 투자 상호간의 우열성을 판정하여 투자안의 상대적인 위험도를 측정하여 투자안을 결정하게 된다. 즉, 동일한 평균에서는 분산이 낮은 투자안을, 동일한 분산에서는 평균이 높은 투자안을 결정하는 투자분석 방법을 말한다. 다만, 평균과 분산이 비례한 복수의 투자안이 있는 경우에는 투자자의 위험 선호도에 따라 투자안을 결정하게 된다.

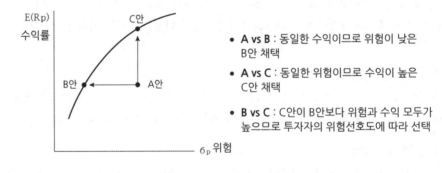

- **A vs B** : 동일한 수익이므로 위험이 낮은 B안 채택
- **A vs C** : 동일한 위험이므로 수익이 높은 C안 채택
- **B vs C** : C안이 B안보다 위험과 수익 모두가 높으므로 투자자의 위험선호도에 따라 선택

2. 포트폴리오 분석(Portfolio Analysis)

포트폴리오 이론이란 다양한 투자안에 대해 투자의 위험을 최소화하기 위해 각 투자안을 분산하여 최적 투자조합을 결정하는 것을 말한다. 금융학에서 시작한 포트폴리오 이론은 대체투자상품으로 부상한 부동산 투자에서 투자 타당성 분석기법을 활용되고 있으며, 평균 - 분산 결정법에 의해 판단하기 어려운 투자안에 대한 위험과 수익을 관계를 보다 유기적으로 분석할 수 있다는 장점을 가진다.

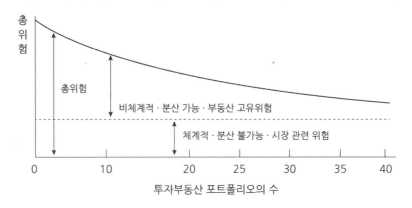

3. 타인자본투입 분석(Leverage Effect)

(1) 개념

금융기관의 대출 등과 같은 타인자본을 활용하여 지분수익률을 극대화하는 것을 레버리지 효과(지렛대 효과)라 한다.

> 차입 후 지분수익률 = 차입 전 지분수익률 + (차입 전 지분수익률 - 대출이자율) × 대부비율

(2) 종류

1) 정의 레버리지(Positive Leverage)

타인자본의 활용으로 자기자본수익률이 높아지는 경우를 말한다.

> 지분수익률 > 차입 전 수익률 > 저당 실효 이자율

2) 부의 레버리지(Negative Leverage)

타인자본의 활용으로 자기자본수익률이 낮아지는 경우를 말한다.

> 지분수익률 < 차입 전 수익률 < 저당 실효 이자율

(3) 부동산투자와 레버리지

부동산투자의 경우 일반재화와 달리 투자 규모가 크므로 금융기관의 대출 등 타인자본을 통상적으로 이용하며, ① 다양한 포트폴리오 구성, ② 이자지급분의 절세효과, ③ 위험 분상 등의 목적으로 타인자본을 활용하게 된다. 다만, 타인자본의 비율 즉, 대부비율이 클수록 레버리지 효과는 커질 수 있으나, 이자 및 원금상환의 부담이 커지고 부동산 투자가치가 하락하는 경우 부동산 투자의 디폴트위험에 처할 수 있음으로 최적의 자본비율을 구성하는 것이 중요하다.

5 부동산 투자 결정 과정

1. 투자목적 검토

투자의 목적이 현금흐름 및 자본이득에 따른 투자 극대화인지 투자자의 이미지 제고인지 투자자의 주관적 의사에 의한 투자인지 검토하여야 한다.

2. 투자안의 성격 검토

각 투자안의 성격에 따라 중복 투자 및 단일 투자 등의 투자 전략이 상이해지므로 투자안의 성격을 검토하여야 한다.
- 독립적 투자안(Indpendent invetment): 어떤 투자안의 선정이나 그 투자안의 현금흐름이 다른 투자안의 선정 여부와 아무런 관련이 없는 투자안을 말한다.
- 상호배타적 투자안(Mutually exclusive investment): 어떤 투자안의 선정이나 그 투자안의 현금흐름이 다른 투자안의 선정 여부를 결정하는 경우의 투자안을 말한다.
- 종속적 투자안(dpendat invesman): 어떤 투자안의 선정이나 그 투자안의 현금흐름이 후속되는 종속적인 투자안을 선정하게 되는 경우의 투자안을 말한다.

3. 현금흐름의 분석

각 투자안은 회계상 수익 · 비용이 아닌 투자분석에 필요한 적정한 현금흐름을 분석한다. 현실적인 현금유출 없는 회계상 비용인 감가상각비와 매몰비용 등이 통상 문제가 된다.

4. 투자안 평가 및 투자의사 결정

투자안의 투자 분석방법 중 화폐의 시간가치를 고려하지 않는 전통적 분석방법(회수기간법과 회계적 이익률법)과 화폐의 시간가치를 고려하는 NPV법(순현재가치법), IRR법(내부수익률법) 등을 이용하여 투자안을 평가하고 기대수익률과 요구수익률을 비교하거나, 투자가치와 시장가치를 비교하는 방법으로 투자의사 결정하게 된다.

6 부동산 투자 분석방법

1. 개념

투자 분석방법은 투자 의사결정을 위한 분석기법을 말하며 화폐의 시간가치를 고려하지 않는 방법인 전통적 분석방법(회수기간법과 회계적 이익률법 등)과 화폐의 시간가치를 고려하는 NPV법, IRR법, PI법 등, 투자사업의 위험을 고려하는 감응도분석, 확률분석 등이 있다.

2. 전통적 분석방법

(1) 회수기간법(Payback Period Method)

1) 개념

대상 투자사업에서 발생한 모든 비용을 투자사업에서 획득하는 수익으로 모두 회수하는데 걸리는 기간을 기준으로 투자안을 결정하는 방법을 의미한다.

$$\text{회수기간} = \frac{\text{투자소요비용}}{\text{투자발생수익}}$$

2) 투자의사 결정 기준

대상 투자비용의 회수기간이 짧을수록 투자 타당성이 높은 투자안이므로, 상호배타적 투자안의 경우 회수기간이 가장 짧은 투자안을, 상호독립적인 투자안의 경우에는 투자자가 결정한 회수기간보다 짧은 투자안이 투자의사 결정의 기준이 된다.

(2) 평균이익률법(Average Rate of Return, ARR)

1) 개념

대상 투자사업의 평균이익률을 산정하여 투자안을 결정하는 방법으로, 평균이익률은 투자기간에 발생하는 연평균수익을 연평균 투자액으로 나누어 산정한다.

$$\text{- 평균수익률} = \frac{\text{연평균수식}}{\text{연평균투자액}}$$

$$\text{- 연평균 수익} = \frac{\text{수익합}}{\text{투자기간}}$$

$$\text{- 연평균 투자액} = \frac{\text{매년 기간 말 가치}}{\text{투자기가} + 1}$$

연평균 투자액 분모에 "+ 1"하는 이유는 초기투자비용을 고려하기 위함이다.

2) 투자의사 결정 기준

대상 투자안의 평균수익률이 높을수록 투자 타당성이 높은 투자안이므로, 상호배타적 투자안의 경우 평균이익률이 가장 높은 투자안을, 상호독립적인 투자안의 경우에는 투자자가 결정한 수익률보다 높은 투자안이 투자의사 결정의 기준이 된다.

핵심체크 | 투자의사결정 시 활용되는 승수 및 수익률, 비율

1. 승수

$$\text{- 조소득승수(총자산회전율의 역수)} = \frac{\text{총투자액(부동산가액)}}{\text{조소득(가능총수익 or 유효총수익)}}$$

$$\text{- 순소득승수(자본회수기간, 환원율의 역수)} = \frac{\text{총투자액(부동산가액)}}{\text{순영업소득(순수익)}}$$

$$\text{- 세전현금흐름승수} = \frac{\text{지분투자액}}{\text{세전현금흐름}}$$

$$\text{- 세후현금흐름승수} = \frac{\text{지분투자액}}{\text{세후현금흐름}}$$

2. 수익률

- 종합자본환원율 $= \dfrac{\text{순영업소득(순수익)}}{\text{총투자액(부동산가액)}}$

- 지분배당률 $= \dfrac{\text{세전현금흐름}}{\text{지분투자액}}$

- 세후수익률 $= \dfrac{\text{세후현금흐름}}{\text{지분투자액}}$

3. 비율

- 대부비율(LTV, L/V)

  대부비율이란 부동산가액에 대한 저당대부액의 비율을 말함

  대부비율 $= \dfrac{\text{저당대부액}}{\text{부동산가액}}$

  cf) 부채비율이란 전체 지분에 대한 부채의 비율로 $\left[\dfrac{\text{부채}}{\text{자산}}\right]$로 산정됨

- 부채감당율(DCR)

  부채감당율이란 부채서비스액에 대한 순영업소득의 배수로 이는 채무의 상환능력을 판단하는 기준이 된다.

  부채감당율 $= \dfrac{\text{순영업소득(순수익)}}{\text{부채서비스액(DS)}}$

3. NPV법(Net Present Value, 순현재가치법)

(1) 개념

대상 투자사업의 투입되는 비용의 현가 합과 투자기간동안 회수되는 수익의 현가 합의 차이를 기준으로 투자안을 결정하는 방법을 의미한다.

$$NPV = \sum_{t=1}^{n} \frac{\text{현금유입}_t}{(1+r)^t} - \sum_{t=1}^{n} \frac{\text{현금유출}}{(1+r)^t}$$

(2) 투자의사 결정 기준

① 상호배타적 투자안: NPV값이 보다 큰 투자안 결정

② 상호독립적 투자안 & 자본조달 무한: "NPV > 0"인 모든 투자안 결정

③ 상호독립적 투자안 & 자본조달 유한: "NPV > 0"인 투자안 중 가장 큰 투자안부터 순차적 결정

(3) NPV법의 장·단점

① 실제 유입되는 현금흐름을 기준하므로 부의 극대화를 실현할 수 있고 ② 투자자의 실현 목표를 화폐액으로 산정하여 직관적이나, ③ 각 투자안별 투자규모를 비교하기 어렵다는 단점이 있다.

4. IRR법(Internal Rate of Return, 내부수익률법)

(1) 개념

IRR(내부수익률)이란 대상 투자안의 투입되는 비용의 현가 합과 투자기간동안 회수되는 수익의 현가 합을 동일하게 만드는 할인율로 즉, "NPV = 0"을 만드는 수익률을 산정하여 투자안을 결정하는 방법을 의미한다.

$$NPV = \sum_{t=1}^{n} \frac{\text{현금유입}_t}{(1+IRR)^t} - \sum_{t=1}^{n} \frac{\text{현금유출}}{(1+IRR)^t} = 0$$

(2) 투자의사 결정 기준

① 상호배타적 투자안: "IRR > 투자자 요구수익률" 투자안 중 IRR이 가장 큰 투자안

② 상호독립적 투자안 & 자본조달 무한: "IRR > 투자자 요구수익률"인 모든 투자안 결정

③ 상호독립적 투자안 & 자본조달 유한: "IRR > 투자자 요구수익률" 투자안 중 IRR이 가장 큰 투자안부터 순차적 결정

(3) IRR법의 장·단점

① 대상 투자사업의 손익분기점을 할인율의 개념으로 산정하기 때문에 대체 투자안 및 요구수익률과 비교 가능성이 직관적이나, ② 가치가산의 원리가 적용되지 않으며 ③ (+) 및 (-)의 현금흐름을 갖는 투자안의 경우 복수의 IRR 또는 IRR이 존재하지 않는다는 점, ④ 재투자수익률로 계속된 투자가 가능하다는 가정이 현실적이지 못하다는 단점 등이 있다.

5. PI법(Profitability Index, 수익성지수법)

(1) 개념

대상 투자사업의 투입되는 비용의 현가 합과 투자기간동안 회수되는 수익의 현가 합의 비율을 기준하여 투자안을 결정하는 방법을 의미한다.

$$PI = \frac{\displaystyle\sum_{t=1}^{n} \frac{\text{현금유입}_t}{(1+r)^t}}{\displaystyle\sum_{t=1}^{n} \frac{\text{현금유출}}{(1+r)^t}}$$

(2) 투자의사 결정 기준

① 상호배타적 투자안: PI값이 보다 큰 투자안 결정

② 상호독립적 투자안 & 자본조달 무한: "PI > 1"인 모든 투자안 결정

③ 상호독립적 투자안 & 자본조달 유한: "PI > 1"인 투자안 중 가장 큰 투자안부터 순차적 결정

(3) PI법의 장·단점

① 대상 투자안의 투자비용을 고려할 수 있고 직관적이나, ② 가치가산의 원리가 적용되지 않으며 ③ 가치 극대화를 설명할 수 없다는 단점을 가진다.

6. 위험을 고려한 투자분석(불확실성하에서 투자분석)

(1) 감응도분석(Sensitivity analysis, 민감도분석)

대상 투자안에 영향을 미치는 독립변수 중 하나 이상의 변수 변화에 따라 종속변수가 어떠한 영향을 받는가를 분석하는 투자분석기법을 의미한다. 현금유출 중 독립변수인 임대료, 영업비, 공실률, 감가상각비 등의 변화가 대상 투자안의 순현재가치 또는 내부수익률의 어떠한 영향을 주는지 분석한다.

(2) 확률분석(Probability analysis)

대상 투자안에 영향을 미치는 모든 요인에 경험적·주관적 확률을 부여한 후 확률수를 이용하여 모든 가능한 결과와 각각의 확률을 결정하는 기법을 의미한다. 확률분석은 각 요인에 따른 확률수를 부여하기 어렵고 독립변수가 많을 경우 계산이 복잡해지는 문제점이 있다.

(3) 어림셈법

어림셈법이란 현금유입과 현금유출의 배수 관계를 승수로 산정하거나 현금수지에 따른 수익률을 산정하여 투자안을 결정하는 방법이다. 어림셈법은 간단한 방법으로 이해하기 쉬운 결과치를 도출할 수 있어 투자 초기 단계에서 활용도가 높으나 현금유입의 종류에 결과치가 달라지며 타 분석방법에 따른 결과치와 비교가 어려운 문제점이 있다.

7. 실물옵션평가방법(Real Opion Valuation: ROV, 또는 동적DCF)

(1) 개념

실물옵션평가방법은 금융옵션이론을 실물자산으로 확대한 개념으로 미래환경의 변동성을 변수로 고려하여 투자를 결정하거나 가치평가를 하는 방법을 의미한다. 투자안의 진행 과정 에서 발생할 수 있는 시장의 변화에 따라 투자안은 연기·포기·축소·확장될 수 있는데 이러한 변화를 반영하여 실물자산의 가치를 평가하는 방법이 실물옵션평가방법이다.

(2) 일반적인 DCF(정적DCF)평가방법과의 관계

정적DCF평가방법은 미래현금흐름을 단순히 투자 예상 기간동안 할인하여 투자안의 가치를 계산하므로 미래환경 변화를 반영하기 어려우나, 실물옵션평가방법은 투자위험도를 반영하고 투자의 연기·포기·축소·확장 등의 옵션을 고려할 수 있어 불확실성에 따른 투자전략의 유연성을 추가가치로 간주함으로써 위험성이 높은 투자라도 정적DCF평가방법보다 예측의 정확성을 높일 수 있다.

> 실물옵션가치 = 정적DCF투자가치 + 옵션프리미엄

8. NPV법과 IRR법의 관계

(1) NPV법의 우수성

1) 가치가산원리 적용

복수 투자안에 대해 IRR법은 매기 현금흐름을 기간별도 합산하여 내부수익률을 재산정하는 반면, NPV법은 복수의 투자안에서 획득할 수 있는 현금흐름을 합산하여 현재가치를 산정할 수 있다. 즉, "$NPV_{AB} = NPV_A + NPV_B$" 등식이 성립한다.

2) 부의 극대화

NPV법은 그 결과치가 화폐액으로 산정하기 때문에 대상 투자안의 궁극적인 목표인 부의 극대화의 비교하기 용이하고 복수 투자안의 경우 간단하게 합산하여 결합된 투자안의 부의 가치를 산정할 수 있다.

3) 재투자수익률

NPV법은 대상 투자안의 자본비용과 동일한 수익률로 재투자 된다고 가정하나 IRR법은 대상 투자안의 개별성, 희소성, 독립성에도 불구하고 대상 투자안에서 발생되는 내부수익률로 재투자 된다고 가정하므로 현실과 괴리되는 문제가 발생할 수 있다.

4) 내부수익률의 부존재, 복수의 내부수익률 산정

대상 투자안의 현금흐름 양상이 동일하지 않고 (+), (-)로 변동하여 발생하는 경우 내부수익률이 존재하지 않거나 복수의 내부수익률이 산정되어 투자안의 결정이 곤란할 수 있다.

(2) NPV법과 IRR법의 결과

1) 동일한 결과가 나오는 경우

단일투자로 현금흐름의 양상이 동일한 경우에는 양 방법의 결과가 동일하게 도출된다.

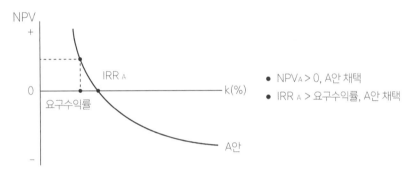

- NPV$_A$ > 0, A안 채택
- IRR $_A$ > 요구수익률, A안 채택

2) 동일한 결과가 나오지 않는 경우

(가) 단일 투자의 경우

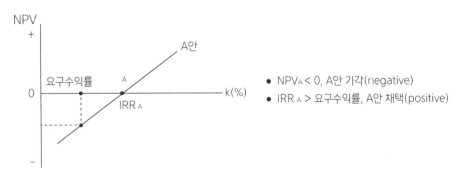

- NPV$_A$ < 0, A안 기각(negative)
- IRR $_A$ > 요구수익률, A안 채택(positive)

IRR$_{A투자안}$ 좌측 부분은 "요구수익률 < 내부수익률"로써 A투자안은 채택(positive)됨이 타당하나 "NPV$_{A투자안}$ < 0"이므로 기각(negative) 되어 양자의 결과가 동일하지 않는 결과가 도출된다.

(나) 상호배타적 복수 투자안

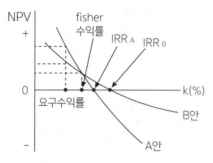

- NPV$_A$ > NPV$_B$ > 0, A안 채택
- IRR$_B$ > IRR$_A$ > 요구수익률, B안 채택
- fisher 수익률 : 양 투자안의 NPV를 동일하게 만드는 수익률

피셔수익률의 좌측 부분에서는 A 투자안이 "NPV$_{A투자안}$ > NPV$_{B투자안}$"이나 "IRR$_{A투자안}$ < IRR$_{B투자안}$" 이 되므로 양자의 결과가 동일하지 않은 결과가 도출된다.

이는 해당 투자안의 ① 투자 규모, ② 투자 기간, ③ 현금흐름의 양상에 따라 그래프가 변화되기 때문이다. 투자규모는 수익률(할인율)이 클수록, 투자기간이 길수록, 현금흐름의 크기가 후기 집중형 투자안일수록 현재가치 값의 변화가 크기 때문에 상기와 같은 결과치가 도출된다. 다만, 상기와 같이 동일한 결과가 나오지 않는 경우는 피셔수익률 이하부분에서만 나타난다는 점에 유의하여야 한다. 피셔수익률 우측 부분에서는 "NPV$_{A투자안}$ < NPV$_{B투자안}$"이나 "IRR$_{A투자안}$ < IRR$_{B투자안}$" 이므로 동일한 결과가 도출된다.

(3) NPV법과 IRR법의 결과를 동일하게 만드는 방법

(가) MIRR법(Modified Internal Rate of Return, 수정IRR법)

IRR의 한계인 재투자수익률의 가정을 해결하는 방법으로 자본비용은 요구수익률을 사용한다.

$$- \ NPV = \frac{FV_n}{(1 + MIRR)^n} - 초기투자비용 = 0$$

$$- \ FV_n = \sum_{t=1}^{n} (현금유출_t - 현금유입_t) \times (1 + 요구수익률)^{n-t}$$

(나) IIRR법(Incremental Internal Rate of Return, 증분IRR법)

2개의 투자안을 비교할 때 투자 규모가 큰 투자안에서 작은 투자의 현금흐름을 차감하여 차액의 현금흐름을 산정한 후 이를 하나의 투자안으로 가정하여 IRR을 산정하는 방법으로 IIRR이 요구수익률보다 크면 투자 규모가 큰 투자안을 선택하게 된다.

$$NPV = \sum_{t=1}^{n} \frac{A투자안 \ 현금흐름 - B투자안 \ 현금흐름}{(1 + IRR)^t} - 초기 \ 투자비용차액_{(A투자안 - B투자안)} = 0$$

전제: A투자안 투자규모 > B투자안 투자규모

(다) MNPV법(Modified Net Present Value, 증분NPV법)

2개의 투자안을 비교할 때 투자 규모가 큰 투자안에서 작은 투자의 현금흐름을 차감하여 차액의 현금흐름을 산정한 후 이를 하나의 투자안으로 가정하여 NPV를 산정하는 방법으로 "MNPV$_{AB}$ > 0"이면 A 투자안을 선택하게 된다.

$$MNPV = \sum_{t=1}^{n} \frac{\text{현금유입}_A - \text{현금유입}_B}{(1+r)^t} - \sum_{t=1}^{n} \frac{\text{현금유출}_A - \text{현금유출}_B}{(1+r)^t}$$

전제: A투자안 투자규모 > B투자안 투자규모

9. WAPI법(Weighted Average Profitability Index, 가중평균수익성지수법)

NPV법과 PI법의 결과를 동일하게 만드는 방법으로 투자금액을 가중 평균하여 각 투자안의 PI를 곱하여 최종적인 PI를 산정한다. 자본조달이 무한하여 복수의 투자안을 결정할 수 있는 경우 "PI > 1"인 투자안에 복수 투자하여 부의 극대화를 결정할 수 있는 방법이다.

$$WAPI = \sum_{t=1}^{n} (R_i + PI_i)$$

R_i: R투자안의 투자비율, PI_i: 투자안 I의 PI

핵심체크 | 듀레이션(Duration)

1. 개념

듀레이션이란 재무관리분야에서 사용되는 개념으로 채권투자수입(이자수입 및 원금상환)의 현재가치와 그 현금흐름의 유입시기를 고려하여 산정한 투자원금의 가중평균회수기간을 말한다. 즉, 듀레이션은 각 기간에 유입되는 현금흐름의 현재가치가 전체 현금흐름의 현재가치에 대하여 차지하는 비중에 따라 가중치를 두어 가중평균회수기간을 산정하는 방법을 말한다.

2. 산정방법

$$Duration = 1 \times \frac{\dfrac{C_1}{(1+r)^1}}{V} + 2 \times \frac{\dfrac{C_2}{(1+r)^2}}{V} + 3 \times \frac{\dfrac{C_3}{(1+r)^3}}{V} + \cdots n \times \frac{\dfrac{C_n}{(1+r)^n}}{V} = \sum_{t=1}^{n} t \times \frac{C_t \div (1+r)^t}{V}$$

n: 보유기간, r: 이자율 C_t: t시점 현금흐름
V: 전체현금흐름의 현재가치(가격)

3. 활용

이러한 듀레이션은 이자율변동에 따른 채권가치의 변동폭(듀레이션과 가격탄력성과의 관계)을 측정하는데 유용하게 활용될 수 있으며, 추정식은 아래와 같다.

- $\dfrac{\triangle V}{V_0} = (-)$듀레이션$\times (\dfrac{\triangle r}{1+r})$

- $\triangle V = (-)$듀레이션$\times (\dfrac{\triangle r}{1+r}) \times V_0$

$\triangle V$: 가격변동폭, $\triangle r$: 이자율변동폭

구분	소득수익률	자본수익률	투자수익률
종합수익률	$\dfrac{NOI_{n+1}}{V_n}$	$\dfrac{V_{n+1}-V_n}{V_n}$	$r_n = \dfrac{NOI_{n+1}}{V_n} + \dfrac{V_{n+1}-V_n}{V_n}$
지분수익률	$\dfrac{BTCF_{n+1}}{E_n}$	$\dfrac{E_{n+1}-E_n}{E_n}$	$y_n = \dfrac{BTCF_{n+1}}{E_n} + \dfrac{E_{n+1}-E_n}{E_n}$
저당수익률	$\dfrac{DS_{n+1}}{L_n}$	$\dfrac{L_{n+1}-L_n}{L_n}$	$i_n = \dfrac{DS_{n+1}}{L_n} + \dfrac{L_{n+1}-L_n}{L_n}$

7 매후환대차 분석(Sales Leaseback)

1. 개념

매후환대차란 토지 및 건물을 보유하고 있는 개인 또는 기업이 토지 및 건물을 매도하면서 토지 및 건물을 다시 임대차하여 사용하는 것을 말한다. 매후환대차 시 현금흐름과 계속보유 시 현금흐름을 비교하여 보다 유리한 대안을 결정하는 분석방법을 의미한다. 매후환대차의 가장 큰 장점은 "절세효과"이다.

2. 매후환대차 효과(목적)

(1) 소유자(원 소유자)

① 기업의 구조조정에 따른 재무구조개선효과, ② 매도에 따른 현금보유 및 채무상환, 새로운 투자 가능, ③ 재무제표상 자산항목 소멸로 인한 적대적 인수·합병 회피 가능, ④ 임대료 절세효과 및 보유세 절세, ⑤ Buy - back 조건 시 대상부동산의 회수 등이 가능하다.

(2) 투자자

① 안정적 임차인 확보, ② 안정적 임대수익 확보, ③ Buy - back 조건 시 부동산 가치하락에 따른 위험 회피 등이 가능하다.

3. 매후환대차 분석방법

구분	계속 보유하는 경우 (매 - 자 + 감)	매후환대차 하는 경우 (매 - 자 + 절 - 임)
+ 부동산 매도가치	보유기간 말 매도가격 현가	현재 매도가액
자본이득세	보유기간 말 세금 현가	현재 자본이득세
+ 감가상각비 절세효과	- 매 기간 절세효과 복리현가 - 감가상각비 × 세율 × PVAF	없음
+ 임차료 절세효과	없음	- 매 기간 절세효과 복리현가 - 임차료 × 세율 × PVAF
- 임차료	없음	- 매 기간 임차료의 복리현가 - 임차료 × PVAF

※ 임차료 및 감가상각비는 판관비 항목으로 법인세 절감효과를 고려한다.
※ 건물 또는 복합부동산의 경우에는 감가상각비의 절세효과가 있으나, 토지만의 매후환대차는 감가상각비 절세효과를 고려하지 않는다.

핵심체크 | 임차 대 소유분석 시기

개인 또는 기업이 부동산을 임차하였을 때 얻는 비용편익과 소유하였을 때 얻는 비용편익을 비교하여 임차할 것인지 소유할 것인지를 분석하는 방법을 말한다.

> 임차 대 소유분석 (사업 초) ⇨ 운영 또는 소유 ⇨ 매후환대차 분석

핵심체크 | 토지개발임대차 타당성 검토

1. 개념

임차인인 소유자로부터 토지를 임차한 후 해당 토지상에 건축물 등을 설치하여 사용하다가 기간말 소유자에게 건축물 등의 소유권을 이전하는 형식의 개발방식을 말한다.

2. 분석방법

(1) 소유자의 타당성

① 매각 방안	② 임차 방안	투자의사 결정
현재 매도가액	임차료 복리현가 임대기간말 건축물의 복귀가액	① > ②: 매각 ① < ②: 임대차

(2) 임차인(투자자) 타당성

① 현금유입	② 현금 유출	투자의사 결정
임대기간 운영수익	임대기간 임차료 복리현가 + 건축물 등 설치비용	① > ②: 임대차 ① < ②: 기각

제2절 최고최선의 이용 분석

1 개념

최고최선의 이용(최유효이용, Highest and best use)이란 공지나 개량 부동산에 대해서 합리적으로 이용가능한 대안 중에서, 물리적으로 채택이 가능하고 경험적인 자료에 의해서 지지될 수 있고 경제적으로도 타당성이 있다고 판명된 것으로서(Best use) 최고의 가치를 창출하는 이용(Highest use)을 의미한다. 최고최선의 이용은 감정평가의 기준이 되는 것으로 일반적으로 부동산의 가치는 최고최선의 이용을 전제한다.

최유효이용이란 객관적으로 보아 양식과 통상의 이용능력을 가진 사람이 부동산을 합법적이고 합리적이며 최고·최선의 방법으로 이용하는 것을 말한다. 현행 「감칙」 등 감정평가와 관련된 규정에서는 최고최선의 이용을 "최유효이용"으로 규정하고 있다.

② 최고최선의 이용 판단 기준

1. 물리적 채택 가능성

물리적 채택 가능성(Physically Possible)이란 대상토지의 토양, 지형, 지세 등에 있어 물리적으로 건축물의 건축이 가능한지를 판단하는 것을 말한다.

2. 합법적 이용(Legal Use)

합법적 이용이란 대상부동산에 결부되어 있는 지역지구제, 건축물의 용도제한 등 각종 공법상 제한에 따른 이용이 법령에 적합한 것인지를 의미한다. 다만, 종래에는 합법적 이용이었으나 공법상 제한 등의 변화로 인하여 기준시점 당시 법령에 적합하지 않은 이용의 경우 기득권의 관점에서 해당 건축물의 물리적 존속까지는 적법으로 간주 되는 부적법 이용과 혼동하여서는 아니 된다.

3. 합리적 이용

합리적 이용이란 합리적 의사결정권자가 대상부동산을 경제적으로 타당한 이용으로 활용하는 것을 의미한다.

4. 최고수익에 대한 경험적 증거(최대수익성)

최대수익성이란 대상부동산의 합리적 이용 중 대상부동산의 가치가 가장 큰 이용으로 시장에서의 실증적 · 경험적 증거에 의해 뒷받침되어야 한다.

③ 최고최선의 이용 분석

1. 최고최선의 이용 구분

최고최선의 이용은 ① 토지에 대한 분석 ② 개량물에 대한 분석으로 크게 양분되며, 개별적 이용에 따라 ③ 특수상황에서의 최고최선이용분석으로 구분된다.

2. 최고최선의 이용 분석 체계

구분			방법
토지	수익용	직접환원법	토지가치 = (개발 후 전체순수익 ÷ 종합환원율) - 건축비용
		잔여환원법	토지가치 = 개발 후 토지귀속순수익 ÷ 토지환원율
	비수익용		토지가치 = 개발 후 시장가치 - 건축비용 - 개발업자수수료
개량부동산	자본적 지출 필요		개량부동산가치 = (전환 후 순수익 ÷ 종합환원율) - 전환비용
	자본적 지출 불필요		개량부동산가치 = 전환 후 순수익 ÷ 종합환원율

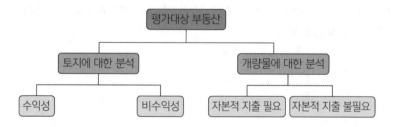

3. 토지에 대한 분석

(1) 나지 상정 분석

토지의 경우 현황이 나지이거나 건물이 있다 하더라도 나지를 상정하여 상기와 같은 최고최선의 이용방법(수익용, 비수익용 분석방법)으로 분석한다.

(2) 개발법 적용방법

나지 상정 토지의 이용 가능한 대안별(용도별) 개발 후의 복합부동산 가치(분양수입의 현가)에서 건축비용(개발비용의 현가)을 차감하여 최고가치를 실현하는 이용으로 분석한다. 나지상정이므로 기존 건물이 있다하더라도 철거비를 고려하지 않는 점에 유의한다.

> 최고최선의 이용 기준 토지가치 = 개발 후 복합부동산 가치 - 건축비용

상기 산식에서 "소지매입비(비용)"를 추가적으로 차감하면 해당 부동산 투자(매입 타당성 등)에 대한 현금흐름(NPV)이 산정되므로 투자 타당성의 문제로 변형될 수 있다는 점에 유의하여야 한다.

4. 개량부동산에 대한 분석

개량부동산의 경우 ① 현황 기준 부동산 가치 ② 개량 후 부동산 가치 ③ 기존 건물의 철거 후 신축의 경우 등을 모두 고려하여 판단하여야 한다.

구분		구체적인 방법	비고
개량 부동산	현황 기준 (주상용)	원가방식(개별물건기준): 토지(주상용) + 건물(주상용)	건부감가 미고려
		비교방식: 일체비준가액(주상용)	
		수익방식: 일체수익가액(주상용)	
	용도 변경 (상업용) (리모델링)	자본적 지출 필요	- 자본적 지출은 건물가액 합산 - 수익적 지출은 필요제경비 항목
		자본적 지출 불필요	
	철거 후 신축 (상업용)	상업용 복합부동산가액(3방식) - 건축비용	-
		상업용 토지가액 - 철거비	철거비는 건부감가 성격

※ 대상부동산 현황은 주상용이나 인근지역 내 최유효이용이 상업용일 경우를 전제한다.

5. 대상부동산의 현황기준 가치와 최고최선의 이용 분석의 결과가 다른 경우

최고최선의 이용에 대한 양 분석결과가 다르다면 그 이유에 대해 반드시 기술할 필요가 있다. ① 용도변경(주상용 ⇨ 상업용) 시 소요되는 공사기간동안의 임대료 손실부분 ② 용도변경 후 수입의 현가와 비용의 현가에 적용되는 용도별 할인율의 상이 ③ 철거비 고려 여부에 따라 양자의 결과가 달라질 수 있다. 즉, 인근지역 내 용도적 변화에 따라 최유효이용은 상업용인 반면 최고가치는 현황 주거용 용도에 할당되는 경우 최유효이용의 전환이 곧 최고수익의 창출을 의미하는 것이 아니므로 ①~③을 고려하더라도 최고가치를 창출하는 기간까지 대상부동산은 "중도적 이용"으로 지속될 수 있다는 점에 유의하여야 한다.

6. 최고최선의 이용 분석과 타당성 분석의 관계

① 최고최선의 이용 분석은 물리적 측면에서 상호배타적 투자안으로 하나의 용도 결정은 다른 용도 결정을 반드시 기각시키는 분석인 반면, ② 투자 타당성 분석은 경제적 측면에서 상호독립적·상호배타적·종속적 투자로 구분될 수 있다.

구분	최고최선의 이용 분석	부동산 투자 타당성 분석	비교
토지	용도별 토지가치 비교	대안별 NPV · IRR · PI	토지 매입비 비용 ○ (매도자 제시액 기준)
		대안별 토지가치 비교	토지 매입비 비용 ×
개량 부동산	용도별 복합부동산 가치 비교	대안별 DCF법 적용(NPV)	DS산정: 시장가치 기준
		대안별 시장가치와 투자가치 비교	시장가치: 시장수익률 투자가치: 요구수익률

상기와 같이 양 분석의 개념은 유사하나 개별적 차이점이 존재하므로 양자를 혼용하여 사용하지 않아야 하며, 출제자의 의도가 대상의 가치산정인지 타당성분석인지에 따라 풀이 방식에 유의하여야 한다.

7. 지상건물의 철거 타당성 분석

A: 현황 기준 복합부동산 가치(주상용)
B: 최유효이용(상업용) 나지상정 토지가치 - 기존 건물 철거비
- A > B: 중도적 이용 할당 가능
- A < B: 철거가 유리

> **핵심체크 | 철거비 제시 유형**
>
> 1. 대상 철거비 제시(건부감가의 개념)
>   나지상정 토지가액 - 철거비
>
> 2. 사례 철거비 제시(기존 토지 이용 변경 전제 및 최유효이용 미달 이용의 개념)
>   - 매수자 부담: 거래가액 + 철거비
>   - 매도자 부담: 거래가액
>
> 3. 타당성 분석 시 철거비 제시
>   ① 용도 변경 전제, ② 공사비용의 개념

8. 건부감가의 반영 여부

(1) 개념

건부감가란 대상토지상의 건물의 용도가 토지의 최유효이용에 미달되는 경우 현황 건물 용도에 의해 토지의 효용을 최대로 발휘하지 못하는 상태의 감소분을 말한다.

(2) 건부감가 판단기준

① 현황 용도와 최유효이용간의 차이 ② 철거의 용이성 및 경제적 타당성 ③ 토지와 건물의 적합성 등으로 판단한다.

(3) 건부감가 산정방법

1) 철거가 타당하지 않은 경우(중도적 이용 등)

> 건부감가 = 현황 토지가액(현황 복합부동산 가액 - 건물가액) - 최유효이용 상정 토지가액

2) 철거가 타당한 경우

> 건부감가 = 철거비

4 특수상황에서의 최고최선의 이용

1. 단일 이용

인근지역 내 표준적 이용과 달리 대상토지의 특수성에 의해 하나의 이용으로 할당되는 경우를 말한다. 예를 들어 면적 등이 과대하여 복합수익용부동산(몰), 대형마트, 백화점 등 인근지역 내 표준적 필지 면적과 차이가 있어도 시장 내 유효수요가 있는 경우 발생하므로 수요분석이 필수적이다.

2. 중도적 이용

가까운 미래에 대상부지나 개량 부동산에 대한 최고최선의 이용이 도래할 것으로 예상될 때 그 이용을 대기하는 과정상 현재에 할당되는 이용을 말하며 일치성 이용의 원리(제합사용의 원리)에 유의하여야 한다.

3. 비적법적 이용

과거에는 적법하게 설립되었으나 현재 지역지구제 규정에 부합하지 않는 이용을 말하며, 개발제한구역 내 건부지(건부증가) 등이 예이다.

4. 비최고최선의 이용

(1) 최고최선의 이용과 동일 범주(현황 상업용, 최유효이용 상업용)

대상 용도와 최유효이용은 동일 범주이나 대상의 물리적 상태가 최유효이용의 미달되는 경우, 예를 들어 건물의 노후화, E/V 개수 미달, 설비 부족 등의 사유로 물리적·기능적 감가를 요한다.

(2) 최고최선의 이용과 다른 범주

물리적·기능적·경제적 감가 모두를 반영하며, 일치성 이용의 원리에 유의하여야 한다.

5. 복합적 이용

하나의 부동산에 여러 용도가 복합적으로 할당되는 경우를 말한다.

6. 특수목적의 이용

호텔, 극장, 학교, 교회, 공공기관 등 특정한 활동을 위해서 설계되고 운용되는 부동산으로서 제한된 목적에만 적합하게 설계된 경우 이를 감안하여 평가하여야 한다.

7. 투기적 이용

부동산의 운영 없이 시세차익만을 위해 부동산을 보유하고 이용하는 것을 말한다.

8. 초과토지 및 잉여토지

① 초과토지는 대상토지의 최유효이용에 할당되고 남는 여분의 토지로 분할 등을 통해 독립적으로 사용할 수 있는 반면 ② 잉여토지는 별도의 최고최선의 이용에 할당되지 못하는 부가적인 토지를 말한다.

ca.Hackers.com

제9장 투자의사 결정 예상문제

[문제 1]

H감정평가법인은 다음과 같은 현금흐름을 나타내는 상업용 부동산에 대해 투자를 고려하는 甲으로 투자타당성분석을 의뢰받았다. <자료 3>과 같은 조건에 따라 물음에 답하시오.

<자료 1>   A투자안의 현금흐름

1차연도	2차연도	3차연도	4차연도	5차연도
2,500만원	2,700만원	3,100만원	3,500만원	3,900만원

<자료 2>   기타사항

1. 보유기간: 5년
2. 5년 후 매각액: 매도자 제시액의 5% 상승
3. 요구수익률: 20%
4. 매도자 제시액: 150,000,000원

<자료 3>   각 조건

1. A투자안의 투자회수기간
2. 투자가치 산정
3. 순현재가치 산정
4. 내부수익률 산정

예시답안

1. 투자회수기간 산정

   4년차: 118,000,000원 회수(118,000,000/150,000,000 < 1)

   5년차: 157,000,000원 회수(157,000,000/150,000,000 > 1)

   ∴ 투자회수기간은 5년임

2. 투자가치 산정

   $$\frac{25,000,000}{1.20} + \frac{27,000,000}{1.20^2} + \frac{31,000,000}{1.20^3} + \frac{35,000,000}{1.20^4} + \frac{39,000,000}{1.20^5} + \frac{150,000,000 \times 1.05}{1.20^5}$$

   ≒ 153,371,000원

3. NPV 산정

   153,371,000 − 150,000,000 ≒ 3,371,000원

4. IRR 산정

   $$\frac{25,000,000}{(1+x)} + \frac{27,000,000}{(1+x)^2} + \frac{31,000,000}{(1+x)^3} + \frac{35,000,000}{(1+x)^4} + \frac{39,000,000}{(1+x)^5} + \frac{150,000,000 \times 1.05}{(1+x)^5}$$

   = 150,000,000일 때,

   <보간법> 적용

   NPV 20% ≒ 3,371,000원

   NPV 21% ≒ −1,312,000원

   ∴ $x ≒ 20\% + 1\% \times \dfrac{3,371,000}{3,371,000 + 1,312,000} ≒ 20.72\%$

아래와 같은 현금흐름을 발생하는 부동산에 대해 IRR과 MIRR을 산정하시오.

<자료 1> 매기 현금흐름(단위: 백만원)

1차연도	2차연도	3차연도	4차연도	5차연도
1,100	1,200	1,250	1,350	1,400

<자료 2> 기타사항

1. 투자금액: 12,000백만원
2. 투가지간: 5년
3. 기간 말 매각금액: 12,500백만원
4. 시장이자율: 6%

예시답안

Ⅰ. IRR 산정

1. $NPV_{9\%} ≒ 304$백만원

2. $NPV_{15\%} ≒ -222$백만원

3. 보간법 적용

$$IRR ≒ 0.09 + 0.01 \times \frac{304}{304 + 222} ≒ 9.57\%$$

Ⅱ. MIRR 산정

1. 매기 현금흐름의 미래가치 합

$$\sum_{n=1}^{5} \text{매기 현금흐름} \times 1.06^n ≒ 19,977\text{백만원}$$

2. MIRR 산정

$$12,000 ≒ \frac{19,553}{(1 + MIRR)^5} \text{일 때,}$$

∴ $MIRR ≒ 10.257\%$

[문제 3] 투자자 甲은 대상부동산의 투자의사결정에 앞서 인근지역 내에 소재하는 아래와 같은 투자부동산에 대한 자료를 수집하였다. 주어지 자료를 활용하여 각 사례별 표준편차를 산정하시오.

사례별 수익률 및 확률

사례		수익률 및 확률		
1	확률	80%	10%.	10%
	수익률	12.0%	13.0%	10.0%
2	확률	75%	15%	10%
	수익률	16.0%	14.0%	17.0%
3	확률	70%	20%	10%
	수익률	13.5%	17.0%	15.5%

투자의사 결정 | 해커스 감정평가사 이성준 감정평가실무 2차 기본서

예시답안

I. 가중평균수익률

1. 사례 1
$0.80 \times 0.12 + 0.10 \times 0.13 + 0.10 \times 0.10 ≒ 11.9\%$

2. 사례 2
$0.75 \times 0.16 + 0.15 \times 0.14 + 0.10 \times 0.17 ≒ 15.8\%$

3. 사례 3
$0.70 \times 0.135 + 0.20 \times 0.17 + 0.10 \times 0.155 ≒ 14.4\%$

II. 표준편차의 계산(위험률)

1. 사례 1
$\sqrt[2]{0.80 \times (12-11.9)^2 + 0.1 \times (13-11.9)^2 + 0.1 \times (10-11.9)^2} ≒ 0.700\%$

2. 사례 2
$\sqrt[2]{0.75 \times (16-15.8)^2 + 0.15 \times (14-15.8)^2 + 0.1 \times (17-15.8)^2} ≒ 0.812\%$

3. 사례 3
$\sqrt[2]{0.70 \times (13.5-14.4)^2 + 0.2 \times (17-14.4)^2 + 0.1 \times (15.5-14.4)^2} ≒ 1.429\%$

[문제 4]   H감정평가법인은 아래와 같이 확률에 따른 현금흐름(시나리오별 현금흐름)을 발생하는 부동산에 대한 투자타당성 검토를 의뢰받았다. 각 조건에 따른 물음에 답하시오. (백분률 기준 소수점 둘째자리까지 표시)

<자료 1> 투자 대상 개요

매도 제안액: 1,000,000,000원

대출조건: 대출이자율 3.0%, 만기일시상환조건

<자료 2> 시나리오별 NOI

구분	비관적	중립적	낙관적
확률	20%	70%	10%
NOI	35,000,000원	40,000,000원	60,000,000원

<자료 3> 각 조건에 따른 물음

1. 차입 전 수익률 및 위험
2. LTV가 40%인 경우 지분배당률 및 위험
3. LTV가 70%인 경우 지분배당률 및 위험

I. 차입 전 수익률 및 위험

1. 시나리오별 수익률

① 차입 전(비관적)

NOI ÷ 지분투자액

$35,000,000 ÷ 1,000,000,000 ≒ 3.50\%$

② LTV 40%일 경우(비관적)

BTCF ÷ 지분투자액

$$\frac{35,000,000 - 1,000,000 × 0.4 × 0.03}{1,000,000 × (1 - 0.4)} ≒ 3.83\%$$

③ LTV 70%일 경우(비관적)

BTCF ÷ 지분투자액

$$\frac{35,000,000 - 1,000,000 × 0.7 × 0.03}{1,000,000 × (1 - 0.7)} ≒ 4.67\%$$

④ 시나리오별 수익률(상기 동일 방법 적용)

구분	비관적	중립적	낙관적
차입 전	3.50%	4.00%	6.00%
LTV 40%	3.83%	4.67%	8.00%
LTV 70%	4.67%	6.33%	13.00%

2. 위험(표준편차)

① 가중평균수익률

$0.2 × 0.0350 + 0.7 × 0.0400 + 0.10 × 0.0600 ≒ 4.10\%$

② 표준편차

$\sqrt[2]{0.20 × (3.5 - 4.1)^2 + 0.7 × (4.0 - 4.1)^2 + 0.1 × (6.0 - 4.1)^2} ≒ 0.66\%$

II. LTV가 30%인 경우 지분배당률 및 표준편차

1. 지분배당률

$0.2 × 0.0383 + 0.7 × 0.0467 + 0.1 × 0.0800 ≒ 4.83\%$

2. 위험(표준편차)

$\sqrt[2]{0.20 × (3.83 - 4.83)^2 + 0.7 × (4.67 - 4.83)^2 + 0.1 × (8.0 - 4.83)^2} ≒ 1.11\%$

III. LTV가 80%인 경우 지분배당률 및 표준편차

1. 지분배당률

$0.2 × 0.0467 + 0.7 × 0.0633 + 0.1 × 0.1300 ≒ 6.67\%$

2. 위험(표준편차)

$\sqrt[2]{0.20 × (4.67 - 6.67)^2 + 0.7 × (6.33 - 6.67)^2 + 0.1 × (13.0 - 6.67)^2} ≒ 2.21\%$

IV. 투자 대상의 시나리오별 분석

통상 대출이자율이 투자 대상의 차입 전 수익률 보다 낮은 경우 대부비율이 높아질수록 정의 레버리지효과가 발생함.
대부비율이 높을수록 지분배당률(투자 대상의 수익률)이 높아지나 대부비율이 높아짐에 따라 대출금의 상환, 이자
부담 등에 따른 위험(표준편차) 또한 높아짐
레버리지효과는 "차입 전 수익률 + (차입 전 수익률 - 대출이자율) × 대출비율"임

[문제 5]

감정평가사 李씨는 아래와 같은 투자안에 대한 타당성 검토를 의뢰받았다. 대출이자율이 5%인 경우와 7%인 경우의 지분배당률을 각각 산정하시오.

1. 매도 제안액: 1,000,000,000원
2. 1기 NOI: 60,000,000원
3. 대부액: 500,000,000원
4. 대출조건: 만기일시상환

예시답안

1. 이자율이 5.0%인 경우
   BTCF: 60,000,000 − 500,000,000 × 0.05 ≒ 35,000,000원
   지분배당률: 35,000,000 ÷ 500,000,000 ≒ 7.0%
   (차입 전 지분배당률 > 대출이자율)

2. 이자율이 7.0%인 경우
   BTCF: 60,000,000 − 500,000,000 × 0.07 ≒ 25,000,000원
   지분배당률: 25,000,000 ÷ 500,000,000 ≒ 5.0%
   (차입 전 지분배당률 < 대출이자율)

3. 레버리지 효과
   정의 레버리지: 차입 전 지분배당률 > 대출이자율
   부의 레버리지: 차입 전 지분배당률 < 대출이자율

[문제 6]

아래와 같은 대상 투자안에 대한 옵션가치를 이항옵션평가모형을 적용하여 산정하시오.

<자료 1>　대상 투자안의 현금흐름

구분	총분양가	총공사비
경기 호황 시	1,000억원	800억원
경기 불황 시	650억원	700억원

<자료 2>　기타사항

1. 대상 투자안은 기준시점 현재 착공, 1년 후 완공을 전제함
2. 총분양가 및 총공사비는 완공 시 발생함
3. 대상 투자안의 적용할 수익률은 15%임
4. 대상과 동일·유사한 투자 완료된 사례 총분양가는 700억임(1년간 변동 없음)
5. 해당 옵션은 사업 포기 옵션으로 사업의 타당성이 없는 경우에만 실행할 수 있음

예시답안

I. 경기 호황 시 확률

$1,000 \times x + 650 \times (1 - x) = 700$ 일 때,

∴ x ≒ 15%(호황), 85%(불황)

II. 경기 상황별 NPV

1. 경기 호황 시

$\dfrac{1,000억}{1.15^1} - \dfrac{800억}{1.15^1} = 174억원$

2. 경기 불황 시

$\dfrac{650억}{1.15^1} - \dfrac{700억}{1.15^1} = (-)43억원$

III. 옵션가치의 평가

경기 불황 시 사업 포기 옵션 행사 가능

∴ 43 × 0.85 ≒ 37억원

[문제 7]

㈜S물류은 A감정평가법인에게 아래와 같은 부동산에 대해 매후환대차(Sales Leaseback) 타당성분석을 의뢰하였다. 제시된 자료를 바탕으로 타당성분석을 실시하시오.

<자료 1> 대상부동산 내역

1. 소재지: 서울시 종로구 B동 1 - 12번지
2. 토지: 대, 870㎡, 일반상업지역, 중로각지, 부정형, 평지
3. 건물: 철근콘크리트조 슬래브지붕, 15층, 연면적 4,535㎡, 상업용
4. 장부가액
   (1) 토지: 8,000,000,000원
   (2) 건물: 3,400,000,000원

<자료 2> 매후환대차(Sales Leasebak) 조건

1. 매입 제시액: 토지·건물 전체 130억원
2. 임대차기간: 기준시점 현재 ~ 향후 10년
3. 임대료: 연 10억원

<자료 3> 기타사항

1. 부동산가격 상승률: 연 8%
2. 시장이자율 12%
3. 영업세율 25%, 양도소득세율 30%
4. 건물의 잔존내용연수는 30년, 정액법, 최종잔존가액은 없음

Ⅰ. 평가개요

본건은 대상부동산에 대한 매후환대차(Sales Leaseback) 컨설팅 감정평가(타당성 검토)로, 객관적 자료에 의거 타당성 여부를 검토함. 기준시점은 현재임

Ⅱ. 매후환대차 시 현금흐름

1. 현금유입: 13,000,000,000원

2. 현금유출
   ① 양도소득세
   (13,000,000,000 − 11,400,000,000) × 0.30 ≒ 480,000,000원
   ② 매기 임대료 (절세효과 고려)

   $$1,000,000,000 \times (1 - 0.25) \times \frac{1.12^{10} - 1}{0.12 \times 1.12^{10}} ≒ 4,237.667.000원$$

   ③ 계: 4,417,667,000원

3. 매후환대차 시 현금흐름
   현급유입 − 현금유출 ≒ 8,282,332,000원

Ⅲ. 계속보유 시 현금흐름

1. 현금유입
   ① 보유기간 말(10년 후) 매각금액

   $$11,400,000,000 \times 1.0810 \times \frac{1}{1.12^{10}} ≒ 7,924,323,000원$$

   ② 감가상각비 절세효과

   $$3,400,000,000 \div 30 \times 0.25 \times \frac{1.12^{10} - 1}{0.12 \times 1.12^{10}} ≒ 160,090,000원$$

   ③ 계: 8,084,413,000원

2. 현금유출(양도소득세)

   $$[11,400,000,000 \times 1.08^{10} - (8,000,000,000 + 3,400,000,000 \times 20/30)] \times 0.30 \times \frac{1}{1.12^{10}}$$

   ≒ 1,385,619,000원

3. 계속보유 시 현금흐름
   현금유입 − 현금유출 ≒ 6,698,794,000원

Ⅳ. 타당성 판단

현금흐름 크기: 매후환대차 > 계속 보유
∴ 매후환대차 타당성 인정됨

[문제 8]

P감정평가법인 소속평가사인 李감정평가사는 다음과 같은 각 투자계획안의 투자컨설팅을 의뢰받았다. 제시된 자료를 활용하여 대상토지의 최유효이용을 결정하고, 대상토지의 시장 가치를 산정하시오.

<자료 1> 대상부동산 개요

1. 소재지: 서울시 서초구 서초동 1556 - 855
2. 토지: 대, 627.8㎡, 나지, 제3종일반주거지역, 남측 및 동측으로 각각 10m, 6m 포장도로 접함, 부정형, 평지

<자료 2> 투자계획 A안

1. 용도: 업무용
2. 규모: 지하 2층, 지상 5층, 연면적 1,992.72㎡(지상 각 층 340㎡)
3. 각 층 용도
   (1) 지하 2층: 주차장 및 발전기실
   (2) 지하 1층: 주차장
   (3) 지상 1층 ~ 지상 5층(각 층 1개호): 업무시설(사무소)
4. 건축비용: 지하 및 지상층 모두 1,200,000원/㎡
5. 현금흐름
   (1) 임대료

층	월임대료(원)	보증금
1	20,000,000	지불임대료의 12개월분
2 ~ 5	12,000,000	지불임대료의 12개월분

   ※ 보증금운용이율 3% 적용(이하 동일)
   (2) 공실률: 3%
   (3) 영업경비: 가능총수익의 5%
   (4) 종합환원율: 8%

<자료 3>   투자계획 B안

1. 용도: 상업용 및 업무용
2. 규모: 지하 2층, 지상 5층, 연면적 1,992.72㎡(지상 각 층 340㎡)
3. 각 층 용도
    (1) 지하 2층: 주차장 및 발전기실
    (2) 지하 1층: 주차장
    (3) 지상 1층 ~ 지상 2층(각 층 1개호): 근린생활시설
    (4) 지상 3층 ~ 지상 5층(각 층 1개호): 업무시설(사무소)
4. 건축비용: 지하 및 지상층 모두 1,250,000원/㎡
5. 현금흐름
    (1) 임대료

층	월임대료(원)	보증금
1	25,000,000	지불임대료의 12개월분
2	18,000,000	지불임대료의 12개월분
3 ~ 5	12,000,000	지불임대료의 12개월분

    (2) 공실률: 5%
    (3) 영업경비: 유효총수익의 10%
    (4) 종합환원율: 9%

I. 평가개요

본건은 서울시 서초구 서초동에 소재하는 토지에 대한 최유효이용분석 및 시장가치 산정으로, 각 투자안에 따른 현금 흐름을 기준하여 컨설팅을 진행함. 기준시점은 현재임

II. 최유효이용분석

1. 투자계획 A안

(1) 개발 후 복합부동산 가액

① 가능총수익

$20,000,000 \times (12 + 12 \times 0.03) + 12,000,000 \times (12 + 12 \times 0.03) \times 4층 ≒ 840,480,000원$

② 순수익

가능총수익 $\times (1 - 0.03 - 0.05) ≒ 773,241,000원$

③ 개발 후 복합부동산 가액

순수익 $\div 0.08 ≒ 9,665,520,000원$

(2) 건축비용(개발비용)

$1,992.72 \times 1,200,000 ≒ 2,391,264,000원$

(3) 투자계획 A안 토지가액

개발 후 복합부동산 가액 - 건축비용 ≒ 7,274,256,000원

2. 투자계획 B안

(1) 개발 후 복합부동산 가액

① 가능총수익

$(25,000,000 + 18,000,000 + 12,000,000 \times 3) \times (12 + 12 \times 0.03) ≒ 976,440,000원$

② 순수익

가능총수익 $\times 0.95 \times 0.90 ≒ 834,856,000원$

③ 개발 후 복합부동산 가액

순수익 $\div 0.09 ≒ 9,276,180,000원$

(2) 건축비용(개발비용)

$1,992.72 \times 1,200,000 ≒ 2,391,264,000원$

(3) 투자계획 B안 토지가액

개발 후 복합부동산 가액 - 건축비용 ≒ 6,884,916,000원

3. 대상토지 최유효이용 결정

토지 가치가 큰 투자계획 A안, "업무용"을 최유효이용으로 결정함

III. 대상토지 시장가치 결정

최유효이용기준원칙에 따라 상기와 같은 "업무용" 기준하여 아래와 같이 결정함

∴ 7,274,256,000원

[문제 9]
대상부동산 개발계획에 따른 타당성을 검토하고 대상부동산의 감정평가액을 결정하시오.

<자료 1> 대상부동산 현황

1. 소재지: 서울시 성동구 성수동2가 273 - 151
2. 토지: 대, 540㎡, 준공업지역, 세각(가) 부정형, 평지
3. 건물: 철근콘크리트조, 철골조 2층, 420㎡, 공업용, 사용승인일 1971.6.30.
4. 임대내역
    (1) 지불임대료: 40,000,000원/월
    (2) 보증금: 지불임대료의 10개월분
    (3) 공실률: 장기임대차로 공실률 없음
    (4) 운영경비: 10%(가능총수익 기준)
5. 종합환원율: 5%
6. 대상 인근지역 공법상 제한
    (1) 건폐율: 50%
    (2) 용적률: 250%
    (3) 허용 불가용도: 유흥시설
7. 주위환경
    본건 인근지역은 기존 공장지대로, 최근 소규모 근린생활시설 등의 입점 등으로 인해 상업용·업무용 시설로 전환이 활발하게 이루어지고 있으며 일부 공업용 토지가 소재하나 전반적인 주위환경 및 유사지역과의 관계 등으로 보아 공업용으로서 기능은 상실하였다고 판단됨

<자료 2> 대상부동산 개발계획 안

구분 개발 후 용도	개발계획 A 근린생활시설 (판매시설)	개발계획 B 근린생활시설 (유흥시설)	개발계획 C 근린생활시설 (사무소)	개발계획 D 근린생활시설 (판매시설)
리모델링 후 연면적	670㎡	600㎡	800㎡	670㎡
개발 후 가능총수익	800,000,000원	1,200,000,000원	700,000,000원	900,000,000원
유효총수익 대비 운영경비비율	15%	20%	5%	20%
준공 부동산에 대한 환원이율	6.0%	8.5%	5.5%	6.5%
리모델링 비용	1,800,000원/㎡	1,200,000원/㎡	600,000원/㎡	2,000,000원/㎡

※ 리모델링 비용은 리모델링 후 연면적 기준

<자료 3> 기타사항

1. 기준시점은 현재임
2. 보증금운용이율: 3%
3. 표준적 공실률: 5%
4. 예상철거비는 150,000원/㎡임(리모델링의 경우 공사비에 포함됨)
5. 개발에 따른 시간가치는 미고려함

Ⅰ. 평가개요
- 평가대상: 복합부동산
- 평가목적: 개발타당성분석
- 기준시점: 현재

Ⅱ. 개발계획안별 부동산 가치

1. 법적 타당성 검토
① 본건 소재 인근지역 내 유흥시설 허용 불가용도로 <개발계획 B안> 배제
② 본건 소재 지역 내 법적 용적률 초과하는 <개발계획 C안> 배제(최대 연면적: 675㎡)

2. 현 상태의 부동산 가치(직접환원법 적용, 이하 동일)
(1) 현 상태 기준 순수익(표준적 공실률 5% 적용)

$40,000,000 \times (12 + 10 \times 0.03) \times (1 - 0.05 - 0.1) ≒ 418,200,000$원

(2) 현 상태의 부동산 가치

$418,200\ 000 \div 0.05$(환원율) ≒ 8,364,000,000원

3. 개발계획 A안의 경우 부동산 가치
(1) 개발 후 부동산 가치
① 개발 후 순수익

$800,000,000 \times 0.95 \times 0.85 ≒ 646,000,000$원

② 개발 후 부동산 가치

$646,000,000 \div 0.06 ≒ 10,767,000,000$원

(2) 리모델링 비용

$1,800,000 \times 670 ≒ 1,206,000,000$원

(3) 개발계획 A안의 경우 부동산 가치

$10,767,000,000 - 1,206,000,000 ≒ 9,561,000,000$원

4. 개발계획 D안의 경우 부동산 가치
(1) 개발 후 부동산 가치
① 개발 후 순수익

$900,000,000 \times 0.95 \times 0.80 ≒ 684,000,000$원

② 개발 후 부동산 가치

$684,000,000 \div 0.065 ≒ 10,523,076,000$원

(2) 리모델링 비용

$1,200,000 \times 670 ≒ 804,000,000$원

(3) 개발계획 D안의 경우 부동산 가치

$10,523,076,000 - 804,000,000 ≒ 9,719,076,000$원

Ⅲ. 최유효이용분석 및 컨설팅 보고
현 상태 부동산 가치: 8,364,000,000원

개발계획 A안 부동산 가치: 9,561,000,000원

개발계획 D안 부동산 가치: 9,719,076,000원

상기와 같은 개발계획안별 부동산 가치를 기준으로 <개발계획 D안>이 최유효이용으로 타당한바, <개발계획 D안>으로 대상부동산의 개발계획을 추천함. 다만, 개발에 따른 기간 및 환원율 변동에 유의함을 권고함

ca.Hackers.com

제 10 장

부동산 가격공시법

제10장 부동산가격공시법

제1절 표준지공시지가 개요

1 관련 법령

「부동산공시법」 제2조(정의)

이 법에서 사용하는 용어의 뜻은 다음과 같다.

1. "주택"이란 「주택법」 제2조 제1호에 따른 주택을 말한다.
2. "공동주택"이란 「주택법」 제2조 제3호에 따른 공동주택을 말한다.
3. "단독주택"이란 공동주택을 제외한 주택을 말한다.
4. "비주거용 부동산"이란 주택을 제외한 건축물이나 건축물과 그 토지의 전부 또는 일부를 말하며 다음과 같이 구분한다.

   가. 비주거용 집합부동산: 「집합건물의 소유 및 관리에 관한 법률」에 따라 구분소유되는 비주거용 부동산
   나. 비주거용 일반부동산: 가목을 제외한 비주거용 부동산
5. "적정가격"이란 토지, 주택 및 비주거용 부동산에 대하여 통상적인 시장에서 정상적인 거래가 이루어지는 경우 성립될 가능성이 가장 높다고 인정되는 가격을 말한다.

「부동산공시법」 제3조(표준지공시지가의 조사·평가 및 공시 등)

① 국토교통부장관은 토지이용상황이나 주변 환경, 그 밖의 자연적·사회적 조건이 일반적으로 유사하다고 인정되는 일단의 토지 중에서 선정한 표준지에 대하여 매년 공시기준일 현재의 단위면적당 적정가격(이하 "표준지공시지가"라 한다)을 조사·평가하고, 제24조에 따른 중앙부동산가격공시위원회의 심의를 거쳐 이를 공시하여야 한다.

「부동산공시법」 제5조(표준지공시지가의 공시사항)

제3조에 따른 공시에는 다음 각 호의 사항이 포함되어야 한다.

1. 표준지의 지번
2. 표준지의 단위면적당 가격
3. 표준지의 면적 및 형상
4. 표준지 및 주변토지의 이용상황
5. 그 밖에 대통령령으로 정하는 사항

「부동산공시법」 제8조(표준지공시지가의 적용)

제1호 각 목의 자가 제2호 각 목의 목적을 위하여 지가를 산정할 때에는 그 토지와 이용가치가 비슷하다고 인정되는 하나 또는 둘 이상의 표준지의 공시지가를 기준으로 토지가격비준표를 사용하여 지가를 직접 산정하거나 감정평가법인등에 감정평가를 의뢰하여 산정할 수 있다. 다만, 필요하다고 인정할 때에는 산정된 지가를 제2호 각 목의 목적에 따라 가감(加減) 조정하여 적용할 수 있다.

1. 지가 산정의 주체
   가. 국가 또는 지방자치단체

나. 「공공기관의 운영에 관한 법률」에 따른 공공기관

다. 그 밖에 대통령령으로 정하는 공공단체

2. 지가 산정의 목적

가. 공공용지의 매수 및 토지의 수용·사용에 대한 보상

나. 국유지·공유지의 취득 또는 처분

다. 그 밖에 대통령령으로 정하는 지가의 산정

「부동산공시법」 제9조(표준지공시지가의 효력)

표준지공시지가는 토지시장에 지가정보를 제공하고 일반적인 토지거래의 지표가 되며, 국가·지방자치단체 등이 그 업무와 관련하여 지가를 산정하거나 감정평가법인등이 개별적으로 토지를 감정평가하는 경우에 기준이 된다.

「부동산공시법」 제20조(비주거용 표준부동산가격의 조사·산정 및 공시 등)

① 국토교통부장관은 용도지역, 이용상황, 건물구조 등이 일반적으로 유사하다고 인정되는 일단의 비주거용 일반부동산 중에서 선정한 비주거용 표준부동산에 대하여 매년 공시기준일 현재의 적정가격(이하 "비주거용 표준부동산가격"이라 한다)을 조사·산정하고, 제24조에 따른 중앙부동산가격공시위원회의 심의를 거쳐 이를 공시할 수 있다.

② 제1항에 따른 비주거용 표준부동산가격의 공시에는 다음 각 호의 사항이 포함되어야 한다.

1. 비주거용 표준부동산의 지번

2. 비주거용 표준부동산가격

3. 비주거용 표준부동산의 대지면적 및 형상

4. 비주거용 표준부동산의 용도, 연면적, 구조 및 사용승인일(임시사용승인일을 포함한다)

5. 그 밖에 대통령령으로 정하는 사항

③ 제1항에 따른 비주거용 표준부동산의 선정, 공시기준일, 공시의 시기, 조사·산정 기준 및 공시절차 등에 필요한 사항은 대통령령으로 정한다.

④ 국토교통부장관은 제1항에 따라 비주거용 표준부동산가격을 조사·산정하려는 경우 감정평가법인등 또는 대통령령으로 정하는 부동산 가격의 조사·산정에 관한 전문성이 있는 자에게 의뢰한다.

⑤ 국토교통부장관이 비주거용 표준부동산가격을 조사·산정하는 경우에는 인근 유사 비주거용 일반부동산의 거래가격·임대료 및 해당 비주거용 일반부동산과 유사한 이용가치를 지닌다고 인정되는 비주거용 일반부동산의 건설에 필요한 비용추정액 등을 종합적으로 참작하여야 한다.

⑥ 국토교통부장관은 제21조에 따른 비주거용 개별부동산가격의 산정을 위하여 필요하다고 인정하는 경우에는 비주거용 표준부동산과 산정대상 비주거용 개별부동산의 가격형성요인에 관한 표준적인 비교표(이하 "비주거용 부동산가격비준표"라 한다)를 작성하여 시장·군수 또는 구청장에게 제공하여야 한다.

⑦ 비주거용 표준부동산가격의 공시에 대하여는 제3조 제2항·제4조·제6조·제7조 및 제13조를 각각 준용한다. 이 경우 제7조 제2항 후단 중 "제3조"는 "제20조"로 본다.

2 표준지 선정 및 관리

1. 용어의 정의

「표준지의 선정 및 관리지침」 제2조(정의)

이 지침에서 사용하는 용어의 뜻은 다음과 같다.

1. "지역분석"이란 지역의 지가수준에 전반적인 영향을 미치는 가격형성요인을 일정한 지역범위별로 조사·분석함으로써 지역 내 토지의 표준적인 이용과 지가수준 및 그 변동추이를 판정하는 것을 말한다.

2. "가격형성요인"이란 토지의 객관적인 가치에 영향을 미치는 지역요인 및 개별요인을 말한다.

3. "지역요인"이란 그 지역의 지가수준에 영향을 미치는 자연적·사회적·경제적·행정적 요인을 말한다.
4. "개별요인"이란 해당 토지의 가격에 직접 영향을 미치는 위치·면적·형상·이용상황 등의 개별적인 요인을 말한다.
5. "용도지대"란 토지의 실제용도에 따른 구분으로서 「국토의 계획 및 이용에 관한 법률」상의 용도지역에도 불구하고 토지의 지역적 특성이 동일하거나 유사한 지역의 일단을 말하며, 상업지대·주택지대·공업지대·농경지대·임야지대·후보지지대·기타지대 등으로 구분한다.
6. "해당지역"이란 「부동산 가격공시에 관한 법률」(이하 "법"이라 한다) 제3조 제5항에 따라 표준지 조사·평가의 의뢰 대상이 되는 각각의 시·군·구 또는 이를 구분한 지역을 말한다.
7. "표준지선정단위구역"이란 동일한 용도지역 내에서 가격수준 및 토지이용상황 등을 고려하여 표준지의 선정범위를 구획한 구역을 말한다.

2. 표준지 선정기준

「부동산공시법 시행령」 제2조(표준지의 선정)
① 국토교통부장관은 「부동산 가격공시에 관한 법률」(이하 "법"이라 한다) 제3조 제1항에 따라 표준지를 선정할 때에는 일단(一團)의 토지 중에서 해당 일단의 토지를 대표할 수 있는 필지의 토지를 선정하여야 한다.
② 법 제3조 제1항에 따른 표준지 선정 및 관리에 필요한 세부기준은 법 제24조에 따른 중앙부동산가격공시위원회(이하 "중앙부동산가격공시위원회"라 한다)의 심의를 거쳐 국토교통부장관이 정한다.

「표준지의 선정 및 관리지침」제7조(표준지 선정 및 관리의 기본원칙)
① 토지의 감정평가 및 개별공시지가의 산정 등에 효율적으로 활용되고 일반적인 지가정보를 제공할 수 있도록 표준지를 선정·관리한다.
② 다양한 토지유형별로 일반적이고 평균적인 토지이용상황, 가격수준 및 그 변화를 나타낼 수 있도록 표준지를 선정·관리한다.
③ 표준지 상호간 연계성을 고려하여 용도지역·용도지대별 또는 토지이용상황별로 표준지를 균형 있게 분포시키고, 인근토지의 가격비교기준이 되는 토지로서 연도별로 일관성을 유지할 수 있도록 표준지를 선정·관리한다.

「표준지공시지가 조사·평가기준」제10조(표준지의 선정기준)
① 표준지를 선정하기 위한 일반적인 기준은 다음과 같다.
    1. 지가의 대표성: 표준지선정단위구역 내에서 지가수준을 대표할 수 있는 토지 중 인근지역 내 가격의 층화를 반영할 수 있는 표준적인 토지
    2. 토지특성의 중용성: 표준지선정단위구역 내에서 개별토지의 토지이용상황·면적·지형지세·도로조건·주위환경 및 공적규제 등이 동일 또는 유사한 토지 중 토지특성빈도가 가장 높은 표준적인 토지
    3. 토지용도의 안정성: 표준지선정단위구역 내에서 개별토지의 주변이용상황으로 보아 그 이용상황이 안정적이고 장래 상당기간 동일 용도로 활용될 수 있는 표준적인 토지
    4. 토지구별의 확정성: 표준지선정단위구역 내에서 다른 토지와 구분이 용이하고 위치를 쉽게 확인할 수 있는 표준적인 토지
② 특수토지 또는 용도상 불가분의 관계를 형성하고 있는 비교적 대규모의 필지를 일단지로 평가할 필요가 있는 경우에는 표준지로 선정하여 개별공시지가의 산정기준으로 활용될 수 있도록 하되, 토지형상·위치 등이 표준적인 토지를 선정한다.
③ 국가 및 지방자치단체에서 행정목적상 필요하여 표준지를 선정하여 줄 것을 요청한 특정지역이나 토지에 대해서는 지역특성을 고려하여 타당하다고 인정하는 경우에는 표준지를 선정할 수 있다.

3. 표준지 분포

① 지역별·용도지역별 및 토지이용상황별로 전체적인 표준지 수를 배분하기 위한 표준지의 일반적인 분포기준은 별표 1과 같다. 다만, 다른 토지의 가격산정에의 비교가능성 및 활용도를 높이기 위하여 필요하다고 인정되는 경우에는 표준지의 분포기준을 조정할 수 있다.

② 표준지 선정자는 지역분석을 토대로 용도지역·용도지대별 또는 토지이용상황별 표준지 분포 및 활용의 적절성을 판단하여 지가분포가 다양하고 변화가 많은 지역에 대해서는 상대적으로 많은 표준지가 분포될 수 있도록 한다.

「표준지공시지가 조사·평가기준」 제9조(표준지 분포의 조정)

① 지역요인의 변동이 현저한 지역 또는 조세부과 등의 행정목적을 위하여 필요한 지역에 대해서는 표준지의 분포를 조정할 수 있다.

② 기존 표준지의 활용실적을 분석하여 과소 또는 과다하게 활용한 필지가 있는 경우에는 표준지가 적절하게 활용될 수 있도록 지역간 표준지의 분포를 조정할 수 있다.

4. 표준지의 교체 등

「표준지공시지가 조사·평가기준」 제11조(표준지의 교체 등)

① 기존 표준지는 특별한 사유가 없는 한 교체하지 아니한다.

② 표준지가 다음 각 호의 어느 하나에 해당되는 경우에는 이를 인근의 다른 토지로 교체하거나 삭제할 수 있다.

   1. 도시·군계획사항의 변경, 토지이용상황의 변경, 개발사업의 시행 등으로 인하여 제10조 제1항의 선정기준에 부합되지 아니하는 경우

   2. 형질변경이나 지번, 지목, 면적 등 지적사항 등의 변경

   3. 개별공시지가의 산정 시에 비교표준지로의 활용성이 낮아 실질적으로 기준성을 상실한 경우

③ 제9조 제2항에 따라 해당지역의 표준지 수가 증가 또는 감소되는 경우에는 다음 각 호의 사항을 고려하여 표준지가 인근토지의 가격비교기준으로 효율적으로 활용될 수 있도록 교체하거나 삭제할 수 있다.

   1. 개별공시지가의 산정 시에 비교표준지로의 활용실적 분석결과

   2. 지역분석에 의한 표준지 분포조정 검토결과

   3. 택지개발사업, 도시개발사업 또는 재개발사업 등의 시행으로 인한 토지형질의 변경 등

5. 표준지 선정의 제외대상

「표준지공시지가 조사·평가기준」 제12조(표준지 선정의 제외대상)

① 국·공유의 토지는 표준지로 선정하지 아니한다. 다만, 「국유재산법」상 일반재산인 경우와 국·공유의 토지가 여러 필지로서 일단의 넓은 지역을 이루고 있어 그 지역의 지가수준을 대표할 표준지가 필요한 경우에는 국·공유의 토지를 표준지로 선정할 수 있다.

② 한 필지가 둘 이상의 용도로 이용되고 있는 토지는 표준지로 선정하지 아니한다. 다만, 부수적인 용도의 면적과 토지의 효용가치가 경미한 경우에는 비교표준지로의 활용목적을 고려하여 표준지로 선정할 수 있다.

1 수익환원법의 개념

수익환원법은 여러 가지 기준에 따라 다양한 유형으로 분류될 수 있으나 환원율을 사용하는 직접환원법(Direct Capitalization Method)과 할인율을 사용하는 할인현금흐름분석법(DCF분석법: Discounted Cash Flow analysis)으로 구분해 볼 수 있다.

현행 표준지공시지가 조사·평가시 거래사례비교법 중심의 평가방법 이외에 "표준지에 소재한 상가건물의 확정일자부 임대차정보(이하 "임대사례"라 한다)" 또는 "「상업용부동산 임대동향조사」결과에 의한 전국의 임대동향표본"을 활용하여 수익환원법에 의한 공시지가의 수익(시산)가격을 산출·조정함으로써 공시지가의 신뢰성을 제고함을 목적으로 한다.

2 표준지 수익가격 평가 절차도

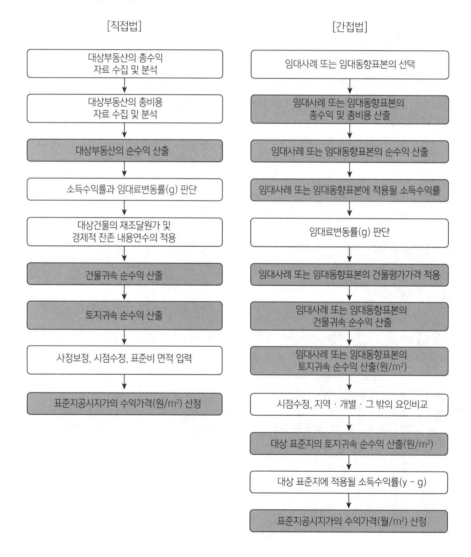

❸ 표준지 수익가격 평가모형

1. 평가모형

$$P_L = \left[a - B \times \frac{y-g}{1 - \left(\frac{1+g}{1+y}\right)^n} \right] \times \frac{1 - \left(\frac{1+g}{1+y}\right)^n}{y-g} + \frac{P_L \times (1+g)^n}{(1+y)^n}$$

P_L: 토지의 수익가격

a: 토지 · 건물에 귀속되는 순수익

B: 건물평가가격

y: 투자수익률

g: 임대료변동률, 단 $y > g$

n: 건물의 경제적 잔존 내용연수

$a_L = \left[a - B \times \dfrac{y-g}{1 - \left(\frac{1+g}{1+y}\right)^n} \right]$: 토지에 귀속하는 초기년도 순수익

$\dfrac{1 - \left(\frac{1+g}{1+y}\right)^n}{y-g}$: 매기의 토지귀속 순수익을 현재가치로 할인하여 합산하는 율

$P_L \times (1+g)^n$: 보유기간 말 매도가액

$\dfrac{P_L \times (1+g)^n}{(1+y)^n}$: 보유기간 말 매도가액의 현가액

2. 평가모형의 전제

표준지공시지가의 수익가격 평가모형은 나지상태의 토지에 최유효이용상태의 건물을 건축하고 그 상황 하에서 장래의 경제적 잔존 내용연수 기간 동안 발생할 예상수익을 할인하는 구조로 되어 있다. 이 모형에서 전제하는 조건은 다음과 같다.

① 부동산의 임대료와 가격은 건물의 경제적 잔존 내용연수 기간 동안 매년 평균 g만큼 변동하는 것으로 가정한다. 따라서 n년 후의 토지가격은 '$P_L \times (1 + g)^n$'이다.

② 건물의 경제적 잔존 내용연수 동안 발생할 것으로 기대되는 건물귀속 순수익의 현가 총합은 건물평가가격과 동일하다고 가정한다.

③ 매기 발생되는 토지귀속 순수익의 현가합과 보유기간 말 복귀가치의 현가합이 토지의 수익가격이 된다. 이때, 종합수익률(y) 및 임대료변동률(가격변동률: g)이 일정하므로 단순화 과정을 거쳐 별도의 보유기간 (n)을 고려하지 않게 된다.

3. 투자수익률(y)의 적용

앞선 모형에서 y는 n년 동안의 매 기간의 수익을 현재가치로 할인하는 수익률의 기능을 하고 있으며, g는 매기 등비로 증가하는 비율을 나타내고 있다. 또한, 건물의 경제적 잔존 내용연수인 n년 기간에 적용하는 수익률(할인율)의 성격을 가지고 있다. 따라서 임대동향표본의 실제 조사된 최근 자료를 기초로 하여 투자수익률을 산정한다.

$$\text{투자수익률} = \text{소득수익률(자본환원율)} + \text{자본수익률(자본이득률)}$$

$$= \frac{\text{순수익}(a)}{\text{기초자산가치}(V_n)} + \frac{\text{기말자산가치}(V_{n+1}) - \text{기초자산가치}(V_n)}{\text{기초자산가치}(V_n)}$$

4. 임대료변동률(g)

g는 임대료 및 부동산 가격변동률(단 y>g)이다. 직접환원법에서는 부동산가격변동이 없는 것으로 가정하고 있으나 경제성장 추세를 나타내고 있는 우리나라에서는 임대료와 부동산 가격변동률을 고려하지 않을 수 없으므로 이를 고려한 모형을 채택한 것이다. 대부분의 연구에서 임대료와 지가변동은 다소의 시차(time - lag)는 있으나 비교적 높은 상관관계를 보이고 있고 현실적으로도 시계열자료는 지가변동률이 유일하므로 이를 활용하여 향후 건물의 경제적 잔존내용 연수기간 동안에 적용할 g를 추정하기로 한다. 국토교통부에서 발표한 전국평균·대도시평균·상업지역평균 지가변동률을 지수화하여 향후 건물의 경제적 잔존 내용연수간의 토지가격변동률(g)을 회귀모형으로 추정한 결과를 발표하고 있다.

5. 수익가격 산정 및 조정 예시

(1) 평가모형

$$P_L = \left[a - B \times \frac{y-g}{1-\left(\frac{1+g}{1+y}\right)^n} \right] \times \frac{1-\left(\frac{1+g}{1+y}\right)^n}{y-g} + \frac{P_L \times (1+g)^n}{(1+y)^n}$$

※ 변형식

$$P_L = \left[a - B \times \frac{y-g}{1-\left(\frac{1+g}{1+y}\right)^n} \right] \times \frac{1}{y-g}$$

(2) 적용 예시

① 순수익(a): 100,000,000원

② 투자수익률(y) = 소득수익률 + 임대료변동률(g) = 6% + 2% = 8%

③ 임대료 변동률(g): 2%

④ 건물의 평가가격(B): 1,000,000,000원

⑤ 경제적 잔존 내용연수(n): 30년

⑥ 표준지의 면적: 1,000㎡

(3) 표준지의 수익가격(P_L)

$$P_L = \left[1억 - 10억 \times \frac{0.08 - 0.02}{1 - \left(\dfrac{1 + 0.02}{1 + 0.08}\right)^{30}} \right] \times \frac{1}{0.08 - 0.02}$$

$\therefore P_L ≒ 447,000,000원(447,000원/㎡)$

(4) 표준지의 수익가격(P_L)이 상향되는 경우

- 건물의 평가가격(B)이 낮은 경우
- 경제적 잔존 내용연수(n)가 연장되는 경우
- 임대료변동률(g)이 높은 경우

(5) 표준지의 수익가격(P_L)이 하향되는 경우

- 건물의 평가가격(B)이 높은 경우
- 경제적 잔존 내용연수(n)가 단축되는 경우
- 임대료변동률(g)이 낮은 경우

「표준지공시지가 조사·평가 기준」

제1장 총칙

제1조(목적)

이 기준은 「부동산 가격공시에 관한 법률」 제3조에서 규정하고 있는 표준지공시지가의 공시를 위하여 같은 법 제3조 제4항 및 같은 법 시행령 제6조 제3항에 따라 표준지의 적정가격 조사·평가에 필요한 세부기준과 절차 등을 정함을 목적으로 한다.

제2조(정의)

이 기준에서 사용하는 용어의 뜻은 다음과 같다.

1. "**공익사업**"이란 「공익사업을 위한 토지 등의 취득 및 보상에 관한 법률」 제4조 각 호의 어느 하나에 해당하는 사업을 말한다.
2. "**개발이익**"이란 공익사업의 계획 또는 시행이 공고 또는 고시되거나 공익사업의 시행, 그 밖에 공익사업의 시행에 따른 절차로서 행하여진 토지이용계획의 설정·변경·해제 등으로 인하여 토지소유자가 자기의 노력에 관계없이 지가가 상승되어 현저하게 받은 이익으로서 정상지가 상승분을 초과하여 증가된 부분을 말한다.
3. "**일시적 이용상황**"이란 관련 법령에 따라 국가나 지방자치단체의 계획이나 명령 등으로 해당 토지를 본래의 용도로 이용하는 것이 일시적으로 금지되거나 제한되어 다른 용도로 이용하고 있거나 해당 토지의 주위 환경 등으로 보아 현재의 이용이 임시적인 것으로 인정되는 이용을 말한다.
4. "**나지**"란 토지에 건물이나 그 밖의 정착물이 없고 지상권 등 토지의 사용·수익을 제한하는 사법상의 권리가 설정되어 있지 아니한 토지를 말한다.
5. "**특수토지**"란 토지용도가 특수하고 거래사례가 희소하여 시장가치의 측정이 어려운 토지를 말한다.
6. "**택지**"란 주거·상업·공업용지 등의 용도로 이용되고 있거나 해당 용도로 이용할 목적으로 조성된 토지를 말한다.
7. "**후보지**"란 인근지역의 주위환경 등의 사정으로 보아 현재의 용도에서 장래 택지 등 다른 용도로의 전환이 객관적으로 예상되는 토지를 말한다.
8. "**인근지역**"이란 해당 토지가 속한 지역으로서 토지의 이용이 동질적이고 가격형성요인 중 지역요인을 공유하는 지역을 말한다.
9. "**유사지역**"이란 해당 토지가 속하지 아니하는 지역으로서 인근지역과 유사한 특성을 갖는 지역을 말한다.

10. **"동일수급권"**이란 일반적으로 해당 토지와 대체·경쟁관계가 성립하고 가격형성에 서로 영향을 미치는 관계에 있는 다른 토지가 존재하는 권역을 말하며, 인근지역과 유사지역을 포함한다.

11. (삭제)

제3조(적용 범위)

표준지의 적정가격 조사·평가는 부동산 가격공시에 관한 법령과 감정평가 및 감정평가사에 관한 법령에서 정한 것을 제외하고는 이 기준에서 정하는 바에 따르고, 이 기준에서 정하지 아니한 사항은 표준지공시지가 조사·평가 업무요령 및 감정평가의 일반이론에 따른다.

제2장 조사·평가절차
제4조(조사·평가절차)

표준지의 적정가격 조사·평가는 「부동산 가격공시에 관한 법률 시행령」(이하 "영"이라 한다) 제2조 제2항에 따른 『표준지의 선정 및 관리지침』에서 정한 지역분석 등을 실시한 후에 일반적으로 다음 각 호의 절차에 따라 실시한다.

1. 공부조사
2. 실지조사
3. 가격자료의 수집 및 정리
4. 사정보정 및 시점수정
5. 지역요인 및 개별요인의 비교
6. 평가가격의 결정 및 표시
7. 경계지역간 가격균형 여부 검토
8. 표준지 소유자의 의견청취
9. 특별시장·광역시장·특별자치시장·도지사 또는 특별자치도지사(이하 "시·도지사"라 한다) 및 시장·군수·구청장(자치구의 구청장을 말한다. 이하 같다)의 의견청취
10. 조사·평가보고서의 작성

제5조(공부조사)

표준지의 적정가격을 조사·평가할 때에는 토지·임야대장, 지적·임야도, 토지이용계획확인서, 건축물대장, 환지계획·환지처분 등 환지 관련서류 및 도면 등을 통해 공시기준일 현재의 다음 각 호의 사항을 조사한다.

1. 소재지·지번·지목·면적
2. 공법상 제한사항의 내용 및 그 제한의 정도
3. 그 밖의 공부(公簿) 조사사항

제6조(실지조사)

표준지의 적정가격을 조사·평가할 때에는 공시기준일 현재의 다음 각 호의 사항을 실지조사한다.

1. 소재지·지번·지목·면적
2. 위치 및 주위 환경
3. 토지 이용 상황·효용성 및 공법상 제한사항과의 부합 여부
4. 도로 및 교통 환경
5. 형상·지세·지반·지질 등의 상태
6. 편익시설의 접근성 및 편의성
7. 유해시설의 접근성 및 재해·소음 등 유해정도
8. 그 밖에 가격형성에 영향을 미치는 요인

제7조(가격자료의 수집 및 정리)

① 표준지의 적정가격을 조사·평가할 때에는 인근지역 및 동일수급권 안의 유사지역에 있는 거래사례, 평가선례, 보상선례, 조성사례, 분양사례, 수익사례 등과 세평가격 등 가격결정에 참고가 되는 자료(이하 "가격자료"라 한다)를 수집하여 이를 정리한다.

② 제1항에 따른 가격자료는 다음 각 호의 요건을 갖춘 것으로 한다.

  1. **최근 3년 이내의 자료인 것**
  2. **사정보정이 가능한 것**
  3. **지역요인 및 개별요인의 비교가 가능한 것**
  4. **위법 또는 부당한 거래 등이 아닌 것**
  5. **토지 및 그 지상건물이 일체로 거래된 경우에는 배분법의 적용이 합리적으로 가능한 것**

제8조(사정보정 및 시점수정)

① 수집된 거래사례 등에 거래당사자의 특수한 사정 또는 개별적인 동기가 개재되어 있거나 평가선례 등에 특수한 평가조건 등이 반영되어 있는 경우에는 그러한 사정이나 조건 등이 없는 상태로 이를 적정하게 보정(이하 "사정보정"이라 한다)한다.

② 가격자료의 거래시점 등이 공시기준일과 다른 경우에는 「부동산 거래신고 등에 관한 법률」 제19조에 따라 국토교통부장관이 조사한 지가변동률로서 가격자료가 소재한 시·군·구의 같은 **용도지역 지가변동률**로 시점수정을 행한다. 다만, 다음 각 호의 경우에는 그러하지 아니하다.

  1. 같은 용도지역의 지가변동률을 적용하는 것이 불가능하거나 적절하지 아니하다고 판단되는 경우에는 공법상 제한이 같거나 비슷한 용도지역의 지가변동률, 이용상황별 지가변동률 또는 해당 시·군·구의 평균지가변동률로 시점수정
  2. 지가변동률을 적용하는 것이 불가능하거나 적절하지 아니한 경우에는 「한국은행법」 제86조에 따라 한국은행이 조사·발표하는 생산자물가지수에 따라 산정된 생산자물가상승률 등으로 시점수정
  3. <삭제>
  4. <삭제>

제9조(지역요인 및 개별요인의 비교)

① 수집·정리된 거래사례 등의 토지가 표준지의 인근지역에 있는 경우에는 개별요인만을 비교하고, 동일수급권 안의 유사지역에 있는 경우에는 지역요인 및 개별요인을 비교한다.

② 지역요인 및 개별요인의 비교는 표준지의 공법상 용도지역과 실제이용상황 등을 기준으로 그 용도적 특성에 따라 다음과 같이 **용도지대를 분류**하고, 가로조건·접근조건·환경조건·획지조건·행정적조건·기타조건 등에 관한 사항을 비교한다.

  1. 상업지대: 고밀도상업지대·중밀도상업지대·저밀도상업지대
  2. 주택지대: 고급주택지대·보통주택지대·농어촌주택지대
  3. 공업지대: 전용공업지대·일반공업지대
  4. 농경지대: 전작농경지대·답작농경지대
  5. 임야지대: 도시근교임야지대·농촌임야지대·산간임야지대
  6. 후보지지대: 택지후보지지대·농경지후보지지대

③ 각 용도지대별 지역요인 및 개별요인의 비교항목(조건·항목·세항목)은 별표 1부터 별표 7까지에서 정하는 내용을 참고로 하여 정한다.

④ 지역요인 및 개별요인의 비교를 위한 인근지역의 판단은 토지의 용도적 관점에 있어서의 동질성을 기준으로 하되, 일반적으로 지형·지물 등 다음 각 호의 사항을 확인하여 인근지역의 범위를 정한다.

  1. 지반·지세·지질
  2. 하천·수로·철도·공원·도로·광장·구릉 등
  3. 토지의 이용상황

4. 공법상 용도지역 · 지구 · 구역 등

5. 역세권, 통학권 및 통작권역

제10조(평가가격의 결정 및 표시)

① 거래사례비교법 등에 따라 표준지의 가격을 산정한 때에는 인근지역 또는 동일수급권 안의 유사지역에 있는 유사용도 표준지의 평가가격과 비교하여 그 적정여부를 검토한 후 평가가격을 결정하되, 유사용도 표준지의 평가가격과 균형이 유지되도록 하여야 한다.

② 표준지로 선정된 1필지의 토지가 둘 이상의 용도로 이용되는 경우에는 용도별 면적비율에 의한 평균가격으로 평가가격을 결정한다. 다만, 다음 각 호의 어느 하나에 해당되는 경우에는 주된 용도의 가격으로 평가가격을 결정할 수 있다.

1. 다른 용도로 이용되는 부분이 일시적인 이용상황으로 인정되는 경우

2. 다른 용도로 이용되는 부분이 주된 용도와 가치가 유사하거나 면적비율이 현저하게 낮아 주된 용도의 가격을 기준으로 거래되는 관행이 있는 경우

③ 표준지의 평가가격은 제곱미터당 가격으로 표시하되, 유효숫자 세 자리로 표시함을 원칙으로 한다. 다만, 그 평가가격이 10만원 이상인 경우에는 유효숫자 네 자리까지 표시할 수 있다.

④ 제3항에도 불구하고 표준지 이의신청에 따른 평가가격 또는 「부동산 가격공시에 관한 법률」 제3조 제5항 단서에 따라 하나의 감정평가법인등에게 의뢰하여 표준지공시지가를 평가하는 경우의 평가가격의 유효숫자 제한은 국토교통부장관이 별도로 정할 수 있다.

제11조(경계지역간 가격균형 여부 검토)

① 제10조에 따라 표준지의 평가가격을 결정한 때에는 인근 시 · 군 · 구의 유사용도 표준지의 평가가격과 비교하여 그 가격의 균형여부를 검토하여야 한다.

② 제1항의 가격균형여부의 검토는 용도지역 · 용도지대 및 토지이용상황별 지가수준을 비교하는 것 외에 특수토지 및 경계지역 부분에 있는 유사용도 표준지에 대하여 개별필지별로 행하되, 필요한 경우에는 인근 시 · 군 · 구의 가격자료 등을 활용하여 평가가격을 조정함으로써 상호 균형이 유지되도록 하여야 한다.

제12조(표준지 소유자의 의견청취)

영 제5조 제3항에 따라 표준지 소유자가 표준지의 평가가격에 대하여 의견을 제시한 때에는 그 평가가격의 적정여부를 재검토하고 표준지 소유자가 제시한 의견이 객관적으로 타당하다고 인정되는 경우에는 이를 반영하여 평가가격을 조정하여야 한다.

제13조(시장 · 군수 · 구청장의 의견청취)

① 「부동산 가격공시에 관한 법률 시행령」 제8조 제2항에 따라 시 · 도지사 및 시장 · 군수 · 구청장(필요한 경우 특별시장 · 광역시장 또는 도지사를 포함한다. 이하 이 조에서 같다)의 의견을 듣고자 할 때에는 표준지의 필지별 가격 및 가격변동률, 용도지역별 · 지목별 최고 · 최저지가, 전년대비 가격변동이 현저한 표준지의 내역 및 변동사유, 표준지 위치표시도면 등 표준지의 평가가격 검토에 필요한 자료를 제출하여야 한다.

② 시 · 도지사 및 시장 · 군수 · 구청장으로부터 특정한 표준지에 대하여 평가가격의 조정의견이 제시된 때에는 그 평가가격의 적정여부를 재검토하고 그 의견이 객관적으로 타당하다고 인정되는 경우에는 이를 반영하여 평가가격을 조정하여야 한다.

제14조(조사 · 평가보고서의 작성)

표준지에 대한 조사 · 평가가 완료된 때에는 표준지 조사평가보고서를 작성하여 「부동산 가격공시에 관한 법률 시행규칙」 제3조 제2항에 따른 서류(전자처리된 전자기록을 포함한다)와 함께 국토교통부장관에게 제출하여야 한다.

제3장 평가기준

제15조(적정가격 기준 평가)

① 표준지의 평가가격은 일반적으로 해당 토지에 대하여 통상적인 시장에서 정상적인 거래가 이루어지는 경우 성립될 가능성이 가장 높다고 인정되는 가격(이를 **"적정가격"**이라 한다)으로 결정하되, 시장에서 형성되는 가격자료를 충분히 조사하여 표준지의 **객관적인 시장가치**를 평가한다.

② 특수토지 등 시장성이 없거나 거래사례 등을 구하기가 곤란한 토지는 해당 토지와 유사한 이용가치를 지닌다고 인정되는 토지의 조성에 필요한 비용추정액 또는 임료 등을 고려한 가격으로 평가하거나, 해당 토지를 인근지역의 주된 용도의 토지로 보고 제1항에 따라 평가한 가격에 그 용도적 제한이나 거래제한의 상태 등을 고려한 가격으로 평가한다.

제16조(실제용도 기준 평가)

표준지의 평가는 **공부상의 지목에도 불구하고 공시기준일 현재의 이용상황을 기준으로 평가하되, 일시적인 이용상황은 이를 고려하지 아니한다.**

제17조(나지상정 평가)

표준지의 평가에 있어서 그 토지에 건물이나 그 밖의 정착물이 있거나 지상권 등 토지의 사용·수익을 제한하는 사법상의 권리가 설정되어 있는 경우에는 그 정착물 등이 없는 토지의 **나지상태**를 상정하여 평가한다.

제18조(공법상 제한상태 기준 평가)

표준지의 평가에 있어서 공법상 용도지역·지구·구역 등 **일반적인 계획제한사항** 뿐만 아니라 도시계획시설 결정 등 공익사업의 시행을 직접목적으로 하는 **개별적인 계획제한사항**이 있는 경우에는 그 공법상 제한을 받는 상태를 기준으로 평가한다.

제19조(개발이익 반영 평가)

① 표준지의 평가에 있어서 다음 각 호의 **개발이익은 이를 반영**하여 평가한다. 다만, 그 개발이익이 주위환경 등의 사정으로 보아 공시기준일 현재 현실화·구체화되지 아니하였다고 인정되는 경우에는 그러하지 아니하다.

　1. 공익사업의 계획 또는 시행이 공고 또는 고시됨으로 인한 지가의 증가분

　2. 공익사업의 시행에 따른 절차로서 행하여진 토지이용계획의 설정·변경·해제 등으로 인한 지가의 증가분

　3. 그 밖에 공익사업의 착수에서 준공까지 그 시행으로 인한 지가의 증가분

② 제1항에 따라 개발이익을 반영함에 있어서 공익사업시행지구 안에 있는 토지는 해당 **공익사업의 단계별 성숙도 등을 고려**하여 평가하되, 인근지역 또는 동일수급권 안의 유사지역에 있는 유사용도 토지의 지가수준과 비교하여 균형이 유지되도록 하여야 한다.

제20조(일단지의 평가)

① **용도상 불가분의 관계**에 있는 2필지 이상의 일단의 토지(이하 "일단지"라 한다) 중에서 대표성이 있는 1필지가 표준지로 선정된 때에는 그 일단지를 1필지의 토지로 보고 평가한다.

② 제1항에서 **"용도상 불가분의 관계"란 일단지로 이용되고 있는 상황이 사회적·경제적·행정적 측면에서 합리적이고 해당 토지의 가치형성측면에서도 타당하다고 인정되는 관계에 있는 경우를** 말한다.

③ 개발사업시행예정지는 공시기준일 현재 관계 법령에 따른 해당 **사업계획의 승인**이나 「공익사업을 위한 토지 등의 취득 및 보상에 관한 법률」 제20조에 따른 **사업인정**(다른 법률에 따라 사업인정으로 보는 경우를 포함한다. 이하 같다)이 있기 전에는 이를 일단지로 보지 아니한다.

④ 2필지 이상의 토지에 하나의 건축물(부속건축물을 포함한다)이 건립되어 있거나 건축 중에 있는 토지와 공시기준일 현재 나지상태이나 **건축허가 등을 받고 공사를 착수한 때**에는 토지소유자가 다른 경우에도 이를 **일단지**로 본다.

⑤ 2필지 이상의 일단의 토지가 조경수목재배지, 조경자재제조장, 골재야적장, 간이창고, 간이체육시설용지(테니스장, 골프연습장, 야구연습장 등) 등으로 이용되고 있는 경우로서 주위환경 등의 사정으로 보아 현재의 이용이 **일시적인 이용상황**으로 인정되는 경우에는 이를 일단지로 보지 아니한다.

⑥ 일단으로 이용되고 있는 토지의 일부가 용도지역 등을 달리하는 등 **가치가 명확히 구분**되어 둘 이상의 표준지가 선정된 때에는 그 **구분된 부분을 각각 일단지**로 보고 평가한다.

제21조(평가방식의 적용)

① 표준지의 평가는 **거래사례비교법, 원가법 또는 수익환원법의 3방식** 중에서 해당 표준지의 특성에 가장 적합한 **평가방식 하나를 선택하여 행하되, 다른 평가방식에 따라 산정한 가격과 비교하여 그 적정여부를 검토한 후 평가가격을 결정한다.** 다만, 해당 표준지의 특성 등으로 인하여 다른 평가방식을 적용하는 것이 현저히 곤란하거나 불필요한 경우에는 하나의 평가방식으로 결정할 수 있으며, 이 경우 제14조에 따른 조사·평가보고서에 그 사유를 기재하여야 한다.

② 일반적으로 **시장성**이 있는 토지는 **거래사례비교법**으로 평가한다. 다만, 새로이 조성 또는 매립된 토지는 원가법으로 평가할 수 있으며, 상업용지 등 수익성이 있는 토지는 수익환원법으로 평가할 수 있다.

③ **시장성이 없거나 토지의 용도 등이 특수하여 거래사례 등을 구하기가 현저히 곤란한 토지는 원가법에 따라 평가하**거나, 해당 토지를 인근지역의 주된 용도의 토지로 보고 거래사례비교법에 따라 평가한 가격에 그 **용도적 제한이나 거래제한의 상태 등을 고려한 가격으로 평가한다.** 다만, 그 토지가 수익성이 있는 경우에는 수익환원법으로 평가할 수 있다.

④ 표준지의 평가가격을 원가법에 따라 결정할 경우에는 다음과 같이 한다. 다만, 특수한 공법을 사용하여 토지를 조성한 경우 등 해당 토지의 조성공사비가 평가가격 산출시 적용하기에 적정하지 아니한 경우에는 인근 유사토지의 조성공사비를 참작하여 적용할수 있다.

> [조성 전 토지의 소지가격 + (조성공사비 및 그 부대비용 + 취득세 등 제세공과금 + 적정이윤)]
> ÷ 해당 토지의 면적 ≒ 평가가격

⑤ (삭제)
⑥ (삭제)

제4장 용도별 토지의 평가
제22조(주거용지)

① 주거용지(주상복합용지를 포함한다)는 토지의 일반적인 조사사항 이외에 주거의 쾌적성 및 편의성에 중점을 두고 다음 각 호의 사항 등을 고려하여 평가하되, 인근지역 또는 동일수급권 안의 유사지역에 있는 토지의 거래사례 등 가격자료를 활용하여 **거래사례비교법**으로 평가한다. 다만, 새로이 조성 또는 매립된 토지로서 거래사례비교법으로 평가하는 것이 현저히 곤란하거나 적정하지 아니하다고 인정되는 경우에는 원가법으로 평가할 수 있다.
  1. 도심과의 거리 및 교통시설의 상태
  2. 상가와의 거리 및 배치상태
  3. 학교, 공원, 병원 등의 배치상태
  4. 거주자의 직업·계층 등 지역의 사회적 환경
  5. 조망, 풍치, 경관 등 지역의 자연적 환경
  6. 변전소, 폐수처리장 등 위험·혐오시설 등의 유무
  7. 소음, 대기오염 등 공해발생의 상태
  8. 홍수, 사태 등 재해발생의 위험성
  9. 각 획지의 면적과 배치 및 이용 등의 상태

② **아파트 등 공동주택용지**는 그 지상에 있는 건물과 유사한 규모(층수·용적률·건폐율 등)의 건축물을 건축할 수 있는 토지의 **나지상태를 상정**하여 평가한다. 다만, 공시기준일 현재 해당 토지의 현실적인 이용상황이 인근지역에 있는 유사용도 토지의 표준적인 이용상황에 현저히 미달되는 경우에는 인근지역에 있는 유사용도 토지의 표준적인 이용상황을 기준으로 한다.

제23조(상업·업무용지)

① 상업·업무용지(공공용지를 제외한다)는 토지의 일반적인 조사사항 이외에 다음 각 호의 사항 등을 고려하여 평가하되, 인근지역 또는 동일수급권 안의 유사지역에 있는 토지의 거래사례 등 가격자료를 활용하여 **거래사례비교법**으로 평가한다. 다만, 수익사례의 수집이 가능한 경우에는 **수익환원법**으로 평가할 수 있으며(이 경우 거래사례비교법으로 평가한 가격과 비교하여 그 합리성을 검토하여야 한다), 새로이 조성 또는 매립된 토지는 원가법으로 평가할 수 있다.

  1. 배후지의 상태 및 고객의 질과 양
  2. 영업의 종류 및 경쟁의 상태
  3. 고객의 교통수단의 상태 및 통행 패턴
  4. 번영의 정도 및 성쇠의 상태
  5. 해당 지역 경영자의 창의와 자력의 정도
  6. 번화가에의 접근성

② 상업·업무용지의 인근지역 또는 동일수급권 안의 유사지역에 **임대동향표본**(국토교통부장관이 매년 임대동향조사를 위하여 선정한 오피스빌딩 및 매장용 빌딩을 말한다)이 소재하는 경우 **상업·업무용지는 임대동향표본을 활용하여 수익환원법**으로 평가하여야 한다(이 경우 거래사례비교법으로 평가한 가격과 비교하여 그 합리성을 검토하여야 한다). 다만, 인근지역 또는 동일수급권 안의 유사지역에 비교가능한 적정 거래사례가 충분하여 거래사례비교법으로 평가하는 것이 합리적인 것으로 인정되는 경우나 음(-)의 수익가격이 산출되는 등 임대동향표본을 활용한 수익환원법의 적용이 불합리한 경우에는 예외로 한다.

제24조(공업용지)

① 공업용지는 토지의 일반적인 조사사항 이외에 제품생산 및 수송·판매에 관한 경제성에 중점을 두고 다음 각 호의 사항 등을 고려하여 평가하되, 인근지역 또는 동일수급권 안의 유사지역에 있는 토지의 거래사례 등 가격자료를 활용하여 **거래사례비교법**으로 평가한다. 다만, 새로이 조성 또는 매립된 토지로서 거래사례비교법으로 평가하는 것이 현저히 곤란하거나 적정하지 아니하다고 인정되는 경우에는 원가법으로 평가할 수 있다.

  1. 제품의 판매시장 및 원재료 구입시장과의 위치관계
  2. 항만, 철도, 간선도로 등 수송시설의 정비상태
  3. 동력자원 및 용수·배수 등 공급처리시설의 상태
  4. 노동력 확보의 난이
  5. 관련산업과의 위치관계
  6. 수질오염, 대기오염 등 공해발생의 위험성
  7. 온도, 습도, 강우 등 기상의 상태

② 「산업입지 및 개발에 관한 법률」에 따른 국가산업단지·지방산업단지·농공단지 등 산업단지 안에 있는 공업용지는 해당 토지 등의 분양가격자료를 기준으로 평가하되, 「산업집적활성화 및 공장설립에 관한 법률 시행령」 제52조에서 정한 **이자 및 비용상당액과 해당 산업단지의 성숙도 등을 고려한 가격**으로 평가한다. 다만, 분양이 완료된 후에 상당기간 시일이 경과되어 해당 토지 등의 분양가격자료에 따른 평가가 현저히 곤란하거나 적정하지 아니하다고 인정되는 경우에는 인근지역 또는 동일수급권의 다른 산업단지 안에 있는 공업용지의 분양가격자료를 기준으로 평가할 수 있다.

제25조(농경지)

① 전·답·과수원 등 농경지는 토지의 일반적인 조사사항 이외에 다음 각 호의 사항 등을 고려하여 평가하되, 인근지역 또는 동일수급권 안의 유사지역에 있는 농경지의 거래사례 등 가격자료를 활용하여 **거래사례비교법**으로 평가한다. 다만, 간척지 등 새로이 조성 또는 매립된 토지로서 거래사례비교법으로 평가하는 것이 현저히 곤란하거나 적정하지 아니하다고 인정되는 경우에는 원가법으로 평가할 수 있다.

  1. 토질의 종류 및 비옥도
  2. 관개·배수의 설비상태

3. 한·수해의 유무와 그 정도

4. 관리 또는 경작의 편리성

5. 단위면적당 평균수확량

6. 마을 및 출하지와의 접근성

② 과수원은 그 지상에 있는 과수목의 상황을 고려하지 아니한 상태를 기준으로 평가하되, 제26조 제2항 단서의 규정을 준용한다.

제26조(임야지)

① 임야지는 토지의 일반적인 조사사항 이외에 다음 각 호의 사항 등을 고려하여 평가하되, 인근지역 또는 동일수급권 안의 유사지역에 있는 임야지의 거래사례 등 가격자료를 활용하여 **거래사례비교법**으로 평가한다.

1. 표고, 지세 등의 자연상태

2. 지층의 상태

3. 일조·온도·습도 등의 상태

4. 임도 등의 상태

5. 노동력 확보의 난이

② 임야지는 그 지상입목의 상황을 고려하지 아니한 상태를 기준으로 평가한다. 다만, 다음 각 호의 어느 하나에 해당되는 경우에는 그 지상입목을 임야지에 포함한 가격으로 평가할 수 있다. 이 경우에 그 지상입목은 따로 경제적인 가치가 없는 것으로 본다.

1. 입목가격이 임야지가격에 비하여 경미한 경우

2. 자연림으로서 입목도가 30퍼센트 이하인 경우

③ 「초지법」 제5조에 따라 허가를 받아 조성된 **목장용지**는 인근지역 또는 유사용도 토지의 거래사례 등 가격자료를 활용하여 **거래사례비교법**으로 평가한다. 다만, 인근지역 및 동일 수급권 안의 유사지역에서 유사용도 토지의 거래사례 등 가격자료를 구하기가 현저히 곤란한 경우에는 원가법에 따라 다음과 같이 평가할 수 있다.

1. 초지는 조성 전 토지의 소지가격에 해당 초지의 조성에 소요되는 통상의 비용(개량비를 포함한다) 상당액 및 적정이윤 등을 고려한 가격으로 평가

2. 축사 및 부대시설의 부지는 조성 전 토지의 소지가격에 해당 토지의 조성에 소요되는 통상의 비용 상당액 및 적정이윤 등을 고려한 가격으로 평가

3. 목장용지 내의 주거용 "대" 부분은 목장용지로 보지 아니하며, 실제 이용상황 등을 고려하여 평가

제27조(후보지)

① 택지후보지는 토지의 일반적인 조사사항 이외에 다음 각 호의 사항 등을 고려하여 평가하되, 인근지역 또는 동일 수급권 안의 유사지역에 있는 토지의 거래사례 등 가격자료를 활용하여 **거래사례비교법**으로 평가한다. 다만, 인근지역 및 동일수급권 안의 유사지역에서 유사용도 토지의 거래사례 등 가격자료를 구하기가 현저히 곤란한 경우에는 **택지조성 후의 토지가격에서 택지조성에 필요한 통상의 비용 상당액 및 적정이윤 등을 뺀 가격에 성숙도 등을 고려한 가격으로 평가할 수 있다.**

1. 택지화 등을 조장하거나 저해하는 행정상의 조치 및 규제정도

2. 인근지역의 공공시설의 정비동향

3. 인근에 있어서의 주택·점포·공장 등의 건설동향

4. 조성의 난이 및 그 정도

5. 조성 후 택지로서의 유효이용도

② 제1항의 규정은 농경지후보지의 평가시에 이를 준용한다.

제5장 공법상 제한을 받는 토지의 평가
제28조(도시 · 군계획시설 등 저촉토지)

① 「국토의 계획 및 이용에 관한 법률」제2조 제7호에 따른 도시 · 군계획시설에 저촉되는 토지는 그 도시 · 군계획시설에 **저촉된 상태대로의 가격이 형성되어 있는 경우에는 그 가격을 기준**으로 평가하고, 저촉된 상태대로의 가격이 형성되어 있지 아니한 경우에는 저촉되지 아니한 상태를 기준으로 한 가격에 그 도시 · 군계획시설의 저촉으로 인한 제한정도에 따른 적정한 감가율 등을 고려하여 평가한다.

② **토지의 일부면적**이 도시 · 군계획시설에 저촉되는 경우에는 저촉부분과 잔여부분의 **면적비율에 따른 평균가격**으로 평가한다. 다만, 도시 · 군계획시설에 저촉되는 부분의 면적비율이 현저하게 낮아 토지의 사용수익에 지장이 없다고 인정되는 경우에는 도시 · 군계획시설에 저촉되지 아니한 것으로 보며, 잔여부분의 면적비율이 현저하게 낮아 단독으로 효용가치가 없다고 인정되는 경우에는 전체면적이 도시 · 군계획시설에 저촉된 것으로 본다.

③ 표준지가 도시 · 군계획시설에 저촉되었으나 공시기준일 현재 해당 도시 · 군계획시설사업이 **완료된 경우**에는 도시 · 군계획시설에 **저촉되지 아니**한 것으로 보고 평가한다.

④ <삭제>

제29조(둘 이상의 용도지역에 속한 토지)

둘 이상의 용도지역에 걸쳐있는 토지는 각 용도지역 부분의 위치, 형상, 이용상황 및 그 밖에 다른 용도지역 부분에 미치는 영향 등을 고려하여 **면적 비율에 따른 평균가격**으로 평가한다. 다만, 용도지역을 달리하는 부분의 면적비율이 현저하게 낮아 가격형성에 미치는 영향이 별로 없거나 관계 법령에 따라 주된 용도지역을 기준으로 이용할 수 있는 경우에는 주된 용도지역의 가격을 기준으로 평가할 수 있다.

제30조(도시 · 군계획시설도로에 접한 토지)

도시 · 군계획시설도로에 접한 토지는 그 도시 · 군계획시설도로에 접하지 아니한 상태를 기준으로 평가한다. 다만, 공시기준일 현재 **건설공사 중에 있는 경우에는 이를 현황도로로 보며, 건설공사는 착수하지 아니하였으나** 「국토의 계획 및 이용에 관한 법률」제91조에 따른 도시 · 군계획시설사업의 실시계획의 고시 및 「도시개발법」제18조에 따른 도시개발사업의 **실시계획의 고시가 된 경우에는 이를 반영하여 평가**한다.

제31조(개발제한구역 안의 토지)

개발제한구역 안에 있는 토지는 그 공법상 제한을 받는 상태를 기준으로 평가하되, 실제용도 또는 지목이 대인 경우에는 다음 각 호의 기준에 따라 평가한다.

1. **건축물이 있는 토지**는 「개발제한구역의 지정 및 관리에 관한 특별조치법 시행령」제13조 제1항에서 규정하는 범위 안에서의 건축물의 개축 · 재축 · 증축 · 대수선 · 용도변경 등이 가능한 토지의 나지상태를 상정하여 평가

2. 개발제한구역 **지정당시부터 지목이 대인 건축물이 없는 토지**(이축된 건축물이 있었던 지목이 대인 토지로서 개발제한구역 지정당시부터 해당 토지의 소유자와 건축물의 소유자가 다른 경우의 토지를 포함하며, 형질변경허가가 불가능한 토지를 제외한다)는 건축이 가능한 상태를 기준으로 평가

3. 제2호 이외의 **건축이 불가능한 지목이 대인 토지**는 현실의 이용상황을 고려하여 평가

제32조(재개발구역 등 안의 토지)

① 「도시 및 주거환경정비법」제8조에 따라 지정된 주거환경개선구역 · 재개발구역 안의 토지는 그 **공법상 제한을 받는 상태를 기준**으로 평가한다. 다만, 공시기준일이 「도시 및 주거환경정비법」제50조에 따른 사업시행인가 등의 고시 전으로서 해당 공익사업의 시행으로 인한 **개발이익이 현실화 · 구체화되지 아니하였다고 인정되는 경우에는 이를 반영하지 아니한다.**

② 삭제

제33조(환지방식에 의한 사업시행지구 안의 토지)

① 「도시개발법」 제28조부터 제49조까지에서 규정하는 환지방식에 따른 사업시행지구 안에 있는 토지는 다음과 같이 평가한다.

1. 환지처분 이전에 환지예정지로 지정된 경우에는 청산금의 납부여부에 관계없이 환지예정지의 위치, 확정예정지번(블록·롯트), 면적, 형상, 도로접면상태와 그 성숙도 등을 고려하여 평가
2. 환지예정지의 지정 전인 경우에는 종전 토지의 위치, 지목, 면적, 형상, 이용상황 등을 기준으로 평가

② 「농어촌정비법」에 따른 농업생산기반 정비사업 시행지구 안에 있는 토지를 평가할 때에는 제1항을 준용한다.

제34조(택지개발사업시행지구 안의 토지)

「택지개발 촉진법」에 따른 택지개발사업시행지구 안에 있는 토지는 그 공법상 제한사항 등을 고려하여 다음과 같이 평가한다.

1. 택지개발사업 실시계획의 승인고시일 이후에 택지로서의 확정예정지번이 부여된 경우에는 제33조 제1항 제1호를 준용하되, 「택지개발촉진법 시행령」 제13조의2에 따른 해당 택지의 지정용도 등을 고려하여 평가
2. 택지로서의 확정예정지번이 부여되기 전인 경우에는 종전 토지의 이용상황 등을 기준으로 그 공사의 시행정도 등을 고려하여 평가하되, 「택지개발촉진법」 제11조 제1항에 따라 공법상 용도지역이 변경된 경우에는 변경된 용도지역을 기준으로 평가

제35조(특정시설의 보호 등을 목적으로 지정된 구역 등 안의 토지)

① 「문화재보호법」 제27조에 따른 문화재보호구역 등 관계 법령에 따라 특정시설의 보호 등을 목적으로 지정된 구역 등 안에 있는 토지는 그 공법상 제한을 받는 상태대로의 가격이 형성되어 있는 경우에는 그 가격을 기준으로 평가하고, 제한을 받는 상태대로의 가격이 형성되어 있지 아니한 경우에는 그 공법상 제한을 받지 아니한 상태를 기준으로 한 가격에 그 공법상 제한정도에 따른 적정한 감가율 등을 고려하여 평가한다.

② <삭제>

제6장 특수토지의 평가
제36조(광천지)

지하에서 온수·약수·석유류 등이 용출되는 용출구와 그 유지에 사용되는 부지(온수·약수·석유류 등을 일정한 장소로 운송하는 송수관·송유관 및 저장시설의 부지를 제외한다. 이하 이 조에서 "광천지"라 한다)는 그 광천의 종류, 질 및 양의 상태, 부근의 개발상태 및 편익시설의 종류·규모, 사회적 명성 및 수익성 등을 고려하여 거래사례비교법에 따라 다음과 같이 평가하되, 공구당 총가격은 광천지에 화체되지 아니한 건물, 구축물, 기계·기구 등의 가격 상당액을 뺀 것으로 한다. 다만, 인근지역 및 동일수급권 안의 유사지역에서 유사용도 토지의 거래사례 등 가격자료를 구하기가 현저히 곤란한 경우에는 원가법 또는 수익환원법으로 평가할 수 있다.

제37조(광업용지)

① 광산 및 오석, 대리석 등 특수채석장의 용지(이하 이 조에서 "광업용지"라 한다)는 광물의 종류와 매장량, 질 등을 고려하여 거래사례비교법으로 평가한다. 다만, 인근지역 및 동일수급권 안의 유사지역에서 유사용도 토지의 거래사례 등 가격자료를 구하기가 현저히 곤란한 경우에는 수익환원법에 따라 평가할 수 있다.

② 광업용지를 제1항 단서에 따라 수익환원법으로 평가할 경우에는 해당 광산전체의 평가가격에서 토지에 화체되지 아니한 건물, 구축물, 기계·기구 등의 시설 및 광업권의 평가가격 상당액을 뺀 것으로 한다.

③ 용도폐지된 광업용지는 인근지역 또는 동일수급권 안의 유사지역에 있는 용도폐지된 광업용지의 거래사례 등 가격자료를 활용하여 거래사례비교법으로 평가한다. 다만, 용도폐지된 광업용지의 거래사례 등 가격자료를 구하기가 곤란한 경우에는 인근지역 또는 동일수급권 안의 유사지역에 있는 주된 용도 토지의 가격자료에 따라 평가하되, 다른 용도로의 전환가능성 및 용도전환에 소요되는 통상비용 등을 고려한 가격으로 평가한다.

제38조(염전부지)

염전시설의 부지(이를 "염전부지"라 한다)는 입지조건, 규모 및 시설 등의 상태, 염생산가능면적과 부대시설면적의 비율, 주위환경 변동에 따른 다른 용도로의 전환가능성 및 수익성 등을 고려하여 거래사례비교법으로 평가하되, 거래 사례 등 가격자료에 토지에 화체되지 아니한 건물 및 구축물 등의 가격상당액이 포함되어 있는 경우에는 이를 뺀 것으로 한다.

제39조(유원지)

① 유원지는 인근지역 또는 동일수급권 안의 유사지역에 있는 유사용도 토지의 거래사례 등 가격자료를 활용하여 거래사례비교법으로 평가한다. 다만, 거래사례비교법으로 평가하는 것이 현저히 곤란하거나 적정하지 아니하다고 인정되는 경우에는 원가법 또는 수익환원법으로 평가할 수 있다.

② 유원지를 평가할 때에는 다음 각 호의 사항 등을 고려하되 거래사례 등 가격자료에 토지에 화체되지 아니한 건물 등 관리시설과 공작물 등의 가격상당액이 포함되어 있는 경우에는 이를 뺀 것으로 한다.

  1. 시설의 종류·규모 및 그 시설물의 상태
  2. 조망, 경관 등 자연환경조건
  3. 도시지역 및 교통시설과의 접근성
  4. 시설이용의 편리성 및 쾌적성
  5. 공법상 제한사항 및 그 내용
  6. 그 밖에 사회적 명성 및 수익성

제40조(묘지)

① 묘지(공설묘지를 제외한다. 이하 이 조에서 같다)는 그 묘지가 위치한 인근지역의 주된 용도 토지의 거래사례 등 가격자료를 활용하여 거래사례비교법으로 평가하되, 해당 분묘 등이 없는 상태를 상정하여 평가한다.

② 「장사 등에 관한 법률」제14조 제1항 제3호 및 제4호에 따라 설치된 종중·문중묘지 및 법인묘지로서 제1항에 따라 거래사례비교법으로 평가하는 것이 현저히 곤란하거나 적정하지 아니하다고 인정되는 경우에는 원가법으로 평가하되, 조성공사비 및 그 부대비용은 토지에 화체(공작물 등이 토지에서 분리할 수 없는 일부분으로서 토지의 가치 자체를 형성하는 것을 말한다. 이하 같다.)되지 아니한 관리시설 및 분묘 등의 설치에 소요되는 금액 상당액을 뺀 것으로 한다. 다만, 특수한 공법을 사용하여 토지를 조성한 경우 등 해당 토지의 조성공사비가 평가가격 산출시 적용하기에 적정하지 아니한 경우에는 인근 유사토지의 조성공사비를 참작하여 적용할 수 있다.

제41조(골프장용지등)

① 골프장용지는 **원가법**에 따라 평가하되, 조성공사비 및 그 부대비용은 **토지에 화체되지 아니한** 골프장 안의 관리시설(클럽하우스·창고·오수처리시설 등 골프장 안의 모든 건축물을 말한다. 이하 이 조에서 같다)의 **설치에 소요되는 금액 상당액을 뺀 것**으로 하고, 골프장의 면적은 「체육시설의 설치·이용에 관한 법률 시행령」제20조 제1항에 따라 **등록된 면적**(조성공사 중에 있는 골프장용지는 같은 법 제12조에 따라 사업계획의 승인을 얻은 면적을 말한다. 이하 이 조에서 같다)으로 한다. 다만, 특수한 공법을 사용하여 토지를 조성한 경우 등 해당 토지의 조성공사비가 평가가격 산출시 적용하기에 적정하지 아니한 경우에는 인근 유사토지의 조성공사비를 참작하여 적용할수 있다.

② 골프장용지는 골프장의 **등록된 면적 전체를 일단지**로 보고 평가한다. 다만, 하나의 골프장이 **회원제골프장과 대중골프장** 등으로 구분되어 있어 둘 이상의 표준지가 선정된 때에는 그 **구분된 부분을 각각 일단지**로 보고 평가한다.

③ 제1항에 따라 원가법으로 평가한 가격이 인근지역 및 동일수급권의 유사지역에 있는 유사규모 골프장용지의 표준지공시지가 수준과 현저한 차이가 있는 경우에는 수익환원법 또는 거래사례비교법으로 평가한 가격과 비교하여 그 적정 여부를 확인하되, 필요한 경우에는 평가가격을 조정하여 유사용도 표준지의 평가가격과 균형이 유지되도록 할 수 있다.

④ 제1항부터 제3항까지의 규정은 경마장 및 스키장시설 등 이와 유사한 체육시설용지의 평가시에 준용한다.

제42조(종교용지등)

종교용지 또는 사적지(이하 이 조에서 "종교용지등"이라 한다)는 그 토지가 위치한 인근지역의 주된 용도 토지의 거래가격을 활용하여 **거래사례비교법**으로 평가하되, 그 용도 제한 및 거래제한의 상태 등을 고려하여 평가한다. 다만, 그 종교용지등이 **농경지대 또는 임야지대 등에 소재**하여 해당 토지의 가격이 인근지역의 주된 용도 토지의 가격수준에 비하여 일반적으로 높게 형성되는 것으로 인정되는 경우에는 원가법에 따르되, 조성공사비 및 그 부대비용은 토지에 화체되지 아니한 공작물 등의 설치에 소요되는 금액 상당액을 뺀 것으로 한다. 다만, 특수한 공법을 사용하여 토지를 조성한 경우 등 해당 토지의 조성공사비가 평가가격 산출시 적용하기에 적정하지 아니한 경우에는 인근 유사토지의 조성공사비를 참작하여 적용할 수 있다.

제43조(여객자동차 · 물류터미널 부지)

① 여객자동차 · 물류 터미널 부지는 인근지역의 주된 용도 토지의 표준적인 획지의 적정가격에 여객자동차 · 물류 터미널 부지의 용도제한이나 거래제한 등에 따른 적정한 감가율 등을 고려하여 거래사례법으로 평가한다. 다만, 거래사례비교법으로 평가하는 것이 현저히 곤란하거나 적정하지 아니하다고 인정되는 경우에는 원가법 또는 수익환원법으로 평가할 수 있다.

② 제1항에 따라 적정한 감가율 등을 고려하는 경우에는 여객자동차 · 물류 터미널의 구조 및 부대 · 편익시설의 현황, 여객자동차 · 물류 터미널 사업자의 면허(또는 등록, 허가, 신고 등)내용 및 해당 여객자동차 · 물류 터미널을 이용하는 여객자동차 · 물류운송사업자 현황 등을 참작하여야 한다.

제44조(공공용지등)

① 공공청사, 학교, 도서관, 시장, 도로, 공원, 운동장, 체육시설, 철도, 하천, 위험 · 혐오시설의 부지 및 그 밖에 이와 유사한 용도의 토지(이를 "공공용지등"이라 한다. 이하 이 조에서 같다)는 다음과 같이 평가한다.

1. **공공청사, 학교, 도서관, 시장의 부지** 및 그 밖에 이와 유사한 용도의 토지는 인근지역의 주된 용도 토지의 거래사례 등 가격자료를 활용하여 **거래사례비교법**으로 평가. 다만, **토지의 용도에 따른 감가율은 없는 것으로 본다.**

2. 도로, 공원, 운동장, 체육시설, 철도, 하천, 위험 · 혐오시설의 부지 및 그 밖에 이와 유사한 용도의 토지는 **인근지역에 있는 주된 용도 토지의 표준적인 획지의 적정가격에 그 용도의 제한이나 거래제한 등에 따른 적정한 감가율 등을 고려하여 평가**

② 공공용지등이 **새로이 조성 또는 매립 등**이 되어 제1항 각 호에 따라 평가하는 것이 현저히 곤란하거나 적정하지 아니하다고 인정되는 경우에는 **원가법**으로 평가할 수 있다.

제45조(재검토기한)

국토교통부장관은 이 훈령에 대하여「훈령 · 예규 등의 발령 및 관리에 관한 규정」에 따라 2023년 1월 1일을 기준으로 매 3년이 되는 시점(매 3년째의 12월 31일까지를 말한다)마다 그 타당성을 검토하여 개선 등의 조치를 하여야 한다.

ca.Hackers.com

제 11 장

목적별 감정평가

제11장 목적별 감정평가

제1절 담보평가

1 개요

1. 개념

담보평가란 담보를 제공받고 대출 등을 하는 은행·보험회사·신탁회사·일반기업체 등(이하 "금융기관 등" 이라 한다)이 대출을 하거나 채무자(담보를 제공하고 대출 등을 받아 채무상환의 의무를 지닌 자를 말한다)가 대출을 받기 위하여 의뢰하는 담보물건(채무자로부터 담보로 제공받는 물건을 말한다)에 대한 감정평가를 말한다.

일반적으로 담보평가에서는 유동성과 안정성이 상호작용을 하게 된다. **유동성**은 장기간에 걸쳐 부동산에 투하된 자본을 최대한 유동화하려는 것이며, **안정성**은 채권자의 입장에서 채무의 보전에 위험이 없도록 평가하는 것으로 가능한 채권확보가 원활하도록 낮게 평가하려는 작용을 한다. 이와 같이 담보평가에서는 유동성과 안정성이라는 상반된 성격이 상존하므로 평가담당자는 객관적이고 공정한 가치인 시장가치를 산정하도록 하여야 한다.

2. 담보평가 업무 절차

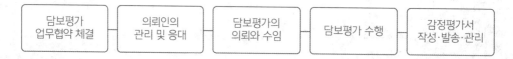

3. 담보평가 원칙

(1) 확인주의

담보평가시 평가대상물건의 물적상황 및 권리관계 등을 반드시 확인하여 담보대상물건이 담보취득의 대상이 될 수 있는지 등을 명확히 확인하여야 한다.

(2) 보수주의

담보평가는 대출 채권의 안정적인 회수가 중요하므로 미래의 불확실성, 담보물의 변동 가능성을 고려하여야 하며, 미실현 개발이익은 반영하여서는 아니 된다.

(3) 처분주의

채무자의 채물 불이행시 담보물의 처분을 통해 채권을 회수하게 되므로 일정기간 내에 적정한 금액으로 환가처분할 수 있는 점을 고려하여야 한다.

(4) 현황주의

담보감정평가 역시 감정평가의 원칙을 준수하여야 하는바, 현실적인 이용상황을 기준하되 일시적인 이용상황과 불법적인 이용상황일 경우에는 이를 배제하고 감정평가하여야 한다.

(5) 감정평가협약의 준수

금융기관과 감정평가법인의 업무협약을 체결한 경우에는 그 협약내용을 준수하여 담보평가를 진행하여야 한다.

4. 담보평가 시 준수사항

> 「감정평가 실무메뉴얼(담보평가편)」
> 1. 직업윤리에 따라 업무에 임할 것
>   감정평가업자는 의뢰인의 의뢰목적과 의뢰내용을 충분히 이해하고, 의뢰인과 이해관계인들에게 성실하게 응대하며, 감정평가가 적정하고 합리적으로 이루어질 수 있도록 노력 한다.
> 2. 관계법규와 협약서를 준수하여 업무에 임할 것
>   ① 감정평가업자는 감정평가관계법규에서 규정한 제반 의무 및 윤리규정을 준수해야 한다.
>   ② 감정평가업자는 의뢰인과 체결한 협약서를 확인하고 그에 따라 업무를 처리한다.
> 3. 공정하게 업무에 임할 것
>   ① 감정평가업자는 공정하고 성실하게 감정평가를 함으로써 의뢰인이 올바르고 정확하게 업무를 처리할 수 있도록 한다.
>   ② 감정평가업자는 의뢰인이 금융기관인 경우 담보평가의 의뢰는 영업점이 하지만 감정평가 업무협약의 체결이나 담보평가 관련 정책·제도의 집행은 본점의 소관부서에서 담당 한다는 점을 이해해야 한다.
>   ③ 따라서 영업점인 의뢰인이 윤리규정이나 협약서에 위배되는 업무수임을 요구하는 경우 에는 의뢰인에게 담보평가를 의뢰하기 전에 먼저 윤리규정이나 협약서를 확인하거나 본점 소관부서의 승인을 받을 것을 안내할 수 있다.

5. 관계법규에 따라 담보제공이 금지되거나 제한되는 물건

> 「감정평가 실무메뉴얼(담보평가편)」
> 대상물건이 관계법규에 따라 담보제공이 금지되거나 제한되는 물건인지 여부는 의뢰인이 확인하여 판단하는 것이 원칙이다. 다만, 감정평가업자가 대상물건이 다음에 예시한 '관계법규에 따라 담보제공이 금지되거나 제한되는 물건'에 해당한다고 인지한 경우에는 의 뢰인과 협의한 후 감정평가 진행 여부를 결정할 수 있다.
> 1. 「국유재산법」상 행정재산
> 2. 「보조금 관리에 관한 법률」상 중요재산
> 3. 「지방재정법」상 지방보조사업자의 중요재산
> 4. 「공익법인의 설립」 운영에 관한 법률」상 공익법인의 기본재산
> 5. 「사립학교법」상 학교법인의 재산
> 6. 「의료법」상 의료법인의 기본재산
> 7. 「사회복자사업법」상 (사회복지)법인의 기본재산
> 8. 「전통사찰의 보존 및 지원에 관한 법률」상 전통사찰의 동산 또는 부동산
> 9. 「향교재산법」상 향교재산
> 10. 「공익신탁법」상 공익사업을 위한 신탁재산

11. 「주택법」상 주택건설사업에 의하여 건설된 주택 및 대지
12. 「한국주택금융공사법」상 주택담보노후연금채권을 담보한 주택(담보주택)
13. 「북한이탈주민의 보호 및 정착지원에 관한 법률」상 주거지원을 받는 보호대상자가 주거지원에 따라 취득하게 된 소유권 등 및 정착금품
14. 「민사집행법」상 압류가 금지되는 물건 및 압류금지채권
15. 그 밖에 다른 법규에 따라 담보의 취득이 금지되거나 제한되는 물건

6. 담보 감정평가 조건

「감정평가 실무메뉴얼(담보평가편)」
① 담보평가 시 원칙적으로 「감정평가 실무기준」[300 - 5.1]에 따른 조건부 감정평가를 하지 않기를 권장한다. 다만, 의뢰인이 조건부 감정평가를 요청하는 경우에는 「감정평가 실무기준」[300 - 5.2] 및 [300 - 5.3]에 따라 감정평가를 할 수 있다.
② 금융기관인 의뢰인이 조건부 감정평가를 요청한 경우 감정평가업자는 다음 각 호의 경우에 한하여 감정평가를 할 수 있다.
　　1. 협약서에서 조건부 감정평가를 허용한 경우
　　2. 본점 소관부서장이나 업무담당자가 조건부 감정평가를 승인한 내용 · 서류 등을 수령한 경우

7. 감정평가서의 적정성 검토

「감정평가 실무메뉴얼(담보평가편)」
감정평가업자는 감정평가서를 발송하기 전 다음 각 호의 사항을 미리 검토한다.
1. 감정평가서의 위산 · 오기 여부
2. 의뢰내용 및 공부와 현황의 일치 여부
3. 감정평가관계법규 및 협약서에 위배된 내용이 있는지 여부
4. 감정평가서 기재사항이 적절히 기재되었는지 여부
5. 감정평가액의 산출근거 및 결정 의견이 적절히 기재되었는지 여부

② 대상물건의 확인과 처리방법

1. 물적사항에 대한 확인

물적사항의 확인이란 기본적 사항의 확정에서 확정한 물건의 존부, 의뢰물건과 현황 동일성 여부, 대상물건의 감가 및 증가요인 등 개별적요인을 물적으로 확인하는 것을 말한다.

「감정평가 실무메뉴얼(담보평가편)」
① 감정평가업자는 사전조사와 실지조사를 거쳐 대상물건의 물적사항과 관련한 다음 각 호의 사항을 확인한다.
　　1. 실지조사에서 확인한 대상물건의 현황이 의뢰내용이나 공부(公簿)의 내용과 부합하는 지 여부
　　2. 대상물건의 개별적인 상황
　　3. 대상물건에 담보권의 효력을 제한할 수 있는 다른 물건이 소재하는지 여부
　　4. 제1호부터 제3호 이외에 대상물건의 경제적 가치 및 담보물로서의 가치에 영향을 미치는 사항

② 감정평가업자는 제1항의 조사 결과, 대상물건에 대하여 실지조사에서 확인한 현황이 의뢰내용이나 공부(公簿)의 내용과 부합하지 않는다고 판단하는 경우(이하 "물적 불일치"라 한다)에는 그 내용을 의뢰인에게 알리고 감정평가 진행 여부를 협의해야 한다.

2. 권리관계에 대한 확인

「감정평가 실무메뉴얼(담보평가편)」
① 감정평가업자는 사전조사와 실지조사를 거쳐 대상물건에 대한 소유권 및 그 밖의 소유권 이외의 권리의 존부·내용을 확인한다.
② 의뢰인이 금융기관으로서 협약서상 임대차 조사를 수행하도록 한 경우 감정평가업자는 협약서에 따라 업무를 처리한다.

3. 담보 감정평가 시 필요한 서류

물건별	필수서류	필요시 받는 서류
토지	토지등기사항전부증명서 토지이용계획확인서 지적도 또는 임야도 토지(임야)대장 등본	공유지분토지위치확인서 환지예정지 증명원 토지형질변경허가서 사본 농지(산림)전용허가서 사본
건물	건물등기사항전부증명서	건축물관리대장
공장	토지 및 건물의 평가에 필요한 서류 기계기구 및 구축물 목록	건축허가서 사본 공장등록증 사본 사업자등록증 사본 공장재단등록증 사본 기계·기구·구축물 구입계약서 및 그 영수증 수입기계 수입면장 또는 신고필증 기계기구 배치도
자동차 건설기계	자동차(건설기계) 등록원부등본 자동차(건설기계) 등록증사본	-
선박	선박등기사항전부증명서	-
입목	입목등록원부등본 또는 입목등기등기사항 전부증명서(등록 또는 등기되어 있는 경우)	-

4. 물적 동일성 확인과 불일치시 처리방법

등기사항전부증명서, 대장 등 공부상의 내용과 대상물건의 현황을 조사·확인한다. 토지는 소재지·지번·지목·면적·현황·경계·정착물과의 관계 등을, 건물의 경우에는 소재지·지번·건물번호·사용승인일·구조·용도·연면적·층수·동호수 등의 물적 동일성 여부를 조사·확인하여야 한다. 공부와 실제 현황이 불일치하는 경우 그 불일치의 원인을 규명하여 그 불일치의 정도가 미미한 경우 등 동일성에 문제가 없다고 판단되는 경우에는 감정평가를 진행할 수 있을 것이나, 그렇지 아니한 경우에는 보수적인 관점에서 공부상 등재 여부를 의뢰자 및 관계기관에 확인하여 감정평가를 진행하여야 할 것이다.

5. 미등기건물

(1) 대장에는 등재되어 있으나 미등기인 건물

건축허가 후 허가사항에 따라 건축 후 사용승인을 대기하는 과정에서는 등기가 가능하므로 소유권 보존등기를 기다려 그와 동시에 감정평가할 수 있다.

(2) 대장에도 등재되지 아니한 미등기건물

이는 원칙적으로 무허가건물이므로 담보평가의 목적물이 될 수 없다. 다만, 토지소유자와 동일한 소유자가 건축물을 건축하고 건축물대장 등재가 적법하게 등재될 것으로 대기하는 과정에서는 앞선 미등기건물과 마찬가지로 감정평가하되, 그렇지 아니한 경우에는 미등기 건물로 인하여 토지가치에 영향을 받는지를 조사하고 이를 반영하여 감정평가하여야 한다.

(3) 타인소유의 미등기건물

타인소유의 미등기건물이 소재하는 경우에는 법정지상권의 발생 가능성에 대한 판단을 선행한 후, 법정지상권이 성립될 여지가 있는 경우에는 토지가치에서 법정지상권 가치를 차감하여 법정지상권이 설정된 토지가치를 평가하여야 한다.

6. 종물과 부합물

(1) 종물

물건의 소유자가 그 물건의 상용에 이바지하기 위하여 자기 소유인 다른 물건에 이에 부속하게 한 때에는 그 물건을 주물이라고 하고 주물에 부속된 다른 물건의 종물이라고 한다. 이러한 종물은 주물의 처분에 따르게 되는바, 담보감정평가 시 통상적으로 그 위치 등을 감정평가서에 표기하되 감정평가외 처리한다.

(2) 부합물

부동산의 소유자는 그 부동산에 부합한 물건의 소유권을 획득한다. 그러나 타인의 권원에 의하여 부속된 것은 그러하지 아니한다. 또한 「민법」 제256조에 의하면 동산과 동산이 부합하여 훼손하지 아니하면 분리할 수 없거나 그 분리에 과다한 비용을 요할 경우에는 그 합성물의 소유권은 주된 동산의 소유자에 속한다고 규정하고 있다. 대표적인 부합물로는 수목을 들 수 있다. 따라서, 부합물의 권원 여부에 감정평가 대상 여부를 판단하고 소유자가 다른 경우에는 평가대상에서 제외하되 부합물 소재에 따라 토지에 미치는 영향을 고려하여 감정평가하여야 한다.

⚖ 판례 | 손실보상금 [대법원 2021.8.19. 선고 2020다266375 판결]

[판시사항]
1. 토지 위에 식재된 **입목**은 토지에 부합하는지 여부(원칙적 적극)
2. 토지 위에 식재된 입목에 대하여 토지와 독립하여 소유권을 취득하려면 명인방법을 실시해야 하는지 여부(적극) 및 이는 토지와 분리하여 입목을 처분하는 경우뿐만 아니라 입목의 소유권을 유보한 채 입목이 식재된 토지의 소유권을 이전하는 경우에도 마찬가지인지 여부(적극)

[판결요지]

1. 부동산의 소유자는 그 부동산에 부합한 물건의 소유권을 취득하지만, 타인의 권원에 의하여 부속된 것은 그러하지 아니하다. (민법 제256조)토지 위에 식재된 입목은 토지의 구성부분으로 토지의 일부일 뿐 독립한 물건으로 볼 수 없으므로 특별한 사정이 없는 한 **토지에 부합하고, 토지의 소유자는 식재된 입목의 소유권을 취득한다.**

2. 토지 위에 식재된 입목을 그 토지와 독립하여 거래의 객체로 하기 위해서는 '입목에 관한 법률'에 따라 입목을 등기하거나 명인방법을 갖추어야 한다. 물권변동에 관한 성립요건주의를 채택하고 있는 민법에서 명인방법은 부동산의 등기 또는 동산의 인도와 같이 입목에 대하여 물권변동의 성립요건 또는 효력발생요건에 해당하므로 식재된 입목에 대하여 명인방법을 실시해야 그 토지와 독립하여 소유권을 취득한다. 이는 토지와 분리하여 입목을 처분하는 경우뿐만 아니라, 입목의 소유권을 유보한 채 입목이 식재된 토지의 소유권을 이전하는 경우에도 마찬가지이다.

3 담보 감정평가 기준 원칙

1. 현황기준 원칙

「감정평가 실무메뉴얼(담보평가편)」

① 감정평가업자는 「감정평가 실무기준」 [400 - 2.2]를 준수하되, 다음 각 호의 경우에는 감정평가를 중지하고 의뢰인에게 그 내용을 알린 후 의뢰인과 협의하여 업무를 진행할 것을 권장한다.
  1. 대상물건이 불법적인 이용으로서 합법적인 이용으로 전환하기가 사실상 곤란한 경우
  2. 합법적인 이용으로 전환하기 위한 비용을 고려하기 곤란하거나 대상물건의 감정평가액에 비해 비교적 과다한 경우
② 감정평가업자는 불법적이거나 일시적으로 이용 중인 담보물을 현실의 이용 상황에 따라 감정평가하지 않도록 유의한다.

2. 개별물건기준 원칙

「감정평가 실무메뉴얼(담보평가편)」

① 감정평가업자는 「감정평가 실무기준」 [400-2.3]을 준수하되, 일괄감정평가를 할 때에 는 다음 각 호의 사항을 참고한다.
  1. '용도상 불가분의 관계'가 있는 경우란 일단의 토지로 이용되고 있는 상황이 사회적·경제적·행정적 측면에서 합리적이고 당해 토지의 가치형성 측면에서도 타당하다고 인정되는 관계에 있는 경우를 말한다.
  2. 개발사업시행예정지는 기준시점 현재 관계법규에 의한 개발행위허가, 사업계획의 승인, 그 밖에 각종 인허가 등의 절차가 진행된 이후 전용부담금납부, 성·절토 및 기반시설 구축과 같은 형질변경 행위 등을 통해 하나의 부지로 이용되는 것이 객관적으로 인정 되는 경우에 일괄감정평가를 할 수 있다.
  3. 2필지 이상의 토지에 하나의 건축물(부속건축물을 포함한다)이 건립되어 있거나 건축 중에 있는 토지, 기준시점 현재 건축물 등이 없으나 건축허가 등을 받고 공사를 착수 한 때에는 토지소유자가 다른 경우에도 일괄감정평가를 할 수 있다.
  4. 2필지 이상의 일단의 토지가 조경수목재배지, 조경자재제조장, 골재야적장, 간이창고, 간이체육시설용지(테니스장, 골프연습장, 야구연습장 등) 등으로 이용되고 있는 경우로 서 주위환경 등의 사정으로 보아 현재의 이용이 일시적인 이용상황으로 인정되는 경우에는 원칙적으로 일괄감정평가를 하지 않는다.
② 하나의 물건 중 일부분에 대해서만 담보평가가 의뢰된 경우에는 의뢰인 또는 의뢰인이 속한 본점 소관부서에 감정평가를 의뢰한 목적을 확인한 후에 그 목적의 합리성과 합법성을 검토하여 적절하다고 판단되는 경우에만 감정평가를 진행할 것을 권장한다.

질의회신 개발단계에 있는 토지의 일단지 인정 시기 [감정평가기준팀 - 2316]

[질의요지]

여러 필지가 일단지로 공장설립 승인, 건축허가 및 착공신고를 완료하고, 일체로 거래된 후 거래 잔금 대출을 위한 담보평가 시 일단지로 감정평가 된 공장허가지의 일부가 도로 사업에 편입되어 보상평가를 하게 되는 경우 일단지로 일괄감정평가 할 수 있는지? 만약 일단지로 일괄감정평가가 가능하다면 일단지 평가시점은 언제부터 가능한지?

- 대법원 판례 [2005.5.26. 선고 2005두1428]

  대법원은 "여러 필지의 토지가 일단을 이루어 용도상 불가분의 관계에 있는 경우에는 특 별한 사정이 없는 한 그 일단의 토지 전체를 1필지로 보고 토지특성을 조사하여 그 전체 에 대하여 단일한 가격으로 평가함이 상당하다 할 것이고, 여기에서 **'용도상 불가분의 관계에 있는 경우'라 함은 일단의 토지로 이용되고 있는 상황이 사회적 · 경제적 · 행정적 측면에서 합리적 이고 당해 토지의 가치형성적 측면에서도 타당하다고 인정되는 관계에 있는 경우**를 말한다."고 판시하였다.

- 국토교통부 유권해석 [부동산평가과 - 2444, 2011.8.10.]

  공장을 건설하기 위해 **공장설립 승인, 건축허가 및 착공신고를 완료하고, 일체로 거래된 후 토목공사를 한 상태라면 일단지로 볼 수 있는 여지가 있다**고 보입니다." 라고 하였다.

[회신내용]

개발단계에 있는 토지의 일단지 여부는 개발행위허가시점, 건축허가시점 또는 착공신고 완료시점 등과 같은 특정 행위시점만을 기준으로 일률적으로 판단하는 것은 바람직하지 않다고 사료되며, 대상토지의 최유효이용 관점에서 법적 허용 성 이외에 물리적 가능성, 경제적 타당성, 최대수익성을 함께 고려하여야 할 것으로 봅니다. 즉, 주위환경이나 토지의 상황, 거래관행 등을 종합적으로 고려할 때에 장래에 일단으로 이용되는 것이 확실시 된다면 용도상 불가분의 관계를 인정하여 일단지로 감정평가 할 수 있을 것으로 봅니다.

다만, 일단지로 보는 경우라도 주변토지의 표준적 이용 상황 및 규모, 대상토지의 공장설 립 및 건축허가 내역, 부담금 등의 납부내역 등을 고려하여 일단으로 이용되고 있는 토지의 일부가 그 가치형성을 달리한다고 인정되는 경우에는 이를 감안하여 평가하여야 할 것입니다.

개발단계에 있는 토지의 일단지 여부는 결국 해당 토지의 허가사항 및 개발상태, 착공여부 등을 종합적으로 고려하여 판단하되, 현업에서는 통상적으로 **착공신고서 제출 후 실제 착공이 이루어졌는지 여부를 기준**한다.

핵심체크 | 일단지

1. 용도상 불가분의 관계의 판정

   일단지의 범위는 용도상 불가분의 관계의 범위와 직접 관련된다. 용도상불가분의 관계의 판정은 용도상 불가분의 관계의 현실적이고 외부적인 인식 및 사회관념에의 적합성 등을 참작하여 개별적인 토지용도별로 구체적으로 판정될 수 있다.

2. 「공간정보의 구축 및 관리등에 관한 법률」상의 지목과의 관계

   일단지의 범위는 용도상 불가분의 관계를 기준으로 판정하므로 「공간정보의 구축 및 관리등에 관한 법률」상의 **지목 개념과는 반드시 일치하는 것은 아니다.** 용도상 가치가 명확하게 구분되어 사회통념상 가치형성이 달라 용도상 불가분의 관계가 명확하지 않다고 인정되는 경우에는 용도상 불가분의 관계로 볼 수 없다.

3. 토지소유권과의 관계

   일단으로 이용되고 있는 2필지 이상의 토지는 일반적으로 토지소유자가 1인이거나 공유관계에 있는 것이 대부분 이지만, 각각의 **토지소유자가 다른 경우**에도 토지의 최유효이용의 결과로서 「표준지공시지가 조사 · 평가 기준」 제20조 제2항의 규정에 따라 용도상 불가분의 관계에 있는 경우에는 **일단지**로 평가한다.

4. 일단지와 일시적인 이용상황

   일시적인 이용상황은 표준지 조사 · 평가시에 배제하고 있으므로 현재의 이용상황이 주위환경 등의 사정으로 보 아 일시적인 것으로 인정되는 경우에는 일단지의 판정기준이 되는 용도상 불가분의 관계에 대한 확정성이 결여되 므로 일단지로 보지 않는 것이 타당하다.

5. 건축 중인 토지의 일단지 조사 · 평가 적용시점

　「표준지공시지가 조사 · 평가 기준」 제20조 제4항에 의하여 건축 중에 있는 토지와 공시기준일 현재 나지상태이나 건축허가 등을 받고 공사를 착수한 때에는 일단지로 조사 · 평가하게 되며, 토지특성 중 이용상황을 나지상태로 조사하지 아니한다. 「건축법」 제11조의 규정에 의한 건축허가와 같은 법 제21조의 규정에 의한 착공신고를 필하고 건축물의 기초공사 등을 착수하여 일단의 토지가 하나의 건축물(부속 건축물을 포함한다)등의 부지로서 이용되는 것이 객관적으로 인식되는 시점을 **"공사를 착수한 때"**로 본다.

4 물건별 담보 감정평가방법

1. 토지

(1) 자료의 수집 및 정리

토지를 담보평가할 때에는 다음 각 호의 자료를 이용할 수 있다.

1. 토지 등기사항증명서
2. 부동산종합증명서
3. 토지(임야)대장
4. 지적도(임야도)
5. 토지이용계획확인서
6. 공유지분 토지의 경우 공유지분위치확인(동의)서
7. 환지사업지 등의 경우 환지계획 · 환지처분 관련 서류
8. 형질변경, 토지의 전용, 건축 및 일단의 사업계획의 부지 등의 경우 형질변경허가서, 전용허가서, 건축허가(신고)서, 사업계획승인서 및 관련 도면과 서류 등
9. 최근 매매계약이 체결된 경우 매매계약서, 최근 분양받은 경우 분양계약서, 임대차나 지상권 등 사권(私權)이 설정된 경우 관련 계약서, 그 밖의 관련 계약서 등
10. 그 밖에 필요하다고 판단하는 서류

(2) 공공용지

도로 · 공원 · 운동장 · 체육시설 · 철도 · 하천의 부지 및 그 밖의 공공용지가 담보평가로 의뢰된 경우에는 **감정평가하지 않는 것을 원칙으로 한다.** 다만, 의뢰인과의 협의를 거쳐 합리적인 사유가 있는 경우에는 「감정평가 실무기준」 [610 - 1.7.3]에 따라 감정평가할 수 있다.

「감정평가 실무기준」 [610-1.7.3 공공용지]
① 도로 · 공원 · 운동장 · 체육시설 · 철도 · 하천의 부지, 그 밖의 공공용지는 용도의 제한이나 거래제한 등을 고려하여 감정평가한다.
② 공공용지가 다른 용도로 전환하는 것을 전제로 의뢰된 경우에는 전환 이후의 상황을 고려하여 감정평가한다.

(3) 공법상 제한을 받는 토지

① 공법상 제한을 받는 토지는 공법상 제한을 받는 상태대로 감정평가하되, 토지의 일부면적이 도시계획시설에 저촉되는 경우에는 그 저촉부분과 잔여부분을 구분하여 감정평가하거나 저촉부분과 잔여부분의 면적비율에 의한 평균가액으로 감정평가액을 결정한다.

② 다만, 도시계획시설에 저촉되는 부분의 면적비율이 현저하게 낮아 토지의 사용수익에 지장이 없다고 인정되는 경우에는 도시계획시설에 저촉되지 아니한 것으로 볼 수 있다.

(4) 일단(一團)으로 이용 중인 토지

2필지 이상의 토지가 일단으로 이용 중인 토지는 「감정평가 실무기준」 [610 - 1.7.6]에 따라 감정평가하되, 일괄감정평가 여부에 대해서는 개별물건기준 원칙을 참고한다.

(5) 지상 정착물과 소유자가 다른 토지 및 제시외건물 등이 있는 토지

① 토지 소유자와 지상의 건물 등 정착물의 소유자가 다른 토지나 의뢰인이 제시하지 않은 지상 정착물(종물과 부합물을 제외한다)이 있는 토지가 담보평가로 의뢰된 경우에는 감정평가 진행 여부 등을 의뢰인과 협의한다.

② 제1항에 따라 감정평가를 하는 경우에는 각각 그 정착물이 토지에 미치는 영향을 고려하여 감정평가하고, 의뢰인과 협의한 내용을 감정평가서에 기재한다.

(6) 거래가격 및 거래의 상대방이 제한되는 토지

① 다음에 예시한 관계법규 등에 따라 거래가격 및 거래의 상대방이 제한되는 토지가 담보평가로 의뢰된 경우에는 감정평가 진행 여부 등을 의뢰인과 협의한다.

   1. 「산업입지 및 개발에 관한 법률」에 따라 개발한 토지
   2. 「산업집적활성화 및 공장설립에 관한 법률」에 따라 분양받은 토지
   3. 「연구개발특구의 육성에 관한 특별법」에 따른 교육·연구 및 사업화 시설구역의 부지
   4. 그 밖에 국가·지방자치단체·공공기관 등으로부터 분양받은 토지로서, 분양계약서 및 등기사항증명서에 매매·처분제한 또는 환매특약 등의 취지가 기재·등기되어있는 토지

② 제1항에 따라 감정평가를 하는 경우에는 **거래가격 및 거래의 상대방이 제한됨에 따라 토지에 미치는 영향**을 고려하여 감정평가하고, 의뢰인과 협의한 내용을 감정평가서에 기재한다.

(7) 공익사업시행지구에 편입된 토지

① 공익사업시행지구에 편입된 토지에 대하여 **담보권의 효력이 미치는지 여부는 의뢰인이 확인**하여 판단하는 것이 원칙이다. 다만, 담보평가로 의뢰된 토지가 공익사업시행지구에 편입되었다는 것을 감정평가업자가 인지한 경우에는 의뢰인과 협의한 후 감정평가 진행 여부를 결정할 수 있다.

② 제1항에 따라 감정평가를 하는 경우 감정평가업자는 담보권 설정·채권 확보 등이 어려울 수 있다는 사실을 의뢰인에게 안내하거나 감정평가서에 기재할 수 있다.

> **핵심체크 | 사업인정고시일 이후 저당권설정 시 채권확보의 어려움**
>
> 1. 공익사업시행지구에 편입된 토지에 대하여 **사업인정고시일**(개별법에서 사업인정에 의제되는 행위의 고시일 포함한다) **이전**에 저당권을 설정하는 경우 저당권자는 「공익사업을 위한 토지 등의 취득 및 보상에 관한 법률」 제2조 제5호에 따른 **관계인에 해당되므로** 보상절차에 참여하거나, 보상금의 지급에 대하여 사업시행자로부터 통지를 받아 보상금을 압류하는 등의 방법으로 채권을 확보할 수 있다.
> 2. 그러나 **사업인정고시일 이후**에 저당권을 설정한 경우에는 **관계인에 포함되지 않아** 저당권자에 대한 사업시행자의 고지의무가 없으므로 보상금 지급 등에 대해 알기 어렵고, 특히 수용의 경우 저당권은 수용의 등기와 동시에 직권 말소되므로 채권 확보에 유의하여야 한다.

2. 건물

(1) 자료의 수집 및 정리

건물을 담보평가할 때에는 다음 각 호의 자료를 이용할 수 있다.

1. 건물 등기사항증명서
2. 부동산종합증명서
3. 건축물대장 및 그 도면
4. 토지이용계획확인서
5. 최근 매매계약이 체결된 경우 매매계약서, 최근 분양받은 경우 분양계약서, 임대차나 지상권 등 사권(私權)이 설정된 경우 관련 계약서, 그 밖의 관련 계약서 등
6. 그 밖에 필요하다고 판단하는 서류

(2) 공부상 미등재 건물

건축물대장에 등재되지 않은 건물은 감정평가하지 않는 것을 원칙으로 한다. 다만, 의뢰인과의 협의를 거쳐 합리적인 사유가 있는 경우에는 「감정평가 실무기준」[610 - 2.5.4]에 따라 감정평가할 수 있다.

> **「감정평가 실무기준」[610-2.5.4] 공부상 미등재 건물**
> 실지조사 시 의뢰되지 않은 공부상 미등재 건물이 있는 경우에는 의뢰인에게 감정평가 포함 여부를 확인하여 실측면적을 기준으로 감정평가할 수 있다.

(3) 종물·부합물의 처리

① 감정평가업자는 대상물건에 종물과 부합물이 있는지 여부를 파악하고 그 내용을 감정평가서에 적시한다.
② 감정평가업자는 감정평가가 의뢰되지 않은 물건이 종물과 부합물에 해당하는지 여부를 판단하기 어려운 경우에는 대상물건의 감정평가 여부, 종물과 부합물의 판단 및 처리방법 등을 의뢰인과 협의하여 결정하고 협의한 내용을 감정평가서에 적시한다.
③ 다만, 대상물건에 딸려 있는 물건으로서 다음의 어느 하나에 해당하는 물건은 ① 및 ②를 적용하지 않을 수 있다.
  - 경제적 가치가 없다고 판단되는 물건
  - 대상물건의 경제적 가치에 영향을 미치지 않는다고 판단되는 물건

(4) 노후 정도가 심한 건물

노후 정도가 심하여 담보가치가 없다고 인정되는 건물은 감정평가하지 않을 수 있다. 다만, 이 경우에는 감정평가서에 그 내용을 적는다.

> **핵심체크 | 건물을 감정평가하지 않을 경우 감정평가서 기재 요령**
>
> 1. 담보평가를 할 때 토지상에 건물이 있음에도 다음과 같은 경우에는 건물의 감정평가액을 산정하지 않는 경우가 많다.
>   ① 건물의 경제적 가치가 크지 않은 경우
>   ② 건물이 철거절차를 밟고 있는 경우
>   ③ 그 밖에 의뢰인이 합리적·합법적 사유를 들어 건물을 감정평가하지 않도록 요청하는 경우
> 2. 이러한 경우로서 건물의 멸실등기가 아직 이루어지지 않았다면, 비록 감정평가액을 산정하지 않더라도 '감정평가명세표'에 건물의 목록을 기재하거나 '감정평가액의 산출근거 및 결정의견' 등에 관련 내용을 기재할 것을 권장한다.
> 3. 왜냐하면 감정평가서에 건물의 존재를 고려하였음이 표시되지 않을 경우, 의뢰인은 해당 감정평가액이 현황을 반영한 토지의 감정평가액(지상 건물로 인하여 토지의 사용·수익에 제한을 받는 정도를 감안한 토지의 감정평가액)으로 오인할 수 있으며, 의뢰인의 업무처리 미숙으로 인해 건물에 대하여 저당권 등 담보권 설정이 이루어지지 않을 수 있기 때문이다.

(5) 공유지분 건물의 일부 지분만 담보평가 의뢰된 경우

의뢰인이 금융기관으로서, 하나의 건물을 2인 이상이 공동으로 소유하고 있는 건물(이하 '공유지분 건물'이라 한다)의 일부 지분만이 담보평가로 의뢰된 경우에는 의뢰인이 속한 본점 소관부서장이나 업무담당자가 감정평가를 승인한 경우에 한하여 감정평가를 진행할 것을 권장한다. 이 경우에는 감정평가를 승인한 내용이나 서류를 확보하도록 한다.

(6) 거래가격 및 거래의 상대방이 제한되는 건물

거래가격 및 거래의 상대방이 제한되는 건물이 담보평가로 의뢰된 경우에는 [거래가격 및 거래의 상대방이 제한되는 토지]를 준용한다.

(7) 공익사업시행지구에 편입된 건물

공익사업시행지구에 편입된 제한되는 건물이 담보평가로 의뢰된 경우에는 [공익사업시행지구에 편입되는 토지]를 준용한다.

3. 구분소유 부동산

(1) 자료의 수집 및 정리

구분소유 부동산을 담보평가를 할 때에는 다음 각 호의 자료를 이용할 수 있다.

1. 집합건물 등기사항증명서
2. 부동산종합증명서
3. 집합건물 건축물대장(표제부 및 전유부)
4. 집합건물 건축물대장 건축물현황도 중 관련 부분
5. 토지대장(대지권등록부 포함)
6. 토지이용계획확인서
7. 최근 매매계약이 체결된 경우 매매계약서, 최근 분양받은 경우 분양계약서, 임대차나 지상권 등 사권(私權)이 설정된 경우 관련 계약서, 그 밖의 관련 계약서 등
8. 대지사용권을 수반하고 있으나 미등기 된 경우, 전유부분과 함께 대지사용권을 지니고 있음을 입증할 수 있는 서류
9. 그 밖에 필요하다고 판단하는 서류

(2) 대상물건의 확인

구분소유 부동산을 담보평가할 때 사전조사 및 실지조사를 통해 다음 각 호의 방법으로 해당 구분건물의 위치를 확인한다.

1. 건축물현황도가 있는 경우에는 건축물현황도와 현황을 대조하여 확인한다.
2. 건축물현황도가 없는 경우에는 관리사무소 등에 비치된 도면과 현황을 대조하여 확인 하되, 그 내용을 감정평가서에 적는다.

(3) 구조상·이용상 독립성이 없는 구분건물

구분소유 부동산이 인접한 부동산과 구조상·이용상 독립성이 없다고 판단하거나 구조상·이용상 독립성이 있는지 여부를 판단하기 어려운 경우에는 이를 의뢰인에게 통지한 후 의뢰인과 협의하여 업무를 진행한다.

1. 담보물을 확정하는 업무 및 감정평가 의뢰목록을 정확하게 전달하는 업무는 원칙적으로 의뢰인이 해야 한다.
2. 「집합건물의 소유 및 관리에 관한 법률」 제1조는 1동의 건물 중 구조상 구분된 여러 개의 부분이 독립한 건물로서 사용될 수 있을 때 구분소유권의 목적으로 할 수 있다고 하며, 특히 상가건물로서 일정 요건에 해당하는 경우(일명 '오픈형 상가')에는 경계표지 및 건물번호표지 등을 설치하도록 하고 있다.
3. 또한, 판례는 1동의 건물의 일부분이 구분소유권의 객체가 될 수 있으려면 그 부분이 구조상으로나 이용상으로 다른 부분과 구분되는 독립성이 있어야 하며, **구조상의 독립성**은 주로 소유권의 목적이 되는 객체에 대한 물적 지배의 범위를 명확히 할 필요성 때문에 요구된다고 할 것이므로 구조상의 구분에 의하여 구분소유권의 객체 범위를 확정할 수 없는 경우에는 구조상의 독립성이 있다고 할 수 없다고 하여, 구분소유권의 객체로서 적합한 물리적 요건을 갖추지 못한 건물의 일부는 그에 관한 구분소유권이 성립될 수 없는 것이어서, 건축물관리대장상 독립한 별개의 구분건물로 등재되고, 등기부상에도 구분소유권의 목적으로 등기되었다 하더라도 위 등기는 그 자체로 무효라고 보며, 나아가 이러한 등기에 기초하여 경매 절차가 진행되어 매각허가를 받고 매수대금을 납부하였다 하더라도 그 **등기는 그 자체로 무효**이므로 매수인은 소유권을 취득할 수 없다고 한다.
4. 따라서, 감정평가업자는 담보평가를 할 때 대상물건을 확인하거나 확정하기에 곤란하다고 판단할 때에는(구분소유 부동산이 구조상·이용상 독립성이 있음을 확신하기 어려운 경우에는) 스스로의 판단으로 대상물건을 확정하지 말고 의뢰인과 협의하여 의뢰인이 감정평가 의뢰물건을 확인하여 확정할 수 있도록 하는 것이 바람직할 것이다.

(4) 대지사용권을 수반하지 않은 구분건물

① 구분소유 부동산을 담보평가할 때 대지사용권이 제시되지 않은 경우에는 사전조사, 실지조사 등을 통해 다음 각 호의 사항을 확인한다.

1. 의뢰인이 대지사용권을 제시하지 않은 이유
2. 대상물건이 대지사용권을 수반하고 있는지 여부 및 그 근거
3. 등기사항증명서에 대지사용권이 등재되어 있지 않다면 그 이유
4. 대상물건에 대하여 대지사용권을 수반하지 않은 건물만의 가격이 형성되어 있는지 여부
5. 그 밖에 대상물건을 감정평가하는 데 필요한 사항

② 감정평가업자는 대지사용권이 제시되지 않은 구분소유 부동산으로서 다음의 어느 하나에 해당하는 경우에는 의뢰인과 협의하여 대지사용권을 포함한 가액으로 감정평가할 수 있다.
- 분양계약서 등에 따라 대상물건이 실질적으로 대지사용권을 수반하고 있지만 토지의 분할·합병, 지적미정리 등으로 인하여 기준시점 현재 대지사용권이 등기되어 있지 않은 경우
- 분양계약서 등에 따라 대상물건이 실질적으로 대지사용권을 수반하고 있지만 등기절차의 지연 등으로 기준시점 현재 대지사용권이 등기되어 있지 않은 경우
- 그 밖에 대상물건이 실질적으로 대지사용권을 수반하고 있지만 합리적인 사유로 기준 시점 현재 대지사용권이 등기되어 있지 않은 경우

③ 대지사용권이 제시되지 않은 구분소유 부동산이 제2항에 해당하지 않는 경우에는 의뢰인과 협의한 후 감정평가를 진행하되 건물만의 가액으로 감정평가한다.

「감정평가 실무기준」 [610-3.1.4] 대지사용권을 수반하지 않은 구분건물의 감정평가]

대지사용권을 수반하지 않은 구분건물의 감정평가는 **건물만의 가액**으로 감정평가한다. 다만, **추후 토지의 적정지분이 정리될 것을 전제**로 가격이 형성되는 경우에는 **대지사용권을 포함한 가액**으로 감정평가할 수 있다.

(5) 거래가격 및 거래의 상대방이 제한되는 구분건물

거래가격 및 거래의 상대방이 제한되는 구분건물이 담보평가로 의뢰된 경우에는 [거래가격 및 거래의 상대방이 제한되는 토지]를 준용한다.

(6) 공익사업시행지구에 편입된 구분건물

공익사업시행지구에 편입된 구분건물이 담보평가로 의뢰된 경우에는 [공익사업시행지구에 편입되는 토지]를 준용한다.

핵심체크 | 감정평가외, 감정평가 제외

1. **감정평가외**

   대상물건의 단독효용가치가 희박하다는 등 경제적 가치가 미미할 경우 가치판단의 의견을 제시하지 않는 경우를 의미한다.

2. **감정평가 제외**

   대상물건과의 물적 동일성이 일치하지 않는 등 감정평가 의뢰목록에 없지만 현황 소재하고 있는 물건에 대해 감정평가를 수행하지 않는 경우를 의미한다.

구) 「담보평가지침」
제3장 토지의 평가
제12조(평가가격 결정)
① 토지의 평가가격 결정은 「부동산가격공시법」 제21조 및 「감정평가에 관한 규칙」 제17조의 규정에 의하여 표준지 공시지가를 기준으로 하되, 담보물건으로서의 안정성 등을 고려하여 평가한다.
② 제1항의 규정에 의하여 표준지의 공시지가를 기준으로 평가한 가격이 실제 거래시세와 현저한 차이가 있는 등 담보가격으로 적정하지 아니한 경우에는 실제 적정거래시세 등과의 균형을 고려한 가격으로 평가하거나 임대료 등 수익성이나 조성비용 등 원가를 고려한 가격으로 평가할 수 있다. 이 때에는 인근지역의 적정한 거래사례, 수익사례 또는 조성비용사례 등을 면밀히 조사하여 기재하고, 이를 기초로 한 가격산출근거를 명확히 한다.

제13조(공유지분토지, 합동환지)
① 1필지의 토지를 2인 이상이 공동소유하는 공유지분 토지 및 합동환지된 토지의 지분에 대한 평가는 그 위치가 확인될 경우에는 그 위치에 따라 평가하고, 위치확인이 곤란한 경우에는 그 토지 전체를 기준으로 하여 평가하되 지분비율에 의하여 평가가격을 결정한다.
② 공유지분토지의 위치확인은 공유지분자 전원 또는 인근공유자 2인 이상의 위치확인동의서를 받아 확인한다.
③ 공유지분 토지가 건부지(건축물이 있는 토지를 말한다)인 경우에는 다음 각 호의 방법에 의하여 위치확인을 할 수 있다. 이 때에는 평가서에 그 내용을 기재한다.
  1. 합법적인 건축허가도면 또는 합법적으로 건축된 건축물에 의하여 확인하는 방법
  2. 상가ㆍ빌딩 관리사무소 또는 상가번영회 등에 비치된 위치도면에 의하여 확인하는 방법

제14조(특수용도로 사용되는 토지)
① 도로ㆍ구거ㆍ사도ㆍ묘지ㆍ제방ㆍ유지ㆍ하천 기타 특수용도로 사용되는 토지는 담보물건으로서 평가하지 아니한다. 다만, 그 토지가 일반용도의 토지로 전환하는 것을 전제로 평가의뢰된 경우에는 용도전환후의 토지가격에서 용도전환에 소요되는 통상비용 등을 고려한 가격으로 평가할 수 있다.

② 제1항의 규정에 불구하고 금융기관 등으로부터 다른 조건이 제시되거나 특수한 목적이 수반되는 경우에는 현황을 기준으로 평가할 수 있다. 이 때에는 현재의 이용상태대로의 가격이 형성되어 있을 경우는 그 가격을 기준으로 평가하고, 그 가격을 알 수 없을 경우에는 정상적인 투자비 등을 기초로 한 적산가격으로 평가가격을 결정하거나 인근지역에 있는 일반용도 토지의 적정가격에 부동산가격공시법 제9조의 규정에 의하여 건설교통부장관이 매년 작성·발표한 토지가격비준표(이하 "토지가격비준표"라 한다)상의 가격배율 등을 참고하여 평가가격을 결정한다. <개정 2007.2.14>

제15조(지상권이 설정된 토지)

지상권이 설정되어 있는 토지의 평가는 다음 각 호의 기준에 따라 평가한다. 다만, 저당권자가 채권확보를 위하여 지상권을 설정한 경우에는 정상평가할 수 있다.

1. 지상권이 설정되어 있는 상태대로 거래되는 토지가격을 알 수 있는 경우에는 그 가격을 기준으로 평가한다.
2. 실제지불임료(또는 지상권의 지료)와 필요제경비 등의 파악이 가능하고 적정 기대이율 및 복리연금현가율을 산정할 수 있는 경우에는 다음 산식에 의한다.

$$\text{토지평가가격} = \text{토지 적정가격} - [\{(\text{토지의 적정가격} \times \text{적정기대이율}) + \text{필요제경비}\} - \text{실제지불임료}]$$
$$\times \text{복리연금현가율}\left(\frac{(1+r)^n - 1}{r(1+r)^n}\right)$$

3. 제1호 및 제2호의 규정에 의한 평가가 사실상 곤란한 경우에는 지상권이 설정되어 있지 아니한 상태의 당해 토지에 대한 적정가격의 70퍼센트 이내 수준으로 평가한다.

제16조(지상건축물의 소유자가 다른 토지)

① 지상건축물의 철거가 예상되지 아니한 타인소유의 지상건축물이 소재하는 토지는 평가하지 아니함을 원칙으로 한다. 다만, 토지와 그 지상건축물이 함께 담보물건으로 평가의뢰된 경우에는 정상평가할 수 있다.
② 지상건축물의 소유자가 다른 토지는 그 지상건축물이 법률적·사실적으로 철거가 용이하거나 확실시되어 철거를 전제로 의뢰된 경우에는 정상적으로 평가하되 철거에 소요되는 통상적인 비용 등을 고려한 가격으로 평가가격을 결정한다.
③ 금융기관 등의 의뢰에 의하여 당해 토지만을 평가할 경우에는 당해토지 또는 인근토지의 임대수익을 기초로 한 수익가격으로 평가하거나 제15조의 규정을 준용하여 평가할 수 있다.

제17조(제시외 건축물이 있는 토지)

① 제시외 건축물(종물 및 부합물은 제외한다)이 있는 토지는 금융기관 등으로부터 추가의뢰목록 또는 정상평가조건 등을 제시받은 경우에는 정상적으로 평가한다.
② 제시외 건축물이 무허가건축물 등으로서 추가의뢰목록 또는 평가조건의 제시가 없는 경우에는 제16조의 규정을 준용한다.

제18조(도시계획시설에 저촉된 토지)

① 「국토의 계획 및 이용에 관한 법률」 제2조 제7호의 규정에 의한 도시계획시설에 저촉되는 토지는 그 도시계획시설에 저촉된 상태대로의 가격이 형성되어 있는 경우에는 그 가격을 기준으로 평가하고, 저촉된 상태대로의 가격이 형성되어 있지 아니한 경우에는 저촉되지 아니한 상태를 기준으로 한 가격에 그 도시계획시설의 저촉으로 인한 제한정도에 따른 적정한 감가율 등을 고려하여 평가한다.
② 토지의 일부면적이 도시계획시설에 저촉되는 경우에는 그 저촉부분과 잔여부분을 구분하여 평가하거나 저촉부분과 잔여부분의 면적비율에 의한 평균가격으로 평가가격을 결정한다. 다만, 도시계획시설에 저촉되는 부분의 면적비율이 현저하게 낮아 토지의 사용수익에 지장이 없다고 인정되는 경우에는 도시계획시설에 저촉되지 아니한 것으로 볼 수 있으며, 잔여부분의 면적비율이 현저하게 낮아 단독으로 효용가치가 없다고 인정되는 경우에는 전체면적이 도시계획시설에 저촉된 것으로 본다.

③ 제1항 후단의 규정에 의한 감가율은 가격시점 해당연도의 토지가격비준표상의 가격배율 등을 참고로 하여 정한다.

④ 제1항 및 제2항의 규정에 불구하고 가까운 장래에 공익사업의 시행으로 국가기관 등으로부터 보상금을 지급받을 것이 확실시 되는 경우에는 도시계획시설에 저촉되지 아니한 상태를 기준으로 평가할 수 있다.

제19조(기타 공법상 제한을 받는 토지)

① 공원, 유원지, 개발제한구역, 재개발구역, 군사시설보호구역, 문화재보호구역 기타 이와 유사한 공법상 제한을 받는 토지는 그 공법상 제한을 받는 상태대로의 가격이 형성되어 있는 경우에는 그 가격을 기준으로 평가하고, 제한을 받는 상태대로의 가격이 형성되어 있지 아니한 경우에는 그 공법상 제한을 받지 아니한 상태를 기준으로 한 가격에 그 공법상 제한정도에 따른 적정한 감가율 등을 고려하여 평가한다.

② 제1항 후단의 규정에 의한 감가율은 가격시점 해당연도의 토지가격비준표상의 가격배율 등을 참고로 하여 정한다.

제20조(택지 등 조성공사 중에 있는 토지)

건축물 등의 건축을 목적으로 농지 또는 산림에 대하여 전용허가를 받거나 토지의 형질변경허가를 받아 택지 등으로 조성 중에 있는 토지는 그 상태대로의 가격이 형성되어 있는 경우에는 그 가격을 기준으로 평가하고, 그 상태대로의 가격이 형성되어 있지 아니한 경우에는 조성전 토지의 소지가격에 가격시점현재의 조성공사에 실제소요된 비용상당액, 공사진행정도, 택지조성에 소요되는 예상기간 등을 종합적으로 고려한 가격으로 평가한다. 다만, 금융기관 등으로부터 다른 조건의 제시가 있거나 특수한 목적이 수반되는 경우에는 그 제시조건 등에 따라 평가할 수 있다.

제21조(평가제외)

① 다음 각 호의 1에 해당되는 것으로서 담보물건으로서 현저히 부적당하다고 판단되는 토지는 평가에서 제외하거나 반려할 수 있다.

    1. 사찰·교회·학교·고아원·양로원 기타 특수한 용도로 이용되고 있는 것으로서 다른 용도로의 전환가능성이 적고 매매 또는 임대차의 가능성이 희박한 것

    2. 공부상 소재지·지번·지목·면적 등이 실제와 현저히 달라서 동일성을 인정하기 어려운 것

    3. 지상 건축물과 같이 담보로 제공하지 아니하는 것

    4. 기타 담보물건으로서 현저히 부적당하다고 인정되는 것

② 제1항의 규정에 불구하고 금융기관 등의 요청에 의하여 특수한 조건이나 목적이 수반되는 경우에는 이를 평가할 수 있다. 이 때에는 감정평가서에 그 내용을 기재한다.

제4장 건물의 평가

제22조(평가가격 결정)

① 건물의 평가가격은 「감정평가에 관한 규칙」 제18조의 규정에 따라 적산가격으로 결정한다. 다만, 적산가격으로 결정하는 것이 적정하지 아니한 경우에는 비준가격 또는 수익가격으로 결정할 수 있다.

② 「집합건물의 소유 및 관리에 관한 법률」 제2조의 규정에 의한 구분소유권의 대상이 되는 공동주택, 상가, 업무용 빌딩 등은 대지권과 건물의 구분소유권을 일체로 한 거래사례 등에 의하여 비준가격으로 결정한다. 다만, 비준가격으로 결정하는 것이 적정하지 아니한 경우에는 적산가격 또는 수익가격으로 결정할 수 있다.

③ 적산가격에 의한 건물의 평가가격 결정은 다음의 산식에 의하되 재조달원가 및 내용연수 등의 산정은 다음 각 호의 기준에 따른다. 다만, 다음 각 호의 기준에 의한 내용연수 등의 산정이 적정하지 아니한 경우에는 대상물건의 유지관리상태, 보수정도 등 그 현상을 고려하여 내용연수 또는 잔존연수 등을 조정할 수 있다.

$$평가가격 \fallingdotseq 재조달원가 \times \frac{잔존연수}{내용연수}$$

    1. 재조달원가는 가격시점에 있어서 대상물건을 재생산 또는 재취득하는데 소요되는 적정원가의 총액으로 결정하되 대상물건에 대한 건축허가도서 등에 의하여 재조달원가를 산정할 수 있는 등 특별한 경우를 제외하고는 한국감정평가협회장이 발행하는 표준주택가격 평가를 위한 주택신축단가표(이하 "주택신축단가표"라 한다) 또는 한국감정원장이 발행한 건물신축단가표(이하 "건물신축단가표"라 한다)를 참고로 하여 정한다.

2. 내용연수는 한국감정평가협회장이 발행하는 표준주택가격 평가를 위한 주택신축단가표(이하 "주택신축단가표"라 한다) 또는 한국감정원장이 발행한 고정자산내용연수표(이하 "고정자산내용연수표"라 한다)에서 정하는 기준을 참고로 하여 정하되 경제적 내용연수로 한다.

3. 잔존연수는 대상물건의 내용연수에서 경과연수를 차감하여 구하되, 사용 및 수리의 정도, 관리상태 등을 고려한 장래 효용유지가능한 연수로 한다.

4. 잔존연수의 산정을 위한 **경과연수의 기산시점은 준공시점(사용승인일)을 기준으로 하되 준공시점과 완공시점의 시차가 1년 이상인 경우에는 완공시점을 기준**으로 하며, 연수의 산정은 만년을 기준으로 한다.

④ 건물은 각 동별로 평가가격을 결정한다. 다만, 1동의 건물이라 하더라도 그 구조, 경과연수, 용도 등이 달라 가치를 달리하는 경우에는 이를 구분하여 평가가격을 결정할 수 있다.

⑤ 전기설비, 냉·난방설비, 승강기설비, 소화전설비 등 건축물의 부대설비는 따로 구분하여 평가하지 아니하고 건축물에 포함하여 평가가격을 결정하되, 부대설비에 대한 보정은 주택신축단가표 또는 건물신축단가표에서 정하는 기준을 참고로 하여 정한다.

제23조(도시계획시설 저촉건물)

① 도시계획시설도로 등 도시계획시설에 저촉된 건물은 그 저촉된 상태대로의 가격이 형성되어 있을 경우에는 이를 기초로 하여 평가하고, 저촉된 상태대로의 가격이 형성되어 있지 아니한 경우에는 그 저촉의 정도를 고려하여 적정하게 감가하여 평가한다.

② 건물의 일부가 도시계획시설에 저촉되어 있고 저촉되지 아니한 잔여부분이 독립된 건물로서 효용가치가 없다고 인정되는 경우에는 건물전체를 제1항의 규정을 준용하여 평가하고, 잔여부분만으로도 독립된 건물로서 효용가치가 있다고 인정되는 경우에는 그 잔여부분에 대하여 벽체 또는 기둥 등의 보수에 필요한 비용 등을 고려하여 평가한다.

③ 제1항 및 제2항의 규정에 불구하고 가까운 장래에 공익사업의 시행으로 국가기관 등으로부터 보상금을 받을 것이 확실시 되는 경우에는 도시계획시설에 저촉되지 아니한 상태를 기준으로 평가할 수 있다.

제24조(기타 공법상 제한을 받는 건물)

유원지, 공원, 개발제한구역, 재개발구역, 군사시설보호구역, 문화재보호구역 기타 이와 유사한 공법상 제한을 받는 지역안에 있는 건물의 평가는 현재의 용도로 계속 사용할 수 있는 경우에는 정상평가하고, 현재의 용도로 계속 사용할 수 없는 경우에는 그 제한의 정도를 고려하여 적정하게 감가하여 평가한다.

제25조(제시외건물)

공부상 등재되지 아니한 건물에 대하여는 원칙적으로 평가하지 아니한다. 다만, 공부면적을 초과한 부분이 적법하게 건축되어 추가 등재가 가능하거나 준공검사를 필한 건물로서 조건부로 평가의뢰된 경우에는 이를 평가할 수 있다. 이 때에는 감정평가서에 그 내용을 기재한다.

제26조(평가제외)

① 다음 각 호의 1에 해당되는 것으로서 담보물건으로서 현저히 부적당하다고 판단되는 건물은 평가에서 제외하거나 반려할 수 있다.

1. 사찰, 교회, 학교, 고아원, 양로원 기타 특수한 용도로 이용되고 있는 것으로서 다른 용도로의 전환가능성이 적고 매매 또는 임대차가능성이 희박한 것

2. 공부상 소재지, 지번, 구조, 면적, 용도 등이 달라 동일성을 인정하기 어려운 것

3. 기타 구조가 복잡하거나 현상이 극히 불량하여 일정기간동안 그 보존이 어렵다고 인정되는 것

② 제1항의 규정에 불구하고 금융기관 등의 요청에 의하여 특수한 조건이나 목적이 수반되는 경우에는 이를 평가할 수 있다. 이 때에는 감정평가서에 그 내용을 기재한다.

제5장 공장의 평가
제27조(평가가격 결정)

① 공장의 평가가격은 공장용지, 건물, 구축물, 기계·기구 등의 평가가격의 합계액으로 결정한다. 다만, 평가의뢰자로부터 무형고정자산의 평가의뢰가 있는 경우에는 이를 평가가격에 포함할 수 있다.

② 공장용지의 평가가격 결정은 제12조의 규정을 준용한다.

③ 건물 및 구축물의 평가가격 결정은 제22조의 규정을 준용한다.

④ 기계·기구는 그 구조, 규격, 형식, 용량, 수요정도, 경과연수, 잔존내용연수, 현상, 이용관리상태 등을 종합적으로 고려하여 다음과 같이 평가가격을 결정한다.

    1. 기계·기구의 평가가격은 적산가격으로 결정한다. 다만, 국산 또는 수입기계·기구로서 대상물건과 현상·성능 등이 유사한 동종물건의 중고상태로서의 시중가격을 확실히 파악할 수 있는 경우에는 그 중고가격을 기초로 한 비준가격으로 결정할 수 있다.

    2. 대상물건에 대한 가격자료가 없거나 재조달원가를 직접 구함이 곤란한 경우에는 구조, 규격, 형식, 용량 등 가치구성요인이 비슷한 물건의 재조달원가를 선택 이를 비교수정하여 대상물건의 재조달원가를 결정할 수 있다.

    3. 수입기계·기구의 평가는 수입신고필증 등에 의한 수입가격(CIF가격)을 기준으로 평가하되, 원화환산은 가격시점 이전 최근 15일 평균(환율변동이 심한 경우에는 가격시점 이전 최근 3월 평균)의 「외국환거래법」 제5조의 규정에 의한 기준환율 또는 재정환율의 평균치를 적용한다. 다만, 국내시장가격이 형성되어 있는 경우에는 신품으로서의 시장가격을 재조달원가로 정할 수 있다.

⑤ 제1항 내지 제4항의 규정에 불구하고 금융기관 등의 요청이 있는 경우에는 수익가격으로 평가하거나 해체처분가격 등으로 평가가격을 결정할 수 있다.

제28조(평가제외)

① 의뢰목록에 포함된 기계·기구 중에서 다음 각 호의 1에 해당되는 것은 이를 평가에서 제외한다.

    1. 구조가 조잡하거나 노후화로 인하여 담보로서 가치가 희박하다고 인정되는 것

    2. 시험기구, 비품, 집기 등으로서 이동이 용이하여 관리·보전이 어려운 것

    3. 기타 담보가치가 희박하다고 인정되는 것

② 제1항의 규정에 불구하고 금융기관 등의 요청에 의하여 특수한 조건이나 목적이 수반되는 경우에는 이를 평가할 수 있다. 이 때에는 감정평가서에 그 내용을 기재한다.

제6장 기타물건의 평가
제29조(평가가격 결정)

염전·과수원·산림·광산 등 사업체, 자동차·건설기계·선박·항공기 등 의제부동산과 동산, 유가증권 기타 무형고정자산 등의 평가가격 결정은 「감정평가에 관한 규칙」에서 정하는 기준 등에 따른다. <개정 2007.2.14>

제30조(평가제외)

① 광산으로서 다음 각 호의 1에 해당되는 것은 평가제외하거나 반려할 수 있다.

    1. 미채광이거나 장기간 휴광중의 광산으로서 광상상태가 불명한 것

    2. 광업권에 한하여 평가의뢰된 것

    3. 시설 및 운영이 부적당하여 가행성적이 불량한 것

    4. 입지조건, 광량, 품질이 극히 불량하여 경영 장래성이 없는 것

    5. 폐광중에 있는 것

② 유가증권으로서 다음 각 호의 1에 해당되는 것은 평가제외하거나 반려할 수 있다.

    1. 거래실적이 없는 주식

    2. 증권거래소로부터 거래정지 처분을 받은 주식

③ 제1항 및 제2항의 규정에 불구하고 금융기관 등의 요청에 의하여 특수한 조건이나 목적이 수반되는 경우에는 이를 평가할 수 있다. 이 때에는 감정평가서에 그 내용을 기재한다.

> **제31조(평가제한)**
> 동산으로서 다음 각 호의 1에 해당되는 것은 이를 평가하지 아니한다.
> 1. 부패성이 많고 변질되기 쉬운 상품
> 2. 희소성 또는 품질 등에 따라 가격차이가 심한 것
> 3. 위험성이 농후하여 보관이 곤란한 상품
> 4. 생필품으로서 언제든지 처분이 용이한 상품
> 5. 기타 담보물건으로서 평가가 현저히 부적합한 것

제2절 경매평가

1 개요

1. 경매감정평가 개념

경매감정평가란 법원에 소송계류 중인 경매를 위한 토지 등의 감정평가를 말한다. 넓은 의미로서 경매는 매도인이 다수인을 집합시켜 구두로 매수신청을 하게 하고 최고가격 신청인에게 매도하는 매매방법을 말한다. 특히 법원에서 진행하는 법원경매부동산은 물건을 팔고자 하는 사람(채권자)이 법원에 강제매각의뢰를 하면(경매신청접수) 경매법원이 여러 사람들로부터 매수신청(입찰신청)을 받아서 공개 입찰 시 가장 높은 가격으로 사겠다는 최고가 매수 입찰자에게 물건(채무자 소유 부동산)을 낙찰시키는 경쟁방식(낙찰허가)이다.

이와 관련하여, 「민사집행법」 제97조에서는 부동산 경매 시 최저매각가격을 결정할 때 법원으로 하여금 감정인(鑑定人)에게 부동산을 평가하게 하고 그 평가액을 참작하여 정하도록 규정하고 있다.

> **「민사집행법」 제97조(부동산의 평가와 최저매각가격의 결정)**
> ① 법원은 감정인(鑑定人)에게 부동산을 평가하게 하고 그 평가액을 참작하여 최저매각가격을 정하여야 한다.
> ② 감정인은 제1항의 평가를 위하여 필요하면 제82조 제1항에 규정된 조치를 할 수 있다.
> ③ 감정인은 제7조의 규정에 따라 집행관의 원조를 요구하는 때에는 법원의 허가를 얻어야 한다.

결국, 경매감정평가란 집행법원이 경매절차에서 감정인에게 부동산 평가를 명하는 것에 따라 대상부동산의 시가를 정확히 파악하여 최저매각가격을 결정하기 위한 것이다.

2. 경매의 종류

(1) 강제경매

강제경매란 채무에 대한 집행권원을 가진 채권자의 신청에 의해 채무자 소유의 부동산을 압류, 경매를 통하여 매각하고 그 대금으로 채무자에 대한 경매신청 채권자의 채권을 변제하기 위한 강제집행절차이다.

(2) 임의경매

임의경매란 근저당권 또는 전세권 등의 담보권자가 자신의 담보권실행을 위하여 담보목적물이나 전세목적물을 경매 신청하여 후순위의 권리자들보다 우선하여 경매목적물의 매각대금에서 자기채권의 만족을 얻는 강제집행절차이다.

(3) 양자의 차이점

임의경매와 강제경매는 그 절차가 동일하여 사실상 큰 차이를 보이지 않으나, 양자간의 중요한 차이점은 다음과 같다.

구분	항목	강제경매	임의경매
공통점	채권변제	강제환가	
	환가주체	국가공권력(집행법원)	
	소유권 취득시기	매각대금을 완납한 때	
	효력발생시기	경매신청 등기 시	
차이점	경매대상	채무자의 일반재산 전부	담보설정된 특정재산
	우선변제	채권액에 따른 비율배분	담보권자 우선변제
	집행권원	필요	불필요
	공식적 효과	있음	없음
	이해관계인	요구한 채권자 채무자(채무자 = 소유자) 등기사항전부증명서상의 권리자 권리를 증명한 자	압류채권자 배당 요구한 채권자 채무자 및 소유자 등기사항전부증명서상의 권리자 ・ 권리를 증명한 자
	이의사유	집행권원의 형식적 부존재	집행절차의 하자담보권의 부존재

핵심체크 | 용어의 정리

1. 매각기일

   매각기일이란 법원이 부동산을 매각할 경우 매각을 실행하는 날을 말하고, 기간입찰의 방법으로 진행하는 경우에는 입찰기간의 개시일인 입찰기일을 말한다. 법원은 매각기일의 2주 전까지 부동산의 표시, 매각결정기일의 일시 및 장소, 최저매각가격 등을 공고하여야 한다.

2. 매각결정기일

   매각결정기일이란 경매가 실시되어 최고가 매수인이 있을 때 법원이 출석한 이해관계인의 진술을 듣고 경매절차의 적법여부를 심사하여 매각허가 또는 불허가의 결정을 선고하는 기일을 말한다. 매각결정기일은 매각기일로 1주 이내 이어야 한다. 매각결정기일을 지정한 때에는 이를 공고한다.

3. 일괄매각

   일괄매각이란 개별매각을 할 경우 현저한 가치감소가 우려되는 때에 경매신청권자의 신청이나 법원이 직권으로 일괄하여 매수할 수 있게 하는 것을 말한다. 경매에서는 일반적으로 여러 개의 부동산이 담보로 제공된 경우에는 개별매각을 원칙으로 하지만, 개별매각이 불합리한 경우 일괄매각을 인정하고 있는 것이다.

3. 경매감정평가의 절차

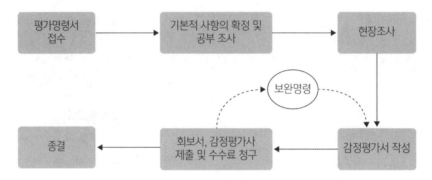

2 경매감정평가의 대상

1. 감정평가의 기준시점

감정평가의 기준시점은 대상물건의 가격조사를 완료한 일자로 한다.

2. 토지 · 건물

(1) 토지와 정착물의 관계

토지 및 그 정착물은 「민법」 제99조 제1항에 따라 부동산으로 경매의 대상이 된다. 그러나 「입목에 관한 법률」에 의하여 소유권 보존등기가 된 입목이나 명인방법을 갖춘 수목은 토지로부터 독립하여 부동산으로 취급되므로 독립하여 경매의 대상으로 된다. 입목 등기 등이 없는 일반적인 임야의 경우에는 거래관행 등을 고려하여 토지에 포함하여 감정평가하는 것이 일반적이므로 입목 등기 등의 여부를 반드시 검토하여야 한다.

미분리 천연과실은 토지의 구성부분이므로 통상은 그 토지에 대한 압류의 효력이 이에 미친다고 하겠으나, 「민법」 제102조에 의하면 원물로부터 분리하는 때에 이를 수취할 권리자에게 귀속하게 되므로, 토지 소유자와 지상에 식재되어 있는 천연과실의 소유자가 다른 경우에는 법원과 협의하여 경매감정평가 대상 여부를 확인하여야 한다.

(2) 건물

건물은 항상 토지로부터 독립된 부동산으로 취급되므로 경매의 대상이 된다. 그러나 건축 중에 있는 건물로서 사회통념상 아직 독립된 부동산으로 볼 수 없는 경우에는 개개의 건축자재나 공작물을 유체동산 압류방법에 따라 집행할 수 밖에 없다.

건축중에 있는 건물 및 건축이 중단된 건물의 경우 공부상 미등재가 건물로써 현장조사 시 이를 확인하게 되므로, 통상 제시외건물로써 감정평가하되 공정률을 고려하여 감정평가할 수 있다. 또한, 건물의 소유권 여부에 따라 건물이 미치는 영향을 고려한 토지의 가액을 감정평가서에 별도로 기재하여야 한다.

(3) 건축 중인 건물

건물은 통상 토지로부터 독립된 부동산으로 취급되어 경매의 대상이 되나 건축 중인 건물은 사회통념상 독립된 부동산으로 볼 수 없으므로 감정평가의 대상이 되는지 문제가 된다.

(4) 미등기 부동산

미등기 부동산의 경우에도 채무자의 소유이면 경매법원의 촉탁등기에 의하여 경매대상에 포함할 수 있다.

3. 기타 감정평가의 대상

공장재단·광업재단, 광업권·어업권, 소유권 보존 등기된 입목, 지상권, 자동차·건설기계·항공기 는 각각의 경매감정평가의 대상이 된다.

❸ 경매감정평가 시 유의사항

1. 토지

(1) 개요

법원의 평가명령서에 제시된 목록과 공부의 적정성 여부를 검토하고 실지조사를 통해 동일성 여부를 확인하며, 대상토지의 가치형성요인 등을 조사·분석하여 감정평가를 실시한다.

(2) 법정지상권 등이 성립된 토지

> **핵심체크 | 경매 감정평가 명령서 발췌**
>
> 제시외건물이 있는 경우에는 반드시 그 가액을 평가하고, 제시외건물이 경매대상에서 제외되어 그 대지가 소유권의 행사를 제한받는 경우에는 그 가액도 평가(토지 상에 분묘가 존재하여 분묘기지권이 성립될 수 있는 경우에도 동일)

1) 법정지상권의 제한을 받는 토지

법정지상권 및 관습법상 법정지상권은 대상 토지의 감정평가 당시 아직 성립된 권리는 아니지만 경락인이 토지소유권을 취득할 경우 그 토지의 부담이 되므로, 법정지상권이 성립될 경우 수취하는 지료의 존재 여부를 평가서에 기재하고 그 법정지상권에 의한 부담을 고려하여 감정평가한다.

2) 유치권

경락인은 유치권자에게 담보채권을 변제할 책임이 있으나 정확한 유치권의 존부 및 채권가액을 알 수 없으므로 토지만을 정상평가하되, 피담보채권의 존재 여부 및 구체적인 가액을 조사하여 평가서에 별도로 기재하여 재판부가 이를 처리할 수 있도록 한다.

3) 타인점유부분의 평가

타인점유의 적법 여부와 타인점유부분에 대한 지료 등을 조사하여 그 권리의 내용에 따라 감액평가하고 그 내용을 평가서에 기재하되, 소유자가 동일한 경우에는 정상평가한다.

4) 건축이 중단된 구축물이 있는 토지

교량, 궤도, 정원설비 및 기타 토목설비 또는 공작물 등과 같은 구축물이 토지 상·하에 존재하는 경우 그 내용을 평가서에 기재하되, 토지만을 정상평가한다. 다만, 제시외건물로 추가 평가명령이 있는 경우에는 별도로 감정평가한다.

5) 건축 중인 건물이 있는 토지

평가 대상 토지상에 독립된 건물의 요건(기둥, 벽, 천장 등)을 갖춘 건축 중인 건물이 있는 경우에는 토지의 부합물로 볼 수 없으므로 이를 평가서에 기재하되 법정지상권 성립 가능성을 고려하여 평가한다.

6) 용익권

지상권 및 지역권이 존재하는 토지는 그에 따른 손해액을 감액하여 평가한다. 전세권이 존재하는 경우 통상 전제권의 존재를 참작할 필요가 없다.

7) 분묘기지권이 있는 토지

토지소유자의 승낙을 얻거나 분묘기지권이 성립된 토지는 그 내용을 평가서에 기재하되, 토지의 사용·수익·처분에 제한을 받는 정도를 감안하여 감정평가한다. 다만, 분묘기지권이 미치는 범위에 대해서는 분묘뿐만 아니라 그 주위의 공지를 포함한다는 점에 유의하여야 한다. 또한, 최근 판례(대법원 2021.4.29. 선고 2017다228007 전원합의체 판결)는 분묘기지권을 시효취득한 경우에도 지료를 청구하면 그 청구한 날부터 지료를 지급할 의무가 있다고 판시하였다.

(3) 도로저촉토지 및 현황도로

토지 중 전부 또는 일부가 도시·군계획시설에 저촉되는 경우에는 이를 고려하여 감정평가하며, 「사도법」상 사도 및 사실상 사도의 경우에는 보상평가의 대상이 될 경우 등을 고려하여 감액평가한다.

(4) 도시·군계획시설 녹지와 접도구역, 비오톱 내 토지

도시·군계획시설 녹지, 접도구역, 비오톱 내 토지는 이용에 제한을 받는 점을 고려하여 감정평가한다.

(5) 제시외건물이 있는 토지

대상 토지상 제시외건물의 소유자와 토지소유자가 동일한 경우에는 토지만을 정상평가하되, 소유자가 다른 경우에는 제시외건물로 인하여 대상 토지의 사용·수익·처분에 제한을 받는 정도를 감안하여 평가한 금액을 명세표의 비고란의 이를 기재한다.

(6) 토지의 부합물

토지에 식재된 수목, 정원석, 석등 등은 토지의 구성 부분으로서 별개의 독립한 물건이 아니므로 별도의 약정이 없는 한 토지의 처분에 당연히 수반되나, 식재된 수목이 명인방법 및 독립된 물건으로 거래되는 관행이 있는 등 고가의 정원수인(소나무 등) 경우에는 별도의 물건으로 감정평가한다.

(7) 미분리의 천연과실

과수의 열매, 곡물, 광물, 석재, 토사 등 천연과실은 토지의 구성부분으로 명인방법을 갖추어 제3자에게 양도되는 경우 감정평가의 대상이 되나 성숙기에 달하여 수취되는 경우에는 감정평가의 대상이 될 수 없다.

(8) 공유지분

토지 및 건물의 공유지분이 경매 목적물이 된 경우에는 공유물 전체를 기준으로 감정평가한 후 그 지분비율에 따른 가액으로 결정한다. 다만, 2인 이상의 위치확인동의서를 받거나 합법적인 건축허가도면, 상가·빌딩 관리소, 상가번영회 등에 비치된 위치도면으로 확인하는 방법 등을 통해 각 지분별 위치가 특정되어 있는 경우에는 그 위치에 따라 감정평가한다.

(9) 공부상 지목과 현황이 다른 토지

경매제도는 기본적으로 매매의 성질을 가지고 있다. 따라서 공부상 또는 평가명령상의 경매목적물의 표시와 현황이 다른 경우라 하더라도 그것이 실제 시장에서 거래되는 가격으로 감정평가를 하여야 하고 그 한도 내에서의 실제 이용상황에 따른 감정평가를 하여야 한다. 즉, 공부상 대지라 하더라도 실제의 이용상황이 도로라면 도로의 가격을 감정평가하여야 할 것이다. 또한, 상가건물의 경우 평가명령상 그 부지의 일정 지분과 전체 건물의 일정 지분을 감정평가하도록 되어있다 하더라도 실제의 소유상황 및 이용상황을 파악하여 현황에 맞도록 감정평가하여야 할 것이다.

(10) 지적도상 위치 및 면적이 다른 토지

공부상 위치와 현황 위치가 부합하지 않는 경우는 감정평가하지 않는 것이 원칙이며 법원에 통보하여 정정 후 감정평가하도록 하고, 면적이 부합하지 않는 경우에는 그 내용과 원인을 조사하여 법원에 통보하고 집행법원과 협의하에 감정평가 여부를 결정해야 할 것이다.

2. 건물

(1) 면적 산출

대상건물의 공부상 면적과 실측면적 비교를 통해 동일성 여부를 판단하되 동일성을 인정하기 어려울 정도의 차이가 있는 경우에는 실측면적으로 사정(결정)하며, 평가서 의견란과 명세표의 비고란의 이를 기재한다.

(2) 제시외건물

제시외건물은 구조, 면적, 이용상황 등을 기재하고 제시외건물로써 평가한다. 이 경우 토지의 감정평가는 상기 '제시외건물이 있는 토지'와 같다. 미등기 부동산이라도 채무자 소유임이 확인되면 집행법원의 등기촉탁을 통해 강제경매가 가능하기 때문이다.

(3) 건물의 부합물

건물의 증축 또는 개축되는 부분은 독립된 구분소유권의 객체로 거래될 수 없는 것일 때에는 기존 건물에 부합하므로 독립된 거래의 대상이 될 수 없으나 구조, 면적, 이용상황, 경제적 효용 등을 고려하여 제시외건물로써 감성평가할 수 있다.

(4) 공사가 중단된 건물

공사 중단 건물은 장기간 공사가 방치됨에 따른 감가요인을 반영하여 평가한다. 공사 중단 건물의 물리적·기능적·경제적 감가, 구조·규모·공정률·방치기간, 용도 또는 거래조건에 따른 제한 등을 고려하여 감정평가할 수 있다.

(5) 건물의 경제적 가치가 거의 없는 경우

건물의 상태를 보아 경제적 가치가 거의 없는 경우라도 '감정평가 외'로 처리하지 않고 감정평가액을 산출하여 경매대상에 포함하여야 한다.

3. 구분건물

(1) 토지·건물가액 배분의 이유

경매감정평가 시에는 구분건물을 일괄하여 감정평가하더라도 토지와 건물의 배분비율을 산정하여 각각의 가격배분 내역을 감정평가서에 명시하여야 한다. 법원경매 시 토지와 건물 각각의 후순위자 배당참여에 결정적인 영향을 미치기 때문에 법적인 권리관계를 명확히 하기 위해서이다. 이는 토지와 건물을 별개의 부동산으로 취급하고 등기사항전부증명서 등 관련 공부도 각각 별도로 관리하는 우리나라의 제도적 특성 때문이기도 하다.

> **핵심체크 | 토지·건물가액의 배분방법 「실무기준 해설서 총론편」**
>
> 토지·건물 가액을 배분하는 방법으로는 ① 적정한 비율을 적용하여 배분하는 방법 ② 토지 또는 건물의 가액을 구하여 일체의 가액에서 공제하여 배분하는 방법이 있으며, 대상물건의 인근지역에 대한 조사를 통하여 합리적인 배분비율을 산출할 수 있는 경우에는 그 비율을 적용하여 배분할 수 있고, 토지 또는 건물만의 가액을 합리적으로 구할 수 있는 경우에는 이를 구하여 공제하는 방법을 적용할 수 있을 것이다.

(2) 대지권을 수반하지 않은 구분건물의 경우

1) 대지권을 실질적으로 수반하고 있지만 등재되어 있지 않은 경우

대규모 택지개발사업 등에 있어 기존 토지의 지적 정리가 완료되지 않은 경우, 소송 절차 중, 등기절차 진행 등 추후 토지의 적정지분이 정리될 것으로 전제되는 경우에는 적정 대지권을 수반하여 감정평가할 수 있다.

2) 대지권을 수반하지 않은 경우

국·공유지상에 구분건물 신축 후 독립된 구분건물 부분만이 경매 감정평가 의뢰되는 경우 등과 같이 실질적으로 대지권을 수반하지 않는 구분건물의 경우에는 건물 부분만을 감정평가하되, 대지권을 수반하는 구분건물의 감정평가액을 산정한 후 토지·건물가액 배분비율을 적용하여 감정평가액을 결정하게 된다.

> **질의회신** 대지권을 수반하지 않은 구분건물의 감정평가 [1995.12.1. 기획 0100 - 1230]
>
> **[질의요지]**
> 국·공유지상에 소재하는 합법적인 건물만이 경매목적으로 감정평가 의뢰된 경우 동 건물의 평가방법은?
>
> **[회신내용]**
> 「감정평가에 관한 규칙」 제18조의 규정에 의하면 "건물의 평가는 복성식 평가법에 의한다. 다만, 복성식평가법에 의한 평가가 적정하지 아니한 경우에는 거래사례비교법 또는 수익환원법에 의할 수 있다."라고 규정되어 있는 바, 건물만이 평가의뢰된 경우 인근에 국·공유지상의 건물만의 시세가 형성되어 있는 경우는 비준가격으로, 건물만의 시세가 형성되어 있지 않은 경우는 **토지와 건물을 일체로 평가**한 후 당해 지역의 관행 등 제반사정을 참작하여 토지와 건물의 **배분 비율을 적용**하여 평가할 수 있을 것임.

토지별도등기란 토지에 건물과 다른 등기가 있다는 것으로 집합건물은 토지와 건물이 일체가 되어 거래되도록 되어 있는 바, 토지에는 대지권이라는 표시만 있고 모든 권리관계는 전유부분의 등기기록에만 기재하게 되어 있는데, 건물을 짓기 전에 토지에 저당권 등 제한물권이 있는 경우 토지와 건물의 권리관계가 일치하지 않으므로 건물등기 기록에 '토지에 별도의 등기가 있다'는 표시를 하기 위한 내용을 말하는 것이다.

(3) 구분건물의 제시외건물로써 감정평가에 포함되어야 할 주요 내용

- 최상층의 다락방
- 지하층에 배분된 전용면적
- 구조변경으로 확장된 부분 등

(4) 상가건물의 구분소유 관련 문제

> **⚖ 판례 | 구분건물의 요건** [대법원 2010.1.14. 선고 2009마1449 판결]
>
> 1동의 건물의 일부분이 구분소유권의 객체가 될 수 있으려면 그 부분이 이용상은 물론 구조상으로도 다른 부분과 구분되는 독립성이 있어야 하고, 그 이용 상황 내지 이용 형태에 따라 **구조상의 독립성** 판단의 엄격성에 차이가 있을 수 있으나, 구조상의 독립성은 주로 소유권의 목적이 되는 객체에 대한 물적 지배의 범위를 명확히 할 필요성 때문에 요구된다고 할 것이므로, 구조상의 구분에 의하여 구분소유권의 객체 범위를 확정할 수 없는 경우에는 구조상의 독립성이 있다고 할 수 없다. 그리고 구분소유권의 객체로서 적합한 물리적 요건을 갖추지 못한 건물의 일부는 그에 관한 구분소유권이 성립할 수 없는 것이어서, 건축물관리대장상 독립한 별개의 구분건물로 등재되고 등기부상에도 구분소유권의 목적으로 등기되어 있어 이러한 등기에 기초하여 경매절차가 진행되어 매각허가를 받고 매수대금을 납부하였다 하더라도, 그 등기는 그 **자체로 무효**이므로 매수인은 소유권을 취득할 수 없다.

> **⚖ 판례 | 구분점포의 특성을 고려해야 하는지** [대법원 2017.12.22. 선고 2017다225398 판결]
>
> 구분건물의 소유권 취득을 목적으로 하는 매매계약에서 매도인의 소유권이전의무가 원시적 불능이어서 계약이 무효라고 하기 위해서는 단지 매매 목적물이 '매매계약 당시' 구분건물로서 구조상, 이용상 독립성을 구비하지 못했다는 정도를 넘어서 '그 후로도' 매매 목적물이 당사자 사이에 약정된 내용에 따른 구조상, 이용상 독립성을 갖추는 것이 사회통념상 불가능하다고 평가될 정도에 이르러야 한다.

> **⚖ 판례 | 오픈상가의 경우 구분소유권 객체 가능성 여부** [대법원 2022.12.29. 자 2019마5500 결정]
>
> [판시사항]
> 인접한 구분건물 사이에 설치된 경계벽이 제거되어 각 구분건물이 구조상 및 이용상 독립성을 상실하였으나, 각 구분건물의 위치와 면적 등을 특정할 수 있고 사회통념상 그것이 복원을 전제로 한 일시적인 것으로서 복원이 용이한 경우, 그 구분건물에 관한 등기의 효력(유효)
>
> [판결요지]
> 인접한 구분건물 사이에 설치된 **경계벽이 제거**됨으로써 각 구분건물이 구분건물로서의 구조상 및 이용상 독립성을 상실하게 되었다고 하더라도, 각 구분건물의 위치와 면적 등을 특정할 수 있고 사회통념상 그것이 구분건물로서의 복원을 전제로 한 **일시적인** 것일 뿐만 아니라 **복원이 용이**한 것이라면, 각 구분건물이 구분건물로서의 실체를 상실한다고 쉽게 단정할 수는 없고, 아직도 그 등기는 구분건물을 표상하는 등기로서 유효하다고 해석해야 한다.

최근 대법원 판례에 따르면 이른바 '튼상가', '오픈상가' 등의 경우에도 「집합건물법」 제1조의 구분건물 또는 제1조의 2의 구분점포에 해당할 수 있으므로 이에 유의하여야 한다.

4. 구분소유적 공유

감정평가를 위한 조사결과 현황이 구분소유적 공유일 때에는 공유지분이 아닌 특정 구분소유 목적물에 대하여 감정평가하여야 한다.

5. 환지예정지

환지예정지가 지정되어 있는 경우에는 환지예정지의 지정에 의한 토지의 사용 관계는 그 예정지 위에 이전하는 것이므로 그 예정지의 위치, 면적, 형상, 환지사업의 진행 정도 및 성숙도 등을 고려하여 감정평가하되 청산금 납부 여부를 조사하여 감정평가서에 기재한다.

6. 기타 유의사항

(1) 건축물현황도상 도면과 현황이 동일한지 여부 확인

현장조사 시 건축물현황도상 도면과 현황이 일치하는지 여부를 확인하여 물적 동일성에 유의하며, 물적 동일성이 인정되지 아니한 경우에는 법원에 통보하여 감정평가를 반려하여야 한다.

(2) 감정평가대상물건이 최상층인 경우, 복층 여부 확인에 주의

건축물현황도(지붕층 도면) 및 현장 조사시 이를 확인하여 감정평가액에 이를 포함하여 감정평가하도록 한다.

핵심체크 | NPL(Non Performing Loan)

1. 개념

부실대출금과 부실지급보증액을 합친 것으로 보통 3개월 이상 연체된 금융회사의 부실채권을 의미한다. 부동산을 담보물권으로 제공한 채무자가 원금 및 이자를 미상환하는 경우 제2금융권 및 기타 투자자들이 금융기관의 부실채권을 할인 매입한 후 원금, 이자 및 NPL 관련 비용까지 청구하여 투자하는 방법을 말한다.

2. NPL 감정평가

통상 NPL 감정평가는 부실채권에 대한 감정평가가 아닌 담보물권인 부동산에 대한 감정평가를 의미하며, 대상부동산의 경매가액 대비 실질적인 낙찰가율을 추정·분석하여 부실채권의 할인 매입가액 또는 할인 매각가액을 산정하는 업무를 통칭한다. 시장가액, 경매가액(법사가), 예상낙찰가액 등을 산정한 후 NPL 투자의 타당성을 검토하는 업무로써, 단순한 대상부동산의 시장가치를 산정하는데 그치는 것이 아니라 부실채권 투자의 타당성을 검토하는 감정평가라 하겠다.

1 국·공유재산의 구분과 종류 「국유재산법」 제6조

구분		종류	제한/특징
행정 재산	공용 재산	국가가 직접 그 사무용·사업용 또는 공무원의 주거용으로 사용하거나 5년 내 사용하기로 결정한 재산(예 청사, 국립학교, 국립병원 등)	- 타인에게 양도 및 사권 설정 불가 - 행정목적 수행에 지장이 없는 범위 내에서 사용 수익 허가 가능
	공공용 재산	국가가 직접 공공용으로 사용하거나 5년 내에 사용하기로 결정한 재산(예 도로, 구거, 하천, 국립공원 등)	
	기업용 재산	정비기업이 직접 그 사무용·사업용 또는 당해 기업에 종사하는 직원의 주거용으로 사용하거나 5년 내에 사용하기로 결정한 재산	
	보존 재산	법령이나 그 밖의 필요에 따라 국가가 보존하는 재산(예 문화재, 기념물 등)	처분 불가
일반 재산		행정재산 외의 모든 국유재산	- 대부 및 처분가능 - 일반사용 금지

2 국·공유재산의 사용료(대부료) 감정평가

1. 관련 규정

「국유재산법 시행령」 제29조(사용료율과 사용료 산출방법)

① 법 제32조 제1항에 따른 **연간 사용료**는 해당 **재산가액에 1천분의 50 이상의 요율을 곱한 금액**으로 하되, 월 단위, 일 단위 또는 시간 단위로 계산할 수 있다. 다만, 다음 각 호의 어느 하나에 해당하는 경우에는 해당 재산의 가액에 해당 요율을 곱한 금액으로 하되, 제6호 단서의 경우에는 총괄청이 해당 요율이 적용되는 한도를 정하여 고시할 수 있다.

1. 경작용(「농지법 시행령」 제2조 제3항 제2호에 해당하는 시설로 직접 사용하는 용도를 포함한다) 또는 목축용인 경우: 1천분의 10 이상

1의2. 「수산업법」에 따른 어업, 「내수면어업법」에 따른 내수면어업 또는 「양식산업발전법」에 따른 양식업(이하 이 호에서 "어업등"이라 한다)에 직접 사용하는 경우(어업등의 영위에 필요한 다음 각 목의 시설로 직접 사용하는 경우를 포함한다): 1천분의 10 이상

   가. 어구 등 어업등에 사용하는 장비를 보관하기 위한 시설

   나. 수산종자 생산시설, 수산종자 배양장 등 수산자원 육성시설

   다. 어업등으로 생산한 생산물의 건조, 간이 보관 시설 및 패류의 껍데기를 까기 위한 시설

   라. 해수 취수·배수 및 여과를 위한 시설

   마. 어업등으로 생산한 생산물 또는 어업등에 사용하는 장비를 선박에서 육지로 이동하기 위한 하역시설(생산물의 보관시설은 제외한다)

   바. 그 밖에 어업등을 영위하기 위하여 필요한 시설로서 기획재정부장관이 정하여 고시하는 시설

1의3. 「임업·산림 공익기능 증진을 위한 직접지불제도 운영에 관한 법률」에 따른 임산물생산업 또는 육림업에 직접 사용하는 경우: 1천분의 10 이상

2. 주거용인 경우: 1천분의 20 이상(「국민기초생활 보장법」 제2조 제2호에 따른 수급자가 주거용으로 사용하는 경우: 1천분의 10 이상)

3. 행정목적의 수행에 사용하는 경우: 1천분의 25 이상

3의2. 지방자치단체가 해당 지방자치단체의 행정목적 수행에 사용하는 경우: 1천분의 25 이상

3의3. 지방자치단체나 지방공기업이 법 제18조 제1항 제3호에 따른 사회기반시설로 사용하는 경우: 1천분의 25 이상

4. 공무원의 후생목적으로 사용하는 경우: 1천분의 40 이상

5. 「사회복지사업법」 제2조 제1호에 따른 사회복지사업에 직접 사용하는 경우 및 「부동산 실권리자명의 등기에 관한 법률 시행령」 제5조 제1항 제1호·제2호에 따른 종교단체가 그 고유목적사업에 직접 사용하는 경우: 1천분의 25 이상

6. 「소상공인기본법」 제2조에 따른 소상공인(이하 "소상공인"이라 한다)이 경영하는 업종(「중소기업창업 지원법」 제5조 제1항 단서에 해당하는 업종은 제외한다)에 직접 사용하는 경우: 1천분의 30 이상. 다만, 천재지변이나 「재난 및 안전관리 기본법」 제3조 제1호의 재난, 경기침체, 대량실업 등으로 인한 경영상의 부담을 완화하기 위해 총괄청이 기간을 정하여 고시하는 경우에는 1천분의 10 이상의 요율을 적용한다.

6의2. 「중소기업기본법」 제2조에 따른 중소기업(소상공인은 제외하며, 이하 "중소기업"이라 한다)이 경영하는 업종(「중소기업창업 지원법」 제5조 제1항 단서에 해당하는 업종은 제외한다)에 직접 사용하는 경우로서 천재지변이나 「재난 및 안전관리 기본법」 제3조 제1호의 재난, 경기침체, 대량실업 등으로 인한 경영상의 부담을 완화하기 위해 총괄청이 기간을 정하여 고시하는 경우: 1천분의 30 이상

7. 다음 각 목의 어느 하나에 해당하는 기업 또는 조합이 해당 법령에 따른 사업 목적 달성을 위해 직접 사용하는 경우: 1천분의 25 이상

　　가. 사회적기업

　　나. 협동조합 및 사회적협동조합

　　다. 자활기업

　　라. 마을기업

② 제1항에 따라 사용료를 계산할 때 해당 재산가액은 다음 각 호의 방법으로 산출한다. 이 경우 제1호, 제2호 및 제3호 본문에 따른 재산가액은 허가기간 동안 연도마다 결정하고, 제3호 단서에 따른 재산가액은 감정평가일부터 3년 이내에만 적용할 수 있다.

1. 토지: 사용료 산출을 위한 재산가액 결정 당시의 개별공시지가(「부동산 가격공시에 관한 법률」 제10조에 따른 해당 토지의 개별공시지가로 하며, 해당 토지의 개별공시지가가 없으면 같은 법 제8조에 따른 공시지가를 기준으로 하여 산출한 금액을 말한다. 이하 같다)를 적용한다.

2. 주택: 사용료 산출을 위한 재산가액 결정 당시의 주택가격으로서 다음 각 목의 구분에 따른 가격으로 한다.

　　가. 단독주택: 「부동산 가격공시에 관한 법률」 제17조에 따라 공시된 해당 주택의 개별주택가격

　　나. 공동주택: 「부동산 가격공시에 관한 법률」 제18조에 따라 공시된 해당 주택의 공동주택가격

　　다. 개별주택가격 또는 공동주택가격이 공시되지 아니한 주택: 「지방세법」 제4조 제1항 단서에 따른 시가표준액

3. 그 외의 재산: 「지방세법」 제4조 제2항에 따른 시가표준액으로 한다. 다만, 해당 시가표준액이 없는 경우에는 하나의 감정평가법인등의 평가액을 적용한다.

③ 경작용으로 사용허가하는 경우의 사용료는 제1항 제1호에 따라 산출한 사용료와 「통계법」 제3조 제3호의 통계작성기관이 조사·발표하는 농가경제조사통계에 따른 해당 시·도 농가별 단위면적당 농작물수입(서울특별시·인천광역시는 경기도, 대전광역시·세종특별자치시는 충청남도, 광주광역시는 전라남도, 대구광역시는 경상북도, 부산광역시·울산광역시는 경상남도의 통계를 각각 적용한다)의 10분의 1에 해당하는 금액 중 적은 금액으로 할 수 있다.

④ 국유재산인 토지의 공중 또는 지하 부분을 사용허가하는 경우의 사용료는 제1항에 따라 산출된 사용료에 그 공간을 사용함으로 인하여 토지의 이용이 저해되는 정도에 따른 적정한 비율을 곱하여 산정한 금액으로 한다. <신설 2018.6.26.>

⑤ 제1항에 따른 사용료는 공개하여야 하며, 그 공개한 사용료 미만으로 응찰한 입찰서는 무효로 한다.

⑥ 경쟁입찰로 사용허가를 하는 경우 첫해의 사용료는 최고입찰가로 결정하고, 2차 연도 이후 기간(사용허가를 갱신하지 아니한 사용허가기간 중으로 한정한다)의 사용료는 다음의 계산식에 따라 산출한다. 다만, 제1항 제6호 단서 및 같은 항 제6호의2에 따라 총괄청이 기간을 정하여 고시하는 경우 해당 기간의 사용료는 같은 항 제6호 단서 및 같은 항 제6호의2에 따라 각각 산출한 사용료로 한다.

> [(입찰로 결정된 첫해의 사용료) × (제2항에 따라 산출한 해당 연도의 재산가액) ÷ (입찰 당시의 재산가액)]

⑦ 보존용재산을 사용허가하는 경우에 재산의 유지·보존을 위하여 관리비가 특히 필요할 때에는 사용료에서 그 관리비 상당액을 뺀 나머지 금액을 징수할 수 있다.

⑧ 제7항의 경우에 해당 보존용재산이 훼손되었을 때에는 공제된 관리비 상당액을 추징한다.

⑨ 제7항의 관리비의 범위는 기획재정부령으로 정한다.

「공유재산 및 물품 관리법 시행령」제14조(사용료)

① 법 제22조 제1항에 따른 연간 사용료는 시가(時價)를 반영한 해당 재산 평정가격(評定價格)의 연 1천분의 10 이상의 범위에서 지방자치단체의 조례로 정하되, 월할(月割) 또는 일할(日割)로 계산할 수 있다. 다만, 다른 법령에서 행정재산의 사용료에 대하여 특별한 규정을 두고 있는 경우에는 그 법령에 따르며, 사용허가를 받은 자가 재난에 따른 피해를 입은 경우에는 공유재산심의회의 심의를 거쳐 기간을 정하여 한시적으로 인하한 요율(연 1천분의 10 이상이어야 한다)을 적용할 수 있다.

② 지방자치단체의 장은 대중의 이용에 제공하기 위한 시설인 행정재산에 대해서는 그 재산을 효율적으로 관리하기 위하여 특별히 필요하다고 판단되는 경우에는 해당 지방자치단체의 조례로 정하는 바에 따라 시간별이나 횟수별로 그 재산의 사용료를 정할 수 있다.

2. 산식

> 사용료(대부료) = (기간 별) 재산가액 × 사용료율

재산가액은 사용료 산정 기간동안의 각 기간 초를 기준하되, 1년 단위로 산정한다.

3 국·공유지 처분 감정평가

1. 국·공유재산의 용도폐지

「국유재산법」 제27조(처분의 제한)

① 행정재산은 처분하지 못한다. 다만, 다음 각 호의 어느 하나에 해당하는 경우에는 교환하거나 양여할 수 있다.
  1. 공유(公有) 또는 사유재산과 교환하여 그 교환받은 재산을 행정재산으로 관리하려는 경우
  2. 대통령령으로 정하는 행정재산을 직접 공용이나 공공용으로 사용하려는 지방자치단체에 양여하는 경우

② 제1항 제1호에 따라 교환하는 경우에는 제54조 제2항부터 제4항까지를 준용하고, 제1항 제2호에 따라 양여하는 경우에는 제55조 제2항·제3항을 준용한다. 이 경우 "일반재산"은 "행정재산"으로 본다.

③ 제1항 제1호에 따른 교환에 관한 교환목적·가격 등의 확인사항, 제1항 제2호에 따라 양여하는 경우 제55조 제3항의 준용에 따라 총괄청과 협의하여야 하는 사항, 그 밖에 필요한 사항은 대통령령으로 정한다.

> **「국유재산법」제40조(용도폐지)**
>
> ① 중앙관서의 장은 행정재산이 다음 각 호의 어느 하나에 해당하는 경우에는 지체 없이 그 **용도를 폐지**하여야 한다.
>   1. 행정목적으로 사용되지 아니하게 된 경우
>   2. 행정재산으로 사용하기로 결정한 날부터 5년이 지난 날까지 행정재산으로 사용되지 아니한 경우
>   3. 제57조에 따라 개발하기 위하여 필요한 경우
> ② 중앙관서의 장은 제1항에 따라 용도폐지를 한 때에는 그 재산을 지체 없이 총괄청에 인계하여야 한다. 다만, 다음 각 호의 어느 하나에 해당하는 재산은 그러하지 아니하다.
>   1. 관리전환, 교환 또는 양여의 목적으로 용도를 폐지한 재산
>   2. 제5조 제1항 제2호의 재산
>   3. 공항·항만 또는 산업단지에 있는 재산으로서 그 시설운영에 필요한 재산
>   4. 총괄청이 그 중앙관서의 장에게 관리·처분하도록 하거나 다른 중앙관서의 장에게 인계하도록 지정한 재산
>
> **「국유재산법」제41조(처분 등)**
>
> ① 일반재산은 대부 또는 처분할 수 있다.

국·공유지 처분 시 **공법상 제한은 제한받는 상태대로 평가하되**, 국·공유지는 기존 용도폐지 절차가 있어야 처분할 수 있는바, **용도폐지를 전제하여 감정평가하여야 한다.** 감정평가 의뢰서에 공부상 지목인 '도로'(도시계획시설)로 의뢰되었다 하더라도 도로의 용도폐지를 기준하여 평가하며, 이는 감정평가액을 기준으로 매각(입찰 및 수의계약 등) 후 지목 변경 등의 절차가 진행되기 때문이다.

> **질의회신** **국유재산 처분 시 도시계획시설 반영 여부** [2017.6.2. 감정평가기준팀 - 781]
>
> **[질의요지]**
> 본건은 한국자산관리공사에서 의뢰된 처분 목적의 감정평가건으로 토지이용계획확인원상 유원지에 100% 저촉되어 있는바 유원지를 개별적 제한에 반영하여 감정평가할 수 있는지?
>
> **[회신내용]**
> 「국유재산법 시행령」제42조 제9항에 따라 도시계획시설 유원지로서의 제한사항을 고려하지 않고 감정평가하여야 할 것이며, 여기에 해당하지 않는다면 감정평가 의뢰인에게 그 내용을 설명하고 감정평가를 반려하든지 아니면 별도의 조건을 받아 감정평가하여야 할 것입니다.

2. 국·공유지 감정평가

(1) 관련 규정

> **「국유재산법」제44조(처분재산의 가격결정)**
>
> 일반재산의 처분가격은 대통령령으로 정하는 바에 따라 **시가(時價)**를 고려하여 결정한다.
>
> **「국유재산법」제42조(처분재산의 예정가격)**
>
> ① 증권을 제외한 일반재산을 처분할 때에는 **시가**를 고려하여 해당 재산의 예정가격을 결정하여야 한다. 이 경우 예정가격의 결정방법은 다음 각 호와 같다.
>   1. 대장가격이 3천만원 이상인 경우(제2호의 경우는 제외한다): 두 개의 감정평가법인등의 평가액을 산술평균한 금액
>   2. 대장가격이 3천만원 미만인 경우나 지방자치단체 또는 공공기관에 처분하는 경우: 하나의 감정평가법인등의 평가액

② 제1항에 따른 감정평가법인등의 평가액은 평가일부터 1년이 지나면 적용할 수 없다.

⑤ 일반재산을 법 제45조에 따라 개척·매립·간척 또는 조림하거나 그 밖에 정당한 사유로 점유하고 개량한 자에게 해당 재산을 매각하는 경우에는 매각 당시의 **개량한 상태의 가격에서 개량비 상당액을 뺀 금액을 매각대금**으로 한다. 다만, 매각을 위한 평가일 현재 개량하지 아니한 상태의 가액이 개량비 상당액을 빼고 남은 금액을 초과하는 경우에는 그 가액 이상으로 매각대금을 결정하여야 한다.

⑧ 법 제55조 제1항 제1호 및 제4호에 따라 양여하는 경우에는 제1항에도 불구하고 대장가격을 재산가격으로 한다.

⑨ 「공익사업을 위한 토지 등의 취득 및 보상에 관한 법률」에 따른 공익사업에 필요한 일반재산을 해당 사업의 사업 시행자에게 처분하는 경우에는 제1항에도 불구하고 해당 법률에 따라 **산출한 보상액을 일반재산의 처분가격으로 할 수 있다.**

⑩ 다음 각 호의 어느 하나에 해당하는 국유지를 법 제43조 제1항 본문에 따른 일반경쟁입찰의 방법으로 처분하는 경우에는 제1항에도 불구하고 해당 **국유지의 개별공시지가를 예정가격으로 할 수 있다.**

　1. 일단(一團)의 토지[경계선이 서로 맞닿은 일반재산(국가와 국가 외의 자가 공유한 토지는 제외한다)인 일련(一連)의 토지를 말한다. 이하 같다] 면적이 100제곱미터 이하인 국유지(특별시·광역시에 소재한 국유지는 제외한다)

　2. 일단의 토지 대장가격이 1천만원 이하인 국유지

(2) 일반적인 매각(공매) 또는 교환의 경우

일반재산인 국·공유지를 처분할 때에는 **시가를** 기준으로 감정평가액을 결정한다.

(3) 공익사업 구역 내 사업시행자에게 처분하는 경우

「토지보상법」상 산출한 **보상액을** 기준으로 감정평가액을 결정할 수 있다.

(4) 국·공유지 감정평가 시 유의사항

1) 인접 토지와의 관계(일단지, 기여도 반영 문제)

국·공유지 중 면적 협소 등의 이유로 그 용도에도 불구하고 **인접지와 함께 동일한 용도로 이용되고 있는 경우**와 일단지로 이용되고 있는 국·공유지 매각평가의 경우 인접지 상의 건물이 소재하더라도 **법정지상권 등의 사권은 고려치 아니하며,** 인접지와 일단으로 사용되는 '**기여도**'를 고려하여 평가하되, 대상 국·공유지의 물적사항 등을 개별요인에서 비교하여야 한다.

질의회신 **국유지 매각평가 관련 기여도의 의미 및 감정평가방법** [감정평가기준센터 2022 - 00359]

국·공유지 처분과 관련하여, 기여도를 반영한 감정평가란 일단지로 이용 중이거나 장래 일단지로 이용이 예상되는 경우에 있어, 실무상 개별 토지의 특성만을 고려하는 것이 아니라 매각대상토지가 장래 **일단지로 이용되는 경우를 전제한 가치증가분까지 고려하여, 일단지를 기준으로 평가하되 각 필지가 가치변화에 기여하는 정도를 고려한 감정평가를 의미**한다고 보입니다. 매각대상 개별 토지의 위치, 형상, 환경, 규모 등에 따라 개별요인에서 기여도 반영이 가능할 것이며, 구체적인 사안에서 감정평가법인등이 사실관계 등을 검토하여 판단할 사항으로 보입니다.

2) 자기(점유자)의 비용과 노력으로 개량한 경우 토지의 이용상황 결정

⚖ 판례 | 조성토지의 이용상황 [대법원 전원합의체 2013.1.17. 선고 2011다83431 판결]

[판시사항]
국·공유 일반재산인 토지를 대부받은 점유자가 점유 개시 후 자기의 비용과 노력으로 가치를 증가시킨 경우, 대부료 산정의 기준이 되는 해당 토지가액의 평가 방법

[판결요지]
… 따라서 국유 일반재산인 토지를 대부받은 점유자가 점유 개시 후 자기의 비용과 노력으로 가치를 증가시켰다고 하더라도 2009년 개정 국유재산법 시행령의 시행일인 2009.7.31.부터는 점유자가 점유를 개시할 당시의 현실적 이용상태를 상정하여 이를 기준으로 해당 재산가액을 평가할 것이 아니라, 새로이 대부계약을 체결하거나 **갱신할 당시의 현실적 이용상태를 기준으로 해당 재산가액을 산출하여야 한다.** 그리고 이는 당초 국유재산의 점용 또는 사용·수익허가를 받아 점유를 개시한 후 대부계약이 새로이 체결된 경우에도 마찬가지이다.

골프장 내 국·공유지 매각을 위한 감정평가는 의뢰 목적 및 대상물건 등을 고려하여 **개량한 상태(골프장용지)**를 기준으로 감정평가하되, 골프장 조성에 소요된 비용 등인 개량비는 총괄청과 개량한 자와의 관계임에 유의하여야 한다.

질의회신 골프장 내 국·공유지 감정평가방법 [감정평가기준센터 2022 - 00606]

[질의요지]
2007.9.14.일 개장된 대중제골프장 내에 산재하여 소재하는 국유지(체육용지, 종전 지목: 하천, 도로, 구거, 유지)의 매각을 위한 감정평가 시 「국유재산법 시행령」 제42조 제5항에 따라 개량된 상태인 골프장부지로 감정평가하는지 또는 대상토지의 비정형 등을 획지조건에서 감안하여 감정평가하는지 여부

[회신내용]
「국유재산법」 제44조(처분재산의 가격결정)에 따르면 일반재산의 처분가격은 시가(時家)를 고려하여 결정하며, 그 밖의 국유재산법령에서 정하지 아니한 사항은 감정평가의 일반원칙에 따를 것입니다.
해당 필지는 기 개장된 **골프장 내에 산재하여 소재하는 국유지로** 「국유재산법 시행령」 제40조 제3항에 해당되어 수의계약 대상일 것이며, **인접필지와 일괄하여 감정평가할** 것입니다. 「감정평가 실무기준」 [610 - 1.7.2 골프장용지 등] 제1항에 따르면 골프장용지는 해당 골프장의 등록된 면적 전체를 일단지로 .보고 감정평가하는 것을 원칙으로 하고 있습니다.
따라서 해당 국유지가 기 개장된 골프장의 등록된 면적 중 일부로서 일단지를 구성하는 토지에 해당한다면, 개량된 상태의 골프장부지로 감정평가하되 골프장 전체를 기준으로 획지조건을 판단하는 것이 「국유재산법」에서 정하는 시가의 기준에 부합할 것으로 사료됩니다.

---

3) 지상 정착물이 있는 경우

「감정평가 실무기준」 [610-1.7.8] 제시외건물 등이 있는 토지
의뢰인이 제시하지 않은 지상 정착물(종물과 부합물을 제외한다)이 있는 토지의 경우에는 소유자의 동일성 여부에 관계없이 [610 - 1.7.7]을 준용하여 감정평가한다. 다만, 타인의 정착물이 있는 **국·공유지의 처분을 위한 감정평가의 경우에는 지상 정착물이 있는 것에 따른 영향을 고려하지 않고 감정평가한다.**

제4절 「도시개발법」 감정평가

1 도시개발사업 개요

1. 용어의 정리

(1) 관련 규정

> 「도시개발법」 제2조(정의)
> ① 이 법에서 사용하는 용어의 뜻은 다음과 같다.
>   1. "도시개발구역"이란 도시개발사업을 시행하기 위하여 제3조와 제9조에 따라 지정·고시된 구역을 말한다.
>   2. "도시개발사업"이란 도시개발구역에서 주거, 상업, 산업, 유통, 정보통신, 생태, 문화, 보건 및 복지 등의 기능이 있는 단지 또는 시가지를 조성하기 위하여 시행하는 사업을 말한다.
> ② 「국토의 계획 및 이용에 관한 법률」에서 사용하는 용어는 이 법으로 특별히 정하는 경우 외에는 이 법에서 이를 적용한다.

(2) 토지부담율(감보율)

도시개발사업에서 공공용지인 도로·공원·학교부지 등을 **확보**하고 공사비를 **충당**하기 위하여 토지를 공출(供出)받는 비율로, 그 값은 개개의 소유지의 위치에 따라 다르며 최고 50%를 초과할 수 없다.

> 평균 토지부담률(감보율) = [[보류지 면적 - 시행자에게 무상귀속되는 공공시설면적]] ÷ [환지계획구역 면적 - 시행자에게 무상귀속되는 공공시설면적] × 100

(3) 보류지

환지계획에서 일정한 토지를 환지(換地)로 정하지 않고 보류한 토지로 대개 체비지로 사용된다.

(4) 체비지

도시개발사업으로 인하여 발생하는 **사업비용을 충당**하기 위하여 사업시행자가 취득하여 집행 또는 매각하는 토지를 말한다. 즉, 도시개발사업에 필요한 경비에 충당하거나 규약·정관·시행규정 또는 실시계획으로 정하는 목적을 위하여 일정한 토지를 환지(換地)로 정하지 않고 보류지(保留地)로 정할 수 있으며, 그 중 일부를 체비지(替費地)로 정하여 도시개발사업에 필요한 경비에 충당하는 토지를 말한다.

(5) 증환지

환지의 한 방법으로 권리면적보다 면적을 증가하여 환지하는 것을 말한다. 증환지를 받은 경우에는 도시개발사업이 완료되면 그 증환지된 부분에 대해 청산금을 납부(징수)해야 한다.

(6) 감환지

권리면적보다 면적을 감소하여 환지하는 것을 말한다. 감환지를 받은 경우에는 도시개발사업이 완료되면 그 감환지 된 부분에 대해 청산금을 받게(교부) 된다.

(7) 입체환지

입체환지란 과소토지가 되지 않도록 필요한 경우 토지소유자의 동의를 얻어 환지의 목적인 토지에 갈음하여 시행자가 처분할 권한을 갖는 건축물의 일부와 그 건물이 들어 있는 토지의 공유지분을 환지로 정하는 것을 말한다.

(8) 환지처분

도시개발사업을 실시함에 있어 종전의 토지에 관한 소유권 및 기타의 권리를 보유하는 자에게 종전의 토지를 대신하여 정연(整然)하게 구획된 토지를 할당하거나 금전으로 처분하여 종국적으로 이를 귀속시키는 처분을 말한다.

(9) 청산금

환지계획에는 그 내용의 하나로 필별 및 권리별로 된 청산금의 명세를 정하여야 하는데, 청산금은 환지를 정하거나 그 대상에서 제외한 경우에 생기는 과 또는 부족분에 대하여 종전의 토지와 환지의 위치, 지목 등을 종합적으로 고려하여, 그 가치성의 차이를 청산하기 위하여 지급하는 금전을 말한다.

> 청산금 = [환지면적 - 권리면적] × 청산단가
>
> 청산단가: 환지처분 시점을 기준으로 재평가한 환지단가

2. 도시개발사업의 시행방식

(1) 관련 규정

> 「도시개발법」 제21조(도시개발사업의 시행 방식)
> ① 도시개발사업은 시행자가 도시개발구역의 토지등을 **수용 또는 사용하는 방식**이나 **환지 방식** 또는 이를 **혼용하는 방식**으로 시행할 수 있다.
> ② 지정권자는 도시개발구역지정 이후 다음 각 호의 어느 하나에 해당하는 경우에는 도시개발사업의 시행방식을 변경할 수 있다.
>   1. 제11조 제1항 제1호부터 제4호까지의 시행자가 대통령령으로 정하는 기준에 따라 제1항에 따른 도시개발사업의 시행방식을 수용 또는 사용방식에서 전부 환지 방식으로 변경하는 경우
>   2. 제11조 제1항 제1호부터 제4호까지의 시행자가 대통령령으로 정하는 기준에 따라 제1항에 따른 도시개발사업의 시행방식을 혼용방식에서 전부 환지 방식으로 변경하는 경우
>   3. 제11조 제1항 제1호부터 제5호까지 및 제7호부터 제11호까지의 시행자가 대통령령으로 정하는 기준에 따라 제1항에 따른 도시개발사업의 시행방식을 수용 또는 사용 방식에서 혼용방식으로 변경하는 경우
> ③ 제1항에 따른 수용 또는 사용의 방식이나 환지 방식 또는 이를 혼용할 수 있는 도시개발구역의 요건, 그 밖에 필요한 사항은 대통령령으로 정한다.

(2) 수용방식

종전 전체 토지 및 건축물 등을 「토지보상법」을 준용하여 수용한 후 조성된 환지를 분양하는 방식으로 토지의 수용 당시 보상액이 환지가액의 원가(소지가액)를 구성하게 된다.

(3) 환지방식

종전 토지 소유자의 동의 등을 얻어 환지계획을 수립하고 조성 사업을 거친 후 조성 완료된 환지가액과 감보율을 고려한 환지예정지의 권리면적과 환지예정지 면적을 비교하여 청산금을 납부하거나 교부하는 방식으로 도시개발사업을 진행하는 방식을 말한다.

(4) 혼용방식

도시개발사업의 반대하는 종전 토지 소유자 등은 수용방식으로 동의하는 토지 소유자 등은 환지방식으로 도시개발사업을 진행하는 방식을 말한다.

❷ 도시개발사업의 감정평가

1. 수용방식

「도시개발법」 제22조(토지등의 수용 또는 사용)

① **시행자는 도시개발사업에 필요한 토지등을 수용하거나 사용할 수 있다.** 다만, 제11조 제1항 제5호 및 제7호부터 제11호까지의 규정(같은 항 제1호부터 제4호까지의 규정에 해당하는 자가 100분의 50 비율을 초과하여 출자한 경우는 제외한다)에 해당하는 시행자는 사업대상토지면적의 3분의 2 이상에 해당하는 토지를 소유하고 토지 소유자 총수의 2분의 1 이상에 해당하는 자의 동의를 받아야 한다. 이 경우 토지 소유자의 동의요건 산정기준일은 도시개발구역지정 고시일을 기준으로 하며, 그 기준일 이후 시행자가 취득한 토지에 대하여는 동의 요건에 필요한 토지 소유자의 총수에 포함하고 이를 동의한 자의 수로 산정한다.

② 제1항에 따른 **토지등의 수용 또는 사용에 관하여** 이 법에 특별한 규정이 있는 경우 외에는 **「공익사업을 위한 토지 등의 취득 및 보상에 관한 법률」을 준용**한다.

③ 제2항에 따라 「공익사업을 위한 토지 등의 취득 및 보상에 관한 법률」을 준용할 때 제5조 제1항 제14호에 따른 수용 또는 사용의 대상이 되는 **토지의 세부목록을 고시**한 경우에는 「공익사업을 위한 토지 등의 취득 및 보상에 관한 법률」 제20조 제1항과 제22조에 따른 **사업인정 및 그 고시**가 있었던 것으로 본다. 다만, 재결신청은 같은 법 제23조 제1항과 제28조 제1항에도 불구하고 개발계획에서 정한 도시개발사업의 시행 기간 종료일까지 하여야 한다.

④ 제1항에 따른 동의자 수의 산정방법 및 동의절차, 그 밖에 필요한 사항은 대통령령으로 정한다.

토지의 세부목록 고시일을 기준으로 후술하는 「토지보상법」상 보상평가에 의한 방식으로 종전 토지 및 건축물의 보상액을 산정한다.

2. 환지방식

(1) 관련 규정

「도시개발법」 제28조(환지 계획의 작성)

① 시행자는 도시개발사업의 전부 또는 일부를 환지 방식으로 시행하려면 다음 각 호의 사항이 포함된 환지 계획을 작성하여야 한다.

　1. 환지 설계

　2. 필지별로 된 환지 명세

　3. 필지별과 권리별로 된 청산 대상토지 명세

　4. 제34조에 따른 체비지(替費地) 또는 보류지(保留地)의 명세

5. 제32조에 따른 입체 환지를 계획하는 경우에는 입체 환지용 건축물의 명세와 제32조의3에 따른 공급 방법·규모에 관한 사항

6. 그 밖에 국토교통부령으로 정하는 사항

② 환지 계획은 종전의 토지와 환지의 위치·지목·면적·토질·수리(水利)·이용 상황·환경, 그 밖의 사항을 종합적으로 고려하여 합리적으로 정하여야 한다.

③ 시행자는 환지 방식이 적용되는 도시개발구역에 있는 조성토지등의 가격을 평가할 때에는 토지평가협의회의 심의를 거쳐 결정하되, 그에 앞서 대통령령으로 정하는 공인평가기관이 평가하게 하여야 한다.

④ 제3항에 따른 토지평가협의회의 구성 및 운영 등에 필요한 사항은 해당 규약·정관 또는 시행규정으로 정한다.

⑤ 제1항의 환지 계획의 작성에 따른 환지 계획의 기준, 보류지(체비지·공공시설 용지)의 책정 기준 등에 관하여 필요한 사항은 국토교통부령으로 정할 수 있다.

「도시개발법」 제31조(토지면적을 고려한 환지)

① 시행자는 토지 면적의 규모를 조정할 특별한 필요가 있으면 면적이 작은 토지는 과소(過小) 토지가 되지 아니하도록 면적을 늘려 환지를 정하거나 환지 대상에서 제외할 수 있고, 면적이 넓은 토지는 그 면적을 줄여서 환지를 정할 수 있다.

② 제1항의 과소 토지의 기준이 되는 면적은 대통령령으로 정하는 범위에서 시행자가 규약·정관 또는 시행규정으로 정한다.

「도시개발법」 제41조(청산금)

① 환지를 정하거나 그 대상에서 제외한 경우 그 과부족분(過不足分)은 종전의 토지(제32조에 따라 입체 환지 방식으로 사업을 시행하는 경우에는 환지 대상 건축물을 포함한다. 이하 제42조 및 제45조에서 같다) 및 환지의 위치·지목·면적·토질·수리·이용 상황·환경, 그 밖의 사항을 종합적으로 고려하여 금전으로 청산하여야 한다.

② 제1항에 따른 청산금은 환지처분을 하는 때에 결정하여야 한다. 다만, 제30조나 제31조에 따라 환지 대상에서 제외한 토지등에 대하여는 청산금을 교부하는 때에 청산금을 결정할 수 있다.

핵심체크 |「도시개발업무지침」제4편 환지계획 제1장 환지계획의 일반적인 기준

4-1-1. 시행자가 환지계획을 작성하는 때에는 개발구역내의 기존시가화 지역, 기존주택밀집지역, 전·답·대지·임야 등 지목별이용현황 및 공공시설이용도 등을 감안하여야 한다.

4-1-2. 개발구역의 규모가 크거나 주거지역·공업지역 또는 생활권이 다른 지역 등이 혼합된 개발구역인 경우 기타 사업시행의 난이도 등으로 인하여 일괄하여 환지처분이 곤란할 경우에는 규약, 정관 또는 시행규정에서 환지계획구역을 수 개의 지구로 분할하고 지구별로 환지계획을 수립할 수 있다.

4-1-3. <삭제>

4-1-4. 환지계획수립을 위한 환지설계는 다음 원칙에 따른다.

(1) 환지단가
 ① **평면환지단가**: 평면환지로 공급되는 종후 토지의 평가액/환지면적
 ② **입체환지단가**: 입체환지로 공급되는 종후 구분건축물의 평가액/환지면적

(2) 환지면적: 종후 토지의 면적(입체환지인 경우에는 종후 구분건축물의 전유부분 면적을 말한다)

(3) 권리면적
 ① **평면환지**: 권리가액/평면환지단가
 ② **입체환지**: 권리가액/입체환지단가

(4) 청산금: (환지면적 - 권리면적) × 청산단가(환지처분 시점을 기준으로 재평가한 환지단가를 말한다)

(5) 정리전 가격은 실시계획인가시점(도시개발사업으로 인한 도시·군관리계획 결정, 변경결정 등을 반영하지 않은 사업 이전 상태)을 기준으로 하고 정리후 가격은 환지처분시점을 기준으로 하여 정하되, 평가시기는 환지계획 수립전에 하여야 한다.

(2) 종전 토지 감정평가

1) 기준시점

환지계획을 수립하기 위한 감정평가로 기준시점은 실시계획인가고시일이다.

2) 감정평가방법

기준시점인 실시계획인가고시일 이전 최근 공시된 공시지가를 적용하며, 도시개발사업으로 인해 변경된 공법상 제한 등은 반영하지 않고 종전 공법상 제한을 기준한다. 토지의 물적상태 또한 환지 이전인 종전 토지의 물적상태를 기준한다.

(3) 종후(환지) 토지 감정평가

1) 기준시점

도시개발법상 별도의 규정이 없으며 사업시행자가 기준일을 제시한 경우 그 날로 하되, 실무적으로 가격조사완료일을 기준한다. 이는 도시개발사업의 경우 환지계획 수립 이후 공사기간의 장기화로 인해 환지계획수립일과 환지처분일의 시간 차가 커 도시개발업무지침에 따른 환지처분시점을 기준하는 경우 청산금 등의 영향을 미치게 되며, 종후(환지)토지의 일반분양분이 미분양되는 경우 통상 매기간 감정평가를 실시하게 되는 점 등이 고려되었다고 판단된다.

2) 감정평가 기준

기준시점 이전 최근 공시된 공시지가를 적용하며, 도시개발사업으로 인해 변경된 공법상 제한을 기준한다. 토지의 물적상태는 종후(환지) 토지의 물적상태 조건으로 감정평가한다.

3. 감정평가 시 유의사항

(1) 환지예정지지정과 표준지 선정

「표준지공시지가 조사·평가기준」 제33조(환지방식에 의한 사업시행지구 안의 토지)
① 「도시개발법」 제28조부터 제49조까지에서 규정하는 환지방식에 따른 사업시행지구 안에 있는 토지는 다음과 같이 평가한다.
  1. 환지처분 이전에 환지예정지로 지정된 경우에는 청산금의 납부여부에 관계없이 환지예정지의 위치, 확정예정 지번(블록·롯트), 면적, 형상, 도로접면상태와 그 성숙도 등을 고려하여 평가
  2. 환지예정지의 지정 전인 경우에는 종전 토지의 위치, 지목, 면적, 형상, 이용상황 등을 기준으로 평가
② 「농어촌정비법」에 따른 농업생산기반 정비사업 시행지구 안에 있는 토지를 평가할 때에는 제1항을 준용한다.

① 도시개발사업의 경우 환지계획 이후 환지예정지지정 절차가 있어야만 도시개발사업 구역 내 확정예정 지번 등이 부여되고 토지의 물적특성이 확정될 수 있으므로 환지예정지지정 이전에는 사업구역 내 종후(환지) 토지의 물적특성을 기준한 표준지공시지가가 공시될 수 없고 따라서, 사업구역 밖에 있는 표준지를 기준으로 감정평가한다.
② 환지예정지지정 이후에는 사업구역 내 종후(환지) 토지의 물적특성을 기준한 표준지공시지가가 공시되므로 사업구역 내 표준지를 선정하게 된다.

(2) 사업구역 밖 감정평가사례 및 거래사례 선정 시 유의사항

도시개발사업의 경우 환지계획수립 시 토지구획, 구획별 개발 방향, 공법상 제한, 허용용도 및 불용용도 등 다양한 개발방안 등을 규정하며 특히 상한 건폐율과 용적율을 고시하게 된다. 다만, 도시개발사업의 경우 해당 사업지 구역 조례상 허용하고 있는 건폐율·용적률의 차이가 있는 경우가 대부분이므로 사업 구역 밖 감정평가사례 및 거래사례를 선정하여 그 밖의 요인 보정 및 거래사례비교법 적용시 해당 사례와 대상간의 건폐율과 용적률 차이를 보정하여야 한다.

핵심체크 | 용적률 보정방법

1. 방법

$$용적률\ 격차 = \left(\frac{대상용적률}{사례용적률} \right) \times 토지가격구성비 + 건물가격구성비$$

2. 방법

$$용적률\ 격차 = 1 + \left(\frac{대상용적률}{사례용적률} - 1 \right) \times 토지자격구성비$$

제5절   「개발이익환수법」 감정평가

1 개설

「개발이익 환수에 관한 법률」에서 규정하고 있는 개발부담금을 보다 정확하고 효율적으로 부과·환수하고 이를 적정하게 배분하여 토지에 대한 투기를 방지하고 토지의 효율적인 이용을 촉진하여 국민경제의 건전한 발전에 이바지한다. 또한, 일부 특정계층에 편중되어 있는 개발이익을 환수하고 토지공개념 제도와 더불어 소득구조의 불균형 해소 및 계층 간 갈등을 해소하기 위함에 그 목적이 있다.

2 개발부담금 산정

1. 용어의 정의

「개발이익 환수에 관한 법률」 제2조(정의)

1. "개발이익"이란 개발사업의 시행이나 토지이용계획의 변경, 그 밖에 사회적·경제적 요인에 따라 정상지가(正常地價)상승분을 초과하여 개발사업을 시행하는 자(이하 "사업시행자"라 한다)나 토지 소유자에게 귀속되는 토지 가액의 증가분을 말한다.
2. "개발사업"이란 국가나 지방자치단체로부터 인가·허가·면허 등(신고를 포함하며, 이하 "인가등"이라 한다)을 받아 시행하는 택지개발사업이나 산업단지개발사업 등 제5조에 따른 사업을 말한다.

---

3. "정상지가상승분"이란 금융기관의 정기예금 이자율 또는 「부동산 거래신고 등에 관한 법률」 제19조에 따라 국토교통부장관이 조사한 평균지가변동률(그 개발사업 대상토지가 속하는 해당 시·군·자치구의 평균지가변동률을 말한다) 등을 고려하여 대통령령으로 정하는 기준에 따라 산정한 금액을 말한다.

4. "개발부담금"이란 개발이익 중 이 법에 따라 특별자치시장·특별자치도지사·시장·군수 또는 구청장(구청장은 자치구의 구청장을 말하며, 이하 "시장·군수·구청장"이라 한다)이 부과·징수하는 금액을 말한다.

2. 개발부담금 산식

「개발이익 환수에 관한 법률」 제8조(부과 기준)
개발부담금의 부과 기준은 부과 종료시점의 부과 대상토지의 가액(이하 "종료시점지가"라 한다)에서 다음 각 호의 금액을 뺀 금액으로 한다.
1. 부과 개시시점의 부과 대상토지의 가액(이하 "개시시점지가"라 한다)
2. 부과 기간의 정상지가상승분
3. 제11조에 따른 개발비용

개발부담금 = [종료시점지가 - (개시시점지가 + 정상지가상승분 + 개발비용)] × 부담률

3. 기준시점

「개발이익 환수에 관한 법률」 제9조(기준시점)
① 부과 개시시점은 사업시행자가 국가나 지방자치단체로부터 개발사업의 인가 등을 받은 날로 한다. 다만, 다음 각 호의 경우에는 그에 해당하는 날을 부과 개시 시점으로 한다.
③ 부과 종료시점은 관계 법령에 따라 국가나 지방자치단체로부터 개발사업의 준공인가 등을 받은 날로 한다. 다만, 부과 대상토지의 전부 또는 일부가 다음 각 호의 어느 하나에 해당하면 해당 토지에 대하여는 다음 각 호의 어느 하나에 해당하게 된 날을 부과 종료 시점으로 한다.

개발부담금 산정을 위한 개시시점 지가 산정의 기준시점은 개발사업의 인가 등을 받은 날이며, 종료시점 지가 산정의 기준시점은 개발사업의 준공인가 등을 받은 날로 한다.

4. 지가의 산정(개시시점지가, 종료시점지가)

「개발이익 환수에 관한 법률」 제10조(지가의 산정)
① 종료시점지가는 부과 종료 시점 당시의 부과 대상토지와 이용 상황이 가장 비슷한 표준지의 공시지가를 기준으로 「부동산 가격공시에 관한 법률」 제3조 제7항에 따른 표준지와 지가산정 대상토지의 지가형성 요인에 관한 표준적인 비교표에 따라 산정한 가액(價額)에 해당 연도 1월 1일부터 부과 종료시점까지의 정상지가상승분을 합한 가액으로 한다. 이 경우 종료시점지가와 표준지의 공시지가가 균형을 유지하도록 하여야 하며, 개발이익이 발생하지 않을 것이 명백하다고 인정되는 경우 등 대통령령으로 정하는 경우 외에는 종료시점지가의 적정성에 대하여 감정평가법인등의 검증을 받아야 한다.
② 부과 대상토지를 분양하는 등 처분할 때에 그 처분가격에 대하여 국가나 지방자치단체의 인가 등을 받는 경우 등 대통령령으로 정하는 경우에는 제1항에도 불구하고 대통령령으로 정하는 바에 따라 그 처분가격을 종료시점지가로 할 수 있다.

③ 개시시점지가는 부과 개시 시점이 속한 연도의 부과 대상토지의 개별공시지가(부과 개시 시점으로부터 가장 최근에 공시된 지가를 말한다)에 그 공시지가의 기준일부터 부과 개시시점까지의 정상지가상승분을 합한 가액으로 한다. 다만, 다음 각 호의 어느 하나에 해당하면 그 실제의 매입 가액이나 취득가액에 그 매입일이나 취득일부터 부과 개시시점까지의 정상지가상승분을 더하거나 뺀 가액을 개시시점지가로 할 수 있다.
  1. 국가 · 지방자치단체 또는 국토교통부령으로 정하는 기관으로부터 매입한 경우
  2. 경매나 입찰로 매입한 경우
  3. 지방자치단체나 제7조 제2항 제2호에 따른 공공기관이 매입한 경우
  4. 「공익사업을 위한 토지 등의 취득 및 보상에 관한 법률」에 따른 협의 또는 수용(收用)에 의하여 취득한 경우
  5. 실제로 매입한 가액이 정상적인 거래가격이라고 객관적으로 인정되는 경우로서 대통령령으로 정하는 경우
④ 제1항 및 제3항에 따라 종료시점지가와 개시시점지가를 산정할 때 부과 대상토지에 국가나 지방자치단체에 기부하는 토지나 국공유지가 포함되어 있으면 그 부분은 종료시점지가와 개시시점지가의 산정 면적에서 제외한다.
⑤ 제1항 및 제3항에 따라 종료시점지가와 개시시점지가를 산정할 때 해당 토지의 개별공시지가가 없는 경우 등 대통령령으로 정하는 경우에는 국토교통부령으로 정하는 방법으로 산정한다.

「개발이익 환수에 관한 법률 시행규칙」 제8조(지가의 산정방법)
① 시장 · 군수 · 구청장은 법 제10조 제1항에 따라 종료시점지가를 산정하려면 미리 「부동산 가격공시에 관한 법률」 제25조에 따라 설치된 시 · 군 · 구부동산가격공시위원회의 심의를 거쳐야 한다.
② 시장 · 군수 · 구청장은 법 제10조 제5항에 따라 종료시점지가 및 개시시점지가를 산정하는 경우에는 둘 이상의 감정평가법인등이 감정평가한 가액을 산술평균한 가액으로 해당 지가를 산정해야 한다.

(1) 공시지가 기준

1) 개시시점지가

개별공시지가를 기준하여 산정한다. 다만, 개별공시지가 없는 경우에는 감정평가액으로 산정한다.

> 개별공시지가 × 정상지가상승분

> 감정평가 시 = 표준지공시지가 × 용도지역별 지가변동률 × 지역요인 × 개별요인

2) 종료시점지가

표준지공시지가를 기준하여 산정한다. 다만, 표준지공시지가를 기준하여 개시시점지가를 산정한 경우에는 감정평가액으로 산정한다.

> 표준지공시지가 × 정상지가상승분 × 토지가격비준표 적용

> 감정평가 시 = 표준지공시지가 × 용도지역별 지가변동률 × 지역요인 × 개별요인

(2) 경매 등으로 매입하는 경우

1) 개시시점지가

매입가액에 정상지가상승분을 고려한다.

> 매입가액 × 정상지가상승분

2) 종료시점지가

매입가액으로 산정한다. 다만, 매입가액이 없는 경우에는 **감정평가액**으로 산정한다.

> 매입가액 × 정상지가상승분

> 감정평가 시 = 표준지공시지가 × 용도지역별 지가변동률 × 지역요인 × 개별요인

(3) 산정 면적

개시시점지가 및 종료시점지가를 산정할 때 부과 대상토지에 국가나 지방자치단체에 기부하는 토지 등이 포함된 경우에는 그 면적은 개시시점지가 및 종료시점지가의 산정 면적에서 제외한다.

5. 정상지가상승분

「개발이익 환수에 관한 법률 시행령」 제2조(정상지가상승분)

① 「개발이익 환수에 관한 법률」(이하 "법"이라 한다) 제2조 제3호에 따른 정상지가상승분은 부과기간 중 각 연도의 정상지가상승분을 합하여 산정하며, 각 연도의 정상지가상승분은 해당 연도 1월 1일 현재의 지가에 해당 연도의 정상지가변동률을 곱하여 산정한다.

② 부과기간이 1년 이내인 경우(연도 중에 부과 개시 시점 또는 부과 종료 시점이 속한 경우를 포함한다)에는 월별 정상지가상승분(각 월의 정상지가상승분은 해당 월 1일 현재의 지가에 그 월의 정상지가변동률을 곱하여 산정한다)을 합하여 산정한 금액을 그 부과기간 중의 정상지가상승분으로 하되, 월 중 일부 기간의 정상지가상승분은 그 월의 정상지가상승분을 일 단위로 나누어 산정한 금액으로 한다.

③ 제1항에 따른 부과기간 중 제2차 연도 이후의 각 연도 1월 1일 현재의 지가는 부과 개시 시점 또는 전년도 1월 1일 현재의 지가에 전년도 부과기간 중의 정상지가상승분을 합한 금액으로 한다.

④ 제1항의 정상지가변동률은 「부동산 거래신고 등에 관한 법률」 제19조에 따라 국토교통부장관이 조사한 연도별 또는 월별 평균지가변동률(해당 개발사업 대상토지가 속하는 시·군 또는 자치구의 평균지가변동률을 말한다. 이하 같다)로 한다. 다만, 제12조 제1항 제5호 가목 또는 법 제8조 제2호에 따른 정상지가상승분을 산정하는 경우에는 연도별 평균지가변동률(부과기간이 1년 미만인 경우와 연도 중에 부과 개시 시점 또는 부과 종료 시점이 속한 경우에는 해당 연도 내에 속하는 부과기간의 평균지가변동률을 말한다)과 같은 기간의 정기예금 이자율 중 높은 비율로 한다.

⑤ 제4항 단서에 따른 정기예금 이자율은 시중은행의 1년 만기 정기예금 평균 수신금리를 고려하여 국토교통부장관이 매년 결정·고시하는 이자율로 한다.

정상지가상승분은 부가 개시시점 또는 종료시점에 속한 기간 내의 **평균지가변동률**과 시중은행의 1년 만기 **정기예금이자율** 중 높은 비율로 한다.

6. 개발비용

7. 부담률

제6절 투자수익률 조사

1 개설

부동산 투자에 있어 투자자는 투자자본에 회수 즉, 투자 기간 말 부동산 매각차익에 따른 이익과 투자자산 운영에 따른 매기 운용이익을 고려하여 해당 투자안에 대한 의사를 결정한다. 따라서, 투자수익률은 기간 말 매각차익에 따른 자본수익률과 매가 운용에 따른 소득수익률로 구성된다.

이에 국토교통부(조사자: 한국부동산원)에서는 전국의 오피스·상가의 자산 가치 산정 및 임대정보 조사를 통해 전국·시도·하위상권·부동산 유형별로 분류하여 분기별 '상업용부동산 임대동향조사'를 조사·공표하고 있다.

2 투자수익률 산정 절차

순영업소득
유효조소득 - 운영경비

기초자산가치
감정평가

기초자산가치
감정평가

기말자산가치
감정평가

소득수익률(환원율)
순영업소득 ÷ 기초자산가치

자본수익률(시점수정)
(기말 - 기초) ÷ 기초자산가치

투자수익률(할인율)
소득수익률 + 자본수익률

3 수익률의 개념

1. 소득수익률

소득수익률이란 해당 기간 발생한 순영업소득을 기초자산가치로 나눈 것으로 수익방식에서 (자본)환원율의 개념으로 활용된다.

소득수익률 = 순영업소득 ÷ 기초자산가치

2. 자본수익률

자본수익률이란 해당 기간 부동산 자산가치의 증감으로 인한 수익률로 토지가격의 증감과 건물가격의 증감을 고려하여 기초자산가치로 나눈 것으로 투자부동산의 투자 기간 말 매각 차익에 따른 수익률을 의미한다. 자본수익률은 시점수정 시 활용된다.

자본수익률 = (기말자산가치 - 기초자산가치) ÷ 기초자산가치

3. 투자수익률

투자수익률이란 해당 기간 투하된 자본에 대한 전체수익률로서 임대료 등 빌딩 운영에 따른 소득수익률과 부동산가격 증감에 의한 자본수익률을 합산한 것을 말한다. 투자관점에서 대상 부동산 투자안에서 획득할 수 있는 모든 수익률의 합을 의미하며 투자 기간을 1년으로 전제하여 산정한다. 수익방식에서의 (종합)수익률 및 할인율로 활용되며, 투자타당성 검토 시 벤치마크 투자수익률로 제시되기도 한다.

투자수익률 = 소득수익률 + 자본수익률

4 구체적인 산정방법

1. 순영업소득

순영업소득 = 유효조소득 - 운영경비 = (임대수입 + 기타수입) - 운영경비

임대수입 = 총 월세수입 + *총 보증금운영수입 + **총 실비 + 총 관리비

* 보증금 운용이율은 통상 CD금리(91일물) 적용
** 임차인이 임대인에게 납부하지 않고 직접 처리하는 실비는 포함하지 않음

2. 총 월세 수입

조사 당시 임대차계약이 체결된 경우에는 지불(계약)임대료, 임대차계약이 체결되지 아니한 경우에는 시장임대료를 적용하여 총 월세 수입을 산정한다.

3. 운영경비

운영경비는 청소비용, 시설유지비용, 수도광열비용, 주차관리비용, 제세공과금, 보안경비, 조경관리비용, 임대 관련비용, 일반관리비용 등으로 구성되며, 조사 지역 내 시장 영업경비비율을 적용한다.

4. 자산가치

기초 및 기말 자산가치는 3방식 중 적정한 감정평가방법을 적용하여 산정한다.

5. 임대료

임차인이 일정공간을 점유하기 위해 지불하는 총 비용의 추정목적으로 하며, 시장임대료를 이용하여 산정한다.

> 임대료 = 환산임대료 ÷ 임대가능면적

환산임대료는 임차인이 지불하는 보증금과 월세액을 전환율을 이용하여 '완전월세액'으로 환산한 후 해당 층 임대가능면적의 총합으로 나누어 임대료를 산정한다. 상기 임대수입 산식상 보증금운영수입과 괴리가 있어 보이나 이는 무보증부 월세의 경우 적용하며, 임대가격지수 산정에 있어 활용되는 자료임에 유의한다.

5 통계적용시 유의사항

2002년 최초 임대사례조사는 연간사업이었으나 2012년 이후 한국감정평가사협회에서 現)한국부동산원으로 수행 주체를 이관하면서 분기별로 수익률을 조사 · 공표하고 있다. 따라서, 감정평가와 관련하여 각 방식 적용 시 연간 수익률로 환산하여 활용하여야 한다.

제11장 목적별 감정평가 예상문제

[문제 1]

아래와 같은 부동산에 대해 <자료 4>과 같이 감정평가 목적별 감정평가액을 산정하시오.

<자료 1> 대상부동산 기호 1

1. 소재지: 경기도 군포시 속달동 220번지
2. 토지: 창고용지, 270㎡, 자연녹지지역, 중로3류(폭 12m ~ 15m)접함, 부정형, 평지
3. 건물: 조적조 기와지붕, 단층, 주택, 87㎡, 사용승인일 1988.4.5.
4. 실지조사 사항

   본건 공부상 상기와 같은 건물이 등재되어 있으나, 현장조사 당시 본건 토지 지상에는 "블럭조 경량철골지붕, 1층, 창고, 180㎡, 신축년도 2015년 초"의 건축물이 소재하고 있음

<자료 2> 대상부동산 기호 2

1. 소재지: 서울시 금천구 시흥동 1001 - 225번지
2. 토지: 대, 124.7㎡, 제2종일반주거지역, 세로(가), 가장형, 평지
3. 건물: 철근콘크리트조 슬라브지붕, 2층, 주택, 130.5㎡, 사용승인일 2003.7.16.
4. 실지조사 사항

   현장조사 당시 아래의 지적개황도와 같이 본건 토지 지상에는 "벽돌조 슬라브지붕, 1층, 창고 5㎡, 신축년도 2005년 초"의 제시외건물 ㉠이 소재하고 있음

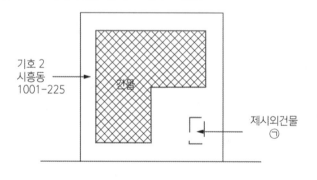

<자료 3> 기타사항

1. 기준시점: 2025년 7월 1일
2. 각 토지 (나지 상정) 시장가치
   (1) 기호 1: 4,500,000원/㎡
   (2) 기호 2: 11,200,000원/㎡

3. 재조달원가 및 경제적 내용연수
    (1) 조적조(주택): 700,000원/㎡, 40년
    (2) 블록조(창고): 550,000원/㎡, 35년
    (3) 철근콘크리트조(주택): 1,000,000원/㎡, 50년
    (4) 벽돌조(창고): 300,000원/㎡, 30년
4. 지상에 소유자가 다른 건물이 있는 경우 토지에 미치는 불리한 정도는 30%임
5. 법원경매 평가명령서 일부 발췌
    제시외건물이 있는 경우 반드시 그 가액을 평가하고 제시외 건물이 경매의 대상에서 제외되어
    그 대지가 소유권 행사를 제한 받는 경우에는 그 가액도 평가한다
6. 담보평가 시 제시외건물로 인하여 토지의 사용·수익에 현저한 영향을 미치는 경우 또는 그 가치
    가 미미하여 경제적 가치를 부여하기 곤란한 제시외 건물의 경우에는 평가외 처리함

<자료 4>   각 평가목적

1. 담보평가
2. 경매평가

예시답안

Ⅰ. 평가개요

본건은 다음 부동산에 대한 담보 및 경매목적의 감정평가로, 기준시점은 2025년 7월 1일임

Ⅱ. 대상부동산 기호 1

1. 담보평가 시

대상토지 지상에 공부상 등재되어 있는 건물과 동일성이 부인되는 건물이 소재하며, 구조 및 신축년도·규모 등을
고려할 때 토지 사용·수익에 현저한 영향을 미칠 것으로 판단되므로 감정평가 의뢰를 반려함

2. 경매평가 시
  (1) 처리방침
    대상토지 지상에 공부상 등재되어 있는 건물과 동일성이 부인되는 건물이 소재하나 감정평가 목적 및 감정평가명령 등을 고려하여 토지는 이에 구애됨 없이 정상평가하되, 지상에 소유자가 다른 건물(제시외건물)이 있는 경우 토지에 미치는 불리한 정도를 감안한 토지 단가를 병기하였는바, 경매진행 시 참고하시기 바람
  (2) 토지
    ① 정상평가의 경우
      4,500,000원/㎡ × 270㎡ ≒ 1,215,000,000원
    ② 불리한 정도를 감안한 경우
      4,500,000원/㎡ × 0.7 × ≒ 3,150,000원/㎡
  (3) 건물(제시외)
    현황 제시외건물인 창고 기준함
    550,000원/㎡ × 25/35 ≒ 393,000원/㎡(× 180㎡ ≒ 70,740,000원)
  (4) 경매감정평가액: 1,285,740,000원

Ⅲ. 대상부동산 기호 2

1. 담보평가 시
  (1) 처리방침
    대상토지 지상에 소재하는 제시외건물은 감정평가 목적 및 제시외건물의 구조·규모·신축년도 등을 고려, 그 독립적인 재산적 가치가 미미하여 경제적 가치를 부여하기 곤란한 상태이므로 평가외 처리함
  (2) 토지
    11,200,000 × 124.7 ≒ 1,396,640,000원
  (3) 건물
    1,000,000 × 29/50 ≒ 580,000원(× 130.5㎡ ≒ 75,690,000원)
  (4) 담보평가액: 1,442,330,000원

2. 경매평가 시
  (1) 처리방침
    대상토지 지상에 소재하는 제시외건물은 감정평가 목적 및 제시건물의 구조·규모·신축년도 등을 고려하여 제시외 건물이 토지에 미치는 영향은 미미한 것으로 판단되어 토지는 이에 구애됨 없이 정상평가하였는바, 경매진행 시 참고하시기 바람
  (2) 토지
    11,200,000 × 124.7 ≒ 1,396,640,000원
  (3) 건물
    1,000,000 × 29/50 ≒ 580,000원/㎡(× 130.5㎡ ≒ 75,690,000원)
  (4) 제시외 건물(주건물 경제적 잔존내용연수 고려)
    300,000 × 10/30 ≒ 100,000원/㎡(× 5㎡ ≒ 500,000원)
  (5) 담보평가액: 1,472,830,000원

[문제 2] H감정평가 법인은 아래와 같은 토지에 대한 공유재산 매각 감정평가를 의뢰받았다. 제시된 자료를 활용하여 감정평가액을 결정하시오.

<자료 1> 대상토지 개요

1. 소재지: 경기도 부천시 원미구 춘의동 1 - 2번지
2. 토지: 도로, 10㎡, 제2종일반주거지역
3. 지적개황도

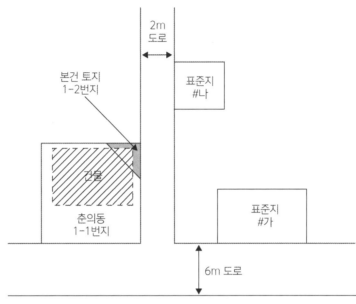

4. 현장 실지조사 내역

본건 토지는 부천시 소유 토지로서, 기존 도로 부지로 사용하다 알 수 없는 시기부터 인접지인 "춘의동 1 - 1번지" 지상 건물(주거용)의 일부 건부지로 이용 중임. 이에 부천시는 본건 토지를 인접인 "춘의동 1 - 1번지" 소유자인 甲에게 수의계약 형식으로 매각하기 위하여 감정평가를 의뢰함

<자료 2> 공시지가기준액 산정 자료

1. 기준시점 현재 표준지공시지가(원/㎡, 적정시세 반영)
   (1) #가: 5,000,000원/㎡(대, 주거용)
   (2) #나: 4,000,000원/㎡(대, 주거용)
2. 대상 및 표준지 개별요인 비교치

구분	본건 토지 형상	
	정방형	삼각형
#가	1.000	0.700
#나	1.000	0.750

3. 기여도
   (1) 정방형 기준 기여도 비교치: 0.800
   (2) 삼각형 기준 기여도 비교치: 1.100

Ⅰ. 평가개요

본건은 토지에 대한 공유재산 매각목적을 위한 감정평가로, 기준시점은 현재임

Ⅱ. 토지 감정평가액 산정

1. 처리방침

본건은 지목 "도로"이나, 공유재산 매각 목적 등을 고려하여 용도폐지 전제하되, 인근지역의 표준적 이용상황인 "주거용"을 기준함. 대상토지는 인접지 지상 건물의 건부지로 이용중인바, 용도상불가분 관계로 "춘의동 1 - 1번지"와 일단지를 이루고 있음. 따라서, 세로(가), 정방형, 평지 기준하여 평가하되, "기여도"를 고려함

2. 표준지 선정

상기와 같이 일단지 고려 동일 노선상의 표준지 <#가>를 선정함

3. 공시지가기준액

5,000,000원/㎡ × 1.00 × 1.00000 × 1.000 × 0.800 × 1.00 ≒ 4,000,000원/㎡(× 10㎡ ≒ 40,000,000원)

[문제 3]

감정평가사 李씨는 다음과 같이 부동산에 대해 목적별 감정평가를 의뢰받았다. 주어진 자료를 활용하여 동일 부동산에 대한 평가목적별 감정평가가액을 결정하시오.

(물음 1) 대상부동산의 담보감정평가액

(물음 2) 대상부동산의 경매감정평가액

(물음 3) 대상부동산이 국유재산 중 잡종재산일 경우 처분목적의 감정평가액

<자료 1> 대상부동산의 기본자료

1. 소재지: A시 B구 C동 108번지
2. 형상 및 지세: 가장형, 평지
3. 도시관리계획사항: 제2종일반주거지역, 중로한면, 도시계획도로 저촉, 문화재보호구역
4. 해당 건축물의 사용승인일은 1998.6.30.이며 건물과 토지는 최유효이용의 상태에 있는 것으로 조사되었음
5. 건물의 물리적 내용연수는 50년이며, 경제적 내용연수는 45년으로 판단되었음
6. 대상부동산은 전체가 도시계획도로 및 문화재보호구역에 저촉된 상태임
7. 해당 구청으로부터 발급받은 지적도상 축척은 1:1,200임
8. 기준시점은 2025.7.12.임

<자료 2> 사전조사 내용

1. 토지 관련 자료

구분	소재지	지목	면적
대장	A시 B구 C동 108번지	대	532㎡
등기사항전부증명서	A시 B구 C동 108번지	답	150평

2. 건물 관련 자료

구분	일반건축물대장등본	건물등기부등본
소재지	A시 B구 C동 108번지	A시 B구 C동 108번지
구조	철근콘크리트조 슬래브지붕 지하 1층 지상 5층	철근콘크리트조 슬래브지붕 지하 1층 지상 5층
지하 1층	(주차장) 250㎡	(주차장) 250㎡
1~4층	(근린생활시설) 각 230㎡	(근린생활시설) 각 230㎡
5층	(단독주택) 210㎡	(단독주택) 180㎡

3. 인근지역 표준지공시지가(공시기준일: 2025.1.1)

일련번호	소재지	면적(㎡)	지목	이용상황	용도지역	주위환경	도로교통	형상지세	공시지가(원/㎡)
1	A시 B구 C동 107	550	대	주상용	제2종일반주거	주택 및 상가지대	중로한면	가장형 평지	12,500,000

※ 표준지의 도시계획도로 저촉률은 20%임

4. 지가변동률<A시 B구>(단위: %)

구분	주거지역	상업지역	대		기타
			주거용	상업용	
2025년 1월	0.512	0.312	0.511	0.552	0.312
2025년 2월	0.235	0.326	0.221	0.331	0.156
2025년 3월	0.901	0.791	0.701	0.101	0.595
2025년 4월	0.623	0.328	0.531	0.715	0.201
2025년 5월	0.225	0.251	0.282	0.312	0.212
2025년 6월	0.237	0.254	0.297	0.323	0.232
2025년 7월	-	-	-	-	-

<자료 3>　실지조사 내용

1. 실지조사결과 대상토지 중 약 50㎡는 현황도로(소유자가 스스로 자기토지의 편익 증진을 위해 개설하였으나 개설 이후 도시계획시설(도로)결정이 이루어졌음)이며, 약 30㎡는 타인이 점유하고 있는 것으로 조사되었고, 일반적으로 도시계획도로에 저촉된 부동산은 인근지역의 표준적인 가격에 비하여 30% 정도 감가되어 거래되는 것으로 조사되었음

2. 평가사례(일반거래)
   (1) 토지: A시 B구 C동 136번지 대 550㎡
   (2) 가격시점: 2025.6.1
   (3) 평가단가: 15,000,000원/㎡
   (4) 토지특성: 제2종일반주거지역, 주상용, 중로한면, 가장형, 평지
   (5) 기타사항
      공법상 제한을 제외한 표준지 대비 평가사례와의 개별요인 격차율은 1.05임

3. 건설사례
   인근지역에서 대상건물 및 표준지 지상 건물과 구조·시공자재·시공정도 등 제반 건축조건이 유사한 주상복합용 건물의 건설사례를 조사한 결과 가격시점 현재의 표준적인 건축비용은 ㎡당 1,000,000원으로 조사되었음

4. 제시외건물에 관한 사항
   (1) 대상토지에 소재하는 제시외 건물은 일반건축물대장에 미등재된 상태로서. 종물에 해당되는 것으로 판단되며, 대상부동산 소유자의 것으로 조사되었음
   (2) 구조·용도·면적: 시멘트벽돌조 슬래브지붕 단층, 화장실 및 창고, 30㎡
   (3) 신축시점: 구두조사 결과 1998.7.1에 신축된 것으로 보임
   (4) 기준시점 현재 건축비: 500,000원/㎡
   (5) 제시외건물의 물리적 내용연수는 45년이며, 경제적 내용연수는 40년으로 판단되었음

<자료 4>　지역 및 개별요인 등

1. 본건 토지는 표준지 대비 현황도로 및 타인점유로 인한 영향을 제외한 개별요인은 10% 열세하며, 동일 구에 소재하는 경우 지역요인 격차는 없는 것으로 조사됨
2. 담보 감정평가서 제출처인 금융기관 사이에 체결한 협약서에는 현황도로 및 타인점유부분은 평가대상면적에서 제외하도록 규정되어 있음

3. 문화재보호구역 가치하락률

저촉정도	0 ~ 20%	21 ~ 40%	41 ~ 60%	61 ~ 80%	81 ~ 100%
감가율	3%	5%	7%	9%	10%

4. 대상토지 중 타인점유부분은 노후 건물이 소재하여 점유강도가 다소 약한 것으로 판단되며, 이에 따른 가치하락률은 5% 정도인 것으로 판단되었음

5. 대상부동산이 국유재산 중 잡종재산일 경우 지상에 소재하는 제시외건물의 매각 여부는 국유재산법에 따라 매각대상에 포함함

6. 대상부동산을 국유재산의 처분목적으로 감정평가하는 경우 타인점유부분은 건물 철거 후 나지상태로 처분하는 것을 전제로 하고, 도로부분은 분할 후 매각대상에서 제외하는 것으로 할 것

7. 국유재산을 처분목적으로 감정평가할 경우 A시 B구청장이 해당 도시관리계획으로 정하여진 목적 이외의 목적으로 처분한다는 취지와 조건을 제시하였음

<자료 5> 기타 사항

1. 그 밖의 요인 보정치는 감정평가목적에 구애됨 없이 전체 평가목적에 적용할 것
2. 건물의 감가수정은 정액법을 적용함

Ⅰ. 평가개요

본건은 복합부동산에 대한 담보·경매·매각목적의 감정평가로 기준시점은 2025년 7월 12일임

Ⅱ. 물음 1, 담보평가

1. 처리방침

① 본건 부동산의 물적특성은 토지대장 및 일반건축물대장을 기준함(이하 동일). ② 문화재보호구역 및 도시계획시설도로 저촉은 「감칙」 제6조 제1항 의거 제한받는 상태를 기준하되 ③ 현황도로 및 타인점유부분, 제시외건물은 담보목적 및 담보협약 등을 고려하여 평가외 처리함

2. 토지 「감칙」 제14조 제1항

(1) 표준지 선정

2종일주, 주상용 기준 표준지는 적정한 것으로 판단됨

(2) 시점수정

2025.1.1. ~ 2025.7.12. B구 주거지역 지가변동률

$1.00512 \times 1.00235 \times 1.00901 \times 1.00623 \times 1.00225 \times 1.00237 \times (1 + 0.00237 \times 21/30)$
≒ 1.02933

(3) 개별요인

전체 도시계획시설도로 및 문화재보호구역 저촉으로 이중감가 배제를 위해 감가율이 큰 도시계획시설도로 30% 감가율을 적용함

$$\frac{0.7}{0.8 + 0.2 \times 0.7} \times 0.9 ≒ 0.670$$

(4) 그 밖의 요인 보정

① 사례 적부

2종일주, 주상용 기준 평가사례는 적정한 것으로 판단됨

② 격차율 산정

$$\frac{15,000,000 \times {}^*1.00403 \times 1.000 \times 1.05 \times \dfrac{0.8 + 0.2 \times 0.7}{1}}{12,500,000 \times 1.02933} ≒ 1.155$$

* 2025.6.1. ~ 2025.7.12.
  $1.00237 \times (1 + 0.00237 \times 21/30)$

③ 결정

상기와 같이 산정된바, <1.15>로 결정함

(5) 공시지가기준액

$12,500,000 \times 1.02933 \times 1.000 \times 0.670 \times 1.15 ≒ 9,910,000$원/㎡(× *452㎡ ≒ 4,479,320,000원)

* 532㎡ - 50㎡ - 30㎡

3. 건물 「감칙」 제15조 제1항

정액법, 경제적 내용연수, 잔가율 0, 도시계획시설도로에 저촉 적용함

$1,000,000 \times 0.7 \times \dfrac{45 - 27}{45} ≒ 280,000$원/㎡(× *1,380㎡ ≒ 386,400,000원)

* 250㎡ + 230㎡ × 4 + 210㎡

4. 담보평가액

토지 + 건물 ≒ 4,865,720,000원

III. 물음 2. 경매평가

1. 처리방침

① 문화재보호구역 및 도시계획시설도로 저촉은 「감칙」 제6조 제1항 의거 제한받는 상태를 기준하되 ② 현황도로부분은 사실상사도로 판단되므로 「토지보상법 시행규칙」 제26조 제2항 의거 인근 토지의 3분의 1 이내로 평가하며 ③ 타인점유부분은 건물이 토지에 미치는 영향을 고려하여 감가평가함. ④ 제시외건물은 동일 소유자의 종물로 주물 처분에 따르므로 평가대상에 포함함

2. 토지

(1) 대지 부분

9,910,000 × 452㎡ ≒ 4,479,320,000원

(2) 사실상 사도 부분

9,910,000 × 1/3 ≒ 3,300,000원/㎡(× 50㎡ ≒ 165,000,000원)

(3) 타인점유부분

9,910,000 × 0.95 ≒ 9,410,000원/㎡(× 30㎡ ≒ 282,300,000원)

(4) 소계: 4,926,620,000원

3. 건물: 386,400,000원

4. 제시외건물

$$500,000 \times 0.7 \times \frac{40 - 27}{40} ≒ 114,000원/㎡(× 30㎡ ≒ 3,420,000원)$$

5. 경매평가액

토지 + 건물 + 제시외건물 ≒ 5,316,440,000원

IV. 물음 3. 국유자산 매각

1. 처리방침

① 「국유재산법」 의거 도시계획시설도로는 용도폐지를 전제하므로 저촉받지 아니한 상태를 기준하되 ② 문화재보호구역은 일반적제한으로 제한받는 상태를 기준함. ③ 현황 도로부분은 분할대상으로 평가제외하며, ④ 매각평가시 나지상정기준인바 타인점유부분은 미고려하며 ⑤ 제시외건물은 동일 소유자의 종물로 평가대상임

2. 토지

12.500,000 × 1.02933 × 1.000 × *0.862 × 1.15 ≒ 12,800,000원/㎡(× 482㎡ ≒ 6,169,600,000원)

* 개별요인

$$\frac{1}{0.8 + 0.2 \times 0.7} \times 0.9 \times 0.9$$

3. 건물

$$1,000,000 \times \frac{45 - 27}{45} ≒ 400,000원/㎡(× 1,380㎡ ≒ 552,000,000원)$$

4. 제시외 건물

$$500,000 \times \frac{40 - 27}{40} ≒ 163,000원/㎡(× 30㎡ ≒ 4,890,000원)$$

5. 매각평가액

토지 + 건물 + 제시외건물 ≒ 6,726,490,000원

제 12 장

「도시 및 주거환경 정비법」 감정평가

제12장 「도시 및 주거환경정비법」 감정평가

제1절 개설

1 목적

도시기능의 회복이 필요하거나 주거환경이 불량한 지역을 계획적으로 정비하고 노후·불량건축물을 효율적으로 개량하기 위하여 필요한 사항을 규정함으로써 도시환경을 개선하고 주거생활의 질을 높이는 데 이바지함을 목적으로 한다.

2 용어의 정리

「도시 및 주거환경정비법」 제2조(정의)

1. "정비구역"이란 정비사업을 계획적으로 시행하기 위하여 제16조에 따라 지정·고시된 구역을 말한다.
2. "정비사업"이란 이 법에서 정한 절차에 따라 도시기능을 회복하기 위하여 정비구역에서 정비기반시설을 정비하거나 주택 등 건축물을 개량 또는 건설하는 다음 각 목의 사업을 말한다.
   가. **주거환경개선사업**: 도시저소득 주민이 집단거주하는 지역으로서 정비기반시설이 극히 열악하고 노후·불량건축물이 과도하게 밀집한 지역의 주거환경을 개선하거나 단독주택 및 다세대주택이 밀집한 지역에서 정비기반시설과 공동이용시설 확충을 통하여 주거환경을 보전·정비·개량하기 위한 사업
   나. **재개발사업**: 정비기반시설이 열악하고 노후·불량건축물이 밀집한 지역에서 주거환경을 개선하거나 상업지역·공업지역 등에서 도시기능의 회복 및 상권활성화 등을 위하여 도시환경을 개선하기 위한 사업. 이 경우 다음 요건을 모두 갖추어 시행하는 재개발사업을 **"공공재개발사업"**이라 한다.
      1) **특별자치시장, 특별자치도지사, 시장, 군수, 자치구의 구청장**(이하 "시장·군수등"이라 한다) 또는 제10호에 따른 **토지주택공사등**(조합과 공동으로 시행하는 경우를 포함한다)이 제24조에 따른 주거환경개선사업의 시행자, 제25조 제1항 또는 제26조 제1항에 따른 재개발사업의 **시행자**나 제28조에 따른 재개발사업의 **대행자**(이하 "공공재개발사업 시행자"라 한다)일 것
      2) 건설·공급되는 주택의 전체 세대수 또는 전체 연면적 중 토지등소유자 대상 분양분(제80조에 따른 지분형주택은 제외한다)을 제외한 나머지 주택의 세대수 또는 연면적의 100분의 20 이상 100분의 50 이하의 범위에서 대통령령으로 정하는 기준에 따라 특별시·광역시·특별자치시·도·특별자치도 또는 「지방자치법」 제198조에 따른 서울특별시·광역시 및 특별자치시를 제외한 인구 50만 이상 대도시(이하 "대도시"라 한다)의 조례(이하 "시·도조례"라 한다)로 정하는 비율 이상을 제80조에 따른 지분형주택, 「공공주택 특별법」에 따른 **공공임대주택**(이하 "공공임대주택"이라 한다) 또는 「민간임대주택에 관한 특별법」 제2조 제4호에 따른 **공공지원민간임대주택**(이하 "공공지원민간임대주택"이라 한다)으로 **건설·공급할 것**. 이 경우 주택 수 산정방법 및 주택 유형별 건설비율은 대통령령으로 정한다.

다. **재건축사업**: 정비기반시설은 양호하나 노후·불량건축물에 해당하는 공동주택이 밀집한 지역에서 주거환경을 개선하기 위한 사업. 이 경우 다음 요건을 모두 갖추어 시행하는 재건축사업을 "공공재건축사업"이라 한다.

1) **시장·군수등 또는 토지주택공사등**(조합과 공동으로 시행하는 경우를 포함한다)이 제25조 제2항 또는 제26조 제1항에 따른 재건축사업의 **시행자**나 제28조 제1항에 따른 재건축사업의 **대행자**(이하 "공공재건축사업 시행자"라 한다)일 것

2) 종전의 용적률, 토지면적, 기반시설 현황 등을 고려하여 대통령령으로 정하는 **세대수 이상을 건설·공급할 것**. 다만, 제8조 제1항에 따른 정비구역의 지정권자가 「국토의 계획 및 이용에 관한 법률」 제18조에 따른 도시·군기본계획, 토지이용 현황 등 대통령령으로 정하는 불가피한 사유로 해당하는 세대수를 충족할 수 없다고 인정하는 경우에는 그러하지 아니하다.

3. **"노후·불량건축물"**이란 다음 각 목의 어느 하나에 해당하는 건축물을 말한다.

가. 건축물이 훼손되거나 일부가 멸실되어 붕괴, 그 밖의 안전사고의 우려가 있는 건축물

나. 내진성능이 확보되지 아니한 건축물 중 중대한 기능적 결함 또는 부실 설계·시공으로 구조적 결함 등이 있는 건축물로서 대통령령으로 정하는 건축물

다. 다음의 요건을 모두 충족하는 건축물로서 대통령령으로 정하는 바에 따라 시·도조례로 정하는 건축물

1) 주변 토지의 이용 상황 등에 비추어 주거환경이 불량한 곳에 위치할 것

2) 건축물을 철거하고 새로운 건축물을 건설하는 경우 건설에 드는 비용과 비교하여 효용의 현저한 증가가 예상될 것

라. 도시미관을 저해하거나 노후화된 건축물로서 대통령령으로 정하는 바에 따라 시·도조례로 정하는 건축물

4. **"정비기반시설"**이란 도로·상하수도·구거(溝渠: 도랑)·공원·공용주차장·공동구(「국토의 계획 및 이용에 관한 법률」 제2조 제9호에 따른 공동구를 말한다. 이하 같다), 그 밖에 주민의 생활에 필요한 열·가스 등의 공급시설로서 대통령령으로 정하는 시설을 말한다.

5. **"공동이용시설"**이란 주민이 공동으로 사용하는 놀이터·마을회관·공동작업장, 그 밖에 대통령령으로 정하는 시설을 말한다.

6. **"대지"**란 정비사업으로 조성된 토지를 말한다.

7. **"주택단지"**란 주택 및 부대시설·복리시설을 건설하거나 대지로 조성되는 일단의 토지로서 다음 각 목의 어느 하나에 해당하는 일단의 토지를 말한다.

가. 「주택법」 제15조에 따른 사업계획승인을 받아 주택 및 부대시설·복리시설을 건설한 일단의 토지

나. 가목에 따른 일단의 토지 중 「국토의 계획 및 이용에 관한 법률」 제2조 제7호에 따른 도시·군계획시설(이하 "도시·군계획시설"이라 한다)인 도로나 그 밖에 이와 유사한 시설로 분리되어 따로 관리되고 있는 각각의 토지

다. 가목에 따른 일단의 토지 둘 이상이 공동으로 관리되고 있는 경우 그 전체 토지

라. 제67조에 따라 분할된 토지 또는 분할되어 나가는 토지

마. 「건축법」 제11조에 따라 건축허가를 받아 아파트 또는 연립주택을 건설한 일단의 토지

8. **"사업시행자"**란 정비사업을 시행하는 자를 말한다.

9. **"토지등소유자"**란 다음 각 목의 어느 하나에 해당하는 자를 말한다. 다만, 제27조 제1항에 따라 「자본시장과 금융투자업에 관한 법률」 제8조 제7항에 따른 신탁업자(이하 "신탁업자"라 한다)가 사업시행자로 지정된 경우 토지등소유자가 정비사업을 목적으로 신탁업자에게 신탁한 토지 또는 건축물에 대하여는 위탁자를 토지등소유자로 본다.

가. 주거환경개선사업 및 재개발사업의 경우에는 정비구역에 위치한 **토지 또는 건축물의 소유자** 또는 그 지상권자

나. 재건축사업의 경우에는 정비구역에 위치한 **건축물 및 그 부속토지의 소유자**

최근 개정된 「도시정비법」에서는 "공공재개발사업" 및 "공공재건축사업"으로 재개발 및 재건축사업의 명칭을 구분하면서 주체 등에 대한 요건을 추가하였다.

> **핵심체크 | 용적률**
>
> **「서울특별시 도시계획 조례 시행규칙」 제2조(정의)**
>
> 1. **"기준용적률"**이란 지구단위계획구역에서 「서울특별시 도시계획 **조례**」(이하 "조례"라 한다) 제48조, 제49조 제3항, 제50조, 제51조 제2항 제2호의 용적률의 범위에서 블록별, 필지별로 **별도로 정한 용적률**을 말한다.
> 2. **"허용용적률"**이란 지구단위계획을 통하여 정해지는 용적률로서 해당 지구단위계획에서 정한 사항을 **이행하는 경우 제공되는 용적률과 기준용적률을 합산한 용적률**을 말한다.
> 3. **"상한용적률"**이란 「국토의 계획 및 이용에 관한 법률」(이하 "법"이라 한다) 또는 「건축법」등 다른 법률에 따른 용적률 완화 규정을 적용하여 추가로 부여되는 용적률을 **기준용적률 또는 허용용적률과 합산한 용적률의 범위에서 별도로 정한 용적률**을 말한다.
> 4. **"공공시설등"**이란 법 제52조의2 제1항 각 호의 시설을 말한다.

> **핵심체크 | 「국토계획법」 제78조(용도지역에서의 용적률) ⇨ 법적상한용적률**
>
> ① 제36조에 따라 지정된 용도지역에서 용적률의 최대한도는 관할 구역의 면적과 인구 규모, 용도지역의 특성 등을 고려하여 다음 각 호의 범위에서 대통령령으로 정하는 기준에 따라 특별시·광역시·특별자치시·특별자치도·시 또는 군의 조례로 정한다.

3 정비사업의 종류

1. 「도시정비법」상 사업의 종류

구분	정비기반시설	노후·불량 건축물
주거환경개선사업	극히 열악	과도 밀집
재개발사업	열악	밀집
재건축사업	양호	밀집

2. 2017.2.8. 「도시정비법」 전부 개정법률 시행 전·후 사업의 종류

개정 전	개정 후
주거환경개선사업	주거환경개선사업
	주거환경정비사업
주택재개발사업	재개발사업 「도시정비법」
	소규모재개발사업 「빈집 및 소규모주택 정비에 관한 특례법」
	도시환경정비사업
주택재건축사업	재건축사업 「도시정비법」
	소규모재건축사업 「빈집 및 소규모주택 정비에 관한 특례법」
	자율주택정비사업 「빈집 및 소규모주택 정비에 관한 특례법」
가로주택정비사업	가로주택정비사업 「빈집 및 소규모주택 정비에 관한 특례법」

3. 「도시정비법」을 준용하는 사업 [시장정비사업, 소규모주택정비사업]

(1) 시장정비사업(절차 준용인지 수용에 관한 규정 준용인지 법제처와 중앙토지수용위원회의 견해 대립)

> **「전통시장 및 상점가 육성을 위한 특별법」 제4조(다른 법률과의 관계)**
> ① 시장정비사업과 관련하여 이 법에서 정하지 아니한 사항은 「도시 및 주거환경정비법」 중 재개발사업에 관한 규정(같은 법 제63조 및 제65조를 포함한다)을 준용하고, 그 밖의 사항에 관하여는 같은 법 및 「집합건물의 소유 및 관리에 관한 법률」의 관련 규정을 각각 준용한다.
> ② 지방자치단체는 시장정비사업과 관련하여 이 법, 「도시 및 주거환경정비법」, 「주택법」, 「건축법」 및 「집합건물의 소유 및 관리에 관한 법률」에서 규정한 범위에서 시행에 필요한 사항을 조례로 정할 수 있다.

(2) 소규모주택정비사업

> **「빈집 및 소규모주택 정비에 관한 특례법」 제56조(도시정비법의 준용)**
> ① 토지등소유자의 동의방법 등에 관하여는 「도시 및 주거환경정비법」 ~중략~ 준용한다. 이 경우 "재개발사업"은 "자율주택정비사업, 가로주택정비사업 또는 소규모재개발사업"으로, "재건축사업"은 "소규모재건축사업"으로 본다.
> ② 다음 각 호의 경우에는 「도시 및 주거환경정비법」을 준용하되, 소규모주택정비사업의 규모 및 특성 등을 고려하여 특별히 규정하여야 할 사항은 대통령령으로 다르게 정할 수 있다.
>   1. 재산 또는 권리 평가 등에 관하여는 같은 법 제74조를 준용한다. 이 경우 "재건축사업"은 "소규모주택정비사업"으로, "조합총회"는 "조합총회, 주민합의체 회의, 주민대표회의 또는 토지등소유자 전체회의"로 본다.
>   2. 국유·공유재산의 처분 등에 관하여는 같은 법 제98조를 준용한다. 이 경우 "제50조 및 제52조에 따라 인가하려는 사업시행계획 또는 직접 작성하는 사업시행계획서"는 "제29조 및 제30조에 따라 인가하려는 사업시행계획서 또는 직접 작성하는 사업시행계획서"로, "정비구역"은 "사업시행구역"으로 본다.
> ③ 소규모주택정비사업에서의 지분형주택 등의 공급에 관하여는 「도시 및 주거환경정비법」 제80조를 준용한다.

4 정비사업의 시행방법

> **「도시 및 주거환경정비법」 제23조(정비사업의 시행방법)**
> ① **주거환경개선사업**은 다음 각 호의 어느 하나에 해당하는 방법 또는 이를 혼용하는 방법으로 한다.
>   1. 제24조에 따른 사업시행자가 정비구역에서 정비기반시설 및 공동이용시설을 새로 설치하거나 확대하고 토지등소유자가 스스로 주택을 보전·**정비하거나 개량**하는 방법
>   2. 제24조에 따른 사업시행자가 제63조에 따라 정비구역의 전부 또는 일부를 **수용**하여 주택을 건설한 후 토지등소유자에게 우선 공급하거나 대지를 토지등소유자 또는 토지등소유자 외의 자에게 공급하는 방법
>   3. 제24조에 따른 사업시행자가 제69조 제2항에 따라 **환지**로 공급하는 방법
>   4. 제24조에 따른 사업시행자가 정비구역에서 제74조에 따라 인가받은 관리처분계획에 따라 주택 및 부대시설·복리시설을 **건설하여 공급**하는 방법
> ② **재개발사업**은 정비구역에서 제74조에 따라 인가받은 관리처분계획에 따라 건축물을 **건설하여 공급**하거나 제69조 제2항에 따라 **환지**로 공급하는 방법으로 한다.
> ③ **재건축사업**은 정비구역에서 제74조에 따라 인가받은 관리처분계획에 따라 건축물을 건설하여 공급하는 방법으로 한다. 다만, 주택단지에 있지 아니하는 건축물의 경우에는 지형여건·주변의 환경으로 보아 사업 시행상 불가피한 경우로서 정비구역으로 보는 사업에 한정한다.

④ 제3항에 따라 건축물을 건설하여 공급하는 경우 주택, 부대시설 및 복리시설을 제외한 건축물(이하 이 항에서 "공동주택 외 건축물"이라 한다)은 「국토의 계획 및 이용에 관한 법률」에 따른 준주거지역 및 상업지역에서만 건설할 수 있다. 이 경우 공동주택 외 건축물의 연면적은 전체 건축물 연면적의 100분의 30 이하이어야 한다.

종래에는 재건축사업의 경우 '주택, 부대시설 · 복리시설 및 오피스텔'만을 규정하였으나, 2025년 6월 4일 개정 시행 이후 '건축물'로 변경하여 재건축사업 추진 과정에서 주민 선호 등을 고려하여 건축물의 용도를 결정할 수 있도록 하였다.

5 정비사업의 절차

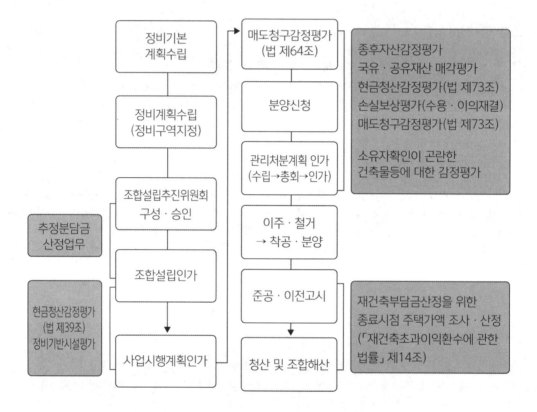

❶ 토지 등의 사용 또는 수용 및 「토지보상법」 준용

「도시 및 주거환경정비법」 제63조(토지 등의 수용 또는 사용)

사업시행자는 정비구역에서 정비사업(재건축사업의 경우에는 제26조 제1항 제1호 및 제27조 제1항 제1호에 해당하는 사업으로 한정한다)을 시행하기 위하여 「공익사업을 위한 토지 등의 취득 및 보상에 관한 법률」 제3조에 따른 **토지·물건 또는 그 밖의 권리를 취득하거나 사용할 수 있다.**

「도시 및 주거환경정비법」 제65조(「토지보상법」의 준용)

① 정비구역에서 정비사업의 시행을 위한 토지 또는 건축물의 소유권과 그 밖의 권리에 대한 수용 또는 사용은 이 법에 규정된 사항을 제외하고는 **「공익사업을 위한 토지 등의 취득 및 보상에 관한 법률」을 준용한다.** 다만, 정비사업의 시행에 따른 손실보상의 기준 및 절차는 대통령령으로 정할 수 있다.

② 제1항에 따라 「공익사업을 위한 토지 등의 취득 및 보상에 관한 법률」을 준용하는 경우 **사업시행계획인가 고시**(시장·군수등이 직접 정비사업을 시행하는 경우에는 제50조 제9항에 따른 사업시행계획서의 고시를 말한다. 이하 이 조에서 같다)가 있은 때에는 같은 법 제20조 제1항 및 제22조 제1항에 따른 **사업인정 및 그 고시**가 있은 것으로 본다.

③ 제1항에 따른 수용 또는 사용에 대한 **재결의 신청**은 「공익사업을 위한 토지 등의 취득 및 보상에 관한 법률」 제23조 및 같은 법 제28조 제1항에도 불구하고 사업시행계획인가(사업시행계획변경인가를 포함한다)를 할 때 정한 **사업시행기간 이내**에 하여야 한다.

④ 대지 또는 건축물을 현물보상하는 경우에는 「공익사업을 위한 토지 등의 취득 및 보상에 관한 법률」 제42조에도 불구하고 제83조에 따른 준공인가 이후에도 할 수 있다.

❷ 매도청구

「도시 및 주거환경정비법」 제64조(재건축사업에서의 매도청구)

① 재건축사업의 사업시행자는 사업시행계획인가의 고시가 있은 날부터 30일 이내에 다음 각 호의 자에게 조합설립 또는 사업시행자의 지정에 관한 동의 여부를 회답할 것을 서면으로 촉구하여야 한다.

    1. 제35조 제3항부터 제5항까지에 따른 **조합설립에 동의하지 아니한 자**

    2. 제26조 제1항 및 제27조 제1항에 따라 시장·군수등, 토지주택공사등 또는 신탁업자의 **사업시행자 지정에 동의하지 아니한 자**

제3절 종전자산 감정평가

1 조합원 자격

1. 재개발사업

(1) **원칙**: 토지 또는 건축물 소유자와 지상권자

(2) **예외**: 1989.1.24. 이전 (특정)무허가건축물 소유자 「지방자치단체 조례」로 인정

2. 재건축사업

토지 및 건축물 소유자

2 종전자산 감정평가 목적물

1. 원칙

> **감정평가실무기준 [730-2] 도시정비평가의 대상**
> 도시정비평가의 대상은 사업시행자 등이 감정평가를 <u>요청한 물건</u>으로 한다.

사업시행자가 작성·제시한 감정평가 목록 ⇨ 감정평가사가 임의로 변경할 수 없다.

2. 실무상 감정평가 목적물

(1) **토지, 건축물**

   1) 토지, 건축물

   공부상 토지, 건축물만을 그 대상으로 하며, 공부상 면적을 기준한다(손실보상의 경우 현황측량면적 기준함).

   2) 부합물, 종물 등

   일반적으로 담장, 대문은 미포함 하나, 대장상 등재되어 있는 화장실, 창고의 경우 포함된다(조례 및 정관 규정에 따라 포함될 수도 있다).

   3) 유의사항

   ⓐ 재개발(강제 가입제)의 경우 전체 토지, 건축물

   ⓑ 재건축의 경우 원칙적으로 조합설립 미동의자 제외(단, 분양신청기한까지 동의서 제출하면 포함하게 되며, 사업시행자와 협의한다)

(2) **국·공유지**

   ⓒ 점유자 우선 매각 부분 ⓓ 점유자 매수 포기 부분 ⓔ 점유면적 초과 부분 중 ⓓ, ⓔ 부분은 엄밀히 종전자산 목적물은 아니나 종전자산 평가 당시 그 소유 여부 등의 확정되지 않아 실무상 종전자산의 목적물로 의뢰된다.

(3) 해결

수험생 기준으로는 [토지, 건축물]만을 종전자산 감정평가의 목적물로 보는 것이 효율적이다. 국·공유지는 매각 감정평가 부분에서 논점화된다.

3. 무허가건축물 포함 여부

(1) 재개발사업

[1989.1.24.] 이전 (특정)무허가건축물의 경우 종전자산평가 목록에 포함된다. 단, 면적은 무허가건축물 대상장 면적을 기준한다.

(2) 재건축사업

재건축사업의 경우 무허가건축물은 원칙적으로 종전자산에서 제외된다. 다만, 조합원 결의가 있는 경우 목록에 포함될 수 있다.

(3) 미사용승인 건물

건축허가를 득하였으나 미사용승인 건물의 경우 허가 면적을 기준으로 포함할 수 있다.

4. 국·공유지의 종전자산 목적물

구분	비(非)점유지		점유지
	무상양도	유상매각	
무상양도대상인 국·공유지	Ⓐ 사업시행자가 새로이 설치하는 기반시설, 설치비용범위 내에서 사업시행자에게 무상양도	Ⓑ 사업시행자에게 우선 매각	Ⓒ 점유자 우선매각: 종전자산 목적물 Ⓓ 점유자가 매수 포기하는 경우: 사업시행자에게 우선 매각 Ⓔ 점유면적 초가의 경우: 사업시행자에게 우선매각
무상양도대상이 아닌 국·공유지	-		

5. 국·공유지에 대한 종전자산평가와 매각평가의 차이점

(1) 점유자의 매수가액

종전자산평가 목적으로 의뢰된 국·공유지의 평가액이 점유자가 매수할 수 있는 가액은 아니며, 국·공유지 매각평가로 결정된 시산가액을 기준으로 점유자는 매수하게 된다.

(2) 상대적 가격균형을 고려하는지

질의회신 [2017.3.12. 감정평가기준팀 - 402]

종전자산평가의 경우 <u>조합원간 상대적 가격균형</u>을 고려하여 평가하나, 국·공유지 매각평가의 경우에는 <u>일반적인 감정평가 이론</u>에 따라 평가된다.

3 기준시점

1. 원칙

사업시행계획인가 고시일 「도시정비법 제72조 제1항」
(고시문상 고시일과 공부 발행일이 다른 경우 공보 발행일 기준)

2. 사업시행계획'변경'인가 고시가 있는 경우 기준시점

(1) 기준시점에 대한 유형

구분		기간도과 실효 여부		당초 사업시행계획인가의 법적 효력이 소급하여 상실(취소 또는 무효확인)된 후에 관리처분계획을 변경하는 경우
		사업시행기간 내 사업시행계획·관리처분계획 변경 시	기간도과 실효 후 사업시행계획변경 및 관리처분계획 변경 시	
최초 사업시행기간 내 종전자산 감정평가 실시 여부	실시된 경우 (종전자산 감정평가를 다시 해야 하는지 여부)	[유형] 변경 고시일을 기준시점으로 하여 종전자산 재평가를 하지 않는 것이 위법한 것은 아니다.	[유형] 변경 고시일을 기준시점으로 하여 종전자산 재평가를 하지 않은 것이 위법한 것은 아니다.	[유형] 변경고시일 기준으로 종전자산감정평가를 다시 하지 않고 최초 고시일 기준 종전자산감정평가 결과를 원용한 하자가 중대한 거은 아니다(조합설립인가처분이 무효임이 확정된 후에 관리처분계획을 변경한 경우).
	실시되지 않은 경우 (변경고시 후 비로소 종전자산 감정평가를 하는 경우)	[유형] ① 변경고시일 견해: 법제처 해석 ② 최초 고시일 견해: 질의회신, 협회 교육 ③ 특별한 사정이 없는 한 최초 고시일 원칙이나 변경 고시일도 가능: 대법원, 법제처 해석	[유형] ① 변경 고시일: 협회 교육 ② 사업시행기간은 사업시행계획 및 그 인가처분의 유효기간이 아니므로 기간도과 여부는 독자적 분류기준이 될 수 없고 유형C의 제견혜에 따라야 한다는 견해	[유형] 확정적으로 취소되거나 무효가 혹인된 사업시행계획인가 이후 최초로 행해진 유효 적법한 사업시행계획인가의 고시가 있은 날

(2) 해결

상기와 같이 기준시점에 대한 유형도 복잡하며 다양한 견해 등이 있으므로, 수험생은 원칙적으로 **최초 사업시행계획인가 고시일**을 기준하되, 문제상 제시된 기준시점에 따라 해결하면 될 것이다.

3. 정비구역이 추가 · 확장된 경우

> **질의회신** **정비구역이 추가 확장된 경우** [2000.10.11. 주환58561 - 10131]
>
> 기존 부분과 추가 · 확장 부분의 종전자산감정평가의 기준시점이 달라지는 것은 **관리처분계획의 성격에 부합하지 않는다.** 따라서, 변경된 사업시행계획인가 고시일을 기준으로 <u>당초 구역지정 부분에 재평가를 수행</u>하는 경우라면 변경된 사업시행계획인가 고시일을 기준하며, **재평가를 하지 않는 경우**라면 최초 사업시행계획인가 고시일을 기준으로 추가 확장된 부분에 대한 감정평가를 수행하게 될 것이다.

4. 사업시행계획인가 폐지 후 다시 사업시행계획인가의 경우

> **유권해석** **사업시행계획인가가 폐지된 경우** [2013.2.8]
>
> 새로운 사업시행계획인가 고시가 있는 날을 기준한다.

5. 「도시정비법」을 준용하는 사업 [시장정비사업, 소규모주택정비사업]

「전통시장 및 상점가 육성을 위한 특별법」 제4조(다른 법률과의 관계)

① 시장정비사업과 관련하여 이 법에서 정하지 아니한 사항은 「도시 및 주거환경정비법」 중 재개발사업에 관한 규정(같은 법 제63조 및 제65조를 포함한다)을 준용하고, 그 밖의 사항에 관하여는 같은 법 및 「집합건물의 소유 및 관리에 관한 법률」의 관련 규정을 각각 준용한다.

「전통시장 및 상점가 육성을 위한 특별법」 제39조(사업시행인가 등)

① 사업시행자(공동시행의 경우를 포함하되, 사업시행자가 시장 · 군수 · 구청장인 경우는 제외한다)가 시장정비사업을 하려는 경우에는 「도시 및 주거환경정비법」 제52조(같은 조 제3호부터 제6호까지의 규정은 제외한다)에 따른 사업시행계획에 제49조에 따른 입점상인 보호대책을 포함하여 시장 · 군수 · 구청장으로부터 **사업시행인가**를 받아야 한다.

「빈집 및 소규모주택에 관한 특례법」 제33조(관리처분계획의 내용 및 수립기준)

① 가로주택정비사업, 소규모재건축사업 또는 소규모재개발사업의 사업시행자는 제28조에 따른 분양신청기간이 종료된 때에는 분양신청의 현황을 기초로 다음 각 호의 사항을 포함하여 제30조 제1항 제10호에 따른 **관리처분계획을 수립**하여야 한다.

[중략]

5. 분양대상자별 종전의 토지 또는 건축물 명세 및 제26조에 따른 **심의 결과를 받은 날**을 기준으로 한 가격(제26조에 따른 심의 전에 제37조 제3항에 따라 철거된 건축물은 시장 · 군수등에게 허가를 받은 날을 기준으로 한 가격)

4 감정평가 방법 및 기준

1. 감정평가 기준

> 「감정평가실무기준」 [730-3.1] 종전자산의 감정평가
> ① 종전자산의 감정평가는 사업시행인가고시가 있은 날의 현황을 기준으로 감정평가하되, 다음 각 호의 사항을 준수하여야 한다.
> 　　1. 종전자산의 감정평가는 조합원별 조합출자 자산의 상대적 가치비율 산정의 기준이 되므로 대상물건의 유형·위치·규모 등에 따라 감정평가액의 균형이 유지되도록 하여야 한다.
> 　　2. 해당 정비구역의 지정에 따른 공법상 제한을 받지 아니한 상태를 기준으로 감정평가한다.
> 　　3. 해당 정비사업의 시행을 직접 목적으로 하여 용도지역이나 용도지구 등의 토지이용계획이 변경된 경우에는 변경되기 전의 용도지역이나 용도지구 등을 기준으로 감정평가한다.
> ② 비교표준지는 해당 정비구역 안에 있는 표준지 중에서 [610 - 1.5.2.1]의 비교표준지 선정기준에 적합한 표준지를 선정하는 것을 원칙으로 한다. 다만, 해당 정비구역 안에 적절한 표준지가 없거나 해당 정비구역 안 표준지를 선정하는 것이 적절하지 아니한 경우에는 해당 정비구역 밖의 표준지를 선정할 수 있다.
> ③ 적용 공시지가의 선택은 해당 정비구역의 사업시행인가고시일 이전 시점을 공시기준일로 하는 공시지가로서 사업시행인가고시일에 가장 가까운 시점에 공시된 공시지가를 기준으로 한다.

종전자산의 감정평가는 조합원 현물출자자산의 지분비율 결정 및 청산금 산정의 기준가액 결정이라는 성격이 강하게 작용된다고 볼 수 있는바, 「감칙」 및 일반적인 감정평가의 원칙과 기준이 적용된다.

2. 감정평가방법

(1) 해당 정비구역 지정에 따른 공법상 제한을 받지 아니한 상태 기준

해당 정비구역 지정에 따른 도시계획시설의 저촉, 정비구역 지정으로 인한 행위 제한 등을 감안하지 않은 상태를 기준으로 감정평가한다. 즉, 당해 정비사업에 따른 도시계획시설(공원, 도로 등)에 저촉되지 아니한 상태를 기준으로 감정평가하여야 한다.

(2) 해당 정비사업의 시행을 직접 목적으로 하는 공법상 제한의 변경 배제

해당 정비사업의 시행을 직접 목적으로 공법상 제한은 변경되기 전을 기준으로 하며, 이는 해당 정비사업으로 인한 가격의 변동을 합리적이고 균형있게 배분하기 위한 것이라는 점에서 보상평가와 구분된다. 다만, 조합원 균형을 위해서 "변경 후"를 기준할 수 있다.

(3) 사업구역 내 표준지 선정 원칙

해당 정비사업의 가격 변동을 합리적이고 균형 있게 배분하기 위해 사업구역 내 표준지를 선정하는 것을 원칙으로 하나, 해당 정비사업의 기간이 장기간인 경우 구역 내 공법상 제한이 변경되기 전 표준지가 없을 수 있다. 이런 경우에는 부득이하게 구역 외 표준지를 선정하게 되며, 가격 변동의 합리적 배분이 중요시된다.

(4) 적용공시지가

사업시행계획인가 고시일 이전 가장 가까운 시점의 공시지가를 기준한다.

3. 감정평가시 고려할 사항

(1) 상대적 가격균형을 고려한 감정평가

종전자산 감정평가는 관리처분계획수립을 위한 것이고 관리처분계획은 해당 사업으로 인한 개발이익(손실 포함)을 분양대상자들에게 형평성 있게 배분하는데 그 주안점이 있다. 따라서 절대적 감정평가액 수준과 함께 대상물건의 유형·위치·규모 등에 따른 상대적 가격균형 유지 여부가 매우 중요하다.

(2) 해당 정비사업으로 인한 가격 변동의 반영 여부

정비사업의 경우 사업 진행에 따라 상당한 정도의 개발이익이 발생하며, 개발이익은 사업시행자인 토지등소유자 또는 조합이 향유하는 것으로 적정한 수준에서 개발이익을 반영하여 평가할 수 있다. 다만, 이러한 개발이익을 합리적이고 균형 있게 배분되어야 하므로 감정평가시 이에 유의해야 한다. 다만, 공법상 제한의 변경을 배제한다고 해서 이미 공시지가에 어느 정도 반영된 개발이익을 배제한다는 의미를 가지는 것은 아니다.

(3) 「토지보상법 시행규칙」 제23조와의 관계

정비사업의 경우 법제의 개정 연혁, 관련 판례 등을 종합적으로 고려할 때 정당보상을 위한 보상평가로서의 성격이 아닌 조합원 현물출자자산의 지분비율 결정 및 청산금 산정의 기준가액 결정이라는 성격이 더 강하다. 따라서, 상기와 같은 종전자산 감정평가방법 (1), (2)의 방법과 「토지보상법」 시행규칙 제23조(공법상 제한을 받는 토지의 평가)는 동일한 감정평가방법을 규정하는 것이 아니며 「도시정비법」에 따른 감정평가와 「토지보상법」에 따른 감정평가를 구별해야 한다. 다만, 토지보상법을 준용하는 부분에 후술하기로 한다.

4. 구체적인 감정평가 기준

(1) 주된 감정평가방법에 의한 시산가액과 다른 감정평가방법에 의한 시산가액 조정 문제

① 정비구역 지정 전부터 장래 기대이익으로 인해 상당한 정도로 가격이 상승하는 점 ② 시장참여자의 판단수준 및 검토능력, 정보력에 따른 거래가격의 편차가 크다는 점 ③ 종전자산평가의 경우 상대적 가격균형이 중요하다는 점에서 시산가액 조정을 통한 감정평가액 결정은 인정하기 어렵다. 다만, 다른 감정평가방법을 적용하여 주된 감정평가방법에 의한 시산가액의 검증은 가능하다 할 것이다.

(2) 정비구역 내 표준지공시지가가 도시계획시설에 저촉된 경우

표준지공시지가 조사·평가시 일반적으로 착공신고 후 실공사 착공 이전에는 도시계획시설에 의한 감가요인을 반영하지 않기 때문에 표준지가 도시계획시설도로에 저촉되었다 하더라도 저촉된 상태만을 공시할 뿐이다. 따라서, 행정적 조건에서 도시계획시설 저촉에 따른 보정(증액 또는 감액)을 하여서는 안된다.

(3) 대상이 정비사업에 따른 도시계획시설에 저촉된 경우

「국토계획법」상 도시계획시설로 지정되는 것은 도시계획시설의 지정으로 인해 당해 토지의 이용 가능성이 제한되는 등 종래의 목적대도 사용할 수 없기 때문에 재산적 손실이 발생한다. 따라서, 일반평가의 경우 이러한 사정을 고려하여 도시계획시설 저촉으로 감액 평가하는 것이 일반적이다.

그러나 정비사업에 의해 지정된 도시계획시설은 향후 정비사업이 완성될 때 필요한 기반시설이라는 점에서 ① 임의적인 도시계획시설이며, 개별적인 공익사업을 통한 필수적인 도시계획시설과 그 성격이 다르고, ② 「도시정비법」 제19조(행위제한 등)에 부과하고 있는 '행위제한'은 정비구역 내 모든 토지에 부과되고 있어 정비구역 내 도시계획시설이 저촉된 토지라고 하여 차별적으로 재산상 손실이 발생한다고 볼 수 없다.

또한, ③ 정비구역 내 토지의 가치는 정비사업 완료 후 종전의 권리가 변환하는 것으로 정비사업에 의해 조성되는 도시계획시설의 지정에 따라 영향을 받을 수 없다.

따라서, 정비사업 구역 내 도시계획시설 지정에 따른 저촉을 감안하여 감액평가해서는 안 된다.

(4) 사실상 사도의 경우

종전자산감정평가는 조합원 출자자산의 상대적 가치비율 산정이 주된 목적인바, 현황 '도로'를 도로가 아닌 상태를 기준으로 가치증가분을 감안하여 감정평가하는 것은 그 목적에 부합하지 않는다. 따라서, 「토지보상법 시행규칙」 제26조를 고려하여 인근토지가액의 3분의 1 내외로 감정평가하며, 후술하는 [매도청구감정평가]시의 '도로'의 감정평가와도 구분해야 한다.

(5) 구분건물의 감정평가

① 시간적으로 사업시행계획인가 고시일 이전 거래사례를 선정하며 ② 공간적 기준에 대한 별도의 규정은 없으나 지역분석 및 개별분석 등에 따라 비교가능성이 높은 사례를 선정한다. 또한, ③ 대지지분율(또는 대지면적)이 유사한 사례를 비교해야 하고 공용부분(지하실)을 전유부분으로 등기하는 경우와 공용(계단실)면적이 있음에도 이를 구분하지 않고 전체 전유면적으로 등기한 경우에는 실제 점유면적을 기준으로 사례를 선정한다.

(6) 기준가치의 문제

종전자산 감정평가는 앞서 밝힌 바와 같이 「감칙」 및 감정평가에 관한 일반이론에 근거하여 감정평가하는 것이 원칙이다. 그러나 종전자산 감정평가는 조합원 출자자산의 상대적 균형이라는 목적과 해당 정비사업의 시행을 직접 목적으로 하는 공법상 제한의 변경 배제하는 등의 특수성을 가지고 있으며 이에 따라 「감칙」 제5조 제1항의 [시장가치 기준의 원칙]과는 다른 기준의 감정평가액이라고 보는 견해가 있다. 상기와 같이 정비사업의 특수성과 「도시정비법」에서 규정한 종전자산의 감정평가방법 및 제정 목적 등을 고려할 경우 이러한 주장이 일면 타당할 수 있으나, 관리처분계획수립을 위한 목적임을 고려할 때, 시장가치인지의 여부는 큰 비중을 차지한다고 보기 어렵다.

5. 토지의 평가 시 거래사례비교법의 합리성 검토 문제

종전자산 감정평가는 보상기준이 아닌 사업시행인가고시가 있은 날의 현황을 기준으로 감정평가하므로 「감칙」 및 감점평가의 일반이론을 적용하여 평가한다. 따라서, 토지의 감정평가시 「감칙」 제12조 제2항에 의거 합리성을 검토하여야 하며, 그 밖의 요인 보정치 산정 시 거래사례를 기준 하였다 하더라도 이는 가치형성요인을 반영하기 위한 절차일 뿐 규정에 따른 합리성 검토라 볼 수는 없다. 다만, 정비사업의 경우 사업기간이 장기간인 점, 사업구역 내 거래사례 포착이 어려운 실무상의 문제가 있다는 점에서 합리성 검토가 어려운 것이 현실이다.

6. 종전자산 감정평가와 보상평가 비교

구분	종전자산평가	보상평가
대상물건	조합원 출자자산이 토지, 건물(공부 기준)	공익사업지구 내 토지 및 지장물(현황기준 등)
목적	관리처분계획 수립(상대적 가치비율 산정)	정당보상
기준시점	사업시행계획인가고시일	협의 당시 또는 수용재결일
기준가치	시장가치 및 시장가치외 가치	적정가격
개발이익 반영	당해 정비사업시행에 따른 실현된 개발이익 반영 가능	당해 공익사업으로 인한 개발이익은 배제
적용공시지가	사업시행계획인가고시일 이전 최근 공시지가 적용	사업인정고시일 이전 최근 공시지가 적용
감정평가액 활용	관리처분계획 수립을 위한 비례율, 청산금 산정 등	정당보상 실현을 위한 보상액 산정

제4절 종후자산 감정평가

1 종후자산 감정평가의 성격

1. 존재하지 않는 물건에 대한 조건부 평가

기준시점 당시 실제로 존재하지 않는 물건에 대해 적법한 사용승인을 전제로 하는 조건부 감정평가이다.

2. 조합원 분양가액 결정을 위한 감정평가

조합원 분양대상이 되는 공동주택, 근린생활시설(아파트 단지 내 상가), 토지 등을 조합원 분양가를 기준으로 평가한다.

2 기준시점

「감정평가실무기준」 [730-3.2] 종후자산의 감정평가
① 종후자산의 감정평가는 분양신청기간 만료일이나 의뢰인이 제시하는 날을 기준으로 하며, 대상물건의 유형·위치·규모 등에 따라 감정평가액의 균형이 유지되도록 하여야 한다.
② 종후자산은 인근지역이나 동일수급권 안의 유사지역에 있는 유사물건의 분양사례·거래사례·평가선례 및 수요성, 총 사업비 원가 등을 고려하여 감정평가한다.

정비사업의 종후자산의 감정평가는 ① 분양신청기간 만료일 또는 ② 의뢰인이 제시하는 날을 기준으로 한다. 다만, 주택규모나 세대수 등이 변경되어 관리처분계획을 변경하고자 하는 경우에는 분양신청 절차를 다시 거치는지에 따라 기준시점이 달라질 수 있다.

❸ 감정평가 방법 및 기준 등

1. 감정평가 목적물 및 물건별 감정평가방법의 유형

목적물	주된 감정평가방법	그 밖의 감정평가방법	비고
분양 공동주택	비교방식	원가방식	
임대주택 (재건축소형주택 포함)	별도 규정 존재		부속토지가액 + 건축비
근린생활시설 (집합건물)	비교방식	-	물건의 특성상 다른 감정평가방법 적용이 곤란한 경우
토지	공시지가기준법	비교방식, 원가방식 등	

2. 종후자산 감정평가 시 원가방식 논의

「도시정비법」 제정 및 시행 전 구) 「도시재개발법」 시대에 청산금 산정을 위한 종후자산 감정평가는 반드시 원가방식으로 감정평가하여야 했다. 그러나 2009.5.7. 「도시정비법」 개정 내용 및 실무기준, 「감칙」, 감정평가 일반이론에 비추어 볼 때, 종후자산 감정평가에서 원가방식에 의한 시산가액만으로 감정평가액을 결정하는 것은 더 이상 적정하지 않다.

따라서, 종후자산감정평가는 감정평가 대상의 특성에 따라 「감칙」 및 「실무기준」이 정한 상기와 같은 물건별 주된 감정평가방법을 적용하여 산정함이 타당하다.

> **「도시 및 주거환경정비법」 제74조(관리처분계획의 인가 등)**
> ① 사업시행자는 제72조에 따른 분양신청기간이 종료된 때에는 분양신청의 현황을 기초로 다음 각 호의 사항이 포함된 관리처분계획을 수립하여 시장·군수등의 인가를 받아야 하며, 관리처분계획을 변경·중지 또는 폐지하려는 경우에도 또한 같다. 다만, 대통령령으로 정하는 경미한 사항을 변경하려는 경우에는 시장·군수등에게 신고하여야 한다.
> 1. 분양설계
> 2. 분양대상자의 주소 및 성명
> 3. **분양대상자별 분양예정인 대지 또는 건축물의 추산액(임대관리 위탁주택에 관한 내용을 포함한다)**
> 4. 다음 각 목에 해당하는 보류지 등의 명세와 추산액 및 처분방법. 다만, 나목의 경우에는 제30조 제1항에 따라 선정된 임대사업자의 성명 및 주소(법인인 경우에는 법인의 명칭 및 소재지와 대표자의 성명 및 주소)를 포함한다.
>   가. 일반 분양분
>   나. 공공지원민간임대주택
>   다. 임대주택
>   라. 그 밖에 부대시설·복리시설 등
> 5. **분양대상자별 종전의 토지 또는 건축물 명세 및 사업시행계획인가 고시가 있은 날을 기준으로 한 가격(사업시행계획인가 전에 제81조 제3항에 따라 철거된 건축물은 시장·군수등에게 허가를 받은 날을 기준으로 한 가격)**
> 6. 정비사업비의 추산액(재건축사업의 경우에는 「재건축초과이익 환수에 관한 법률」에 따른 재건축부담금에 관한 사항을 포함한다) 및 그에 따른 조합원 분담규모 및 분담시기
> 7. 분양대상자의 종전 토지 또는 건축물에 관한 소유권 외의 권리명세

8. 세입자별 손실보상을 위한 권리명세 및 그 평가액

9. 그 밖에 정비사업과 관련한 권리 등에 관하여 대통령령으로 정하는 사항

② 시장·군수등은 제1항 각 호 외의 부분 단서에 따른 신고를 받은 날부터 20일 이내에 신고수리 여부를 신고인에게 통지하여야 한다.

③ 시장·군수등이 제2항에서 정한 기간 내에 신고수리 여부 또는 민원 처리 관련 법령에 따른 처리기간의 연장을 신고인에게 통지하지 아니하면 그 기간(민원 처리 관련 법령에 따라 처리기간이 연장 또는 재연장된 경우에는 해당 처리기간을 말한다)이 끝난 날의 다음 날에 신고를 수리한 것으로 본다.

④ 정비사업에서 제1항 제3호·제5호 및 제8호에 따라 재산 또는 권리를 평가할 때에는 다음 각 호의 방법에 따른다.

1. 「감정평가 및 감정평가사에 관한 법률」에 따른 감정평가법인등 중 다음 각 목의 구분에 따른 **감정평가법인등이 평가한 금액을 산술평균**하여 산정한다. 다만, 관리처분계획을 변경·중지 또는 폐지하려는 경우 분양예정 대상인 대지 또는 건축물의 추산액과 종전의 토지 또는 건축물의 가격은 **사업시행자 및 토지등소유자 전원이 합의하여 산정할 수 있다.**

   가. 주거환경개선사업 또는 재개발사업: 시장·군수등이 선정·계약한 2인 이상의 감정평가법인등

   나. 재건축사업: 시장·군수등이 선정·계약한 1인 이상의 감정평가법인등과 조합총회의 의결로 선정·계약한 1인 이상의 감정평가법인등

2. 시장·군수등은 제1호에 따라 감정평가법인등을 선정·계약하는 경우 감정평가법인등의 업무수행능력, 소속 감정평가사의 수, 감정평가 실적, 법규 준수 여부, 평가계획의 적정성 등을 고려하여 객관적이고 투명한 절차에 따라 선정하여야 한다. 이 경우 감정평가법인등의 선정·절차 및 방법 등에 필요한 사항은 시·도조례로 정한다.

3. 시산가액의 타당성 검토

상기와 같은 이유로 원가방식의 적용만으로 감정평가액을 결정하는 것은 타당치 아니하나, 주된 감정평가방법에 의한 시산가액의 합리성을 검토하기 위해서는 원가방식의 적용이 유용할 수 있다.

> 적산가액 = 종전자산가액 + 사업비(현금청산액 + 개발비용 등, 사업시행자가 부담하는 사업비)

4. 기준가치의 문제

종후자산 감정평가는 해당 정비사업으로 인해 새롭게 건축되는 공동주택 및 근린생활시설 등으로 조합원의 분양가액을 산정하는 것으로, 조합원 분양가의 경우 기준시점 당시 시장에서 형성되는 정비사업 완료 후 토지·건축물의 가액과는 다소 차이가 날 수 있다. 따라서, 감정평가된 종후자산 시산가액과 시장에서 형성되는 가액과의 차이에 대해 기준가치에 대한 논란이 있을 수 있으나, 종전자산 감정평가의 기준가치 문제와 같이 이해하여야 한다.

5. 조합원 분양분과 효용비의 문제

「도시정비법」에 의한 종후자산평가는 조합원 분양분에 대한 감정평가로 정비사업 시기상 현실적인 측면에서 감정평가방법에 다소 차이가 있다. 정비계획수립 이전 **타당성검토단계**에서는 당해 정비사업의 구체적인 건축 심의 등이 없는 관계로 구체적인 위치 등이 확정되어 있지 않아 개략적인 조합원 분양분 가액을 산정하게 된다. 또한, 비례율 산정에 필요한 기타 자료도 정확하게 추산되기 어렵다. 따라서, **타당성분석단계**에서는 조합원 분양분인 종후자산평가 시 위치에 따른 정교한 효용비를 적용하지 않는 것이 일반적이며 감정평가실무 기출 17회는 이러한 점을 출제하였다. 다만, 관리처분계획인가를 받기 위한 종후자산의 평가시는 그러하지 아니하다.

1 개요

「도시 및 주거환경정비법」 제97조(정비기반시설 및 토지 등의 귀속)
① 시장·군수등 또는 토지주택공사등이 정비사업의 시행으로 새로 정비기반시설을 설치하거나 기존의 정비기반시설을 대체하는 정비기반시설을 설치한 경우에는 「국유재산법」 및 「공유재산 및 물품 관리법」에도 불구하고 종래의 정비기반시설은 사업시행자에게 무상으로 귀속되고, 새로 설치된 정비기반시설은 그 시설을 관리할 국가 또는 지방자치단체에 무상으로 귀속된다.
② 시장·군수등 또는 토지주택공사등이 아닌 사업시행자가 정비사업의 시행으로 새로 설치한 정비기반시설은 그 시설을 관리할 국가 또는 지방자치단체에 무상으로 귀속되고, 정비사업의 시행으로 용도가 폐지되는 국가 또는 지방자치단체 소유의 정비기반시설은 사업시행자가 새로 설치한 정비기반시설의 설치비용에 상당하는 범위에서 그에게 무상으로 양도된다.

정비사업의 시행으로 새로이 설치하는 정비기반시설(또는 '신설 정비기반시설')은 그 시설을 관리할 국가 또는 지방자치단체에 무상으로 귀속되고, 정비사업의 시행으로 인하여 용도가 폐지되는 국가 또는 지방자치단체 소유의 정비기반시설(또는 '기존 정비기반시설')은 그가 새로이 설치한 정비기반시설의 설치비용에 상당하는 범위 안에서 사업시행자에게 무상으로 양도된다.

2 정비기반시설 감정평가 목적물

1. 무상귀속 부분(새로이 설치하는 정비기반시설)

사업시행자가 제시하는 조서를 기준하여 평가한다. 다만, 제시가 없는 경우 일반적으로 기준시점 당시 현황을 기준하여 감정평가한다. 즉, 새로이 설치되는 정비기반시설인 "도로"예정부지가 기준시점 당시 "주거용"으로 이용 중인 경우 이용상황은 현황인 "주거용" 기준하여 감정평가한다.

2. 무상양도 부분(용도폐지 되는 기존 정비기반시설)

원칙적으로 정비기반시설 중 유상매입 대상은 제외되어야 하나 정비기반시설의 감정평가는 일반적으로 사업시행계획인가 신청 전 이루어지므로 시기상 유상매입 대상인지 무상매입 대상인지 구분할 수 없다. 따라서, 실무상 해당 정비구역 내 전체 정비기반시설을 대상으로 하며, 점유지의 경우 점유자에게 우선 매각하여야 하므로 점유지는 제외된다.

3 기준시점

<u>유권해석</u> **기준시점** [국토교통부, 2011.2.15.]

「도시정비법」 제65조 제2항에서 무상양도하는 경우 정비기반시설이나 그 설치비용 산정을 위한 감정평가 시점에 관하여 명문화하고 있지는 않으나, 「도시정비법」 제66조 제6항에 따르면 국유·공유재산을 매각할 때 사업시행인가의 고시가 있은 날을 기준으로 평가하고 있으므로, 이를 준용할 수 있을 것으로 봄

정비기반시설의 감정평가 시 기준시점은 사업시행계획인가고시일 또는 사업시행계획인가고시 예정일이다.

4 감정평가 방법 및 기준

1. 개요

정비기반시설에 편입되거나 편입되지 않는 국·공유지 모두 종국적으로 해당 정비사업 사업시행자가 모두 취득해야 하는 것은 마찬가지이다. 다만, 그 감정평가기준 적용이라는 측면에서 적용되는 법령이 달라질 수 있을 뿐이다.

재개발사업의 경우 그 자체로「공익사업을 위한 취득 및 이용에 관한 법률」제4조의 공익사업에 해당하므로 사업시행자가 취득하는 국·공유지를 보상평가 기준을 적용해서 평가할 수 있으며, 국·공유지임에 따라「국유재산법」을 적용하여 [시가(時價)]를 적용하여 평가할 수 있다. 따라서, 감정평가에 대한 기준은 국·공유재산 관리청에 조회하여 결정하여야 한다.

2. 일반적인 감정평가 기준

(1) 도시계획시설 처촉의 경우

해당 정비사업 시행을 직접 목적으로 하는 도시계획시설 저촉을 감안하지 않고 감정평가한다.

(2) 나지 상태 기준

대상토지에 건축물 등이 존재하는 경우에도 그 건축물 등이 없는 상태를 기준으로 감정평가한다. 즉, 건축물 등에 따른 감가를 고려하지 않고 토지만을 정상평가한다.

(3) 용도폐지 전제

> **「도시 및 주거환경정비법」제98조(국유·공유재산의 처분)**
> ⑤ 제4항에 따라 다른 사람에 우선하여 매각 또는 임대될 수 있는 국유·공유재산은「국유재산법」,「공유재산 및 물품 관리법」및 그 밖에 국·공유지의 관리와 처분에 관한 관계 법령에도 불구하고 사업시행계획인가의 고시가 있은 날부터 종전의 **용도가 폐지된 것으로 본다.**
>
> **「국유재산법」제27조(처분의 제한)**
> ① 행정재산은 처분하지 못한다. 다만, 다음 각 호의 어느 하나에 해당하는 경우에는 교환하거나 양여할 수 있다.
>   1. 공유(公有) 또는 사유재산과 교환하여 그 교환받은 재산을 행정재산으로 관리하려는 경우
>   2. 대통령령으로 정하는 행정재산을 직접 공용이나 공공용으로 사용하려는 지방자치단체에 양여하는 경우
>
> **「국유재산법」제41조(처분 등)**
> ① 일반재산은 대부 또는 처분할 수 있다.
>
> **「국유재산법」제44조(처분재산의 가격결정)**
> 일반재산의 처분가격은 대통령령으로 정하는 바에 따라 시가(時價)를 고려하여 결정한다.

상기와 같은 법령에 따라 국·공유재산의 처분가액은 [시가(時價)]를 고려하여 결정해야 하며, 국·공유지의 기존 용도는 폐지됨을 전제하여 감정평가하여야 할 것이다. 예를 들어 기존 '도로' 용도의 정비기반시설은 '도로'로의 용도가 폐지됨을 전제로 인근의 표준적 이용상황을 기준하여 평가하되, 그 형상 등에 따른 증(감)가를 고려하여 감정평가하여야 한다.

3. 용도지역 변경의 문제 해결

(1) 보상기준이 적용되는 경우

해당 정비사업에 의해 용도지역이 변경된 경우에는 「토지보상법」 시행규칙 제23조인 보상기준에 따라 당해 공익사업의 시행을 직접 목적으로 용도지역이 변경된 경우로 변경되기 전 용도지역을 기준으로 감정평가하여야 한다.

(2) 「국유재산법」상 시가를 기준하는 경우

일반평가와 같이 「감칙」 및 감정평가 원칙 등을 기준하므로 「감칙」 제6조 제1항에 의거 현황기준 원칙에 따라 기준시점 당시에 용도지역을 기준으로 감정평가하여야 한다.

4. 무상양도 대상 정비기반시설의 가액이 높은 경우

무상양도 대상인 정비기반시설의 감정평가 가액이 무상귀속 되는 새로이 설치하는 정비기반시설의 가액보다 큰 경우에는 유상매입 대상이 되므로 후술하는 국·공유재산의 매각을 위한 감정평가의 영역으로 변경되게 된다.

> **판례 | 국가 또는 지방자치단체의 동일 여부** [대법원 2023.9.27. 선고 2023다256539 판결]
>
> 구) 「도시 및 주거환경정비법」(2017.2.8. 법률 제14567호로 전부 개정되기 전의 것) 제65조 제2항은 이 조항은 무상양도의 전제조건으로 용도가 폐지되는 정비기반시설의 소유명의자를 구별하지 않고 있으므로, 용도가 폐지되는 정비기반시설의 소유자가 인가청이 아니라도 무방하다. 같은 이유로 사업시행자가 새로이 설치한 정비기반시설이 귀속되는 국가 또는 지방자치단체와 용도가 폐지되어 사업시행자에게 무상으로 양도되는 정비기반시설의 소유자인 **국가 또는 지방자치단체가 동일하여야 하는 것은 아니다.**

제6절 국·공유재산 매각 감정평가

1 개요

1. 정비기반시설 감정평가와 매각평가의 비교

구분	정비기반시설 감정평가	매각평가
근거규정	「도시정비법」 제97조 제1항 및 제2항	「도시정비법」 제98조 제6항
감정평가 실시시기	사업시행계획인가 전	사업시행계획인가 후 (통상 관리처분계획인가 신청 전에 실시)
감정평가 목적물	정비구역 내 무상양도대상인 국·공유재산 및 신설 정비기반시설 예정지	무상양도 대상에서 제외된 국·공유재산

2. 정비구역 내 국·공유재산 매각평가 적용법규의 유형

(1) 유형

사업시행계획인가 고시일 기준		우선 적용 법률	기준시점	용도지역·이용상황	
				재개발	재건축
3년 이내 매각 계약 ○	사업시행자 매각	「도시정비법」	사업시행계획인가 고시일	[A] 「국유재산법」 또는 「토지보상법」	[E] 「국유재산법」
	그 외 매각	「도시정비법」		[B] 「국유재산법」	[F] 「국유재산법」
3년 이내 매각 계약 ×	사업시행자 매각	「국유재산법」	매각 계약 체결 당시 (실무상 가격조사완료일)	[C] 「국유재산법」 또는 「토지보상법」	[G] 「국유재산법」
	그 외 매각	「국유재산법」		[D] 「국유재산법」	[H] 「국유재산법」

「도시정비법」에서는 기준시점, 용도지역, 이용상황, 도시계획시설 저촉의 감안 여부 등 매각 감정평가액 결정의 주요 변수 중 오직 기준시점을 규정하고 있으며, 그나마 사업시행계획인가 고시가 있은 날로부터 3년 이내 매매계약이 체결되는 경우만 기준시점을 규정하고 있으므로 기준시점을 제외한 나머지 사항은 상기 표와 같이 판단한다.

(2) 관련 규정(A, C 유형)

> **「국유재산법」 시행령 제42조(처분재산의 예정가격)**
> ⑨ 「공익사업을 위한 토지 등의 취득 및 보상에 관한 법률」에 따른 공익사업에 필요한 일반재산을 해당 사업의 사업시행자에게 처분하는 경우에는 제1항에도 불구하고 해당 법률에 따라 산출한 보상액을 일반재산의 처분가격으로 할 수 있다.

상기 법령과 같이 「국유재산법」은 스스로 국유재산법이 아닌 「토지보상법」에 따른 **보상평가액**으로 매각가격을 결정할 수 있도록 규정하고 있음으로 국·공유재산 관리청에 조회한 후 이에 따라 감정평가하여야 한다.

3. 용도폐지의 전제

상기의 정비기반시설의 '용도폐지 전제'와 같이 국·공유지의 기존 용도는 폐지됨을 전제하여 감정평가하여야 할 것이다.

2 사업시행계획인가 고시일로부터 3년 이내 매각 체결

1. 우선 적용법률

「도시정비법」이 적용된다.

2. 기준시점

사업시행계획인가 고시가 있는 날이 기준시점이 된다. 다만, 사업시행계획(변경)인가 고시가 있는 경우에도 '3년'의 기산일은 최초의 사업시행계획인가고시일이며, 기준시점 또한 최초의 사업시행계획인가고시일이다. 이는 사업시행인가의 고시 후 일정 기간까지는 지가상승분 등을 고려하지 아니하고 국·공유지를 매각할 수 있도록 하여 신속하고 원활한 사업수행을 도모하려는 취지(법제처 법령해석)를 고려한 것으로 보인다.

3. 점유지 감정평가

(1) 대상

점유지는 일반적으로 사인이 점유하고 있는 국·공유지 중 일부 짜투리 토지를 매각하는 경우에 해당하며, 「서울시 조례」 제55조 제1항에 따라 점유지의 매각은 200㎡를 초과할 수 없다. 다만, 지방자치단체에 따라 점유지 매각에 따른 기준이 없는 경우도 있으므로, 해당 지방자치단체 조례를 검토하여 결정하여야 한다. 점유지는 향후 점유자의 종전자산이 된다.

(2) 이용상황

「국유재산법」은 재개발사업의 경우 「토지보상법」에 의한 가액으로 매각가격을 결정할 수 있는 규정을 두고 있으며, 사업시행자의 제시에 따라 「토지보상법」에 따른 보상평가기준에 의해 감정평가액을 결정하는 경우 「토지보상법」에 의거 이용상황을 판단하게 되므로 이하에서는 「국유재산법」에 따른 이용상황을 살펴본다.

앞선 논의와 같이 「국유재산법」 제44조에서는 [시가(時價)]로 매각가격을 결정하도록 규정되어 있으며, 시가의 의미에 따라 「감칙」 및 감정평가의 일반원칙을 적용함이 타당시 된다. 또한, 국·공유지의 기존 용도는 폐지됨을 전제로 하여 매각이 이루어지므로 인근지역의 표준적 이용상황을 고려하여 국·공유지와 일단으로 이용되고 있는 사유지를 기준으로 형상 등을 고려하여 감정평가하여야 한다. 다만, 사인이 점유하고 있는 국·공유지는 지목 여하에도 불구하고 지목에 따른 열세를 감안하지 않고 감정평가한다.

(3) 일단의 이용 및 기여도 문제

점유지인 국·공유지는 공부상 지목에 관계없이 점유건축물의 현실적인 이용상황인 건부지를 기준으로 감정평가하며, 사유지와 인접한 국·공유지를 함께 점유하고 있는 경우에는 그 사유지와 일단의 상태로 감정평가한다. 이 경우 사유지와 함께 일단의 이용에 기여하고 있는 일부 국·공유지의 기여도 고려 여부 및 획지 등의 개별요인의 불리한 정도의 감안 여부가 중요시 된다.

다만, 일단의 상태를 기준으로 감정평가하는 것은 용도상 불가분 관계를 인정한다는 것이지 사유지와 국·공유지가 용도지역, 위치 등에 측면에서 가치를 달리하고 있는 상태라면 구분하여 감정평가할 수 있다.

(4) 점유지 초과 면적 또는 우선매수권 포기의 경우

「서울시 조례」에 따라 점유지는 최대 200㎡를 초과할 수 없으며, 200㎡를 초과하는 부분과 점유자에게 인정되는 우선매수권을 포기하는 경우에는 점유자에게 매각되지 않고 사업시행자에게 우선 매각된다.

4. 비점유지 감정평가

(1) 대상

비점유지 국·공유재산은 정비기반시설 외의 재산으로 국가 또는 지방자치단체가 소유 및 사용하고 있는 다소 규모가 작은 동사무소, 복지시설 및 「서울시 조례」에 따라 점유자에게 매각되고 남은 초과분과 우선 매수권 포기 부분이 그 대상이 된다. 점유지와 달리 비점유지의 경우 사업시행자에게 매각되므로 결국 후술하는 총사업비의 구성항목이 된다.

(2) 이용상황

비점유지의 경우도 점유지와 같이 「국유재산법」 제44조에서는 [시가(時價)]로 매각가격을 결정하도록 규정되어 있으며 기존 용도는 폐지됨을 전제로 하여 매각이 이루어지므로 인근지역의 표준적 이용상황을 고려하여 감정평가하여야 한다. 다만, 해당 정비사업에 따른 이용상황이 동일한 경우와 다른 경우가 있어 이에 따라 구분하여 처리하여야 한다. 해당 정비사업과 이용상황이 동일하지 않은 경우(예 현황 주거용, 도로인 경우)에는 해당 사업의 시행을 직접 목적으로 하는 도시계획시설 저촉으로 저촉되지 아니한 상태를 기준으로 감정평가하며, 동일한 경우에는 실 착공에 따른 해당 정비사업에 의한 이용상황을 기준하되 성숙도·공정률 보정을 통해 감정평가하여야 한다. 즉, 주민센터 등의 공공용지가 기준시점 당시 아파트 부지로써 실 착공되어 공사가 진행 중일 때에는 아파트부지를 기준하여 감정평가할 수 있으며, 이 경우 조성상태 및 이용상황 등에 따른 성숙도를 고려하여 평가하여야 하고, 실 착공이 없는 경우에는 <판례>에 따라 '객관적으로 확실시 되는 시점'을 기준으로 평가한다. 다만, 해당 정비사업의 실 착공이 있는 경우는 통상 사업시행계획인가 고시일 이후인바, 3년 이내 매각 미체결의 경우에 적용할 내용에 유의한다 (하단 일단지 판단 동일).

(3) 일단지 판단

정비사업 매각평가의 기준시점은 특별한 사정이 없는 한 건축허가로 의제되는 사업시행계획인가를 받은 후이므로 건축행위의 법적 허용 가능성을 충족한 것처럼 보일 수 있으나 실제 착공을 위해서는 관리처분 계획 수립 및 인가처분 절차가 남았다는 점을 고려할 경우 실제 착공된 시점에서 비점유지의 일단지 여부를 판단하는 것이 타당하다. 다만, 개발사업단계가 진행 중인 일단지 예정지의 경우 일단지로 보기 어렵다는 견해도 있으므로 일단지인 장래 이용상황을 기준으로 보는 경우와 현재 이용상황을 기준으로 보는 경우를 모두 고려하여 개별적으로 판단하여야 한다. 실무적으로는 국·공유지의 총괄청, 관리청 및 지방자치단체의 제시를 받아 감정평가한다.

3 사업시행계획인가 고시일로부터 3년 이내 매각 미체결

1. 우선 적용법령

「국유재산법」이 적용된다.

2. 기준시점

사업시행계획인가 고시가 있은 날로부터 3년 이내 매매계약이 체결되지 않는 경우에는 「국유재산법」이 적용되므로, 「감칙」 제9조 제2항에 따라 기준시점을 적용한다. 매각 당사자 간의 매각 계약체결 예정일을 제시하는 경우에는 그 일자를 기준시점으로 하나 실무상 가격조사완료일이 된다.

3. 감정평가

(1) 대상

국·공유재산에 대한 사업시행자와의 협의가 성립되지 않은 물건을 그 대상으로 한다.

(2) 이용상황

상기 점유지 및 비점유지의 이용상황 판단과 동일하다.

❹ 국·공유재산 매각 감정평가 시 용도지역 판단

1. 개설

대규모 정비사업의 경우 그 사업의 방향 및 특성에 따라 다양한 형태의 공법상 제한이 부과될 수밖에 없고 이에 따라 용도지역 또한 정형화되지 않은 형태로 다양한 양상으로 변경된다. 따라서 이 모든 경우에 대해 일률적으로 현황기준 평가 원칙을 적용하는 것이 타당한지가 문제가 될 수 있으며, 이에 다양한 견해가 존재한다.

2. 용도지역의 다양한 양상

- 종세분화 차원의 용도지역 상향 [제2종일반주거지역] ⇨ [제3종일반주거지역]
- 용도지역 대분류가 변경되는 상향 [제2종일반주거지역] ⇨ [일반상업지역]
- 용도지역 상향의 양상이 단일하지 않을 경우 [자연녹지지역] ⇨ [제2종일반주거지역] 및 [일반상업지역]
- 종세분화 차원의 용도지역 하향 [제2종일반주거지역] ⇨ [자연녹지지역]
- 용도지역 상향과 하향이 같이 발생하는 경우 등 외 [제2종일반주거지역 ⇨ 자연녹지지역 및 제3종일반주거지역]

3. 용도지역에 대한 다양한 견해

- '현황기준 평가'라는 일반적인 기준에 따라 기준시점 당시 현황대로, 즉 해당 정비사업으로 인해 용도지역이 변경된 경우에는 그 변경된 상태대로 감정평가하여야 한다는 견해
- 변경 전/후 어느 하나의 기준만을 획일적으로 적용하는 것은 타당하지 않으며 변경 전/후 모두 적용가능하나, 변경 전 상태를 기준으로 감정평가하는 것이 좀 더 타당하다는 견해
- 기준시점이 최초 사업시행계획인가고시가 있은 날로부터 3년 이내인 경우는 변경 전 용도지역을 기준으로 하고 3년이 경과한 후에는 변경 후 용도지역을 기준으로 하여야 한다는 견해
- 그 외 다수의 견해

4. 용도지역에 대한 판단

이 문제는 **일률적인 기준을 정립하여 적용하기 어려운 측면이** 있으므로 해당 정비사업의 개별성 등을 고려하여 국유재산법 등 국·공유재산 매각 관계법규가 정한 정당한 [시가(時價)]를 구하는 데 가장 타당한 방법이 무엇인지를 개별적으로 판단하여 감정평가해야 한다.

따라서, 수험생들은 국·공유지 매각 감정평가 시 용도지역에 대한 논란에 대해 상기와 같은 논리적인 문제가 있다는 것 자체를 숙지하여야 하고, 문제에서 **출제자가 의도하는 방향**을 파악하여 출제자의 논거에 맞게 용도지역을 결정하고 문제를 해결해야 할 것이다.

5. 기타 논점

(1) 개간비 고려 여부

국·공유지가 개간지의 경우 개간비를 고려해야 하는지 여부가 논란이 있으나 개간 후 상태를 기준하여 평가하되, 개간비의 고려 여부는 총괄청 및 관리청이 심사·결정한 사안이다.

(2) 골프장 내 국·공유지

> **질의회신** **이용상황 판단** [한국감정평가사협회 공공지원팀 - 112]
>
> 사안의 경우는 정당한 사유로 점유하고 개량한 자에게 해당 재산을 매각하는 경우에 해당되므로, 귀 질의대상인 골프장 내 국유지의 매각을 위한 감정평가는 「국유재산법」 규정에 따라 매각 당시의 **개량한 상태를 기준**으로 현황평가하여야 할 것으로 봅니다.

제7절 현금청산 감정평가

1 「도시정비법」상 현금청산의 유형

1. 유형

유형	내용	성격
A	재건축사업에서 1. 조합설립 미동의자 2. 사업시행자 지정 미동의자 3. 토지 또는 건축물만 소유하여 조합원 자격 자체가 주어지지 않은 경우	처음부터 조합원 지위가 없는 경우
B	조합원 지위를 상실한 자 (재건축: 조합설립인가 후, 재개발: 관리처분계획인가 후 토지 또는 건축물을 양수한 경우, 단 상속 및 이혼으로 인한 경우 제외)	조합설립에 동의하여 조합원 지위를 취득한 후 후발적으로 조합원 지위를 상실한 경우 (단, 재건축의 경우 일정한 예외 있음)
C	1. 분양신청을 아니한 경우 2. 분양신청기간 내에 분양신청을 철회하는 경우 3. 분양신청을 하였으나 분양대상에서 제외된 경우 4. 법상 분양자격을 상실한 경우	
D	1. 조합원에서 제명된 자 2. 분양계약체결 기간 내 분양계약을 체결하지 않은 자	

2. 소유권 확보방안

유형	소유권 확보방안
A	「도시정비법」제64조상 매도청구권 행사
B	「도시정비법」제39조 제3항상 현금청산
C, D	재개발사업 시「도시정비법」제73조상 현금청산, 재건축사업 시「도시정비법」제73조상 매도청구소송

❷ 재개발사업에서 현금청산 감정평가

1. 재개발사업에서 현금청산 감정평가의 성격 및 기준

재개발사업은「토지보상법」상 수용·사용이 가능한 공익사업으로 현금청산협의가 성립되지 않은 경우에는 「토지보상법」에 따른 수용절차로 나아갈 것이 예정된다는 점 등에 따라「토지보상법」상 협의평가와 같은 성격 및 기준을 갖는다. 따라서, 구체적 감정평가방법은 보상평가 기준에 따른다. 다만,「도시정비법」의 개별적 특성 및 손실보상에 대한 구체적인 평가방법 등을 규정하고 있다는 점을 고려할 때,「토지보상법」제14조, 제15조, 제16조 판결 및 제68조에 따른 손실보상의 절차를 반드시 거칠 필요는 없다. [대법원 2015.11.27. 선고 2015두48877 판결]

2. 기준시점

재개발사업의 현금청산 감정평가는 보상평가 기준에 따르는 바,「토지보상법」제67조 제1항에 따라 현금청산 협의성립 예정일이 되나, 실무상 사업시행자가 서면으로 제시하는 날이 된다.

3. 적용공시지가

(1) 원칙

「토지보상법」제70조 적용

(2) 실효되는 경우

1) 기간 도과로 실효되는 경우

「도시정비법」에 의거「토지보상법」제20조에 따른 사업인정의제일인 사업시행계획인가 고시일 이후 「토지보상법」제23조에도 불구하고 사업시행계획 상 사업기간 내에 수용재결 신청을 할 수 있으며, 수용재결 신청의 종기를 도과하여 최초의 사업시행계획인가의 효력이 실효되는 경우 이후 적법한 요 건을 갖춘 새로운 사업시행계획변경인가 고시가 있다면 변경인가 고시일을 기준으로 공시지가를 적용 하여야 한다.

2) 사업시행계획 변경에 따라 실효되는 경우

> **⚖ 판례 | 적용공시지가** [대법원 2018.7.26. 선고 2017두33978 판결]
>
> 특정한 토지를 구 도시 및 주거환경정비법상 사업시행 대상 부지로 삼춘 최초의 사업시행인가 고시가 이루어지고 그에 따라 공익사업을 위한 토지 등의 취득 및 보상에 관한 법률에 따른 사업인정이 의제되어 사업시행자에게 수용 권한이 부여된 후 최초 사업시행인가의 주요 내용을 실질적으로 변경인가가 있는 경우, 손실보상금을 산정하는 기준일. [중략] 사업시행 대상부지 자체에 관하여는 아무런 변경 없이 건축물의 구조와 내용 등 사업시행계획의 내용을 대규모로 변경함으로써 **최초 사업시행인가의 주요 내용을 실질적으로 변경하는 인가가 있는 경우에도 최초의 사업시행 인가가 유효하게 존속**하다가 변경인가시부터 장래를 향하여 실효될 뿐이고 사업시행 대상부지에 대한 수용의 필요성은 특별한 사정이 없는 한 변경인가 전후에 걸쳐 아무런 차이가 없다.

특정한 토지를 사업시행 대상 부지로 삼은 최초의 사업시행인가 고시로 의제된 사업인정이 그 효력을 유지하고 있다면, 최초의 사업시행인가 고시일을 기준으로 보상금을 산정함이 원칙이다. 만일 이렇게 보지 않고 사업시행변경인가가 있을 때마다 보상금 산정 기준시점이 변경된다고 보게 되면, ① 보상금 산정 기준시점이 매번 바뀌게 되어 부당할 뿐 아니라, ② 사업시행자가 자의적으로 보상금 산정 기준 시점을 바꿀 수도 있게 되어 합리적이라고 볼 수 없다.

(3) 정비구역 추가·확장으로 추가 편입된 토지의 경우

정비구역이 추가·확장되는 경우는 대부분 사업시행계획변경인가 고시가 있게 되며 이는 최초 사업시행 계획인가 고시 당시의 정비사업과의 동일성 여부 및 그 동일성 판단기준, 동일성 판단 주체, 개발이익 배제의 방법이 문제가 된다. 이는 감정평가사가 개별적으로 판단할 문제가 아닌 해당 정비사업의 사업시 행계획인가권자의 판단을 거쳐야 하는 문제가 된다. 다만, 수험생 입장에서는 문제에서 주어진 사업의 동일성 및 개발이익 배제 처리 기준을 중심으로 출제자의 의도에 따라 문제를 해결하여야 한다.

(4) 구분소유적 공유관계

구분소유적 공유관계에 있는 여러 공유자 중 일부 공유자만이 현금청산 대상자가 되는 경우 일반 보상평 가기준과 같이 한 필지 토지 전체를 기준으로 감정평가한 후 공유지분비율에 따라 감정평가한다.

4. 용도지역 및 도시계획시설 저촉의 처리 문제

「토지보상법」에 따른 보상평가 기준에 따라 처리한다.

5. 감정평가 목적물

「토지보상법」상 감정평가의 대상과 동일하다.

❸ 재건축사업에서 현금청산 감정평가

1. 재건축사업에서 현금청산 감정평가의 성격 및 기준

[대법원 2010.12.23.0 선고 2010다73215 판결]에 따라 재건축사업에서 현금청산 대상자에게는 매도청구권 을 행사하여야 한다고 판시하였는바, 재건축사업에서 「도시정비법」 제73조에 따른 현금청산 감정평가의 기 준은 후술하는 매도청구 감정평가의 기준과 같다. 재건축사업의 성격을 보건대 국·공유재산과 현금청산 대 상자의 재산(목적물)은 결국 사업시행자가 매입해야 하는 항목에 해당한다고 볼 수 있다.

2. 기준시점

현행 「도시정비법」은 현금청산 감정평가 시 기준시점에 대해 별도의 규정을 두고 있지 않으며, 다양한 양상에 따라 기준시점의 판단에 어려움이 있을 수 있어 반드시 사업시행자로부터 기준시점을 서면으로 제시받아야 한다. 즉, 사업시행자 제시일을 기준시점으로 한다.

다만, 2013.12.23. 법률 제12116호로 개정되기 전에는 <대법원>에 따르면 분양신청기간 종료일의 다음 날, 관리처분계획 인가를 받은 날의 다음 날 등으로 기준시점을 보고 있으며, 개정 후에는 인가·고시된 날의 다음 날 등으로 규정하고 있어 반드시 사업시행자에게 그 기준시점을 제시받아야 한다.

3. 적용공시지가

재건축사업에서의 현금청산 감정평가는 [시가(時價)]를 기준하여 감정평가하기 때문에 기준시점 당시 공시된 최근 공시지가를 적용한다.

4. 용도지역 및 도시계획시설 저촉의 처리 문제

국·공유재산 매각 감정평가와 동일하게 처리한다.

5. 감정평가 목적물

(1) 원칙

토지, 건축물, 그 밖의 권리의 손실보상

(2) 주거이전비 및 이전비

재건축사업의 경우 그 성격상 주거이전비, 동산이전비, 영업손실보상 등의 세입자 손실보상이 제외됨이 일반적이었으나 서울특별시의 경우 아현2단독주택재건축구역 철거과정에서 발생한 사건 이후 2019년 4월 이후 상기 항목을 사업시행계획인가 조건으로 의무화하였다. 따라서, 각 지방자치단체의 조례 및 정비사업 정관 내용 등을 확인하여 사업시행자로부터 목적물을 제시 받아야 한다. 수험생의 경우 문제에서 제시되는 목적물이 있는 경우 상기와 같은 논란이 있다는 것을 전제하여 감정평가 목적물로 봄이 출제자의 의도상 타당하다.

4 조합원 자격 상실의 경우 현금청산 감정평가

1. 재개발사업 시 기준시점 「도시정비법」 제39조 제3항

사업시행자가 제시하는 현금청산 협의성립 예정일을 기준시점으로 한다.

2. 재건축사업 시 기준시점 「도시정비법」 제39조 제3항

투기과열지구에서 재건축조합설립인가 후 토지 또는 건물을 양수한 날의 다음 날(실무상 잔금일과 소유권이전등기일 중 빠른 날)

5 영업손실 보상평가

1. 세입자별 영업손실 보상 여부

2009.11.28. 이후 최초로 관리처분계획을 수립하는 정비사업부터 세입자 보호 강화를 위한 조치의 일환으로 '세입자별 손실보상을 위한 권리명세 및 그 평가액'이 관리처분계획의 내용으로 신설되어, 재개발사업구역 내 [세입자] 중 영업손실보상대상자에 대한 엉업손실보상평가를 실시 되고 있다.

다만, 소유자가 직접 영업하는 경우 영업손실보상대상자에 포함되는지 여부는 견해의 대립이 있으나, 이는 보상대상의 확정 문제로서 감정평가사 개인이 확정 지을 수 있는 문제가 아니므로 이는 제시목록에 따라 결정된다.

2. 영업손실보상 대상의 기준일

(1) 「토지보상법 시행규칙」 제45조 기준

핵심체크 | 영업손실보상 기준일 [법제처 법령해석][14 - 0574, 2014.10.29.]

즉, 「토지보상법 시행규칙」 제45조에서 영업손실 보상의 기준일을 사업인정 고시일로만 한정하지 않고, 보상계획 공고일도 포함하는 "**사업인정고시일등**"으로 규정한 것은 공익사업이 시행된다는 사실을 상황에 따라 사업인정 고시 뿐만 아니라 보상계획 공고로도 알릴 수 있고, 두 절차 중 하나의 절차가 항상 먼저 진행되는 것은 아니라는 점을 고려하여 영업손실 보상 대상에 해당하는지 여부를 해당 공익사업이 시행됨을 최초로 알린 시점을 기준으로 판단하겠다는 취지라고 할 것입니다.

따라서 영업손실 보상의 기준이 되는 날은 **보상계획 공고일과 사업인정 고시일 중 앞선 날을** 의미한다고 보아야 할 것입니다(대법원 2010.9.9. 선고 2009두16824 판결례 참조).

(2) 「도시정비법」 기준

구분	기준일	비고
2012.8.1. 이전	「토지보상법」상 사업인정고시일등	사업인정(사업시행계획인가)고시일 또는 개별법상 행위제한일인지 견해 대립 있음
2012.8.2. 이후	최초 정비계획수립을 위한 **공람공고일**	

「도시정비법 시행령」 제54조(손실보상 등)

① 제13조 제1항에 따른 공람공고일부터 계약체결일 또는 수용·재결일까지 **계속하여 거주하고 있지 아니한 건축물의 소유자**는 「공익사업을 위한 토지 등의 취득 및 보상에 관한 법률 시행령」 제40조 제5항 제2호에 따라 **이주대책대상자에서 제외**한다. 다만, 같은 호 단서(같은 호 마목은 제외한다)에 해당하는 경우에는 그러하지 아니하다.

② 정비사업으로 인한 영업의 폐지 또는 휴업에 대하여 손실을 평가하는 경우 **영업의 휴업기간은 4개월 이내로** 한다. 다만, 다음 각 호의 어느 하나에 해당하는 경우에는 실제 휴업기간으로 하되, 그 휴업기간은 2년을 초과할 수 없다.

  1. 해당 정비사업을 위한 영업의 금지 또는 제한으로 인하여 4개월 이상의 기간동안 영업을 할 수 없는 경우

  2. 영업시설의 규모가 크거나 이전에 고도의 정밀성을 요구하는 등 해당 영업의 고유한 특수성으로 인하여 4개월 이내에 다른 장소로 이전하는 것이 어렵다고 객관적으로 인정되는 경우

③ 제2항에 따라 **영업손실을** 보상하는 경우 보상대상자의 인정시점은 제13조 제1항에 따른 **공람공고일로** 본다.

④ **주거이전비를** 보상하는 경우 보상대상자의 인정시점은 제13조 제1항에 따른 **공람공고일로** 본다.

「도시정비법」 제72조(분양공고 및 분양신청)

① 사업시행자는 제50조 제9항에 따른 사업시행계획인가의 고시가 있은 날(사업시행계획인가 이후 시공자를 선정한 경우에는 시공자와 계약을 체결한 날)부터 **90일**(대통령령으로 정하는 경우에는 1회에 한정하여 30일의 범위에서 연장할 수 있다) 이내에 다음 각 호의 사항을 토지등소유자에게 통지하고, 분양의 대상이 되는 대지 또는 건축물의 내역 등 대통령령으로 정하는 사항을 해당 지역에서 발간되는 일간신문에 공고하여야 한다. 다만, 토지등소유자 1인이 시행하는 재개발사업의 경우에는 그러하지 아니하다.

2025년 5월 1일 개정 시행 이후 기존 120일에서 90일로 변경되어 상기와 같은 C유형의 경우 현실적인 매도청구소송의 기준시점은 사업시행계획인가고시일 90일 이후가 될 것이다. A유형의 경우에는 소송평가임을 고려할 때 법원에서 제시하는 날(상대방에게 도달한 날 등)이 기준시점이 될 것이다.

제8절 매도청구 감정평가

1 매도청구 감정평가의 유형 [재건축사업]

유형	내용	성격	소유권 확보방안
A	재건축사업에서 1. 조합설립 미동의자 2. 사업시행자 지정 미동의자 3. 토지 또는 건축물만 소유하여 조합원 자격 자체가 주어지지 않은 경우	처음부터 조합원 지위가 없는 경우	「도시정비법」 제64조상 매도청구권 행사
C	재건축사업에서 1. 분양신청을 아니한 경우 2. 분양신청기간 내에 분양신청을 철회하는 경우 3. 분양신청을 하였으나 분양대상에서 제외된 경우 4. 법상 분양자격을 상실한 경우	조합설립에 동의하여 조합원 지위를 취득한 후 후발적으로 조합원 지위를 상실한 경우(단, 재건축의 경우 일정한 예외 있음)	「도시정비법」 제73조상 매도청구소송

2 기준시점

유형	시준시점
A	사업시행자의 매도청구의 의사표시가 **상대방에게 도달한 날**
C	재건축사업의 현금청산과 같다. **(법원)제시일**(소송감정평가로 실무상 기준시점이 문제될 여지가 없다.)

3 감정평가 목적물

재건축사업에서의 현금청산과 같다.

4 감정평가의 기준

1. 일반적인 기준

이하에서 검토하는 사항을 제외하고는 「감칙」 및 「실무기준」에 따른다.

2. 시가(時價)의 의미

매도청구소송 감정평가에서 가장 논란이 되는 부분은 [개발이익을 반영한 시가]라는 대법원 판례의 판시사항이다.

> **핵심체크 | 매도청구에 따른 감정평가 「감정평가 실무기준」** [730 - 3.4]
>
> 재건축사업구역 안의 토지 등에 대한 「도시정비법」 제39조의 매도청구에 따른 감정평가는 **법원에서 제시하는 날을 기준**으로 한다. 다만, 기준시점에 **현실화ㆍ구체화되지 아니한 개발이익이나 조합원의 비용부담을 전제로 한 개발이익은 배제하여 감정평가한다.**

> **⚖ 판례 | 시가인지** [대법원, 2009.3.26. 선고 2008다21549, 21556, 21563 판결]
>
> … 이 사건 토지의 현황이 도로일지라도 재건축이 추진되면 아파트 단지의 일부가 되므로 대지로서 평가하되, 다만 그 형태, 면적, 단독토지로서의 효용가치 등 획지 조건의 열세와 기여도 등을 감안하여 감액평가하는 방식으로 '**재건축을 전제할 경우의 시가**'를 산출하였다는 이유로 … 정당하다.

> **⚖ 판례 | 감액평가해야 하는지** [대법원, 2014.12.11. 선고 2014다41698 판결]
>
> 재건축사업이 시행될 것을 전제로 할 경우의 **인근 대지 시가와 동일하게 평가하되, 각 토지의 형태, 주요 간선도로와의 접근성, 획지조건 등 개별요인을 고려하여 감액 평가하는 방법으로 산정하는 것이 타당**한데도, 현황이 도로라는 사정만으로 인근 대지 가액의 1/3로 감액한 평가액을 기준으로 시가를 산정한 원심판결에 법리오해의 잘못이 있다.

> **⚖ 판례 | 개발이익 포함 여부** [대법원, 2014.12.11. 선고 2014다41698 판결]
>
> 가격시점 당시를 기준으로 그 사업으로 인해 발생할 것으로 예상되는 **개발이익은 포함하여 평가**하여 평가하여야 하나, 현실화ㆍ구체화되지 아니한 미실현이익이나 장래비용부담을 전제로 한 개발이익은 포함하여서는 아니되므로 … [중략]

3. 비교표준지 선정

(1) 공동주택 재건축사업

비교표준지 선정에 따른 쟁점이 적다.

(2) 단독주택 재건축사업

단독주택 재건축사업에서는 당해 사업과 관련하여 발생할 것으로 예상되는 개발이익을 반영하여 감정평가하기 위해서 아파트 용지의 비교표준지를 선정하여야 하는지가 문제시 될 수 있다.

그러나 재건축사업에서의 매도청구대상인 토지는 기준시점 당시의 이용상황과 달리 장래 아파트용지로 이용될 것이 예정되어 있는 이행지로 볼 수 있으나, 매도청구 감정평가의 경우 해당 재건축사업의 완료를 전제로 감정평가하는 것은 아니다. 다만, 매도청구소송과 관련하여 <대법원>은 "재건축사업이 시행될 것을 전제로 할 경우의 인근 대지 시가와 동일하게 평가하되"라고 판결하였는바, '인근 대지'에 대한 해석에 있어 기준시점 당시의 대지인 '종전자산'으로서의 대지를 의미하는 것이지 '아파트 용지'인 경우를 상정하였을 때의 '대지'로 보는 것인지 견해의 차이가 있을 수 있다. 즉, 반드시 장래 이용상황인 아파트 용지를 기준으로 비교표준지를 선정해야 하는 것은 아니므로, 아파트 용지로 이용상황이 변경되기 위해서는 시간과 비용부담이 수반되어야 한다는 점, 주위환경 등의 차이점 등을 성숙도 보정 등으로 고려하여야 한다는 점을 고려하여 구체적 사례에 따라 표준지를 선정하여야 할 것이다.

즉, 수험생은 아파트 용지를 기준하는 경우에는 장래 시간과 비용부담에 따른 미성숙도 보정을, 기준시점 당시 현실적인 이용상황을 기준하는 경우에는 장래 아파트 용지인 일단지로 이용될 것이 예정됨에 따른 개발이익을 고려하여 성숙도 보정을 할 것인지 출제자 제시에 따라 결정하도록 한다.

> **⚖ 판례 | 이용상황 판단** [서울고등법원, 2017.2.8. 선고 2016나2059110 판결]
>
> ⑤ 감정인 소외인의 2차 감정은 이 사건 사업계획승인에 따른 공동주택과 부대복리시설에 관한 주택건설사업이 완료되어 이 사건 부동산이 아파트단지의 부지로 사용되고, 이 사건 부동산에 접하고 있는 일단의 토지들 역시 아파트단지의 부지로 사용되며, 이 사건 사업이 시행되는 지역 내외에 이 사건 지구단위계획결정에 따른 도로, 공원, 녹지 등의 기반시설이 설치되어 있는 상태를 전제로 이루어진 것이다. 그러나 앞서 본 법리에 의하더라도 **'개발이익'을 반영한다는 것**은 주택건설사업이 모두 완료되는 장래의 상황을 가정하여 그와 같은 미래의 특정 시점에서 실현될 개발이익을 현재 가치로 환산하여 매매대금에 포함시켜야 한다는 취지로는 볼 수 없고, 다만 **매도청구권 행사 당시까지 주택건설사업 시행으로 인하여 발생, 형성되는 개발이익을 그 시가로 산정하여야 한다는 뜻**으로 보아야 한다. 이러한 견지에서 볼 때, 이 사건 사업계획승인에 따른 주택건설사업이 완료된 상태를 상정하고 한 감정인 소외인의 2차 감정결과는 이 사건 부동산의 매매대금을 결정하는 자료로 원용하기에는 적절하지 않다고 여겨진다.

즉 '시가'는 매도청구권이 행사된 당시의 토지나 건물의 객관적 거래가격으로서, 당해 정비사업으로 인하여 발생할 것이 예상되는 개발이익이 포함된 가격이나 해당 사업이 완료되기 전까지 현실화 · 구체화 되지 아니한 미실현이익이나 장래비용부담을 전제로 한 개발이익을 현재시점에서 미리 예측하여 이를 전부 반영하라는 취지가 아니라, 해당 사업이 진행됨에 따라 점차 구체화되는 기준시점 당시의 개발이익을 그 시가 산정에 반영하라는 취지이다.

4. 용도지역 판단 및 도시계획시설 저촉 감안의 여부

국 · 공유재산 매각 감정평가와 동일하게 처리한다.

5. 지목이 '도로'인 경우 행정적 조건 감가 여부

> **⚖ 판례 | 도로의 경우 감가 여부** [대법원, 2019.11.28. 선고 2019다235566 판결]
>
> 이 사건 제3부동산의 지목이 구거이고 현황이 도로일지라도 원고가 추진하는 주택건설사업이 시행되면 공동주택 부지의 일부가 되는 이상 그 시가는 주택건설사업이 시행될 것을 전제로 할 경우의 **인근 대지 시가와 동일하게 평가해야 하고**, 다만 형태, 면적 등 획지조건 등 개별요인을 고려하여 감액 평가할 수 있을 뿐이다. 지목이 구거라는 이유만으로 행정조건을 열세로 반영하는 것은 실질적으로는 개발이익을 반영하지 않고 현재의 지목과 현황을 기준으로 시가를 산정한 것으로 볼 수 있다.

매도청구 감정평가에서 지목 '대', 현황 '대'인 토지를 비교표준지로 선정한 경우 대상토지의 지목도로가 열세하다는 이유로 행정적 조건에서 감액보정하여서는 안 된다.

[개발사업지구의 단계별 지가상승 분석]

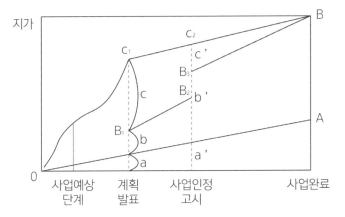

- A: 공익사업의 시행이 없었을 경우의 지가곡선
- B1~B2~B3~B: 개발의 진행에 따라 개발이익을 적절히 반영시킨 공시지가 수준곡선
- C1~C2~B: 투기가격을 포함하여 거래되고 있는 현실가격곡선
- a, a': 정상지가상승분
- b, b': 공시기자에 반영시긴 개발이익분
- c, c': 투기가격수준
- a+b, a'+b': 공시지가 수준

제9절   비례율과 청산금

1 비례율

1. 의의

비례율이란 정비구역 내 사업완료 후 대지 및 건물추산액에서 총 사업비를 뺀 후 구역 내 종전 토지 및 건축물가액으로 나눈 율을 말한다. 이는 해당 정비사업의 시행 전에 사전에 예상되는 개발이익을 추정하고 사업의 원활한 시행을 조합인들에게 인식시키는 수단으로 활용되고 있다. 즉, 사업의 타당성을 나타내는 지표로 볼 수 있다.

2. 비례율 산정

(1) 산식

$$비례율 = \frac{분양예정\ 대지\ 또는\ 건물\ 추산액\ -\ 총사업비}{종전\ 토지\ 및\ 건축물\ 가격} \times 100(\%)$$

(2) 해석

상기의 비례율 산식은 예상되는 총수입에서 총비용을 차감한 가액과 원가를 구성하는 종전자산가액과의 관계를 설명하는 산식으로, 해당 정비사업의 개략적인 수익률을 판단할 수 있다. 즉, 앞선 타당성 분석에서의 NPV법 또는 개발법의 논리와 유사하다고 볼 수 있으며 사업성을 나타내는 지표이다.

(3) 세부내역

1) 분양 예정 대지 또는 건물추산액

> 분양 예정 대지 또는 건물 추산액 = 조합원 분양가 총액 + 일반분양가 총액

2) 총사업비(정비사업비)

> 총사업비 = 건축비 + 국·공유지 유상취득가액 + 매도청구액 + 현금청산액 + 세입자대책비용(영업손실보상액, 주거이전비, 이사비 등) + 외주용역비(감정평가 수수료 등) + 각종 부담금(교통시설 부담금, **재건축 부담금** 등) + 제세공과금(법인세 등) + 금융비용 + 기타 사업비

3. 비례율 산정의 효과

① 권리가액 산정으로 인한 주민의 불만을 완화시키고 사업시행 후 사업계획완료까지 사업으로 인한 개발이익을 사전에 예상할 수 있다.

② 사업완료 후 조합원에게 귀속되는 이익을 개략적으로 예상할 수 있다.

③ 사업완료 후 조합원에게 배분될 권리가액 및 정산금을 알 수 있으므로, 자금조달계획을 작성할 수 있다.

④ 사업시행자는 정비사업에 따른 사업성을 판단할 수 있으며, 사업계획 등을 수정할 지표로 활용할 수 있다.

4. 분담금 추산액과 비례율

> 「도시정비법」 제9조(정비계획의 내용)
> ① 정비계획에는 다음 각 호의 사항이 포함되어야 한다.
>   2의2. 토지등소유자 유형별 분담금 추산액 및 산출근거

종래에는 정비계획에 '토지등소유자별 분담금 추산액 및 산출근거'를 포함되도록 규정하였으나. 2025년 6월 4일 개정 시행 이후 '토지등소유자 유형별 분담금 추산액 및 산출근거'를 포함되도록 개정하여 정비계획 수립 시 분담금 추산 절차를 간소화하였다. 즉, 타당성 검토 단계에서 유형별 분담금 추산액을 산정하도록 규정하여 정비사업을 신속하게 진행할 수 있게 하였다.

2 조합원 청산금

1. 권리가액

(1) 의의

권리가액이란 관리처분계획기준일 현재 조합원의 종전자산가액에 비례율을 곱하여 산정한 조합원의 출자자산의 가액으로 조합원이 행사할 수 있는 권리금액을 말한다.

(2) 산식

$$권리가액 = (조합원)종전자산\ 가액 \times 비례율$$

2. 청산금

(1) 의의

청산금이란 정비사업에 따른 조합원의 분양가액과 조합원 출자자산인 종전자산에 비례율을 곱하여 산정한 권리가액과의 차액을 말한다. 조합원의 토지(지분) 등의 가액이 높아 권리가액이 조합원 분양가액 보다 높게 산정될 경우 청산금을 지급받게 되며, 반대의 경우 청산금을 납부하게 된다.

(2) 산식

$$청산금 = 조합원\ 분양가액 - 권리가액$$

❸ 관련 문제

1. 종전자산 감정평가와 권리가액

(1) 개설

정비사업 구역 내 종전자산 감정평가액과 관련하여 조합원의 권리가액에 대한 정확한 이해를 통해 조합원의 종전자산 평가액과 시가에 대한 개념 차이, 종전자산, 권리가액, 비례율 간의 관계를 숙지하여야 한다.

(2) 산식

$$甲조합원\ 권리가액 = 甲종전자산가액 \times \frac{분양예정\ 대지\ 또는\ 건물추산액 - 총사업비}{종전\ 토지\ 및\ 건축물\ 가격} \times 100(\%)$$

※ 전체 종전 토지 및 건축물 가격 = 甲가액 ÷ 출자자산자비율

(3) 검토

상기의 권리가액 산정식에서 조합원 권리가액은 비례율 산성 시 분모에 해당하는 "종전 토지 및 건축물 가격"과 "종전자산 가액"의 상쇄를 통해 조합원 개인의 권리가액과 종전자산 감정평가액과의 관계가 없음을 알 수 있다. 따라서, 종전자산 평가액이 기준시점 당시 해당 구역 인근지역의 지가 대비 과소하게 감정평가(정비사업에 따른 용도지역 변경 전 기준 평가 등에 의해)되었다 하더라도 이는 종전자산 감정평가의 목적 등을 고려할 때 적정한 감정평가방법이며 다만, 조합원 개별 종전자산만을 높이는 경우에만 청산금에 영향을 미치므로 종전자산 감정평가가 조합원 출자자산의 균형이라는 점을 고려할 때, 개인별 종전자산의 상승만은 이기적 주장으로 종전자산의 균형을 깨는 문제가 발생생할 수 있다.

2. 종후자산 감정평가와 권리가액 및 청산금

앞선 논의와 같이 종전자산 감정평가액은 조합원 개인의 권리가액에 미치는 영향은 없지만 종후자산의 감정 평가액과는 밀접한 관계를 가지고 있다. 종후자산 감정평가액이 높은 경우 비례율은 상승하게 되며 이에 따라 조합원 권리가액은 높아지게 되고, 청산금액 또한 영향을 받게 된다. 다만, 「(구)도시정비법」상 지방자치단체 조례에 의한 종후자산의 원가방식 적용의 경우 종전자산은 원가의 성격을 지니고 있는 바, 종전자산의 상승은 조합원 분양가를 상승시키므로 청산금의 개선을 가져올 수 없다.

제10절 재건축초과이익 환수

1 용어의 정리

「재건축초과이익 환수에 관한 법률」 제2조(정의)

이 법에서 사용하는 용어의 정의는 다음과 같다.

1. "**재건축초과이익**"이라 함은 「도시 및 주거환경정비법」 제2조 제2호 다목에 따른 재건축사업 및 「빈집 및 소규모 주택 정비에 관한 특례법」 제2조 제1항 제3호 다목에 따른 소규모재건축사업(이하 "재건축사업"이라 한다)으로 인하여 정상주택가격상승분을 초과하여 다음 각 목의 어느 하나에 귀속되는 주택가액의 증가분으로서 제7조에 따라 산정된 금액을 말한다.

   가. 「도시 및 주거환경정비법」 제35조 또는 「빈집 및 소규모주택 정비에 관한 특례법」 제23조에 따라 설립된 조합(이하 "조합"이라 한다)

   나. 「도시 및 주거환경정비법」 제26조 제1항(같은 항 제1호는 제외한다) 또는 「빈집 및 소규모주택 정비에 관한 특례법」 제18조 제1항(같은 항 제1호는 제외한다)에 따라 지정된 공공시행자(이하 "공공시행자"라 한다)

   다. 「도시 및 주거환경정비법」 제27조 제1항 제3호 또는 「빈집 및 소규모주택 정비에 관한 특례법」 제19조 제1항에 따라 지정된 신탁업자(이하 "신탁업자"라 한다)

   라. 「빈집 및 소규모주택 정비에 관한 특례법」 제22조 제1항에 따라 구성된 주민합의체(이하 "주민합의체"라 한다)

   마. 조합원(사업시행자가 공공시행자 또는 주민합의체인 경우 「도시 및 주거환경정비법」 제2조 제9호 나목 또는 「빈집 및 소규모주택 정비에 관한 특례법」 제2조 제1항 제6호 나목에 따른 토지등소유자를 말하며, 사업시행 자가 신탁업자인 경우 위탁자를 말한다. 이하 같다)

2. "**정상주택가격상승분**"이라 함은 제10조에 따라 산정된 금액을 말한다.

3. "**재건축부담금**"이라 함은 재건축초과이익 중 이 법에 따라 국토교통부장관이 부과·징수하는 금액을 말한다.

4. "**개시시점 부과대상 주택**"이라 함은 제8조에 따른 부과개시시점의 재건축사업의 대상이 되는 주택을 말한다. 다만, 국가 또는 공공기관 등이 보유하는 주택으로서 대통령령으로 정하는 주택을 제외할 수 있다.

5. "**종료시점 부과대상 주택**"이라 함은 제8조에 따른 부과종료시점의 재건축사업으로 건축된 주택을 말한다. 다만, 국가, 지방자치단체 또는 공공기관 등이 보유하거나 재건축사업으로 인하여 인수하는 주택으로서 대통령령으로 정하는 주택을 제외할 수 있다.

6. "**납부의무자**"란 제1호에 따른 조합, 공공시행자, 신탁업자, 주민합의체 또는 조합원을 말한다.

2 재건축부담금 산정

1. 재건축부담금 부과 대상

> **「재건축초과이익 환수에 관한 법률」 제5조(대상사업)**
> 재건축부담금 부과대상 행위는 제2조 제1호에 따른 재건축사업으로 한다.

재건축부담금 부과대상은 재건축사업으로 한다.

2. 재건축초과이익

(1) 산식

> **「재건축초과이익 환수에 관한 법률」 제7조(부과기준)**
> 재건축부담금의 부과기준은 종료시점 부과대상 주택의 가격 총액(이하 "종료시점 주택가액"이라 한다)에서 다음 각
> 호의 모든 금액을 공제한 금액으로 한다. 다만, 부과대상 주택 중 일반분양분의 종료시점 주택가액은 분양시점 분양가
> 격의 총액과 제9조 제3항에 따라 산정한 종료시점까지 미분양된 일반분양분의 가액을 반영한 총액으로 한다.
> 1. 개시시점 부과대상 주택의 가격 총액(이하 "개시시점 주택가액"이라 한다)
> 2. 부과기간 동안의 개시시점 부과대상 주택의 정상주택가격상승분 총액
> 3. 제11조의 규정에 의한 개발비용 등

> 재건축초과이익 = 종료시점 주택가액 - (개시시점 주택가액 + 정상주택가격상승분 + 개발비용)

(2) 종료시점 주택가액

> **「재건축초과이익 환수에 관한 법률」 제8조(기준시점 등)**
> ③ 부과종료시점은 해당 **재건축사업의 준공인가일**로 한다. 다만, 부과대상이 되는 재건축사업의 전부 또는 일부가
> 다음 각 호의 어느 하나에 해당하는 경우에는 다음 각 호의 어느 하나에 해당하게 된 날을 부과종료시점으로 한다.
> 1. 관계법령에 의하여 재건축사업의 일부가 준공인가된 날
> 2. 관계행정청의 인가 등을 받아 건축물의 사용을 개시한 날
> 3. 그 밖에 대통령령으로 정한 날

> **「재건축초과이익 환수에 관한 법률」 제9조(주택가액의 산정)**
> ③ 제7조에 따른 **종료시점 주택가액**은 대통령령으로 정하는 바에 따라 국토교통부장관이 대통령령으로 정하는 부동산
> 가격의 조사·산정에 관하여 전문성이 있는 기관(이하 "부동산가격조사 전문기관"이라 한다)에 의뢰하여 종료시점
> 현재의 주택가격 총액을 조사·산정하고 이를 「부동산 가격공시에 관한 법률」에 따른 부동산가격공시위원회(이하
> "부동산가격공시위원회"라 한다)의 심의를 거쳐 결정한 가액으로 한다. 이 경우 본문에 따라 산정된 종료시점 현재
> 의 주택가격은 「부동산 가격공시에 관한 법률」 제16조, 제17조 및 제18조에 따라 공시된 주택가격으로 본다.

> **「재건축초과이익 환수에 관한 법률」 제2조(정의)**
> 5. "종료시점 부과대상 주택"이라 함은 제8조에 따른 부과종료시점의 재건축사업으로 건축된 주택을 말한다. 다만,
> **국가, 지방자치단체 또는 공공기관 등이 보유하거나 재건축사업으로 인하여 인수하는 주택**으로서 대통령령으로
> 정하는 <u>주택을 제외할 수 있다</u>.

(우측 세로 탭)
「도시 및 주거환경정비법」 감정평가│해커스 감정평가사 이승준 감정평가실무 2차 기본서

1) 기준시점: 재건축사업의 준공인가일

2) 산정

  (가) 일반 분양분: 분양시점 분양가액

  (나) 조합원 분양분

      부동산가격조사 전문기관에 의해 산정된 종료시점 당시 주택가격 총액을 산정한 후 부동산가격
      공시위원회의 심의를 거쳐 결정한 가액

(3) 개시시점 주택가액

「재건축초과이익 환수에 관한 법률」 제8조(기준시점 등)

① 부과개시시점은 재건축사업을 위하여 **최초로 조합설립인가를 받은 날**로 한다. 다만, 부과대상이 되는 재건축사업의 전부 또는 일부가 다음 각 호의 어느 하나에 해당하는 경우에는 다음 각 호의 어느 하나에 해당하는 날을 부과개시시점으로 한다.

기존 법령의 개시시점 주택가액 기준시점인 '조합설립추진위원회 승인된 날'에서 '최초 조합설립인가일'로 개정되어(2023.12.26.) 조합원의 재건축초과이익 환수분의 부담을 줄이게 되었다.

「재건축초과이익 환수에 관한 법률」 제9조(주택가액의 산정)

① 제7조에 따른 **개시시점 주택가액**은 「부동산 가격공시에 관한 법률」에 따라 공시된 부과대상 주택가격(공시된 주택가격이 없는 경우는 제3항에서 규정한 절차에 따라 국토교통부장관이 산정한 부과개시시점 현재의 주택가격)총액에 공시기준일부터 개시시점까지의 **정상주택가격상승분을 반영한 가액**으로 한다. 다만, 「주택법」에 따른 부대시설 또는 복리시설을 소유한 조합원이 종료시점 부과대상 주택을 공급받는 경우에는 본문에 따라 산정된 부과대상 주택가격총액에 「감정평가 및 감정평가사에 관한 법률」에 따른 감정평가법인등이 대통령령으로 정하는 바에 따라 평가·산정한 부대시설 및 복리시설의 가격 총액을 합산하여야 한다.

② 제1항에도 불구하고 제15조에 따라 재건축부담금을 결정·부과하는 경우에는 제1항에 따른 **개시시점 주택가액에 종료시점 주택가액과 종료시점 실거래가격**(실거래가격이 없거나 부족한 경우에는 인근 유사단지의 실거래가격을 고려한 적정가격을 말한다)**과의 비율을 적용하여 조정한 가액**으로 한다. 이 경우 실거래가격의 산정 및 비율적용의 기준·방법에 관하여 필요한 사항은 대통령령으로 정한다.

「재건축초과이익 환수에 관한 법률」 시행령 제6조(주택가액의 산정)

① 법 제9조 제1항 단서에 따라 「주택법」에 따른 **부대시설 또는 복리시설**(이하 이 조에서 "부대시설등"이라 한다)을 소유한 조합원이 종료시점 부과대상 **주택을 공급받는 경우** 같은 항 본문에 따라 산정된 부과대상 주택가격총액에 합산하는 부대시설 등의 가격 총액은 해당 조합원별로 다음 각 호의 구분에 따라 평가·산정한 가격을 합산한 금액으로 한다. 이 경우 감정평가 방법은 「도시 및 주거환경정비법」 제74조 제4항에서 정한 방법에 따르며, 감정평가에 드는 비용은 납부의무자가 부담해야 한다.

1. 「도시 및 주거환경정비법 시행령」 제63조 제2항 제2호 가목에 따라 주택을 공급받는 경우: 개시시점의 부대시설 등에 대하여 감정평가를 실시하여 산정한 가격

2. 「도시 및 주거환경정비법 시행령」 제63조 제2항 제2호 나목에 따라 주택을 공급받는 경우: 개시시점의 부대시설 등에 대하여 감정평가를 실시하여 산정한 가격에 「도시 및 주거환경정비법」 제74조 제1항 제3호에 따른 분양대상자의 분양예정 대지 또는 건축물의 추산액에서 분양대상자의 분양예정 주택의 추산액이 차지하는 비율을 곱하여 산정한 가격. 다만, 조합이 요청하는 경우에는 개시시점의 부대시설 등에 대하여 감정평가를 실시하여 산정한 가격에 종료시점의 대지 또는 건축물의 감정평가가격에서 종료시점의 주택의 감정평가가격이 차지하는 비율을 곱하여 산정할 수 있다.

3. 「도시 및 주거환경정비법 시행령」 제63조 제2항 제2호 다목에 따라 주택을 공급받는 경우: 개시시점의 부대시설 등에 대하여 감정평가를 실시하여 산정한 가격

② 개시시점 부과대상 주택의 가격 총액(이하 "개시시점주택가액"이라 한다)을 법 제9조 제2항 전단에 따라 조정한 가액은 다음 계산식에 따라 산정한 금액으로 한다.

> 법 제9조 제2항 전단에 따라
> 조종한 개시시점 = A × B × C
> 주택가액
> A: 개시시점주택가액
> B: 종료시점 부과대상 주택의 가격 총액(이하 "종료시점주택가액"이라 한다)을 종료시점 실거래가격으로 나눈 값
> C: 개시시점 실거래가격을 개시시점주택가액으로 나눈 값
> (다만, 법 제9조 제1항 단서에 해당하는 경우에 대해서는 A = 이 조 제1항에 따른 부대시설등의 가격 총액, C = 1을 적용한다)

「재건축초과이익 환수에 관한 법률」 제10조(정상주택가격상승분의 산정)

① 제7조 제2호에 따른 **정상주택가격상승분**은 제9조 제1항 및 제2항에 따른 개시시점 주택가액에 국토교통부장관이 대통령령으로 정하는 바에 따라 고시하는 **정기예금이자율**과 종료시점까지의 해당 재건축 사업장이 소재하는 특별자치시 · 특별자치도 · 시 · 군 · 구의 **평균주택가격상승률 중 높은 비율**을 곱하여 산정한다.

② 제1항에 따른 평균주택가격상승률은 「주택법」 제89조의 규정에 따라 국토교통부장관의 위탁을 받은 자가 통계청 승인을 받아서 작성한 주택가격 통계를 이용하여 산정한다. 다만, 특별자치시 · 특별자치도 · 시 · 군 · 구의 주택가격 통계가 생산되기 이전 기간의 평균주택가격상승률은 국토교통부장관이 대통령령으로 정하는 바에 따라 부동산가격조사 전문기관에 의뢰하여 해당 특별자치시 · 특별자치도 · 시 · 군 · 구의 기준시가 변동률, 통계청 승인을 받은 해당 특별자치시 · 특별자치도 · 시 · 군 · 구가 소재하는 광역지방자치단체의 주택가격 상승률 등을 고려하여 조사 · 산정하고 이를 부동산가격공시위원회의 심의를 거쳐 결정한다.

1) 기준시점: (최초)조합설립인가일

2) 산식

> $$\text{개시시점 주택가액총액} \times \text{정상주택가격상승분} \times \frac{\text{종료시점 주택가액}}{\text{종료시점 실거래가액}} \times \frac{\text{개시시점 실거래가액}}{\text{개시시점 주택가액}}$$

구) 「재건축이익환수법 시행령」 제6조는 개시시점의 주택가액 총액은 주택부분의 가액만을 산정하였으나, [2022.8.2. 신설됨] 「재건축이익환수법 시행령」 제6조 제1항에 따라 부대시설 또는 복리시설을 소유한 조합원이 주택을 공급받는 경우에는 부대시설 또는 복리시설의 개시시점의 감정평가액을 주택가액 총액에 합산하여 산정하도록 규정하고 있다. 다만, 상가조합원의 경우 분양신청 시 상가 또는 공동주택으로 신청할 수 있기 때문에 공동주택으로 신청한 경우에만 개시시점 주택가액에 합산하여야 한다.

상기 산식과 달리 개시시점 주택가액을 조정하지 않는 경우 공동주택가액을 기준으로 산정하게 되며, 공동주택가격의 경우 정부의 정책에 의한 **현실화율**에 따라 기준시점 당시 시장가치와 다소 차이가 나게 된다. 그러나 종료시점 주택가액은 시장성을 반영한 가액으로 산정하게 되며, 이에 따라 양 가액의 차이가 커지므로 재건축부담금 또한 커지게 되는 문제점이 생긴다. 따라서, 이러한 제도적 문제점을 해결하기 위해 시행령에서는 조정된 개시시점 주택가액 산정방법을 규정하고 있다.

3) 정상주택가격상승분

  (가) 결정

    Max[정기예금이자율, 평균주택가격상승률]

  (나) 평균주택가격상승률

    한국부동산원이 조사 발표하는 시군구별주택매매가격지수를 적용한다.

  (다) 유의사항

    개시시점부터 기준시점까지는 **발표된 자료**를 기준하며, 기준시점부터 종료시점까지는 예상자료를 기준하여 산정한다.

(4) 개발비용

> **「재건축초과이익 환수에 관한 법률」 제11조(개발비용 등의 산정)**
>
> ① 제7조 제3호에 따른 **개발비용**은 해당 재건축사업의 시행과 관련하여 지출된 다음 각 호의 금액을 합하여 산출한다.
> 1. **공사비, 설계감리비, 부대비용 및 그 밖의 경비**
> 2. 관계법령의 규정 또는 인가 등의 조건에 의하여 납부의무자가 국가 또는 지방자치단체에 **납부한 각종 세금과 공과금**
> 3. 관계법령의 규정 또는 인가 등의 조건에 의하여 납부의무자가 공공시설 또는 토지 등을 국가 또는 지방자치단체에 제공하거나 **기부한 경우에는 그 가액**. 다만, 그 대가로 「국토의 계획 및 이용에 관한 법률」, 「도시 및 주거환경정비법」 및 「빈집 및 소규모주택 정비에 관한 특례법」에 따라 **용적률 등이 완화된 경우에는 그러하지 아니하다.**
> 4. 삭제
> 5. 그 밖에 대통령령으로 정하는 사항
> ② 제1항 각 호의 산정방법 등에 관하여 필요한 사항은 대통령령으로 정한다.
>
> **「재건축초과이익 환수에 관한 법률」 제13조(양도소득세액의 개발비용 인정)**
>
> ① 이 법 시행일 전에 제8조 제1항에 따른 부과개시시점 이후 개시시점 부과대상 주택(대지분을 포함한다. 이하 같다)의 양도로 인하여 발생한 소득에 대하여 **양도소득세가 부과된 경우**에는 제11조에도 불구하고 해당 양도세액 중 부과개시시점부터 양도시점까지에 상당하는 세액을 같은 조에 따른 개발비용에 계상할 수 있다. 이 경우 납부의무자는 제20조에 따라 제출하는 부담금액공제산출내역서에 공제받고자 하는 양도소득세액 및 그 산출근거를 포함하여야 한다.

개발비용은 주택건설에 따른 개발비용, 각종 세금과 조합의 운영과 관련된 경비를 합하여 산정한다.

3. 재건축부담금

(1) 산식

> **「재건축초과이익 환수에 관한 법률」 제12조(부과율)**
>
> 납부의무자가 납부하여야 할 재건축부담금은 제7조에 따라 산정된 재건축초과이익을 해당 조합원 수로 나눈 금액에 다음의 부과율을 적용하여 계산한 금액을 그 부담금액으로 한다.
> 1. 조합원 1인당 평균이익이 8천만원 이하: 면제
> 2. 조합원 1인당 평균이익이 8천만원 초과 1억3천만원 이하: 8천만원을 초과하는 금액의 100분의 10 × 조합원수

3. 조합원 1인당 평균이익이 1억3천만원 초과 1억8천만원 이하: 500만원 × 조합원수 + 1억3천만원을 초과하는 금액의 100분의 20 × 조합원수
4. 조합원 1인당 평균이익이 1억8천만원 초과 2억3천만원 이하: 1천500만원 × 조합원수 + 1억8천만원을 초과하는 금액의 100분의 30 × 조합원수
5. 조합원 1인당 평균이익이 2억3천만원 초과 2억8천만원 이하: 3천만원 × 조합원수 + 2억3천만원을 초과하는 금액의 100분의 40 × 조합원수
6. 조합원 1인당 평균이익이 2억8천만원 초과: 5천만원 × 조합원수 + 2억8천만원을 초과하는 금액의 100분의 50 × 조합원수

재건축부담금 = 재건축초과이익 ÷ 조합원 수 × 부과율

---

(2) 조합원 1인당 평균이익

재건축초과이익을 당해 조합원 수로 나눈 금액으로 한다.

「재건축초과이익 환수에 관한 법률」 제14조의2(재건축부담금의 감경) <신설 2023.12.26.>

① 조합원이 속한 세대(조합원 및 그 배우자와 그들과 생계를 같이 하는 가족으로서 대통령령으로 정하는 것을 말한다. 이하 같다)의 구성원이 재건축사업의 대상이 되는 주택(「주택법」 제2조에 따른 부대시설 또는 복리시설을 포함한다. 이하 "재건축대상주택"이라 한다) 외의 다른 주택(대통령령으로 정하는 준주택을 포함한다. 이하 같다)을 보유하지 아니한 경우로서 해당 조합원(이하 "1세대 1주택자"라 한다)이 부과종료시점부터 역산하여 6년 이상 재건축대상주택을 보유한 경우에는 제12조에 따른 부담금액 중 제6조 제3항의 조합원별 분담기준 및 비율에 따라 해당 조합원이 분담해야 하는 부담금액에 다음 각 호의 보유기간(1세대 1주택자로서의 기간에 한정한다)에 따른 비율을 곱한 금액에 해당하는 재건축부담금을 감경한다. 이 경우 해당 조합원은 부과종료시점에 1세대 1주택자이어야 한다.
  1. 보유기간이 6년 이상 7년 미만: 100분의 10
  2. 보유기간이 7년 이상 8년 미만: 100분의 20
  3. 보유기간이 8년 이상 9년 미만: 100분의 30
  4. 보유기간이 9년 이상 10년 미만: 100분의 40
  5. 보유기간이 10년 이상 15년 미만: 100분의 50
  6. 보유기간이 15년 이상 20년 미만: 100분의 60
  7. 보유기간이 20년 이상: 100분의 70
② 제1항에 따른 다른 주택의 범위에는 다음 각 호의 어느 하나에 해당하는 주택은 포함하지 아니한다.
  1. 상속, 혼인 등 부득이한 사유로 인하여 보유하는 경우로서 대통령령으로 정하는 주택
  2. 재건축사업의 시행기간 동안 거주를 위한 사유로 보유하는 경우로서 대통령령으로 정하는 주택
  3. 주택 소재지역, 주택가액 등을 고려하여 대통령령으로 정하는 저가주택
③ 제1항에 따라 재건축부담금이 감경된 경우 제2항 제1호 또는 제2호의 주택을 보유한 자는 대통령령으로 정하는 기간 이내에 해당 주택을 처분하여야 한다.
④ 제1항부터 제3항까지에서 규정한 사항 외에 1세대 1주택자 감경을 위한 구체적인 기준 및 방법 등 필요한 사항은 대통령령으로 정한다.

❸ 조합원별 재건축부담금 산정

1. 산식

조합원별 재건축부담금 = 조합 재건축부담금 총액 × 조합원별 순이익 비율

2. 조합 재건축부담금 총액

조합 재건축부담금 총액 = 조합원당 평균 재건축부담금 × 주택 조합원 수

3. 조합원별 순이익 비율

조합원별 순이익 비율 = 조합원별 순이익 ÷ 조합원 전체 순이익 합계

조합원별 순이익 = 종료시점 주택가격 - 개시시점 주택가격 - 분담금(관리처분계획상)

❹ 재건축부담금과 조합원 이익

재건축부담금은 개별조합원 개인에게 각각 징수하는 것이나, 해당 정비사업의 타당성 분석 당시에는 전체 재건축부담금을 사업비에 포함시켜 비례율에 반영하게 된다. 개별 조합원이 납부하여야 할 금액을 개별적으로 산정하여 고려하는 경우 사업의 타당성 판단이 복잡해질 수 있기 때문이다. 사업비의 증가는 비례율을 감소시키고 권리가액을 감소시켜 청산금에 영향을 미치기 때문이다.

제11절 「빈집 및 소규모주택 정비에 관한 특례법」

❶ 용어의 정리

「빈집 및 소규모주택 정비에 관한 특례법 시행령」 제2조(정의)
① 이 법에서 사용하는 용어의 뜻은 다음과 같다
  1. "빈집"이란 특별자치시장·특별자치도지사·시장·군수 또는 자치구의 구청장(이하 "시장·군수등"이라 한다)이 거주 또는 사용 여부를 확인한 날부터 1년 이상 아무도 거주 또는 사용하지 아니하는 주택을 말한다. 다만, 미분양주택 등 대통령령으로 정하는 주택은 제외한다.
  2. "빈집정비사업"이란 빈집을 개량 또는 철거하거나 효율적으로 관리 또는 활용하기 위한 사업을 말한다.
  3. "소규모주택정비사업"이란 이 법에서 정한 절차에 따라 노후·불량건축물의 밀집 등 대통령령으로 정하는 요건에 해당하는 지역 또는 가로구역(街路區域)에서 시행하는 다음 각 목의 사업을 말한다.
    가. **자율주택정비사업**: 단독주택, 다세대주택 및 연립주택을 스스로 개량 또는 건설하기 위한 사업
    나. **가로주택정비사업**: 가로구역에서 종전의 가로를 유지하면서 소규모로 주거환경을 개선하기 위한 사업

다. **소규모재건축사업**: 정비기반시설이 양호한 지역에서 소규모로 공동주택을 재건축하기 위한 사업. 이 경우 도심 내 주택공급을 활성화하기 위하여 다음 요건을 모두 갖추어 시행하는 소규모재건축사업을 "공공참여 소규모재건축활성화사업"(이하 "공공소규모재건축사업"이라 한다)이라 한다.

라. **소규모재개발사업**: 역세권 또는 준공업지역에서 소규모로 주거환경 또는 도시환경을 개선하기 위한 사업

4. "사업시행구역"이란 빈집정비사업 또는 소규모주택정비사업을 시행하는 구역을 말한다.

5. "사업시행자"란 빈집정비사업 또는 소규모주택정비사업을 시행하는 자를 말한다.

6. "토지등소유자"란 다음 각 목에서 정하는 자를 말한다. 다만, 「자본시장과 금융투자업에 관한 법률」 제8조 제7 항에 따른 신탁업자(이하 "신탁업자"라 한다)가 사업시행자로 지정된 경우 토지등소유자가 소규모주택정비사 업을 목적으로 신탁업자에게 신탁한 토지 또는 건축물에 대하여는 위탁자를 토지등소유자로 본다.

가. 자율주택정비사업, 가로주택정비사업 또는 소규모재개발사업은 사업시행구역에 위치한 토지 또는 건축물 의 소유자, 해당 토지의 지상권자

나. 소규모재건축사업은 사업시행구역에 위치한 건축물 및 그 부속토지의 소유자

7. "주민합의체"란 제22조에 따라 토지등소유자가 소규모주택정비사업을 시행하기 위하여 결성하는 협의체를 말 한다.

8. "빈집밀집구역"이란 빈집이 밀집한 지역을 관리하기 위하여 제4조 제5항에 따라 지정·고시된 구역을 말한다.

9. "소규모주택정비 관리지역"(이하 "관리지역"이라 한다)이란 노후·불량건축물에 해당하는 단독주택 및 공동주 택과 신축 건축물이 혼재하여 광역적 개발이 곤란한 지역에서 정비기반시설과 공동이용시설의 확충을 통하여 소규모주택정비사업을 계획적·효율적으로 추진하기 위하여 제43조의2에 따라 소규모주택정비 관리계획이 승 인·고시된 지역을 말한다.

② 이 법에서 따로 정의하지 아니한 용어는 「도시 및 주거환경정비법」에서 정하는 바에 따른다.

2 종전자산 및 종후자산 감정평가

「빈집 및 소규모주택 정비에 관한 특례법」 제26조(건축심의)

① 가로주택정비사업, 소규모재건축사업 또는 소규모재개발사업의 사업시행자(사업시행자가 시장·군수등인 경우는 제외한다)는 <u>제30조에 따른 사업시행계획서</u>를 작성하기 전에 사업시행에 따른 건축물의 높이·층수·용적률 등 대통령령으로 정하는 사항에 대하여 지방건축위원회의 심의를 거쳐야 한다.

「빈집 및 소규모주택 정비에 관한 특례법」 제28조(분양공고 및 분양신청)

① 가로주택정비사업, 소규모재건축사업 또는 소규모재개발사업의 사업시행자는 <u>제26조에 따른 심의 결과를 통지받 은 날</u>부터 90일 이내에 다음 각 호의 사항을 토지등소유자에게 통지하고, 분양의 대상이 되는 대지 또는 건축물의 내역 등 대통령령으로 정하는 사항을 해당 지역에서 발간되는 일간신문에 공고하여야 한다.

「빈집 및 소규모주택 정비에 관한 특례법」 제33조(관리처분계획의 내용 및 수립기준)

① 가로주택정비사업, 소규모재건축사업 또는 소규모재개발사업의 사업시행자는 제28조에 따른 분양신청기간이 종 료된 때에는 분양신청의 현황을 기초로 <u>다음 각 호의 사항을 포함하여 제30조 제1항 제10호에 따른 관리처분계 획을 수립</u>하여야 한다.

1. 분양설계

2. 분양대상자의 주소 및 성명

3. **분양대상자별 분양예정인 대지 또는 건축물의 추산액**(임대관리 위탁주택에 관한 내용을 포함한다)

4. 다음 각 목에 해당하는 보류지 등의 명세와 추산액 및 처분방법

가. 일반 분양분

나. 임대주택

다. 그 밖에 부대시설·복리시설 등

「빈집 및 소규모주택 정비에 관한 특례법」상 사업의 종전자산(분양대상자별 종전의 토지 또는 건축물의 명세 및 소유권 외의 권리명세, 세입자별 손실보상을 위한 권리명세)과 종후자산의 감정평가 기준시점은 동법 제26조 의거 '건축심의 결과를 통지받은 날'이며, 종전자산 및 종후자산에 감정평가 기준을 동법 제33조 제3항에서 규정하고 있다. 「도시정비법」을 준용하고 있는 「빈집 및 소규모주택 정비에 관한 특례법」은 「도시정비법」에서 제시하고 있지 않은 종전자산 및 종후자산의 감정평가기준을 제시하고 있다는 점이 특이할 사항이다.

종전자산 및 종후자산의 감정평가시 유의점 등은 「도시정비법」상 종전자산 및 종후자산 편을 참고하기 바란다.

3 매도청구 감정평가

<중략>

⑤ 사업시행자는 제3항에 따른 기간이 만료된 때부터 60일 이내에 주민합의체 구성, 조합설립 또는 사업시행자 지정
   에 동의하지 아니하겠다는 뜻을 회답한 토지등소유자와 건축물 또는 토지만 소유한 자에게 건축물 또는 토지의
   소유권과 그 밖의 권리를 매도할 것을 청구할 수 있다.

조합설립에 동의하지 아니한 자 등에 대한 매도청구 감정평가는 「빈집 및 소규모주택 정비에 관한 특례법」
제26조에 따른 '건축심의 결과를 받은 날'을 기준으로 하되, 유의점 등은 「도시정비법」상 매도청구소송 편을
참고하기 바란다.

4 현금청산 감정평가

「빈집 및 소규모주택 정비에 관한 특례법」 제35조의2(토지 등의 수용 또는 사용)

① 사업시행자는 소규모재개발사업 또는 가로주택정비사업(시장·군수등 또는 제18조 제1항에 따라 공공시행자로
   지정된 토지주택공사등이 관리지역에서 시행하는 경우로 한정한다)을 시행하기 위하여 필요한 경우에는 「공익사
   업을 위한 토지 등의 취득 및 보상에 관한 법률」 제3조에 따른 토지·물건 및 권리를 수용 또는 사용할 수 있다.
② 제1항에 따른 토지·물건 및 권리에 대한 수용·사용 및 손실보상에 관하여는 이 법에 특별한 규정이 있는 경우를
   제외하고는 「공익사업을 위한 토지 등의 취득 및 보상에 관한 법률」을 적용한다. 다만, 사업의 시행에 따른 이주대
   책 수립 등 손실보상의 기준 및 절차는 대통령령으로 정할 수 있다.
③ 제30조 제1항 제10호의2에 따른 수용 또는 사용의 대상이 되는 토지·물건 및 권리의 세목을 포함하는 사업시행
   계획인가 고시가 있는 때에는 「공익사업을 위한 토지 등의 취득 및 보상에 관한 법률」 제20조 제1항 및 제22조에
   따른 사업인정 및 사업인정의 고시가 있는 것으로 본다.

현금청산 감정평가는 「토지보상법」을 준용하여 「도시정비법」과 동일한 감정평가기준을 규정하고 있으며, 가
격시점은 '사업시행계획인가고시일'이 기준이 된다. 현금청산 감정평가시 유의점 등은 「도시정비법」상 현금
청산 편을 참고하기 바란다.

5 이주대책 및 영업손실 보상평가 관련 신설 규정

「빈집 및 소규모주택 정비에 관한 특례법 시행령」 제34조의 2(이주대책의 수립 등 손실보상)

① 법 제43조의2제4항에 따른 소규모주택정비 관리계획(이하 "소규모주택정비관리계획"이라 한다) 승인고시일부터
   계약체결일 또는 수용재결일까지 계속하여 거주하고 있지 않은 건축물의 소유자는 법 제35조의2 제2항 단서 및
   「공익사업을 위한 토지 등의 취득 및 보상에 관한 법률 시행령」 제40조 제5항 제2호에 따라 이주대책대상자에서
   제외한다. 다만, 같은 호 각 목(같은 호 마목은 제외한다)에 해당하는 경우에는 그렇지 않다.
② 법 제35조의2제2항 단서에 따라 소규모재개발사업 또는 소규모주택정비 관리지역에서 시행하는 가로주택정비사
   업으로 인한 영업의 폐지 또는 휴업에 대한 손실을 평가하는 경우 영업의 휴업기간은 4개월 이내로 한다. 다만,
   다음 각 호의 어느 하나에 해당하는 경우에는 실제 휴업기간으로 하며, 그 휴업기간은 2년을 초과할 수 없다.
   1. 해당 정비사업을 위한 영업의 금지 또는 제한으로 4개월 이상의 기간 동안 영업을 할 수 없는 경우
   2. 영업시설의 규모가 크거나 이전에 고도의 정밀성을 요구하는 등 해당 영업의 고유한 특수성으로 4개월 이내에
      다른 장소로 이전하는 것이 어렵다고 인정되는 경우
③ 제2항에 따라 영업손실을 보상하는 경우 보상대상자의 인정시점은 지정고시일등으로 한다.
④ 주거이전비를 보상하는 경우 보상대상자의 인정시점은 지정고시일등으로 한다.

소규모주택정비사업구역 내 공공성이 있는 소규모 재개발사업의 경우 이주대책 및 영업손실 보상 규정을 신설하여 「토지보상법」과 형평성을 고려하게 되었다.

6 행위제한

「빈집 및 소규모주택 정비에 관한 특례법 시행령」 제23조의3(행위제한 등)

① 소규모주택정비사업의 사업시행구역에서 **다음 각 호의 다음 날부터 건축물의 건축, 공작물의 설치, 토지의 형질변경, 토석의 채취, 토지의 분할 · 합병, 물건을 쌓아놓는 행위** 등 그 밖에 대통령령으로 정하는 행위를 하려는 자는 시장 · 군수등의 허가를 받아야 하고, 허가받은 사항을 변경하려는 경우에도 또한 같다. 다만, 제18조 또는 제19조에 따른 공공시행자 또는 지정개발자의 지정이 취소되거나 제22조 제9항에 따라 주민합의체가 해산되는 경우 또는 제23조의2에 따라 조합설립인가가 취소되는 경우에는 그러하지 아니하다.
  1. 제18조 제2항 및 제19조 제2항에 따른 **공공시행자 및 지정개발자의 지정 고시가 있은 날**
  2. 제22조 제10항에 따른 **주민합의체 구성 고시가 있은 날**
  3. 제23조 제9항에 따른 **조합설립인가 고시가 있은 날**
② 다음 각 호의 어느 하나에 해당하는 행위는 제1항에도 불구하고 허가를 받지 아니하고 할 수 있다.
  1. 재해복구 또는 재난수습에 필요한 응급조치를 위한 행위
  2. 기존 건축물의 붕괴 등 안전사고의 우려가 있는 경우 해당 건축물에 대한 안전조치를 위한 행위

「소규모주택정비법」상 사업구역 내 토지 및 건축물에 대한 행위제한을 3가지로 규정함으로써, 피수용자 손실보상액에 대해 형평성을 도모하고 있다.

제12절 기타 정비사업 관련 논점

1 종후자산 분양가와 청산금의 관계

종후자산의 분양가가 상승하는 경우 개인의 청산금은 감소하는 것이 일반적이다. 이는 종후자산 분양가가 상승하면 해당 정비사업 전체의 수익이 증가되고, 따라서 조합원 전체에게 귀속되는 초과수익이 높아져 조합원 개인이 부담하게 되는 청산금은 낮아지게 된다. 다만, 분양가가 상승하는 경우에 개인별 종전자산 감정평가액이 평균 종전자산 감정평가액 보다 낮은 경우에는 개별 조합원에게 귀속되는 이익보다 조합원 분양가의 상승으로 인한 부담이 커져서 오히려 손해를 보게 된다.

2 공동주택 대지지분 단가와 단독주택 토지 단가의 차이

1. 개설

정비사업 구역 내 거래된 구분건물 거래가액의 대지지분 단가의 경우 동일 사업구역 내 거래된 단독주택 거래가액의 토지 단가(토지, 건물의 유형, 주거나지 등)보다 다소 높은 것이 일반적이다.

2. 토지 단가의 차이가 있는 이유

(1) 감정평가방법의 차이

구분소유권의 경우 원칙적으로 「감칙」 제16조에 의거 구분소유권의 대상이 되는 건물부분과 그 대지사용권을 일괄하여 감정평가하게 되며, 토지, 건물의 복합부동산의 경우에는 「감칙」 제7조 제1항에 의거 토지와 건물을 개별물건기준에 따라 각각 감정평가하게 된다. 또한, 건물의 감정평가는 「감칙」 제15조에 의거 원가법으로 감정평가하게 되는데, 원가법의 경우 건물의 신축단가를 고려한 원가성만을 고려하기 때문에 본건이 속한 지역 내 개발이 가속화될 경우 시장변화에 따른 개발이익을 반영할 수 없게 된다. 반면, 구분소유권과 같이 일괄감정평가방법을 적용하는 경우 개발이익이 건물과 대지사용권 양자에 배분되어 토지의 단가에서 차이가 나게 된다.

(2) 가치형성요인의 차이

구분소유권의 경우 소유권의 대상이 되는 독립된 건물부분 즉, 세대수(호수)가 많기 때문에 동일한 토지면적 상에 소재하는 복합부동산에 비해 다양한 시설 및 설비 등이 설치된다. 또한, 세대수(호수)가 많은 구분소유권의 경우 건축 당시 접면도로의 확보 및 주차장 출입에 유리한 접면도로 상태 등과 같은 다양한 규제에 따라 일반적으로 복합부동산의 가치형성요인 보다 우세한 개별요인을 가지게 된다.

(3) 거래량의 차이

토지·건물로 구성된 복합부동산의 전체 가액은 구분소유권의 개별호수 가액보다 일반적으로 높다. 따라서, 유효수요를 지닌 수요자들의 거래 접근성은 복합부동산보다 구분소유권이 높으며 거래량이 많을수록 취득세와 같은 매몰비용 및 기대이익이 커지므로 이에 거래가액이 높아지게 된다.

(4) 토지지분면적의 차이

복합부동산의 경우 전체 토지면적 기준으로 단가를 산정하나 구분소유권의 경우 전체 토지 면적을 각 세대별 공급면적을 기준으로 배분하기 때문에 상대적으로 토지지분이 낮은 구분소유권의 토지단가가 높게 산정된다.

3 「장기임대주택법 시행령」

> **「장기임대주택법 시행령」 제6조의 3(재정비사업에 따른 이주·이전대책의 내용)**
> 재정비사업의 실시에 따른 입주자등의 이주·이전대책에 관하여는 「공익사업을 위한 토지 등의 취득 및 보상에 관한 법률」 제77조 제1항 및 제78조 제6항을 각각 준용한다.

재정비사업의 경우 「토지보상법」상 영업손실보상을 규정을 준용하도록 신설하였다. 다만, 재정비사업과 「도시정비법」상 정비사업을 혼동하여서는 아니 된다.

제13절 공동주택 분양가격의 산정을 위한 택지비 감정평가

1 개설

「공동주택 분양가격의 산정 등에 관한 규칙」에 따라 분양가상한제 적용주택의 분양가격 산정을 위한 공공택지 외의 택지가격의 감정평가로, 일반분양가를 원가방식으로 산정하는 경우 원가를 구성하는 택지비를 평가하기 위한 감정평가이다.

2 용어의 정리

> **「공동주택 분양가격 산정을 위한 택지평가지침」 제2조(정의)**
>
> 이 지침에서 사용하는 용어의 정의는 다음과 같다.
> 1. "대상택지"란 관계 법령이 정하는 바에 따라 개발·공급되는 주택건설용지로서 공공택지 외의 택지 중 감정평가의 대상이 되는 것을 말한다.
> 2. "공공택지 외의 택지"란 「주택법」 제2조 제24호 각 목의 어느 하나에 해당하는 공공사업에 의하여 개발·조성되는 공동주택이 건설되는 용지(이하 "공공택지"라 한다) 외의 택지를 말한다.
> 3. "감정평가기관"이란 「부동산 가격공시에 관한 법률」 제3조 제5항 및 같은 법 시행령 제7조 제5항에 따라 국토교통부장관이 고시하는 기준을 충족하는 감정평가업자로서 시장·군수 또는 구청장(국가·지방자치단체·한국토지주택공사 또는 지방공사인 사업주체는 해당 기관의 장을 말한다. 이하 이 지침에서 같다)에게 택지평가를 의뢰받은 감정평가업자를 말한다.

당해 감정평가의 대상이 되는 택지란 공공택지가 아닌 분양가상한제 적용대상이 되는 일반분양분의 주택건설용지인 택지를 말한다.

3 분양가상한제 적용 일반분양가 산정

> **「공동주택 분양가격의 산정 등에 관한 규칙」 제7조(분양가상한제 적용주택의 분양가격 산정방식 등)**
>
> ① 법 제57조 제1항에 따른 분양가상한제 적용주택의 분양가격 산정방식은 다음과 같다.
>
> $$분양가격 = 기본형건축비 + 건축비\ 가산비용 + 택지비$$
>
> ② 기본형건축비는 지상층 건축비와 지하층 건축비로 구분한다.

$$일반분양가 = \textbf{택지비} + 건축비 + 가산비(택지, 건축)$$

4 택지비 감정평가

1. 기준시점

사업주체가 시·군·구청장에게 택지가격의 감정평가를 신청한 날을 기준시점으로 한다.

> **「공동주택 분양가격의 산정 등에 관한 규칙」 제10조(공공택지 외의 택지의 감정평가 절차)**
> ③ 제2항에 따라 감정평가를 의뢰받은 감정평가기관은 공공택지 외의 택지에 대하여 **사업주체**가 제1항에 따라 택지가격의 **감정평가를 신청한 날**(국가·지방자치단체·한국토지주택공사 또는 지방공사인 사업주체의 경우에는 해당 기관의 장이 택지가격의 감정평가를 의뢰한 날을 말하며, 이하 이 조 및 제11조에서 "신청일"이라 한다)을 기준으로 평가하여야 한다.

2. 면적

대상택지의 면적은 사업계획승인 면적 중 주택분양대상이 되는 토지의 면적으로 한다.

3. 감정평가 조건

> **「공동주택 분양가격의 산정 등에 관한 규칙」 제11조(공공택지 외의 택지의 감정평가기준 등)**
> ③ 택지조성이 완료되지 않은 소지(素地)상태인 토지는 **택지조성이 완료된 상태를 상정**하고, 이용상황은 대지를 기준으로 하여 평가해야 한다. 이 경우 신청일 현재 현실화 또는 구체화되지 않은 개발이익을 반영해서는 안 된다.

> **「공동주택 분양가격 산정을 위한 택지평가지침」 제9조(택지평가 기준)**
> ① 택지조성이 완료되지 않은 소지 상태인 토지는 **택지조성이 완료된 상태를 상정**하고, 이용상황은 **대지를 기준**으로 하여 감정평가해야 한다. 이 경우 신청일 현재 현실화 또는 구체화되지 아니한 개발이익을 반영해서는 안 된다.
> ② 감정평가기관은 제8조 제1항에 따른 택지평가 및 제8조 제2항에 따른 감정평가액의 **합리성 검토**시 공동주택분양가규칙 제9조의 규정에 따른 공공택지 외의 택지의 감정평가 가액에 가산하는 비용 또는 동 규칙 제9조의2의 규정에 따른 공공택지 외의 택지 매입가격에 가산하는 비용(이하 이 조에서 "택지와 관련된 가산비"라 한다)의 포함 여부를 판단하여 감정평가서에 기재하여야 한다. 다만, 제1항의 규정에 따라 택지조성이 완료되지 않은 소지 상태인 토지를 택지조성이 완료된 상태를 상정하여 감정평가하는 경우 대상택지의 지형, 지질조건 등이 특수하여 택지와 관련된 가산비 중 일부 항목의 투입 여부를 판단하기 어려운 경우에는 그 비용이 투입되지 아니한 상태를 기준으로 감정평가한다.

택지평가의 기준시점 당시 당해 사업이 완공되지 않음에도 택지조성(아파트 용지)이 완료된 상태를 기준하여 감정평가한다.

4. 감정평가방법

(1) 토지의 감정평가방법

> **「공동주택 분양가격의 산정 등에 관한 규칙」 제11조(공공택지 외의 택지의 감정평가기준 등)**
> ① 제10조에 따른 감정평가는 「부동산 가격공시에 관한 법률」에 따른 표준지공시지가(이하 "표준지공시지가"라 한다)를 기준으로 「감정평가에 관한 규칙」 제2조 제9호에 따른 **공시지가기준법**에 따라 평가해야 한다. 이 경우 표준지공시지가는 해당 토지의 신청일 당시 공시된 표준지공시지가 중 신청일에 가장 가까운 시점의 표준지공시지가를 기준으로 한다.

② 감정평가기관은 제1항에 따라 감정평가한 가액을 다음 각 호에 해당하는 토지의 조성에 필요한 **비용추정액**을 고려하여 각각 감정평가한 가액과 비교하여 **합리성을 검토**해야 한다. **<신설 2019.10.29.>**
　1. 해당 토지
　2. 해당 토지와 유사한 이용가치를 지닌다고 인정되는 토지

「공동주택 분양가격 산정을 위한 택지평가지침」 제8조(택지평가방법의 적용)
① 택지평가는 공동주택분양가규칙 제11조 제1항의 규정에 따라 공시지가기준법으로 감정평가해야 한다.
② 감정평가기관은 제1항에 따라 감정평가한 가액을 다음 각 호에 해당하는 토지의 조성에 필요한 비용추정액을 고려하여 각각 감정평가한 가액과 비교하여 합리성을 검토하여야 한다.
　1. 해당 토지
　2. 해당 토지와 유사한 이용가치를 지닌다고 인정되는 토지

1) 원칙

택지평가는 기준시점 당시 공시된 최근 공시지가를 기준하여 조성 완료된 상태를 기준으로 공시지가 기준법을 적용하여 감정평가하여야 한다.

2) 합리성 검토

토지조성에 필요한 비용추정액을 고려하여 감정평가한 가액과 합리성을 검토하여야 한다.

(2) 시산가액의 합리성 검토 [비용추정액(원가법) 검토, 2019년 신설 규정]

「공동주택 분양가격의 산정 등에 관한 규칙」 제11조(공공택지 외의 택지의 감정평가기준 등)
② 감정평가기관은 제1항에 따라 감정평가한 가액을 다음 각 호에 해당하는 토지의 조성에 필요한 **비용추정액**을 고려하여 각각 감정평가한 가액과 비교하여 **합리성을 검토**해야 한다.
　1. 해당 토지
　2. 해당 토지와 유사한 이용가치를 지닌다고 인정되는 토지

「공동주택 분양가격 산정을 위한 택지평가지침」 제13조(토지의 조성에 필요한 비용추정액을 고려한 감정평가액 산정)
① 제8조 제2항에 따른 토지의 조성에 필요한 비용추정액을 고려한 감정평가가액은 다음 각 호의 비용을 합산하여 산정한다.
　1. 조성 전 토지의 **취득가액**
　2. 토지의 조성에 필요한 **비용추정액**
② 감정평가기관은 제8조 제2항에 따라 감정평가액의 합리성을 검토하여야 하나, 해당 토지의 특성 및 주위환경 등에 따라 제8조 제2항 각 호에 따른 비용추정액을 각각 검토하는 것이 불가능하거나 부적절하다고 판단되는 경우 해당 호에 대하여 검토를 생략할 수 있다. 이 경우 감정평가서에 그 사유를 충분히 기재하여야 한다.

「공동주택 분양가격 산정을 위한 택지평가지침」 제14조(조성 전 토지의 취득가액 산정)
① 제13조 제1항 제1호에 따른 조성 전 토지의 **취득가액은 실제 취득가격을 원칙**으로 하되, 그 가격을 알 수 없는 경우 또는 그 가격이 적정하지 아니하다고 판단되는 경우에는 대상택지의 **조성 전 상태**를 기준으로 하는 **감정평가액(이하 "종전평가액 등"**이라 한다)을 기준으로 산정할 수 있다.
② 취득시점(종전평가액 등의 기준시점을 포함한다)과 택지평가의 기준시점간 기간 차이가 발생하는 경우 이에 따른 **기간보정**을 별도로 할 수 있으며, 기간보정에 따른 이율은 **1년 만기 정기예금금리** 등 시중금리를 참작하여 결정할 수 있다.

> **「공동주택 분양가격 산정을 위한 택지평가지침」 제15조(토지의 조성에 필요한 비용추정액 산정)**
>
> ① 제13조 제1항 제2호 토지의 조성에 필요한 비용추정액은 해당 토지의 조성에 필요한 **직·간접비용**을 포함한다.
> ② 제1항에 따른 비용추정액은 사업주체로부터 제시받은 자료를 기준으로 산정하되, 제시받은 비용 항목의 적정성을 검토하여야 한다.
> ③ 사업주체로부터 제시받은 비용이 표준적인 비용 수준과 현저히 부합하지 않는다고 판단되는 경우 이를 합리적인 수준으로 조정하여 산정할 수 있다.

1) 비용추정액

> 비용추정액 = 조성 전 토지가액(소지) + 토지조성비용

2) 조성 전 토지가액

> 조성 전 토지가액 = 실제 취득가액 또는 종전(자산)평가액

3) 종전(자산)평가액의 기준시점 따른 문제점

(가) 사업시행계획인가 고시일

종전자산의 감정평가 기준일인 사업시행계획인가 고시일을 기준하는 경우 해당 정비사업의 진행에 따라 실현된 개발이익이 종전 감정평가 당시에는 고려되지 않았기 때문에 평가액이 과소계상될 수 있다. 따라서, 일반분양가의 원가를 구성하는 토지의 과소계상으로 인해 정비사업 구역 내 일반분양가액이 낮아져 조합원에게 귀속될 개발이익이 낮아지는 결과를 초래한다.

(나) 사업주체가 감정평가를 신청한 날

택지평가의 기준일인 사업주체가 시·군·구청장에게 택지가격의 감정평가를 신청한 날을 기준하는 경우에는 소지 상태의 가액을 해당 사업의 공정률이 상당히 진행된 상태에서 감정평가를 수행하므로 미실현된 개발이익이 포함될 수 있는 문제점이 발생한다.

(다) 사업시행계획인가 고시일을 기준할 경우

택지평가 기준일까지의 시점수정은 1년 만기 정기예금금리 등 시중금리를 참작하여 수정한다.

(라) 결정

시산가액의 합리성 검토 시 기준시점은 평가지침상 상기의 시점 2가지를 모두 선택할 수 있는바, 출제자가 제시하는 시점을 기준하여 평가하되, 각 시점이 갖는 문제점을 인식하고 있어야 한다.

4) 토지조성비용 관련 문제

토지조성비는 토지 조성에 필요한 직·간접적인 비용을 포함하며 사업주체로부터 제시받은 자료를 기준으로 산정하되, 제시받은 비용항목의 적정성을 검토하여야 한다. 또한, 토지 및 건물 관련 비용을 구분하고 공통비용은 토지·건물 비용의 비율에 따라 안분 배분하여야 하며, 택지 가산항목 및 건축비 가산항목에 해당하는 비용은 제외하여야 한다.

다만, 재건축사업은 세입자 주거대책 손실보상과 관련하여 「토지보상법」이 준용되지 않으므로 「공동주택분양가규칙」 제9조 제1항 제5의3호 가목의 택지 가산항목으로 인정될 수 없으나, 비용의 성격상 택지를 조성하기 위한 필수불가결한 비용에 해당하므로 "토지" 귀속 비용으로 배분할 수 있다는 견해가 있다.

(3) 가치형성요인 비교

① 당해 사업에 의한 도시계획도로 및 아파트 부지에 대한 저촉 미고려

② 조성 완료된 아파트 용지로 일단지 및 변경 후 용도지역 기준 평가

③ 비교표준지와의 용적률 격차 보정

핵심체크 | 용적률 보정방법

1. 방법

   용적률 격차 = (대상용적률 ÷ 사례용적률) × 토지가격구성비 + 건물가격구성비

2. 방법

   용적률 격차 = 1 + (대상용적률 ÷ 사례용적률 격차 - 1) × 토지자격구성비

---

(4) 그 밖의 요인 산정

「공동주택 분양가격 산정을 위한 택지평가지침」 제12조(그 밖의 요인 보정을 위한 사례 선정)

① 그 밖의 요인을 보정하는 경우에는 대상택지의 인근지역 또는 동일수급권 안의 유사지역의 정상적인 거래사례나 감정평가사례 등(이하 이 조에서 "거래사례 등"이라 한다)을 참작할 수 있다.

② 제1항의 거래사례 등은 다음 각 호의 선정기준을 모두 충족하는 사례 중에서 대상택지의 감정평가에 **가장 적절하다고 인정되는 사례**를 선정한다. 다만, 제1호 및 제4호는 거래사례를 선정하는 경우에만 적용된다.

  1. 「부동산 거래신고 등에 관한 법률」에 따라 신고된 실제 거래사례일 것

  2. 거래 또는 감정평가가 정상적이라고 인정되는 사례나 정상적인 것으로 보정이 가능한 사례일 것

  3. 기준시점으로부터 도시지역(「국토의 계획 및 이용에 관한 법률」 제36조 제1항 제1호에 따른 도시지역을 말한다)은 3년 이내, 그 밖의 지역은 5년 이내에 거래 또는 감정평가된 사례일 것. 다만, 특별한 사유가 있는 경우에는 그 기간을 초과할 수 있다.

  4. 토지 및 그 지상건물이 일체로 거래된 복합부동산의 경우에는 배분법의 적용이 합리적으로 가능한 사례일 것

  5. 「감정평가 실무기준」 [610-1.5.2.1]에 따른 비교표준지의 선정기준에 적합할 것.

상기와 같은 선정기준을 모두 충족하는 거래사례 및 감정평가사례를 선정하여야 한다. 상기 지침 제2항 제5호의 경우 종전에는 인근지역 내 아파트 거래사례가액에 배분법(토지가격구성비율)을 적용하여 산정하였다.

5 일반분양가 산정 시 고려되는 가산비용에 관한 규정 검토

1. 관련 규정의 개정 이유

핵심체크 | 가산비용에 관한 규정

[개정이유]

주택건설과 관련된 경제상황을 반영하여 주택 분양가격이 합리적으로 산정될 수 있도록 국토교통부장관이 주요 건축자재의 가격변동을 반영한 공동주택 건설공사비지수 및 기본형건축비를 수시로 고시할 수 있는 근거를 마련하고, 분양가상한제가 적용되는 공동주택의 분양가격을 구성하는 택지 관련 비용에 사업주체가 공동주택 건설을 위하여 필수적으로 지급해야 하는 영업손실 보상비 및 주거이전비 등의 항목을 추가하는 등 현행 제도의 운영상 나타난 일부 미비점을 개선·보완하려는 것임.

[주요내용]

가. 비정기 고시 조정항목을 현실화하고, 조정요건을 추가함(제7조 제5항 및 별표 1)
나. 공공택지 외의 택지의 택지 가산비에 정비사업 등 필수 발생 비용을 반영함(제9조 제1항 제5호의3 및 제9조의2 제1항 제1호의2)

2. 개정 내용 [제9조 제1항 5의3 신설]

「공동주택 분양가격 산정 등에 관한 규칙」 제9조(공공택지 외의 택지의 감정평가 가액에 가산하는 비용)

① 법 제57조 제3항 제2호 각 목 외의 부분 본문에 따라 공공택지 외의 택지를 감정평가한 가액에 가산되는 택지와 관련된 비용은 다음 각 호의 비용으로 한다.
  1. 제8조 제1항 제1호 및 제2호에 따른 비용
  2. 법 제28조에 따라 사업주체가 부담하는 **간선시설의 설치비용**
  2의2. 「도시공원 및 녹지 등에 관한 법률」 제2조에 따른 **도시공원의 설치비용**
  3. 지장물 철거비용: 택지 안의 구조물 등의 철거·이설이 불가피한 경우에 그 소요되는 비용
  4. **진입도로의 개설**로 편입되는 사유지의 가액(감정평가한 가액을 말한다)
  5. 제13조 제1항 제1호에 따른 **감정평가수수료**. 다만, 제12조 제2항 제2호에 따른 감정평가수수료는 제외한다.
  5의2. 제13조 제1항 제2호에 따른 검토수수료
  5의3. 「도시 및 주거환경정비법」에 따른 정비사업 등 공동주택을 건설하는 **사업의 시행에 드는 비용**으로서 다음 각 목에 해당하는 비용. 이 경우 비용의 구체적인 산정기준 및 방법은 국토교통부장관이 정하여 고시한다.
    가. 「공익사업을 위한 토지 등의 취득 및 보상에 관한 법률」 제77조 제1항에 따른 **영업손실에 대한 보상비용**과 같은 법 제78조 제5항에 따른 **주거 이전에 필요한 비용** 및 **동산의 운반**에 필요한 비용
    나. 택지의 취득 및 관리와 관련된 **명도소송비용**
    다. 택지조성으로 인하여 이주하는 자의 이주비용에 대하여 발생하는 **이자비용**
    라. 「도시 및 주거환경정비법」에 따른 조합 등이 정비사업 등의 시행(다른 사업주체와 공동으로 시행하는 경우를 포함한다) 과정에서 택지의 취득 및 관리와 관련된 의사결정을 하는 **조합 총회 등의 개최에 드는 비용**
  6. 그 밖에 시장·군수 또는 구청장이 분양가심사위원회의 심의를 거쳐 필요하다고 인정하는 택지와 관련된 경비로서 증빙서류에 의하여 확인되는 경비
② 제1항 제1호에 따른 비용(제8조 제1항 제1호의 경우에 한한다)을 산정할 경우에는 제8조 제2항을 준용한다.

2022년 신설된 항목으로 택지 가산비 항목에 영업손실 보상비용, 주거이전비, 동산이전비, 명도소송비용, 이자비용, 조합 총회 비용을 명문화하였음.

「공동주택분양가규칙」 제9조 제1항에 해당하는 택지비 가산비용을 산정하기 위한 정비기반시설에 대한 감정평가와 관련하여 토지의 개별요인을 판단할 때, 정비기반시설에 저촉되는 토지를 소지상태로 볼 것인지, 조성 중인 정비기반시설 상태로 볼 것인지 문제가 될 수 있다. 다만, 이는 기반시설 등의 개설로 편입되는 사유지 등의 가액을 산정하기 위한 것으로 소지상태를 기준으로 감정평가하는 것이 보다 합리이다. 다만, 조성 중인 상태로 감정평가할 경우 조성비용의 중복 문제가 생길 수 있으므로 조성비용 등의 포함 여부를 기재하여야 한다.

또한, 「학교용지 확보 등에 관한 특례법」 제2조 제3호에 따른 학교용지부담금은 택지 가산비에 포함하지 아니한다. 이는 성격상 당해 택지사업에 따른 총사업비 추산액 일부 비용으로 인식하는 것이 타당하다. 헌법재판소는 학교용지부담금의 주체를 공동주택의 수분양자로 정한 규정이 의무교육의 무상성에 반하여 위헌이라고 결정하였다(헌법재판소 2005.3.31. 선고 2003헌가20 결정). 즉, 무상성에 의해 수분양자가 부담하여야 할 비용이 아닌 사업에 의해 발생되는 비용의 성격으로 보아야 한다.

> **「정비사업 등 필수 발생 비용 산정기준」 제2조(정의)**
>
> 1. **"영업손실에 대한 보상비용"**이란 「공익사업을 위한 토지 등의 취득 및 보상에 관한 법률」 제77조 제1항에 따라 보상하는 상가세입자, 현금청산소유자가 영업의 휴업 또는 폐지 등으로 인한 손실보상비를 말한다.
> 2. **"주거 이전에 필요한 비용"**이란 「공익사업을 위한 토지 등의 취득 및 보상에 관한 법률」 제78조 제5항에 따라 보상하는 주거세입자, 현금청산소유자 등의 주거 이전에 따른 손실보상비를 말한다.
> 3. **"동산의 운반에 필요한 비용"**이란 「공익사업을 위한 토지 등의 취득 및 보상에 관한 법률」 제78조 제5항에 따라 보상하는 주거세입자, 현금청산소유자 등이 주거 이전을 하는 경우 가재도구 등 동산의 운반에 필요한 비용을 말한다.
> 4. **"명도소송비용"**이란 택지의 취득 및 관리와 관련하여 세입자, 현금청산인 등의 토지 점유권을 확보하기 위한 이주·명도와 관련된 소송 및 집행비용을 말한다.
> 5. **"이주비용에 대하여 발생하는 이자비용"**이란 「도시 및 주거환경정비법」에 따른 정비사업 등의 시행으로 인한 택지 조성으로 인하여 이주하는 조합원, 종전의 토지 또는 건축물의 소유자가 이주비용을 조달하기 위해 융자받은 이주비에 대한 대출이자를 말한다.
> 6. **"조합 총회 등의 개최에 드는 비용"**이란 「도시 및 주거환경정비법」에 따른 조합 등이 정비사업 등의 시행 과정에서 택지의 취득 및 관리와 관련하여 총회, 대의원회, 주민대표회의 등의 의사결정기구를 통해 주요 사항을 결정하는 과정에서 수반되는 필수 소요경비를 말한다.

ca.Hackers.com

제12장 「도시 및 주거환경정비법」 감정평가 예상문제

[문제 1]

감정평가사 김씨는 「도시 및 주거환경정비법」에 의한 A시 B구 C동 XX지구 주택재개발조합으로부터 조합원 P씨의 권리변환 및 청산을 위한 평가를 의뢰받아 다음 자료를 조사·수집하였다. 이 자료를 활용하여 다음 물음에 답하시오.

(물음 1) P씨의 종전자산가액을 산정하시오.

(물음 2) 조합 전체의 분양예정자산가액을 산정하시오.

(물음 3) 비례율, 권리액 등을 산정하여 P씨의 청산금을 산정하시오.

<자료 1> P씨 소유 토지 및 건물 내역

1. 토지

소재지	지목	면적(㎡)		용도지역	도로교통	형상지세
		공부	실제			
A시 B구 C동 250번지	대	120	120	제2종일반주거지역	세로(가)	사다리평지

2. 건물

소재지	구조	용도	면적(㎡)		신축일자	비고
			공부	실제		
A시 B구 C동 250번지	블록조 슬래브지붕	단독주택	90	123	1985.2.1.	무허가건물

<자료 2> 재개발사업계획

1. 사업일정
   (1) 정비구역(재개발구역)지정 고시일: 2021.7.1.
   (2) 주택재개발조합설립 인가일: 2022.3.1.
   (3) 주택재개발 사업시행계획인가 고시일: 2023.8.1.
   (4) 관리처분계획 인가일: 2024.8.27.
   (5) 준공인가일: 2025.12.31.
2. 건축계획
   철근콘크리트조 슬래브지붕 15층 아파트 2개동, 32평형(전용면적 85㎡), 각층 1~4호, 총 120세대임
3. 분양계획
   (1) 일반분양: 각층 1호 30세대, 분양가는 인근 아파트의 시세와 비교하여 결정
   (2) 조합원분양: 각층 2~4호 90세대, 분양가는 1,667,250,000원

(3) 분양아파트 층별 및 호별 효용도

층별효용	1층	2층	3 ~ 14층	15층
	100	106	110	104
호별효용	1호	2호	3호	4호
	100	103	103	100

<자료 3>　인근지역 표준지공시지가(A시)

일련번호	소재지 지번	면적 (㎡)	지목	이용 상황	용도 지역	도로 상황	형상 지세	비고
1	B구 C동 119	250	대	단독 주택	2종 일주	세로 (가)	사다리형 평지	××주택 재개발지구 내
2	B구 C동 200	200	대	단독 주택	2종 일주	소로 한면	세장형 평지	××주택 재개발지구 외
3	B구 C동 300	300	대	단독 주택	3종 일주	소로 한면	사다리형 완경사	××주택 재개발지구 외
4	B구 C동 305	200	대	상업용	2종 일주	세로 (가)	사다리형 완경사	××주택 재개발지구 내

일련번호	공시지가(원/㎡)				
	2021년	2022년	2023년	2024년	2025년
1	12,200,000	12,300,000	12,400,000	12,500,000	12,670,000
2	12,000,000	12,100,000	12,200,000	12,300,000	12,440,000
3	11,900,000	12,000,000	12,300,000	12,400,000	12,560,000
4	12,100,000	12,200,000	12,500,000	12,700,000	12,910,000

※ 표준지공시지가는 해당연도의 지가 수준을 적절하게 반영하고 있음

<자료 4>　토지가격비준표

1. 도로상황

구분	광로	중로	소로	세로(가)	세로(불)	비고
광로	1.00	0.90	0.81	0.73	0.66	각지인 경우 10% 가산
중로	1.11	1.00	0.90	0.81	0.73	
소로	1.23	1.11	1.00	0.90	0.81	
세로(가)	1.36	1.23	1.11	1.00	0.90	
세로(불)	1.51	1.36	1.23	1.11	1.00	

2. 형상

구분	정방형	장방형	사다리형	부정형
정방형	1.00	0.95	0.85	0.70
장방형	1.05	1.00	0.95	0.75
사다리형	1.17	1.05	1.00	0.85
부정형	1.42	1.33	1.17	1.00

3. 지세

구분	평지	저지	완경사	급경사	고지
평지	1.00	0.97	0.95	0.85	0.80
저지	1.03	1.00	0.97	0.95	0.85
완경사	1.05	1.03	1.00	0.97	0.95
급경사	1.17	1.05	1.03	1.00	0.97
고지	1.25	1.17	1.05	1.03	1.00

<자료 5>   건축물신축단가

구분	블록조 슬레이트지붕	블록조 기와지붕	블록조 슬래브지붕
내용연수(년)	40	45	45
잔존가치(원)	0	0	0
신축단가(원/㎡)	900,000	950,000	1,000,000

<자료 6>   인근지역 아파트 거래사례(A시)

소재지	사례물건	평형	건축시점	거래시점	거래가격
B구 C동 201	D아파트 10층 1호	32평형 (전용면적 85㎡)	2021.5.6.	2024.3.2.	1,500,000,000원

<자료 7>   아파트 비교요인

1. 도로조건, 접근조건, 획지조건, 환경조건 등의 개별요인은 거래사례 아파트 대비 본건 일반분양분 아파트인 10층 1호가 5% 우세함

2. 인근지역 고층아파트의 경과연수별 아파트시세 비율

경과연수	2년 이하	2년 초과 5년 이하	5년 초과 10년 이하	10년 초과 20년 이하	20년 초과
아파트시세 비율	100	85	70	65	60

3. 거래시점 이후 A시 B구 아파트 가격은 보합세를 유지함

<자료 8>   기타사항

1. 해당 지역 내 연도별 지가는 보합세를 전제함
2. 추정 총사업비: 사업에 소요되는 총사업비는 1,230억원으로 추정함
3. P씨의 종전자산가액은 조합 전체 종전자산가액의 2%에 해당함
4. 비례율은 백분율로서 소수점 이하 다섯째 자리에서 반올림하여 넷째 자리까지 표시할 것
5. 현장조사일자
   (1) 종전자산: 2023.12.10. ~ 2024.2.1.
   (2) 분양예정자산: 2024.5.1. ~ 2024.7.1.

Ⅰ. 평가개요

본건은 재개발사업 구역 내 종전자산 및 청산금 산정임

Ⅱ. 물음 1, P씨 종전자산가액

1. 기준시점

「도시정비법」제72조 제1항 의거 사업시행계획인가고시일인 2023.8.1.임

2. 토지「감칙」제14조 제1항

(1) 적용공시지가

기준시점 이전 최근에 공시된 <2023.1.1.> 기준 공시지가를 적용함

(2) 표준지 선정

당해 재개발사업구역 내 2종일주, 주거용, 세로(가) 기준 <표준지 #1>을 선정함

(#2, 3: 사업구역 외, #4: 이용상황 상이)

(3) 공시지가기준가액

종전자산 평가목적 고려 공부상 면적 기준함(이하 동일)

12,400,000 × 1.00000 × 1.000 × (1.00 × 1.00 × 1.00) × 1.00 ≒ 12,400,000원/㎡

(× 120㎡ ≒ 1,488,000,000원)

3. 건물「감칙」제15조 제1항

(1) 종전자산 포함 여부

당해 사업은 재개발사업인바, 89.1.24. 이전 특정무허가건축물로 종전자산 항목임. 공부상 면적 기준함

(2) 적산가액

$1,000,000 × \dfrac{7}{45} ≒ 156,000원/㎡(× 90㎡ ≒ 14,040,000원)$

4. P씨 종전자산가액

토지 + 건물 ≒ 1,502,040,000원

Ⅲ. 물음 2, 조합 전체 분양예정자산

1. 기준시점

현행「도시정비법」상 기준시점 규정인 없는 바,「감칙」및 감정평가이론에 따라 현장조사완료일인 2024.7.1.을 기준시점으로 결정함

2. 본건 10층 1호 기준 일반분양가

$1,500,000,000 × \underset{사}{\underline{1.00}} × \underset{시}{\underline{1.00000}} × \underset{지}{\underline{1.000}} × \underset{개}{\underline{*1.235}} ≒ 1,852,500,000원$

$* \text{개별요인 } 1.05 × \dfrac{100}{85}$

3. 일반 분양분

$1,852,500,000 × (100 + 106 + 110 × 12 + 104) × \dfrac{1}{110} × 2(개동) ≒ 54,901,356,000원$

4. 조합원 분양분

조합원 분양분은 층별효용비 미적용

1,667,250,000 × 90(세대) ≒ 150,052,500,000원

5. 조합 전체 분양예정자산

일반분양분 + 조합원분양분 ≒ 204,953,856,000원

Ⅳ. 물음 3, P씨 청산금

1. 비례율

$$\frac{\text{분양예정 대지 또는 건물추산액} - \text{총사업비}}{\text{종전 토지 및 건축물가격}} = \frac{204,953,856,000 - 123,000,000,000}{\dfrac{1,502,040,000}{0.02}} ≒ 109.12\%$$

2. 권리가액

1,502,040,000 × 1.0912 ≒ 1,639,026,000원

3. 정산금(청산금) 산정

1,667,250,,000 - 1,639,026,000 ≒ 28,224,000원(납부)

ca.Hackers.com

제 13 장

보상평가

제13장 보상평가

제1절 손실보상 개관

1 손실보상의 개념

1. 손실보상의 의의

행정상 손실보상이란 공공필요에 의한 적법한 공권력의 행사에 의하여 개인의 재산권에 가하여진 특별한 희생에 대하여, 사유재산보장과 전체적인 공평부담의 견지에서 행하여지는 재산적 전보(塡補)를 말한다. 그 손실은 적법한 공권력 행사에 따른 특별한 희생이라는 점에서 불법적 행위에 따른 손해배상과 구분된다.

2. 손실보상의 법적 근거

> **「대한민국헌법」제23조**
> ① 모든 국민의 재산권은 보장된다. 그 내용과 한계는 법률로 정한다.
> ② 재산권의 행사는 공공복리에 적합하도록 하여야 한다.
> ③ 공공필요에 의한 재산권의 수용·사용 또는 제한 및 그에 대한 보상은 법률로써 하되, 정당한 보상을 지급하여야 한다.
>
> **「토지보상법」제1조(목적)**
> 이 법은 공익사업에 필요한 토지 등을 협의 또는 수용에 의하여 취득하거나 사용함에 따른 손실의 보상에 관한 사항을 규정함으로써 공익사업의 효율적인 수행을 통하여 공공복리의 증진과 재산권의 적정한 보호를 도모하는 것을 목적으로 한다.

3. 용어의 정리

> **「토지보상법」제2조(정의)**
> 이 법에서 사용하는 용어의 뜻은 다음과 같다.
> 1. "토지등"이란 제3조 각 호에 해당하는 토지·물건 및 권리를 말한다.
> 2. "공익사업"이란 제4조 각 호의 어느 하나에 해당하는 사업을 말한다.
> 3. "사업시행자"란 공익사업을 수행하는 자를 말한다.
> 4. "토지소유자"란 공익사업에 필요한 토지의 소유자를 말한다.
> 5. "관계인"이란 사업시행자가 취득하거나 사용할 토지에 관하여 지상권·지역권·전세권·저당권·사용대차 또는 임대차에 따른 권리 또는 그 밖에 토지에 관한 소유권 외의 권리를 가진 자나 그 토지에 있는 물건에 관하여 소유권이나 그 밖의 권리를 가진 자를 말한다. 다만, 제22조에 따른 사업인정의 고시가 된 후에 권리를 취득한 자는 기존의 권리를 승계한 자를 제외하고는 관계인에 포함되지 아니한다.

6. "**가격시점**"이란 제67조 제1항에 따른 보상액 산정(算定)의 기준이 되는 시점을 말한다.

7. "**사업인정**"이란 공익사업을 토지등을 수용하거나 사용할 사업으로 결정하는 것을 말한다.

4. 손실보상의 적용대상

「**토지보상법**」 제3조(적용 대상)

사업시행자가 다음 각 호에 해당하는 토지·물건 및 권리를 취득하거나 사용하는 경우에는 이 법을 적용한다.

1. 토지 및 이에 관한 소유권 외의 권리

2. 토지와 함께 공익사업을 위하여 필요한 입목(立木), 건물, 그 밖에 토지에 정착된 물건 및 이에 관한 소유권 외의 권리

3. 광업권·어업권·양식업권 또는 물의 사용에 관한 권리

4. 토지에 속한 흙·돌·모래 또는 자갈에 관한 권리

5. 공익사업

「**토지보상법**」 제4조(공익사업)

이 법에 따라 토지등을 취득하거나 사용할 수 있는 사업은 다음 각 호의 어느 하나에 해당하는 사업이어야 한다.

1. 국방·군사에 관한 사업

2. 관계 법률에 따라 허가·인가·승인·지정 등을 받아 공익을 목적으로 시행하는 철도·도로·공항·항만·주차장·공영차고지·화물터미널·궤도(軌道)·하천·제방·댐·운하·수도·하수도·하수종말처리·폐수처리·사방(砂防)·방풍(防風)·방화(防火)·방조(防潮)·방수(防水)·저수지·용수로·배수로·석유비축·송유·폐기물처리·전기·전기통신·방송·가스 및 기상 관측에 관한 사업

3. 국가나 지방자치단체가 설치하는 청사·공장·연구소·시험소·보건시설·문화시설·공원·수목원·광장·운동장·시장·묘지·화장장·도축장 또는 그 밖의 공공용 시설에 관한 사업

4. 관계 법률에 따라 허가·인가·승인·지정 등을 받아 공익을 목적으로 시행하는 학교·도서관·박물관 및 미술관 건립에 관한 사업

5. 국가, 지방자치단체, 「공공기관의 운영에 관한 법률」 제4조에 따른 공공기관, 「지방공기업법」에 따른 지방공기업 또는 국가나 지방자치단체가 지정한 자가 임대나 양도의 목적으로 시행하는 주택 건설 또는 택지 및 산업단지 조성에 관한 사업

6. 제1호부터 제5호까지의 사업을 시행하기 위하여 필요한 통로, 교량, 전선로, 재료 적치장 또는 그 밖의 부속시설에 관한 사업

7. 제1호부터 제5호까지의 사업을 시행하기 위하여 필요한 주택, 공장 등의 이주단지 조성에 관한 사업

8. 그 밖에 별표에 규정된 법률에 따라 토지등을 수용하거나 사용할 수 있는 사업

「**토지보상법**」 제4조의2(토지등의 수용·사용에 관한 특례의 제한)

① 이 법에 따라 토지등을 수용하거나 사용할 수 있는 사업은 제4조 또는 별표에 규정된 법률에 따르지 아니하고는 정할 수 없다.

② 별표는 이 법 외의 다른 법률로 개정할 수 없다.

③ 국토교통부장관은 제4조 제8호에 따른 사업의 공공성, 수용의 필요성 등을 5년마다 재검토하여 폐지, 변경 또는 유지 등을 위한 조치를 하여야 한다.

2 토지보상법상 공익사업의 절차 및 체계 등

1. 공익사업의 절차

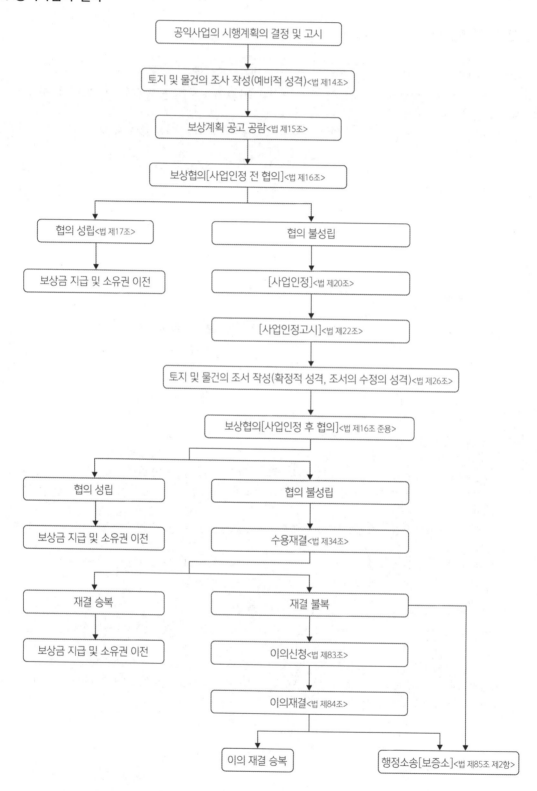

2. 공익사업의 체계

핵심체크 | 「토지보상법」의 체계

1장. 총칙 제1조 ~ 제8조
2장. 공익사업의 준비 제9조 ~ 제13조
3장. 협의에 의한 취득 또는 사용 제14조 ~ 제18조
4장. 수용에 의한 취득 또는 사용
      1절. 수용 또는 사용의 절차 제19조 ~ 제39조
      2절. 수용 또는 사용의 효과 제40조 ~ 제48조
5장. 토지수용위원회 제49조 ~ 제60조
6장. 손실보상
      1절. 손실보상의 원칙 제61조 ~ 제69조
      2절. 손실보상의 종류와 기준 등 제70조 ~ 제82조
7장. 이의신청 등 제83조 ~ 제90조
8장. 환매권 제91조 ~ 제93조
9장. 벌칙 제94조 ~ 제99조

핵심체크 | 「토지보상법」상 보상의 종류

1. 토지의 보상: 「토지보상법」 제70조 내지 제74조
2. 건축물등 물건에 대한 보상: 「토지보상법」 제75조
3. 권리의 보상: 「토지보상법」 제76조
4. 영업의 손실 등에 대한 보상(부대적 손실보상): 「토지보상법」 제77조
5. 이주대책의 수립 등(생활보상): 「토지보상법」 제78조
6. 그 밖의 토지에 관한 비용보상 등(간접손실보상): 「토지보상법」 제79조, 제80조

핵심체크 | 용어의 정리

1. 수용재결: 지방 또는 중앙토지수용위원회 결정으로 [재결]이라 통칭
2. 이의재결: 「토지보상법」상 이의신청에 대한 재결로 [이의재결]이라 통칭

핵심체크 | 토지조서 및 물건조서 「토지보상법 시행규칙」 별지 제4호 및 제5호

							토지의 명세				
								관계인			
소재지	지번 (원래 지번)	지목	현실 적인 이용 상황	전체 면적 (m²)	편입 면적 (m²)	용도지구 및 지구	성명 또는 명칭	주소	권리의 종류 및 내용	비교	

					물건의 명세				
						관계인			
소재지	지번	물건의 종류	구조 및 규격	수량 (면적)	성명 또는 명칭	주소	권리의 종류 및 내용	비교	

3 손실보상의 원칙 [사·전·현·개·일·상·시·개]

1. 사업시행자 보상 원칙

> **「토지보상법」 제61조(사업시행자 보상)**
>
> 공익사업에 필요한 토지등의 취득 또는 사용으로 인하여 토지소유자나 관계인이 입은 손실은 **사업시행자가 보상하여야 한다.**

2. 사전보상 원칙

> **「토지보상법」 제62조(사전보상)**
>
> 사업시행자는 해당 공익사업을 위한 **공사에 착수하기 이전**에 토지소유자와 관계인에게 보상액 전액(全額)을 지급하여야 한다. 다만, 제38조에 따른 천재지변 시의 토지 사용과 제39조에 따른 시급한 토지 사용의 경우 또는 토지소유자 및 관계인의 승낙이 있는 경우에는 그러하지 아니하다.

3. 현금보상 원칙

> **「토지보상법」 제63조(현금보상 등)**
>
> ① 손실보상은 다른 법률에 특별한 규정이 있는 경우를 제외하고는 **현금으로 지급하여야 한다.** 다만, 토지소유자가 원하는 경우로서 사업시행자가 해당 공익사업의 합리적인 토지이용계획과 사업계획 등을 고려하여 토지로 보상이 가능한 경우에는 토지소유자가 받을 보상금 중 본문에 따른 현금 또는 제7항 및 제8항에 따른 채권으로 보상받는 금액을 제외한 부분에 대하여 다음 각 호에서 정하는 기준과 절차에 따라 그 공익사업의 시행으로 조성한 토지로 보상할 수 있다. <개정 2022.2.3.>

1. 토지로 보상받을 수 있는 자: 토지의 보유기간 등 대통령령으로 정하는 요건을 갖춘 자로서 「건축법」 제57조 제1항에 따른 대지의 분할 제한 면적 이상의 토지를 사업시행자에게 양도한 자(공익사업을 위한 관계 법령에 따른 고시 등이 있은 날 당시 다음 각 목의 어느 하나에 해당하는 기관에 종사하는 자 및 종사하였던 날부터 10년이 경과하지 아니한 자는 제외한다)가 된다. 이 경우 대상자가 경합(競合)할 때에는 제7항 제2호에 따른 부재부동산(不在不動産) 소유자가 아닌 자 중 해당 공익사업지구 내 거주하는 자로서 토지 보유기간이 오래된 자 순으로 토지로 보상하며, 그 밖의 우선순위 및 대상자 결정방법 등은 사업시행자가 정하여 공고한다.
   가. 국토교통부
   나. 사업시행자
   다. 제21조 제2항에 따라 협의하거나 의견을 들어야 하는 공익사업의 허가·인가·승인 등을 하는 기관
   라. 공익사업을 위한 관계 법령에 따른 고시 등이 있기 전에 관계 법령에 따라 실시한 협의, 의견청취 등의 대상인 중앙행정기관, 지방자치단체, 「공공기관의 운영에 관한 법률」 제4조에 따른 공공기관 및 「지방공기업법」에 따른 지방공기업
2. 보상하는 토지가격의 산정 기준금액: 다른 법률에 특별한 규정이 있는 경우를 제외하고는 일반 분양가격으로 한다.
3. 보상기준 등의 공고: 제15조에 따라 보상계획을 공고할 때에 토지로 보상하는 기준을 포함하여 공고하거나 토지로 보상하는 기준을 따로 일간신문에 공고할 것이라는 내용을 포함하여 공고한다.

4. 개인별 보상 원칙

「토지보상법」 제64조(개인별 보상)
손실보상은 토지소유자나 관계인에게 **개인별**로 하여야 한다. 다만, 개인별로 보상액을 산정할 수 없을 때에는 그러하지 아니하다.

5. 일괄보상 원칙

「토지보상법」 제65조(일괄보상)
사업시행자는 동일한 사업지역에 보상시기를 달리하는 동일인 소유의 토지등이 여러 개 있는 경우 토지소유자나 관계인이 **요구할 때**에는 **한꺼번**에 보상금을 지급하도록 하여야 한다.

6. 사업시행이익상계금지 원칙

「토지보상법」 제66조(사업시행 이익과의 상계금지)
사업시행자는 동일한 소유자에게 속하는 일단(一團)의 토지의 일부를 취득하거나 사용하는 경우 해당 공익사업의 시행으로 인하여 잔여지(殘餘地)의 가격이 증가하거나 그 밖의 이익이 발생한 경우에도 그 이익을 그 취득 또는 사용으로 인한 손실과 **상계(相計)할 수 없다.**

7. 시가보상 원칙

> **「토지보상법」 제67조(보상액의 가격시점 등)**
> ① 보상액의 산정은 <u>협의에 의한 경우</u>에는 <u>협의 성립 당시의 가격</u>을, 재결에 의한 경우에는 <u>수용 또는 사용의 재결</u>
> <u>당시의 가격</u>을 기준으로 한다.

질의회신 **가격시점** [토지정책과 - 4699. 2011.10.1.]

[질의요지]
가격시점 관련 질의회신내용 변경

[회신내용]
가격시점은 계약체결시점은 계약체결시점과 일치되는 것이 바람직하나, 공익사업편입토지의 보상 시에는 먼저 감정평가를 한
후 보상액을 산정하게 되므로 <u>현실적</u>으로는 '<u>보상계약이 체결될 것으로 예상되는 시점</u>'을 가격시점으로 보는 것이 타당하다고
봅니다.

보상평가의 경우 감정평가에 의한 보상가액 산정 후 협의 또는 수용재결의 절차를 거치게 되므로 상기 '예상일'
을 기준으로 감정평가액을 산정한다. 만약 감정평가 의뢰에 따른 가격조사완료일 기준할 경우 피수용자 등에게
통보된 보상가액이 협의 또는 수용재결의 일정한 기간이 소요되는 경우 기간 경과에 따른 지가상승분을 배제한
가액이 되므로 정당보상 원칙에 문제가 발생할 수 있다. 따라서, '예상일'을 기준하는 것이 타당하다.

8. 해당 공익사업에 의한 가격의 변동 배제의 원칙(개발이익배제의 원칙)

> **「토지보상법」 제67조(보상액의 가격시점 등)**
> ② 보상액을 산정할 경우에 해당 공익사업으로 인하여 <u>토지등의 가격이 변동되었을 때에는 이를 고려하지 아니한다.</u>

핵심체크 | 보상액 산정 시 가치변동 배제분

1. 해당 공익사업의 계획 또는 시행이 공고 또는 고시된 것에 따른 가치의 증감분
2. 해당 공익사업의 시행에 따른 절차로서 행한 토지이용계획의 설정·변경·해제 등에 따른 가치의 증감분
3. 그 밖에 해당 공익사업의 착수에서 준공까지 그 시행에 따른 가치의 증감분

제2절 토지의 보상평가

1 토지 보상평가 기준

1. 객관적 상황 감정평가 기준

> 「토지보상법」 제70조(취득하는 토지의 보상)
>
> ② 토지에 대한 보상액은 가격시점에서의 현실적인 이용상황과 일반적인 이용방법에 의한 **객관적 상황**을 고려하여 산정하되, 일시적인 이용상황과 토지소유자나 관계인이 갖는 주관적 가치 및 특별한 용도에 사용할 것을 전제로 한 경우 등은 고려하지 아니한다.

객관적 상황이란 토지를 특수한 용도에 이용할 것을 전제로 하거나 주위환경이 특별하게 바뀔 것을 전제하는 경우 등을 배제한 기준을 말한다.

2. 현실적인 이용상황 기준 감정평가(현황평가기준 원칙)

> 「토지보상법」 제70조(취득하는 토지의 보상)
>
> ② 토지에 대한 보상액은 가격시점에서의 **현실적인 이용상황**과 일반적인 이용방법에 의한 객관적 상황을 고려하여 산정하되, **일시적인 이용상황**과 토지소유자나 관계인이 갖는 **주관적 가치 및 특별한 용도**에 사용할 것을 전제로 한 경우 등은 **고려하지 아니한다.**
>
> 「토지보상법 시행령」 제38조(일시적인 이용상황)
>
> 법 제70조 제2항에 따른 일시적인 이용상황은 관계 법령에 따른 국가 또는 지방자치단체의 계획이나 명령 등에 따라 해당 토지를 본래의 용도로 이용하는 것이 일시적으로 금지되거나 제한되어 그 본래의 용도와 다른 용도로 이용되고 있거나 해당 토지의 주위환경의 사정으로 보아 현재의 이용방법이 임시적인 것으로 한다.

현실적인 이용상황이란 지적공부상의 지목에 불구하고 가격시점의 실제 이용상황으로서 주위환경이나 대상 토지의 공법상 규제 정도 등으로 보아 인정 가능한 범위의 이용상황을 말한다.

토지의 보상평가는 일반평가 기준과 동일하게 현실적인 이용상황(현황평가기준 원칙)을 기준으로 평가하되 일시적인 이용상황은 고려치 아니한다. 다만, 후술하는 무허가건축물 등의 부지, 불법형질변경된 토지, 미지급 용지의 경우에는 일정한 요건에 따라 편입 당시 이용상황을 기준한다.

3. 개별 감정평가

> 「토지보상법 시행규칙」 제20조(구분평가 등)
>
> ① 취득할 토지에 건축물 · 입목 · 공작물 그 밖에 토지에 정착한 물건(이하 "건축물등"이라 한다)이 있는 경우에는 **토지와 그 건축물등을 각각** 평가하여야 한다. 다만, 건축물등이 토지와 함께 거래되는 사례나 관행이 있는 경우에는 그 건축물등과 토지를 일괄하여 평가하여야 하며, 이 경우 보상평가서에 그 내용을 기재하여야 한다.

보상평가 해커스 감정평가사 이성준 감정평가실무 2차 기본서

(1) 원칙

토지의 보상평가는 **필지별 및 소유권이외 권리마다 개별**로 평가하는 것을 원칙으로 한다. 토지는 인접하여 연속되어 있다 하더라도 필지마다 개별특성을 가지고 있으며 개인별 보상의 원칙을 실현하기 위함이다.

(2) 예외

1) 두 필지 이상의 토지가 **일단지**를 이루고 있는 경우에는 **일괄감정평가**한다. 다만, 이용상황 또는 용도지역동을 달리하여 가치가 명확히 구분되거나 소유자 등이 달라 이를 필지별로 감정평가할 이유나 조건이 있는 경우에는 그러하지 아니하다.

2) 한 필지의 토지가 둘 이상의 이용상황으로 이용되거나 용도지역등을 달리하는 경우에는 이용상황 또는 용도지역 별로 **구분감정평가**한다. 다만, 다른 이용상황으로 이용되거나 용도지역등을 달리하는 부분이 주된 이용상황 또는 용도지역동과 가치가 비슷하거나 면적비율이 뚜렷하게 낮아 주된 이용상황 또는 용도 지역등의 가치를 기준으로 거래될 것으로 추정되는 경우에는 주된 이용상황 또 는 용도지역등의 가치를 기준으로 감정평가할 수 있다.

3) 사업시행자가 이용상황별로 면적을 구분하여 제시하지 아니한 경우에는 주된 이용상황을 기준으로 감정평가하고 다른 이용상황 및 단가를 감정평가서에 따로 기재한다.

(3) 권리자별 감정평가와 개별 감정평가

보상감정평가는 사업시행자가 제시한 의뢰조서에 따라 감정평가한다. 개별 감정평가 이후 사업시행자가 권리의 주체인 권지라별(소유자별)로 보상액을 지급하는 것인바, 감정평가 시 **개별 감정평가와 권리자별 (소유자별) 감정평가와 혼동하면 안 된다.**

(4) 구분소유적 공유관계에 있는 토지

수인이 각기 한 필지의 특정부분을 점유하면서도 편의상 공유지분등기를 한 구분소유적 공유관계에 있는 토지는 각 공유지분권자의 **실제 점유부분을 기준으로 구분감정평가하지 않고,** 일반 공유토지와 마찬가지로 한 필지의 토지를 전체를 기준으로 감정평가한 다음 이를 공유지분 비율에 따라 안분하여 각 공유지분권자에 대한 보상액을 결정한다. 다만, 사업시행자가 공유물분할을 한 이후에 취득하기 위하여 해당 공유지분만을 의뢰한 경우에는 해당 공유지분을 기준으로 감정평가할 수 있다.

⚖ 판례 | 구분소유적 공유관계에 있는 토지에 대한 평가방법 [대법원 1998.7.10. 선고 98두6067 판결]

[판시사항]
구분소유적 공유관계에 있는 토지에 대한 평가와 필지별 평가원칙

[판결요지]
「감정평가에 관한 규칙」 제15조 등에 의하면, 수용대상토지를 평가함에 있어서는 특별한 사정이 없는 한 이를 필지별로 평가하여야 할 것이므로, 수인이 각기 한 필지의 특정부분을 매수하면서도 편의상 공유지분등기를 경료함으로써 각자의 특정부분에 관한 공유지분등기가 상호 명의신탁 관계에 있는, 이른바 구분소유적 공유토지라고 할지라도 명의신탁된 부동산이 대외적으로 수탁자의 소유에 속하는 것이니 만큼, 일반 공유토지와 마찬가지로 **한 필지의 토지 전체를 기준**으로 평가한 다음 이를 공유지분 비율에 따라 안분하여 각 공유지분권자에 대한 보상액을 정하여야 한다.

4. 나지상정 감정평가

> 「토지보상법 시행규칙」 제22조(취득하는 토지의 평가)
> ② 토지에 건축물등이 있는 때에는 그 건축물등이 없는 상태를 상정하여 토지를 평가한다.

(1) 원칙

공익사업에 필요한 필수불가결한 요소는 토지이고 토지 상에 소재하는 건축물 등은 대부분 지장물인바, 토지의 **최유효이용이 나지라는 것을** 전제로 평가한다.

(2) 예외

1) 「집합건물의 소유 및 관리에 관한 법률」에 따른 **구분소유권**은 전유부분과 대지사용권이 분리되어 거래의 객체가 될 수 없고 토지와 건물이 함께 거래되는 관행이 있으므로 토지와 일괄하여 감정평가한다.

2) 개발제한구역 내 건부지의 경우 건축물 등이 있어 오히려 토지의 증가 요인이 되는 경우에는 건부지를 기준으로 감정평가한다.

5. 해당 공익사업으로 인한 가격의 변동 배제 감정평가(개발이익 배제)

> 「토지보상법」 제67조(보상액의 가격시점 등)
> ① 보상액의 산정은 협의에 의한 경우에는 **협의 성립 당시의 가격을**, 재결에 의한 경우에는 **수용 또는 사용의 재결 당시의 가격을** 기준으로 한다.
>
> 「토지보상법」 제70조(취득하는 토지의 보상)
> ③ **사업인정 전 협의**에 의한 취득의 경우에 제1항에 따른 공시지가는 해당 토지의 가격시점 당시 공시된 공시지가 중 가격시점과 가장 가까운 시점에 공시된 공시지가로 한다.
> ④ **사업인정 후의 취득**의 경우에 제1항에 따른 공시지가는 사업인정고시일 전의 시점을 공시기준일로 하는 공시지가로서, 해당 토지에 관한 협의의 성립 또는 재결 당시 공시된 공시지가 중 그 사업인정고시일과 가장 가까운 시점에 공시된 공시지가로 한다.
> ⑤ 제3항 및 제4항에도 불구하고 공익사업의 계획 또는 시행이 공고되거나 고시됨으로 인하여 **취득하여야 할 토지의 가격이 변동되었다고 인정되는 경우**에는 제1항에 따른 공시지가는 해당 공고일 또는 고시일 전의 시점을 공시기준일로 하는 공시지가로서 그 토지의 가격시점 당시 공시된 공시지가 중 그 공익사업의 공고일 또는 고시일과 가장 가까운 시점에 공시된 공시지가로 한다.
>
> 「토지보상법 시행령」 제37조(지가변동률)
> ② 제1항을 적용할 때 비교표준지가 소재하는 시·군 또는 구의 지가가 해당 공익사업으로 인하여 **변동된 경우에는 해당 공익사업과 관계없는 인근 시·군 또는 구의 지가변동률을 적용한다.** 다만, 비교표준지가 소재하는 시·군 또는 구의 지가변동률이 인근 시·군 또는 구의 지가변동률보다 작은 경우에는 그러하지 아니하다.
>
> 「토지보상법 시행규칙」 제23조(공법상 제한을 받는 토지의 평가)
> ① 공법상 제한을 받는 토지에 대하여는 제한받는 상태대로 평가한다. 다만, 그 공법상 제한이 **당해 공익사업의 시행을 직접 목적으로 하여 가하여진 경우에는 제한이 없는 상태를 상정하여 평가한다.**
> ② 당해 공익사업의 시행을 **직접 목적으로 하여 용도지역 또는 용도지구 등이 변경된 토지에 대하여는 변경되기 전의 용도지역 또는 용도지구 등을 기준으로 평가한다.**

(1) 규정의 취지 및 근거

이는 해당 공익사업으로 인한 가치변동 배제를 위한 감정평가에 대해 규정함으로써 손실보상을 위한 감정평가의 공정성과 신뢰성을 제고하는데 있다.

공익사업은 그 시행으로 인해 일반적으로 인근 토지 등 지가에 영향을 주게 되나 이러한 지가의 변동은 사업시행자의 시간 및 비용의 투자로 인해 발생하는 것으로 토지소유자 자신의 노력이나 투자로 인해 발생하는 것이 아니므로 이를 배제하는 것이 정당보상 원칙에 부합한다.

> **⚖ 판례 | 개발이익 배제의 원칙이 정당보상원리에 위반되는지 여부** [헌법재판소 2009.9.24. 선고, 2008헌마112]
>
> - 「공익사업법」제67조 제2항은 보상액을 산정함에 있어 당해 공익사업으로 인한 개발이익을 배제하는 조항인데, 공익사업의 시행으로 지가가 상승하여 발생하는 **개발이익은 사업시행자의 투자에 의한 것**으로서 피수용자인 토지소유자의 노력이나 자본에 의하여 발생하는 것이 아니므로, 이러한 개발이익은 형평의 관념에 비추어 볼 때 토지소유자에게 당연히 귀속되어야 할 성질의 것이 아니고, 또한 개발이익은 공공사업의 시행에 의하여 비로소 발생하는 것이므로, 그것이 **피수용 토지가 수용 당시 갖는 객관적 가치에 포함된다고 볼 수도 없다.**
> - 따라서 개발이익은 그 성질상 완전보상의 범위에 포함되는 피수용자의 손실이라고 볼 수 없으므로, 이러한 개발이익을 배제하고 손실보상액을 산정한다 하여 헌법이 규정한 정당보상의 원리에 어긋나는 것이라고 할 수 없다.

(2) 개발이익의 개념

개발이익이라 함은 당해 공익사업의 계획 또는 시행이 공고 또는 고시되는 등의 공익사업의 시행의 절차로서 행하여지는 토지이용계획의 설정·변경·해제 등으로 인하여 토지소유자가 자기의 노력에 관계없이 지가가 상승되어 받는 이익으로 정상지가상승분을 초과하여 증가된 부분을 의미한다.

(3) 개발이익 배제 방법

1) 개발이익 배제

토지 보상평가는 다음 각 호의 사항으로 인한 가치의 증감분을 배제한 가액으로 감정평가한다.

1. 해당 공익사업의 계획 또는 시행이 공고 또는 고시된 것에 따른 가치의 증감분
2. 해당 공익사업의 시행에 따른 절차로서 행한 토지이용계획의 설정·변경·해제 등에 따른 가치의 증감분

2) 구체적인 개발이익 배제의 방법

① 적용공시지가 ② 표준지선정 ③ 시점수정 ④ 공법상 제한(개별요인 비교) ⑤ 그 밖의 요인 비교

> **⚖ 판례 | 개발이익배제** [대법원 2004.6.11. 선고 2003두14703 판결]
>
> 토지수용으로 인한 손실보상액을 산정함에 있어서는 당해 공공사업의 시행을 직접 목적으로 하는 계획의 승인·고시로 인한 **가격변동은 이를 고려함이 없이** 수용재결 당시의 가격을 기준으로 하여 정하여야 한다.

(4) 포함하는 가치의 변동분

1) 다른 공익사업으로 인한 가치의 변동

> **⚖ 판례 | 다른 사업의 개발이익 포함 여부** [대법원 2014.2.27. 선고 2013두21182 판결]
>
> **[판결요지]**
> 「공익사업을 위한 토지 등의 취득 및 보상에 관한 법률」 제67조 제2항은 '보상액을 산정할 경우에 해당 공익사업으로 인하여 토지 등의 가격이 변동되었을 때에는 이를 고려하지 아니한다'라고 규정하고 있는바, 수용 대상토지의 보상액을 산정함에 있어 해당 공익사업의 시행을 직접 목적으로 하는 계획의 승인, 고시로 인한 가격변동은 이를 고려함이 없이 재결 당시의 가격을 기준으로 하여 적정가격을 정하여야 하나, 해당 공익사업과는 관계없는 **다른 사업의 시행으로 인한 개발이익은 이를 포함한 가격으로 평가하여야 하고**, 개발이익이 해당 공익사업의 사업인정고시일 후에 발생한 경우에도 마찬가지이다.

해당 공익사업의 시행 등과 관계없는 다른 공익사업의 시행으로 인한 개발이익은 이를 배제하지 아니한다.

2) 자연적인 지가상승분

> **⚖ 판례 | 자연적인 지가상승분 고려 여부** [대법원 1999.12.3. 선고 95구2790 판결]
>
> **[판결요지]**
> 수용대상토지 일대가 수용사업지구로 지정됨으로 인하여 그 지가가 동결된 관계로 사업지구로 지정되지 아니하였더라면 상승될 수 있는 자연적인 지가상승률만큼도 지가가 상승되지 아니하였다고 볼 수 있는 충분한 입증이 있는 경우에 한하여 참작요인이 된다고 할 것이고, 이를 참작한 보정률도 인근 토지의 지가변동률과 공시지가변동률과의 차이가 아니라 그 중 개발이익을 배제한 자연적인 지가상승률만을 가려내어 반영하여야 한다.

자연적인 지가상승분은 토지소유자가 향유하여야 할 재산권의 내재적 가치의 성격을 가지므로 가치의 변동분을 포함하는 것이 타당하다.

6. 공시지가기준

> **「토지보상법」 제70조(취득하는 토지의 보상)**
> ① 협의나 재결에 의하여 취득하는 토지에 대하여는 「부동산 가격공시에 관한 법률」에 따른 **공시지가를 기준으로** 하여 보상하되, 그 공시기준일부터 가격시점까지의 관계 법령에 따른 그 토지의 이용계획, 해당 공익사업으로 인한 지가의 영향을 받지 아니하는 지역의 대통령령으로 정하는 지가변동률, 생산자물가상승률(「한국은행법」 제86조에 따라 한국은행이 조사·발표하는 생산자물가지수에 따라 산정된 비율을 말한다)과 그 밖에 그 토지의 위치·형상·환경·이용상황 등을 고려하여 평가한 적정가격으로 보상하여야 한다.
>
> **「토지보상법 시행규칙」 제22조(취득하는 토지의 평가)**
> ① 취득하는 토지를 평가함에 있어서는 평가대상토지와 유사한 이용가치를 지닌다고 인정되는 하나 이상의 **표준지의 공시지가를** 기준으로 한다.

토지 보상평가는 표준지공시지가를 기준으로 하되, 그 공시기준일부터 기준시점까지의 관련 법령에 따른 해당 토지의 이용계획, 해당 공익사업으로 인한 지가의 영향을 받지 아니하는 지역의 토지보상법 시행령으로 정하는 지가변동률, 생산자물가상승률(「한국은행법」 제86조에 따라 한국은행이 조사·발표하는 생산자물가지수에 따라 산정된 비율을 말한다. 이하 같다), 그 밖에 해당 토지의 위치·형상·환경·이용상황 등을 고려한 **적정가격**으로 감정평가한다.

다만, 법령상의 충돌 및 현실적인 실무상의 문제 등으로 인해 적정가격의 합리성 검토는 배제하고 있는 것이 유력설이다.

❷ 토지의 보상평가 및 구체적 방법

1. 토지 보상평가의 대상

(1) 사업시행자 제시 기준

토지 보상평가의 대상은 공익사업의 시행으로 인하여 취득할 토지로서 **사업시행자가 보상평가를 목적으로 제시한 것**(이하 "대상토지"라 한다)으로 한다.

즉, 대상토지의 **현실적인 이용상황 및 면적 등은 사업시행자가 제시한 내용**에 따른다. 사업시행자자 제시한 내용과 현황이 다르다고 해서 감정평가법인등은 이를 임의로 추가하거나 삭제하여서는 안 된다.

(2) 사업시행자 내용 조회 절차

대상토지의 현실적인 이용상황 및 면적 등은 사업시행자가 제시한 내용에 따르되 다음 각 호의 어느 하나에 해당하는 경우에는 사업시행자에게 그 내용을 조회한 후 목록을 다시 제시받아 감정평가하는 것을 원칙으로 한다. 다만, 수정된 목록의 제시가 없을 때에는 당초 제시목록을 기준으로 감정평가하되, 감정평가서에 현실적인 이용상황을 기준으로 한 단위면적당 가액(이하 "단가"라 한다) 또는 면적을 따로 기재한다.

1. 실지조사 결과 제시목록상의 이용상황과 현실적인 이용상황이 다른 것으로 인정되는 경우
2. 한 필지의 토지가 둘 이상의 이용상황인 경우로서 이용상황별로 면적을 구분하지 아니하고 의뢰된 경우(다른 이용상황인 부분이 주된 이용상황과 가치가 비슷하거나 면적비율이 뚜렷하게 낮아 주된 이용상황의 가치를 기준으로 거래될 것으로 추정되는 경우는 제외한다)
3. 공부상 지목이 "대"(공장용지 등 비슷한 지목을 포함한다. 이하 같다)가 아닌 토지가 현실적인 이용상황에 따라 "대"로 의뢰된 경우로서 다음 각 목의 어느 하나에 해당하는 경우(형질변경허가 관계 서류 등 신빙성 있는 자료가 있거나 주위환경의 사정 등으로 보아 "대"로 인정될 수 있는 경우는 제외한다)
   가. 제시면적이 인근지역에 있는 "대"의 표준적인 획지면적을 현저하게 초과하거나 미달되는 경우
   나. 지상 건축물의 용도·규모 및 부속 건축물의 상황과 관련 법령에 따른 건폐율·용적률, 그 밖에 공법상 제한 등으로 보아 그 제시면적이 현저하게 과다하거나 과소한 것으로 인정되는 경우

2. 토지의 보상평가 산식

> 표준지공시지가 × 시점수정 × 지역요인비교 × 개별요인비교 × 그 밖의 요인 비교

3. 비교표준지공시지가

(1) 적용공시지가

「토지보상법」제70조(취득하는 토지의 보상)

③ **사업인정 전 협의**에 의한 취득의 경우에 제1항에 따른 공시지가는 해당 토지의 가격시점 당시 공시된 공시지가 중 **가격시점과 가장 가까운 시점**에 공시된 공시지가로 한다.

④ **사업인정 후의 취득**의 경우에 제1항에 따른 공시지가는 사업인정고시일 전의 시점을 공시기준일로 하는 공시지가로서, 해당 토지에 관한 협의의 성립 또는 재결 당시 공시된 공시지가 중 그 **사업인정고시일과 가장 가까운 시점**에 공시된 공시지가로 한다.

⑤ 제3항 및 제4항에도 불구하고 공익사업의 계획 또는 시행이 공고되거나 고시됨으로 인하여 **취득하여야 할 토지의 가격이 변동되었다고 인정되는 경우**에는 제1항에 따른 공시지가는 해당 공고일 또는 고시일 전의 시점을 공시기준일로 하는 공시지가로서 그 토지의 가격시점 당시 공시된 공시지가 중 그 **공익사업의 공고일 또는 고시일과 가장 가까운 시점**에 공시된 공시지가로 한다.

「토지보상법 시행령」제38조의2(공시지가)

① 법 제70조 제5항에 따른 취득하여야 할 토지의 가격이 변동되었다고 인정되는 경우는 도로, 철도 또는 하천 관련 사업을 제외한 사업으로서 다음 각 호를 모두 충족하는 경우로 한다. <개정 2016.8.31.>

  1. 해당 공익사업의 면적이 20만 제곱미터 이상일 것
  2. 해당 공익사업지구 안에 있는 「부동산 가격공시에 관한 법률」제3조에 따른 표준지공시지가(해당 공익사업지구 안에 표준지가 없는 경우에는 비교표준지의 공시지가를 말하며, 이하 이 조에서 "표준지공시지가"라 한다)의 평균변동률과 평가대상토지가 소재하는 시(행정시를 포함한다. 이하 이 조에서 같다)·군 또는 구(자치구가 아닌 구를 포함한다. 이하 이 조에서 같다) 전체의 표준지공시지가 평균변동률과의 차이가 3퍼센트포인트 이상일 것
  3. 해당 공익사업지구 안에 있는 표준지공시지가의 평균변동률이 평가대상토지가 소재하는 시·군 또는 구 전체의 표준지공시지가 평균변동률보다 30퍼센트 이상 높거나 낮을 것

② 제1항 제2호 및 제3호에 따른 평균변동률은 해당 표준지별 변동률의 합을 표준지의 수로 나누어 산정하며, 공익사업지구가 둘 이상의 시·군 또는 구에 걸쳐 있는 경우 평가대상토지가 소재하는 시·군 또는 구 전체의 표준지공시지가 평균변동률은 시·군 또는 구별로 평균변동률을 산정한 후 이를 해당 시·군 또는 구에 속한 공익사업지구 면적 비율로 가중평균(加重平均)하여 산정한다. 이 경우 평균변동률의 산정기간은 해당 공익사업의 계획 또는 시행이 공고되거나 고시된 당시 공시된 표준지공시지가 중 그 공고일 또는 고시일에 가장 가까운 시점에 공시된 표준지공시지가의 공시기준일부터 법 제70조 제3항 또는 제4항에 따른 표준지공시지가의 공시기준일까지의 기간으로 한다.

[부칙] <대통령령 제24544호, 2013.5.28.>

제1조(시행일)

이 영은 공포한 날부터 시행한다.

제2조(지가변동률의 기준에 관한 적용례)

제37조의 개정규정은 이 영 시행 후 법 제15조 제1항(법 제26조 제1항에 따라 준용되는 경우를 포함한다)에 따라 보상계획을 공고하고, 토지소유자 및 관계인에게 보상계획을 통지하는 경우부터 적용한다.

제3조(공시지가의 기준에 관한 적용례)

제38조의2의 개정규정은 이 영 시행 후 공익사업의 계획 또는 시행이 공고되거나 고시되는 경우부터 적용한다.

1) 사업인정 이전 협의 취득

해당 토지의 기준시점 당시에 공시된 공시지가 중에서 기준시점에 가장 가까운 시점의 것으로 한다.

2) 사업인정 후의 취득

사업인정고시일 전의 시점을 공시기준일로 하는 공시지가로서, 해당 토지에 대한 협의 또는 재결 당시 공시된 공시지가 중에서 해당 사업인정고시일에 가장 가까운 시점의 것으로 한다.

3) 해당 공익사업의 계획 또는 시행이 공고되거나 고시됨에 따라 취득하여야 할 토지의 가격이 변동되었다고 인정되는 경우

① 도로, 철도 또는 하천 관련 사업을 제외한 사업으로서 다음 각 호를 모두 충족하는 경우를 말한다.

1. 해당 공익사업의 면적이 20만제곱미터 이상일 것
2. 해당 공익사업시행지구 안에 있는 「부동산 가격공시에 관한 법률」 제3조 제1항에 따른 표준지 공시지가(해당 공익사업시행지구 안에 표준지가 없는 경우에는 비교표준지의 공시지가를 말하며, 이하 이 조에서 "표준지공시지가"라 한다)의 평균변동률과 평가대상토지가 소재하는 시·군 또는 구 전체의 표준지공시지가 평균변동률과의 차이가 3퍼센트포인트 이상일 것
3. 해당 공익사업시행지구 안에 있는 표준지공시지가의 평균변동률이 평가대상토지가 소재하는 시·군 또는 구 전체의 표준지공시지가 평균변동률보다 30퍼센트 이상 높거나 낮을 것

② 제1항 제2호 및 제3호에 따른 평균변동률은 해당 표준지별 변동률의 합을 표준지의 수로 나누어 산정하며, 공익사업시행지구가 둘 이상의 시·군 또는 구에 걸쳐 있는 경우 평가대상토지가 소재하는 시·군 또는 구 전체의 표준지공시지가 평균변동률은 시·군 또는 구별로 평균변동률을 산정한 후 이를 해당 시·군 또는 구에 속한 공익사업시행지구 면적 비율로 가중평균(加重平均)하여 산정한다. 이 경우 평균변동률의 산정기간은 해당 공익사업의 계획 또는 시행이 공고되거나 고시된 당시 공시된 표준지공시지가 중 그 공고일 또는 고시일에 가장 가까운 시점에 공시된 표준지공시지가의 공시기준일부터 법 제70조 제3항 또는 제4항에 따른 표준지공시지가의 공시기준일까지의 기간으로 한다.

핵심체크 | 평균변동률 산정방법

1. 평균변동률 = $\dfrac{\text{표준지공시지가 변동률 합}}{\text{표준지수}}$

2. 둘 이상의 시·군·구에 걸쳐 있는 경우

평균변동률 = $\dfrac{\text{A지역 표준지공시지가 변동률 합}}{\text{A지역 표준지수}} \times \dfrac{\text{A지역면적}}{(A+B)\text{지역면적}}$

$+ \dfrac{\text{B지역 표준지공시지가 변동률 합}}{\text{B지역 표준지수}} \times \dfrac{\text{B지역면적}}{(A+B)\text{지역면적}}$

상기 표준지공시지가의 변동률은 표준지공시지가 단가(원/㎡)를 기준으로 산정한다.

핵심체크 | 취득하여야 할 토지의 가격변동 여부

[사업요건]
20만㎡ 이상, 도로 · 하천 · 철도 사업 아닌 공익사업으로

[시간적 요건]
「토지보상법」 제70조 제3항 적용: 공고 · 고시 전 ~ 가격시점 전 변동률
「토지보상법」 제70조 제4항 적용: 공고 · 고시 전 ~ 사업인정 전 변동률

[공간적 요건]
사업구역 내 전체 표준지 평균 변동률
사업구역 시 · 군 · 구 전체 표준지 평균 변동률

[변동률]
3%point 이상 & 30% 이상 · 이하 차이

[참고사항]
1. 사업구역 밖 표준지를 선정하는 경우 사업구역 밖 선정된 표준지도 구역 안 표준지처럼 추가하여 변동률 산정한다(이견 있음).
2. 표준지 변동률은 용도지역과 무관하다.

상기 가격변동 판단에 있어 '30% 이상 · 이하'의 해석은 시 · 군 · 구 전체의 표준지공시지가 평균 변동률이 1.30 또는 0.70을 곱하여 해당 사업지구 안에 있는 표준지공시지가의 평균변동률 또는 비교표준지 공시자의 평균변동률과 비교한다는 의미로 보아야 한다.

> **질의회신** **2013.5.28. 이전의 경우 가격변동 여부 판단** [협회 감정평가기준팀 - 870, 2017.6.22.]
>
> **[회신내용]**
> 개정된 「토지보상법 시행령」(대통령령 제24544호, 2013.5.28.) 시행 이전에 공익사업의 계획 또는 시행이 공고되거나 고시된 경우에 해당하여 부칙 제3조에 따라 개정된 「토지보상법 시행령」 제38조의2를 직접 적용할 수 없습니다. 그러나 헌법 제23조 제3항의 '정당한 보상'에 해당 공익사업으로 인한 개발이익은 포함되지 않는다는 점(헌법재판소 및 대법원의 일관된 입장), 토지보상법 제67조 제2항 및 제70조 제5항을 직접 근거로 개발이익을 배제할 수 있다는 점에서, '해당 공익사업으로 취득하여야 할 토지의 가격이 변동되었는지 여부'는 **상기 법률에 위배되지 않는 범위 내에서 협회의 「토지보상평가지침」** 제10조(적용공시지가의 선택) 제3항을 참조하여 판단할 수 있을 것으로 보며, 가격이 변동되었다고 인정되는 경우에는 「토지보상법」 제70조 제5항을 적용하여야 할 것입니다.

> **질의회신** **「토지보상법 시행령」 제38조의2 규정 적용에 대한 질의** [감정평가기준센터 2022 - 01285, 2022.9.20.]
>
> **[질의요지]**
> 여기서의 퍼센트포인트(%p)란 백분율로 나타낸 수치가 이전 수치에 비해 증가하거나 감소한 양을 의미하는 것으로 두 백분율 간의 차이를 나타낼 때 사용하는 단위입니다. 차이란 기준을 어디에 두느냐에 따라 변할 수 있으므로 개념적으로 마이너스가 없는 절댓값입니다.
>
> **[회신내용]**
> 여기서의 퍼센트포인트(%p)란 백분율로 나타낸 수치가 이전 수치에 비해 증가하거나 감소한 양을 의미하는 것으로 두 백분율 간의 차이를 나타낼 때 사용하는 단위입니다. 차이란 기준을 어디에 두느냐에 따라 변할 수 있으므로 개념적으로 **마이너스가 없는 절댓값**입니다.

판례 | 고시 · 공고일의 판단 [대법원 2022.5.26. 선고 2021두45848 판결]

[판결요지]

공익사업의 근거 법령에서 공고 · 고시의 절차, 형식 및 기타 요건을 정하고 있지 않은 경우, '행정 효율과 협업 촉진에 관한 규정'이 적용될 수 있다(제2조). 위 규정은 고시 · 공고 등 행정기관이 일정한 사항을 일반에게 알리는 문서를 공고문서로 정하고 있으므로(제4조 제3호), 위 규정에서 정하는 바에 따라 <u>공고문서가 기안되고 해당 행정기관의 장이 이를 결재하여 그의 명의로 일반에 공표한 경우</u> 위와 같은 효과가 발생할 수 있다.

다만 당해 공익사업의 시행으로 인한 개발이익을 배제하려는 토지보상법령의 입법 취지에 비추어 '행정 효율과 협업 촉진에 관한 규정'에 따라 기안, 결재 및 공표가 이루어지지 않았다고 하더라도 공익사업의 계획 또는 시행에 관한 내용을 공고문서에 준하는 정도의 <u>형식을 갖추어 일반에게 알린 경우</u>에는 토지보상법 제70조 제5항에서 정한 '공익사업의 계획 또는 시행의 공고 · 고시'에 해당한다고 볼 수 있다.

공익사업은 해당 공익사업의 근거법령에서 사업시행을 위한 '주민등의의견청취공고, 행위제한일, 사업인정의제일 등'을 규정하고 있어 실무상으로는 당해 법령의 해석을 통해 '공고 · 고시'를 판단하나, 수험생 실무풀이에서는 상기 **판례의 견해를 기준**으로 형식을 갖춘 '공고 · 고시'인 대표적인 '**주민등의 의견청취공고일**'을 기준함이 유리한 판단일 것이다.

4) 「공공주택특별법」상 공익사업의 경우 취득하여야할 토지의 가격 변동 여부 [특별법 우선의 원칙]

「공공주택특별법」 제27조(토지등의 수용 등)

⑤ 제10조 제1항에 따른 주민 등의 <u>의견청취 공고로 인하여 취득하여야 할 토지가격이 변동되었다고 인정되는 등</u> 대통령령으로 정하는 요건에 해당하는 경우에는 「공익사업을 위한 토지 등의 취득 및 보상에 관한 법률」 제70조 제1항에 따른 공시지가는 같은 법 제70조 제3항부터 제5항까지의 규정에도 불구하고 제10조 제1항에 따른 주민 등의 의견청취 공고일 전의 시점을 공시기준일로 하는 공시지가로서 해당 토지의 가격시점 당시 공시된 공시지가 중 같은 항에 따른 주민 등의 의견청취 공고일에 가장 가까운 시점에 공시된 공시지가로 한다.

「공공주택특별법 시행령」 제20조(토지등의 수용 등)

① 법 제27조 제5항에서 "취득하여야 할 토지가격이 변동되었다고 인정되는 등 대통령령으로 정하는 요건에 해당하는 경우"란 <u>주택지구에 대한 감정평가의 기준이 되는 표준지공시지가</u>(「부동산 가격공시에 관한 법률」에 따른 표준지공시지가를 말한다. 이하 같다)의 평균변동률이 해당 주택지구가 속하는 특별자치도, 시 · 군 또는 구 전체 표준지공시지가의 평균변동률보다 <u>30퍼센트 이상 높은 경우</u>를 말한다. <개정 2016.8.31.>

② 제1항에 따른 평균변동률은 법 제10조 제1항에 따른 주민 등의 의견청취 공고일 당시 공시된 공시지가 중 그 공고일에 가장 가까운 시점에 공시된 공시지가의 공시기준일부터 법 제12조 제1항에 따른 주택지구 지정의 고시일 당시 공시된 공시지가 중 그 고시일에 가장 가까운 시점에 공시된 공시지가의 공시기준일까지의 변동률로 한다.

③ 제1항에 따른 평균변동률을 산정할 때 주택지구가 **둘 이상**의 시·군 또는 구에 걸치는 경우에는 해당 주택지구가 속한 시·군 또는 구별로 평균변동률을 산정한 후 이를 해당 시·군 또는 구에 속한 **주택지구 면적의 비율로 가중 평균**한다.

유권해석 **「공공주택특별법 시행령」제20조 제1항상 "주택지구에 대한 감정평가의 기준이 되는 표준지공시지가"의 의미**
[2017 - 0989830, 2021.8.3.]

따라서, 특별법 시행령 제20조 제1항에서 규정하고 있는 '주택지구에 대한 감정평가의 기준이 되는 표준지공시지가'란 **'감정평가에 직접 활용되는 비교표준지의 표준지공시지가'**로서 토지보상법 시행령 제38조의2의 '해당 공익사업지구 안에 있는「부동산 가격공시에 관한 법률」제3조에 따른 표준지공시지가'와는 다르게 적용되고 있음을 알려드립니다.

「공공주택특별법」에 의한 공익사업의 경우「토지보상법」상의 취득하여야할 토지의 가격 변동 여부와 관련하여 **표준지의 해석이 상이**하므로, 상기와 같은 유권해석에 따라 사업구역 내 전체 표준지 변동률이 아닌 감정평가에 직접 활용되는 즉, **선정된 표준지**만의 변동률을 기준으로 판단하여야 한다. 또한, 변동률 판단에 있어서도 양 자 **격차율 30%**만을 규정하고 있다는 점에 유의하여야 한다. 다만, 지가 변동 여부인 지가변동률 격차율은 '3% or 5% 이상과 30%' 모두를 만족하여야 한다.

5) 사업인정의 고시 이후 토지의 세목 등이 추가 고시

「토지보상평가지침」제10조(적용공시지가의 선택)
⑤ 사업인정의 고시가 있은 이후에 공익사업시행지구의 확장이나 변경 등으로 토지의 세목 등이 추가로 고시됨에 따라 그 추가로 고시된 토지를 감정평가하는 경우에는 그 **토지의 세목 등이 추가로 고시된 날짜를 사업인정고시일**로 본다. 다만, 공익사업시행지구의 확장이나 변경 등이 없이 지적 분할 등에 따라 토지의 세목 등이 변경고시된 경우에는 그러하지 아니하다.

그 토지의 세목 등이 **추가고시된 날짜**를 사업인정고시일로 본다. 다만, 공익사업시행지구의 확장이나 변경 등이 없이 지적 분할 등에 의해 토지의 세목 등이 변경고시된 경우에는 그러하지 아니하다.

질의회신 **추가 편입된 경우 적용공시지가의 판단** [토지정책과 - 5519, 2017.8.29.]

[질의요지]
1. 공익사업에 따른 사업인정고시 후 확장이나 변경 등으로 토지가 추가로 편입되어 변경고시를 하는 경우 형식만으로 기존 공익사업과 동일한 공익사업으로 볼 수 있는지?
2. 사업인정변경고시라 하더라도 실질적인 내용을 기준으로 공익사업의 동일성 여부를 판단하여야 하는지 및 이에 대한 판단 주체는?

[회신내용]
공익사업에 따른 토지 등을 수용하려면 동 규정에 따라 사업인정을 받아야 할 것이나, 개별법에 사업인정이 있는 것으로 의제되는 허가·인가·승인(이하 "승인"이라 함)이나 변경승인에 대하여 별도로 규정하고 있는 경우 개별법에 따라야 할 것으로 봅니다. 다만, 「토지보상법」에서는 수용할 토지를 추가하는 사업인정변경에 대하여 규정하고 있지 않은바, 이 경우에는 해당 토지에 대하여 별도의 사업인정을 받아야 수용이 가능할 것입니다.
따라서 「토지보상법」에 따라 **추가적인 토지수용을 위한 사업인정을 하는 경우 공익사업은 실질적으로 해당 토지가 추가로 공익사업의 계획이나 시행에 편입된 시점을 기준**으로 평가하여야 할 것으로 사료되며, 기타 개별적인 사례에 대하여는 사업인정이 의제되는 승인등을 하는 승인권자가 승인법령의 취지 및 사업현황 등을 검토하여 판단할 사항으로 봅니다.

질의회신 동일 필지 내 편입시기가 다른 경우 적용공시지가 [감정평가기준센터 2021 - 00554, 2021.4.19.]

따라서 공익사업의 위치(구역 경계) 변경으로 추가 편입된 토지의 보상 감정평가 시 적용공시지가의 선택은 토지보상법 제70조 제5항에 해당하는 경우가 아니라면 「감정평가 실무기준」[810 - 5.6.3] 제4항에 따라 그 **토지의 세목 등이 추가고시된 날짜를 사업인정고시일**로 보는 것이고, 동일 필지라 하더라도 고시된 편입 면적은 추가(변경) 사업인정고시일을 기준으로 선택해야 할 것으로 판단됩니다.

질의회신 추가 편입된 경우 적용공시지가 판단, 해당 공익사업으로 인해 지가가 변동된 경우 [감정평가기준팀 - 2346, 2016.7.20.]

[회신내용]

본 질의의 최초 사업면적인 856,075㎡에 대해서는 최초의 사업인정고시를 기준으로 하여야 할 것이고, 추가(변경)고시로 인해 증가된 면적 77,895㎡에 대해서는 해당 면적 토지의 세목 등이 추가고시된 날짜를 사업인정고시일로 보아 이를 기준으로 하여야 할 것이나, 두 경우 모두 공익사업의 계획 또는 시행이 공고되거나 고시됨으로 인하여 **취득하여야 할 토지의 가격이 변동되었다고 인정되는 경우**에는 해당 공고일 또는 고시일 전의 시점을 공시기준일로 하는 공시지가로서 그 토지의 가격시점 당시 공시된 공시지가 중 그 공익사업의 공고일 또는 고시일과 가장 가까운 시점에 공시된 공시지가를 기준으로 하여야 할 것입니다. 아울러, 최초 사업인정고시와 추가(변경)고시의 사업은 **동일한 공익사업**이므로 토지보상법 시행령 제38조의2 제1항 제1호 적용 시 **최초 사업면적 및 추가면적을 합친** 933,970㎡를 기준으로 판단하여야 할 것입니다.

판례 | 기준시점과 감정평가시점 사이에 공시지가가 공시된 경우의 적용공시지가 선택 [대법원 1993.3.23. 선고 92누2653 판결]

공시지가는 공시기준일을 기준으로 하여 효력이 있다 할 것이므로 공시기준일 이후를 가격시점으로 한 평가나 보상은 공시된 공시지가를 기준으로 하여 산정하여야 하고 수용재결시에 기존의 공시지가가 공시되어 있더라도 이의재결시에 새로운 공시지가의 공시가 있었고 그 공시기준일이 수용재결일 이전으로 된 경우에는 이의재결은 **새로 공시된 공시지가를 기준**으로 하여 평가한 금액으로 행하는 것이 옳다.

6) 사업인정 및 사업인정의제일

「토지보상법」 제20조(사업인정)

① 사업시행자는 제19조에 따라 토지등을 수용하거나 사용하려면 대통령령으로 정하는 바에 따라 국토교통부장관의 사업인정을 받아야 한다.

「토지보상법」 제22조(사업인정의 고시)

① 국토교통부장관은 제20조에 따른 사업인정을 하였을 때에는 지체 없이 그 뜻을 사업시행자, 토지소유자 및 관계인, 관계 시·도지사에게 통지하고 사업시행자의 성명이나 명칭, 사업의 종류, 사업지역 및 수용하거나 사용할 토지의 세목을 관보에 고시하여야 한다.

② 제1항에 따라 사업인정의 사실을 통지받은 시·도지사(특별자치도지사는 제외한다)는 관계 시장·군수 및 구청장에게 이를 통지하여야 한다.

③ 사업인정은 제1항에 따라 고시한 날부터 그 효력이 발생한다.

[예시] 「택지개발촉진법」 제12조(토지수용)

① 시행자(제7조 제1항 제4호 및 제5호에 따라 공동으로 사업을 시행하는 경우에는 공공시행자와 공동출자법인을 말한다)는 택지개발지구에서 택지개발사업을 시행하기 위하여 필요할 때에는 「공익사업을 위한 토지 등의 취득 및 보상에 관한 법률」 제3조에서 정하는 토지·물건 또는 권리(이하 "토지등"이라 한다)를 **수용하거나 사용(이하 "수용"이라 한다)할 수 있다.**

② 제3조에 따른 택지개발지구의 지정·고시가 있은 때에는 「공익사업을 위한 토지 등의 취득 및 보상에 관한 법률」 제20조 제1항 및 제22조에 따른 사업인정 및 사업인정의 고시가 있은 것으로 보며, 재결(裁決)의 신청은 같은 법 제23조 제1항 및 제28조 제1항에도 불구하고 실시계획에서 정하는 사업시행기간에 하여야 한다.

③ 제1항에 따른 토지등의 수용에 관한 재결의 관할 토지수용위원회는 중앙토지수용위원회로 한다.

④ 제1항에 따른 토지등의 수용에 관하여는 이 법에 특별한 규정이 있는 경우를 제외하고는 「공익사업을 위한 토지 등의 취득 및 보상에 관한 법률」을 준용한다.

핵심체크 | 「개별법」상 [사업인정의제일] 및 [행위제한일]

개별법	사업인정의제일	행위제한일	비고
「국토계획법」	실시계획인가고시	도시군관리계획 결정 및 지형도면 고시	-
「도시 및 주거환경정비법」	사업시행계획인가고시	정비구역의 지정	-
「도로법」	도로구역의 결정변경고시 (별도세목고시일 X)	주민등의 의견청취공고	별도세목고시일 고려 안함
「산업입지 및 개발에 관한 법률」	산업단지의 지정고시 (별도세목고시일)	주민등의 의견청취공고	별도세목고시일 있으면 그날 기준
「택지개발촉진법」	택지개발예정지구 지정고시	주민등의 의견청취공고	-
「도시개발법」	토지의 세부목록고시	주민등의 의견청취공고	-
「전원개발촉진법」	실시계획승인 및 고시	-	송전설비주변 매수청구의 경우 의제되는 법률
「주택법」	사업계획승인	-	-
「도시철도법」	사업계획승인고시	-	-
「국방군사시설사업에 관한 법률」	사업계획승인고시	-	-
「학교시설촉진법」	학교시설사업시행계획 승인고시	-	-
「공공주택특별법」	주택지구지정고시	주민등의 의견청취공고	-

7) 개별법상 적용공시지가의 판단

(가) 「산업입지법」의 경우

「산업입지법」 제22조(토지수용)

② 제1항을 적용할 때 제7조의4제1항에 따른 **산업단지의 지정·고시가 있는 때**(제6조 제5항 각 호 외의 부분 단서, 제7조 제6항, 제7조의2 제6항 또는 제8조 제4항에 따라 사업시행자와 수용·사용할 **토지등의 세부 목록을 산업단지가 지정된 후에 산업단지개발계획에 포함시키는 경우에는 이의 고시가 있는 때**를 말한다)에는 「공익사업을 위한 토지 등의 취득 및 보상에 관한 법률」 제20조 제1항 및 같은 법 제22조에 따른 **사업인정 및 사업인정의 고시**가 있는 것으로 본다.

「산업입지법」상 사업인정의제일은 원칙적으로 산업단지의 지정·고시일이나 사업의 규모 및 기간 등을 고려하여 지정·고시 이후 토지등의 세부목록을 고시한 경우 세부목록고시일을 사업인정의제일로 판단한다.

(나)「도로법」의 경우

> 「도로법」제82조(토지 등의 수용 및 사용)
> ① 도로관리청은 도로공사의 시행을 위하여 필요하면 도로구역에 있는 토지·건축물 또는 그 토지에 정착된 물건의 소유권이나 그 토지·건축물 또는 물건에 관한 소유권 외의 권리를 수용하거나 사용할 수 있다.
> ② 제1항에 따른 수용 또는 사용에 관하여는 「공익사업을 위한 토지 등의 취득 및 보상에 관한 법률」을 준용한다. 이 경우 제25조에 따른 **도로구역의 결정** 또는 변경과 **도로구역의 결정 고시** 또는 변경 고시는 「공익사업을 위한 토지 등의 취득 및 보상에 관한 법률」 제20조 제1항 및 제22조에 따른 **사업인정 및 사업인정고시**로 보며, 도로관리청은 같은 법 제23조 제1항 및 제28조 제1항에도 불구하고 도로공사의 시행기간에 재결을 신청할 수 있다.

「도로법」상 사업인정의제일은 도로구역의 결정·고시일로 선적사업인 도로사업의 특징 및 법령의 해석을 고려하여 사업인정의제일은 추후 세부목록 고시가 있다하더라도 도로구역의 결정·고시일로 판단한다.

8) 변경인가고시의 경우 적용공시지가 판단

공익사업의 경우 사업기간이 장기화됨에 따라 최초 사업인정고시 등에서 정한 사업기간의 변경 및 연장을 변경인가를 통해 고시한다. 다만, 실무상 다양한 사유에 따라 최초 사업인정고시에서 결정한 사업기간이 도과된 이후 변경인가고시가 있는 사례가 종종 발생하게 되는데 이러한 경우 적용공시지가의 판단이 문제될 수 있다. 결론적으로 아래와 같이 판단한다.

> **핵심체크 | 변경인가고시의 경우 적용공시지가 판단**
>
> 1. **사업기간 내 변경인가고시가 있는 경우**
>   사업의 동일성을 인정하여 최초 사업인정고시일을 기준하여 판단한다.
>
> 2. **사업기간 이후 변경인가고시가 있는 경우**
>   (1) 기간만 변경인가고시한 경우: 실효
>   (2) 새로운 인가고시의 요건을 모두 갖춘 경우: 새로운 사업인정고시일로 판단한다.

> **질의회신** **기간 도과 후 재고시된 사업의 적용공시지가 판단** [감정평가기준센터 2020 - 01536, 2020.8.12.]
>
> [질의요지]
> 사업기간 도과 후 재고시된 보상사업의 적용공시지가 선정 방법
>
> [회신내용]
> 사업시행기간이 도과하여 변경인가고시를 한 경우 최초 실시계획인가의 효력이 유효하다고 할 수 없어 최초실시계획인가고시일을 기준으로 적용공시지가를 선택할 수 없을 것으로 보이며, 2020.3.18. **사업시행변경인가 고시가 새로운 인가로서의 요건을 갖추었다면 이를 기준**으로 적용공시지가를 선택하여야 할 것입니다.

(2) 비교표준지 선정

1) 비교표준지 선정기준

「토지보상법 시행규칙」 제22조(취득하는 토지의 평가)

① 취득하는 토지를 평가함에 있어서는 평가대상토지와 유사한 이용가치를 지닌다고 인정되는 하나 이상의 표준지의 공시지가를 기준으로 한다.

② 토지에 건축물등이 있는 때에는 그 건축물등이 없는 상태를 상정하여 토지를 평가한다.

③ 제1항에 따른 표준지는 특별한 사유가 있는 경우를 제외하고는 다음 각 호의 기준에 따른 토지로 한다.

1. 「국토의 계획 및 이용에 관한 법률」 제36조부터 제38조까지, 제38조의2 및 제39조부터 제42조까지에서 정한 용도지역, 용도지구, 용도구역 등 공법상 제한이 같거나 유사할 것
2. 평가대상토지와 실제 이용상황이 같거나 유사할 것
3. 평가대상토지와 주위 환경 등이 같거나 유사할 것
4. 평가대상토지와 지리적으로 가까울 것

2) 공익사업시행지구 [안] 표준지 선정 원칙

비교표준지는 해당 공익사업시행지구 안 또는 밖에서 선정할 수 있고 이론상으로 비교표준지 선정에 따른 보상평가액은 차이가 없다. 다만, 면형 공익사업의 경우 해당 공익사업시행지구 안에 있는 공시지가표준지가 통상적으로 대상토지와 유사한 이용가치를 지닌다고 인정되므로 「감정평가 실무기준」 및 「토지보상평가지침」상 '택지개발사업·산업단지개발사업 등' 공익사업시행지구 안에 있는 토지를 감정평가할 때에는 그 **공익사업시행지구 안**에 있는 표준지공시지가를 선정하도록 규정하고 있다.

특히 2007.10.17. 「토지보상법」 제70조 제5항의 신설은 해당 공익사업으로 인한 가치변동을 보상액에서 배제하는 **시간적 방법**을 채택함과 동시에 해당 공익사업시행지구 안에 있는 공시지가표준지를 비교표준지로 선정한다는 것을 전제로 한 **공간적 방법**을 채택한 것으로 보여진다.

다만, 그럼에도 불구하고 특별한 이유가 있는 경우에는 해당 공익사업시행지구 안에 있는 표준지의 일부를 선정대상에서 제외하거나, 해당 공익사업시행지구 밖에 있는 표준지를 선정할 수 있다. 이 경우에는 그 이유를 감정평가서에 기재하여야 한다.

3) 도로 · 구거 등 특수용도의 토지의 경우

도로 · 구거 등 특수용도의 토지에 관한 감정평가로서 제1항의 선정기준에 적합한 표준지가 인근지역에 없는 경우에는 인근지역의 표준적인 이용상황과 비슷한 표준지를 비교표준지로 선정할 수 있다.

4. 시점수정

「토지보상법」제70조(취득하는 토지의 보상)

① 협의나 재결에 의하여 취득하는 토지에 대하여는 「부동산 가격공시에 관한 법률」에 따른 공시지가를 기준으로 하여 보상하되, 그 공시기준일부터 가격시점까지의 관계 법령에 따른 그 토지의 이용계획, **해당 공익사업으로 인한 지가의 영향을 받지 아니하는 지역**의 대통령령으로 정하는 **지가변동률, 생산자물가상승률**(「한국은행법」제86조에 따라 한국은행이 조사 · 발표하는 생산자물가지수에 따라 산정된 비율을 말한다)과 그 밖에 그 토지의 위치 · 형상 · 환경 · 이용상황 등을 고려하여 평가한 적정가격으로 보상하여야 한다.

「토지보상법 시행령」제37조(지가변동률)

① 법 제70조 제1항에서 "대통령령으로 정하는 지가변동률"이란 「부동산 거래신고 등에 관한 법률 시행령」제17조에 따라 국토교통부장관이 조사 · 발표하는 지가변동률로서 평가대상토지와 가치형성요인이 같거나 비슷하여 해당 평가대상토지와 유사한 이용가치를 지닌다고 인정되는 **표준지**(이하 "비교표준지"라 한다)가 소재하는 시(행정시를 포함한다. 이하 이 조에서 같다) · 군 또는 구(자치구가 아닌 구를 포함한다. 이하 이 조에서 같다)의 **용도지역별 지가변동률**을 말한다. 다만, 비교표준지와 같은 용도지역의 지가변동률이 조사 · 발표되지 아니한 경우에는 비교표준지와 **유사한 용도지역의 지가변동률**, 비교표준지와 **이용상황이 같은 토지의 지가변동률** 또는 **해당 시 · 군 또는 구의 평균지가변동률** 중 어느 하나의 지가변동률을 말한다.

② 제1항을 적용할 때 비교표준지가 소재하는 시 · 군 또는 구의 지가가 **해당 공익사업으로 인하여 변동된 경우에는 해당 공익사업과 관계없는 인근 시 · 군 또는 구의 지가변동률**을 적용한다. 다만, 비교표준지가 소재하는 시 · 군 또는 구의 지가변동률이 인근 시 · 군 또는 구의 지가변동률보다 **작은 경우에는 그러하지 아니하다.**

③ 제2항 본문에 따른 비교표준지가 소재하는 시 · 군 또는 구의 지가가 해당 공익사업으로 인하여 변동된 경우는 **도로, 철도 또는 하천 관련 사업을 제외한 사업**으로서 다음 각 호의 요건을 모두 충족하는 경우로 한다.

1. 해당 공익사업의 면적이 **20만 제곱미터 이상일 것**
2. 비교표준지가 소재하는 시 · 군 또는 구의 사업인정고시일부터 가격시점까지의 지가변동률이 **3퍼센트 이상일 것**. 다만, 해당 공익사업의 계획 또는 시행이 공고되거나 고시됨으로 인하여 비교표준지의 가격이 변동되었다고 인정되는 경우에는 그 계획 또는 시행이 공고되거나 고시된 날부터 가격시점까지의 지가변동률이 **5퍼센트 이상**인 경우로 한다.

3. 사업인정고시일부터 가격시점까지 비교표준지가 소재하는 시·군 또는 구의 지가변동률이 비교표준지가 소재하는 시·도의 지가변동률보다 **30퍼센트 이상 높거나 낮을 것**

[부칙 <대통령령 제24544호, 2013.5.28.>]
제1조(시행일)
이 영은 공포한 날부터 시행한다.

제2조(지가변동률의 기준에 관한 적용례)
제37조의 개정규정은 이 영 시행 후 법 제15조 제1항(법 제26조 제1항에 따라 준용되는 경우를 포함한다)에 따라 보상계획을 공고하고, 토지소유자 및 관계인에게 보상계획을 통지하는 경우부터 적용한다.

(1) 지가변동률 적용

① 시점수정을 위한 지가변동률의 적용은 「부동산 거래신고 등에 관한 법률」 제19조에 따라 국토교통부 장관이 월별로 조사·발표한 지가변동률로서 비교표준지가 있는 시·군 또는 구의 같은 용도지역의 지가변동률로 한다.

② 제1항에도 불구하고 다음 각 호의 경우에는 그 기준에 따른다.

1. 비교표준지와 같은 용도지역의 지가변동률이 조사·발표되지 아니한 경우에는 공법상 제한이 비슷한 용도지역의 지가변동률, 이용상황별 지가변동률(지가변동률 조사·평가기준일이 1998년 1월 1일 이전인 경우에는 지목별 지가변동률을 말한다. 이하 같다) 또는 해당 시·군 또는 구의 평균지가변동률 중 어느 하나를 적용할 수 있다.

2. 비교표준지가 도시지역의 개발제한구역 안에 있는 경우 또는 용도지역이 미지정된 경우에는 녹지지역의 지가변동률을 적용한다. 다만, 비교표준지가 도시지역의 개발제한구역 안에 있는 경우로서 2013년 5월 28일 자 법 시행령 제37조 제1항 개정 전에 공익사업의 시행에 따른 보상계획을 공고하고 토지 소유자 및 관계인에게 이를 통지한 경우에는 이용상황별 지가변동률을 우선 적용한다.

3. 표준지공시지가의 공시기준일이 1997년 1월 1일 이전인 경우로서 비교표준지가 도시지역 밖에 있는 경우와 도시지역의 개발제한구역 안에 있는 경우 또는 용도지역이 미지정된 경우에는 이용상황별 지가변동률을 적용한다. 다만, 비교표준지와 같은 이용상황의 지가변동률이 조사·발표되지 아니한 경우에는 비교표준지와 비슷한 이용상황의 지가변동률 또는 해당 시·군 또는 구의 평균 지가변동률을 적용할 수 있다.

4. 비교표준지의 용도지역은 세분화된 관리지역(계획관리지역·생산관리지역 또는 보전관리지역을 말한다. 이하 이 조에서 같다)이나 비교표준지가 있는 시·군 또는 구의 지가변동률이 세분화 되지 아니한 관리지역으로 조사·발표되어 있는 경우와 비교표준지의 용도지역은 세분화되지 아니한 관리지역이나 비교표준지가 있는 시·군 또는 구의 지가변동률이 세분화된 관리지역으로 조사·발표되어 있는 경우에는 비교표준지와 같은 용도지역의 지가변동률이 조사·발표되지 아니한 것으로 본다. 이 경우에는 비교표준지와 비슷한 용도지역(세분화되거나 세분화되지 아니한 관리지역을 말한다)의 지가변동률, 이용상황별 지가변동률 또는 해당 시·군 또는 구의 평균 지가변동률 중 어느 하나를 적용할 수 있다.

(2) 해당 공익사업으로 인하여 지가의 변동이 있는 경우

③ 제1항 및 제2항을 적용할 때 비교표준지가 소재하는 시·군 또는 구의 지가가 해당 공익사업으로 변동된 경우에는 **해당 공익사업과 관계없는 인근 시·군 또는 구의 용도지역별 지가변동률을 적용한다.** 다만, 비교표준지가 소재하는 시·군 또는 구의 평균 지가변동률이 인근 시·군 또는 구의 평균 지가변동률보다 작은 경우에는 그러하지 아니하다.

④ 제3항에서 "비교표준지가 소재하는 시·군 또는 구의 지가가 해당 공익사업으로 변동된 경우"란 **도로, 철도 또는 하천 관련 사업을 제외한 사업**으로서 다음 각 호의 요건을 모두 갖춘 경우를 말한다.

1. 해당 공익사업의 면적이 **20만 제곱미터 이상일 것**

2. 비교표준지가 소재하는 시·군 또는 구의 사업인정고시일부터 가격시점까지의 평균 지가변동률이 **3퍼센트 이상일 것.** 다만, 해당 공익사업의 계획 또는 시행이 공고되거나 고시됨에 따라 비교표준지의 가격이 변동되었다고 인정되는 경우에는 그 계획 또는 시행이 공고되거나 고시된 날부터 가격시점까지의 평균 지가변동률이 **5퍼센트 이상**인 경우로 한다.

3. 사업인정고시일부터 가격시점까지 비교표준지가 소재하는 시·군 또는 구의 평균 지가변동률이 비교표준지가 소재하는 특별시, 광역시, 특별자치시, 도 또는 특별자치도(이하 "시·도"라 한다)의 평균 지가변동률보다 **30퍼센트 이상 높거나 낮을 것**

⑤ 제2항 및 제3항에 따라 지가변동률을 적용하는 경우에는 그 내용을 감정평가서에 기재한다.

핵심체크 | 해당 공익사업으로 인한 지가의 변동 여부

[사업요건]
20만㎡ 이상, 도로·하천·철도 사업 아닌 공익사업으로

[시간적 요건]
「토지보상법」 제70조 제4항 적용: 사업인정일 ~ 가격시점 용도지역별 지가변동률
「토지보상법」 제70조 제5항 적용: 공고·고시일 ~ 가격시점 용도지역별 지가변동률

[공간적 요건]
표준지 소재 시·군·구
표준지 소재 시·도

[변동률]
「토지보상법」 제70조 제4항 적용: 3% 이상 & 30% 이상·이하 차이
「토지보상법」 제70조 제5항 적용: 5% 이상 & 30% 이상·이하 차이

---

(3) 지가변동률의 추정

① 가격시점 당시에 조사·발표되지 아니한 월의 지가변동률 추정은 조사·발표된 월별 지가변동률 중 가격시점에 가장 가까운 월의 지가변동률을 기준으로 하되, 월 단위로 구분하지 아니하고 **일괄추정방식**에 따른다. 다만, 지가변동추이로 보아 조사·발표된 월별 지가변동률 중 가격시점에 가장 가까운 월의 지가변동률로 추정하는 것이 적정하지 못하다고 인정되는 경우에는 조사·발표된 최근 3개월의 지가변동률을 기준으로 추정하거나 조사·발표되지 아니한 월의 지가변동추이를 분석·검토한 후 지가변동률을 따로 추정할 수 있다.

② 가격시점 당시에는 해당 월의 지가변동률이 조사·발표되지 아니하였으나 감정평가시점 당시에 조사·발표된 경우에는 해당 월의 지가변동률을 적용한다.

(4) 지가변동률의 산정

① 지가변동률의 산정은 가격시점 직전 월까지의 지가변동률 누계에 해당 월의 경과일수 상당의 지가변동률을 곱하는 방법으로 구하며, 그 율은 **백분율로서 소수점 이하 셋째 자리**까지 표시하되 반올림한다.

② 해당 월의 경과일수 상당의 지가변동률 산정은 해당 월의 총일수를 기준으로 하고, 해당 월의 지가변동률이 조사·발표되지 아니하여 지가변동률을 추정할 때에는 그 추정기준이 되는 월의 총일수를 기준으로 한다.

③ 지가변동률의 산정을 위한 경과일수는 해당 월의 **첫날과 가격시점일을 넣어 계산한** 것으로 한다.

(5) 생산자물가상승률의 적용

① 다음 각 호의 어느 하나에 해당하는 경우에는 생산자물가상승률을 적용하여 시점수정을 할 수 있다.
   1. 조성비용 등을 기준으로 감정평가하는 경우
   2. 그 밖에 특별한 이유가 있다고 인정되는 경우

② 제1항의 생산자물가상승률은 공시기준일과 가격시점의 각 직전 월의 생산자물가지수를 비교하여 산정한다. 다만, 가격시점이 그 월의 15일 이후이고, 감정평가시점 당시에 가격시점이 속한 월의 생산자물가지수가 조사·발표된 경우에는 가격시점이 속하는 월의 지수로 비교한다.

③ 토지 보상평가에서 생산자물가상승률을 시점수정 자료로 활용하지 아니한 경우에도 이를 지가변동률과 비교하여 감정평가서에 그 내용을 기재한다.

(6) 지가의 변동 여부 적용 문제점

1) 지가변동률의 구분 적용 문제

비교표준지가 소재하는 시·군·구의 지가가 **해당 공익사업으로 인하여 변동되어 해당 공익사업과 관계없는 인근 시·군·구의 지가변동률을 적용하는 경우**에도 해당 공익사업으로 인하여 지가가 변동되었다고 인정되는 사업인정고시일 이후나 해당 공익사업의 계획 또는 시행의 공고 또는 고시일 이후에 한하여 인근 시·군·구의 지가변동률을 적용하는 것은 타당하다.

즉, 적용공시지가의 공시기준일로부터 사업인정고시일이나 해당 공익사업의 계획 또는 시행의 공고 또는 고시일까지도 인근 시·군·구의 지가변동률을 적용하는 것은 비교표준지가 소재하는 시·군·구의 지가변동률을 적용한다는 원칙에 부합하지 않는다.

따라서 지가가 해당 공익사업으로 인하여 변동되었다고 인정되어 인근 시·군·구의 지가변동률을 적용하는 경우에도 비교표준지의 공시기준일로부터 사업인정고시일이나 해당 공익익사업의 계획 또는 시행의 공고 또는 고시일까지의 기간과 사업인정고시일이나 해당 공익사업의 계획 또는 시행의 공고 또는 고시일 **이후 기간으로 구분하여**, 비교표준지의 공시기준일로부터 사업인정고시일이나 해당 공익사업의 계획 또는 시행의 공고 또는 고시일까지는 비교표준지가 소재하는 시·군·구의 지가변동률을 적용할 수 있다고 본다.

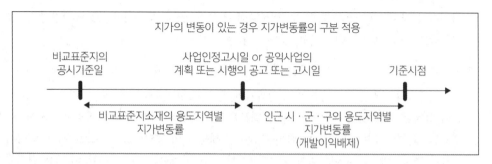

지가의 변동이 있는 경우 지가변동률의 구분 적용

비교표준지의   사업인정고시일 or 공익사업의   기준시점
공시기준일   계획 또는 시행의 공고 또는 고시일

비교표준지소재의 용도지역별   인근 시·군·구의 용도지역별
지가변동률   지가변동률
                                    (개발이익배제)

2) 지가의 변동 여부 검토 시 용도지역별 지가변동률과 평균지가변동률의 문제

(가) 용도지역별 지가변동률이라는 견해

「토지보상법 시행령」 법령 해석을 기준하는 견해로 지가변동률도 원칙적으로 용도지역별 지가변동률이라는 주장이다. 국토교통부 견해이다.

질의회신 **지가의 변동 여부 판단 시 지가변동률은 용도지역별 지가변동률이다** [토지정책과 - 5826, 2018.9.12.]

[회신내용]

지가변동률은 「토지보상법 시행령」 제37조의 단서에 따라 비교표준지와 같은 용도 지역의 지가변동률이 조사, 발표되지 아니한 경우가 아니라면 비교표준지가 소재하는 시·군 또는 구의 용도지역별 지가변동률을 적용해야 할 것으로 봅니다.

(나) 평균지가변동률이라는 견해

해당 법령의 취지 및 실무상의 문제점을 고려하는 견해이다. 예를 들어 해당 공익사업시행 구역이 둘 이상의 용도지역에 걸치는 경우 하나의 용도지역은 표준지 소재 시·군·구 지가변동률로, 다른 하나는 인접 시·군·구 지가변동률을 적용하는 경우 형평성의 문제가 발생한다. 따라서, 해당 법령의 취지가 지역 간 차이를 고려한다는 점에서 평균지가변동률을 적용하는 것이 타당하다고 본다. 감정평가사협회 견해이다.

질의회신 **지가의 변동 여부 판단 시 지가변동률은 평균지가변동률이다** [감정평가기준팀 - 734, 2017.5.26.]

[회신내용]

「토지보상법 시행령」 제37조 제1항에서는 「토지보상법」 제70조 제1항에서 규정하고 있는 "대통령령으로 정하는 지가변동률"을 지역 및 종류 두 가지로 나누어, 지역은 '비교표준지가 소재하는 시·군 또는 구'로 규정하고, 종류는 용도지역별로 규정하고 있습니다. 그리고 제2항 및 제3항은 '비교표준지가 소재하는 시·군 또는 구'에 대한 예외를 규정한 조항으로서 해당 공익사업으로 인한 비교표준지가 소재하는 시·군 또는 구의 지가의 변동 여부를 판단하기 위한 것이므로 용도지역별 지가변동률이 아니라 평균 지가변동률을 기준으로 하는 것이 타당하다고 판단됩니다.

---

3) 사업인정 전 협의의 경우

사업인정 전 협의의 경우 해당 공익사업의 시행으로 인한 지가의 변동이 있는 경우 사업인정 자체가 없으므로 상기 법령을 적용할 수 없다. 다만, 20만㎡ 이상인 공익사업으로 사업인정 전 협의로 취득하는 경우가 거의 없으므로 실무상 문제는 크지 않다.

4) 해당 공익사업으로 인하여 지가가 하락한 경우

「토지보상법 시행령」제37조 제3항 제2호에서는 지가변동률이 상승한 경우만을 규정하고 있다. 예를 들어 해당 공익사업이 혐오시설의 설치인 경우 당해 혐오시설 설치에 따라 해당 시·군·구의 지가가 하락할 수가 있음에도 인접 시·군·구의 지가변동률을 적용할 수 있는 근거가 미비되는 문제점이 발생한다. 즉, 개발이익배제와 배치된다. 따라서, 해당 법령의 취지를 지역 간의 차이를 고려하는 것으로 보는 견해에는 「토지보상법 시행령」제37조 제2항 및 3항은 용도지역별 지가변동률의 비교가 아닌 시·군·구 평균변동률의 비교로 판단하여야 한다.

5. 지역요인 및 개별요인 비교

「토지보상평가지침」제15조(지역요인 및 개별요인의 비교)

① 인근지역에 적정한 비교표준지가 없어서 동일수급권 안의 유사지역에서 비교표준지를 선정한 경우에는 대상토지와 지역요인 및 개별요인을 비교하고, 인근지역에서 비교표준지를 선정한 경우에는 개별요인만을 비교하되, 이 경우에도 지역요인이 같다는 것을 감정평가서에 기재한다.

② 지역요인 및 개별요인의 비교는 대상토지의 용도지역등과 현실적인 이용상황 등을 기준으로 그 용도적 특성에 따라 다음 각 호와 같이 **용도지대**를 분류하고 가로조건·접근조건·환경조건·획지조건·행정적조건·기타조건 등에 관한 사항을 비교한다.

  1. 상업지대: 고밀도상업지대·중밀도상업지대·저밀도상업지대
  2. 주택지대: 고급주택지대·보통주택지대·농어촌주택지대
  3. 공업지대: 전용공업지대·일반공업지대
  4. 농경지대: 전작농경지대·답작농경지대
  5. 임야지대: 도시근교임야지대·농촌임야지대·산간임야지대
  6. 후보지지대: 택지후보지지대·농경지후보지지대

③ 각 용도지대별 지역요인 및 개별요인의 비교항목(조건·항목·세항목)의 내용은 별표1부터 별표7까지에서 정하는 바에 따른다.

④ 지역요인 및 개별요인의 비교에서 **지역요인의 비교**는 비교표준지가 있는 지역의 표준적인 획지의 최유효이용과 대상토지가 있는 지역의 표준적인 획지의 최유효이용을 판정하여 비교하고, **개별요인의 비교**는 비교표준지의 최유효이용과 대상토지의 최유효이용을 판정하여 비교한다. 이 경우 **지역요인의 비교**는 비교표준지가 있는 지역과 대상토지가 있는 지역 **모두 가격시점을 기준**으로 하고, **개별요인의 비교**는 **비교표준지는 공시기준일을 기준으로 하고 대상토지는 가격시점을 기준**으로 한다.

⑤ 지역요인 및 개별요인의 비교를 위한 **인근지역의 판단은 토지의 용도적 관점**에서의 동질성을 기준으로 하되, 일반적으로 지형·지물 등 다음 각 호의 사항을 확인하여 인근지역의 범위를 정한다.

  1. 지반·지세·지질
  2. 하천·수로·철도·공원·도로·광장·구릉 등
  3. 토지의 이용상황
  4. 용도지역등 공법상 제한
  5. 역세권·통학권·통작권역

「토지보상평가지침」제15조의2(격차율의 산정)

① 비교표준지와 대상토지의 지역요인 및 개별요인의 비교치 결정을 위한 격차율은 별표1부터 별표7까지에서 정한 **용도지대별 비교항목(조건·항목·세항목)을 기준**으로 지역요인과 개별요인별로 구분하여 다음 각 호와 같이 산정하되, **소수점 이하 셋째 자리까지 표시하고 반올림한다.**

  1. 지역요인 및 개별요인별 격차율은 제2호에 따라 산정된 각 "조건"단위의 격차율을 곱한 것으로 한다.

2. 각 "조건"단위의 격차율은 비교가 필요한 "항목·세항목"만을 추출하여 산정하되 각 "항목·세항목"단위의 우세·열세 등 격차율을 더한 것으로 한다.

② 제1항에도 불구하고 "조건"단위의 격차율을 "항목·세항목"단위로 세분하여 산정하는 것이 곤란하거나 합리적이고 능률적인 감정평가를 위하여 필요하다고 인정되는 경우에는 "조건"단위로 종합적으로 비교하여 산정할 수 있으며, 대상토지가 속한 지역의 여건 등에 맞게 용도지대별 비교항목(조건·항목·세항목)을 증감 설정하여 산정할 수 있다.

③ 제1항 및 제2항의 격차율은 개별필지별로 산정함을 원칙으로 하되, 산정된 격차율의 내용을 감정평가서에 기재한다.

핵심체크 | 지역요인 및 개별요인 비교 정리

구분	지역요인		개별요인	
	대상	시점	대상	시점
대상	대상 소재 지역의 표준적획지의 최유효이용	가격 시점	대상의 최유효이용	가격 시점
표준지	표준지 소재 지역의 표준적 획지의 최유효이용	가격 시점	비표준지의 최유효이용	공시 기준일

6. 그 밖의 요인 보정

「토지보상평가지침」 제16조(그 밖의 요인 보정)

① 토지 보상평가에 있어서 시점수정·지역요인 및 개별요인의 비교 외에 대상토지의 가치에 영향을 미치는 사항이 있는 경우에는 그 밖의 요인 보정을 할 수 있다.

② 그 밖의 요인 보정을 하는 경우에는 해당 공익사업의 시행에 따른 가치의 변동은 고려하지 아니한다.

③ 그 밖의 요인 보정을 하는 경우에는 대상토지의 인근지역 또는 동일수급권 안의 유사지역(이하 "인근지역등"이라 한다)의 정상적인 거래사례나 보상사례(이하 "거래사례등"이라 한다)를 참작할 수 있다.

④ 그 밖의 요인 보정은 다음 각 호의 순서에 따라 행한다.
1. 그 밖의 요인 보정의 필요성 및 근거
2. 거래사례등 기준 격차율 산정
3. 실거래가 분석 등을 통한 검증
4. 그 밖의 요인 보정치의 결정

⑤ 제4항 제4호의 그 밖의 요인 보정치는 거래사례등을 기준으로 산정한 격차율과 실거래가 분석 등을 통한 검증 결과 등을 종합적으로 고려하여 적정한 수치로 결정하되, 소수점 이하 둘째 자리까지 표시함을 원칙으로 한다.

⑥ 그 밖의 요인 보정을 한 경우에는 그 산출근거를 감정평가서에 구체적이고 명확하게 기재한다.

「토지보상평가지침」 제17조(거래사례등의 요건)

① 제16조 제3항의 거래사례등(보상사례의 경우 해당 공익사업에 관한 것을 제외한다. 이하 같다)은 다음 각 호의 요건을 갖추어야 한다. 다만, 해당 공익사업의 시행에 따른 가치의 변동이 반영되어 있지 아니하다고 인정되는 사례의 경우에는 제4호는 적용하지 아니한다.
1. 용도지역등 공법상 제한이 같거나 비슷할 것
2. 현실적인 이용상황 등이 같거나 비슷할 것
3. 주위환경 등이 같거나 비슷할 것
4. 제10조 제1항에 따른 적용공시지가의 선택기준에 적합할 것

5. 거래사례는「부동산 거래신고 등에 관한 법률」에 따라 신고된 것으로서 정상적인 거래로 인정되거나 사정보정이 가능한 것일 것

② 제1항의 규정에 의하여 보상사례를 참작하는 경우에는 그 감정평가기준 등의 적정성을 검토하여야 한다.

「토지보상평가지침」 제17조의2(거래사례등 기준 격차율 산정방법)

① 그 밖의 요인의 보정치의 결정을 위한 제16조 제4항 제2호에 따른 거래사례등 기준 격차율 산정은 대상토지 기준 산정방식 또는 표준지 기준 산정방식 중 어느 하나로 할 수 있다.

② 제1항의 격차율 산정방식 중 대상토지 기준 산정방식은 다음과 같다.

$$\frac{\text{거래사례 등 토지단가} \times \text{사정보정} \times \text{시점수정} \times \text{지역요인의 비교} \times \text{개별요인의 비교}}{\text{표준지공시지가} \times \text{시점수정} \times \text{지역요인의 비교} \times \text{개별요인의 비교}}$$

③ 제1항의 격차율 산정방식 중 표준지 기준 산정방식은 다음과 같다.

$$\frac{\text{거래사례 등 토지단가} \times \text{사정보정} \times \text{시점수정} \times \text{지역요인의 비교} \times \text{개별요인의 비교}}{\text{표준지공시지가} \times \text{시점수정}}$$

④ 제2항과 제3항에 따른 시점수정에서 거래사례등 또는 비교표준지와 대상토지의 시·군 또는 구가 다른 경우에는 거래사례등 또는 비교표준지가 소재하는 시·군 또는 구의 지가변동률을 적용하되, 지가변동률 산정의 기산일은 거래사례의 경우 계약일자로 하고 보상사례의 경우 그 보상평가의 가격시점으로 한다.

「감정평가실무기준」 [810-5.6.6] 그 밖의 요인 보정

① 그 밖의 요인 보정은 [610-1.5.2.5]에 따른다.

「감정평가실무기준」 [610-1.5.2.5] 그 밖의 요인 보정

① 시점수정, 지역요인 및 개별요인의 비교 외에 대상토지의 가치에 영향을 미치는 사항이 있는 경우에는 그 밖의 요인 보정을 할 수 있다.

② 그 밖의 요인을 보정하는 경우에는 대상토지의 인근지역 또는 동일수급권 안의 유사지역의 정상적인 거래사례나 평가사례 등을 참작할 수 있다.

③ 제2항의 거래사례 등은 다음 각 호의 선정기준을 모두 충족하는 사례 중에서 대상토지의 감정평가에 가장 적절하다고 인정되는 사례를 선정한다. 다만, 제1호, 제2호 및 제5호는 거래사례를 선정하는 경우에 적용하고, 제3호는 평가사례를 선정하는 경우에 적용한다.

1. 「부동산 거래신고 등에 관한 법률」에 따라 신고된 실제 거래가격일 것
2. 거래사정이 정상적이라고 인정되는 사례나 정상적인 것으로 보정이 가능한 사례일 것
3. **감정평가 목적, 감정평가조건 또는 기준가치 등이 해당 감정평가와 유사한 사례일 것**
4. 기준시점으로부터 도시지역(「국토의 계획 및 이용에 관한 법률」 제36조 제1항 제1호에 따른 도시지역을 말한다)은 **3년 이내**, 그 밖의 지역은 **5년 이내**에 거래 또는 감정평가된 사례일 것. 다만, 특별한 사유가 있는 경우에는 그 기간을 초과할 수 있다.
5. 토지 및 그 지상건물이 일체로 거래된 경우에는 배분법의 적용이 합리적으로 가능한 사례일 것
6. [610-1.5.2.1]에 따른 비교표준지의 선정기준에 적합할 것

④ 제3항 제4호 단서의 경우에는 그 근거를 감정평가서에 기재하여야 한다.

⑤ 그 밖의 요인 보정을 한 경우에는 그 근거를 감정평가서(감정평가액의 산출근거 및 결정 의견)에 구체적이고 명확하게 기재하여야 한다.

(1) 그 밖의 요인의 법적 근거

개정 「감칙」에서는 '그 밖의 요인 보정'을 공시지가기준법 적용절차의 하나로 규정하고 있으나, 「토지보상법」 등에서는 '그 밖의 요인 보정'의 별도 규정을 두고 있지 않다. 다만, 「감정평가 실무기준」에서는 '취득하는 토지의 보상평가'편에서 그 밖의 요인 보정에 대한 규정을 두고 있다.

(2) 그 밖의 요인 보정의 필요성

보상평가에서 그 밖의 요인 보정은 ① 지가변동률이 공시지가 고시일 이후의 지가변동 상황을 반영하지 못하거나 ② 공시지가 자체가 적정가격을 반영하지 못하는 경우 ③ 적용공시지가를 소급함으로 인한 공시기준일부터 기준시점까지 해당 공익사업 외의 공익사업으로 지가변동분의 보정이 필요한 경우 등이 있다. 결론적으로 그 밖의 요인 보정은 헌법이 규정하고 있는 정당한 보상을 실현하기 위한 제도적 장치이다. 공시지가기준법에 의한 토지의 보상평가액 산정은 제도의 운영상의 잘못으로 인하여 공시지가가 시가에 미치지 못할 경우에는 인근유사토지의 정상거래가격 참작 등 그 밖의 요인을 보정하는 방법으로 정당한 보상으로 조정한다는 의미를 갖는다.

> **⚖ 판례 | 그 밖의 요인 보정 필요성** [대법원 1993.7.13. 선고 93누2131 판결]
>
> 공시지가가 공시기준일의 적정가격을 반영하지 못하고 있다면, 고가로 평가되는 경우뿐만 아니라 저가로 평가되는 경우에도 이는 모두 **잘못된 제도의 운영**으로 보아야 할 것이고, 그와 같이 제도가 잘못 운영되는 경우에는 지가공시법 제8조의 이의신청절차에 의하여 시정할 수 있는가 하면, 수용보상액을 평가함에 있어 인근유사토지의 정상 거래가격 참작 등 구 「토지수용법」 제46조 제2항 소정의 기타사항 참작에 의한 보정방법으로 조정할 수도 있는 것이므로 그로 인하여 공시지가에 의하여 보상액을 산정하도록 한 위 「토지수용법」이나 「지가공시법」의 규정이 헌법 제23조 제3항에 위배되는 것이라고 할 수 없는 것이다.

> **⚖ 판례 | 그 밖의 요인 보정 필요성** [대법원 2004.5.14. 선고 2003다38207 판결]
>
> 수용 대상토지의 정당한 보상액을 산정함에 있어서 인근 유사 토지의 거래사례나 보상선례를 반드시 참작하여야 하는 것은 아니며, 다만 인근 유사 토지의 정상거래사례가 있고 그 거래가격이 **정상적인 것으로서 적정한 보상액 평가에 영향을 미칠 수 있는 것임이 입증된 경우**에는 이를 참작할 수 있다고 할 것이고, 한편 인근 유사 토지의 정상거래가격이라고 하기 위해서는 대상토지의 인근에 있는 지목·등급·지적·형태·이용상황·법령상의 제한 등 자연적·사회적 조건이 수용 대상토지와 동일하거나 유사한 토지에 관하여 통상의 거래에서 성립된 가격으로서 **개발이익이 포함되지 아니하고 투기적인 거래에서 형성된 것이 아닌 가격**이어야 하고, 그와 같은 인근 유사 토지의 정상거래사례 또는 보상선례가 있고 그 가격이 정상적인 것으로서 적정한 보상액 평가에 영향을 미친다고 하는 점은 이를 주장하는 자에게 입증책임이 있다.

> **⚖ 판례 | 그 밖의 요인 보정 사례 선정 기준** [대법원 2003.2.28. 선고 2001두3808 판결]
>
> 현행 토지수용법하에서 수용대상토지의 정당한 보상액을 산정함에 있어서 인근 유사토지의 정상거래사례나 보상선례를 반드시 조사하여 참작하여야 하는 것은 아니고, 인근 유사토지가 거래된 사례나 보상이 된 선례가 있고 그 가격이 정상적인 것으로 적정한 보상액 평가에 영향을 미칠 수 있는 것임이 입증된 경우에는 이를 참작할 수 있는 것이나, **단순한 호가시세나 담보목적으로 평가한 가격에 불과한 것까지 참작할 것은 아니다.**

(3) 보상사례 선정 요건

그 밖의 요인 보정을 위한 격차율 산정 시 거래사례 등(보상사례의 경우 해당 공익사업에 관한 것은 제외한다)은 다음 각 호의 요건을 갖추어야 한다. 다만, 제4호는 해당 공익사업의 시행에 따른 가격의 변동이 반영되어 있지 아니하다고 인정되는 사례의 경우에는 적용하지 아니한다.

1. 용도지역등 공법상 제한사항이 같거나 비슷할 것
2. 실제 이용상황 등이 같거나 비슷할 것
3. 주위환경 등이 같거나 비슷할 것
4. 적용공시지가의 선택기준에 적합할 것

다만, 2023년 개정된 「감정평가 실무기준」에서는 '그 밖의 요인 보정' 시 사례 선정 요건에 대해 '감정평가 목적, 감정평가조건 또는 기준가치 등이 해당 감정평가와 유사한 사례일 것'을 추가로 신설하였는바, 보상평가 시에도 신설된 사례 선정 요건을 추가적으로 고려하여 선정하여야 한다.

또한, 보상평가는 '협의평가', '수용재결평가', '이의재결평가', '행정소송평가(보상금증감청구소송)' 절차로 구분되며, 특히 협의평가의 경우 공익사업시행지구 내 '협의율'이 중요시 된다. '협의율'이 높다는 것은 당해 보상평가액의 정당성이 높다는 것을 반증하고 있기 때문이다. 또한, 상기 평가순서에 따라 제시된 평가목적 중 최후 목적으로 평가된 가액을 기준으로 그 밖의 요인 보정치를 산정하여야 한다.

> **질의회신** 보상평가 시 본건의 매매사례를 기준으로 그 밖의 요인 보정이 가능한지 여부 [감정평가기준팀 - 132, 2017.1.17.]
>
> 비교란 둘 이상의 사물을 견주어 공통점이나 차이점, 우열을 살피는 것으로 유사한 다른 사안을 통해 대상 사례의 특성을 파악하기 위한 행동이라 정의할 수 있으며, 토지보상법 시행규칙 제2조 제6호의 규정에 비추어볼 때 적정한 감정평가를 수행하기 위한 비교는 동일성 또는 유사성 있는 다른 물건을 통해 이루어져야 함을 알 수 있습니다.
>
> 위의 판례에서는 인근 유사 토지의 정상거래사례를 기준하고 있고, 실무기준상에서는 사례의 선정 원칙에서 인근의 유사토지로부터 그 밖의 요인 비교치를 결정하도록 규정하고 있는바, 결국 적정한 보정치를 결정하는 방법은 유사한 다른 사례 중 적정한 사례와의 비교를 통하여 차이를 보정한 후 본건의 가치에 영향을 미치는 사항을 결정해야 하는 것임을 알 수 있습니다.
>
> 따라서 본건의 사례로부터 본건의 그 밖의 요인 보정치를 결정하는 것은 비교의 원리에 맞지 않고, 유사한 다른 사례를 통하여 대상의 특성을 파악하여야 한다는 판례 및 실무기준의 태도와도 다르다고 사료되는바, 우리 협회에서는 **본건의 사례를 통하여 그 밖의 요인 보정치를 결정하는 것을 권장하지 않습니다.**

---

(4) 그 밖의 요인 격차율 산정 방식

1) 대상토지기준 방식(① 방식)

$$\frac{\text{거래사례등 토지단가} \times \text{사정보정} \times \text{시점수정} \times \text{지역요인의 비교} \times \text{개별요인의 비교}}{\text{표준지공시지가} \times \text{시점수정} \times \text{지역요인의 비교} \times \text{개별요인의 비교}}$$

① 방식의 경우 대상, 표준지, 거래사례 등의 개별요인치가 복잡하게 제시된 경우 활용한다.

2) 비교표준지기준 방식(② 방식)

$$\frac{\text{거래사례등 토지단가} \times \text{사정보정} \times \text{시점수정} \times \text{지역요인의 비교} \times \text{개별요인의 비교}}{\text{표준지공시지가} \times \text{시점수정}}$$

② 방식의 경우 표준지와 대상의 지역요인 및 개별요인 비교가 생략되어 격차율 산정이 용이하므로 대량 필지 평가의 경우 효율적인 보정이 가능하다.

3) 각 방식과 관련된 견해 및 판례

질의회신 그 밖의 요인 보정치 산정방법 관련 [기획팀 - 1586, 2010.5.20.]

[질의요지]

보상선례를 기준으로 기타요인 보정치를 산정하여 이를 산정치를 기준으로 기타요인 보정치를 결정하고자 할 경우 보상선례와 평가대상토지의 개별요인 비교를 통하여 평가선례를 기준으로 한 평가대상토지의 가격을 산정하고, 비교표준지와 평가대상토지의 개별요인 비교를 통하여 비교표준지를 기준으로 한 평가대상토지의 가격을 구하여 이의 비율을 구함으로써 비교표준지의 현재 시장가격과의 가격수준을 기타요인 보정치로 반영하는 것이 「토지보상평가지침」(이하 "토보침"이라 함) 제16조(기타요인의 보정) 및 제17조(보상선례의 참작) 규정에 합당한지 여부

[회신내용]

'인근 지역 보상선례를 기준으로 한 당해 토지가격을 표준지공시지가를 기준으로 한 당해 토지가격으로 나누는 방법의 산식을 사용하여 보상대상토지에 대한 평가대상 항목 중 "기타요인 보정치"를 결정한 다음, 다시 그 기타요인 보정치를 표준지공시지가를 기준으로 한 당해 토지 가격에 곱하여 평가가격을 산출한 것은 **결과적으로 보상선례가를 기준으로 당해 토지를 감정평가한 것**으로서 표준지의 공시지가를 기준으로 당해 토지를 감정평가하도록 정한 관련 **법령에 위반되어 위법**하다'고 판시(창원지법 2007.10.25. 선고 2005구합3064 판결)하고 있습니다.

본 건 질의의 경우 기타요인을 보정하는 하나의 방법으로 사용될 수 있으나, 산식으로 도출한 것을 곧바로 기타요인 보정치로 적용하기 보다는 감정평가사가 산식으로 도출한 것이 적정한지에 대한 **적정성을 인근지역의 거래사례, 기타 평가선례 등을 종합적으로 고려하여 기타요인을 보정치를 결정**하여야 할 것으로 사료됩니다.

질의회신 그 밖의 요인 보정치의 적정성 검토 [감정평가기준팀 - 3868, 2014.11.10.]

보상선례를 기준으로 한 기타요인 보정률이 객관적이고 공정한지 알아보기 위하여 거래사례를 기준으로 하는 기타요인을 산출해 보는 것은 타당하며, 거래사례는 대상토지의 적정한 보상평가에 영향을 미칠 수 있는 일정한 요건(일반적 · 시간적 · 공간적 요건)을 구비하여야 할 것입니다.

⚖ 판례 │ 그 밖의 요인 보정의 필요성 [대법원 2004.5.14. 선고 2003다38207 판결]

[판결요지]

수용 대상토지의 정당한 보상액을 산정함에 있어서 인근 유사 토지의 거래사례나 보상선례를 반드시 참작하여야 하는 것은 아니며, 다만 인근 유사 토지의 정상거래사례가 있고 그 거래가격이 정상적인 것으로서 **적정한 보상액 평가에 영향**을 미칠 수 있는 것임이 입증된 경우에는 이를 **참작할 수 있다**고 할 것이고, 한편 인근 유사 토지의 정상거래가격이라고 하기 위해서는 대상토지의 인근에 있는 지목 · 등급 · 지적 · 형태 · 이용상황 · 법령상의 제한 등 자연적 · 사회적 조건이 수용 대상토지와 동일하거나 유사한 토지에 관하여 통상의 거래에서 성립된 가격으로서 개발이익이 포함되지 아니하고 투기적인 거래에서 형성된 것이 아닌 가격이어야 하고, 그와 같은 인근 유사 토지의 정상거래사례 또는 보상선례가 있고 그 가격이 정상적인 것으로서 적정한 보상액 평가에 영향을 미친다고 하는 점은 이를 주장하는 자에게 입증책임이 있다.

⚖ 판례 │ 그 밖의 요인 보정의 필요성 [대법원 2003.2.28. 선고 2001두3808 판결]

[판결요지]

현행 토지수용법하에서 수용대상토지의 정당한 보상액을 산정함에 있어서 인근 유사토지의 정상거래사례나 보상선례를 반드시 조사하여 참작하여야 하는 것은 아니고, 인근 유사토지가 거래된 사례나 보상이 된 선례가 있고 그 가격이 정상적인 것으로 적정한 보상액 평가에 영향을 미칠 수 있는 것임이 입증된 경우에는 이를 참작할 수 있는 것이나, 단순한 호가시세나 담보목적으로 평가한 가격에 불과한 것까지 참작할 것은 아니다.

---

7. 현실적인 이용상황 판단 및 면적사정

(1) 현실적인 이용상황 판단

① 대상토지에 대한 보상액은 가격시점에서의 **현실적인 이용상황을 고려하여 산정**하되, **일시적인 이용상황은 고려하지 아니한다.** 대상토지의 현실적인 이용상황의 판단 및 면적사정은 의뢰자가 제시한 기준에 따르되, 다음 각 호의 어느 하나에 해당하는 경우에는 의뢰자에게 그 내용을 조회한 후 **목록을 다시 받아 감정평가하는 것을 원칙**으로 한다. 다만, 수정된 목록의 제시가 없을 때에는 당초 제시된 목록을 기준으로 감정평가하되, 감정평가서의 토지평가조서 비고란에 현실적인 이용상황을 기준으로 한 단가 또는 면적을 따로 기재한다.

　1. 실지조사 결과 제시된 목록상의 이용상황과 현실적인 이용상황이 다른 것으로 인정되는 경우

　2. 한 필지 토지의 현실적인 이용상황이 둘 이상인 경우로서 이용상황별로 면적을 구분하지 아니하고 감정평가 의뢰된 경우(다른 이용상황인 부분이 주된 이용상황과 비슷하거나 면적비율이 뚜렷하게 낮아 주된 이용상황의 가치를 기준으로 거래될 것으로 추정되는 경우는 제외한다)

　3. 지적공부상 지목이 "대(공장용지 등 비슷한 지목을 포함한다. 이하 이 조에서 같다)"가 아닌 토지가 현실적인 이용상황에 따라 "대"로 감정평가 의뢰된 경우로서 다음 각 목의 어느 하나에 해당하는 경우(토지형질변경허가 관계 서류 등 신빙성 있는 자료가 있거나 주위환경의 사정 등으로 보아 "대"로 인정될 수 있는 경우는 제외한다)

　　가. 제시된 면적이 인근지역에 있는 "대"의 표준적인 획지의 면적 기준을 뚜렷이 초과하거나 미달되는 경우

　　나. 지상 건축물의 용도·규모 및 부속건축물의 상황과 관계법령에 따른 건폐율·용적률, 그 밖에 공법상 제한 등으로 보아 제시된 면적이 뚜렷이 과다하거나 과소한 것으로 인정되는 경우

(2) 면적사정

대상토지의 면적은 의뢰자가 제시한 기준에 따른다. 다만, 공부상 지목이 '대'가 아닌 토지가 현실적인 이용상황에 따라 '대'로 평가 의뢰된 경우로 예를 들어 '1989.1.24.' 이전 무허가건축물등 부지로 '대'로 적법의제되는 부분의 면적은 평가의뢰자에게 조회한 후 평가한다.

8. 단가산정

대상토지의 단위면적 당 적정가격은 제곱미터(㎡) 당 100,000원 미만인 경우에는 유효숫자 둘째 자리까지 표시하고, 100,000원 이상인 경우에는 유효숫자 셋째 자리까지 표시하는 것을 원칙으로 하되 반올림한다. 다만, 의뢰자로부터 다른 요청이 있거나 적정한 보상가액의 산정을 위하여 필요하다고 인정하는 경우에는 유효숫자를 늘릴 수 있다.

9. 일괄평가 · 부분평가 · 구분평가

「토지보상법 시행규칙」 제20조(구분평가 등)

① 취득할 토지에 건축물 · 입목 · 공작물 그 밖에 토지에 정착한 물건(이하 "건축물등"이라 한다)이 있는 경우에는 토지와 그 건축물등을 각각 평가하여야 한다. 다만, 건축물등이 토지와 함께 거래되는 사례나 관행이 있는 경우에는 그 건축물등과 토지를 일괄하여 평가하여야 하며, 이 경우 보상평가서에 그 내용을 기재하여야 한다.

「토지보상평가지침」 제20조(일괄감정평가)

① 두 필지 이상의 토지가 일단지를 이루어 용도상 불가분의 관계에 있는 경우에는 일괄감정평가하는 것을 원칙으로 하되 감정평가서에 그 내용을 기재한다. 다만, 지목 · 용도지역등을 달리하여 가치가 명확히 구분되거나 소유자 등이 달라 이를 필지별로 감정평가할 사유나 조건이 있는 경우에는 그러하지 아니하다.

② 제1항에서 "용도상 불가분의 관계에 있는 경우"란 일단지로 이용되고 있는 상황이 사회적 · 경제적 · 행정적 측면에서 합리적이고 해당 토지의 가치형성 측면에서도 타당하여 서로 불가분성이 인정되는 관계에 있는 경우를 말한다.

③ 두 필지 이상 토지의 소유자가 서로 다른 경우에는 일단지로 보지 아니한다. 다만, 하나의 건축물(부속건축물을 포함한다)의 부지로 이용되고 있거나 건축 중에 있는 토지 등과 같이 사실상 공유관계가 성립되어 있는 경우에는 이를 일단지로 보고 일괄감정평가할 수 있다.

「토지보상평가지침」 제21조(부분감정평가)

한 필지 토지의 일부만이 공익사업시행지구에 편입되는 경우에는 편입 당시 토지 전체의 상황을 기준으로 감정평가한다. 다만, 그 편입부분과 잔여부분의 가치가 다른 경우에는 편입부분의 가치를 기준으로 감정평가할 수 있다. 이 경우에는 그 내용을 감정평가서에 기재한다.

「토지보상평가지침」 제22조(구분감정평가)

① 한 필지의 토지가 둘 이상의 용도로 이용되는 경우에는 실제용도별로 구분하여 감정평가하는 것을 원칙으로 한다. 다만, 의뢰자가 실제용도별로 면적을 구분하여 제시하지 아니한 경우에는 주된 용도의 가치를 기준으로 감정평가하고 다른 용도의 지목 및 단가를 토지평가조서의 비고란에 표시할 수 있다.

② 제1항에도 불구하고 다른 용도로 이용되는 부분이 주된 용도와 가치가 비슷하거나 면적비율이 뚜렷하게 낮아 주된 용도의 가치를 기준으로 거래되는 관행이 있는 경우에는 주된 용도의 가치를 기준으로 감정평가할 수 있다. 이 경우에는 그 내용을 감정평가서에 기재한다.

(1) 구분감정평가(개별평가)

취득할 토지에 건축물 · 입목 · 공작물 그 밖에 토지에 정착한 물건이 있는 경우에는 **토지와 그 건축물등을 각각 평가하여야 한다**. 또한, **토지의 보상평가는 필지별**로 행함이 원칙이다. 필지별 감정평가는 개별 필지마다 개별적 특성을 고려한 적정한 가액으로 감정평가하여 개인별 보상의 원칙을 실현하기 위함이다.

(2) 일괄감정평가

두 필지 이상의 토지가 **일단지**를 이루어 용도상 불가분의 관계에 있는 경우에는 **일괄감정평가**하는 것을 원칙으로 하되 지목 · 용도지역등을 달리하여 가치가 명확히 구분되거나 소유자 등이 달라 이를 필지별로 감정평가할 사유나 조건이 있는 경우에는 그러하지 아니하다.

두 필지 이상 토지의 소유자가 서로 다른 경우에는 일단지로 보지 아니한다. 다만, 하나의 건축물(부속건축물을 포함한다)의 부지로 이용되고 있거나 건축 중에 있는 토지 등과 같이 사실상 공유관계가 성립되어 있는 경우에는 이를 일단지로 보고 일괄감정평가할 수 있다.

즉, 일단지의 여부는 토지 소유자의 동일성 여부가 아닌 일단지로 이용되고 있는 상황이 사회적·경제적·행정적 측면에서 합리적이고 해당 토지의 가치형성 측면에서도 타당하여 서로 불가분성이 인정되는 관계에 있는 경우로 판단한다.

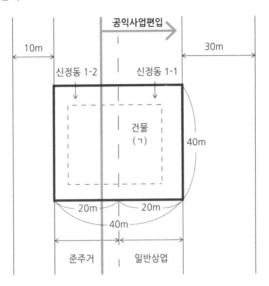

(3) 부분감정평가

한 필지 토지의 일부만이 공익사업시행지구에 편입되는 경우에는 편입 당시 토지 전체의 상황을 기준으로 감정평가한다. 다만, 그 편입부분과 잔여부분의 가치가 다른 경우에는 편입부분의 가치를 기준으로 감정평가할 수 있다. 이 경우에는 그 내용을 감정평가서에 기재한다.

(4) 구분감정평가

한 필지의 토지가 둘 이상의 용도로 이용되는 경우에는 실제용도별로 구분하여 감정평가하는 것을 원칙으로 한다. 다만, 의뢰자가 실제용도별로 면적을 구분하여 제시하지 아니한 경우에는 주된 용도의 가치를 기준으로 감정평가하고 다른 용도의 지목 및 단가를 토지평가조서의 비고란에 표시할 수 있다.

그럼에도 불구하고 다른 용도로 이용되는 부분이 주된 용도와 가치가 비슷하거나 면적비율이 뚜렷하게 낮아 주된 용도의 가치를 기준으로 거래되는 관행이 있는 경우에는 주된 용도의 가치를 기준으로 감정평가할 수 있다.

❸ 공법상 제한을 받는 토지

1. 관련 규정

> 「토지보상법 시행규칙」 제23조(공법상 제한을 받는 토지의 평가)
> ① 공법상 제한을 받는 토지에 대하여는 제한받는 상태대로 평가한다. 다만, 그 공법상 제한이 당해 공익사업의 시행을 직접 목적으로 하여 가하여진 경우에는 제한이 없는 상태를 상정하여 평가한다.
> ② 당해 공익사업의 시행을 직접 목적으로 하여 용도지역 또는 용도지구 등이 변경된 토지에 대하여는 변경되기 전의 용도지역 또는 용도지구 등을 기준으로 평가한다.

2. 공법상 제한을 받는 토지의 개념

(1) 의의

공법상 제한을 받는 토지란 「국토계획법」·「수도권정비계획법」 등 관계법규에 의하여 이용규제나 제한을 받는 토지를 말한다.

(2) 공법상 제한을 받는 토지의 보상평가

1) 원칙

공법상 제한을 받는 토지에 대하여는 원칙적으로 공법상 제한을 받는 상태대로 감정평가한다. 공법상 제한은 그 성질에 따라 ① '일반적 계획제한'과 ② '개별적 계획제한'으로 구분된다.

> **질의회신 | 용도지역이 변경된 경우 용도지역의 적용기준** [토지정책과-3950, 2009.8.26.]
>
> 「공익사업을 위한 토지등의 취득 및 보상에 관한 법률 시행규칙」 제23조 제2항의 규정에 의하면 당해 공익사업의 시행을 직접 목적으로 하여 용도지역 또는 용도지구 등이 변경된 토지에 대하여는 변경되기 전의 용도지역 또는 용도지구 등을 기준으로 평가하도록 하고 있습니다.
> **당해 공익사업과 상관없이** 도시여건의 변화 등을 반영하여 용도지역을 변경 결정한 경우라면 **변경된 용도지역을 기준**으로 평가하여야 한다고 보며….

2) 예외

① 해당 공익사업의 시행을 직접 목적으로 가하여진 경우와 ② 해당 공익사업의 시행을 직접 목적으로 하여 용도지역 등이 변경된 경우에는 이를 고려하지 아니한 상태대로 감정평가한다.

> **질의회신 | 일반적 계획제한이나 해당 공익사업의 시행을 위해 지정된 경우 공법상 제한의 반영 여부**
> [감정평가기준팀 - 993, 2016.3.17.]
>
> 본 질의의 토지에 지정된 **중요시설물보존지구**는 「국토의 계획 및 이용에 관한 법률 시행령」 제31조(용도지구의 지정)제2항 제5호 나목에 의해 국방상 또는 안보상 중요한 시설물의 보호와 보존을 위하여 필요한 경우 지정되는 것으로 **제한의 성격상 일반적 계획제한**에 해당하지만 일반적 계획제한이더라도 해당 공익사업의 시행을 위한 것일 때에는 **당해 공익사업의 시행을 직접 목적으로 하는 제한**으로 보아야 할 것인바, 해당 중요시설물보존지구의 지정이 군부대 이전사업의 시행을 직접 목적으로 하거나 그 시행의 절차에 의해 지정되었는지 여부 등을 조사·판단하여 공법상 제한 반영 여부를 결정하여야 할 것입니다.

> **🔨 판례 | 해당 공익사업의 시행을 직접 목적으로 하여 용도지역이 변경된 경우 용도지역의 판단**
> [대법원 2018.1.25. 선고 2017두61799 판결]
>
> 어느 수용대상토지에 관하여 특정 시점에서 용도지역·지구·구역(이하 '용도지역 등'이라고 한다)을 **지정 또는 변경하지 않은 것이 특정 공익사업의 시행을 위한 것일 경우** 이는 해당 공익사업의 시행을 직접 목적으로 하는 제한이라고 보아 **용도지역 등의 지정 또는 변경이 이루어진 상태를 상정**하여 토지가격을 평가하여야 한다. 여기에서 특정 공익사업의 시행을 위하여 용도지역 등을 지정 또는 변경하지 않았다고 볼 수 있으려면, 토지가 특정 공익사업에 제공된다는 사정을 배제할 경우 용도지역 등을 지정 또는 변경하지 않은 행위가 계획재량권의 일탈·남용에 해당함이 객관적으로 명백하여야만 한다.

(3) 일반적 계획제한

일반적 계획제한은 제한 그 자체로 목적이 완성되고 구체적인 사업의 시행이 필요하지 아니하는 제한으로서, 일반적인 계획제한은 그 **제한을 받는 상태를 기준**으로 감정평가한다. 이러한 일반적 계획제한의 구체적인 예는 아래와 같다.

> ① 「국토계획법」 규정에 따른 용도지역 등의 지정 및 변경
> ② 「군사기지 및 군사시설보호법」 의 규정에 따른 군사시설보호구역의 지정 및 변경
> ③ 「수도법」의 규정에 따른 상수원보호구역의 지정 및 변경
> ④ 「자연공원법」의 규정에 따른 자연공원 및 공원보호구역의 지정 및 변경
> ⑤ 그 밖에 관련 법령의 규정에 따른 위 각호와 유사한 토지이용계획의 제한

(4) 개별적 계획제한

개별적 계획제한은 그 제한이 구체적인 사업의 시행이 필요한 제한으로서, 개별적 계획제한은 해당 공익사업의 시행을 직접목적으로 가하여진 것인지 여부에 불문하고, 그 **제한을 받지 아니한 상태를 기준**으로 감정평가한다. 이러한 개별적 계획제한의 구체적인 예는 아래와 같다.

> ① 「국토계획법」에서 정한 도시·군계획시설 및 도시·군관리계획시설의 결정고시
> ② 「토지보상법」 제4조에서 규정한 공익사업을 위한 사업인정 고시
> ③ 그 밖에 관련 법령의 규정에 따른 공익사업의 계획 또는 시행의 공고 또는 고시 및 공익사업의 시행을 목적으로 한 사업구역지구단지 등의 지정고시 등

(5) 일반적 계획제한과 개별적 계획제한 적용 시 유의점

공법상 제한을 받는 토지는 일반적 계획제한과 개별적 계획제한으로 일률적으로 구분하여 보상평가기준을 달리 적용하여서는 안 된다. 「토지보상법 시행규칙」 제23조 제1항 단서는 "그 공법상 제한이 해당 공익사업의 시행을 직접 목적으로 하여 가하여진 경우"에 해당하는지 여부를 판단하여 그 제한이 성격상 일반적 계획제한에 해당한다고 하여도 해당 공익사업의 시행을 직접 목적으로 하여 가하여진 경우에 해당 된다면 제한이 없는 상태를 상정하여 감정평가하여야 한다.

3. 용도지역이 없는 토지

(1) 공유수면 매립지

공유수면(바다만 해당한다)의 매립 목적이 그 매립구역과 이웃하고 있는 용도지역의 내용과 같으면 도시·군관리계획의 입안 및 결정 절차 없이 그 매립준공구역은 그 매립의 준공인가일부터 이와 이웃하고 있는 용도지역으로 지정된 것으로 보도록 규정하고 있으므로, 공유수면 매립지의 용도지역은 이에 따른다.

(2) 용도지역 사이에 있는 토지

양측 용도지역의 사이에 있는 토지가 용도지역이 지정되지 아니한 경우에 그 토지에 대한 감정평가는 그 위치·면적·이용상황 등을 고려하여 양측 용도지역의 평균적인 제한상태를 기준으로 한다.

4. 용도지역등이 변경된 토지

용도지역등이 지정·변경된 토지에 대한 감정평가는 가격시점 당시의 용도지역등을 기준으로 한다. 다만, 다음 각 호의 어느 하나에 해당하는 경우에는 지정·변경 전 용도지역등을 기준으로 한다.
1. 용도지역등의 지정·변경이 해당 공익사업의 시행을 직접 목적으로 하는 경우
2. 용도지역등의 지정·변경이 해당 공익사업의 시행에 따른 절차로서 이루어진 경우

5. 지역의 경계에 있는 도로의 용도지역

양측 용도지역의 경계에 있는 도로(도시·군계획시설(도로)을 포함한다)에 대한 용도지역 지정 여부의 확인이 사실상 곤란한 경우에는 '도시·군관리계획수립지침'에서 정하는 기준에 따라 다음 각 호와 같이 대상토지의 용도지역을 확인할 수 있다.

> ① 주거·상업·공업지역 중 2개 지역을 경계하고 있는 도로는 도로의 중심선을 용도지역의 경계로 본다.
> ② 주거·상업·공업지역과 녹지지역의 경계에 있는 도로가 지역 간 통과도로인 경우에는 중심선을 용도지역 경계로 보며, 일반도로인 경우에는 녹지지역이 아닌 지역으로 본다.

6. 둘 이상 용도지역등에 걸치는 토지

(1) 둘 이상 용도지역에 속한 토지의 행위제한

> 「국토계획법」제84조(둘 이상의 용도지역·용도지구·용도구역에 걸치는 대지에 대한 적용 기준)
> ① 하나의 대지가 둘 이상의 용도지역·용도지구 또는 용도구역(이하 이 항에서 "용도지역등"이라 한다)에 걸치는 경우로서 각 용도지역등에 걸치는 부분 중 가장 작은 부분의 규모가 대통령령으로 정하는 규모 이하인 경우에는 **전체 대지의 건폐율 및 용적률은 각 부분이 전체 대지 면적에서 차지하는 비율을 고려**하여 다음 각 호의 구분에 따라 각 용도지역등별 건폐율 및 용적률을 가중평균한 값을 적용하고, 그 밖의 건축 제한 등에 관한 사항은 그 대지 중 가장 넓은 면적이 속하는 용도지역등에 관한 규정을 적용한다. 다만, 건축물이 고도지구에 걸쳐 있는 경우에는 그 건축물 및 대지의 전부에 대하여 고도지구의 건축물 및 대지에 관한 규정을 적용한다.

(2) 감정평가방법

둘 이상의 용도지역에 걸쳐 있는 토지에 대해 사업시행자가 각 용도지역별 면적을 제시하는 경우에는 각 용도지역별로 구분하여 감정평가한다.

① 둘 이상의 용도지역에 걸쳐 있는 토지에 대한 감정평가는 각 용도지역 부분의 위치·형상·이용상황, 그 밖에 다른 용도지역 부분에 미치는 영향 등을 고려하여 면적비율에 따른 평균가액으로 한다.

② 제1항에도 불구하고 다음 각 호의 어느 하나에 해당하는 경우에는 주된 용도지역의 가격을 기준으로 감정평가할 수 있다. 이 경우에는 감정평가서에 그 내용을 기재한다.

    1. 용도지역을 달리하는 부분의 면적이 과소하여 가격형성에 미치는 영향이 별로 없는 경우

    2. 관계법령의 규정에 따라 주된 용도지역을 기준으로 이용할 수 있어 주된 용도지역의 가격으로 거래되는 관행이 있는 경우

7. 도시·군계획시설(도로)에 접한 토지

해당 공익사업과 직접 관계없이 「국토의 계획 및 이용에 관한 법률」 제32조에 따른 도시·군관리계획에 관한 지형도면(이하 "지형도면"이라 한다)이 고시된 도시·군계획시설(도로)에 접한 토지에 대한 감정평가는 그 도시·군계획시설(도로)의 폭·기능·개설시기 등과 대상토지의 위치·형상·이용상황·환경·용도지역등을 고려한 가액으로 한다.

8. 도시·군계획시설(도로)에 저촉된 토지

① 도시·군계획시설(도로)에 저촉된 토지에 대한 감정평가는 저촉되지 아니한 상태를 기준으로 한다.

② 다만, 해당 공익사업과 직접 관계없이 지형도면이 고시된 도시·군관리계획시설(도로)에 저촉된 부분과 저촉되지 아니한 부분이 함께 감정평가의뢰된 경우에는 저촉되지 아니한 부분에 대하여는 도시·군관리계획시설(도로)에 접한 토지의 평가를 준용할 수 있다. 이 경우에는 면적비율에 따른 평균가액으로 토지단가를 결정하되 감정평가서에 그 내용을 기재한다.

핵심체크 | 도시·군계획시설(도로)에 저촉, 접한 토지에 대한 감정평가

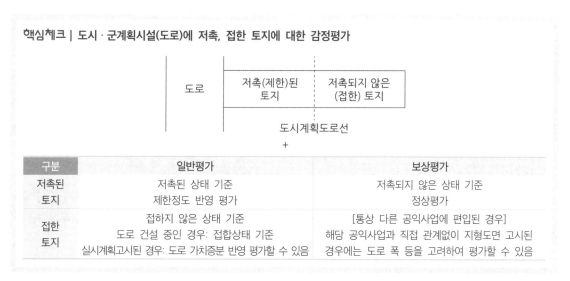

구분	일반평가	보상평가
저촉된 토지	저촉된 상태 기준 제한정도 반영 평가	저촉되지 않은 상태 기준 정상평가
접한 토지	접하지 않은 상태 기준 도로 건설 중인 경우: 접합상태 기준 실시계획고시된 경우: 도로 가치증분 반영 평가할 수 있음	[통상 다른 공익사업에 편입된 경우] 해당 공익사업과 직접 관계없이 지형도면 고시된 경우에는 도로 폭 등을 고려하여 평가할 수 있음

9. 정비구역 안 토지

「도시 및 주거환경정비법」 제4조에 따라 지정된 정비구역 안의 토지에 대한 감정평가는 정비구역의 지정이 해당 구역의 개발·정비를 직접목적으로 하여 가하여진 개별적인 계획제한으로서 그 공법상 제한을 받지 아니한 상태를 기준으로 한다.

10. 「문화재보호법」에 따른 문화재보호구역 안 토지

문화재보호구역은 그 성격상 일반적 계획제한으로 그 제한을 받는 상태를 기준하여 감정평가한다. 다만, 「문화재보호법」 제27조에 따른 보호구역 안에 있는 토지를 「문화재보호법」 제83조 제1항에 따라 취득 또는 사용하는 경우에 그 보호구역 안 토지에 대한 감정평가는 그 보호구역의 지정이 해당 문화재의 보존·관리를 직접목적으로 하여 가하여진 개별적인 계획제한으로서 그 공법상 제한을 받지 아니한 상태를 기준으로 한다.

11. 비오톱 지정 토지

(1) 비오톱의 개념

비오톱이란 특정한 식물과 동물이 하나의 생활공동체를 이루어 지표상에서 다른 곳과 명확히 구분되는 생물서식지로서, 서울시에서 「자연환경보전법」을 근거로 「서울특별시 도시계획조례」에 따라 5개의 등급으로 지정한다.

(2) 비오톱이 지정된 토지의 보상평가

비오톱 1등급 토지는 자연생태가 우수하고 절대보전이 필요한 토지로서 「서울특별시 도시계획조례」 별표 1에 따라 토지의 개발행위허가가 제한되고 있다. 비오톱 1등급 지정 고시는 자연환경의 보전을 목적으로 하고 있으므로 **제한받는 상태대로 보상평가함이 원칙**이나 향후 구체적인 사업의 실시를 위하여 지정하는 것이라면 해당 공익사업의 시행을 직접 목적으로 하여 가하여진 경우에 해당할 수 있으므로 향후 공익사업의 시행 여부 등 사실관계를 확인하여 판단·결정한다.

12. 공원구역 등 안 토지

(1) 「자연공원법」에 따른 "자연공원" 안 토지

1) 원칙

「자연공원법」에 의해 지정된 자연공원에서의 행위제한은 공익사업의 시행을 직접 목적으로 하여 가하여진 경우에 해당되지 않으므로, 「토지보상법 시행규칙」 제23조 제1항 본문에 따라 **제한받는 상태대로 감정평가**한다.

2) 예외

「자연공원법」 제2조 제10호에 따른 공원시설의 설치를 위한 공원사업시행계획의 결정고시 등에 따른 제한은 「토지보상법 시행규칙」 제23조 제1항 단서의 공익사업의 시행을 직접 목적으로 하여 가하여진 경우에 해당하므로, 그 **공법상 제한을 받지 아니한 상태를 기준으로 감정평가**한다.

(2) 「도시공원 및 녹지 등에 관한 법률」에 따른 도시공원 안 토지

1) 도시·군관리계획으로 결정된 "도시공원"

도시·군관리계획으로 결정된 도시공원에서의 행위제한은 「토지보상법 시행규칙」 제23조 제1항 단서의 공익사업의 시행을 직접 목적으로 하여 가하여진 경우에 해당하므로, 그 공법상 제한을 받지 아니한 상태를 기준으로 감정평가한다.

2) "도시자연공원구역"

도시자연공원구역에서의 행위재한은 공익사업의 시행을 직접 목적으로 하여 가하여진 경우에 해당하지 않으므로, 「토지보상법 시행규칙」 제23조 제1항 본문에 따라 제한받는 상태대로 감정평가한다.

구분	계획제한의 분류
자연공원	일반적 계획제한
도시자연공원구역	
도시공원	개별적 계획제한
완충녹지	

(3) 대상토지가 도시공원과 비오톱에 중복 지정된 경우(도시공원 사업)

구분	비교표준지		대상토지 보상평가방법 (예) ○○공원사업)
	도시공원	비오톱	
1	×	×	공시지가 × 비오톱 고려
2	○	×	공시지가 × 도시공원 제외 × 비오톱 고려
3	○	○	공시지가 × 도시공원 제외 × 비오톱 고려

도시공원은 개별적 계획제한, 비오톱은 일반적 계획제한으로 표준지공시지가 감정평가시에는 계획제한의 성격 유무를 고려치 아니하고 **공법상 제한을 받는 상태대로** 감정평가한다. 그러나 보상평가의 경우 도시공원은 개별적 계획제한으로 공법상 제한을 받지 아니한 상태를 기준하며, 비오톱은 일반적 계획제한으로 공법상 제한을 받는 상태를 기준한다.

다만, 상기 구분 "3"의 경우 실무상 문제가 된다.

① 도시공원으로의 공법상 제한과 비오톱의 공법상 제한의 강도가 유사하므로 비교표준지의 공시지가는 도시공원으로서의 공법상 제한을 받는 상태에서의 가격수준으로 결정된다. ② 각기 다른 2개의 공법상 제한으로 인해 건축 등이 불허되는 행위제한이 가해지는 경우에도 토지의 가치의 감액은 한번만 일어나게 된다(이중감가 배제, 표준지공시지가 조사·평가 기준). ③ 따라서, 비교표준지의 도시공원으로서의 공법상 제한을 보정하여 공시지가를 조정한 경우 조정된 공시지가는 비오톱으로서의 공법상 제한도 받지 않은 토지의 공시지가가 된다. ④ 그러므로 대상토지가 비오톱에 따른 공법상 제한을 받는 것을 개별요인에서 반영하여 감정평가한다. ⑥ 다만, 실무상 장기미집행시설로서의 도시공원은 해당 개별적 계획제한에 따라 보상평가 시 비오톱의 감가율을 다시 적용함에 따라 도시공원 미고려에 따른 가치 증분을 향유할 수 없다는 문제점이 있다.

13. 개발제한구역 안 토지

(1) 원칙

개발제한구역 안의 토지에 대한 감정평가는 개발제한구역의 지정이 일반적인 계획제한으로서 그 공법상 제한을 받는 상태를 기준으로 한다.

(2) 개발제한구역 지정 당시부터 지목이 "대"인 토지로서 건축물이 없는 토지

1) 형질변경이 필요 없는 경우

인근지역에 있는 건축물이 없는 토지의 표준지공시지가를 기준으로 감정평가한다. 다만, 건축물이 없는 토지의 표준지공시지가가 인근지역에 없는 경우에는 인근지역에 있는 건축물이 있는 토지의 표준지공시지가를 기준으로 하거나, 동일수급권 안의 유사지역에 있는 건축물이 없는 토지의 표준지공시지가를 기준으로 감정평가할 수 있다.

2) 형질변경이 필요한 토지

농경지 등 다른 용도로 이용되고 있어 토지의 형질변경절차 등의 이행이 필요한 토지는 형질변경이 필요하지 않은 토지의 감정평가액에 형질변경 등 대지조성에 통상 필요한 비용 상당액 등을 고려한 가액으로 감정평가한다. 다만, 주위환경이나 해당 토지의 상황 등에 비추어 "대"로 이용되는 것이 사실 상 곤란하다고 인정되는 경우에는 현실적인 이용상황을 기준으로 감정평가하되, 인근지역 또는 동일수 급권 안의 유사지역에 있는 현실적인 이용상황이 비슷한 토지의 표준지공시지가를 기준으로 한다.

(3) 개발제한구역 지정 당시부터 지목이 "대"인 토지로서 건축물이 있는 토지

인근지역에 있는 건축물이 있는 토지의 표준지공시지가를 기준으로 하고, 건축물이 있는 토지의 표준지공시지가가 인근지역에 없는 경우에는 동일수급권 안의 유사지역에 있는 건축물이 있는 토지의 표준지공시지가를 기준으로 하거나 인근지역에 있는 건축물이 없는 토지의 표준지공시지가를 기준으로 감정평가한다. 다만, 대상토지의 면적이 인근지역에 있는 '대'의 표준적인 획지면적을 뚜렷이 초과하거나 지상 건축물의 용도·규모 및 부속건축물의 상황과 관계법령에 따른 용도지역별 건폐율·용적률, 그 밖에 공법상 제한 등으로 보아 그 면적이 뚜렷이 과다한 것으로 인정되는 경우에는 그 **초과부분**에 대하여는 지목이 "대"인 토지로서 건축물이 없는 토지를 준용하여 평가할 수 있다.

다만, 인근지역 내 건축물이 있는 토지의 표준지공시지가가 없는 경우와 같이 **건축이 가능한 나지의 표준지공시지가를 기준으로 감정평가할 때에는** 개발제한구역 안에서의 건축물의 규모·높이·건폐율·용적률·용도변경 등의 제한과 토지의 분할 및 형질변경 등의 제한, 그 밖에 인근지역의 유동·공급시설(수도·전기·가스공급설비·통신시설·공동구 등)등 기반시설(도시계획시설)의 미비 등에 따른 건축물이 있는 토지와 건축물이 없는 토지의 가격격차율 수준을 조사하고 이를 개별요인의 비교 시에 고려한다. 다만, 주위환경이나 해당 토지의 상황 등에 비추어 인근지역의 건축물이 있는 토지와 건축물이 없는 토지의 가격격차율 수준이 차이가 없다고 인정되는 경우에는 별도로 고려하지 않는다.

(4) 면적사정

개발제한구역에서 건축이 허용되는 토지 또는 기존 건축물이 있는 토지라고 하여도 건축물의 건축 또는 공작물의 설치에 있어서는 건폐율·용적률·높이 등에 제한이 있으며, 토지의 형질변경에 있어서도 면적에 제한이 있다. 「개발제한구역특별조치법 시행령」 별표 2는 허가 또는 신고의 세부기준을 규정하고 있으므로 인근지역의 "대"의 표준적 획지면적을 기준으로 사업시행자의 의견조회를 거쳐 건부지 면적을 제시받고 구분평가하여야 한다.

(5) 개발제한구역 및 기존 용도지역의 환원

> 「개발제한구역법」 제5조(해제된 개발제한구역의 재지정 등에 관한 특례)
> ③ 도시용지의 적절한 공급, 기반시설의 설치 등 대통령령으로 정하는 사유로 개발제한구역에서 해제된 지역이 다음 각 호의 어느 하나에 해당하는 경우에는 그 다음 날에 **개발제한구역으로 환원**된 것으로 본다.
>   1. 개발제한구역의 해제에 관한 도시·군관리계획이 결정·고시된 날부터 4년이 되는 날까지 관련 개발사업이 착공되지 아니한 경우. 다만, 재난의 발생 등 대통령령으로 정하는 불가피한 사유로 인하여 개발사업의 착공이 지연되는 경우 국토교통부장관은 「국토의 계획 및 이용에 관한 법률」 제106조에 따른 중앙도시계획위원회의 심의를 거쳐 해당 사유가 없어진 날부터 1년의 범위에서 환원을 추가로 유예할 수 있다.
>   2. 관련 개발사업을 위한 사업구역 등의 지정이 효력을 잃게 된 경우
> ④ 제3항에 따라 개발제한구역으로 환원된 경우 그 개발제한구역에 대한 「국토의 계획 및 이용에 관한 법률」에 따른 용도지역은 개발제한구역이 **해제되기 전의 용도지역으로 환원**된 것으로 본다.

상기와 같이 개발제한구역이 해제된 이후 개발사업을 위한 사업구역 등의 지정이 효력을 잃게 된 경우 등과 같이 요건에 해당하는 경우에는 개발제한구역으로 환원되며, 동시에 개발제한구역이 해제되기 전 용도지역으로 **환원된다.**

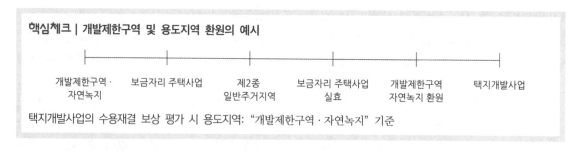

핵심체크 | 개발제한구역 및 용도지역 환원의 예시

개발제한구역· 자연녹지	보금자리 주택사업	제2종 일반주거지역	보금자리 주택사업 실효	개발제한구역 자연녹지 환원	택지개발사업

택지개발사업의 수용재결 보상 평가 시 용도지역: "개발제한구역·자연녹지" 기준

14. 개발제한구역이 해제된 토지

개발제한구역 안의 토지가 「개발제한구역의 조정을 위한 도시관리계획 변경안 수립지침」(국토교통부훈령 제840호, 2017.4.28.) 제4절 3-4-1 각 호의 사업으로서 관계법령에 따른 공익사업 목적의 개발수요를 충족하기 위하여 이 수립지침에 따른 도시·군관리계획의 변경 절차 등을 거쳐 개발제한구역에서 해제된 것임을 명시하여 감정평가 의뢰된 경우 해당 토지에 대한 감정평가는 「토지보상법 시행규칙」 제23조 제1항에 따라 개발제한구역이 해제되기 전의 공법상 제한을 기준으로 한다.

다만, 개발제한구역이 해제는 법령의 해석상 해당 공익사업의 시행으로 인한 해제인지 여부를 검토하여야 하므로, 당해 공익사업의 시행으로 인한 해제인 경우에는 해제되기 전 상태를 기준으로 평가한다.

15. 개발제한구역의 우선해제대상지역 안 토지

(1) 정상적인 가치상승요인 고려

개발제한구역 안에 있는 토지가 종전에 시행된 「집단취락등의 개발제한구역 해제를 위한 도시관리계획 변경(안) 수립지침」(건설교통부 관리 51400-1365, 2003.10.9. 이하 이 조에서 "우선해제지침"이라 한다)에 따른 조정대상에 해당하는 지역(이하 "우선해제대상지역" 이라 한다) 중 집단취락·경계선관통취락·산업단지·개발제한구역지정의 고유목적 외의 특수한 목적이 소멸된 지역, 그 밖에 개발제한구역의 지정 이후에 개발제한구역 안에서 공익사업의 시행 등으로 인한 소규모 단절토지에 해당하는 경우로서 다음 각 호의 어느 하나에 해당하는 경우에는 **개발제한구역의 우선해제가 예정된 것에 따른 정상적인 지가의 상승요인을 고려하여 감정평가하되, 개발제한구역이 해제된 것에 준한 가격으로 감정평가가액을 결정할 수 있다.** 이 경우에는 그 내용을 감정평가서에 기재한다.

1. 특별시장·광역시장·시장 또는 군수(이하 이 조에서 "시장등"이라 한다)가 우선해제지침에서 정하는 절차에 따라 도시관리계획안(이하 이 조에서 "도시관리계획안"이라 한다)의 주요내용을 공고한 경우
2. 우선해제지침에서 정하는 절차에 따라 도시관리계획안의 주요내용이 수립되었으나 해당 공익사업의 시행을 직접 목적으로 하여 개발제한구역이 해제됨으로써 그 주요내용이 공고되지 아니한 경우
3. 해당 공익사업의 시행을 직접 목적으로 하여 개발제한구역이 해제되지 아니하였을 경우에 시장등이 우선해제지침에서 정하는 절차에 따라 도시관리계획안의 주요내용을 수립·공고하였을 것으로 예상되는 경우로서 시장등이 그 내용을 확인하는 경우

상기와 같이 감정평가하는 경우에서 우선해제지침에서 정하는 기준에 따라 개발제한구역의 해제에 따른 **동시조치사항으로 용도지역·지구의 변경이 이루어졌을 것으로 예상되는 경우로서 시장등이 그 내용을 확인하는 경우에는 이를 고려한 가액으로 감정평가할 수 있다.**

> **⚖️ 판례 | 집단취락 우선해제예정지의 용도지역 판단** [대법원 2012.2.23. 선고 2010다91206 판결]
>
> 여수지구 내 집단취락에 대하여 우선해제에 관한 공고가 있기 이전에 국민임대주택예정지 지정이 이루어짐으로써 외형적으로는 집단취락이 아닌 국민임대주택예정지임을 이유로 개발제한구역에서 해제되기는 하였으나, **국민임대주택예정지로 지정되지 않았다면 조만간 개발제한구역이 해제되었을 것이 확실시된다는 사정**이다가 판시와 같은 우선해제의 당위성, 성남시의 우선해제절차 지연 이유와 그 이후의 추진 경위, 여수지구에 대한 국민임대주택예정지 지정 시기의 부적절성, 정부가 밝힌 국민임대주택단지 예정지에 대한 보상원칙, 피고 측의 감정평가의뢰 과정에서의 미비점 등의 제반 사정을 종합적으로 고려하면, 이 사건 **집단취락 우선해제예정지가 해제를 위한 공람공고 등의 절차를 거치지 않았다고 하더라도** 공람공고를 거친 경우에 준하여 취급함이 타당하므로 **개발제한구역이 해제된 것으로 보고 감정평가를 함이 상당함에도 불구하고** 매매대금 책정의 기초가 된 감정평가는 개발제한구역이 해제되지 아니한 상태를 기준으로 이루어졌으므로, 위와 같은 평가원칙을 그르친 중대한 하자가 있고, 이는 피고 또는 그 의뢰를 받은 감정평가업자의 고의, 과실, 착오평가에 기인한 것이라고 판단하였다.

(2) 비교표준지 선정

비교표준지의 선정은 대상토지의 인근지역 또는 동일수급권 안의 유사지역에 있는 것으로서 우선해제대상지역 안에 있는 표준지로 함을 원칙으로 하되, 개발제한구역의 해제가 예정된 것 등에 따른 정상적인 지가상승요인은 제16조에 따른 그 밖의 요인으로 보정한다. 다만, 그 상승요인이 비교표준지의 공시지가에 이미 반영되어 있거나, 비교표준지의 공시지가가 개발제한구역이 해제된 상태로 공시된 경우에는 그러하지 아니하다.

(3) 우선해제대상지역 외 토지

우선해제대상지역 외의 토지가 국민임대주택단지조성사업, 경부고속철도 운영활성화를 위한 광명역세권 개발사업 및 시급한 지역현안사업의 부지로서 우선해제대상지역으로 된 경우에서 해당 토지가 종전의 「광역도시계획수립지침(건설교통부, 제정 2002.12.30.)」의 "제3장 제5절 3-5-2. 조정가능지역의 설정"에서 정하는 조정가능지역에 해당하는 것으로 인정되는 경우에는 개발제한구역의 해제 가능성에 따른 정상적인 지가의 상승요인을 고려하여 감정평가할 수 있다. 다만, 의뢰자가 시장등으로부터 해당 토지가 위 조정가능지역의 국가정책사업 및 지역현안사업에 필요한 지역에 해당하는 것으로 확인받아 감정평가 의뢰하는 경우에는 그러하지 아니하다.

> **⚖️ 판례 | 2013.5.28. 이전 개발제한구역 내 지가변동률 적용** [대법원 1994.12.27. 선고 94누1807 판결]
>
> 지가변동률을 참작함에 있어서는 수용대상토지가 도시지역 내에 있는 경우에는 원칙적으로 용도지역별 지가변동률에 의하여 보상금을 산정하는 것이 더 타당하나, 개발제한구역으로 지정되어 있는 경우에는 일반적으로 이용상황에 따라 지가변동률이 영향을 받으므로 특별한 사정이 없는 한 **이용상황별 지가변동률을 적용**하는 것이 상당하고(대법원 1993.8.27. 선고 93누7068 판결, 대법원 1994.12.27. 선고 94누1807 판결 등 참조), 개발제한구역의 지정 및 관리에 관한 특별조치법이 제정되어 시행되었다고 하여 달리 볼 것은 아니다.

2013.5.28. 자 「토지보상법 시행령」 제37조 제1항자 개정을 통해 용도지역별 지가변동률을 원칙적으로 규정하고 있고, 2013.5.28. 이후 보상계획을 공고하고, 토지소유자 및 관계인에게 보상계획을 통지하는 경우부터 적용되므로 용도지역별 지가변동률을 적용한다. 이는 2013.5.28. 이전 「토지보상법 시행령」 제37조 제1항에서는 용도지역별 지가변동률 및 이용상황별 지가변동률 중 어떤 지가변동률을 적용하는지를 규정하고 있지 않았기 때문이다.

16. 「개발제한구역의 지정 및 관리에 관한 특별조치법」 제17조 제3항에 따른 매수대상토지

(1) 규정 취지

개발제한구역은 그 성격상 일반적 계획제한으로 해당제한으로 인한 특별한 희생이 있었다고 볼 수 없다는 견해가 현행 법령의 태도이다. 다만, 개발제한구역의 지정은 기존 토지소유자의 재산적 권리 행사에 과도한 제한이 있으므로 토지소유자의 권리보장 측면에서 매수청구를 규정하고 있다.

> **「개발제한구역법」 제17조(토지매수의 청구)**
> ① 개발제한구역의 지정에 따라 개발제한구역의 토지를 종래의 용도로 사용할 수 없어 그 효용이 현저히 감소된 토지나 그 토지의 사용 및 수익이 사실상 불가능하게 된 토지(이하 "매수대상토지"라 한다)의 소유자로서 다음 각 호의 어느 하나에 해당하는 자는 국토교통부장관에게 그 <u>토지의 매수를 청구할 수 있다.</u>
> 　1. 개발제한구역으로 지정될 당시부터 계속하여 해당 토지를 소유한 자
> 　2. 토지의 사용·수익이 사실상 불가능하게 되기 전에 해당 토지를 취득하여 계속 소유한 자
> 　3. 제1호나 제2호에 해당하는 자로부터 해당 토지를 상속받아 계속하여 소유한 자
> ② 국토교통부장관은 제1항에 따라 매수청구를 받은 토지가 제3항에 따른 기준에 해당되면 그 토지를 매수하여야 한다.
> ③ 매수대상토지의 구체적인 판정기준은 대통령령으로 정한다.
>
> **「개발제한구역법」 제30조(매수가격의 산정시기·방법)**
> ① 법 제18조 제3항 전단에 따른 매수가격은 <u>매수청구 당시의 표준지공시지가</u>(「부동산 가격공시에 관한 법률」 제3조에 따른 표준지공시지가를 말한다. 이하 이 조에서 같다)를 기준으로 그 공시기준일부터 매수청구인에게 매수금액을 지급하려는 날까지의 기간 동안 다음 각 호의 변동사항을 고려하여 산정한 가격으로 한다.
> 　1. 해당 토지의 위치·형상·환경 및 이용 상황
> 　2. 「국토의 계획 및 이용에 관한 법률 시행령」 제125조 제1항에 따라 국토교통부장관이 조사한 지가변동률과 생산자물가상승률

(2) 감정평가 기준

매수청구일 당시에 공시되어 있는 표준지공시지가 중 매수청구일에 가장 근접한 시점의 표준지공시지가를 기준으로 하되, 그 공시기준일부터 가격시점까지의 지가변동률·생산자물가상승률, 그 밖에 해당 토지의 위치·형상·환경·이용상황 등을 고려한 적정가격으로 감정평가한다.

(3) 이용상황 판단

개발제한구역의 지정으로 해당 토지의 효용이 뚜렷하게 감소되기 전 또는 사용·수익이 사실상 불가능하게 되기 전의 토지의 상황(이하 이 조에서 "종전토지의 상황"이라 한다)을 기준으로 하되, 의뢰자가 제시한 기준에 따른다. 다만, 그 제시가 없는 때에는 개발제한구역 지정 이전의 공부상 지목을 기준으로 한다.

(4) 비교표준지 선정

인근지역에 있는 종전토지의 상황과 비슷한 이용상황의 것으로 하되, 공부상 지목이 "대"인 토지(의뢰자가 개발제한구역 지정 이전의 실제용도를 "대"로 본 다른 지목의 토지를 포함한다)는 인근지역에 있는 건축물이 없는 토지로서 실제용도가 "대"인 공시지가 표준지를 선정한다.

17. 학교용지 관련 감정평가

> **「학교시설사업 촉진법」 제10조(수용 및 사용)**
>
> ① 사업시행자는 학교시설사업을 위하여 그 시행지 안의 특정의 토지, 건축물, 그 밖에 토지의 정착물이나 그에 대한 소유권 외의 권리가 필요한 경우에는 그 토지, 건축물, 그 밖에 토지의 정착물이나 그에 관한 소유권 외의 권리를 **수용 또는 사용할 수 있다**.

구분	「학교시설사업 촉진법」	「학교용지 확보 등에 관한 특례법」
감정평가 기준	보상평가	일반평가 「감평평가법」 적용

「학교용지 확보 등에 관한 특례법」은 유치원·초등학교 등 학교용지(學校用地)의 조성·개발·공급과 관련 경비의 부담 등에 관한 특례를 규정함으로써 학교용지의 확보를 쉽게 하고 학교용지를 확보할 수 없는 경우 가까운 곳에 있는 기존 학교의 증축을 쉽게 함을 목적으로 제정되었으며, 학교용지를 「토지보상법」 준용 없이 해당 교육청이 매수하는 형식으로 확보하게 된다.

4 무허가건축물 등의 부지

1. 관련 규정

> **「토지보상법 시행규칙」 제24조(무허가건축물 등의 부지 또는 불법형질변경된 토지의 평가)**
>
> 「건축법」 등 관계법령에 의하여 허가를 받거나 신고를 하고 건축 또는 용도변경을 하여야 하는 건축물을 허가를 받지 아니하거나 신고를 하지 아니하고 건축 또는 용도변경한 건축물(이하 "무허가건축물등"이라 한다)의 부지 또는 「국토의 계획 및 이용에 관한 법률」 등 관계법령에 의하여 허가를 받거나 신고를 하고 형질변경을 하여야 하는 토지를 허가를 받지 아니하거나 신고를 하지 아니하고 형질변경한 토지(이하 "불법형질변경토지"라 한다)에 대하여는 무허가건축물등이 건축 또는 용도변경될 당시 또는 토지가 형질변경될 당시의 이용상황을 상정하여 평가한다.
>
> [부칙] <건설교통부령 제344호, 2002.12.31.>
> 제5조(무허가건축물등에 관한 경과조치)
> ① 1989년 1월 24일 당시의 무허가건축물등에 대하여는 제24조·제54조 제1항 단서·제54조 제2항 단서·제58조 제1항 단서 및 제58조 제2항 단서의 규정에 불구하고 이 규칙에서 정한 보상을 함에 있어 이를 **적법한 건축물로 본다**.
> ② 제1항에 따라 적법한 건축물로 보는 무허가건축물등에 대한 보상을 하는 경우 해당 무허가건축물등의 부지 면적은 「국토의 계획 및 이용에 관한 법률」 제77조에 따른 **건폐율을 적용하여 산정한 면적을 초과할 수 없다**.

2. 감정평가방법

(1) 원칙

공익사업을 목적으로 취득 또는 사용하는 토지 위에 있는 건축물이 「건축법」 등 관계법령에 따라 허가를 받거나 신고를 하고 건축 또는 용도변경을 하여야 하는 건축물을 허가를 받지 아니하거나 신고를 하지 아니하고 건축 또는 용도변경한 건축물(이하 "무허가건축물 등"이라 한다)의 부지에 대한 감정평가는 법 시행규칙 제24조에 따라 그 무허가건축물 등이 건축 또는 용도변경될 당시의 이용상황을 기준으로 한다.

(2) 예외

1989년 1월 24일 당시의 무허가건축물 등의 부지에 대한 감정평가는 법 시행규칙(건설교통부령 제344호, 2002.12.31.) 부칙 제5조에 따라 가격시점 당시의 현실적인 이용상황을 기준으로 한다.

무허가건축물 등의 부지를 가격시점 당시의 현실적인 이용상황을 기준으로 감정평가하는 경우에는 「농지법」 제38조에 따른 농지보전부담금이나 「산지관리법」 제19조에 따른 대체산림자원조성비 상당액은 따로 고려하지 아니한다.

3. 면적사정

(1) 원칙

> **📌 판례 | 무허가건물 등의 부지 면적** [대법원 2002.9.4. 선고 200두8325 판결]
>
> '무허가건물 등의 부지'라 함은 당해 무허가건물 등의 용도·규모 등 제반 여건과 현실적인 이용상황을 감안하여 무허가건물 등의 **사용·수익에 필요한 범위 내**의 토지와 무허가건물 등의 용도에 따라 불가분적으로 사용되는 범위의 토지를 의미한다.

무허가건축물 등의 부지는 해당 무허가건축물의 사용·수익에 필요한 적정한 범위를 기준으로 산정하되, 해당 부지의 면적 제시는 사업시행자 제시면적을 원칙적으로 기준 한다. 다만, 사업시행자 제시면적이 없는 경우에는 아래와 같은 기준으로 면적을 사정한다.

(2) 예외

「토지보상법」 부칙 제5조(무허가건축물등에 관한 경과조치) <건설교통부령 제344호, 2002.12.31.>

① 1989년 1월 24일 당시의 무허가건축물등에 대하여는 제24조·제54조 제1항 단서·제54조 제2항 단서·제58조 제1항 단서 및 제58조 제2항 단서의 규정에 불구하고 이 규칙에서 정한 보상을 함에 있어 이를 **적법한 건축물로 본다.**

② 제1항에 따라 적법한 건축물로 보는 무허가건축물등에 대한 보상을 하는 경우 해당 무허가건축물등의 부지 면적은 「국토의 계획 및 이용에 관한 법률」 제77조에 따른 **건폐율을 적용하여 산정한 면적을 초과할 수 없다.**

핵심체크 | 면적사정 예시

[토지면적 1,000㎡, 건폐율 40%, 건축면적 100㎡]
1. 원칙: 사업시행자 제시면적
2. 예외
   ① 방법: 건축면적 기준, 100㎡
   ② 방법
     - 사용·수익 범위 내: $100 \div 0.4 \fallingdotseq 250$㎡
     - 건폐율 한도: $1,000$㎡ $\times 0.4 \fallingdotseq 400$㎡
     - 결정: 250㎡(사용·수익 범위 내)

[토지면적 1,000㎡, 건폐율 40%, 건축면적 200㎡]
1. 원칙: 사업시행자 제시면적
2. 예외
   ① 방법: 건축면적 기준, 200㎡
   ② 방법
     - 사용·수익 범위 내: $200 \div 0.4 \fallingdotseq 500$㎡
     - 건폐율 한도: $1,000$㎡ $\times 0.4 \fallingdotseq 400$㎡
     - 결정: 400㎡(건폐율 한도 기준)

[토지면적 1,000㎡, 건폐율 40%, 건축면적 500㎡]
1. 원칙: 사업시행자 제시면적
2. 예외
   ① 방법: 건축면적 기준, 500㎡
   ② 방법
     - 乙설: 500㎡(현황 기준)
     - 甲설: 400㎡(건폐율 한도 기준)

판례 | 무허가건물 등의 부지 면적 [대법원 2002.9.4. 선고 200두8325 판결]

무허가건물에 이르는 **통로, 야적장, 마당, 비닐하우스·천막 부지, 컨테이너·자재적치장소, 주차장 등**은 무허가건물의 부지가 아니라 **불법으로 형질변경된 토지**이고, 위 토지가 택지개발사업시행지구에 편입된 때로 보는 택지개발계획의 승인·고시가 1995.1.7. 개정된 공공용지의취득및손실보상에관한특례법시행규칙 제6조 제6항의 시행 이후에 있은 경우, 그 형질변경 당시의 이용상황인 전 또는 임야로 상정하여 평가하여야 한다고 한 사례

5 불법형질변경 토지

1. 관련 규정

> 「토지보상법 시행규칙」 제24조(무허가건축물 등의 부지 또는 불법형질변경된 토지의 평가)
>
> 「건축법」 등 관계법령에 의하여 허가를 받거나 신고를 하고 건축 또는 용도변경을 하여야 하는 건축물을 허가를 받지 아니하거나 신고를 하지 아니하고 건축 또는 용도변경한 건축물(이하 "무허가건축물등"이라 한다)의 부지 또는 「국토의 계획 및 이용에 관한 법률」 등 관계법령에 의하여 허가를 받거나 신고를 하고 형질변경을 하여야 하는 토지를 허가를 받지 아니하거나 신고를 하지 아니하고 형질변경한 토지(이하 "불법형질변경토지"라 한다)에 대하여는 무허가건축물등이 건축 또는 용도변경될 당시 또는 토지가 형질변경될 당시의 이용상황을 상정하여 평가한다.
>
> [부칙] <건설교통부령 제344호, 2002.12.31.>
> 제6조(불법형질변경토지 등에 관한 경과조치)
> 1995년 1월 7일 당시 공익사업시행지구에 편입된 불법형질변경토지 또는 무허가개간토지(관계법령에 의하여 허가 · 인가 등을 받고 개간을 하여야 하는 토지를 허가 · 인가 등을 받지 아니하고 개간한 토지를 말한다)에 대하여는 제24조 또는 제27조 제1항의 규정에 불구하고 이를 현실적인 이용상황에 따라 보상하거나 개간비를 보상하여야 한다.

2. 불법형질변경의 의미

토지의 형질이란 일반적으로 토지의 모양이나 성질을 의미하므로, 형질변경은 토지의 외형 또는 용도를 변경하는 행위를 뜻하나, 그 내용 및 범위나 정도가 확정된 개념은 아니다. 일반적으로 토지의 형질변경은 절토 · 성토 · 정지 · 포장 등의 방법으로 토지의 형상을 변경하는 행위와 공유수면을 매립을 의미하며, 토지의 지표 또는 지중의 형질이 외형상으로 사실상 변경되어 원상회복이 어려운 상태에 있는 것으로 경제적 가치측면에서 고가의 형질로 변경되는 것을 의미하다. 다만, 경작을 위한 토지의 형질변경은 제외하고 있다.

또한, 불법형질변경의 판단시점은 보상의 대상이 되는 권리가 소멸한 때의 현실적인 이용상황을 기준으로 산정하는 것이 일반적인 법리인바, 당초 불법으로 형질변경하였으나 아래와 같은 경우에는 불법형질변경 토지로 보지 않는다.

① 사후에 허가나 신고를 받는 경우에도 불법형질변경으로 보지 않는다.

② 불법형질변경으로 인하여 현실적인 이용상황이 더 나빠진 경우(가격시점 당시 현실적인 이용상황 기준)

> 📖 **판례 | 불법의 입증책임** [대법원 2012.4.26. 선고 2011두2521 판결]
>
> 토지에 대한 보상액은 현실적인 이용상황에 따라 산정하는 것이 원칙이므로, 수용대상토지의 이용상황이 일시적이라거나 불법형질변경토지라는 이유로 본래의 이용상황 또는 형질변경 당시의 이용상황에 의하여 보상액을 산정하기 위해서는 그와 같은 예외적인 보상액 산정방법의 적용을 주장하는 쪽에서 수용대상토지가 불법형질변경토지임을 증명해야 한다. 그리고 수용대상토지가 불법형질변경토지에 해당한다고 인정하기 위해서는 단순히 수용대상토지의 형질이 공부상 지목과 다르다는 점만으로는 부족하고, 수용대상토지의 형질변경 당시 관계 법령에 의한 허가 또는 신고의무가 존재하였고 그럼에도 허가를 받거나 신고를 하지 않은 채 형질변경이 이루어졌다는 점이 증명되어야 한다.

3. 감정평가방법

(1) 원칙

불법형질변경 토지를 현실적인 이용상황을 기준으로 감정평가할 경우 위법행위가 합법화되어 현저히 공정성을 잃은 불합리한 보상이 될 가능성이 있는바, 불법형질변경될 당시의 이용상황을 상정하여 감정평가한다.

(2) 예외

불법형질변경 토지라 하더라도 1995년 1월 7일 당시 공익사업시행지구에 편입된 토지는 기준시점에서의 현실적인 이용상황을 기준으로 감정평가한다. 이는 종전「공공용지의 취득 및 손실보상에 관한 특례법 시행규칙」제6조 제6항을 신설한 일자를 기준한다.

다만, 공익사업시행지구에 편입된 때를 언제로 보느냐에 대해서는 다툼이 있으나 위법한 행위에 기인한 가치의 증가분을 보상에서 배제하기 위한 것임을 고려할 때, 그 범위를 가능한 좁게 해석하는 것이 바람직하므로 "공익사업시행계획의 공고 · 고시일"로 봄이 타당하다. 즉, 객관적으로 공표되는 당해 공익사업의 절차 중 선행행위가 있는 시점을 기준하되 개별법령에서 이를 규정하고 있는 경우에는 해당 시점을 기준하여 판단한다.

(3) 기타

무허가건축물부지와 불법형질변경토지 간의 이용상황 결정에 있어 양자 모두 불법행위를 하였음에도 불구하고 그 판단기준을 달리하는 것은 형평의 문제가 있다고 볼 수 있다. 다만, <대법원>은 해당 규정을 소급입법에 의한 재산권 박탈로 인정하지 않고 소급입법의 예외로 허용되는 부분이라 보고 있으며 이에 대한 학계의 비판이 있다.

⚖ 판례 | 불법형질변경의 편입시점 [대법원 2000.12.8. 선고 99두9957 판결]

도로 등 도시계획시설의 **도시계획결정고시 및 지적고시도면의 승인고시**는 도시계획시설이 설치될 토지의 위치, 면적과 그 행사가 제한되는 권리내용 등을 구체적, 개별적으로 확정하는 처분이고 이 경우 그 도시계획에 포함된 토지의 소유자들은 당시의 관련 법령이 정한 보상기준에 대하여 보호할 가치가 있는 신뢰를 지니게 된다 할 것이므로, 그 고시로써 당해 토지가 공공용지의취득및손실보상에관한특례법시행규칙(1995.1.7. 건설교통부령 제3호로 개정된 것, 이하 '규칙'이라고만 한다) 부칙 제4항이 정한 '공공사업시행지구'에 편입된다고 보아야 할 것이다.

---

4. 공부상 지목이 '임야'나 '농지'로 이용중인 토지

(1) 개설

공부상 지목이 '임야'나 '농지'로 이용중인 토지의 보상평가 시「산지관리법」임시특례 및「농지법」상 '농지'에 대한 기준이 상이하여 혼란이 야기되었다.

(2) 감정평가방법

① 지목은 '임야'나 현황 '농지'로 이용되고 있는 토지는 ①「산지관리법」부칙(제10331호, 2010.5.31.) 제2조 "불법전용산지에 관한 임시특례" 규정에서 정한 절차에 따라 불법전용산지 신고 및 심사를 거쳐 '농지'로 지목변경된 경우 또는 ② 해당 공익사업을 위한 산지전용허가 의제협의를 사유로 임시특례 규정 적용이 불가한 경우로서 시장 · 군수 · 구청장이 임시특례규정 적용대상토지임을 확인하는 경우에는 현실적인 이용상황을 기준하여 '농지'로 평가한다.

② 계약체결일 또는 수용재결일까지 위 절차를 거치지 아니하여 공부상 지목이 '임야'인 경우에는 **불법형질변경** 토지로 보아 공부상 지목인 '임야'를 기준하여 평가한다.

(3) 농업의 손실보상과의 관계

종전에는 「산지관리법」 임시특례 규정에서 정한 절차에 따라 '농지'로 변경된 경우에 한하여 농업의 손실보상을 인정하였으나, 현행 「농지법」 제2조 제1호 가목의 농지로 이용 중인 토지는 농업의 손실보상 대상이 된다. 다만, 구체적인 농업손실보상의 대상은 후술하도록 한다.

6 미지급용지

1. 관련 규정

> **「토지보상법 시행규칙」 제25조(미지급용지의 평가)**
> ① 종전에 시행된 공익사업의 부지로서 보상금이 지급되지 아니한 토지(이하 이 조에서 "미지급용지"라 한다)에 대하여는 종전의 공익사업에 편입될 당시의 이용상황을 상정하여 평가한다. 다만, 종전의 공익사업에 편입될 당시의 이용상황을 알 수 없는 경우에는 편입될 당시의 지목과 인근토지의 이용상황 등을 참작하여 평가한다.
> ② 사업시행자는 제1항의 규정에 의한 미지급용지의 평가를 의뢰하는 때에는 제16조 제1항의 규정에 의한 보상평가 의뢰서에 미지급용지임을 표시하여야 한다.

2. 평가방법

(1) 원칙

미지급용지에 대하여서는 종전의 공익사업에 편입될 당시의 이용상황을 상정하여 감정평가한다. 종전 편입될 당시의 이용상황이란 편입될 당시의 지목·실제용도·지형·지세·면적·도로와의 접근정도 등 개**별요인**을 말한다. 다만, 종전의 공익사업에 편입될 당시의 이용상황과 비슷한 이용상황의 표준지공시지가가 인근지역 등에 없는 경우에는 인근지역의 표준적인 이용상황의 표준지공시지가를 비교표준지로 선정하되, 종전의 공익사업에 편입될 당시의 이용상황을 인근지역의 표준적인 이용상황으로 변경하는데 일정한 비용 등이 소요된다면 이를 고려한다.

(2) 예외

1) 편입 당시의 현실적인 이용상황을 알 수 없는 경우

종전의 공익사업에 편입될 당시의 이용상황을 알 수 없는 경우에는 편입될 당시의 지목과 인근토지의 **이용상황** 등을 참작하여 판단한다. 이는 편입 당시의 대상토지의 공부상 지목과 유사한 인근토지의 가격시점에서의 현실적 이용상황을 참작하여 판단한다는 의미이다.

2) 인근지역의 표준적인 이용상황이 변경된 경우

종전 공익사업의 편입시점과 새로운 공익사업의 가격시점 사이에 인근지역의 표준적이 이용상황이 변경되었고 대상토지도 공익사업에 편입되지 않았다면 현실적인 이용상황이 변경되었을 것이 객관적으로 명백한 경우에 미지급용지의 이용상황은 가격시점에서의 인근토지의 표준적인 이용상황을 기준으로 판단한다.

판례 | 미지급용지의 이용상황 판단 [대법원 2002.10.25. 선고 2002다31483 판결]

국가 또는 지방자치단체가 도로로 점유·사용하고 있는 토지에 대한 임료 상당의 부당이득액을 산정하기 위한 토지의 기초가격은, 국가 또는 지방자치단체가 종전부터 일반 공중의 교통에 사실상 공용되던 토지에 대하여 도로법 등에 의한 도로 설정을 하여 도로관리청으로서 점유하거나 또는 사실상 필요한 공사를 하여 도로로서의 형태를 갖춘 다음 사실상 지배주체로서 도로를 점유하게 된 경우에는 도로로 제한된 상태 즉, 도로인 현황대로 감정평가하여야 하고, 국가 또는 지방자치단체가 종전에는 일반 공중의 교통에 사실상 공용되지 않던 토지를 비로소 도로로 점유하게 된 경우에는 토지가 도로로 편입된 사정은 고려하지 않고 그 편입될 당시의 현실적 이용상황에 따라 감정평가하되 다만, 도로에 편입된 이후 당해 토지의 위치나 주위 토지의 개발 및 이용상황 등에 비추어 도로가 개설되지 아니하였더라도 **당해 토지의 현실적 이용상황이 주위 토지와 같이 변경되었을 것임이 객관적으로 명백하게 된 때에는,** 그 이후부터는 그 **변경된 이용상황을 상정하여 토지의 가격을 평가**한 다음 이를 기초로 임료 상당의 부당이득액을 산정하여야 한다.

3) 현실적인 이용상황을 기준으로 감정평가하는 것이 유리한 경우

미지급용지의 규정취지는 피수용자의 권리보호를 위한 것으로 현실적인 이용상황을 기준하여 감정평가하는 것이 토지소유자에게 유리한 경우에는 현황평가기준 원칙의 예외가 아니라 **원칙을 적용**하여 가격시점에서의 현실적인 이용상황을 기준으로 감정평가한다.

판례 | 미지급용지의 이용상황 판단 [대법원 1992.11.10. 선고 92누4833 판결]

종전에 공공사업의 시행으로 인하여 정당한 보상금이 지급되지 아니한 채 공공사업의 부지로 편입되어 버린 이른바 미보상용지는 용도가 공공사업의 부지로 제한됨으로 인하여 거래가격이 아예 형성되지 못하거나 상당히 감가되는 것이 보통이어서, 사업시행자가 이와 같은 미보상용지를 뒤늦게 취득하면서 공공용지의취득및손실보상에관한특례법 제4조 제1항 소정의 가격시점에 있어서의 이용상황인 공공사업의 부지로만 평가하여 손실보상액을 산정한다면, 구 공공용지의취득및손실보상에관한특례법(1991.12.31. 법률 제4484호로 개정되기 전의 것) 제4조 제3항이 규정하고 있는 "적정가격"으로 보상액을 정한 것이라고는 볼 수 없게 되므로, 이와 같은 **부당한 결과를 구제하기 위하여** 종전에 시행된 공공사업의 부지로 편입됨으로써 거래가격을 평가하기 어렵게 된 미보상용지에 대하여는 특별히 **종전의 공공사업에 편입될 당시의 이용상황을 상정**하여 평가함으로써 그 "적정가격"으로 손실보상을 하여 주려는 것이 공공용지의취득및손실보상에관한특례법시행규칙 제6조 제7항의 규정취지라고 이해된다.

공공사업의 시행자가 적법한 절차를 취하지 아니하여 아직 공공사업의 부지로 취득하지도 못한 단계에서 공공사업을 시행하여 토지의 현실적인 이용상황을 변경시킴으로써, 오히려 토지의 거래가격이 상승된 경우까지 위의 시행규칙 제6조 제7항에 규정된 **미보상용지의 개념에 포함되는 것이라고 볼 수 없다.**

소론은 요컨대, 원심이 피고 창원시가 막대한 비용을 들여 매립공사 등을 함으로써 이 사건 토지를 택지로 조성한 사실을 전혀 고려하지 아니하고 택지로서의 현상만을 기준으로 이 사건 토지의 손실보상금을 산정한 것은 잘못이라는 것이나, 피고 창원시가 당초 승인을 얻은 부지조성사업을 시행함으로 인하여 원고들이 이른바 개발이익을 얻게 되었다고 하더라도, 원심이 정당하게 판시한 바와 같이 그 당초의 부지조성사업에 관한 실시계획의 승인은 이미 효력을 상실하였을 뿐더러, 이 사건 토지의 수용은 당초의 사업실시계획의 승인에 기한 것이 아니라 이 사건 연장승인을 근거로 한 것인 만큼, 원고들에게 귀속되는 그와 같은 개발이익은 개발이익의 환수에 관한 제도(1990.1.1.부터 시행된 개발이익환수에 관한 법률 제2조 제1호와 제3조 제2항에 의하면 공공사업의 시행 등에 의하여 정상지가상승분을 초과하여 토지소유자에게 귀속되는 토지가액의 증가분에 대하여는 국가가 토지초과이득세법이 정하는 바에 의하여 토지초과이득세로 징수하도록 규정되어 있다)에 따라서 환수되거나, 원심이 판시한 바와 같이 피고 창원시가 이 사건 토지를 택지로 조성하는 데에 지출한 비용을 민법에 규정된 부당이득의 법리에 따라 원고들로부터 반환받는 것은 별론으로 하고, 원심이 이 사건 토지의 수용재결 당시의 현실적인 이용상황에 따라 손실보상액을 평가한 것이 잘못이라고 할 수 없으므로, 논지도 이유가 없다.

4) 가격시점에서의 현실적인 이용상황을 기준하는 경우의 고려사항

미지급용지 규정 취지를 고려하여 현실적인 이용상황을 기준하여 현황평가하는 경우에도 인근지역의 표준적 이용상황에 따른 감보율 및 환지비율을 고려하되, 개별요인에서 이를 반영한다.

(3) 미지급용지가 도로인 경우

공도 안에 있는 사유토지가 미지급용지로 감정평가 의뢰된 경우에는 의뢰자에게 그 토지가 도로로 편입 당시 이전부터 「토지보상법 시행규칙」 제26조 제2항에서 규정한 '사실상의 사도' 등으로 이용되었는지 여부 등을 조회한 후 그 제시된 의견에 따라 감정평가한다. 이 경우 의견의 제시가 없는 때에는 객관적인 판단기준에 따라 감정평가하고 그 내용을 감정평가서에 기재한다.

(4) 공법상 제한 및 접근성 판단

공법상 제한이나 주위환경, 그 밖에 공공시설 등과의 접근성 등은 종전의 공익사업(그 미지급용지가 새로운 공익사업에 편입되는 경우에는 그 사업을 포함한다)의 시행을 직접 목적으로 하거나 해당 공익사업의 시행에 따른 절차 등으로 변경 또는 변동이 된 경우를 제외하고는 가격시점 당시를 기준으로 한다.

3. 가격시점

미지급용지의 기준시점은 해당 공익사업의(2차) 기준시점과 같이 하므로, 협의 경우에는 협의성립 당시, 재결의 경우에는 재결 당시를 기준으로 한다.

4. 용도지역 등 공법상 제한의 판단

「시행규칙」 제25조 제1항에서 미지급용지에 대해서는 종전 공익사업에 편입될 당시의 '이용상황'만을 규정하고 있으므로 용도지역 등 공법상 제한의 판단은 「시행규칙」 제23조에 의거 판단한다.

5. 불법형질변경토지와 미지급용지와의 관계

미지급용지의 경우 사업시행자가 토지의 보상 없이 형질을 변경하는 것으로 「시행규칙」 제24조에 따른 불법형질변경토지로 보아야 한다는 견해가 있을 수 있다. 다만, 불법형질변경토지는 관계법령에 의한 허가 또는 신고를 받지 아니하고 형질을 변경한 토지인 반면, 미지급용지는 개별법령에 따라 사업인정이 의제되고 이에 개발행위허가 등이 의제되므로 불법형질변경토지에 해당하지 않는다고 봄이 타당하다.

6. 미보상토지와 미지급용지

(1) 미보상토지 개념

미보상토지란 이미 공익사업이 완료된 사업지구 내에 소재하는 보상이 되지 않은 토지를 말하며, 법령상 용어가 아닌 감정평가실무상 통용되는 개념으로 다른 공익사업에 편입되지 않으므로 미지급용지와 차이를 가진다.

(2) 미보상토지만의 사업인정이 가능한지 여부

미보상토지는 이미 공익사업이 완료된 사업지구 내 소재하는 토지로 미보상토지만을 위한 사업인정이 가능한지에 대해 견해가 대립한다.

<판례>는 이미 시행된 공익사업의 유지를 위한 사업인정처분의 허용 여부는 사업인정처분의 요건인 공공의 필요, 즉 공익사업의 시행으로 인한 공익과 재산권보장에 의한 사익 사이의 이익형량을 통한 재량권의 한계문제로서 통제될 수 있는 점등에 비추어 보면, 사업인정처분이 이미 **실행된 공익사업의 유지를 위한 것이라는 이유만으로 당연히 위법하다고 할 수 없다.**

(3) 토지보상법의 준용 여부

미보상토지에 대해 감정평가가 의뢰된 경우에는 미지급용지의 감정평가기준을 준용하여 감정평가할 수 있다.

질의회신 **미보상토지는 미지급용지의 보상평가규정을 준용하여 평가한다.** [감정평가기준센터 2022.9.28. 2022-01326]

미보상토지는「토지보상법 시행규칙」제25조 미지급용지의 보상평가규정을 직접 적용할 수 없으나 만일 해당 토지를 미지급용지로 보상하는 경우와의 형평성을 유지하기 위하여 해당 규정을 준용하여 감정평가할 수 있습니다.

핵심체크 | 미보상토지의 보상평가

1. 가격시점: 가격조사완료일
2. 적용공시지가: 가격시점 최근 공시지가
3. 이용상황: 미지급용지 규정 준용

7. 미지급용지의 사용료 평가

미지급용지의 사용료는 사업시행자가 토지를 권원없이 사용한 경우에 해당하므로 이는 부당이득반환 등 손해배상으로 처리하되, 적산법을 적용하여 평가한다.

7 도로부지

1. 관련 규정

「토지보상법 시행규칙」제26조(도로 및 구거부지의 평가)
① 도로부지에 대한 평가는 다음 각호에서 정하는 바에 의한다.
  1.「사도법」에 의한 사도의 부지는 인근토지에 대한 평가액의 5분의 1 이내
  2. 사실상의 사도의 부지는 인근토지에 대한 평가액의 3분의 1 이내
  3. 제1호 또는 제2호외의 도로의 부지는 제22조의 규정에서 정하는 방법
② 제1항 제2호에서 "사실상의 사도"라 함은「사도법」에 의한 사도외의 도로(「국토의 계획 및 이용에 관한 법률」에 의한 도시·군관리계획에 의하여 도로로 결정된 후부터 도로로 사용되고 있는 것을 제외한다)로서 다음 각호의 1에 해당하는 도로를 말한다.
  1. 도로개설당시의 토지소유자가 자기 토지의 편익을 위하여 스스로 설치한 도로
  2. 토지소유자가 그 의사에 의하여 타인의 통행을 제한할 수 없는 도로

3. 「건축법」 제45조에 따라 건축허가권자가 그 위치를 지정·공고한 도로
4. 도로개설당시의 토지소유자가 대지 또는 공장용지 등을 조성하기 위하여 설치한 도로
③ 구거부지에 대하여는 인근토지에 대한 평가액의 3분의 1 이내로 평가한다. 다만, 용수를 위한 도수로부지(개설당시의 토지소유자가 자기 토지의 편익을 위하여 스스로 설치한 도수로부지를 제외한다)에 대하여는 제22조의 규정에 의하여 평가한다.
④ 제1항 및 제3항에서 "인근토지"라 함은 당해 도로부지 또는 구거부지가 도로 또는 구거로 이용되지 아니하였을 경우에 예상되는 표준적인 이용상황과 유사한 토지로서 당해 토지와 위치상 가까운 토지를 말한다.

2. 「사도법」상 사도

도로로 시·군·구청장의 사도개설허가를 받아 개설「사도법」상 "사도"란 「도로법」 적용 등을 받는 도로 등이 아닌 것으로서 그 도로에 연결되는 하는 도로를 의미하며 인근토지에 대한 평가금액의 1/5 이내로 평가한다.

3. 사실상 사도부지

(1) 감정평가방법

사실상의 사도의 부지에 대하여는 인근토지에 대한 평가금액의 3분의 1 이내로 평가한다.

> **⚖ 판례 | 사실상 사도의 판단** [대법원 1999.5.14. 선고 99두2215 판결]
>
> 「사도법」에 의한 사도 외의 도로의 부지를 인근 토지에 대한 평가금액의 3분의 1 이내로 평가하도록 규정함으로써 그 규정의 문언상으로는 그것이 「도로법」·「도시계획법」 등에 의하여 설치된 도로이든 사실상 불특정 다수인의 통행에 제공되고 있는 도로(이하 '사실상 도로'라 한다)이든 가리지 않고 모두 위 규정 소정의 「사도법」에 의한 사도 이외의 도로에 해당하는 것으로 보아야 할 것이지만, 그 중 사실상 도로에 관한 위 규정의 취지는 사실상 불특정 다수인의 통행에 제공되고 있는 토지이기만 하면 그 모두를 인근 토지의 3분의 1 이내로 평가한다는 것이 아니라 그 **도로의 개설 경위, 목적, 주위 환경, 인접 토지의 획지면적, 소유관계, 이용 상태 등**의 제반 사정에 비추어 당해 토지 소유자가 자기 토지의 편익을 위하여 스스로 공중의 통행에 제공하는 등 인근 토지에 비하여 낮은 가격으로 보상하여 주어도 될 만한 객관적인 사유가 인정되는 경우에만 **인근 토지의 3분의 1 이내에서 평가**하고 그러한 사유가 인정되지 아니하는 경우에는 위 규정의 적용에서 제외한다는 것으로 봄이 상당하다.

(2) 인근토지의 개념

인근토지란 해당 도로부지가 도로로 이용되지 아니하였을 경우에 예상되는 표준적인 이용상황의 토지로서 대상토지와 지리적으로 가까운 토지를 말한다. 이에 대해 견해가 대립한다. 인근토지는 편익을 받는 토지인 사실상 사도와 인접해 있는 토지로 보는 견해와 동일한 도로접면을 기준한 평균적인 토지의 물적 특성을 기준하는 견해가 있다. 양자 일면 타당하며, 「감정평가실무기준」은 후자의 견해를 취하고 있다. 다만, 실무적으로는 전자를 기준으로 평가하는 경우(기출문제 28회) 또한 있으니 이에 유의하여야 한다.

(3) 사실상 사도의 구분

1) 사실상 사도의 판단시점

사실상 사도 요건 충족 여부는 도로개설 당시를 기준한다.

2) 도로개설 당시의 토지소유자가 자기 토지의 편익을 위하여 스스로 설치한 도로

　토지소유자가 스스로 설치한 도로는 ① 도로개설의 자의성 ② 동일인 소유 토지로의 가치이전 이라는 요건을 충족하여야 한다. 다만, 도로개설 당시 동일한 토지소유자이었으나 그 이후 소유권이 달라진 경우에는 사실상 사도로 본다. 그 가치의 이전은 도로개설 당시 이전되었으며 이후 소유권 이전의 문제는 별개로 본다.

3) 토지소유자가 그 의사에 따라 타인의 통행을 제한할 수 없는 도로

　① 「민법」상 주위토지통행권이 발생한 도로 ② 통행지역권 또는 임대차 등에 의한 통행권 ③ 공동생활을 하면서 자연발생적으로 형성된 도로 등이 있다. 다만, ③의 경우에는 원상회복이 가능한지 여부, 독점적·배타적인 사용수익권을 포기하였다고 보아야 하는지 여부, 관습상의 통행권이 발생하였다고 볼 수 있는지 여부 등으로 고려하여 판단하여야 한다.

> ⚖️ **판례 | 사실상 사도의 판단** [대법원 2007.4.12. 선고 2006두18492 판결]
>
> '토지소유자가 그 의사에 의하여 타인의 통행을 제한할 수 없는 도로'에는 법률상 소유권을 행사하여 통행을 제한할 수 없는 경우뿐만 아니라 사실상 통행을 제한하는 것이 곤란하다고 보이는 경우도 해당한다고 할 것이나, 적어도 **도로로의 이용상황이 고착화**되어 당해 토지의 표준적 이용상황으로 **원상회복하는 것이 용이하지 않은 상태**에 이르러야 할 것이어서 단순히 당해 토지가 불특정 다수인의 통행에 장기간 제공되어 왔고 이를 소유자가 용인하여 왔다는 사정만으로는 사실상의 도로에 해당한다고 할 수 없다.

4) 「건축법」 제45조의 따라 건축허가권자가 그 위치를 지정·공고한 도로

　① 「건축법」상 접면도로는 너비 4미터 이상의 도로에 2미터 이상을 접하도록 규정하고 있으므로 이에 따른 도로부분과 ② 건축허가 또는 신고시 서울특별시장·광역시장·도지사 또는 시장·군수·구청장이 그 위치를 지정·공고한 도로 또는 그 예정도로는 사실상 사도로 본다.

> **핵심체크 | 건축후퇴선 관련 국토교통부 견해와 감정평가사협회 견해**
>
> [질의회신, 토지관리과 58342 - 1907, 2001.12.10.]
>
> 「공공용지의 취득 및 손실보상에 관한 특례법 시행령」 제2조의10 제2항의 규정에 의하면 취득할 토지에 대한 평가는 지적공부상의 지목에 불구하고 가격시점에 있어서의 현실적인 이용상황에 따라 평가하되, 일시적인 이용상황은 이를 고려하지 아니하도록 되어 있고, 같은 법 시행규칙 제5조 제2항의 규정에 의하면 "일시적인 이용상황"이라 함은 관계법령에 의한 국가 또는 지방자치단체의 계획이나 명령등에 의하여 그 토지등을 본래의 용도로 이용하는 것이 일시적으로 금지 또는 제한됨으로 인하여 그 본래의 용도 이외의 다른 용도로 이용되고 있거나 그 토지등의 주위환경의 사정으로 보아 현재의 이용방법이 임시적인 것으로 되어 있으므로 도시계획결정으로 건축선을 후퇴하여 건축함으로 인하여 **일시적으로 다른 용도로 이용**되고 있는 토지에 대한 평가는 **종전 이용상황으로 평가**하는 것이 타당하다고 보며, 개별적인 사항에 대하여는 사업시행자가 사실관계를 조사하여 판단·결정할 사항이라고 봅니다.
>
> 국토교통부 질의회신은 건축선 후퇴에 따른 이용상황을 **일시적인 이용상황**으로 보아 해당 토지의 종전 이용상황을 기준으로 감정평가하여야 한다고 판단하였다.

건축선이란 대지가 도로와 접한 부분에 있어서 건축물을 건축할 수 있는 한계선을 말하며(「건축법」 제46조 제1항), 건축물과 담장은 건축선의 수직면을 넘을 수 없으므로(「건축법」 제47조 제1항) 사실상 건부지로 이용이 제한됨에도 건축선 후퇴로 인한 도로부지를 일시적 이용에 해당한다고 보는 것은 문제가 있다. 건축선 후퇴로 도로가 된 토지는 자기토지의 편익(건축)을 위해 스스로 제공한 것이므로 **사실상의 사도**로 보는 것이 타당한 것으로 판단된다.

감정평가협회는 도로개설의 자의성, 화체이론 등을 고려하여 사실상 사도로 판단한다.

질의회신 **건축선지정으로 도로화된 토지의 보상 여부** [토정 58307 - 316, 1997.3.14.]

[질의요지]
건축선 지정으로 도로화된 부분에 대하여 보상불가하다 하나 사유재산권보호 차원에서 명확한 법적근거가 없는 한 보상하여 줄 수 있는지 여부

[회신내용]
건축물을 건축하기 위한 건축선 후퇴부분(소요도로폭을 확보한 부분)의 경우 건축물을 건축할 대지에 접한 도로가 소요폭에 미달되는 경우 일정거리를 후퇴하도록 한 이유는 당해 대지(동 도로에 접한 대지 포함)의 출입에 지장이 없도록 하고, 특히 **화재 또는 긴급사태시 신속히 대처하여 국민의 생명과 재산을 보호하기 위한 것**으로서 이 경우라도 건축선을 후퇴하여 건축하는 부분에 대한 토지의 소유권은 건축주에게 있으므로 **보상은 곤란한 것으로 생각됨**.

  5) 도로개설 당시의 토지소유자가 대지 또는 공장용지 등을 조성하기 위하여 설치한 도로

   토지소유자가 넓은 토지를 개발하면서 토지형질변경의 허가를 받거나 허가받지 아니하고 자기 토지의 다른 부분의 효용증진을 위하여 도로를 개설하는 단지분할형 도로로서, 이러한 유형의도로는 토지소유자가 자기 토지의 편익을 위해 스스로 개설한 도로의 전형적인 경우이다.

(4) 사실상 사도로 보지 않는 경우

다음 각 호의 어느 하나에 해당하는 것은 사실상의 사도부지로 보지 아니한다. 다만, 「국토의 계획 및 이용에 관한 법률」 제56조 제1항 등 관계법령에 따른 토지의 개발행위허가 등을 받지 아니하고 지적공부 상으로만 택지부분과 도로부분(지목이 변경되지 아니한 경우를 포함한다. 이하 이 조에서 같다)으로 구분된 경우에서 그 택지부분을 일반거래관행에 따라 대지예정지로 보고 개별필지별로 감정평가하는 경우에는 그 도로부분에 대한 감정평가는 사실상 사도 평가방법을 준용한다.

  1. 지적공부상으로 도로로 구분되어 있으나 가격시점 현재 도로로 이용되고 있지 아니하거나 사실상 용도폐지된 상태에 있는 것
  2. 지적공부상으로 도로로 구분되어 있지 아니한 상태에서 가격시점 현재 사실상 통행에 이용되고 있으나 소유자의 의사에 따라 법률적·사실적으로 통행을 제한 할 수 있는 것

(5) 단가 산정

사도부지에 대한 감정평가는 인근토지에 대한 감정평가액의 3분의 1 이내로 하므로, 단가산정은 반올림하지 않고 절사하되, 개별요인 및 단가 절사 시 이중감가 여부를 고려하여야 한다.

4. 공도 등 부지

(1) 공도의 개념

공도란 「도로법」 제2조에 따른 도로, 「국토의 계획 및 이용에 관한 법률」에 따른 도시·군관리계획사업으로 설치된 도로, 그 밖에 「농어촌도로정비법」 제2조에 따른 농어촌도로를 의미한다. 공도는 전형적인 공물로서 직접적으로 일반공중의 공동 사용을 위하여 제공된 공공용물이고 「국유재산법」상의 행정재산 중 공공재산에 해당된다. 이러한 공물은 그 성격상 거래의 대상이 될 수 없으며 「국유재산법」 제27조에 따라 행정재산은 용도폐지가 되지 않는 한 처분할 수 없다. 따라서, 공도가 공익사업에 편입되어 취득의 대상이 되었다는 것은 공용폐지가 있었다고 볼 수 있다. 다만, 기준시점에서 도로인 상태로 남아 있어 형태적 요건을 충족하였다고 볼 수 없는 경우에도 이는 공익사업에 편입되어 형질변경이 예상되어 있어 별도로 형체를 상실시키지 않은 것이므로 그러한 경우에도 공용폐지가 있는 것으로 보아야 한다.

(2) 감정평가방법

① 공도의 감정평가는 「토지보상법 시행규칙」 제26조 제1항 제3호에 따르되, 그 공도의 부지가 도로로 이용되지 아니하였을 경우에 예상되는 인근지역에 있는 표준적인 이용상황과 비슷한 토지의 표준지공시지가를 기준으로 한다. 이 경우에 인근지역에 있는 표준적인 이용상황과 비슷한 토지의 표준지공시지가에 해당 도로의 개설에 따른 가치변동이 포함되어 있는 경우에는 이를 배제한 가액으로 감정평가한다. 다만, 그 공도의 부지가 미지급용지인 경우에는 미지급용지 규정을 따른다.

② 제1항에 따라 공도의 부지를 인근지역에 있는 표준적인 이용상황과 비슷한 토지의 표준지공시지가를 기준으로 감정평가하는 경우에는 해당 도로의 위치·면적·형상·지세, 도로의 폭·구조·기능·계통 및 연속성, 편입당시의 지목 및 이용상황, 용도지역등 공법상 제한, 인근토지의 이용상황, 그 밖의 가격형성에 영향을 미치는 요인을 고려하되, 다음 각 호와 같이 감정평가액을 결정할 수 있다. 이 경우 공작물 등 도로시설물의 가액은 그 공도부지의 감정평가액에 포함하지 아니하며, 해당 토지가 도로부지인 것에 따른 용도적 제한은 고려하지 아니한다.

1. 인근지역의 표준적인 이용상황이 전, 답 등 농경지 또는 산지인 경우에는 그 표준적인 이용상황과 비슷한 토지의 표준지공시지가를 기준으로 한 적정가격에 도로의 지반조성 등에 통상 필요한 비용 상당액과 위치조건 등을 고려한 가격수준으로 결정한다. 다만, 인근지역의 표준적인 이용상황과 비슷한 토지가 경지정리사업지구 안에 있는 전·답 등 농경지인 경우에는 도로의 지반조성 등에 통상 필요한 비용 상당액은 고려하지 아니한다.

2. 인근지역의 표준적인 이용상황이 "대" 또는 이와 비슷한 용도의 것인 경우에는 그 표준적인 이용상황과 비슷한 토지의 표준지공시지가를 기준으로 한 적정가격에 위치조건 등을 고려한 가격수준으로 결정한다. 이 경우 도로의 지반조성 등에 통상 필요한 비용 상당액은 고려하지 아니한다.

핵심체크 | 공도 감정평가방법

1. 인근지역 내 표준적 이용상황 × 형상 등 요인 비교
   (해당 도로 개설에 따른 가치 변동 미고려)

2. 표준적 이용상황 구분
   - 농경지대: "전" + 도로개설비용 + 위치조건
   - 택지지대: "대" + 위치조건

③ 토지소유자가 자기 토지의 편익을 위하여 **스스로 설치한 이후**에 도시·군 관리계획에 따른 도시·군계획시설(도로)로 결정된 경우 등과 같이 공도부지가 도시·군계획시설(도로)로 결정될 당시에 「토지보상법 시행규칙」 제26조 제2항에서 규정한 "사실상의 사도"에 해당하는 경우로서 그 공도부지가 제32조의 미지급용지에 해당하는 경우에는 제1항에도 불구하고 **사실상 사도 규정**을 준용한다.

핵심체크 | 사실상 공도

1. 개념

사실상 공도는 국가 또는 지방자치단체가 일반 공중의 통행에 제공한 도로이기는 하나 「도로법」, 「국토계획법」 등의 관련 법률에서 규정한 절차에 의하지 않고 개설된 도로를 말한다. 즉, 사도와는 달리 일반공중의 통행에 제공되고 있으나, 도로구역결정고시 등과 같은 **절차를 거치지 않고 자연발생적으로 형성된 도로**를 말한다. 다만, 사실상 공도와 사실상 사도의 구분을 현실적으로 불가능하다.

2. 감정평가방법

따라서, 사실상 공도에 해당되는 도로부지에 대하여 사업시행자가 공도 또는 사실상 사도로 명기하여 의뢰하는 경우에는 이에 따르고, 사업시행자가 공도 또는 사실상 사도로 구분하지 않고 도로로 의뢰하는 경우는 그 소유자가 국가·지방자치단체 등인 경우는 공도의 감정평가방법을 준용하고, 소유자가 사인인 경우에는 사실상 사도의 감정평가방법을 준용한다.

---

(3) 공도 개설에 따른 개발이익 관련 문제

「토지보상지침」 제36조 제3항은 "예정공도의 감정평가 시 해당 도로의 개설에 따른 가치변동이 포함되어 잇는 경우에는 이를 **배제한 가액으로 감정평가한다.**"고 규정하고 있다. 예정공도에 대한 보상평가 시 **인근의 표준적 이용상황을 기준**으로 한 표준지를 선정하며, 일반적으로 본건과 동일 노선에 소재하는 표준지나 대상 공도 자체의 도로 폭을 기준으로 접면도로가 유사한 표준지를 선정하게 된다. 이 경우 선정된 표준지공시지가는 당해 도로가 개설됨에 따른 이익을 포함한 적정가격으로 평가되었으므로, 선정된 비교표준지의 접면도로와 해당 공도의 접면도로 폭이 동일하다 하여 개별요인을 동일하게 결정하게 된다면 당해 도로 개설에 따른 가치변동을 포함하여 과대 감정평가하게 된다.

(4) 그 밖의 도로의 부지

다음 각 호의 어느 하나에 해당하는 사업 등 관계법령에 따른 공익사업의 시행으로 설치된 도로(제36조 제1항에서 규정한 도로로 지정된 것은 제외한다)의 부지에 대한 감정평가는 공도 규정을 준용한다.

1. 「택지개발촉진법」에 따른 택지개발사업
2. 종전의 「농촌근대화촉진법」에 따른 농지개량사업
3. 종전의 「농어촌발전 특별조치법」에 따른 정주생활권개발사업
4. 「농어촌정비법」에 따른 농어촌정비사업

(5) 새마을도로

1) 개념

현형 법률에서는 새마을도로라는 도로는 없으며 그 정의 또한 명확하지 않다. 일반적으로 새마을도로는 과거 "마을 간 또는 공도 등과의 접속을 위하여 새마을사업에 의하여 설치되었거나, 불특정 다수인의 통행에 이용되고 있는 사실상 사도 등이 새마을사업에 의하여 확장 또는 노선변경이 된 도로"를 의미한다.

2) 감정평가방법

새마을도로는 과거 법령 해석 및 도로의 성격을 기준으로 ① 사실상 사도로 보는 견해(배타적 이용의 여부를 기준으로 한 사용·수익권 제한 가치이론 기준)와 ② 사실상 사도로 보지 않는 견해(도로개설의 자의성은 인정하나 동일 소유자 간의 가치이전 요건이 불충분 하다는 화체이론 기준)가 시대별로 나누어졌다. 각 견해에 따른 근거가 일응 타당하므로 수험생 입장에서는 ①, ② 견해에 대해 각 평가방법을 제시하는 것이 가장 타당할 것으로 사료된다. 현행 법령에서는 화체이론 및 사용·수익권 제한 가치이론이 모두 적용되고 있다는 점에 유의한다.

5. 예정공도 부지

(1) 예정공도의 개념

예정공도란 도시·군계획시설(도로)로 결정된 이후에 해당 도시·군계획시설사업이 시행되지 아니한 상태에서 사실상 불특정 다수인의 통행에 이용되고 있는 토지를 말한다.

(2) 예정공도의 성격

예정공도는 그 성격상으로는 "자기토지의 편익을 위하여 스스로 설치한 도로"인 사실상 사도와 유사하다. 그러나 예정공도는 '자기 토지의 편익을 위하여' 설치한 도로이기는 하나, 도시·군관리계획에 의하여 도로로 결정됨으로 인하여 도로개설이 강제된 것이므로 '스스로 설치한 도로'로 보지 않는다. 그러므로 예정공도는 사실상 사도로 보지 않는다.

(3) 감정평가방법

예정공도는 공도의 감정평가방법을 준용한다.

⚖ 판례 | 예정공도가 사실상 사도인지 여부 대법원 [2019.1.17. 선고, 2018두55753 판결]

[판시사항]
'공익계획사업이나 도시계획의 결정·고시 때문에 이에 저촉된 토지가 현황도로로 이용되고 있지만 공익사업이 실제로 시행되지 않은 상태에서 일반공중의 통행로로 제공되고 있는 상태로서 계획제한과 도시계획시설의 장기미집행 상태로 방치되고 있는 도로' 곧 **예정공도부지**가 「토지보상법」 제26조 제2항에서 정한 **사실상의 사도**에 해당하는지 여부(소극)

[판결요지]
공익계획사업이나 도시계획의 결정·고시 때문에 이에 저촉된 토지가 현황도로로 이용되고 있지만 공익사업이 실제로 시행되지 않은 상태에서 일반공중의 통행로로 제공되고 있는 상태로서 계획제한과 도시계획시설의 장기미집행상태로 방치되고 있는 도로, 즉 예정공도부지의 경우 보상액을 사실상의 사도를 기준으로 평가한다면 토지가 도시·군관리계획에 의하여 도로로 결정된 후 곧바로 도로사업이 시행되는 경우의 보상액을 수용 전의 사용현황을 기준으로 산정하는 것과 비교하여 토지소유자에게 지나치게 불리한 결과를 가져온다는 점 등을 고려하면, **예정공도부지**는 「토지보상법 시행규칙」 제26조 제2항에서 정한 **사실상의 사도에서 제외된다.**

6. 도수로부지

> **「토지보상법 시행규칙」 제26조(도로 및 구거부지의 평가)**
>
> ③ 구거부지에 대하여는 인근토지에 대한 평가액의 3분의 1 이내로 평가한다. 다만, 용수를 위한 도수로부지(개설당시의 토지소유자가 자기 토지의 편익을 위하여 스스로 설치한 도수로부지를 제외한다)에 대하여는 제22조의 규정에 의하여 평가한다.
>
> ④ 제1항 및 제3항에서 "인근토지"라 함은 당해 도로부지 또는 구거부지가 도로 또는 구거로 이용되지 아니하였을 경우에 예상되는 표준적인 이용상황과 유사한 토지로서 당해 토지와 위치상 가까운 토지를 말한다.

(1) 도수로부지의 개념

도수로부지란 관행용수권과 관련하여 용수·배수를 목적으로 설치된 것으로서 일정한 형태를 갖춘 인공적인 수로·둑 및 그 부속시설물의 부지(개설 당시의 토지소유자가 자기토지의 편익을 위하여 스스로 설치한 것은 제외한다. 이하 이 조에서 "도수로부지"라 한다)를 말한다.

(2) 감정평가방법

① 도수로부지에 대한 감정평가는 「토지보상법 시행규칙」 제26조 제3항 단서에 따르되, 그 도수로부지가 도수로로 이용되지 아니하였을 경우에 예상되는 인근지역에 있는 표준적인 이용상황과 비슷한 토지의 표준지공시지가를 기준으로 한다. 다만, 그 도수로부지가 미지급용지인 경우에는 제32조에 따른다.

② 제1항에 따라 도수로부지를 인근지역에 있는 표준적인 이용상황과 비슷한 토지의 표준지공시지가를 기준으로 감정평가하는 경우에는 해당 도수로의 위치·면적·형상·지세, 도수로의 폭·구조·기능·계통 및 연속성, 편입당시의 지목 및 이용상황, 용도지역등 공법상 제한, 인근토지의 이용상황, 그 밖의 가격형성에 영향을 미치는 요인을 고려하되, 다음 각 호와 같이 감정평가액을 결정할 수 있다. 다만, 공작물 등 도수로 시설물의 가액은 도수로부지의 감정평가액에 포함하지 아니하며, 해당 토지가 도수로부지인 것에 따른 용도적 제한은 고려하지 아니한다.

    1. 인근지역의 표준적인 이용상황이 전, 답 등 농경지인 경우에는 그 표준적인 이용상황과 비슷한 토지의 표준지공시지가를 기준으로 한 적정가격에 도수로의 지반조성 등에 통상 필요한 비용 상당액과 위치조건 등을 고려한 가격수준으로 결정한다. 다만, 인근지역의 표준적인 이용상황의 토지가 경지정리사업지구 안에 있는 전·답 등 농경지인 경우에는 도수로의 지반조성 등에 통상 필요한 비용 상당액은 고려하지 아니한다.

    2. 인근지역의 표준적인 이용상황이 "대" 또는 이와 비슷한 용도의 것인 경우에는 그 표준적인 이용상황과 비슷한 토지의 표준지공시지가를 기준으로 한 적정가격에 위치조건 등을 고려한 가격수준으로 결정한다. 이 경우 도수로의 지반조성 등에 통상 필요한 비용 상당액은 고려하지 아니한다.

③ 제1항과 제2항에도 불구하고 도수로로서의 기능이 사실상 상실되었거나 용도폐지된 도수로부지의 경우에는 그 도수로부지의 다른 용도로의 전환가능성, 전환후의 용도, 용도전환에 통상 필요한 비용 상당액 등을 고려한 가격수준으로 결정할 수 있다. 이 경우에는 인근지역에 있는 것으로서 일반적으로 전환 가능한 용도와 비슷한 토지의 표준지공시지가를 기준으로 감정평가한다.

④ 종전의 「농촌근대화촉진법」에 따른 농지개량사업, 「농어촌정비법」에 따른 농어촌정비사업 등 관계법령에 따른 공익사업의 시행으로 설치된 도수로의 부지에 대한 감정평가는 제1항 및 제2항에 따른다.

⑤ 수도용지의 감정평가 시에는 제1항부터 제3항까지를 준용할 수 있다.

⑥ 제2항에서 "인근토지"란 그 도수로부지가 도수로로 이용되지 아니하였을 경우에 예상되는 표준적인 이용상황과 비슷한 토지로서 위치상 가까운 것을 말한다.

7. 구거부지

(1) 구거부지의 개념

구거란 용수 또는 배수의 목적으로 일정한 형태를 갖춘 인공적 수로 및 그 부속시설물의 부지와 자연적인 유수가 있는 소규모의 수로를 말한다.

(2) 감정평가방법

① 구거부지(제37조의2에서 규정한 도수로부지는 제외한다. 이하 같다)에 대한 감정평가는 법 시행규칙 제26조 제3항 본문에 따라 인근토지에 대한 감정평가액의 3분의1 이내로 한다.

② 제1항에서 "인근토지"란 그 구거부지가 구거로 이용되지 아니하였을 경우에 예상되는 표준적인 이용상황과 비슷한 토지로서 위치상 가까운 것을 말한다.

③ 제35조의2제2항 제1호 및 제2호의 규정은 이 조에서 준용한다.

(3) 도수로부지와 구거부지의 구분

구거부지와 도수로부지의 감정평가방법을 달리하는 이유는 그 가치에 차이가 있다고 보기 때문이다. 도수로는 소유자의 의사와 관계없이 물이 흐르는 구거와는 달리 소유자 또는 관리자의 의사에 의해서만 물이 흐르므로 몽리 토지 등이 없어진 경우 등 개설목적에 더 이상 사용할 필요가 없게 되면 언제든지 다른 용도로 전용할 수 있다. 또한 도수로로 인하여 인근 몽리토지의 가치가 상승한다고 하여도 도수로부지의 소유자와 몽리 토지의 소유자가 다른 경우에는 동일한 소유자 간의 가치의 화체가 인정되지 않는다.

8 특별조치법에 따른 하천편입토지

1. 관련 규정

「하천편입토지 보상 등에 관한 특별조치법」 제1조(목적)
이 법은 보상청구권의 소멸시효 만료로 인하여 보상을 받지 못한 하천편입토지 소유자에 대한 보상과 공익사업을 시행하는 경우의 보상 특례 등에 필요한 사항을 규정함을 목적으로 한다.

「하천편입토지 보상 등에 관한 특별조치법」 제2조(적용대상)
다음 각 호의 어느 하나에 해당하는 경우 중 「하천구역편입토지 보상에 관한 특별조치법」 제3조에 따른 소멸시효의 만료로 보상청구권이 소멸되어 보상을 받지 못한 때에는 특별시장·광역시장 또는 도지사(이하 "시·도지사"라 한다)가 그 손실을 보상하여야 한다.
1. 법률 제2292호 하천법개정법률의 시행일 전에 토지가 같은 법 제2조 제1항 제2호 가목에 해당되어 하천구역으로 된 경우
2. 법률 제2292호 하천법개정법률의 시행일부터 법률 제3782호 하천법중개정법률의 시행일 전에 토지가 법률 제3782호 하천법중개정법률 제2조 제1항 제2호 가목에 해당되어 하천구역으로 된 경우
3. 법률 제2292호 하천법개정법률의 시행으로 제방으로부터 하천 측에 있던 토지가 국유로 된 경우
4. 법률 제892호 하천법의 시행일부터 법률 제2292호 하천법개정법률의 시행일 전에 제방으로부터 하천 측에 있던 토지 또는 제방부지가 국유로 된 경우

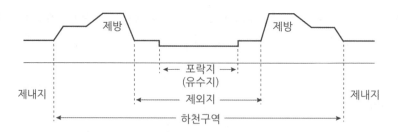

2. 감정평가방법

(1) 원칙

① 「하천편입 토지보상 등에 관한 특별조치법」(법률 제9543호 2009.3.25. 이하 이 조 및 제39조의2에서 '특별조치법'이라 한다) 제2조 각 호의 어느 하나에 해당하는 토지에 대한 감정평가는 그 하천구역(특별조치법 제2조 각 호의 어느 하나에 해당하는 경우를 말한다. 이하 이 조에서 같다) 편입당시의 지목 및 토지이용상황, 해당 토지에 대한 공법상 제한, 현재의 토지이용상황 및 비슷한 인근토지의 적정가격 등을 고려하여 감정평가하되, 다음 각 호에서 정하는 기준에 따른다.

1. 가격시점은 특별조치법 제5조에 따라 보상청구절차를 통지 또는 공고한 날짜로 하되, 의뢰자가 제시한 바에 따른다.

2. 편입당시의 지목 및 토지이용상황의 판단은 의뢰자가 제시한 내용에 따르되, 하천구역으로 된 시점 당시를 기준으로 하며, 하천구역으로 된 시점 당시의 해당 토지에 대한 공부상 지목과 현실적인 이용상황이 다른 경우에는 현실적인 이용상황을 기준으로 한다. 다만, 하천관리청의 하천공사에 따라 하천구역으로 된 경우에는 그 하천공사 시행 직전의 이용상황을 기준으로 한다.

3. 하천구역으로 된 시점 당시의 이용상황의 판단을 위한 편입시점의 확인은 하천관리청이 제시한 기준에 따르되, 법률 제2292호 「하천법」 시행일(1971년 7월 19일) 전에는 당시의 「하천법」 제2조 제1항 제2호 가목 및 다목에 해당되는 시점이 아니고 당시의 「하천법」의 규정에 따라 하천구역으로 공고된 시점을 편입시점으로 보며, 하천구역으로 공고 되지 아니하였거나 공고시점이 불분명한 경우에는 법률 제2292호 「하천법」 시행일 (1971년 7월 19일)을 편입시점으로 본다.

4. 해당 토지에 대한 공법상 제한한(편입 당시의 공법상 제한을 알 수 없을 경우에는 가격시점 당시를 기준으로 할 수 있다)으로 하되, 해당 토지가 하천구역으로 된 것에 따른 「하천법」에서 정한 공법상 제한은 하천의 정비·보전 등을 직접 목적으로 가하여진 경우로서 그 제한을 받지 아니한 상태를 기준으로 감정평가한다.

5. 현재의 토지이용상황은 가격시점 당시의 현실적인 이용상황을 뜻하는 것으로서 원칙적으로 고려하지 아니하나, 편입당시의 이용상황을 알 수 없거나 하천관리청으로부터 편입당시의 이용상황의 제시가 없는 경우에 편입당시의 이용상황을 확인할 때 기초자료로 활용한다.

6. 비슷한 인근토지의 적정가격은 하천구역으로 된 당시의 토지이용상황(하천관리청의 하천공사에 따라 하천구역으로 된 토지의 경우에는 공사시행 직전의 이용상황)과 비슷한 것으로서 대상토지의 인근지역에 있는 토지에 대한 표준지공시지가를 기준으로 한 감정평가액을 말하며, 인근지역 또는 동일수급권 안의 유사지역에 이용상황이 비슷한 토지의 표준지공시지가가 없을 경우에는 인근지역 또는 동일수급권 안의 유사지역에 있는 표준적인 이용상황과 비슷한 토지의 표준지공시지가를 기준으로 하여 구한다.

(2) 정형화 평가방식

「특별조치법」 제2조에 따른 대상토지에 대한 편입당시의 지목 및 토지이용상황(하천관리청의 하천공사에 따라 하천구역으로 된 경우에는 하천공사 직전의 이용상황) 또는 비슷한 인근토지의 적정가격을 알 수 없거나, 인근지역 또는 동일수급권 안의 유사지역에 있는 표준적인 이용상황과 비슷한 토지의 표준지공시지가를 기준으로 감정평가하는 경우에서 그 용도가 다른 것에 따른 개별요인의 비교 등이 사실상 곤란한 경우 등에는 **가격시점 당시의 현실적인 이용상황을 기준으로 다음 표에서 정하는 기준에 따라 감정평가할 수 있다.** 다만, 하천구역으로 된 이후에 하천관리청의 하천공사나 하천점용허가에 따라 현상변경이 이루어져 가격시점 당시의 현실적인 이용상황이 하천구역으로 된 당시보다 뚜렷하게 변동된 것으로 인정되는 경우에는 이용상황의 판단이나 일정비율을 적용할 때 고려할 수 있으며, 대상토지가 도시지역 안에 있는 경우로서 인근토지가 순수농경지로 인정되는 경우에는 도시지역 밖의 일정비율을 적용할 수 있다.

구분 이용상황별		일정비율	
		도시지역 안	도시지역 밖
농경지(전, 답 등)		인근토지에 대한 적정가격의 2분의 1 이내	인근토지에 대한 적정가격의 10분의 7 이내
제방	제외지 측과 접한 부분이 농경지인 경우	인근토지에 대한 적정가격의 2분의 1 이내	인근토지에 대한 적정가격의 10분의 7 이내
	제외지 측과 접한 부분이 농경지인 경우	인근토지에 대한 적정가격의 4분의 1 이내	인근토지에 대한 적정가격의 3분의 1 이내
둔치		인근토지에 대한 적정가격의 4분의 1 이내	인근토지에 대한 적정가격의 3분의 1 이내
모래밭 개펄		인근토지에 대한 적정가격의 7분의 1 이내	인근토지에 대한 적정가격의 5분의 1 이내
물이 계속 흐르는 토지		인근토지에 대한 적정가격의 10분의 1 이내	인근토지에 대한 적정가격의 7분의 1 이내

(3) 인근토지

인근토지란 해당 토지가 하천구역으로 되지 아니하였을 경우에 예상되는 하천구역 밖 주변지역에 있는 표준적인 이용상황과 비슷한 것으로서 용도지역등이 같은 토지를 말한다. 다만, 대상토지가 도시지역 안에 있는 경우로서 하천구역 밖 주변지역에 있는 표준적인 이용상황과 비슷한 토지가 용도지역등을 달리하거나 용도지역등이 같은 경우에도 주위환경 사정 등에 비추어 인근지역으로 볼 수 없는 경우에는 동일수계권역 등 동일수급권안의 유사지역에 있는 표준적인 이용상황과 비슷한 토지를 인근토지로 본다. 이 때에는 인근토지의 적정가격 결정 시에 지역요인의 비교를 통하여 지역격차를 고려하여야 한다.

(4) 하천구역에서 제외된 사유토지

대상토지가 하천구역으로 되었으나 하천관리청의 하천공사 또는 홍수 그 밖의 자연현상으로 하천의 유로가 변경되어 하천구역에서 제외된 토지로서 보상이 되지 아니한 등기부상 사유토지는 (1) 따른 감정평가 대상에서 제외한다. 다만, 해당 토지와 관련된 보상금 청구소송이 법원에 계속 중인 사유 등으로 의뢰자로부터 감정평가 요청이 있는 경우에는 그러하지 아니하다. 이 경우 농경지 등으로 매립·조성 등 하천관리청의 개발행위 등에 따른 가치변동의 배제 등 특별한 조건의 제시가 있는 경우를 제외하고는 (1)부터 (3)까지의 규정을 준용하여 감정평가할 수 있다.

(5) 하천구역으로 된 토지 중 미보상토지

① 「특별조치법」 제2조에 따른 대상토지 외의 것으로서 구 「하천법」(법률 제5893호, 1999.2.2.) 제74조 제1항에 따라 보상대상이 된 하천구역(국가 하천 및 지방1급 하천의 하천구역을 말한다)안 토지 중 보상이 되지 아니한 토지에 대한 감정평가는 특별조치법에 따른 하천편입토지(2. 감정평가방법)를 준용한다. 다만, 구 「하천법」 제2조 제1항 제2호 라목에 따라 하천구역으로 지정된 토지의 경우에는 그 지정시점 당시를 하천구역으로 된 당시로 보며, 가격시점은 보상청구절차를 통지 또는 공고한 날짜로 하되, 의뢰자가 제시한 바에 따른다.

② 제1항에도 불구하고 하천의 신설, 그 밖에 하천공사로 하천구역 밖에 있는 토지가 하천구역으로 된 경우로서 보상이 되지 아니한 토지에 대한 감정평가는 미지급용지를 준용한다.

③ 구 「하천법」 제3조에 따라 하천구역으로 되었으나 하천관리청의 하천공사 또는 홍수 그 밖에 자연현상으로 하천의 유로가 변경되어 하천구역에서 제외된 토지로서 보상이 되지 아니한 등기부상 사유토지의 경우에는 (4)를 준용한다.

3. 하천구역 안의 매수대상토지

① 법률 제8338호(2007년 4월 6일) 「하천법」 시행일 이후에 이 법에 따른 하천구역(지방하천의 하천구역을 제외한다)으로 결정 또는 변경된 토지 중 「하천법」 제79조에 따른 매수대상토지에 대한 감정평가는 「토지보상법 시행규칙」 제22조에 따라 가격시점 당시의 현실적인 이용상황을 기준으로 하며, 하천구역으로 결정 또는 변경에 따른 「하천법」에서 정한 공법상 제한은 고려하지 아니한다. 다만, 하천관리청의 하천공사로 현상변경이 이루어진 경우에는 그 하천공사 시행 직전의 이용상황을 기준으로 감정평가하되, 이 경우에는 미지급용지를 준용한다.

② 정형화 평가방식과 인근토지는 「하천법」 제79조에 따른 매수대상토지의 감정평가 시에 준용할 수 있다.

4. 지방하천의 하천구역 등 안 토지

① 「하천법」에 따른 지방하천의 하천구역 및 「소하천정비법」에 따른 소하천구역 안에 있는 사유토지가 하천정비공사 등 공익사업시행지구에 편입되어 감정평가 의뢰가 있는 경우에 그 토지에 대한 감정평가는 미지급용지를 준용한다.

② 「소하천정비법」에 따른 소하천 외의 것으로서 자연의 유수 등이 있는 소규모 하천의 부지에 대한 감정평가는 ①을 준용한다. 다만, 지적공부상 지목이 하천으로 되어 있으나 그 규모·기능 등이 구거와 사실상 비슷한 것은 구거부지를 준용할 수 있으며, 소규모 하천으로서의 기능이 사실상 상실되거나 용도폐지된 경우에는 그 하천부지의 다른 용도로의 전환가능성, 전환후의 용도, 용도전환에 통상 필요한 비용 상당액 등을 고려한 가액으로 감정평가할 수 있다. 이 경우에는 인근지역에 있는 것으로서 일반적으로 전환 가능한 용도와 비슷한 토지의 표준지공시지가를 기준으로 감정평가한다.

③ 정형화 평가방식과 인근토지는 이 조의 규정에 따른 지방하천과 소하천구역안에 있는 토지, 그 밖에 소규모 하천의 부지에 대한 감정평가 시에 준용할 수 있다.

5. 홍수관리구역 안 토지

「하천법」제12조 제3항에 따라 고시된 홍수관리구역 안의 토지에 대한 감정평가는 「토지보상법 시행규칙」 제22조에 따라 가격시점 당시의 현실적인 이용상황을 기준으로 하며, 홍수관리구역으로 고시된 것에 따른 「하천법」에서 정한 공법상 제한은 고려하지 아니한다.

9 기타 특수토지

1. 폐기물이 매립된 토지

① 「폐기물관리법」제2조 제1호에서 규정한 "폐기물"이 매립된 토지가 「폐기물관리법」제48조에 따른 폐기물 처리에 대한 조치명령이 있거나 예상되는 경우 등으로서 의뢰자가 해당 토지의 이용을 저해하는 정도를 고려하는 조건으로 감정평가 의뢰한 경우에는 그 폐기물이 매립될 당시의 이용상황과 비슷한 토지의 표준지공시지가를 기준으로 감정평가하되, 다음 각 호의 기준에 따른다. 이 경우에는 그 내용을 감정평가서에 기재한다.

1. 폐기물의 종류, 성질 및 그 양 등에 비추어 해당 토지의 토사와 물리적으로 분리할 수 없을 정도로 혼합되어 토지의 일부를 구성하는 등 그 폐기물이 매립된 것에 따른 토지이용의 저해정도가 경미한 것으로 의뢰자가 인정하는 경우에는 비교표준지와 해당 토지의 개별요인의 비교 시에 기타조건(장래 동향 등) 등 항목에서 그 불리한 정도 등을 고려한 가액으로 감정평가한다.

2. 폐기물 매립이 된 것에 따른 토지이용의 저해정도가 심한 것으로 의뢰자가 인정하는 경우에는 의뢰자의 승인을 얻어 폐기물 처리업체 등의 자문 또는 용역절차를 거친 후 그 용역보고서 등에서 제시한 폐기물처리비용 상당액을 근거로 한 해당 토지의 가치 감가요인을 비교표준지와 해당 토지의 개별요인의 비교 시에 기타조건(장래 동향 등) 등 항목에서 고려한 가액으로 감정평가한다.

② 제1항 제2호에 따른 폐기물 처리업체 등의 자문 또는 용역결과 폐기물처리비용 상당액이 해당 토지가 폐기물이 매립되지 아니한 상태를 기준으로 한 가액 상당액을 뚜렷이 초과하는 것으로 인정되는 경우에는 감정평가액란에 실질적 가치가 없는 것으로 표시하되, 이 경우에는 감정평가서에 추후 사업시행자가 실제로 지출한 폐기물 처리비용 상당액이 용역보고서 등에서 제시된 폐기물 처리비용 상당액과 비교하여 뚜렷이 낮아지게 되는 경우에는 감정평가액이 변동될 수 있다는 내용을 기재한다.

③ 해당 토지에 매립된 폐기물이 환경오염물질과 섞인 상태 등으로서 「토양환경보전법」제2조 제2호에서 규정한 "토양오염물질"에 해당하는 경우에는 토양오염물질에 토양오염이 된 토지규정을 따르되, 이 경우에는 폐기물처리비용과 오염토양 정화비용 등 상당액을 함께 고려한다.

④ 제1항에도 불구하고 해당 토지의 소유자 및 관계인이 「폐기물관리법」제48조 각 호의 어느 하나에 해당하는 자가 아닌 것으로 명시하여 감정평가 의뢰되었거나 감정평가 진행과정에서 그 사실이 밝혀진 경우에는 의뢰자와 협의를 한 후 그 폐기물이 매립될 당시의 이용상황을 기준으로 감정평가할 수 있다. 이 경우에는 감정평가서에 그 내용을 기재한다.

2. 토양오염물질에 토양오염이 된 토지

① 「토양환경보전법」제2조 제2호에서 규정한 "토양오염물질"에 토양오염된 토지가 「토양환경보전법」제15조에 따른 토양오염방지 조치명령 등이 있거나 예상되는 경우로서 의뢰자가 해당 토지의 이용을 저해하는 정도를 고려하는 조건으로 감정평가 의뢰한 경우에는 그 토양오염이 될 당시의 이용상황과 비슷한 토지의 표준지공시지가를 기준으로 감정평가하되, 다음 각 호의 기준에 따른다. 이 경우에는 감정평가서에 그 내용을 기재한다.

   1. 「토양환경보전법」제10조의2에 따른 토양환경평가 등 결과 그 오염의 정도가 허용기준 이내인 것으로 의뢰자가 인정하는 경우에는 비교표준지와 해당 토지의 개별요인의 비교 시에 기타조건(장래 동향 등) 등 항목에서 그 불리한 정도 등을 고려한 가액으로 감정평가한다.

   2. 「토양환경보전법」제2조 제6호에 따른 토양정밀조사 등 결과 토양정화의 대상이 되었거나 예상이 되는 것으로 의뢰자가 인정하는 경우에는 의뢰자의 승인을 얻어 토양오염 정화업체 등의 자문 또는 용역절차를 거친 후 그 용역보고서 등에서 제시한 오염토양 정화비용(사업시행자가 지출한 토양정밀조사비용을 포함한다. 이하 이 조에서 같다)상당액을 근거로 한 해당 토지의 가치 감가요인을 비교표준지와 해당 토지의 개별요인의 비교 시에 기타조건(장래 동향 등) 등 항목에서 고려한 가액으로 감정평가한다.

② 제1항 제2호에 따른 토양오염 정화업체 등의 자문 또는 용역결과 오염토양 정화비용 상당액이 해당 토지가 오염 등이 되지 아니한 상태를 기준으로 한 가액 상당액을 뚜렷이 초과하는 것으로 인정되는 경우에는 감정평가액란에 실질적 가치가 없는 것으로 표시하되, 이 경우에는 감정평가서에 추후 사업시행자가 실제로 지출한 오염토양 정화비용 상당액이 당초 용역보고서 등에서 제시된 오염토양 정화비용 상당액과 비교하여 뚜렷이 낮아지게 되는 경우에는 감정평가액이 변동될 수 있다는 내용을 기재한다.

③ 폐기물이 매립된 토지의 제3항은 이 조에서 준용한다.

④ 제1항에도 불구하고 해당 토지의 소유자 및 관계인이 「토양환경보전법」제10조의4에 따른 오염토양의 정화책임자가 아닌 것으로 명시하여 감정평가 의뢰되었거나 감정평가 진행과정에서 그 사실이 밝혀진 경우에는 의뢰자와 협의를 한 후 그 토양오염이 될 당시의 이용상황을 기준으로 감정평가할 수 있다. 이 경우에는 감정평가서에 그 내용을 기재한다.

3. 저수지부지

① 「농어촌정비법」에 따른 농업생산기반시설인 저수지(제방 등 부대시설을 포함한다. 이하 이 조에서 같다)의 부지에 대한 감정평가는 「토지보상법 시행규칙」제22조에 따르되, 다음 각 호의 사항을 고려하여 감정평가한다. 다만, 저수지부지의 일부가 공익사업시행지구에 편입되는 경우에는 그 편입부분의 가치를 기준으로 감정평가할 수 있으며, 그 저수지부지가 미지급용지인 경우에는 제32조에 따른다.

   1. 위치·면적·지형·지세

   2. 저수지의 규모·기능·유용성

   3. 용도지역등 공법상 제한

   4. 저수지 조성 당시 편입토지의 주된 이용상항

   5. 전, 답 등 인근토지의 이용상황

   6. 그 밖에 가치형성에 영향을 미치는 요인

② 대상토지와 이용상황이 비슷한 토지의 표준지공시지가가 인근지역에 없을 경우에는 인근지역의 전, 답 등 표준적인 이용상황과 비슷한 토지의 표준지공시지가를 기준으로 감정평가할 수 있으며, 용도가 다른 것에 따른 개별요인의 비교 등이 사실상 곤란한 경우에는 다음 각 호와 같이 감정평가액을 결정할 수 있다. 이 경우 공작물 등 저수지 시설물의 가액은 저수지부지의 감정평가액에 포함하지 아니한다.

1. 인근지역의 표준적인 이용상황이 전, 답 등 농경지 또는 산지인 경우에는 그 표준적인 이용상황과 비슷한 토지의 표준지공시지가를 기준으로 한 적정가격에 저수지의 지반조성에 통상 필요한 비용 상당액과 위치, 규모, 지형·지세, 용도지역등을 고려한 가격수준으로 결정한다. 다만, 인근지역의 표준적인 이용상황이 경지정리사업지구 안에 있는 전·답 등 농경지이거나 인근지역의 지형·지세 등으로 보아 저수지의 지반조성이 따로 필요하지 아니하다고 인정되는 경우에는 저수지의 지반조성에 통상 필요한 비용 상당액은 고려하지 아니한다.
2. 인근지역의 표준적인 이용상황이 "대" 또는 이와 비슷한 용도의 것인 경우에는 그 표준적인 이용상황과 비슷한 토지의 표준지공시지가를 기준으로 한 적정가격에 위치, 규모, 지형·지세, 용도지역등을 고려한 가격수준으로 결정한다.

③ 제1항과 제2항에도 불구하고 농업생산기반시설로서의 기능이 사실상 상실되었거나 용도폐지된 저수지부지의 경우에는 그 저수지부지의 다른 용도의 전환 가능성, 전환후의 용도, 용도전환에 통상 필요한 비용 상당액 등을 고려한 가액으로 감정평가할 수 있다. 이 경우에는 인근지역에 있는 것으로서 일반적으로 전환 가능한 용도와 비슷한 토지의 표준지공시지가를 기준으로 감정평가한다.

④ 농업기반시설이 아닌 것으로서 소류지, 호수, 연못 등(이하 이 조에서 "소류지 등" 이라한다)의 부지에 대한 감정평가는 제1항부터 제3항까지를 준용하는 것 외에 그 소류지 등의 용도·수익성 등을 고려한 가액으로 감정평가한다.

4. 양어장시설 부지

① 농경지 등을 「농지법」 등 관계법령에 따라 전용하여 양어장으로 조성한 것으로서 그 수익성 등에 비추어 양어장으로서의 기능이 계속 유지될 것으로 일반적으로 예상되는 경우에는 가격시점을 기준으로 한 조성 전 토지의 적정가격에 양어장으로 조성하는데 통상 필요한 비용 상당액(공작물 등 시설물의 가액은 제외한다. 이하 이 조에서 같다)등을 고려한 가액으로 감정평가할 수 있다. 이 경우에는 양어장으로 조성되기 전의 이용상황과 비슷한 토지의 표준지공시지가를 기준으로 감정평가하되, 양어장으로 조성하는데 통상 필요한 비용 상당액 및 성숙도 등을 개별요인의 비교 시에 고려한다.

② 제1항에도 불구하고 양어장시설로서의 기능이 사실상 상실되었거나 용도폐지된 양어장시설 부지의 경우에는 그 양어장시설 부지의 다른 용도의 전환 가능성, 전환후의 용도, 용도전환에 통상 필요한 비용 상당액 등을 고려한 가액으로 감정평가할 수 있다. 이 경우에는 인근지역에 있는 것으로서 일반적으로 전환 가능한 용도와 비슷한 토지의 표준지공시지가를 기준으로 감정평가한다.

5. 염전부지

① 「소금산업 진흥법」에 따른 염전시설의 부지(이하 "염전부지"라 한다)에 대한 감정평가는 법 시행규칙 제22조에 따라 대상토지와 이용상황이 비슷한 토지의 표준지공시지가를 기준으로 감정평가하되, 다음 각 호의 사항을 개별요인의 비교 시에 고려한다.

보상평가 | 해커스 감정평가사 이성준 감정평가실무 2차 기본서

1. 위치 · 면적 · 형상 · 지세

2. 염 생산 가능면적과 부대시설 면적

3. 용도지역등 공법상 제한

4. 주위환경과 인근토지의 이용상황

5. 그 밖에 가치형성에 영향을 미치는 요인

② 제1항에 따른 염전부지의 감정평가 시에는 이용상황이 비슷한 토지의 표준지공시지가가 염 생산에 있어서 용도상 불가분의 관계에 있는 염전 · 유지 · 잡종지 · 구거 등(염 생산용도로 이용되지 아니하여 방치되고 있는 부분은 제외한다)을 일단지의 개념으로 보고 조사 · 평가된 것을 고려하여 일괄감정평가하는 것을 원칙으로 한다. 다만, 염생산용도로 이용되지 아니하여 방치된 부분과 염전시설을 외곽에서 보호하고 있는 제방시설의 부지, 그 밖에 염전시설의 용도로 전용적으로 이용되지 아니하고 불특정 다수인의 통행에 이용되고 있는 도로 등의 부지는 일괄감정평가의 대상에서 제외하며, 의뢰자가 염전시설 안에 있는 도로 · 구거 등의 부지를 주된 용도와 구분하여 감정평가 의뢰한 경우 또는 대상물건의 상황 등으로 보아 용도별로 구분하여 감정평가하는 것이 적정가격의 결정에 있어서 타당하다고 인정되는 경우 등에는 용도별로 구분하여 감정평가할 수 있으며, 염전부지의 일부가 공익사업시행지구에 편입되는 경우에는 그 편입부분의 이용상황을 기준으로 감정평가액을 결정할 수 있다.

③ 대상토지의 인근지역 또는 동일수급권 안의 유사지역에 이용상황이 비슷한 토지의 표준지공시지가가 없는 경우 또는 염전으로서의 기능이 사실상 상실되거나 용도 폐지된 경우로서 인근지역 또는 동일수급권 안의 유사지역에 있는 이용상황이 비슷한 토지의 표준지공시지가를 적용하는 것이 적정하지 아니하다고 인정되는 경우에는 인근지역에 있는 표준적인 이용상황 또는 전환 후의 용도와 비슷한 토지의 표준지공시지가를 기준으로 감정평가할 수 있다. 이 경우에는 다른 용도로의 전환가능성, 전환후의 용도, 용도전환에 통상 필요한 비용 상당액 등을 개별요인의 비교 시에 고려한다.

6. 목장용지

(1) 원칙

「초지법」제5조에 따른 허가를 받아 조성된 목장용지에 대한 감정평가는 「토지보상법 시행규칙」제22조에 따른다. 즉, 목장용지인 표준지공시지가를 기준으로 감정평가한다.

(2) 예외

① 다만, 대상토지와 이용상황이 비슷한 토지의 표준지공시지가가 인근지역에 없는 경우에는 다음 각 호와 같이 감정평가할 수 있다.

1. 초지는 조성 전 토지와 이용상황이 비슷한 토지의 표준지공시지가를 기준으로 한 적정가격에 해당 초지의 조성에 통상 소요되는 비용(개량비를 포함한다) 상당액을 더한 가액으로 감정평가한다.

2. 주거용건물의 부지는 "대"를 기준으로 감정평가하되, 면적의 사정은 제18조에 따른다.

3. 축사 및 부대시설의 부지는 조성 전 토지의 적정가격에 조성비용 상당액을 더한 가액으로 감정평가한다. 다만, 그 가액이 적정하지 아니한 경우에는 잡종지 규정을 준용할 수 있다.

② 「초지법」에 따라 조성된 초지가 아닌 기존 전 · 답에 사료작물을 재배하는 경우에는 농경지로 감정평가한다.

1. 원칙

   목장용지 기준 표준지공시지가 + 주거용 기준 표준지공시지가

2. 예외(이용상황이 비슷한 토지의 표준지공시지가가 인근지역에 없는 경우)
   - 초지: 조성 전 토지 기준 표준지공시지가 + 초지조성비용(개량비 포함)
   - 주거용건물 부지: 주거용 기준 표준지공시지가
   - 축사 및 부대시설 부지: 조성 전 표준지공시지가 + 조성비용(적정하지 않은 경우 잡종지)

7. 잡종지

① 잡종지에 대한 감정평가는 「토지보상법 시행규칙」 제22조에 따르되, 대상토지와 이용상황이 비슷한 토지의 표준지공시지가가 인근지역에 없는 경우에는 인근지역에 있는 표준적인 이용상황과 비슷한 토지의 표준지공시지가를 기준으로 감정평가할 수 있다.

② 제1항 후단에 따라 인근지역에 있는 표준적인 이용상황과 비슷한 토지의 표준지공시지가를 기준으로 감정평가하는 경우에는 용도전환의 가능성, 전환 후의 용도, 용도전환에 통상 필요한 비용 상당액 등을 개별요인의 비교 시에 고려한다.

8. 종교용지 등

① 종교용지 또는 사적지(이하 이 조에서 "종교용지등"이라 한다)에 대한 감정평가는 잡종지 규정을 준용하되, 관계법령에 따라 용도적 제한이나 거래제한 등이 있는 경우에는 개별요인의 비교 시에 고려한다. 다만, 그 제한이 해당 공익사업의 시행을 직접목적으로 한 개별적인 계획제한에 해당하는 경우에는 그러하지 아니하다.

② 종교용지등을 인근지역에 있는 표준적인 이용상황과 비슷한 토지의 표준지공시지가를 기준으로 감정평가하는 경우에서 그 종교용지등이 농경지대 또는 임야지대 등에 소재하여 해당 토지의 가치가 인근지역에 있는 표준적인 이용상황과 비슷한 토지의 가치에 비하여 일반적으로 높은 것으로 인정되는 경우에는 조성 전 토지의 적정가격에 그 종교용지등의 조성에 통상 필요한 비용 상당액(공작물 등 시설물의 가격은 제외한다. 이하 이 조에서 같다) 등을 고려한 가액으로 감정평가할 수 있다. 이 경우에는 종교용지등으로 조성되기 전의 토지와 이용상황이 비슷한 토지의 표준지공시지가를 기준으로 감정평가하되, 종교용지등으로 조성하는데 통상 필요한 비용 상당액 및 성숙도 등을 개별요인의 비교 시에 고려한다.

③ 「전통사찰의 보존 및 지원에 관한 법률」 제2조 제3호에 따른 전통사찰보존지(「개발제한구역의 지정 및 관리에 관한 특별조치법 시행령」 제14조 제9의2호 등에 따라 설치된 진입로를 포함한다) 등 관계법령에 따라 지정·관리 등을 하는 종교용지가 임야지대 또는 농경지대 등에 소재하여 해당 토지의 가치가 인근지역에 있는 표준적인 이용상황과 비슷한 토지의 가치에 비하여 일반적으로 높은 것으로 인정되는 경우에는 현실적인 이용상황을 기준으로 감정평가한다.

9. 묘지

① 묘지로 이용되고 있는 토지에 대한 감정평가는 인근지역에 있는 표준적인 이용상황과 비슷한 토지의 적정가격을 기준으로 하되, 해당 분묘가 없는 상태를 상정하여 감정평가한다.

② 다음 각 호의 어느 하나에 해당하는 묘지를 인근지역에 있는 표준적인 이용상황과 비슷한 토지의 표준지공시지가를 기준으로 감정평가하는 경우에는 조성전 토지의 적정가격에 묘지의 조성에 통상 필요한 비용 상당액(석물 등 분묘시설의 설치비용은 제외한다)등을 개별요인의 비교 시에 고려한 가액으로 감정평가한다.

  1. 지적공부상 묘지로 등재되어 있는 소규모의 토지(다른 지목의 자기 소유 토지 일부분에 묘지가 설치된 경우로서 그 묘지부분의 면적을 구분하여 감정평가 의뢰한 것을 포함한다)
  2. 「장사 등에 관한 법률」 제14조에 따라 설치된 묘지

10. 전주·철탑 등의 설치를 위한 토지

① 전주·철탑 등의 설치를 위하여 소규모로 분할하여 취득·수용하는 토지에 대한 감정평가는 그 설치부분(선하지 부분은 제외한다. 이하 같다)의 위치·지형·지세·면적·이용상황 등을 고려하여 한다.

② 제1항은 전주·철탑 등의 설치를 위하여 토지를 사용하는 경우에서 해당 토지의 적정가격의 감정평가 시에 준용한다.

11. 선하지 등(송전선로)

① 토지의 지상공간에 고압선이 통과하고 있는 토지(이하 "선하지"라 한다)에 대한 감정평가는 그 제한을 받지 아니한 상태를 기준으로 한다.

② 제1항에도 불구하고 선하지에 해당 고압선의 설치를 목적으로「민법」제289조의2에 따른 구분지상권이 설정되어 있는 경우에는 소유권 외의 권리의 목적이 되고 있는 토지 규정(나지상정, 제5항은 제외한다)을 준용한다.

③ 제2항은 토지의 지하공간에 「도시철도법」 제2조 제2호에 따른 도시철도와 「송유관안전관리법」 제2조 제2호에 따른 송유관 등 공익시설의 설치를 목적으로「민법」제289조의2에 따른 구분지상권이 설정되어 있는 토지에 대한 감정평가의 경우에 준용한다.

12. 소유권외의 권리의 목적이 되고 있는 토지의 평가

(1) 관련 규정

「토지보상법 시행규칙」 제28조(토지에 관한 소유권외의 권리의 평가)

① 취득하는 토지에 설정된 소유권외의 권리에 대하여는 당해 권리의 종류, 존속기간 및 기대이익 등을 종합적으로 고려하여 평가한다. 이 경우 점유는 권리로 보지 아니한다.

② 제1항의 규정에 의한 토지에 관한 소유권외의 권리에 대하여는 거래사례비교법에 의하여 평가함을 원칙으로 하되, 일반적으로 양도성이 없는 경우에는 당해 권리의 유무에 따른 토지의 가격차액 또는 권리설정계약을 기준으로 평가한다.

「토지보상법 시행규칙」 제29조(소유권외의 권리의 목적이 되고 있는 토지의 평가)

취득하는 토지에 설정된 소유권외의 권리의 목적이 되고 있는 토지에 대하여는 당해 권리가 없는 것으로 하여 제22조 내지 제27조의 규정에 의하여 평가한 금액에서 제28조의 규정에 의하여 평가한 소유권외의 권리의 가액을 뺀 금액으로 평가한다.

(2) 소유권외의 권리의 목적이 되고 있는 토지의 평가

① 소유권외의 권리의 목적이 되고 있는 토지에 대한 감정평가는 다음 각 호와 같이 한다.

1. 의뢰자가 토지에 관한 소유권 외의 권리를 따로 감정평가할 것을 요청한 경우에는 다음과 같이 하되, 그 내용을 감정평가서에 기재한다.

> 감정평가액 = 해당 토지의 소유권 외의 권리가 없는 상태의 감정평가액 - 해당 토지의 소유권 외의 권리에 대한 감정평가액

> 토지 감정평가액 = 나지 상정 토지 가액 - 권리의 가액

2. 의뢰자가 토지에 관한 소유권 외의 권리를 따로 감정평가할 것을 요청하지 아니한 경우(선하지 및 지하 공간에 구분지상권 설정에 따른 보상이 이루어지지 않은 경우)에는 토지의 소유권 외의 권리가 없는 상태를 기준으로 한다. 다만, 선하지 및 지하공간에 구분지상권이 설정된 경우에는 제1호에 따른다.

(3) 토지에 관한 소유권외의 권리의 평가

① 해당 토지의 소유권 외의 권리는 해당 권리의 종류, 존속기간 및 기대이익 등을 종합적으로 고려하여 감정평가한다. 이 경우 점유는 권리로 보지 아니한다.

② 토지의 소유권 외의 권리는 거래사례비교법에 따라 감정평가하는 것을 원칙으로 하되, 일반적으로 양도성이 없는 경우에는 다음 각 호의 방법에 따를 수 있다.

1. 해당 권리의 유무에 따른 토지가액의 차이로 감정평가하는 방법
2. 권리설정계약을 기준으로 감정평가하는 방법
3. 해당 권리를 통하여 획득할 수 있는 장래기대이익의 현재가치로 감정평가하는 방법

③ 토지의 소유권 외의 권리가 「민법」 제289조의2에 따른 구분지상권인 경우에는 제2항에 따른 방법 외에도 입체이용저해율을 적용하여 감정평가할 수 있다.

④ 지하 또는 지상 공간에 송유관 또는 송전선로 등이 시설되어 있으나 보상이 이루어지지 아니한 토지에 대한 감정평가는 그 시설물이 없는 상태를 기준으로 한다.

(4) 소유권 외의 권리가 구분지상권인 경우 문제점

송전선로 설치를 위해 토지에 설정된 구분지상권이 다른 공익사업의 시행으로 인해 보상평가가 의뢰된 경우 기설정된 구분지상권 보상액 산정 근거를 무엇으로 할지 문제가 된다. 즉, 일반평가에서 기술하였던 구분지상권 감정평가방법과 후술하는 구분지상권의 감정평가방법인 「토지보상법 시행규칙」 제29조를 우선 적용할지 「시행규칙」 제33조를 우선 적용할지 정리할 필요성이 있다.

이에 대한 감정평가사협회의 유권해석은 아래와 같다.

질의회신 구분지상권이 설정된 토지의 구분지상권 보상 [토지정책과 - 5710(2021.4.29.)]

[질의 요지]
「도시철도법」, 「전기사업법」 등 규정에 따라 도시철도, 송전선로 등 시설의 설치를 목적으로 지상 또는 지하의 일정부분에 지료를 지급하고 협의 또는 수용으로 구분지상권(이하 "구분지상권")을 설정하였으나, 공공주택지구사업으로 인해 구분지상권이 설정된 토지를 사업시행자가 취득(수용)하는 경우, '개별법에 따라 설정된 구분지상권' 및 '해당 구분지상권이 설정된 토지'의 감정평가 방법으로 「토지보상법 시행규칙」 제28조, 제29조 및 제31조의 적용방법은?

상기와 같은 「토지보상법 시행규칙」 제28조 우선 적용설을 취하는 감정평가사협회의 주요 쟁점사항은 다음과 같다.

1) 「토지보상법 시행규칙」 제33조에 따라 입체이용저해율을 적용하는 경우

　① 상기 법령을 기준하는 경우 가격시점 당시 토지의 이용상황 및 용도지대를 기준으로 토지의 가치를 산정하고 해당 구분지상권 설정에 따른 입체이용저해율을 적용하게 된다. 그러나 해당 방법의 경우 시점 변화에 따른 토지의 가치상승분이 가격시점 당시 포함되므로 재산권자가 아닌 구분지상권자가 재산의 가치상승분을 향유하는 문제점이 발생한다.

　② 또한, 입체이용저해율 산정시 추가보정률도 문제가 된다. 추가보정률은 해당 구분지상권설정에 따른 토지의 재산가치 하락을 피수용자에게 보상하는 의미이므로 재산권자가 아닌 구분지상권자에게 추가보정률를 적용한다면 재산권의 이전 효과가 발생하는 문제점을 가진다.

2) 기설정된 구분지상권가액으로 산정하는 경우

　① 「시행규칙」 제29조를 우선 적용하는 경우이다. 지하 또는 지상공간을 사실상 영구적으로 사용하는 경우 해당 공간에 대한 사용료는 사실상 기간임료로 보상하는 것이 아니라 토지가치의 일부로 보상한 결과가 된다. 즉, 기간임료의 지급이 아닌 일시금의 형태로 보상액이 지급되므로 구분지상권자가 기설정된 금액으로 보상을 받는 경우 기간사용에 따른 지료부분의 차감 없이 보상하게 되는 문제점이 발생한다.

　② 공익적 사용을 위해 설치되는 구분지상권을 종전 설정 당시 보상액으로 지급받고 새로운 구분지상권을 설정하기 위해서는 추가적인 비용부담이 예상되나 기간임료의 차감 없이 사용기간동안 수익활동을 전개한 구분지상권자의 주장은 다소 설득력을 잃는다. 따라서, 협회는 상기와 같은 입장을 취하는 것으로 보인다.

3) 지료의 차이로 보상하는 경우

　이는 실질임료와 지불임료의 차이를 현가화 하는 방법으로 이론적으로 우수하나 실제 지료 차이가 있는 사례 선정의 문제점, 매년 지료 차이를 산정하는 현실적인 한계를 지니고 있다.

4) 구분지상권의 보상 없이 사용하고 있는 경우

송전선로 설치를 위해 구분지상권을 설정하고 그에 따른 보상을 하여야 하나 보상액 지급 없이 불법적으로 송전선로를 설치하여 사용하는 경우로 현황 송전선로가 설치되어 있다 하더라도 이는 미보상토지로 지상공간에 대한 제한 없이 **나지상태를 기준**으로 평가하되, 통상 기간사용에 따른 임대료 또한 보상해야 하는 문제점이 있다.

후술하는 구분지상권의 감정평가방법인 「토지보상법 시행규칙」 제31조 적용설과 「토지보상법 시행규칙」 제28조 적용설이 대립한다.

13. 토지소유자와 지상건축물의 소유자가 다른 경우의 토지의 평가

① 「토지보상법」 제3조는 보상의 '적용대상', 동법 제70조 이하부터 보상항목에 대한 감정평가방법 등을 규정하고 있다. 또한, 동법 시행규칙 제22조 제2항은 "토지의 건축물 등이 있는 때에는 건축물 등이 없는 상태를 상정하여 토지를 평가한다.", 동법 제64조는 "개인별 보상"원칙을 규정하고 있다. 따라서, **지상건축물의 소유자가 토지소유자와 다르다** 하더라도 지상건축물이 보상대상에 포함되면 물건별 감정평가 후 소유자별로 보상액이 지급되므로 소유자가 다름에 따른 지상 토지에 미치는 **불리한 영향**을 고려할 필요가 없다. 따라서, 현행 「토지보상평가지침」상 당해 규정은 삭제되었다.

② 이와 관련하여 지상건축물 소유자가 정상임료 보다 낮게 계약임료를 지급하는 경우로 지상건축물 소유자가 갖는 지상권의 개념은 정상임료로의 계약 변경 상황 등을 고려하여 보상평가 시에는 **반사적 이익**으로 보아 보상대상에 포함되지 아니한다.

10 개간비

1. 관련 규정

> **「토지보상법 시행규칙」 제27조(개간비의 평가 등)**
> ① 국유지 또는 공유지를 관계법령에 의하여 적법하게 개간(매립 및 간척을 포함한다. 이하 같다)한 자가 개간당시부터 보상당시까지 계속하여 적법하게 당해 토지를 점유하고 있는 경우(개간한 자가 사망한 경우에는 그 상속인이 개간한 자가 사망한 때부터 계속하여 적법하게 당해 토지를 점유하고 있는 경우를 포함한다) 개간에 소요된 비용(이하 "개간비"라 한다)은 이를 평가하여 보상하여야 한다. 이 경우 보상액은 개간후의 토지가격에서 개간전의 토지가격을 뺀 금액을 초과하지 못한다.
> ② 제1항의 규정에 의한 개간비를 평가함에 있어서는 개간전과 개간후의 토지의 지세·지질·비옥도·이용상황 및 개간의 난이도 등을 종합적으로 고려하여야 한다.
> ③ 제1항의 규정에 의하여 개간비를 보상하는 경우 취득하는 토지의 보상액은 개간후의 토지가격에서 개간비를 뺀 금액으로 한다.

2. 개간비 지급 대상

① 국유지 또는 공유지를 관계법령에 따라 적법하게 개간(매립·간척을 포함한다. 이하 이 조에서 같다) 한 자가 ② 개간 당시부터 보상 당시까지 ③ 계속하여 적법하게 해당 토지를 점유하고 있는 경우(개간한 자가 사망한 경우에는 그 상속인이 개간한 자가 사망한 때부터 계속하여 적법하게 해당 토지를 점유하고 있는 경우를 포함한다)에는 개간비를 지급한다.

3. 개간비 감정평가방법

(1) 원칙

가격시점 당시를 기준으로 한 개간에 통상 필요한 비용 상당액(개량비를 포함)으로 한다.

(2) 한도

개간에 통상 필요한 비용 상당액은 개간 후의 토지에 대한 감정평가액에서 개간 전의 토지에 대한 감정평가액을 뺀 금액을 초과하지 못하며, 개간 후의 토지에 대한 감정평가액의 결정에서 일시적인 이용상황은 고려하지 아니한다. 또한, 개간 전·후 토지의 위치·지형·지세·지질·비옥도 및 이용상태와 개간의 난이도 등을 고려하여야 한다.

(3) 예외

그 개간에 통상 필요한 비용 상당액을 산정하기 곤란한 경우에는 인근지역에 있는 이용상황이 비슷한 토지의 표준지공시지가를 기준으로 한 개간 후의 토지에 대한 감정평가액의 3분의1(도시지역의 녹지지역 안에 있는 경우에는 5분의 1, 도시지역의 그 밖의 용도지역 안에 있는 경우에는 10분의 1) 이내로 한다.

(4) 불법형질변경 토지인 경우 개간비 감정평가

1995년 1월 7일 당시에 공익사업시행지구에 편입된 무허가개간토지(관계법령에 따라 허가·인가 등을 받고 개간하여야 하는 토지를 허가·인가 등을 받지 아니하고 개간한 토지를 말한다)에 대한 개간비의 감정평가 의뢰가 있는 경우에는 「토지보상법 시행규칙」(건설교통부령 제344호, 2002.12.31.) 부칙 제6조에 따라 제1항 전단의 규정에도 불구하고 이를 감정평가할 수 있다.

(5) 국·공유지를 개간지로 감정평가하는 경우 개간비 고려 여부

개간비의 감정평가를 한 국유지 또는 공유지에 대하여 협의 또는 수용을 위한 감정평가 의뢰가 있는 경우에 해당 토지에 대한 감정평가는 「토지보상법 시행규칙」 제27조 제3항에 따라 개간 후 토지의 적정가격에서 개간비 상당액을 뺀 금액으로 감정평가액을 결정한다. 이 경우에는 감정평가서에 그 내용을 기재한다.

4. 개간지 감정평가방법

개간지 감정평가액 = 개간 후 토지 감정평가액 - 개간비

11 잔여지 및 잔여지 가치하락 등에 따른 보상평가

1. 관련 규정

> 「토지보상법」 제73조(잔여지의 손실과 공사비 보상)
> ① 사업시행자는 동일한 소유자에게 속하는 일단의 토지의 일부가 취득되거나 사용됨으로 인하여 잔여지의 가격이 감소하거나 그 밖의 손실이 있을 때 또는 잔여지에 통로·도랑·담장 등의 신설이나 그 밖의 공사가 필요할 때에는 국토교통부령으로 정하는 바에 따라 그 손실이나 공사의 비용을 보상하여야 한다. 다만, 잔여지의 가격 감소분과 잔여지에 대한 공사의 비용을 합한 금액이 잔여지의 가격보다 큰 경우에는 사업시행자는 그 잔여지를 매수할 수 있다.

② 제1항 본문에 따른 손실 또는 비용의 보상은 관계 법률에 따라 사업이 완료된 날 또는 제24조의2에 따른 사업완료의 고시가 있는 날(이하 "사업완료일"이라 한다)부터 1년이 지난 후에는 청구할 수 없다.

③ 사업인정고시가 된 후 제1항 단서에 따라 사업시행자가 잔여지를 매수하는 경우 그 잔여지에 대하여는 제20조에 따른 사업인정 및 제22조에 따른 사업인정고시가 된 것으로 본다.

④ 제1항에 따른 손실 또는 비용의 보상이나 토지의 취득에 관하여는 제9조 제6항 및 제7항을 준용한다.

⑤ 제1항 단서에 따라 매수하는 잔여지 및 잔여지에 있는 물건에 대한 구체적인 보상액 산정 및 평가방법 등에 대하여는 제70조, 제75조, 제76조, 제77조, 제78조 제4항, 같은 조 제6항 및 제7항을 준용한다.

「토지보상법」 제74조(잔여지 등의 매수 및 수용 청구)

① 동일한 소유자에게 속하는 일단의 토지의 일부가 협의에 의하여 매수되거나 수용됨으로 인하여 잔여지를 종래의 목적에 사용하는 것이 현저히 곤란할 때에는 해당 토지소유자는 사업시행자에게 잔여지를 매수하여 줄 것을 청구할 수 있으며, 사업인정 이후에는 관할 토지수용위원회에 수용을 청구할 수 있다. 이 경우 수용의 청구는 매수에 관한 협의가 성립되지 아니한 경우에만 할 수 있으며, 사업완료일까지 하여야 한다.

② 제1항에 따라 매수 또는 수용의 청구가 있는 잔여지 및 잔여지에 있는 물건에 관하여 권리를 가진 자는 사업시행자나 관할 토지수용위원회에 그 권리의 존속을 청구할 수 있다.

③ 제1항에 따른 토지의 취득에 관하여는 제73조 제3항을 준용한다.

④ 잔여지 및 잔여지에 있는 물건에 대한 구체적인 보상액 산정 및 평가방법 등에 대하여는 제70조, 제75조, 제76조, 제77조, 제78조 제4항, 같은 조 제6항 및 제7항을 준용한다.

「토지보상법 시행규칙」 제32조(잔여지의 손실 등에 대한 평가)

① 동일한 토지소유자에 속하는 일단의 토지의 일부가 취득됨으로 인하여 잔여지의 가격이 하락된 경우의 잔여지의 손실은 공익사업시행지구에 편입되기 전의 잔여지의 가격(당해 토지가 공익사업시행지구에 편입됨으로 인하여 잔여지의 가격이 변동된 경우에는 변동되기 전의 가격을 말한다)에서 공익사업시행지구에 편입된 후의 잔여지의 가격을 뺀 금액으로 평가한다.

② 동일한 토지소유자에 속하는 일단의 토지의 일부가 취득 또는 사용됨으로 인하여 잔여지에 통로·구거·담장 등의 신설 그 밖의 공사가 필요하게 된 경우의 손실은 그 시설의 설치나 공사에 필요한 비용으로 평가한다.

③ 동일한 토지소유자에 속하는 일단의 토지의 일부가 취득됨으로 인하여 종래의 목적에 사용하는 것이 현저히 곤란하게 된 잔여지에 대하여는 그 일단의 토지의 전체가격에서 공익사업시행지구에 편입되는 토지의 가격을 뺀 금액으로 평가한다.

2. 규정의 취지

당해 공익사업지구 내 편입부분의 객관적 시장가치만을 보상하고 잔여지의 가치하락 또는 필요한 공사비 등에 대하여 별도로 보상하지 않는다면 공익사업의 시행 이후 남게 되는 재산권의 가치가 감소하는 경우 정당보상 원칙에 부합하지 않는 문제점이 생긴다. 따라서, 정당보상 원칙에 따라 잔여지의 가치하락 등에 따른 손실을 보상하여 공정성과 신뢰성을 제고하는 데 있다.

3. 잔여지의 매수 및 수용청구 감정평가

(1) 잔여지의 개념

잔여지란 동일한 토지소유자에 속하는 일단의 토지 중 일부만이 공익사업에 편입되고 남은 토지를 말하며, 잔여지 매수청구 및 수용청구의 대상의 경우는 잔여지가치 하락의 경우와 별도로 "종래의 목적에 사용하는 것이 현저히 곤란한 때"를 추가 요건으로 규정하고 있다.

(2) 잔여지의 요건

① 잔여지는 일단의 토지가 동일한 토지소유자에 속하여야 하며 ② 일단의 토지로써 1필지의 토지만이 아닌 일반적인 이용방법에 의한 객관적인 상황이 동일한 여러 필지의 토지까지 포함하는 것으로 "일단으로 이용되고 있는 상황이 사회적·경제적·행정적 측면에서 합리적이고 해당 토지의 가치형성 측면에서도 타당하여 상호 불가분성이 인정되는 관계"에 해당하는 것을 말한다.

> **⚖️ 판례 | 잔여지의 판단** [대법원 1999.5.14. 선고 97누4623 판결]
>
> [1] 「토지수용법」 제47조는 잔여지 보상에 관하여 규정하면서 동일한 소유자에 속한 일단의 토지의 일부 수용이라는 요건 외에 잔여지 가격의 감소만을 들고 있으므로, 일단의 토지를 일부 수용함으로써 잔여지의 가격이 감소되었다고 인정되는 한, 같은 법 제48조가 정하고 있는 잔여지 수용청구에서와는 달리 잔여지를 종래의 목적에 사용하는 것이 현저히 곤란한 사정이 인정되지 않는 경우에도 그에 대한 손실보상을 부정할 근거가 없다.
>
> [2] 「토지수용법」 제47조 소정의 잔여지 보상은 동일한 소유자에 속한 일단의 토지 중 일부가 수용됨으로써 잔여지에 발생한 가격감소로 인한 손실을 보상대상으로 하고 있고, 이 때 **일단의 토지라 함은** 반드시 1필지의 토지만을 가리키는 것이 아니라 일반적인 이용 방법에 의한 객관적인 상황이 동일한 한 수필지의 토지까지 포함하는 것이라고 할 것이므로, 일단의 토지가 수필지인 경우에도 달리 특별한 사정이 없는 한 그 가격감소는 일단의 토지 전체를 기준으로 산정하여야 할 것이다.

(3) 잔여지의 감정평가

1) 가격시점

잔여지 취득을 위한 감정평가의 가격시점은 잔여지의 협의 또는 수용재결일로 한다.

2) 감정평가방법

잔여지 감정평가액 = (일단의 토지 전체면적 - 공익사업편입면적) × 단위면적당 적정가격

3) 비교표준지 선정 등

① 잔여지의 공법상 제한 및 이용상황 등은 편입토지의 협의취득 또는 수용재결 당시를 기준하며, 비교표준지 선정, 적용공시지가 등 평가기준은 당해 공익사업에 편입된 경우와 같이 한다.

② 다만, 공익사업에 편입된 부분과 잔여부분이 용도지역 등을 달리하여 가치가 다른 경우에는 잔여지 부분의 가격으로 결정할 수 있다.

4. 잔여지 가치하락 등에 따른 손실액의 감정평가 시 가격시점

(1) 가격시점

당해 공익사업지구 내 잔여지 가지하락의 협의 또는 수용재결 시점을 가격시점으로 한다. 당해 공익사업지구에 편입되는 토지와 지구 밖 잔여지의 가치하락은 별개의 물건으로 편입지의 수용재결 당시 또는 수용재결 이후 잔여지 가치하락에 대한 재결을 별개의 물건으로 각각 받아야 한다. 일반적으로 당해 공익사업의 공고 등 당시 용지도 등을 통해 가치하락을 예상할 수 있으나 피수용자 입장에서는 잔여지 가치하락보상이 보상의 대상이 되는지 여부와 가치하락분이 있다는 것을 인지할 수 있는 경우가 드물다. 따라서, 편입지의 수용재결 이후 감정평가가 의뢰되기 때문에 편입지와는 다른 가격시점이 존재하게 된다.

(2) 잔여지 가치하락 보상의 적용공시지가 및 비교표준지 선정

잔여지 가치하락의 감정평가가 의뢰되는 경우 가격시점의 차이가 생기며 적용공시지가 등의 논란이 있을 수 있다. 그러나 동일한 소유자 토지에 대해 가격시점에 따라 적용공시지가 등이 변경되는 경우에는 개발이익 배제 및 형평성 문제 등이 발생할 수 있는바, 잔여지 가치하락의 발생시기 등을 고려하여 편입지와 동일한 적용공시지가 및 비교표준지를 선정한다.

5. 잔여지의 가치하락 등에 따른 손실액 산정

(1) 감정평가방법 [전후비교법]

> 잔여지 가치하락분 = 편입되기 전 잔여지 가액 - 편입된 후 잔여지 가액(+ 공사비)

(2) 공익사업시행지구에 편입되기 전 잔여지의 감정평가

1) 원칙

공익사업시행지구에 편입되기 전의 잔여지 가액은 일단의 토지의 전체가액에서 공익사업시행지구에 편입되는 토지의 가액을 뺀 금액으로 산정한다. 다만, 일단의 토지 전체가액의 적용단가와 편입토지의 적용단가는 동일한 경우가 일반적이다.

2) 예외

편입토지와 잔여지의 가액이 용도지역·이용상황 등이 달라 구분평가하는 경우에는 각각 다른 적용단가를 적용하여 편입되기 전 잔여지 가액을 산정한다.

3) 해당 공익사업으로 인한 가액변동 배제

당해 공익사업에 편입되기 전 일단의 토지 전체를 기준으로 한 가액에서 편입토지 가액을 차감하여 산정하므로, 당해 공익사업시행으로 인한 가액변동은 배제되게 된다.

(3) 공익사업시행지구에 편입된 후의 잔여지의 감정평가

1) 원칙

당해 공익사업의 시행 이후 남게 되는 잔여지 가액으로 감정평가한다. 즉, 잔여지의 개별요인을 기준한다.

2) 사업시행이익과의 상계금지

당해 공익사업의 시행으로 인해 편입되고 남은 잔여지가 도로 개설 등에 따라 가치가 증가되거나 이익이 발생한 경우에도 당해 공익사업의 시행으로 인한 손실과 상계할 수 없다. 이와 관련하여 「토지보상법」 제66조는 "사업시행자는 동일한 소유자에게 속하는 일단(一團)의 토지의 일부를 취득하거나 사용하는 경우 해당 공익사업의 시행으로 인하여 잔여지(殘餘地)의 가격이 증가하거나 그 밖의 이익이 발생한 경우에도 그 이익을 그 취득 또는 사용으로 인한 손실과 상계(相計)할 수 없다."고 규정하고 있다.

3) 사업손실 및 사업시행으로 인한 손실의 반영 여부

잔여지는 당해 공익사업의 시행으로 인해 형상·도로접면·면적의 협소 등의 가치하락이 발생한 경우와 및 당해 공익사업 시행 자체로 인한 소음·진동·악취 등으로 인한 가치하락이 있는 2가지 경우로 구분할 수 있다. 후자의 경우 잔여지의 가치하락에 따른 보상에 포함되지 않는다는 견해가 있으나 대법원은 이를 포함되는 것으로 보고 있다. 다만, 그 입증의 책임이 현실적으로 어렵다는 문제가 있다.

> **🔎 판례 | 장래의 이용가능성 등 포함 여부** [대법원 2011.2.24. 선고 2010두23149 판결]
>
> 구 공익사업을 위한 토지 등의 취득 및 보상에 관한 법률(2007.10.17. 법률 제8665호로 개정되기 전의 것, 이하 '공익사업법'이라 한다) 제73조에 의하면, 동일한 토지소유자에 속하는 일단의 토지의 일부가 취득 또는 사용됨으로 인하여 잔여지의 가격이 감소하거나 그 밖의 손실이 있는 때 등에는 토지소유자는 그로 인한 잔여지 손실보상청구를 할 수 있고, 이 경우 보상하여야 할 손실에는 토지 일부의 취득 또는 사용으로 인하여 그 획지조건이나 접근조건 등의 가격형성요인이 변동됨에 따라 발생하는 손실뿐만 아니라 그 취득 또는 사용 목적 사업의 시행으로 설치되는 시설의 형태·구조·사용 등에 기인하여 발생하는 손실과 수용재결 당시의 현실적 이용상황의 변경 외 **장래의 이용 가능성이나 거래의 용이성** 등에 의한 사용가치 및 교환가치 상의 하락 모두가 포함된다(대법원 1998.9.8. 선고 97누10680 판결, 대법원 2000.12.22. 선고 99두10315 판결 참조).

4) 적용공시지가

현행 「토지보상법」은 당해 공익사업시행으로 인한 편입지의 보상과 잔여지의 가치하락에 따른 보상을 분리하고 있으며, 가치하락에 따른 손실 청구도 공사완료일 후 1년까지 가능하도록 함에 따라 적용공시지가의 선택이 문제 될 수 있다.

그러나, 잔여지의 가치하락은 ① 당해 공익사업시행지구에 편입되는 시점에 발생한다고 보며, ② 「토지보상법」 제73조 제3항 및 제74조 제3항의 규정 취지 및 ③ 동일한 소유자에 속한 동일한 토지에 대한 손실보상 기준을 달리 보는 것은 형평에 비추어 타당하지 않다는 점을 들어 잔여지 가치하락에 따른 보상은 당해 공익사업시행지구에 편입되는 시점을 기준으로 판단하는 것이 타당하다.

5) 공법상 제한

① 당해 공익사업에 편입되는 토지의 보상평가 이후 다른 공익사업의 시행으로 인해 잔여지의 용도지역 등 공법상 제한이 변경되는 경우 잔여지의 공법상 제한 등의 기준에 대한 논란의 여지가 있다.

② 「토지보상법 시행규칙」 제23조는 "① 공법상 제한을 받는 토지에 대하여는 제한받는 상태대로 평가한다. 다만, 그 공법상 제한이 당해 공익사업의 시행을 직접 목적으로 하여 가하여진 경우에는 제한이 없는 상태를 상정하여 평가한다.", "② 당해 공익사업의 시행을 직접 목적으로 하여 용도지역 또는 용도지구 등이 변경된 토지에 대하여는 변경되기 전의 용도지역 또는 용도지구 등을 기준으로 평가한다."라고 규정하고 있어 편입지가 다른 공익사업시행지구 내에 편입되어 용도지역 등의 공법상 제한이 변경되는 경우 변경된 용도지역을 기준 하여야 하는지 논란이 생긴다.

③ 현행 「토지보상법」은 당해 공익사업에 의한 개발이익 배제는 「토지보상법」 제67조 제2항에서 "보상액을 산정할 경우에 해당 공익사업으로 인하여 토지등의 가격이 변동되었을 때에는 이를 고려하지 아니한다."라고 명문화하고 있으나, 다른 공익사업에 의한 개발이익에 대한 여부는 명확하게 규정하지 않고 있다. 따라서, 다른 공익사업에 의한 용도지역 및 공법상 제한의 변경이 있는 경우 혼동이 있을 수 있다.

④ 다만, 잔여지의 가치하락 손실은 당해 공익사업에 편입되는 시점에 발생한다는 점, 편입 당시의 평가기준과 잔여지 보상 당시의 평가기준의 형평성 문제를 고려하여야 한다는 점, 동일 사업에 있어 보상평가 기준 변경에 따른 구역 내 전체 피수용자의 감정존중을 고려하여야 한다는 점, 상기의 적용공시지가 논란과 동일하게 고려하여 한다는 점에서 편입지의 **보상 당시를** 기준한다. 즉, 당해 공익사업이 아닌 다른 공익사업에 따라 잔여지의 용도지역 등이 변경된 경우에도 변경되기 전인 편입지의 공법상 제한을 기준하여 평가한다.

6) 개별요인 비교

공익사업시행지구에 편입된 후 잔여지의 개별요인은
① 잔여지의 면적·형상 및 지세
② 잔여지와 인접한 본인 소유토지의 유·무 및 일단지 사용의 가능성
③ 잔여지의 용도변경 등이 필요한 경우에는 주위토지의 상황
④ 잔여지에 돌·구거·담장·울 등 시설의 설치 또는 성토·절토 등 공사의 필요성 유·무 및 공사가 필요한 경우에 그 공사방법 등을 고려한다.

다만, 상기의 "사업시행이익과의 상계금지"와 관련하여 잔여지의 개별요인은 **불리해진 요인만을 반영**한다.

> **「토지보상법」 제66조(사업시행 이익과의 상계금지)**
> 사업시행자는 동일한 소유자에게 속하는 일단(一團)의 토지의 일부를 취득하거나 사용하는 경우 해당 공익사업의 시행으로 인하여 잔여지(殘餘地)의 가격이 증가하거나 그 밖의 이익이 발생한 경우에도 그 이익을 그 취득 또는 사용으로 인한 손실과 상계(相計)할 수 없다.

(4) 공사비 보상

잔여지의 통로·도랑·담장 등의 신설이나 그 밖의 공사가 필요하게 된 경우의 손실은 그 시설의 설치나 공사에 통상 필요한 비용 상당액을 기준으로 산정한다.

6. 잔여지의 가치하락에 따른 보상에 갈음하는 매수보상

잔여지의 가치하락에 따른 보상과 잔여지에 대한 공사비 등의 보상을 동시에 하는 경우로 양자를 합산한 금액이 잔여기 가액보다 큰 경우에는 잔여지의 가액으로 보상하여 사업시행자의 원활한 공익사업시행 돕는다.

> **핵심체크 | 부체도로**
> 부체도로란 고속도로 등의 건설로 인해 단절되는 도로(마을 진입로, 농로 등)에 대하여 연결을 목적으로 설치되는 도로를 의미한다. 해당 공익사업으로 인해 기존 도로에 접했던 토지가 맹지가 되는 경우 사업시행자와의 협의 등을 통해 부체도로를 개설하여 종래 목적대로 토지를 사용·수입할 수 있게 하는 경우가 있으며, 부체도로를 개설하는 경우에는 잔여지가차하락손실보상 시 맹지가 아닌 부체도로에 접한 상태를 기준하여 평가액을 산정하여야 한다.

12 환매권

1. 관련 규정 및 헌법불합치 결정, 환매권 상실에 따른 손해배상 여부

현행 「토지보상법」 제91조(환매권)

① 공익사업의 폐지·변경 또는 그 밖의 사유로 취득한 토지의 전부 또는 일부가 필요 없게 된 경우 토지의 **협의취득일 또는 수용의 개시일**(이하 이 조에서 "취득일"이라 한다) 당시의 토지소유자 또는 그 포괄승계인(이하 "환매권자"라 한다)은 다음 각 호의 구분에 따른 **날부터 10년 이내**에 그 토지에 대하여 받은 보상금에 상당하는 금액을 사업시행자에게 지급하고 그 토지를 환매할 수 있다. <개정 2021.8.10.>

　1. 사업의 폐지·변경으로 취득한 토지의 **전부 또는 일부가 필요 없게 된 경우**: 관계 법률에 따라 사업이 폐지·**변경된 날** 또는 제24조에 따른 **사업의 폐지·변경 고시**가 있는 날

　2. 그 밖의 사유로 취득한 토지의 전부 또는 일부가 필요 없게 된 경우: **사업완료일**

② 취득일부터 5년 이내에 취득한 토지의 전부를 해당 사업에 이용하지 아니하였을 때에는 제1항을 준용한다. 이 경우 환매권은 취득일부터 6년 이내에 행사하여야 한다.

③ 제74조 제1항에 따라 매수하거나 수용한 잔여지는 그 잔여지에 접한 일단의 토지가 필요 없게 된 경우가 아니면 환매할 수 없다.

④ 토지의 가격이 취득일 당시에 비하여 현저히 변동된 경우 사업시행자와 환매권자는 환매금액에 대하여 서로 협의하되, 협의가 성립되지 아니하면 그 금액의 증감을 법원에 청구할 수 있다.

⑤ 제1항부터 제3항까지의 규정에 따른 환매권은 「부동산등기법」에서 정하는 바에 따라 공익사업에 필요한 토지의 협의취득 또는 수용의 등기가 되었을 때에는 제3자에게 대항할 수 있다.

⑥ 국가, 지방자치단체 또는 「공공기관의 운영에 관한 법률」 제4조에 따른 공공기관 중 대통령령으로 정하는 공공기관이 사업인정을 받아 공익사업에 필요한 토지를 협의취득하거나 수용한 후 해당 공익사업이 제4조 제1호부터 제5호까지에 규정된 다른 공익사업(별표에 따른 사업이 제4조 제1호부터 제5호까지에 규정된 공익사업에 해당하는 경우를 포함한다)으로 변경된 경우 제1항 및 제2항에 따른 환매권 행사기간은 관보에 해당 공익사업의 변경을 고시한 날부터 기산(起算)한다. 이 경우 국가, 지방자치단체 또는 「공공기관의 운영에 관한 법률」 제4조에 따른 공공기관 중 대통령령으로 정하는 공공기관은 공익사업이 변경된 사실을 대통령령으로 정하는 바에 따라 환매권자에게 통지하여야 한다.

부칙 <법률 제18386호, 2021.8.10.>
제1조(시행일)
이 법은 공포한 날부터 시행한다.

제3조(환매권의 발생 및 행사기간에 관한 적용례)
제91조 제1항의 개정규정은 이 법 시행 당시 환매권을 행사할 수 있는 경우에도 적용한다.

개정 전 「토지보상법」 제91조(환매권)

① 토지의 협의취득일 또는 수용의 개시일(이하 이 조에서 "취득일"이라 한다)부터 10년 이내에 해당 사업의 폐지·변경 또는 그 밖의 사유로 취득한 토지의 전부 또는 일부가 필요 없게 된 경우 취득일 당시의 토지소유자 또는 그 포괄승계인(이하 "환매권자"라 한다)은 그 토지의 전부 또는 일부가 필요 없게 된 때부터 1년 또는 그 취득일부터 10년 이내에 그 토지에 대하여 받은 보상금에 상당하는 금액을 사업시행자에게 지급하고 그 토지를 환매할 수 있다.

판례 | 「공익사업을 위한 토지 등의 취득 및 보상에 관한 법률」 제91조 제1항 위헌소원
[헌법재판소 2019헌바131, 2020.11.26.]

[주문]

1. 공익사업을 위한 토지 등의 취득 및 보상에 관한 법률(2011.8.4. 법률 제11017호로 개정된 것) 제91조 제1항 중 '토지의 협의취득일 또는 수용의 개시일(이하 이 조에서 "취득일"이라 한다)부터 10년 이내에'부분은 헌법에 **합치되지 아니한다.**

2. 법원 기타 국가기관 및 지방자치단체는 입법자가 개정할 때까지 위 법률조항의 적용을 중지하여야 한다.

[이유]

4. 판단

가. 쟁점의 정리

이 사건의 쟁점은 이 사건 법률조항이 환매권 발생기간을 '취득일로부터 10년 이내'로 제한하여 청구인들의 헌법상 재산권을 침해하는지 여부이다. 청구인들은 평등권 침해 주장도 하고 있으나 이는 청구인들의 재산권이 다른 경우에 비하여 과도하게 제한된다는 것이어서 재산권 침해 여부를 심사하는 과정에서 함께 판단되므로 별도로 판단하지 않는다.

나. 환매권의 법적 성격과 심사기준

이와 같이 환매권은 헌법상 재산권의 존속보장과 밀접한 관련을 가지는 권리라 할 것인데, 이 사건 법률조항은 **'취득일로부터 10년 이내'로 환매권의 발생기간을 제한**함으로써, 원래 토지수용 등의 원인이 되었던 공공필요성이 소멸하더라도 그 토지취득일로부터 10년이 지나기만 하면 원소유자에게 환매권 자체가 발생하지 않도록 정하고 있다. 이러한 환매권의 발생기간 제한은 환매권이 인정됨을 전제로 환매권의 구체적 행사를 위한 행사기간, 방법, 환매가격 등 환매권의 내용을 정한 것이라기보다는 환매권 발생 여부 자체를 정하는 것이어서 **사실상 원소유자의 환매권을 배제하는 효과를 초래**할 수 있으므로, 헌법 제37조 제2항에서 정한 기본권 제한 입법의 한계를 준수하고 있는지 살펴본다.

다. 과잉금지원칙 위반 여부

(1) 목적의 정당성 및 수단의 적합성

환매권의 발생기간을 제한하는 것은 공익사업을 수행하는 사업시행자의 지위나 토지를 둘러싼 이해관계인들의 토지이용 등에 관한 법률관계 안정, 토지의 사회경제적 이용의 효율성 제고, 사회일반의 이익이 되어야 할 개발이익이 원소유자 개인에게 귀속되는 불합리 방지 등을 위한 것으로 그 입법목적은 정당하고, 이를 위하여 토지취득일로부터 일정 기간이 지나면 환매권 자체가 발생하지 않도록 기간을 제한하는 것은 **입법목적을 달성하기에 유효적절한 방법**이라 할 수 있다.

(2) 침해의 최소성

이와 같이 보다 덜 침해적인 방법으로 이 사건 법률조항의 입법목적을 충분히 달성할 수 있음에도, 이 사건 법률조항은 환매권 발생기간을 10년으로 일률적으로 제한하고 있으므로 **침해의 최소성 원칙에 어긋난다.**

(3) 법익의 균형성

이 사건 법률조항으로 제한되는 사익은 헌법 제23조 제3항의 공공필요 소멸에 따른 환매권의 '발생' 제한이다. 앞서 본 바와 같이 이 사건 법률조항에 의하면 당초 토지취득의 원인이 되었던 공익사업이 폐지·변경되어 해당 토지가 더 이상 공익사업에 이용되지 않는다 하더라도 취득일로부터 10년이 경과하기만 하면 원소유자에게 환매권이 인정되지 않는다. 나아가 사업시행자는 토지보상법이 정한 환매권 요건을 충족하는 경우 환매권자에게 그 사실을 통지하여야 할 의무가 있고(토지보상법 제92조 제1항) 사업시행자가 이를 이행하지 아니한 경우에는 손해배상책임도 인정되는데(대법원 1995.6.30. 선고 94다13435 판결), 취득일부터 10년 이후에 토지가 필요 없게 되어 이 사건 법률조항에 의하여 환매권이 '발생'하지 아니한 경우에는 법해석상 사업시행자의 통지의무 역시 발생하지 아니하기 때문에, 원소유자는 환매권 상실에 따른 손해배상도 받지 못하게 된다. 이처럼 **이 사건 법률조항은 원소유자의 사익을 심각하게 제한한다.**

(4) 소결론

이 사건 법률조항은 헌법 제37조 제2항에 반하여 **국민의 재산권을 침해하므로 헌법에 위반된다.**

5. 결론

이 사건 법률조항은 헌법에 합치되지 아니하므로 입법자의 개선입법이 이루어질 때까지 그 적용을 중지하기로 하여 주문과 같이 결정한다. 종래 이와 견해를 달리하여 이 사건 법률조항과 같은 내용의 구 '공공용지의 취득 및 손실보상에 관한 특례법' 조항(1975.12.31. 법률 제2847호로 제정되고, 1991.12.31. 법률 제4484호로 개정되기 전의 것)과 구 토지수용법(1981.12.31. 법률 제3534호로 개정되고, 2002.2.4. 법률 제6656호로 폐지되기 전의 것) 조항이 헌법에 위반되지 아니한다고 판시한 헌법재판소 결정(헌재 1994.2.24. 92헌가15등)은 이 결정 취지와 저촉되는 범위 안에서 이를 변경하기로 한다. 이 결정에는 아래 6.과 같은 재판관 이선애, 재판관 이종석, 재판관 이미선의 반대의견이 있는 외에는 관여 재판관들의 의견이 일치되었다.

상기 헌법재판소 헌법불합치 결정에 따라 환매권의 행사기간이 2가지 경우로 구분될 수 있으며, 부칙에 의거 (구)법령 조항에 따른 환매권자도 환매권을 행사할 수 있으므로 **현행 및 기존 법령**에서 규정한 환매권의 인정 여부를 모두 검토할 수 있어야 한다.

> **🔍 판례 | 환매권 상실에 따른 손해배상 여부** [대법원 2000.11.14. 선고 99다45864 판결]
>
> 공공용지의 취득 및 손실보상에 관한 특례법 제9조 제5항에 의하여 준용되는 토지수용법 제72조 제1항이 환매할 토지가 생겼을 때에는 기업자(사업시행자)가 지체 없이 이를 원소유자 등에게 통지하거나 공고하도록 규정한 취지는 원래 공적인 부담의 최소한성의 요청과 비자발적으로 소유권을 상실한 원소유자를 보호할 필요성 및 공평의 원칙 등 환매권을 규정한 입법이유에 비추어 공익목적에 필요 없게 된 토지가 있을 때에는 먼저 원소유자에게 그 사실을 알려 주어 환매할 것인지 여부를 최고하도록 함으로써 **법률상 당연히 인정되는 환매권 행사의 실효성을 보장하기 위한 것**이라고 할 것이므로 위 규정은 **단순한 선언적인 것이 아니라 기업자(사업시행자)의 법적인 의무를 정한 것**이라고 보아야 할 것인바, 공공용지의취득및손실보상에관한특례법상의 사업시행자가 위 각 규정에 의한 통지나 공고를 하여야 할 의무가 있는데도 불구하고 이러한 의무에 위배한 채 원소유자 등에게 통지나 공고를 하지 아니하여, 원소유자 등으로 하여금 환매권 행사기간이 도과되도록 하여 이로 인하여 법률에 의하여 인정되는 **환매권 행사가 불가능하게 되어 환매권 그 자체를 상실하게 하는 손해를 가한 때에는 원소유자 등에 대하여 불법행위를 구성한다**고 할 것이다.

2. 환매권의 감정평가

(1) 환매 당시의 감정평가액 ≤ 지급보상액 × 인근 유사토지의 지가변동률

지급보상액

(2) 환매 당시의 감정평가액 > 지급보상액 × 인근 유사토지의 지가변동률

환매금액 = 보상금액 + [환매 당시의 감정평가액 - {보상금액 × (1 + 인근 유사토지의 지가변동률)}]

(3) 환매금액의 성격

① 환매 당시의 감정평가액은 당해 공익사업으로 인한 개발이익이 포함되어 있는 가액이다. ② '보상금액 × (1 + 인근 유사토지의 지가변동률)'는 원 토지소유자 재산권의 가치상승 기대분이 포함되어 있다. ③ 따라서, 당해 공익사업으로 인한 개발이익이 포함된 가액에서 원 토지소유자 재산권의 가치상승 기대분을 차감시켜 당해 사업으로 인한 개발이익을 배제하게 된다.

3. 환매 당시의 적정가격

(1) 적용공시지가

환매 당시에 공시되어 있는 표준지공시지가 중 **환매 당시에 가장 근접한 시점의 표준지공시지가를** 기준으로 한다. 이 경우 **해당 공익사업에 따른 공법상 제한이나 가치의 변동**(이하 이 조에서 "공법상 제한등"이라 한다)이 있는 경우에는 **이를 고려한 가액**으로 결정한다. 다만, 그 공법상 제한등이 해당 공익사업의 폐지·변경 또는 그 밖의 사유에 따른 환매권의 행사로 그 공법상 제한등이 없어지게 되는 경우에는 그러하지 아니하다.

(2) 표준지 선정

비교표준지의 선정은 **환매토지의 인근지역에 있는 것으로서 그 공부상 지목 및 이용상황 등이 비슷한 것으로 하되,** 그 공법상 제한등이 해당 공익사업의 폐지·변경 등에 따라 공법상 제한등이 없어지게 되는 경우에는 인근지역에 있는 것으로서 그 공법상 제한등이 없는 상태로 공시된 표준지를 선정한다. 다만, 인근지역에 그 공법상 제한등이 없는 상태로 공시된 표준지가 없는 경우에는 인근지역에 있는 그 공법상 제한등이 있는 상태로 공시된 표준지를 선정하거나 동일수급권 안의 유사지역에 있는 그 공법상 제한등이 없는 상태로 공시된 표준지를 선정할 수 있다.

(3) 이용상황 판단

이용상황 등의 판단은 **환매 당시를 기준으로 하되,** 해당 공익사업의 시행 등으로 토지의 형질변경 등이 이루어진 경우에는 그 형질변경 등이 된 상태를 기준으로 한다. 다만, 원상회복을 전제로 하는 등 의뢰자로부터 다른 조건의 제시가 있는 경우에는 그에 따른다.

(4) 환매토지가 다른 공익사업에 편입되는 경우

환매토지가 다른 공익사업시행지구에 편입되는 경우에는 상기 적정가격 기준에도 불구하고 비교표준지의 선정, 적용공시지가의 선택, 지가변동률의 적용, 그 밖의 감정평가 기준은 그 **다른 공익사업시행지구에 편입되는 경우와 같이** 한다.

질의회신 환매토지가 다른 공익사업에 편입되는 경우 보상평가 규정의 적용 취지
　　　　　[감정평가기준센터 2022 - 00719(2022 - 05 - 24)]

[질의요지]

가. 공익사업에 편입되었으나 공익사업의 변환이 인정되지 않는 다른 공익사업에 편입되어 환매권이 발생하였을 때에 환매대상토지의 환매권 감정평가에 있어서 비교표준지의 선정, 적용공시지가의 선택, 지가변동률의 적용, 그 밖의 감정평가 기준은 다른 공익사업지구에 편입되는 것을 기준으로 하는지 아니면 다른 공익사업지구와 상관없이 감정평가 당시를 기준으로 하는지 여부

나. 「토지보상평가지침」 제55조 제1항 제2호는 "환매토지가 다른 공익사업시행지구에 편입되는 경우에는 제1호에도 불구하고 비교표준지 선정, 적용공시지가의 선택, 지가변동률의 적용, 그 밖의 감정평가기준은 다른 공익사업시행지구에 편입되는 경우와 같이 한다"라고 규정하고 있는 바, 환매토지가 다른 공익사업시행지구에 편입되는 경우 비교표준지 선정 등 감정평가 기준을 다른 공익사업시행지구에 편입되는 경우와 같이 하는 취지나 이유

가. 「감정평가 실무기준」[810 - 6.3.5] 제4호에서는 환매토지가 다른 공익사업에 편입되는 경우에는 비교표준지의 선정, 적용 공시지가의 선택, 지가변동률의 적용, 그 밖의 감정평가기준은 다른 공익사업에 편입되는 경우와 같이 한다고 규정하고 있습니다.

따라서 환매 토지가 공익사업의 변환이 인정되지 않는 「토지보상법」 제4조(공익사업) 제6호 이하의 공익사업에 다시 편입되는 경우 환매 당시의 토지가격은 다른 공익사업에 편입되는 경우의 감정평가기준을 적용해야 합니다.

나. 환매 당시의 토지가격은 환매토지의 **시장가치**를 의미하고, 환매 토지가 다른 공익사업에 다시 편입되는 경우에는 **다른 공익사업에 따른 보상금액이 환매토지의 시장가치**가 된다고 보아야 하므로, 비교표준지 선정 등 환매 토지의 감정평가 기준은 다른 공익사업시행지구에 편입되는 경우와 같이 하여야 하기 때문으로 사료됩니다.

4. 인근 유사토지의 지가변동률

(1) 산정

환매토지의 인근지역에 있는 것으로서 그 공부상 지목 및 이용상황 등이 비슷한 토지인 "표준지"의 취득 당시부터 환매 당시까지의 가격변동률로 한다.

> 인근 유사토지 지가변동률 ≒ 환매 당시의 표본지 적정가격 ÷ 취득 당시 표본지 적정가격

(2) 표본지 선정

해당 공익사업과 직접 관계가 없는 것으로서 인근지역에 있는 공시지가 표준지로 함을 원칙으로 한다. 다만, 유사 표본지가 없는 경우에는 환매토지와 그 공부상 지목 및 이용상황 등이 비슷한 토지를 표본지로 선정할 수 있다.

환매토지가 취득 이후 환매 당시까지 당해 공익사업과 직접 관계없이 용도지역등이 변경된 경우에는 그 환매토지와 용도지역등의 변경과정이 같거나 비슷한 인근지역에 있는 공시지가 표준지 등을 표본지로 선정하는 것을 원칙으로 한다.

다만, 당해 공익사업으로 인해 용도지역 등이 변경된 경우에는 이를 고려하지 않은 용도지역 등을 기준으로 표본지를 선정하여 토지소유자의 정상적인 지가상승분만을 고려한다.

(3) 환매 당시 표본지 적정가격

> 취득(환매) 당시의 표본지 단위면적당 적정가격 ≒ 취득(환매) 당시 연도의 표준지공시지가
> + [(다음 연도의 표준지공시지가 - 취득(환매) 당시 연도의 표준지공시지가) × 경과일수/해당 연도 총일수]

※ 다만, 다음 연도의 표준지공시지가가 공시되어 있지 아니한 경우에는 해당 시·군 또는 구의 용도지역별 지가변동률을 고려한 가액으로 결정하며, 취득 당시의 시점이 1989년 12월 31일 이전인 경우에서 취득 당시 표본지의 단위면적당 적정가격 결정은 해당 표본지의 1990년 1월 1일자 표준지공시지가에 취득 당시부터 1989년 12월 31일까지의 해당 시·군 또는 구의 이용상황별 지가변동률을 고려한 가액으로 한다.

(4) 표본지가 공시지가 표준지가 아니거나 취득 당시 또는 환매 당시 중 어느 한 시점에만 공시지가 표준지인 경우

인근지역 또는 동일수급권 안의 유사지역에 있는 것으로서 그 공부상 지목 및 이용상황 등이 비슷한 다른 공시지가 표준지와 해당 표본지의 지역요인 및 개별요인 등을 비교하여 환매 당시 연도 또는 다음 연도의 1월 1일자를 기준으로 하여 각각 산정된 지가를 해당 표본지의 취득 당시 또는 환매 당시 연도의 표준지공시지가로 본다.

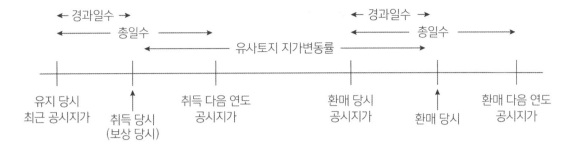

5. 환매권의 기준시점

질의회신 환매당시 가액의 감정평가 기준시점 [기준 · 심사팀 - 615(2018-05-04)]

[질의요지]
토지의 취득일은 2007년 5월 17일이고, 토지가 필요 없게 된 때는 2010년 4월 21일이나 사업시행자가 환매할 토지가 생긴 것을 통지하지 않은 경우, 환매권자가 **환매접수의사표시를 2016년 8월 19일**에 한 경우에 감정평가 기준시점은 2016년 8월 19일인지 환매권의 상실시점 전일인 2017년 5월 16일인지, 아니면 현장조사일인 2018년 4월 27일인지 여부

[회신내용]
상기 규정 및 대법원 판례 등을 종합해 볼 때, 토지가 필요 없게 된 때부터 1년 또는 취득일부터 10년 이내에 환매권자가 받은 보상금에 상당하는 금액을 사업시행자에게 지급하고 **환매의 의사표시**를 하였으면 환매의 효력은 발생한다고 보이는바, 사안의 경우 토지 취득일로부터 10년 이내에 환매의 의사표시를 하고 보상금에 상당하는 금액을 사업시행자에게 지급하였으므로 **2016년 8월 19일**에 환매는 적법하게 성립하였다고 사료됩니다.

환매 당시의 가액 산정의 기준시점은 환매권자가 환매의 의사표시를 하고 보상금 상당액을 지급한 날이다.

6. 환매권상실에 따른 손해배상액

판례 | 환매권 상실에 따른 손해배상액 [대법원 2000.11.14. 선고 99다45864 판결]

공공용지의취득및손실보상에관한특례법상 원소유자 등의 환매권상실로 인한 손해배상액은 환매권상실 당시의 목적물의 시가에서 환매권자가 환매권을 행사하였을 경우 반환하여야 할 환매가격을 공제한 금원으로 정하여야 할 것이므로, 환매권상실 당시의 환매목적물의 감정평가금액이 공공용지의취득및손실보상에관한특례법 제9조 제1항 소정의 '지급한 보상금'에 그 때까지의 당해 사업과 관계없는 인근유사토지의 지가변동률을 곱한 금액보다 적거나 같을 때에는 위 감정평가금액에서 위 '지급한 보상금'을 공제하는 방법으로 계산하면 되지만, 이를 초과할 때에는 {환매권 상실 당시의 감정평가금액 - (환매권 상실 당시의 감정평가금액 - 지급한 보상금 × 지가상승률)}로 산정한 금액, 즉 위 '지급한 보상금'에 당시의 인근유사토지의 지가상승률을 곱한 금액이 손해로 된다고 할 것이다.

손해배상액 = 환매권 상실 당시의 목적물의 시가 - 환매권 행사 가액
= 환매 당시 적정가액 - 환매금액

---

13 공익사업시행지구 밖 대지 등의 보상평가

「토지보상법」 제79조(그 밖의 토지에 관한 비용보상 등)

① 사업시행자는 공익사업의 시행으로 인하여 취득하거나 사용하는 토지(잔여지를 포함한다) 외의 토지에 통로·도랑·담장 등의 신설이나 그 밖의 공사가 필요할 때에는 그 비용의 전부 또는 일부를 보상하여야 한다. 다만, 그 토지에 대한 공사의 비용이 그 토지의 가격보다 큰 경우에는 사업시행자는 그 토지를 매수할 수 있다.

② 공익사업이 시행되는 지역 밖에 있는 토지등이 공익사업의 시행으로 인하여 본래의 기능을 다할 수 없게 되는 경우에는 국토교통부령으로 정하는 바에 따라 그 손실을 보상하여야 한다.

③ 사업시행자는 제2항에 따른 보상이 필요하다고 인정하는 경우에는 제15조에 따라 보상계획을 공고할 때에 보상을 청구할 수 있다는 내용을 포함하여 공고하거나 대통령령으로 정하는 바에 따라 제2항에 따른 보상에 관한 계획을 공고하여야 한다.

④ 제1항부터 제3항까지에서 규정한 사항 외에 공익사업의 시행으로 인하여 발생하는 손실의 보상 등에 대하여는 국토교통부령으로 정하는 기준에 따른다.

⑤ 제1항 본문 및 제2항에 따른 비용 또는 손실의 보상에 관하여는 제73조 제2항을 준용한다.

⑥ 제1항 단서에 따른 토지의 취득에 관하여는 제73조 제3항을 준용한다.

⑦ 제1항 단서에 따라 취득하는 토지에 대한 구체적인 보상액 산정 및 평가 방법 등에 대하여는 제70조, 제75조, 제76조, 제77조, 제78조 제4항, 같은 조 제6항 및 제7항을 준용한다.

「토지보상법 시행규칙」 제59조(공익사업시행지구밖의 대지 등에 대한 보상)

공익사업시행지구밖의 대지(조성된 대지를 말한다)·건축물·분묘 또는 농지(계획적으로 조성된 유실수단지 및 죽림단지를 포함한다)가 공익사업의 시행으로 인하여 산지나 하천 등에 둘러싸여 교통이 두절되거나 경작이 불가능하게 된 경우에는 그 소유자의 청구에 의하여 이를 공익사업시행지구에 편입되는 것으로 보아 보상하여야 한다. 다만, 그 보상비가 도로 또는 도선시설의 설치비용을 초과하는 경우에는 도로 또는 도선시설을 설치함으로써 보상에 갈음할 수 있다.

「토지보상법 시행규칙」 제60조(공익사업시행지구밖의 건축물에 대한 보상)

소유농지의 대부분이 공익사업시행지구에 편입됨으로써 건축물(건축물의 대지 및 잔여농지를 포함한다. 이하 이 조에서 같다)만이 공익사업시행지구밖에 남게 되는 경우로서 그 건축물의 매매가 불가능하고 이주가 부득이한 경우에는 그 소유자의 청구에 의하여 이를 공익사업시행지구에 편입되는 것으로 보아 보상하여야 한다.

「토지보상법 시행규칙」 제61조(소수잔존자에 대한 보상)

공익사업의 시행으로 인하여 1개 마을의 주거용 건축물이 대부분 공익사업시행지구에 편입됨으로써 잔여 주거용 건축물 거주자의 생활환경이 현저히 불편하게 되어 이주가 부득이한 경우에는 당해 건축물 소유자의 청구에 의하여 그 소유자의 토지등을 공익사업시행지구에 편입되는 것으로 보아 보상하여야 한다.

「토지보상법 시행규칙」 제62조(공익사업시행지구밖의 공작물등에 대한 보상)

공익사업시행지구밖에 있는 공작물등이 공익사업의 시행으로 인하여 그 본래의 기능을 다할 수 없게 되는 경우에는 그 소유자의 청구에 의하여 이를 공익사업시행지구에 편입되는 것으로 보아 보상하여야 한다.

「토지보상법 시행규칙」 제63조(공익사업시행지구밖의 어업의 피해에 대한 보상)

① 공익사업의 시행으로 인하여 해당 공익사업시행지구 인근에 있는 어업에 피해가 발생한 경우 사업시행자는 실제 피해액을 확인할 수 있는 때에 그 피해에 대하여 보상하여야 한다. 이 경우 실제 피해액은 감소된 어획량 및 「수산업법 시행령」 별표 10의 평년수익액 등을 참작하여 평가한다.

② 제1항에 따른 보상액은 「수산업법 시행령」 별표 10에 따른 어업권·허가어업 또는 신고어업이 취소되거나 어업면허의 유효기간이 연장되지 않는 경우의 보상액을 초과하지 못한다.

③ 사업인정고시일등 이후에 어업권의 면허를 받은 자 또는 어업의 허가를 받거나 신고를 한 자에 대하여는 제1항 및 제2항을 적용하지 아니한다.

「토지보상법 시행규칙」 제64조(공익사업시행지구밖의 영업손실에 대한 보상)

① 공익사업시행지구밖에서 제45조에 따른 영업손실의 보상대상이 되는 영업을 하고 있는 자가 공익사업의 시행으로 인하여 다음 각 호의 어느 하나에 해당하는 경우에는 그 영업자의 청구에 의하여 당해 영업을 공익사업시행지구에 편입되는 것으로 보아 보상하여야 한다.
  1. 배후지의 3분의 2 이상이 상실되어 그 장소에서 영업을 계속할 수 없는 경우
  2. 진출입로의 단절, 그 밖의 부득이한 사유로 인하여 일정한 기간 동안 휴업하는 것이 불가피한 경우
② 제1항에 불구하고 사업시행자는 영업자가 보상을 받은 이후에 그 영업장소에서 영업이익을 보상받은 기간 이내에 동일한 영업을 하는 경우에는 실제 휴업기간에 대한 보상금을 제외한 영업손실에 대한 보상금을 환수하여야 한다.

「토지보상법 시행규칙」 제65조(공익사업시행지구밖의 농업의 손실에 대한 보상)

경작하고 있는 농지의 3분의 2 이상에 해당하는 면적이 공익사업시행지구에 편입됨으로 인하여 당해지역(영 제26조 제1항 각호의 1의 지역을 말한다)에서 영농을 계속할 수 없게 된 농민에 대하여는 공익사업시행지구밖에서 그가 경작하고 있는 농지에 대하여도 제48조 제1항 내지 제3항 및 제4항 제2호의 규정에 의한 영농손실액을 보상하여야 한다.

① 「토지보상법」 제79조 제1항 단서에 따라 공익사업시행지구 밖 토지에 대한 협의 또는 수용을 위한 감정평가 의뢰가 있는 경우에 그 토지에 대한 감정평가는 **협의 또는 재결 당시**를 기준으로 하되 비교표준지의 선정, 적용공시지가의 선택, 지가변동률의 적용, 그 밖의 감정평가 기준은 해당 공익사업시행지구에 편입되는 경우와 같이 한다.

② 제1항에 따른 감정평가에서 해당 토지에 대한 공법상 제한이나 이용상황 등이 해당 공익사업의 시행 등으로 변경 또는 변동된 경우와 통로·도랑·담장 등의 신설, 그 밖의 공사가 필요하여 **해당 토지의 가치가 변동된 경우에는 고려하지 아니한다.**

③ 법 제79조 제2항에 따라 공익사업시행지구 밖 대지 등이 공익사업의 시행으로 본래의 기능을 다할 수 없게 되어 법 시행규칙 제59조 또는 제61조에 따라 감정평가 의뢰가 있는 경우에 그 토지에 대한 감정평가는 협의 또는 재결 당시를 기준으로 하되, 다음 각 호와 같이 한다.
  1. 공익사업시행지구 밖의 대지(조성된 대지를 말한다) 또는 농경지(계획적으로 조성된 유실수 단지 및 죽림 단지를 포함한다)가 공익사업의 시행으로 산지나 하천 등에 둘러싸여 교통이 두절되거나 경작이 불가능하게 된 경우에는 해당 토지가 공익사업시행지구에 편입되는 것으로 보고 감정평가하되, 비교표준지의 선정, 적용공시지가의 선택, 지가변동률의 적용, 그 밖의 감정평가 기준 등은 해당 공익사업시행지구에 편입되는 경우와 같이 한다.
  2. 한 마을의 주거용 건축물이 대부분 공익사업시행지구에 편입되어 잔여 주거용 건축물 거주자의 생활환경이 뚜렷이 불편하여 이주가 부득이한 경우에 해당 토지의 감정평가는 제1호에 따른다.

④ 제3항에 따른 감정평가에서 **해당 토지에 대한 공법상 제한이나 이용상황 등이 해당 공익사업의 시행으로 변경 또는 변동된 경우에는 고려하지 아니한다.**

1 토지의 사용료 감정평가

1. 관련 규정

> 「토지보상법」 제71조(사용하는 토지의 보상 등)
>
> ① 협의 또는 재결에 의하여 사용하는 토지에 대하여는 그 토지와 인근 유사토지의 지료(地料), 임대료, 사용방법, 사용기간 및 그 토지의 가격 등을 고려하여 평가한 적정가격으로 보상하여야 한다.
>
> ② 사용하는 토지와 그 지하 및 지상의 공간 사용에 대한 구체적인 보상액 산정 및 평가방법은 투자비용, 예상수익 및 거래가격 등을 고려하여 국토교통부령으로 정한다.
>
> 「토지보상법 시행규칙」 제31조(토지의 지하·지상공간의 사용에 대한 평가)
>
> ① 토지의 지하 또는 지상공간을 사실상 영구적으로 사용하는 경우 당해 공간에 대한 사용료는 제22조의 규정에 의하여 산정한 당해 토지의 가격에 당해 공간을 사용함으로 인하여 토지의 이용이 저해되는 정도에 따른 적정한 비율(이하 이 조에서 "입체이용저해율"이라 한다)을 곱하여 산정한 금액으로 평가한다.
>
> ② 토지의 지하 또는 지상공간을 일정한 기간 동안 사용하는 경우 당해 공간에 대한 사용료는 제30조의 규정에 의하여 산정한 당해 토지의 사용료에 입체이용저해율을 곱하여 산정한 금액으로 평가한다.

2. 감정평가방법

(1) 원칙

① 공익사업의 시행에 따라 토지를 사용하는 경우에 그 사용료의 감정평가는 임대사례비교법에 따른다. 다만, 적정한 임대사례가 없거나 대상토지의 특성으로 보아 임대사례비교법으로 감정평가하는 것이 적정하지 아니한 경우에는 적산법으로 감정평가할 수 있다.

② 임대사례비교법에 따라 사용료를 감정평가하는 경우에 임대보증금 등 일시금에 대한 운용이율은 일시금의 성격 및 그 비중과 유형별 특성 및 지역시장의 특성 등을 고려한 적정이자율로 정한다. 다만, 적정이자율의 조사가 곤란한 경우에는 연 5퍼센트 이내로 한다.

(2) 미지급용지에 대한 사용료 감정평가방법

① 미지급용지에 대한 사용료의 감정평가는 적산법에 따른다. 이 경우에 기초가액은 제32조를 준용하여 구한다.

② 적산법에 따른 적산임료를 구하는 경우에 적용할 기대이율은 해당 지역 및 대상토지의 특성을 반영하는 이율로 정하되, 이의 산정이 사실상 곤란한 경우에는 「토지보상평가지침」 별표 7의2(기대이율 적용기준율표)에서 정하는 율과 「국유재산법 시행령」 및 「공유재산 및 물품관리법 시행령」에 따른 국유재산 또는 공유재산의 사용료율(대부료율) 등을 참고하여 실현 가능한 율로 정할 수 있다.

대분류	소분류		실제이용상황	
			표준적 이용	임시적 이용
I	주거용	아파트 / 수도권 및 광역시	1.5 ~ 3.5%	0.5 ~ 2.5%
		아파트 / 기타 시도	2.0 ~ 5.0%	1.0 ~ 3.0%
		연립·다세대 / 수도권 및 광역시	1.5 ~ 5.0%	0.5 ~ 3.0%
		연립·다세대 / 기타 시도	2.5 ~ 6.5%	1.0 ~ 4.0%
		다가구 / 수도권 및 광역시	2.0 ~ 6.0%	1.0 ~ 3.0%
		다가구 / 기타 시도	3.0 ~ 7.0%	1.0 ~ 4.0%
		단독주택 / 수도권 및 광역시	1.0 ~ 4.0%	0.5 ~ 2.0%
		단독주택 / 기타 시도	1.0 ~ 5.0%	0.5 ~ 3.0%
	상업용	업무용	1.5 ~ 5.0%	0.5 ~ 3.0%
		매장용	3.0 ~ 6.0%	1.0 ~ 4.0%
	공업용	산업단지	2.5 ~ 5.5%	1.0 ~ 3.0%
		기타 공업용	1.5 ~ 4.5%	0.5 ~ 2.5%
II	농지	도시근교농지	1.0% 이내	
		기타농지	1.0 ~ 3.0%	
	임지	유실수 단지 등 수익성이 있는 임지	1.5% 이내	
		자연임지	1.0% 이내	

주)
1. 이 표의 기대이율은 부동산 유형별 및 실제 이용상황에 따른 일반적인 기대이율의 범위를 정한 것이므로 실제 적용 시에는 지역여건이나 해당 토지의 상황 등을 고려하여 그 율을 증감 조정할 수 있다.
2. "표준적 이용"은 인근지역 내 일반적이고 평균적인 이용을 의미하고, "임시적 이용"은 인근지역 내 표준적인 이용에 비해 그 이용이 임시적인 것을 의미하며, 해당 토지에 모델하우스, 가설건축물 등 일시적 이용, 상업용지의 주차장이용 또는 주거용지의 텃밭이용 및 건축물이 없는 상태의 이용(주거용, 상업용, 공업용에 한정)을 포함하는 이용이다.

(3) 토지의 지하 또는 지상공간을 한시적으로 사용하는 경우

토지의 지하부분 또는 지상공간을 한시적으로 사용하는 경우에 그 사용료의 감정평가는 원칙에 따른 사용료의 감정평가액에 토지의 이용이 저해되는 정도에 따른 적정한 비율(이하 "입체이용저해율"이라 한다)을 곱하여 구한 금액으로 한다.

(4) 토지의 지하 또는 지상공간을 사실상 영구적으로 사용하는 경우

토지의 지하부분 또는 지상공간을 「민법」 제289조의2에 따른 구분지상권을 설정하여 사실상 영구적으로 사용하는 경우에 사용료의 감정평가는 표준지공시지가를 기준으로 한 해당 토지의 적정가격에 입체이용저해율을 곱한 금액으로 한다.

다만, 「전기사업법」 제89조에 따른 전기사업자 또는 「전원개발촉진법」 제6조의2에 따른 전원개발사업자가 토지의 지상공간 또는 지하부분을 사실상 영구적으로 사용하는 것에 따른 손실보상을 위한 사용료의 감정평가는 따로 정하는 기준에 따르고, 「도시철도법」 제9조 및 「철도건설법」 제12조의2에 따른 토지의 지하부분 보상을 위한 지하사용료의 감정평가는 제50조와 제51조에 따르며, 그 밖에 다른 법령 등에 따라 토지의 지하부분 또는 지상공간의 사용료를 감정평가하는 경우에도 후술하는 「도시철도법」과 「전기사업법」 관련 규정을 준용할 수 있다.

2 「도시철도법」 등에 따른 지하사용료의 감정평가

1. 감정평가방법

(1) 원칙

「도시철도법」에 따른 도시철도 및 「철도건설법」에 따른 철도의 건설을 위하여 토지의 지하부분 또는 지상부분을 「민법」 제289조의2에 따른 구분지상권을 설정하여 사실상 영구적으로 사용하는 경우에 그 사용료의 감정평가는 「도시철도법」 제9조와 같은 법 시행령 제10조 및 별표 1에 따라 해당 토지가 속한 시·도에서 조례로 정한 도시철도 건설을 위한 지하부분 토지사용에 관한 보상기준 (이하 이 조에서 "조례"라 한다) 또는 「철도건설법」 제12조의2 및 같은 법 시행령 제14조의2에 따라 국토교통부장관이 정한 「철도건설을 위한 지하부분 토지사용 보상기준」 등에서 정한 기준에 따르되, 해당 토지가 속한 시·도의 조례에서 정한 것을 우선 적용하되, 시·도 조례가 없는 경우에는 다음에서 정하는 감정평가방법에 따른다.

(2) 토지의 한계심도 이내의 경우

> 지하사용료 = 토지의 단위면적당 적정가격 × 입체이용저해율 × 구분지상권 설정면적

토지의 단위면적당 적정가격은 인근지역에 있는 이용상황이 비슷한 토지의 표준지공시지가를 기준으로 한 해당 토지의 단위면적당 감정평가액으로 한다.

(3) 한계심도를 초과하는 지하부분을 사용하는 경우

토지의 단위면적당 적정가격에 다음 율을 적용하여 산정한다. 다만, 해당 토지의 여건상 지하의 광천수를 이용하는 등 특별한 사유가 인정되는 경우에는 따로 지하사용료를 산정할 수 있다

토피	한계심도초과		
	20m 이내	20m ~ 40m	40m 이상
보상비율(%)	1.0 ~ 0.5	0.5 ~ 0.2	0.2이하

"한계심도"란 토지소유자의 통상적인 이용행위가 예상되지 아니하고 지하시설물을 따로 설치하는 경우에도 일반적인 토지이용에 지장이 없을 것으로 판단되는 깊이를 말하며, 고층시가지는 40미터, 중층시가지는 35미터, 저층시가지 및 주택지는 30미터, 농지·임지는 20미터로 한다.

2. 대상토지의 용도지역(보상대상 지역) 분류

대상토지의 용도지역은 현황여건·개발잠재력 등 객관적인 상황을 고려하여 다음 각 호와 같이 분류한다.

(1) 고층시가지

16층 이상의 고층건물이 최유효이용으로 판단되는 지역으로서 중심상업지역과 일반상업지역 등을 말한다.

(2) 중층시가지

11 ~ 15층 건물이 최유효이용으로 판단되는 지역으로서 고층시가지로 변화되고 있는 일반상업지역·근린상업지역·준주거지역 등을 말한다.

(3) 저층시가지

4 ~ 10층 건물이 최유효이용으로 판단되는 지역으로서 주택·공장·상가 등이 혼재된 일반상업지역·근린상업지역·준주거지역·일반주거지역 등을 말한다.

(4) 주택지

3층 이하 건물이 최유효이용으로 판단되는 지역으로서 일반주거지역·녹지지역·공업지역 등을 말하며, 가까운 장래에 택지화가 예상되는 지역을 포함한다.

(5) 농지·임지

농지·임지가 최유효이용으로 판단되는 지역으로서 사회, 경제 및 행정적 측면에서 가까운 장래에 택지화가 예상되지 아니하는 녹지지역 등을 말한다.

3. 입체이용저해율의 산정

(1) 산식

> 입체이용저해율 = 건물의 이용저해율 + 지하부분의 이용저해율 + 그 밖의 이용저해율

> - 건물의 이용저해율 = 건물의 이용률(α) × $\dfrac{\text{저해층수의 층별효용비율 합}}{\text{최유효건물 층수의 층별효용비율 합}}$
> - 지하부분의 이용저해율 = 지하부분의 이용률(β) × 심도별지하이용효율
> - 그 밖의 이용저해율 = 그 밖의 이용률(χ) × 배분비율

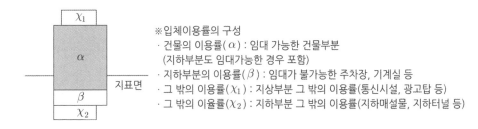

※입체이용률의 구성
· 건물의 이용률(α) : 임대 가능한 건물부분
  (지하부분도 임대가능한 경우 포함)
· 지하부분의 이용률(β) : 임대가 불가능한 주차장, 기계실 등
· 그 밖의 이용률(χ_1) : 지상부분 그 밖의 이용률(통신시설, 광고탑 등)
· 그 밖의 이용률(χ_2) : 지하부분 그 밖의 이용률(지하매설물, 지하터널 등)

(2) 나지 또는 최유효이용에 현저히 미달되는 경우, 토지만의 가격으로 거래되는 경우

> 입체이용저해율 = 건물의 이용저해율 + 지하부분의 이용저해율 + 그 밖의 이용저해율

(3) 최유효이용 또는 이와 유사한 이용상태의 경우

> - 입체이용저해율 = (건물의 이용저해율 + 지하부분의 이용저해율) × 노후율 + 그 밖의 이용저해율
> - 노후율 = $\dfrac{\text{당해 건물의 유효경과연수}}{\text{당해 건물의 경제적 내용연수}}$

핵심체크 | 입체이용률배분표

이용률구분 \ 해당 지역	고층시가지	중층시가지	저층시가지	주택지	농지·임지
용적률	800% 이상	550~750%	200~500%	100% 내외	100% 이하
건물의 이용률(α)	0.8	0.75	0.75	0.7	0.8
지하부분의 이용률(β)	0.15	0.10	0.10	0.15	0.10
그 밖의 이용률(γ)	0.05	0.15	0.15	0.15	0.10
(γ)의 상하 배분비율	1:1 - 2:1	1:1 - 3:1	1:1 - 3:1	1:1 - 3:1	1:1 - 4:1

1. 이 표의 이용률 및 배분비율은 통상적인 기준을 표시한 것이므로 여건에 따라 약간의 보정을 할 수 있다.
2. 이용저해심도가 높은 터널 토피 20m 이하의 경우에는(γ)의 상하배분비율을 최고치를 적용한다.

핵심체크 | 층별효용비율표

층별	고층 및 중층 시가지 A형	고층 및 중층 시가지 B형	저층시가지 A형	저층시가지 B형	저층시가지 A형	저층시가지 B형	주택지
20	35	43					
19	35	43					
18	35	43					
17	35	43					
16	35	43					
15	35	43					
14	35	43					
13	35	43					
12	35	43					
11	35	43					
10	35	43					
9	35	43	42	51			
8	35	43	42	51			
7	35	43	42	51			
6	35	43	42	51			
5	35	43	42	51	36	100	
4	40	43	45	51	38	100	
3	46	43	50	51	42	100	
2	58	43	60	51	54	100	100
지상1	100	100	100	100	100	100	100
지하1	44	43	44	44	46	48	-
2	35	35	-	-	-	-	-

1. 이 표의 지수는 건물가격의 입체분포와 토지가격의 입체분포가 같은 것을 전제로 한 것이다.
2. 이 표에 없는 층의 지수는 이 표의 경향과 주위환경 등을 고려하여 결정한다.
3. 이 표의 지수는 각 용도지역별 유형의 개략적인 표준을 표시한 것이므로 여건에 따라 보정할 수 있다.
4. A형은 상층부 일정층까지 임료수준에 차이를 보이는 유형이며, B형은 2층 이상이 동일한 임료수준을 나타내는 유형이다.

핵심체크 | 건축가능층수기준표

1. 터널: 패턴별 구분 판단
가. 풍화토(PD-2) 패턴
(단위: 층)

토피(m) / 건축구분	10	15	20	25
지상	12	15	18	22
지하	1	2	2	3

나. 풍화암(PD-3) 패턴
(단위: 층)

토피(m) / 건축구분	10	15	20	25	30
지상	17	19	21	23	25
지하	1	2	2	3	4

다. 연암(PD-4) 패턴
(단위: 층)

토피(m) / 건축구분	10	15	20	25	30	35
지상	19	24	28	30	30	30
지하	1	2	3	3	4	4

라. 경암(PD-5) 패턴
(단위: 층)

토피(m) / 건축구분	10	15	20	25	30	35	40
지상	30	30	30	30	30	30	30
지하	1	2	3	4	5	6	7

2. 개착
(단위: 층)

토피(m) / 건축구분	5	10	15	20
지상	7	12	19	19
지하	1	2	2	2

한계심도(M)	40m		35m		30m			20m	
체감율 (%) 토피심도 (m)	P	β × P 0.15 × P	P	β × P 0.10 × P	P	β × P 0.10 × P	β × P 0.15 × P	P	β × P 0.10 × P
0 ~ 5 미만	1.000	0.150	1.000	0.100	1.000	0.100	0.150	1.000	0.100
5 ~ 10 미만	0.875	0.131	0.857	0.086	0.833	0.083	0.125	0.750	0.075
10 ~ 15 미만	0.750	0.113	0.714	0.071	0.667	0.067	0.100	0.500	0.050
15 ~ 20 미만	0.625	0.094	0.571	0.057	0.500	0.050	0.075	0.250	0.025
20 ~ 25 미만	0.500	0.075	0.429	0.043	0.333	0.033	0.050		
25 ~ 30 미만	0.375	0.056	0.286	0.029	0.167	0.017	0.025		
30 ~ 35 미만	0.250	0.038	0.143	0.014					
35 ~ 40 미만	0.125	0.019							

1. 지가형성에 잠재적 영향을 미치는 토지이용의 한계심도는 토지이용의 상황, 지질, 지표면하중의 영향 등을 고려하여 40m, 35m, 30m, 20m로 구분한다.
2. 토피심도의 구분은 5m로 하고, 심도별지하이용효율은 일정한 것으로 본다.
3. 지하이용저해율 = 지하이용율(β) × 심도별지하이용효율(P)

③ 「수도법」에 따른 지하사용료의 감정평가

1. 용어의 정리

> 「수도사업을 위한 지하부분 토지사용 보상기준」 제2조(정의)
>
> 1. "토피심도"란 지하에 설치한 수도시설(이하 "지하시설물"이라 한다)의 최상단에서 지표까지의 수직거리를 말한다.
> 2. "보상심도"란 지하시설물의 상부 보호층 최상단에서 지표까지의 수직거리를 말한다.
> 3. "한계심도"란 토지소유자의 통상적 이용행위가 예상되지 않으며 지하시설물의 설치에 따라 일반적인 토지이용에 지장이 없을 것으로 판단되는 깊이를 말한다.
> 4. "보호폭"이란 천공이나 굴착 등의 행위로부터 지하시설물을 보호하기 위하여 필요한 지하시설물 좌·우의 범위를 말한다.
> 5. "보호층"이란 천공이나 굴착 등의 행위로부터 지하시설물을 보호하기 위하여 필요한 지하시설물 상·하의 범위를 말한다.
> 6. "저해층수"란 지하시설물 설치로 건축이 불가능한 지상의 층수로서 용도지대별 최유효 건물층수에서 토피심도 등을 기준으로 결정한 건축가능층수를 뺀 층수를 말한다.

2. 감정평가방법

(1) 토지의 한계심도 이내의 경우 「수도법 시행령」 [별표 3의3]

> 보상금 = 토지의 단위면적당 적정가격 × (입체이용저해율 + **추가보정률**) × 구분지상권 설정면적

(2) 한계심도를 초과하는 지하부분을 사용하는 경우

보상심도가 한계심도를 초과하는 경우 입체이용저해율 및 추가보정률은 다음 각 호와 같이 산정한다. 다만, 해당 토지의 특성상 지하의 광천수를 이용하는 등 특별한 사유가 인정되는 경우에는 보상금을 별도로 산정할 수 있다.

1. 입체이용저해율: 2.0% 이하에서 결정하며 해당 토지의 특성, 지하시설물의 토피심도와 규격, 지하시설물의 통과위치 및 구분지상권 설정면적비율 등을 고려하여 결정
2. 추가보정률: 등기요인에 따른 감가율만으로 결정

다만, 산정된 보상금이 필지별로 700,000원 미만인 경우에는 필지당 700,000원을 지급할 수 있다. 이 경우, 구분 지상권 설정면적에 단위면적당 적정가격을곱한 금액의 50.0%를 초과할 수 없다.

(3) 한계심도

한계심도는 고층지대 50m, 중층지대 45m, 저층지대 40m, 농지지대 30m 및 산지지대 25m로 한다.

3. 보상지역의 분류

(1) 용도지대의 분류

1) "택지지대"란 건물의 부지로 이용 중이거나 가까운 장래에 건물의 부지로 이용될 것으로 예상되는 토지로 형성된 지역을 말한다.
2) "농지지대"란 「농지법」 제2조에 따른 농지로 형성된 지역을 말한다.
3) "산지지대"란 「산지관리법」 제2조에 따른 산지로 형성된 지역을 말한다.
   용도지대로 분류하기 어려운 지역의 경우 해당 지역의 주된 특성을 고려하여 이와 유사한 용도지대로 분류할 수 있다.

(2) 건물의 용도

1) "상업지대"란 택지지대에서 상업용 또는 업무용건물이 최유효이용으로 판단되는 지역을 말한다.
2) "주거지대"란 택지지대에서 주거용건물이 최유효이용으로 판단되는 지역을 말한다.
3) "공업지대"란 택지지대에서 공업용건물이 최유효이용으로 판단되는 지역을 말한다.

(3) 건물의 층수

1) "고층지대"란 택지지대 중 지상의 층수가 30층 이상이거나 높이가 120m 이상인 건물이 최유효이용으로 판단되는 지역을 말한다.
2) "중층지대"란 택지지대 중 지상의 층수가 5층 이상 30층 미만이거나 높이가 20m 초과 120m 미만인 건물이 최유효이용으로 판단되는 지역을 말한다.
3) "저층지대"란 택지지대 중 지상의 층수가 4층 이하이거나 높이가 20m 이하인 건물이 최유효이용으로 판단되는 지역을 말한다.

4. 보상대상의 범위

(1) 토지의 지하부분 사용에 대한 보상(이하 "지하보상"이라 한다) 대상범위는 지하시설물의 설치 또는 보호를 위한 평면적 범위와 입체적 범위로서 다음 각 호와 같다.

1. "평면적 범위"는 지하시설물 좌·우로 보호폭 각 0.5m을 더한 폭과 지하시설물 연장에 수직으로 대응하는 면적으로 한다.

2. "입체적 범위"는 제1호의 평면적 범위로부터 지하시설물 상·하단 높이에 보호층을 더한 범위로 하되 보호층은 다음 각 목과 같이 정한다.

　가. 지하시설물의 상·하단 높이가 3.0m 이하인 경우 상·하 각 3.0m

　나. 지하시설물의 상·하단 높이가 3.0m를 초과하는 경우 상·하 각 4.0m

(2) 보호층이 지하시설물의 토피심도를 초과하거나 병렬터널 또는 입체적으로 다수의 지하 시설물이 설치되는 등 제1항의 범위로 보호층을 결정하기 곤란한 경우에는 수도사업자가 지하시설물의 형식과 규격 등을 고려하여 별도로 보호층을 정할 수 있다.

5. 입체이용저해율의 산정

(1) 산식

$$\text{입체이용저해율} = \text{건물의 이용저해율} + \text{지하부분의 이용저해율} + \text{그 밖의 이용저해율}$$

(2) 입체이용 배분표

이용률 ＼ 해당 지대	택지지대		농지·산지지대
	고층·중층지대	저층지대	
지상이용률(α)	0.80	0.80	0.80
지하이용률(β)	0.15	0.10	0.10
그 밖의 이용률(γ)	0.05	0.10	0.10
(γ)의 상하 배분비율	1:1 ~ 2:1	1:1 ~ 2:1	1:1 ~ 2:1 또는 1:1 ~ 1:2

(3) 지상이용저해율 산정기준

1) 택지지대

$$\text{지상이용저해율} = \text{지상이용률}(\alpha) \times \frac{\text{저해층수의 층별효용비 합계}}{\text{최유효 건물층수의 층별효용비 합계}}$$

다만, 토피심도가 2m 이하인 경우에는 최소 0.20 이상으로 하되, 당해 토지의 특성과 지하시설물의 특성을 고려하여 결정한다.

2) 농지지대·산지지대

토지심도가 2m 이하인 경우에 한해 적용하되, 당해 토지의 특성과 지하시설물의 특성에 따라 0.10 ~ 0.15 범위에서 결정한다.

3) 건축가능층수

토피심도(m) 건축가능층수	5	10	15	20	25	30	35 이상
지상(층)	7	12	16	19	22	25	28

4) 층별효용비 기준표

용도지대 지상층수	고층지대		중층지대		저층지대		
	상업지대	주거지대	상업지대	주거지대	상업지대	주거지대	공업지대
36 이상	45 ~ 55	110 ~ 112	-	-	-	-	-
31 ~ 35	45 ~ 55	110 ~ 112	-	-	-	-	-
26 ~ 30	45 ~ 55	110 ~ 112	40 ~ 50	108 ~ 111	-	-	-
21 ~ 25	45 ~ 55	110 ~ 112	40 ~ 50	108 ~ 111	-	-	-
20	45 ~ 55	110 ~ 112	40 ~ 50	108 ~ 111	-	-	-
19	45 ~ 55	110 ~ 112	40 ~ 50	108 ~ 111	-	-	-
18	45 ~ 55	110 ~ 112	40 ~ 50	108 ~ 111	-	-	-
17	45 ~ 55	110 ~ 112	40 ~ 50	108 ~ 111	-	-	-
16	45 ~ 55	109 ~ 112	40 ~ 50	108 ~ 111	-	-	-
15	45 ~ 55	109 ~ 112	40 ~ 50	108 ~ 111	-	-	-
14	45 ~ 55	109 ~ 112	40 ~ 50	108 ~ 111	-	-	-
13	45 ~ 55	108 ~ 111	40 ~ 50	108 ~ 111	-	-	-
12	45 ~ 55	108 ~ 111	40 ~ 50	108 ~ 111	-	-	-
11	45 ~ 55	108 ~ 111	40 ~ 50	108 ~ 111	-	-	-
10	45 ~ 55	107 ~ 109	40 ~ 50	108 ~ 111	-	-	-
9	45 ~ 55	107 ~ 109	40 ~ 50	108 ~ 111	-	-	-
8	45 ~ 55	106 ~ 108	40 ~ 50	108 ~ 111	-	-	-
7	45 ~ 55	106 ~ 108	40 ~ 50	108 ~ 111	-	-	-
6	45 ~ 55	105 ~ 107	40 ~ 50	108 ~ 111	-	-	-
5	47 ~ 57	105 ~ 107	42 ~ 52	107 ~ 109	-	-	-
4	49 ~ 59	104 ~ 106	44 ~ 54	106 ~ 108	32 ~ 42	85 ~ 102	42 ~ 52
3	52 ~ 62	103 ~ 105	47 ~ 57	105 ~ 107	35 ~ 45	90 ~ 105	45 ~ 55
2	55 ~ 65	102 ~ 104	50 ~ 60	103 ~ 105	40 ~ 50	95 ~ 105	50 ~ 60
1	100	100	100	100	100	100	100

(4) 지하이용저해율 산정기준

1) 지하이용저해율은 지하이용률(β) × 보상심도별 이용효율(E)로 산정한다.

2) 지하이용률(β)은 [별표 1]에 의한 지하이용률을 말한다.

3) 보상심도별 이용효율(E)은 다음의 표에 의한다.

용도지대	택지지대						농지지대		산지지대	
	고층지대		중층지대		저층지대					
체감률(%)	E	β × E 0.15 × E	E	β × E 0.15 × E	E	β × E 0.10 × E	E	β × E 0.10 × E	E	β × E 0.10 × E
보상심도(m)										
0 ~ 5	1.000	0.150	1.000	0.150	1.000	0.100	1.000	0.100	1.000	0.100
5 ~ 10	0.774	0.116	0.750	0.113	0.720	0.072	0.631	0.063	0.562	0.056
10 ~ 15	0.599	0.090	0.562	0.084	0.518	0.052	0.398	0.040	0.316	0.032
15 ~ 20	0.464	0.070	0.422	0.063	0.373	0.037	0.251	0.025	0.178	0.018
20 ~ 25	0.359	0.054	0.316	0.047	0.268	0.027	0.158	0.016	0.100	0.010
25 ~ 30	0.278	0.042	0.237	0.036	0.193	0.019	0.100	0.010	-	-
30 ~ 35	0.215	0.032	0.178	0.027	0.139	0.014	-	-	-	-
35 ~ 40	0.167	0.025	0.133	0.020	0.100	0.010	-	-	-	-
40 ~ 45	0.129	0.019	0.100	0.015	-	-	-	-	-	-
45 ~ 50	0.100	0.015	-	-	-	-	-	-	-	-

(5) 그 밖의 이용저해율 산정기준

1) 그 밖의 이용저해율은 그 밖의 이용률(ɣ) × (ɣ)의 지중배분비율 / (ɣ)의 상하 배분비율의 합계로 산정한다.

2) 그 밖의 이용률(ɣ)과 상하 배분비율은 [별표 1]에 따른다.

6. 추가보정률 산정기준

(1) 추가보정률은 아래와 같이산정하며 시설물요인, 필지요인 및 등기요인에 따른 감가율을 합산하여 결정한다.

(2) 시설물요인에 의한 감가율은 지하이용저해율에 지하시설물의 규격(외부 높이 기준)에 따른 적용률을 곱하여 산정하되, 적용률은 다음과 같이 '상, 중, 하'로 구분한다.
① 지하시설물 규격이 5.0미터를 초과하는 경우: 0.40 ~ 0.60
② 지하시설물 규격이 2.5미터 초과 ~ 5.0미터 이하인 경우: 0.20 ~ 0.40
③ 지하시설물 규격이 2.5미터 이하인 경우: 0.00 ~ 0.20

(3) 필지요인에 의한 감가율은 지하이용저해율에 다음의 표에 의한 적용률을 곱하여 산정하되, 적용률은 당해 필지에서 지하시설물의 통과위치 또는 구분지상권 설정면적비율을 고려하여 '상, 중, 하'로 구분한다.

구분 \ 용도지대	택지지대	농지지대	산지지대
필지요인 적용률	0.30 ~ 0.60	0.20 ~ 0.40	0.10 ~ 0.30

비고
1. 이 표는 통상적인 기준으로서 당해 용도지대의 특성에 따라 0.10의 범위에서 가감하여 적용할 수 있다.
2. '상, 중, 하' 구분시 지하시설물이 필지의 중앙을 통과하거나 구분지상권 설정면적비율이 30.0%를 초과하는 경우 '상'으로 구분하고, 필지의 모서리를 통과하거나 구분지상권 설정면적비율이 10.0% 이하인 경우 '하'로 구분한다.

(4) 등기요인에 의한 감가율은 구분지상권 등 권원확보를 위한 등기를 하는 경우 3.0%를 적용한다.

7. 「수도법」에 따른 지하사용료 감정평가의 쟁점

(1) 추가보정률 적용의 차이

① 「철도건설법」 및 「서울시 도시철도 지하사용에 관한 사용료 보상기준」상 "지하부분 보상"에서는 지하부분 구분지상권 설정 시 토지의 재산적 가치하락 보상인 추가보정률의 규정이 없는 반면, 최근 개정된 ② 「수도사업을 위한 지하부분 토지사용 보상기준」에서는 추가보정률을 고려하도록 규정하고 있다. 이에 재산적 가치하락 보상을 「송전선로 보상지침」과 형평성에 맞게 규정하고 있어 향후 보상형평에 따른 「철도건설법」의 개정이 예상된다.

(2) 보상대상 지역의 분류 세분화

① 「철도건설법」에서는 고층·중층·저층시가지, 주택지, 농지로 구분하면서, 용도지역에 따라 층수를 규정하고 있으나 ② 「수도사업을 위한 지하부분 토지사용 보상기준」에서는 "실제용도"에 따라 택지지대 내 상업·주거·공업지대를 세분화 하였으며, 건물의 입체사용 증가에 따른 층수를 보다 높게 규정하여 현실에 맞게 수정하였다.

(3) 효용비의 변화

① 「토지보상지침」에서 규정하고 있는 보상대상 지역의 효용비가 일률적이고 현실반영을 못하고 있다는 의견에 따라 ② 「수도사업을 위한 지하부분 토지사용 보상기준」에서는 상층부 효용비를 현실에 맞게 조정하였으며, 상업·주거·공업지대별로 세분화하여 규정하고 있다.

(4) 한계심도 및 노후율 관련

① 「토지보상지침」에서 규정하고 있는 토피심도는 보호층을 포함하는 개념이고 노후율을 함께 규정하고 있으나 ② 「수도사업을 위한 지하부분 토지사용 보상기준」에서는 보상심도를 별도로 정의하고 있어 현실적인 완전보상을 돕고 있으나 노후율을 반영하고 있지 않다.

「서울특별시 도시철도의 건설을 위한 지하부분토지의 사용에 따른 보상기준에 관한 조례」

제1조(목적)

이 조례는 「도시철도법」 제9조 및 동법 시행령 제10조의 규정에서 위임된 사항 및 그 시행에 관하여 필요한 사항을 규정함으로써 감정평가 및 보상의 적정을 도모함을 그 목적으로 한다.

제2조(용어의 정의)

이 조례에서 사용하는 용어의 정의는 다음 각 호와 같다.

1. "토피"라 함은 도시철도 지하시설물(이하 "지하시설물"이라 함) 최상단에서 지표까지의 수직거리를 말한다.
2. "최소여유폭"이라 함은 천공 등 그 밖의 행위로부터 지하시설물의 손상을 방지하기 위하여 지하시설물과 수평방향으로 최소한의 여유폭을 말한다.
3. "보호층"이라 함은 굴착 등 그 밖의 행위로부터 지하시설물을 보호하기 위하여 필요한 구조물 상·하의 범위를 말한다.
4. "한계심도"라 함은 토지소유자의 통상적 이용행위가 예상되지 않으며 지하시설물설치로 인하여 일반적인 토지이용에 지장이 없는 것으로 판단되는 깊이를 말한다.

제3조(보상대상 지역의 분류)

보상대상 지역을 현황여건, 개발잠재력 등 객관적인 상황을 고려 다음 각 호와 같이 고층시가지, 중층시가지, 저층시가지, 주택지 및 농지 임지로 분류한다.
1. "고층시가지"라 함은 16층 이상 고층건물이 최유효이용으로 예상되는 지역으로 중심상업과 일반 상업지역 등을 말한다. (예상 용적률: 800퍼센트 이상)
2. "중층시가지"라 함은 11 ~ 15층 건물이 최유효이용으로 판단되는 지역으로 고층시가지로 변화하고 있는 일반상업, 근린상업, 준주거지역 등을 말한다. (예상 용적률: 550 ~ 750퍼센트)
3. "저층시가지"라 함은 4 ~ 10층 건물이 최유효이용으로 판단되는 지역으로 일반상업, 근린상업, 준주거, 주거지역 등 상가로서 성숙도가 낮은 주거지역·공업지역·상업지역이 혼재된 지역을 말한다. (예상 용적률: 200 ~ 500퍼센트)
4. "주택지"라 함은 3층 이하 건물의 순수주택가인 주거, 녹지, 공업지역 등으로 가까운 장래에 택지화가 예상되는 지역을 포함한다. (예상 용적률: 100퍼센트 내외)
5. "농지·임지"라 함은 농지·임지가 유효 이용인 녹지지역 등으로 사회, 경제 및 행정적 측면에서 가까운 장래에 택지화가 어려운 지역을 말한다.

제4조(보상대상 범위)

① 지하부분 사용에 대한 보상(이하 "지하보상"이라 함) 대상범위는 지하시설물의 점유면적 및 유지관리 등과 관련 최소한의 범위로 정하되 평면적 범위와 입체적 범위는 다음 각 호와 같다.>
   1. "평면적 범위"는 지하시설물 폭에 최소여유폭(양측 0.5미터)을 합한 폭과 시설물 연장에 수직으로 대응하는 면적으로 한다.
   2. "입체적 범위"는 제1호 규정의 평면적 범위로부터 지하시설물 상단·하단 높이에 보호층을 포함한 범위까지로 정하되 보호층은 터널구조물인 경우 각 6미터, 개착구조물인 경우 각 0.5미터로 한다.
② 병렬터널 등과 같이 지하시설물과 지하시설물 사이의 토지가 종래 목적대로 사용함이 크게 곤란하다고 인정된 때에는 토지소유자 및 이해관계자의 청구에 따라 보상심의위원회의 심의를 거쳐 일정범위를 보상대상에 포함할 수 있다.<개정 2015.5.14.>

제5조(최유효 건물층수의 결정)

최유효 건물층수의 결정은 다음 각 호의 사항을 고려하여 결정한다.
1. 인근토지의 이용상황, 토지가격 수준, 성숙도, 잠재력 등을 고려할 때의 경제적인 층수의 규모
2. 토지가 갖는 입지조건, 형태, 지질 등을 고려할 경우 건축 가능한 층수
3. 제1호 및 제2호 규정의 층수가 해당 지역에서 「건축법」이나 「국토의 계획 및 이용에 관한 법률」 등에서 규제하고 있는 제한범위 내의 층수

제6조(건축가능 층수)

① 건축가능 층수는 구조형식, 지반상태, 토피 등에 따라 [별표1]에 따른다.
② 제1항 규정에 따른 건축가능 층수는 보상기준을 설정하기 위하여 대표단면에 의거 산정한 것으로 건축 등 행위시에는 해당토지의 지반여건, 건축 등 시설물의 특성 및 공법 등에 맞도록 시행하여야 한다.

제7조(입체이용 저해율의 산정)

① 토지의 입체이용 저해율은 건물 등 이용에 대한 저해율과 지하부분 이용에 대한 저해율 및 그 밖의 이용에 대한 저해율을 합한 값으로 한다. <개정 2019.12.31.>

② 건물 등 이용에 대한 저해율은 다음방식에 따라 산정한다.

$$\left[\alpha \times \frac{(가)}{(나)} \right]$$

1. "α"는 건물 등 이용에 따른 이용률로서 [별표2]에서 계산한다.
2. "가"는 저해층에 따른 층별 효율비율로서 [별표3]에서 계산한다.
3. "나"는 최유효 건물층에 따른 층별 효율비율로서 [별표3]에서 계산한다.

③ 지하부분 이용에 대한 저해율은 [별표2]에서 지하 이용률(β)에 [별표4]에서의 심도별 지하이용 효율(p)을 곱하여 구한다.

④ 그 밖의 이용 저해율은 지상 및 지하부분 모두의 그 밖의 이용을 저해하는 경우는 [별표2]에서 그 밖의 이용률(χ)로 하고 지상 또는 지하 어느 한쪽의 그 밖의 이용을 저해하는 경우에는 그 밖의 이용률(χ)에 지상 또는 지하의 배분비율을 곱하여 계산한다.

⑤ 최유효 건물층 및 규모로 사용(이하 "최유효사용"이라 함)하거나 이에 유사한 기존 건물이 있는 경우는 다음과 같이 입체이용 저해율을 산정한다.

> 입체이용 저해율 = 최유효 상태의 나지로 본 건물 및 지하이용 저해율 × 노후율 + 그 밖의 이용에 대한 저해율

$$노후율 = \frac{해당\ 건물의\ 유효\ 경과연수}{해당\ 건물의\ 경제적\ 내용연수}$$

단, 기존 건물이 최유효 사용에 크게 미달되거나 노후 정도 및 관리상태 등으로 판단할 때 관행상 토지만의 가격으로 거래가 예상되는 경우에는 나지에 준하여 산정한다.

제8조(한계심도)

한계심도는 고층시가지는 40미터, 중층시가지는 35미터, 저층시가지 및 주택지는 30미터, 농지·임지는 20미터로 한다.

제9조(지하보상비 산정 및 지급)

① 지하보상비는 「도시철도법 시행령」 제10조의 규정에 의하여 산정하되 「감정평가 및 감정평가사에 관한 법률」 제29조의 규정에 따른 감정평가법인에 의뢰하여 평가한다.

> 보상비 = 토지의 단위면적당 적정가격 × 입체이용 저해율 × 구분지상권 설정면적

② 한계심도를 초과하여 지하시설물을 설치하는 경우에는 다음 보상 비율을 기준으로 보상비를 산정한다. 단, 토지여건상 지하의 광천수를 이용하는 특별한 사유가 인정되는 경우에는 따로 보상비를 산정할 수 있다.

토피	한계심도초과		
	20m 이내	20m ~ 40m	40m 이상
보상비율(%)	1.0 ~ 0.5	0.5 ~ 0.2	0.2이하

③ 제1항 및 제2항 규정에 의거 계산된 지하보상비가 1,000,000원에 미달되는 경우에는 필지당 1,000,000원 또는 토지가 공동소유로 되어 있는 공동주택의 경우에는 토지소유자당 100,000원을 지급할 수 있다. 다만, 토지소유자별로 지급하는 경우소유자별 지급액의 합계액이 해당 저촉되는 토지부분에 대한 감정평가 가격의 50퍼센트를 초과할 수 없으며 두 명 이상 공동 소유자가 있는 가구에 있어서는 한 명 보상에 한한다.

④ 보상비는 현금보상으로 한다.

보상평가 해커스 감정평가사 이승준 감정평가실무 2차 기본서

제10조(지하시설물의 유지관리)

지하시설물로부터 시설물폭의 2배 이내에서 건축 등 행위를 하려는 경우 지하시설물 관리자(부서)와 사전 협의하여야 한다. 단, 제4조의 규정에 따른 지하보상 대상범위 밖의 토지에 건축 등 행위를 제한하려는 때에는 따로 보상하여야 한다.

제11조(준용)

이 조례에서 정하지 아니한 것은 「공익사업을 위한 토지 등의 취득 및 보상에 관한 법률」에 따른다.

제12조(시행규칙)

이 조례 시행에 필요한 사항은 규칙으로 정할 수 있다.

핵심체크 | "토피"의 이해

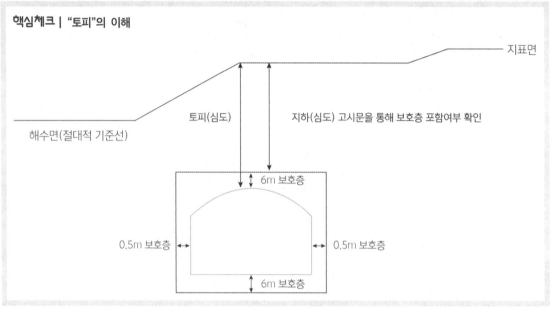

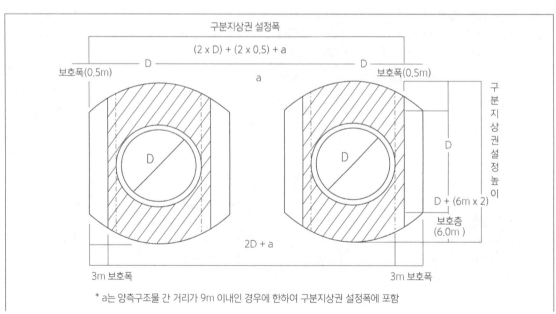

* a는 양측구조물 간 거리가 9m 이내인 경우에 한하여 구분지상권 설정폭에 포함

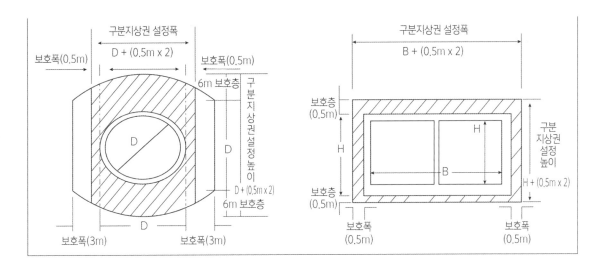

4 「전기사업」등에 따른 지상사용료 등의 감정평가

1. 용어의 정리

1. "송전선로"란 발전소 상호 간, 변전소 상호 간 및 발전소와 변전소 간을 연결하는 전선로(통신용으로 전용하는 것은 제외한다)와 이에 속하는 전기설비를 말한다.
2. "송전선로부지"란 토지의 지상 또는 지하 공간으로 송전선로가 통과하는 토지를 말한다.
3. "입체이용저해율"이란 토지의 지상 또는 지하 공간의 사용으로 인하여 해당 토지의 이용이 저해되는 정도에 따른 적정한 율을 말한다.
4. "추가보정률"이란 입체이용저해율 외에 송전선로를 설치함으로써 해당 토지의 경제적 가치가 감소되는 정도를 나타내는 비율을 말한다.
5. "감가율"이란 송전선로부지 또는 재산적 보상토지의 가치하락의 정도를 나타내는 비율을 말한다. 감가율은 다음 각 목과 같이 구분된다.
   가. 송전선로부지의 감가율
   나. 재산적 보상토지의 감가율
6. "재산적 보상지역"이란 지상 송전선로의 건설로 인하여 재산상의 영향을 받는 지역으로서, 76만 5천 볼트 송전선로의 경우에는 송전선로 양측 가장 바깥선으로부터 각각 33미터 이내의 지역, 34만 5천 볼트 송전선로의 경우에는 송전선로 양측 가장 바깥선으로부터 각각 13미터 이내의 지역을 말한다. 다만, 「전기사업법」 제90조의2 또는 「전원개발촉진법」 제6조의2에 따른 보상이 적용되는 지역과 「국유재산법」 제5조 및 「공유재산 및 물품 관리법」 제4조에 따른 부동산은 제외한다.
7. "재산적 보상토지"란 송전설비주변법 제2조 제3호에 따른 재산적 보상지역에 속한 토지로서 같은 법 제4조 제1항에 따라 재산적 보상이 청구된 토지를 말한다. 다만, 「공익사업을 위한 토지 등의 취득 및 보상에 관한 법률」(이하 "토지보상법"이라 한다) 제73조에 따른 잔여지 보상을 받은 토지는 제외한다.
8. "주택매수 청구지역"이란 지상 송전선로 건설로 인하여 주거상·경관상의 영향을 받는 지역으로서, 76만 5천 볼트 송전선로의 경우에는 송전선로 양측 가장 바깥선으로부터 각각 180미터 이내의 지역, 34만 5천 볼트 송전선로의 경우에는 송전선로 양측 가장 바깥선으로부터 각각 60미터 이내의 지역을 말한다. 이 경우 "주택"은 「주택법」 제2조 제1호에 따른 주택을 말한다.
9. "택지"란 주거·상업·공업용지 등으로 이용되고 있거나 그 이용을 목적으로 조성된 토지를 말하며, 택지예정지를 포함한다.

2. 손실보상을 위한 감정평가 기준

「전기사업법」 제90조의2 또는 「전원개발촉진법」 제6조의2에 따른 토지의 지상 또는 지하 공간을 사용하는 경우에 있어서 그 손실보상을 위한 감정평가는 토지의 지상 또는 지하 공간의 사용료를 감정평가하는 것으로 한다.

3. 한시적 사용을 위한 감정평가

> 사용료 감정평가액 ≒ [해당 토지의 단위면적당 토지사용료 × 김기울 × 지상 공간의 사용면적]

토지의 단위면적당 토지사용료는 전술한 토지의 사용료 감정평가(「토지보상평가지침」 제49조 제1항부터 제4항)를 준용하여 감정평가한다.

4. 지상 또는 지하 공간의 사실상 영구적 사용을 위한 감정평가

> 사용료 감정평가액 ≒ [해당 토지의 단위면적당 토지가액 × 김기울 × 지상 또는 지하 공간의 사용면적]

토지의 단위면적당 토지가액은 해당 송전선로의 건설로 인한 지가의 영향을 받지 아니하는 토지로서 인근 지역에 있는 유사한 이용상황의 표준지를 기준으로 감정평가한다.

적용공시지가의 선정은 「토지보상법」 제70조 제3항 또는 제4항을 준용한다.

5. 감가율의 산정

① 해당 토지의 지상 또는 지하 공간 사용에 따른 사용료의 감정평가 시에 적용되는 감가율은 송전선로의 건설에 따른 토지이용상의 제한 등이 해당 토지의 면적에 미치는 영향 정도 등을 고려하여 정한 율로서 입체이용저해율과 추가보정률로 구분되며, 다음과 같이 해당 토지의 사용료 감정평가 시에 적용할 감가율을 산정한다.

> 감가율 ≒ 입체이용저해율 + 추가보정률

② 제1항에도 불구하고 지하 공간 사용에 따른 사용료의 감정평가시에는 입체이용저해율만을 감가율로 본다.

③ 제1항의 입체이용저해율은 「토지보상평가지침」 제51조에 따른 입체이용저해율의 산정방법을 준용한다.

> 입체이용저해율 = 건물의 이용저해율 + 지하부분의 이용저해율 + 그 밖의 이용저해율

④ 제1항의 추가보정률은 송전선로요인, 개별요인, 그 밖의 요인 등을 고려한 율로서, 별표1에서 정하는 기준에 따라 통과전압의 종별이 76만 5천 볼트, 34만 5천 볼트, 15만 4천 볼트인 경우로 나누어 산정한다.

⑤ [별표 1]에서 정하는 기준에 따라 추가보정률을 산정하는 경우에는 다음 각 호의 요인을 고려한 적정한 율로 하되, 각 요인별로 그 저해정도를 고려하여 산정한다. 다만, 한시적으로 사용하는 경우에 있어서 사용료의 감정평가시에는 제2호의 구분지상권설정 여부는 적용하지 아니한다.

1. 송전선로요인: 통과전압의 종별 및 송전선의 높이, 회선 수, 해당 토지의 철탑건립여부, 주변 철탑 수, 철탑거리, 철탑으로 인한 일조 장애, 송전선 통과 위치 등
2. 개별요인: 용도지역, 고저, 경사도, 형상, 필지면적, 도로접면, 간선도로 거리, 구분지상권 설정 여부 등
3. 그 밖의 요인: 인구수준(인구수, 인구 순유입), 경제 활성화 정도, 장래의 동향 등

⑥ 유효이용면적 또는 그 이하의 소규모 택지의 지상 공간에 구분지상권을 설정하여 사실상 영구적으로 사용하는 경우 등에 있어 별표 1에서 정하는 기준에 따른 추가보정률을 적용하여 산정된 감정평가액이 그 송전선로부지의 지상 공간 사용에 따른 해당 토지의 현실적인 경제적 가치 감소상당액 수준에 현저히 못 미친다고 인정되는 경우에는 따로 추가보정률의 산정기준 등을 정하여 감정평가할 수 있다. 이 경우에는 송전선로부지의 위치 및 면적, 송전선로 전압의 종별, 송전선로의 높이, 송전선로의 통과위치, 인근 철탑의 존재 여부 및 그 거리, 송전선로의 이전가능성 및 그 난이도 등과 주위토지 상황 등을 종합적으로 고려하여 추가보정률 등을 정하여야 한다.

핵심체크 | 추가보정률 산정기준표

- 345kv

감가요인 항목		택지	농지	임지
송전선로 요인 (a)	회선 수	9 ~ 22%	6 ~ 16%	6 ~ 11%
	송전선높이			
	해당 토지의 철탑 건립 여부			
	주변 철탑 수			
	철탑 거리			
	철탑으로 인한 일조 장애			
	송전선 통과 위치			
개별 요일 (b)	용도지역, 고저 경사도, 형상	8 ~ 18%	6 ~ 14%	6 ~ 9%
	필지면적			
	도로접면			
	간선도로 거리			
	구분지상권 설정 여부			
그 밖의 요인 (c)	인구수준(인구수, 인구 순수입), 경제 활성화 정도, 장래의 동향 등	0 ~ 5%	0 ~ 3%	0 ~ 3%
추가보정률 합계		17 ~ 45%	12 ~ 33%	12 ~ 23%

<공통유의사항>
1. 이 표는 추가보정률의 일반적인 적용범위 및 구분기준 등을 정한 것이므로 대상물건의 상황이나 지역여건 등에 따라 이를 증·감 조정할 수 있다.
2. 구분지상권이 설정되는 경우(5%)를 기준으로 한 범위이며, 미설정시 해당 범위에서 -5%를 일괄 적용한다.
3. 이 표에서 정하지 아니한 용도 토지의 경우에는 이 표에서 정한 유사한 용도 토지의 율을 적용할 수 있다.

- 765kv

감가요인 항목		택지	농지	임지
송전선로 요인 (a)	회선 수	20 ~ 30%	8 ~ 18%	8 ~ 13%
	송전선높이			
	해당 토지의 철탑 건립 여부			
	주변 철탑 수			
	철탑 거리			
	철탑으로 인한 일조 장애			
	송전선 통과 위치			
개별 요일 (b)	용도지역, 고저 경사도, 형상	17 ~ 20%	9 ~ 17%	9 ~ 12%
	필지면적			
	도로접면			
	간선도로 거리			
	구분지상권 설정 여부			
그 밖의 요인 (c)	인구수준(인구수, 인구 순수입), 경제 활성화 정도, 장래의 동향 등	0 ~ 5%	0 ~ 5%	0 ~ 5%
추가보정률 합계		37 ~ 55%	17 ~ 40%	17 ~ 30%

6. 지상 또는 지하 공간의 사용면적

송전선로의 건설을 위한 토지의 지상 또는 지하 공간의 사용에 따른 사용료의 감정평가 시에 적용할 사용면적은 의뢰인이 다음에서 정하는 기준에 따라 산정하여 제시한 면적으로 한다.

1. "지상 공간의 사용면적"이란 「전기사업법」 제90조의2제2항 제1호에 따라 송전선로의 양측 가장 바깥선으로부터 수평으로 3미터를 더한 범위에서 수직으로 대응하는 토지의 면적을 말한다. 이 경우 건축물 등의 보호가 필요한 경우에는 기술기준에 따른 전선과 건축물 간의 전압별 이격거리까지 확장할 수 있다.

2. "지하 공간의 사용면적"이란 송전선로 시설물의 설치 또는 보호를 위하여 사용되는 토지의 지하 부분에서 수직으로 대응하는 토지의 면적을 말한다.

7. 재산적 보상을 위한 감정평가

(1) 감정평가방법

① 「송전설비주변법」 제4조에 따른 재산적 보상토지의 경제적 가치감소분에 대한 감정평가액은 지상 송전선로 건설로 인한 해당 토지의 경제적 가치 감소정도, 토지활용 제한 정도, 재산권행사의 제약정도 등을 고려하여 감정평가하되 다음과 같이 결정한다.

> 감정평가액 ≒ 해당 토지의 단위면적당 토지가액 × 감가율 × 재산적 보상토지의 면적

② 해당 토지의 단위면적당 토지가액은 해당 송전선로의 건설로 인한 지가의 영향을 받지 아니하는 토지로서 인근 지역에 있는 유사한 이용상황의 표준지를 기준으로 감정평가한다.

③ 재산적 보상평가액은 「전기사업법」 제90조의2 또는 「전원개발촉진법」 제6조의2에 따른 보상수준(사용료 평가액)을 초과할 수 없다.

(2) 감가율

① 송전선로의 건설로 인하여 발생하는 재산적 보상토지의 감정평가 시에 적용되는 감가율은 별표 2에서 정하는 기준에 따라 통과전압의 종별이 76만 5천 볼트, 34만 5천 볼트인 경우로 나누어 산정한다.

② [별표2]에서 정하는 기준에 따라 감가율을 산정하는 경우에는 다음 각 호의 요인을 고려한 적정한 율로 하되, 각 요인별로 그 저해 정도를 고려하여 산정한다.

　　1. 송전선로요인: 통과전압의 종별 및 송전선의 높이, 회선수, 해당 토지의 철탑건립 여부, 주변 철탑 수, 철탑거리, 철탑으로 인한 일조 장애, 송전선 통과 위치 등

　　2. 개별요인: 용도지역, 고저, 경사도, 형상, 필지면적, 도로접면, 간선도로 거리, 구분지상권 설정 여부 등

　　3. 그 밖의 요인: 인구수준(인구수, 인구 순유입), 경제 활성화 정도, 장래의 동향 등

핵심체크 | 재산적 보상토지 감가율 산정기준표

1. 345kv의 경우

감가요인 항목		택지	농지	임지
송전선로 요인 (a)	회선 수	8 ~ 20%	4 ~ 15%	4 ~ 10%
	송전선높이			
	해당 토지의 철탑 건립 여부			
	주변 철탑 수			
	철탑 거리			
	철탑으로 인한 일조 장애			
	송전선 통과 위치			
개별 요일 (b)	용도지역, 고저 경사도, 형상	7 ~ 17%	6 ~ 13%	6 ~ 8%
	필지면적			
	도로접면			
	간선도로 거리			
	구분지상권 설정 여부			
그 밖의 요인 (c)	인구수준(인구수, 인구 순유입), 경제 활성화 정도, 장래의 동향 등	0 ~ 5%	0 ~ 3%	0 ~ 3%
추가보정률 합계		15 ~ 42%	10 ~ 31%	10 ~ 21%

<공통유의사항>
1. 이 표는 감가율의 일반적인 적용범위 및 구분기준 등을 정한 것이므로 대상물건의 상황이나 지역여건 등에 따라 이를 증·감 조정할 수 있다.
2. 구분지상권이 설정되는 경우(5%)를 기준으로 한 범위이며, 미설정시 해당범위에서 -5%를 일괄 적용한다.
3. 이 표에서 정하지 아니한 용도 토지의 경우에는 이 표에서 정한 유사한 용도 토지의 율을 적용할 수 있다.

2. 765kv의 경우

감가요인 항목		택지	농지	임지
송전선로 요인 (a)	회선 수	17 ~ 27%	6 ~ 17%	6 ~ 12%
	송전선높이			
	해당 토지의 철탑 건립 여부			
	주변 철탑 수			
	철탑 거리			
	철탑으로 인한 일조 장애			
	송전선 통과 위치			
개별 요일 (b)	용도지역, 고저 경사도, 형상	15 ~ 18%	7 ~ 14%	7 ~ 10%
	필지면적			
	도로접면			
	간선도로 거리			
	구분지상권 설정 여부			
그 밖의 요인 (c)	인구수준(인구수, 인구 순수입), 경제 활성화 정도, 장래의 동향 등	0 ~ 5%	0 ~ 5%	0 ~ 5%
추가보정률 합계		32 ~ 50%	13 ~ 36%	13 ~ 27%

(3) 재산적 보상토지의 면적

재산적 보상의 감정평가에 적용하는 토지면적은 의뢰인이 다음 각 호에서 정하는 기준에 따라 산정하여 제시한 면적으로 한다.

1. 76만 5천 볼트 송전선로의 경우에는 송전선로 양측 가장 바깥선으로부터의 거리가 각각 3미터 이상 33미터 이하, 34만 5천 볼트 송전선로의 경우에는 송전선로 양측 가장 바깥선으로부터의 거리가 각각 3미터 이상 13미터 이하 범위의 직하 토지의 면적을 원칙으로 한다.

2. 송전선로가 그 지상을 통과하는 택지로서 건축물 등의 보호가 필요한 경우에는 송전선로 양측 가장 바깥선으로부터의 거리(3미터)를 기술기준에 따른 전선과 건축물 간의 전압별 이격거리까지 확장할 수 있고 송전선로의 양측 가장 바깥선으로부터의 거리가 76만 5천 볼트 송전선로의 경우에는 각각 그 이격거리 이상 33미터 이하, 34만 5천 볼트 송전선로의 경우에는 그 이격거리 이상 13미터 이하 범위 안에서 정한 직하 토지의 면적으로 한다.

8. 주택매수의 청구 대상토지의 감정평가

(1) 주택매수 등의 청구 「송전설비주변법」 제5조

① 주택소유자는 자신이 소유하고 있는 주택이 주택매수 등 청구지역에 속한 경우에는 사업자에게 다음 각 호의 어느 하나를 청구할 수 있다. 다만, 제1호를 청구하려는 주택소유자와 대지소유자가 다른 경우에는 공동으로 매수를 청구하여야 한다.

1. 해당 주택 및 그 대지[「공간정보의 구축 및 관리 등에 관한 법률」 제67조 제1항에 따른 지목이 대(垈)인 토지를 말한다]의 매수

2. 해당 주택에 대한 주거환경개선비용의 지원

② 제1항 제1호에 따른 매수의 청구가 있는 경우 사업자는 해당 주택 및 그 대지가 「전원개발촉진법」
제5조 제3항 제2호의 전원개발사업구역에 편입된 것으로 보아 이를 매수하여야 한다. 이 경우 매수한
주택 및 대지는 「소득세법」 또는 「법인세법」 적용 시 「공익사업을 위한 토지 등의 취득 및 보상에
관한 법률」에 따른 수용에 의하여 취득한 것으로 본다.

③ 제1항 제1호에 따른 주택매수의 가액 및 범위는 주택소유자와 사업자가 협의하여 정한다. 이 경우
협의를 위한 매수 청구 범위, 대상 및 매수가액 산정기준 등 구체적인 사항은 대통령령으로 정한다.

(2) 주택매수 등 청구지역 「송전설비주변법 시행령」 제9조

① 「송전설비주변법」 제5조 제1항에 따라 주택 및 그 대지의 매수 또는 주거환경개선비용의 지원을 청구
할 수 있는 경우는 다음 각 호의 어느 하나에 해당하는 경우로 한다.

1. 「주택법」 제2조 제1호에 따른 주택(단독주택에 한정하며, 이하 "단독주택"이라 한다)의 전부 또는
일부가 주택매수 등 청구지역에 포함된 경우

2. 단독주택 대지의 일부가 주택매수 등 청구지역에 포함된 경우로서 해당 단독주택이 주택매수 등
청구지역 경계선부터 단독주택의 대지와 접하는 주택매수 등 청구지역 경계선의 폭 등을 고려하여
산업통상자원부장관이 정하여 고시한 방법에 따라 산정한 거리 안에서 다음 계산식에 따라 산정된
면적에 해당하는 지역에 포함된 경우

> 단독주택의 바닥면적 × 다음 각 목의 구분에 따른 배율
> 가. 「국토의 계획 및 이용에 관한 법률」 제6조 제1호에 따른 도시지역 내의 토지: 5배
> 나. 가목 외의 토지: 10배

3. 「주택법」 제2조 제3호에 따른 공동주택(주거용에 한정하며, 이하 "공동주택"이라 한다)의 전용면
적의 전부 또는 일부가 주택매수 등 청구지역에 포함된 경우

(3) 감정평가방법 「송전설비주변법 시행령」 제11조

① 「송전설비주변법」 제5조 제3항에 따른 주택매수의 가액(價額)은 「부동산 가격공시에 관한 법률」 제3
조에 따른 표준지공시지가를 기준으로 한다. 이 경우 다음 각 호의 사항을 고려하되, 주택의 일시적
이용 상황, 주택소유자가 갖는 주관적 가치 및 주택소유자의 개별적 용도는 고려하지 아니한다.

1. 표준지공시지가 공시기준일부터 주택매수 협의의 성립 시점까지의 관계 법령에 따른 해당 주택의
이용계획

2. 해당 지상 송전선로 건설로 인한 지가(地價)의 영향을 받지 아니하는 지역의 지가변동률

3. 생산자물가상승률(「한국은행법」 제86조에 따라 한국은행이 조사·발표하는 생산자물가지수에 따
라 산정된 비율을 말한다)

4. 2인 이상의 감정평가법인등이 평가한 주택의 가액. 이 경우 평가 가액은 협의가 성립되는 시점을
기준으로 한다.

5. 그 밖에 해당 주택의 위치, 형상, 환경 및 이용 상황

② 제1항에 따른 표준지공시지가는 승인등완료일 전의 시점을 공시기준일로 하는 표준지공시지가로서
그 주택 매수의 협의 성립 당시 공시된 표준지공시지가 중 그 승인등완료일과 가장 가까운 시점에
공시된 표준지공시지가로 한다.

③ 제2항에도 불구하고 승인등완료일 전에 제4조 제1항 각 호의 사업에 대한 공고 등(이하 이 항에서 "사업공고"라 한다)으로 주택매수의 청구 대상 주택의 가격이 변동되었다고 인정되는 경우에는 해당 사업공고 전의 시점을 공시기준일로 하는 표준지공시지가로서 그 주택 매수의 협의 성립 당시 공시된 표준지공시지가 중 사업공고 시점과 가장 가까운 시점에 공시된 표준지공시지가로 할 수 있다.

④ 제1항 제2호에 따른 지가변동률 및 제1항 각 호 외의 부분 후단에 따른 주택의 일시적 이용 상황에 관하여는 「공익사업을 위한 토지 등의 취득 및 보상에 관한 법률 시행령」 제37조 및 제38조를 준용한다.

⑤ 사업자는 재산적 보상지역 및 「전기사업법」 제90조의2에 따른 보상이 적용되는 지역에서의 주택매수 청구가 있는 경우에는 제1항부터 제4항까지의 규정에 따라 산정된 주택매수 가액에서 제7조에 따른 보상금액 및 「전기사업법」 제90조의2에 따른 보상액을 공제할 수 있다.

「송전설비주변법」 제2조 (정의)

3. "재산적 보상지역"이란 지상 송전선로의 건설로 인하여 재산상의 영향을 받는 지역으로서, 그 범위는 다음과 같다. 다만, 「전기사업법」 제90조의2에 따른 보상이 적용되는 지역과 「국유재산법」 제5조 및 「공유재산 및 물품 관리법」 제4조에 따른 부동산은 제외한다.
   가. 76만 5천 볼트 송전선로: 송전선로 양측 가장 바깥선으로부터 각각 33미터 이내의 지역
   나. 50만 볼트 송전선로: 송전선로 양측 가장 바깥선으로부터 각각 20미터 이내의 지역
   다. 34만 5천 볼트 송전선로: 송전선로 양측 가장 바깥선으로부터 각각 13미터 이내의 지역
4. "주택매수 등 청구지역"이란 지상 송전선로 건설로 인하여 주거상·경관상의 영향을 받는 지역으로서, 그 범위는 다음과 같다. 이 경우 "주택"은 「주택법」 제2조 제1호에 따른 주택을 말한다.
   가. 76만 5천 볼트 송전선로: 송전선로 양측 가장 바깥선으로부터 각각 180미터 이내의 지역
   나. 50만 볼트 송전선로: 송전선로 양측 가장 바깥선으로부터 각각 100미터 이내의 지역
   다. 34만 5천 볼트 송전선로: 송전선로 양측 가장 바깥선으로부터 각각 60미터 이내의 지역

현행 「송전선로부지 등 보상평가지침」은 2020년 개정된 「송전설비주변법」상 재산적 보상지역 및 주택매수 등 청구지역과 차이가 있으나, 실무적으로는 문제가 되지 않는다.

9. 구분지상권 설정 면적 및 송전선로 토지 사용 면적 산정

(1) 「전기사업법」에 의한 토지 사용 면적

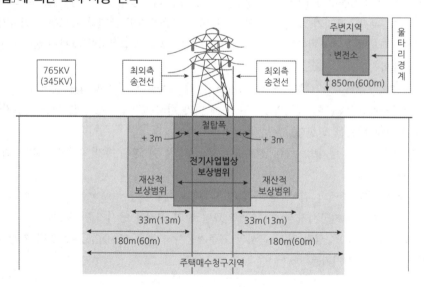

(2) 건축물 간의 전압별 이격거리 고려한 토지 사용 면적

핵심체크 | 산업통상부 공고상 이격거리 정리

송전선 전압	법정 지상고 (구분지상권 설정)	법적 이격거리 (토지 사용 면적)
345㎸	13.72m = 10m + (345,000 - 35,000) × 0.12m ÷ 10,000	7.65m = 3m + (345,000 - 35,000) × 0.15m ÷ 10,000
765㎸	18.76m = 10m + (765,000 - 35,000) × 0.12m ÷ 10,000	13.95m = 3m + (345,000 - 35,000) × 0.15m ÷ 10,000

10. 송전선로 보상범위에 대한 판례

⚖ 판례 | 송전선로 보상범위 [대법원 2022.11.30. 선고 2017다257043 판결]

[판결요지]

토지의 상공에 고압전선이 통과하게 됨으로써 토지소유자가 그 토지 상공의 사용·수익을 제한 받게 되는 경우, 특별한 사정이 없는 한 고압전선의 소유자는 토지소유자의 사용·수익이 제한되는 상공 부분에 대한 차임 상당의 부당이득을 얻고 있으므로, 토지소유자는 이에 대한 반환을 구할 수 있다. 이때 <u>토지소유자의 사용·수익이 제한되는 상공의 범위에는 고압전선이 통과하는 부분뿐만 아니라 관계 법령에서 고압전선과 건조물 사이에 일정한 거리를 유지하도록 규정하고 있는 경우 그 거리 내의 부분도 포함된다</u>(대법원 2014.11.13. 선고 2012다108108 판결 등 참조).

한편 고압전선의 소유자가 해당 토지 상공에 관하여 일정한 사용권원을 취득한 경우, 그 양적 범위가 토지소유자의 사용·수익이 제한되는 상공의 범위에 미치지 못한다면, 사용·수익이 제한되는 상공 중 사용권원을 취득하지 못한 부분에 대해서 고압전선의 소유자는 특별한 사정이 없는 한 차임 상당의 부당이득을 토지소유자에게 반환할 의무를 부담한다.

핵심체크 | 사용·수익 제한의 범위

1. 판결의 의의

(1) 종래 대법원은 이른바 '선하지 소송'에서 고압전선이 사용권원 없이 토지 상공을 지나는 경우 '**법정이격거리(전압에 따라 달라지는데, 고압전선으로부터 7.65m 또는 13.95m인 경우가 많음) 내 상공**'에 대하여 <u>토지소유자의 사용수익이 제한</u>된다고 보아 이를 기준으로 고압전선 소유자인 한국전력공사(이하 '한전')의 부당이득반환의무를 인정해 왔음(대법원 2012다108108 판결 등)

(2) 그런데 한전은 <u>법정이격거리 내 상공에 미달하는 범위(통상 실무상 보상기준인 고압전선으로부터 약 3m 내) 상공에 한정</u>하여 토지소유자와 지상권 또는 임차권 설정계약을 체결하거나 사용재결을 받아 손실보상금을 지급하는 방식으로 사용권원을 취득해 왔음.

(3) 이처럼 한전의 실무상 보상기준(사용권원 취득 범위)이 종래 대법원이 인정하던 부당이득반환 인정기준(사용수익 제한 범위)에 미달하게 된 상황에서 다음과 같은 형태로

(4) 다수의 분쟁이 발생하였는데, '부당이득 성립 또는 소멸 여부'에 관한 하급심의 판단이 엇갈리고 있었음.

   (가) 토지소유자가 한전을 상대로 그 미달 범위 상공에 대하여 부당이득반환청구소송을 하는 형태

   (나) (역으로) 한전이 토지소유자를 상대로 선행판결(한전의 철거 및 부당이득반환의무를 인정한 기존 판결)에 대하여 청구이의소송을 하는 형태

(5) 이 판결은 한전이 취득한 사용권원의 양적 범위가 토지소유자가 사용수익 제한을 받는 범위에 미달한다면 그 미달 범위에서는 특별한 사정이 없는 한 여전히 **부당이득반환의무가 인정됨을 분명히 함으로써, 하급심의 혼란을 정리하였다는데 의의가 있음.**

2. 기존 규율 상황 도해(평면도 기준)

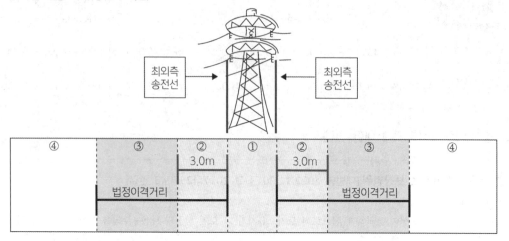

(1) ① 및 ② 부분 토지
  - 건조물 등 설치가 원칙적으로 불가능함(2차 접근상태)
  - 판례상 부당이득반환 범위에 포함됨
  - 실무상 보상 범위에 포함됨

(2) ③ 부분 토지
  - 건조물 등 설치가 일부 제한됨(1차 접근상태 중 법정이격거리 내 상공 침범 불가)
  - 판례상 부당이득반환 범위에 포함됨(예외적으로 최대횡진거리 상당 범위 확장 가능)
  - 실무상 보상 범위에 포함되지 않는 경우가 대부분임

(3) ④ 부분 토지
  - 건조물 등 설치 가능. But 다른 법령의 제한(예 건축허가를 위한 최소 면적 미달 등)이나 사실상의 장애(예 토지의 형상 등)가 있을 수 있음
  - 판례상 예외적으로 부당이득반환 범위에 포함됨('과소토지')
  - 실무상 보상 범위에 포함되지 않는 경우가 대부분임

건축물 등의 물건에 대한 보상평가

1 개설

건축물등이란 건축물·입목·공작물과 그 밖에 토지에 정착한 물건으로 이러한 건축물 등은 해당 공익사업의 시행을 위해 직접적으로 취득하거나 사용하는 물건과 당해 공익사업의 시행에 필요하지 않은 물건인 "지장물"로 구분된다. 당해 공익사업의 시행을 위해 사업시행자가 취득하거나 사용하는 건축물 등은 해당 물건의 가격으로 보상하고, 지장물인 경우에는 이전에 필요한 비용(이하 "이전비")을 기준하되, 이전이 어렵거나 이전으로 인하여 종래의 목적대로 사용할 수 없게된 경우 및 이전비가 물건의 가격을 넘는 경우에는 해당 물건의 가격으로 보상하도록 규정하고 있다. 다만 물건의 가격으로 보상한 건축물의 철거비용은 사업시행자가 부담하되, 건축물의 소유자가 당해 건축물의 구성부분을 사용 또는 처분할 목적으로 철거하는 경우에는 건축물의 소유자가 철거비를 부담한다.

2 건축물등의 보상평가

1. 관련 규정

「토지보상법」 제75조(건축물등 물건에 대한 보상)
① 건축물·입목·공작물과 그 밖에 토지에 정착한 물건(이하 "건축물등"이라 한다)에 대하여는 이전에 필요한 비용 (이하 "이전비"라 한다)으로 보상하여야 한다. 다만, 다음 각 호의 어느 하나에 해당하는 경우에는 해당 물건의 가격으로 보상하여야 한다.
  1. 건축물등을 이전하기 어렵거나 그 이전으로 인하여 건축물등을 종래의 목적대로 사용할 수 없게 된 경우
  2. 건축물등의 이전비가 그 물건의 가격을 넘는 경우
  3. 사업시행자가 공익사업에 직접 사용할 목적으로 취득하는 경우
② 농작물에 대한 손실은 그 종류와 성장의 정도 등을 종합적으로 고려하여 보상하여야 한다.
③ 토지에 속한 흙·돌·모래 또는 자갈(흙·돌·모래 또는 자갈이 해당 토지와 별도로 취득 또는 사용의 대상이 되는 경우만 해당한다)에 대하여는 거래가격 등을 고려하여 평가한 적정가격으로 보상하여야 한다.
④ 분묘에 대하여는 이장(移葬)에 드는 비용 등을 산정하여 보상하여야 한다.
⑤ 사업시행자는 사업예정지에 있는 건축물등이 제1항 제1호 또는 제2호에 해당하는 경우에는 관할 토지수용위원회에 그 물건의 수용 재결을 신청할 수 있다.
⑥ 제1항부터 제4항까지의 규정에 따른 물건 및 그 밖의 물건에 대한 보상액의 구체적인 산정 및 평가방법과 보상기준은 국토교통부령으로 정한다.

「토지보상법 시행규칙」 제33조(건축물의 평가)
① 건축물(담장 및 우물 등의 부대시설을 포함한다. 이하 같다)에 대하여는 그 구조·이용상태·면적·내구연한·유용성 및 이전가능성 그 밖에 가격형성에 관련되는 제요인을 종합적으로 고려하여 평가한다.
② 건축물의 가격은 원가법으로 평가한다. 다만, 주거용 건축물에 있어서는 거래사례비교법에 의하여 평가한 금액(공익사업의 시행에 따라 이주대책을 수립·실시하거나 주택입주권 등을 당해 건축물의 소유자에게 주는 경우 또는 개발제한구역안에서 이전이 허용되는 경우에 있어서의 당해 사유로 인한 가격상승분은 제외하고 평가한 금액을 말한다)이 원가법에 의하여 평가한 금액보다 큰 경우와 「집합건물의 소유 및 관리에 관한 법률」에 의한 구분소유권의 대상이 되는 건물의 가격은 거래사례비교법으로 평가한다.

제13장

보상평가 해커스 감정평가사 이성준 감정평가실무 2차 기본서

③ 건축물의 사용료는 임대사례비교법으로 평가한다. 다만, 임대사례비교법으로 평가하는 것이 적정하지 아니한 경우에는 적산법으로 평가할 수 있다.

④ 물건의 가격으로 보상한 건축물의 철거비용은 사업시행자가 부담한다. 다만, 건축물의 소유자가 당해 건축물의 구성부분을 사용 또는 처분할 목적으로 철거하는 경우에는 건축물의 소유자가 부담한다.

2. 보상대상 여부 판단

공익사업의 시행을 위한 건축물 등의 보상대상 여부는 「토지보상법」 제25조의 의거 "사업인정고시일"을 기준한다. 다만, 판례와 「토지보상법」 규정은 일반법적인 견해를 취하는 것으로 **개별법**에서 건축물 등의 보상대상 여부의 판단 기준을 제시하는 경우에는 개별법 우선의 원칙에 따라 개별법에서 정하는 "일자"를 기준한다. 일반적으로 개별법상에서는 기준일자는 "행위제한일"로 규정하고 있으며 전술한 각 **개별법상 "행위제한일"** 이전 건축물등의 경우에는 보상대상에 포함된다.

「토지보상법」 제25조(토지등의 보전)

① 사업인정고시가 된 후에는 누구든지 고시된 토지에 대하여 사업에 지장을 줄 우려가 있는 형질의 변경이나 제3조 제2호 또는 제4호에 규정된 물건을 손괴하거나 수거하는 행위를 하지 못한다.

② 사업인정고시가 된 후에 고시된 토지에 건축물의 건축·대수선, 공작물(工作物)의 설치 또는 물건의 부가(附加)·증치(增置)를 하려는 자는 특별자치도지사, 시장·군수 또는 구청장의 허가를 받아야 한다. 이 경우 특별자치도지사, 시장·군수 또는 구청장은 미리 사업시행자의 의견을 들어야 한다.

「공공주택특별법」 제11조(행위제한 등)

① 제10조 제1항에 따라 주택지구의 지정·변경에 관한 주민 등의 의견청취의 공고가 있는 지역 및 주택지구 안에서 건축물의 건축, 공작물의 설치, 토지의 형질변경, 토석의 채취, 토지의 분할·합병, 물건을 쌓아놓는 행위, 죽목의 벌채 및 식재 등 대통령령으로 정하는 행위를 하고자 하는 자는 시장(특별자치도의 경우에는 특별자치도지사를 말한다. 이하 같다)·군수 또는 구청장(자치구의 구청장을 말한다. 이하 같다)의 허가를 받아야 한다. 허가받은 사항을 변경하고자 하는 때에도 같다.

3. 감정평가방법

(1) 원칙

건축물(담장 및 우물 등의 부대시설 포함)에 대하여는 그 구조·이용상태·면적·내구연한·유용성 및 이전가능성 그 밖에 가격형성에 관련되는 제요인을 종합적으로 고려하여 감정평가하며, 건축물등에 대하여는 이전에 필요한 비용(이전비)으로 보상함을 원칙으로 한다.

(2) 예외

다음 각 호의 경우에는 **해당 물건의 가격**으로 보상한다.

1. 건축물등을 이전하기 어렵거나 그 이전으로 인하여 건축물등을 종래의 목적대로 사용할 수 없게 된 경우
2. 건축물등의 이전비가 그 물건의 가격을 넘는 경우
3. 사업시행자가 공익사업에 직접 사용할 목적으로 취득하는 경우

4. 주거용 건축물의 경우 감정평가방법

(1) 이전이 가능한 경우

주거용 건축물의 이전비로 보상한다.

(2) 이전이 불가능한 경우(취득하는 경우, 구분소유권 포함)

1) 원칙

원가법을 적용한다.

2) 예외

비준가액이 적산가액 보다 클 경우 비준가액으로 보상한다.

(3) 주거용 건축물과 관련된 보상 논점

주거용 건축물의 보상평가와 관련하여 ① 주거용 건축물의 평가금액이 600만원 미만인 경우 보상액은 600만원으로 보상하며 ② 20년 내 공익사업의 재편입시 재편입가산금을 지급하며 ③ 주거이전비 ④ 이주대책 또는 이주정착금 지급 ⑤ 이사비 등의 논점에 유의한다.

5. 건축물의 일부 편입

(1) 일부 편입 부분의 이전이 가능한 경우

> MIN[편입 부분 이전비 + 보수비, 전체 이전비, 전체 물건가격]

보수비란 건축물의 잔여부분을 종래의 목적대로 사용할 수 있도록 그 유용성을 동일하게 유지하는 데에 필요한 공사비용을 의미하며 시설 개선비는 포함하지 아니한다. 다만, 실무상 보수비를 잔여건축물의 손실 부분에서 고려하는 경우가 있다.

(2) 일부 편입 부분의 이전이 불가능한 경우

> MIN[편입 부분 물건가격 + 보수비, 전체 이전비, 전체 물건가격]

판례 | 사업인정고시일 이전 설치된 건축물 등이라 하더라도 보상만을 목적으로 설치된 경우의 보상대상 여부 [대법원 2013.2.15. 선고 2012두22096 판결]

[판시사항]

구 「공익사업을 위한 토지 등의 취득 및 보상에 관한 법률」 제15조 제1항에 따른 사업시행자의 보상계획공고 등으로 공익사업의 시행과 보상 대상토지의 범위 등이 객관적으로 확정된 후 해당 토지에 지장물을 설치하는 경우, 손실보상의 대상에 해당하는지 여부(한정 소극)

[판결요지]

구 「공익사업법」상 손실보상 및 사업인정고시 후 토지 등의 보전에 관한 위 각 규정의 내용에 비추어 보면, 사업인정고시 전에 공익사업시행지구 내 토지에 설치한 공작물 등 지장물은 <u>원칙적으로 손실보상의 대상이 된다고 보아야</u> 한다. 그러나 손실보상은 공공필요에 의한 행정작용에 의하여 사인에게 발생한 특별한 희생에 대한 전보라는 점을 고려할 때, 구 「공익사업법」 제15조 제1항에 따른 사업시행자의 보상계획공고 등으로 공익사업의 시행과 보상 대상 토지의 범위 등이 객관적으로 확정된 후 해당 토지에 지장물을 설치하는 경우에 그 공익사업의 내용, 해당 토지의 성질, 규모 및 보상계획공고 등 이전의 이용실태, 설치되는 지장물의 종류, 용도, 규모 및 그 설치시기 등에 비추어 그 지장물이 해당 토지의 <u>통상의 이용과 관계없거나 이용 범위를 벗어나는 것으로 손실보상만을 목적으로 설치되었음이</u> 명백하다면, 그 지장물은 예외적으로 손실보상의 대상에 해당하지 아니한다고 보아야 한다.

질의회신 하천점용허가가 없이 설치된 지장물 및 원상회복 명령을 하였으나 철거되지 않은 지장물도 보상대상인지 여부 [법제처 11-0519 (2011-10-27)]

[질의요지]

「공익사업을 위한 토지 등의 취득 및 보상에 관한 법률」 제22조에 따른 공익사업(하천관리청이 시행하는 하천공사) 인정 고시 이전에 「하천법」에 따른 국가하천구역내 국유지에 점용허가를 받지 않고 설치된 지장물(건축물을 제외함. 이하 같음)에 대하여,

1. 하천관리청에서 원상회복 명령 등 이전·철거 등의 행정조치를 취한 바 없고, 이후 해당 지장물이 공익사업 시행으로 철거되는 경우, 「공익사업을 위한 토지 등의 취득 및 보상에 관한 법률」에 따른 손실보상 대상에 해당하는지?

2. 사업인정 고시 전 「하천법」 제69조에 따라 하천관리청이 지장물의 이전·제거 및 원상회복 명령을 하였으나 철거 등이 되지 않고 있다가, 이후 해당 지장물이 공익사업 시행으로 철거되는 경우, 「공익사업을 위한 토지 등의 취득 및 보상에 관한 법률」 또는 「하천법」에 따른 손실보상 대상에 해당하는지?

[질의회신]

1. 하천관리청에서 원상회복 명령 등 이전·철거 등의 행정조치를 취한 바 없고, 이후 해당 지장물이 공익사업 시행으로 철거되는 경우, <u>원칙적으로는 손실보상 대상에 해당</u>한다고 할 것이나, <u>예외적으로 위법의 정도 등을 고려할 때 손실보상을 하는 것이 사회적으로 용인될 수 없다고 인정되는 경우에는 손실보상 대상이 되지 않는다</u>고 할 것입니다.

2. 사업인정 고시 전 「하천법」 제69조에 따라 하천관리청이 지장물의 이전·제거 및 원상회복 명령을 하였으나 철거 등이 되지 않고 있다가, 이후 해당 지장물이 공익사업 시행으로 철거되는 경우, <u>원칙적으로는 손실보상 대상에 해당한다고 할</u> 것이나, <u>예외적으로 위법의 정도 등을 고려할 때 손실보상을 하는 것이 사회적으로 용인될 수 없다고 인정되는 경우에는 손실보상 대상이 되지 않는다</u>고 할 것입니다.

[이유]

이에 대하여, 이 건 질의와 같이 「하천법」에 따른 하천점용허가가 허용되지 않거나 하천점용허가가 없이 설치된 지장물에까지 손실보상을 하여 주는 것은 정의관념 등에 반한다는 주장이 있을 수 있으나, 「하천법」 관계 조항에 위반되는 경우 같은 법 제69조에 따라 지장물 이전·제거 조치, 그 밖의 필요한 처분을 하거나, 「행정대집행법」에 따른 대집행 절차를 이행하거나, 「하천법」 제37조에 따른 변상금 부과 또는 같은 법 제95조에 따른 형사처벌 등 위법 사항을 바로잡을 수 있는 수단이 충분하고, 또한 하천관리청으로서는 평소 이러한 조치를 통한 관리를 하여야 하는 것인바, 이러한 「하천법」과 별도의 목적을 가지고 별도의 규율대상을 다루고 있는 「공익사업법」상 손실보상 제도를 통하여 「하천법」 등 개별법이 추구하는 목적을 달성할 수는 없는 것이고, 더욱이 이러한 경우까지 손실보상을 원칙적으로 불허한다는 논리를 확대해석한다면 사업시행자가 하천관리청이 아닌 공기업 등 제3자인 경우에도 법률상 근거 없이 손실보상을 하지 않고 타인의 재산권을 임의로 처분할 수 있다는 결론에 도달할 위험성도 있다고 할 것입니다.

6. 무허가건축물

무허가건축물이란 「건축법」 등 관계법령에 의하여 허가를 받거나 신고를 하고 건축 또는 용도변경을 하여야 하는 건축물을 허가를 받지 아니하거나 신고를 하지 아니하고 건축 또는 용도변경을 한 건축물을 말한다. 따라서, 무허가건축물에 대한 **보상대상 여부**가 문제가 될 수 있다.

다만, 무허가건축물이라 할지라도 ① 해당 건축물의 이용에 따른 기존의 이익을 부인할 수 없다는 점 ② 당해 공익사업으로 인한 기존 이익의 상실이 발생한다는 점 ③ 상술한 보상대상 여부 판단에 대한 논의와 같이 보상대상 여부는 "행위제한일"을 기준 한다는 점에서 **"행위제한일"** 이전인 경우의 무허가건축물은 보상대상에 포함된다.

> **⚖ 판례 | 무허가건축물의 보상대상 여부** [대법원 2001.4.13. 선고 2000두6411 판결]
>
> 토지수용법상의 사업인정 고시 이전에 건축되고 공공사업용지 내의 토지에 정착한 지장물인 건물은 통상 **적법한 건축허가를 받았는지 여부에 관계없이 손실보상의 대상이 되나**(대법원 2000.3.10. 선고 99두10896 판결 참조), 주거용 건물이 아닌 위법 건축물의 경우에는 관계 법령의 입법 취지와 그 법령에 위반된 행위에 대한 비난가능성과 위법성의 정도, 합법화될 가능성, 사회통념상 거래 객체가 되는지 여부 등을 종합하여 구체적 · 개별적으로 판단한 결과 그 위법의 정도가 관계 법령의 규정이나 사회통념상 용인할 수 없을 정도로 크고 객관적으로도 합법화될 가능성이 거의 없어 거래의 객체도 되지 아니하는 경우에는 예외적으로 수용보상 대상이 되지 아니한다고 보아야 할 것이다.

7. 가설건축물

(1) 개념 「건축법」 제20조

가설건축물이란 도시 · 군계획시설 및 도시 · 군계획시설예정지에 특별자치시장 · 특별자치도지사 또는 시장 · 군수 · 구청장의 허가를 받거나 재해복구, 흥행, 전람회, 공사용으로 특별자치시장 · 특별자치도지사 또는 시장 · 군수 · 구청장에게 신고하여 건축한 건축물로 존치기간 3년 이내, 4층 이하, 철근콘크리트조 또는 철골철근콘크리트조가 아니며, 전기 · 수도 · 가스 등 새로운 간선 공급설비의 설치를 필요로 하지 아니하고 공동주택 · 판매시설 · 운수시설 등으로서 분양을 목적으로 건축하는 건축물이 아닌 건축물을 의미한다.

(2) 보상평가 대상 여부

① 가설건축물은 허가대상과 신고대상으로 구분되며 「국토계획법」 제64조 제3항에서는 "가설건축물의 건축이나 공작물의 설치를 허가한 토지에서 도시 · 군계획시설사업이 시행되는 경우에는 그 시행예정일 3개월 전까지 가설건축물이나 공작물 소유자의 부담으로 그 가설건축물이나 공작물의 철거 등 원상회복에 필요한 조치를 명하여야 한다. 다만, 원상회복이 필요하지 아니하다고 인정되는 경우에는 그러하지 아니하다."라고 규정되어 있어 보상대상에서 제외된다.

② 다만, 신고대상의 가설건축물의 경우에는 「건축법」에서 존치기간 경과 후에도 철거 등 원상회복을 별도로 규정하고 있지 않고 사업인정고시일 이전 무허가건축물도 보상대상에 포함하는 토지보상법상 형평을 고려할 때, 신고대상 가설건축물의 경우에도 보상대상에 포함됨이 타당하다.

판례 | 가설건축물의 보상대상 여부 [대법원 2001.8.24. 선고 2001다7209 판결]

[판시사항]

구「도시계획법」제14조의2 제4항 소정의 '가설건축물' 수용시 임차인의 영업손실을 보상하여야 하는지 여부(소극)

[판결요지]

구 도시계획법(2000.1.28. 법률 제6243호로 전문 개정되기 전의 것) 제14조의2 제4항의 규정은 도시계획시설사업의 집행계획이 공고된 토지에 대하여 건축물을 건축하고자 하는 자는 장차 도시계획사업이 시행될 때에는 건축한 건축물을 철거하는 등 원상회복의무가 있다는 점을 이미 알고 있으므로 건축물의 한시적 이용 및 원상회복에 따른 경제성 기타 이해득실을 형량하여 건축 여부를 결정할 수 있도록 한 것으로서, 이러한 사실을 알면서도 건축물을 건축하였다면 스스로 원상회복의무의 부담을 감수한 것이므로 도시계획사업을 시행함에 있어 무상으로 당해 건축물의 원상회복을 명하는 것이 과도한 침해라거나 특별한 희생이라고 볼 수 없다. 그러므로 토지소유자는 도시계획사업이 시행될 때까지 가설건축물을 건축하여 한시적으로 사용할 수 있는 대신 도시계획사업이 시행될 경우에는 자신의 비용으로 그 가설건축물을 철거하여야 할 의무를 부담할 뿐 아니라 가설건축물의 철거에 따른 손실보상을 청구할 수 없고, 보상을 청구할 수 없는 손실에는 가설건축물 자체의 철거에 따른 손실뿐만 아니라 가설건축물의 철거에 따른 영업손실도 포함된다고 할 것이며, 소유자가 그 손실보상을 청구할 수 없는 이상 그의 가설건축물의 이용권능에 터잡은 임차인 역시 그 가설건축물의 철거에 따른 영업손실의 보상을 청구할 수는 없다.

질의회신 가설건축물에 대한 보상(이전비)이 가능한지 여부 [토지정책과 - 9173, 2016.11.9.]

[질의요지]

설건축물을 허가받아 사용하던 중에 공익사업에 편입된 경우 지장물 보상(이전비, 영업손실보상 등)이 가능한지?

[회신내용]

따라서, 공익사업에 가설건축물 등이 편입된 경우 동 규정에 따라 보상하여야할 것으로 보나, 관계 법령에서 보상에 관하여 제한을 둔 경우 또는 공익사업과 관련 없이 관계 법령에 위반되어 이전ㆍ철거 등의 조치가 진행되고 있는 등의 경우에는 당해 공익사업의 시행으로 인한 손실이 발생한다고 볼 수 없으므로 보상대상에 해당되지 아니한다고 보며, 개별적인 사례에 대하여는 사업시행자가 관계법령 및 사실관계 등을 검토하여 판단할 사항으로 봅니다.

참고로 「국토의 계획 및 이용에 관한 법률」제64조 제3항에 따르면 특별시장ㆍ광역시장ㆍ특별자치시장ㆍ특별자치도지사ㆍ시장 또는 군수는 제2항 제1호 또는 제2호에 따라 가설건축물의 건축이나 공작물의 설치를 허가한 토지에서 도시ㆍ군계획시설사업이 시행되는 경우에는 그 시행예정일 3개월 전까지 가설건축물이나 공작물소유자의 부담으로 그 가설건축물이나 공작물의 철거 등 원상회복에 필요한 조치를 명하도록 규정하고 있으며,

관련 판례에 따르면 "… 토지소유자는 도시계획사업이 시행될 때 7가지 가설건축물을 건축하여 한시적으로 사용할 수 있는 대신 도시계획사업이 시행될 경우에는 자신의 비용으로 그 가설건축물을 철거하여야 할 의무를 부담할 뿐 아니라 가설건축물의 철거에 따른 손실보상을 청구할 수 없고, 보상을 청구할 수 없는 손실에는 가설건축물 자체의 철거에 따른 손실뿐만 아니라 가설건축물의 철거에 따른 영업손실도 포함된다고 할 것이라고 판시(대법원 2001.8.24. 선고, 2001다7209 판결 참조)하고 있음을 알려 드립니다.

8. 잔여건축물의 보상평가

(1) 관련 규정

「토지보상법」제75조의2(잔여 건축물의 손실에 대한 보상 등)

① 사업시행자는 동일한 소유자에게 속하는 일단의 건축물의 일부가 취득되거나 사용됨으로 인하여 잔여 건축물의 가격이 감소하거나 그 밖의 손실이 있을 때에는 국토교통부령으로 정하는 바에 따라 그 손실을 보상하여야 한다. 다만, 잔여 건축물의 가격 감소분과 보수비(건축물의 나머지 부분을 종래의 목적대로 사용할 수 있도록 그 유용성을 동일하게 유지하는 데에 일반적으로 필요하다고 볼 수 있는 공사에 사용되는 비용을 말한다. 다만, 「건축법」등 관계 법령에 따라 요구되는 시설 개선에 필요한 비용은 포함하지 아니한다)를 합한 금액이 잔여 건축물의 가격보다 큰 경우에는 사업시행자는 그 잔여 건축물을 매수할 수 있다.

② 동일한 소유자에게 속하는 일단의 건축물의 일부가 협의에 의하여 매수되거나 수용됨으로 인하여 잔여 건축물을 종래의 목적에 사용하는 것이 현저히 곤란할 때에는 그 건축물소유자는 사업시행자에게 잔여 건축물을 매수하여 줄 것을 청구할 수 있으며, 사업인정 이후에는 관할 토지수용위원회에 수용을 청구할 수 있다. 이 경우 수용 청구는 매수에 관한 협의가 성립되지 아니한 경우에만 하되, 사업완료일까지 하여야 한다.

③ 제1항에 따른 보상 및 잔여 건축물의 취득에 관하여는 제9조 제6항 및 제7항을 준용한다.

④ 제1항 본문에 따른 보상에 관하여는 제73조 제2항을 준용하고, 제1항 단서 및 제2항에 따른 잔여 건축물의 취득에 관하여는 제73조 제3항을 준용한다.

⑤ 제1항 단서 및 제2항에 따라 취득하는 잔여 건축물에 대한 구체적인 보상액 산정 및 평가방법 등에 대하여는 제70조, 제75조, 제76조, 제77조, 제78조 제4항, 같은 조 제6항 및 제7항을 준용한다.

「토지보상법 시행규칙」제35조(잔여 건축물에 대한 평가)

① 동일한 건축물소유자에 속하는 일단의 건축물의 일부가 취득 또는 사용됨으로 인하여 잔여 건축물의 가격이 감소된 경우의 잔여 건축물의 손실은 공익사업시행지구에 편입되기 전의 잔여 건축물의 가격(해당 건축물이 공익사업시행지구에 편입됨으로 인하여 잔여 건축물의 가격이 변동된 경우에는 변동되기 전의 가격을 말한다)에서 공익사업시행지구에 편입된 후의 잔여 건축물의 가격을 뺀 금액으로 평가한다.

② 동일한 건축물소유자에 속하는 일단의 건축물의 일부가 취득 또는 사용됨으로 인하여 잔여 건축물에 보수가 필요한 경우의 보수비는 건축물의 잔여부분을 종래의 목적대로 사용할 수 있도록 그 유용성을 동일하게 유지하는데 통상 필요하다고 볼 수 있는 공사에 사용되는 비용(「건축법」등 관계법령에 의하여 요구되는 시설의 개선에 필요한 비용은 포함하지 아니한다)으로 평가한다.

(2) 잔여건축물의 가치하락 보상평가

동일한 소유자에게 속하는 일단의 건축물의 일부가 취득되거나 사용됨으로 인하여 잔여 건축물의 가격이 감소하거나 그 밖의 손실이 있는 경우에는 당해 공익사업에 편입되기 전 잔여건축물의 가격에서 편입된 후 건축물의 가격을 뺀 금액으로 평가한다.

(3) 잔여건축물의 보수비

보수비란 잔여 건축물의 나머지 부분을 종래의 목적대로 사용할 수 있도록 그 유용성을 동일하게 유지하는 데에 일반적으로 필요하다고 볼 수 있는 공사에 사용되는 비용을 말한다. 다만, 「건축법」등 관계 법령에 따라 요구되는 시설 개선에 필요한 비용은 포함하지 아니한다.

(4) 잔여건축물의 매수

잔여 건축물의 가격 감소분과 보수비를 합한 금액이 잔여 건축물의 가격보다 큰 경우에는 사업시행자는
그 잔여 건축물을 매수할 수 있다.

> 1. 일부 편입에 따른 보상액 산정
>   ① 편입부분 건축물 가액 ② 잔여부분 보수비 ③ 잔여건축물 가격 감소분 ④ 그 밖의 손실
> 2. 전체 건축물 가액
> 3. 보상액 결정
>   MIN[1, 2]

질의회신 **잔여건축물 보수비에 시설개선비 포함 여부** [토지정책과-5859 2024.10.11.]

[질의사항]

「토지보상법」제75조의2 제1항에서는 잔여 건축물의 보수비는 건축물의 나머지 부분을 종래의 목적대로 사용할 수 있도록
그 유용성을 동일하게 유지하는 데에 일반적으로 필요하다고 볼 수 있는 공사에 사용되는 비용을 말한다고 하면서, 「건축법」
등 관계 법령에 따라 요구되는 시설 개선에 필요한 비용은 포함하지 아니한다고 규정하고 있는바, 공익사업에 일부 편입되고
남은 잔여 건축물의 대수선에 있어서 당초 건축될 때와는 달리 **개정된 「건축법」**에 따라 내진성능 확보가 필요하게 되는 경우
이를 위한 내진성능보강 설계·공사 비용이 보수비에 포함될 수 있는지?

[질의회신]

법원에서는 공익사업 편입에 따라 일부철거되는 건축물의 대중목욕탕에서 여자목욕탕의 면적이 축소되고 현실적으로 불합리한
규격으로 배치되어 영업의 저해 요인으로 작용하므로 그 유용성의 동일성을 유지하기 위하여는 여자목욕탕의 위치를 이동하는
등 일반목욕장 부분의 기능 유지를 위한 구조개선공사가 필요하고 여기에 소요되는 공사비는 잔여 부분의 보수비라고 판시한
바 있습니다(대법원 2000.10.27, 선고 2000두5104 판결).

이와 같은 사항들을 종합해보면, 건축물의 내진성능 확보는 건축물의 구조적 안전과 관련 허가등 절차에 수반되는 사항으로,
이는 잔여 건축물의 구조적 안전성을 담보하여 **건축물을 종래의 목적대로 사용할 수 있도록 그 유용성을 동일하게 유지하는데
필요한 사항이라 볼 수 있으며**, 이를 결여하는 경우 보수공사 자체가 곤란하게 될 것이므로, 잔여 건축물의 대수선 허가 등에
있어 관련 기준에 따라 내진성능 보강이 필수적인 경우라면 그 비용은 동 규정에 따른 잔여 건축물 보수비에 포함하는 것이
타당할 것으로 보이나, 그 구체적인 사항은 건축물의 유용성을 동일하게 유지하기 위하여 일반적으로 필요한 범위에서 「건축법」
등 관계법령에 비추어 개별적으로 판단하여야 할 것으로 보입니다.

---

③ 공작물의 보상평가

1. 관련 규정

> **「토지보상법 시행규칙」제36조(공작물 등의 평가)**
>
> ① 제33조 내지 제35조의 규정은 공작물 그 밖의 시설(이하 "공작물등"이라 한다)의 평가에 관하여 이를 준용한다.
> ② 다음 각호의 1에 해당하는 공작물등은 이를 별도의 가치가 있는 것으로 평가하여서는 아니 된다.
>   1. 공작물등의 용도가 폐지되었거나 기능이 상실되어 경제적 가치가 없는 경우
>   2. 공작물등의 가치가 보상이 되는 다른 토지등의 가치에 충분히 반영되어 토지등의 가격이 증가한 경우
>   3. 사업시행자가 공익사업에 편입되는 공작물등에 대한 대체시설을 하는 경우

2. 감정평가방법

(1) 원칙

공작물의 감정평가는 건축물의 감정평가방법을 준용한다.

(2) 예외

아래와 같은 공작물등은 이를 별도의 가치가 있는 것으로 평가하여서는 아니 된다.

① 공작물등의 용도가 폐지되었거나 기능이 상실되어 경제적 가치가 없는 경우

② 공작물등의 가치가 보상이 되는 다른 토지등의 가치에 충분히 반영되어 토지등의 가격이 증가한 경우

③ 사업시행자가 공익사업에 편입되는 공작물등에 대한 대체시설을 하는 경우

질의회신 **공작물이 별도의 보상대상인지** [토정 58307 - 1355, 1995.9.26.]

특례법 시행규칙 제12조 제5항의 규정에 의하면 석축·제방 기타 이와 유사한 공작물 등에 대하여는 따로 평가하지 아니하되 다만, 그 부지에 대하여는 「지가공시 및 토지 등의 평가에 관한 법률」에 의한 공시지가를 기준으로 평가하도록 되어 있는바, 이는 토지에 정착된 석축·제방 등의 공작물은 일반적으로 토지를 보호하기 위하여 설치한 것으로 그 가치가 당해 **토지에 화체된 것으로 보아 별도로 평가하지 아니하도록 한 것**이나 만약 사업시행자가 판단할 때에 당해 공작물이 그 **규모·기능**으로 동 규정을 적용함이 적절하지 아니하여 **별도로 보상할 필요가 있다고 판단되는 경우**라면 **별도 보상이 가능할** 것이나 이 경우에도 토지와 당해 공작물 등의 보상액의 합계는 토지와 공작물 등을 일체로 보아 평가할 경우의 보상액과 동일하여야 할 것임

질의회신 **배수시설(흉관)에 대한 손실보상** [토정 58342 - 1730, 1998.11.5.]

소유건물의 효용증진을 위하여 **건물부지에 시설한 부대시설물이 아닌 적법한 절차에 의거 건물부지 밖으로 별도의 시설비용을 들여 배수시설 등 지하시설물을 설치한 경우**라면 이는 「공공용지의 취득 및 손실보상에 관한 특례법 시행규칙」 제12조의 규정에 의한 **공작물로 보아 평가·보상함이 타당**할 것이나 이는 사실판단에 관한 사항이므로 귀 질의의 경우 구체적인 것은 사업시행자와 협의하시기 바람

---

4 수목의 보상평가

1. 감정평가 기준

이전비를 기준하되, 취득시에는 물건의 가격으로 보상한다.

2. 수목의 수량 산정방법

> **「토지보상법 시행규칙」 제40조(수목의 수량 산정방법)**
>
> ① 제37조 내지 제39조의 규정에 의한 수목의 수량은 평가의 대상이 되는 수목을 그루별로 조사하여 산정한다. 다만, 그루별로 조사할 수 없는 특별한 사유가 있는 경우에는 단위면적을 기준으로 하는 표본추출방식에 의한다.
>
> ② 수목의 손실에 대한 보상액은 정상식(경제적으로 식재목적에 부합되고 정상적인 생육이 가능한 수목의 식재상태를 말한다)을 기준으로 한 평가액을 초과하지 못한다.

3. 수익수 및 관상수

(1) 관련 규정

> **「토지보상법 시행규칙」제37조(과수 등의 평가)**
>
> ① 과수 그 밖에 수익이 나는 나무(이하 이 조에서 "수익수"라 한다) 또는 관상수(묘목을 제외한다. 이하 이 조에서 같다)에 대하여는 수종·규격·수령·수량·식수면적·관리상태·수익성·이식가능성 및 이식의 난이도 그 밖에 가격형성에 관련되는 제요인을 종합적으로 고려하여 평가한다.
>
> ② 지장물인 과수에 대하여는 다음 각 호의 구분에 따라 평가한다. 이 경우 이식가능성·이식적기·고손율(枯損率) 및 감수율(減收率)에 관하여는 별표 2의 기준을 참작해야 한다.
>
>   1. 이식이 가능한 과수
>
>   가. 결실기에 있는 과수
>
>   (1) 계절적으로 이식적기인 경우: 이전비와 이식함으로써 예상되는 고손율·감수율을 고려하여 정한 고손액 및 감수액의 합계액
>
>   (2) 계절적으로 이식적기가 아닌 경우: 이전비와 (1)의 고손액의 2배 이내의 금액 및 감수액의 합계액
>
>   나. 결실기에 이르지 아니한 과수
>
>   (1) 계절적으로 이식적기인 경우: 이전비와 가목(1)의 고손액의 합계액
>
>   (2) 계절적으로 이식적기가 아닌 경우: 이전비와 가목(1)의 고손액의 2배 이내의 금액의 합계액
>
>   2. 이식이 불가능한 과수
>
>   가. 거래사례가 있는 경우: 거래사례비교법에 의하여 평가한 금액
>
>   나. 거래사례가 없는 경우
>
>   (1) 결실기에 있는 과수: 식재상황·수세(樹勢)·잔존수확가능연수 및 수익성 등을 고려하여 평가한 금액
>
>   (2) 결실기에 이르지 아니한 과수: 가격시점까지 소요된 비용을 현재의 가격으로 평가한 금액(이하 "현가액"이라 한다)
>
> ③ 법 제75조 제1항 단서의 규정에 의하여 물건의 가격으로 보상하는 과수에 대하여는 제2항 제2호 가목 및 나목의 예에 따라 평가한다.
>
> ④ 제2항 및 제3항의 규정은 과수외의 수익수 및 관상수에 대한 평가에 관하여 이를 준용하되, 관상수의 경우에는 감수액을 고려하지 아니한다. 이 경우 고손율은 당해 수익수 및 관상수 총수의 10퍼센트 이하의 범위 안에서 정하되, 이식적기가 아닌 경우에는 20퍼센트까지로 할 수 있다.
>
> ⑤ 이식이 불가능한 수익수 또는 관상수의 벌채비용은 사업시행자가 부담한다. 다만, 수목의 소유자가 당해 수목을 처분할 목적으로 벌채하는 경우에는 수목의 소유자가 부담한다.

(2) 감정평가방법

과수	이식 가능	결실기 ○	이식적기 ○	이전비 + 고손액 + 감수액
			이식적기 ×	이전비 + 고손액 × 2 + 감수액
		결실기 ×	이식적기 ○	이전비 + 고손액
			이식적기 ×	이전비 + 고손액 × 2
	이식 불가능	거래사례 ○	-	거래사례비교법
		거래사례 ×	결실기 ○	식재상황, 수세, 잔존수확가능연수 및 수익성 등을 고려하여 평가한 금액
			결실기 ×	가격시점까지 소요된 비용 현가액
과수외 수익수, 관상수	상기 감정평가방법 준용, 관상수는 감수액 미고려			

- 이전비 = 굴취비, 운반비, 상·하차비, 식재비, 재료비, 부대비용(사후관리비 포함)
- 고손액 = 물건가격 × 고손율
- 감수액 = 물건수익 × (1 - 고손율) × 감수율

고손율은 당해 수익수 및 관상수 총수의 10퍼센트 이하의 범위 안에서 정하되, 이식적기가 아닌 경우에는 20퍼센트까지로 할 수 있다.

이식이 불가능한 수익수 또는 관상수의 **벌채비용**은 사업시행자가 부담한다. 다만, 수목의 소유자가 당해 수목을 처분할 목적으로 벌채하는 경우에는 수목의 소유자가 부담한다.

4. 묘목

(1) 관련 규정

「토지보상법 시행규칙」 제38조(묘목의 평가)
① 묘목에 대하여는 상품화 가능여부, 이식에 따른 고손율, 성장정도 및 관리상태 등을 종합적으로 고려하여 평가한다.
② 상품화할 수 있는 묘목은 손실이 없는 것으로 본다. 다만 매각손실액(일시에 매각함으로 인하여 가격이 하락함에 따른 손실을 말한다. 이하 같다)이 있는 경우에는 그 손실을 평가하여 보상하여야 하며, 이 경우 보상액은 제3항의 규정에 따라 평가한 금액을 초과하지 못한다.
③ 시기적으로 상품화가 곤란하거나 상품화를 할 수 있는 시기에 이르지 않은 묘목에 대하여는 이전비와 고손율을 고려한 고손액의 합계액으로 평가한다. 이 경우 이전비는 임시로 옮겨 심는데 필요한 비용으로 평가하며, 고손율은 1퍼센트 이하의 범위 안에서 정하되 주위의 환경 또는 계절적 사정 등 특별한 사유가 있는 경우에는 2퍼센트까지로 할 수 있다.
④ 파종 또는 발아중에 있는 묘목에 대하여는 가격시점까지 소요된 비용의 현가액으로 평가한다.
⑤ 법 제75조 제1항 단서의 규정에 의하여 물건의 가격으로 보상하는 묘목에 대하여는 거래사례가 있는 경우에는 거래사례비교법에 의하여 평가하고, 거래사례가 없는 경우에는 가격시점까지 소요된 비용의 현가액으로 평가한다.

(2) 감정평가방법

상품화 가능	손실이 없는 것 본다. 매각손실액은 보상 가능
시기적으로 상품화 곤란 또는 상품화시기에 미달	이전비 + 고손액(1% 이하, 2%까지 가능)
파종 또는 발아중	가격시점까지 소요된 비용 현가액

5. 입목

(1) 관련 규정

「토지보상법 시행규칙」 제39조(입목 등의 평가)

① 입목(죽목을 포함한다. 이하 이 조에서 같다)에 대하여는 벌기령(「산림자원의 조성 및 관리에 관한 법률 시행규칙」 별표 3에 따른 기준벌기령을 말한다. 이하 이 조에서 같다)·수종·주수·면적 및 수익성 그 밖에 가격형성에 관련되는 제요인을 종합적으로 고려하여 평가한다.

② 지장물인 조림된 용재림(用材林: 재목을 이용할 목적으로 가꾸는 나무숲을 말한다) 중 벌기령에 달한 용재림은 손실이 없는 것으로 본다. 다만, 용재림을 일시에 벌채하게 되어 벌채 및 반출에 통상 소요되는 비용이 증가하거나 목재의 가격이 하락하는 경우에는 그 손실을 평가하여 보상해야 한다.

③ 지장물인 조림된 용재림중 벌기령에 달하지 아니한 용재림에 대하여는 다음 각호의 구분에 따라 평가한다.

    1. 당해 용재림의 목재가 인근시장에서 거래되는 경우: 거래가격에서 벌채비용과 운반비를 뺀 금액. 이 경우 벌기령에 달하지 아니한 상태에서의 매각에 따른 손실액이 있는 경우에는 이를 포함한다.

    2. 당해 용재림의 목재가 인근시장에서 거래되지 않는 경우: 가격시점까지 소요된 비용의 현가액. 이 경우 보상액은 당해 용재림의 예상총수입의 현가액에서 장래 투하비용의 현가액을 뺀 금액을 초과하지 못한다.

④ 제2항 및 제3항에서 "조림된 용재림"이라 함은 「산림자원의 조성 및 관리에 관한 법률」 제13조에 따른 산림경영계획인가를 받아 시업하였거나 산림의 생산요소를 기업적으로 경영·관리하는 산림으로서 「입목에 관한 법률」 제8조에 따라 등록된 입목의 집단 또는 이에 준하는 산림을 말한다.

⑤ 제2항 및 제3항의 규정을 적용함에 있어서 벌기령의 10분의 9 이상을 경과하였거나 그 입목의 성장 및 관리상태가 양호하여 벌기령에 달한 입목과 유사한 입목의 경우에는 벌기령에 달한 것으로 본다.

⑥ 제3항의 규정에 의한 입목의 벌채비용은 사업시행자가 부담한다.

⑦ 제2항·제3항 및 제6항의 규정은 자연림으로서 수종·수령·면적·주수·입목도·관리상태·성장정도 및 수익성 등이 조림된 용재림과 유사한 자연림의 평가에 관하여 이를 준용한다.

⑧ 제3항 및 제6항의 규정은 사업시행자가 취득하는 입목의 평가에 관하여 이를 준용한다.

(2) 감정평가방법

벌기령에 달한 용재림 (기준벌기령의 10분의 9 이상)		손실이 없는 것 본다. 매각손실액은 보상 가능
벌기령에 달하지 않은 용재림	인근시장 거래 ○	거래가격 - 벌채비용 - 운반비
	인근시장 거래 ×	가격시점까지 소요된 비용 현가액

5 농작물의 보상평가

(1) 관련 규정

> **「토지보상법 시행규칙」제41조(농작물의 평가)**
>
> ① 농작물을 수확하기 전에 토지를 사용하는 경우의 농작물의 손실은 농작물의 종류 및 성숙도 등을 종합적으로 고려하여 다음 각호의 구분에 따라 평가한다.
>   1. 파종중 또는 발아기에 있거나 묘포에 있는 농작물: 가격시점까지 소요된 비용의 현가액
>   2. 제1호의 농작물외의 농작물: 예상총수입의 현가액에서 장래 투하비용의 현가액을 뺀 금액. 이 경우 보상당시에 상품화가 가능한 풋고추·들깻잎 또는 호박 등의 농작물이 있는 경우에는 그 금액을 뺀다.
> ② 제1항 제2호에서 "예상총수입"이라 함은 당해 농작물의 최근 3년간(풍흉작이 현저한 연도를 제외한다)의 평균총수입을 말한다.

(2) 감정평가방법

자종중 또는 발아기, 묘포	가격시점까지 소요된 비용 현가액
그 외 경우	예상총수입 현가액 - 장래 투하비용 현가액(보상 당시 상품화 가능한 경우 제외)

※ 예상총수입은 3년 평균

6 분묘의 보상평가

(1) 관련 규정

> **「토지보상법 시행규칙」제42조(분묘에 대한 보상액의 산정)**
>
> ① 「장사 등에 관한 법률」제2조 제16호에 따른 연고자(이하 이 조에서 "연고자"라 한다)가 있는 분묘에 대한 보상액은 다음 각 호의 합계액으로 산정한다. 다만, 사업시행자가 직접 산정하기 어려운 경우에는 감정평가법인등에게 평가를 의뢰할 수 있다.
>   1. 분묘이전비: 4분판 1매·마포 24미터 및 전지 5권의 가격, 제례비, 임금 5인분(합장인 경우에는 사체 1구당 각각의 비용의 50퍼센트를 가산한다) 및 운구차량비
>   2. 석물이전비: 상석 및 비석 등의 이전실비(좌향이 표시되어 있거나 그 밖의 사유로 이전사용이 불가능한 경우에는 제작·운반비를 말한다)
>   3. 잡비: 제1호 및 제2호에 의하여 산정한 금액의 30퍼센트에 해당하는 금액
>   4. 이전보조비: 100만원
> ② 제1항 제1호의 규정에 의한 운구차량비는 「여객자동차 운수사업법 시행령」제3조 제2호 나목의 특수여객자동차 운송사업에 적용되는 운임·요금중 당해 지역에 적용되는 운임·요금을 기준으로 산정한다. <개정 2005.2.5.>
> ③ 연고자가 없는 분묘에 대한 보상액은 제1항 제1호 내지 제3호의 규정에 의하여 산정한 금액의 50퍼센트 이하의 범위안에서 산정한다.

(2) 감정평가방법

> 감정평가액 = 분묘이전비(운구차량비 포함) + 석물이전비 + 이전보조비

제5절 권리의 손실에 대한 보상평가

1 광업권의 보상평가

1. 관련 법령

> **「토지보상법」제76조(권리의 보상)**
>
> ① 광업권·어업권·양식업권 및 물(용수시설을 포함한다) 등의 사용에 관한 권리에 대하여는 투자비용, 예상 수익 및 거래가격 등을 고려하여 평가한 적정가격으로 보상하여야 한다.
>
> ② 제1항에 따른 보상액의 구체적인 산정 및 평가방법은 국토교통부령으로 정한다.
>
> **「토지보상법 시행규칙」제43조(광업권의 평가)**
>
> ① 광업권에 대한 손실의 평가는 「광업법 시행규칙」제19조에 따른다.
>
> ② 조업중인 광산이 토지등의 사용으로 인하여 휴업하는 경우의 손실은 휴업기간에 해당하는 영업이익을 기준으로 평가한다. 이 경우 영업이익은 최근 3년간의 연평균 영업이익을 기준으로 한다.
>
> ③ 광물매장량의 부재(채광으로 채산이 맞지 아니하는 정도로 매장량이 소량이거나 이에 준하는 상태를 포함한다)로 인하여 휴업중인 광산은 손실이 없는 것으로 본다.

2. 용어의 정리

> **「광어법」제3조(정의)**
>
> 이 법에서 사용하는 용어의 뜻은 다음과 같다
>
> 1. "광물"이란 금광, 은광, 백금광, 동광, 연광(鉛鑛), 아연광, 창연광(蒼鉛鑛), 주석광(朱錫鑛), 안티몬광, 수은광, 철광, 크롬철광, 티탄철광, 유화철광(硫化鐵鑛), 망간광, 니켈광, 코발트광, 텅스텐광, 몰리브덴광, 비소광(砒素鑛), 인광(燐鑛), 붕소광(硼素鑛), 보크사이트, 마그네사이트, 석탄, 흑연, 금강석, 석유(천연피치 및 가연성 천연가스를 포함한다), 운모[견운모(絹雲母) 및 질석(蛭石)을 포함한다], 유황, 석고(石膏), 납석(蠟石), 활석(滑石), 홍주석[홍주석. 규선석(硅線石) 및 남정석(藍晶石)을 포함한다], 형석(螢石), 명반석(明礬石), 중정석(重晶石), 하석(霞石), 규조토(硅藻土), 장석(長石), 불석(沸石), 사문석(蛇紋石), 수정(水晶), 연옥(軟玉), 고령토[도석(陶石), 벤토나이트, 산성백토(酸性白土), 와목점토(蛙目粘土), 목절점토(木節粘土) 및 반토혈암(礬土頁岩)을 포함한다], 석회석[백운석(白雲石) 및 규회석(硅灰石)을 포함한다], 사금(砂金), 규석, 규사, 우라늄광, 리튬광, 카드뮴광, 토륨광, 베릴륨광, 탄탈륨광, 니오비움광, 지르코늄광, 바나듐광 및 희토류광[세륨, 란타늄, 이트륨, 프라세오디뮴, 네오디뮴, 프로메튬, 사마륨, 유로퓸, 가돌리늄, 테르븀, 디스프로슘, 홀뮴, 에르븀, 툴륨, 이터븀, 루테튬, 스칸듐을 함유하는 토석을 말한다] 중 어느 하나에 해당하는 물질을 말하며, 그 물질의 폐광(廢鑛) 또는 광재(鑛滓: 제련하고 난 찌꺼기)로서 토지에 붙어 있는 것은 광물로 본다.
> 2. "광업"이란 광물의 탐사(探査) 및 채굴과 이에 따르는 선광(選鑛)·제련 또는 그 밖의 사업을 말한다.
> 3. "광업권"이란 탐사권과 채굴권을 말한다.
> 3의2. "탐사권"이란 등록을 한 일정한 토지의 구역(이하 "광구"라 한다)에서 등록을 한 광물과 이와 같은 광상(鑛床)에 묻혀 있는 다른 광물을 탐사하는 권리를 말한다.
> 3의3. "채굴권"이란 광구에서 등록을 한 광물과 이와 같은 광상에 묻혀 있는 다른 광물을 채굴하고 취득하는 권리를 말한다.
> 4. "조광권"(租鑛權)이란 설정행위에 의하여 타인의 광구에서 채굴권의 목적이 되어 있는 광물을 채굴하고 취득하는 권리를 말한다.

3. 광업권 소멸에 따른 손실보상

> **「광업법 시행령」 제30조(손실의 산정기준 등)**
>
> ① 법 제34조 제4항에 따른 통상 발생하는 손실은 다음 각 호의 구분에 따라 산정한다.
>
> 1. 광업권자나 조광권자 조업 중이거나 정상적으로 생산 중에 휴업한 광산으로서 광물의 생산실적이 있는 경우: 법 제34조 제4항 제1호에 따라 산업통상자원부령으로 정하는 자가 광산의 장래 수익성을 고려하여 산정한 광산평가액에서 이전(移轉)이나 전용(轉用)이 가능한 시설의 잔존가치(殘存價值)를 뺀 금액에 이전비를 합산한 금액. 이 경우 평가된 지역 외의 지역에 해당 광산개발을 목적으로 취득한 토지·건물 등 부동산이 있는 경우에는 그 부동산에 대하여 「공익사업을 위한 토지 등의 취득 및 보상에 관한 법률」에서 정하는 보상기준을 준용하여 산정한 금액을 더한 금액으로 한다.
> 2. 탐사권자가 탐사를 시작하였거나 탐사실적을 인정받은 경우와 채굴권자가 채굴계획 인가를 받은 후 광물의 생산실적이 없는 광산인 경우: 해당 광산개발에 투자된 비용과 현재시설의 평가액에서 이전이나 전용이 가능한 시설의 잔존가치를 뺀 금액에 이전비를 합산한 금액
> 3. 탐사권자가 등록을 한 후 탐사를 시작하지 아니하였거나 채굴권자가 채굴계획 인가를 받지 아니한 경우: 등록에 든 비용
>
> ② 제1항 제1호의 광산평가액과 같은 항 제2호의 현재시설의 평가액은 법 제34조 제4항 제1호에 따라 산업통상자원부령으로 정하는 자 둘 이상이 산정한 평가액을 산술평균한다.

(1) 자료의 수집

1) 광업등록원부에 의한 광업권에 관한 다음 각 목에 관한 사항

① 소재지, 광종, 광구, 면적
② 등록번호, 등록연월, 존속기간
③ 광업권의 권리관계, 부대조건
④ 연혁 등 기타 필요한 사항

2) 광업등기부등본에 의거 광업재단에 관한 다음 각 목에 관한 사항

① 토지, 건물
② 시설의 종류, 용도, 성능, 규격
③ 토지사용권의 목적, 기간, 면적 등 기타 필요한 사항

3) 탐광계획 및 탐광실적에 관한사항
4) 채광계획 및 채광실적에 관한 사항
5) 광물생산보고서에 관한 사항
6) 기타 필요한 사항

(2) 조업 중 또는 생산실적이 있는 경우의 감정평가방법

1) 산식

광산평가액 - 이전·전용 가능한 시설의 잔존가치 + 이전비

2) 광산평가액

(가) 평가방식

광산을 감정평가할 때에는 수익환원법을 주된 방법으로 적용하여야 하며, 이 경우 대상 광산의 생산규모와 생산시설을 전제로 한 가행연수 동안의 순수익을 환원한 금액에서 장래소요될 기업비를 현가화한 총액을 공제하여 광산의 감정평가액을 산정한다.

$$\text{광산평가액} = a \times \cfrac{1}{S + \cfrac{i}{(1+i)^n - 1}} - E$$

a: 상각 전 순수익, S: 배당이율, i: 축적이율, n: 가행년수, E: 장래소요기업비의 현가화 총액

(나) 상각 전 연간 순수익(a, 최근 3년 이상의 연평균 순수익 기준)

사업수익(월간생산량 × 연간가행월수 × 광물가액) - 소유경비

「광업권 보상평가지침」 제6조(광산의 평가방법)

② 광산평가액을 산정하는데 필요한 광산의 "매장량"은 한국공업규격매장량산출기준에서 정한 확정광량과 추정광량을 더한다.

1. KS E 2001(일반광량계산기준)
2. KS E 2801(석회석광량계산기준)
3. KS E 2002(탄량계산기준)

③ 제1항의 규정에 의한 산식의 "단위 요소별"은 다음 각호와 같이 산정한다.

3. "축적이율"(r)은 평가당시 1년만기 정기예금이자율에 준한다.
4. "가행연수"(n)는 제2항의 매장량에 가채율을 곱한 가채광량을 연간생산량으로 나누어 결정하며 가채율은 다음 각목과 같다.

가. 석탄광 확정광량: 70퍼센트
나. 석탄광 추정광량: 42퍼센트
다. 일반광 확정광량: 90퍼센트
라. 일반광 추정광량: 70퍼센트

⑤ 광산의 연수익을 산정하는 필요한 광물의 가격은 다음 각호의 1을 참작하여 정한다.

1. 물가안정및공정거래에관한법령에 의하여 정부가 지정한 고시가격. 다만, 석탄광의 경우 정부가 고시한 석탄가격안정지원금을 포함시킬 수 있다.
2. 국내제철소 및 제련소 공급광물은 매광약정에 의한 가격
3. 제1호 및 제2호에 의하지 않는 광물은 최근 1년간의 평균판매가격을 원칙으로 하고 계속적인 상승 또는 하락 추세가 있는 때에는 최근 3개월간의 평균판매가격
4. 제1호 내지 제3호에서 규정한 가격을 적용할 수 없는 경우에는 당해 광산 평균품위광물과 유사한 광물을 판매하는 2개 이상 업체의 평균판매가격

⑥ 광산의 연수익을 산정하는데 필요한 "소요경비"는 다음 각호의 비용으로 하되 비용을 산정하기 위한 적용단가 등은 당해광산 최근 3월의 평균실적치를 적용함을 원칙으로 하고 휴광 등으로 실적치의 적용이 곤란한 경우에는 생산규모·조건 등이 유사한 2개 이상 광산의 평균실적을 적용한다.

1. 채광비
2. 선광제련비
3. 일반관리비, 경비 및 판매비
4. 운영자금이자

⑦ 제6항 제4호에 규정된 운영자금이자는 제6항 제1호 내지 제3호에 의한 각 비목을 더하고, 운영자금의 1회전 기간은 3월로 하며 운영자금에 대한 이자계산에 적용할 이율은 은행의 1년 만기 정기예금이자율로 한다.

(다) 배당이율(S)

$$\text{배당이율(S)} = \frac{s}{1-x} \geq 1년만기정기예금이자율$$

$$s: \text{광업 관련 산업부문의 상장법인 시가배당률}, \ x: \text{세율(법인세, 주민세)}$$

(라) 축척이율(i): 감정평가 당시 은행 1년 만기 정기예금이자율에 준함

(마) 가행년수(n)

$$\text{가행년수} = \frac{\text{확장광량} \times \text{확장가채율} + \text{추정광량} \times \text{추정가채율}}{\text{연간생산량}}$$

「광업법」 제12조(광업권의 존속기간)

① 탐사권의 존속기간은 7년을 넘을 수 없다.

② 채굴권의 존속기간은 20년을 넘을 수 없다.

③ 채굴권자는 채굴권의 존속기간이 끝나기 전에 대통령령으로 정하는 바에 따라 산업통상자원부장관의 허가를 받아 채굴권의 존속기간을 연장할 수 있다. 이 경우 연장할 때마다 그 **연장기간은 20년을 넘을 수 없다.**

(바) 장래소요기업비의 현가액

적정생산량을 가행종말연도까지 유지하기 위하여 장차 소요될 다음 각목의 여러 광산설비에 대한 총투자소요액의 현가로 정하되 기존시설중 생산규모의 가행조건에 비추어 필요한 이미 투자한 시설내역(시설명, 규격, 수량, 구입연도 등)을 표시하여야 한다.

가. 기계장치

나. 차량 및 운반구

다. 건물 및 구축물(갱도 포함)

3) 이전·전용 가능한 시설의 잔존가치

시설물의 이전 또는 전용이 가능한 시설의 잔존가치는 시설물의 종별에 따라 관계법령 등에서 정하는 바에 따라 평가한다.

시설물중 건물의 장래보존연수는 광산의 가행연수가 장래보존연수보다 짧을 경우에는 가행연수를 기준으로 하여야 한다. 다만, 다음 각호의 경우에는 장래보존연수범위 내에서 가행연수 이상으로 할 수 있다.

1. 추정광량의 연장이나 예상광량이 있다고 인정되는 경우

2. 다른 광산과 인접하여 다른 용도로 전용이 가능한 경우

3. 시가지 및 농경지와 인접한 건물인 경우

시설물중 구축물의 내용연수는 당해 구축물의 내용연수범위 내에서 경과연수에 장래보존연수(가행연수)를 더하여 정할 수 있다.

보상평가 | 해커스 감정평가사 이성준 감정평가실무 2차 기본서

4) 이전비

이전비는 시설물의 종별에 따라 관계법령에서 정하는 바에 따라 평가하되, 이전비용이 잔족가치를 초과하는 경우에는 이전이 불가능한 시설로 판단한다.

(3) 탐광실적을 인정 받거나 생산실적이 없는 광산

> 광산개발에 투자된 시설물의 평가액 - 이전·전용 가능한 시설물 가액 + 이전비

(4) 탐광미착수 광산

> 등록에 소요된 비용(출원비, 등록비 등)

4. 광산 휴업에 대한 보상평가

> 최근 3년 평균 순수익의 자본환원액 × 휴업기간 ÷ 가행년수

자본환원이율은 은행 1년 만기 정기예금이자율 이상으로 한다.

5. 광업권 보상 제외 대상

휴업중인 광산으로서 광물의 매장량이 없거나 또는 채광으로 채산이 맞지 아니하는 정도로 매장량이 소량이거나 이에 준하는 상태인 경우에는 광업손실이 없는 것으로 본다.

2 어업권의 보상평가

1. 관련 법령

「토지보상법」 제76조(권리의 보상)
① 광업권·어업권·양식업권 및 물(용수시설을 포함한다) 등의 사용에 관한 권리에 대하여는 투자비용, 예상 수익 및 거래가격 등을 고려하여 평가한 적정가격으로 보상하여야 한다.
② 제1항에 따른 보상액의 구체적인 산정 및 평가방법은 국토교통부령으로 정한다.

「토지보상법 시행규칙」 제44조(어업권의 평가 등)
① 공익사업의 시행으로 인하여 어업권이 제한·정지 또는 취소되거나 「수산업법」 제14조 또는 「내수면어업법」 제13조에 따른 어업면허의 유효기간의 연장이 허가되지 아니하는 경우 해당 어업권 및 어선·어구 또는 시설물에 대한 손실의 평가는 「수산업법 시행령」 별표 10에 따른다.
② 공익사업의 시행으로 인하여 어업권이 취소되거나 「수산업법」 제14조 또는 「내수면어업법」 제13조에 따른 어업면허의 유효기간의 연장이 허가되지 아니하는 경우로서 다른 어장에 시설을 이전하여 어업이 가능한 경우 해당 어업권에 대한 손실의 평가는 「수산업법 시행령」 별표 10 중 어업권이 정지된 경우의 손실액 산출방법 및 기준에 의한다.
③ 법 제15조 제1항 본문의 규정에 의한 보상계획의 공고(동항 단서의 규정에 의하는 경우에는 토지소유자 및 관계인에 대한 보상계획의 통지를 말한다) 또는 법 제22조의 규정에 의한 사업인정의 고시가 있은 날(이하 "사업인정고시일등"이라 한다) 이후에 어업권의 면허를 받은 자에 대하여는 제1항 및 제2항의 규정을 적용하지 아니한다.
④ 제1항 내지 제3항의 규정은 허가어업 및 신고어업(「내수면어업법」 제11조 제2항의 규정에 의한 신고어업을 제외한다)에 대한 손실의 평가에 관하여 이를 준용한다.

⑤ 제52조는 이 조의 어업에 대한 보상에 관하여 이를 준용한다.

「토지보상법 시행규칙」 제63조(공익사업시행지구밖의 어업의 피해에 대한 보상)

① 공익사업의 시행으로 인하여 해당 공익사업시행지구 인근에 있는 어업에 피해가 발생한 경우 사업시행자는 실제 피해액을 확인할 수 있는 때에 그 피해에 대하여 보상하여야 한다. 이 경우 실제 피해액은 감소된 어획량 및 「수산업법 시행령」 별표 10의 평년수익액 등을 참작하여 평가한다.

② 제1항에 따른 보상액은 「수산업법 시행령」 별표 10에 따른 어업권·허가어업 또는 신고어업이 취소되거나 어업면허의 유효기간이 연장되지 아니하는 경우의 보상액을 초과하지 못한다.

③ 사업인정고시일등 이후에 어업권의 면허를 받은 자 또는 어업의 허가를 받거나 신고를 한 자에 대하여는 제1항 및 제2항을 적용하지 아니한다.

2. 용어의 정리

「수산업법」 제2조(정의)

이 법에서 사용하는 용어의 뜻은 다음과 같다.

1. "수산업"이란 어업·양식업·어획물운반업 및 수산물가공업을 말한다.
2. "어업"이란 수산동식물을 포획·채취하는 사업과 염전에서 바닷물을 자연 증발시켜 소금을 생산하는 사업을 말한다.

2의2. "양식업"이란 「양식산업발전법」 제2조 제2호에 따라 수산동식물을 양식하는 사업을 말한다.

3. "어획물운반업"이란 어업현장에서 양륙지(揚陸地)까지 어획물이나 그 제품을 운반하는 사업을 말한다.
4. "수산물가공업"이란 수산동식물을 직접 원료 또는 재료로 하여 식료·사료·비료·호료(糊料)·유지(油脂) 또는 가죽을 제조하거나 가공하는 사업을 말한다.
8. "어장"이란 제8조에 따라 면허를 받아 어업을 하는 일정한 수면을 말한다.
9. "어업권"이란 제8조에 따라 면허를 받아 어업을 경영할 수 있는 권리를 말한다.
10. "입어"란 입어자가 마을어업의 어장(漁場)에서 수산동식물을 포획·채취하는 것을 말한다.
11. "입어자"란 제47조에 따라 어업신고를 한 자로서 마을어업권이 설정되기 전부터 해당 수면에서 계속하여 수산동식물을 포획·채취하여 온 사실이 대다수 사람들에게 인정되는 자 중 대통령령으로 정하는 바에 따라 어업권원부(漁業權原簿)에 등록된 자를 말한다.
12. "어업인"이란 어업자 및 어업종사자를 말하며, 「양식산업발전법」 제2조 제12호의 양식업자와 같은 조 제13호의 양식업종사자를 포함한다.
13. "어업자"란 어업을 경영하는 자를 말한다.
14. "어업종사자"란 어업자를 위하여 수산동식물을 포획·채취하는 일에 종사하는 자와 염전에서 바닷물을 자연 증발시켜 소금을 생산하는 일에 종사하는 자를 말한다.
15. "어획물운반업자"란 어획물운반업을 경영하는 자를 말한다.
16. "어획물운반업종사자"란 어획물운반업자를 위하여 어업현장에서 양륙지까지 어획물이나 그 제품을 운반하는 일에 종사하는 자를 말한다.
17. "수산물가공업자"란 수산물가공업을 경영하는 자를 말한다.
18. "바닷가"란 만조수위선(滿潮水位線)과 지적공부(地籍公簿)에 등록된 토지의 바다 쪽 경계선 사이를 말한다.
19. "유어(遊漁)"란 낚시 등을 이용하여 놀이를 목적으로 수산동식물을 포획·채취하는 행위를 말한다.
20. "어구"란 수산동식물을 포획·채취하는데 직접 사용되는 도구를 말한다.

3. 개요

(1) 보상기준일

「토지보상법」에서는 어업손실보상과 관련해서 시행규칙 제44조 제3항에서 '법 제15조 제1항 본문의 규정에 의한 보상계획의 공고(동항 단서의 규정에 의하는 경우에는 토지소유자 및 관계인에 대한 보상계획의 통지를 말한다) 또는 법 제22조의 규정에 의한 사업인정의 고시가 있는 날(이하 "사업인정고시일등"이라한다) 이후에 어업권의 면허를 받은 자에 대하여는 제1항 및 제2항의 규정을 적용하지 아니한다'라고 규정하고 있어 보상계획의 공고일 또는 사업인정고시일을 보상대상기준일로 보고 있으며, 「수산업법」에서는 처분일을 보상대상기준일로 보고 있다. 「수산업법」에서의 처분은 취소, 정지, 제한을 말하는 것으로 보상대상기준일은 사업인정고시일등 또는 「수산업법」상의 처분일 중 빠른 날이 보상대상기준일이 된다.

(2) 공익사업시행지구 내와 밖의 어업손실보상

어업권 등의 보상평가와 관련하여 「토지보상법 시행규칙」 제44조는 공익사업시행지구 내의 어업권 등의 보상평가에 관하여 적용되며, 「토지보상법 시행규칙」 제63조는 공익사업시행지구 밖의 어업권 등의 보상평가에 적용된다.

(3) 가격시점

어업손실보상액의 산정이 기준이 되는 시점은 사업시행자의 제시일로 하며, 사업시행자가 제시하지 않은 경우에는 현장조사 완료일을 기준한다.

(4) 어업권 등 보상평가 절차

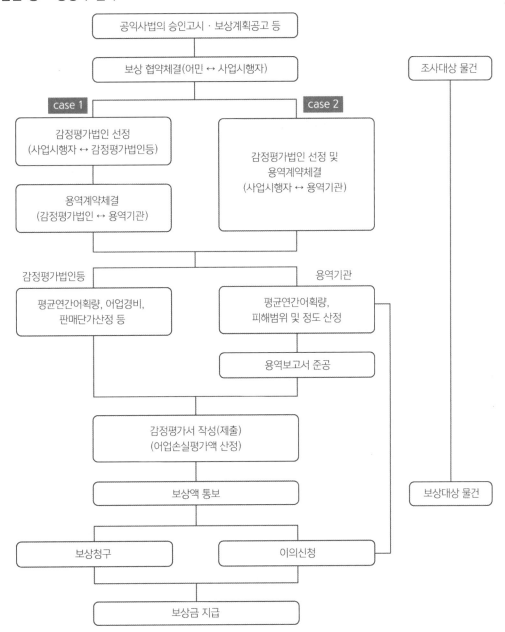

(5) 어업손실의 구분

어업손실은 손실 발생 원인에 따라 **어업처분손실**과 **어업피해손실**로 구분된다.

(6) 어업손실보상대상

① 어업처분손실보상의 대상물건은 사업시행자의 의뢰목록에 의하고 어업피해손실보상의 대상물건은 사업시행자가 결정하여 의뢰한 경우를 제외하고는 전문용역기관의 어업피해조사결과를 토대로 사업시행자, 감정평가업자, 진문용역기관이 협의하여 결정한다.

② 「내수면어업법」 제11조 제2항에 의한 신고어업과 수산 관련 영업의 손실은 어업손실로 보지 아니한다.

(7) 조사사항

① 어업별 각종 공부자료의 수집, 분류

② 설문, 면담 등을 통한 해당 지역 어업실태조사

③ 출입항신고실적, 면세유구입실적 자료 등을 통한 어업활동추정

④ 수산자원량조사, 판매실적자료 수집을 통한 어업생산량 산정

⑤ 계통출하판매단가, 도매시장경락가격 등의 조사와 평균연간판매단가 산정

⑥ 어업경영실태조사를 통한 평년어업경비 산정

⑦ 어선, 어구 등 시설물 조사와 잔존가액 산정

⑧ 전문용역기관의 어업피해조사자료를 검토·분석

⑨ 기타 어업손실액 평가를 위해 필요한 조사

(8) 어업의 종류

「수산업법」 제7조(면허어업)

① 다음 각 호의 어느 하나에 해당하는 어업을 하려는 자는 시장·군수·구청장의 면허를 받아야 한다.

　1. 정치망어업(定置網漁業): 일정한 수면을 구획하여 대통령령으로 정하는 어구를 일정한 장소에 설치하여 수산동물을 포획하는 어업

　2. 마을어업: 일정한 지역에 거주하는 어업인이 해안에 연접(連接)한 일정 수심 이내의 수면을 구획하여 패류·해조류 또는 정착성(定着性) 수산동물을 관리·조성하여 포획·채취하는 어업

「수산업법」 제40조(허가어업)

① 총톤수 10톤 이상의 동력어선(動力漁船) 또는 수산자원을 보호하고 어업조정을 하기 위하여 특히 필요하여 대통령령으로 정하는 총톤수 10톤 미만의 동력어선을 사용하는 어업(이하 "근해어업"이라 한다)을 하려는 자는 어선 또는 어구마다 해양수산부장관의 허가를 받아야 한다.

② 무동력어선, 총톤수 10톤 미만의 동력어선을 사용하는 어업으로서 근해어업 및 제3항에 따른 어업 외의 어업(이하 "연안어업"이라 한다)을 하려는 자는 어선 또는 어구마다 시·도지사의 허가를 받아야 한다.

③ 일정한 수역을 정하여 어구를 설치하거나 무동력어선, 총톤수 5톤 미만의 동력어선을 사용하는 어업(이하 "구획어업"이라 한다)을 하려는 자는 어선·어구 또는 시설마다 시장·군수·구청장의 허가를 받아야 한다. 다만, 해양수산부령으로 정하는 어업으로 시·도지사가 「수산자원관리법」 제36조 및 제38조에 따라 총허용어획량을 설정·관리하는 경우에는 총톤수 8톤 미만의 동력어선에 대하여 구획어업 허가를 할 수 있다.

④ 제1항부터 제3항까지의 규정에 따라 허가를 받아야 하는 어업별 어업의 종류와 포획·채취할 수 있는 수산동물의 종류에 관한 사항은 대통령령으로 정하며, 다음 각 호의 사항 및 그 밖에 허가와 관련하여 필요한 절차 등은 해양수산부령으로 정한다.

　1. 어업의 종류별 어선의 톤수, 기관의 마력, 어업허가의 제한사유·유예, 양륙항(揚陸港)의 지정, 조업해역의 구분 및 허가 어선의 대체

　2. 연안어업과 구획어업에 대한 허가의 정수(定數) 및 그 어업에 사용하는 어선의 부속선, 사용하는 어구의 종류

「수산업법」 제48조(신고어업)

① 제7조·제40조·제43조 또는 제46조에 따른 어업 외의 어업으로서 대통령령으로 정하는 어업을 하려는 자(신고일을 기준으로 조업장소를 관할하는 시·군·구에 6개월 이상 주소를 둔 자에 한정한다)는 시장·군수·구청장에게 해양수산부령으로 정하는 바에 따라 신고하여야 한다.

4. 어업처분손실평가

(1) 개요

「수산업법」 제34조, 제35조, 제45조 또는 「내수면어업법」 제16조 등에 의한 **행정관청의 어업처분에 따**른 손실로서 행정처분의 종류에 따라 취소(연장불허처분 포함), 제한, 정지처분손실로 각각 구분한다.

(2) 취소처분손실평가

어업권이 취소되거나 어업권 유효기간의 연장이 허가되지 않은 처분손실평가는 다음 산식에 의한다.

1) 「수산업법」 제8조에 의한 면허어업[이하 "면허어업(어업권)"이라 한다]

> 평년수익액 ÷ 12% + 어선 · 어구 등 시설물의 잔존가액

2) 「수산업법」 제41조의 규정에 의한 허가어업 및 동법 제44조의 규정에 의한 신고어업(이하 "허가 · 신고어업"이라 한다)

> 평년수익액 × 3년 + 어선 · 어구 등 시설물의 잔존가액

(3) 제한처분손실평가

제한처분손실평가는 어업의 제한기간 · 제한정도 등을 참작하여 산출한 손실액으로 평가한다. 다만, 어업 취소처분손실평가에 의한 손실액을 초과할 수 없다.

취소나 정지 이외의 처분으로 특정 구간에서 조업이 불가능하거나 특정 어구를 사용하지 못하게 하여 손실이 발생하는 경우를 말한다.

> 평년수익액 × 피해율(제한율)

(4) 정지처분손실평가

어선의 계류를 포함하여 사업으로 인하여 어업행위가 정지되는 경우, 정지기간 동안 발생한 수익의 손실에 대한 보상을 말하며, 다음 산식에 의한다. 다만, 어업취소처분손실평가에 의한 손실액을 초과할 수 없다.

1) 면허어업(어업권)

> 평년수익액 × 정지기간 + 시설물 등 또는 양식물의 이전 · 수거 등에 소요되는 손실액
> + 어업의 정지 기간중에 발생하는 통상의 고정적 경비

2) 허가 또는 신고어업

> 평년수익액 × 정지기간 또는 어선의 계류기간
> + 어업의 정지기간 또는 계류기간 중에 발생하는 통상의 고정적 경비

(5) 이전손실평가

취소처분손실평가도 다른 어장에 시설을 이전하여 어업이 가능한 경우에는 정지처분손실평가 산식에 의한다.

5. 어업피해손실평가

(1) 개요

「토지보상법」제4조에 규정된 공익사업 등의 사업시행으로 인한 어업피해에 대한 손실로서 피해의 크기에 따라 소멸(폐지)손실과 부분손실로 각각 구분한다. 다만, 어업피해조사 결과와 관계없이 사업시행자가 어업처분을 결정하여 평가 의뢰한 경우에는 각각의 어업처분손실평가 규정을 준용한다.

어업손실보상에서 피해범위, 어업피해손실의 구분, 피해정도(연간피해율, 피해기간)등은 전문용역기관의 조사결과에 의하고 조사결과가 불분명하거나 판단하기 어려운 경우 사업시행자에게 그 결정을 요청한다.

(2) 어업권(면허어업) 소멸손실평가

> 평년수익액 ÷ 12% + 어선 · 어구 등 시설물의 잔존가액

(3) 허가 · 신고어업 소멸손실평가

> 평년수익액 × 3년 + 어선 · 어구 등 시설물의 잔존가액

(4) 부분손실평가

① 면허 · 허가 · 신고어업의 부분손실평가는 평년수익액에 피해정도(피해율과 피해기간을 참작하여 산출)를 감안하여 산정한다.

② 장래 피해 기간동안의 피해보상액은 연 12%로 환원하여 산정한다.

③ 면허 · 허가 · 신고어업의 부분손실보상액은 각각 소멸 · 폐지손실평가액을 초과할 수 없다.

(5) 평년수익액 산정

어업자가 당해 어업 활동을 통하여 얻어진 최근 3년간의 평균적인 어업수익(소득)으로 다음 각호의 방법으로 산정한다.

1) 평균연간어획량 또는 생산량(이하 평균연간생산량이라 한다)을 평균연간판매단가로 환산한 금액에서 평년어업경비를 공제하여 산출한다.

2) 평균연간생산량과 평균연간판매단가를 각각 산정하는 것이 불합리하다고 판단되는 경우에는 평균연간생산금액(판매금액)에서 평년어업경비를 공제하여 산출한다.

3) 제1호 및 제2호의 방법으로 산정할 수 없는 경우에는 신빙성 있는 어업경영에 관한 증빙자료나 인근 동종어업의 생산실적을 조사, 비교하는 등의 방법으로 산정하되 산출근거를 제시해야 한다.

> 평년수익액 = 평균연간어획량 · 생산량 × 평균연간판매단가 - 평년어업경비

(6) 평균연간어획량

1) 평균연간어획량은 다음 각호의 자료에 의하여 산정한다.

1. 「수산업법」제77조 제1항에 의해 보고된 어획량 · 양육량

2. 계통판매실적등 증빙서류로 입증되는 판매실적

3. 현장실태조사 자료 및 어업활동 근거자료

4. 전문용역기관에서 산출한 평균연간생산량 조사자료

2) 평균연간어획량(생산량)은 **처분일이 속하는 연도의 전년도를** 기준년도로 하여 **소급 기산한 3년간의 어획량을 연평균 한 어획량으로** 한다.

3) 소급 기산한 3년 기간 동안 일시적인 해양환경의 변화로 연평균어획실적의 변동폭이 전년도에 비하여 1.5배 이상이 되거나 휴업·어장정비 등으로 어획 실적이 없어 당해 연도를 포함하여 3년간의 평균어획량을 산정하는 것이 불합리한 경우에는 해당 연도만큼 소급 기산한 3년간을 **연평균한 어획량으로** 한다.

4) 어획실적이 3년 미만인 경우에는 다음 산식에 따라 산출한 추정평균어획량으로 한다.

   (가) 면허어업

   > 당해 어장의 실적 기간 중의 어획량 × 인근 동종어업의 어장(통상 2개소)의 3년 평균어획량
   > ÷ 인근 동종어업의 어장의 당해 실적 기간중의 어획량

   (나) 허가어업 또는 신고어업

   > 당해 어업의 실적 기간 중의 어획량 × 동일규모의 동종어업(통상 2건)의 3년 평균어획량
   > ÷ 동일규모의 동종어업의 당해 실적 기간 중의 어획량

   다만, 동일규모 동종어업의 어획량이 없는 경우에는 **유사규모의 동종어업의 어획량을** 기준으로 **3년 평균어획량을** 산출한다.

   (다) 가목 및 나목의 산식에서 실적기간은 실제 어획실적이 있는 기간으로 하되, 동일규모 또는 유사규모의 동종어업의 경우에는 손실평가대상 어업자의 실제 어획실적이 있는 기간과 동일한 기간의 실제 어획실적을 말한다.

(7) 평균연간판매단가

1) 평균연간판매단가는 손실액 산정을 위한 가격시점 현재를 기준으로 하여 소급 기산한 1년간 해당 수산물이 계통출하된 주된 위판장의 수산물별·품질등급별 판매량을 수산물별로 가중평균하여 산출한 평균판매단가로 한다.

2) 계통출하된 판매실적이 없는 경우에는 다음 각 호의 우선순위에 의한 가격을 기준으로 평균연간판매단가를 산출한다.
   1. 당해 지역 인근의 수산업협동조합의 위판가격
   2. 당해 지역 인근의 수산물도매시장의 경락가격

3) 소급기산한 1년의 기간 동안 일시적인 어획물의 흉·풍작등으로 인하여 어가의 연평균변동폭이 전년도에 비하여 1.5배 이상이 되어 평균연간판매단가를 적용하는 것이 불합리한 경우에는 소급기산한 최초의 1년이 되는 날부터 다시 소급기산한 1년간의 평균판매단가에 소급기산한 최초의 1년간의 수산물계통출하판매가격의 **전국평균변동율을** 곱한 금액으로 한다.

(8) 평년어업경비

1) 평년어업경비는 가격시점 현재를 기준으로 1년간 소급기산한 해당어업의 연간 어업경영에 필요한 경비로 아래 표와 같다. 다만, 경비항목 외에 지역 또는 어업종류에 따라 필요한 경비항목이 있을 경우 기타 경비항복에 포함시켜 산출한다.

구분	경비 항목
1. 생산관리비	① 어미고기 및 종묘구입비 ② 미끼구입비 ③ 사료비 ④ 유지보수비 ⑤ 연료 및 유류비 ⑥ 전기료 ⑦ 약품비 ⑧ 소모품비 ⑨ 어장관리비(어장청소, 해적생물구제 및 표지시설 등) ⑩ 자원조성비 ⑪ 용선료
2. 인건비	① 어업자 본인의 인건비 ② 본인 이외의 자에 대한 인건비
3. 감가상각비	① 시설물 ② 어선 또는 관리선(선체·기관 및 의장품 등 포함) ③ 어구 ④ 기타 장비·도구
4. 판매관리비	① 가공비 ② 보관비 ③ 용기대 ④ 판매수수료 ⑤ 판매잡비(운반·포장 등)
5. 기타잡비	① 제세공과금 ② 어장행사료 ③ 주부식비 ④ 복리후생비 ⑤ 보험료 및 공제료 ⑥ 기타

2) 평년어업경비는 수집가능한 자료의 확보·분석 및 현지실사를 통하여, 어업종류별로 평균적이고 표준적인 소요물량과 단가를 추정하여 원가표준에 의한 방법으로 객관적이고 공정하게 산정하여야 한다.

   1. 인건비중 어업자 본인의 인건비는 본인 이외의 자의 인건비의 평균단가를, 본인 이외의 자의 인건비는 현실 단가를 적용하되 어업자가 직접 경영하여 본인 이외의 자의 인건비가 없는 경우에는 「통계법」 제8조의 규정에 의한 승인을 얻어 작성·공포한 **제조부문 보통인부의 노임단가**를 적용한다. 이 경우 맨손어업·나잠어업 및 투망어업에 대한 인건비는 투입된 노동시간을 감안하여 산출하여야 한다.

   2. 감가상각비는 정액법으로 산출하고 어선의 내용연수 및 잔존가치율은 아래 표와 같으며 어선의 유지관리상태를 참작하여 이를 단축·축소할 수 있다. 단, 내용연수가 1년 미만인 것은 당해자산의 구입비를 소모품비로 한다.

선질별	내용연수(년)	잔존가치율(%)
강선	25	20
F.R.P.선	20	10
목선	15	10

   3. 판매관리비중 판매수수료는 당해 어선의 주된 양륙지 또는 어업장이 속한 지역에 소재하고 있는 수산업협동조합의 위판수수료율을 적용한다.

   4. 수산 관련 법령에 규정하고 있는 종묘살포, 시설물의 철거 등 어업자의 의무사항은 어장면적 및 경영규모 등을 감안하여 적정하게 산출되어야 한다.

   5. 어업생산주기가 1년 이상 소요되는 경우 종묘구입비, 사료비, 어장관리비 및 판매관리비 등 생산주기와 연계되는 경비항목에 대하여서는 생산주기로 나누어 연간 평균어업경비를 산출하여야 한다.

> **⚖ 판례 | 자가노력비 포함 여부** [대법원 2002.1.22. 선고, 2000다2511 판결]
> 신고어업 종사자들 자신의 노임 평가액은 신고어업을 위한 비용으로서의 성질을 갖는다 할 것이므로, 신고어업자들의 손해액을 산정하면서 자가노임 평가액을 어업경비의 일부로서 공제한 것은 정당하다.

(9) 어선·어구 등 시설물의 잔존가액

   어선·어구등 시설물의 잔존가액은 **원가법**에 의하되 **선체·기관·의장별로 구분하여** 평가한다. 다만, 원가법에 의한 평가가 적정하지 아니한 경우에는 거래사례비교법에 의할 수 있다.

1 개요

영업손실에 대한 감정평가는 평가의뢰자(당해 공익사업의 사업시행자 등)가 「토지보상법 시행규칙」 제45조 규정에 해당하는 영업을 동 규칙 제16조에 의거하여 감정평가 의뢰하는 경우에 행한다.

2 영업의 개념

영업이란 일정한 장소에서 인적·물적 시설을 갖추고 계속적으로 행하고 있는 업을 말하며, 「(구) 토지보상법」 시행규칙에서는 '영리행위를 목적으로 행하고 있는 영업'으로 규정하였으나, 현행 규정에서는 삭제되었다. 영업이익이란 기업의 영업활동에 따라 발생된 이익으로서 매출총액에서 매출원가와 판매비 및 일반관리비를 뺀 것을 말하며, 소득이란 개인의 주된 영업활동에 따라 발생된 이익으로서 자가노력비 상당액(생계를 함께하는 같은 세대안의 직계존속·비속 및 배우자의 것을 포함한다. 이하 같다)이 포함된 것을 말한다.

3 영업손실 보상 대상

> **「토지보상법 시행규칙」 제45조(영업손실의 보상대상인 영업)**
> 토지보상법 제77조 제1항에 따라 영업손실을 보상하여야 하는 영업은 다음 각 호 모두에 해당하는 영업으로 한다.
> 1. 사업인정고시일등 전부터 적법한 장소(무허가건축물등, 불법형질변경토지, 그 밖에 다른 법령에서 물건을 쌓아놓는 행위가 금지되는 장소가 아닌 곳을 말한다)에서 인적·물적시설을 갖추고 계속적으로 행하고 있는 영업. 다만, 무허가건축물등에서 임차인이 영업하는 경우에는 그 임차인이 사업인정고시일등 1년 이전부터 「부가가치세법」 제8조에 따른 사업자등록을 하고 행하고 있는 영업을 말한다.
> 2. 영업을 행함에 있어서 관계법령에 의한 허가등을 필요로 하는 경우에는 사업인정고시일등 전에 허가등을 받아 그 내용대로 행하고 있는 영업

1. 사업인정고시일등 전부터 행하고 있는 영업

영업손실보상의 대상은 "사업인정고시일등" 전부터 행하는 영업이라고 규정하는바, "사업인정고시일" 및 "등"에 관한 검토가 필요하다. "사업인정고시일등"이란 「토지보상법」 제15조 보상계획공고 또는 제22조 사업인정고시일 중 빠른 날을 의미한다.

> **법령해석** **영업손실 보상대상의 판단시점** [14 - 0574, 2014.10.29.]
>
> 즉 「토지보상법 시행규칙」 제45조에서 영업손실 보상의 기준일을 사업인정 고시일로만 한정하지 않고, 보상계획 공고일도 포함하는 "사업인정고시일등"으로 규정한 것은 공익사업이 시행된다는 사실을 상황에 따라 **사업인정 고시**뿐만 아니라 **보상계획 공고**로도 알릴 수 있고, 두 절차 중 하나의 절차가 항상 먼저 진행되는 것은 아니라는 점을 고려하여 영업손실 보상 대상에 해당하는지 여부를 해당 공익사업이 시행됨을 **최초로 알린 시점을 기준**으로 판단하겠다는 취지라고 할 것입니다.
> 따라서 영업손실 보상의 기준이 되는 날은 보상계획 공고일과 사업인정 고시일 중 앞선 날을 의미한다고 보아야 할 것입니다 (대법원 2010.9.9. 선고 2009두16824 판결례 참조).

최초의 사업인정고시일이 있은 후 사업의 변경 등으로 인하여 사업인정변경고시가 있는 경우에도 **최초의 사업인정고시일**을 기준으로 한다.

⚖ 판례 | 임대수익에 대한 손실보상 여부 [대법원 2006.7.28. 선고 2004두3488 판결]

[판시사항]

수용대상토지 지상의 임대용 건물의 일부가 수용된 후 잔여건물을 보수하여 계속 임대용으로 사용함에 있어 3월 이상의 보수기간이나 임대하지 못한 기간이 소요되었다는 특별한 사정이 있는 경우, 그 기간 동안의 일실 임대수입을 보상함에 있어서 구 공공용지의 취득 및 손실보상에 관한 특례법 시행규칙 제25조 제2항이 유추적용되는지 여부(적극) 및 위 특별한 사정의 인정 요건

[판결요지]

임대용으로 제공되고 있던 건물의 일부가 수용된 후 잔여건물을 보수하여 계속 임대용으로 사용하는 경우 잔여건물의 보수비를 포함하여 위와 같은 기준에 따라 보상액을 지급하였다고 하더라도 그 보상액에는 **보수기간이나 임대하지 못한 기간 동안의 일실 임대수입액은 포함되어 있지 않으므로** 그러한 경우에는 구 공공용지의 취득 및 손실보상에 관한 특례법 시행규칙(2002.12.31. 건설교통부령 제344호로 폐지되기 전의 것) 제25조 제3항에 따라 3월의 범위 내에서 보수기간이나 임대하지 못한 기간 동안의 일실 임대수입은 수용으로 인한 보상액에 포함되어야 하고, 다만 3월 이상의 보수기간이나 임대하지 못한 기간이 소요되었다는 특별한 사정이 있는 경우에는 같은 법 시행규칙 제25조 제2항을 유추적용하여 그 기간 동안의 **일실 임대수입 역시 수용으로 인한 보상액에 포함**되어야 하며, 위와 같이 보수기간이나 임대하지 못한 기간이 3월 이상 소요되었다는 특별한 사정은 잔여건물이나 임대사업 자체의 고유한 특수성으로 인하여 3월 내에 잔여건물을 보수하거나 임대하는 것이 곤란하다고 객관적으로 인정되는 경우라야 한다.

<대법원>은 임대용 잔여건축물의 보수기간 동안 수취하지 못하는 임대인의 일실 임대수입은 잔여건축물의 보상평가액인 "편입부분 보상액 + 잔여부분 보수액"에 포함되어 있지 않기 때문에 별도의 보상대상으로 보고 있으나, 현행 「토지보상법」상의 일실 임대수입은 보상대상 목록으로 규정되어 있지 않아 현실적인 보상의 어려움이 있다.

⚖ 판례 | 부동산임대업의 영업손실 보상대상 여부 [서울고등법원 2002.11.6. 선고 2002누2675 판결]

부동산의 임대를 통하여 얻게 되는 수익은 다른 사람에게 이를 사용·수익하게 함으로써 얻는 **부동산 자체의 과실**에 불과한 것이므로 당해 부동산에 대한 정당한 보상이 이루어지는 경우에는 그 임대수익을 목적으로 하는 영업상의 손실에 대하여 별도로 보상할 필요가 없다 할 것이다.

---

2. 적법한 장소에서 인적·물적 시설을 갖춘 영업

"적법한 장소"란 무허가건축물등, 불법형질변경토지, 그 밖의 다른 법령에서 물건을 쌓아놓는 행위가 금지되는 장소가 아닌 곳을 말하며, 「토지보상법 시행규칙」 부칙 제5조 및 제6조에 의거 적법의제 되는 경우는 적법한 장소로 본다. 별도의 휴업기간 없이 인적시설을 이동할 수 있는 경우나 물적시설을 갖추지 못한 사업장의 경우는 영업손실보상 대상에서 제외된다. 다만, 무허가건축물등에서 임차인이 영업을 하는 경우에는 사업인정고시일등 1년 이전부터 사업자등록을 득하고 행하는 영업의 경우 영업손실보상 대상에 해당한다.

3. 계속적으로 행하고 있는 영업

영업손실보상 대상이 되기 위한 영업은 일시적 영업이 아닌 계속성과 반복성을 갖춘 영업이어야 한다. 사업인정고시일등 전부터 보상협의 당시 및 수용개시 당시까지 계속적으로 영업을 행하여야 한다.

구)「토지보상법 시행규칙」제45조 제1호에서는 영업손실의 보상대상인 영업을 "사업인정고시일등 전부터 일정한 장소에서 인적·물적시설을 갖추고 계속적으로 영리를 목적으로 행하고 있는 영업"이라고 규정하고 있어, "비영리법인"의 경우 영업손실 보상 대상에서 제외되었으나, 현행「토지보상법 시행규칙」제45조 제1항에서는 "영리를 목적으로"의 규정이 삭제되었는바 비영리법인도 영업손실 대상에 포함된다.

> **⚖️ 판례 | 영업손실 대상 여부** [감정평가기준팀 - 2182, 2016.6.15]
>
> 개정 이후 현행 토지보상법 시행규칙(국토교통부령 제272호, 2016.1.6 일부개정) 제45조(영업손실의 보상대상인 영업)제1항에서는 영업손실의 보상대상인 영업을 "사업인정고시일등 전부터 적법한 장소(무허가건축물등, 불법형질변경토지, 그 밖에 다른 법령에서 물건을 쌓아놓는 행위가 금지되는 장소가 아닌 곳을 말한다)에서 인적·물적시설을 갖추고 계속적으로 행하고 있는 영업"이라고 규정하고 있는바, 영리를 목적으로 하는지 여부는 **더 이상 영업손실의 보상대상인 영업을 판단함에 있어 기준이 되지 않고 있습니다.**
>
> 따라서 상기 어린이집 영업이 토지보상법 시행규칙 제45조 각 호 모두에 해당하는 영업일 경우 영업손실의 보상대상인 영업에 해당될 것이나, 구체적인 영업보상 대상 여부는 물건조서의 작성, 보상계획의 열람, 물건조서 내용에 대한 이의신청 등 토지보상법에서 정한 일정한 절차를 통하여 확정되는 것이므로 감정평가사가 임의로 판단할 사항은 아니며….

4. 관계 법령에 의한 허가등

해당 영업을 규율하는 관계법령에 따라 신고 또는 허가 등이 필요한 경우 신고 또는 허가를 득한 영업을 의미하며, 허가등을 득한 사람과 영업자는 동일해야 한다. 또한,「소득세법」또는「부가가치세법」규정에 따른 "사업자등록"은 영업손실보상 대상 요건인 "허가등"에 해당하지 아니한다.

5. 당해 공익사업으로 인해 휴업 또는 폐업으로 인한 손실이 발생하는 영업

영업손실보상 대상이 되기 위해서는 당해 공익사업의 시행으로 인한 휴업 또는 폐업으로 인한 손실이 발생하여야 하며, 보상 당시 휴업하고 있는 경우에는 영업손실보상 대상에 해당하지 않는다. 또한, 부동산소득(임대소득)은 부동산 원물에 대한 과실로 원물인 부동산이 당해 공익사업으로 편입되어 별도로 손실보상의 대상이 되었다면 부동산소득은 영업손실보상 대상에서 제외된다.

6. "영업시설등의 이전비용"으로 의뢰된 경우

「토지보상법 시행규칙」제52조에 의거 사업인정고시일등 전부터 허가등을 받아야 행할 수 있는 영업을 허가 등이 없이 행하여 온 자에 대해 동 시행규칙 제47조 제1항 제2호에 따라 영업시설·원재료·제품 및 상품의 이전에 소요되는 비용 및 그 이전에 따른 감손상당액을 보상하기 위하여 의뢰하는 경우에는 이를 감정평가 대상으로 할 수 있다. 이는「시행규칙」제52조에 따라 허가 등을 받지 아니한 영업의 손실보상에 관한 특례로 도시근로자가구 월평균 가계지출비를 기준으로 산정한 손실보상금을 사업시행자가 직접 산정·지급하는 경우 영업시설 등의 이전비 및 감손상당액에 대한 손실보상금을 별도로 감정평가 의뢰하는 경우에 발생한다.

4 영업손실보상의 구분

1. 영업손실보상의 구분

「토지보상법 시행규칙」제46조 및 제47조는 당해 공익사업의 시행으로 인하여 영업을 폐지하는 경우와 영업장소를 이전하여야 하는 경우로 구분하고 있다.

2. 영업의 폐업 및 휴업의 구별 기준

판례 | 영업 폐업의 판단 [대법원 2006.9.8. 선고, 2004두7672 판결]

영업손실에 관한 보상에 있어서 영업의 폐업과 휴업의 구별 기준(= 영업의 이전 가능성) 및 그 판단 방법
영업손실에 관한 보상에 있어 공특법 시행규칙 제24조 제2항 제1호 내지 제3호에 의한 영업의 폐업으로 볼 것인지 아니면 영업의 휴업으로 볼 것인지를 구별하는 기준은 당해 영업을 그 영업소 소재지나 인접 시 · 군 또는 구 지역 안의 다른 장소로 <u>이전하는 것이 가능한지의 여부</u>에 달려 있고, 이러한 이전가능 여부는 <u>법령상의 이전장애사유 유무와 당해 영업의 종류와 특성, 영업시설의 규모, 인접 지역의 현황과 특성, 그 이전을 위하여 당사자가 들인 노력 등과 인근 주민들의 이전 반대 등과 같은 사실상의 이전장애사유 유무 등을 종합하여 판단</u>하여야 한다.

질의회신 영업 폐업의 판단 [질의회신 기준 · 심사팀 - 1324, 2018.9.3.]

또한, 토지보상법 시행규칙 제46조와 제47조는 영업을 폐업하는 경우와 영업을 휴업하는 경우의 감정평가방법을 규정하고 있고 같은 시행규칙 제62조와 제64조는 공익사업시행지구 밖의 공작물 등 및 영업손실에 대한 보상에 대해 규정하고 있습니다. 보상대상은 사업시행자가 작성하는 토지 · 물건조서, 보상계획의 열람, 물건조서 내용에 대한 이의신청 등 토지보상법에서 정한 일정한 절차를 통하여 확정되는 것으로 <u>감정평가업자가 임의로 판단할 사항은 아닌바</u>, 보상대상의 판단은 사업시행자가 관련법령 및 사실관계 등을 종합적으로 고려하여 판단 · 결정하여야 할 것으로 사료됩니다.

해당 공익사업으로 인한 영업손실보상이 영업 폐업에 해당하는지 휴업에 해당하는지에 대한 여부는 해당 공익사업의 시행자가 제시하는 조서목록에 따르되, 공익사업의 종류·사업기간·사업규모·영업의 종류·배후지의 상실정도 기타 관계법령에 의한 영업의 규제상태 등을 고려하여 판단한다.

5 영업손실보상의 조사사항 및 자료수집

1. 조사사항

① 영업장소의 소재지·업종·규모
② 수입 및 지출 등에 관한 사항
③ 과세표준액 및 납세실적
④ 영업용 고정자산 및 재고자산의 내용
⑤ 종업원 현황 및 인건비 등 지출내용
⑥ 그 밖의 필요한 사항

2. 자료의 수집

① 법인 등기사항전부증명서 및 정관
② 최근 3년간의 재무제표(재무상태표·손익계산서·잉여금처분계산서 또는 결손금처리계산서·현금흐름표 등) 및 부속명세서(제조원가명세서·잉여금명세서 등)
③ 회계감사보고서
④ 법인세과세표준 및 세액신고서(세액조정계산서) 또는 종합소득과세표준확정신고서
⑤ 영업용 고정자산 및 재고자산 목록
⑥ 취업규칙·급여대장·근로소득세원천징수영수증 등
⑦ 부가가치세과세표준증명원
⑧ 그 밖에 필요한 자료

6 영업의 폐업에 대한 보상평가

「토지보상법 시행규칙」 제46조(영업의 폐업에 대한 손실의 평가 등)
① 공익사업의 시행으로 인하여 영업을 폐업하는 경우의 영업손실은 2년간의 영업이익(개인영업인 경우에는 소득을 말한다. 이하 같다)에 영업용 고정자산·원재료·제품 및 상품 등의 매각손실액을 더한 금액으로 평가한다.
② 제1항에 따른 영업의 폐업은 다음 각 호의 어느 하나에 해당하는 경우로 한다.
　1. 영업장소 또는 배후지(당해 영업의 고객이 소재하는 지역을 말한다. 이하 같다)의 특수성으로 인하여 당해 영업소가 소재하고 있는 시·군·구(자치구를 말한다. 이하 같다) 또는 인접하고 있는 시·군·구의 지역안의 다른 장소에 이전하여서는 당해 영업을 할 수 없는 경우
　2. 당해 영업소가 소재하고 있는 시·군·구 또는 인접하고 있는 시·군·구의 지역안의 다른 장소에서는 당해 영업의 허가등을 받을 수 없는 경우
　3. 도축장 등 악취 등이 심하여 인근주민에게 혐오감을 주는 영업시설로서 해당 영업소가 소재하고 있는 시·군·구 또는 인접하고 있는 시·군·구의 지역안의 다른 장소로 이전하는 것이 현저히 곤란하다고 특별자치도지사·시장·군수 또는 구청장(자치구의 구청장을 말한다)이 객관적인 사실에 근거하여 인정하는 경우

③ 제1항에 따른 영업이익은 해당 영업의 최근 3년간(특별한 사정으로 인하여 정상적인 영업이 이루어지지 않은 연도를 제외한다)의 평균 영업이익을 기준으로 하여 이를 평가하되, 공익사업의 계획 또는 시행이 공고 또는 고시됨으로 인하여 영업이익이 감소된 경우에는 해당 공고 또는 고시일전 3년간의 평균 영업이익을 기준으로 평가한다. 이 경우 개인영업으로서 최근 3년간의 평균 영업이익이 다음 산식에 의하여 산정한 연간 영업이익에 미달하는 경우에는 그 연간 영업이익을 최근 3년간의 평균 영업이익으로 본다.

> 연간 영업이익 = 「통계법」 제3조 제3호에 따른 통계작성기관이 같은 법 제18조에 따른 승인을 받아 작성·공표한 제조부문 보통인부의 임금단가 × 25(일) × 12(월)

④ 제2항에 불구하고 사업시행자는 영업자가 영업의 폐업 후 2년 이내에 해당 영업소가 소재하고 있는 시·군·구 또는 인접하고 있는 시·군·구의 지역 안에서 동일한 영업을 하는 경우에는 영업의 폐업에 대한 보상금을 환수하고 제47조에 따른 영업의 휴업 등에 대한 손실을 보상하여야 한다.

⑤ 제45조 제1호 단서에 따른 임차인의 영업에 대한 보상액 중 영업용 고정자산·원재료·제품 및 상품 등의 매각손실액을 제외한 금액은 제1항에 불구하고 1천만원을 초과하지 못한다.

1. 영업 폐업의 요건

① 영업장소 또는 배후지의 특수성으로 인하여 당해 영업소가 소재하고 있는 시·군·구 또는 인접하고 있는 시·군·구의 지역 안의 다른 장소에 이전하여서는 당해 영업을 할 수 없는 경우

② 당해 영업소가 소재하고 있는시·군·구 또는 인접하고 있는 시·군·구의 지역안의 다른 장소에서는 당해 영업의 허가등을 받을 수 없는 경우

③ 도축장 등 악취 등이 심하여 인근 주민에게 **혐오감**을 주는 영업시설로서 해당 영업소가 소재하고 있는 시·군·구 또는 인접하고 있는 시·군·구의 지역안의 다른 장소로 이전하는 것이 현저히 곤란하다고 도지사·시·군·구장이 객관적인 사실에 근거하여 인정하는 경우

2. 영업 폐업의 보상액 산식

> 영업이익 × 2년 + 영업용 고정자산 매각손실액 + 재고자산 매각손실액

3. 보상액 산정

(1) 영업이익

1) 법인영업이익

(가) 영업의 폐업에 대한 영업손실의 감정평가 시에 연간 영업이익의 산정은 해당 영업의 가격시점 이전 **최근 3년간**(특별한 사정으로 정상적인 영업이 이루어지지 아니한 연도를 제외한다. 이하 같다)의 평균 영업이익을 기준으로 한다. 다만, 공익사업의 계획 또는 시행이 공고 또는 고시됨에 따라 영업이익이 감소된 경우에는 해당 공고 또는 고시일 전 최근 3년간의 평균 영업이익을 기준으로 한다.

(나) 해당 영업의 실제 영업기간이 3년 미만이거나 영업시설의 확장 또는 축소 그 밖에 영업환경의 변동 등으로 가격시점 이전 최근 3년간의 영업실적을 기준으로 연간 영업이익을 산정하는 것이 곤란하거나 뚜렷이 **부적정**한 경우에는 해당 영업의 실제 영업기간 동안의 영업실적이나 그 영업시설규모 또는 영업환경 변동 이후의 영업실적을 기준으로 산정할 수 있다.

(다) 관련자료 불충분 또는 인근·유사지역 내 동종유사규모영업과 불균형 시
- 최근 3년간의 평균(추정)매출액 등 × 동종 유사규모 영업의 일반적인 영업이익률
- 최근 3년간의 평균(추정)매출액 등 × 국세청장이 고시한 표준소득률

2) 개인영업이익

(가) 영업이익은 법인영업의 영업이익을 준용하되, 자가노력비상당액을 비용으로 계상하지 않는다.

(나) 영업이익 최저한도

> 제조부문 보통인부 노임단가 × 25일 × 12월

(2) 매각손실액

1) 영업용 고정자산 매각손실액

> 분리매각 가능 자산 감정평가액 - 매각 가능액 or 현재가액 × 60% 내외

분리매각 불가능 자산의 경우 건축물 등의 감정평가방법(물건가격 이내 이전에 필요한 비용)에 따른다.

「영업손실보상평가지침」 제12조(매각손실액)

영업의 폐업에 따른 영업용 고정자산등에 대한 매각손실액의 산정은 다음 각 호와 같이 한다.

1. 영업용 고정자산 중에서 기계·기구, 집기·비품 등과 같이 영업시설에서 분리하여 매각이 가능한 자산은 감정평가액 또는 장부가액(이하 "현재가액"이라 한다)에서 매각가능가액을 뺀 금액으로 한다. 다만, 매각가능가액의 산정이 사실상 곤란한 경우에는 현재가액의 60퍼센트 상당액 이내로 매각손실액을 결정할 수 있다.
2. 영업용 고정자산 중에서 건축물·공작물 등의 경우와 같이 영업시설에서 분리하여 매각하는 것이 불가능하거나 뚜렷이 곤란한 자산은 건축물 등의 감정평가방법에 따르되, 따로 감정평가가 이루어진 경우에는 매각손실액의 산정에서 제외한다.
3. 원재료·제품 및 상품 등은 현재가액에서 처분가액을 뺀 금액으로 한다. 다만, 이의 산정이 사실상 곤란한 경우에는 현재가액을 기준으로 다음과 같이 결정할 수 있다.
   가. 제품·상품으로서 일반적인 수요성이 있는 것: 20 퍼센트 이내
   나. 제품·상품으로서 일반적인 수요성이 없는 것: 50 퍼센트 이내
   다. 반제품·재공품, 저장품: 60퍼센트 이내
   라. 원재료로서 신품인 것: 20퍼센트 이내
   마. 원재료로서 사용 중인 것: 50퍼센트 이내

2) 재고자산 매각손실액

> 현재가액 - 처분가액

(3) 영업폐업 보상금의 환수

사업시행자는 영업자가 영업의 폐업 후 2년 이내에 해당 영업소가 소재하고 있는 시·군·구 또는 인접하고 있는 시·군·구의 지역 안에서 동일한 영업을 하는 경우에는 영업의 폐업에 대한 보상금을 환수하고 「토지보상법」 시행규칙 제47조에 따른 영업의 휴업 등에 대한 손실을 보상하여야 한다.

(4) 무허가건축물 내 임차인인 영업자의 보상한도액

영업이익 × 2년 ≤ 1천만원 + (고정 · 재고자산)매각손실액

「토지보상법」 제45조 제1호 단서에 따라 임차인의 영업 폐업 등에 대한 손실보상액은 매각손실액을 제외하고 1천만원을 초과할 수 없다.

7 영업의 휴업 등에 대한 보상평가

「토지보상법」 시행규칙 제47조(영업의 휴업 등에 대한 손실의 평가)

① 공익사업의 시행으로 인하여 영업장소를 이전하여야 하는 경우의 영업손실은 휴업기간에 해당하는 영업이익과 영업장소 이전 후 발생하는 영업이익감소액에 다음 각호의 비용을 합한 금액으로 평가한다.
  1. 휴업기간중의 영업용 자산에 대한 감가상각비 · 유지관리비와 휴업기간중에도 정상적으로 근무하여야 하는 최소인원에 대한 인건비 등 고정적 비용
  2. 영업시설 · 원재료 · 제품 및 상품의 이전에 소요되는 비용 및 그 이전에 따른 감손상당액
  3. 이전광고비 및 개업비 등 영업장소를 이전함으로 인하여 소요되는 부대비용
② 제1항의 규정에 의한 휴업기간은 4개월 이내로 한다. 다만, 다음 각 호의 어느 하나에 해당하는 경우에는 실제 휴업기간으로 하되, 그 휴업기간은 2년을 초과할 수 없다.
  1. 당해 공익사업을 위한 영업의 금지 또는 제한으로 인하여 4개월 이상의 기간동안 영업을 할 수 없는 경우
  2. 영업시설의 규모가 크거나 이전에 고도의 정밀성을 요구하는 등 당해 영업의 고유한 특수성으로 인하여 4개월 이내에 다른 장소로 이전하는 것이 어렵다고 객관적으로 인정되는 경우
③ 공익사업에 영업시설의 일부가 편입됨으로 인하여 잔여시설에 그 시설을 새로이 설치하거나 잔여시설을 보수하지 아니하고는 그 영업을 계속할 수 없는 경우의 영업손실 및 영업규모의 축소에 따른 영업손실은 다음 각 호에 해당하는 금액을 더한 금액으로 평가한다. 이 경우 보상액은 제1항에 따른 평가액을 초과하지 못한다.
  1. 해당 시설의 설치 등에 소요되는 기간의 영업이익
  2. 해당 시설의 설치 등에 통상 소요되는 비용
  3. 영업규모의 축소에 따른 영업용 고정자산 · 원재료 · 제품 및 상품 등의 매각손실액
④ 영업을 휴업하지 아니하고 임시영업소를 설치하여 영업을 계속하는 경우의 영업손실은 임시영업소의 설치비용으로 평가한다. 이 경우 보상액은 제1항의 규정에 의한 평가액을 초과하지 못한다.
⑤ 제46조 제3항 전단은 이 조에 따른 영업이익의 평가에 관하여 이를 준용한다. 이 경우 개인영업으로서 휴업기간에 해당하는 영업이익이 「통계법」 제3조 제3호에 따른 통계작성기관이 조사 · 발표하는 가계조사통계의 도시근로자가구 월평균 가계지출비를 기준으로 산정한 3인 가구의 휴업기간 동안의 가계지출비(휴업기간이 4개월을 초과하는 경우에는 4개월분의 가계지출비를 기준으로 한다)에 미달하는 경우에는 그 가계지출비를 휴업기간에 해당하는 영업이익으로 본다.
⑥ 제45조 제1호 단서에 따른 임차인의 영업에 대한 보상액 중 제1항 제2호의 비용을 제외한 금액은 제1항에 불구하고 1천만원을 초과하지 못한다.
⑦ 제1항 각 호 외의 부분에서 영업장소 이전 후 발생하는 영업이익 감소액은 제1항 각 호 외의 부분의 휴업기간에 해당하는 영업이익(제5항 후단에 따른 개인영업의 경우에는 가계지출비를 말한다)의 100분의 20으로 하되, 그 금액은 1천만원을 초과하지 못한다.

1. 영업의 휴업 등 대상

영업의 휴업 등에 대한 영업손실의 감정평가는 다음 각 호의 어느 하나에 해당하는 것으로서 의뢰자가 「토지보상법 시행규칙」 제16조에 따라 감정평가의뢰한 경우에 행한다.

1. 공익사업의 시행으로 **영업장소를 이전**하여야 하는 경우
2. 공익사업시행지구에 영업시설의 **일부가 편입**됨에 따라 잔여시설에 그 시설을 새로이 설치하거나 잔여시설을 보수하지 아니하고는 해당 영업을 계속할 수 없는 경우
3. 그 밖에 영업을 휴업하지 아니하고 **임시영업소를 설치**하여 영업을 계속하는 경우

2. 영업장소의 이전에 따른 손실의 감정평가

(1) 산식

> 영업이익 × 휴업기간 + 영업이익 감소액 + 인건비 등 고정적비용 + 영업시설 및 재고자산의 이전에 따른 통상비용
> + 재고자산의 이전에 따른 감손상당액 + 이전광고비 및 개업비 등 기타 부대비용

(2) 영업이익

1) 원칙

영업의 폐업에 관한 영업이익 규정에 따른다. 다만, 계절영업 등으로서 최근 3년간의 평균영업이익을 기준으로 산정하는 것이 뚜렷이 부적정한 경우에는 실제 이전하게 되는 기간에 해당하는 월의 최근 3년간의 평균 영업이익을 기준으로 산정할 수 있다.

2) 최저한도액(개인영업)

> 3인가구 기준 도시근로자가구 월평균 가계지출비 × 4개월

(3) 휴업기간

영업장소를 이전하는 경우에 의뢰자로부터 해당 영업에 대한 휴업기간의 **제시가 있는 때**에는 이를 기준으로 하고, 휴업기간의 제시가 없는 때에는 **특별한 경우**를 제외하고는 **4개월**로 하되 감정평가서에 그 내용을 기재한다. 다만, 그 휴업기간은 **2년**을 초과하지 못한다. 특별한 경우란 다음 각 호를 말한다 (2014.10.21. 이후 보상계획공고 된 경우 적용).

1. 해당 공익사업을 위한 영업의 금지 또는 제한으로 **4개월을 초과하는 기간 동안 영업을 할 수 없는 경우**
2. 영업시설의 규모가 크거나 이전에 고도의 정밀성을 요하는 등 해당 영업의 고유한 **특수성**으로 4개월 이내의 기간 동안에 다른 장소로 이전하는 것이 어렵다고 객관적으로 인정되는 경우
3. 해당 영업의 종류·규모·특성 등으로 보아 4개월 미만의 기간 동안에 다른 장소로 이전하는 것이 가능하다고 **객관적으로 인정되는 경우**

(4) 영업이익 감소액

영업이익 × 20%(1천만원 한도)

영업장소 이전 후 발생하는 영업이익 감소액의 산정은 영업이익의 100분의 20으로 하되, 그 금액은 1천만원을 초과하지 못한다.

(5) 인건비 등 고정적 비용

영업장소의 이전에 따른 휴업기간 중에도 **영업활동을 계속하기 위하여** 지출이 예상되는 인건비 등 고정적 비용의 산정은 다음의 비용을 더한 금액으로 한다.
- 인건비: 휴업기간 중에도 휴직하지 아니하고 정상적으로 근무하여야 할 최소인원(일반관리직 근로자 및 영업시설 등의 이전·설치 계획 등을 위하여 정상적인 근무가 필요한 근로자 등으로서 「토지보상법」 제15조에 따른 보상계획의 공고 또는 통지가 있는 날 현재 3월 이상 근무한 자로 한정한다)에 대한 실제지출이 예상되는 인건비 상당액. 이 경우에 동법 시행규칙 제51조 제1호에 따른 휴직보상을 하는 자에 대한 인건비 상당액은 제외한다.
- 제세공과금: 해당 영업과 직접 관련된 제세 및 공과금
- 임차료: 임대차계약에 따라 계속 지출되는 임차료
- 감가상각비: 영업용 고정자산의 감가상각비 상당액. 다만, 이전이 사실상 곤란하거나 이전비가 그 물건의 가액을 초과하여 취득하는 경우에는 제외한다.
- 보험료: 해당 영업과 직접 관련된 것으로서 계약에 따라 계속 지출되는 보험료
- 광고선전비: 계약 등에 따라 계속 지출되는 광고비 등
- 그 밖의 비용: 비용항목 중 휴업기간 중에도 계속 지출하게 되는 위 각 호와 비슷한 성질의 것

다만, 임차료의 경우 소유자 영업인 경우와 임차인 영업인 경우를 **구분하며** 소유자 영업인 경우에도 판매관리비상 임차료가 인식되었는지 여부에 따라 **개별적으로 판단하여야** 한다.

(6) 영업시설 및 재고자산의 이전에 따른 통상비용(이전비)

1) 영업시설은 건축물·공작물 등 지장물로서 평가한 것을 제외한 동력시설, 기계·기구, 집기·비품 그 밖의 진열시설 등으로서 그 시설의 해체·운반·재설치 및 시험가동 등에 소요되는 **일체의 비용**(점포영업 등의 경우에는 영업행위자가 영업시설 이전시에 통상적으로 부담하게 되는 실내장식 등에 소요되는 비용을 포함한다)으로 하되 **개량 또는 개선비용을** 포함하지 아니한다. 다만, 이전에 소요되는 비용이 그 물건의 가액을 **초과하는** 경우에는 그 물건가격으로 결정한다.

2) 원재료·제품 및 상품 등은 해체·운반·재적치 등에 소요되는 일체의 비용으로 하되, 정상적인 영업활동에 따라 이전 전에 감소가 예상되거나 가격에 영향을 받지 아니하고 현 영업장소에서 이전 전에 매각할 수 있는 것에 대한 이전비는 제외한다.

(7) 재고자산의 이전에 따른 감손상당액

현재가액 - 이전 후 가액

영업시설 등의 이전에 따른 감손상당액의 산정은 현재가액에서 이전 후의 가액을 뺀 금액으로 하되 특수한 물건의 경우에는 전문가의 의견이나 운송전문업체의 견적서 등을 참고한다. 다만, 감손상당액의 산정이 사실상 곤란한 경우에는 원재료·제품 및 상품 등의 종류·성질·파손가능성 유무·계절성 등을 고려하여 현재가액의 10퍼센트 상당액 이내로 결정하거나, 이전에 따른 보험료 상당액으로 결정할 수 있다.

(8) 기타부대비용

기타부대비용이란 이전광고비, 개업비 등 상당액으로 한다.

(9) 무허가건축물 내 임차인인 영업자의 보상한도액

> 영업이익 × 휴업기간 + 고정비용 + 부대비용 ≤ 1천만원 + 이전비 + 감손손실액

「토지보상법」 제45조 제1호 단서에 따라 임차인의 영업 휴업 등에 대한 손실보상액은 1천만원(이전비 및 감손액 제외)을 초과할 수 없으며, 영업이익 감소액은 고려하지 아니한다.

8 영업시설의 일부 편입에 따른 보상평가

공익사업시행지구에 영업시설의 일부가 편입됨에 따라 잔여시설에 그 시설을 새로이 설치하거나 잔여시설을 보수하지 아니하고는 그 영업을 계속할 수 없는 경우의 영업손실의 감정평가는 다음 산식에 의하되, "영업장소를 이전에 따른 손실의 감정평가액"을 **최대한도**로 한다.

> 영업이익 × 설치 또는 보수기간 + 인건비 등 고정적 비용 + 설치 또는 보수 등에 필요한 통상비용(보수비등)
> + 영업용 고정자산·원재료·제품 및 상품 등의 매각손실액

상기 산식에서의 설치 또는 보수기간은 "영업장소의 이전에 따른 손실의 감정평가"의 보수기간을 준용한다. 즉, 4개월을 기준한다. 보수비등의 경우 보수비등이 영업시설의 가액을 초과하는 경우에는 그 가액을 보수비등으로 본다. 또한, 영업시설의 일부 편입에 따른 손실의 감정평가의 경우 편입부분에 대한 영업손실 보상성격과 잔여부분에 대한 보수비 및 영업손실 보상의 성격을 모두 지닌 감정평가로 볼 수 있다.

9 임시영업소의 설치에 따른 보상평가

공익사업시행지구에 영업시설이 영업을 휴업하지 아니하고 임시영업소를 설치하여 영업을 계속하는 경우의 영업손실의 감정평가는 임시영업소의 설치비용으로 하되, "영업장소를 이전에 따른 손실의 감정평가액"을 최대한도로 한다.

> 임시영업소를 임차하는 경우
> 임차료 상당액 × 임시영업 기간 + 설정비용 + 영업시설등의 이전비용 + 이전에 따른 감손상당액 + 기타부대비용

> 임시영업소를 가설하는 경우
> 지료 상당액 + 설정비용 + 임시영업소 설치비용 + (철거지 - 잔존가치) + 영업시설등의 이전비용 + 이전에 따른 감손상당액 + 기타부대비용

🔟 허가등을 받지 아니한 영업에 대한 보상평가 특례

> 「토지보상법 시행규칙」 제52조(허가등을 받지 아니한 영업의 손실보상에 관한 특례)
>
> 사업인정고시일등 전부터 허가등을 받아야 행할 수 있는 영업을 허가등이 없이 행하여 온 자가 공익사업의 시행으로 인하여 제45조 제1호 본문에 따른 적법한 장소에서 영업을 계속할 수 없게 된 경우에는 제45조 제2호에 불구하고 「통계법」 제3조 제3호에 따른 통계작성기관이 조사·발표하는 가계조사통계의 도시근로자가구 월평균 가계지출비를 기준으로 산정한 3인 가구 3개월분 가계지출비에 해당하는 금액을 영업손실에 대한 보상금으로 지급하되, 제47조 제1항 제2호에 따른 영업시설·원재료·제품 및 상품의 이전에 소요되는 비용 및 그 이전에 따른 감손상당액(이하 이 조에서 "영업시설등의 이전비용"이라 한다)은 별도로 보상한다. 다만, 본인 또는 생계를 같이 하는 동일 세대안의 직계존속·비속 및 배우자가 해당 공익사업으로 다른 영업에 대한 보상을 받은 경우에는 영업시설등의 이전비용만을 보상하여야 한다.

사업인정고시일등 이전부터 **허가등을 받지 아니한 영업**에 대하여 법 시행규칙 제52조의 손실보상 관한 특례에 따른 감정평가 의뢰가 있는 경우에 해당 영업에 대한 영업손실의 감정평가는 다음 산식에 따르되, 본인 또는 생계를 같이 하는 같은 세대안의 직계존속·비속 및 배우자가 해당 공익사업으로 다른 영업에 대한 보상을 받은 경우에는 **이전비용 및 이전에 따른 감손상당액만**을 고려한다.

> 3인가구 기준 도시근로자가구 월평균 가계지출비 × 3개월 + 영업시설등의 이전비용 + 이전에 따른 감손상당액

사업인정고시일등 이전, 적법 건축물 내 인적·물적시설을 갖추고 계속적 영업을 하는 **무허가 영업**의 경우 적용한다.

1️⃣1️⃣ 공익사업시행지구밖의 영업손실에 대한 보상평가

> 「토지보상법 시행규칙」 제64조(공익사업시행지구밖의 영업손실에 대한 보상)
>
> ① 공익사업시행지구밖에서 제45조에 따른 영업손실의 보상대상이 되는 영업을 하고 있는 자가 공익사업의 시행으로 인하여 다음 각 호의 어느 하나에 해당하는 경우에는 그 영업자의 청구에 의하여 당해 영업을 공익사업시행지구에 편입되는 것으로 보아 보상하여야 한다.
> 1. 배후지의 3분의 2 이상이 상실되어 그 장소에서 영업을 계속할 수 없는 경우
> 2. 진출입로의 단절, 그 밖의 부득이한 사유로 인하여 일정한 기간 동안 휴업하는 것이 불가피한 경우
> ② 제1항에 불구하고 사업시행자는 영업자가 보상을 받은 이후에 그 영업장소에서 영업이익을 보상받은 기간 이내에 동일한 영업을 하는 경우에는 실제 휴업기간에 대한 보상금을 제외한 영업손실에 대한 보상금을 환수하여야 한다.

공익사업시행지구밖의 영업을 하는 자가 당해 공익사업의 시행으로 인하여 ① **배후지의 3분의 2이상** 상실되어 영업을 계속할 수 없는 경우, ② **진출입로의 단절** 및 ③ 그 밖의 부득이한 사유로 일정 기간 동안 **휴업하는 것이 불가피한 경우**로 「토지보상법 시행규칙」 제45조상 **영업손실보상 대상이 되는 경우** 당해 공익사업지구에 편입된 것으로 보아 영업손실보상을 한다.

일반적인 영업소의 경우 해당 영업시설의 특수성을 강조하거나 원활한 영업을 이행하기 위한 특수 시설물의 설치가 다반사이고, 영업소의 명성 및 임차인의 영업능력에 따라 인근지역 내 동종 영업소 대비 영업이익의 차이가 날 수 있는 등 상기 이유에 따라 영업소의 매각 시 "권리금"에 대한 이전이 포함될 수 있다. 따라서, 당해 공익사업의 편입됨으로 인한 영업손실보상 시 피수용자는 권리금이 고려되지 않는다는 이유로 영업손실보상이 과소평가 되었다고 주장하는 경우가 많다. 그러나 권리금은 당해 공익사업으로 편입으로 인한 보상의 대상이 아니며(법령상), 권리금의 구성 중 영업권리금 또는 바닥권리금의 경우 그 **성격상 손익계산서에 매출로 인식**되며, 시설권리금의 경우 영업시설에 따른 이전비 또는 영업용 고정자산 매각손실로 인식될 수 있으므로, **별도의 영업손실보상 대상으로 보지 않음**이 타당하다.

핵심체크 | [영업손실 휴업보상] 정리표

영업보상 요건		영업손실 보상액 범위				비고
건축물 적법 여부	영업허가 적법 여부	영업손실			이전비	
		영업이익 등	최저 영업이익	<시행규칙 제52조> 가계지출비		
적법	허가득 (자유업 포함)	○	○ (개인영업)	×	○	A
적법	무허가	×	×	○	○	B
위법	자유업	임차인 ○ 소유자 ×	×	×	○	C
위법	무허가	×	×	×	○	D
보상 당시 휴업의 경우		×	×	×	○	E
사업인정고시일등 이후 영업 개시		×	×	×	×	F

※ 1989.1.24. 이전 적법의제의 경우에도 적법 건축물과 동일하게 판단함

구분	내용	산식
A	시행규칙 제47조	영·익 × 1.2 + 고정비 + 이전비 + 감손손실 + 부대비
B	시행규칙 제52조	가계지출비 × 3개월 + 이전비 + 감손손실
C	시행규칙 제45조 제1호 단서 시행규칙 제47조 제6항	영·익 × 1.2 + 고정비 + 부대비 ≤ 1천만원 + 이전비 + 감손손실
D	영업손실 보상 대상 ×	이전비 + 감손손실(지장물 보상대상인 경우 제외)
E	영업손실 보상 대상 × (계속적 ×)	이전비 + 감손손실(지장물 보상대상인 경우 제외)
F	영업손실 보상 대상 ×	(실무적으로 이전비만 지급)

제7절 기타 손실에 대한 보상평가

1 농업의 손실에 대한 보상평가

1. 관련 규정

> **「토지보상법」 제77조(영업의 손실 등에 대한 보상)**
>
> ② 농업의 손실에 대하여는 농지의 단위면적당 소득 등을 고려하여 실제 경작자에게 보상하여야 한다. 다만, 농지소유자가 해당 지역에 거주하는 농민인 경우에는 농지소유자와 실제 경작자가 협의하는 바에 따라 보상할 수 있다.
>
> ④ 제1항부터 제3항까지의 규정에 따른 보상액의 구체적인 산정 및 평가 방법과 보상기준, 제2항에 따른 실제 경작자 인정기준에 관한 사항은 국토교통부령으로 정한다.
>
> **「토지보상법 시행규칙」 제48조(농업의 손실 등에 대한 보상)**
>
> ① 공익사업시행지구에 편입되는 농지(「농지법」 제2조 제1호 가목 및 같은 법 시행령 제2조 제3항 제2호 가목에 해당하는 토지를 말한다. 이하 이 조와 제65조에서 같다)에 대하여는 그 면적에 「통계법」 제3조 제3호에 따른 통계작성기관이 매년 조사·발표하는 농가경제조사통계의 도별 농업총수입 중 농작물수입을 도별 표본농가현황 중 경지면적으로 나누어 산정한 도별 연간 농가평균 단위경작면적당 농작물총수입(서울특별시·인천광역시는 경기도, 대전광역시는 충청남도, 광주광역시는 전라남도, 대구광역시는 경상북도, 부산광역시·울산광역시는 경상남도의 통계를 각각 적용한다)의 직전 3년간 평균의 2년분을 곱하여 산정한 금액을 영농손실액으로 보상한다.
>
> ② 국토교통부장관이 농림축산식품부장관과의 협의를 거쳐 관보에 고시하는 농작물실제소득인정기준(이하 "농작물실제소득인정기준"이라 한다)에서 정하는 바에 따라 실제소득을 입증하는 자가 경작하는 편입농지에 대해서는 제1항에도 불구하고 그 면적에 단위경작면적당 3년간 실제소득 평균의 2년분을 곱하여 산정한 금액을 영농손실액으로 보상한다. 다만, 다음 각 호의 어느 하나에 해당하는 경우에는 각 호의 구분에 따라 산정한 금액을 영농손실액으로 보상한다.
>
>   1. 단위경작면적당 실제소득이 「통계법」 제3조 제3호에 따른 통계작성기관이 매년 조사·발표하는 농축산물소득자료집의 작목별 평균소득의 2배를 초과하는 경우: 해당 작목별 단위경작면적당 평균생산량의 2배(단위경작면적당 실제소득이 현저히 높다고 농작물실제소득인정기준에서 따로 배수를 정하고 있는 경우에는 그에 따른다)를 판매한 금액을 단위경작면적당 실제소득으로 보아 이에 2년분을 곱하여 산정한 금액
>
>   2. 농작물실제소득인정기준에서 직접 해당 농지의 지력(地力)을 이용하지 아니하고 재배 중인 작물을 이전하여 해당 영농을 계속하는 것이 가능하다고 인정하는 경우: 단위경작면적당 실제소득(제1호의 요건에 해당하는 경우에는 제1호에 따라 결정된 단위경작면적당 실제소득을 말한다)의 4개월분을 곱하여 산정한 금액
>
> ③ 다음 각호의 어느 하나에 해당하는 토지는 이를 제1항 및 제2항의 규정에 의한 농지로 보지 아니한다.
>
>   1. 사업인정고시일등 이후부터 농지로 이용되고 있는 토지
>
>   2. 토지이용계획·주위환경 등으로 보아 일시적으로 농지로 이용되고 있는 토지
>
>   3. 타인소유의 토지를 불법으로 점유하여 경작하고 있는 토지
>
>   4. 농민(「농지법」 제2조 제3호의 규정에 의한 농업법인 또는 「농지법 시행령」 제3조 제1호 및 동조 제2호의 규정에 의한 농업인을 말한다. 이하 이 조에서 같다)이 아닌 자가 경작하고 있는 토지
>
>   5. 토지의 취득에 대한 보상 이후에 사업시행자가 2년 이상 계속하여 경작하도록 허용하는 토지
>
> ④ 자경농지가 아닌 농지에 대한 영농손실액은 다음 각 호의 구분에 따라 보상한다.
>
>   1. 농지의 소유자가 해당 지역(영 제26조 제1항 각 호의 어느 하나의 지역을 말한다. 이하 이 조에서 같다)에 거주하는 농민인 경우
>
>   가. 농지의 소유자와 제7항에 따른 실제 경작자(이하 "실제 경작자"라 한다)간에 협의가 성립된 경우: 협의내용에 따라 보상

나. 농지의 소유자와 실제 경작자 간에 협의가 성립되지 아니하는 경우에는 다음의 구분에 따라 보상

1) 제1항에 따라 영농손실액이 결정된 경우: 농지의 소유자와 실제 경작자에게 각각 영농손실액의 50퍼센트에 해당하는 금액을 보상

2) 제2항에 따라 영농손실액이 결정된 경우: 농지의 소유자에게는 제1항의 기준에 따라 결정된 영농손실액의 50퍼센트에 해당하는 금액을 보상하고, 실제 경작자에게는 제2항에 따라 결정된 영농손실액 중 농지의 소유자에게 지급한 금액을 제외한 나머지에 해당하는 금액을 보상

2. 농지의 소유자가 해당 지역에 거주하는 농민이 아닌 경우: 실제 경작자에게 보상

⑤ 실제 경작자가 자의로 이농하는 등의 사유로 보상협의일 또는 수용재결일 당시에 경작을 하고 있지 않는 경우의 영농손실액은 제4항에도 불구하고 농지의 소유자가 해당 지역에 거주하는 농민인 경우에 한정하여 농지의 소유자에게 보상한다.

⑥ 당해 지역에서 경작하고 있는 농지의 3분의 2 이상에 해당하는 면적이 공익사업시행지구에 편입됨으로 인하여 농기구를 이용하여 해당 지역에서 영농을 계속할 수 없게 된 경우(과수 등 특정한 작목의 영농에만 사용되는 특정한 농기구의 경우에는 공익사업시행지구에 편입되는 면적에 관계없이 해당 지역에서 해당 영농을 계속할 수 없게 된 경우를 말한다) 해당 농기구에 대해서는 매각손실액을 평가하여 보상하여야 한다. 다만, 매각손실액의 평가가 현실적으로 곤란한 경우에는 원가법에 의하여 산정한 가격의 60퍼센트 이내에서 매각손실액을 정할 수 있다.

⑦ 법 제77조 제2항에 따른 실제 경작자는 다음 각 호의 자료에 따라 사업인정고시일등 당시 타인소유의 농지를 임대차 등 적법한 원인으로 점유하고 자기소유의 농작물을 경작하는 것으로 인정된 자를 말한다. 이 경우 실제 경작자로 인정받으려는 자가 제5호의 자료만 제출한 경우 사업시행자는 해당 농지의 소유자에게 그 사실을 서면으로 통지할 수 있으며, 농지소유자가 통지받은 날부터 30일 이내에 이의를 제기하지 않는 경우에는 제2호의 자료가 제출된 것으로 본다.

1. 농지의 임대차계약서

2. 농지소유자가 확인하는 경작사실확인서

3. 「농업·농촌 공익기능 증진 직접지불제도 운영에 관한 법률」에 따른 직접지불금의 수령 확인자료

4. 「농어업경영체 육성 및 지원에 관한 법률」 제4조에 따른 농어업경영체 등록 확인서

5. 해당 공익사업시행지구의 이장·통장이 확인하는 경작사실확인서

6. 그 밖에 실제 경작자임을 증명하는 객관적 자료

「농지법」 제2조(정의)

1. "농지"란 다음 각 목의 어느 하나에 해당하는 토지를 말한다.

가. 전·답, 과수원, 그 밖에 **법적 지목(地目)을 불문하고 실제로 농작물 경작지 또는 대통령령으로 정하는 다년생 식물 재배지**로 이용되는 토지. 다만, 「초지법」에 따라 조성된 초지 등 대통령령으로 정하는 토지는 제외한다.

나. 가목의 토지의 개량시설과 가목의 토지에 설치하는 농축산물 생산시설로서 대통령령으로 정하는 시설의 부지

「농지법 시행령」 제2조(정의)

① 「농지법」(이하 "법"이라 한다) 제2조 제1호 가목 본문에서 "대통령령으로 정하는 다년생식물 재배지"란 다음 각 호의 어느 하나에 해당하는 식물의 재배지를 말한다.

1. 목초·종묘·인삼·약초·잔디 및 조림용 묘목

2. 과수·뽕나무·유실수 그 밖의 생육기간이 2년 이상인 식물

3. 조경 또는 관상용 수목과 그 묘목(조경목적으로 식재한 것을 제외한다)

② 법 제2조 제1호 가목 단서에서 "「초지법」에 따라 조성된 토지 등 대통령령으로 정하는 토지"란 다음 각 호의 토지를 말한다.

1. 「공간정보의 구축 및 관리 등에 관한 법률」에 따른 지목이 **전·답, 과수원이 아닌 토지(지목이 임야인 토지는 제외한다)로서 농작물 경작지** 또는 제1항 각 호에 따른 다년생식물 재배지로 계속하여 이용되는 기간이 **3년 미만**인 토지

2. 「공간정보의 구축 및 관리 등에 관한 법률」에 따른 지목이 임야인 토지로서 「산지관리법」에 따른 산지전용허가(다른 법률에 따라 산지전용허가가 의제되는 인가·허가·승인 등을 포함한다)를 거치지 아니하고 농작물의 경작 또는 다년생식물의 재배에 이용되는 토지
  3. 「초지법」에 따라 조성된 초지
③ 법 제2조 제1호 나목에서 "대통령령으로 정하는 시설"이란 다음 각 호의 구분에 따른 시설을 말한다.
  1. 법 제2조 제1호 가목의 토지의 개량시설로서 다음 각 목의 어느 하나에 해당하는 시설
    가. 유지(溜池: 웅덩이), 양·배수시설, 수로, 농로, 제방
    나. 그 밖에 농지의 보전이나 이용에 필요한 시설로서 농림축산식품부령으로 정하는 시설
  2. 법 제2조 제1호 가목의 토지에 설치하는 농축산물 생산시설로서 농작물 경작지 또는 제1항 각 호의 다년생식물의 재배지에 설치한 다음 각 목의 어느 하나에 해당하는 시설
    가. 고정식온실·버섯재배사 및 비닐하우스와 농림축산식품부령으로 정하는 그 부속시설
    나. 축사·곤충사육사와 농림축산식품부령으로 정하는 그 부속시설
    다. 간이퇴비장
    라. 농막·간이저온저장고 및 간이액비저장조 중 농림축산식품부령으로 정하는 시설

2. 농업손실 보상 대상

(1) 「농지법」 제2조 제1호 가목 [후·불·일·농·2]

농지 및 고정식 온실·버섯재배사·비닐하우스와 그 부속시설부지를 농업손실 보상 대상으로 한다. 다만, 다음의 토지는 농업손실 보상 대상인 농지로 보지 아니한다.
1. 사업인정고시일등 이후부터 농지로 이용되고 있는 토지
2. 토지이용계획·주위환경 등으로 보아 일시적으로 농지로 이용되고 있는 토지
3. 타인소유의 토지를 불법으로 점유하여 경작하고 있는 토지
4. 농민(「농지법」 제2조 제3호의 규정에 의한 농업법인 또는 「농지법 시행령」 제3조 제1호 및 동조 제2호의 규정에 의한 농업인을 말한다. 이하 이 조에서 같다)이 아닌 자가 경작하고 있는 토지
5. 토지의 취득에 대한 보상 이후에 사업시행자가 2년 이상 계속하여 경작하도록 허용하는 토지

(2) 「농지법 시행령」 제2조 제2항 및 제3항

다음의 토지는 농업손실 보상 대상인 농지로 보지 아니한다.
1. 「공간정보의 구축 및 관리 등에 관한 법률」에 따른 지목이 전·답, 과수원이 아닌 토지(지목이 임야인 토지는 제외한다)로서 농작물 경작지 또는 제1항 각 호에 따른 다년생식물 재배지로 계속하여 이용되는 기간이 3년 미만인 토지
2. 「공간정보의 구축 및 관리 등에 관한 법률」에 따른 지목이 임야인 토지로서 「산지관리법」에 따른 산지전용허가(다른 법률에 따라 산지전용허가가 의제되는 인가·허가·승인 등을 포함한다)를 거치지 아니하고 농작물의 경작 또는 다년생식물의 재배에 이용되는 토지
3. 「초지법」에 따라 조성된 초지

(3) 농업손실 보상 대상에 대한 판단

농업손실 보상에 대한 손실보상 규정의 근거법령이 연혁에 따라 변경되었으며, 농지는 「산지관리법」과 연관된 불법형질변경에 대한 논의와 「농지법」상 사실상 농지에 대한 논의가 서로 연관되어 있다. 따라서, 수험생은 농업손실 보상 대상인 "농지"의 예외사유를 숙지하고 있는 것이 효율적이다.

불법 형질 변경된 토지의 농지 여부

「농지법 시행령」 및 「산지관리법」 개정에 따라 [2016.1.21.] 기준으로 개정 전 법령적용 및 경과조치에 따라 농업손실 보상대상을 구분한다.

「농지법 시행령」 부칙 <대통령령 제26903호, 2016.1.19.>

제1조(시행일)

이 영은 <u>2016년 1월 21일부터</u> 시행한다. 다만, 제49의2의 개정규정은 2017년 1월 1일부터 시행한다.

제2조(농지의 범위에 관한 경과조치)

다음 각 호의 어느 하나에 해당하는 토지에 대해서는 제2조 제2항 제1호 및 제2호의 <u>개정규정에도 불구하고 종전의 규정에 따른다.</u>

1. 이 영 시행 당시 「공간정보의 구축 및 관리 등에 관한 법률」에 따른 지목이 전·답, 과수원이 아닌 토지로서 농작물 경작지 또는 제2조 제1항 제1호에 따른 다년생식물의 재배에 이용되고 있는 토지
2. 이 영 시행 당시 「공간정보의 구축 및 관리 등에 관한 법률」에 따른 <u>지목이 임야</u>인 토지로서 토지 형질을 변경하고 제2조 제1항 제2호 또는 제3호에 따른 <u>다년생식물의 재배에 이용되고 있는 토지</u>

「토지보상법 시행규칙」 제24조에 의하면 관계법령에 의한 허가나 신고 없이 불법형질변경한 토지는 형질변경될 당시의 이용상황을 상정하여 평가하도록 규정하고 있으며, 「농지법」상 농지에 대하여는 영농손실액을 보상하도록 규정하고 있어 「농지법」상 적법한 농지와 「산지관리법」상 산지전용허가를 받지 않은 불법형질변경 토지간 법적 상충 문제가 발생 되고 있었으나, 아래와 같은 임시특례를 통해 상충 문제를 해결하였다.

「산지관리법」 부칙 <법률 제14361호, 2016.12.2.>

제3조(불법전용산지에 관한 임시특례)

① 이 법 시행 당시 적법한 절차를 거치지 아니하고 산지(제2조 제1호의 개정규정에 따른 산지로 한정한다)를 <u>2016년 1월 21일 기준</u>으로 <u>3년 이상</u> 계속하여 전(田), 답(畓), 과수원의 용도로 이용 하였거나 관리하였던 자로서 제2항에 따른 산지전용허가 등 지목 변경에 필요한 처분을 받으려는 자는 그 사실을 이 법 시행일부터 1년 이내에 농림축산식품부령으로 정하는 바에 따라 시장·군수·구청장에게 신고하여야 한다.

② 시장·군수·구청장은 제1항에 따라 신고된 산지가 이 법 또는 다른 법률에 따른 산지전용의 행위제한, 허가기준 및 대통령령으로 정하는 기준에 적합한 경우에는 심사를 거쳐 산지전용허가 등 <u>지목 변경에 필요한 처분을 할 수 있다.</u> 이 경우 시장·군수·구청장은 해당 산지의 지목 변경을 위하여 다른 법률에 따른 인가·허가·승인 등의 행정처분이 필요한 경우에는 미리 관계 행정기관의 장과 협의하여야 한다.

구분	농지 여부	내용
2016.1.21. 이전	사실상 농지	- 농작물 경작지 또는 다년생식물 재배지로 계속하여 이용되는 기간이 <u>3년 이상</u> 된 경우 - 형질 변경 후 다년생식물 중 생육기간이 <u>2년 이상</u>인 식물재배지 - 형질 변경 후 조경목적 외 조경 또는 관상용 수목과 그 묘목 등의 재배지
2016.12.21. 이후	-	「산지관리법」에 따른 산지전용허가 또는 다른 법률에 따라 산지전용허가가 의제되는 인가 등을 거쳐 농작물의 경작 또는 다년생식물의 재배에 이용되는 토지에 <u>한하여</u> 농지로 본다.

⚖ 판례 | 임야의 농지 여부 [대법원 2019.4.11. 선고 2018두42955 판결]

「농지법」은 농지전용허가 등을 받지 않고 농지를 전용하거나 다른 용도로 사용한 경우 관할청이 그 행위를 한 자에게 기간을 정하여 원상회복을 명할 수 있고, 그가 원상회복명령을 이행하지 않으면 관할청이 대집행으로 원상회복을 할 수 있도록 정함으로써(제42조 제1항, 제2항), 농지가 불법 전용된 경우에는 **농지로 원상회복**되어야 함을 분명히 하고 있다. 「농지법」상 '농지'였던 토지가 현실적으로 다른 용도로 이용되고 있더라도 그 토지가 농지전용허가 등을 받지 않고 불법 전용된 것이어서 농지로 원상회복되어야 하는 것이라면 그 변경 상태는 일시적인 것이고 여전히 '**농지**'에 해당한다.

질의회신 **지력을 이용하지 않는 경우** [토지정책과 - 2842, 2013.8.22.]

[질의요지]
농지의 지력을 이용하지 않는 경우는 원칙적으로 농업손실보상 대상이 아니다.

[회신내용]
농업손실 보상과 관련한 법제처 법령해석(법제처11 - 0074, 2011.3.24.)에 따르면 "… 농지의 **지력을 이용하지 않고** 균사를 배양한 단목을 지면에 고정시키거나 거치대에 매다는 방법을 사용하는 **버섯재배사**의 경우에는 일반적으로 기후 등과 같은 자연적 환경이나 교통 등과 같은 사회적 환경 등이 유사한 인근의 대체지로 옮겨 생육에 별다른 지장을 초래함이 없이 계속 재배를 할 수 있다고 보이는바 이러한 경우 유사한 조건의 인근 대체지를 마련할 수 없는 등으로 장래에 영농을 계속하지 못하게 된다거나 생활근거를 상실하게 되는 것과 같은 특단의 사정이 없다면 이전에 수반되는 비용 외에는 달리 **특별한 희생이 생긴다고 할 수 없으므로** 농업의 손실에 대한 **보상의 대상이 된다고 할 수 없다**고 할 것입니다.

3. 농업손실 보상액 산정

(1) 원칙 – 「토지보상법」 제48조 제1항

농업손실 보상액 산정
도별 연간 농가평균 단위경작면적당 농작물총수입 $\left(\dfrac{농작물수입}{표본농가\ 경지면적}\right)$ × 편입농지면적 × 2년   [직전 3년 평균]

(2) 예외 – 「토지보상법」 제48조 제2항 [실제소득기준]

구분	산식
A	연간 단위경작면적당 실제소득 $\left(\dfrac{농작물총수입}{경작농지\ 전체면적}\right)$ × 소득률 $\left(가격시점\ 최근, \dfrac{소득}{총수입}\right)$ [직전 3년 평균]
B	(단위면적당)작목별 평균소득 × 2배

구분	농업손실 보상액 산정
A > B	단위면적당 평균생산량 × 2배 × 작목별 단가 × 2년 × 편입농지면적
A < B	실제소득 × 2년 × 편입농지면적
지력이용 × (이농 가능)	연간 단위경작면적당 실제소득 × 4개월 ÷ 12개월

4. 농업손실 보상액 지급 대상 – 「시행규칙」제48조 제4항·제5항

구분	지급 대상			
자경농지인 경우	농지 소유자			
자경농지가 아닌 경우 & 농지 소유자가 당해 지역 거주 농민인 경우	협의 성립	협의 내용에 따라 보상액 지급		
	협의 불성립	제48조 제1항	각각 50% 지급	
		제48조 제2항	소유자: 원칙 × 50%	
			실경작자: 나머지	
자경농지가 아닌 경우 & 농지 소유자가 당해 지역 거주 농민이 아닌 경우	실제 경작자			
실제 경작자 자의 이동 & 농지 소유자가 당해 지역 거주 농민인 경우	농지 소유자			

5. 농기구 보상 등

> 매각손실액 또는 적산가액 × 60% 이내
> (2/3 이상 편입 & 영농 불가능)

6. 공익사업시행지구밖의 농업의 손실에 대한 보상

> **「토지보상법 시행규칙」제65조(공익사업시행지구밖의 농업의 손실에 대한 보상)**
>
> 경작하고 있는 농지의 3분의 2 이상에 해당하는 면적이 공익사업시행지구에 편입됨으로 인하여 당해지역(영 제26조 제1항 각호의 1의 지역을 말한다)에서 영농을 계속할 수 없게 된 농민에 대하여는 공익사업시행지구밖에서 그가 경작하고 있는 농지에 대하여도 제48조 제1항 내지 제3항 및 제4항 제2호의 규정에 의한 영농손실액을 보상하여야 한다.

전체 농지 면적의 2/3 이상이 당해 공익사업에 편입됨으로 영농을 계속할 수 없게 된 농민에 대해서는 농업의 손실에 대한 보상을 하여야 한다.

② 축산업의 손실에 대한 보상평가

1. 관련 규정

> **「토지보상법 시행규칙」제49조(축산업의 손실에 대한 평가)**
>
> ① 제45조부터 제47조(다음 각 호의 규정은 제외한다)까지의 규정은 축산업에 대한 손실의 평가에 관하여 이를 준용한다.
> 1. 제46조 제3항 후단
> 2. 제47조 제1항 각 호 외의 부분(영업장소 이전 후 발생하는 영업이익감소액의 경우만 해당한다) 및 제7항
> 3. 제47조 제5항 후단
> ② 제1항에 따른 손실보상의 대상이 되는 축산업은 다음 각 호의 어느 하나에 해당하는 경우로 한다.
> 1. 「축산법」제22조에 따라 허가를 받았거나 등록한 종축업·부화업·정액등처리업 또는 가축사육업
> 2. 별표 3에 규정된 가축별 기준마리수 이상의 가축을 기르는 경우

3. 별표 3에 규정된 가축별 기준마리수 미만의 가축을 기르는 경우로서 그 가축별 기준마리수에 대한 실제 사육마리수의 비율의 합계가 1 이상인 경우
③ 별표 3에 규정된 가축외에 이와 유사한 가축에 대하여는 제2항 제2호 또는 제3호의 예에 따라 평가할 수 있다.
④ 제2항 및 제3항의 규정에 의한 손실보상의 대상이 되지 아니하는 가축에 대하여는 이전비로 평가하되, 이전으로 인하여 체중감소·산란율 저하 및 유산 그 밖의 손실이 예상되는 경우에는 이를 포함하여 평가한다.

2. 축산손실 보상대상

축산손실 보상대상은 다음 각 호의 경우에 해당한다.
1. 「축산법」에 따라 허가를 받았거나 등록을 한 종축업·부화업·정액등처리업 또는 가축사육업에 경우
2. 기준마리수 이상의 가축을 기르는 경우
3. 기준마리수에 대한 실제 사육마리수의 비율의 합계가 1 이상인 경우

3. 축산손실 보상액 산정

영업의 손실보상 규정 중 ① 폐업시 개인영업 영업이익 최저한도 ② 휴업시 영업이익 감소액(최대1천만원) ③ 휴업시 개인영업 영업이익 최저한도는 준용에서 제외한다.

구분	농업손실 보상액 산정
허가 또는 등록 등	영업의 손실 보상 준용
기준마리 수 이상	
기준마리수 이하 & 비율 합 > 1	
기준마리수 이하 & 비율 합 < 1	이전비용 및 이전손실액

핵심체크 | 「토지보상법 시행규칙」 제49조 제2항 [별표 3]

가축	기준마리수
닭	200마리
토끼	150마리
오리	150마리
돼지	20마리
소	5마리
사슴	15마리
염소·양	20마리
꿀벌	20군

4. 무허가건축물 등에서의 축산손실 보상대상 여부

축산손실 보상에 대해 「토지보상법 시행규칙」 제49조 제1항에서 영업보상 관련 규정을 준용한다고 규정하고 있는바, 상기와 같은 별표 3에서 규정된 가축별 기준마리수 이상을 기르는 경우에 무허가건축물 등에서 축산업 또는 무허가(무등록) 축산업이 보상 대상이 되는지 견해가 대립하나 질의회신 및 대법원 판례의 경우 축산손실 보상대상에서 제외하고 있다.

> **⚖ 판례 | 축산 보상대상 여부** [대법원 2014.3.27. 선고 2013두25863 판결]
>
> [판결요지]
> 중앙토지수용위원회가 생태하천조성사업에 편입되는 토지상의 **무허가건축물에서 축산업**을 영위하는 甲에 대하여 공익사업을 위한 「토지 등의 취득 및 보상에 관한 법률 시행규칙」 제45조 제1호(이하 '위 규칙 조항'이라 한다)에 따라 영업손실을 인정하지 않는 내용의 수용재결을 한 사안에서, ① 무허가건축물을 사업장으로 이용하는 경우 사업장을 통해 이익을 얻으면서도 영업과 관련하여 해당 사업장에 부과되는 행정규제의 탈피 또는 영업을 통하여 얻는 이익에 대한 조세 회피 등 여러 가지 불법행위를 저지를 가능성이 큰 점, ② 「건축법」상의 허가절차를 밟을 경우 관계 법령에 따라 불허되거나 규모가 축소되었을 건물에서 건축허가를 받지 않은 채 영업을 하여 법적 제한을 넘어선 규모의 영업을 하고도 그로 인한 손실 전부를 **영업손실로 보상받는 것은 불합리한 점** 등에 비추어 보면, 위 규칙 조항이 '영업'의 개념에 '적법한 장소에서 운영될 것'이라는 요소를 포함하고 있다고 하여 공익사업을 위한 토지 등의 취득 및 보상에 관한 법률의 위임 범위를 벗어났다거나 정당한 보상의 원칙에 위배된다고 하기 어렵다고 본 원심 판단을 정당한 것으로 수긍한 사례.

3 잠업의 손실에 대한 보상평가

「토지보상법 시행규칙」 제50조(잠업의 손실에 대한 평가)
제45조부터 제47조
(다음 각 호의 규정은 제외한다)까지의 규정은 잠업에 대한 손실의 평가에 관하여 이를 준용한다.
1. 제46조 제3항 후단
2. 제47조 제1항 각 호 외의 부분(영업장소 이전 후 발생하는 영업이익감소액의 경우만 해당한다) 및 제7항
3. 제47조 제5항 후단

④ 휴직 또는 실직에 대한 보상평가

> **「토지보상법 시행규칙」 제51조(휴직 또는 실직보상)**
>
> 사업인정고시일등 당시 공익사업시행지구안의 사업장에서 3월 이상 근무한 근로자(「소득세법」에 의한 소득세가 원천
> 징수된 자에 한한다)에 대하여는 다음 각호의 구분에 따라 보상하여야 한다.
>
> 1. 근로장소의 이전으로 인하여 일정기간 휴직을 하게 된 경우: 휴직일수(휴직일수가 120일을 넘는 경우에는 120일
>   로 본다)에 「근로기준법」에 의한 평균임금의 70퍼센트에 해당하는 금액을 곱한 금액. 다만, 평균임금의 70퍼센트
>   에 해당하는 금액이 「근로기준법」에 의한 통상임금을 초과하는 경우에는 통상임금을 기준으로 한다.
> 2. 근로장소의 폐업 등으로 인하여 직업을 상실하게 된 경우: 「근로기준법」에 의한 평균임금의 120일분에 해당하는
>   금액

1. 보상 대상

사업인정고시일등 당시 공익사업시행지구안의 사업장에서 3개월 이상 근무한 자로서 소득세가 원천징수된
자를 손실보상 대상자로 한다.

2. 휴직보상

$$\text{MIN[평균임금} \times 70\%, \text{통상임금]} \times 12\text{개월} \times \text{휴직일수(120일 한도)} \div 365\text{일}$$

3. 실직보상

$$\text{평균임금} \times 12\text{개월} \times \text{휴직일수(120일 한도)} \div 365\text{일}$$

제8절 생활보상

① 이주정착금

1. 관련 규정

> **「토지보상법」 제78조(이주대책의 수립 등)**
>
> ① 사업시행자는 공익사업의 시행으로 인하여 주거용 건축물을 제공함에 따라 생활의 근거를 상실하게 되는 자(이하
>   "이주대책대상자"라 한다)를 위하여 대통령령으로 정하는 바에 따라 **이주대책을 수립·실시하거나 이주정착금을**
>   **지급하여야 한다.**
> ② 사업시행자는 제1항에 따라 이주대책을 수립하려면 미리 관할 지방자치단체의 장과 협의하여야 한다.
> ③ 국가나 지방자치단체는 이주대책의 실시에 따른 주택지의 조성 및 주택의 건설에 대하여는 「주택도시기금법」에
>   따른 주택도시기금을 우선적으로 지원하여야 한다.

④ 이주대책의 내용에는 이주정착지(이주대책의 실시로 건설하는 주택단지를 포함한다)에 대한 도로, 급수시설, 배수시설, 그 밖의 공공시설 등 통상적인 수준의 **생활기본시설**이 포함되어야 하며, 이에 필요한 비용은 **사업시행자가 부담**한다. 다만, 행정청이 아닌 사업시행자가 이주대책을 수립·실시하는 경우에 지방자치단체는 비용의 일부를 보조할 수 있다.

⑤ 제1항에 따라 이주대책의 실시에 따른 주택지 또는 주택을 공급받기로 결정된 권리는 소유권이전등기를 마칠 때까지 전매(매매, 증여, 그 밖에 권리의 변동을 수반하는 모든 행위를 포함하되, 상속은 제외한다)할 수 없으며, 이를 위반하거나 해당 공익사업과 관련하여 다음 각 호의 어느 하나에 해당하는 경우에 사업시행자는 이주대책의 실시가 아닌 이주정착금으로 지급하여야 한다. <신설 2022.2.3.>

1. 제93조, 제96조 및 제97조 제2호의 어느 하나에 해당하는 위반행위를 한 경우
2. 「공공주택 특별법」 제57조 제1항 및 제58조 제1항 제1호의 어느 하나에 해당하는 위반행위를 한 경우
3. 「한국토지주택공사법」 제28조의 위반행위를 한 경우

⑥ 주거용 건물의 거주자에 대하여는 **주거 이전에 필요한 비용**과 가재도구 등 동산의 운반에 필요한 비용을 산정하여 보상하여야 한다.

⑦ 공익사업의 시행으로 인하여 영위하던 농업·어업을 계속할 수 없게 되어 다른 지역으로 이주하는 농민·어민이 받을 보상금이 없거나 그 총액이 국토교통부령으로 정하는 금액에 미치지 못하는 경우에는 그 금액 또는 그 차액을 보상하여야 한다.

⑧ 사업시행자는 해당 공익사업이 시행되는 지역에 거주하고 있는 「국민기초생활 보장법」 제2조 제1호·제11호에 따른 수급권자 및 차상위계층이 취업을 희망하는 경우에는 그 공익사업과 관련된 업무에 우선적으로 고용할 수 있으며, 이들의 취업 알선을 위하여 노력하여야 한다.

⑨ 제4항에 따른 생활기본시설에 필요한 비용의 기준은 대통령령으로 정한다.

⑩ 제5항 및 제6항에 따른 보상에 대하여는 국토교통부령으로 정하는 기준에 따른다.

「토지보상법」 제78조의 2(공장의 이주대책 수립 등)

사업시행자는 대통령령으로 정하는 공익사업의 시행으로 인하여 공장부지가 협의 양도되거나 수용됨에 따라 더 이상 해당 지역에서 공장(「산업집적활성화 및 공장설립에 관한 법률」 제2조 제1호에 따른 공장을 말한다)을 가동할 수 없게 된 자가 희망하는 경우 「산업입지 및 개발에 관한 법률」에 따라 지정·개발된 인근 산업단지에 입주하게 하는 등 대통령령으로 정하는 이주대책에 관한 계획을 수립하여야 한다.

「토지보상법 시행령」 제40조(이주대책의 수립·실시)

① 사업시행자가 법 제78조 제1항에 따른 이주대책(이하 "이주대책"이라 한다)을 수립하려는 경우에는 미리 그 내용을 같은 항에 따른 이주대책대상자(이하 "이주대책대상자"라 한다)에게 통지하여야 한다.

② 이주대책은 국토교통부령으로 정하는 부득이한 사유가 있는 경우를 제외하고는 이주대책대상자 중 이주정착지에 이주를 희망하는 자의 **가구 수가 10호(戸) 이상**인 경우에 수립·실시한다. 다만, 사업시행자가 「택지개발촉진법」 또는 「주택법」 등 관계 법령에 따라 이주대책대상자에게 택지 또는 주택을 공급한 경우(사업시행자의 알선에 의하여 공급한 경우를 포함한다)에는 이주대책을 수립·실시한 것으로 본다.

③ 법 제4조 제6호 및 제7호에 따른 사업(이하 이 조에서 "부수사업"이라 한다)의 사업시행자는 다음 각 호의 요건을 모두 갖춘 경우 부수사업의 원인이 되는 법 제4조 제1호부터 제5호까지의 규정에 따른 사업(이하 이 조에서 "주된사업"이라 한다)의 이주대책에 부수사업의 이주대책을 포함하여 수립·실시하여 줄 것을 주된사업의 사업시행자에게 요청할 수 있다. 이 경우 부수사업 이주대책대상자의 이주대책을 위한 비용은 부수사업의 사업시행자가 부담한다.

1. 부수사업의 사업시행자가 법 제78조 제1항 및 이 조 제2항 본문에 따라 이주대책을 수립·실시하여야 하는 경우에 해당하지 아니할 것
2. 주된사업의 이주대책 수립이 완료되지 아니하였을 것

④ 제3항 각 호 외의 부분 전단에 따라 이주대책의 수립·실시 요청을 받은 주된사업의 사업시행자는 법 제78조 제1항 및 이 조 제2항 본문에 따라 이주대책을 수립·실시하여야 하는 경우에 해당하지 아니하는 등 부득이한 사유가 없으면 이에 협조하여야 한다.

⑤ 다음 각 호의 어느 하나에 해당하는 자는 **이주대책대상자에서 제외**한다.

　1. 허가를 받거나 신고를 하고 건축 또는 용도변경을 하여야 하는 건축물을 허가를 받지 아니하거나 신고를 하지 아니하고 건축 또는 용도변경을 한 건축물의 소유자

　2. 해당 건축물에 공익사업을 위한 관계 **법령에 따른 고시 등이 있은 날부터 계약체결일 또는 수용재결일까지 계속하여 거주하고 있지 아니한 건축물의 소유자.** 다만, 다음 각 목의 어느 하나에 해당하는 사유로 거주하고 있지 아니한 경우에는 그러하지 아니하다.

　　가. 질병으로 인한 요양

　　나. 징집으로 인한 입영

　　다. 공무

　　라. 취학

　　마. 해당 공익사업지구 내 타인이 소유하고 있는 건축물에의 거주

　　바. 그 밖에 가목부터 라목까지에 준하는 부득이한 사유

　3. 타인이 소유하고 있는 건축물에 거주하는 세입자. 다만, 해당 공익사업지구에 주거용 건축물을 소유한 자로서 타인이 소유하고 있는 건축물에 거주하는 세입자는 제외한다.

⑥ 제2항 본문에 따른 이주정착지 안의 택지 또는 주택을 취득하거나 같은 항 단서에 따른 택지 또는 주택을 취득하는 데 드는 비용은 이주대책대상자의 희망에 따라 그가 지급받을 보상금과 상계(相計)할 수 있다.

「토지보상법 시행령」 제41조(이주정착금의 지급)

사업시행자는 법 제78조 제1항에 따라 다음 각 호의 어느 하나에 해당하는 경우에는 이주대책대상자에게 국토교통부령으로 정하는 바에 따라 이주정착금을 지급해야 한다.

1. 이주대책을 수립·실시하지 아니하는 경우
2. 이주대책대상자가 이주정착지가 아닌 다른 지역으로 이주하려는 경우
3. 이주대책대상자가 공익사업을 위한 관계 법령에 따른 고시 등이 있은 날의 1년 전부터 계약체결일 또는 수용재결일까지 계속하여 해당 건축물에 거주하지 않은 경우
4. 이주대책대상자가 공익사업을 위한 관계 법령에 따른 고시 등이 있은 날 당시 다음 각 목의 어느 하나에 해당하는 기관·업체에 소속(다른 기관·업체에 소속된 사람이 파견 등으로 각 목의 기관·업체에서 근무하는 경우를 포함한다)되어 있거나 퇴직한 날부터 3년이 경과하지 않은 경우

　가. 국토교통부

　나. 사업시행자

　다. 법 제21조 제2항에 따라 협의하거나 의견을 들어야 하는 공익사업의 허가·인가·승인 등 기관

　라. 공익사업을 위한 관계 법령에 따른 고시 등이 있기 전에 관계 법령에 따라 실시한 협의, 의견청취 등의 대상자였던 중앙행정기관, 지방자치단체, 「공공기관의 운영에 관한 법률」 제4조에 따른 공공기관 및 「지방공기업법」에 따른 지방공기업

「토지보상법 시행령」 제41조의3(공장에 대한 이주대책에 관한 계획의 수립 등)

① 법 제78조의2에서 "대통령령으로 정하는 공익사업"이란 다음 각 호의 사업을 말한다.

　1. 「택지개발촉진법」에 따른 택지개발사업
　2. 「산업입지 및 개발에 관한 법률」에 따른 산업단지개발사업
　3. 「물류시설의 개발 및 운영에 관한 법률」에 따른 물류단지개발사업
　4. 「관광진흥법」에 따른 관광단지조성사업
　5. 「도시개발법」에 따른 도시개발사업
　6. 「공공주택 특별법」에 따른 공공주택사업

② 법 제78조의2에 따른 공장의 이주대책에 관한 계획에는 해당 공익사업 지역의 여건을 고려하여 다음 각 호의 내용이 포함되어야 한다.

1. 해당 공익사업 지역 인근 지역에 「산업입지 및 개발에 관한 법률」에 따라 지정·개발된 산업단지(이하 "산업단지"라 한다)가 있는 경우 해당 산업단지의 우선 분양 알선
2. 해당 공익사업 지역 인근 지역에 해당 사업시행자가 공장이주대책을 위한 별도의 산업단지를 조성하는 경우 그 산업단지의 조성 및 입주계획
3. 해당 공익사업 지역에 조성되는 공장용지의 우선 분양
4. 그 밖에 원활한 공장 이주대책을 위한 행정적 지원방안

「토지보상법 시행규칙」 제52조(이주정착금 등)

① 영 제40조 제2항 본문에서 "국토교통부령으로 정하는 부득이한 사유"란 다음 각 호의 어느 하나에 해당하는 경우를 말한다.

1. 공익사업시행지구의 인근에 택지 조성에 적합한 토지가 없는 경우
2. 이주대책에 필요한 비용이 당해 공익사업의 본래의 목적을 위한 소요비용을 초과하는 등 이주대책의 수립·실시로 인하여 당해 공익사업의 시행이 사실상 곤란하게 되는 경우

② 영 제41조에 따른 이주정착금은 보상대상인 **주거용 건축물**에 대한 평가액의 30퍼센트에 해당하는 금액으로 하되, 그 금액이 **1천 2백만원** 미만인 경우에는 1천2백만원으로 하고, **2천 4백만원**을 초과하는 경우에는 2천4백만원으로 한다.

2. 이주정착금 지급요건

① 이주대책을 수립·실시하지 아니하는 경우
② 이주대책대상자가 이주정착지가 아닌 다른 지역으로 이주하고자 하는 경우
③ 이주대책대상자가 공익사업을 위한 관계법령에 따른 고시 등이 있은 날의 1년 전부터 계약체결일 또는 수용재결일까지 계속하여 해당 건축물에 거주하지 않은 경우 <신설>
④ 이주대책대상자가 공익사업을 위한 관계 법령에 따른 고시 등이 있은 날 당시 "국토교통부, 사업시행자, 공익사업의 인·허가 기관, 중앙행정기관, 지방자치단체, 지방공기업 등" 되어 있거나 퇴직한 날부터 3년이 경과하지 않은 경우 <신설>
⑤ 인근에 택지 조성에 적합한 토지가 없는 경우
⑥ 이주대책에 필요한 비용이 당해 공익사업의 본래의 목적을 위한 소요비용을 초과하는 등 이주대책의 수립·실시로 인하여 당해 공익사업의 시행이 사실상 곤란하게 되는 경우

3. 이주대책 대상 및 이주정착금 지급 제외 대상

① 무허가건축물등 건축물의 소유자
② 해당 건축물에 공익사업을 위한 관계 법령에 따른 고시 등이 있은 날부터 계약체결일 또는 수용재결일까지 계속하여 거주하고 있지 아니한 건축물의 소유자. 다만, 다음 각 목의 어느 하나에 해당하는 사유로 거주하고 있지 아니한 경우에는 그러하지 아니하다.
　가. 질병으로 인한 요양
　나. 징집으로 인한 입영
　다. 공무
　라. 취학

마. 해당 공익사업지구 내 타인이 소유하고 있는 건축물에의 거주

바. 그 밖에 가목부터 라목까지에 준하는 부득이한 사유

③ 타인이 소유하고 있는 건축물에 거주하는 세입자. 다만, 해당 공익사업지구에 주거용 건축물을 소유한 자로서 타인이 소유하고 있는 건축물에 거주하는 세입자는 제외한다.

⚖️ 판례 | 건축허가와 사용승인 여부 [대법원 2013.8.23. 선고 2012두24900 판결]

원심판결 이유와 원심이 인용한 제1심판결 이유에 의하면, 원심은 공익사업을 위한 토지 등의 취득 및 보상에 관한 법률이 규정하고 있는 이주대책은 공공사업의 시행에 따라 생활의 근거를 상실하게 되는 이주자들에 대하여 종전의 생활상태를 원상으로 회복시키면서 동시에 인간다운 생활을 보장하여 주기 위하여 생활보상의 일환으로 마련된 제도이므로, 공공사업의 시행에 따라 생활의 근거를 상실하게 되는 이주자들에 대하여는 가급적 이주대책의 혜택을 받을 수 있도록 하는 것이 제도의 취지에 부합하는 점, 구 공익사업을 위한 토지 등의 취득 및 보상에 관한 법률 시행령(2011.12.28. 대통령령 제23425호로 개정되기 전의 것, 이하 '구 공익사업법 시행령'이라고 한다) 제40조 제3항 제1호는 <u>무허가건축물 또는 무신고건축물의 경우를 이주대책대상에서 제외하고 있을 뿐 사용승인을 받지 않은 건축물에 대하여는 아무런 규정을 두고 있지 않은 점, 건축법은 무허가건축물 또는 무신고건축물과 사용승인을 받지 않은 건축물을 그 요건과 효과 등에서 구별하고 있고, 허가와 사용승인은 그 법적 성질이 다른 점 등의 사정을 고려하여 볼 때</u>, 건축허가를 받아 건축되었으나 사용승인을 받지 못한 건축물의 소유자는 그 건축물이 건축허가와 전혀 다르게 건축되어 <u>실질적으로는 건축허가를 받은 것으로 볼 수 없는 경우가 아니라면</u> 구 공익사업법 시행령 제40조 제3항 제1호에서 정한 무허가건축물의 소유자에 해당하지 않는다고 본 후, 이 사건 주택은 건축허가를 받아 건축되었으나 사용승인을 받지 않은 건축물에 해당되어 이주대책의 대상이 되는 건축물에 해당한다고 할 것이므로, 이 사건 주택의 소유자인 원고를 이주대책대상자에서 제외한 이 사건 처분은 위법하다고 판단하였다.

---

4. 세입자의 이주대책 대상자 여부

「토지보상법」상 세입자는 원칙적으로 이주대책 대상자에 포함되지 않으나, 개별법 및 개발사업 주체의 개별적 판단에 의해서 이주대책 대상자에 포함될 수 있다. 따라서, 「토지보상법」상의 이주대책 대상자 요건과 개별법상 이주대책 대상자 요건이 달라 형평성의 문제가 있을 수 있으며, 생활의 근거를 상실하게 되는 이주자들에게 가급적으로 혜택을 주려는 제도의 취지를 고려하여 법령의 개정을 요구하는 견해가 있다.

⚖️ 판례 | 이주대책대상자 여부 [재결례 2017.7.13.]

관계 자료(사업시행자 의견서 등)를 검토한 결과, 이의신청인이 거주하고 는 건축물은 주거용 건축물인 주택 등이 아닌 관리사로서 해당 건축물을 <u>적법한 허가 또는 신고 없이 임의로 증축 또는 개축하여 주거용으로 사용하고 있어 이주대책대상자가 아닌 것</u>으로 확인되므로 이의신청인의 주장은 받아들일 수 없다.

---

5. 이주정착금의 지급

1천 2백만원 ≤ 주거용 건축물 평가액 × 30% ≤ 2천 4백만원

2 주거이전비

1. 관련 규정

「토지보상법 시행규칙」 제53조(주거이전비 보상)

① 공익사업시행지구에 편입되는 **주거용 건축물의 소유자**에 대하여는 해당 건축물에 대한 보상을 하는 때에 가구원수에 따라 2개월분의 주거이전비를 보상하여야 한다. 다만, 건축물의 소유자가 해당 건축물 또는 공익사업시행지구 내 타인의 건축물에 실제 거주하고 있지 아니하거나 해당 건축물이 무허가건축물등인 경우에는 그러하지 아니하다.

② 공익사업의 시행으로 인하여 이주하게 되는 **주거용 건축물의 세입자**(무상으로 사용하는 거주자를 포함하되, 법 제78조 제1항에 따른 이주대책대상자인 세입자는 제외한다)로서 사업인정고시일등 당시 또는 공익사업을 위한 관계 법령에 따른 고시 등이 있은 당시 해당 공익사업시행지구안에서 3개월 이상 거주한 자에 대해서는 가구원수에 따라 4개월분의 주거이전비를 보상해야 한다. 다만, **무허가건축물등에 입주한 세입자**로서 사업인정고시일등 당시 또는 공익사업을 위한 관계 법령에 따른 고시 등이 있은 당시 그 공익사업지구 안에서 1년 이상 거주한 세입자에 대해서는 본문에 따라 주거이전비를 보상해야 한다.

③ 제1항 및 제2항에 따른 거주사실의 입증은 제15조 제1항 각 호의 방법으로 할 수 있다.

④ 제1항 및 제2항에 따른 주거이전비는 「통계법」 제3조 제3호에 따른 통계작성기관이 조사·발표하는 가계조사통계의 **도시근로자가구의 가구원수별 월평균 명목 가계지출비**(이하 이 항에서 "월평균 가계지출비"라 한다)를 기준으로 산정한다. 이 경우 가구원수가 5인인 경우에는 5인 이상 기준의 월평균 가계지출비를 적용하며, 가구원수가 6인 이상인 경우에는 5인 이상 기준의 월평균 가계지출비에 5인을 초과하는 가구원수에 다음의 산식에 의하여 산정한 1인당 평균비용을 곱한 금액을 더한 금액으로 산정한다.

[인당 평균비용 = (5인 이상 기준의 도시근로자가구 월평균 가계지출비 - 2인 기준의 도시근로자가구 월평균 가계지출비) ÷ 3]

2. 주거용 건축물 소유자

공익사업시행지구에 편입되는 주거용 건축물의 소유자에게 보상한다. 다만, 건축물의 소유자가 해당 건축물 또는 공익사업시행지구 내 타인의 건축물에 실제 거주하고 있지 아니하거나 해당 건축물이 무허가건축물등인 경우에는 주거이전비 지급 대상에서 제외한다.

3. 주거용 건축물 세입자

공익사업의 시행으로 인하여 **이주하게 되는 주거용 건축물의 세입자**(무상으로 사용하는 거주자를 포함하되, 법 제78조 제1항에 따른 이주대책대상자인 세입자는 제외한다)로서 사업인정고시일등 당시 또는 공익사업을 위한 관계 법령에 따른 **고시 등이 있은 당시** 해당 공익사업시행지구 안에서 **3개월 이상 거주한** 자에게 보상한다. 다만, **무허가건축물등에** 입주한 세입자로서 사업인정고시일등 당시 또는 공익사업을 위한 관계 법령에 따른 고시 등이 있은 당시 그 공익사업지구 안에서 **1년 이상 거주한** 세입자에 대해서는 본문에 따라 주거이전비를 보상해야 한다.

질의회신 **주거이전비 대상 여부** [토지정책과, 2021.4.23.]

[질의요지]
도로개설공사구간에 사업시행인가일 이후에 출생한 자녀가 주거이전비대상의 가족수에 포함되는지 여부(가족 4명 중 3명은 인가일이전부터 거주, 1명은 인가일이후에 출생)

[회신내용]
주거이전비에 대하여는 주거용 건축물의 거주자가 공익사업의 시행으로 이주하게 되는 경우 위 규정에 따라야 한다고 보며, 귀 질의와 같이 사업인정고시 등이 있은 이후에도 주거이전비 **지급전에 출생으로 가족구성원이 증가된 경우 이를 포함**하여 지급하여야 한다고 보나, 개별적 사례는 사업시행자가 위 규정과 관계법령 및 사실관계를 조사하여 판단 결정할 사항이라고 봅니다.

질의회신 **주거이전비 대상 여부** [재결례 2019.6.13.]

[질의요지]
자기 소유 주택을 매도 후 세입자로 계속 거주해 온 경우에는 실비변상적 보상으로서 주거이전비를 지급하여야 하는지

[회신내용]
따라서 본 사안과 같이 자기 소유 주택을 매도 후 세입자로 계속 거주해 온 경우에는 실비변상적 보상으로서 주거이전비를 지급함이 타당하며, 법 시행규칙 제54조 제2항 규정의 취지를 감안하여 볼 때 소유 주택 거주기간까지 포함(2000.8.3. ~ 2017.9.3.)하여 공람공고일(2008.1.21.) 기준 **3개월 이상 거주한 자에 해당한다면 보상대상**으로 봄이 타당하므로 가구원수에 따른 4개월분의 세입자 주거이전비를 보상하기로 한다.

질의회신 **주거이전비 대상 여부** [재결례 2019.6.13.]

[질의요지]
무허가건축물 등에 입주한 세입자의 주거이전비 보상 요건

[회신내용]
관계자료(현장사진, 건축물대장, 주민등록초본, 사업시행자 의견서 등)에 의하면, ○○○은 전북 익산 ○○로5길 31 지상에 근린생활시설 2층을 **허가 없이 용도변경**하여 주거용으로 사용하고 있는 무허가건축물의 세입자로서 2012.12.3. 전입하여 **공람공고일** 2013.9.9. 기준으로 공익사업지구 안에서 **1년 이상 거주**한 세입자에 해당되지 아니하므로 신청인의 주장을 기각하기로 의결한다.

징집의 경우 주거이전비 대상 여부 [토지정책과 - 5288, 2018.8.20.]

2. 「토지보상법 시행규칙」 제54조 제1항에서 공익사업시행지구에 편입되는 주거용 건축물의 소유자에 대하여는 해당 건축물
   에 대한 보상을 하는 때에 가구원수에 따라 2개월분의 <u>주거이전비</u>를 보상하여야 한다. 다만, 건축물의 소유자가 해당 건축
   물 또는 공익사업시행지구 내 타인의 건축물에 실제 거주하고 있지 아니하거나 해당 건축물이 무허가건축물등인 경우에는
   그러하지 아니한다고 규정하고 있습니다.
   토지보상법령에서는 <u>이주대책과 주거이전비 보상에 대한 요건을 별도로 규정</u>하고 있는바, <u>실제 거주하고 있지 아니하다면
   주거이전비 보상대상은 아니라고 봅니다</u>(징집 등).

⚖ 판례 ┃ 주거이전비의 보상항목 여부 [대법원 2021.6.30. 선고 2019다207813 판결]

그럼에도 원심은, 원고가 주거이전비 등에 대하여 재결신청을 하지 아니하여 수용재결에서 주거이전비 등에 대하여
심리·판단하지 않은 채 산정한 토지나 지장물 등 보상금을 공탁한 것만으로 구 「도시정비법」 제49조 제6항 단서에
서 정한 손실보상이 완료되었다고 단정하고 원고의 이 사건 부동산에 대한 인도 청구를 인용하였다. 이러한 원심 판
단에는 구 「도시정비법」 제49조 제6항 단서에서 정한 토지보상법에 따른 손실보상 완료의 의미에 관한 법리를 오
해하여 필요한 심리를 다하지 않음으로써 판결에 영향을 미친 잘못이 있다.

기존에는 토지와 지장물의 협의취득이 안된 건에 대해 재결로 공탁하기만 하면 명도가 가능하였지만 해당
판례에는 주거이전비 등이 손실보상금에 포함돼 해당 건이 협의나 재결의 절차를 밟지 않으면 손실보상이
완료되지 않는 것으로 판단해 부동산 인도를 거부할 수 있게 되었다. 즉, **주거이전비 등도 재결 대상에 포함**된다.

구분	주거이전비 산정
가구원수 1인 ~ 5인	도시근로자가구 월평균 가계지출비 × 2개월 또는 4개월
가구원수 6인 이상	5인 기준 월평균 가계지출비 + 1인당 평균비용 × 초과인원 1인당 평균비용 = (5인 기준 - 2인 기준) ÷ 3

3 동산의 이전비 보상평가 등

「토지보상법」 제78조(이주대책의 수립 등)

⑥ 주거용 건물의 거주자에 대하여는 주거 이전에 필요한 비용과 가재도구 등 동산의 운반에 필요한 비용을 산정하여
보상하여야 한다.

「토지보상법 시행규칙」 제55조(동산의 이전비 보상 등)

① 토지등의 취득 또는 사용에 따라 이전하여야 하는 동산(제2항에 따른 이사비의 보상대상인 동산을 제외한다)에
대하여는 **이전에 소요되는 비용** 및 그 이전에 따른 **감손상당액**을 보상하여야 한다.

② 공익사업시행지구에 편입되는 주거용 건축물의 거주자가 해당 공익사업시행지구 밖으로 이사를 하는 경우에는
별표 4의 기준에 의하여 산정한 이사비(가재도구 등 동산의 운반에 필요한 비용을 말한다. 이하 이 조에서 같다)를
보상하여야 한다.

③ 이사비의 보상을 받은 자가 당해 공익사업시행지구안의 지역으로 이사하는 경우에는 이사비를 보상하지 아니한다.

4 이농비 또는 이어비 보상평가

> **「토지보상법」 제78조(이주대책의 수립 등)**
>
> ⑦ 공익사업의 시행으로 인하여 영위하던 농업·어업을 계속할 수 없게 되어 다른 지역으로 이주하는 농민·어민이 받을 보상금이 없거나 그 총액이 국토교통부령으로 정하는 금액에 미치지 못하는 경우에는 그 금액 또는 그 차액을 보상하여야 한다.
>
> **「토지보상법 시행규칙」 제56조(이농비 또는 이어비 보상)**
>
> ① 법 제78조 제6항에서 "국토교통부령이 정하는 금액"이라 함은 「통계법」 제3조 제3호에 따른 통계작성기관이 조사·발표하는 농가경제조사통계의 연간 전국평균 가계지출비 및 농업기본통계조사의 가구당 전국평균 농가인구를 기준으로 다음 산식에 의하여 산정한 가구원수에 따른 1년분의 평균생계비를 말한다.
>
> > 가구원수에 따른 1년분의 평균생계비 = 연간 전국평균 가계지출비 ÷ 가구당 전국평균 농가인구 × 이주가구원수
>
> ② 제1항에 따른 이농비 또는 이어비(離漁費)는 공익사업의 시행으로 인하여 영위하던 농·어업을 계속할 수 없게 되어 다음 각 호의 어느 하나 외의 지역으로 이주하는 농민(「농지법 시행령」 제3조 제1호에 따른 농업인으로서 농작물의 경작 또는 다년생식물의 재배에 상시 종사하거나 농작업의 2분의 1 이상을 자기의 노동력에 의하여 경작 또는 재배하는 자를 말한다) 또는 어민(연간 200일 이상 어업에 종사하는 자를 말한다)에게 보상한다.
> 1. 공익사업에 편입되는 농지의 소재지(어민인 경우에는 주소지를 말한다)와 동일한 시·군 또는 구
> 2. 제1호의 지역과 인접한 시·군 또는 구

구분	이농비, 이어비 산정
지급 보상금이 없는 자	가구원수에 따른 1년분의 평균생계비
지급 받은 다른 보상금 총액이 "가구원수에 따른 1년의 평균생계비"에 미달하는 자	가구원수에 따른 1년분의 평균생계비 - 다른 보상금 총액

5 사업폐지 등에 대한 보상

> **「토지보상법」 제57조(사업폐지 등에 대한 보상)**
>
> 공익사업의 시행으로 인하여 건축물의 건축을 위한 건축허가 등 관계법령에 의한 절차를 진행중이던 사업 등이 폐지·변경 또는 중지되는 경우 그 사업 등에 소요된 법정수수료 그 밖의 **비용 등의 손실**에 대하여는 이를 보상하여야 한다.

6 주거용 건축물의 보상에 관한 특례

「토지보상법」 제58조(주거용 건축물등의 보상에 대한 특례)

① 주거용 건축물로서 제33조에 따라 평가한 금액이 6백만원 미만인 경우 그 보상액은 6백만원으로 한다. 다만, 무허가건축물등에 대하여는 그러하지 아니하다.

② 공익사업의 시행으로 인하여 주거용 건축물에 대한 보상을 받은 자가 그 후 당해 공익사업시행지구밖의 지역에서 매입하거나 건축하여 소유하고 있는 주거용 건축물이 그 보상일부터 20년 이내에 다른 공익사업시행지구에 편입되는 경우 그 주거용 건축물 및 그 대지(보상을 받기 이전부터 소유하고 있던 대지 또는 다른 사람 소유의 대지위에 건축한 경우에는 주거용 건축물에 한한다)에 대하여는 당해 평가액의 30퍼센트를 가산하여 보상한다. 다만, 무허가건축물등을 매입 또는 건축한 경우와 다른 공익사업의 사업인정고시일등 또는 다른 공익사업을 위한 관계 법령에 의한 고시 등이 있는 날 이후에 매입 또는 건축한 경우에는 그러하지 아니하다.

③ 제2항의 규정에 의한 가산금이 1천만원을 초과하는 경우에는 1천만원으로 한다.

1. 주거용 건축물의 최저보상액

주거용 건축물로서 감정평가한 금액이 6백만원 미만인 경우 그 보상액은 6백만원으로 한다. 다만, 무허가건축물등은 최저보상액 대상에서 제외한다.

이와 관련하여 주거용 건축물의 보상액 평가 시 비준가액, 적산가액 및 최저보상액의 적용에 견해의 대립이 있으나, 주거용 건축물의 최저보상액 규정의 취지를 고려하여 결정함이 타당하다.

> 주거용 건축물 평가액 ≥ 6백만원

2. 주거용 건축물의 재편입 가산금

주거용 건축물에 대한 보상을 받은 자가 그 보상일로부터 20년 이내에 주거용 건축물이 다른 공익사업지구에 편입되는 경우 당해 평가액의 30%를 가산하여 보상한다. 다만, 무허가건축물등 또는 고시 등이 있는 날 이후 매입 또는 건축한 경우에는 그러하지 아니한다.

구분	재편입 가산금 산정
보상금 지급 후 토지·건축물 신축 등	주거용 토지·건축물 평가액 × 30% ≤ 1천만원
보상금 지급 전 토지 소유 & 건축물 신축 등	주거용 건축물 평가액 × 30% ≤ 1천만원 × 건물가격구성비

❼ 생활보상의 '사업인정고시등'의 의미

「토지보상법」 제44조(어업권의 평가 등)

③ 법 제15조 제1항 본문의 규정에 의한 <u>보상계획의 공고</u>(동항 단서의 규정에 의하는 경우에는 토지소유자 및 관계인에 대한 보상계획의 통지를 말한다) 또는 법 제22조의 규정에 의한 <u>사업인정의 고시</u>가 있은 날(이하 "사업인정고시일등"이라 한다) 이후에 어업권의 면허를 받은 자에 대하여는 제1항 및 제2항의 규정을 적용하지 아니한다.

📚 판례 | 사업인정고시시 등의 해석 [헌법재판소 2005.5.26. 선고 2004헌마62]

2. 「택지개발촉진법」 제12조 제4항에서 준용한 「공익사업을 위한 토지 등의 취득 및 보상에 관한 법률」(이하 「공익토지보상법」이라 한다) 제78조 제1항이 이주대책 대상자에 대한 이주대책의 수립·실시를 대통령령으로 정하도록 위임함에 따라 같은 법 시행령 제40조 제3항 제2호는 '관계 법령에 의한 고시 등이 있은 날' 이후의 사람들이 이주대책 대상자에서 제외되는 것으로 규정하고 있는 바, 이는 소극적으로 그 이전의 사람들이 이주대책대상자에 포함되는 것으로 구별하고 있는 점에서 이주대책 기준일에 관한 규정이며, '고시가 있은 날'이 아니라 '고시 등이 있은 날'로 규정한 점에서 <u>지구지정 고시일과 공람공고일이 모두 포함될 수 있는 이주대책 기준일에 관한 포괄적 규정</u>으로 볼 수 있다.

질의회신 주거이전비 기준일 [토지정책과 - 4872, 2014.8.1.]

[질의요지]

사업인정고시, 보상계획 공고 및 보상계획을 토지소유자 등에게 통지하지 않은 경우 주거용 건축물의 세입자에 대한 주거이전비의 보상기준일

[회신내용]

사업인정고시일등이란 「토지보상법」 제15조 제1항 본문의 규정에 의한 보상계획의 공고(동항 단서의 규정에 의하는 경우에는 토지소유자 및 관계인에 대한 보상계획의 통지를 말한다) 또는 「토지보상법」 제22조의 규정에 의한 사업인정의 고시가 있은 날을 말하고, 관계법령에 의한 고시 등이 있는 날이란 공익사업이 시행된다는 사실을 <u>외부에 공표됨으로써 주민 등이 공익사업계획이 시행될 예정임을 알 수 있도록 관계법령에서 정한 절차에 의해 고시 또는 공고된 날 중 가장 먼저 고시 또는 공고한 날을 의미</u>한다고 봅니다.

핵심체크 | 무허가건축물 내 생활보상 정리

구분	적법한 건물	1989.1.24. 이전 무허가건축물
주거이전비	○	세입자: 1989.1.24. 이후에도 고시등 이전 1년 이상 거주 가능
최저보상액	○	○
재편입가산금	○	○
이주대책	○	×
이주정착금	○	×
비준가액 고려	○	×

ca.Hackers.com

제13장 보상평가 예상문제

[문제 1] 아래와 같이 각 사업에 따른 보상평가가 의뢰되었다. <자료 1> ~ <자료 4>에 따른 각각의 가격시점 및 적용공시지가를 결정하시오.

<자료 1> **시계획시설(도로) 개설사업**

1. 사업명: H ~ J간 도시계획시설(도로)사업
2. 사업면적: 10,000㎡
3. 도시계획시설결정고시일: 2023.11.1.
4. 평가의뢰일: 2025.2.5.
5. 협의 예정일: 2025.2.28.

<자료 2> **택지개발촉진법에 따른 택지개발사업**

1. 사업명: OO지구 택지개발사업
2. 사업면적: 80,000㎡
3. 택지개발사업 주민공고공람일: 2022.11.15.
4. 택지개발계획수립일: 2023.2.5.
5. 택지개발지구지정고시일: 2024.5.31.
6. 택지개발사업실시계획승인고시일: 2025.1.5.
7. 협의 예정일: 2025.3.3.

<자료 3> **산업단지 조성사업**

1. 사업명: OO국가산업단지 조성사업
2. 사업면적: 190,000㎡
3. 산업단지의 지정고시일: 2022.12.27.
4. 토지의 세목고시일: 2024.3.2.
5. 실시계획승인고시일: 2024.5.8.
6. 협의 예정일: 2024.7.15.
7. 평가의뢰일: 2024.11.21.
8. 가격조사완료일: 2024.12.28.
9. 수용재결일: 2025.2.5.

<자료 4>   도시공원조성사업

    1. 사업명: S도시공원조성사업

    2. 사업면적: 15,000㎡

    3. 도시관리계획시설결정 주민의공고공람일: 2022.5.1.

    4. 도시관리계획 결정 고시일 및 지형도면 고시일: 2022.10.26.

    5. 도시관리계획실시계획인가고시일: 2023.4.21.

    6. 협의 예정일: 2023.7.28.

    7. 수용재결일: 2024.3.28.

    8. 이의재결일: 2025.1.16.

| 예시답안

Ⅰ. 도시계획시설(도로)사업(사업인정 전 협의평가)

  1. 가격시점: 2025.2.28.(협의 예정일)

  2. 적용공시지가: 2025.1.1.(사업인정의제일: 없음)

Ⅱ. 택지개발사업(사업인정 후 협의평가)

  1. 가격시점: 2025.3.3.

  2. 적용공시지가: 2024.1.1.(사업인정의제일: 2024.5.31. 지구지정고시일)

Ⅲ. 산업단지 조성사업(수용재결평가)

  1. 가격시점: 2025.2.5.

  2. 적용공시지가: 2024.1.1.(사업인정의제일: 2024.3.2. 토지세목고시일)

Ⅳ. 도로공원 조성사업(이의재결평가)

  1. 가격시점: 2024.3.28.

  2. 적용공시지가: 2023.1.1.(사업인정의제일: 2023.4.21. 실시계획인가고시일)

[문제 2]

D감정평가법인에 근무 중인 감정평가사 甲은 A도 B군수로부터 「도로법」에 의한 군도 확장 포장공사의 감정평가를 의뢰받아 사전조사 및 현장조사를 실시하였다. 관련 법령 따라 제시된 자료를 활용하여 감정평가액을 결정하시오.

<자료 1>　감정평가 의뢰 내역(요약)

1. 의뢰인　A도 B군수
2. 의뢰일자: 2025.7.1.
3. 가격시점: 2025.7.16.
4. 공익사업의 명칭: OO - OO간 군도확포장사업
5. 의뢰목록(일부발췌)

일련 번호	소재지	지번	지목 (실제)	편입면적 (㎡)	용도 지역	도로 교통	형상 지세
1	A도 B군 C리	77	전 (전)	154	보전 관리	맹지	사다리 완경사

<자료 2>　사업개요

1. 사업명: 사업명칭: OO - OO간 군도확포장사업
2. 사업면적: 9,083㎡
3. 도로구역결정 주민 등의 의견청취 공고: 2023.10.1.
4. 도로구역의 결정·변경고시: 2023.12.5.
5. 사업기간: 2024.4.15. ~ 2026.5.2.
6. 사업위치: A도 B군 C리 일원

<자료 3>　인근 표준지공시지가 등

1. 당해 공익사업 구역 내 표준지

기호	소재지	면적 (㎡)	지목	이용 상황	용도 지역	도로 교통	형상 지세	2023년 공시지가 (원/㎡)	2024년 공시지가 (원/㎡)	2025년 공시지가 (원/㎡)
가	B군 C리 577	2,140	전	전	생산 관리	소로 한면	사다리 평지	23,500	25,500	27,100
나	B군 C리 901	2,102	답	과수원	보전 관리	세로 (불)	사다리 평지	22,500	23,500	25,000
다	B군 C리 산9 - 5	39,682	임	자연림	보전 관리	세로 (가)	부정형 완경사	3,700	3,950	4,105

2. 거래사례

기호	소재지 지번	용도지역 지목	거래총액 토지단가(원/㎡)	거래시점	토지면적 (㎡)	도로 교통	형상 지세
ㄱ	B군 C리 278	보전관리 전	95,000,000 57,080	2023.5.13.	562	세로(가)	사다리 평지
ㄴ	B군 C리 574 - 3	보전관리 답	11,000,000 42,150	2022.11.26.	261	맹지	사다리 평지
ㄷ	B군 C리 221 - 5	보전관리 임	105,000,000 13,750	2022.2.18.	676	세로(가)	부정형 완경사

3. 평가사례

기호	소재지	지번	지목	용도지역	평균토지단가 (원/㎡)	가격시점 (기준시점)	평가 목적
A	B군 C리	602	전	생산관리	36,500	2021.8.27.	○○산림욕장 협의보상
B	B군 C리	산600	임	보전관리	5,500	2021.8.27.	○○ - □□간 군도확포장사업 협의보상

<자료 4> 지가변동률

구분	생산관리	보전관리
2022.8.27. ~ 2022.12.31.	1.01241	1.01510
2022.5.13. ~ 2022.12.31.	1.01469	1.01218
2023.1.1. ~ 2023.12.31.	1.02734	1.02620
2023.2.18. ~ 2023.12.31.	1.02455	1.02255
2023.11.26. ~ 2023.12.31.	1.00048	1.00067
2024.1.1. ~ 2024.12.31.	1.03224	1.02842
2025.1.1. ~ 2025.7.16.	1.00945	1.00889

<자료 5> 요인비교 자료

1. 지역요인
본건 및 공시지가 표준지, 매매사례 및 평가사례는 모두 인근지역에 소재하여 지역요인 대등함

2. 개별요인
(1) 도로조건(각지는 5% 가산함)

구분	소로한면	세로(가)	세로(불)	맹지
소로한면	1.00	0.89	0.79	0.72
세로(가)	1.12	1.00	0.88	0.81
세로(불)	1.27	1.12	1.00	0.92
맹지	1.38	1.24	1.09	1.00

(2) 획지조건

형상(전, 답)	*정형	**비정형
정형	1.00	0.89
비정형	1.12	1.00

* 정형: 정방형, 가로장방형, 세로장방형, 사다리형 포함
** 비정형: 부정형, 자루형 포함

(3) 지세

고저	평지	완경사
평지	1.00	0.83
완경사	1.20	1.00

Ⅰ. 평가개요

- 평가대상: 토지
- 평가목적: 협의보상
- 가격시점: 2025.7.16. 「토지보상법」 제67조 제1항
- 사업인정의제일: 2023.12.5.

Ⅱ. 토지보상액 「토지보상법」 제70조 제1항

1. 적용공시지가

(1) 취득하여야 할 토지의 가격변동 여부

「시행령」 제38조의2 당해 공익사업은 도로사업으로 미검토

(2) 적용공시지가 「토지보상법」 제70조 제4항

<2023.1.1.> 기준 공시지가 적용

2. 비교표준지 선정

보전관리, 답 기준 <#나> 선정

(#가: 생산관리, #다:이용상황 상이)

3. 시점수정치

(1) 해당 공익사업으로 인한 지가변동 여부 「시행령」 제37조 제2항

도로사업으로 미적용

(2) 생산자물가상승률: 미제시

(3) 지가변동률(2023.1.1 ~ 2025.7.16. 보전관리)

$1.02620 \times 1.02842 \times 1.00889 ≒ 1.06475$

(4) 시점수정치 결정

국지적 지가변동을 반영하는 지가변동률 적용

4. 지역요인 비교치: 1.000

5. 개별요인 비교치

$0.92 \times 1.00 \times 0.83 ≒ 0.764$

6. 그 밖의 요인 보정치

(1) 사례 선정

보전관리, 답 <사례 ㄴ> 선정

(ㄱ: 사업인정 이후 사례, ㄷ: 이용상황 상이)

(2) 격차율 산정

$$\frac{42,150 \times {}^*1.03826 \times 1.000 \times 1.09 \times 1.00 \times 1.00}{22,500 \times 1.06475} ≒ 1.991$$

* 2023.11.26. ~ 2025.7.16.

$1.00067 \times 1.02842 \times 1.00889$

(3) 결정

상기와 같이 산정된바, <1.99>로 결정함

7. 토지 보상액

$22,500 \times 1.06475 \times 1.000 \times 0.764 \times 1.99 ≒ 36,000$원/㎡

($\times 154$㎡ ≒ 5,544,000원)

[문제 3]

감정평가사인 이씨는 보상평가가 의뢰된 다음의 토지에 대해 감정평가를 하려고 한다. 물음에 대해 답하시오.

(물음 1) 각 토지의 적용공시지가를 선정하고, 그 사유를 약술하시오.

(물음 2) 각 토지의 비교표준지를 선정하고, 그 사유를 약술하시오.

(물음 3) 의뢰 토지 중 기호 1 토지의 보상평가액을 산정하시오.

<자료 1>   감정평가 의뢰 내역

1. 사업명: P구 ○○구역 택지개발사업
2. 가격시점: 2025.9.1.
3. 정비구역지정을 위한 공람공고: 2023.6.5.
4. 택지개발계획수립: 2024.1.30.
5. 택지개발지구지정고시: 2024.10.28.
6. 사업면적: 87,559㎡
7. 택지개발사업실시계획승인·고시: 2025.2.2.
8. 협의 예정일: 2025.9.1.

<자료 2>   평가의뢰 토지 내역

기호	소재지	지번	지목	면적(㎡) 공부	면적(㎡) 편입	용도지역	실제 이용상황	비고
1	P구 B동	10	대	200	200	2종일주 자연녹지	주거용 건부지	2025.3.3. 토지세목 추가고시
2	P구 B동	10 - 1	전	300	300	2종일주	채소 경작	
3	P구 B동	11	대	300	300	2종일주	20㎡ 시금치 경작	-

<자료 3>   현장 실지조사 내역

1. 기호 1 토지는 제2종일반주거지역과 자연녹지지역에 걸치는 토지로서, 10㎡가 자연녹지에 속한다. 토지특성은 소로한면, 정방형, 평지임
2. 기호 2 토지는 당해 택지개발사업을 위하여 2025.2.2.부로 자연녹지에서 제2종일반주거지역으로 용도지역이 변경되었음
3. 기호 1, 2 토지는 택지개발사업구역의 확장에 의해 추가되었음
4. 기호 3 토지는 조성된 나대지로서 현재 전으로 이용 중이나, 주위는 기존주택지대이다. 또한, 당해 토지는 당해 택지개발사업구역에 포함된 것으로서, 토지세목고시 당시 누락된 것을 추가 고시한 것임

<자료 4> 당해 공익사업 구역 내 표준지공시지가

기호	소재지	지목	면적 (㎡)	이용 상황	용도 지역	도로 교통	형상 지세	공시지가(원/㎡) 2024년	공시지가(원/㎡) 2025년
가	P구 B동 42 - 5	대	180	단독 주택	2종 일주	세로 (가)	가장형 평지	5,000,000	5,500,000
나	P구 B동 51 - 6	전	200	전	2종 일주	세로 (가)	세장형 완경사	2,000,000	2,500,000
다	P구 B동 60 - 77	답	300	답기타 (창고)	자연 녹지	소로 한면	부정형 완경사	3,000,000	3,150,000
라	P구 B동 72	전	280	전	자연 녹지	세로 (가)	가장형 평지	2,200,000	2,380,000

※ 구역 내 표준지공시지가를 지역의 지가수준을 적정하게 반영하고 있음

<자료 5> 시점수정 자료

1. 지가변동률(P구, %)

(1) 용도지역별

구분	기간	계획 관리	상업	공업	녹지	주거	농림	자연 환경
24년	12월 누계	0.11	0.58	0.00	0.10	0.31	0.00	-
25년	7월 누계	0.11	0.06	0.00	0.02	0.37	- 0.11	- 0.18
	7월	- 0.01	0.04	0.22	- 0.03	0.02	- 0.10	0.00

(2) 이용상황별

구분	기간	전	답	대 주거용	대 상업용	임야	공장	기타
24년	7월	0.03	- 0.06	0.00	- 0.32	0.00	- 0.05	0.00
	7월 누계	0.16	0.02	0.13	0.25	0.00	0.39	0.00
25년	7월	- 0.08	- 0.04	0.10	0.06	- 0.09	- 0.07	0.00
	7월 누계	0.01	- 0.12	0.00	0.05	- 0.08	0.12	0.78

2. 생산자물가지수

2023년 12월	2024년 12월	2025년 7월	2025년 8월
121.4	129.5	140.0	140.5

<자료 6> 개별요인 비교

1. 도로접면(각지는 5% 가산함)

구분	소로한면	세로(가)	세로(불)	맹지
소로한면	1.00	0.83	0.79	0.72
세로(가)	1.17	1.00	0.88	0.81
세로(불)	1.27	1.12	1.00	0.92
맹지	1.38	1.24	1.09	1.00

2. 획지

구분	정방형	가장형	사다리	부정형
정방형	1.00	1.04	0.98	0.94
가장형	0.96	1.00	0.94	0.90
사다리	1.02	1.06	1.00	0.96
부정형	1.06	1.11	1.04	1.00

3. 지세

고저	평지	완경사
평지	1.00	0.83
완경사	1.20	1.00

예시답안

Ⅰ. 평가개요

- 평가대상: 토지
- 평가목적: (사업인정 후)협의보상
- 가격시점: 2025.9.1.「토지보상법」제67조 제1항
- 기존 사업인정의제일: 2024.10.28.(지구지정고시일)

Ⅱ. 물음 1, 적용공시지가

1. 취득할 토지의 가격변동 여부「시행령」제38조의2
   사업면적 20만㎡ 이하로, 변동 여부 미고려함

2. 기호 1, 2 토지
   「토지보상평가지침」제10조 제5항 의거 사업구역 확장에 따른 추가세목 고시된 바, 추가세목고시일 기준함
   「토지보상법」제70조 제4항 의거 <2025.1.1.> 기준 공시지가 적용함

3. 기호 3 토지
   「토지보상평가지침」제10조 제5항 단서 의거 누락 고시인바, 기존 사업인정의제일을 기준함
   <2024.1.1.> 기준 공시지가 적용함

Ⅲ. 물음 2, 비교표준지 선정

1. 기호 1
   둘 이상의 용도지역의 걸친 토지이나, 자연녹지부분의 면적이 과소(10㎡, 5%)하여「토지보상평가지침」제26조 제2항 의거 주된 용도지역인 <2종일반주거> 기준함
   ∴ <#가> 선정

2. 기호 2
   「시행규칙」제23조 의거 당해 사업에 의한 용도지역 변경인바, 변경 전 "자연녹지, 전" 기준 <#라> 선정함

3. 기호 3
   조성된 나지 및 기존주택지대 고려 현황 "전"은 일시적이용상황으로「토지보상법」제70조 제2항 의거 "주거용" 기준 <#가> 선정함

Ⅳ. 기호 1 토지 보상액

1. 시점수정치(2025.1.1. ~ 2025.9.1.)
   (1) 생산자물가상승률
   $140.5 \div 129.5 ≒ 1.08494$
   (2) 지가변동률「시행령」제37조 제1항
   주거지역
   $1.0037 \times (1 + 0.0002 \times 32/31) ≒ 1.00391$
   (3) 결정
   국지적 부동산가격 추이를 보다 잘 반영하는 지가변동률로 결정함

2. 지역요인 비교치: 1.000

3. 개별요인 비교치
   $1.17 \times 0.96 \times 1.00 ≒ 1.123$

4. 토지 보상액
   $5,500,000 \times 1.00391 \times 1.000 \times 1.123 \times 1.00 ≒ 6,200,000$원/㎡($\times 200$㎡ ≒ 1,240,000,000원)

[문제 4]

감정평가사인 이씨는 보상평가가 의뢰된 다음의 토지에 대해 감정평가를 하려고 한다. 물음에 대해 답하시오.

(물음 1) 각 토지의 비교표준지를 선정하고, 그 사유를 약술하시오.

(물음 2) 의뢰 토지 중 기호 2 토지의 보상평가액을 산정하시오.

<자료 1> 감정평가 의뢰 내역

1. 사업명: H구 도시계획시설도로사업
2. 주민을 위한 공람공고: 2023.8.1.
3. 지형도면 고시: 2024.7.30.
4. 실시계획인가고시: 2025.1.15.
5. 협의평가일: 2025.3.3.
6. 수용재결일: 2025.7.5.

<자료 2> 평가의뢰 토지 내역

1. 토지조서

기호	소재지	지번	지목	면적(㎡) 공부	면적(㎡) 편입	용도지역	실제 이용상황
1	H구 B동	38 - 2	대	132	132	2종일주	도로
2	H구 B동	58	전	850	850	자연녹지	건부지
3	H구 B동	135	답	2,330	2,330	자연녹지	잡종지
4	H구 B동	235	전	875	875	자연녹지	건부지
5	H구 B동	245	전	568	568	자연녹지	건부지
6	H구 B동	산300	임야	1,235	1,235	자연녹지	-
7	H구 B동	산302 - 1	임야	557	557	자연녹지	묘지
8	H구 B동	산42	임야	4,567	4,567	개발제한 자연녹지	자연림

2. 물건조서

기호	소재지	지번	이용 상황	구조 규격	면적(㎡) 공부	면적(㎡) 편입	실제 이용상황
1	H구 B동	58	주택	벽돌조 슬라브지붕 1층	95	95	88.9.12. 신축 무허가
2	H구 B동	235	주택	벽돌조 슬라브지붕 1층	110	110	89.5.21. 신축 무허가
3	H구 B동	245	점포	경량 철골조 판넬지붕 1층	210	210	허가 득 가설건축물

당해 공익사업구역 내 인근 표준지공시지가

기호	소재지	지목	면적 (㎡)	이용 상황	용도 지역	도로 교통	형상 지세	공시지가(원/㎡)	
								2024년	2025년
1	B동 4	대	351	단독 주택	2종 일주	세로 (가)	가장형 평지	6,700,000	6,850,000
2	B동 5	전	1,000	전	2종 일주	세로 (가)	부정형 평지	2,300,000	2,500,000
3	B동 6	답	1,080	답기타 (창고)	자연 녹지	소로 한면	세장형 평지	3,230,000	3,450,000
4	B동 7	전	800	전	자연 녹지	세로 (가)	부정형 완경시	2,040,000	2,180,000
5	B동8	답	2,500	답	자연 녹지	맹지	부정형 저지	1,480,000	1,570,000
6	B동 14	대	1,234	단독 주택	자연 녹지	세로 (가)	가장형 평지	3,670,000	3,850,000
7	B동 산20	임	12,050	자연림	자연 녹지	맹지	부정형 완경사	780,000	815,000
8	B동 산25	묘	600	묘지	보전 녹지	맹지	부정형 완경사	475,000	492,000
9	B동 산40	임	3,200	자연림	개제 자녹	세로 (불)	부정형 급경사	245,000	260,000

토지 현장조사 내역

1. 기호 1 토지는 종전 38 - 1(지목: 대)의 일부였으나, 도시계획시설도로로 시설 결정이 되고 구체적인 공사 착수 없이 사실상 불특정다수인의 통행에 이용되고 있으며, 인근은 주거지대임
2. 기호 2 토지는 세로(가), 부정형, 평지임
3. 기호 3 토지는 종전의 노면보다 약 1.5m 저지인 답이었으나, 1994년 10월경에 허가 없이 매립하여 현재는 노면과 평탄한 간이 건축물(창고) 부지로 이용되고 있음
4. 기호 6 토지는 2022년 5월 축사신축을 위하여 형질변경허가를 득하고 2023년 3월 형질변경을 완료하였으나 당해 사업으로 인해 준공검사를 받지 못하였음
5. 기호 7 토지는 약 15년 전에 모 지번에서 분할하여 분묘를 조성한 토지로 인근은 임야지대임

<자료 5> **시점수정 자료**

1. 지가변동률(H구, %)

   (1) 용도지역별

구분	기간	계획관리	상업	공업	녹지	주거	농림	자연환경
24년	12월 누계	1.11	2.58	1.50	1.20	2.31	0.00	0.00
25년	7월	0.11	0.46	0.00	0.52	0.57	0.11	0.18
	7월 누계	1.01	1.84	0.22	1.05	1.5	0.10	0.20

   (2) 이용상황별

구분	기간	전	답	대		임야	공장	기타
				주거용	상업용			
24년	7월	0.03	- 0.06	0.00	- 0.32	0.00	- 0.05	0.00
	7월 누계	0.16	0.02	0.13	0.25	0.00	0.39	0.00
25년	7월	- 0.08	- 0.04	0.10	0.06	- 0.09	- 0.07	0.00
	7월 누계	0.01	- 0.12	0.00	0.05	- 0.08	0.12	0.78

2. 생산자물가지수

2023년 12월	2024년 12월	2025년 2월	2025년 4월
121.4	129.5	140.3	141.5

<자료 6> **개별요인**

1. 도로접면(각지는 5% 가산함)

구분	소로한면	세로(가)	세로(불)	맹지
소로한면	1.00	0.83	0.79	0.72
세로(가)	1.17	1.00	0.88	0.81
세로(불)	1.27	1.12	1.00	0.92
맹지	1.38	1.24	1.09	1.00

2. 획지

구분	정방형	가장형	사다리	부정형
정방형	1.00	1.04	0.98	0.94
가장형	0.96	1.00	0.94	0.90
사다리	1.02	1.06	1.00	0.96
부정형	1.06	1.11	1.04	1.00

3. 지세

고저	평지	완경사
평지	1.00	0.83
완경사	1.15	1.00

4. 자연녹지 내 건폐율은 20%임

Ⅰ. 평가개요

- 평가대상: 토지
- 평가목적: 수용재결 보상
- 가격시점: 2025.7.5. 「토지보상법」 제67조 제1항

Ⅱ. 물음 1, 비교표준지 선정

1. 기호 1

본건은 예정공도로써, 「시행규칙」 제26조 제1항 제3호 의거 지목 "대, 주거지대" 기준하여, <#1> 선정

2. 기호 2

1989.1.24. 이전 무허가건축물 부지로 「시행규칙」 제24조 의거하되, 적정 대지 부분은 <중토위 재결례>에 따라 바닥면적 기준함. "대지" 이외 부분은 "전" 기준하여 구분하여 평가함

주거용 부분: <#6> 선정

전 부분: <#4> 선정

3. 기호 3

불법형질변경토지로 1995.1.7 당시 공익사업지구에 미포함된 토지인바, 「시행규칙」 제24조 의거 편입 당시인 "답" 기준하여 <#5> 선정

4. 기호 4

89.1.24. 이후 무허가건축물 부지로 「시행규칙 제24조」 의거 건축 당시인 "전" 기준하여 <#4> 선정

5. 기호 5

허가 득한 가설건축물 부지는 원상회복의무 및 <판례> 고려하여 일시적 이용상황으로 판단되는바, "전" 기준 <#4> 선정

6. 기호 6

당해 공익사업으로 의해 준공을 득하지 못한바, 「시행규칙」 제23조 의거 허가 득한 것으로 보아 "축사" 기준하되, 이와 유사한 <#3> 선정

7. 기호 7

「시행규칙」 제22조 제2항 의거 나지상정 평가로 인근 표준적 이용상황 고려하여 "자연녹지, 임야" 기준 <#7> 선정

8. 기호 8

일반적제한인 개발제한구역 내 "자연림" 기준 <#9> 선정

Ⅲ. 기호 2 토지 보상액

1. 적용공시지가

사업인정의제일: 2025.1.15.(실시계획인가고시일)

당해 사업 "도로" 사업으로 「시행령」 제38조의2 미고려

「토지보상법」 제70조 제4항 의거 <2025.1.1.> 기준 공시지가 적용함

2. 시점수정 「토지보상법」 제70조 제1항

(1) 당해 공익사업 "도로" 사업으로 「시행령」 제37조 제2항 미고려

(2) 생산자물가상승률

141.5 ÷ 129.5 ≒ 1.09266

(3) 지가변동률 「시행령」 제37조 제1항

녹지지역, 2025.1.1. ~ 2025.7.5.

$1.0150 \times (1 + 0.0052 \times 5/30) ≒ 1.01588$

(4) 결정

국지적 부동산가격 변동 고려 지가변동률로 결정

4. "주거" 부분

$3,850,000 \times 1.01588 \times 1.000 \times 1.00 \times 0.90 \times 1.00 \times 1.00 ≒ 3,520,000원/m^2$

($\times 95m^2 ≒ 334,400,000원$)

5. "전" 부분

$2,180,000 \times 1.01588 \times 1.000 \times 1.00 \times 1.00 \times 1.15 \times 1.00 ≒ 2,550,000원/m^2$

($\times 755m^2 ≒ 1,925,250,000원$)

[문제 5] 도시계획도로 개설에 따른 서울지방토지수용위원회의 보상평가가 의뢰되었다. 다음 주어진 자료를 이용하여 보상액을 산정하시오.

<자료 1> 정평가 의뢰 내역

1. 사업명: OO - OO간 도시계획도로 사업
2. 도시계획시설결정: 2023.5.21.
3. 도시계획사업 실시계획인가고시일: 2024.8.5.
4. 보상계획공고고시일: 2025.1.30.
5. 협의일: 2025.4.23.
6. 평가의뢰일: 2025.5.17.
7. 수용재결(예정일): 2025.6.30.

<자료 2> 평가의뢰 토지 현황

기호	소재지	지목	면적(㎡)		용도지역	이용상황	비고 (소유자)
			공부	편입			
1	K구 S동 100	대	300	40	준주거	도로	김씨

<자료 3> 현장 실지조사 내용

대상토지는 S동 100번지 소유자인 김씨가 대상토지상에 상업용 건축물을 건축하기 위해 관할 구청에 허가를 받아 건축을 완료 후 당해 공익사업의 시행으로 인해 서측 부분이 편입되어 서울지방토지수용위원회로부터 보상평가가 의뢰되었음

<자료 4> 지적 개황도

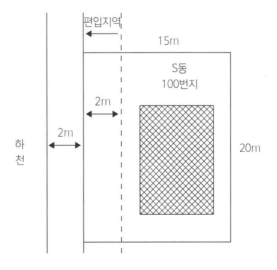

제13장

보상평가 | 해커스 감정평가사 이상준 감정평가실무 2차 기본서

<자료 5>　인근 표준지공시지가

기호	소재지	지목	면적 (㎡)	이용 상황	용도 지역	도로 교통	형상 지세	공시지가(원/㎡)		
								2023년	2024년	2025년
1	K구 S동 50	대	500	상업용	준주거	소로 한면	사다리 평지	8,340,000	8,670,000	8,880,000
2	K구 S동 60	대	400	주상용	준주거	세로 (가)	세장형 평지	5,550,000	5,730,000	5,950,000
3	K구 S동 70	대	375	상업용	준주거	세로 (가)	가장형 평지	5,850,000	6,050,000	6,320,000
4	K구 S동 80	대	410	상업용	준주거	세로 (불)	가장형 평지	4,6700,000	4,800,000	5,170,000
5	K구 S동 90	대	600	업무용	준주거	세로 (가)	정방형 평지	5,210,000	5,720,000	5,980,000
6	K구 S동 110	대	450	주거용	준주거	세로 (가)	사다리 평지	5,430,000	5,680,000	5,810,000

<자료 6>　인근 평가사례

기호	소재지	지목	면적 (㎡)	용도 지역	이용 상황	도로 교통	형상 지세	단가 (원/㎡)	가격시점
ㄱ	K구 S동 110 - 5	대	300	준주거	상업용	세로 (가)	가장형 평지	7,800,000	2024.5.1.
ㄴ	K구 S동 120	대	350	준주거	상업용	세로 (불)	가장형 평지	6,500,000	2024.6.1.
ㄷ	K구 S동 130	대	380	준주거	상업용	세로 (가)	가장형 평지	8,150,000	2025.1.1.

<자료 7>　가치형성요인 자료

1. 지가변동률(K구, %)

구분	기간	계획 관리	상업	공업	녹지	주거	농림	자연 환경
2024년	12월 누계	3.51	1.58	1.50	2.10	1.31	0.00	0.00
2025년	4월	0.81	0.36	0.00	0.52	0.38	0.11	0.18
	4월 누계	2.01	1.54	0.22	1.35	1.50	0.10	0.20

2. 도로접면(각지는 5% 가산함)

구분	소로한면	세로(가)	세로(불)	맹지
소로한면	1.00	0.83	0.79	0.72
세로(가)	1.17	1.00	0.88	0.81
세로(불)	1.27	1.12	1.00	0.92
맹지	1.38	1.24	1.09	1.00

3. 획지

구분	정방형	가장형	사다리	부정형
정방형	1.00	1.04	0.98	0.94
가장형	0.96	1.00	0.94	0.90
사다리	1.02	1.06	1.00	0.96
부정형	1.06	1.11	1.04	1.00

Ⅰ. 평가개요

- 평가대상: 토지
- 평가목적: 수용재결 보상
- 가격시점: 2025.6.30. 「토지보상법」 제67조 제2항
- 사업인정의제일: 2024.8.5. <실시계획인가고시>

Ⅱ. 토지 보상액 산정

1. 적용공시지가
당해 사업 "도로" 사업으로 「시행령」 제38조의2 미고려함
「토지보상법」 제70조 제4항 의거 <2024.1.1.> 기준 공시지가 적용

2. 표준지 선정 「시행규칙」 제22조 제2항
당해 공익사업 편입되는 부분은 건축허가권자가 지정·공고한 도로로 「시행규칙」 제26조 제2항 의거 사실상 사도로 판단. 인근토지 1/3 이내 평가함
∴ 준주거, 상업용, 세로(가), 가장형 기준 <#3> 선정
(#1, 4: 도로 상이, #2, 6: 이용상황 상이, #5: 면적 상이)
[Tip] 일시적 이용상황 판단 시 표준지 <#4> 선정

3. 시점수정(생산자물가상승률 미제시)
당해 사업 "도로" 사업으로 「시행령」 제37조 제2항 미고려함
2024.1.1. ~ 2025.6.30. K구, 주거, 지가변동률
「시행령」 제37조 제1항
$1.031 \times 1.015 \times (1 + 0.0038 \times 61/31) ≒ 1.05429$

4. 그 밖의 요인
(1) 사례 선정
준주거, 상업용 기준 <ㄱ> 선정
(ㄴ: 도로 상이, ㄷ: 사업인정 후 사례)
[Tip] 표준지 #4 선정시 사례 <ㄴ> 선정

(2) 격차율 산정
$$\frac{7,800,000 \times {}^*1.03154 \times 1.000 \times 1.00 \times 1.00}{6,050,000 \times 1.05429} ≒ 1.261$$

* 2023.5.1. ~ 2024.6.30.
$(1 + 0.0131 \times 244/365) \times 1.015 \times (1 + 0.0038 \times 61/31)$

(3) 결정
상기와 같이 산정된바, <1.26>로 결정

5. 토지 보상액
$6,050,000 \times 1.05429 \times 1.000 \times 1.00 \times 1.00 \times 1/3 \times 1.26 ≒ 2,680,000$원/㎡
$(\times 40㎡ ≒ 107,200,000$원)

[문제 6]

OO도시공원 조성사업에 편입되는 토지에 대해 사업시행자 K로부터 보상평가가 의뢰되었다. 다음 주어진 자료를 이용하여 보상액을 산정하시오.

<자료 1> 감정평가 의뢰 내역

1. 사업명: OO도시공원 조성사업
2. OO도시공원 조성사업 실시계획인가고시일: 2025.2.28.
3. 사업면적: 54,447㎡
4. 협의일: 2025.5.17.

<자료 2> 토지조서 및 토지 현황

기호	소재지	지번	지목	면적(㎡)		용도지역	이용상황	형상 지세
				공부	편입			
1	S구 B동	20 - 1	대	400	400	자연녹지	상업용	정방형 평지

<자료 3> 현장 실지조사 내용

대상토지인 S구 B동 20 - 1번지는 서측 일부인 40㎡가 도시관리계획에 따른 OO도시계획시설도로에 편입되어 도로 공사가 진행 중인 상태에서 당해 사업인 OO도시공원 조성사업에 편입되었으며 OO도시공원 조성사업에 의해 당해 지역은 제2종일반주거지역에서 자연녹지지역으로 변경되었음

<자료 4> 지적 개황도

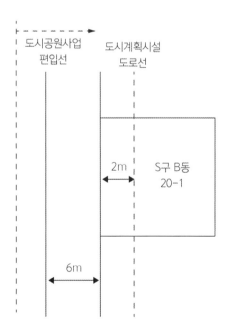

제13장 보상평가│해커스 감정평가사 이성준 감정평가실무 2차 기본서

<자료 5> 인근 표준지공시지가

기호	소재지	지목	면적 (㎡)	이용 상황	용도 지역	도로 교통	형상 지세	2025년 1월 1일 공시지가(원/㎡)
1	S구 B동 20 - 81	대	210	상업용	자연 녹지	소로 한면	사다리 평지	3,670,000
2	S구 B동 22 - 58	대	200	주상용	2종 일주	세로 (가)	세장형 평지	5,530,000
3	S구 B동 24 - 1	대	180	상업용	자연 녹지	세로 (가)	가장형 평지	3,050,000
4	S구 B동 24 - 33	대	200	상업용	2종 일주	세로 (가)	가장형 평지	5,800,000
5	S구 B동 25 - 82	대	230	주거용	자연 녹지	세로 (가)	정방형 평지	3,420,000
6	S구 B동 25 - 55	대	300	주거용	2종 일주	세로 (가)	사다리 평지	4,680,000

※ 대상과 접면도로가 동일한 경우 동일노선상에 소재함

<자료 6> 인근 평가사례

기호	소재지	지목	면적 (㎡)	용도 지역	이용 상황	도로 교통	형상 지세	단가 (원/㎡)	가격시점
ㄱ	S구 B동 445 - 1	대	200	자연 녹지	상업용	소로 한면	가장형 평지	4,500,000	2024.3.21.
ㄴ	S구 B동 447 - 5	대	250	2종 일주	주상용	세로 (가)	가장형 평지	6,800,000	2024.2.3.
ㄷ	S구 B동 549 - 2	대	280	자연 녹지	상업용	세로 (가)	가장형 평지	3,950,000	2024.3.5.
ㄹ	S구 B동 558 - 3	대	180	2종 일주	상업용	세로 (가)	정방형 평지	7,450,000	2024.2.1.

※ 상기 평가사례는 당해 공익사업에 의한 개발이익이 포함되지 않았음

<자료 7>　가치형성요인 자료

1. 지가변동률(S구)

구분	지가변동률(%)		비고
	주거	녹지	
2025.1.1. ~ 2025.3.31.	1.527	0.984	2025년 3월 누계
2025.3.1. ~ 2025.3.31.	0.331	0.114	2025년 3월 당월

2. 도로접면(각지는 5% 가산함)

구분	소로한면	세로(가)	세로(불)	맹지
소로한면	1.00	0.83	0.79	0.72
세로(가)	1.17	1.00	0.88	0.81
세로(불)	1.27	1.12	1.00	0.92
맹지	1.38	1.24	1.09	1.00

3. 획지

구분	정방형	가장형	사다리	부정형
정방형	1.00	1.04	0.90	0.85
가장형	0.96	1.00	0.85	0.80
사다리	1.10	1.15	1.00	0.95
부정형	1.15	1.20	1.05	1.00

Ⅰ. 평가개요
- 평가대상: 토지
- 평가목적: 협의보상평가
- 가격시점: 2025.5.17. 「토지보상법」 제67조 제1항
- 사업인정의제일: 2025.2.28. <실시계획인가고시>

Ⅱ. 처리방침
도시계획시설도로 착공하였는바, 도로확장 부분은 가치를 달리하므로 저촉된 부분과 접한 부분을 구분하여 평가함

Ⅲ. 저촉된 부분 토지 보상액 산정

1. 적용공시지가
당해 사업 20만㎡ 미만 사업으로 「시행령」 제38조의2 미고려함
「토지보상법」 제70조 제4항 의거 <2025.1.1.> 기준 공시지가 적용함(이하 동일)

2. 표준지 선정
「시행규칙」 제23조 의거 당해 공익사업으로 인한 변경 전 용도지역 기준함. 도시계획시설도로은 개별적제한으로 도로저촉 미고려함
∴ 2종일주, 상업용, 세로(가), 정방형, 평지 기준 <#4> 선정
(#1, 3, 5: 용도지역 상이, #2, 6: 이용상황 상이)

3. 시점수정(생산자물가상승률 미제시)
사업면적 20만㎡ 이하로 「시행령」 제37조 제2항 미고려함
2025.1.1. ~ 2025.6.30. S구, 주거, 지가변동률 「시행령」 제37조 제1항
$1.01527 \times (1 + 0.00331 \times 47/31) ≒ 1.02037$

4. 그 밖의 요인
(1) 사례 선정
  2종일주, 상업용, 세로(가) 기준 <ㄹ> 선정
(2) 격차율
$$\frac{7,450,000 \times {}^*1.00502 \times 1.000 \times 1.04 \times 1.00}{5,800,000 \times 1.02037} ≒ 1.315$$

  * 2023.2.1. ~ 2024.5.17.
  $(1 + 0.01527 \times 59/90) \times (1 + 0.00331 \times 47/31)$
(3) 결정
  상기와 같이 산정된바, <1.31>로 결정

5. 저촉된 부분 토지 보상액
$5,800,000 \times 1.02037 \times 1.000 \times 1.00 \times 0.96 \times 1.31 ≒ 7,440,000$원/㎡
$(\times 40㎡ ≒ 297,600,000$원)

Ⅳ. 접한 부분 토지 보상액 산정
도시계획시설도로 착공되어, 도로 개설에 따른 이익 반영함
∴ 2종일주, 상업용, 소로한면, 가장형 기준함
$5,800,000 \times 1.02037 \times 1.000 \times (1.17 \times 1.00) \times 1.31 ≒ 9,070,000$원/㎡
$(\times 360㎡ ≒ 3,265,200,000$원)

ca.Hackers.com

제13장 보상평가 심화문제

[문제 1]
감정평가사 이씨는 A시 H구 B동 소재 토지에 대해 보상평가를 의뢰받았다. 관련 규정에 근거하여 대상토지에 적용할 적용공시지가를 결정하시오.

<자료 1> 감정평가 의뢰 내역
1. 사업명: OO지구 택지개발사업
2. 사업면적: 214,358.4㎡
3. 택지개발사업 주민공고공람일: 2023.11.15.
4. 택지개발지구지정고시일: 2024.5.31.
5. 택지개발사업실시계획승인고시일: 2025.1.5.
6. 수용재결일: 2025.5.3.

<자료 2> 택지개발지구 내 비교표준지

기호	소재지	지목	이용상황	용도지역	공시지가(원/㎡) 2023년	2024년	2025년	변동률(%) 23년~24년	24년~25년	23년~25년
1	B동 115	대	잡종지	1종일주	1,520,000	1,680,000	2,242,000	10.5	33.5	47.5
2	B동 150	대	주거용	3종일주	-	-	3,200,000	-	-	-
3	B동 180	대	주상용	3종일주	-	-	3,120,000	-	-	-
4	B동 200	대	주거용	2종일주	2,130,000	2,325,000	3,050,000	9.2	31.2	43.2
5	B동 210	대	주거나지	1종일주	1,630,000	1,815,000	2,425,000	11.3	33.6	48.8
6	B동 212	대	주거용	자연녹지	850,000	923,000	1,250,000	8.6	35.4	47.1
7	B동 243	전	전	자연녹지	774,000	835,000	1,095,000	7.9	31.1	41.5
8	B동 276	대	주거용	3종일주	-	-	2,890,000	-	-	-
9	B동 285	전	잡종지	자연녹지	432,000	476,000	637,000	10.2	33.8	47.5
10	B동 288	대	단독주택	1종일주	1,432,000	1,585,000	2,123,000	10.7	33.9	48.3
평균								9.8	33.2	46.2

※ 상기 표준지는 사업구역 내 있는 전체 표준지로, 협의평가 시 선정된 표준지임

<자료 3> 변동률(%)

1. 지가변동률

기간	A시					A시 H구				
	평균	주거	상업	공업	녹지	평균	주거	상업	공업	녹지
22.1.1. ~ 22.12.31	7.28	11.20	7.50	5.30	5.10	10.70	12.20	11.20	8.50	10.90
23.1.1. ~ 23.12.31.	2.68	4.00	3.20	2.00	1.50	4.88	5.50	5.00	4.00	5.00
24.1.1. ~ 24.12.31.	4.08	6.00	4.50	3.00	2.80	5.38	6.00	5.80	4.20	5.50
25.1.1. ~ 가격시점	1.55	1.20	2.10	1.80	1.10	2.23	2.10	2.20	2.80	1.80

2. 표준지 변동률

구분	용도지역	23년 ~ 24년	24년 ~ 25년	23년 ~ 25년
A시 H구	주거지역	3.6	4.5	9.9
	상업지역	4.7	5.3	10.2
	공업지역	3.4	4.5	9.8
	녹지지역	2.8	4.2	9.0
	전체 평균	4.9	4.6	9.8
A시	주거지역	4.6	4.9	9.7
	상업지역	4.2	4.7	9.1
	공업지역	4.8	5	10.0
	녹지지역	3.5	3.9	7.5
	전체 평균	4.3	4.6	9.1

Ⅰ. 평가개요

- 평가대상: 토지
- 평가목적: 수용재결
- 가격시점: 2025.5.3. 「토지보상법」 제67조 제1항

Ⅱ. 적용공시지가

1. 사업인정의제일 등

   공고공람일: 2023.11.15.

   사업인정의제일: 2024.5.31.(지구지정고시일)

2. 취득하여야 할 토지의 가격변동 여부 「시행령 제38조의2」

   (1) 사업요건

   20만㎡ 이상, 도로·철도·하천 외 공익사업으로 사업요건 <충족함>

   (2) 변동률 산정

   ① 사업구역 내 전체 표준지 평균변동률

   2023.1.1. ~ 2024.1.1.: 9.8%

   ② H구 전체 표준지 평균변동률

   2023.1.1. ~ 204.1.1.: 4.9%

   (3) 변동 여부

   양자 3%point 이상, 30% 이상 차이로, 토지 가격 <변동됨>

Ⅲ. 적용공시지가

「토지보상법」 제70조 제5항 의거 공고공람일 이전 <2023.1.1.> 기준 공시지가 적용함

[문제 2]

감정평가사 이씨는 사업시행자인 L도시개발공사로부터 K공공주택사업에 편입되는 토지에 대하여 지방토지수용위원회로부터 보상평가를 의뢰받았다. 제시된 자료를 활용하여 토지보상에 대한 적용공시지가 및 비교표준지 선정, 시점수정치를 결정하시오.

<자료 1> 감정평가 의뢰 내역

1. 사업명: K공공주택사업 「공공주택특별법」
2. 사업면적: 238,339㎡
3. 공공주택사업 주민등의 의견청취 공고일: 2023.8.21.
4. 공공주택지구 지정·고시일: 2024.6.8.
5. 지구계획 승인고시: 2024.10.2.
6. 보상계획 공고일: 2025.11.21
7. 협의평가 가격시점: 2024.12.21.
8. 재결예정일: 2025.5.24.

<자료 2> 토지조서

기호	소재지	면적(㎡)		지목	변경전 용도지역	변경후 용도지역
		공부	편입			
1	C시 D구 S동 1	500	300	대	자연녹지	2종일주
2	C시 D구 S동 2	600	400	대	1종일주	2종일주
3	C시 D구 S동 산3	1,500	1,500	임야	자연녹지	2종일주
4	C시 D구 S동 4	1,000	1,000	잡	2종일주	2종일주

<자료 3> 현장조사사항

1. 공법상제한

   기호 1~3 토지는 2024.6.8.자로 2종일반주거지역으로 변경되었음

2. 이용상황

   (1) 기호 1: 주상용 건부지임
   (2) 기호 2: 주거나지임
   (3) 기호 3: 현황 임야임
   (4) 기호 4: 창고용지로 이용 중임

<자료 4> 사업구역 내 표준지공시지가 및 증감률

1. 사업구역 내 표준지공시지가

기호	소재지	지목	이용 상황	가격시점 용도지역	공시지가(원/㎡)		
					2023년	2024년	2025년
1	D구 S동 103	대	주거용	2종일주	-	-	1,920,000
2	D구 S동 104	대	주상용	2종일주	1,225,000	1,410,000	1,850,000
3	D구 S동 105	대	주거나지	2종일주	1,165,000	1,380,000	1,820,000
4	D구 S동 107	전	전	2종일주	-	845,000	1,120,000
5	D구 S동 108	답	답	2종일주	685,000	798,000	1,080,000
6	D구 S동 110	과수원	전	2종일주	802,000	932,000	1,250,000
7	D구 S동 산5	임	자연림	2종일주	240,000	275,000	378,000
8	D구 S동 118	임	토지임야	2종일주	725,000	842,000	1,140,000

※ 상기 표준지는 전체 자연녹지지역에서 2종일반주거지역으로 변경되었음
※ 상기 표준지는 사업구역 내 있는 전체 표준지로, 협의평가 시 선정된 표준지임

2. 연도별 공시지가 상승률(%)

구분	2023년 ~ 2024년	2024년 ~ 2025년	2023년 ~ 2025년
1	-	-	-
2	15.1	31.2	51.0
3	18.5	31.9	56.2
4	-	32.5	-
5	16.5	35.3	57.7
6	16.2	34.1	55.9
7	14.6	37.5	57.5
8	16.1	35.4	57.2
평균상승률	16.2	34.0	55.9

<자료 5> 사업지구 밖 인근지역 표준지공시지가 및 증감률

1. 사업구역 밖 인근지역 표준지공시지가

기호	소재지	지목	이용 상황	가격시점 용도지역	공시지가(원/㎡)		
					2023년	2024년	2025년
9	D구 S동 200	대	주상용	1종일주	1,220,000	1,390,000	1,670,000
10	D구 S동 201	대	주거나지	1종일주	1,050,000	1,190,000	1,450,000
11	D구 S동 202	잡	잡	2종일주	1,320,000	1,480,000	1,820,000
12	D구 S동 203	전	전	자연녹지	603,000	683,000	843,000

※ 상기 표준지는 사업지구의 경계에 인접하여 있음
※ 상기 표준지의 용도지역은 최근 10년 이내 동일함

2. 연도별 공시지가 상승률(%)

구분	2023년 ~ 2024년	2024년 ~ 2025년	2023년 ~ 2025년
9	13.9	20.1	36.9
10	13.3	21.8	38.1
11	12.1	23.0	37.9
12	13.3	23.4	39.8
평균상승률	13.2	22.1	38.2

3. 지역별 표준지 변동률(%)

구분	용도지역	23년 ~ 24년	24년 ~ 25년	23년 ~ 25년
C시 D구	주거지역	8.2	12.4	20.6
	상업지역	7.5	13.4	20.9
	공업지역	6.5	11	17.5
	녹지지역	5.4	9.8	15.2
	전체 평균	6.9	11.65	18.55
C시	주거지역	5.4	10.8	16.2
	상업지역	5.2	9.4	14.6
	공업지역	4.8	9	13.8
	녹지지역	4.6	6.8	11.4
	전체 평균	5.00	9.00	14.00

\<자료 6\> 지가변동률(%)

기간	D구					인접 구 지가변동률 평균					C시
	평균	주거	상업	공업	녹지	평균	주거	상업	공업	녹지	평균
23.1.1 ~ 가격시점	9.20	10.50	9.40	8.50	8.40	5.30	6.20	6.00	4.00	5.00	5.40
23.8.21. ~ 가격시점	8.80	9.50	9.20	8.40	8.10	4.88	5.50	5.00	4.00	5.00	5.20
24.1.1. ~ 가격시점	8.53	9.20	8.70	8.20	8.00	4.63	5.20	4.80	4.20	4.30	5.10
24.6.8. ~ 가격시점	7.10	7.50	7.20	6.90	6.80	4.35	4.50	4.20	4.80	3.90	4.6
24.10.2 ~ 가격시점	6.68	6.80	6.40	7.10	6.40	3.70	4.00	3.80	4.10	2.90	3.80
24.11.21. ~ 가격시점	4.78	4.80	5.10	4.40	4.80	2.23	2.10	2.20	2.80	1.80	2.40
25.1.1. ~ 가격시점	1.85	2.50	1.70	1.20	2.00	1.05	1.20	1.30	0.80	0.90	1.20

※ 「토지보상법」 제37조에 따른 지가 변동 여부는 평균변동률을 기준하며, 지가변동률 적용은 용도지역별로 기준할 것

Ⅰ. 평가개요

- 평가대상: 토지
- 평가목적: 수용재결
- 가격시점: 2025.5.24. 「토지보상법」 제67조 제1항

Ⅱ. 비교표준지 선정 및 적용공시지가

1. 공고일 등
의견청취 공고일: 2023.8.21.
사업인정의제일: 2024.6.8.

2. 표준지 선정 「시행규칙」 제22조 제1항
당해 공익사업에 의한 용도지역 변경인바, 변경 전 용도지역 기준함
「시행규칙」 제23조
기호 1: 자연녹지, 주상용 <#2>
기호 2: 1종일주, 주거나지 <#10>
기호 3: 자연녹지, 임야 <#7>
기호 4: 2종일주, 잡 <#11>

3. 취득하여야 할 토지의 가격변동 여부 「시행령」 제38조의2
(1) 사업요건
　　　도로, 하천, 철도 외 사업으로 사업요건은 <충족함>
(2) 변동률
　　① 2023.1.1. ~ 2024.1.1. 구역 내
　　　사업구역 내 선정된 표준지의 변동률과 구역 외 선정된 <#10, #11> 표준지 포함
　　　「공공주택특별법 시행령」 제20조 제1항
　　　(15.1% + 14.6% + 13.3% + 12.1%) ÷ 4 ≒ 13.77%
　　② 2023.1.1. ~ 2024.1.1. D구 전체 평균: 6.9%
(3) 변동 여부
　　3%point & 30% 이상 차이이므로 <변동됨>

4. 적용공시지가
「토지보상법」 제70조 제5항 의거 <2023.1.1.> 기준 공시지가 적용함

Ⅲ. 시점수정치 「토지보상법」 제70조 제1항

1. 생산자물가상승률: 미제시

2. 공익사업의 시행으로 지가가 변동되었는지 여부 「시행령」 제37조 제2항
(1) 사업요건: 충족
(2) 변동률
　　① 공고고시일 ~ 가격시점
　　　2023.8.21. ~ 2025.5.24. D구 평균: 8.8% ∴ 5% 이상
　　② 사업인정의제일 ~ 가격시점
　　　2024.6.8. ~ 2025.5.24. D구 평균: 7.1%
　　　2024.6.8. ~ 2025.5.24. C시 평균: 4.6%

(3) 변동 여부

　　5% 이상 & 시·군·구/시도 30% 이상 차이이므로 <변동됨>

3. 지가변동률 결정

　　2023.1.1. ~ 2025.5.24. D구: 9.2%

　　2023.1.1. ~ 2025.5.24. 인접 시·군·구: 5.3%

　　개발이익 배제원칙에 따라 <인접 시·군·구 지가변동률>을 적용함

　　녹지지역: 1.05000

　　주거지역: 1.06200

　　[Tip] 2023.1.1. ~ 2023.8.20.는 D구 기준, 2023.8.21.(공고고시일) ~ 2025.8.21. ~ 2025.5.24.는 인접 시·군·구 기준 지가변동률을 적용하는 것이 원칙이나, 문제 난이도를 위해 전체 인접 시·군·구로 풀이함

[문제 3]

D감정평가법인에 근무중인 감정평가사 甲은 I시장으로부터 주택재개발정비사업의 현금청산을 위한 수용재결 감정평가를 의뢰받았다. 관련 법령에 따라 제시된 자료를 활용하여 감정평가액을 결정하시오.

<자료 1> 감정평가 의뢰 내역

1. 사업명: ○○구역 주택재개발정비사업
2. 사업면적: 40,415.9㎡
3. 정비계획 및 정비구역지정을 위한 공람공고: 2011.3.20.
4. 정비계획수립 및 정비구역지정 고시: 2011.11.23.
5. 정비구역지정 (경미한) 변경 고시(1차 변경): 2014.4.2.
6. 정비구역지정 (경미한) 변경 고시(2차 변경): 2016.5.19.
7. 정비계획수립 및 정비구역지정(변경) 고시(3차 변경): 2020.5.8.(사업기간 내)
8. 정비계회수립 및 정비구역지정(변경) 고시(4차 변경): 2021.5.1.(사업기간 내)
9. 사업시행계획인가 고시: 2022.6.15.
10. 협의일: 2023.12.20.
11. 평가의뢰일: 2024.4.18.
12. 가격조사완료일: 2024.5.11.
13. 수용재결일: 2024.6.24.

<자료 2> 평가대상물건의 개요

기호	소재지	면적(㎡) 공부	면적(㎡) 편입	지목	도로 교통	형상 지세
1	I시 B구 G동 428	487	487	대	중로한면	사다리 평지

※ 해당 물건은 정비구역으로 편입 당시 다세대주택으로 이용 중이었음. 해당 정비사업구역으로 인하여 일부 토지는 종전 제2종일반주거지역에서 제3종일반주거지역으로 변경되었음

<자료 3> 인근 표준지공시지가

기호	소재지	지목	이용 상황	용도 지역	도로 교통	형상 지세	공시지가(원/㎡) 21년	공시지가(원/㎡) 22년	공시지가(원/㎡) 23년	공시지가(원/㎡) 24년	비고
가	G동 111-12	대	다세대	2종 일주	중로 한면	사다리 평지	1,170,000	1,250,000	1,335,000	1,450,000	구역 외
나	G동 112-16	대	상업용	2종 일주	중로 한면	사다리 평지	1,610,000	1,700,000	1,765,000	1,820,000	구역 외
다	G동 112-27	대	다세대	2종 일주	소로 한면	정방형 완경사	1,180,000	1,220,000	1,275,000	1,300,000	구역 내
라	G동 112-50	대	단독 주택	2종 일주	세각 (가)	가장형 완경사	1,095,000	1,190,000	1,250,000	1,310,000	구역 내
마	G동 120-25	대	다세대	2종 일주	중로 한면	가장형 평지	1,281,000	1,415,000	1,520,000	1,670,000	구역 내

※ 용도지역은 공시연도와 상관없이 동일함

<자료 4> 지가변동률(%)

기간	I시 B구 G동 주거
2022.6.15. ~ 2023.12.20.	7.144
2022.1.1. ~ 2023.12.20.	9.699
2021.9.25. ~ 2023.12.20.	11.573
2022.6.15. ~ 2024.4.18.	8.541
2022.1.1. ~ 2024.4.18.	11.129
2021.9.25. ~ 2024.4.18.	13.029
2022.6.15. ~ 2024.5.11.	8.829
2022.1.1. ~ 2024.5.11.	11.424
2021.9.25. ~ 2024.5.11.	13.328
2022.6.15. ~ 2024.6.24.	9.379
2022.1.1. ~ 2024.6.24.	11.987
2021.9.25. ~ 2024.6.24.	13.901

<자료 5> 인근 평가사례 및 매매사례

1. 평가사례

기호	소재지	지목	이용 상황	용도 지역	토지단가 (원/㎡)	가격시점	평가 목적	도로 교통	형상 지세
a	G동 231	대	다세대	2종 일주	1,942,450	2021.9.25.	수용 재결	세로 (가)	가장형 평지
b	G동 234 - 148	대	다세대	2종 일주	2,382,950	2023.3.25.	수용 재결	중로 한면	사다리 평지
c	G동 112 - 83	대	다세대	2종 일주	1,825,000	2021.10.21.	협의 보상	세로 (가)	정방형 완경사
d	G동 111 - 6	대	아파트	3종 일주	2,700,000	2021.9.25.	담보	세각 (가)	가장형 완경사
e	G동 112 - 91	대	다세대	2종 일주	2,900,000	2021.9.25.	시가 참고	중로 한면	가장형 평지

2. 거래사례

기호	소재지	지목	이용 상황	용도 지역	토지단가 (원/㎡)	거래시점	도로 교통	형상 지세
f	G동 112 - 83	대	상업용	2종 일주	2,011,140	2021.9.25.	소로 한면	가장형 평지
g	G동 112 - 19	대	다세대	2종 일주	2,757,812	2024.3.18.	중로 한면	사다리 평지
h	G동 31 - 9	대	아파트	2종 일주	2,268,965	2021.9.25.	세로 (가)	정방형 완경사
i	G동 112 - 90	대	다세대	3종 일주	2,368,380	2021.7.3.	세각 (가)	가장형 완경사
j	G동 124 - 64	대	상업용	3종 일주	3,958,142	2023.2.25.	중로 한면	가장형 평지

<자료 6> 가치형성요인 비교

1. 지역요인

본건 및 공시지가 표준지, 매매사례 및 평가사례는 모두 인근지역에 소재함

2. 개별요인

(1) 도로접면(각지는 5% 가산함)

구분	중로한면	소로한면	세로(가)	세로(불)	맹지
중로한면	1.00	0.90	0.83	0.79	0.72
소로한면	1.10	1.00	0.83	0.79	0.72
세로(가)	1.23	1.17	1.00	0.88	0.81
세로(불)	1.35	1.27	1.12	1.00	0.92
맹지	1.47	1.38	1.24	1.09	1.00

(2) 획지조건

구분	정방형	가장형	사다리	부정형
정방형	1.00	1.04	0.98	0.94
가장형	0.96	1.00	0.94	0.90
사다리	1.02	1.06	1.00	0.96
부정형	1.06	1.11	1.04	1.00

(3) 지세

고저	평지	완경사
평지	1.00	0.83
완경사	1.20	1.00

Ⅰ. 평가개요

- 평가대상: 토지
- 평가목적: 수용재결(현금청산)
- 가격시점: 2024.6.24.
- 사업인정의제일: 2022.6.15. <사업시행계획인가고시>

Ⅱ. 토지 보상평가액

1. 적용공시지가

(1) 취득할 토지의 가격변동여부「시행령」제38조의2

사업면적 20만㎡ 이하로, 가격변동 여부 미고려함

(2) 적용공시지가 선택

「토지보상법」제70조 제4항 의거 <2022.1.1.> 기준 적용공시지가로 선정함

2. 비교표준지 선정「시행규칙」제22조 제1항

「시행규칙」제23조 의거 당해 사업에 의한 용도지역 변경 전인 "2종일주" 기준, 다세대, 사업구역 내 <#마> 선정 (#가, 나: 구역 외, #다, 라: 도로 상이)

3. 시점수정치「토지보상법」제70조 제1항

(1) 해당 공익사업으로 인한 지가변동 여부: 미고려

(2) 생산자물가지수: 미제시

(3) 지가변동률(2022.1.1. ~ 2024.6.24. 주거지역): 1.11987

(4) 결정

국지적 부동산가격 추이를 반영하는 <지가변동률>로 결정함

4. 지역요인: 인근지역, 1.000

5. 개별요인비교치

$1.00 \times 1.00 \times 0.94 \times 1.00 ≒ 0.940$

6. 그 밖의 요인 보정치

(1) 사례 선정

2종일주, 다세대, 수용재결 목적 기준 <a> 선정

(b, g: 사업인정 후, c, e: 평가목적 상이, d, f: 이용상황 상이, i, j: 용도지역 상이)

(2) 격차율 산정

$$\frac{1,942,450 \times {}^*1.13901 \times 1.000 \times 1.000}{1,415,000 \times 1.11987} ≒ 1.396$$

* 2021.9.25. ~ 2024.6.24. 주거

(3) 결정

상기와 같이 산정된바, <1.39>로 결정

7. 토지 보상평가액

$1,415,000 \times 1.11987 \times 1.000 \times 0.940 \times 1.39 ≒ 2,070,000$원/㎡

(× 487㎡ ≒ 1,008,090,000원)

[문제 4] 감정평가사인 이씨는 보상평가가 의뢰된 다음의 토지에 대해 감정평가를 하려고 한다. 제시된 의뢰조서에 따라 토지 보상액을 평가하시오.

<자료 1> 해당 공익사업의 개요

1. 사업명: I시 S구 D중앙공원(도시자연공원) 조성사업, 도시계획시설사업
2. 사업면적: 605,733㎡
3. 최초 결정일: 2000.6.12.
4. 사업시행자: D공원사업소장
5. 사업추진 경위
   - 2019.9.21.: D중앙공원(도시자연공원) 조성계획 결정 고시
   - 2023.6.17.: 도시관리계획 결정 변경(안) 열람 공고
   - 2023.8.6.: 도시관리계획 결정 변경 결정 및 지형도면 고시
   - 2024.7.3.: D중앙공원(도시자연공원) 실시계획인가고시
   - 2024.9.28.: D중앙공원(도시자연공원) 조성사업 손실보상계획 공고
   - 2025.7.1.: 수용재결일

<자료 2> 토지조서

기호	소재지	지번	지목	면적(㎡) 공부	면적(㎡) 편입	용도지역	도로교통	형상지세
1	I시 S구 D동	21 - 1	전	2,142	2,142	보전녹지 도시자연 공원구역	세로 (불)	부정형 완경사
2	I시 S구 D동	산2 - 3	임	1,430	1,430	보전녹지 도시자연 공원구역	맹지	부정형 완경사

※ 도시자연공원구역 지정은 D중앙공원 조성사업에 의해 결정되었음

<자료 3> 평가의뢰 토지 현황

1. 기호 1 토지는 자연림이 일부 소재하고 있으며, 휴농지 상태임
2. 기호 2 토지상 신원을 알 수 없는 봉분 2기가 소재하고 있음

<자료 4>   비교표준지

기호	소재지	면적 (㎡)	지목	이용 상황	용도 지역	도로 교통	형상 지세	공시지가(원/㎡)				비고
								19년	23년	24년	25년	
1	D동 603	2,595	답	전	보전 녹지	맹지	부정형 완경사	131,000	135,000	138,000	139,000	구역 외
2	D동 861-1	660	대	주거용	보전 녹지	세로 (가)	사다리 평지	374,000	392,000	408,200	431,300	구역 외
3	D동 29	3,441	답	답	보전 녹지	세로 (불)	부정형 완경사	124,100	129,400	131,500	136,600	구역 외
4	D동 산12-1	16,165	임야	자연림	보전 녹지	맹지	부정형 완경사	13,000	25,400	26,400	30,000	구역 내
5	D동 산31-2	3,372	임야	자연림	자연 녹지	세로 (불)	부정형 완경사	55,400	74,300	77,200	75,500	구역 외

※ 표준지공시지가는 인근지역 내 적정시세를 반영하고 있음

※ 당해 사업구역 내 임야 표준지는 .2000.6.12. 당시 도시공원(100% 저촉)으로 결정되었으며, 이에 대한 감가율을 40%임

<자료 5>   변동률 자료

1. 당해 시·군·구 전체 표준지공시지가 상승률(%)

구분	2019년~2023년	2019년~2024년	2019년~2025년	2024년~2025년
평균상승률	13.954	15.771	26.079	8.718

2. 지가변동률

기간	S구 녹지	인접 구 녹지	I시 녹지
2019.1.1. ~ 2025.1.1.	17.977	17.633	16.448
2019.1.1. ~ 2025.7.1.	18.654	18.007	17.452
2019.9.21. ~ 2025.7.1.	19.896	19.775	19.684
2023.1.1. ~ 2025.1.1.	3.573	3.359	3.072
2023.1.1. ~ 2025.7.1.	4.157	4.023	3.842
2024.1.1. ~ 2025.1.1.	2.573	2.333	2.110
2024.7.30. ~ 2025.7.1.	2.403	2.541	2.541
2025.1.1. ~ 2025.7.1.	1.129	0.978	1.050

<자료 6>   개별요인 비교

1. 도로접면(각지는 5% 가산함)

구분	소로한면	세로(가)	세로(불)	맹지
소로한면	1.00	0.83	0.79	0.72
세로(가)	1.17	1.00	0.88	0.81
세로(불)	1.27	1.12	1.00	0.92
맹지	1.38	1.24	1.09	1.00

2. 획지

구분	정방형	가장형	사다리	부정형
정방형	1.00	1.04	0.98	0.94
가장형	0.96	1.00	0.94	0.90
사다리	1.02	1.06	1.00	0.96
부정형	1.06	1.11	1.04	1.00

3. 지세

고저	평지	완경사
평지	1.00	0.83
완경사	1.20	1.00

4. 도시계획시설

구분	일반	도로	공원	운동장
일반	1.00	0.85	0.60	0.85

<자료 7>   기타사항

취득하는 토지의 가격변동 여부는 구역 내 표준지만을 기준할 것

Ⅰ. 평가개요

- 평가대상: 토지
- 평가목적: 수용재결 보상평가
- 가격시점: 2025.7.1. 「토지보상법」 제67조 제2항

Ⅱ. 토지 보상액 산정

1. 사업인정의제일 등

공익사업 시행 공고·고시: 2019.9.21.(결정 고시)

사업인정의제일: 2024.7.30.(실시계획인가고시)

2. 적용공시지가

(1) 취득하여야 할 토지의 가격변동 여부 「시행령」 제38조의2

① 사업요건

20만㎡ 이상, 도로·하천·철도 외 사업으로, 사업요건 <충족함>

② 변동률

- 2019.1.1. ~ 2024.1.1. 구역 내 표준지 평균

구역 내 표준지 <#4>만 고려함

(26,400 - 13,000) ÷ 13,000 ≒ 103.077%

- 2019.1.1. ~ 2024.1.1. 시·군·구 평균: 15.771%

③ 변동 여부

3%point 이상 & 30% 이상 차이나는바, <변동됨>

(2) 적용공시지가

「토지보상법」 제70조 제5항 의거 <2019.1.1.> 기준 공시지가 적용함

3. 표준지 선정

(1) 처리방침

도시자연공원구역은 일반적 제한이나, 당해 공익사업으로 인한 구역 지정으로 「시행규칙」 제23조 의거 <변경 전(구역 미고려)>을 기준함

(2) 기호 1

자연림 일시적 이용상황으로, "보전녹지, 전" 기준하되, 구역 내 적정 표준지 미소재하여 구역 외 <#1> 선정함

(3) 기호 2

「시행규칙」 제22조 제2항 의거 나지 상정하며, "보전녹지, 임야" 기준하여 <#4> 선정

4. 시점수정치

(1) 생산자물가상승률: 미제시

(2) 공익사업의 시행으로 지가가 변동되었는지 「동법 시행령 제37조 제2항」

① 사업요건: 충족함

② 변동률

- 2019.9.21. ~ 2025.7.1. 시·군·구: 19.896%

- 2024.7.30. ~ 2025.7.1. 시·군·구: 2.403%

- 2024.7.30. ~ 2025.7.1. 시도: 2.541%

③ 변동 여부

5% 이상이나, 시도 격차 30% 이상 차이가 없는바, <지가 변동 없음>

    (3) 지가변동률

        표준지 소재 S구 녹지지역 기준

        2019.1.1. ~ 2025.7.1.: 18.654%

    (4) 시점수정치 결정

        국지적 부동산가격 추이를 보다 잘 반영하는 <지가변동률>로 결정함

5. 토지 보상액 산정

    (1) 기호 1

        $131{,}000 \times 1.18654 \times 1.000 \times 1.090 \times 1.000 \times 1.000 \times 1.00$

        $\fallingdotseq 169{,}000$원/㎡$(\times 2{,}142$㎡ $\fallingdotseq 361{,}998{,}000$원$)$

    (2) 기호 2

        표준지 공원저촉 반영

        $13{,}000 \times 1.18654 \times 1.000 \times 1.000 \times 1/0.6 \times 1.00 \fallingdotseq 26{,}000$원/㎡

        $(\times 1{,}430$㎡ $\fallingdotseq 37{,}180{,}000$원$)$

[문제 5]

감정평가사인 이씨는 중앙토지수용위원회로부터 다음과 같은 토지에 대해 보상평가가 의뢰받았다. 관련된 법령 등을 참작하여 보상액을 산정하되, 비표준지 선정 사유를 기술하시오.

<자료 1> 해당 공익사업 개요

1. 사업명: G구 지방산업단지 조성산업
2. 사업면적: 155,859.2㎡
3. 주민을 위한 공람공고: 2021.12.1.
4. 산업단지 지정 · 고시일: 2023.8.25.
5. 토지세부목록고시일: 2024.6.7.
6. 실시계획인가 · 고시: 2025.1.3.
7. 협의평가일: 2025.2.8.
8. 의뢰일: 2025.5.25.
9. 재결일(예정일): 2025.7.8.

<자료 2> 평가의뢰 내역 등

1. 토지조서

기호	소재지	지번	지목	면적(㎡) 공부	면적(㎡) 편입	가격시점 용도지역	실제 이용상황	도로	형상 지세
1	H동	100	전	2,230	2,230	계획관리	공업용	소로 한면	가장형 평지
2	H동	120	전	1,350	1,350	계획관리	도로	-	-

2. 현장조사사항

   (1) 기호 1

   기호 1 토지는 종전에 시행된 공익사업부지로 종전 공익사업의 착공이 이뤄지지 않은 상태에서 보상금 또한 지급되지 않았고, 현황 이용상황으로 변경되었다. 종전 공익사업 편입 당시 용도지역은 자연녹지지역이었으나 당해 사업으로 인해 계획관리지역으로 변경되었다. 종전 사업 편입 당시 전으로 사용 중이었으며, 세로(가), 부정형, 완경사지였다.

   (2) 기호 2

   기호 2 토지는 종전에 시행된 공익사업부지로 2020.10.5.에 공사 착공하여 인근 공장지대를 연결하는 도로로 개설되었으며, 가격시점 현재 도시계획시설사업에 따른 보상액은 지급되지 않은 상태이다. 종전 사업 편입 당시 용도지역은 관리지역(미세분)이고, 전으로 이용 중이었으며 세로(불), 부정형, 평지였다. 이후 인근지역은 계획관리지역으로 변경됨

<자료 3> 인근지역 표준지공시지가

기호	소재지	지목	면적 (㎡)	이용 상황	용도 지역	도로 교통	형상 지세	공시지가(원/㎡) 2023년	공시지가(원/㎡) 2024년	공시지가(원/㎡) 2025년
1	H동 4	답	500	답	계획 관리	세로 (가)	부정형 평지	1,560,000	1,670,000	1,880,000
2	H동 5	전	1,340	공업용	계획 관리	세로 (가)	세장형 평지	2,650,000	2,730,000	2,950,000

3	H동 6	장	2,080	공업용	자연 녹지	소로 한면	세장형 평지	2,230,000	2,380,000	2,540,000
4	H동 7	전	2,100	답	자연 녹지	세로 (가)	가장형 평지	1,040,000	1,100,000	1,270,000
5	H동 8	답	1,000	전	계획 관리	맹지	부정형 평지	1,680,000	1,720,000	1,880,000
6	H동 14	대	450	단독 주택	자연 녹지	세로 (가)	사다리 평지	2,970,000	3,080,000	3,210,000

※ 상기 표준지는 인근지역 내 지가수준을 반영하고 있으며 기호 1, 기호 6 표준지는 당해 공익사업으로 인한 개발이익이 일부 반영된 것으로 판단된다.

<자료 4> 가치형성요인 비교자료

1. 지가변동률

구분	기간	계획 관리	상업	공업	녹지	주거	농림	자연 환경
23년	12월 누계	2.31	2.58	1.50	1.25	2.31	1.00	0.00
24년	12월 누계	3.51	3.14	1.50	2.10	1.25	1.04	0.00
25년	6월	0.81	0.46	0.00	0.52	0.57	0.11	0.18
	6월 누계	2.01	1.84	0.22	1.35	1.5	0.21	0.20

2. 생산자물가지수

2021년 12월	2022년 12월	2023년 12월	2024년 5월
111.5	119.5	120.3	123.5

3. 도로접면(각지는 5% 가산함)

구분	소로한면	세로(가)	세로(불)	맹지
소로한면	1.00	0.83	0.79	0.72
세로(가)	1.17	1.00	0.88	0.81
세로(불)	1.27	1.12	1.00	0.92
맹지	1.38	1.24	1.09	1.00

4. 획지

구분	정방형	장방형	사다리	부정형
정방형	1.00	1.04	0.98	0.94
가장형	0.96	1.00	0.94	0.90
사다리	1.02	1.06	1.00	0.96
부정형	1.06	1.11	1.04	1.00

5. 지세

고저	평지	완경사
평지	1.00	0.83
완경사	1.15	1.00

Ⅰ. 평가개요

- 평가대상: 토지
- 평가목적: 수용재결 보상
- 가격시점: 2025.7.8. 「토지보상법」 제67조 제1항

Ⅱ. 토지 보상액 산정

1. 적용 공시지가

사업인정의제일: 2024.6.7.(토지세부목록고시일)

사업면적 20만㎡ 이하로, 동법 시행령 제38조의2 미고려

「토지보상법」 제70조 제4항 의거 <2024.1.1.> 기준 공시지가 적용

2. 표준지 선정

(1) 기호 1

미지급용지이나, <판례> 및 「시행규칙」 제25조 규정 취지 고려 현황평가 기준함. 「시행규칙」 제23조 의거 당해 공익사업에 의한 용도지역 변경인바, 변경 전 "자연녹지, 공업용" 기준하여 <#3> 선정

(2) 기호 2

미지급용지로 「시행규칙」 제25조 의거 종전 공익사업 편입 당시 "전" 기준하되, 관리지역(미세분)인바, 인근 지역 개황 고려 "계획관리" 기준하여 <#5> 선정

3. 시점수정치 「토지보상법」 제70조 제1항

(1) 사업면적 20만㎡ 이하로 「시행령」 제37조 제2항 미고려

(2) 생산자물가상승률

$123.5 \div 119.5 \fallingdotseq 1.03347$

(3) 지가변동률(2024.1.1. ~ 2024.7.8.)

① 기호 1(녹지지역)

$1.0210 \times 1.0135 \times (1 + 0.0052 \times 8/30) \fallingdotseq 1.03622$

② 기호 2(계획관리지역)

$1.0351 \times 1.0201 \times (1 + 0.0081 \times 8/30) \fallingdotseq 1.05819$

(4) 결정

국지적 부동산가격 변동 고려 지가변동률로 결정

4. 토지 보상액 산정

(1) 기호 1

$2,380,000 \times 1.03622 \times 1.000 \times 1.000 \times 1.000 \times 1.000 \times 1.00 \fallingdotseq 2,470,000$원/㎡

(× 2,230㎡ ≒ 5,508,100,000원)

(2) 기호 2

$1,720,000 \times 1.05819 \times 1.000 \times 1.090 \times 1.000 \times 1.000 \times 1.00 \fallingdotseq 1,980,000$원/㎡

(× 1,350㎡ ≒ 2,673,000,000원)

[문제 6]

감정평가사 이씨는 중앙토지수용위원회로부터 OO택지개발사업에 편입되는 토지에 대한 이의재결평가를 의뢰받았다. 다음 주어진 자료를 이용하여 보상액을 산정하시오.

<자료 1> 해당 공익사업 개요

1. 사업명: OO택지개발사업
2. 사업면적: 174,650㎡
3. 주민의견청취공람공고일: 2023.3.3.
4. 지구지정고시일: 2024.8.7.
5. 실시계획고시일: 2025.1.22.
6. 재결일: 2025.4.16.
7. 이의재결일: 2025.7.15.

<자료 2> 토지조서

기호	소재지	지목	면적 (㎡)	용도 지역	이용상황	도로	형상 지세
1	H구 S동 1	전	400	2종 일주	자연림	세로 (불)	부정형 완경사
2	H구 S동 1-8	전	300	2종 일주	주거용	세로 (가)	가장형 평지
3	H구 S동 3-6	대	700	2종 일주	주거용	세로 (가)	가장형 평지
4	H구 S동 6	전	400	2종 일주	전	세로 (불)	부정형 평지

<자료 3> 각 토지 별 조사내역

1. 공통사항

   본건 토지가 속한 지역은 자연녹지, 개발제한구역이었으나 2024.8.7. 자로 전체 개발제한구역이 해제되면서 제2종일반주거지역으로 용도지역이 변경되었다.
2. 기호 1 토지는 지목상 전이나 일부 잡목 등이 소재하는 것으로 조사되었다.
3. 기호 2 토지는 허가를 받지 아니한 채 신축된 건물로써 신축일자는 89.1.23.로 조사되었으며, 현황 주거용 건물(블럭조, 단층, 60㎡)로 이용 중이다. 자연녹지지역은 건폐율 20%이며 최대 한도치 적용한다(이하 동일).
4. 기호 3 토지는 개발제한구역 지정 당시부터 지목이 '대'인 토지로서 주거용 건물(벽돌조, 단층, 80㎡)이 소재하고 있다.
5. 기호 4 토지는 집단취락지구 내 소재하는 토지였다.

<자료 4>   인근지역 표준지공시지가

기호	소재지	지목	면적 (㎡)	이용 상황	용도 지역	도로 교통	형상 지세	공시지가(원/㎡)			비고
								2023년	2024년	2025년	
1	H구 S동 1-43	전	425	상업용	2종 일주	세로 (가)	사다리 평지	3,000,000	3,500,000	4,500,000	구역 내
2	H구 S동 1-55	전	313	자연림	2종 일주	맹지	정방형 평지	450,000	700,000	1,000,000	구역 내
3	H구 S동 1-59	답	180	전	2종 일주	세로 (불)	부정형 완경사	800,000	950,000	1,400,000	구역 내
4	H구 S동 2-118	잡	200	창고 부지	2종 일주	세로 (가)	가장형 평지	1,200,000	1,400,000	2,000,000	구역 내
5	H구 S동 4-5	전	230	주거 나지	2종 일주	세로 (가)	가장형 평지	1,700,000	2,000,000	2,600,000	구역 내
6	H구 S동 4-23	답	380	전	2종 일주	세로 (불)	부정형 평지	1,300,000	1,600,00	2,000,000	구역 내
7	H구 S동 5-13	임	400	자연림	자녹 개제	세로 (불)	부정형 평지	620,000	650,000	690,000	구역 외
8	H구 S동 5-154	대	700	단독 주택	자녹 개제	세로 (가)	가장형 평지	2,200,000	2,400,000	2,550,000	구역 외
9	H구 S동 6-131	전	400	전	자녹 개제	세로 (불)	부정형 완경사	950,000	1,000,000	1,050,000	구역 외

※ 기호 6은 집단취락지구 내 소재하는 표준지임
※ 표준지는 적정시세를 반영함

<자료 5>   인근지역 거래사례

1. 거래사례 A
   (1) 토지: 대, 400㎡
   (2) 건물: 주거용, 블록조, 단층, 60㎡
   (3) 용도지역: 자연녹지, 개발제한구역
   (4) 거래시점: 2024.1.1.
   (5) 배분적 적용 토지 거래단가: 2,800,000원/㎡
2. 거래사례 B
   (1) 토지: 대, 150㎡
   (2) 건물: 주거나지
   (3) 용도지역: 자연녹지, 개발제한구역
   (4) 거래시점: 2024.1.1.
   (5) 토지 거래단가: 2,200,000원/㎡

<자료 6>　지가변동률 및 요인 격차율

1. 지가변동률

구분	기간	계획 관리	상업	공업	녹지	주거	농림	자연 환경
23년	12월 누계	12.31	12.58	11.30	11.25	12.31	5.00	4.00
24년	12월 누계	13.51	13.11	11.24	12.10	13.21	6.00	4.10
25년	3월	0.81	0.46	0.00	0.52	0.57	0.81	0.28
	3월 누계	2.01	1.84	2.22	2.35	2.50	2.10	1.20

2. 도로접면

구분	광대한면	중로한면	소로한면	세로(가)	맹지
광대한면	1.00	0.94	0.86	0.83	0.60
중로한면	1.07	1.00	0.92	0.89	0.80
소로한면	1.16	1.08	1.00	0.96	0.85
세로(가)	1.21	1.09	1.04	1.00	0.90
맹지	1.40	1.20	1.15	1.10	1.00

3. 형상

구분	정방형	장방형	사다리형	부정형
정방형	1.00	0.98	0.98	0.95
장방형	1.02	1.00	0.95	0.95
사다리형	1.02	1.05	1.00	0.97
부정형	1.05	1.05	1.03	1.00

4. 지세

평지	완경사	급경사
1.00	0.95	0.85

Ⅰ. 평가개요

- 평가대상: 토지
- 평가목적: 이의재결 보상
- 가격시점: 2025.4.16. 「토지보상법」 제67조 제2항
- 사업인정의제일: 2024.8.7. <지구지정고시일>

Ⅱ. 토지 보상액

1. 적용공시지가

당해 공익사업 20만㎡ 미만 사업으로 동법 시행령 제38조의2 미고려함(이하 동일). 「토지보상법」 제70조 제4항 의거 <2024.1.1.> 기준 공시지가를 적용함

2. 표준지 선정

(1) 용도지역 및 표준지 용도지역 판단

「시행규칙」 제23조 의거 당해 공익사업에 의한 개발제한 해제인바, "개발제한, 자연녹지" 기준함

당해 사업구역 내 소재한 표준지는 <2024.1.1.> 당시 개발제한 해제 전 상태로 이를 기준함

(2) 기호 1

일부 잡목은 일시적 이용상황으로 「토지보상법」 제70조 제2항 의거 "개발제한, 자연녹지, 전" 기준하여 구역 내 소재하는 <#3> 선정함

(3) 기호 2

「시행규칙」 제24조 및 「부칙 제5조」 의거 "89.1.24." 이전 무허가 건축물 부지로 적법의제 기준함. "60 ÷ 0.2 = 300㎡"인바, 전체 "주거용" 기준 하되, 건부지 격차율도 전체 고려함

"개발제한, 자연녹지, 주거용" 기준 <#5> 선정함

(4) 기호 3

개발제한구역지정 당시부터 '대' 인 토지로 "주거용" 기준하되, "80 ÷ 0.2 = 400㎡"이므로 "400㎡"는 "주거용 건부지", "300㎡"는 "주거나지" 로 구분평가함

"개발제한, 자연녹지, 주거용" 기준 <#5> 선정하되, 건부지 격차율은 거래사례 기준하여 개별요인에서 고려함

(5) 기호 4

집단취락지구 내 소재하는 바, 건폐율·용적률 완화에 따라 이를 고려하여 집단추락지구 내 표준지를 기준함

"개발제한, 자연녹지, 전, 집단취락지구" 기준 <#6> 선정함

3. 시점수정(생산자물가상승률 미제시)

사업면적 20만㎡ 이하로 「시행령」 제37조 제2항 미고려함

「시행령」 제37조 제1항

2024.1.1. ~ 2025.4.16. 녹지지역

1.12.10 × 1.0235 × (1 + 0.0052 × 16/31) ≒ 1.15042

4. 토지 보상액 산정

(1) 기호 1

950,000 × 1.15042 × 1.000 × 1.000 × 1.000 × 1.00 ≒ 1,092,000원/㎡

(× 400㎡ ≒ 436,800,000원)

(2) 기호 2

① 건부지/나지 격차율 산정

적정 사례로 판단되는 개발제한 구역 내 거래사례 A, B 적용함

2,800,000 ÷ 2,200,000 ≒ 1.27

② 토지 보상액

2,000,000 × 1.15042 × 1.000 × 1.000 × 1.000 × 1.27 × 1.00 ≒ 2,920,000원/㎡

(× 300㎡ ≒ 876,000,000원)

(3) 기호 3

① 건부지 부분: 2,920,000원/㎡(× 400㎡ ≒ 1,168,000,000원)

② 나지 부분

2,000,000 × 1.15042 × 1.000 × 1.000 × 1.000 × 1.00 ≒ 2,300,000원/㎡

(× 300㎡ ≒ 690,000,000원)

(4) 합계: 1,858,800,000원

(5) 기호 4

1,600,000 × 1.15042 × 1.000 × 1.000 × 1.000 × 1.00 ≒ 1,840,000원/㎡(× 400㎡ ≒ 736,000,000원)

[문제 7]

감정평가사 K씨는 S시장으로부터 도시철도공사와 관련하여 지하부분 사용에 따른 보상감정 평가를 의뢰받고 사전조사 및 실지조사를 한 후 다음과 같이 자료를 정리하였다. 대상토지 전체 지하사용료 평가를 위한 토지의 기초가격을 공시지가기준법 및 비준가액으로 산정하여 결정하고, 지하부분 사용에 따른 보상평가액을 산정하시오. [기출 16회 일부]

<자료 1> 감정평가 의뢰 내역

1. 소재지: S시 K구 D동 257번지
2. 지목 및 면적: 대, 500㎡
3. 이용상황 및 도로교통: 나지, 소로한면
4. 도시계획사항: 일반상업지역, 도시철도 저촉임
5. 가격시점: 2025.8.1.

<자료 2> 감정평가 대상토지에 대한 관련 자료

1. 감정평가의뢰 내용은 관련 공부의 내용과 일치함
2. 대상지의 주위환경은 노선상가지대임
3. 감정평가 대상토지는 지하 18m에 지하철이 통과하고 있어 하중 제한으로 지하 2층, 지상 8층 건물의 건축만 가능함
4. 대상 지역의 지역분류는 지상 11층 ~ 15층 건물이 최유효이용으로 판단되는 지역임
5. 대상토지의 지반구조는 풍화토(PD - 2) 패턴임
6. 대상토지의 토피는 18m임.
7. 대상 지역에 소재하는 건물은 상층부 일정 층까지 임대료 수준에 차이를 보이고 있음
8. 대상토지의 최유효이용은 지하 2층, 지상 15층 건물로 판단됨

<자료 3> 인근 표준지공시지가 현황(2025년 기준)

(공시기준일: 매년 1월 1일)

기호	소재지	지목 공부	지목 실제	면적 (㎡)	용도 지역	이용 상황	주위 환경	도로 교통	형상 지세	공시지가 (원/㎡)
1	S시 K구 D동 150	전	대	450	2종 일주	단독 주택	정비된 주택지대	중로 한면	가장형 평지	1,850,000
2	S시 K구 D동 229	대	대	490	일반 상업	상업 나지	노선 상가지대	소로 한면	부정형 평지	2,540,000
3	S시 K구 D동 333	대	대	510	일반 상업	상업용	후면 상가지대	세로 (가)	부정형 평지	2,100,000

<자료 4> 거래사례 자료

1. 토지: S시 K구 A동 230번지, 대, 600㎡
2. 건물: 철근콘크리트조 슬라브지붕 5층, 근린생활시설, 연면적 2,460㎡(지층 360㎡, 1 ~ 5층 각 420㎡)
3. 거래가격: 3,530,000,000원
4. 거래시점: 2025.4.1.
5. 도시계획사항: 일반상업지역
6. 사용승인일은 2023.8.1. 내용연수는 60년임

<자료 5> 건설사례 자료

1. 토지: S시 K구 D동 230번지, 대, 400㎡
2. 건물: 철근콘크리트조 슬라브지붕 5층, 근린생활시설, 연면적 2,400㎡(지층 ~ 5층 각 400㎡)
3. 건축공사비: 900,000원/㎡
4. 본 건물은 기준시점 현재 준공된 건설사례로서 표준적이고 객관적임
5. 건설사례건물과 거래사례건물의 개별적인 요인은 대등함

<자료 6> 지가변동률(2025년, 단위: %)

행정구역	평균	주거지역	상업지역	공업지역	녹지지역	비도시지역	비고
K구	0.74	0.54	1.27	-	0.54	-	1/4분기
	0.93	0.62	1.75	-	0.61	-	2/4분기

<자료 7> 건축비 지수

시점	건축비지수
2023.8.1.	100
2024.8.1.	104
2025.8.1.	116

<자료 8> 지역요인 및 개별요인 비교

1. 지역요인: 동일구습권 내외 유사지역으로 동일한 것으로 판단됨.
2. 개별요인 비교

구분	대상	표준지 1	표준지 2	표준지 3	거래사례
평점	100	110	100	97	95

1. 입체이용률 배분표

해당 지역	고층시가지	중층시가지	저층시가지	주택지	농지·임지
용적률 이용률구분	800% 이상	500~800% 미만	200~500% 미만	100~200% 미만	100% 이하
건물 등 이용률(α)	0.8	0.75	0.75	0.7	0.8
지하이용률(β)	0.15	0.10	0.10	0.15	0.10
기타이용률(γ)	0.05	0.15	0.15	0.15	0.10
(γ)의 상하 배분비율	1:1 - 2:1	1:1 - 3:1	1:1 - 3:1	1:1 - 3:1	1:1 - 4:1

※ 이용저해심도가 높은 터널 토피 20m이하의 경우에는 (γ)의 상하배분율은 최고치를 적용함

2. 심도별 지하이용저해율표

한계심도	40m		35m		30m			20m	
체감율(%)		β × P		β × P		β × P			β × P
	P	0.15 × P	P	0.10 × P	P	0.10 × P	0.15 × P	P	0.10 × P
토피심도									
0~5 미만	1.000	0.150	1.000	0.100	1.000	1.000	0.150	1.000	0.100
5~10 미만	0.875	0.131	0.857	0.086	0.833	0.833	0.125	0.750	0.075
10~15 미만	0.750	0.113	0.714	0.071	0.667	0.667	0.100	0.500	0.050
15~20 미만	0.625	0.094	0.571	0.057	0.500	0.500	0.075	0.250	0.025
20~25 미만	0.500	0.075	0.429	0.043	0.333	0.333	0.050		
25~30 미만	0.375	0.056	0.286	0.029	0.167	0.017	0.025		
30~35 미만	0.250	0.038	0.143	0.014					
35~40 미만	0.125	0.019							

※ 1. 지가형성에 잠재적 영향을 미치는 토지이용의 한계심도는 토지이용의 상황, 지질, 지표면하중의 영향 등을 고려하여 40m, 35m, 30m, 20m로 구분함
  2. 토피심도의 구분은 5m로 하고, 심도별지하이용효율은 일정한 것으로 봄

3. 토지 패턴별(풍화토, PD-2) 건축 가능 충수(터널식)

(단위: 층)

토피(m)	10	15	20	25
지상	12	15	18	22
지하	1	2	2	3

4. 층별효용비

층별	고층 및 중층시가지		저층시가지				주택지
	A형	B형	A형	B형	A형	B형	
20	35	43					
19	35	43					
18	35	43					
17	35	43					
16	35	43					
15	35	43					
14	35	43					
13	35	43					
12	35	43					
11	35	43					
10	35	43					
9	35	43	42	51			
8	35	43	42	51			
7	35	43	42	51			
6	35	43	42	51			
5	35	43	42	51	36	100	
4	40	43	45	51	38	100	
3	46	43	50	51	42	100	
2	58	43	60	51	54	100	100
지상1	100	100	100	100	100	100	100
지하1	44	43	44	44	46	48	-
지하2	35	35	-	-	-	-	-

※ 각 층 전용면적 동일 가정
※ A형은 상층부 일정 층까지 임대료 수준에 차이를 보이는 유형이며, B형은 2층 이상이 동일한 임대수준을 나타내는 유형이다.
※ 지하 3층 이하는 지하 2층 기준함

Ⅰ. 평가개요

- 평가대상: 지하사용료(구분지상권)
- 평가목적: 사업인정 전 협의보상
- 가격시점: 2025.8.1. 「토지보상법」 제67조 제1항

Ⅱ. 처리방침

지하사용료(구분지상권 설정에 따른) 보상평가로 「시행규칙」 제31조 의거 영구사용료 보상액을 입체이용저해율을 적용하여 평가함

Ⅲ. 토지 기초가액(나지 상정)

1. 공시지가기준법 「시행규칙」 제22조 제1항
   (1) 적용공시지가
      당해 사업 철도사업으로 「시행령」 제38조의2 미고려함. 「토지보상법」 제70조 제3항 의거 <2025.1.1.> 기준 공시지가 적용함
   (2) 표준지 선정
      「시행규칙」 제23조 의거 당해 도시철도 사업에 의한 도시철도 저촉은 미고려함. 일반상업, 표준적 이용상황인 상업지 기준 <#2> 선정함
   (3) 시점수정치(생산자물가상승률 미제시)
      당해 사업 철도사업으로 「시행령」 제37조 제2항 미고려함
      2025.1.1. ~ 2025.8.1. K구, 상업지역 지가변동률
      $1.0127 \times 1.0175 \times (1 + 0.0175 \times 32/91) ≒ 1.03676$
   (4) 공시지가기준액
      $2,540,000 \times 1.03676 \times 1.000 \times 100/100 \times 1.00 ≒ 2,630,000원/㎡$

2. 거래사례비교법
   (1) 사례 토지가격(2025.4.1.)
      $3,530,000,000 - 900,000 \times (104 + 12 \times 8/12) ÷ 116 \times 1.000 \times 58/60 \times 2,460 ≒ 1,463,600,000$
   (2) 대상토지 비준가액
      $1,463,600,000 \times {}^*1.02376 \times 1.000 \times 100/95 \times 1/600 ≒ 2,630,000원/㎡$
      * 2025.4.1. ~ 2025.8.1. 지가변동률
        $1.0175 \times (0.0175 \times 32/91)$

3. 토지 기초가액 결정
   양 시산가액 동일한 바, 2,630,000원/㎡으로 결정함

Ⅳ. 입체이용저해율 산정

1. 저해층수
   최유효이용: 지하 2층 ~ 지상 15층
   풍화토 기준: 지하 2층 ~ 지상 15층
   물리적 측면: 지하 2층 ~ 지상 8층
   ∴ 저해층수는 지상 9층 ~ 15층임

2. 입제이용저해율 산정

   (1) 건물 등 저해율

      층별 임대료 차이 고려 중층 시가지 A형 기준

$$0.75 \times \frac{35 \times 7}{35 + 44 + 100 + 58 + 46 + 40 + 35 \times 11} \fallingdotseq 0.2595$$

   (2) 지하 등 저해율

      중층 시가지, 토지 18m 기준인바,

      $0.10 \times 0.571 \fallingdotseq 0.0571$

   (3) 기타이용저해율

      지상·지하 모두 저해인바, <0.15>로 결정함

   (4) 입체이용저해율

      $0.2595 + 0.0571 + 0.15 \fallingdotseq 0.4666$

Ⅴ. 지하사용료(구분지상권) 영구 보상액

2,630,000원/㎡ × 500㎡ × 0.4666 ≒ 613,579,000원

[문제 8]

감정평가사 이씨는 I시 ○○중앙공원 조성사업에 편입되는 자료와 같은 토지에 대해 보상액 산정을 의뢰 받았다. 주어진 자료를 활용하여 각 물음에 답하시오.

(물음 1) 편입 토지의 보상액을 산정하시오.

(물음 2) 잔여지 가치하락손실액을 산정하시오.

<자료 1> 감정평가 의뢰서

1. 소재지: I시 S구 M동 산169 - 3(잔여지는 M동 산169, 당해 사업에 의한 분할)
2. 지목 및 면적: 임야, 16,500㎡(분할 전)
3. 이용상황 및 도로교통: 자연림, 광대한면
4. 용도지역 및 도시계획시설사항: 보전녹지지역, 도시자연공원

<자료 2> 해당 공익사업의 개요

1. 사업명: ○○중앙공원 조성사업
2. 사업면적: 605,436㎡
3. ○○중앙공원(도시자연공원) 결정: 2000.6.12.
4. 도시관리계획(○○중앙공원 조성계획) 결정 및 지형도면 고시: 2017.9.21.
5. 도시계획시설 실시계획인가 고시(준공일: 2024.12.31.): 2022.6.1.
6. ○○중앙공원 조성사업 손실보상계획 공고: 2022.9.28.
7. 도시관리계획(○○중앙공원 실시계획) 변경인가 고시: 2024.2.14.
8. 수용재결일: 2025.7.7.

<자료 3> 지적도

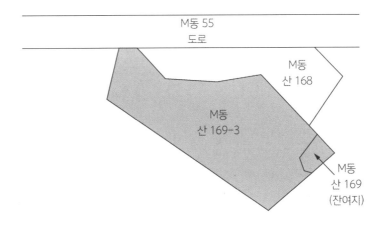

<자료 4> 비교표준지 관련 자료

1. 비교표준지

기호	소재지	면적 (㎡)	지목	용도 지역	이용 상황	도로 교통	형상 지세	비고
가	S구 S동 603	595	전	보전 녹지	전	맹지	부정형 완경사	구역 외
나	S구 I동 861 - 1	660	대	보전 녹지	공업용	세로 (가)	부정형 평지	구역 외
다	S구 M동 산12 - 1	16,165	임야	보전 녹지	자연림	맹지	부정형 급경사	구역 내
라	S구 M동 산31 - 2	13,372	임야	보전 녹지	자연림	광대 한면	부정형 완경사	구역 외

※ 당해 사업구역 내 표준지는 상기 표준지만 소재함

2. 표준지공시지가

기호	2000년 공시지가 (원/㎡)	2017년 공시지가 (원/㎡)	2022년 공시지가 (원/㎡)	2024년 공시지가 (원/㎡)
가	35,000	131,000	276,000	305,000
나	125,000	400,000	854,000	917,000
다	1,500	13,000	26,400	29,800
라	5,400	55,000	114,000	123,000

3. 당해 시·군·구 전체 표준지공시지가 평균변동률

구분	변동률(%)	비고
표준지공시지가 필지별 단순 산술평균변동률	15.771 (15.771% 상승)	공고 고시일 해당 년도 ~ 사업인정의제일 해당 년도

<자료 5> 시점수정 관련 자료(녹지지역)

기간	지가변동률(단위: %)	
	시·군·구	시·도
2000.1.1. ~ 가격시점	85.444	86.546
2000.6.12. ~ 가격시점	84.264	85.656
2017.1.1. ~ 가격시점	24.002	21.424
2017.9.21. ~ 가격시점	26.714	27.444
2022.1.1. ~ 가격시점	7.447	7.567
2022.6.1. ~ 가격시점	8.226	8.233
2024.1.1. ~ 가격시점	4.255	4.435
2024.2.14. ~ 가격시점	4.022	4.135
2025.1.1. ~ 가격시점	1.002	1.040

1. 본건 토지 중 남동측 일부를 제외한 대부분의 토지가 당해 사업구역 내 편입되었음

2. 편입 전 토지(산169 - 3) 특성: 자연림, 광대한면, 부정형, 완경사, 16,500㎡

3. 편입 후 토지(잔여지, 산169) 특성: 자연림, 맹지, 부정형, 완경사, 500㎡

4. 인근지역 내 임야의 표준적인 사용면적은 약 15,000㎡임

5. 본건 토지 소유자 甲씨는 당해 사업으로 인해 편입되고 남은 토지에 대한 잔여지 가치하락손실을 주장하고 있으며 수용재결청으로부터 의뢰목록 접수됨

6. 당해 사업구역 내 표준지의 그 밖의 요인 보정치는 2.50이며, 구역 밖 표준지의 그 밖의 요인 보정치는 2.80을 적용할 것

<자료 7>   토지가격비준표

1. 도로접면

구분	광대한면	중로한면	소로한면	세로(가)	맹지
광대한면	1.00	0.94	0.86	0.83	0.60
중로한면	1.07	1.00	0.92	0.89	0.77
소로한면	1.16	1.08	1.00	0.96	0.80
세로(가)	1.21	1.09	1.04	1.00	0.87
맹지	1.40	1.23	1.20	1.15	1.00

2. 지세

평지	완경사	급경사
1.00	0.95	0.85

3. 면적

표준	과대	과소
1.00	1.10	0.85

4. 도시계획시설저촉

일반	공원
1.00	0.70

Ⅰ. 평가개요

- 평가대상: 토지 및 지장물(잔여지가치하락손실)
- 평가목적: 수용재결 보상
- 가격시점: 2025.7.7. 「토지보상법」 제67조 제2항

Ⅱ. 편입 부분 보상액

1. 적용공시지가

(1) 취득하여야 할 토지의 가격변동 여부 「시행령」 제38조의2

① 사업요건

20㎡ 이상, 철도·하천·도로 외 사업으로, 사업요건은 <충족함>

② 변동률

- 2017.1.1. ~ 2022.1.1. 구역 내 표준지 평균 변동률

구역 내 표준지인 <#다> 변동률 기준함

(26,400 - 13,000) ÷ 13,000 ≒ 103.077%

- 2017.1.1. ~ 2022.1.1. 시·군·구 평균: 15.771%

③ 변동 여부

3%point & 30% 이상 차이나므로 <변동됨>

(2) 적용공시지가

「토지보상법」 제70조 제5항 의거 <2017.1.1.> 기준 공시지가 적용함

2. 표준지 선정

「시행규칙」 제23조 의거 당해 사업에 의한 도시자연공원 저촉은 미고려함

보전녹지, 자연림 기준 구역 내 소재한 <#다> 선정함

(#가, 나, 라: 구역 외 표준지, 이용상황 및 도로 상이)

3. 시점수정치 「토지보상법」 제70조 제1항

(1) 생산자물가상승률: 미제시

(2) 공익사업의 시행으로 지가가 변동되었는지 「시행령」 제37조 제2항

① 사업요건: 충족함

② 변동률

해당 공익사업계획의 공고·고시에 따라 가격이 변동되었는 바,

- 2017.9.21. ~ 2025.7.7. 시·군·구: 26.714%
- 2022.6.1. ~ 2025.7.7. 시·군·구: 8.226%
- 2022.6.1. ~ 2025.7.7. 시·도: 8.233%

③ 변동 여부

5%point 이상 변동되었으나 양자 30%이상 차이가 없는바, <변동 없음>

(3) 시점수정치(생산자물가상승률 미제시)

「시행령」 제37조 제1항 의거 당해 사업구역 소재 시·군·구 녹지지역 지가변동률로 결정함

2017.1.1. ~ 2025.7.7.: 1.24002

4. 토지 보상액

광대한면, 완경사, 표준적 면적 기준

13,000 × 1.24002 × 1.000 × 1.40 × 1.00 × 2.50 ≒ 56,000원/㎡

(× 16,000㎡ ≒ 896,000,000원)

Ⅲ. 잔여지 가치하락 보상액

1. 편입 후 토지가액

「토지보상법」제66조 "상계금지원칙" 고려, 당해 공익사업 후 <맹지, 부정형, 완경사, 과소 면적>으로 변경(불리하게 변경된 특성만 고려)되므로 이를 기준함

13,000 × 1.24002 × 1.000 × 1.00 × 0.85 × 2.50 ≒ 34,000원/㎡

2. 잔여지 가치하락 보상액(전후비교법)

56,000 - 34,000 ≒ 22,000원/㎡(× 500㎡ ≒ 11,000,000원)

[문제 9]

감정평가사 이씨는 I시 ○○공원 소로개설공사 사업에 편입되는 토지 및 지장물에 대한 보상액 산정을 의뢰 받았다. 주어진 자료를 활용하여 각 물음에 답하시오.

(물음 1) 편입 토지의 보상액을 산정하시오.

(물음 2) 지장물의 보상 대상 여부 및 보상액을 산정하시오.

<자료 1> 해당 공익사업의 개요

1. 사업명: OO공원 소로개설공사 사업
2. 사업면적: 2,080㎡, 도로 폭 8m
3. 도시관리계획(OO공원 소로개설 공사) 결정 및 지형도면 고시: 2022.8.21.
4. 도시계획시설 실시계획고시: 2023.6.22.
5. 협의 예정일: 2025.7.29.

<자료 2> 의뢰 조서

1. 토지조서

기호	소재지	지목	편입면적 (㎡)	용도 지역	이용상황	도로	형상 지세
1	H구 S동 1	대	400	자연 녹지	주거용	세로 (불)	부정형 평지
2	H구 S동 1-8	전	600	자연 녹지	상업용	세로 (가)	가장형 평지

2. 지장물 조서

기호	소재지	물건의 종류	구조 규격	수량 면적 공부	수량 면적 편입	비고
가	K구 S동 1	주택	블록조 철근콘크리트지붕	160	160	무허가
나	K구 S동 1-8	상업용	블록조 슬레이트 지붕	200	200	무허가
다	K구 S동 1-8	상업용	벽돌조 슬래브지붕	120	120	무허가

<자료 3> 실지조사 사항

1. 지장물 기호 (가)는 주거용 건물로서 일반건축물대장상 사용승인일은 미등재되어 있으나, 사업시행자가 제시한 무허가건축물대장상 건물 신축일자는 1988년 7월 2일로 기재되어 있음
2. 지장물 기호 (나) 현황 주상용 건물이나 무허가건물로서 항공사진 판독 결과 신축일자는 1989년 3월 3일로 확인되었음
3. 지장물 기호 (다)는 22년 2월 26일에 신축된 건물로서, 현황 상업용으로 이용 중임

<자료 4> 인근 표준지공시지가

기호	소재지	지목	면적 (㎡)	이용 상황	용도 지역	도로 교통	형상 지세
1	K구 S동 50	전	500	상업용	자연 녹지	세로 (가)	사다리 평지
2	K구 S동 60	대	400	주거용	자연 녹지	세로 (불)	세장형 평지
3	K구 S동 70	전	375	주상용	자연 녹지	세로 (가)	가장형 평지
4	K구 S동 80	전	410	전	자연 녹지	세로 (불)	부정형 평지
5	K구 S동 산90	임	600	자연림	자연 녹지	맹지	정방형 완경사
6	K구 S동 110	전	450	주거용	자녹 개제	세로 (불)	사다리 평지

기호	공시지가(원/㎡)			
	2022년	2023년	2024년	2025년
1	2,330,000	2,400,000	2,470,000	2,540,000
2	1,890,000	1,940,000	2,010,000	2,170,000
3	2,080,00	2,140,000	2,200,000	2,350,000
4	873,000	900,000	926,000	939,000
5	216,000	222,000	229,000	240,000
6	1,340,000	1,380,000	1,420,000	1,580,000

※ 표준지공시지가의 현실화율은 80%임

<자료 5> 지가변동률 및 요인 격차율

1. 지가변동률

구분	기간	계획 관리	상업	공업	녹지	주거	농림	자연 환경
23년	12월 누계	12.31	12.58	11.30	13.25	12.31	5.00	4.00
24년	12월 누계	13.51	13.11	11.24	10.10	13.21	6.00	4.10
25년	6월	0.81	0.46	0.00	0.32	0.57	0.81	0.28
	6월 누계	2.01	1.84	2.52	1.35	2.50	2.10	1.20

2. 도로접면

구분	광대한면	중로한면	소로한면	세로(가)	세로(불)
광대한면	1.00	0.94	0.86	0.83	0.70
중로한면	1.07	1.00	0.92	0.89	0.87
소로한면	1.16	1.08	1.00	0.96	0.90
세로(가)	1.21	1.11	1.04	1.00	0.95
세로(불)	1.30	1.13	1.10	1.05	1.00

보상평가 | 해커스 감정평가사 이성준 감정평가실무 2차 기분서

3. 형상

구분	정방형	장방형	사다리형	부정형
정방형	1.00	0.98	0.98	0.95
장방형	1.02	1.00	0.95	0.95
사다리형	1.02	1.05	1.00	0.97
부정형	1.05	1.05	1.03	1.00

4. 지세

평지	완경사	급경사
1.00	0.95	0.85

5. 지목

지목	전	답	과	목	임	대	장	차	주	창	잡
전	1.00	1.00	1.00	1.00	0.92	1.18	1.20	1.12	1.12	1.12	1.11
답	1.00	1.00	1.00	1.00	0.92	1.18	1.20	1.12	1.12	1.12	1.11
과	1.00	1.00	1.00	1.00	0.92	1.18	1.20	1.12	1.12	1.12	1.11
목	1.00	1.00	1.00	1.00	0.92	1.18	1.20	1.12	1.12	1.12	1.11
임	1.09	1.09	1.09	1.09	1.00	1.28	1.30	1.22	1.22	1.22	1.21
대	0.85	0.85	0.85	0.85	0.78	1.00	1.02	0.95	0.95	0.95	0.94
장	0.83	0.83	0.83	0.83	0.77	0.98	1.00	0.93	0.93	0.93	0.93
차	0.89	0.89	0.89	0.89	0.82	1.05	1.07	1.00	1.00	1.00	0.99
주	0.89	0.89	0.89	0.89	0.82	1.05	1.07	1.00	1.00	1.00	0.99
창	0.89	0.89	0.89	0.89	0.82	1.05	1.07	1.00	1.00	1.00	0.99
잡	0.90	0.90	0.90	0.90	0.83	1.06	1.08	1.01	1.01	1.01	1.00

<자료 6>   건축물 관련 자료

1. 이전비는 건물 용도와 상관없이 90,000원/㎡이 소요됨
2. 재조달원가는 가격시점 당시 주거용의 경우 1,000,000원/㎡, 상업용의 경우 600,000원/㎡이며, 블록조의 경우 내용연수는 40년임

<자료 7>   기타사항

자연녹지지역 내 건폐율은 40%이며 적정 토지면적은 최대치 적용함

Ⅰ. 평가개요

- 평가대상: 토지 및 지장물
- 평가목적: 사업인정 후 협의보상
- 가격시점: 2025.7.29. 「토지보상법」 제67조 제2항

Ⅱ. 물음 1, 토지 보상액 「토지보상법」 제70조 제1항

1. 적용공시지가

사업인정의제일: 2023.6.22.

해당 공익사업은 [도로]사업으로 「시행령」 제38조의2 의거 취득하는 토지의 가격변동 여부는 미검토함.

「토지보상법」 제70조 제4항 의거 <2023.1.1.> 기준 공시지가 적용함

2. 표준지 선정

(1) 기호 1

「시행규칙」 제24조 및 「부칙」 제6조 의거 "1989.1.24" 이전 무허가건축물부지로 적법 의제함

∴ 자연녹지, 주거용 기준 <#2> 선정함

(2) 기호 2

"1989.1.24" 이후 무허가건축물부지로 건축 당시 이용상황 기준함

∴ 자연녹지, 전 기준 <#4> 선정함

3. 시점수정치

(1) 생산자물가상승률: 미제시

(2) 지가변동률

해당 공익사업은 [도로]사업으로 「시행령」 제37조 제2항 의거 지가의 변동 여부는 미검토함

「시행령」 제37조 제1항 의거 녹지지역 기준

2023.1.1. ~ 2025.7.29.

$1.01325 \times 1.1010 \times 1.0135 \times (1 + 0.0032 \times 60/30) = 1.13788$

4. 토지 보상액

(1) 기호 1

$1,940,000 \times 1.13788 \times 1.000 \times 1.000 \times 0.950 \times 1.000 \times 1/0.8 = 2,620,000$원/㎡

(× 400㎡ ≒ 1,048,000,000원)

(2) 기호 2

$900,000 \times 1.13788 \times 1.000 \times 1.050 \times 1.050 \times 1.000 \times 1/0.8 = 1,400,000$원/㎡

(× 600㎡ ≒ 840,000,000원)

Ⅲ. 지장물 「토지보상법」 제75조

1. 보상대상 여부 판단

<행위제한일>인 "결정 및 지형도면 고시일"을 기준하는 바, "2022.8.21." 이전 신축된 지장물 <기호 가, 나>는 보상대상이나, <기호 다>는 보상대상에서 제외함

2. 기호 가

(1) 이전비

$90,000 \times 160 = 14,400,000$원

(2) 물건가격

$1,000,000 \times 3/40 \times 160 = 12,000,000$원

(3) 결정

「토지보상법」 제75조 제1항 의거 물건가격 내 이전비 보상인바, 12,000,000원으로 결정

3. 기호 나

(1) 이전비

90,000 × 200 ≒ 18,000,000원

(2) 물건가격

600,000 × 4/40 × 160 ≒ 9,600,000원

(3) 결정

물건가격 보상(취득 보상)으로 9,600,000원으로 결정함

[문제 10]

서울중앙토지수용위원회는 감정평가사 이씨에게 「국토의 계획 및 이용에 관한 법률」에 의거 "□□중앙시장 공영주차장 조성사업"에 편입되는 영업소에 대한 영업손실보상평가액 산정을 의뢰하였다. 다음 각 물음에 따른 영업의 휴업에 따른 손실보상액을 산정하시오. (40점)

(물음 1) 적법한 영업장소에서 관계법령에 의한 허가 등을 득한 소유 영업인 경우

(물음 2) 적법한 영업장소에서 관계법령에 의한 허가 등을 득하지 못한 소유 영업인 경우

(물음 3) 부적법한 영업장소에서 자유업 영업인 경우(소유자인 경우와 임차인인 경우로 각각 구분할 것)

(물음 4) 부적법한 영업장소에서 관계법령에 의한 허가 등을 득하지 못한 영업인 경우

<자료 1>　사업의 개요

1. 사업의 종류 및 명칭
   - 사업의 종류: 도시계획시설(주차장)
   - 사업의 명칭: □□중앙시장 공영주차장 조성사업
2. 사업시행자: ○○구청장
3. 사업의 위치 및 면적
   - 사업 위치: 서울특별시 ○○구 □□동 100 - 100 일대(51필지)
   - 사업 면적: 3,832㎡
4. 사업추진 현황
   - 2023.10.20.: 도시계획시설(공영주차장) 결정 및 지형도면 고시
   - 2024.3.4.: 주민의견청취 공람·공고
   - 2025.1.7.: 실시계획인가고시
   - 2025.3.2.: 협의보상체결일
   - 2025.7.1.: 수용재결(예정일)

<자료 2>　평가의뢰 조서

일련번호	소재지	상호명	수량	비고
1	□□동 100 - 103	댕댕이 애견카페	1식	영업손실

<자료 3>　영업이익 등 관련 자료

1. 사업자 관련 자료 (허가를 득하는 경우 활용 자료)
   (1) (개인)사업자등록증
       - 등록번호: 227 - 00 - 1111
       - 상호: 댕댕이 애견카페
       - 개업연월일: 2018.7.9.
       - 사업의 종류: 음식점업, 애견용품
   (2) 영업신고증
       - 대표자: ◇◇◇
       - 영업소 명칭: 합격 댕댕이
       - 영업의 종류: 식품접객업(동물위탁관리업)
       - 신고증 교부일: 2020.6.29.

2. 부가가치세 과세표준증명 매출과세표준(단위: 원)

구분	2021년	2022년	2023년	2024년
매출액	324.000.000	227,000,000	222,000,000	250,000,000

3. 영업자 제시 손익계산서(단위: 원)

구분	매출액	매출원가	매출이익	판관비
2021년	324,000,000	90,000,000	234,000,000	208,000,000
2022년	226,000,000	12,000,000	214,000,000	171,000,000
2023년	211,000,000	53,000,000	158,000,000	106,000,000
2024년	222,000,000	55,000,000	167,000,000	111,000,000

※ 소유자 영업의 경우 임대료는 판관비에 미인식 되었음. 판관비에 하단 기타비용 적용되어 있음

4. 도매 및 소매업 매출액 대비 영업이익률

(출처: ECOS 경제통계시스템)

구분	2020년	2021년	2022년	2023년
종합	17%	18%	18%	20%
대기업	15%	17%	16%	18%
중소기업	18%	20%	21%	22%

※ 대상 영업소는 도소매업으로 적정 영업이익률은 중소기업, 최근 3년치 평균을 적용함

5. 기타 비용 제시액(단위: 원/월)

인건비	임대료	전기 수도광열비	감가상각비	보험료	광고선전비
4,000,000	2,000,000	500,000	850,000	300,000	1,000,000

※ 보험료의 경우 월 단위 계약으로 해지 또는 중지에 따른 위약금은 없음. 감가상각비는 임대용 고정자산에 대한 감가상각비임. 인건비는 통상 영업활동에 필요한 인력의 비용(자가노력비 제외)임

6. 영업시설 등의 이전비는 5ton 트럭 기준 5대 분량으로 가격시점 당시 1대당 통상적인 비용은 700,000원임

<자료 7> 기타사항

1. 제조부분 보통인부 노임단가: 148,500원/일
2. 도시근로자 가구원수별 가구당 월평균 명목가계지출비(단위: 원)

구분		가계지출	소비지출
1인	전가구	2,100,000	1,600,000
	근로자가구	2,400,000	1,700,000
2인	전가구	3,000,000	2,200,000
	근로자가구	3,300,000	2,000,000
3인	전가구	4,600,000	3,400,000
	근로자가구	4,900,000	3,500,000
4인	전가구	5,500,000	4,100,000
	근로자가구	5,700,000	4,300,000
5인	전가구	5,900,000	4,600,000
	근로자가구	6,100,000	4,600,000

3. 영업자 제시 영업이익의 적정성 여부를 검토할 것
4. 당해 공익사업으로 인해 영업소의 이전은 불가피함

Ⅰ. 평가개요
- 평가대상: 영업(휴업)손실
- 평가목적: 수용재결 보상평가
- 가격시점: 2025.7.1. 「토지보상법」 제67조 제1항
- 기준가격: 적정가격

Ⅱ. 물음 1, 적법 장소 · 허가 득

1. 처리방침 「시행규칙」 제47조 제2항
[영업이익 × 4개월 + 이익감소액(20%) + 고정비 + 부대비용 + 이전비 + 이전감손]으로 결정함
실제 휴업기간 미제시인바, 4개월 기준함.

2. 영업이익

(1) 손익계산서 기준
가격시점 이전 최근 3년 매출 평균 「동법 시행규칙 제46조 제3항 전단」
2022년 ~ 2024년
$(43,000,000 + 52,000,000 + 56,000,000) ÷ 3 ÷ 12월 ≒ 4,194,000원$

(2) 부가가치세 기준
영업이익률 중소기업 최근 3년 평균 <21%> 적용
$(227,000,000 + 222,000,000 + 250,000,000) ÷ 3 × {}^*0.21 ≒ 4,077,000원$
* 중소기업 3년 평균

(3) 최저한도
3인 도시근로자 월평균 가계지출비 기준 「동법 시행규칙 제47조 제5항 후단」
4,900,000원

(4) 영업이익 결정
최저한도인 4,900,000원으로 결정
$4,900,000 × 4개월 ≒ 19,600,000원$

3. 영업이익 감손액(1천만원 한도) 「시행규칙」 제47조 제7항
$4,900,000 × 4개월 × 0.2 ≒ 3,920,000원$

4. 고정비용
임대료, (고정자산)감가상각비 포함, 고정항목 아닌 인건비, 수도광열비, 보험료 제외
$(2,000,000 + 850,000) × 4개월 ≒ 12,400,000원$

5. 부대비용(광고선전비): 1,000,000원

6. 이전비
$700,000 × 5대 ≒ 3,500,000원$

7. 영업 휴업 보상액: 40,420,000원

Ⅲ. 물음 2, 적법 장소 · 무허가

1. 처리방침 「시행규칙」 제52조」
[3인 도시근로자 가계지출비 × 3개월 + 이전비 + 이전감손]으로 결정함

2. 영업 휴업 보상액
$4,900,000 × 3개월 + 3,500,000 ≒ 18,200,000원$

Ⅳ. 물음 3, 부적법 장소ㆍ자유업

1. 소유자인 경우
[이전비 + 이전감손] ≒ 3,500,000원

2. 임차인인 경우 「시행규칙」 제45조 제1호 단서
사업자등록 기준, 자유업, 사업인정고시일등 이전 1년 영업
[영업이익 × 4개월 + 고정비 + 부대비용 ≤ 1천만원 + 이전비 + 이전감손]으로 결정함
최저한도 미고려, 소유자 제시 손익계산서 부가가치세 기준 유사하여 손익계산서 기준함
4,194,000 × 4개월 × 1.2 + 12,400,000 + 1,000,000 ≤ 1천만원 + 3,500,000
≒ 13,500,000원

Ⅴ. 물음 4, 부적법 장소ㆍ무허가
[이전비 + 이전감손] ≒ 3,500,000원

MEMO

MEMO

MEMO

이성준 |

약력
감정평가사 자격시험 법규 수석 합격
한성대학교 부동산학과

현 | 해커스 감정평가사 감정평가실무 전임교수
현 | 써브감정평가법인
현 | 한국감정평가학회 정회원
전 | 합격의법학원 감정평가실무 전임교수
전 | 동인감정평가법인

저서
해커스 감정평가사 이성준 감정평가실무 2차 기본서
해커스 감정평가사 이성준 감정평가실무 2차 기출문제집

2026 대비 최신판

해커스 감정평가사

이성준
감정평가실무 2차 기본서

초판 1쇄 발행 2025년 4월 4일

지은이	이성준 편저
펴낸곳	해커스패스
펴낸이	해커스 감정평가사 출판팀
주소	서울특별시 강남구 강남대로 428 해커스 감정평가사
고객센터	1588-2332
교재 관련 문의	publishing@hackers.com
	해커스 감정평가사 사이트(ca.Hackers.com) 1:1 고객센터
학원 강의 및 동영상강의	ca.Hackers.com
ISBN	979-11-7244-913-1 (13360)
Serial Number	01-01-01

한 번에 합격!
해커스 감정평가사 ca.Hackers.com

ᏖᎧᎢ 해커스 감정평가사

• 이성준 교수님의 **본 교재 인강**(교재 내 할인쿠폰 수록)
• 해커스 스타강사의 **감정평가사 무료 특강**